2022 TAIAN YEARBOOK

泰安年鉴

中石题

中共泰安市委党史研究院
泰安市地方史志研究院　编

方志出版社
Publishing House of Local Records

图书在版编目（CIP）数据

泰安年鉴 . 2022 / 中共泰安市委党史研究院，泰安市地方史志研究院编 .—北京：方志出版社，2022.10
ISBN 978-7-5144-5385-0

Ⅰ. ①泰… Ⅱ. ①中… ②泰… Ⅲ. ①泰安－2022－年鉴 Ⅳ. ① Z525.23

中国版本图书馆 CIP 数据核字（2022）第 216921 号

责任编辑：李晓晓
责任校对：刘玉霞
责任印制：梅中英
出 版 者：方志出版社
地　　址：北京市朝阳区潘家园东里 9 号（国家方志馆 4 层）
邮　　编：100021
网　　址：http://www.zgfzcb.cn
发　　行：方志出版社图书营销中心（010-67110500）
印　　刷：山东新华印务有限公司
开　　本：889 毫米 ×1194 毫米　1/16
印　　张：36.75
字　　数：1281 千字
版　　次：2022 年 10 月第 1 版
印　　次：2022 年 10 月第 1 次印刷
定　　价：320.00 元

《泰安年鉴（2022）》编审人员

主　　审　刘泮英　冯能斌

主　　编　李洪洲

副 主 编　周美广（常务）　戚淑娟

编　　辑　戚淑娟　刘　凯　刘小笋　王　巍

数据审核　杨晓妍　周　伟　李程程　赵　琰

《泰安年鉴（2022）》单位审稿人名单

于文龙　于学军　于海涛　马　辉　马久虎　马德芳　王　东　王　宁　王　华　王　军　王　峰
王万福　王玉坚　王亚洲　王希娟　王序东　王国强　王明昌　王建伦　王鲁生　亓爱收　亓慧亭
车传祥　尹　程　尹燕青　甘连涛　石　斌　田　华　田　霄　田书阳　白常顺　冯遂杰　朱大鹏
朱元柱　乔　鹏　任延勇　刘　安　刘　勇　刘　峰　刘月永　刘式堃　刘树国　刘彬奎　刘焕民
刘新功　刘德超　安　丽　许　伟　许文卿　许立波　孙百启　孙建修　杜晋生　李　林　李　强
李　民　李卫国　李成涛　李光玖　李延波　李向影　李志泰　李学军　李洪洲　李德明　杨　帅
杨化军　杨国庆　步衍金　吴中云　吴国庆　何麦之　谷志坚　辛振华　宋巧霞　张　田　张　哲
张　斌　张　群　张书祥　张延龙　张庆云　张英泽　张京洲　张学亮　张桂明　张朝晖　张鲁玉
张新明　张德臣　陈云峰　陈晓娜　陈雪飞　范　军　金　辉　郑爱华　宗德勇　孟凡玲　孟兆慧
孟奎章　项　颖　赵　峰　赵夫明　赵同健　郝　燕　柳　菁　姜从涛　姚广庆　袁久亮　贾代常
徐五通　徐志强　徐宗明　高俊杰　郭　青　唐衍刚　黄　磊　曹　函　曹玉楼　盛尊涛　鹿道新
章来方　梁国华　葛宝文　董军建　焦恩锋　曾凡秀　谢清忠　靳　新　楚远远　雷建民　燕东勇
薛其福　鞠允平　魏　宏　魏剑挺

《泰安年鉴（2022）》单位中心撰稿人名单

丁　中　丁　婧　丁为飞　丁兆秀　于　铖　马　琳　王　帅　王　虎　王　岩　王　敏　王　磊
王子珍　王长婧　王亚楠　王成华　王成柏　王成磊　王先琪　王传其　王现波　王建军　王建波
王玲玲　王荣凤　王彦宗　王琳琳　王瑞霞　王慧婷　亓　鑫　韦　芹　方雯彦　尹爱青　石亚男
田　野　田珂珂　付延雷　白　帆　白宇辰　丛绍芬　冯　彦　冯文洁　宁　娟　吕孟辕　朱　玲
朱玉祥　朱逢武　任小璐　任逸群　庄惠丽　刘姗姗　刘　晓　刘　超　刘　鹏　刘仁航　刘自永
刘志宇　刘含赟　刘性泉　刘钦兴　刘爱红　刘梦冉　刘淑文　许　利　许　栋　许兴超　许桂芸
孙　娟　孙小珺　孙宏杰　孙启峰　贠相前　杜　坤　杜永健　杜荣立　李　川　李　伟　李　明
李　勇　李　艳　李　乾　李　铮　李　燕　李　璐　李文军　李冬霞　李永飞　李先虎　李先锋
李向福　李启明　李姗姗　李临涛　李晓明　李圆圆　李慧星　李德龙　杨　宁　杨　扬　杨　虎
杨　春　杨　咪　杨明利　杨晓妍　吴　昊　吴　楠　吴家彬　佟　宁　谷国安　辛承振　沙　娜
宋　伟　宋光恩　宋洪孟　张　文　张　成　张　军　张　斌　张　蒙　张　静　张　聪　张天宇
张国伟　张洪德　张莉莉　张淑蕾　张维康　张嘉楠　陈　栋　陈　超　陈　雷　陈乃鹏　陈传奇
陈国超　陈显良　陈路平　邵　辉　武珍祯　林　营　罗　凯　和沐雯　周　言　周　岩　周齐齐
郑旭光　单美菁　孟庆涛　赵　军　赵　松　赵　强　赵　潇　赵士鹏　赵传勇　赵春明　郝　航
胡　阳　胡志波　胡金阳　胡春龙　侯庆华　侯春云　侯胜男　施国一　祝　捷　姚思荷　耿春燕
贾　刚　贾秀梅　夏　昭　徐　莹　高　雷　郭　建　戚桂状　商西鹏　梁　波　梁武言　葛宗泰
董合新　董陈东　董婷婷　程建民　焦裕斌　靳立超　熊正君　颜　健　颜大龙　魏　群

泰安市地图

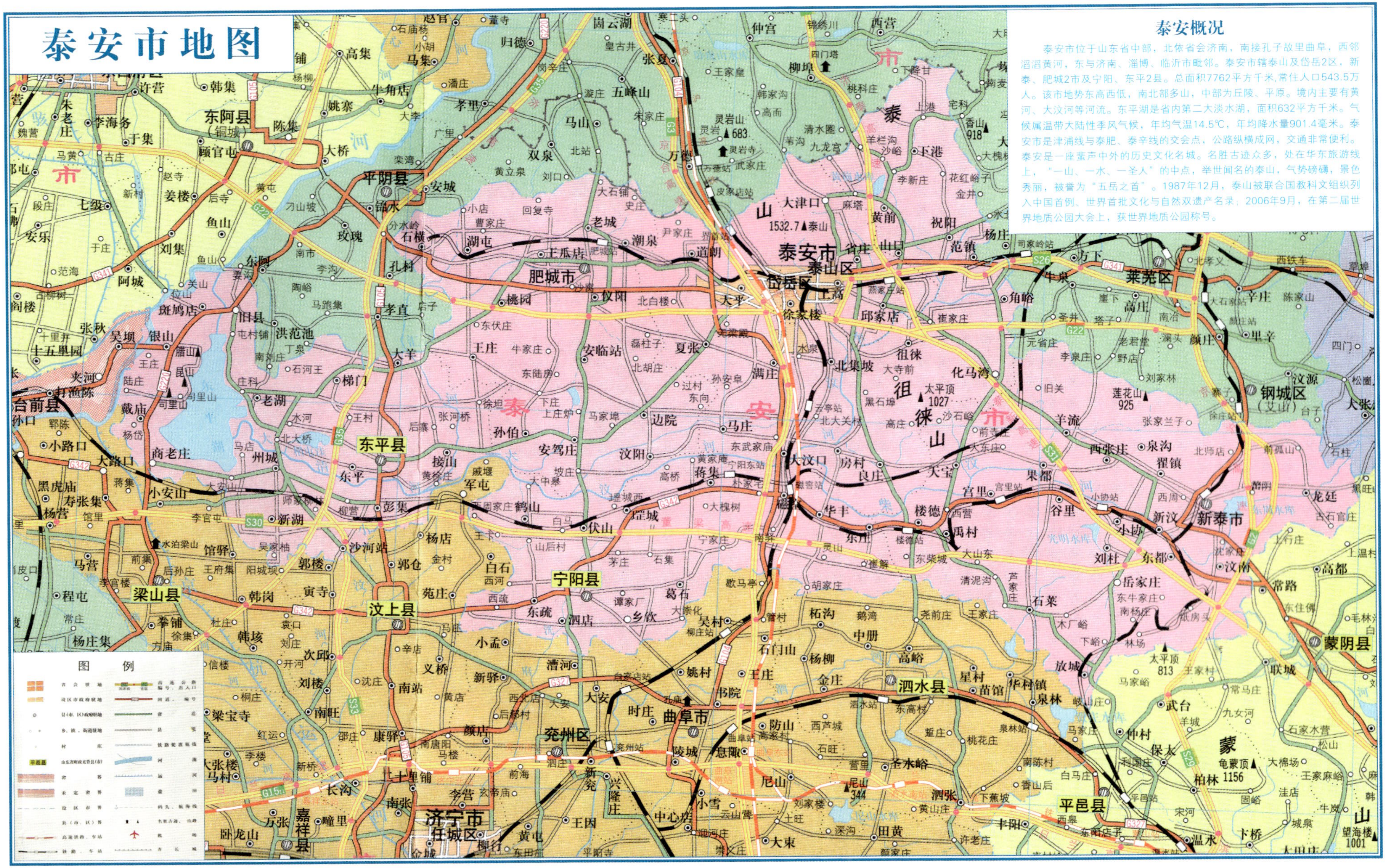

泰安概况

泰安市位于山东省中部，北依省会济南，南接孔子故里曲阜，西邻滔滔黄河，东与济南、淄博、临沂市毗邻。泰安市辖泰山及岱岳2区，新泰、肥城2市及宁阳、东平2县。总面积7762平方千米,常住人口543.5万人。该市地势东高西低，南北部多山，中部为丘陵、平原。境内主要有黄河、大汶河等河流。东平湖是省内第二大淡水湖，面积632平方千米。气候属温带大陆性季风气候，年均气温14.5℃，年均降水量901.4毫米。泰安市是津浦线与泰肥、泰辛线的交会点，公路纵横成网，交通非常便利。泰安是一座蜚声中外的历史文化名城。名胜古迹众多，处在华东旅游线上，“一山、一水、一圣人”的中点，举世闻名的泰山，气势磅礴，景色秀丽，被誉为“五岳之首”。1987年12月，泰山被联合国教科文组织列入中国首例、世界首批文化与自然双遗产名录；2006年9月，在第二届世界地质公园大会上，获世界地质公园称号。

审图号：鲁SG（2022）011号

山东省地图院编制　2022年7月

幸福泰安

◎ 国家首批对外开放城市
◎ 国家历史文化名城
◎ 国家卫生城市
◎ 国家园林城市
◎ 国家森林城市
◎ 国家节水型城市
◎ 国家首批新能源示范城市
◎ 国家分布式光伏发电应用示范区
◎ 全国文明城市
◎ 全国外贸竞争力百强城市
◎ 全国科技进步考核先进市
◎ 全国无偿献血先进城市
◎ 全国创业先进城市
◎ 全国双拥模范城
◎ 全国民族团结进步模范集体
◎ 全国文化体制改革工作先进地区
◎ 全国基层中医药工作先进单位
◎ 全国人口和计划生育综合改革示范市
◎ 全国婚育新风进万家活动示范市
◎ 全国资源综合利用“双百工程”示范基地
◎ 全国首批社会组织建设创新示范区
◎ 全国水生态文明城市
◎ 全国家庭急救模范城市
◎ 中国优秀旅游城市
◎ 中国特色魅力城市
◎ 中国宜居城市
◎ 中国人居环境奖
◎ 中国城市综合创新力50强
◎ 中国商帮推荐投资城市
◎ 中国投资环境百佳城市
◎ 中国企业营商环境十佳城市
◎ 中国最具生态竞争力城市
◎ 中国城市公益百强榜
◎ 中国自驾车旅游品牌十大目的地
◎ 十大国内自助游目的地
◎ 中国“十大秀美之城”
◎ 2021美丽中国首选旅游目的地

中华泰山

◎ 世界文化与自然遗产
◎ 世界地质公园
◎ 首例"世界摄影基地"
◎ 全国文明风景旅游区
◎ 全国首批"中国森林氧吧"
◎ 全国旅游服务质量标杆单位
◎ 全国"旅游服务最佳景区"
◎ 全国首批"港澳青少年游学基地"
◎ 全国首批"十大游学景区"
◎ 全国欢乐指数自然景观类榜首
◎ 国家地质公园
◎ 国家森林公园
◎ 国家首批重点风景名胜区
◎ 国家AAAAA级旅游景区
◎ 国家级风景名胜区综合整治十佳单位
◎ 国家级服务标准化示范单位
◎ 国家级全民健身登山基地
◎ 国家级海峡两岸交流基地
◎ 国家级摄影创作基地
◎ 中华十大名山
◎ 中国书法名山
◎ 中国楹联名山
◎ 中国最美的十大名山
◎ 中国旅游品牌十大景区
◎ 中国最令人向往的地方
◎ 中国民间文化遗产旅游示范区
◎ 中国最值得外国人去的50个地方
◎ 中国自驾车旅游品牌十大景区
◎ 顾客十大满意风景名胜区
◎ 最佳资源保护十大风景名胜区
◎ 欧洲人最喜爱的中国十大景区

岱顶全景图（陈 阳 摄）

泰 安 2021

◎ 总面积：7762平方千米

◎ 年末常住人口：543.5万人

◎ 生产总值：2996.7亿元

第一产业增加值：327.4亿元

第二产业增加值：1166.5亿元

工业增加值：784.9亿元

第三产业增加值：1502.8亿元

◎ 三次产业构成：10.9：38.9：50.2

◎ 人均地区生产总值：54917元

◎ 地方财政收入：230.5亿元

◎ 地方财政支出：428.2亿元

◎ 金融机构人民币存款余额：4903.3亿元

城乡居民储蓄存款余额：3468.2亿元

◎ 金融机构人民币贷款余额：3578.3亿元

◎ 外贸进出口总值：291.1亿元

出口总值：193.2亿元

进口总值：97.9亿元

◎ 实际利用外资：40696万美元

◎ 旅游总人数：6410.4万人次

◎ 旅游总收入：650.5亿元

◎ 普通高等学校：15所

◎ 普通高等学校在校生：14.59万人

◎ 中等职业学校：14所

◎ 中等职业学校在校生：4.0万人

◎ 技工学校：8所

◎ 技工学校在校生：2.3万人

◎ 普通中学：211所

◎ 普通中学在校生：30.5万人

◎ 小学：580所

◎ 小学在校生：32.1万人

◎ 卫生机构数：4665个

◎ 卫生机构床位：35303张

◎ 卫生技术人员：42799人

◎ 全社会用电量：244.9亿千瓦时

◎ 城区供水综合生产能力：27万立方米/日

◎ 城市道路面积：3140万平方米

◎ 城镇居民人均可支配收入：41741元

◎ 城镇居民人均生活消费支出：24696元

◎ 农村居民人均可支配收入：21769元

◎ 农村居民人均生活消费支出：13979元

◎ 泰山脚下大汶河 （周长征 摄）

编辑说明

一、《泰安年鉴（2022）》以马克思列宁主义、毛泽东思想、邓小平理论、“三个代表”重要思想、科学发展观、习近平新时代中国特色社会主义思想为指导，坚持辩证唯物主义和历史唯物主义的立场、观点和方法，紧紧围绕市委、市政府中心工作，全面客观地反映各级各单位的主要工作和取得的重大成就，力求观点正确、框架科学、资料翔实、记述准确、编写规范、特色鲜明。

二、《泰安年鉴》是由中共泰安市委、泰安市人民政府主办，中共泰安市委党史研究院、泰安市地方史志研究院编纂的年度资料性文献，旨在全面、系统、准确地记述泰安市自然、政治、经济、文化、社会和生态建设方面的综合情况。自1991年起逐年编纂并公开出版，一年一卷，本卷为第32卷。

三、《泰安年鉴（2022）》着重反映2021年度泰安市经济社会发展的基本情况。记述时限为2021年1月1日至2021年12月31日，部分内容根据实际情况，时限适当上溯或下延。

四、《泰安年鉴（2022）》行文使用规范语体文、记述体。数字用法、标点符号、计量单位分别执行国家标准《出版物上数字用法》（GB/ T 15835—2011）、《标点符号用法》（GB/T 15834—2011）、《国际单位制及其应用》（GB 3100—1993）和《有关量、单位、符号的一般原则》（GB 3101—1993）。

五、《泰安年鉴（2022）》采用分类编辑法，以类目、分目、条目组成框架结构的主体部分，部分分目增设子分目层次。以条目为基本记载单元。全书条目标题统一用黑体加【 】表示。

六、《泰安年鉴（2022）》框架保持相对稳定，共设37个类目：特载、专记、大事记、市情概览、中国共产党泰安市委员会、泰安市人民代表大会、泰安市人民政府、中国人民政治协商会议泰安市委员会、纪检·监察、民主党派、人民团体、法治、军事、经济管理、招商·合作、农业·水利、工业及新型工业化、建筑业、信息化·数字化、交通·邮政、开放型经济、商贸服务业、旅游业、房地产业、金融业、城乡建设与管理、资源·环境、科学、教育、文化、卫生·体育、社会生活、应急管理、景区·园区、县市区、人物·荣誉、附录。

七、为方便文字记述，文中以市、县（市、区）、乡镇（街道）、村（居）来体现记述范围，以“年内”指2021年、“上年”指2020年、“年末”指2021年年末。正文中副市级以上负责人署名，且职务冠名前，职称缀名后。大事记中“△”代表“同日”。

八、入鉴资料均由市直部门、各县（市、区）及有关单位提供，并经主要负责人审核。全市综合性数据由市统计局提供或审定。部分数据合计数或相对数，由于单位取舍不同而产生计算误差，本书均未做机械调整。一般使用法定计量单位，但在记述农业用地时亦可用亩。小数点后一般保留两位小数。增加值、绝对数均按当年价格，增长速度按可比价格计算。与上年数据的比较一般省略“比上年”“同比”字样。

九、全书前有详细目录和英文要目，后有索引，具有比较完善的检索系统。

◎ 10月4日，省委书记李干杰（前排中）到东平湖调研防汛工作 （司 刚 摄）

◎ 10月3日，省委副书记、代省长周乃翔（前排中）到东平湖调研防汛工作 （司 刚 摄）

◎6月21日，市委书记崔洪刚（右）慰问老党员霍贵方（左）并为其颁发“光荣在党50年”纪念章

（司刚 摄）

◎9月8日，市委书记杨洪涛（前）督导国家卫生城市创建工作

（赵文文 供）

◎6月11日，市委副书记、市长张涛（前排左二）调研新泰市“三夏”农业生产工作（赵文文 供）

◎9月22日，市委副书记、东平县委书记曲锋（右五）调研东平湖防汛工作　　（赵文文　供）

◎9月7日，市人大常委会主任唐福泉（左二）到泰安实验中学走访慰问。图为在泰安实验中学3D打印室检查工作　　（王馨蕾　供）

◎6月21日，市政协主席郭德文（左五）带领部分政协委员和市政协机关干部，到宁阳县八仙桥街道青川国子村调研新时代文明实践中心建设和“委员之家”创建情况　　（张学亮　供）

◎ 11月5日，市消防救援支队泰山消防救援站获首届“全国应急系统先进集体”称号。图为11月9日，市委书记杨洪涛（左四）接见首届“全国应急系统先进集体”代表 （司 刚 摄）

◎ 12月31日，市委书记杨洪涛（左五）接见泰安市第八届全国、全省道德模范代表 （司 刚 摄）

◎ 6月28日，全市“两优一先”表彰暨新时代泰山“挑山工”表扬大会召开，表彰优秀共产党员、优秀党务工作者和先进基层党组织，表扬新时代泰山“挑山工”先进集体和先进个人　（司　刚　摄）

◎ 11月12日，2021年泰安民营企业50强发布会举行　（司　刚　摄）

◎ 3月2日，泰安市党史学习教育动员大会召开　　（司　刚　摄）

◎ 4月12日，省委党史学习教育第六巡回指导组到泰安市指导党史学习教育工作。图为泰安市党史学习教育工作汇报会现场　　（司　刚　摄）

◎ 7月21日，2021年市委理论学习中心组专题读书班举办学习习近平总书记在庆祝中国共产党成立100周年大会上的重要讲话精神宣讲报告会，省委宣讲团成员、省委党校常务副校长徐闻作宣讲报告　　（司　刚　摄）

◎9月30日，公祭烈士活动在泰安革命烈士陵园广场举行　（司　刚　摄）

◎11月29日，市委党的十九届六中全会精神专题学习班开班式在市委党校举行，省委党史学习教育第六巡回指导组到会指导　（司　刚　摄）

◎12月25日，党史学习教育中央第四指导组组长于跃敏（前排左三）一行到泰安调研指导，对泰安市党史学习教育取得的成果表示肯定　（司　刚　摄）

◎ 10月19日，市委书记杨洪涛（左五）调研泰山区域山水林田湖草生态保护修复工程城区项目建设情况 （司 刚 摄）

◎ 6月28日，泮河（天泽湖）人工湿地 （司 刚 摄）

◎ 9月18日，全省黄河流域生态保护和高质量发展现场推进会泰安市分会场 （司 刚 摄）

◎ 9月6日，市委副书记、市长张涛（前排右二）到宁阳县调研生态环境保护工作

（赵文文　供）

◎ 4月25日，京杭大运河大清河航段清淤

（陈　阳　摄）

◎ 3月4日，在东平县老湖镇驻地的东平港老湖作业区装卸码头，沿湖的吊机开足马力将尿素吨包吊装进船只，成排的货车有序停靠在港口等待卸货

（陈　阳　摄）

◎ 4月21—24日，泰山产业大集在泰山国际会展中心举办，集中展示推介全市产业集群中产业链关键环节典型产品。展览面积2.5万平方米，269家企业参展，邀请关联客户单位1000余家。图为市领导参观展览 （司 刚 摄）

◎ 5月8—11日，2021第四届中国粮油泰山论坛暨第十六届全国粮油产销企业订货会在泰安举办 （司 刚 摄）

◎ 9月6日，第三十五届泰山国际登山节暨2021中国泰安投资合作洽谈会举行 （司 刚 摄）

◎ 9月6日上午8时30分，泰山国际登山比赛暨第二十六届全国全民健身登泰山徒步活动起跑仪式在岱庙广场举行 （司 刚 摄）

◎ 3月4日，肥城市10万亩粮食绿色高质高效创建示范区　（司刚　摄）

◎ 10月8日，全市“三秋”生产稳步推进　（陈阳　摄）

◎ 9月23日，2021年泰山区“中国农民丰收节”暨第二届“猕猴桃”采摘节开幕　（隋翔　摄）

◎ 9月29日，果农在修剪果树　（赵文文　摄）

◎ 5月11日，天宝樱桃丰收季　（隋翔　摄）

◎7月25日，万吨级小麦糊粉层产业化示范基地一期投产暨泰山免疫力经济产业研究院揭牌仪式在泰山粮食健康食品产业示范基地项目现场举行　（司 刚 摄）

◎8月12日，泰安市脱贫攻坚表彰暨乡村振兴工作推进会议召开　（司 刚 摄）

◎11月1日，位于大津口乡沙岭村的集养殖繁育、休闲餐饮、旅游观光于一体的螭霖鱼养殖示范园区　（隋 翔 摄）

◎ 2月26日，全省通过视频连线方式，举办2021年山东省春季重大项目集中开工活动，泰安分会场设在肥城市泰鹏新材料产业园。泰安市参加全省集中开工项目56个，总投资364.9亿元　　（司　刚　摄）

◎ 4月6日，省会经济圈“一圈同城　交通先行”建设启动暨京台高速泰山西互通立交开工仪式举行，泰安分会场设在京台高速改扩建泰安北出口交通枢纽项目施工现场　　（司　刚　摄）

◎ 7月20日，全省举行重大项目集中开工活动。活动采用“省主会场+市分会场现场视频连线”方式举行，泰安市分会场设在泰山区泰安数字鹰航空产业园项目现场　　（司　刚　摄）

◎ 4月28日，泰安二期抽水蓄能电站项目现场施工启动仪式举行　　（司 刚　摄）

◎ 4月18日，正威泰安金属新材料产业园一期项目投产暨二期开工仪式举行　　（司 刚　摄）

◎9月10日，全市优化营商环境工作推进会议召开（司 刚 摄）

◎11月9日，省道S103济枣线泰新高速立交桥至新泰泗水界段改建工程通车仪式举行。图为市委书记杨洪涛（右一）一行看望泰（安）楼（德）路建设工程指挥部、施工、监理单位代表

（司 刚 摄）

◎11月17日，泰安市中心医院高新区院区交付使用

（司 刚 摄）

◎ 11月18日，泰山新闻出版小镇人天书店项目一期投产暨二期开工仪式举行 （司 刚 摄）

◎ 12月19日，国泰大成新材料科技产业园启用仪式举行 （司 刚 摄）

◎ 3月26日，泰安党支部工作指导中心启用仪式在宁阳县举行，标志着全国首家党支部工作指导中心在泰安市建成启用　（司　刚　摄）

◎ 3月30日，南湖党建主题公园　（陈　阳　摄）

◎ 4月26日，泰安市“红领巾心向党”红色体悟活动举行　（毕建军　摄）

◎ 7月16—18日，“建党百年　书香泰安”第三十届全国图书交易博览会泰安分会场在泰山国际会展中心举办　（郑旭光　供）

◎6月26日，泰安市举行新发展党员入党宣誓活动，市委常委、组织部部长刘泮英（前排中）领誓并讲话　（司　刚　摄）

◎6月28日，泰安市庆祝中国共产党成立100周年书画作品展在市美术馆举办。图为市领导及市民参观书画展

（司　刚　摄）

◎7月30日，"军民一家亲 永远跟党走"泰安市庆"八一"军民联欢会暨"最美退役军人""优秀兵支书"颁奖仪式举行

（司　刚　摄）

◎ 1月7日，在泰安市全国文明城市创建工作表彰大会上，两名市民代表为“全国文明城市”奖牌揭牌（司 刚 摄）

◎ 2月20日，泰安望岳中学的智能垃圾分类亭（陈 阳 摄）

◎ 3月5日，泰安市“泰安小美”学雷锋文明实践志愿服务活动启动仪式举行（司 刚 摄）

◎ 5月18日，市委副书记、市长张涛（前排左三）调研老旧小区改造和全国文明城市创建工作

（许兴超　供）

◎ 5月29日，泰安市“文明出行　保护生命　从‘头’开始”主题活动启动仪式举行

（司　刚　摄）

◎ 3月12日，2021“绿满泰安”志愿服务活动启动暨“卫健先锋志愿林”揭牌仪式举行　（司　刚　摄）

◎1月9日，山东省第四届冬季全民健身运动会开幕式在泰安市花样年华景区泰山冰雪文体中心举行。图为参赛小选手的冰上展演　（司　刚　摄）

◎5月13日，市民在岱岳区乡村文化广场游玩（陈　阳　摄）

◎6月9日，泰山区上高街道魏家庄泰安小美幸福食堂（陈　阳　摄）

◎4月25日，泰山天颐湖风景度假区内五彩斑斓的郁金香　（陈　阳　摄）

◎ 5月17日，上王庄村乡村书房点亮书香生活 （陈 阳 摄）

◎ 6月10日，“城市园丁”为民办实事——街角游园让居民开门见绿 （陈 阳 摄）

◎ 7月20日，市民在九女峰乡村度假区享受天然氧吧 （陈 阳 摄）

◎ 7月8日，泰山区邱家店镇王林坡村汶水画廊景观带成为村里的一道靓丽风景线　（赵文文　供）

◎ 10月1日，泰山西湖泰安府步行街　（司　刚　摄）

◎ 12月22日，泰安7-ELEVEn“乐享消费 美好生活 2021暖冬消费季”启动仪式举行　　（司 刚　摄）

◎ 10月16日，山东省第十一届全民健身运动会开幕式在泰安市天地广场举行　　（司 刚　摄）

◎ 4月14日，泰山广场　　（陈 阳　摄）

◎ 4月14日，刘家山公园　　（陈 阳　摄）

◎ 6月25日，泰山脚下灯光辉煌，庆祝中国共产党成立100周年光影秀精彩上演　（陈　阳　摄）

◎ 7月26日，蓝天白云美如画——天平湖美景　（陈　阳　摄）

◎ 8月16日，秀美泰安

（陈阳 摄）

◎ 8月16日，泮河两侧风景如画 （陈 阳 摄）

目　　录

特　载

专　记

大事记

市情概览

中国共产党泰安市委员会

泰安市人民代表大会

泰安市人民政府

中国人民政治协商会议泰安市委员会

纪检·监察

民主党派

人民团体

法 治

军　事

经济管理

招商·合作

农业·水利

建筑业

信息化·数字化

交通·邮政

开放型经济

商贸服务业

旅游业

房地产业

金融业

城乡建设与管理

资源·环境

文　化

卫生·体育

社会生活

应急管理

景区·园区

人物 · 荣誉

附　录

索　引

Contents

Tai'an Municipal People's Government

Tai'an Municipal Committee of Chinese People's Political Consultative Conference

Discipline Inspection and Supervision

Democratic Parties

People's Organizations

Rule of Law

Military Affairs

Economic Management

Investment & Cooperation

Agriculture & Water Conservancy

Industry and New Industrialization

Construction Industry

Informatization & Digitalization

Transportation & Postal Service

Open Economy

Commerce and Trade Service

Tourism

Real Estate

Finance

Urban and Rural Construction and Administration

Resources & Environment

Science

Education

Culture

Health & Sports

Social life

Emergency Management

Scenic Zones & Parks

Counties, County-level Cities and Districts

Personages & Honors

Appendix

Index

登高望远　奋力争先
全面开创新时代社会主义现代化强市建设新局面

——在中国共产党泰安市第十二次代表大会上的报告

（2022 年 2 月 18 日）

市委书记　杨洪涛

中国共产党泰安市第十二次代表大会，是在我市全面开启社会主义现代化建设新征程的关键时期，召开的一次十分重要的会议。大会的主题是：高举中国特色社会主义伟大旗帜，以习近平新时代中国特色社会主义思想为指导，深入贯彻落实习近平总书记对山东工作重要指示要求，牢记嘱托、勇担使命，登高望远、奋力争先，全面开创新时代社会主义现代化强市建设新局面。

一、过去五年的工作回顾

市第十一次党代会以来的五年极不寻常。我们党和国家迎来庆祝改革开放 40 周年、新中国成立 70 周年、中国共产党成立 100 周年等一系列大事盛事。五年来，我们在党中央和省委坚强领导下，深入学习贯彻习近平新时代中国特色社会主义思想，认真落实党的十九大和十九届历次全会精神，忠诚拥护“两个确立”，增强“四个意识”、坚定“四个自信”、做到“两个维护”，团结带领全市广大党员干部群众，积极应对复杂外部形势和疫情严重冲击，统筹推进“五位一体”总体布局，协调推进“四个全面”战略布局，全面建成小康社会，为开启全面建设社会主义现代化新征程奠定了坚实基础。

——发展质量不断提升。地区生产总值达到 2996.7 亿元，按可比价格计算，年均增长 5.6%。实现一般公共预算收入 230.5 亿元，年均增长 2.2%，税收占比提高至 75.1%。三次产业比例调整为 10.9∶38.9∶50.2。各类市场主体达到 54.7 万户，年均增长 13.5%，去年增幅居全省第 5 位。“四新”经济加速成长。规模以上工业增加值年均增长 6.1%，高新技术产业产值占比提高至 57.5%。国家级、省级制造业单项冠军企业达到 15 家、50 家，均居全省前列。服务业增加值年均增长 7.5%，社会消费品零售总额年均增长 5.6%。粮食总产稳定在 50 亿斤以上。

——民生福祉持续改善。全市居民人均可支配收入年均增长 7.6%。民生支出占一般公共预算支出的比重保持在 78% 以上。新增城镇就业 26.2 万人，期末城镇登记失业率 1.85%。新改扩建中小学和幼儿园 554 所，中小学大班额全面消除，学前教育普惠率达到 88.5%。城区 15 分钟健身圈基本形成，农村体育健身工程全覆盖，泰山国际登山比赛被评为中国体育旅游十佳精品赛事。基层医疗卫生机构全部完成标准化建设，“两免两减半”“先诊疗后付费”政策全面落实。社会保险制度运行平稳。兜底保障力度加大，建立起市县乡村四级衔接互通的社会救助网络。集中整治房地产开发历史遗留问题，惠及 7.5 万个家庭、22 万人。

——改革创新多点突破。设立“工作创新奖”，以有解思维破难攻坚。市县党政机构改革全面完成。国

12月11日，市委书记杨洪涛（前排左三）调研安全生产工作。图为在泰安数字鹰航空产业园项目现场检查　（司　刚　摄）

资国企、财税金融等各领域改革扎实推进。组建四大国有企业集团。成立全省首家市级行政审批服务局。市场准入“证照通办”经验在全省推广。“泰好办”服务品牌、“好差评”考核机制、打破“信息孤岛”等，助力营商环境不断改善。建成全国首家慢性病互联网医院，率先实现互联网医保支付，被列为全国城市医联体建设试点市、全国医保支付改革试点市。第七次被命名为全国双拥模范城，军地双方土地置换做法在全军推广。在全国率先实现主要农作物生产全程机械化。国家现代农业产业园和农业科技园落地泰安。创建行业唯一的国家先进印染技术创新中心。研发投入强度连续8年超过全省平均水平。入选“科创中国”首批试点城市、第二家“科创中国”创新基地。全国首套盐穴储能电站并网发电。开放型经济发展水平稳步提升。

——城乡建设协调推进。常住人口城镇化率达到63.92%，比2016年提高3.26个百分点。推进海绵城市和地下综合管廊建设，清洁取暖试点进展顺利。实施旅游服务质量提升“四大工程”，配套功能不断增强。西部新区快速崛起，东部新城拉开框架。打通擂鼓石大街、灵山大街等多条断头路、卡脖子路，泰安首条高架迎胜路南延建成通车，城市路网不断完善。实施棚户区改造11.1万套，完成老旧小区改造5.3万户、农村危房改造8181户、农村厕所改造50.3万户。建成一批重点水利工程。完成农村饮水安全两年攻坚行动。新改建“四好农村路”4000公里，2785个行政村实现通户道路硬化。济泰、青兰等8条新改建高速公路全部建成通车。京杭运河东平湖区主航道成功复航。泰安和新泰、肥城顺利通过国家卫生城市复审。城乡设施更加完善，生活更加便利，环境更加宜居。

——攻坚战役成效显著。脱贫攻坚战取得全面胜利，7.2万户、14.5万人实现脱贫，354个省级贫困村、251个市级贫困村全部退出，东平移民避险解困、易地扶贫搬迁、黄河滩区迁建三大工程全面完成，9.2万人回迁入住。山水林田湖草生态保护修复试点工程打造成“泰山样板”。实施最严格的泰山石保护，彻底关闭取缔各类交易场所。污染防治攻坚战深入推进，空气质量优良天数比例达到62.5%，国控省控河流断面水质全部消除劣五类。金融、房地产、政府债务等领域风险有效防控。坚持人民至上、生命至上，坚决打赢疫情防控的人民战争、总体战、阻击战，慎终如始抓好“外防输入、内防反弹”，规范推进疫苗接种和常态化精准防控。科学应对历史罕见的秋汛，全力保障人民群众生命财产安全，在大战大考中经受住了考验。

——文化建设蓬勃发展。荣获第六届全国文明城市称号，涌现出一批全国全省道德模范。泰山文化传承创新示范区被列为省重点推进示范区。全国首家图书类版权交易中心落户泰山新闻出版小镇。文化惠民工程深入实施，公共文化服务体系更加完善，建成市县乡村四级综合性文化服务中心并免费开放，市县两级文化馆全部获评国家一级馆。新增省级以上重点文物保护单位29处，各类博物馆达到46家。推出《泰山挑山工》等一批文艺精品。《泰山编年通史》列入国家“十四五”出版规划。

——社会大局和谐稳定。支持市人大、政府、政协和纪委监委、法院、检察院履行职能、开展工作。爱国统一战线不断壮大。平安泰安、法治泰安建设迈出坚实步伐。粮食、能源、安全生产、食品药品安全形势保持稳定。信访突出问题有效化解。扎实推进政法队伍教育整顿，深入开展扫黑除恶专项斗争。党史史志、双拥共建、民族宗教、港澳台侨、外事、审计、档案、人防、消防、气象、工会、妇女儿童、青少年、老龄、残疾人、慈善等各项事业都有新的发展。

——党的建设全面加强。精心组织庆祝建党百年系列活动，开展百场万名新党员入党宣誓，为3.8万名党员颁发“光荣在党50年”纪念章，22个基层党组织和32名党员荣获省级以上“两优一先”荣誉称号。“两学一做”学习教育、“不忘初心、牢记使命”主题教育、党史学习教育成效显著。理论武装、意识形态等工作不断加强。统筹推进各领域党建工作，基层基础进一步夯实。顺利完成县乡村换届，各级领导班子和党的基层组织更加坚强有力。坚持全面从严治党战略方针，持之以恒正风肃纪反腐，实现十一届市委巡察全覆盖，反腐败斗争取得压倒性胜利并全面巩固。

五年砥砺前行，成绩令人鼓舞，也来之不易。五年来的发展成果，最根本在于有以习近平同志为核心的党中央掌舵领航，有习近平新时代中国特色社会主义思想科学指引。实践证明，只要我们坚定不移拥护“两个确立”，增强“四个意识”、坚定“四个自信”、做到“两个维护”，就一定能够推动泰安发展行稳致远。五年来的发展成果，得益于省委的坚强领导，得益于历届市委的接续努力，得益于全市各级党组织和广大党员干部群众的拼搏奋斗。实践证明，只要我们以“功成不必在我”的境界和“功成必定有我”的担当，一任接着一任干，一以贯之抓落实，就一定能把美好愿景变为现实场景。五年来的发展成果，离不开市各大班子、各民主党派、人民团体、各界人士和各个方面的大力支持、协同配合。实践证明，只要我们上下同欲、风雨同舟，团结一切可以团结的力量，就一定能够汇聚起奋斗新时代的磅礴伟力。在此，我代表中共泰安市第十一届委员会，向所有为泰安发展作出贡献的同志们、朋友们，致以崇高的敬意和衷心的感谢！

在肯定成绩的同时，我们也要清醒地认识到，前进道路上还面临不少困难和挑战，主要是：经济总量不大、人均水平不高、发展不充分不平衡仍是泰安的最大实际；产业结构不优、层次不高、支撑不足的局面尚未根本改变，新旧动能转换任务仍然艰巨；文化旅游、生态环境、区位交通等比较优势还没有充分发挥，影响发展的体制机制障碍尚未彻底根除；优质公共服务供给不足，民生事业发展与人民对美好生活新期待还有差距；干部队伍能力素质需要进一步提高，全面从严治党需要进一步强化，等等。对此，我们要在今后工作中着力加以解决。

二、牢记嘱托勇担使命，全面开启新时代社会主义现代化强市建设新征程

习近平总书记对山东发展一直十分关心、寄予深情厚望，要求山东在服务和融入新发展格局上走在前、在增强经济社会发展创新力上走在前、在推动黄河流域生态保护和高质量发展上走在前，不断改善人民生活、促进共同富裕，开创新时代社会主义现代化强省建设新局面。“走在前列、全面开创”“三个走在前”，是全省上下做好一切工作的总遵循、总定位、总航标，我们必须牢记总书记的殷殷嘱托，勇担光荣使命，在新的征程上，为全省全国大局贡献泰安力量、展现泰安担当。

同志们，登高必自卑，行远必自迩。从全面建成小康社会到基本实现现代化，再到全面实现社会主义现代化，还要走一段相当长的艰难路程。行百里者半九十。我们现在刚刚登上中天门，还要拿出更大的气魄、更多的气力，勇攀十八盘，越过南天门，直达玉皇顶。作为泰山儿女，一定要有“登泰山而小天下”的气度和激情，“会当凌绝顶，一览众山小”！

——我们要对标对表，登政治站位之高，望复兴梦想之远，争科学谋划之先。学深悟透习近平新时代中国特色社会主义思想，深刻把握“走在前列、全面开创”“三个走在前”的丰富内涵和核心要义，认真落实省委“六个一”发展思路、“六个更加注重”策略方法、“十二个着力”重点任务，学习借鉴发达地区先进经验，以全局视角和战略眼光谋划泰安的现代化建设，把准方位、思深益远、谋定快动、用心落实，确保习近平总书记重要指示要求在泰汶大地落地生根、结出硕果。

——我们要放眼大势，登时代潮流之高，望战略机遇之远，争变革图强之先。当今世界，百年变局和世纪疫情交织叠加，和平与发展仍是时代主题，新一轮科技革命和产业变革方兴未艾，人类命运共同体成为广泛共识，区域全面经济伙伴关系正式启航，国家“双循环”新发展格局、“双碳”目标、高水平科技自立自强、黄河流域生态保护和高质量发展等重大战略加快实施，既创造了难得机遇，也带来了新的挑战。必须因势而谋、顺势而为，善于在危机中育先机、于变局中开新局。

——我们要发挥优势，登岩岩泰山之高，望百年基业之远，争区域发展之先。泰安区位交通便利、自然资源丰富、产业基础良好、科教人才汇集、生态环境得天独厚，加快发展有条件、有优势、有潜力。只要我们胸怀“两个大局”、心系“国之大者”，敢于树雄心、立壮志、攀高峰，保持定力、久久为功，把全市方方面面的力量充分调动起来，把泰安的比较优势充分发挥出来，就一定能够在新一轮区域发展中迎头赶上，谱写好新时代社会主义现代化强市建设新篇章，交出一份让全

市人民满意、经得起实践和历史检验的合格答卷。

今后五年工作的总体要求是：高举中国特色社会主义伟大旗帜，全面贯彻习近平新时代中国特色社会主义思想，深入落实习近平总书记对山东工作重要指示要求，按照中央和省委决策部署，弘扬伟大建党精神，把握稳中求进工作总基调，统筹推进“五位一体”总体布局和协调推进“四个全面”战略布局，完整准确全面贯彻新发展理念，主动服务和融入新发展格局，坚持以党的建设为统领，以推动高质量发展为主题，强力推进新型工业化、黄河战略、文旅融合、城市提升、乡村振兴和共同富裕，抓好改革创新、扩大开放、优化环境和考核奖惩，统筹发展和安全，团结带领全市人民登高望远、奋力争先，推动各项工作位次前移、争创一流，全面开创新时代社会主义现代化强市建设新局面。

今后五年工作的总体目标是：圆满完成“十四五”规划目标任务，全面加快新时代社会主义现代化强市建设进程，为基本实现社会主义现代化奠定坚实基础。具体体现在：

——综合经济实力显著增强。质量效益后劲持续提升，主要经济指标增速高于全省平均水平。产业基础高级化、产业链现代化水平明显提升，产业生态创新迈出新步伐。现代服务业提档升级。工业增加值占生产总值比重达到30%左右，培植起一批千亿级产业集群。

——发展动力活力显著增强。经济社会发展创新力大幅提升。国家级创新平台建设和科技成果转化实现新突破，全社会研发经费投入、高新技术产业产值占比明显提高。重点领域和关键环节改革实现新突破。营商环境达到国内一流水平。信用泰安建设取得新成效。各类开发区位次前移。开放通道平台建设更加完善。

——人民生活品质显著增强。中等收入群体比重明显提高，低收入群体增收长效机制基本建立，就业更为充分、更有质量。优质均衡的公共服务体系、多层次广覆盖的社会保障体系进一步完善。更好实现幼有所育、学有所教、劳有所得、病有所医、老有所养、住有所居、弱有所扶，共同富裕迈上新水平。

——生态环境优势显著增强。生态保护修复成果持续巩固。“双碳”目标取得积极进展，重点行业能源利用效率加快提升，全面完成省下达的节能、减排、降碳约束性指标和环境质量改善目标，形成低消耗、少排放、能循环、可持续的绿色低碳发展方式。泰安更加美丽，城乡更加协调。

——社会治理效能显著增强。社会主义核心价值观深入人心，新时代文明实践纵深推进。平安泰安、法治泰安建设巩固发展，民主法治更加健全，公平正义进一步彰显。防范化解重大风险、应对突发事件的能力全面增强。治理体系和治理能力现代化水平不断提高。

——管党治党能力显著增强。党的政治建设、理论武装更加扎实。各级党委的领导核心作用、基层党组织的战斗堡垒作用和党员的先锋模范作用充分发挥，党员干部的工作作风明显改进，责任担当和素质能力进一步提升。党内政治生活严肃规范，政治生态更加清明。

做好今后五年的工作，需要把握好以下原则：

——必须坚持党的领导。新的征程上，我们要旗帜鲜明把拥护“两个确立”、做到“两个维护”作为根本政治原则。坚持严的主基调不动摇，纵深推进全面从严治党。充分发挥党总揽全局、协调各方的领导核心作用，不断提高把方向、谋大局、作决策、保落实的能力和定力，引领泰安各项事业沿着正确方向勇毅前行。

——必须坚持新发展理念。新的征程上，我们要毫不动摇把新发展理念作为指挥棒、红绿灯，完整准确全面贯彻到发展全过程各领域，在服务和融入新发展格局中转变发展方式，努力实现创新成为第一动力、协调成为内生特点、绿色成为普遍形态、开放成为必由之路、共享成为根本目的的高质量发展。

——必须坚持人民至上。新的征程上，我们要牢记江山就是人民、人民就是江山，始终做到发展为了人民、发展依靠人民、发展成果由人民共享，走共同富裕之路，不断实现好、维护好、发展好人民群众根本利益，激发人民群众的积极性、主动性、创造性。

——必须坚持科学思维。新的征程上，我们要从泰安实际出发，强化系统思维，抓住主要矛盾和中心任务带动全局工作；强化有解思维，以改革创新的办法突破难题、打开新路；强化平台思维，用市场化的手段提高配置各类资源要素的能力，推动有效市场和有为政府更好结合；强化法治思维，依法依规想问题、作决策、干工作，用法治力量促进发展、保障善治。

——必须坚持敢于斗争。新的征程上，我们要勇于直面矛盾问题和风险挑战，激活斗争基因，涵养斗争底气，增强斗争本领，做到敢于斗争、善于斗争，在原则问题上不含糊、不退让，在困难面前不回避、不推诿，知重负重、知难克难，确保新时代社会主义现代化强市建设顺利推进。

同志们，目标引领方向，使命激励担当。踏上新的征程，我们一定要咬定青山不放松，撸起袖子加油干，以永不懈怠的精神状态和一往无前的奋斗姿态，勇做新时代泰山“挑山工”，努力干出无愧于时代、无愧于人民、无愧于历史的新业绩！

三、实施新型工业化强市战略，加快建设现代产业体系

工业化是不可逾越的重要历史阶段。泰安发展的差距在工业，潜力也在工业。我们必须把新型工业化作为发展之本、强市之基、富民之要，聚焦三个“1+N”体系建设，做大做强优势产业链和产业集群，努力构建具有泰安特色、竞争力强的现代产业体系。

（一）大力开展企业倍增行动。坚持分类指导、梯次培育，支持小微企业“小升规”。助力专精特新、单项冠军、“瞪羚”等“小巨人”变为“大巨人”。以“双50强”企业培植为重点，一企一策支持龙头企业向高而攀、向远而行。激励各类企业在优势领域精耕细作，全面提升技术创新力、市场竞争力、配套带动力和税收贡献力。强化企业上市指导服务和奖励激励，推进一大批“种子企业”上市发展。大力弘扬新时代企业家精神，制定实施企业家培育赋能和现代企业管理提升计划，组织开展向业内标杆企业学习活动，造就具有开拓精神、前瞻眼光、国际视野的企业家队伍。

（二）大力开展产业链和产业集群建设行动。全面推行“链长制”，深入做好补链延链强链的文章，提升产业链完整性、供应链稳定性。坚持全环节发力、全要素保障，做大做强高端装备制造、新材料、食品、化工四大支柱产业，提升发展新能源、医药及医疗器械、出版印刷、纺织服装四大优势产业，前瞻布局数字经济等未来产业，培育系统完整、互联共生、创新活跃、安全稳定的优良产业生态。其中，以输变电及电线电缆、工程和矿山机械为主的高端装备制造产业，以特色金属、玻璃纤维为主的新材料产业，以泰山新闻出版小镇为主体的出版印刷产业，瞄准千亿级目标发力。充分发挥省级化工园区产业集聚功能，重点发展精细化工，建设全省重要高端化工产业基地。抓好特色农副产品、名优蔬菜果品和肉类深加工，发展乳制品制造、中央厨房和预制菜，做大做强食品产业。实施资源换产业，大力开拓发展新能源及装备产业，支持肥城打造国家级储能储气调峰中心。利用好国家先进印染技术创新中心，推动纺织服装产业向科技、时尚、绿色转型升级。积极发展医药及医疗器械产业，打造以血液制品为核心的生物医药产业集群。同时，大力发展区域总部经济、金融商务、科技服务、物流配送等生产性服务业，促进先进制造业与现代服务业深度融合。

（三）大力开展数字赋能行动。数字经济是新的经济增长点，也是改造传统产业的支撑点。加强数字变革创新，建设数字政府、数字社会、数字经济，为高质量发展注入新动能。加快推进产业数字化，坚持数字化、网络化、智能化方向，引进培育数字化服务平台，利用互联网新技术，对企业进行全方位、全链条改造。推动规模以上制造业企业技改扩规全覆盖、高耗能产业数字化改造、优势产业智能制造。加快推进数字产业化，以数字政府和智慧城市建设为引领，发挥智慧矿山、光电科技、服务外包、大数据等方面的优势，在数字经济细分领域拓展链条、提高能级、做大做强。

（四）大力开展精准招商行动。工业强市最终要落实到招商引资和项目建设上。坚持国家有需要、市场有前景、泰安有基础、政府有税收，紧盯国家政策导向和产业链上下游企业，策划储备一批投资额度大、行业穿透力强、知名度高的大项目好项目。强化精准招商，实行“一把手项目工程”，绘制产业链图谱，有的放矢、按图索骥，瞄准产业链空白点抓招商。对特种钢铁、输变电、矿山装备、高性能纤维等产业，围绕做大产业集群引进相关项目；对汽车及零部件、高端化工、新能源等产业，聚焦薄弱环节，着力引进一批行业领军企业；抢抓北京疏解非首都功能机遇，做好新闻出版产业链项目精准招商，支持泰山国家图书版权交易中心线上线下平台建设，尽快实现具有实质内容的版权登记、评估和交易服务，形成产业规模。强化项目推进，落实好“要素跟着项目走”机制，抓实省市县三级重点项目，量身定制最优服务，全面提高项目建设质效。

（五）大力开展园区提升行动。发挥园区主战场、主阵地作用，重点抓好基础设施建设、闲置土地盘活、低效用地再开发、标准厂房和柔性车间建设，统筹做好生产要素、生活设施、高效服务配套，建设智慧园区和低成本园区，实现“拎包入驻”。省级开发区力争全部进入全省中游。支持高新区汶河产业园建设全国一流特色园区，新泰经济开发区争创国家级开发区。坚持错位发展，理顺财税分配机制，打造一批专业园区、特色园区和飞地园区。

四、落实黄河国家战略，坚定走好生态优先绿色低碳发展之路

泰安在山东沿黄城市中举足轻重，占全省黄河流域面积的47.5%，也是唯一一个所有县市区全域覆盖的市。推动黄河战略落实落地，既是重大历史机遇，更是

重大政治任务。我们必须扛牢责任，努力打造黄河流域生态保护先行区、黄河长久安澜示范区、黄河下游高质量发展样板区，展现“造福人民幸福河”的亮丽风景线。

（一）着力深化生态保护系统修复。坚持共抓大保护、协同大治理，推进山水林田湖草沙一体化保护治理，加强以泰山为龙头、大汶河为纽带、东平湖为重点的生态保护修复工程建设，全面提高自然生态系统的稳定性和生态服务功能。严格落实河湖长制，提升河湖生态面貌。实施工矿废弃地复垦、全域土地整治、采煤塌陷治理等工程，推进国土保护修复。加强污染综合治理，抓好大气、水、土壤环境保护治理，促进经济社会发展与生态环境保护相协调。

（二）着力构建防洪减灾保障体系。巩固提升黄河标准化堤防，推进东平湖蓄滞洪区综合治理，加快大汶河全流域防洪工程标准化建设，构建安全可靠的灾害防御工程体系。健全监测预警处置机制，加强市县两级物资储备，全面提升自然灾害防御应急能力。完善城市防洪排涝体系，系统化、全域化推进海绵城市建设。

（三）着力强化资源集约节约高效利用。全面贯彻“四水四定”原则，推进节水型社会建设，构建适水生产的现代产业体系。实施引黄入泰、南水北调东线泰安支线等工程，优化水资源配置格局。严格执行《泰安市垃圾分类管理条例》，加快构建废旧物资循环利用体系，推进国家级大宗固体废物综合利用示范基地建设。加强绿色矿山建设，提高矿产资源开发保护水平，有序推进压煤村庄搬迁。

（四）着力促进绿色低碳发展。正确处理发展和减排、整体和局部、长远目标和短期目标、政府和市场的关系，科学编制实施“双碳”行动方案。把“双碳”工作纳入生态文明建设整体布局和经济社会发展全局，降碳、减污、扩绿、增长协同推进。有序调整能源生产和消费结构，发展绿色低碳产业和循环经济。新上项目严把碳排放关，坚决防止高耗能、高排放、低水平项目盲目发展。倡导简约适度、绿色低碳的生活方式，开展绿色低碳社会行动示范创建。运用市场机制抓好生态资源有效利用，把生态效益更好转化为经济效益和社会效益。

五、加快文化旅游深度融合，充分彰显泰安优势特色

泰山作为首例世界文化与自然双遗产，泰安作为国家历史文化名城，有着厚重的文化底蕴、富集的人文景观，以及山水相映的独特自然风光。我们必须着眼扬优成势，大力推进“两创”，使文化和旅游相得益彰，全面打造泰山文化发展新高地、泰安文旅融合升级版。

（一）推动泰山文化传承发展。坚持以文润城、赓续文脉。高水平规划建设泰山文化传承创新示范区。抓好研究阐发工程，在国泰民安、责任重于泰山、新时代泰山“挑山工”、天下大同、人与自然和谐共生等方面，深入挖掘和阐发泰山文化、大汶口文化、黄河文化、运河文化所蕴含的深刻内涵和时代价值。抓好传播交流工程，举办泰山国际文化论坛等主题活动，使泰山文化“走出去”。抓好资源保护利用工程，强化文物保护传承和活化利用。抓好普及融入工程，让泰山文化更深融入百姓生活。抓好项目引领工程，推进大汶口考古遗址公园、泰山博物院、方志馆等项目建设。

（二）推动文旅融合发展。坚持以文塑旅、以旅彰文。着力提升老景点，加快旅游资源、品牌和服务整合，推动景点“串珠成链”，构建以泰山为龙头、多点支撑、多业并举、全域共享的发展格局。着力培育新亮点，建设以大汶河为主线的文旅产业走廊，抓好东平湖、九女峰、泰山·桃花源等旅游片区建设，支持旅游经济开发区争创国家级旅游度假区。推进泰山周边等重点区域精品民宿、高端度假设施建设，培育中高端文化体验游。发挥红色文化资源优势，加强红色文化的研究、保护、开发、利用。推出更多定制化产品和线路，开发更多沉浸式、互动性文旅新业态新项目。着力做好多业态开发文章，培育康养旅居、乡村游、祈福游，发展体育、会展、演艺等产业，鼓励新兴消费、时尚消费。培育特色商业街区，提升夜经济品位，提高文旅产业综合效益。

（三）推动精神文明健康发展。坚持以文铸魂、以文培元。持续开展习近平新时代中国特色社会主义思想学习宣传教育，推动党的创新理论深入普及。紧紧围绕迎接、宣传、贯彻党的二十大这条主线，为奋进新征程、建功新时代提供坚强思想保证和强大精神力量。践行社会主义核心价值观，深入开展社会公德、职业道德、家庭美德、个人品德教育，加强未成年人思想道德建设。严格落实意识形态工作责任制，强化理论宣传阵地建设，提高用网治网水平，牢牢掌握意识形态工作领导权和话语权。大力加强正面宣传，提高引导舆论、动员群众的能力，弘扬主旋律、传播正能量，讲好泰安故事，提升泰安形象。巩固提升全国文明城市创建成果，深化拓展新时代文明实践中心建设，积极推进文明村镇、文明单位、文明家庭、文明校园创建，全面提升公民文明素质和社会文明程度。

（四）推动文化事业繁荣发展。坚持以文化人、以文育人。创新实施文化惠民工程，推进图书馆、文化馆、美术馆“数字三馆”建设，提升基层文化设施服务功能，健全标准化、均等化现代公共文化服务体系。实施文艺作品质量提升工程，推出更多文艺精品。建设城乡书房，打造“书香泰安”，开展科普活动，促进人民群众物质富足与精神富有相统一。

六、提升泰城现代化水平，更好促进区域协调联动

城市发展承载着让生活更美好的使命，也是现代化建设的重要引擎。我们必须坚持高标准规划、高水平建设、高效能管理，着力打造更加宜居、更为时尚、更具活力的现代化城市。

（一）优化城市功能布局。坚持问题导向，对泰城的空间布局、功能定位、片区产业发展方向，进行科学优化调整，破除影响城市整体功能提升的体制机制障碍，使布局更合理、定位更清晰、特色更鲜明、要素配置更高效。着眼长远拉开城市发展大框架，做好泰山、徂徕山、大汶河“两山一水”文章，推动泰城由“依山而建”向“依山傍水”发展，形成“两山相映、一河镶嵌”的发展格局。东部新城，重点布局科创、文旅、康养等产业，打造新的增长极。西部新区，大力发展文化旅游新业态，打造现代旅游新亮点。南部高新区，着力推进高新技术产业、战略性新兴产业，打造高质量发展先行区。北部山城结合部，严控“山体线”“水岸线”“天际线”，坚决保护好泰山文化遗产和自然遗产资源。

（二）加快城市品质升级。立足泰城依山而建、山城一体的特点，进一步加强对城市空间立体性、平面协调性、风貌整体性、文脉延续性的规划和管控，用历史与现代、人文与自然交相辉映的城市美学塑造泰城风貌。实施城市更新行动，精心打造城市客厅，推进城中村、老旧小区、棚户区和小街小巷整治提升，加快补齐水电气暖等配套设施短板，使我们的城市既有“面子”、又有“里子”。加强城市治理，推动智慧城市、韧性城市建设，提高科学化、精细化、智能化管理水平，用“绣花功夫”绣出百姓安心、舒心、暖心的人民城市。

（三）做活经营城市文章。树立现代经济是城市经济的理念，大力发展总部经济、楼宇经济，不断壮大现代服务业，积极培育城市经济新业态，全面增强泰城的产业集聚力、辐射带动力和综合贡献度。强化产城融合，推动优质公共服务资源均衡布局，增强新城区的吸引力、承载力，拓展城市发展新空间。强化政府对土地资源的调控管理，运用市场化手段，进一步盘活城市资源资产。积极融入省会城市群经济圈，深化济泰在基础设施、产业生态、公共服务等领域的同城化合作，实现济泰高位联动、错位发展。

（四）加强基础设施建设。以“七网”建设行动为抓手，构建适度超前、功能强大、网络完善、布局合理的基础设施体系，促进区域协调发展。加快建设城市快速通道，优化路网结构，提高路网密度，统筹城乡交通一体发展，打开快速联系周边地区的交通运输大通道。积极推进西部热源、“莱热入泰”和华能燃机等项目，抓好泰城供热“一张网”、污水“一张网”建设。加快布局新基建，完善提升城乡信息通信网络。

七、推进乡村全面振兴，加快实现农业农村现代化

“自古文明膏腴地，齐鲁必争汶阳田”。丰沃的土地养育着泰安儿女，也为发展现代农业提供了良好条件。我们必须积极探索开拓新路径，在促进农业高质高效、乡村宜居宜业、农民富裕富足上下功夫，谱写好乡村振兴齐鲁样板的泰安篇章。

（一）巩固拓展脱贫攻坚成果。落实“四个不摘”要求，保持现有帮扶政策总体稳定，实现与乡村振兴有效衔接。巩固“两不愁三保障”成果，坚决守住不发生规模性返贫的底线。注重扶贫产业项目长期培育，实施公益性岗位扩容提质行动，拓展群众就业增收渠道。做好东平移民避险解困、易地扶贫搬迁、黄河滩区迁建的后续扶持工作，确保群众稳得住、有就业、能致富。

（二）切实抓好粮食生产和重要农产品供给。打牢粮食安全政治责任，深入实施藏粮于地、藏粮于技战略，严守耕地保护红线，大力推进高标准农田建设。实施种业提升工程，培育具有自主知识产权的优良品种。加强大中型灌区建设运行管理。强化农业科技和装备支撑，提高农作物耕种收综合机械化率。稳定生猪生产，提升粮油、蔬菜、肉蛋奶、畜禽水产等稳产保供水平。

（三）持续推动乡村产业发展。坚持以工业化思维抓农业，实施“粮头食尾”工程，推动农业全产业链经营，促进一二三产业融合发展。实施优势产业提升工程，扩大“泰山四大名药”产业化规模，做强现代农业产业园、农业产业强镇。鼓励引导工商资本下乡。壮大农业经营主体，加大农业龙头企业支持力度，规范提升农民合作社，加快发展家庭农场，创新农业专业化社会化服务机制。积极发展智慧农业。加大地理标志商标的培育管理保护力度，建设一批标准化生产基地，提高乡村产业竞争力。大力发展有机、绿色、无公害食品，形成一批知名农产品区域公用品牌和企业产品品牌。

（四）深入开展乡村建设行动。有序推进“多规合一”实用性村庄规划编制，因地制宜、分类推进美丽宜居乡村建设，打造一批各具特色的乡村振兴示范区、示范村。扎实开展农村人居环境整治五年提升行动，推进生活垃圾处理和污水治理。实施农村饮水安全巩固提升工程，不断提升农村饮水安全水平。扩大农业农村有效投资，引导教育、医疗、养老等公共资源向农村倾斜，促进城乡公共服务均等化。创新乡村治理，加快乡村民安服务中心建设，构建充满活力、和谐有序的乡村社会。

八、扎实推动共同富裕，为人民创造高品质生活

建设新时代社会主义现代化强市，归根到底是为了让全市人民都过上好日子。我们必须坚定不移践行以人民为中心的发展思想，抓好普惠性、基础性、兜底性民生建设，在高质量发展中促进共同富裕，使人民群众获得感幸福感安全感更加充实、更有保障、更可持续。

（一）提升居民收入。完善就业创业扶持政策，推动多渠道灵活就业，支持发展新就业形态，做好高校毕业生、农民工、退役军人等群体就业工作。提高劳动报酬在初次分配中的比重，实现居民收入与经济发展协调增长。深化企事业单位工资收入分配制度改革，健全工资决定和正常增长机制。完善最低工资调整机制。规范国有企业工资收入分配秩序，完善市场化薪酬分配机制，建立健全核心关键人才薪酬制度。构建和谐劳动关系，形成根治欠薪长效机制。多渠道增加城乡居民财产性收入，扩大中等收入群体规模，缩小贫富差距，推动形成“橄榄型”分配结构。

（二）优化公共服务。加大教育投入，落实分级办学体制，优化城区学校布局，实施集团化办学，推进学前教育普及普惠安全优质发展、义务教育优质均衡发展、高中阶段学校多样化发展，落实好“双减”政策，加快发展职业教育，支持发展高等教育，办好老年教育和特殊教育。推进健康泰安建设，深化医药卫生体制改革，促进中医药传承创新发展。健全居家社区机构相协调、医养康养相结合的多层次养老服务体系。完善全民健身设施，增强竞技体育综合实力。加强市场监管，实现“放心消费在泰安”。

（三）完善社会保障。深入实施全民参保计划，落实社保转移接续、异地就医结算等制度。积极应对人口老龄化，完善养老和普惠托育服务体系，落实三孩生育政策及配套支持措施，促进人口长期均衡发展。做好社会救助、社会福利、优抚安置等工作，健全农村留守儿童和妇女、老人、残疾人关爱服务体系。完善未成年人保护工作机制。落实租购并举的住房制度，更好满足不同层次群体的住房需求。引导各界积极投身公益慈善事业，支持社会力量参与扩大民生服务供给。

九、深化改革扩大开放，全面增强经济社会发展创新力

在千帆竞发、百舸争流的时代，惟改革者进，惟开放者强，惟创新者胜。我们必须用好改革开放关键一招，把创新摆在发展全局的核心位置，深入落实省委“十大创新”部署，为新时代社会主义现代化强市建设积蓄澎湃动能。

（一）加快释放改革红利。坚持发展出题目、改革做文章，针对各领域各方面，以高效的改革赋能高质量发展。把制度创新作为重中之重，围绕健全要素市场运行机制，着力破解制度性障碍、机制性梗阻、政策性问题。以新思路新举措打破要素“天花板”，全方位激活土地、人才、科技、金融、数据等各类资源供给。坚持“两个毫不动摇”，持续深化国有企业改革，促进国资国企做大做强，促进民营经济健康发展。

（二）强化创新驱动发展。聚焦经济社会发展重大需求，布局一批创新项目，推出一批创新举措，开展一批创新试点。突出科技研发创新，实施好科技攻关“揭榜制”、首席专家“组阁制”，提高科技成果转移转化成效。培育高价值专利，全链条保护知识产权，增强创新动力。实施科技企业创新升级助力行动计划，做大做强“创新50强”企业。开展高水平校地企合作，推动联合科研攻关、平台共建共享、人才联合培养、成果就地转化。规划布局“大学科创园”“科创大走廊”，打造高能级的科技成果转移地、创新要素承载地，促进各类创新业态、创新模式、创新人才、创新技术向泰安聚集流动。加强众创空间、孵化器、加速器等各类载体建设。高标准建设好“科创中国”创新基地。

（三）扩大开放拓展空间。积极用好“两种资源、两个市场”，构建全方位、宽领域、高层次的开放新格局。扩大利用外资总量，优化结构，创新方式，不断提升外资工作水平。拓展货物贸易和服务贸易，发展跨境电商、公共海外仓等新业态新模式。主动参与“一带一路”，支持优势企业“走出去”。加快泰安综合保税区、国际氨糖产业基地建设，支持泰安高新区建设国际合作园区，打造高层次、战略性对外开放平台。

（四）优化环境释放活力。把优化营商环境作为“头号工程”，坚持市场化、法治化、国际化方向，向环境创新要生产力、竞争力。深化“放管服”改革，推进“无证明城市”建设，推行“无感审批”，不断提升“泰好办”政务服务品牌。全面实施市场准入负面清单制度，对新产业新业态实行包容审慎监管。加快政务服务 2.0 平台建设，提高“掌上办、网上办、自助办、就近办”能力，提升政务服务数字化质量和水平。深化“证照分离”改革，推进证照联办升级。加快“政策通”“银企通”平台建设，确保惠企政策“免申即享”。加强诚信政府、信用泰安建设，打造诚实守信的城市品牌。

十、发展全过程人民民主，汇聚起奋进新征程强大合力

我们致力实现的社会主义现代化，是全体人民共建共享的现代化，需要最大限度凝聚起全市人民的智慧和力量。必须坚持党的领导、人民当家作主、依法治国有机统一，确保全市各方面工作更好体现人民意志、保障人民权益、激发人民创造。

（一）支持人大依法履职。坚持和完善人民代表大会制度，把党的领导贯穿人大工作始终，支持和保证人大及其常委会依法行使职权，加强人大对“一府一委两院”的监督。深入践行全过程人民民主，维护人民群众合法权益，畅通民主民意表达渠道，扩大人民有序政治参与。依法保证人民的选举权、知情权、参与权、表达权、监督权。完善民主民意表达平台载体，健全吸纳民意、汇集民智的工作机制。

（二）发挥协商民主作用。坚持和完善中国共产党领导的多党合作和政治协商制度，加强人民政协专门协商机构制度建设，支持民主党派履行中国特色社会主义参政党职能，提高政治协商、民主监督、参政议政水平。支持政协聚焦中心工作、紧扣民生福祉，围绕团结和民主两大主题，在建言资政和凝聚共识上发力。完善协商成果采纳、反馈机制，加强跟踪问效，推动落地落实。

（三）凝聚团结奋斗力量。加强对统一战线工作的集中统一领导，完善大统战工作格局，充分发挥民主党派、工商联、无党派人士和各类统战团体的作用，加强民营经济统战工作。全面贯彻党的民族政策，铸牢中华民族共同体意识。全面贯彻党的宗教工作基本方针，引导宗教与社会主义社会相适应。做好港澳台工作。发挥好工会、共青团、妇联、侨联、残联等人民团体的桥梁纽带作用。建设青年发展友好型城市，吸引广大青年在泰安创新创业。巩固全国双拥模范城创建成果，推进国防动员、人民防空和后备力量建设，深化全民国防教育，强化退役军人服务保障，增进军政军民团结。

（四）深化法治泰安建设。深入贯彻落实习近平法治思想，加快建设法治泰安、法治政府、法治社会，争创国家级法治政府建设示范市。加强立法工作和制度建设，积极保障法律法规实施，不断提高依法行政和公正司法水平。严格落实普法责任制，以全民普法促进全民守法。深化法治型干部队伍建设，提升党员干部的法治思维和依法办事能力。

十一、有效防范化解风险，切实筑牢安全发展屏障

国泰民安是人民群众最基本、最普遍的愿望，也是泰安承载的美好寓意。我们必须常怀远虑、居安思危，全面践行总体国家安全观，有效防范化解前进道路上的各种风险挑战，建设更高水平的平安泰安，巩固全市政治安全、社会安定、人民安宁的良好局面。

（一）守好安全生产底线。严格落实安全生产责任制，强化风险分级管控、隐患排查治理双重预防体系，推进安全生产标准化建设，抓好源头治理和全过程监管，严厉打击违法违规行为。加强食品药品安全监管，完善可追溯管理体系，确保“舌尖上的安全”。健全应急管理体系，打造高素质专业应急救援队伍。全面加强泰山区域森林防火，坚决守护好泰山。

（二）守好生态环保底线。更高标准打好蓝天、碧水、净土保卫战，实施新一轮“四减四增”三年行动，让人民群众共享更多绿色福利。深化 $PM_{2.5}$ 和臭氧协同控制，推动减污降碳协同增效。打好城市黑臭水体治理攻坚战，实施“两个清零、一个提标”行动。

（三）守好疫情防控底线。毫不放松抓好常态化疫情防控，严把外防输入、人物同防、院感防控、应急准备、疫苗接种“五个关口”，牢牢守住疫情不反弹的底线。健全公共卫生应急管理体系，加强重大疫情防控救治能力建设。强化宣传引导，提升群众自我防护能力，形成群防群控的强大防线。

（四）守好金融安全底线。强化金融风险化解攻坚行动，全力化解存量风险、遏制增量风险，严厉打击各类涉众型经济犯罪，加强对互联网新兴业态发展问题的预警预防。规范政府举债融资行为，构建全过程债务管理体系，稳妥化解隐性债务，确保不发生系统性、区域性风险。

（五）守好社会稳定底线。坚定维护国家政权安全、制度安全、意识形态安全，严密防范、严厉打击敌对势力渗透、破坏、颠覆、分裂、暴恐活动。坚持发展新时代“枫桥经验”，全面推行“信访问题面对面，干群关系心连心”工作模式，完善矛盾纠纷多元预防和调处化解综合机制，从源头预防和减少矛盾。巩固政法队伍教育整顿成果，常态化开展扫黑除恶斗争，推进市域社会治理现代化试点，争创平安中国建设示范市。

十二、推进全面从严治党向纵深发展，为新时代社会主义现代化强市建设提供坚强政治保证

办好泰安的事情，关键在党，根本在人，基础在干。我们必须深刻把握和运用党的百年奋斗历史经验，坚持和加强党的全面领导，坚持党要管党、全面从严治党，以伟大自我革命引领伟大社会革命，更好担负起推进泰安现代化建设事业的时代重任。

（一）永葆绝对忠诚的政治本色。坚决扛牢管党治党政治责任。始终把党的政治建设摆在首位，严守党的政治纪律和政治规矩，坚定拥护“两个确立”，坚决做到“两个维护”，不断提高政治判断力、政治领悟力、政治执行力。坚持用党的创新理论武装头脑，推动党员干部深学笃行习近平新时代中国特色社会主义思想，做坚定信仰者和忠实实践者。推动党史学习教育常态化长效化，赓续红色血脉，汲取奋进力量。坚持民主集中制，严格执行新形势下党内政治生活若干准则。

（二）锻造勇担重任的干部队伍。坚持新时代好干部标准和正确选人用人导向，健全党管干部、选贤任能制度，统筹抓好选育管用各项工作，注重在发展一线锻炼培养、考察识别干部，打造忠诚干净担当的高素质专业化干部队伍。大力培养选拔优秀年轻干部，合理使用女干部、党外干部，关心关爱基层干部，加强交流使用，调动各条块各年龄段干部的积极性。加大干部教育培训力度，用好党校主阵地和各种载体、形式，实施能力提升工程，促进思想解放，加快知识更新，提升干部队伍的整体素质和能力本领。坚持选人用人和严格管理相统一，从严加强管理监督。

（三）打造坚强有力的战斗堡垒。树牢党的一切工作到支部的鲜明导向，抓实党支部评星定级管理，推动基层党组织全面进步、全面过硬。统筹抓好农村、城市社区、机关事业单位、国有企业、非公有制经济组织和社会组织等各领域党建工作，不断增强各级党组织的政治领导力、思想引领力、群众组织力、社会号召力。推进抓党建促乡村振兴，放大乡村振兴学院平台作用。深化城市基层党建示范市建设，推进红色物业红色网格一体运行。健全基层党组织领导的群众自治制度，增强自我管理、自我服务、自我教育、自我监督实效。规范提升发展党员工作，全面实施党员量化积分管理，完善党员教育工作体系。

（四）营造近悦远来的人才环境。深化人才强市战略，打响“登高望远、选择泰安”品牌。健全人才工作目标责任制体系，推动“一把手”大抓第一资源。出台人才新政，聚焦重大战略、重点产业、重大工程，全方位培养、引进、用好人才，统筹推进顶尖人才、科技领军人才和创新团队、青年人才和高技能人才队伍建设，构建适应现代化建设需求的人才发展体系。做好大学生来泰、回泰、留泰工作。强化人才平台载体建设。健全人才联系服务制度。建立多元化投入机制，加大人才创业创新扶持力度，激发创业创新活力。

（五）提振昂扬向上的进取精神。坚持事争一流、唯旗是夺，大力倡树“严、真、细、实、快”的工作作风，把各项工作做到最好。创新督查问效机制，充分发挥考核激励作用，真正考出精气神、考出执行力。完善“好差评”评价体系，开展“工作创新奖”评选，推动各级干部在现代化建设各行各业比学赶超、争先创优。坚持严管厚爱结合，激励约束并重，严格执行“三个区分开来”，把容错纠错、澄清正名制度落到实处，更好调动干部担当作为、干事创业的积极性。

（六）涵养风清气正的政治生态。聚焦党的建设重点任务和经济社会发展重点工作，实行定量分析比较、定性研判评价，深入分析各县市区、功能区和市直部门单位的政治生态状况及趋势变化，将政治生态评估与相关考核评议相结合，健全完善“5+X+1”指标体系，营造干部清正、政府清廉、政治清明、社会清朗的政治生态。

（七）构筑拒腐防变的坚固防线。加固落实中央八项规定及其实施细则精神的堤坝，锲而不舍纠“四风”、树新风。发挥党内监督主导作用，深化运用“四种形态”，精准规范实施问责，做实“关键少数”监督。发挥巡察政治功能，强化上下联动、深化成果运用，提升巡察的权威性、震慑力、推动力。一体推进不敢腐、不能腐、不想腐，坚决查处重点领域、关键岗位和群众身边的腐败行为，坚持不懈把全面从严治党向纵深推进。

政府工作报告

——在泰安市第十八届人民代表大会第一次会议上

（2022 年 2 月 24 日）

市　长　张　涛

一、过去五年工作回顾

过去的五年，是泰安发展史上极不平凡、极不寻常的五年。五年来，面对百年未有之大变局和新冠肺炎疫情叠加冲击，面对艰巨繁重的改革发展任务和人民群众日益增长的美好生活需要，全市上下坚持以习近平新时代中国特色社会主义思想为指导，认真落实党的十九大和十九届历次全会精神，忠诚拥护“两个确立”、坚决做到“两个维护”，紧紧依靠全市人民，同心同德干事业、攻坚克难抓落实，圆满完成“十三五”规划目标任务，与全国全省一道进入全面小康社会，为开启全面建设社会主义现代化新征程奠定了坚实基础。

——综合实力稳步提升。全市地区生产总值由 2170.8 亿元增长到 2996.7 亿元，按可比价格计算，年均增长 5.6%。一般公共预算收入达到 230.5 亿元，年均增长 2.2%；其中，税收收入达到 173.1 亿元，年均增长 3.6%；税收占比由 70.3% 提高到 75.1%。一般公共预算支出达到 428.2 亿元，年均增长 5.3%。实现社会消费品零售总额 1161.8 亿元，年均增长 5.6%。金融机构存贷款余额分别达到 4903.3 亿元、3578.3 亿元，年均分别增长 9.9%、13.1%。粮食播种面积达到 557.8 万亩，粮食总产连续 5 年稳定在 50 亿斤以上。

——发展后劲不断增强。三次产业结构从 12.6∶40.4∶47 调整优化为 10.9∶38.9∶50.2。“四新”经济加速成长。规模以上工业增加值年均增长 6.1%。高新技术产业产值占规模以上工业总产值的比重提高到 57.5%。石横特钢特种用钢产能置换一期、泰开智能制造、恒信高科能源等一批重大项目建成投产。成功申报国家级制造业单项冠军 15 家，居全省第 4 位，跻身全国制造业单项冠军 20 强城市（位列第 14 位）。康平纳集团“筒子纱智能染色工业示范项目”荣获第五届中国工业大奖。润德生物荣获中国工业大奖表彰奖。建安业实现新发展，肥城市跃居全省建筑业 10 强县首位。服务业增加值由 1019.2 亿元增长到 1502.8 亿元，年均增长 7.5%。文化旅游产业繁荣发展，泰山作为中国山岳旅游“第一名片”地位不断巩固。新一代信息技术服务业营业收入年均增长 12.5%。新泰市、肥城市被评为“全国电子商务进农村综合示范县”。中国免疫力经济论坛永久会址落地泰安。科学编制“1+5+8+N”乡村振兴规划体系，创新实施“1215”先行工程。培育壮大泰山茶、肥城桃、泰山板栗、有机蔬菜、优质奶业等十大产值过 10 亿元的农业优势特色产业，总产值达到 164.4 亿元。规模以上农业龙头企业达到 336 家。建成省级以上现代农业产业园 6 个。创建乡村振兴齐鲁样板省级示范区 3 家。

——民生福祉持续增进。民生支出占一般公共预算支出比重保持在 78% 以上。全市居民人均可支配收入年均增长 7.6%。新增城镇就业 26.2 万人，期末城镇登记失业率 1.85%。每年确定并完成一批民生实事。累计改扩建中小学校、幼儿园 554 处，新增学位 24.6 万个，义务教育“大班额”全面消除，学前教育普惠率达到 88.5%。实施敬老院“四改一定”工程，新增机构养老床位 7260 张。建成社区老年幸福食堂 152 处、残疾人康复机构 50 处。关爱困境少年，建设“希望小屋”650 间。基层医疗卫生机构全部完成标准化建设，“两免两减半”“先诊疗后付费”政策全面落实。建成全国首家慢病互联网医院，被确定为全国城市医联体建设试点市、全国医保支付方式改革试点市。新体育中心建设顺利推进。城区 15 分钟健身圈基本形成。农村体育健身工程实现全覆盖。泰山国际登山比赛、泰山国际马拉松等多项自主 IP 赛事获评中国体育旅游精品赛事。社会保险制度运行平稳，职工、居民养老保险参保人数分别达到 151.6 万人、274.2 万人。兜底保障力度逐年加大，城乡低保标准分别较 2016 年增长 58.5%、99.7%。集中攻坚

6月30日，市委副书记、市长张涛（前排左三）到企业检查安全生产工作（许兴超　供）

236.2千米，实现“县县通高速”。京杭运河东平湖区主航道成功复航。泰安阳家泉（徂徕山）、新泰莲花山、肥城仪阳3处通用机场建设纳入省“十四五”交通运输专项规划。建成首条高架桥——迎胜路南延工程。打通“断头路”“卡脖子路”15条。新建海绵城市100.5平方千米。实施棚改11.1万套，完成老旧小区改造5.3万户、农村危房改造8181户。新改建泰城农贸市场43处。稳步推进美丽宜居乡村建设，6个村庄入选美丽村居省级试点，美丽乡村示范村覆盖率达到27%以上，建成“美丽庭院”10.9万户。新改建“四好农村路”4000千米，2785个行政村实现道路“三通”。农村饮水集中供水率达到99%以上。319座小型水库完成除险加固。农村无害化厕所覆盖率达到91%以上。生活垃圾治理实现城乡一体化。岱岳区入选全国农村综合改革试点试验区。成功创建第六届全国文明城市。国家卫生城市（县城）实现全覆盖。第七次获评全国双拥模范城。

房地产开发历史遗留问题，惠及7.5万户家庭、22万人。

——发展活力竞相迸发。财税体制、投融资体制、国有企业等改革提速加力。“放管服”改革取得突破，成立全省首家市级行政审批服务局，列入山东省庆祝改革开放40周年最具影响力事件。在全省首创重大投资项目“绿卡”制度，市场准入领域“证照通办”改革经验在全省推广。荣获全国政务服务改革创新奖、数字政府管理创新奖。“泰好办”荣获全国政务服务十大品牌。全市各类市场主体达到54.7万户，年均增长13.5%。累计拥有地理标志商标55件。“双招双引”成效显著，开工招商引资项目1866个，到位资金1682.5亿元。实际利用外资、进出口总值年均分别增长10.2%、16.7%。泰山区被认定为纺织服装行业国家级外贸转型升级基地。出台人才新政“金十条”等政策，市级招才引智基金累计投放2亿元。全市综合科技创新水平指数达到74.1%，研发投入占生产总值比重达到2.4%。国家级高新技术企业总数达到522家，是2016年的4.39倍。入选“科创中国”全国首批试点市。成功争创全省首家、行业唯一的国家级先进印染技术创新中心。泰开电力电子、力博重工等荣获国家科学技术进步二等奖。

——城乡发展加速融合。编制实施《泰安市城乡一体空间发展战略规划》《泰安市东部新城战略规划（2020—2025年）》。与济南市签订一体化发展战略合作协议，携手谋划推进“633工程”。全市常住人口城镇化率达到63.92%，较2016年提高3.26个百分点。8个高速公路项目建成通车，新增高速公路通车里程

——攻坚战役成效显著。脱贫攻坚战取得全面胜利，7.2万户、14.5万名建档立卡贫困人口全部实现稳定脱贫，354个省级贫困村、251个市级贫困村全部摘帽退出，东平移民避险解困、易地扶贫搬迁、黄河滩区迁建“三大工程”全面完成，9.2万名群众回迁入住。污染防治攻坚战深入推进，空气质量综合指数达到4.95，优良天数比例较2016年提高9.2个百分点；国控、省控河流断面水质全部消除劣五类；污染地块安全利用率达到100%。积极预防化解金融、房地产、政府债务等领域风险隐患，监管机制逐步完善。坚决打赢新冠肺炎疫情防控的人民战争、总体战、阻击战，常态化精准防控成效明显。平安泰安、法治泰安建设迈出坚实步伐，市域社会治理现代化水平显著提升。扫黑除恶专项斗争扎实开展。信访突出问题化解成效明显。安全生产形势持续平稳。社会大局保持和谐稳定。

——生态环境更加优美。泰山区域山水林田湖草生态保护修复工程成功入选全国试点，策划实施项目67个、子项目326个，累计完成投资154.4亿元，国家备案绩效目标值圆满完成。加强泰山石保护，彻底关闭取缔各类大型石头交易市场236处。全面推行河长制、

湖长制、林长制。深入实施《山东省东平湖保护条例》《东平湖生态保护和高质量发展专项规划》，东平湖环境综合治理攻坚行动取得明显成效，水质稳定达到南水北调调水要求。17 条美丽幸福示范河湖创建全部通过省级验收。建成国家级、省级湿地公园 7 处。治理水土流失面积 436 平方公里。大力实施“绿满泰安”行动，完成造林面积 42.3 万亩。松材线虫病治理经验在全国推广。泰山景区“引水上山污水下山”工程竣工投用，“天眼护山”火情监测系统上线运行。获评“2020 中国最具生态竞争力城市”“全国水生态文明城市”。

——文旅事业繁荣发展。加强泰山文化保护传承，高水平举办首届泰山国际文化论坛，泰安·泰山知名度、影响力进一步提升。新增国家级和省级重点文物保护单位 29 处、市级以上非物质文化遗产项目 55 个、非国有博物馆 14 家。实施泰山文艺精品创作战略，推出《泰山挑山工》等一批文艺精品。《泰山编年通史》列入国家“十四五”出版规划。深入推进文化惠民工程，公共文化服务体系更加完善，市县乡村四级综合性文化服务中心全部建成并免费开放，市县两级文化馆全部获评国家一级馆。全力打造“书香泰安”，创新推行“1+N”城乡书房建设模式。实施旅游服务质量提升“四大工程”，旅游配套服务功能不断完善。泰山石敢当文化园等一批项目加快建设，泰山西湖、岱庙广场、红门广场、虎山公园、泰山冰雪文体中心等成为休闲旅游新去处。九女峰示范区获中国文旅融合示范奖。泰山秀城·老街入选全国首批夜间文旅消费集聚区。“中华泰山成人礼”成为全国研学旅游示范活动。成功举办第 31—35 届泰山国际登山节（中国·泰安投资合作洽谈会），节会影响力不断提升。2018 年央视春晚在我市设分会场，“国泰民安”美好寓意在全球广泛传播。

——政府效能明显提升。“两学一做”学习教育、“不忘初心、牢记使命”主题教育、党史学习教育成效显著。政务公开水平持续提升，“12345”政务服务便民热线累计受理有效诉求 420 万件，按期办结率 99.6%，实现诉求数量、办理质量双提升。法治政府建设示范创建不断深化。自觉接受人大及其常委会和政协监督，办理人大代表建议 597 件、政协委员提案 1401 件，满意度 100%。严格落实中央八项规定及其实施细则精神，大力整治形式主义官僚主义，“三公”经费不断压减，文件会议进一步精简，政风行风持续好转。

各位代表！2021 年，我们迎来了中国共产党百年华诞。百年征程波澜壮阔，百年初心历久弥坚。在伟大建党精神的感召下，一年来，我们满怀豪情、砥砺奋进，统筹推进疫情防控和经济社会发展各项工作，实现“十四五”良好开局。

我们进一步抓好“六稳”“六保”工作。用足用好省落实“六稳”“六保”促进高质量发展四批政策清单，推进政策“免申即享”，新增减税 26.6 亿元。实施“信贷支持攻坚”行动，建立融资“绿色通道”，帮助企业融资 81 亿元。上线“泰融易”泰山智慧产融信息服务平台，入驻中小微企业 4.1 万家。“信易贷”平台累计注册企业超过 5 万户，授信额度突破 120 亿元。新增专项债券额度 89.9 亿元，同比增长 40.5%。全市 1225 家规上工业企业、工业领军“50 强”企业营业收入同比分别增长 21%、38.4%。全市进出口总额、制造业实际利用外资分别增长 37.2%、28.9%。成功举办首届“泰山产业大集”。组织开展“千年泰安·盛世老街迎春纳福”等系列扩内需活动。

我们进一步抓好新旧动能转换。强化“两高”项目清单化管理，严控增量、优化存量。推进规上制造业企业技改扩规全覆盖，236 个项目列入省技术创新项目计划。岱岳区绿色建筑材料、宁阳县基础零部件（钢球）入选省特色产业集群，泰安高新区机电与矿山装备、岩岩泰山·青青岱岳精品旅游入选省“雁阵形”产业集群。全国首家图书类版权交易中心落户泰山新闻出版小镇。“瞪羚”企业和国家级、省级“专精特新”企业分别新增 24 家、9 家、63 家。建成市级工业互联网平台 18 个，6 家企业入选省级智能工厂。获批 2021 年全国唯一一家（全国第 2 家）“科创中国”创新基地。国家先进印染技术创新中心工业压电喷墨打印头等“卡脖子”技术取得突破。新开工内外资项目 107 个、到位资金 388.2 亿元，泰安数字鹰航空产业园、国泰大成新材料等一批战略性新兴产业项目落地建设。全国首套盐穴压缩空气储能电站并网发电。

我们进一步抓好农业农村工作。巩固拓展脱贫攻坚成果同乡村振兴有效衔接。粮食种植面积和总产实现“三连增”。在全国整建制率先实现主要农作物生产全程机械化。全球首条万吨级小麦糊粉层产业化示范线建成投产。全面建成引黄灌区农业节水工程，改善灌区灌溉面积 13.5 万亩。新增省级现代农业产业园 1 个、国家级农业产业强镇 1 个。肥城市入选全国第一批农业现代化示范区。新打造市级乡村振兴示范区 14 个。成立泰安乡村振兴学院，被确定为山东乡村振兴研究院分院。成功争取北方地区清洁取暖试点，20.1 万户农村居民实

11月9日，省道S103济枣线泰新高速立交桥至新泰泗水界段改建工程建成通车　（司　刚　摄）

现清洁取暖。新泰市、肥城市、东平县纳入国家分布式光伏整县推进试点。

我们进一步抓好重大事项改革。坚持“有解思维”，设立“工作创新奖”，激发改革动力活力。深化国资国企改革，组建城建、产业、交通、文旅四大市属国有企业集团。深化“放管服”改革，着力打通“数据壁垒”，汇集数据26.4亿条。升级开展“一业一证”改革试点，在全省率先扩展至60个行业。牵头起草企业开办、行业综合许可工作指导等省级地方标准。制修订纺织品检测国际标准2项，实现零的突破。持续抓好优化营商环境“头号工程”，创新推行企业开办“1545”服务模式，与国内247个市县签约建立“跨省通办”协作机制。入选全国政务服务“好差评”国家标准三级联动试点。我市城市综合信用指数排名位列全国261个地级市第44位、全省第5位，岱岳区“信用医保”、新泰市“信易批”案例入选全国信用应用案例。

我们进一步抓好城市功能提升。巩固提升全国文明城市创建成果。泰安市和新泰、肥城顺利通过国家卫生城市复审。泰东高速、济微高速等一批重大交通基础设施项目加快推进，京台高速泰安至枣庄段改扩建工程提前实现主线通车。新建续建城区道路项目14个、45.9公里。改造老旧小区2.3万户、棚户区2148套。全国生活垃圾分类试点工作顺利推进。王家院水库向泰城供水工程全面建成。第一、第二、第四污水处理厂提标扩建工程顺利竣工。泮河、芝田河、明堂河、梳洗河、天平河等13条河道综合整治成效明显。智慧城市建设扎实推进，新建5G基站3629个。被评为中国“十大秀美之城”“2021美丽中国首选旅游目的地”。

我们进一步抓好生态环境保护。全面完成减排降碳和环境改善任务，被确定为生态环境部首批“一市一策”驻点跟踪城市。成功入选国家级大宗固体废弃物综合利用示范基地。强化工业源、移动源、扬尘源综合整治，$PM_{2.5}$、PM_{10}同比分别改善12.5%、11.6%。大力推进上下游协同治污，与三市签订16个重点河流横向生态补偿协议。深化东平湖环境综合治理，打造南水北调东线工程第一个无人工渔业养殖湖区。肥城市、泰山百合水土保持示范园成功争创全国首批“国家水土保持示范县”“国家水土保持科技示范园”。抓好第二轮环保督察反馈问题整改，海子河水质稳定达到地表水Ⅳ类及以上标准。

我们进一步抓好民生社会事业。年初确定的10件民生实事顺利推进。结合党史学习教育，推出314项为民要办实事。制定14条稳就业措施，圆满完成年度城镇新增就业目标任务。加快推进基础教育集团化办学。新改扩建中小学和幼儿园32所。全市义务教育课后服务实现全覆盖。实施城市公交品质提升工程，新开通、调整优化公交线路20条，老年人刷身份证即可免费乘坐公交车。市中心医院高新院区建成启用。市中医诊疗中心（市中医药传承创新中心）、市残疾人康复中心二期加快建设。泰山文化传承创新示范区被列为省重点推进示范区。大汶口遗址入选“百年百大考古发现”。成功举办第三十五届泰山国际登山节暨中国·泰安投资合作洽谈会，第三十届全国图书博览会分会场活动在泰安成功举行。承办山东省第十一届全民健身运动会、第四届冬季全民健身运动会等活动。新闻出版、文物保护、国防动员、人民防空、退役军人、民族宗教、社会组织、对口支援、残疾人、工会、共青团、妇女儿童等各项事业取得新成绩。

我们进一步抓好安全风险防控。抓牢常态化疫情防控，累计接种疫苗1162.9万剂次。开展“金融风险化解攻坚”行动，不良贷款率同比下降0.11个百分点。全市生产安全事故起数同比下降15.4%。科学应对历史罕见秋汛，保障了东平湖防洪安全。坚守食品药品安全底线，“放心消费在泰安”创建活动扎实开展。市综治中心投入使用，城乡网格优化设置攻坚行动深入推进，四级治理体系更加完善。圆满完成建党100周年等重大安保维稳任务。

各位代表！回顾过去的五年，我们战胜了前所未遇的困难和挑战，取得的成就令人鼓舞。五年的发展成就，最根本的是有以习近平同志为核心的党中央掌舵领航，有习近平新时代中国特色社会主义思想的科学指引；五年的发展成就，最关键的是有省委、省政府和市委的坚强领导，有市人大、市政协和社会各界的有效监督、鼎力支持；五年的发展成就，最重要的是我们始终完整准确全面贯彻新发展理念，始终坚持以人民为中心的发展思想；五年的发展成就，是全市上下同心同德干事业、攻坚克难抓落实的结果。在这里，我代表市人民政府，向全市广大干部群众、各民主党派、工商联、无党派人士，向驻泰人民解放军、武警官兵和中央、省驻泰单位，向关心支持泰安发展的港澳台同胞、海外侨胞及海内外朋友，致以崇高敬意，表示衷心感谢！

在肯定成绩的同时，我们也必须清醒认识到，前进道路上还面临着不少困难和挑战：经济总量不大、人均水平不高、发展不充分不平衡仍是泰安的最大实际；产业结构不优、层次不高、支撑不足的局面尚未根本改变，新旧动能转换任务仍然艰巨；文化旅游、生态环境、交通区位等比较优势还没有充分发挥，影响发展的体制机制障碍尚未彻底根除；优质公共服务供给不足，民生事业发展与人民对美好生活新期待还有差距；干部队伍能力素质需进一步提高，政府自身建设需进一步加强，整治形式主义官僚主义仍需久久为功，等等。对此，我们将坚持问题导向，以更大决心、更实举措，认真加以解决。

二、今后五年主要目标任务

今后五年，是我国全面建设社会主义现代化国家，向第二个百年奋斗目标进军的重要时期，是实现“十四五”规划目标任务，推动全市经济社会发展滚石上山、爬坡过坎的关键时期。习近平总书记对山东情深似海、厚望如山。“走在前列、全面开创”“三个走在前”，是我们做好一切工作的总遵循、总定位、总航标。我们必须牢记总书记谆谆教诲、殷殷嘱托，按照市第十二次党代会描绘的宏伟蓝图，登高望远、奋力争先，为全国全省大局贡献泰安力量、展现泰安担当。

今后五年工作的总体思路是：高举中国特色社会主义伟大旗帜，全面贯彻习近平新时代中国特色社会主义思想，深入落实习近平总书记对山东工作重要指示要求，按照中央和省委决策部署，弘扬伟大建党精神，把握稳中求进工作总基调，统筹推进“五位一体”总体布局和协调推进“四个全面”战略布局，完整准确全面贯彻新发展理念，主动服务和融入新发展格局，坚持以党的建设为统领，以推动高质量发展为主题，强力推进新型工业化、黄河战略、文旅融合、城市提升、乡村振兴和共同富裕，抓好改革创新、扩大开放、优化环境和考核奖惩，统筹发展和安全，团结带领全市人民登高望远、奋力争先，推动各项工作位次前移、争创一流，全面开创新时代社会主义现代化强市建设新局面。

今后五年工作的总体目标是：圆满完成“十四五”规划目标任务，全面加快新时代社会主义现代化强市建设进程，为基本实现社会主义现代化奠定坚实基础。具体体现在：

——综合经济实力显著增强。质量效益后劲持续提升，主要经济指标增速高于全省平均水平。产业基础高级化、产业链现代化水平明显提升，产业生态创新迈出新步伐。现代服务业提档升级。工业增加值占生产总值比重达到30%左右，培植起一批千亿级产业集群。

——发展动力活力显著增强。经济社会发展创新力大幅提升。国家级创新平台建设和科技成果转化实现新突破，全社会研发经费投入、高新技术产业产值占比明显提高。重点领域和关键环节改革实现新突破。营商环境达到国内一流水平。信用泰安建设取得新成效。各类开发区位次前移。开放通道平台建设更加完善。

——人民生活品质显著增强。中等收入群体比重明显提高，低收入群体增收长效机制基本建立，就业更为充分、更有质量。优质均衡的公共服务体系、多层次广覆盖的社会保障体系进一步完善。更好实现幼有所育、学有所教、劳有所得、病有所医、老有所养、住有所居、弱有所扶，共同富裕迈上新水平。

——生态环境优势显著增强。生态保护修复成果持续巩固。“双碳”目标取得积极进展，重点行业能源利用效率加快提升，全面完成省下达的节能、减排、降碳约束性指标和环境质量改善目标，形成低消耗、少排放、能循环、可持续的绿色低碳发展方式。泰安更加美丽，城乡更加协调。

——社会治理效能显著增强。社会主义核心价值观深入人心，新时代文明实践纵深推进。平安泰安、法治泰安建设巩固发展，民主法治更加健全，公平正义进一步彰显。防范化解重大风险、应对突发事件的能力全面增强。治理体系和治理能力现代化水平不断提高。

各位代表！当前，随着“十四五”规划全面实施，黄河重大国家战略加速落地，省会经济圈一体化、济泰同城化发展深入推进，我们的产业基础、生态环境、交通区位、文化旅游、科技教育、自然资源等先天禀赋和后天优势日益凸显，新旧动能转换强劲势能日益积聚，泰安将迎来大有可为的重要战略机遇期、高质量发展黄金期、跨越赶超窗口期。

市第十二次党代会号召我们“要对标对表，登政治站位之高，望复兴梦想之远，争科学谋划之先；要放眼大势，登时代潮流之高，望战略机遇之远，争变革图强之先；要发挥优势，登岩岩泰山之高，望百年基业之远，争区域发展之先”，全面感召和激发了全市人民奋进新征程、建功新时代的磅礴力量，泰安高质量跨越发展的时机已至、未来可期。只要我们坚定信心不动摇，锚定目标不放松，登高望远、奋力争先，就一定能够在新时代社会主义现代化强市建设新征程上，创造出无愧于时代、无愧于人民、无愧于历史的新业绩！

三、2022 年政府重点工作

今年是党的二十大召开之年，是“十四五”规划实施关键之年，做好今年的政府工作使命光荣、责任重大。主要预期目标是：地区生产总值增长 5.5% 左右；一般公共预算收入增长 5.5% 左右；规模以上工业增加值增长 6% 左右；固定资产投资增长 8% 左右；社会消费品零售总额增长 6% 左右；外贸进出口、利用外资量增质升；城镇居民人均可支配收入增长 7% 左右、农村居民人均可支配收入增长 7% 以上；粮食总产量、播种面积保持稳定；全社会研发经费投入增长 16%；城镇新增就业 4.3 万人；居民消费价格指数涨幅控制在 3% 左右。完成省下达的节能减排降碳约束性指标和环境质量改善目标。为实现上述目标，我们要坚持稳字当头、稳中求进，重点做好九个方面工作。

（一）坚定在新型工业化发展上奋力争先。成立新型工业化强市建设推进委员会，组建产业链（集群）工作专班，建设产业会客厅，集中力量，强力攻坚，坚定不移走好“产业兴市、工业强市”之路，努力探索新旧动能转换“泰安路径”。

明确产业主攻方向。加强产业生态创新，大力实施新型工业化强市战略。深入开展产业链和产业集群建设行动，全面推行“链长制”，做大做强高端装备制造、新材料、食品、化工四大支柱产业，提升发展新能源、医药及医疗器械、出版印刷、纺织服装四大优势产业，前瞻布局数字经济等未来产业，着力培育一批 500 亿级、1000 亿级产业集群。大力开展园区提升行动，抓好园区集约发展，瞄准园区特色主导产业，积极培育引进上下游配套企业。统筹做好园区要素配套，抓好闲置土地盘活、低效用地再开发，推广标准厂房和柔性车间，建设智慧园区和低成本园区。抓好 4 个省级化工园区建设提升，推进化工产业转型升级，全力打造全省重要高端化工产业基地。加快推进泰安高新区汶河产业园建设，打造新型工业化强市建设样板区。支持新泰经济开发区争创国家级开发区。

加强企业梯次培育。坚持头雁领航、沿链培强，大力实施企业培育计划，开展企业倍增行动，抓好头部企业壮大，支持石横特钢、泰开集团、泰山玻纤、山能重装、泰山石膏等工业领军“50 强”企业发展。工业领军企业“50 强”营业收入增幅高于规上工业企业平均水平。支持路德新材料、鲁普耐特、农大肥业等单项冠军企业，泰山恒信、宝来利来、润通齿轮等“专精特新”企业，瑞福锂业、超威电源、金塔酒精等“瞪羚”企业，在优势领域精耕细作，把“小巨人”培育成“大巨人”。大力推进“个转企”“小升规”“规改股”“股上市”，年内净增规模以上工业企业 100 家以上，境内外上市公司达到 9 家以上。

抓好产业链精准招商。实施“一把手项目工程”，围绕产业主攻方向，深入做好补链延链强链文章，绘制产业链图谱，按图索骥、有的放矢，引进培育一批上下游配套产业和具有产业引领作用的核心企业。发挥本土企业招商引资突出作用，吸引更多大项目、好项目落户泰安。本土企业实施的投资项目、技改项目同等享受招商引资优惠政策。持续聚焦京津冀、长三角、粤港澳大湾区以及日韩等重点地区，加强制造业项目、实体项目招引。办好泰山国际登山节投资合作洽谈会、“泰山产业大集”等活动，打造“登高望远·选择泰安”金字招牌。

推进重大项目落地。加强要素保障创新，深化重大投资项目“绿卡”制度，完善“四个一批”调度机制，开展重点项目建设“提质提速提效”行动。全力抓好泰安数字鹰航空产业园、鲁瑞电力装备制造等 31 个省重大项目，泰山政法大数据产业园、泰山汽车智能制造产业基地一期等 167 个市级重点项目建设。紧盯国家政策导向和产业链上下游企业，策划储备一批投资额度大、行业穿透力强、知名度高的大项目好项目，持续扩大新动能优质增量供给。

（二）坚定在增强科技创新力上奋力争先。深入落实省“四个一批”科技创新工作要求，持续加强科技研发创新，科技创新发展资金再增长 10%，打造具有核心竞争力的科技创新“泰安模式”。

提升区域创新能力。规划布局“大学科创园”“科创大走廊”，打造高能级的科技成果转移地、创新要素承载地。高标准建设好“科创中国”创新基地。支持各级政府、企业、高校、科研院所等联合建设“政产学研用”一体创新平台。推动泰安市产业技术创新研究院、泰山智能制造产业研究院、北航泰山科创园等加快发展。加强人才引育创新，制定“人才新政”加强版。实施科技型企业梯次培育工程，持续开展“科技企业创新升级助力行动计划”，做大做强“创新 50 强”“民企 50 强”企业，“专精特新”企业、“瞪羚”企业分别新增 20 家、8 家以上，高新技术企业达到 580 家以上。

加快技术改造升级。实施工业技改提级行动，持续推动规模以上制造业企业技改扩规全覆盖，全年实施 500 万元以上重点技改项目 500 个。加强数字变革创新，大力实施数字赋能行动，加快推进数字产业化，推动智慧矿山、光电科技、服务外包、大数据等在数字经济细分领域做大做强。深化数字化、网络化、智能化融合发展，引进培育数字化服务平台，推动优势产业智能制造，加快高耗能产业数字化改造。发挥华为（肥城）工业互联网创新中心辐射带动作用，打造工业互联网平台和场景 5 家以上。

强化核心技术攻关。深入推行科技攻关“揭榜制”、首席专家“组阁制”，实施一批科技创新重大专项，加快突破“卡脖子”技术瓶颈。发挥驻泰高校优势，推进高层次校地企共建，开展高水平校地企合作，推动联合科研攻关。全面加强与大院大所合作，更大力度向市场“借智解题”。全力支持国家先进印染技术创新中心建设，尽快攻克一批关键核心技术。推进“技术攻关 + 产业化应用”，加快科技成果转移转化，促进创新链产业链深度融合。加强知识产权全链条保护，依法惩治侵权违法行为。

（三）坚定在全面乡村振兴上奋力争先。坚持农业农村优先发展，统筹推进乡村“五大振兴”，加快实现农业农村现代化，让广大农民过上更加美好的生活，全力谱写好乡村振兴齐鲁样板“泰安篇章”。

巩固拓展脱贫攻坚成果。全面落实五年过渡期内“四个不摘”工作要求，保持现有帮扶政策、资金支持、帮扶力量总体稳定。深入巩固“两不愁三保障”成果，落实防止返贫动态监测和帮扶机制，坚决守住不发生规模性返贫底线。统筹各类资源，连片打造衔接乡村振兴集中推进区。扎实做好东平移民避险解困、易地扶贫搬迁、黄河滩区迁建后续帮扶工作，加大产业发展、配套设施和公共服务等扶持力度，让搬迁群众稳得住、有就业、能致富。

发展壮大现代农业。扛牢粮食安全政治责任，深入推行“田长制”，坚决守牢耕地红线，确保粮食播种面积和产量稳定在 557 万亩、50 亿斤以上，新建高标准农田 19 万亩。农作物耕种收综合机械化率达到 90% 以上。大力发展智慧农业。积极推广林下经济。推进绿色种养循环，推广减肥减药节水等关键技术。畜禽粪污资源化利用率保持在 90% 以上。稳定生猪生产，加快无疫区建设，支持规模化养殖场改造提升。深入实施种业提升工程，培育具有自主知识产权的优良品种 3 个以上。抓好国家级区域性蔬菜良繁基地和省级小麦、蔬菜、大豆良繁基地建设及品牌培育。优化提升乡村人才工程，农村实用人才总量持续增长。

推进特色产业升级。坚持以工业化思维抓农业，实施“粮头食尾”工程，推动农业全产业链经营，促进一、二、三产业融合发展。引进培育一批食品加工制造“链主”企业，建设一批农业标准化生产基地。实施优势产业提升工程，做大做强泰山茶、有机蔬菜、优质奶业等十大农业特色产业，抓好肥城桃国家级特色农产品优势区和泰山板栗、东平湖鲤鱼省级特色农产品优势区建设。实施奶业振兴计划，推动现代化奶业扩规升级和奶业基地建设。加强泰山螭霖鱼保护利用。实施农业经营主体“上规纳统”工程，鼓励引导工商资本下乡，大力培育市级以上农业龙头企业，推进省级以上现代农业产业园、农业产业强镇建设，新增市级以上农民合作社示范社 60 家以上。推进电子商务进农村综合示范。加快农产品品牌建设，加强地理标志商标培育、管理和保护。

深化乡村建设行动。扩大农业农村有效投资，加快推进城乡要素平等交换、双向流动和基础设施、公共服务一体化发展。继续实施乡村振兴示范工程，新建市级示范区 12 个以上。深入实施农村人居环境整治五年提升行动，纵深推进农村地区清洁取暖、厕所革命、生活垃圾处理、污水治理和绿化美化五大攻坚行动。抓好农村饮水安全巩固提升。加快美丽宜居乡村建设，大力发展农村新型住房，全面完成城镇开发边界外安置区建设。省级、市级美丽乡村示范村年内分别新增 27 个、50 个以上，“美丽庭院”建成率达到 30% 以上。创新乡村治理，加快乡村民安服务中心建设。

（四）坚定在文旅融合发展上奋力争先。紧紧抓住泰山文化传承创新示范区建设机遇，整合文旅资源，创新文旅业态，壮大康养产业，打造彰显泰山魅力的国际文化旅游和康养“泰安名片”。

推动泰山文化传承发展。加强文化宣传创新，加大黄河文化、运河文化研究力度，阐释好泰山文化、大汶口文化深刻内涵和时代价值。实施研究阐发、传播交流、资源保护利用、普及融入、项目引领“五大工程”。高水平举办泰山国际登山节系列活动，办好泰山国际文化论坛。推进泰山世界文化遗产保护规划编制。实施大汶口遗址文明探源和泰山文物保护利用工程，加快大汶口考古遗址公园、泰山博物院、方志馆等项目建设。打造泰山国家级、省级文物保护利用示范区。加强红色文化研究、保护、开发、利用，实施烈士纪念设施提升改造工程。

加快推动文旅融合发展。做优做强文化旅游产业集群，抓好泰山新闻出版小镇、国际文化大数据产业城、泰山石敢当文化园等文旅项目建设，支持泰山国家图书版权交易中心线上线下平台建设，办好泰山国际新闻出版合作大会。加快建设以大汶河为主线的文化旅游产业走廊，推进东平湖、九女峰、泰山·桃花源等旅游片区提档升级。支持旅游经济开发区争创国家级旅游度假区。加强省会经济圈文化旅游交流合作，完善泰山周边重点区域精品民宿、高端度假设施。探索实行“一票制”，推进旅游景点“串珠成链”。持续实施旅游服务质量提升工程，推进旅游数字化转型，推动景区智慧化发展。

积极培育文旅消费新业态。组织实施传统消费升级、新兴消费扩容行动。开发研学游、民俗游、祈福游、文化游、康养游等新线路新产品，大力推动会展业扩规提档升级，积极发展文创、美食、演艺等产业，打造一批“必游”“必看”“必购”旅游消费新场景。完善自驾游、自助游服务体系，引导激活本地居民及周边客源休闲消费。办好泰安文化和旅游惠民消费季系列活动。提升泰山秀城·老街、梦泰山夜肆文旅街等街区知名度、吸引力，大力发展夜经济。建设一批省级示范步行街和特色商业街。推动网络零售倍增，建设特色产业电商供应链基地。发展直播电商新业态，拓展“线下打烊、线上开播”新模式。

不断做强医养健康品牌。依托产业、医疗、生态等优势，大力发展保健疗养、生物医药、医疗器械、康体运动等大健康产业，支持泰邦生物、健通生物、诺莱医学、海天智能、温泉康养文旅小镇、泰山康复辅助器具产业园等做大做强。推进泰山医养中心二期、泰山佑国际旅游生态度假区、齐鲁医药学院健康产业学院等项目建设。抓好泰山山泉水（矿泉水）综合开发利用，擦亮泰安“好山好水”品牌。全面振兴泰山黄精、泰山灵芝、泰山百合、泰山参等泰山道地中药材产业，实现种植面积9万亩以上。加快发展小麦糊粉层等特色健康食品产业，着力构建“免疫力经济”产业链条，办好“中国免疫力经济论坛”。

（五）坚定在高品质城市建设上奋力争先。坚持把规划好、建设好、管理好城市摆在突出位置，着力优化布局、完善功能、提升品质，努力展现更加宜居、更为时尚、更具活力的现代化城市“泰安魅力”。

优化城市空间布局。加快推进国土空间总体规划编制，科学调整泰城空间布局、功能定位、片区产业发展方向，进一步拉开城市发展大框架。充分发挥泰城依山而建、山城一体的优势，融合泰山、徂徕山、大汶河“两山一水”独特魅力，打造“两山相映、一河镶嵌”的城市发展格局。积极融入省会经济圈，加快推动济泰同城化，纵深推进“633工程”，深化济泰在基础设施、产业生态、公共服务等领域合作。坚持产城融合，大力发展总部经济、楼宇经济。强化政府对土地资源的调控管理，运用市场化手段，进一步盘活城市资源。高水平规划建设东部新城，加强文旅、康养、科教等产业布局，打造新的增长极。西部新区，大力发展文化旅游新业态，打造现代旅游新亮点。南部高新区，着力推进高新技术产业、战略性新兴产业，打造高质量发展先行区。北部山城结合部，严控“山体线”“水岸线”“天际线”，坚决保护好泰山文化遗产和自然遗产资源。

加强基础设施建设。深入推进“七网”行动，综合立体交通网方面，加快建设城市快速通道，全面启动泰安至东平高速公路、济微高速、济广高速改扩建项目，年内建成京台高速济南至泰安段改扩建工程和泰安西出入口改造工程。加快推进泰安阳家泉（徂徕山）通用机场前期工作，开工建设肥城仪阳通用机场。配合做好滨临高铁、鲁中高铁、济济高铁、泰新高速徂徕枢纽至新泰枢纽段、德郓高速东阿至梁山段等项目前期工作。加快S103东岳胜境旅游示范路建设。推进沿汶河旅游公路规划建设，打造连接泰山、徂徕山、大汶河、东平湖及周边景区的旅游廊道。抓好谢过城大街一期、双龙路改造、环山路东延二期等道路工程建设，持续打通“断头路”“卡脖子路”。现代物流网方面，大力发展第三方、第四方物流，全力推进泰安港临港物流产业园、韵达智慧物流产业园、泺亨国际物流产业园、速恒现代物流园等规划建设。能源保障网方面，加快国家级盐穴储能储气基地建设步伐，推动盐穴储气库先导工程开工建设，积极推进千万千瓦级盐穴储能项目，努力把泰安打造成“储能之都”。抓好泰安二期抽水蓄能电站建设。整县推进分布式光伏规模化发展。新能源和可再生能源装机达到400万千瓦以上。市政公用设施网方面，加快泰城“供热一张网、污水一张网”建设。启动实施“莱热入泰”长输供热项目，完成城区西部热源建设。积极推进“引黄入泰”工程、山口净水厂、中石油9F燃机发电机组、中俄东线天然气管道泰安段建设。全面更新城市老化燃气管道。扎实推进“两清零、一提标”，城区黑臭水体实现动态清零。现代水网方面，推进大汶河砖舍拦河闸、尚庄炉水库增容工程建设。配合做好京杭运河北延穿黄接小清河研究论证工作，大清河航道工程年内具备通航条件。加快推进37个农业水利项目。新型基础设施网方面，新建开通5G基站3100个，打造“双千兆”城市。泰城新增新能源汽车公用充电桩325个。农村基础设施网方面，开展“四好农村路”提质增效专项行动，新改建农村公路640千米。推进数字乡村建设，农村家庭基本具备百兆以上接入能力。

加快改善居住环境。坚持“房住不炒”定位，落实租购并举住房制度，加快发展长租房市场，稳步推进人才保障性住房建设。实施城市更新行动，年内改造老旧小区项目82个、60769户，开工建设棚改安置房1072套、基本建成1438套。推进建筑节能与科技创新，新增绿色建筑占城镇新建民用建筑比例达到90%以上。加强房地产市场监管，促进房地产业良性循环和健康发展。深化整治房地产开发历史遗留问题，维护购房者的合法权益。

提升城市管理水平。编制实施《泰安市历史文化名城保护规划》，做好历史文化街区保护工作。加强城市精细化管理，加快建设智慧城市、韧性城市，建成运营“城市大脑”，打造一体化综合指挥平台。推进智慧社区建设，打造一批惠民应用场景。大力发展智慧公交、智慧停车。积极筹办全国性“泰山论道·网络安全大会”，塑造泰安新型智慧城市新名片。实施城市品质提升行动，统筹抓好雨污分流、垃圾分类、海绵城市建设、背街小巷整治提升等工作，一体推进城市净化、绿化、亮化、美化，巩固拓展全国文明城市、国家卫生城市创建成果。

（六）坚定在生态文明建设上奋力争先。坚决扛牢黄河流域生态保护和高质量发展重大政治责任，坚定不移走好“生态立市”之路，全力打造生态优先、绿色发展的“泰安样板”。

抓住国家战略重大机遇。加快完善黄河流域生态保护和高质量发展规划政策体系。认真落实《山东省东平湖保护条例》《东平湖生态保护和高质量发展专项规划》，支持东平县打造黄河流域生态保护和高质量发展示范区。抓好芝田河生态保护修复等25个省黄河战略重点推进项目、柴汶河生态保护修复等11个省黄河下游绿色生态走廊集中开工项目、田山灌区干渠与河湖连通工程一期等15个省现场推进会集中开工项目建设。优选确定100个年度市级黄河战略重点推进项目。积极做好黄河专项中央预算内投资项目谋划和对上争取工作。

深入推进生态保护修复。巩固扩大泰山区域山水林田湖草生态保护修复试点工程成果，突出抓好泰山、徂徕山、东平湖、大汶河生态治理保护，筑牢生态安全屏障。落实“林长制”，完成造林绿化5000亩以上。加强自然保护地、林地林木监管保护，全力抓好松材线虫病防控。完善提升“引水上山”“天眼护山”工程，推进泰安航空护林站、山东省森林火灾应急救援中心、国家山岳救援泰安大队建设。加大湿地保护与修复力度。完善防洪减灾体系，抓好东平湖综合治理水利专项工程、黄河下游防洪工程等重点工程建设，确保黄河、东平湖长久安澜。

持续打好污染防治攻坚战。深化大气攻坚集中行动，强化$PM_{2.5}$和臭氧协同控制，持续降低细颗粒物浓度。严格落实河湖长制，扎实推进流域水污染综合整治，国控河流断面优良率不低于66.7%。加快推进宁阳化工园区地下水污染防治修复试点项目。启动新一轮“四减四增”三年行动。开展全省土壤污染防治先行区建设。深化危险废物专项整治三年行动。坚决彻底抓好环保督察反馈问题整改。

坚持生态优先绿色发展。实施绿色低碳转型行动，科学编制实施“双碳”行动方案，开展绿色低碳社会行动示范创建。有序调整能源生产和消费结构，大力发展绿色低碳产业和循环经济。坚持严控“两高”，严格落实“四个区分”“五个减量替代”要求，支持重点排放单位参与全国碳排放权交易。大力推进国家级大宗固体废弃物综合利用示范基地建设。严格落实“四水四定”要求，推进节水型社会建设，抓好重点行业节水改造、废水达标利用。

（七）坚定在改革开放上奋力争先。坚持向改革要动力，向开放要活力，持续破解发展瓶颈，拓展发展空间，优化发展环境，在改革开放的生动实践中创造更多“泰安经验”。

深化重点领域改革。深入推进财税体制、预算绩效管理、国有金融资本管理、投融资体制改革。树立“经营财政”理念，加强财政资源统筹，保障重点支出需要。持续深化国有企业改革，做大做强四大市属国有企业集团。纵深推进“放管服”改革，持续深化“一业一证”“三减一并”，提升“联、通、办”效能。探索推进要素市场化配置改革，打破土地、用能、排污等要素配置瓶颈，提升协同配置效率。加快乡村振兴政策集成改革，争创国家和省级城乡融合发展试验区。

全面扩大对外开放。积极参与“一带一路”，用好RCEP优惠政策和便利化规则，扩大国际合作，推动更高水平开放。推进利用外资量增质升。实施外贸固稳提质行动，稳定劳动密集型产品出口，扩大高新技术产品、机电产品和高附加值农产品出口。加快“跨境电商+海外仓”融合发展，支持岱银等企业做大做强公共海外仓。加快泰安综合保税区、国际氨糖产业基地建设。推动“互联网+外贸”转型，培育招引头部电商企业，提升跨境电商企业能级。支持泰安高新区建设国际合作园区。

着力优化营商环境。坚持“有解思维”，大力实施营商环境创新提升行动。实施“双全双百”提升工程，推行“无感审批”，全面创优“泰好办”政务服务品牌。深化政务服务“一网通办”，加快政务服务2.0平台融合建设，推进“一件事”主题式集成服务。开展“我为企业办实事”活动，建立企业诉求受理平台。认真落实减税降费等惠企政策，降低企业运营成本。加快“政策通”“银企通”平台建设，确保惠企政策“免申即享”、快速兑现。实施“央行资金+普惠金融”推进金融“助企惠民”工程、金融畅通工程，优化金融辅导和管家服务，让更多小微企业、经营业户享受到优惠金融服务。严格落实公平竞争审查制度。制定实施企业家培育赋能和现代企业管理提升计划。弘扬企业家精神，构建新型亲清政商关系。

（八）坚定在民生事业建设上奋力争先。始终牢记“江山就是人民，人民就是江山”，着力加强民生改善创新，把基本财力向民生领域倾斜，确保民生支出占比稳定在80%左右，继续确定并办好一批民生实事，奋力打造共同富裕“泰安典范”。

促进居民就业增收。强化就业优先导向，大力实施城乡公益性岗位扩容提质行动，重点面向农村剩余劳动力和城镇长期失业人员，创设城乡公益性岗位21200个。落实好阶段性降低失业保险费率、技能提升补贴等政策，激发农民工、就业困难人员、退役军人等群体就业增收潜能。完善最低工资调整机制。健全完善根治欠薪长效机制。实施高校毕业生基层成长计划、“三支一扶”招募计划，吸引更多高校毕业生来泰、回泰、留泰就业创业。

全面加强社会保障。兜紧兜牢基本民生底线，九类困难群众救助标准再提高10%。深入实施全民参保计划，提高居民医保财政补助标准，落实社保转移接续、异地就医结算等制度，提升医疗保障服务水平。全面做好农村适龄妇女“两癌”免费筛查等工作。重视发展公益慈善事业，支持社会力量参与扩大民生服务供给。推动未成年人保护机构规范化建设。加大特殊人群法律援助力度。构建社区“15分钟养老服务圈”，新增护理型养老床位2000张以上。推动社区老年“幸福食堂”提质扩面。完善落实“三孩”配套政策，开展市级家庭托育试点。

统筹推进社会事业。市级财政教育投入再增长10%，新改扩建幼儿园15所、中小学12所，新增学位1.4万个。实施98个义务教育薄弱环节改善与能力提升计划项目。提升集团化办学水平，优化学校布局，推动核心区高中外迁。巩固“双减”阶段性成果。支持驻泰高校、市属高职院校改革发展。推进健康泰安建设，深入开展公共卫生服务能力三年提升行动，持续深化公立医院综合改革，促进中医药传承创新发展。实施新时代公民道德建设行动和文明创建工程。大力实施文化惠民工程，推进图书馆、文化馆、美术馆“数字三馆”建设，建成城乡书房20个以上。实施文艺作品质量提升工程，提高泰山大剧院管理利用水平。完善全民健身设施，加快新体育中心等体育场所建设。办好泰山国际登山比赛等系列体育赛事。贯彻落实《山东省中长期青年发展规划》，建设青年发展友好型城市。

（九）坚定在建设人民满意政府上奋力争先。新形势、新任务，对政府自身建设提出了新的更高要求，我们要胸怀“两个大局”、心系“国之大者”，务实苦干、积极作为，在新时代新征程中展现“泰安担当”。

全力建设法治政府。深入贯彻落实习近平法治思想，争创国家级法治政府建设示范市，依法依规做好政府各项工作。健全完善“三重一大”制度，严格重大行政决策合法性审查。自觉接受人大法律监督、政协民主监督和社会舆论监督，高质量办理人大代表建议和政协委员提案。深入推进政务公开，确保政府各项工作始终在法治轨道上阳光运行。

全力建设诚信政府。坚持诚信至上、守信践诺，深入推进政务失信专项治理，全面加强政务诚信建设，凡是对社会承诺的事项，都要言必信、行必果。加强社会信用体系建设，强化守信激励和失信惩戒，构建以信用为基础的新型监管机制，营造诚实守信的社会风尚。

全力建设数字政府。大力实施数字政府强基工程，完善优化大数据平台，打通数据共享“高速通道”，打破政府系统和社会服务的“信息孤岛”，让“信息多跑路、群众少跑腿”。进一步提升“12345”政务服务便民热线能力和水平。加快“居民码”“企业码”应用，争创“无证明城市”。

全力建设务实政府。大力倡树“严、真、细、实、快”工作作风，切实提高执行力、落实力。坚决纠治不作为、慢作为、乱作为等突出问题，大力整治文山会海，坚决破除形式主义官僚主义。积极推行“一线工作法”，倡导领导干部到一线盯项目、盯进度。全面落实干部正向激励和容错纠错机制，弘扬正气，鼓舞斗志。

全力建设清廉政府。坚持把纪律和规矩挺在前面，坚定不移落实全面从严治党主体责任，认真履行“一岗双责”，不断强化政府系统党风廉政建设。支持配合组织监督、巡察监督，加强审计监督。牢固树立过“紧日子”思想，严格执行财政资金预算管理，严控“三公”经费支出。严厉查处各类违纪违法行为和群众身边不正之风。

各位代表！今年工作任务目标已定，全面奋力争先任重道远。我们要深刻把握“走在前列、全面开创”“三个走在前”的丰富内涵和核心要义，认真落实省委“六个一”发展思路、“六个更加注重”策略方法、“十二个着力”重点任务，持续聚焦“十大创新”部署，锚定市第十二次党代会确定的目标任务，攻坚克难、勇毅前行，玉汝于成、务求必胜。

各位代表！当前和今后一个时期，各种可以预见和难以预见的风险因素依然复杂繁多。我们要加强风险防控创新，坚持底线思维，落实总体国家安全观，把政治安全放在首位，把安全发展要求贯穿经济社会发展各领域、全过程，以更大力度统筹好发展和安全，努力营造国泰民安的社会环境。我们要守好安全生产底线。持续深化安全生产专项整治三年行动，有效防范化解重大风险。推进城市风险综合监测预警工作体系建设，提升防汛抗旱、森林防火、抢险救援、应急处置和综合保障能力。加强食品药品安全监管。我们要守好生态环保底线。深入践行“绿水青山就是金山银山”理念，防范化解生态环境重大风险隐患，坚决杜绝重特大突发环境事件发生。我们要守好疫情防控底线。抓好常态化防控，坚持科学防控、精准防控，严把外防输入、人物同防、院感防控、应急准备、疫苗接种“五个关口”，巩固来之不易的疫情防控成果。我们要守好金融安全底线。强化金融风险化解攻坚行动，加强对重点领域、重点行业、重点企业金融风险监测预警和化解处置，规范政府举债融资行为，构建全过程债务管理体系，确保不良贷款率保持在较低水平，不发生系统性、区域性风险。我们要守好社会稳定底线。坚持和发展新时代“枫桥经验”，加强矛盾纠纷排查化解。全面推行“信访问题面对面，干群关系心连心”工作模式，落实“三到位一处理”，深化“治重化积”专项行动。推进市域社会治理现代化试点，强化视频前端集约建设和智能化应用，深化智慧安防小区建设，提升社会治安防控体系建设水平。常态化开展扫黑除恶斗争。严厉打击涉众型经济犯罪、电信网络新型违法犯罪。争创“全国禁毒示范城市”“平安中国建设示范市”。

各位代表！登高望远图新志，奋力争先正当时。让我们更加紧密地团结在以习近平同志为核心的党中央周围，坚持以习近平新时代中国特色社会主义思想为指导，大力弘扬伟大建党精神，以高度的政治责任感和历史使命感，以永不懈怠的精神状态和一往无前的奋斗姿态，牢记嘱托、勇担使命，登高望远、奋力争先，勇做新时代泰山“挑山工”，全面开创新时代社会主义现代化强市建设新局面，以优异成绩迎接党的二十大胜利召开！

编辑 校对 刘 凯

泰安市党史学习教育活动综述

2021年，泰安市聚焦“学党史、悟思想、办实事、开新局”主题主线，紧扣目标任务，坚持用习近平新时代中国特色社会主义思想武装头脑、指导实践、推进工作，引导各级党组织和广大党员干部，原原本本学党史，认认真真悟思想，扎扎实实办实事，党史学习教育取得积极成效。

突出深学细悟，强化理论武装。领导干部带头学，市委理论学习中心组开展集体学习研讨14次，其中围绕“学史增信”“学史崇德”“学史力行”等主题开展学习研讨4次，围绕学习贯彻习近平总书记在庆祝中国共产党成立100周年大会上的重要讲话精神、习近平总书记在深入推动黄河流域生态保护和高质量发展座谈会上的重要讲话精神、中共十九届六中全会精神开展专题学习研讨3次，围绕深入学习习近平总书记视察福建、广西、青海、西藏时关于党史学习教育重要论述和重要指示要求组织专题学习4次。4月13—30日，举办市委理论中心组党史学习教育专题读书班1期、专题学习班2期；7月19日至8月12日，举办学习贯彻习近平总书记在庆祝中国共产党成立100周年大会上的重要讲话精神专题读书班4期，组织县级以上党员领导干部静心读书学习，4800余人次参加集中学习。各级党委（党组）跟进开展集中学习研讨，举办专题读书班、学习班，深化认识理解，增强思想认同，切实发挥好以上率下、示范带动作用。基层支部分类学，根据党员不同特点，分领域制定工作方案，推动各基层党支部利用“三会一课”、主题党日等载体，持续学习习近平总书记《论中国共产党历史》《毛泽东邓小平江泽民胡锦涛关于中国共产党历史论述摘编》《习近平新时代中国特色社会主义思想学习问答》《中国共产党简史》4本指定书目，学好《中华人民共和国简史》《改革开放简史》《社会主义发展简史》等学习材料。4月份，在全市基层党支部中开展“学光辉党史挑时代重担”主题党日，集中开展“四个一”（开展一次专题学习、收看一次党史教育片、组织一次现场体悟教育、列出一张“我为群众办实事”清单）活动。组织25万余名党员干部群众集中收听收看庆祝中国共产党成立100周年大会直播盛况。聚焦重点系统学，把学习宣传贯彻中共十九届六中全会精神作为重大政治任务，与党史学习教育贯通起来，掀起学习宣传贯彻热潮。市委召开十一届十四次全会，制定《关于深入学习贯彻党的十九届六中全会精神的决定》《关于认真学习宣传贯彻党的十九届六中全会精神的通知》等文件。11月29日至12月17日，举办中共十九届六中全会精神专题学习班4期；11月29日，举办学习贯彻中共十九届六中全会精神省委宣讲团宣讲报告会。市委成立宣讲团，组织19名领导干部、专家学者到基层单位，开展全会精神宣讲20余场次，受众8000余人。举办全市学习宣传贯彻中共十九届六中全会精神理论研讨会，加强理论研究阐释，推动形成学习热潮。

突出宣讲宣传，确保入脑入心。抓好基层宣讲，4月13日、7月21日，分别举办党史学习教育省委宣讲团宣讲报告会、市委理论中心组学习习近平总书记在庆祝中国共产党成立100周年大会上的重要讲话精神宣讲报告会，邀请专家学者为4500余名党员干部作报告。市级党员领导干部带头到基层联系点、驻泰安高校宣讲习近平总书记在庆祝中国共产党成立100周年大会上的重要讲话精神等80余次，受众1.2万余人。组织40名专业人员撰写党史故事，以新时代文明实践中心为主阵地，开展“讲故事学党史”基层宣讲活动1000余场次。市级组建老干部“本色·党史宣讲团”，深入基层单位开展党史宣讲。各县（市、区）充分用好“五老”人员、机关干部、基层党组织书记、志愿者等队伍，组建“轻骑兵”式基层宣讲团队，开展分众化、互动式宣讲3000余场次，受众23万余人。抓好重点群体宣讲，通过“送学上门”、邮寄学习资料、建立学习交流群、开展“党史学习教育进车间”活动、举办“我看建党百年新成就”老干部座谈会等形式，抓实农村老党员、流动党员、“两新”组织党员、离退休党员党史学习和宣讲，推动学习教育全覆盖。充分运用新媒体平台，征集播发“2分钟党史”短视频、音频，推出“大众红·每天党史2分钟·泰安篇”专辑，开展“党旗在基层·红星照我行”“我与党旗合个影”线上征集等活动，扩大学习教育受众面和影响力。开发制作体验式、情景式、感悟式“百部精品党课”，创新党课讲授方式，加强党员干部学习教育。抓好主题宣传，在市级主要媒体开设《奋斗百年路、启航新征程》《在习近平新时代中国特色社会主义思想指引下牢记嘱托奋力前进》《办实事开新局》《我为群众办实事——记者一线蹲点调研采访》等专栏专题30余个，及时转发中央、省级主要媒体关于党史学习教育工作动态，宣传报道全市各级各单位开展学习教育进展成效、典型经验、群众反响，发布稿件1.2万余篇（条）。《初心——庆祝建党100周年老党员访谈》《永远跟党走——泰安红色故址寻访》《身边的爱国主义教育基地》《最泰安手绘长卷——看泰汶大地红色印记》等融媒产品得到广泛传播。6月25日，市委召开新闻发布会，介绍全市庆祝中国共产党成立100周年重点活动安排和全市学习教育开展情况，引发广泛关注。在泰安城区主要街道、大型商场、车站等人群密集场所，利用电子屏、公交站牌、广告箱等，播放张贴主题宣传标语，营造庆祝建党百年浓厚宣传氛围。做好对上宣传报道，年内省级以上主要媒体刊播泰安市学习教育工作动态和经验做法300余篇（条），其中央视《新闻联播》播出“泰安120万名志愿者开展学雷锋活动”等动态2条，《人民日报》刊发“泰安贯通市区擂鼓石大街”等7条，《大众日报》、省电视台《新闻联播》刊播120余条（篇）；新华社《高管信息》刊发《泰安党史学习教育走心走实见成效》。

突出特色优势，传承红色基因。打造红色教育线路，打造7条“党史学习教育红色体悟线路”，编制红色资源网络地图，公布20个党史教育基地名单，建成宁阳县党支部工作指导中心、肥城市党史学习教育广场，加强红色讲解员培训，组织广大党员、干部群众开展理想信念教育、革命传统教育、爱国主义教育，共计30余万人参加各类教育活动。市级党员领导干部带头到中共泰安第一支部展室、徂徕山抗日武装起义纪念地、泰安革命烈士陵园等接受现场教育。创作红色文艺精品，拍摄党史题材纪录片《日出泰山红东方》、电影《挑山者》，创作梆子剧《徂徕儿女》、反映社区干部为群众办实事的舞剧《挑山》等文艺作品，发挥文艺精品的凝神聚魂引领作用。4月26日，《徂徕儿女》作为庆祝建党百年山东省优秀剧目在山东梆子艺术研究院首演。6月10日，舞剧《挑山》在省会大剧院首演。组织群众文化活动，举办泰安市庆祝建党百年美术书法摄影剪纸作品展、东岳壮歌——庆祝中国共产党成立100周年革命文物展，吸引2万余人参观学习。6月25日，在泰安城区吾悦广场、爱琴海购物广场、泰山西湖等地标性建筑上演庆祝建党百年主题灯光秀。全市各级各单位广泛组织“唱支山歌给党听”主题晚会、红歌赛、合唱比赛、党史知识竞赛等喜闻乐见的活动。注重加强青少年党史学习教育，将党史学习融入学校思政课，开展缅怀革命先烈、寻访红色地标、学习英雄模范、红色研学、争做红领巾（团员）讲解员等系列活动，感悟革命精神，传承红色基因，赓续红色血脉。

突出严督实导，确保质量成效。强化督促指导，市级组建12个巡回指导组，加强业务培训，做到先学先悟，下沉到各被指导单位开展工作，推进工作落实。在领导小组办公室设立巡回指导工作专班，统筹协调各巡回指导组，推动形成整体工作合力。各县（市、区）、功能区同步成立巡回指导组，加强对基层单位学习教育督促指导。开展调研指导，深入基层单位开展调研，了解党员干部学习情况和实际效果，发现并督促问题整改，累计整改问题700余项。注重从基层挖掘典型经验、培树工作典型，加强工作交流，提升整体质量。到年末，中央党史学习教育简报刊发泰安市理论阐释类经验1条，省委学习教育简报刊发泰安市工作经验13篇、43条；市级编印工作简报85期，刊发各县（市、区）、功能区、市直部门经验150余篇。加强过程指导，市级各巡回指导组以县处级领导班子和领导干部为重点，参与被指导单位党委（党组）专题学习研讨、专题读书班、专题党课、专题组织生活会等重点工作。从7月初至8月底，全市基层党组织召开专题组织生活会共计8424次。督促各党支部、党员建立问题整改台账，明确整改措施、完成时限。到年末，能够立行立改、限期整改的问题全部整改完成，对理论水平不高、学用结合有差距等需要长期整改的问题，各党支部和党员已进一步细化举措。市级党员领导干部带头到所在党支部以普通党员身份参加专题组织生活会，带头开展批评和自我批评，带动专题组织生活会扎实开展。

突出民生实事，解决急难愁盼。即知即办“身边事”，组织各级各部门单位开展民生问题大调研、大走访、大排查，同时借助市长信箱、《工作落实面对面》新闻监督栏目等渠道，收集群众反映问题和意见建议100余万条，建立工作台账，统筹解决落实。将“12345”政务服务热线作为联系群众、了解需求重要渠道，及时收集群众反映问题，督促责任单位按时办结，年内，受理要办事项122.76万件，办结后回访群众满意度达98.86%。在全省率先实现60周岁以上老年人刷身份证免费乘公交。组织广大党员志愿者和志愿服务组织积极参与新冠肺炎疫情防控、捐资助学、关爱老年人、全国文明城市复审等各项工作，力所能及为群众办好事、解难题。集中解决“期盼事”，市级以群众反映集中的共性需求、存在的普遍性问题为切入点，确定社区老年“幸福食堂”建设工程、中小学午餐保障及食堂改造提升工程、泮河生态修复保护工程等为民要办的10件实事，年度目标任务已全部完成。市级层面分两个批次共确定重点民生项目394项，全部完成既定目标任务。开展“党旗在基层一线高高飘扬”活动，充分发挥基层党组织战斗堡垒和党员先锋模范作用，组织全市新一届村（社区）“两委”班子办好“开门一件事”，展现新气象、新作为。推进城市社区党组织领办红色物业，实行红色物业红色网格一体运行，以物业“小支点”撬动治理“大格局”，提升城市基层治理水平。全力攻坚“遗留事”，针对泰安城区“断头路”、老旧小区改造、房地产开发历史遗留问题等难题，成立工作专班、加强调查研究，提速快办、持续攻坚。其中，泰安城区长城路与岱阳大街立交桥建设项目于8月20日建成通车，泰安城区西部交通拥堵问题得到大幅缓解；困扰群众多年的泰山区金星片区住房改造工程，开工建设，创造出3月丈量、4月拆迁、5月开工的“金星速度”；解决房地产开发历史遗留问题方面，到年末，集中处理不动产登记项目430个，达到917万平方米，惠及8万户家庭24万人，问题化解率超96%。市级领导带头包保化解信访积案，超额完成年度目标任务。

突出知行合一，开创发展新局。坚持以更高的境界谋划推进工作，对标习近平总书记期望要求，按照省委决策部署，提出要登高望远、积极作为、奋力争先。把新型工业化作为主攻方向，全面推行“链长制”，实现集群突破；推进7个省级以上开发区、4个化工园区集约发展，集中做大做优。树牢生态优先、绿色发展理念，制定《关于深入学习贯彻习近平总书记视察山东重要讲话精神扎实推动黄河流域生态保护和高质量发展的决定》，实施好286个黄河战略重点项目，深化泰山、大汶河、东平湖三大区域的生态治理，努力在黄河战略中展现泰安担当。坚持用改革创新办法破解发展难题，坚持以“有解思维”解决产业发展、行政审批、民生保障等各领域难题。突出重点领域关键环节改革，把国企改革作为财政、民生和政府调控能力的重要依靠力量，组建4个市属国有企业集团，增强国资国企的活力、动力和能力。把优化营商环境作为“头号工程”，打造市场化、法治化、国际化的一流营商环境。推进以科技创新为核心的全面创新，深化“科创中国”试点市建设，获批全国第二家、全省首家“科创中国”创新基地。坚持以更实的作风担当实干，先后召开全市“两优一先”暨新时代泰山“挑山工”表扬大会、全市基层党建工作会议等，制定《泰安市政治生态分析评估办法》，树立实践实干实绩鲜明导向，以发展论英雄、以实绩论英雄、以结果论英雄。以高度的政治责任感抓好市、县、乡领导班子换届工作，严肃换届纪律，严把选人用人标准，营造山清水秀的政治生态，为新时代现代化强市建设提供坚强政治保障。

（市委宣传部）

市县乡领导班子换届完成

自2021年6月中旬开始，按照中央和省委统一部署，坚持把加强党的领导贯穿始终，陆续开展市、县、乡领导班子换届工作。按照统筹谋划、分级负责、压茬进行的工作要求，省、市、县组织部门分别派出干部考察组对市、县、乡领导班子进行换届考察。紧紧围绕绘出好蓝图、选出好干部、配出好班子、树立好导向、形成好气象“五个好”目标要求，强化政治素质把关，完善民主推荐工作，改进干部考察方式，落实“凡提四必”要求，坚决防止干部“带病提拔”。优化领导班子结构，积极推进干部交流和干部能上能下，选优配强市、县、乡领导班子。2022年1月中旬到2月底，按照自下而上、先乡后县再市的顺序，先后组织召开乡镇党代会、人代会和市县党代会及人大、政协“两会”，选举产生新一届市、县、乡领导班子。

中国共产党泰安市第十二次代表大会。2022年2月18—21日，在泰安举行，全市19个选举单位的423名代表参加会议。大会听取和审查中国共产党泰安市第十一届委员会的工作报告，审查中国共产党泰安市第十一届纪律检查委员会的工作报告和全市党费收缴、使用和管理情况报告，选举出由51名委员、10名候补委员组成的中国共产党泰安市第十二届委员会，选举出由37名委员组成的中国共产党泰安市第十二届纪律检查委员会，选举出泰安市出席中国共产党山东省第十二次代表大会的46名代表。大会一致通过《中国共产党泰安市第十二次代表大会关于十一届市委报告的决议》和《中国共产党泰安市第十二次代表大会关于市纪律检查委员会工作报告的决议》。

泰安市第十八届人民代表大会第一次会议。2022年2月24—28日，在泰山国际会展中心举行。全市6个代表团共427名代表参加会议。大会审议通过泰安市人民政府工作报告；审查、批准泰安市2021年国民经济和社会发展计划执行情况的报告与2022年计划；审查泰安市2021年预算执行情况的报告和2022年预算草案，批准泰安市2021年市级预算执行情况的报告和2022年市级预算；审议通过泰安市人民代表大会常务委员会工作报告；审议通过泰安市中级人民法院工作报告；审议通过泰安市人民检察院工作报告；审议《泰安市第十八届人民代表大会第一次会议关于设立泰安市十八届人民代表大会专门委员会的决定（草案）》，设立市十八届人大法制委员会、监察和司法委员会、财政经济委员会、农业与农村委员会、环境与资源保护委员会、教育科学文化卫生委员会、民族侨务外事委员会、社会建设委员会；选举泰安市第十八届人民代表大会常务委员会主任、副主任、秘书长、委员，选举泰安市人民政府市长、副市长，选举泰安市监察委员会主任，选举泰安市中级人民法院院长、泰安市人民检察院检察长；表决通过泰安市第十八届人民代表大会各专门委员会组成人员，大会在圆满完成各项议程后胜利闭幕。

中国人民政治协商会议第十四届泰安市委员会第一次会议。2022年2月23—27日，在泰山国际会展中心举行。会议应出席委员413名，实到384人。会议认真听取和讨论中共泰安市委书记杨洪涛的讲话，会议讨论审议并一致同意政协第十三届泰安市委员会常务委员会工作报告和提案工作报告。与会委员列席泰安市第十八届人民代表大会第一次会议，听取并讨论市长张涛所作的《政府工作报告》及其他有关报告。大会收到提案296件，12名委员作大会现场发言，31名委员作书面发言。大会经过充分酝酿，选举第十四届市政协主席、副主席、秘书长，选举十四届市政协常务委员会委员66名。

中国共产党泰安市委员会

书　记　杨洪涛
副书记　张　涛
　　　　于瑞波
常　委　成　丽（女）
　　　　程远军
　　　　常绪扩
　　　　刘泮英
　　　　张　颖
　　　　姜　宁
　　　　汪占军
　　　　王爱新（女）
秘书长　张　颖

泰安市人民代表大会常务委员会

主　任　杨洪涛
副主任　辛海明
　　　　王淑玲（女）
　　　　戴　冰
　　　　蒋永斌
　　　　李华民
秘书长　朱　杰

泰安市人民政府

市　长　张　涛
副市长　常绪扩
　　　　姜　宁
　　　　唐传营
　　　　刘峰梅（女）
　　　　冯能斌
　　　　窦清波
　　　　马保文

中国人民政治协商会议泰安市委员会

主　席　武林中
副主席　袁久党
　　　　孙岱峰
　　　　张步军
　　　　倪庆宾
　　　　苏雪峰（女）
　　　　梁望东
　　　　董彦和
秘书长　杨承修

中共泰安市纪律检查委员会、泰安市监察委员会

书记、主任
　　　　程远军

泰安市中级人民法院

院　长　孙晋梅（女）

泰安市人民检察院

检察长　王锡友

（市委组织部）

泰山区域山水林田湖草生态保护修复工程

【整体进展情况】　泰安市山水林田湖草生态保护修复工程安排各类项目67个，涉及子项目326个，总投资166.37亿元。至年底，67个项目、326个子项目主体工程基本完工，其中已完工项目63个、子项目320个。完成项目总投资154.42亿元，占计划的92.8%，其中，中央财政资金22.82亿元（山水林田湖草补助资金13.79亿元），省级财政资金15.12亿元（山水林田湖草补助资金6.14亿元），市、县财政资金11.61亿元，PPP投入工程39.77亿元，企业自筹54.78亿元，其他资金10.33亿元。试点确定的绩效目标基本完成，其中，完成采煤塌陷地治理面积9295.8公顷，占计划的102.3%；矿山生态修复面积1584.5公顷，占计划的147.3%；地质灾害防治工程6项（15处），占计划的100%；地质公园及地质遗迹保护244.9平方千米，占计划的101.4%；土地整治面积26968.4公顷，占计划的104.2%；新增耕地面积4558.5公顷，占计划的171.5%；新增湿地面积712.76公顷，占计划的113.1%；城镇集中式饮用水源地水质达标率100%，城市建成区无黑臭水体，国控断面水质优良比例达到100%，东平湖湖南、湖北和大汶河王台大桥3个国控断面水质稳定达到Ⅲ类标准。

【各类工程进展情况】　地质环境类项目17个、子项目59个，计划投资17.45亿元；完工项目16个、子项目58个；已完成投资15.34亿元，占计划的88.0%。土地整治类项目9个、子项目131个，计划投

资15.29亿元；完工项目8个、子项目130个；完成投资21.95亿元，占计划的143.6%。水环境类项目26个、子项目82个，计划投资109.08亿元；完工项目24个、子项目78个；完成投资91.87亿元，占计划的84.2%。生物多样性类项目10个、子项目49个，计划投资24.05亿元；项目均已完工，完成投资24.77亿元，占计划的102.9%。监管能力建设类项目5个、子项目5个，计划投资0.5亿元；项目均已完工，完成投资0.48亿元，占计划的96%。

【各县（市、区）、功能区进展情况】 泰山区子项目4个，总投资8.20亿元；完工子项目3个，完成投资6.31亿元，占计划的76.9%。岱岳区项目10个、子项目23个，总投资8.20亿元；完工项目9个、子项目22个，完成投资9.60亿元，占计划的117.8%。新泰市项目9个、子项目61个，总投资13.55亿元；均已完工，完成投资17.53亿元，占计划的129.4%。肥城市项目16个、子项目45个，总投资16.79亿元；均已完工，完成投资15.75亿元，占计划的93.8%。宁阳县项目11个、子项目88个，总投资13.85亿元；均已完工，完成投资15.05亿元，占计划的108.7%。东平县项目18个、子项目61个，总投资32.29亿元；均已完工，完成投资33.19亿元，占计划的102.8%。泰安高新区子项目2个，总投资1.55亿元；均已完工，完成投资1.55亿元，占计划的100%。泰山景区项目4个、子项目19个，总投资8.03亿元；均已完工，完成投资6.74亿元，占计划的83.9%。泰安旅游经济开发区子项目1个，计划投资10.42亿元，已完工，完成投资6.2亿元，占计划的59.5%。徂汶景区项目5个、子项目8个，总投资8.97亿元；均已完工，完成投资8.96亿元，占计划的99.8%。市直项目7个、子项目14个，总投资44.52亿元；完工项目4个、子项目10个；完成投资33.54亿元，占计划的75.3%。

【各指挥部进展情况】 各项目指挥部进展情况。农村项目指挥部项目64个、子项目313个，计划投资114.11亿元；完工项目63个、子项目312个；完成投资113.67亿元，占计划的99.6%。城区项目指挥部项目5个、子项目13个，计划投资52.26亿元；完工项目2个、子项目8个；完成投资40.75亿元，占计划的78.0%。

各专业指挥部进展情况。山生态保护修复工程指挥部项目28个、子项目192个，计划投资32.99亿元；完工项目26个、子项目190个；完成投资37.54亿元，占计划的113.8%。水生态保护修复工程指挥部项目31个、子项目89个，计划投资121.24亿元；完工项目29个、子项目85个；完成投资104.53亿元，占计划的86.2%。林草生态保护修复工程指挥部项目3个、子项目18个，计划投资7.32亿元；均已完工，完成投资7.41亿元，占计划的101.3%。田生态保护修复工程指挥部项目5个、子项目27个，计划投资4.82亿元；均已完工，完成投资4.93亿元，占计划的102.9%。

（王子珍）

重点工作专班

【产业经济发展工作小组】 年内，紧紧围绕“产业兴市”战略部署，以实现全市高质量发展为目标，聚焦承担的9项全市重点任务奋力攻坚，各项工作取得明显成效。

聚焦重点，抓紧抓牢全市重点任务。围绕全市产业经济重点工作、重大项目，本着重点突出、持续推进的原则，确定全市重点任务内容9项，总投资429.8亿元，年度投资68.6亿元。到年末，完成投资71.67亿元。泰安特种建筑用钢项目二期顺利竣工，中储国能压缩空气储能调峰电站示范项目并网投用，泰安二期抽水蓄能电站破土动工，正威泰安金属新材料项目精密铜线车间运行投产，新泰青云国际冷链智慧物流园试运行，泰山玻纤产业园年产9万吨高模高强玻璃纤维生产线试生产。

统筹兼顾，全面推进项目高质量发展。全面系统清底排查，梳理投资亿元以上项目情况，细化到项目投资、阶段分类、行业类别、手续批办等细微环节，建立泰安市“四表三库四清单”项目列表，梳理产业类项目531个，其中在建273个、2022年计划新开工130个、策划储备128个，总投资3306.35亿元，构筑起产业项目“在建一批、新开工一批、储备一批”的正常接续、梯次推进、滚动发展的建设格局。

强化保障，全面服务重点项目建设。严格落实市产业小组《重点任务推进工作制度》，明确责任分工、推进方式，组建工作专班，健全专题会议、专班周例会及考核奖惩制度，层层传导压力，切实将责任压实到个人。实行挂图作战，“月调度通报、季度标旗、半年观摩、年终考核”，全面掌握项目动态，发挥考核“指挥棒”作用。深入项目实地调研，在项目一线研究问题、解决问题，全面建立问题台账跟踪督办，确保问题得到妥善解决。

（刘　鹏）

【城市建设管理工作小组】 年内，以优化营商环境、推动泰安高质量发展为目标，聚焦年初确定的重点任务，担当作为，奋力攻坚，推动重点任务稳步实施。

建立机制，狠抓落实，有序推进。强化责任抓落实，围绕确定的重点插旗任务，科学分解，明确责任，成立专班，一竿子插到底。强化协调抓落实，坚持问题导向，采取有力措施，强力推动不好办、难协调的重点难点问题解决。全年累计召开各类推进会、现场会、专题会130余次，印发会议纪要20余期。强化督查抓落实，坚持半月调度、每月通报，严格责任追究，对照目标标准，问时间进度、问质量高低、问工作成效。强化一线抓落实，全面实行“一线工作法”，沉到一线、沉到基层，面对面解难题，实打实抓落实。全年累计出现场150余次，印发情况通报20余期。

攻坚克难，勇挑重担，全力推进。克服拆迁征收困难，重点任务涉及征地拆迁上千户、几十万平方米，点多面广，情况复杂。各征收单位盯上靠上，全力攻坚，破解征收难题，推进项目开展。破解协调范围广难题，年内的城建重点任务点多线长，千头万绪，涉及多个部门、不同隶属，工程复杂，国家部委、省市审批程序多、时限长、协调难度大。全面精简审批程序，推行“绿卡”“一网通办”等制度的实施，实现工程建设项目审批的提速增效。

埋头苦干，以人为本，彰显实效。推进交通规划编制，《泰安市城市综合交通体系专项规划》《泰安市国土空间总体规划》形成初步规划方案。密织城市幸福路，明堂路北段，4月26日主线通车；明堂路南段，7月25日具备通车条件。环山路东延二期，征地拆迁青苗完成100%、房屋完成94%，路基完成9.2万立方米，石汶河大桥、小桥主线贯通，完成工程总量54%。青年路中段，金星街至泮河大街段9月1日主道路顺利通车；铁路桥以北部分主机动车道下层沥青摊铺完成；铁路桥下穿部分积极协调中铁济南局集团。环湖道路建设工程，围绕泰山西湖建设纵一、纵二、纵三及横一、横二、横三等支路主路面达到通车条件。强化经济发展路，京台高速泰安至枣庄段9月29日主线通车；省道S103济枣线高新区泰新高速立交桥至新泰泗水界段（泰楼路）改建工程11月9日全线通车；泰安至东平高速公路完成征地补偿款、拌合站等临时设施建设投资8.3亿元。

（亓　鑫）

【文化旅游产业发展工作小组】 持续攻坚克难，全力以赴推进重点任务标旗。2021年市文化旅游产业发展工作小组共承担重点任务12项，其中两项任务含子项目8个，实际为18项。除泰山热带风情乐园项目因“后期运营使用功能及布局无法定型”“投资方与其委托的设计单位存在意见分歧”等原因没有完成年度任务目标，其余17项重点任务均完成年度任务目标。

突出问题导向，盯靠项目抓服务。强化推进措施，紧扣年度目标任务，将18个项目细化、量化为68项具体任务，每项列出月形象进度，倒排工期、挂图作战，逐项标旗推进。注重一线指导，全年共召开专题会、协调会、现场会等各类会议20余次，解决制约项目建设问题30多个。实行包保制度，落实专人盯紧盯牢抓落实，坚持半月一调度、每月一督导、每季一通报工作制度，强力推动重点项目建设。强化沟通协调，切实发挥小组牵头协调作用，协调市发展改革委、市财政局、自然资源和规划局、生态环境局、城管局、行政审批局等部门单位，为国际文化大数据产业城、泰山秀城等重点文旅项目解决资金、规划审批、土地保障、环评批复等问题。争取政策支持，“泰山秀城·老街”项目成功入围首批国家级夜间文化和旅游消费集聚区。至9月底，“泰安文旅六保贷”金融支持文旅企业系列产品贷款余额150.1亿元，增长15.3%。协调泰安银行为新闻出版小镇贷款2亿元。1—10月，人行泰安市中心支行累计发放文旅行业再贷款、再贴现资金达92.1亿元，是上年同期的2.2倍。助力项目运营，10月1日，在泰山秀城项目现场成功举办“国庆吃面国泰民安”新民俗倡议活动，文化和旅游部党组成员、中国非物质文化遗产保护协会会长王晓峰，山东省人民政府副省长王心富，泰安市人民政府市长张涛出席活动，并给予高度评价。新华社、《光明日报》、中央广播电视总台、中新网等中央媒体，《大众日报》《齐鲁晚报》、大众网、《泰安日报》等省、市媒体，澎湃、网易、新浪、腾讯等商业网站、客户端发布稿件1679篇。泰山秀城项目于 10 月获评“第一批国家级夜间文化和旅游消费集聚区”。

以项目为抓手，文旅产业持续高质量发展。把天外村停车场、桃花峪旅游公路改造、徂徕山旅游观光路等基础设施建设工程列入插旗项目，持续提升全市文旅产业服务质量和水平。年内，建成运营的项目共 7 个，其中泰山秀城 9 月 18 日试营业以后，累计接待游客量 90 万人次，实现营业收入约 800 万元，仅国庆假期期间就接待游客 35 万人次，实现营业收入 300 余万元。12 月 21 日，泰山新闻出版小镇获批设立“泰山国家图书版权交易中心”，为全国首家图书类版权交易中心。时代天华文化教育出版项目一期工程新增就业岗位 150 余人，库存图书达 870 万册，图书码洋达 2.62 亿元。人天书店一期工程新增就业岗位 400 余人，新增图书码洋 15.47 亿元。泰山印刷博物馆项目于 2021 年 7 月投入使用以后，接待到访参观人员 3000 余人次。（王现波）

【乡村振兴工作小组】 2021 年，认真落实习近平总书记打造乡村振兴齐鲁样板的重要指示，凝心聚力、攻坚克难，乡村振兴工作全面推进、持续突破。2021 年，全市农村居民人均可支配收入比 2020 年增长 10.6% 左右。坚持“示范带动、全域培植、融合并进”理念，市财政奖补 1 亿元，打造市级示范区 14 个，总数达到 35 个，总面积 7.36 万公顷，惠及 330 个村、49.2 万人。2019—2021 年粮食种植面积和总产连续三年“三连增”，全省春季农业生产暨种子和耕地工作现场会议在泰安市召开。培植肥城桃、泰山茶等 10 个产值过 10 亿元的优势特色产业，总产值 164.4 亿元，泰山板栗种植区、东平湖鲤鱼养殖区被认定为省级特色农产品优势区。国家级现代农业产业园 1 个、省级 5 个、市级 52 个。培育农产品加工企业 221 家，营业收入 341.9 亿元，增长 24.8%。国家级、省级、市级农业龙头企业分别达到 4 个、49 个、526 个。发展合作社 1.07 万家、家庭农场 6704 家、农业生产性服务组织 6198 个，新泰、肥城 2 个全国农民合作社质量提升整县推进试点有序推进。市级以上知名农产品品牌 122 个，其中国家级 2 个、省级 38 个。开展文化惠民工程、城乡文明结对共建行动和移风易俗巩固提升行动，送戏下乡 6446 场，惠及 3552 个村、160 万人次。农村人居环境整治五年提升行动扎实推进，农村改厕后续管护基本完成；农村生活垃圾无害化村庄覆盖率 100%；农村清洁取暖完成 20.13 万户；337 个村完成农村生活污水治理及巩固提升工程；完成 13 处黑臭水体治理；2700 多个村基本实现农村道路“户户通”；新建省级美丽乡村示范村 25 个，总数 712 个；建成“美丽庭院”11 万余户，建成率 25.5%；47 个城镇开发边界外未建成社区建成 12 个，2022 年计划完成剩余 35 个。3551 个村、205 个社区全部完成“两委”换届；市县选派第一书记 897 名，实施 255 个村党组织整顿提升行动，新建 30 个农村区域化党群服务中心；建设泰安乡村振兴学院，作为全省村党组织书记片区培训阵地，培训 2500 余人；村党组织领办合作社的村庄达到 2654 个、占 74.74%；3724 个村完成农村集体产权制度改革，确认成员 423 万人，量化资产 117 亿元，东平县国家级农村改革试验区建设扎实推进。巩固拓展脱贫攻坚成果，聚焦黄河滩区迁建、移民避险解困和易地扶贫搬迁安置区，完善后续帮扶，推进社区、园区“两区共建”；认定监测帮扶对象 428 户、1242 人，其中 26% 消除返贫致贫风险，守住“不发生规模性返贫”的底线。（杜 坤）

【党建和人才工作小组】 2021 年，市党建和人才工作小组坚持目标导向，强化有解思维，明确责任、细化措施，挂图作战、强力攻坚，年初确定的 8 项重点任务已全部完成。

庆祝建党 100 周年有关工作。精心策划“七个一”系列活动，激励广大党员干部以良好风貌和优异成绩向党的百年华诞献礼。其中，评选表彰表扬坚持严格程序、攻坚导向、倾斜一线，210 个先进集体和 300 名先进个人被评为市级“两优一先”和新时代泰山“挑山工”，市委召开大会隆重表彰表扬，树立崇尚先进、见贤思齐的鲜明导向。基层党建示范点创建评选坚持全域布局、全面覆盖，历时 4 个月，精心选树 100 个适应新时代发展需要、过得硬、叫得响、可复制的先进典型，市委主要领导亲自为示范点代表授牌，各市管党委分别举行授牌命名仪式，大张旗鼓宣传表扬，以点带面促进基层党建整体提升。入党宣誓活动采取“市县联动”的方式，市级由市委常委、组织部部长刘泮英领誓，“七一”前夕全市百场活动先后举办，1 万余名新发展党员在入党伊始就接受深刻党性教育，切实增强仪式感、激发荣誉感、强化使命感。9 月底，举办第三届全国主题党日研讨会，以“弘扬伟大建党精神、赓续百年红色血脉”为主题，邀请中央党校、北京大学等国内党建研究领域专家出席研讨，深入挖掘主题党日的时代价值，进一步总结运用理论和实践成果，推动主题党日创新发展。走访慰问活动以老党员、生活困难党员、老干部等群体为重点，累计下拨党费726万余元，走访慰问9629人，向134名老党员每人发放5000元生活补助金，取得“慰问一人、温暖一户、带动一片”的良好效果。6月11日举办泰山“挑山工”主题电影《挑山者》首映式，生动展现新时代泰安党员干部团结带领群众建设美好家园的奋斗足迹和精神风貌。同时，历时7个月集中攻坚，制作开发100部主题鲜明、形式鲜活、教育性强的精品党课，截至10月18日，完成全部展播任务。其中，“埋头挑山见担当”“打破常规”“乡村里的警民情”“唱支山歌给党听”4部党课在共产党员网“党课开讲啦”活动专栏播出，“灯塔泰山先锋”微信公众号播放总次数达6万余次，“灯塔泰山先锋”今日头条号展现近30万次，受到全市各级党组织和党员干部群众充分好评和一致欢迎。

全力构建新时代人才创新创业优质生态。贯彻中央和省委人才工作会议精神，全方位培养、引进、用好人才，打响“登高望远，选择泰安”招才引智品牌。着眼打造人才集聚“高地”，实施“双‘十百千’”英才汇聚行动。遴选申报国家专项计划人选46人，成功入选5人，入选数量位居全省第6位。举办第三届国际高层次人才创业大赛，评出获奖人选29名，落地高端创业项目13个。实施“海纳英才计划”“广纳英才计划”“青年人才优选计划”，引进外国专家28人、海外留学人员102人、博士47人、硕士1377人、高校毕业生2.3万人。探索实施“揭榜挂帅”引才机制，评选科技创新重大专项“揭榜挂帅”项目37个，财政支持经费3780万元，项目总经费达7.6亿元，遴选认定10名“泰山特聘专家”。构建培养、使用、评价、激励闭环式“全链条”技能人才培养使用体系，新增实用技能人才8800余人。着眼打造产业人才“特区”，支持“国创中心”人才团队建设。制定支持“国创中心”人才团队建设的8条措施，采取“一事一议”方式，支持“国创中心”引进3支院士团队，给予3000万元资金扶持；市级重点人才工程单列计划，支持引进领军人才12人；聚焦行业领域知名高校院所，支持引进英国帝国理工学院、清华大学、东华大学等高校优秀青年科技人才110人，其中博士51人、硕士26人；实施工业压电喷墨打印头（“卡脖子”技术）等10个项目研发；举办“全国纺织高校先进印染技术创新大赛”，征集优秀人才项目127个，评出特等奖1名、一等奖3名、二等奖10名；举办印染新技术学术交流会暨纺织品低温前处理新技术专题研讨会，与东华大学、天津工业大学等举办高端学术论坛7次，达成合作意向9个。着眼打造创新创业“综合体”，聚力建设“泰山智慧谷”。获批“科创中国”创新基地，为全国两家之一；入选首批“山东省省级创业创新示范综合体”、首批“山东省省级品牌科技孵化器”，获批“国家小型微型企业创业创新示范基地”，获评“山东省中小企业公共服务示范平台综合评价前10名”。组建泰山人才发展集团，与山东人才发展集团签订《战略合作框架协议》，启动人才招引、平台运营等2批35个具体合作项目，推动泰安市人才工作市场化发展。加快物理空间建设，新一代信息技术、新材料、生物医药、人力资源服务等4个产业园区12万平方米的物理空间建成并投入使用；4.4万平方米的现代服务产业园、院士创业基地主体竣工验收。新引进奥科辰生物、抗炎（抗癌）药物创新工程中心等39个项目入驻，引进省级以上高端人才21人，共建科研创新平台11个。组织“人力资源数字化建设”等人才赋能活动34期，举办“春风行动”“人才开放日活动”等人力资源服务活动45期，开展6000多个岗位的人才招聘对接活动。泰安市有关做法，在《山东组织工作》《党员干部之友》《山东通讯》《大众日报》等媒体刊发。

持续提高基层党建工作质量。高标准打造泰安党支部工作指导中心，3月26日，举行中心启用仪式，省市有关领导出席，人民网、新华网等媒体刊发有关报道。4月15日，省委书记刘家义到该中心调研给予充分肯定，并在省委办公厅《今日信息》作出批示肯定。10月29日，以“探索党支部发展规律加强新时代党支部建设”为主题，举办全国党支部建设研讨会暨全国党支部工作创新案例征集评选启动仪式，研究探索提高党支部建设质量的实践路径。启用以后，中心已承接260余批、1.7万余人次教育培训。高标准建设泰安城市党建学院，着眼增强城市基层党务工作者素质能力，按照“市区联办、资源统筹、市场运作、多元参与”的模式，在泰山区东部新城核心区选址，累计投资2亿元，规划建设占地3.41公顷、建筑面积2.5万平方米的城市党建学院。学院主教学楼11层，设置展示区、教学区、住宿区、休闲区等四大功能区，配备罗马教室、红领导师等5个特色智慧教室，建设可容纳600余人的多功能报告厅，可接待7个班次1000余人同时参训。到年末，撰写3万余字展陈文稿，搜集1600多份图片资料，展陈200多件实物，学院主楼装修、初心广场建设全部完成，城市基层党建展厅布展工作进入收尾阶段，特色智慧教室、多功能报告厅、室内体育馆和学员餐厅投入使用。采取内聘外请等方式组建“名导名师团”，设置必修课、特色课、专业课、拓展课、自选课“五大课程体系”，推动高水平办学。高标准完成村（社区）“两委”换届工作，市委高度重视，扛牢政治责任，先后召开4次市委常委会会议和领导小组会议专题研究，系统谋划、精心组织，5月底，全市3551个村、205个社区平稳顺利完成换届，全部配备35岁以下年轻干部，村、社区“一肩挑”比例分别达到98.1%、98.5%，年龄、学历、能力结构全面优化，整体功能有效提升。副省长孙继业给予批示肯定。换届完成后，开展“百日攻坚开新篇”专项行动，实施“头雁领航乡村振兴”大培训，市级示范培训村（社区）党组织书记800余名、市县联合培训1000名，全面推行村党组织书记专业化管理，激励推动新班子“上马就实干”“上任即冲刺”。《中国组织人事报》、新华网等刊发有关做法。（朱逢武）

【泰山区域山水林田湖草生态保护修复工程城区项目指挥部】 到年末，实现投资46.2亿元，完成土石方开挖860万立方米、河道清淤63万立方米、敷设污水管线126.4千米、管网非开挖清淤304千米，新建挡墙驳岸52千米，实现投资46.2亿元，为泰安城区新增水面110公顷、生态绿地182.67公顷，人文景观23处。

芝田河生态保护修复工程。工程治理范围为芝田河刘家庄水库至大汶河，工程共计开挖土方88万立方米、清淤11万立方米，修建生态驳岸、防渗墙8.1万米，敷设截污管道11千米，建设拦水闸1座、溢流堰5座，打造印月、观林、秋水3处湿地水面，构建起健康完整稳定的河道水生态系统，形成泰安城区东部一道美丽的风景线。

明堂河生态保护修复工程。工程治理范围为安家林水库至第三污水处理厂河段，共计完成土方开挖147万立方米、河道清淤14.6万立方米、生态驳岸挡墙6800米，敷设截污管网8700米、引水管线6400米，建设桥梁8座、溢流堰5座，建成汉明湾、明堂湖、胜利湖等滨水活动空间，形成常有水、常流水的河道生态。

梳洗河生态保护修复工程。工程包括梳洗河及支流唐庄河、箭杆河、双龙河，共计开挖土方121万立方米、清淤14.1万立方米，修建生态驳岸挡墙8200米，敷设截污管道21千米，建设桥梁6座，打造灵溪湾、双龙湾城市湿地公园，成为休闲宜居的城市生态纽带，为泰安老城区注入新的活力。

泮河生态保护修复工程。工程主要对长城路至青年路段的泮河进行治理，建设第一二污水处理厂配套湿地。共开挖土方161万立方米、清淤22万立方米，敷设截污管网4200米，建设驳岸5200米、气盾坝两座、引水泵站两座，建成湿地32公顷、日处理尾水17万立方米，营造出河畅水清岸绿的优美环境，成为展示城市形象的生态廊道。

天平河、岔河生态保护修复工程。工程通过河道清淤、生态驳岸、22座景观拦水坝、3处分布式地下污水处理设施以及市政污水管网迁移出河道等工程措施，将天平河、岔河打造成为水质优良、环境秀美、功能齐备的生态河道。

泰安城区排水管网雨污分流改造工程。工程主要对泰安城区雨污管网进行清淤利用、维修改造。历经全面摸排和三轮优化设计，共新建管网67千米、对老旧管线非开挖清淤改造维修304千米，进一步优化畅通排水系统，有效解决雨污管网私接乱接、雨污混流、污水外溢、管线淤堵等问题，改善泰安城区水环境质量和人居环境。

泰安市污水处理厂提标改造及扩建工程。工程对第一、二、三、四污水处理厂进行提标改造及扩建，新建单体52个，使泰安城区污水处理规模达每日32万吨，出水由一级A提升到准IV类水标准，可作农田灌溉养殖、市政绿化、企业生产用水，提升泰安城区污水处理承载力和河流水质。

王家院水库向泰安城区供水工程。工程共计完成2000万立方米容量王家院水库建设，防渗加固工程共开挖土方260万立方米、库底膜下整平145万平方米；建设生态拦河坝3座、供水管线34.3千米、加压泵站2座。工程连通沿途4座水库和多条河道，年调蓄水量可达9000万立方米，有效缓解泰安城区西部水资源短缺状况，为泰安城区提供战略后备水源。（周 岩）

【泰山区域山水林田湖草生态保护修复工程农村项目指挥部】 2021年，农村项目指挥部负责协调推进的310个子项目，工程主体已全部完工，完成投资113.65亿元，占计划的99.6%。试点确定的绩效目标全面或超额完成。

聚焦重点任务，加强督导调度。

年内，市委、市政府确定农村项目指挥部重点插旗任务8项。指挥部将任务明晰上墙、挂图作战。根据任务安排，组织相关县（市、区）倒排工期，按照工程实施节点不定期进行现场督导，掌握项目进度、了解工程推进中遇到的困难和问题，采取每周一调度、半月一通报的方式，传导压力，全力推进重点任务实施。到年末，8项重点任务全部完成并标旗。

聚焦绩效目标，抢抓项目进度。延续“调度+通报+督导”的工作方法，采取“座谈协调+跟踪服务”的举措，进一步发挥指挥部牵头作用。年初，指挥部成立包保组，3名副指挥带领指挥部办公室工作人员分别包保县（市、区）、功能区，到各县（市、区）、功能区督导调研在建项目实施、完工项目收尾及验收准备工作。明确完工时限，促项目建设进度。针对在建项目和尾工项目，优化施工方案，倒排工期，指挥部按照时间节点跟上调度，严格落实节点进度，有效促进项目建设。建立问题台账，促问题整改落实。针对项目建设中存在的问题，拉出问题清单，建立台账，明确责任单位、责任人，坚持问题导向、靶向攻克，问题不解决不销号、不撒手。至年底，完成采煤塌陷地治理面积9320公顷，约占计划的102.3%；矿山生态修复面积1584.5公顷，占计划的147.3%；地质灾害防治工程6项（15处），占计划的100%；地质公园及地质遗迹保护244.9平方千米，占计划的101.4%；土地整治面积2.70万公顷，占计划的104.2%；新增耕地面积4558.5公顷，占计划的171.5%；新增湿地面积712.76公顷，占计划的113.1%；城镇集中式饮用水源地水质达标率100%，城市建成区无黑臭水体，国控断面水质优良比例达到100%，东平湖湖南、湖北和大汶河王台大桥3个国控断面水质稳定达到Ⅲ类标准。

聚焦项目验收，强化协调服务。通过“工程指导+竣工评估”的工作机制，聘请第三方公司依据项目实施方案，帮助指导各县（市、区）、功能区所有农村项目开展绩效评价，查阅档案资料，逐项逐问题拉出清单，依据问题清单，完善档案资料，为最终验收做好准备。采用职能部门验收或县（市、区）、功能区自验等方式开展项目自验，进一步完善提升工程质量。截至年末，县级初验基本完成，310个子项目中，299个通过各职能部门或县级自验，11个正在进行整改和完善提升。积极配合市总指挥部办公室，聘请第三方专业机构，按60%比例抽查项目档案资料及工程质量，肥城市、宁阳县测评分数较高，排名前两位。（高　雷）

巩固脱贫攻坚成果同乡村振兴有效衔接

【概况】 2021年，全市深入贯彻落实中央和省、市决策部署，坚持把巩固拓展脱贫攻坚成果作为头等大事，严格按照“四个不摘”（摘帽不摘责任、摘帽不摘政策、摘帽不摘帮扶和摘帽不摘监管）要求，保持战略定力、工作定力和作风定力，坚决守住脱贫攻坚胜利果实，有效衔接乡村全面振兴。

【项目资金管理】 全市安排落实各级衔接补助资金34486万元，其中中央资金3902万元、省级资金13424万元、市级资金10000万元、县级资金7160万元。新增脱贫人口小额信贷3237万元，累计发放脱贫人口小额信贷10.7亿元，带动脱贫享受政策人口29902人次。全市实施衔接推进乡村振兴补助资金项目260个，涉及资金25846万元，其中产业项目99个，涉及资金19865万元；农村小型基础设施项目161个，涉及资金5981万元。狠抓项目管理规范提升，推进项目资产保值增值，保障脱贫群众持续稳定收益，分配收益资金6136万元。东平移民避险解困、易地扶贫搬迁、黄河滩区迁建“三大工程”全部完工，9.2万人实现回迁入住；完善后续帮扶政策，实行社区、产业“两区共建”，做到产业聚集与人口聚集同步、经济发展与社会事业发展同步，实现搬迁群众稳得住、有就业、逐步能致富。

【政策兜底保障】 严格落实5年过渡期内“四个不摘”工作要求，保持现有帮扶政策、资金支持、帮扶力量总体稳定，持续提升“两不愁三保障”（稳定实现农村贫困人口不愁吃、不愁穿，保障其义务教育、基本医疗和住房安全）水平，全力确保71578户、145437名脱贫人口稳定脱贫不返贫。继续落实全学段教育资助政策，发放义务教育生活补助、国家助学金等7419万元，受助学生118231人次；发放“雨露计划”补助698万元，受助学生4654人次。继续落实“基本医保、大病保险、医疗机构减免、医疗救助、医疗商业补充保险、医疗再救助”的住院六重保障和门诊慢性病“基本医保、大病保险、医疗商业补充保险”三险叠加的“6+3”医疗保障政策，投入3116万元，按照人均不低于360元标准为脱贫享受政策人口购买特惠保险，支付基本医疗保险费用23789万元、大病保险2806万元、医疗救助5233万元；开展贫困人口住院结算和门诊慢性病结算92133人次、赔付1784万元。完善住房安全保障动态机制，投入1400余万元，完成危房改造652户。大幅度提高兜底保障标准，低保、特困供养补贴分别提高到7116元、10032元，一、二级困难残疾人生活补贴提高到1848元，三、四级困难残疾人生活补贴提高到1512元，一、二级重度残疾人护理补贴分别提高到1848元、1512元。

3月21日，东平县沿湖片区第三批就业扶贫公益性岗位集中培训暨签约仪式举行　（戚成　摄）

【脱贫巩固提升】　持续做好脱贫享受政策人口、边缘易致贫人口就业帮扶，促进脱贫人口稳定就业。全市脱贫人口务工20227人、边缘易致贫人口53人；建有扶贫基地19家、就业扶贫车间50家，安置脱贫人口1202名；新开发乡村公益性岗位311个，安置脱贫人口384人；发放社保补贴170万元、339人，发放岗位补贴675万元、1353人。严格执行防止返贫动态监测和帮扶机制，认定监测帮扶对象482户、1401人，全部落实针对性帮扶措施。按照“集中时间、集中人员、集中督查、集中反馈”的原则，分别在5月、8月、11月先后开展市级督查3次，对各县（市、区）、功能区帮扶政策精准落实、资金使用、项目建设、防返贫监测和帮扶工作等内容持续进行督促指导，发现问题现场反馈，督促抓好整改落实。

【乡村振兴】　（参见【乡村振兴工作小组】）　（付延雷）

第三十五届泰山国际登山节

【概况】　第三十五届泰山国际登山节原定举办开幕式与经贸合作、文旅、科技、体育四大板块若干项主题活动。鉴于疫情防控工作实际情况，本届登山节只举办2021第三十五届泰山国际登山比赛暨第二十六届全国全民健身登泰山徒步活动和2021中国泰安投资合作洽谈会，其他活动不再纳入登山节举办。

【2021第三十五届泰山国际登山比赛暨第二十六届全国全民健身登泰山徒步活动】　9月6日，在岱庙广场举行。第三十五届泰山国际登山比赛起跑仪式于上午8:30正式开始。市委副书记曲锋主持起跑仪式。中国登山协会主席李致新，省体育局一级巡视员王延奎，国家体育总局、省体育局有关领导，以及泰安市4大班子主要领导、分工领导和承办单位领导参加起跑仪式。为突出市委“击鼓再奋战、整装再出发”的号召要求，中国登山协会主席李致新，市委书记杨洪涛，市委副书记、市长张涛，省体育局一级巡视员王延奎4名发令领导共同击鼓发令。发令后，近300名登山运动员和700名徒步登山爱好者冲出起跑线，同时放飞7200只信鸽和7200只彩色气球，寓意庆祝建国72周年。经过激烈角逐，最终，戚

振飞历时57分02秒第一个到达南天门男子组终点，获得男子组冠军，桑克浩以1小时4分44秒的成绩获得第二名，姜国颂以1小时6分钟11秒的成绩获得第三名。女子组由周昊以39分31秒夺冠，朱雨萱41分50秒的成绩获得第二名，王金范以43分49秒的成绩获得第三名。为了满足更多运动爱好者的参赛需求，市体育局委托泰安传媒集团策划“2021第三十五届泰山国际登山比赛暨第二十六届全国全民健身登泰山徒步活动线上比赛”，参与人数超16万人。

活动严格落实国家体育总局对大型赛事疫情防控的要求。精简参赛组别，严控参赛人数。活动现场人员规模控制在1000人，包括登山比赛市内运动员300人，登泰山徒步活动市内登山爱好者700人。登山比赛只设置男、女两个组别，参赛年龄段为18～45岁。缩减比赛长度，简化颁奖流程。登山比赛起点设在岱庙厚载门，男子组终点设在南天门，全程约8.1千米，台阶5695个，相对高度1255米；女子组终点设在中天门，全程约5.4千米，台阶2399个，相对高度675米。为防止终点人员聚集，登山比赛结束后只在南天门进行男子组颁奖仪式，比赛奖金全部实行线上发放。严格防控措施，确保安全有序。全面落实国家体育总局最新颁布的“一赛四案”制度，详细制定赛事组织方案、疫情防控方案、安全风险防控方案、突发事件应急处置预案4个方案，同时建立“熔断机制”，一旦出现不具备办赛情况将立即终止比赛，并按预案做好人员紧急疏散和避险收容等工作，全力保障比赛安全顺利进行。

【2021中国泰安投资合作洽谈会】

9月6日，在泰安东尊华美达酒店举办。重视程度高。商务部投资促进事务局局长刘殿勋、山东省商务厅二级巡视员许冰波，蒙牛乳业集团总裁卢敏放、宝胜集团有限公司副总裁梁文旭、北京建筑机械化研究院有限公司董事长宫剑飞、山东省鲁信投资控股集团董事长李玮等分别连线致辞，为投洽会祝贺。国际化程度高、范围广。日本驻青岛领事馆总领事井川原贤、韩国驻青岛领事馆总领事金敬翰、俄罗斯联邦科学院通讯院士古勃里扬诺夫·谢尔盖、德国巴伐利亚州中国办事处首席代表曼丽博士、日本长生全球顾问有限公司董事长远藤良太等外国政要和知名企业家均发来祝贺视频，表示对泰安、泰山充满期待。签约项目体量大、质量好。投洽会共集中签约项目59个，总投资868.48亿元，其中外资项目12个，总投资128.8亿元，合同外资2.2亿美元。项目前景好、质量高、投资大、后劲足，涉及高端装备制造、高端化工、新材料、新一代信息技术、医养健康、文化旅游等十强产业，必将为全市经济社会高质量发展注入强大后劲。同时，市政府与中国纺织品进出口协会、蒙牛集团、山东鲁信投资集团分别签署战略合作协议，蒙牛集团计划未来几年，围绕核心工厂、奶源基地、配套产业三大板块，在泰安陆续投资69亿元，带动乳液上下游全面发展，实现产值超100亿元。创新模式，全程线上举办。受疫情影响，投洽会全部采用线上形式举行，共有来自21个国家和地区近700名嘉宾、客商通过视频连线方式参会，累计在线观看人次达到6.55万，取得显著宣传推介效果。市、县两级联动，丰富投洽会内容。泰山区、岱岳区、新泰市、肥城市、宁阳县、东平县、高新区分别与江苏芯融网络技术研究院、集药方舟科技股份有限公司、香港信义光能控股有限公司、国电投山东新能源公司、北京北斗育才科技有限公司、江苏飞亚化学工业集团、安徽鲜旺食品销售有限公司、中铁十八局集团有限公司等客商企业进行对接，举办线上招商活动。

（刘姗姗　靳立超）

编辑　校对　　刘　凯

大事记

1月

1日 泰安市《中华人民共和国民法典》实施宣传活动在市政广场举行。

4日 崔洪刚实地调研青年路中段、老泰莱路、谢过城街、环山路东延二期等重点城市道路建设工程。

△ 张涛现场调研冷链食品集中监管专仓建设及运转情况。

4—5日 中国工程院院士陈勇到泰安调研指导生活垃圾分类、厨余垃圾处置、垃圾资源化利用等工作。

5日 崔洪刚先后到泰开集团有限公司、泰山石膏股份有限公司、石横特钢集团有限公司调研。

6日 张涛会见到泰安签约合作的斗山创新（深圳）有限公司总经理徐秋实一行。

7日 泰安市全国文明城市创建工作表彰大会举行。

△ 2020年度县（市、区）委书记和市直有关工委（党委）书记履行全面从严治党责任和抓基层党建述职评议会议召开。

8日 全市抗击新冠肺炎疫情表彰暨冬春季疫情防控工作动员部署大会召开。

△ 全市民营经济统战工作会议召开。

△ 泰安市与华能山东发电有限公司就能源领域合作签订战略合作框架协议。

9日 山东省第四届冬季全民健身运动会开幕式在泰安市花样年华景区泰山冰雪文体中心举行。副省长孙继业，市委书记崔洪刚，省体育局局长李政，市委副书记、市长张涛出席活动。运动会为期15天，共设越野滑轮、单板大回转、双板大回转、雪地滑步车、雪地托球跑、雪地拔河、轮滑冰球、陆地冰壶、短道速滑、冰上速度过桩、花样滑冰、短道速度轮滑等12个比赛项目，全省各市、协会、学校和俱乐部组队参赛。

10日 副省长汲斌昌到泰安市森林消防大队和泰安市消防救援支队泰山站检查指导工作，并慰问消防指战员。

11日 崔洪刚先后到宁阳县长城诺博汽车部件、精工活塞智能化生产线、泰龙软轴软管、恒信高科能源、晋煤明升达科技产业园等项目现场调研。

△ 张涛主持召开第五十四次市政府常务会议。

12日 省人大常委会党组副书记、副主任王良带领立法调研组到泰安市就《山东省慈善条例（草案）》进行立法调研。

△ 市委常委会召开会议，听取市委常委和市人大常委会、市政府、市政协党组书记，市纪委书记、监委代理主任，市法院、市检察院党组书记2020年度全面从严治党责任述职及市人大常委会、市政府、市政协党组，市纪委监委，市法院、市检察院党组年度工作情况汇报。

△ 泰山学院泰山国欣智慧文旅产业学院成立仪式在泰山学院国际交流中心举行。

13日 省委常委、统战部部长，省总工会主席张江汀一行到泰安市，慰问困难职工、困难企业、省级劳动模范以及老党员、生活困难党员和困难群众。

14日 泰安市召开市级安全生产专业委员会安全生产述职暨工作部署会议，听取各专委会牵头部门相关工作汇报，安排部署下一步工作。

15日 泰安市举行爱国卫生攻坚行动启动仪式。

16日 泰安市召开“聚焦建成‘五个名地’，金融先行攻坚行动”银企签约视频会议。会议采取视频形式召开，各县（市、区）设分会场。

18日 普惠型专属补充医疗保险“泰安市民保”发布。

19日 市委常委会召开会议，听取2020年全市安全生产工作情况及近期工作安排汇报，分析当前安全生产形势，督促各级各部门全力以赴抓好安全生产，确保全市安全生产形势稳定向好。

△ 张涛主持召开第五十六次市政府常务会议。

21日 中共泰安市委举行民主协商会议，就即将召开的市十七届人大六次会议和市政协十三届五次会议议程和两会有关人事安排情况，进行民主协商。

△ 市十七届人大常委会第三十二次会议召开。经过分组审议，会议表决通过或原则通过有关决定、报告等，表决通过人事任免事项。

23日 全市工业经济攻坚暨金融工作会议召开。

△ 市委全面依法治市工作会议召开。

△ 泰安市党管武装第一书记述职会议召开，听取县（市、区）党管武装工作述职，安排部署下一步工作，推动全市国防后备力量建设在新起点上实现新发展。

24—27日 中国人民政治协商会议第十三届泰安市委员会第五次会议在泰山国际会展中心召开。市政协主席周桂萍代表市政协常委会作工作报告。大会补选郭德文为政协第十三届泰安市委员会主席，补选李诚实为政协第十三届泰安市委员会秘书长，补选陈勇、胡成钢、宫晓芳、曹步云、崔树林为政协第十三届泰安市委员会常务委员。大会一致通过市政协十三届五次会议提案审查情况的报告和市政协十三届五次会议政治决议。

25—28日 泰安市第十七届人民代表大会第六次会议在泰山国际会展中心召开。全市387名人大代表出席会议。张涛代表市政府向大会作政府工作报告。大会选举辛海明为市人大常委会副主任，选举王希娟、乔建博、梁作宾为市十七届人大常委会委员，选举于瑞波为市监察委员会主任。大会通过市十七届人大六次会议关于政府工作报告的决议、关于泰安市国民经济和社会发展第十四个五年规划和二〇三五年远景目标纲要的决议、关于泰安市2020年国民经济和社会发展计划执行情况与2021年计划的决议、关于泰安市2020年预算执行情况和2021年预算的决议、关于泰安市人民代表大会常务委员会工作报告的决议、关于泰安市中级人民法院工作报告的决议、关于泰安市人民检察院工作报告的决议。

26日 全省安全生产工作专题会议采取视频形式召开，泰安市组织收听收看并接续召开全市安全生产专题会议，对全市安全生产工作作出安排部署。

28日 崔洪刚、张涛分别带领涉氨制冷、化工消防专家，采用“四不两直”方式，到相关企业现场督导检查安全生产工作。

△ 市委常委会召开会议，研究对城乡需要重点关照的老年人、残疾人、留守儿童等群体进行摸排，切实加强管理服务的工作方案。

30日 泰安市组织开展核酸检测应急演练活动。

1月27日，在市政协十三届五次全会闭幕会上，市委书记崔洪刚（中）与周桂萍（右）、郭德文（左）合影（司刚 摄）

2月

7日 市委常委会召开会议，传达省十三届人大五次会议、省政协十二届四次会议和全国、全省安全生产会议精神，听取全市安全生产隐患大排查大整治情况汇报，研究推进落实意见。

△ 市委理论学习中心组进行集体学习，学习《习近平总书记在中央政治局第二十五次集体学习时的重要讲话》和《中国共产党统一战线工作条例》，研究贯彻落实意见。

△ 泰安市商务运行暨投资促进工作会议召开。

8日 中共泰安市纪委十一届六次全体会议召开。贯彻落实十九届中央纪委五次全会、省纪委十一届六次全会部署，总结2020年全市纪检监察工作，安排2021年任务。

△ 市委农村工作会议举行。

2月8日，中共泰安市纪委十一届六次全体会议召开　　（司　刚　摄）

9日　张涛主持召开第五十八次市政府常务会议。

△　张涛主持召开市国土空间规划委员会2021年第一次会议，审议《泰安市东部新城战略规划（2020—2035年）》。

10日　省委副书记、省长李干杰到泰安走访慰问坚持节日生产的一线工作人员，代表省委、省政府向大家致以新春祝福和诚挚问候。市委书记崔洪刚陪同活动。

18日　市委常委会召开扩大会议，传达学习全省2021年工作动员大会精神，研究全市重点任务工作小组（指挥部）2021年度重点任务确定情况和2021年市委、市政府为民要办的十件实事。

19日　崔洪刚实地调研泮河生态保护修复工程建设工作，并召开汇报会，听取工程设计优化方案以及全市重点交通基础设施规划建设情况，调度解决项目中存在的困难和问题，研究完善推进措施。

20日　崔洪刚现场调研国泰大成新材料科技产业园和正威泰安金属新材料产业园项目推进情况，以及在建的徂徕山旅游观光路、莱（芜）泰（安）高速省庄互通立交、擂鼓石大街东段、明堂路北段工程建设情况。

△　市政府召开全体成员（扩大）会议，贯彻落实中央决策部署和省委、市委工作要求，深入分析形势，明确目标任务，细化工作措施。

23日　市委常委会召开扩大会议，传达学习党史学习教育动员大会和中央有关文件精神，研究贯彻落实意见。

△　崔洪刚到肥城调研春季农业生产工作。

25日　市委政法工作会议召开。

△　市十七届人大常委会第三十三次会议召开。经过分组审议，会议表决通过泰安市人大常委会2021年工作要点（草案），表决通过人事任免事项。

△　全市信访工作视频会议召开。

26日　全省通过视频连线方式，举办2021年山东省春季重大项目集中开工活动，泰安分会场设在肥城市泰鹏新材料产业园。全省集中开工活动结束后，接续召开2021年泰安市春季重大项目集中开工活动，崔洪刚宣布全市重大项目集中开工，涉及包含参加全省集中开工项目在内的市县重大项目285个，总投资1319亿元。

△　全市安全生产工作电视会议召开。

27日　全市村（社区）“两委”换届工作动员部署会议召开。

△　全市组织部长会议召开，传达学习全省组织部长会议精神，部署2021年任务。

28日　泰安市举行“央企省企投资泰安 助力建成五个名地”项目集中签约暨泰安国资免疫力经济产品路演活动，集中签约央企省企合作项目16个，总投资181.3亿元。

3月

1日　市委常委会召开会议，听取关于深化“绿卡”制度改革加快推进项目落地开工十条意见的汇报，传达全省安全生产专项督导工作动员会议和全省党史学习教育动员大会会议精神，研究贯彻落实意见。

△　全市政法队伍教育整顿动员部署会议召开。

△　张涛主持召开第五十九次市政府常务会议。

2日　泰安市党史学习教育动员大会召开，深入学习贯彻习近平总书记在党史学习教育动员大会上的重要讲话精神和党中央重大决策部署，认真落实山东省党史学习教育动员大会要求，对全市开展党史学习教育进行动员部署。

△　泰安市召开安全生产大排查大整治工作汇报会。

△　十一届市委第九轮巡察工

作动员部署会召开。

3日　全市关工委工作会议召开。

4日　全省耕地和种子工作暨春季农业生产现场会议在泰安市召开。会议对加强耕地保护和打好种业翻身仗进行部署，安排春季农业生产工作。

4—5日　泰山区域山水林田湖草生态保护修复工程城区项目推进现场会召开。

5日　泰安市“泰安小美”学雷锋文明实践志愿服务活动启动仪式举行。

△　张涛主持召开市国土空间规划委员会2021年第二次会议，审议通过多项街区控制性详细规划。

8日　“感党恩·颂百年”泰山·第五届中国女书画家作品展开幕。

9日　2020年度泰安十大伴手礼评选活动落幕。经过评委认真公正评选，泰山玉缠枝莲纹葫芦等十件商品脱颖而出，获评“十大伴手礼”。

△　泰安市“百校百师千课”国防教育进课堂国防教育讲师聘任仪式暨精品课程示范观摩活动举行。

11日　省政协副主席王艺华带领调研组到泰安市就山东省实施“十四五”发展规划进行调研。

△　全市耕地和种子工作暨春季农业生产现场会议在肥城市召开。

12日　市委常委会召开扩大会议，传达学习十三届全国人大四次会议、全国政协十三届四次会议精神，研究贯彻落实意见。

△　在第43个植树节到来之际，崔洪刚、张涛、唐福泉等到岱岳区天平河绿轴公园，参加义务植树活动，并现场调研天平河东西绿轴改造提升工程情况。

△　泰安市2021年“3·15”国际消费者权益日纪念大会暨全国消费者畅游泰山消费体验活动启动仪式在泰山景区红门广场举办。

13日　山东省举行沿黄9市一体打造黄河下游绿色生态走廊暨生态保护重点项目开工活动。泰安市分现场设在东平县环湖防护林带及山体绿化提升一期项目现场。

16日　按照市委干部教育培训工作安排，市委党校（市行政学院）2021年度春季开学典礼举行，县级领导干部进修班、科级干部进修班、中青年干部培训班和科级公务员培训班同时开班。

△　市委市直机关党的建设专项小组会议召开，研究2021年机关党建工作。

△　全市一体化综合指挥平台建设工作动员会召开。

△　省政协副主席、民盟省委主委王修林率调研组到泰安，就“推进新时代博物馆事业高质量发展”问题进行调研。

17日　崔洪刚调研泰山区域山水林田湖草生态保护修复工程城区项目、部分重点水利工程建设和农村饮水安全水平提升工作情况。

18日　张涛会见正威国际集团董事局主席王文银一行，双方就项目投产和进一步开展全方位、多领域投资合作事宜进行洽谈沟通。

△　泰安市全民国防教育促进会揭牌暨泰山全民国防教育科普展开展仪式举办。

△　全市改革办主任会议召开。

19日　市委党史学习教育领导小组召开第一次会议，审议《市委常委会开展党史学习教育工作安排》《市委党史学习教育领导小组工作规则》，部署下一步工作，推动全市党史学习教育深入开展。

△　市委审计委员会召开第五次会议，审议通过2021年度工作要点、审计项目计划（草案）和关于调整市经济责任审计工作联席会议成员及办公室组成人员的建议，研究部署年内的工作任务。

△　张涛在泰安会见中国联合水泥集团有限公司总经理孙建成一行，就进一步推进双方全方位、多领域投资合作进行洽谈交流。

△　全市政法队伍教育整顿廉政教育报告会举行。

△　市委党的建设工作领导小组会议召开，听取市委党建工作领导小组成员单位2021年党建工作思路打算，研究贯彻落实意见。

22日　国家开发银行总行党委委员、副行长张辉到泰安就泰安市全域垃圾分类项目与国开行合作事宜进行实地考察并座谈。

△　崔洪刚、张涛会见山东高速集团党委书记、董事长周勇一行，双方就进一步加强合作进行深入交流。

23日　张涛主持召开第六十次市政府常务会议。

24日　泰安市2021年“政企直通、校企互惠、产教融合”校企合作集中签约仪式举行。

25日　崔洪刚实地调研天外村进山口综合改造工程和泰山石敢当文化旅游区项目建设现场。

△　张涛现场调研全市重点水利工程建设及农村饮水安全工作。

△　泰安市政法队伍教育整顿新闻发布会在泰山国际会展中心新闻发布厅召开。

△　2021年全市消防工作会议暨“合用场所”消防安全专项整治推进会议召开。

△　全市新冠病毒疫苗接种工作推进会召开，安排部署全市新冠病毒疫苗接种工作。

25—26日　省人大常委会党组

副书记、副主任王良带队到东平县调研东平湖生态保护和高质量发展工作。曲锋、唐福泉陪同活动。

26日 泰安党支部工作指导中心启用仪式在宁阳县举行，标志着全国首家党支部工作指导中心在泰安市建成启用。

△ 泰安市举行泰山客运索道应急救援综合实战演练。

27日 市委、市政府召开全市城市基层党建工作联席（扩大）会暨重点任务动员部署会议。

29日 全市机构编制工作会议召开。

30日 中共泰安市委召开党外人士情况通报会，向各民主党派、工商联和无党派人士通报全市党风廉政建设和反腐败工作情况。

△ 泰安市庆祝建党100周年系列文化活动暨提升群众满意度活动启动仪式在全国文明村宁阳县蒋集镇郑龙村举行。

4月

1—2日 泰安市规模以上制造业企业技改扩规全覆盖现场推进会召开。与会人员用一天半的时间，现场观摩14个规模以上制造业企业技改项目。2日下午集中召开工作推进会，对全市工业技改成绩较好的县（市、区）给予奖励。

2日 泰安市开展“清明祭英烈”祭扫活动，市领导崔洪刚、张涛、曲锋、唐福泉等和社会各界群众一起到泰安革命烈士陵园，深切缅怀革命先烈的丰功伟绩。

△ 张涛在全市清明节、“五一”节假日旅游工作调度和部署视频会议上强调，要从严从细从实抓好各项措施落实，创造好安全环境，为推动全市文旅产业全面复苏、打响“文旅胜地”特色品牌作出应有贡献。

6日 省会经济圈“一圈同城·交通先行”建设启动暨京台高速改扩建工程开工活动举行，泰安分会场设在京台高速改扩建泰安北出口交通枢纽项目施工现场。崔洪刚、张涛等出席泰安分会场活动并介绍泰安市交通一体化互联互通工程情况。

△ 市残疾人康复中心二期项目开工奠基。

7日 张涛到宁阳县宁阳沟佘庄桥、洸府河泗店桥断面调研南四湖流域水生态环境保护工作。

7—10日 崔洪刚率泰安经贸代表团赴澳门、深圳招商引资。其间，举办2021（澳门）泰安投资贸易合作恳谈会、澳门山东商会交流会、中华企业联合会投资说明会，签约投资项目5个，就一批重大投资项目达成合作意向。

8日 张涛主持召开市国土空间规划委员会2021年第三次会议，审议通过多项街区控制性详细规划。

△ 全市政法队伍教育整顿工作推进会召开，张涛出席会议并讲话。

9—11日 2021第十八届春季泰山国际车展在泰山国际会展中心举行。

10日 第五届泰安文化和旅游惠民消费季活动在泰安旅游经济开发区泰安老街和爱琴海购物公园启动。

11日 “体泰心安”全民健身年启动仪式暨“益升康杯”泰安市首届社区运动会开幕。以“全民健身、全民参与”为宗旨，面向全市7至70岁的男女老幼设置穿针引线接力、沙包投准等8个比赛项目。

△ 2021山东人游山东暨环泰山西湖徒步游活动在泰安市泰山西湖景区举办。

12日 省委党史学习教育第六巡回指导组组长袁红英带队到泰安市指导党史学习教育工作，召开泰安市党史学习教育工作情况汇报会，市委书记、市委党史学习教育领导小组组长崔洪刚主持会议并作表态发言。

△ 张涛主持召开第六十一次市政府常务会议。

△ 市委常委会召开会议，听取迎接国家卫生城市复审工作有关情况汇报，研究通过《实现巩固拓展脱贫攻坚成果同乡村振兴有效衔接的若干措施（讨论稿）》。

△ 泰安市“4·15”国家安全教育系列活动启动暨“国家安全进机关”主题展开展仪式举行。

13日 党史学习教育省委宣讲团宣讲报告会暨市委理论学习中心组读书班开班式在市委党校举行。省委党史学习教育宣讲团成员、山东省档案馆副馆长、一级巡视员苏东亮作宣讲报告。市委书记崔洪刚主持会议并讲话。

14日 崔洪刚到明堂路北段、擂鼓石大街东段、灵山大街东延段上跨辛泰铁路立交桥、长城路与岱阳大街立交桥等项目现场，调研重点工程建设情况。

15日 省委书记刘家义到宁阳县，深入农村、党支部工作指导中心、检察院调研并召开座谈会，听取有关情况汇报，研究推进措施。省委常委、秘书长刘强，市委书记崔洪刚陪同调研。

18日 正威泰安金属新材料产业园一期项目投产暨二期开工仪式举行。同日下午，正威（泰安）中德产业园项目签约仪式在泰安市举行。

19 日 市委常委会召开会议，传达省委书记刘家义在泰安调研时的讲话精神，研究全市一季度经济社会发展形势。

20 日 全国中小学生“太空课堂”泰安科普行暨第三届“寻找少年航天员”科普系列活动启动仪式在上海外国语大学附属泰安外国语学校举行。

21 日 泰山装备智造高端论坛及院士专家对接洽谈会在泰安市举行。

△ 泰安市数字经济发展高端论坛在泰山国际会展中心举行。

△ 泰山产业大集系列活动泰安市智能制造产业专家委员会与会专家座谈研讨会召开。

21—22 日 全市新时代文明实践中心建设工作暨乡村文化振兴现场观摩会议召开。

21—23 日 泰山产业大集在泰山国际会展中心举办。该展会每年举办一次，集中展示推介泰安市产业集群中产业链关键环节典型产品。首届展会分室内、室外两个展区，展览面积 2.5 万平方米，269 家企业参展，邀请关联客户单位 1000 余家。中国工程院院士、南京航空航天大学校长、泰安市智能制造产业专家委员会名誉主任委员单忠德出席开幕式，市委书记崔洪刚讲话并宣布泰山产业大集开幕暨线上平台正式上线运行。

22 日 2021 中国 · 泰安制造业与物流业融合发展高峰论坛在泰山国际会展中心举行。

△ 2021 中国 · 泰安建筑新材料创新发展高峰论坛在泰山国际会展中心举行。

23 日 泰山产业大集集中签约仪式在泰山国际会展中心举行。共签约采购项目 37 个，合同额 90.13 亿元；签约合作项目 7 个，合同额 12.95 亿元。

△ 全市统战部长会议召开。

△ “保护知识产权，打击侵权假冒”16 省（市、区）侵权假冒伪劣商品统一销毁行动山东分会场启动仪式在泰安市举行。

△ 泰安市城乡书房建设现场会在新泰召开。

24 日 2021 智能矿冶加工技术和装备高端论坛在泰安市举行。中国工程院院士钱锋、孙传尧、桂卫华、唐立新，中国有色金属工业协会副会长兼秘书长、中国有色金属学会理事长贾明星，市委副书记、市长张涛，省科协副主席张波等出席开幕仪式。

25 日 “慧游泰山 达观天下”泰安市智慧文旅平台上线支付宝启动仪式举行。

25—26 日 全国政法队伍教育整顿中央第九督导组第二下沉组到泰安市督查指导工作，并召开泰安市政法队伍教育整顿工作汇报会。

26 日 “中日韩对接合作发展山东行”代表团到泰安市考察泰山文化。

4 月 26 日至 5 月 5 日 以“逛东岳庙会、赶非遗大集”为主题的 2021 年度泰山东岳庙会在泰安岱庙举办。

27 日 泰安市庆祝“五一”国际劳动节暨市劳动模范和先进工作者表彰大会在泰山国际会展中心举行，表彰泰安市劳动模范和先进工作者等一批先进集体和先进个人，进一步弘扬劳模精神、劳动精神、工匠精神，更好地组织动员广大劳动者为高水平建设新时代现代化强市建功立业。

△ 市十七届人大常委会第三十四次会议召开。会议听取有关报告，经过分组审议，原则通过或表决通过有关报告等，表决通过人事任免事项。

28 日 市委党的建设工作领导小组召开会议，研究通过《中共泰安市委落实全面从严治党主体责任 2021 年度任务安排暨党的建设工作领导小组 2021 年工作要点》。

△ 市委全面依法治市委员会召开第六次会议。

△ 市委理论学习中心组重点围绕新民主主义革命时期历史，赴徂徕山瞻仰抗日武装起义纪念碑，参观抗日武装纪念室，进行党史学习教育第一次集中学习研讨。

△ 市委常委会召开会议，传达学习习近平总书记在广西考察时的重要指示精神、重要讲话要求，研究贯彻落实意见；研究全市农村饮水安全工作；听取 2020 年度省对市经济社会综合考核情况分析，研究对承担 2020 年度省考核市指标任务市直部门单位进行奖惩的意见；听取 2020 年度全市经济社会发展综合考核和工业经济考核结果汇报。

△ 泰安二期抽水蓄能电站项目现场施工启动仪式在徂汶景区徂徕镇举行。项目总装机容量 180 万千瓦，安装 6 台单机容量 30 万千瓦可逆式单位立轴混流水泵水轮机—发电机组。

29 日 全市双拥工作总结表扬暨争创新一届全国双拥模范城（县）动员大会召开，表扬双拥模范单位和个人，动员全市党政军民再掀双拥热潮。

30 日 崔洪刚到天外村出租车公交旅游车换乘区综合改造工程、天外村游客服务中心现场调研“五一”假日旅游工作。

△ 全市推进黄河流域生态保护和高质量发展领导小组召开

第一次全体会议，传达中央、省推动黄河流域生态保护和高质量发展领导小组全体会议、扩大会议精神，听取东平湖生态保护和高质量发展工作情况，审议有关文件，动员全市各级努力在贯彻黄河战略中走在前列，开创泰安高质量发展新局面。

△ 泰安市生态环境保护委员会2021年第一次全体会议召开。

△ 泰安市“学党史、强信念、跟党走”主题团日市级示范活动举办。

5月7日，泰安市迎接国家卫生城市复审动员大会召开　（司　刚　摄）

5月

1日 张涛现场检查“五一”假日旅游秩序和安全工作时强调，要着眼为游客营造舒心、安心、开心的旅游环境，切实维护好节日期间良好的旅游秩序和公共安全环境，确保游客在泰安期间乘兴而来、满意而归。

5日 张涛主持召开第六十二次市政府常务会议。

6日 市委常委会召开会议，听取泰安市“五一”假日旅游工作和全市一季度安全生产工作情况汇报，研究决定对在“五一”假日旅游工作中表现突出的部门单位进行通报表扬。

△ 市委理论学习中心组进行集体学习，学习习近平总书记在中共中央政治局第二十九次集体学习时的讲话精神，传达《关于认真学习贯彻习近平总书记在福建考察期间重要讲话精神的通知》，研究贯彻落实意见。

7日 泰安市召开迎接国家卫生城市复审动员大会。会上播放迎接国家卫生城市复审暗访录像片，国家卫生城市评审专家辛正教授进行点评指导。

8日 “5·12”全国防灾减灾日集中宣传活动在泰安万达广场举行。

△ 张涛主持召开市国土空间规划委员会2021年第四次会议，审议通过多项街区控制性详细规划。

9日 第四届中国粮油泰山论坛在泰山国际会展中心开幕。

△ 庆祝中国共产党成立100周年、纪念毛泽东同志题词“发展体育运动、增强人民体质”发表69周年暨“体泰心安”全民健身系列活动启动仪式在汶水河畔举行。省“百千万”三大赛、市第十一届全民健身运动、市科技智力运动会三大赛事同时举办，包含太极拳、健身气功、瑜伽等19项活动。

10日 副省长凌文到泰安市调研国家先进印染技术创新中心和“科创中国”试点市建设工作。

10—11日 第十六届全国粮油产销企业订货会在泰安市举行。展会吸引国内外近500家知名企业参展，参展产品2000余种，粮油交易量550万吨。

11日 2021年度全国科协系统青少年科技教育活动工作研讨会在泰安市召开。中国科协副主席、书记处书记孟庆海，副省长凌文，省科协党组书记、副主席王春秋等参加会议。

△ 山东省第四生态环境保护督察组进驻泰安市开展生态环境保护督察。督察动员会在泰安市召开。

△ 2021年全国U15篮球比赛男子组预赛（山东泰安赛区）开幕。作为该次比赛两大赛区之一，泰安赛区吸引全国15省（市）的18支球队参加比赛。

11—31日 山东省第四生态环境保护督察组对泰安市开展第二轮生态环境保护督察。

12日 崔洪刚到徂徕山环山路、济泰高速快速通道和S103济枣线泰楼路改建现场，调研重点工程建设情况。

13日 中华全国供销合作总社党组书记、理事会副主任韩立平带队到泰安市调研供销社农村现代商贸流通服务体系工作情况。

△ 泰安市人民政府与恒丰银行战略合作签约仪式举行。

△ 张涛带队到肥城市调研督导美丽宜居乡村建设工作进展情况。

15 日 “百万家庭心向党 砥砺奋斗新征程”泰安市家庭党史知识竞赛决赛开赛。

16 日 泰安市暨泰山区助残日系列活动——“残疾人辅助器具进村入户”活动在泰山区省庄镇南河西村举行。

17 日 市新旧动能转换综合试验区建设领导小组会议召开，总结2018 年以后泰安市新旧动能转换综合试验区建设推进情况，研究部署下一步工作。

△ 市十七届人大常委会第三十五次会议召开。会议听取有关报告，经过分组审议，表决通过有关决议（草案）和报告等，表决通过人事任免事项。

△ 2021 年泰安市工业互联网牵手活动启动大会举行。

18 日 山东省青少年体育工作会议暨山东省学校体育工作会议在泰安市召开。

△ 张涛到部分单位、社区、农贸市场督导调研迎接国家卫生城市复审工作。

18—19 日 省委副书记杨东奇在泰安市开展党史学习教育专题宣讲并调研，强调要深入学习贯彻习近平总书记在党史学习教育动员大会上的重要讲话精神和关于党的历史的重要论述，牢记初心使命，传承红色基因，做到学史明理、学史增信、学史崇德、学史力行，以优异成绩庆祝中国共产党成立 100 周年。

20 日 市委常委会召开会议，传达习近平总书记在推进南水北调后续工程高质量发展座谈会上的重要讲话精神，听取全市河湖长制工作有关情况汇报，省安全生产专项督导组通报 3—4 月安全生产专项督导情况。

21 日 市委理论学习中心组进行集体学习，领读学习《关于认真学习贯彻习近平总书记在广西考察期间重要讲话精神的通知》、习近平总书记给《文史哲》编辑部全体编辑人员的回信、《中共山东省委关于深入学习宣传贯彻习近平总书记给编辑部回信精神的通知》、《刘家义同志在省委理论学习中心组学习研讨时的讲话》，集体学习《山东省党政领导干部安全生产责任追究办法（试行）》。

△ 2021 首届泰安吾悦城市惠民购物节启动。

25 日 副省长凌文率队赴上海到东华大学对接大学科创园和东华大学研究生院泰山分院项目合作事宜，市委书记崔洪刚参加活动。

△ 2021 年全国老年人网球交流活动在泰安市开幕。

△ 全国知识产权新闻宣传通讯员培训班在泰安市举行开班仪式。

△ 全市城市更新重点工作推进会召开。

27 日 全市党史史志工作会议召开。

28 日 泰安市人民政府与农发行山东省分行战略合作签约仪式举行。

△ 市十七届人大常委会第三十六次会议召开。会议听取有关议案，经过审议，表决通过人事任免事项。

△ 张涛主持召开第六十三次市政府常务会议。

29 日 泰安市“文明出行、保护生命、从‘头’开始”主题活动启动仪式在泰山广场举行。

30 日 “泰山学堂”揭牌暨领军班启动仪式举行，首批 114 名民营企业家参加第一届“泰山学堂”领军班。

31 日 泰山区岱庙街道金星片区改造回迁工程开工奠基仪式在金星片区改造项目现场举行。

△ 泰安市举办 2021 年“安全生产月”活动启动仪式。

6 月

1 日 崔洪刚到市实验学校出席“少年儿童心向党 丹青画卷颂党恩”泰安市“六一”儿童节庆祝活动。

△ 张涛到部分山水林田湖草城区项目进行督导调研。

△ 全市能源行业大排查大整治暨安全生产煤炭、电力油气专业委员会月督导工作推进会召开。

△ 全市迎接国家园林城市复查工作动员会议召开。

△ 全市秸秆禁烧和综合利用工作会议召开。

2 日 第四届“泰山论灸”高端论坛暨中国针灸学会全国科技工作者日活动在泰安市开幕。

△ 崔洪刚现场调研市中心医院高新院区项目和泰山医养中心二期项目建设情况。

△ 第四届“泰山论灸”高端论坛暨中国针灸学会全国科技工作者日活动在泰安市拉开帷幕。

2—3 日 省人大常委会副主任王华带领执法检查组到泰安市开展《中华人民共和国固体废物污染环境防治法》执法检查和《中华人民共和国食品安全法》执法检查。

3 日 泰安市召开安全防范工作会议。

△ 泰安市召开新旧动能转换“五年取得突破”动员部署会议，

推动各项目标任务落地落实。

△ 全市促进开放型经济高质量发展会议召开，深入分析外资外贸和开发区工作面临的严峻形势，研究部署攻坚举措。

4日 市委理论学习中心组进行党史学习教育专题学习，传达学习省委党史学习教育领导小组有关文件和领导讲话精神，研究贯彻落实意见，推动党史学习教育向纵深发展。

△ 市委常委会召开会议，传达习近平总书记在中国科学院第二十次院士大会、中国工程院第十五次院士大会、中国科协第十次全国代表大会上的重要讲话精神和有关会议精神，研究《泰安市康养福地建设实施意见》。

△ “劳动最美·匠心筑梦”泰山最美职工泰山工匠座谈会召开，命名表扬第二届“泰山最美职工”，同时命名表扬第四届“泰山工匠”。

6日 全国政法队伍教育整顿中央第九督导组组长姚增科到泰安市，督导调研政法队伍教育整顿工作并召开座谈会。

7日 泰安市召开2021“科创中国”试点市建设工作领导小组会议。

8日 泰安市人民政府与中国农业银行山东省分行金融服务乡村振兴暨新旧动能转换战略合作签约仪式举行。

△ 张涛主持召开第六十四次市政府常务会议。

△ 张涛主持召开市国土空间规划委员会2021年第五次会议，审议通过多项街区控制性详细规划。

△ 泰安市人民政府与中国农业银行山东省分行金融服务乡村振兴暨新旧动能转换战略合作签约仪式举行。

9日 泰安市人民政府与华能能源交通产业控股有限公司举行战略合作协议签约仪式。

10日 不动产领域历史遗留问题专题调度推进会召开，听取不动产领域历史遗留问题解决推进情况，对下一步工作进行研究部署。

△ 全市农村饮水安全问题排查整改工作推进会议召开。

△ 泰安市举办第三届“才入泰安·势如泰山”国际高层次人才创业大赛颁奖典礼。

△ 泰安市人民政府、中国科学院广州能源研究所、山东省商业集团有限公司、泰晟环境服务（山东）有限公司合作框架协议签约仪式举行。

11日 忠诚之路——泰安政法新时代泰山“挑山工”事迹报告会举行。

△ 泰安市庆祝2021年“6·14”世界献血者日宣传活动在泰山西湖国泰民安广场举行。

△ 泰安市召开2021年东平湖防汛工作会议，传达水利部、全河、全省水旱灾害防御会议精神，安排部署东平湖防汛工作。

△ 电影《挑山者》在泰安举行首映式。该剧以泰安市新时代泰山“挑山工”先进集体和个人的典型事迹为创作源泉，刻画出新时代泰山“挑山工”爬坡过坎、滚石上山的艺术形象，彰显泰山儿女埋头苦干、勇挑重担、永不懈怠、一往无前的精神风貌。

12日 山东省2021年“文化和自然遗产日”主场城市活动暨“红色文化主题月”在泰安市启动。

16日 全市凌乱架空线和建筑物外立面规范整治现场会召开。

△ “学党史·跟党走·促发展”泰安市国资系统党建品牌发布暨庆祝建党100周年文艺会演活动举行。

△ 泰安市城市防汛工作视频会议召开。

△ 全市窨井盖安全管理专项整治工作部署会议召开。

17日 市委书记、市总河长崔洪刚到岱岳区马庄镇和肥城市汶阳镇调研河长制推进落实情况，并察看“三夏”农业生产工作。

△ 张涛到部分老旧小区改造项目进行督导调研，并召开座谈会议。

△ 全市制造业企业技改扩规现场推进会召开。

△ 泰安市庆祝中国共产党成立100周年美术书法摄影剪纸作品展在市美术馆开幕。

18日 由省委、省政府主办的“山东省与世界500强连线暨深化与欧盟合作推进会”举办。崔洪刚、张涛在分会场全程视频观看，肥城市德模汽车注塑项目代表泰安市在会议上进行远程视频连线签约。

△ 第三十届全国图书交易博览会泰安分会场执委会召开第一次会议，听取第三十届全国图书交易博览会泰安分会场筹备情况汇报。

△ 全市“四大周边”（校园、社区、交通场站和农贸市场）环境综合整治工作会召开。

△ “泰安市最美科技工作者”发布仪式举行。发布“泰安市最美科技工作者”及“泰安市最美科技工作者”提名奖人选各10名。

21日 崔洪刚到泰山区开展走访慰问系列活动并开展党史学习教育专题宣讲。

△ 张涛到岱岳区走访慰问部分获得党内表彰党员、生活困难老党员、新中国成立前入党的老党员和退伍军人代表，并对基层党组织全面从严治党、加强党风廉政建设

情况进行调研。

△ “奋斗百年路·扬帆再起航”——全市能源系统庆祝建党100周年图片展启动。

22日 崔洪刚走访慰问“全国脱贫攻坚先进个人”“齐鲁时代楷模”苏庆亮家属，并现场调研岱岳区不动产历史遗留问题工作专班。

△ 泰安市召开经济运行分析会议，全面分析1至5月份全市各行业领域经济运行情况，研究经济运行存在的困难问题，安排部署下一步工作。

△ 泰安市召开廉政工作会议暨全市深化“放管服”改革会议，安排部署下一步工作。

23日 全国新兴领域青年助力新经济大展在泰安市开幕，集中展示新兴领域青年在经济社会各领域的崭新成果。

23—24日 国家粮食和物资储备局在泰安市召开粮食安全党政同责考核办法研讨会和粮食安全立法修规工作座谈会。

24日 省人大常委会副主任王云鹏一行到泰安市开展“七一”前夕走访慰问老党员活动。

△ 市委常委会召开会议，传达全省脱贫攻坚表彰暨乡村振兴工作推进会议精神，研究贯彻落实意见；听取关于当前全市道路交通安全形势报告和强化事故预防工作意见。

△ “文创活力”——新兴领域青年助力新经济大展成果发布会在泰山国际会展中心举行。

△ 全市道路交通事故警示教育视频会议召开。

△ 全市司法行政系统“牢记百年光辉、奋进时代征程”党史知识竞赛举办。

△ 细颗粒物（$PM_{2.5}$）和臭氧（O_3）污染协同防控“一市一策”泰安市驻点跟踪研究工作座谈会召开。

△ 泰安市教育系统庆祝建党100周年合唱音乐节展演活动在市政广场中心舞台举行。

25日 泰安市举行2021年防汛暨地质灾害应急救援综合演练。

△ 泰安市召开自然资源重点工作推进会议。

△ 泰安市2021年冬季清洁取暖动员部署会议召开。

△ 泰安市未成年人思想道德建设工作会议召开。

△ 全市安全生产工作视频会议召开，崔洪刚出席会议并讲话，张涛主持会议并通报全市生产安全事故情况和各行业领域存在的突出问题。

△ “巾帼心向党·奋斗新征程”泰安市各界妇女庆祝中国共产党建党100周年主题活动暨泰安市“最美巾帼奋斗者”、市直“优秀女共产党员”风采展示活动举办。

26日 泰安市举行新发展党员入党宣誓活动。

△ 泰安市庆祝中国共产党成立100周年理论研讨会召开。

△ 全市A级旅游景区服务质量提升百日攻坚行动动员会召开。

27日 崔洪刚到泰安高新区参观山东力明科技职业学院红色文化和思政教育观摩基地，并现场调研应急救援物资储备和疫苗接种工作。

△ 全市青少年学党史颂英烈故事会举行。

28日 张涛主持召开第六十五次市政府常务会议。

△ 全市“两优一先”表彰暨新时代泰山“挑山工”表扬大会召开。

△ 泰安市庆祝中国共产党成立100周年书画作品展在市美术馆举办。

△ 2021年全国职业院校技能大赛（中职组）电梯维修保养赛项开赛式在山东服装职业学院举行。

29日 市十七届人大常委会第三十七次会议召开。会议听取有关报告，经过分组审议，表决通过有关审议意见、报告等，表决通过人事任免事项。

△ 张涛到泰安高新区调研正威泰安金属新材料产业园项目和宁圣国际项目建设情况。

30日 崔洪刚先后到岱岳区枣行社区、石腊社区、大汶口镇后周家院村和泰山区松园社区调研村（社区）老年“幸福食堂”建设。

△ 张涛督导检查安全生产和防汛工作。

7月

1日 市委常委会召开扩大会议，集体学习习近平总书记在庆祝中国共产党成立100周年大会上的重要讲话。

2日 崔洪刚在市政大楼会见泰安市全国“两优一先”表彰对象孔令让和刘欣。

△ 张涛主持召开市国土空间规划委员会2021年第六次会议，审议通过多项街区控制性详细规划和《泰安市5G通信基站布局专项规划（2021—2025年）》。

3日 泰安市召开2021年度全国文明城市创建暨迎接国家卫生城市复审工作推进会议。

4日 泰安市首届“圆梦泰山”舞蹈大赛举行。

5日 中共泰安市委召开党外人士座谈会。

6日 张涛到泰安旅游经济开

发区调研部分项目建设情况。

7日 泰安市召开商务工作推进会议，调度商务领域外资外贸、社零额纳统和居民人均消费提升等工作进展情况，安排部署下一步任务。

△ 泰安市召开泰安城区东部热源建设项目推进对接会议。华能山东发电有限公司董事长王栩，市委副书记、市长张涛等出席会议。

8日 泰安市召开河湖长制现场推进会议，通报全市河湖长制、水污染防治工作情况。

△ 市委副书记、市长张涛主持召开第六十六次市政府常务会议。

9日 全市文娱领域综合治理工作电视电话会议召开。

10日 山东省康养产教研联盟成立大会暨首届康养产教研论坛在泰安举行。

13日 全市文化旅游协商座谈会召开，通报全市文化旅游工作发展情况，听取各民主党派代表意见建议。

15—16日 崔洪刚率队参加第二届跨国公司领导人青岛峰会，参观新动能·青岛展览，并举办2021泰安市（青岛）投资合作洽谈会，走访考察企业，推进在谈项目，洽谈对接新项目。

16日 第三十届全国图书交易博览会泰安分会场开幕。

17日 十一届市委第十轮巡察工作动员部署会召开。

18日 市委常委会召开会议，传达省委十一届十三次全体会议精神，研究泰安市安全生产工作任务分工，听取《泰安市产业高地建设实施意见》起草情况。

△ 市委理论学习中心组进行集体学习，学习贯彻新颁布的《中国共产党组织工作条例》、新修订的《中华人民共和国公务员法》及配套法规，以及中纪委、中组部、国家监委联合下发的《关于严肃换届纪律加强换届风气监督的通知》。

18—19日 国家开发银行在泰安市召开县（区）域垃圾、污水处理业务推动现场会，进一步系统谋划和加快推进全行县（区）域垃圾、污水处理工作。会后接续举行泰安市与国家开发银行山东省分行战略合作签约仪式。国家开发银行总行行长欧阳卫民、副省长汲斌昌、市委书记崔洪刚参加活动。

19日 市委理论学习中心组第一期专题读书班开班。

20日 全省举行重大项目集中开工活动。泰安市分会场设在泰山区泰安数字鹰航空产业园项目现场。

△ 崔洪刚到泮河沿线实地调研生态保护修复工程建设工作。

21日 市委理论学习中心组举办学习习近平总书记在庆祝中国共产党成立100周年大会上的重要讲话精神宣讲报告会。

21—22日 副省长曾赞荣带队到东平县调研东平湖生态防护林项目及综合整治等工作。

23日 山东省第四生态环境保护督察组向泰安市委、市政府反馈对泰安市开展第二轮生态环境保护督察情况。

△ 全市改革工作推进会议召开。

24日 泰安乡村振兴学院、山东省委党校调研基地、山东乡村振兴研究院分院揭牌暨“党建引领乡村振兴”泰安论坛举办。

25日 万吨级小麦糊粉层产业化示范基地一期投产暨泰山免疫力经济产业研究院揭牌仪式在泰山粮食健康食品产业示范基地项目现场举行。

26日 中林集团东平湖生态渔业产业园项目培土奠基。

27日 山东省稀土矿找矿工作研讨会在泰安市召开。

△ 崔洪刚主持召开全市防台风视频调度会议，听取气象部门对台风最新状况、雨情和预警信息等情况的汇报，以及东平湖泄洪防汛、城管、水利、应急等部门防台风准备工作汇报，检查各级各有关部门防汛值班值守情况，安排部署防汛救灾工作。

28日 “忠诚、担当、为民——全市政法队伍教育整顿”图片展在市政大楼举行启动仪式。

△ 崔洪刚、张涛到驻泰安部队走访慰问。

28—29日 黄河水利委员会党组书记、主任汪安南带队调研东平湖防汛工作。副省长李猛等陪同调研。

29日 崔洪刚冒雨现场检查大汶河、黄前水库、泰山景区等处防汛情况。

29—30日 省住房城乡建设厅厅长王玉志一行到泰安对住建领域生态环保及各项重点任务进行第二轮“3+N”包市帮扶指导。

30日 泰安市举行庆“八一”军民联欢会暨“最美退役军人”“优秀兵支书”颁奖仪式。

△ 军休干部泰山医养基地揭牌，开启泰安市军休干部医养服务新模式。

31日 中国共产党泰安市第十一届委员会第十三次全体会议在泰安市举行。会议以习近平新时代中国特色社会主义思想为指导，深入学习贯彻习近平总书记在庆祝中国共产党成立100周年大会上的重要讲话精神，认真贯彻落实省委十一届十三次全会精神，听取和讨论市委书记崔洪刚受市委常委会委托作的工作报告，审议通过《中共泰安市委关于深入学习宣传贯彻习近平总书记在庆祝中国共产党成立100周年大会上的重要讲话精神的决定》《中共泰安市委关于进一步加强新时代干部队伍政治能力建设的实施意见》。市委书记崔洪刚就《决定（讨论稿）》《实施意见（讨论稿）》向全会作说明。出席这次全会的有，市委委员38人，候补市委委员4人。市纪委常委、市监委委员及有关方面负责人列席会议。会议由市委常委会主持。

△ 市委常委会召开专题会议，研究部署下一步疫情防控工作。

8月

2日 崔洪刚、郭德文一行深入10处城市在建重点工程建设现场走访调研，调度项目进展，协调解决建设中遇到的困难和问题。

△ 全市扫黑除恶专项斗争总结大会召开。

△ 泰安市召开创建全国法治政府建设示范市推进会议。

3日 张涛主持召开第六十七次市政府常务会议。

△ 张涛到岱岳区督导调研清洁取暖工作，并召开座谈会研究解决工作中面临的问题。

△ 全市雨季造林现场推进会暨深化林长制部署会议在宁阳县举行。

4日 全市县乡领导班子换届工作会议召开，研究部署泰安市县乡领导班子换届工作。

5日 省统计局党组书记、局长辛树人一行到泰安调研当前经济形势和统计工作。

6日 全市上半年经济社会发展形势分析会召开，深入学习贯彻中央政治局会议精神特别是习近平总书记重要讲话精神，认真贯彻落实省委工作要求，分析当前经济形势，安排部署下半年经济工作。

△ 市委意识形态和宣传思想工作领导小组召开2021年第一次会议。

△ 张涛主持召开市国土空间规划委员会2021年第七次会议，审议通过多项街区控制性详细规划和《泰安市养老服务设施专项规划（2021—2025年）》。

△ 省政协副主席赵家军一行到泰安，围绕“提升基层医疗卫生机构服务能力”重点提案办理落实情况，以及信访积案化解工作进行调研。

9日 张涛主持召开泰安技师学院新校区建设专题会议。

10日 崔洪刚到肥城市调研美丽宜居乡村建设和有关水利设施情况。

11日 张涛主持召开会议，专题研究与华电山东公司深化战略合作事宜。

12日 全市脱贫攻坚表彰暨乡村振兴工作推进会议召开。

13日 张涛对泰安市污水处理厂运行情况进行调研。

△ 全市农业信贷担保工作推进会议召开。

17日 市委审计委员会第六次全体会议召开。

△ 市委常委会召开会议，听取2021年上半年市委常委和有关党组（党委）全面从严治党工作情况汇报，审议《市委统一战线工作领导小组贯彻落实〈中国共产党统一战线工作条例〉重点任务分工方案》《市委统一战线工作领导小组成员单位职责分工》，审议《中共泰安市委党务公开目录》，传达学习省委书记刘家义在山东省习近平新时代中国特色社会主义思想研究中心成立座谈会上的讲话，研究贯彻落实意见。

18日 泰安市召开政法队伍教育整顿总结会议。

△ 全市食用农产品“治违禁 控药残 促提升”三年行动部署会议

8月2日，泰安市创建全国法治政府建设示范市推进会议召开

（司刚 摄）

召开。

△ 全市道路交通事故预防视频会议召开。

19日 全市优化营商环境协商座谈会召开。

△ 全市突出生态环境问题“十大攻坚行动”现场会召开。

20日 副省长孙继业一行到泰安市开展大汶河巡河工作，同时赴徂徕山爱国主义教育基地参加党支部活动，并现场视察泰安市医养健康产业。

△ 以“新格局、新动能、新机遇”为主题的“对话商协会·齐鲁之约”活动举行。采取“主会场＋分会场＋视频连线”方式进行，泰安市设分会场，新华锦·泰山国际康养旅居基地项目代表泰安市通过远程视频连线方式签约。

△ 平安泰安建设领导小组考核评价专题会议召开。

21日 全市城市基层党建全域提升攻坚现场观摩推进会议召开。

24日 市十七届人大常委会第三十八次会议召开。会议听取有关报告、议案等，经过分组审议，会议原则通过或表决通过有关审议意见、报告等，表决通过人事任免事项。

△ 张涛主持召开停车管理领域突出问题专项整治协调会议。

24—25日 崔洪刚到长城路与岱阳大街立交桥、京台高速济南至泰安段改扩建项目泰安北互通立交、泰山彩石溪旅游路和泰楼路改建工程现场，实地调研项目建设进展情况。

26日 首届“泰山文化论坛”举行。

△ 全市中央生态环境保护督察工作动员会召开。

△ 张涛主持召开第六十八次市政府常务会议。

27日 崔洪刚到泰安高新区现场调研山东泰开电器绝缘有限公司和山东盛德大业金属新材料项目。

△ 张涛调研城区学校建设、开学准备及市中心医院（高新分院）建设等工作。

28日 泰安市召开清洁取暖建设推进会，调度各县（市、区）、功能区清洁取暖工作进展情况，分析研究工作中面临的困难问题，推动建设改造工作按期完成。

29日 市委召开全市领导干部会议，宣布省委关于泰安市委主要负责人调整的决定：杨洪涛任中共泰安市委委员、常委、书记；因年龄原因，崔洪刚不再担任中共泰安市委书记、常委、委员职务。

31日 市委常委会召开会议，传达学习中央民族工作会议和省优化营商环境领导小组办公室主任（扩大）会议精神，研究贯彻落实意见。

△ 省商务厅党组书记、厅长张德平一行到泰安调研电子商务和跨境电商发展情况。

△ 杨洪涛调研泰安城区和泰山景区防汛工作。

9月

1日 杨洪涛到泰山区、岱岳区调研经济社会发展情况。

△ 张涛到肥城市督导检查第二轮中央生态环境保护督察交办信访件办理情况。

2日 杨洪涛到新泰市调研经济社会发展情况，重点查看工业项目，代表市委、市政府对广大企业为地方经济发展所作的贡献表示感谢。

△ 全市县乡两级人大换届选举工作部署会议举行。

△ 细颗粒物和臭氧污染协同防控“一市一策”进展专家会商会召开。

2—3日 省人大常委会委员、法制委员会副主任委员陈勇带队到东平县开展《山东省东平湖保护条例（草案）》和《山东省大数据发展促进条例（草案）》立法调研。

3日 张涛主持召开市国土空间规划委员会2021年第八次会议，审议通过多项街区控制性详细规划。

5日 “艺心向党 师生共画”泰安市教育系统首届师生书画作品展开幕式在市美术馆举行。

△ 香港泰安联谊总会成立。

6日 第三十五届泰山国际登山节暨2021中国泰安投资合作洽谈会在泰安市开幕。日本、韩国、俄罗斯、德国等国家和地区以及国内的700余名嘉宾、客商，通过现场出席和视频连线的方式参加活动。

△ 2021中国泰安投资合作洽谈会重点项目签约仪式在泰安市举行，共签约重点项目59个，总投资868.48亿元。

△ 第三十五届泰山国际登山比赛暨第二十六届全国全民健身登泰山徒步活动起跑仪式在岱庙广场举行。

△ 市委常委会召开扩大会议，学习习近平总书记关于生态文明建设和“两高”问题有关指示精神，通报第二轮中央生态环保督察公开曝光泰安市宁阳县化工园区典型案例的相关情况，深入剖析问题原因，吸取工作教训，研究部署整改工作。

△ 张涛到宁阳县，实地调研督导中央生态环境保护督察通报典型问题整改工作。

6—7日 省委副书记、省长李干杰到东平县调研南水北调东线运行情况，并督导解决中央生态环境保护督察通报问题。6日下午，李干杰到南水北调东线穿黄河工程、八里湾泵站，实地调研南水北调东线一期山东段工程建设运行情况，就水网建设、水质安全保障、提升防洪能力等问题与相关负责人进行交流。7日上午，李干杰到宁阳县海子河沿岸、磁窑污水处理厂、山东恒信高科能源有限公司，对照中央生态环保督察通报，详细了解水域污染治理、化工企业污水处理、工业污水处理厂建设、煤炭消费减量替代等情况，分析问题产生的原因，研究具体举措，督导问题整改。市委书记杨洪涛，市委副书记、东平县委书记曲锋陪同。

7日　市委常委会召开会议，传达学习省委书记刘家义对泰安市第二轮中央生态环境保护督察通报问题整改情况批示精神，传达学习省委副书记、省长李干杰到泰安调研南水北调东线运行情况，督导解决第二轮中央生态环境保护督察通报问题整改情况时的讲话精神，研究贯彻落实意见。会议以视频形式召开，各县(市、区)、功能区设分会场。

△　杨洪涛到山东农业大学、泰安一中走访慰问。张涛到山东科技大学和泰山中学走访慰问。

△　张涛主持召开第六十九次市政府常务会议。

8日　杨洪涛到老旧小区、农贸市场、公园、车站、景点等重点部位、重点场所，督导国家卫生城市创建工作。

△　杨洪涛、张涛会见中国石油天然气销售分公司总经理、党委副书记钱治家一行，就天然气资源供应保障、泰山燃气集团合资合作等事宜进行探讨交流。

△　2021年度泰安市“技能兴泰”职业技能大赛水文勘测工技能大赛暨第三届泰安市水文勘测技能竞赛开幕式举行，全市水文行业的33名选手参加。

9日　全市2021年教师节庆祝大会召开。会议采取视频会议的形式召开，各县（市、区）、功能区设分会场。杨洪涛出席会议并讲话，张涛主持，曲锋、唐福泉、郭德文出席会议。

△　全市文娱领域综合治理工作电视电话会议召开。

△　张涛到部分城市道路、社区、农贸市场等重点部位督导创建国家卫生城市工作。

△　泰安市召开社会信用体系建设现场推进会议。

△　全市金融助力农业产业发展工作座谈会召开。

10日　全市优化营商环境工作推进会议召开。

13日　市委党校（市行政学院）举行2021年度秋季开学典礼。市委书记、市委党校校长杨洪涛出席并讲话，市委常委、组织部部长刘泮英主持。

△　市委副书记、市长张涛到宁阳县督导中央生态环境保护督察通报问题整改工作。

△　泰安市组织收看2021山东网络文明周启动仪式，随后举行2021山东网络文明周泰安市活动暨“聚辟谣之力·扬文明之光”主题宣传活动启动仪式。

14日　中国光大集团光大环境（集团）有限公司安环部总经理、中国光大水务有限公司党委副书记陶俊杰一行到泰安市考察，探讨光大环境与泰安市在水环境治理、垃圾处理、节能照明等生态环保领域的合作。张涛主持召开座谈会。

△　泰安市美术家协会、泰安市美术馆承办的“花开盛世”孙成刚大写意花鸟画展开幕。

15日　宣布泰安军分区党委第一书记任职会议召开。省军区少将政委朱玉武宣布关于杨洪涛泰安军分区党委第一书记的任职命令。

△　省政府新闻办在济南举行“全面小康 奋进山东”主题系列新闻发布会泰安专场。张涛作新闻发布并回答记者提问。

9月13日，市委书记杨洪涛（左三），市委常委、组织部部长刘泮英（左一）到泰安市委党校调研　　（司　刚　摄）

△ 九三学社省委副主委、省住建厅厅长王玉志一行到泰安调研九三学社基层组织情况。

16日 市人大常委会组织驻泰安全国人大代表和省直、市直单位的省人大代表调研乡村振兴与巩固脱贫成果相衔接方面的工作。

△ 张涛主持召开市土地资产管理委员会2021年第七次会议，对有关地块进行研究。

△ 张涛主持召开第七十次市政府常务会议。

△ 市委理论学习中心组进行集体学习，深入学习贯彻习近平总书记关于党校办学治校系列重要指示精神，习近平总书记在2021年秋季学期中央党校（国家行政学院）中青年干部培训班开班式上重要讲话，以及《中国共产党机构编制工作条例》。

16—17日 中华全国供销合作总社理事会主任、党组副书记梁惠玲带队到泰安市调研供销社综合改革、建设为农服务体系、服务乡村振兴等工作情况。副省长王心富，市委书记杨洪涛等陪同。

17日 杨洪涛到泰安旅游经济开发区调研。

△ 2021年“全国科普日”泰安市主场活动启动仪式举行。

△ 全省黄河流域生态保护和高质量发展现场推进会举行，会议采取视频连线方式进行，主会场设在济南市高新区黄河战略济南国际生态港项目现场，其余15个市各选定一个重大项目现场作为分会场。泰安市分会场设在泰山国际颐养城一期项目现场。

△ 全市突出生态环境问题整改工作推进会议召开。

△ 市委书记杨洪涛会见芯谋研究董事长顾文军等泰安籍客商。

△ 泰安市召开土地执法监管推进工作视频会议，通报全市当前土地执法监管工作情况，安排部署下一步工作。

△ “泰安小美·帮您办”帮办代办志愿服务品牌授旗仪式举行。

18日 泰安市组织开展防空防灾警报试鸣活动。

22日 全市新能源工作现场推进会召开。

23日 全市“双随机、一公开”监管工作联席会议召开。

24日 市十七届人大常委会第三十九次会议召开。会议听取有关报告，经过审议讨论，表决通过有关人事免职的决定。

△ 第三届全国主题党日研讨会在泰安市举行。研讨会以“弘扬伟大建党精神、赓续百年红色血脉”为主题，设置泰安主会场和北京、上海等5个分会场。

△ 重庆市巫溪县委副书记、县长王中带领党政代表团到泰安市对接东西部协作有关工作，并参加泰安·巫溪东西部协作联席会议。

25日 杨洪涛到肥城市调研经济社会发展情况。

26日 市委党的建设工作领导小组召开会议，听取年内党建领导小组各成员单位履行职责情况，研究审议《中共泰安市委落实全面从严治党主体责任联席会议议事规则（试行）》。

△ 杨洪涛、张涛会见韩国驻青岛总领事馆总领事金敬翰一行。

27日 杨洪涛到泰安高新区、徂汶景区调研，深入了解企业发展情况，现场调度重点项目建设进度。

△ 张涛主持召开第七十一次市政府常务会议。

△ 泰安市召开食品药品安全委员会全体会议，研究部署下一阶段重点工作任务。

28日 泰安市召开国庆假日旅游工作调度和部署视频会议，安排部署国庆假日旅游工作。

△ 泰安市举行市知识产权协会揭牌仪式暨泰山知识产权论坛。

△ 沿黄九省（区）人民防空协调合作暨高质量发展会议泰安分会场会议召开。

△ 泰安市税收司法共治体系建设签约仪式举行。

29日 京台高速泰安至枣庄段改扩建项目通车活动在宁阳服务区举行。

△ 省委常委、组织部部长王宇燕到泰安市调研党建、人才等工作。

30日 市政府与中泰证券战略合作签约暨齐鲁股权交易中心泰安运营中心揭牌和企业集中挂牌仪式举行。

△ 副省长李猛带队到东平县调研指导防汛工作。沿湖先后调研戴村坝、清河门泄洪闸和金山坝等重点部位，详细了解水位流量、防汛责任落实等有关情况，实地查看堤坝险段整治及灾害防御措施，听取防汛准备、工程建设、设备管理维护和移民迁安等情况汇报，会商研究推进金山坝抢险加固升级方案。杨洪涛、曲锋等参加调研。

△ 泰山区第十七届泰山苗木花卉交易会开幕式在泰山区邱家店镇泰山国际花木城举行。

△ 市委副书记曲锋、市人大常委会主任唐福泉、市政协主席郭德文，泰安军分区司令员隋阳、政委汪占军等，在泰安革命烈士陵园广场参加公祭烈士活动。

△ 全国首套盐穴压缩空气储能电站投产并网发电仪式在肥城市举行。

10月

1日 由中国非物质文化遗产保护协会、山东省文化和旅游厅、泰安市人民政府主办的“国庆吃面 国泰民安”新民俗倡议活动在泰安市泰山秀城泰安府广场举办。文化和旅游部党组成员、中国非物质文化遗产保护协会会长王晓峰，副省长王心富，市领导张涛、刘洪海、唐传营出席活动。

2日 省委副书记、代省长周乃翔到东平湖调研防汛工作。副省长李猛、市委书记杨洪涛等参加活动。

3日 “泰山天山根连根 鲁喀人民心连心”2021年度鲁（山东）喀（什）文化交流嘉年华泰安站在泰山云集文化街举行。

4日 省委书记李干杰到东平湖防洪防汛工作现场检查指导工作。强调要坚决守牢“确保人民安全、确保大坝安全”两条底线，强化沿湖堤坝防汛值守和巡查除险，落实落细人员转移安置工作方案，做好车辆、物资、防疫等各项准备工作。省委常委、秘书长刘强，省交通运输厅厅长孟庆斌，省水利厅厅长刘中会，山东黄河河务局局长李群，市领导杨洪涛、张涛、曲锋、李灿玉、隋阳、张颖等参加活动。

△ 水利部黄河水利委员会党组书记、主任汪安南到东平县检查指导东平湖防汛工作。市领导张涛、曲锋、张颖等参加活动。

9日 2021中国泰山茶博览会暨第六届泰山茶手工炒茶技能大赛在岱庙北广场举行。

△ 泰安市城市规划建设管理专题培训班开班仪式举行。

11日 “2021年国家网络安全宣传周泰安市活动”启动仪式举行。

12日 市委理论学习中心组进行集体学习，学习贯彻习近平总书记在中共中央政治局第三十三次集体学习时的重要讲话、在第四个“中国农民丰收节”到来之际的重要指示和在纪念辛亥革命110周年大会上的重要讲话精神。

△ “AI肺计划”泰安市万人肺癌早期公益筛查活动启动仪式举行。

△ 市委全面深化改革委员会召开会议，传达学习全省改革工作视频推进会议精神，听取各改革专项小组重点改革任务进展情况，安排部署下一阶段改革工作。

13—14日 首届文化出版领域文创产品博览会在泰山新闻出版小镇举行。中国出版协会理事长邬书林出席活动并致辞，市委书记杨洪涛出席。

15日 全市新旧动能转换“五年取得突破”现场推进会在新泰市召开。

△ 勇做新时代泰山“挑山工”理论研讨会召开。

△ 2021年“科创中国”企业创新大家谈活动举办。

16日 山东省第十一届全民健身运动会开幕式在泰安市天地广场举行。泰安市成为省内首个同时举办过冬、夏季全民健身运动会的城市。

17日 泰山黄精“工业+旅游”智能工厂投产暨泰山免疫力经济产品发布会举行。

18日 泰山护理职业学院举行建院10周年（建校65周年）庆典大会。市领导张涛、刘泮英、曹步山、袁久党、张庆明参加庆典。

19日 杨洪涛调研泰山区域山水林田湖草生态保护修复工程城区项目建设情况。

△ 市委书记杨洪涛，市委副书记、市长张涛会见山东众地阳光集团董事长王文正一行，双方就全球知名连锁便利店7-ELEVEn入驻泰安等事宜进行对接洽谈。

△ 第十四届山东国际大众艺术节暨山东省第四届农民戏剧展演月开幕式（泰安分会场）在泰山区邱家店镇王林坡村举行，现场14部

10月18日，市委副书记、市长张涛（右四）等市领导参观泰山护理职业学院校史馆 （司 刚 摄）

经典戏剧选段一一向观众呈现。

20日　“科创中国食品、农产品高质量发展高峰论坛”在泰安市举办。

△　2021泰安市“一带一路”线上产业对接交流会暨首届跨国采购商泰山行活动启动。

△　张涛到东平县调研防汛和“三秋”生产工作。

21日　张涛主持召开第七十二次市政府常务会议。

△　全省“美丽庭院”创建交流观摩现场会在泰安举办，省妇联主席孙丰华出席，市委书记杨洪涛等陪同相关活动。

△　中国银行泰安分行营业部重装开业暨私人银行中心揭牌仪式举行。

22日　市委常委会召开会议，听取前三季度全市经济社会发展形势汇报，部署当前和以后几个月的重点工作。

△　张涛率领相关部门负责人到泰安城区西部热源项目调研检查供热保障工作。

△　首届泰山中医药文化节在泰山红门游客服务中心开幕。

25日　2021中国泰山农机线上博览会暨智慧农业发展论坛举办。

26日　全市秋种生产工作现场推进会在岱岳区召开。

27日　市委常委会召开会议，传达习近平总书记在深入推动黄河流域生态保护和高质量发展座谈会上的重要讲话精神和视察山东重要指示要求，传达省委书记李干杰同志在全省领导干部会议上的讲话精神，听取全市疫情防控工作情况汇报，研究贯彻落实意见。

△　全市乡村振兴战略考核动员会议召开。

28日　“2021对话山东——德国·山东产业合作交流会”开幕，泰安市设分会场收听收看，杨洪涛、张颖出席泰安分会场会议。

28—29日　市十七届人大常委会第四十次会议召开。会议听取有关报告、议案等，经过分组审议，表决通过或原则通过有关决定、审议意见，表决通过人事任免事项。

29日　泰安7-ELEVEn项目签约仪式举行。市委书记杨洪涛，山东众地阳光集团董事长、总裁王文正先后致辞。

△　山东省第十一届全民健身运动会完成全部比赛和活动，在泰安市闭幕。

△　全市社区养老服务设施清查整治工作暨社区老年“幸福食堂”建设现场推进会召开。

30日　民盟泰安市第九次代表大会召开。选举产生民盟泰安市第九届委员会和出席民盟山东省第十一次代表大会的代表，孙岱峰当选民盟泰安市第九届委员会主委。

△　民革泰安市第八次代表大会召开。会议选举产生民革泰安市第八届委员会和出席民革山东省第十四次代表大会的代表，朱丽当选为民革泰安市第八届委员会主任委员。

31日　九三学社泰安市第九次代表大会召开。会议选举产生九三学社泰安市第九届委员会及出席九三学社山东省第八次代表大会的代表，王淑玲当选为九三学社泰安市第九届委员会主任委员。

11月

1日　杨洪涛、张涛会见到泰安市考察企业、乡村振兴和结对帮扶工作的重庆市巫溪县委书记李卫东一行。

2日　杨洪涛到宁阳县调研经济社会发展情况，重点察看工业和民生领域项目。

△　山东社科论坛——徂徕山抗日武装起义与山东抗日根据地发展研讨会在泰山学院召开。

3日　市委常委会召开会议，传达省委书记李干杰在省委理论学习中心组集体学习研讨时的讲话精神，听取《泰安市“十四五”生态环境保护规划（审议稿）》有关情况汇报，听取《泰安市“十四五”数字强市建设规划（审议稿）》有关情况汇报，研究贯彻落实意见。

△　市委理论学习中心组围绕深刻领会习近平总书记在深入推动黄河流域生态保护和高质量发展座谈会上的重要讲话精神和视察山东重要指示要求，开展专题学习研讨。

△　国家电网山东省电力公司与市政府举行战略合作框架协议签署仪式。国网山东省电力公司董事长、党委书记蒋斌，市委书记杨洪涛分别致辞，市委副书记、市长张涛主持。

△　张涛带队到国泰大成新材料科技产业园、泰安汉威集团有限公司、国家能源泰安热电有限公司督导检查安全生产工作。

4日　杨洪涛先后赴岱岳区、泰安高新区调研新一代信息技术产业重点项目。

△　泰安市召开未成年人保护工作领导小组第一次全体会议。

△　民进泰安市第七次代表大会召开。选举产生民进泰安市第七届委员会及出席民进山东省第八届代表大会的代表，苏雪峰当选为民进泰安市第七届委员会主任委员。

4—6日　张涛赴上海参加第四届中国国际进口博览会，出席（上海）

泰安投资合作洽谈会，开展有关招商活动。

5日 省政协副主席王修林一行到泰安围绕“推进全省医养结合机构建设”进行专题调研。市政协主席郭德文等陪同活动。

△ 市消防救援支队泰山消防救援站获评首届“全国应急系统先进集体”，泰山消防救援站政治指导员李令政作为消防救援队伍英模代表，受到党和国家领导人的接见。

△ 致公党泰安市第三次代表大会召开。选举产生致公党泰安市第三届委员会及出席致公党山东省第七次代表大会的代表。梁望东当选为致公党泰安市第三届委员会主委。

6日 农工党泰安市第七次代表大会召开。选举产生农工党泰安市第七届委员会和出席农工党山东省第八次代表大会的代表。徐坤当选为农工党泰安市第七届委员会主委。

7日 副省长、省公安厅厅长范华平到东平县调研指导工作。

8—10日 全国扫黑办第15特派督导组到泰安市下沉督导，督导重点工作开展情况。

9日 S103济枣线泰新高速立交桥至新泰泗水界段改建工程举行通车仪式。杨洪涛、张涛、郭德文等出席通车仪式。

△ 泰安市与中国外运华中有限公司战略合作框架签约仪式举行。市委副书记、市长张涛，中国外运华中有限公司党委书记、执行董事、总经理王理俊出席。

10日 杨洪涛到泰山区调研督导文明城市创建等工作。

△ 全省推进新就业形态工会工作会议在泰安市召开。

11日 张涛主持召开第七十三次市政府常务会议。

△ 张涛主持召开市国土空间规划委员会2021年第九次会议，审议通过多项街区控制性详细规划和岱岳区夏张镇上王庄村村庄规划。

12日 2021年泰安民营企业50强发布会举行。

△ 市委常委会召开扩大会议，传达学习中共第十九届中央委员会第六次全体会议精神，研究贯彻落实意见。

15日 全市基层党建工作会议召开。

△ 全市抓党建促乡村振兴工作推进会议召开。

16日 泰安市召开泰山区域森林防灭火联席会议。

△ 张涛到泰谷国泰民安康养产业园项目调研，并召开现场推进会。

17日 副省长汲斌昌到泰安市走访调研联系的民营企业和重大项目，了解愿望诉求、加强思想引导、解决困难问题。

△ 泰安市卫生健康惠民项目集中启动暨泰安市中心医院高新区院区交付使用仪式举行。

△ 泰安市人民政府—中国港湾工程有限责任公司战略合作协议签约仪式举行。

△ 各民主党派市委会新老主委座谈会召开。市委书记杨洪涛出席会议并讲话，市委常委、统战部部长成丽主持会议。

△ 张涛主持召开第七十四次市政府常务会议。

18日 市委理论学习中心组集体学习《中共中央办公厅关于做好党的十九届六中全会精神学习宣传的通知》，并围绕深入学习贯彻中共十九届六中全会精神开展专题学习研讨。

△ 市委理论学习中心组采取法治专题讲座的形式，围绕学习习近平法治思想进行专题学习。

△ 泰山新闻出版小镇人天书店项目一期投产暨二期开工仪式举行。

20日 副省长、省公安厅厅长范华平到泰安调研新型违法犯罪打击治理等工作。

△ 泰安市举办领导干部数字化工作专题报告会，邀请国家信息中心信息化和产业发展部主任单志广到泰安市进行专题授课。

11月20日，泰安市数字化工作专题报告会举办　（司　刚　摄）

△ 泰安泰山保安应急救援支队暨泰安市专业应急救援队伍授旗活动在泰安泰山保安服务有限公司举行。此次成立的6支专业应急救援队伍是按照“政府主导、社会参与、分类推进、分级负责、专长兼备、保障有力”原则，依托山东泰安泰山保安服务有限公司、山东省第五地质矿产勘察院、山东省煤田地质局第三勘探队、山东省联合农药工业有限公司等企业单位成立的专业应急救援队伍，能够执行森林灭火、危化品事故、地质灾害、矿山事故、防汛抗旱等专业化救援任务。

△ 2021泰安市“一带一路”线上产业对接交流会暨首届跨国采购商泰山行活动举办，来自俄罗斯、白俄罗斯、乌克兰、南非等“一带一路”沿线11个国家的24位国际采购商齐聚泰安，与60家泰安生产企业进行一对一洽谈，现场达成签约合作项目55个。

22日 为促进中共十九届六中全会精神进机关，引导广大机关党员干部深入学习中国共产党百年奋斗重大成就和历史经验，在全市党政机关掀起学习贯彻十九届六中全会精神的热潮，19日，“党的百年奋斗重大成就和历史经验——十九届六中全会精神学习展览”在市政大楼二楼大厅展出。22日上午，杨洪涛、李灿玉、刘洪海、唐传营一同到展览现场参观。

△ 2021第五届泰山国际福祉暨康复设备博览会在泰山国际会展中心开幕。

23日 2021第五届泰山国际残疾人论坛·第三届泰山国际健康论坛开幕。

23—24日 全省医疗保障信用管理工作专家论证会在岱岳区召开。

24日 泰安市举行“泰安老字号”企业授牌仪式，37家企业获“泰安老字号”称号。

△ 全市冬春火灾防控工作部署会召开。

25日 “科创中国”·2021泰山科技论坛——推动产业链协同创新，促进装备制造业高质量发展暨山东机械工程学会年会在泰安市举办。

△ 泰安市流浪乞讨人员救助管理工作联席会议召开。

26日 泰安市召开学习宣传贯彻中共十九届六中全会精神暨市委宣讲团宣讲动员会，各县（市、区）、泰安高新区、泰山景区设视频分会场。

27日 泰山国际登山比赛暨全国全民健身登泰山徒步活动获评2021中国体育旅游十佳精品赛事。

△ “永远跟党走、奋斗新征程”2021年泰安市广场舞大赛总决赛及才艺展演活动在泰安吾悦广场举行。

28日 市委常委会召开会议，传达学习省委十一届十四次全体会议精神，研究贯彻落实意见。会议确定12月上旬召开中共泰安市委十一届十四次全体会议。

△ 张涛主持召开市国土空间规划委员会2021年第10次会议，审议通过《泰安市城市供水专项规划（2021—2025年）》和两项控制性详细规划。

29日 学习贯彻中共十九届六中全会精神省委宣讲团宣讲报告会暨市委中共十九届六中全会精神专题学习班开班式在市委党校举行。

29—30日 杨洪涛率队到江苏无锡精准招商，考察相关企业，拜会企业家，推动泰安招商引资再上新台阶。

12月

11月29日至12月1日 张涛率团到重庆巫溪县考察东西部协作工作，加深两地的友谊与合作，谱写新时代两地协作新篇章。

11月29日至12月3日 省委党校（山东行政学院）副校（院）长司强率考核评估工作组到泰安市，对市委落实党校（行政学院）工作主体责任情况进行考核，同时对市委党校（市行政学院）办学质量进行评估。

2日 省委常委、统战部部长张江汀一行到泰安调研统战工作。

△ 山东与世界500强连线暨深化与日韩合作推进会，采取“主会场+分会场+视频连线”的方式举行，主会场设在济南，泰安市设分会场，张涛在分会场全程视频观看。泰安市中韩智能装备产业园项目在会议上进行远程视频连线签约。

△ 泰安市与华润医药商业集团签订战略合作协议，市委副书记、市长张涛，华润医药商业集团党委书记、董事长、总经理穆宏出席签约仪式。

△ “供销援疆·大仓东移”鲁喀农副产品产销对接会暨山东供销供应链春节订货会在泰安市举行。此次活动采取“现场展会+视频会议”的形式，在喀什设立分会场。省供销社党组成员、监事会副主任胡文朴出席主会场活动，副市长张颖致辞。

3日 张涛主持召开第七十五次市政府常务会议。

△ 张涛到泰安高新区、岱岳区督导调研文明城市创建工作及“我为群众办实事”重点项目进展情况。

△ 泰安市中华职业教育社成

立大会暨第一次社员大会召开。

7日 省人大常委会副主任、全国工商联常委、省工商联主席王随莲带领部分驻鲁全国、省人大代表，就东平湖生态保护和高质量发展工作开展专题调研和集中视察。

8日 省科技厅与泰安市会商框架协议签约仪式举行。

9日 杨洪涛到肥城市调研产业项目和相关园区建设情况。

△ 张涛到宁阳县督导中央生态环境保护督察反馈问题整改工作和安全生产工作。

10日 市委常委会召开会议，传达习近平总书记在全国宗教工作会议上的重要讲话精神和省委省级党员领导干部会议精神，研究贯彻落实意见。

△ 泰安市召开优化营商环境工作调度会议，围绕实现市委、市政府提出的“省内前八”的目标，对优化营商环境工作进行调度，研究部署推进措施。

△ 2021“鲁渝同心”消费帮扶暨巫溪特色农产品展销会在泰安市吾悦广场举办。

10—12日 泰安市举办新疆岳普湖县农副产品年货大集，吸引客商126家、近1200人参与，总成交额超1000万元。

11日 杨洪涛督导文明城市创建及安全生产工作。

△ 泰安市精品旅游促进会成立揭牌仪式暨山东省精品旅游促进会主题党日活动在泰安市举行。

14日 市委常委会召开扩大会议，传达学习中央经济工作会议精神，研究贯彻落实意见。

△ 张涛到岱岳区基层联系点调研并督导安全生产工作。

15日 国有企业上市公司高峰论坛暨泰山高级经理研修院成立大会在泰安市举行。

△ 由山东省文学艺术界联合会、山东青年政治学院、中共泰安市委宣传部联合出品的当代现实题材舞剧《挑山》在市文化艺术中心泰山大剧院精彩上演。

16日 中国共产党泰安市第十一届委员会第十四次全体会议在泰安市举行。会议以习近平新时代中国特色社会主义思想为指导，深入学习贯彻中共十九届六中全会精神，深入学习贯彻习近平总书记在深入推动黄河流域生态保护和高质量发展座谈会上的重要讲话精神和视察山东重要指示要求，全面落实省委十一届十四次全会精神，听取和讨论市委书记杨洪涛受市委常委会委托作的工作报告，审议通过《中共泰安市委关于深入学习贯彻党的十九届六中全会精神的决定》，审议通过《中共泰安市委关于深入学习贯彻习近平总书记视察山东重要讲话精神扎实推动黄河流域生态保护和高质量发展的决定》，审议通过《关于召开中国共产党泰安市第十二次代表大会的决议》。出席这次会议的有市委委员35人。市纪委常委、市监委委员及有关方面负责人列席会议。会议由市委常委会主持。

△ 省政法队伍教育整顿领导小组办公室举办“人民至上——全省政法机关‘我为群众办实事’故事分享会”。会议采用视频形式举办，泰安市设分会场组织收听收看。

17日 泰安市与济南海关举行战略合作备忘录签署仪式，共同推动泰安市开放型经济发展和泰安海关建设。

△ 泰安市残疾人冰雪季暨泰安市残疾人旱地冰壶友谊对抗赛开幕。

19日 国泰大成新材料科技产业园启用仪式在项目现场举行。该产业园项目计划总投资70多亿元，全套引进国际先进生产装备和生产工艺技术，由以色列专家牵头、国内外专家共同组成研发团队，形成自有科研成果和自主知识产权，全力打造以高端纤维及复合材料为核心的产业链条，带动形成千亿级产业集群。

20日 副省长孙继业到泰安市对所联系的民营企业和重点项目进

12月16日，中共泰安市委十一届十四次全体会议召开　（司 刚 摄）

行调研座谈。

△ 泰安市举行市直学校教育集团揭牌仪式。筹建成立泰安市实验幼儿园教育集团、泰安市实验小学教育集团、泰安市实验学校教育集团、泰安市实验初级中学教育集团。

△ 泰安市教育系统2021教师荣休暨入职仪式举行。

△ 泰安高新区重点项目签约暨国信产投股权投资云天安全签约仪式举行。

21日 泰安市养老行业党委、泰安市养老协会揭牌暨泰安市智慧养老管理服务平台启用仪式在泰山医养中心举行。

22日 泰安7-ELEVEn“乐享消费·美好生活2021暖冬消费季”举行启动仪式，首批入驻泰安的7-ELEVEn店铺开业大促，泰安城区各大商家纷纷通过让利等形式集中释放多元化、多层次的消费需求，在进一步激发元旦、春节消费市场活力的同时，真正让群众乐享暖冬，品质过年。

△ 第四届中华泰山诗文大会暨《泰山诗文》首发式成功举行。

23日 张涛主持召开第七十六次市政府常务会议。

△ “河和之契：2021黄河流域、大运河沿线非物质文化遗产交流展示周”开幕式文艺演出在泰山大剧院举办。

24日 泰安市与山东发展投资集团战略合作签约仪式举行。

△ 张涛到山东科技大学开展中共十九届六中全会精神宣讲。

△ 泰安市与山东发展投资集团举行战略合作签约仪式。山东发展投资集团党委书记、董事长孟雷，市委副书记、市长张涛等出席仪式。

25日 党史学习教育中央第四指导组组长于跃敏一行到泰安调研指导并召开座谈会，通过听取汇报、个别访谈、随机测评等方式，对泰安市党史学习教育开展情况进行总结评估。

△ “中国体育彩票”山东省第五届冬季全民健身运动会（泰安赛区）暨泰安市首届冬季全民健身运动会启动仪式在泰山花样年华景区——泰山冰雪文体中心举行。

27日 曲锋到山东第一医科大学泰安校区作形势政策辅导报告，宣讲中共十九届六中全会精神。

29日 市十七届人大常委会第四十一次会议召开。会议听取有关说明、报告，经过分组审议，会议表决通过或原则通过有关审议意见、决议、报告等，表决通过人事任免事项。

30日 “科创中国”首届“泰山论菌”高端论坛举行。中国工程院院士、中国菌物学会名誉理事长李玉等专家作线上报告。

△ 市委常委会召开会议，传达中央政治局党史学习教育专题民主生活会、省委经济工作会议、省委人才工作会议精神，传达《关于推进新时代全省基层党建工作高质量发展的若干措施》有关情况，研究审议《2021年度党的建设工作情况报告》。

△ 市委理论学习中心组按照《市委常委班子党史学习教育专题民主生活会筹备工作方案》安排，围绕深入学习贯彻习近平总书记重要指示精神和党史学习教育总结会议精神，以及全面从严治党主题，开展专题学习研讨。

△ 张涛主持召开第七十七次市政府常务会议。

△ 市政府新闻办召开《泰安市重大行政决策程序规定》新闻发布会。《泰安市重大行政决策程序规定》（以下简称《规定》）是2021年市政府立法计划项目，经市政府第七十五次常务会议审议通过，自2022年2月1日起正式实施。重大行政决策实行终身责任追究制和责任倒查机制。

△ 市政府新闻办召开新闻发布会，解读《泰安市应急避难场所管理办法》（以下简称《办法》），该《办法》是2021年市政府立法计划项目，经市政府第七十五次常务会议审议通过，自2022年5月1日起正式实施。同时，该《办法》是机构改革以后，山东省首部地市级应急避难场所方面的政府规章。

△ 市委意识形态和宣传思想工作领导小组召开会议，研究安排全市意识形态工作。

31日 泰安市县乡两级人大代表换届选举日。杨洪涛、张涛、曲锋、唐福泉、郭德文等分别在各自选区参加投票或委托他人投票，依法行使民主权利。

△ 杨洪涛接见泰安市第八届全国、全省道德模范代表。

△ 市领导杨洪涛、张涛、李灿玉、宋洪银、唐传营分赴泰安市财税金融系统单位走访慰问，向奋战在年终结算工作一线的广大干部职工致以亲切问候。

编辑 校对 刘小笋

自然地理

【位置面积】 泰安市位于山东省中部，处于北纬35°38'～36°28'，东经116°20'～117°59'。北以泰山与济南市为界，南与济宁市相连，西隔黄河与聊城市及河南省濮阳市相望，东与济南市、淄博市、临沂市相邻。东西长约176.6千米，南北宽约93.5千米，面积7762平方千米，占全省面积的4.94%。泰山区为市政府驻地，位于泰山南麓，北距省会济南66.8千米，南至孔子故里曲阜74.6千米，处于山东省“一水、一山、一圣人”旅游热线的中间。

【地质】 泰山经历漫长的地质演变过程，燕山运动奠定泰山的基础，喜马拉雅山运动构成泰山的雄伟姿态。泰山的高峻受掀斜断块构造控制，断裂活动使泰山隆起，汶河下降，造成南坡拔地通天之势。复杂的泰山地层，大体可分为两部分，其基底为“泰山杂岩”，同位素年代测定约有25亿年历史，是中国最古老的地层之一；其盖层主要是寒武—奥陶系灰岩，泰山西北坡张夏、崮山、炒米店一带的灰岩和砂页岩发育型，是中国北方寒武系的标准地层剖面。

【地貌】 泰安市境域地势自东北向西南倾斜，有山地、丘陵、平原、洼地、湖泊等地貌类型。山地集中分布在境域北部和东部，占全市面积的18.3%，其中，泰山雄踞境域北部，其主峰玉皇顶海拔1545米，为山东省第一高峰。丘陵主要分布在新泰市西南部、宁阳县东部、岱岳区西北部、肥城盆地边缘及东平县北部，占全市面积的41.1%，海拔在120～400米。平原主要分布在山麓及河流沿岸，占全市面积的40.6%，海拔在60～120米，其中山东省著名四大山麓平原之一的泰（安）莱（芜）肥（城）宁（阳）平原，大部分在泰安市境内。洼地主要分布在东平县“三湖”（老湖、新湖、稻屯洼）周围，占全市面积的11%，海拔在38～60米。湖泊集中在东平县，“三湖”水面6.35万公顷（含市外部分），其中东平湖系山东省第二大淡水湖，为古梁山水泊遗存水域。

【气候特征】 泰安市属于暖温带大陆性半湿润季风气候区，四季分明，寒暑适宜，光温同步，雨热同季。春季干燥多风，夏季炎热多雨，秋季晴和气爽，冬季寒冷少雪。2021年，全市年平均日照时数2215.4小时，较常年（2252.3小时）偏少36.9小时；年平均气温14.7℃，较常年（14.0℃）偏高0.7℃；年平均降水量1002.0毫米，较常年（673.5毫米）偏多48.8%。泰山山顶2021年年日照时数2250.1小时，较常年（2663.8小时）偏少413.7小时；年平均气温7.1℃，较常年（5.9℃）偏高1.2℃；年降水量1764.2毫米，较常年（1046.2毫米）偏多68.6%。

【土地资源】 根据2021年度土地变更调查成果，全市主要地类数据：耕地28.08万公顷，园地6.94万公顷，林地18.44万公顷，草地9316公顷，湿地727公顷，城镇村及工矿用地12.69万公顷，交通运输用地1.20万公顷，水域及水利设施用地5.37万公顷。

【矿产资源】 泰安市矿产资源种类较多，资源储量丰富，已发现矿产63种（含亚矿种），查明资源储量的有31种。其中，煤炭、地热能源矿产2种；铁矿、金矿等金属矿产6种；石膏、岩盐等非金属矿产21种；地下水、矿泉水等水气矿产2种。铁主要分布在东平县和岱岳区角峪一带，保有资源储量5.4亿吨。煤主要分布在新泰市、肥城市、宁阳县、东平县，保有资源储量13.1亿吨。自然硫主要分布于汶东盆地，探明资源储量折合纯硫5.0亿吨。石膏主要分布在大汶口和汶东两盆地，保有资源储量383.0亿吨。岩盐矿分布在大汶口盆地中，地跨肥城市、岱岳区两市区，面积约36.4平方千米，氯化钠平均含量86.76%，保有资源储量64.1亿吨。石灰岩除泰山区外，其余五县（市、区）均有分布。花岗石主要分布在岱岳区、新泰市、肥城市等地，品种主要有泰山红、泰山花、泰山青、吉祥绿、龙岗红等。耐火黏土主要分布在岱岳区、肥城市等地。

【水资源】 全市境内有大小河流482条，分属黄河、淮河两大流域。大汶河主流起源于济南市钢城区汶源街道台子村，自东向西流经全市，于东平县马口村入东平湖，再由东平湖入黄河，全长231千米，流域面积8944.1平方千米，是黄河下游最大支流，也是泰安市唯一的大型防洪排涝河道。泰安市境内河段长179.24千米，流域面积6457平方千米。全市有水库617座，总库容约9.17亿立方米，兴利库容约5.70亿立方米。2021年，全市水资源总量为29.91亿立方米，其中，地表水资源量23.46亿立方米，地下水资源量13.10亿立方米，地表水与地下水资源量重复计算量6.65亿立方米。

2021年泰安市人口和自然资源情况表

表1

指　标	单　位	2021年
人　口		
年末人口总数（户籍）	万人	—
人口密度（户籍）	人/平方千米	—
年末人口总数（常住）	万人	543.5
人口密度（常住）	人/平方千米	700.2
土　地		
全市土地面积	平方千米	7762.0
各类土地面积所占比重		
山　地	%	18.3
丘　陵	%	41.1
平　原	%	40.6
森　林		
森林覆盖率	%	23.9
森林面积	万公顷	18.5
水文、水利		
水资源总量	亿立方米	29.9
地表水资源量	亿立方米	23.5
地下水资源量	亿立方米	13.1
降水量	毫米	1002.0

【生物资源】 全市有野生、栽培及引种成功的高等植物1600余种及变种、亚种、变型，分属191科、775属，陆生脊椎动物4纲、300多种，浮游植物8门、99种属，浮游动物四大类、71种。农作物害虫天敌有3纲、39科、113种。粮食作物主要有小麦、玉米、红薯（即地瓜）、高粱、大豆、大麦等。经济作物主要有花生、芝麻、棉花、大麻、烟草、蔬菜等。木本植物分属71科、471种（变种）。用材树种主要有黑杨、毛白杨、刺槐、榆树（又称白榆）、泡桐等50余种。经济林树种主要有苹果、樱桃、核桃、桃、板栗、大枣、杏等30余种，其中"肥城桃""泰山板栗""新泰苹果""宁阳大枣"等被批准为国家地理标志证明商标和农业农村部农产品地理标志产品。观赏树种有40余种，主要有雪松、圆柏、银杏、槐树（又称国槐）等。以泰山命名的珍稀树木有泰山花楸、泰山柳、泰山椴、泰山盐肤木等20多种，基本上都属于濒危保护级别。古树名木1.95万株，隶属27科、45种，主要有汉柏、唐槐、六朝松等。牧草分属35科、95属、118种，以禾本科最多，菊科次之。全市天然草场年产鲜草约2.5亿千克。中药材分属110科、448种，有10余种属于道地药材，为具有全国知名度的药材，如泰山灵芝、泰山何首乌、泰山四叶参、泰山黄精、泰山紫草、汶香附、肥城栝楼、穿山龙、白花丹参、徐长卿等。泰山"四大名药"（泰山何首乌、泰山四叶参、泰山黄精、泰山紫草）被列为国家地理标志证明商标。肥城栝楼属地方名优品种。水生植物40种，分属2门、18科、

30属，集中分布于东平“三湖”，主要有藕、芡实、菱角、苇、蒲草等。畜禽品种50多个，主要有牛、马、羊、猪、鸡、鸭等，其中东平、宁阳一带的鲁西黄牛为全国四大良种牛之一，役肉兼用。小尾寒羊为稀有品种，主要产地东平县被列为全省小尾寒羊保种基地。水生动物以东平湖、稻屯洼为最多，主要有中华绒螯蟹（毛蟹）、鳖、虾、蚌等。鱼类分属8目、15科、48种，主要有鲫、鲤、鲢、草鱼等，其中泰山赤鳞鱼（又名螭霖鱼）、东平湖大青虾、东平湖鲤鱼为国家地理标志产品，“泰山金螭霖”被列为国家地理标志证明商标。野生动物有两栖动物7种、爬行动物12种、鸟类200多种。珍稀动物有属国家一级保护动物的白鹳、大鸨、梅花鹿（引进品种）等。

建置　区划

【建置沿革】　六千至四千年前，汶河两岸的氏族部落创造了繁盛的“大汶口文化”。此后，历代在此设邑、置郡、建府。周代分属齐、鲁等国。秦属济北郡、薛郡。西汉初，设博阳郡，后改泰山郡，以境内泰山取名，隶属兖州刺史部，郡治始置博县（故城在今泰山区邱家店镇旧县村），西汉元封二年（前109），移至新建之奉高县（今岱岳区范镇故县村），北魏时又移至钜平县（今岱岳区大汶口附近）。北齐改为东平郡，郡治博县。隋初废东平郡，分属济北郡、鲁郡、琅琊郡。唐宋时分属兖州、郓州（北宋末改称袭庆府、东平府）。金天会十四年（1136）设泰安军，治岱岳镇（今泰安城），泰安之名由此始；境内分属泰安军（金大定二十二年，即1182年升为州）与东平府，隶山东西路。元明设置泰安州。明代及清初，泰安州隶属济南府。清雍正二年（1724），改为泰安直隶州。清雍正十三年（1735），升泰安直隶州为泰安府，增置泰安县为附郭，降东平直隶州为散州，泰安府时辖泰安、新泰、莱芜、肥城、东阿、平阴六县及东平一州，隶山东行省。中华民国时期，1913年，北洋政府废州府行道制，泰安地区分属济南、济宁、东临三道；1925年10月，北洋政府设泰安道，治泰安城，1928年撤销。1928年5月，南京国民政府在泰安组建山东省政府，泰安为山东省临时省会，1929年5月，山东省政府由泰安迁至济南；1936年，山东省政府在省内设行政督察区，成立行政督察专员公署，辖区分属第一、第二、第十二行政督察专署；1947年，东平属第二行政督察专署，泰安、莱芜、新泰、宁阳、肥城属第十五行政督察专署，专署机关驻泰安城。

1939年，先后建立各级抗日民主政权。1939年9月，成立泰（安）莱（芜）历（城）章（丘）淄（川）博（山）新（泰）七县行政联合办事处，为临时政权机构；1940年3月31日，在莱芜县西沟崖村成立泰山区行政专员公署；后陆续改称泰山区行政督察专员公署、鲁中区第一行政督察专员公署、鲁中南第一行政督察专员公署；1949年9月，改名为鲁中南泰山区行政督察专员公署，机关驻莱芜县城。1939年10月，泰西行政委员会成立，并建立泰西区行政督察专员公署；后陆续改称鲁西第一行政督察专员公署、冀鲁豫第一专署、晋冀鲁豫边区政府第十六专署、冀鲁豫第一专署、山东省鲁中南第七行政督察专员公署；1949年7月改为鲁中南泰西区行政督察专员公署，机关驻肥城县城。1941年9月建立泰南区行政联合办事处；1943年6月改建为泰南区行政督察专员公署，隶属鲁中区行政办事处，又称鲁中第三专署；1945年10月撤销。

中华人民共和国成立后，1950年5月，泰山、泰西两区合并为泰安专区，成立山东省泰安区行政督察专员公署，机关驻泰安城，辖泰安、莱芜、新泰、泰宁、历城、泗水、肥城、长清、宁阳、东平、平阴、汶上12个县；同年12月，改称泰安区专员公署。1955年，改名为山东省泰安专员公署。1958年10月撤销泰安专署，辖县分属济南市和聊城专署。1961年7月，复置泰安专员公署，辖泰安、新汶两市，莱芜、新泰、章丘、宁阳、肥城、长清、东平、平阴8个县。1963年5月，泰安市改为泰安县。1967年7月泰安专区改称泰安地区，辖区未变。1978年11月，章丘、长清两县划归济南市，泰安地区辖泰安、新汶两市和莱芜、新泰、宁阳、肥城、东平、平阴6个县。1982年3月，泰安县复改为泰安市。1983年，泗水、汶上两县划归泰安地区，新泰、新汶两县（市）合并成立新泰市，莱芜撤县建市。1984年，全区辖泰安、莱芜、新泰3个市，宁阳、肥城、东平、平阴、泗水、汶上6个县。1985年3月，撤销泰安地区，平阴县划归济南市，泗水、汶上两县划归济宁市，原县级泰安市升格为地级市，实行市管县体制，时设泰山区、郊区（2000年4月更名岱岳区）2个区，辖肥城、宁阳、东平3个县，代省管辖莱芜、新泰2个市。1992年8月，肥城撤县设市，由泰安市代管；1992年11月，莱芜市升格为地级市。

【行政区划】 2021年，泰安市辖泰山、岱岳2个区，宁阳、东平2个县，代省管辖新泰、肥城2个市（县级）。全市有乡、镇、街道88个（乡6个、镇62个、街道20个），村（居）民委员会3756个。为方便管理，赋予泰安高新区、泰山景区、徂汶景区管辖乡镇（街道）、村（居）的职能。其中，泰山区辖2个镇、5个街道；岱岳区辖9个镇、2个街道；泰安高新区辖2个镇、1个街道；泰山景区辖1个乡、2个镇；徂汶景区辖1个乡、2个镇；新泰市辖1个乡、16个镇、3个街道；肥城市辖10个镇、4个街道；宁阳县辖1个乡、10个镇、2个街道；东平县辖2个乡、9个镇、3个街道。

人口 民族

【人口状况】 2021年年末，全市有常住人口543.49万人。常住人口中，泰山区80.49万人，岱岳区67.66万人，高新区22.62万人，泰山景区7.88万人，徂汶景区16.87万人，新泰市126.07万人，肥城市88.53万人，宁阳县65.83万人，东平县67.54万人。

【民族】 2021年年末，泰安市有汉族、回族、满族、壮族、蒙古族、朝鲜族、苗族、侗族、藏族、维吾尔族、彝族、布依族、瑶族、白族、土家族、土族、哈尼族、傣族、黎族、傈僳族、畲族、水族、纳西族、达斡尔族、仡佬族、俄罗斯族、仫佬族、撒拉族、毛南族、佤族、拉祜族、景颇族、布朗族、锡伯族、阿昌族、鄂温克族、东乡族、羌族、哈萨克族、德昂族、柯尔克孜族、赫哲族、京族、普米族、门巴族、珞巴族46个民族。汉族535.83万人，占全市总人口的98.6%；45个少数民族7.66万人，占全市总人口的1.4%。其中，回族人数为6.93万人，占全市少数民族总人口的90.47%。少数民族人口在全市呈大分散、小集中分布。全市6个县（市、区）88个乡镇（街道）中，少数民族居住较集中的有39个乡镇（街道）的130个村（居）。其中，少数民族人口占全村人口50%以上的民族村（居）51个，少数民族人口1000人以上的乡镇（街道）18个，少数民族人口1万人以上的县（市、区）有泰山区、岱岳区、新泰市、肥城市。

经济和社会发展

【概况】 2021年，全市实现生产总值2996.7亿元、增长6.1%，完成一般公共预算收入230.5亿元、增长0.6%，规模以上工业增加值增长8.3%，社会消费品零售总额增长13.6%，进出口总额增长37.2%，城镇居民、农村居民人均可支配收入分别为41741元、21769元，分别增长7.3%、10.6%。

【新旧动能转换】 落实“六稳”（稳就业、稳金融、稳外贸、稳外资、稳投资、稳预期）“六保”（保居民就业、保基本民生、保市场主体、保粮食能源安全、保产业链供应链稳定、保基层运转）政策，推动新旧动能转换。实施新型工业化强市战略，推行“链长制”，做大做强工业。强化“两高”（高耗能、高排放）项目清单化清理。实施规上制造业企业技改扩规全覆盖，在库技改项目数量增长31.7%，236个项目列入省技术创新项目计划。2个特色产业入选省特色产业集群，2个产业集群入选省“雁阵形”产业集群。瞪羚企业、国家级专精特新“小巨人”企业、省级专精特新中小企业分别新增24家、9家和63家；国家级制造业单项冠军和绿色工厂分别达到15家、19家。建成省级工业互联网示范平台5个，肥城市建成全省首个县级工业互联网创新中心，1个项目入选全国工业互联网平台创新应用案例，2家企业入选国家级工业设计中心。发展现代服务业。获评2021美丽中国首选旅游目的地，泰山景区蝉联全国欢乐指数自然景观类榜首。发展文旅新业态新项目，建设泰山文化传承创新示范区，新闻出版小镇获批全国首家图书类版权交易中心，泰山秀城·老街入选国家级夜间文化和旅游消费集聚区名单。推进康养福地建设，齐鲁医药学院健康产业学院开工。新上线“泰融易”泰山智慧产融信息服务平台。召开银企签约视频会，20家驻泰安银行与187家企业签约408.6亿元，资金到位率达90%。提升科技创新能力。开展“卡脖子”技术攻关，申报省重点研发计划（重大创新工程）项目10项。深化“科创中国”试点市建设，获批2021年全国唯一一家（全国第2家）“科创中国”创新基地。国家级高新技术企业总数达522家，高新技术产业产值占规模以上工业总产值的比重提高到57.5%。

【增强经济发展活力】 推进重点改革事项。设立“工作创新奖”，以“有解思维”破解难题。优化营商环境，实现数据共享。深化国企改革，组建四大国企集团。深化“放管服”改革，着力打通“数据壁垒”，汇集数据26.4亿条。升级开展“一业一证”

（一个行业、一张行业综合许可证）改革试点，在全省率先扩展至60个行业。抓好政务服务“好差评”全国三级联动试点。提升“双招双引”成效。举办泰山国际登山节暨投资合作洽谈会，签约项目59个，合同引资额868.5亿元。策划首届“泰山产业大集”，举办线上线下签约活动7场，签约项目138个，其中过10亿元项目41个，正威中德产业园等项目落地建设。出台“十四五”人才发展规划，落实人才“金十条”政策，兑现奖补资金6430万元，举办国际高层次人才创业大赛，推荐申报国家专项计划人选46人、入选5人，筹集和新建人才安居工程房源6200余套。加快对外开放。深化与“一带一路”沿线国家合作，打造线上一站式外商投资服务平台。实际利用外资4.07亿美元；实现货物贸易进出口总额291.1亿元，增长37.2%。“泰山贷”贸易融资模式为企业授信9.2亿元。支持企业发展跨境电商、公共海外仓等新业态。启动泰安综合保税区规划建设。泰山区获批国家级纺织服装外贸转型升级基地。

【生态保护修复】 推动黄河流域生态保护和高质量发展。落实黄河战略，市委《关于深入学习贯彻习近平总书记视察山东重要讲话精神扎实推动黄河流域生态保护和高质量发展的决定》和实施规划。储备九大类286个方面的黄河战略重点项目，总投资2362亿元。规划建设泰安高新区汶河产业园。黄河流域生态环境突出问题大排查大整治专项行动取得阶段性成果。打好污染防治攻坚战。以“三大保卫战”（蓝天、碧水、净土保卫战）为主战场，加强细颗粒物和臭氧协同控制，入选生态环境部首批“一市一策”驻点跟踪城市。完成省定化工园区有毒有害气体预警体系建设任务。实施雨污分流改造工程，7条美丽示范河湖创建通过省级验收，6个国控河流断面达到功能区要求。创建全国大宗固体废弃物综合利用示范基地。抓好两轮中央环保督察反馈问题整改。第一轮中央、省环保督察及“回头看”交办的1211件信访件销号；整改第二轮中央环保督察通报的典型案例，海子河水质稳定达到地表水Ⅳ类及以上标准。聚焦工业企业、山石矿山等十大领域，开展挥发性有机物、固废危废、“散乱污”企业、扬尘、山石矿山、污水溢流、畜禽养殖、乡村生活污水、黑加油站点、河湖“四乱”（乱占、乱采、乱堆、乱建）等“十大集中整治攻坚行动”，解决一批突出环境问题。深入实施山水林田湖草生态保护修复工程，累计投资155.1亿元，策划实施项目67个、子项目326个。制定实施《东平湖生态保护和高质量发展专项规划》《山东省东平湖保护条例》，推进东平湖生态环境综合整治，打造南水北调东线第一个无人工渔业养殖湖区。城市重要集中式饮用水源地水质达标率100%。

【提升城市生活品质】 实施城市提升工程。编制完成东部新城战略规划，建设红门广场等城市公园。实施城市品质提升三年行动，建成海绵城市107.7平方千米，形成地下综合管廊34.1千米，新建地下管网66.3千米，老旧管线非开挖清淤304千米，城区黑臭水体基本消除。推进城市精细化管理。迎接全国文明城市和国家卫生城市复审测评。推进智慧城市建设，新建5G基站3394个，建设一体化综合指挥平台，新泰市获评2021中国智慧城市百佳县市，新泰市、肥城市、宁阳县成为全省四星级新型智慧城市建设试点。推进基础设施建设。新建续建

11月9日，泰（安）楼（德）路改建工程（省道S103济枣线泰新高速立交桥至新泰泗水界段改建工程）实现全线通车

（陈阳　摄）

城区道路项目14个、50.3千米。青（岛）兰（州）高速、济（南）泰（安）高速、董（家口）梁（山）高速等8个高速公路项目建成通车，新改建高速公路344.2千米，新增通车里程236.2千米。推进泰（安）东（平）高速、济（南）微（山）高速等项目，京台高速泰安至枣庄段改扩建工程提前实现主线通车。泰安阳家泉、肥城仪阳2个通用机场建设纳入省"十四五"交通运输专项规划。泰山抽水蓄能电站二期工程开工建设。

10月1日，游客在泰山西湖泰安府步行街游玩　（司　刚　摄）

【推动乡村振兴】 突出片区打造，强化分类施策，乡村振兴全面起势。实施"1215"示范工程，重点打造10个市级示范区、20个县级示范区、100个示范村、500个示范点。投资73.7亿元新建14个市级先行区，总数达到35个。宁阳县入选首批省级农业绿色发展先行区创建主体。成立乡村振兴学院，被确定为山东乡村振兴研究院分院。壮大特色优势产业。粮食播种面积37.19万公顷、总产25.72亿千克，十大特色优势产业总产值达164.4亿元，市级以上知名农产品品牌达122个。建成国家级现代农业产业园1个、省级现代农业产业园5个。培育农产品加工企业221家，营业收入增长24.8%。肥城市、岱岳区分别被确定为国家级、省级数字乡村试点县。打造美丽宜居乡村。2787个村实现道路"三通"（村村通、户户通、巷巷通）。农村生活垃圾无害化村庄实现全覆盖。新扩建规模化供水工程32处；新建省级美丽乡村示范村25个、总数达961个。东平县入选2022年全国水系连通及水美乡村建设试点县。巩固拓展脱贫攻坚成果。健全防止返贫动态监测和帮扶机制，认定监测帮扶对象428户、1242人，其中26%消除返贫致贫风险。推进农村改革。推进农村土地"三权分置"改革，农村土地经营权流转面积达到13.4万公顷，占土地确权面积的49%，完成土地确权颁证。巩固村集体经济发展"跨五跃十"成果，宁阳县、肥城市完成省级集体资产股权质押贷款、有偿退出试点任务，发放农村集体资产股权抵押贷款867万元，全市村集体收入10万元以上的村达3282个，占比92%。

【增进群众幸福感】 民生支出339.1亿元，占一般公共预算支出的79.2%。办好民生实事。新增就业4.93万人，年末城镇登记失业率1.85%。新改扩建的32所中小学和幼儿园开工，8所完成主体建设；建成乡村教师周转房577套；高考一段线上线率高出全省10.6个百分点。中心城区城中村供水、供气公共管网实现全覆盖。泰安市入选北方地区清洁取暖试点城市，超额完成年度清洁取暖改造任务。建成社区老年幸福食堂152处、街道综合养老服务中心20处、社区养老服务中心230处。解决历史遗留问题。推进不动产领域历史遗留问题处置，新办不动产权证1.4万个。启动"金星十六排"改造回迁工程。维护社会和谐稳定。完成全国"两会"、中国共产党成立100周年、中共十九届六中全会等时期重大安保维稳任务。深化法治政府建设示范创建，颁布地方性法规9部、政府规章4部。开展城乡网格优化设置攻坚行动，常态化开展扫黑除恶斗争。生产安全事故起数下降33.9%，未发生重特大事故。实施金融风险化解攻坚行动，逾期欠息企业减至71家。加强党管武装和国防后备力量建设，投资3000万元改造提升军分区民兵训练基地。做好疫情防控工作。（白　帆）

编辑　校对　刘小笋

中国共产党泰安市委员会

重要会议

【全国文明城市创建工作表彰大会】 1月7日举行。市委书记崔洪刚出席大会并讲话，市委副书记、市长张涛主持，市委副书记曲锋宣读《关于表扬全国文明城市创建工作先进集体和先进个人的决定》，市领导唐福泉、周桂萍等出席，两位市民代表为“全国文明城市”奖牌揭牌。大会隆重表扬为成功创建全国文明城市作出贡献的先进单位、先进个人、最美人物、模范市民代表。

会议强调，要坚持不懈学习宣传贯彻习近平新时代中国特色社会主义思想，紧紧围绕中央安排部署和省委工作要求，把学习成效转化为把握新发展阶段、贯彻新发展理念、融入新发展格局的生动实践；要紧紧围绕“七个走在前列”“打造五个名地”的奋斗目标和2021年经济工作9项重点任务，提高运用理论武器分析问题、化解矛盾、攻坚克难的能力水平，以钉钉子精神推动落实落地。要凝聚新时代现代化强市建设的强大精神力量，组织开展好重大主题宣传和群众性宣传教育，为全市经济社会高质量发展积聚力量。要积极培育和践行社会主义核心价值观，切实发挥社会主义核心价值观对精神文明建设的引领作用，大力弘扬优秀传统文化，在全社会形成崇德向善、见贤思齐的浓厚氛围。要全力推进文明城市建设制度化常态化，各级各部门要持续加大工作力度，提升精神文明建设工作质效，确保创建成果经得起群众和历史的检验。要切实加强党对精神文明建设的全面领导，把党的领导落实到工作各领域各方面各环节，确保精神文明建设始终沿着正确方向前进。

【市委全面依法治市工作会议】 1月23日召开。市委书记崔洪刚出席会议并讲话，市委副书记、市长张涛主持会议，市委副书记曲锋宣读《关于通报表扬法治建设工作表现突出单位和个人的决定》，市领导唐福泉等出席。

会议传达学习中央全面依法治国工作会议和省委全面依法治省工作会议精神，向法治建设表现突出的单位和个人获奖代表颁奖。肥城市、泰山区、泰山景区、市人社局先后作发言。

会议强调，要深刻领会、准确把握，学思践悟习近平法治思想，吃透基本精神，把握核心要义，明确工作要求，贯彻落实到全面依法治市各方面和全过程，努力转化为法治建设的实际成效。要以示范创建为契机推动法治政府建设向纵深开展，积极争创国家级法治政府建设示范市。要深化改革、开拓创新，深入推进科学立法、严格执法、公正司法、全民守法。要加强领导、强化保障，筑牢法治泰安建设的坚实后盾。要始终加强党的全面领导，建设德才兼备的高素质法治工作队伍，统筹推进依法执政、依法行政。要充分发挥党委法治建设议事协调机构及办事机构作用，加强协作配合，抓好督察督办，确保全面依法治市各项任务部署全面落实。

【全市工业经济攻坚暨金融工作会议】 1月23日召开。市委书记崔洪刚讲话，市委副书记、市长张涛主持，市委副书记曲锋，市人大常委会主任唐福泉出席。会议通报全市工业经济攻坚和金融运行情况，肥城市、泰山玻纤、工行泰安分行代表分别作发言。

会议要求，要进一步唱响金融支持实体经济的主旋律，进一步提升信贷投放规模和质量，进一步创新金融支持实体经济的思路和办法，进一步优化金融生态环境，继续加大工作力度，想方设法把更多资金投向实体经济，用金融杠杆撬动产业结构转型升级，持续推进普惠金融服务保障体系建设，提高金融服务的覆盖率、可得性和满意度。要进一步加强党对经济工作的领导，领导力量要再集中，营商环境要再提升，考核激励要再强化，干部使用要再倾斜，努力形成人人关心工业、人人支持工业的浓厚氛围，坚决打好工业攻坚这场硬仗。

【市委农村工作会议】 2月8日举行。市委书记崔洪刚出席会议并讲话，市委副书记、市长张涛主持，市委副书记曲锋传达中央农村工作会议精神、省委农村工作会议和全省巩固拓展脱贫攻坚成果同乡村振兴有效衔接工作会议精神。

会议强调，2021年“三农”工作要着力抓好6项重点任务，即抓好巩固拓展脱贫攻坚成果同乡村振兴有效衔接、全力确保粮食稳产和重要农副产品保供、谋划好如何全面推进乡村振兴、扎实开展乡村建设行动、持续深化农业农村改革、加强和改进乡村治理。要加强党对“三农”工作的领导，为做好新发展阶段“三农”工作提供坚强保障。要层层压实责任，党政主要负责人要落实“第一责任人”责任，当好“一线总指挥”。要突出政策支持，尽快出台配套政策，为“三农”工作提供强有力的资金保障。要加强基层党组织建设，选优配强县乡领导班子和村“两委”成员特别是村党组织书记。要切实转变作风，进一步减轻基层负担，营造关心支持“三农”工作的良好氛围。

【全市党史学习教育动员大会】 3月2日召开。市委书记崔洪刚出席会议并讲话，市委副书记、市长张涛主持会议，市领导曲锋、唐福泉、郭德文等出席。

会议要求，要把握要求、突出重点，高质量高标准开展党史学习教育，做到学史明理、学史增信、学史崇德、学史力行，学党史、悟思想、办实事、开新局。要着力提高政治能力，坚决做到“两个维护”，从党史中学出政治忠诚、学出历史担当、学出行动自觉。要着力强化理论武装，进一步筑牢思想根基，深刻感悟马克思主义的真理力量和实践力量，深入学习把握党的创新理论最新成果，努力做到知行合一。要着力把握规律大势，强化责任担当，树立大历史观，把握发展规律，完善体制机制，更好地激励全市上下担当作为、干事创业。要着力践行初心使命，努力为群众解难题办实事，引导党员干部深刻体会党同人民群众的血肉联系，把党的群众观点和群众路线植根于灵魂深处、落实到具体行动上，让发展成果更多更好地惠及全市人民群众。要着力强化底线思维，不断提升能力水平，增强斗争精神、斗争本领，加强风险隐患排查，及时有效化解问题，完善防范化解机制，有效应对各种风险挑战。要着力发扬革命精神，激励党员干部以新时代泰山“挑山工”的坚韧和执着，在改革攻坚中打头阵、在高质量发展上当先锋、在为民服务上作表率，做到挑担不畏难、登山不畏险、坦途不歇脚、重压不歇肩，以昂扬姿态奋力开启新时代现代化强市建设新征程。

会议强调，全市各级党委（党组）要把开展党史学习教育作为一项重大政治任务，加强领导、落实责任，确保党史学习教育各项任务落到实处。要坚持领导带头、做到以上率下，坚持压实责任、形成整体合力，坚持严实标准、强化督促指导，坚持正确导向、强化舆论引导，推动党史学习教育深入开展，以良好精神风貌和优异成绩庆祝中国共产党成立100周年。

【庆祝“五一”国际劳动节暨市劳动模范和先进工作者表彰大会】 4月27日召开。大会宣读《关于表彰泰安市劳动模范和先进工作者的决定》，对获得全国、省、市荣誉的先进单位和先进个人进行颁奖。泰安市劳动模范代表宣读倡议书。

4月27日，泰安市庆祝“五一”国际劳动节暨市劳动模范和先进工作者表彰大会举行，表彰泰安市劳动模范和先进工作者等一批先进集体和先进个人

（司　刚　摄）

会议要求，要大力弘扬劳模精神、劳动精神、工匠精神，让劳动最光荣、劳动最崇高、劳动最伟大、劳动最美丽的社会风尚蔚然成风。要充分发挥工人阶级和广大劳动群众主力军作用，在广大劳动者中广泛开展党史学习教育，聚焦聚力科技自立自强，教育引导劳动者增强历史使命感和责任感，不断增强全社会的创造活力。要着力提高劳动者队伍整体素质，完善落实技术工人培养使用评价考核机制，扎实推进产业工人队伍建设改革，努力造就高素质产业工人队伍，为全市经济社会发展提供强大支撑。要更好维护劳动者合法权益，高度重视稳就业工作，着力加强维权机制建设，全力保障好生产安全，不断提升劳动者获得感、幸福感、安全感。

【全市双拥工作总结表扬暨争创新一届全国双拥模范城（县）动员大会】 4月29日召开。市委书记崔洪刚出席会议并讲话，市委副书记、市长张涛主持，市领导曲锋、唐福泉等出席。

会议宣读泰安市受国家、省命名表彰的全国全省双拥模范城(县)、双拥模范单位和个人名单，以及《关于表扬泰安市双拥工作表现突出单位和个人的通报》，为双拥工作先进集体和先进个人代表进行颁奖。全省双拥模范县代表、新泰市委书记刘钦海，全省爱国拥军先进单位代表、泰安旅游经济开发区党工委书记张书祥，驻军单位代表、71770部队部队长徐文丰依次交流发言。

会议要求，要提高政治站位，切实增强做好双拥工作的责任感、使命感。要服务强军战略，全力支持驻泰安部队建设发展，当好新时代拥军强军的“服务队”；聚力资源优势，全力保障支持驻泰安部队练兵备战；倾心服务官兵，更好维护广大退役军人合法权益；强化项目拥军，倾力支持部队各项建设。要发扬优良传统，推动军爱民、民拥军各项工作迈上新台阶，奋力开创双拥工作新局面，为全市高质量发展作出新的更大贡献。

【全市迎接国家卫生城市复审动员大会】 5月7日召开。市委书记崔洪刚主持会议并讲话，市领导张涛、曲锋、唐福泉等出席。

会议要求，要明确责任强化领导。领导干部要带好头，继续实行网格包保责任制。领导小组办公室要发挥好牵头抓总作用，统筹推进各项任务落实落地。泰山区、岱岳区和相关功能区要强化属地管理责任，各乡镇（街道）和村（社区）要强化细化网格的包保责任，明确好各自的职责任务，做到不漏项、不漏人。各相关部门单位要牢固树立全市“一盘棋”思想，履行好职责，落实好各项任务，作出应有贡献。

【全市“两优一先”表彰暨新时代泰山“挑山工”表扬大会】 6月28日召开。市委书记崔洪刚出席会议并讲话，市委副书记、市长张涛主持会议，市领导曲锋、唐福泉、郭德文等出席。会议宣读市委《关于表彰“两优一先”暨表扬新时代泰山“挑山工”先进集体和先进个人的决定》，为“光荣在党50年”纪念章获得者代表颁发纪念章，为10面红旗、20名标兵和“两优一先”代表颁奖。受到表扬的先进单位和先进个人代表作发言。

会议要求，全市各级党组织和广大党员干部要以先进为榜样，以典型为标杆，以勇做新时代泰山“挑山工”的实际行动，在奋进新时代、建设新泰安中再立新功。勇做新时代泰山“挑山工”，必须牢记“对党忠诚是共产党人首要的政治品质”，始终与真理同行，一颗红心永向党；必须牢记“让人民生活幸福是‘国之大者’”，始终与人民同行，一心为民谋福祉；必须牢记“发展是第一要务”，始终与时代同行，一往无前立潮头；必须牢记“打铁必须自身硬”，始终与使命同行，一以贯之强党建。埋头苦干、勇挑重担，永不懈怠、一往无前，勇做新时代泰山“挑山工”，奋力谱写泰安经济社会高质量发展的崭新篇章，为实现第二个百年奋斗目标贡献泰安力量。

【中共泰安市委十一届十三次全体会议】 7月31日举行。市委委员38人，候补市委委员4人出席会议，市纪委常委、市监委委员及有关方面负责人、市第十一次党代会代表中的部分基层代表列席会议。全会由市委常委会主持。市委书记崔洪刚作讲话。

全会以习近平新时代中国特色社会主义思想为指导，深入学习贯彻习近平总书记在庆祝中国共产党成立100周年大会上的重要讲话精神，认真贯彻落实省委十一届十三次全会精神，听取和讨论崔洪刚受市委常委会委托作的工作报告，审议通过《中共泰安市委关于深入学习宣传贯彻习近平总书记在庆祝中国共产党成立100周年大会上的重要讲话精神的决定》《中共泰安市委关于进一步加强新时代干部队伍政治能力建设的实施意见》。因刘玉、赵斌、赵书刚、殷锡瑞工作变动，已调离泰安，全会决定批准其辞去十一届市委委员职务。全会按照《中国共产党章程》《中国共产党地方委员会工作条例》规定，决定递补十一届市委候补委员张庆峰、韩书林、程和方、戴冰为十一届市委委员。

全会强调，要围绕学习贯彻习近平总书记在庆祝中国共产党成立100周年大会上的重要讲话精神抓落实，结合党史学习教育和当前工作，全面对标对表习近平总书记重要指示批示精神，梳理贯彻落实情况，查找问题不足，明确下一步重点和方向。切实为群众办实事解难题，站稳人民立场，贯彻党的群众路线。联系实际学以致用，找准工作着力点、立足点、契合点，创造性地干好工作。要聚焦高质量发展抓落实，紧盯年初目标和“六稳”“六保”任务，紧紧扭住发展这个第一要务。抓发展必须对经济运行情况做到心中有数，坚定信心、保持定力，坚持问题导向，以扎实的工作确保经济持续健康发展和社会大局稳定。抓发展必须在建成“五个名地”（产业高地、生态绿地、文旅胜地、康养福地、科创名地）上持续用力，深入细化“五个名地”，制定好发展规划，突出抓好项目和龙头企业带动。抓发展必须发挥投资的关键作用，抓招商引资扩增量，抓技改投资优存量，抓基础设施投资做大总量。抓发展必须解决好企业困难，高度重视原材料成本过高的问题，解决好企业降低生产成本的问题，解决好融资难融资贵的问题。要聚焦干部队伍能力建设抓落实，通过学习增强能力，继续发扬我们党善于学习的优良传统，主动加快知识更新、优化知识结构。要发扬斗争精神增强能力，认真践行习近平总书记“做新时代泰山‘挑山工’”的号召，敢于直面问题，勇于自我革命，在斗争中提境界、经风雨、长才干、促发展。要抓好换届进一步增强能力，把严肃换届纪律牢牢抓在手上，从严从实抓好换届各项工作。

【全市扫黑除恶专项斗争总结大会】 8月2日召开。会议采取视频形式召开，各县（市、区）、泰安高新区、泰山景区设分会场。市委书记崔洪刚出席会议并讲话，市委副书记、市长张涛主持。市领导李灿玉、于瑞波、常绪扩、刘泮英等出席。会议宣读《关于表扬全市扫黑除恶专项斗争先进集体和先进个人的决定》，对受奖励代表进行颁奖，3名先进集体、先进个人代表作发言。

会议要求，要按照全国、全省扫黑除恶专项斗争总结表彰大会统一部署和要求，常态化开展好扫黑除恶斗争，为泰安高质量发展营造更加安全稳定的社会环境。要坚持关口前移，在严打深挖上持续发力，激发群众热情，加强分析研判，坚决打早打小，推进深挖彻查，深入打财断血，打好扫黑除恶人民战争。要坚持源头治理，推进重点行业整治，夯实基层基础，坚持和发展新时代“枫桥经验”，全面铲除黑恶滋生土壤。要坚持问题导向，广开言路，维护群众利益，办好为民实事，继续攻克不动产等领域遗留问题。要加强组织领导，严格落实责任，巩固政法队伍教育整顿成果，凝聚各方合力，严格考核奖惩，营造良好氛围，确保常态化开展扫黑除恶各项任务落实落地。

【全市新冠肺炎疫情防控工作会议】 8月4日召开。市委书记崔洪刚出席会议并讲话，市委副书记、市长张涛主持，省驻泰安市疫情防控督导组组长李永森，市领导曲锋、李灿玉、宋洪银、成丽、刘洪海、隋阳、常绪扩、刘泮英等出席。

会议要求，要抓住关键环节精准防控，坚决守住守牢疫情不反弹的底线，严格按照有关文件要求，坚持联防联控、群防群控，坚决守住疫情防控底线。要严防疫情输入风险，加强对疫情重点地区到泰安人员的摸排管控，强化入境返泰安人员闭环管理，抓实进口冷链食品和非冷链货物疫情防控。要强化重点场所管控，全面落实健康码和接种记录“双查验”。要加强监测预警和应急准备，切实做到重点人群“应检尽检”，全面加强应急处置，进一步完善排查机制，做到第一时间发现、第一时间追踪随访，确保一旦出现情况，能立即启动应急处置机制，第一时间开展相关工作。要强化宣传教育引导，广泛宣传疫情形势和防控知识，教育引导群众积极支持和参与疫情防控，严格遵守疫情防控有关规定。

【全市2021年教师节庆祝大会】 9月9日召开。会议采取视频会议的形式召开，各县（市、区）、功能区设分会场。市委书记杨洪涛出席会议并讲话，市委副书记、市长张涛主持，市领导曲锋、唐福泉、郭德文、李灿玉、刘泮英等出席会议。

会议宣读《关于对县级人民政府2020年度履行教育职责评价结果的通报》《关于公布“2020年度泰安最美教师”和泰安市教书育人楷模评选结果的通知》《关于泰安市优秀教师（班主任、教育工作者、教书育人先进单位）选树结果的通报》；为市教书育人先进单位、市最美教师和教书育人楷模、优秀教师获奖代表颁奖；优秀校长、教师代表发言。

会议要求，要提高政治站位，全面贯彻党的教育方针政策，坚持和完善党管教育的领导机制、坚持社会主义办学方向、下大气力抓好学校党建，从全局和政治的高度来思考和把握教育工作。要聚焦群众期盼，加快推动教育优质均衡共享，优化教育资源布局、加快乡村教育振兴、落实立德树人任务、支持驻泰安高校发展，扩大优质教育资源的覆盖面。要严格落实分级办学，尽快理顺城区教育管理体制，破解主城区教育资源不均衡问题。要加快实施乡村教育振兴计划，向资金投入、队伍建设、设施配备等方面倾斜扶持，缩小城乡、校际办学差距。要坚持德能并重，加强专业化创新型教师队伍建设，坚定立德树人的初心使命、提升教书育人的看家本领、提高教师队伍的管理水平。要凝聚各方合力，进一步优化教育改革发展环境，加强组织领导、深化改革创新、强化工作落实、营造浓厚氛围，奋力开创泰安教育现代化的新局面，推动全市实现高质量发展。

【全市优化营商环境工作推进会议】 9月10日召开。会议以视频形式召开，各县（市、区）、功能区设分会场。市委书记杨洪涛出席会议并讲话，市委副书记、市长张涛主持，市委副书记、东平县委书记曲锋出席会议。

会议要求，要坚持问题导向，以刀刃向内的勇气发起一场营商环境的“自我革命”。要聚焦问题，精准补短板，举一反三，对标省内最优，一项一项地建立工作清单，明确目标任务、工作标准、时限要求，落实到具体单位和责任人，即知即改，系统整改。要统筹优化政务服务全周期、各环节，通过一个或几个具体问题解决一类问题。要把功夫下在平常，着眼于真正改进工作，将各项举措贯穿工作的全过程、落实到日常工作各方面。要突出重点，集中抓关键，深化“放管服”改革，削手中的权、去部门的利、割自己的肉。要大力推进“一网通办”，加快高频政务服务事项办理效率，能手机办理的要“应上尽上”，能省去的环节要“应减尽减”，最大限度方便群众“马上办”“就近办”。要拿出真金白银的扶持政策，“一企一策”帮扶困难企业。要对标先进，加快上水平，善于总结提炼，培育泰安的工作品牌。

【全市突出生态环境问题整改工作推进会议】 9月17日召开。市委书记杨洪涛主持会议并讲话，市委副书记、市长张涛讲话，市领导曲锋、李灿玉、宋洪银、赵德健、张颖出席。

会议通报第二轮中央环保督察典型案例整改进展和环保督察有关工作情况。会议认为，要深刻吸取教训，坚决摒弃绿色发展理念树得不牢、以人民为中心的思想树得不牢、作风不严不实等问题，真正从思想上看透想通，深刻反思、全面检视自身存在的问题，牢固树立新发展理念，以更高的标准、更严的要求、更有力的举措做好生态环境保护工作。

【全市基层党建工作会议】 11月15日召开。市委书记杨洪涛出席会议并讲话，市委副书记曲锋主持会议，市委常委、组织部部长刘泮英传达全省基层党建工作座谈会精神。

会议要求，要强化基层组织政治功能，进一步夯实党在基层的执政基础；要狠抓软弱涣散整顿，进一步提升基层组织战斗力；要深化城市党建示范市建设，进一步提升基层治理效能；要扩大两新组织有效覆盖，进一步提升经济发展活力；要加强组织领导、责任落实，进一步提升基层党建合力，为推进新时代现代化强市建设提供坚强的组织保证。

【中共泰安市委十一届十四次全体会议】 12月16日举行。市委委员35人出席会议；市纪委常委、市监委委员及有关方面负责人，市第十一次党代会代表中的部分基层代表列席会议。全会由市委常委会主持。

全会以习近平新时代中国特色社会主义思想为指导，深入学习贯彻中共十九届六中全会精神，深入学习贯彻习近平总书记在深入推动黄河流域生态保护和高质量发展座谈会上的重要讲话精神和视察山东重要指示要求，全面落实省委十一届十四次全会精神，听取和讨论杨洪涛受市委常委会委托作的工作报告，审议通过《中共泰安市委关于深入学习贯彻党的十九届六中全会精神的决定》《中共泰安市委关于深入学习贯彻习近平总书记视察山东重要讲话精神扎实推动黄河流域生态保护和高质量发展的决定》《关于召开中国共产党泰安市第十二次代表大会的决议》。

全会提出，学习贯彻中共十九届六中全会精神是当前和其后一个时期的重大政治任务，全市各级党组织和广大党员干部要采取多种形式，不断把学习贯彻引向深入。要强化理论武装，自觉用习近平新时代中国特色社会主义思想指导改造主观世界，争做习近平新时代中国特色社会主义思想的坚定信仰者和忠实实践者。要始终把“两个确立”作为最深刻的政治领悟、政治信念，把“两个维护”作为最高政治原则和根本政治规矩，坚决维护习近平总书记党中央的核心、全党的核心地位，坚决维护党中央权威和集中统一领导。

全会强调，要坚决贯彻落实习近平总书记重要指示要求和党中央决策部署，推进泰安经济社会高质量发展。要坚持内循环与外循环相互促进、供给侧与需求侧协同发力、城乡统筹联动，着力推进科技教育创新、产业发展创新、文化传承创新、社会治理创新、安全环保创新、民生保障创新、体制机制创新，打造黄河流域生态保护先行区，加快提高人民群众收入，增强全面从严治党的政治自觉，坚持和加强党的全面领导，继续推进新时代党的建设新的伟大工程。要全面落实习近平总书记在深入推动黄河流域生态保护和高质量发展座谈会上的重要讲话精神，凝聚思想共识，强化使命担当，扎实推动黄河流域生态保护和高质量发展。

全会指出，推动中共十九届六中全会精神和习近平总书记重要指示要求落实落地，贯彻好省委的决策部署，必须登高望远明确发展思路，坚持以党的建设为统领，以推动高质量发展为主题，突出“新型工业化、黄河战略、文旅融合、城市提升、乡村振兴、共同富裕”6项重点任务，用好“改革创新、扩大开放、优化环境、考核奖惩”4项举措，守好“安全生产、生态环保、疫情防控、风险防范、社会稳定”5条底线，推动泰安各项工作“位次前移、争创一流”，奋力开创新时代现代化强市建设新局面，努力在“三个走在前”中展现泰安担当。

全会决定，中国共产党泰安市第十二次代表大会定于2022年2月在泰安召开。全会认为，市第十二次党代会是泰安市在新时代现代化强市建设关键时期召开的一次十分重要的会议，是全市政治生活中的一件大事。各级党组织和全体共产党员要团结带领全市人民，不忘初心、牢记使命，锐意改革、开拓进取，为实现“十四五”目标任务、开创新时代现代化强市建设新局面而努力奋斗，以优异成绩迎接中国共产党第二十次全国代表大会召开。

（刘淑文）

全面深化改革

【概况】 年初确定的126项改革任务取得扎实成效，一批有力度、有影响的改革举措落地生根。开展以“改革惠民生，实事暖民心”为主题的“微改革·微创新”，相关做法以《改革参阅件》形式在全省推广。全市共有走在全国前列的改革创新经验51项，其中，《“互联网+医保+医疗+医药”三医联动的泰安模式》《泰安市建设乡村振兴学院，打造抓党建促乡村振兴“五位一体”（党建引领、人才培育、成果转化、产业项目、政策研究）综合平台》《新泰市多元化养老方式》3篇案例被省委改革办推荐至中央改革办；《山水林田湖草生态保护修复“泰山样板”》被评为“中国改革2021年度地方全面深化改革典型案例”。相继开展“活力泰安·改革进行时”“一把手谈改革”“泰安改革创新巡礼”“泰安改革案例展播”“泰安改革答卷”等系列活动，营造改革浓厚氛围。

【经济体制和生态文明体制改革】 落实“六稳”“六保”政策，全力推动新旧动能转换加速突破。梳理数据资源目录3万余条，汇集数据21.1亿条，着力打通“数据壁垒”。进一步理顺国资监管体制、优化国有资本布局，对现有产业相近、业务相关的市属国企进行重组整合，组建城乡建设、产业投资、交通发展、文旅康养4大国资平台。牵头起草《企业开办工作指引》《“一业一证”行业综合许可工作指引》省级地方标准。推进政务服务“好差评”全国三级联动试点。建成省级工业互联网示范平台5个，建成全省首个县级工业互联网创新中心，“石横特钢焦化智能配煤系统创新应用”入选全国工业互联网平台创新应用案例。泰安路德工程材料有限公司、普瑞特机械制造股份有限公司两家企业入选第五批国家级工业设计中心。获批全国第二家、全省首家“科创中国”创新基地。高标准编制《泰安市黄河流域生态保护和高质量发展实施规划》，持续深入实施山水林田湖草生态保护修复工程，规划建设泰安高新区汶河产业园，推动“大汶河、东平湖生态保护修复”“泰山世界著名文化遗产”“大汶口遗址”等6大事项纳入国家规划纲要。

【民主法制领域改革】 实行政协委员全员入委制度，将全部委员按界别编入9个专委会，提升委员履职频次和质量，相关做法得到全国政协领导人批示肯定。构建教导式执法、柔性执法、阳光执法等5大执法“新生态”，相关经验做法在《全面依法治国工作简报》刊发。

【文化和旅游体制改革】 加快发展文旅新业态新项目，建设泰山文化传承创新示范区，至年底，泰山石敢当文化园项目完成70%的工程量，泰山秀城·老街入选全国首批夜间文旅消费集聚区。举办第30届全国图书交易博览会、全国首届文化出版领域文创产品博览会。泰山新闻出版小镇获评全国版权示范园区。

【社会体制改革】 创新常态化“听案”（旁听庭审）制度，全市一审服判息诉率提高2.45个百分点。推行公证参与司法辅助事务工作，实现法院结案快、压案少和公证机构业务增加、效益提升“双赢”。涉案财物集中统一管理入围全国第六届“法治政府奖”初评。创新投资机制，建成社区老年“幸福食堂”152处，惠及老年人5万余名。在全省率先探索推出深埋还耕、深埋造林、树葬公益林等节地生态安葬新模式，得到民政部主要领导批示肯定。

【党的建设制度改革】 健全完善市委落实全面从严治党主体责任“一二三四”（一套体系夯基础，即“1+5”工作体系；两个维度强支撑，即在横向上加强协调联动、在纵向上强化压力传导；三个层面聚合力，即领导小组高层谋划、主体责任办公室统筹推动、联席会议具体运作；四项重点提效能，即组织检查考核、开展述职评议、抓好巡视服务、推动党务公开）工作模式，深化实施“五责闭环工作法”（创新体制“明责”、分解任务“定责”、定期报告“述责”、严格标准“考责”、高举利剑“问责”），研究探索政治生态分析评估机制，严格执行《党委（党组）落实全面从严治党主体责任规定》，制定落实责任清单，严格履行主体责任、第一责任人职责和“一岗双责”。建设泰安城市党建学院，深化“红色物业·宜居泰安”暖心工程，推行红色物业红色网格一体运行。实施党支部层级跨越行动，建成全国首家党支部工作指导中心。

【纪律检查体制改革】 围绕破解基层监督难题，主动争取省纪委改革试点，筛选21个重点村（社区）开展提级监督，相关经验在《中国纪检监察报》刊发并在全省推广。深化廉洁泰安建设，因地制宜把廉洁文化建设统筹融入“三不”（不敢腐、不能腐、不想腐）一体推进工作格局，培树“岱下清风”品牌，以廉洁文化推动政治生态建设。

（刘自永）

综合协调服务

【概况】 2021年，市委办公室紧扣市委中心大局，以开展党史学习教育为契机，以抓好市委巡察反馈意见整改落实为重点，深入学习贯彻中共十九届六中全会精神，认真履行“三服务”（服务发展、服务决策、服务落实）职能，在更高水平服务决策、更高效率协调运转、更高效能推动落实上持续用力，高质量完成各项工作任务。

【会务服务】 周密细致、严谨高效地服务保障全省重点项目集中开工、泰山产业大集、市“两会”、市委全会以及市委常委会会议、市委专题会议等重要会议活动276次；组织服务中央和省领导到泰安检查调研35次，组织服务市委主要领导调研活动143次。起草印发并从严落实《关于进一步严肃会风会纪加强作风建设的通知》，会风会纪问题整治取得较好成效。全力做好精减会议工作，2021年累计召开会议205次，较上年压减38.25%。

【公文处理】 突出“筛选、拟办、阅办”3个环节抓好来文办理，共办理领导批示件及拟办意见件580余件，传阅办理中央、省委文件630余件；办理市机关综合办公系统文件通知等420余件次。依托“业务信息和电子文件交换系统”，接收、上报相关文件360余件，网上流转办理文件1350余件。做好文件管理工作，接收办理传递各类文件5.3万余份，清退2020年度密级文件2.3万余份，清退率100%。全年共审核制发市委文件321件。做好规范性文件备案审查、重大事项报告工作，全年共向省委报备规范性文件26件，实现县级党委规范性文件备案全覆盖。制定《关于深入解决形式主义问题做好2021年为基层减负工作的工作方案》，查摆梳理6个方面23个问题表现，持续深入地解决形式主义问题。严把文件制发关口，2021年全市发文821件（纳入省统计口径，下同），发文数量比上年下降36%。

【信息值守】 组织召开全市党委信息工作培训暨交流推进会，制定印发《泰安市党委信息工作规则（试行）》《泰安市党委信息报送工作质量系数统计办法（试行）》等文件，争取成立中央办公厅信息直报点，4条信息被单条采用、9条信息被综合采用；向省委办公厅上报信息1360篇，被省委综合采用93条、单篇采用41条，15条信息获省委主要领导批示，2021年度信息质量系数排名列第8位，肥城市委、宁阳县委被省委办公厅评为信息工作表现突出集体。组织大调研和“1+N”（1个部门为主，多个部门参与；1次深入基层，形成多项调研成果）微调研活动，形成调研报告20余篇，全部得到市委主要领导批示；编发《泰安信息》《领导参阅》101期、400余条，市级领导批示26篇39人次。高效做好值班值守工作，形成节假日期间有关情况汇总报告12期，编发《市领导今日工作安排》《请假报备报告单》500余期、《疫情防控快报》365期，处理紧急突发信息20余件，办理来电2000余件，来文、来函200余件，合理安排市领导及办公室人员参加值班，切实保证值班工作不误事、不漏事、不失事。

3月22日，市委办公室机关第一党支部开展主题党日活动。市委书记崔洪刚（二排右三），市委常委、秘书长李灿玉（二排右二）以普通党员的身份参加活动（司刚　摄）

【督查落实】 重点围绕全省2021年工作动员大会、市委经济工作会议和市委常委会2021年工作要点等重点任务，定期督导调度。针对关注度较高的农村饮水安全、泰安城区水环境治理等重点督查任务，创新实行“面对面+点对点”的反馈办法，有效促进重点工作的落实。对“金星社区十六排”拆迁进展情况等民生工程开展实地督查，推进数据共享，大力整治形式主义问题，积极抓好村（社区）牌子多问题集中整治，督促抓好整改，其中泰安城区污水直排有关问题的调研报告得到市委主要领导肯定性批示。创新“1+3”（“1”是建立市委市政府督查工作协调小组，加强对市委市政府督查检查和专项督查工作的统筹协调；“3”是配套建立3个方面的机制流程，即《关于建立督查协调联动机制推动重点工作落实的规程（试行）》《关于进一步加强督查检查考核管理的若干具体措施》和市委、市政府督查工作相关运转流程）协调联动督查机制，完成省委、市委领导批示及交办重要事项143件，制发《泰安督查》46期，推动上级决策部署和市委重点工作落地见效。严把督查检查考核关，市级督查检查考核事项压减至21项，市直部门（单位）、议事协调机构业务性督查检查考核事项压减至31项。

【从严治党责任落实】 提请市委召开落实全面从严治党主体责任专项小组会议5次，专题研究主体责任相关工作；创新性建立落实全面从严治党主体责任“一二三四”（一套体系夯基础，两个维度强支撑，三个层面聚合力，四项重点提效能）工作模式和联席会议制度，相关经验做法连续两年在中央办公厅《秘书工作》杂志刊发。研究制定市委2021年度落实全面从严治党主体责任年度任务安排，组织开展全市落实全面从严治党责任检查考核、党委（党组）书记履行全面从严治党责任述职评议、市委常委和有关党组书记履行全面从严治党责任述职及有关党组（单位）工作情况汇报，深入各县（市、区）、功能区开展督导调研，推动主体责任各项工作落实落地。牵头做好2021年度省对市落实全面从严治党主体责任检查考核工作。围绕建立政治生态分析评估机制，组织开展政治生态专题调研，研究制定《泰安市政治生态分析评估办法（试行）》和“5+X+1”（“5”为加强党的建设5个方面情况；“X”为落实“有解思维”、担当作为、干事创业情况，根据全市年度重点工作、重点任务和市委重要安排进行动态调整；“1”为综合评议情况）指标体系，为促进全市建立风清气正的政治生态提供有力保障。制定印发《泰安市推进党务公开工作实施方案》《中共泰安市委党务公开目录》，加强对各级各部门的督促指导，扎实推进党务公开工作。

【档案工作】 依托政务服务平台，优化档案政务服务事项办理流程，推动实现档案政务服务“一网通

12月11日，市委书记杨洪涛（前排右二）督导全国文明城市创建及安全生产工作　（司　刚　摄）

办”“一链办理”，方便企业和群众办事。强化档案执法监督，全年累计录入互联网＋监管系统执法检查44次，稳步推进业务建设评价，向省推荐报送单位34家。做好黄河流域生态保护和高质量发展、疫情防控、深化改革等重点任务档案服务工作，移交档案100余万卷（件），接收疫情防控和脱贫攻坚档案归集目录数据文书类6500余条、照片300余条，档案实体1234件，并对破损严重的珍贵特藏资料约4500页开展抢救性修复。加大形成期满25年档案开放力度，全年共鉴定4.1万余卷15.6万余件现行档案，开放档案4.4万余件，被作为全省典型经验进行推广，连续4年被省档案馆评为“全省档案宣传工作先进集体”。部署开展国家档案局2021年度国家重点档案保护与开发工程项目申报工作，泰安市《电子公文单套制归档管理技术研究》列入2021年度国家档案局科技项目计划，成为2021年全省唯一被国家档案局批准立项的市级综合档案馆。

【服务保障】　巡察整改工作。成立市委办公室整改落实工作领导小组，起草印发《关于市委巡察组巡察反馈意见整改落实方案》《关于市委意识形态工作责任制专项检查反馈问题的整改方案》，梳理确定6个方面48项整改任务，及时将巡察整改情况在党内公开，在社会公开通报。按要求做好选人用人专项检查整改工作。注重举一反三，把当下改和长久立结合起来，先后制定相关工作制度3个，做到解决一个问题、完善一套制度、堵塞一批漏洞。坚持和落实民主集中制，严格落实领导班子议事规则和决策程序，召开室务会37次，对“三重一大”等事项认真研究、集体决策。做好接待服务、老干部和后勤保障工作。完成副部级以上领导到泰安视察调研接待服务60余批次、重要接待任务280余批次。组织开展党史学习、视察观摩、送学习资料上门等系列活动。开展大走访活动，坚持定期走访慰问，及时为老干部提供保健查体、就医住院、疗养、疫苗接种、健康义诊、节日走访慰问等服务600余次。不断提升后勤保障效率，会同市大数据中心依托机关综合办公系统，研发公车申请网上签批流转程序，实现公车派用网上签批流转。干部队伍建设。做好市档案馆、市接待事务中心、市专用通信局等下属事业单位改革试点工作，完成“三定”（定部门职责、定内设机构、定人员编制）规定、章程和人员转隶工作。做好科级干部调整后续工作和档案馆科级干部调整工作，对涉及职务调整的33人进行备案。做好7名厅级县级干部职级晋升、试用期满考核等有关服务，以及年轻干部到乡镇基层任职相关工作。积极对接争取，安排4人到市委党校参加培训，组织办公室县级干部积极参加山东干部网络学院组织的专题培训班。积极与有关部门单位对接，先后推荐11人获得相关奖励及荣誉，充分激发干事创业动力。机关党建工作。顺利完成机关党委和机关支部换届选举工作，积极开展党支部评星定级，10个党支部被评定为四星级党支部，2个党支部被推荐为五星级党支部。规范党员发展工作，新发展党员7人，转正9人。组织党群口党建协调组内20家单位开展“我来当书记”初选活动，组织领导班子成员和科室负责人层层签订《落实全面从严治党主体责任责任书》，组织廉政讲堂2次，观看警示教育片2次，开展廉政主题党日活动3次。做好保密、国家安全、机要密码、党政专用通信、电子政务内网等工作。　（刘淑文）

组织工作

【党组织】　全市有基层党组织16630个。其中，党委1061个，总支部1073个，党支部14496个。全市有各级党组325个，地方党委派出工委64个。全市企业中共有党组织4927个，事业单位中共有党组织3923个，机关中共有党组织2303个，建制村中共有党组织3719个。

【党员队伍】 至年底，全市有党员395598名，比上年增加13154名。党员总数中，预备党员18698名，占4.73%；女党员86654名，占21.9%；少数民族党员3624名，占0.92%。从党员的入党时间看，1937年7月7日至1945年9月2日入党的48名，占0.01%；1945年9月3日至1949年9月入党的416名，占0.11%；1949年10月至1966年4月入党的16027名，占4.05%；1966年5月至1976年10月入党的46743名，占11.82%；1976年11月至2002年10月入党的170082名，占42.99%；2002年11月至2012年10月入党的88462名，占22.36%；2012年11月及以后入党的73820名，占18.66%。从党员的年龄看，35岁及以下的61367名，占15.51%；36岁至45岁的65571名，占16.58%；46岁至60岁的128592名，占32.51%；61岁及以上的140068名，占35.41%。从党员的学历看，研究生8959名，占2.26%；大学本科80066名，占20.24%；大学专科71478名，占18.07%；中专39907名，占10.09%；高中、中技84086名，占21.26%；初中及以下111102名，占28.08%。从党员的职业看，在岗职工139371名，占35.23%（其中，公有制单位113446名，非公有制单位24359名）；农牧渔民134602名，占34.02%；学生9662名，占2.44%；离退休人员96155名，占24.31%；其他15808名，占4%。全市发展新党员18412名。新党员中，女党员8394名，占45.59%；少数民族党员170名，占0.92%。从新党员的年龄看，35岁及以下的13218名，占71.79%；36岁至60岁的5152名，占27.98%；61岁及以上的42名，占0.23%。从新党员的学历看，研究生284名，占1.54%；大学本科4583名，占24.89%；大学专科3455名，占18.76%；中专1307名，占7.1%；高中、中技7813名，占42.43%；初中及以下970名，占5.27%。从新党员的职业看，在岗职工7285名，占39.57%（其中，公有制单位5204名，非公有制单位1927名）；农牧渔民3475名，占18.87%；学生7425名，占40.33%；离退休人员5名，占0.03%；其他222名，占1.21%。新发展党员中，在生产、工作第一线的10951名，占59.48%（其中，企业生产第一线4337名，农村生产第一线3475名，教学、科研第一线865名，机关第一线409名）；企事业、社会组织专业技术人员996名，占5.41%；乡（镇）、建制村4998名，占27.15%；共青团员7975名，占43.31%。

【开展党史学习教育】 把党史学习教育与深学笃行习近平新时代中国特色社会主义思想贯通起来，与学习贯彻中共十九届六中全会精神、习近平总书记在庆祝中国共产党成立100周年大会上的重要讲话精神和对山东工作的重要指示要求结合起来，举办市委理论中心组读书班、学习班等11期，开展市委理论中心组学习研讨17次，市领导带头到基层联系点和驻泰安高校讲党课80余次、受众1.2万余人。充分用好红色教育资源，打造党史教育基地20个、现场体悟点25个和红色体悟路线7条，制作“百部精品党课”、《日出泰山红东方》等作品，开展“讲故事、学党史”基层宣讲，组织“学光辉党史·挑时代重担”主题党日活动，以严肃认真的态度召开专题组织生活会。开展“我为群众办实事”实践活动，市级层面确定重点民生项目394项并全部完成既定目标。

【庆祝建党100周年】 开展万名新发展党员入党宣誓、走访慰问、颁发“光荣在党50年”纪念章、“永远跟党走”主题宣传教育、“红动

11月29日，中共十九届六中全会精神专题学习班开班仪式举行（司 刚 摄）

根据中央、省委、市委“永远跟党走”群众性主题宣传教育活动安排，6月26日，泰安市新发展党员代表入党宣誓活动举行，市委常委、组织部部长刘泮英（前排左一）领誓并讲话 （刘 超 供）

齐鲁·我心向党”红色故事讲解大赛、大型舞剧《挑山》展演等系列活动。“七一”期间市委召开大会，隆重表彰表扬市“两优一先”（优秀党员、党务工作者，先进基层党组织）和新时代泰山“挑山工”先进集体、先进个人。泰安市22个基层党组织和32名党员被表彰为省级以上“两优一先”。

【干部队伍建设】 坚持新时期好干部标准，持续锻造具备领导现代化强市建设能力的干部队伍。严格选拔任用，贯彻新时期好干部标准，扎实抓好县乡领导班子换届，严格程序，严密组织，严肃纪律，着力选好干部、配强班子、树好导向。积极稳妥完成82个事业单位领导班子和领导干部调整配备，推进市属国有企业领导人员遴选工作。深化教育培训，推进干部专业化能力提升工程，办好县级班、中青班等主体班次和160余期专题培训班。实施优秀年轻干部“一线墩苗”计划，选派178名干部到基层一线实践锻炼。推进县乡党校建设，高质量完成市级党委党校办学质量评估试点工作。从严管理监督，制定加强党政正职日常监督24条措施，“一对一”约谈干部180余人次。结合市委巡察对9个市直部门进行选人用人专项检查，查核领导干部个人有关事项470余人。突出政治巡察，完成市委第九轮、第十轮巡察任务，持续强化派驻监督，2021年运用“四种形态”（经常开展批评和自我批评、约谈函询，让“红红脸、出出汗”成为常态；党纪轻处分、组织调整成为违纪处理的大多数；党纪重处分、重大职务调整的成为少数；严重违纪涉嫌违法立案审查的成为极少数）批评教育帮助和处理5445人次。强化考核激励，改进高质量发展综合考核办法，开发绩效管理网络平台，完善“好差评”机制，加强平时考核，推进督考合一，强化结果运用，对上年度考核落后单位进行约谈。巩固公务员职务与职级并行制度实施成果，推进公务员分类改革，新招录公务员312名、选调生114名。设立“泰安工作创新奖”，引导干部以创新思维推进工作、以有解思维破解难题。落实“三个区分开来”（把干部在推进改革中因缺乏经验、先行先试出现的失误和错误，同明知故犯的违纪违法行为区分开来；把上级尚无明确限制的探索性试验中的失误和错误，同上级明令禁止后依然我行我素的违纪违法行为区分开来；把为推动发展的无意过失，同为谋取私利的违纪违法行为区分开来）要求，为35名干部容错纠错、为27名干部澄清正名。

【基层党建】 坚持大抓基层鲜明导向，持续推动各领域基层党建全面进步全面过硬。市委书记杨洪涛召开全市基层党建工作会议和全市抓党建促乡村振兴工作推进会议，高位推动抓党建促重大任务落实。深化抓党建促乡村振兴，高质量完成村（社区）“两委”换届，“一肩挑”比例分别达到98.1%、98.5%，村级班子年龄、学历结构得到全面优化。开展“百日攻坚开新篇”行动，分级分批对新一届“两委”成员轮训一遍。印发《关于深入推进抓党建促乡村振兴的实施方案》，建好用好泰安乡村振兴学院，持续发展壮大村集体经济，全市成立村党组织领办合作社2654个，村集体经济收入10万元以上的村达到90%以上。强化党建引领城市基层治理，召开全市城市基层党建工作联席会、全域提升攻坚现场观摩推进会，推进城市基层党建示范市建设。建设泰安城市党建学院。深化“红色物业·宜居泰安”暖心工程，成立社区领办物业公司107家，推行红色物业红色网格一体运行，以红色物业“小支点”撬动社会治理

“大格局”。开展行业党建集中攻坚行动，成立婚庆、殡葬、物流等市级行业党委，破题推进行业党建工作。统筹推进各领域党建工作，修订机关党建基本规范，开展“奋进十四五、机关走前列”主题活动，评选推出市直机关十大示范党建品牌、十佳机关党建创新案例。实施高校院系“议事决策规范提升行动”，推进中小学校“一校一品”党建品牌创建，评选市级示范校34所，7所学校被命名为省级示范校。制定市属企业党建工作责任制考核暂行办法，开展“庆百年·创品牌·促发展”创建行动，举办国企党建品牌发布会，持续深化“双强双争”主题活动。深化党支部评星定级管理，扎实推进党员量化积分管理，抓好党员分类管理试点、党代表工作室试点，举办第三届全国主题党日研讨会。建成全国首家党支部工作指导中心，举办全国党支部建设研讨会，有关做法得到省委领导批示肯定。（刘　超）

宣传工作

【概况】 2021年全市宣传思想工作取得新进展新成效，泰安市赵利当选为全国道德模范，是泰安市第一个全国道德模范，全市新增全国道德模范1名、省级道德模范4名、市级道德模范20名，新增省级文明单位33个、省级文明社区（村镇）40个、市级文明单位76个、市级文明社区（村镇）189个。推树全省“学雷锋示范点”1个、全省“人民满意的公务员示范单位”1个、“山东省十大法制人物”1名、“齐鲁最美系列人物”4名、“山东省教书育人楷模”1名，评选“泰安最美系列人物”178名；推树“中国好人”2名、“山东好人”43名、“泰安好人”62名、“山东好人之星”2名、“山东好人”2020年十大年度人物2名；评选“新时代好少年”省级2名、市级30名。全市实名注册志愿者115万余人，注册志愿服务团队1.14万个，推树“四个100”志愿服务国家级典型1个、省级典型23个、市级典型133个。年内，泰山新闻出版小镇被国家版权局授予“全国版权示范园区（基地）”称号，泰山秀城·老街入选文旅部首批“国家级夜间文化和旅游消费集聚区”公示名单，推选国家文化大数据体系建设工作典型案例1个、“国家文化出口重点企业”1个、“山东省精品文旅小镇”3个、山东省文化生态名村”1个。“泰安小美”志愿服务入选全市第二批“微改革”“微创新”项目。

【意识形态工作】 年内召开市委常委会会议3次、市委意识形态和宣传思想工作领导小组会议2次，专题研究部署意识形态工作。出台《泰安市党委（党组）意识形态工作责任制考核及问责措施（试行）》，对6个县（市、区）、4个功能区、99个市直及省属驻泰安部门单位开展年度监督检查，在市委巡察中对18个部门单位党委（党组）开展专项检查。针对中央督查山东意识形态工作情况反馈的8个方面23个共性问题，出台整改方案，制定65项措施，全部完成整改。组织开展3轮全市意识形态领域风险隐患大排查，查摆整治问题隐患200余项。开展涉党史类展陈展览整治、文娱领域综合整治、新闻媒体校编质量大排查大整治行动等，审核备案市级以上论坛、讲座、报告会等30项。实施“净网”“护苗”“秋风”“清源”“固边”文化市场专项行动，严厉打击各类非法出版传播。组织教育系统意识形态风险隐患专项排查，举办“同城大课堂”活动，推进大中小学思政课一体化建设。

【理论武装】 制定市委理论学习中心组集体学习计划，开展集体学习18次。制定《泰安市党委（党

4月22日，全市新时代文明实践中心建设工作暨乡村文化振兴现场观摩会议召开（司　刚　摄）

组）理论学习中心组理论学习安排意见》，印发《泰安市党委（党组）理论学习中心组学习列席旁听办法（试行）》，加强通报调度，推动各级党委（党组）不断提高学习实效。市委理论学习中心组经验做法《弘扬求真务实之风 增强学习贯彻实效》，先后在中宣部《党委中心组学习》、人民网刊发，新华网以《泰安市委理论学习中心组：为勇做新时代泰山“挑山工”提供强大精神力量》为题刊发。推荐20名优秀宣讲员入选山东省宣讲工作者协会，选拔61名基层宣讲员充实泰安市基层宣讲骨干队伍。开展“中国梦·新时代·跟党走”百姓宣讲暨理论宣讲，5件作品获省比赛二等奖。持续推进基层理论宣讲“六进学校”（领导干部、基层党组织书记、马克思主义学院老师、先模人物、融媒体联盟、优秀传统文化进学校）、“百人千场”（组建全省百名基层党组织书记宣讲团深入农村开展千场宣讲活动）、“五支队伍”（党政机关领导干部，专家学者，优秀企业家，时代楷模、道德模范，基层普通群众）进校园、“双百结对联动”（百名宣讲专家和百家理论宣讲基地以“结对子”形式开展宣讲）等系列宣讲活动。举办山东省暨泰安市第十八届社会科学普及周，联合举办勇做新时代泰山“挑山工”理论研讨会。开展习近平总书记在庆祝中国共产党成立100周年大会上的重要讲话精神宣传阐释征文活动，发布理论文章30余篇。编印《全市哲学社会科学研究2020年结项优秀成果汇编》，评审立项哲学社会科学规划研究项目172项。深入开展中共十九届六中全会精神学习，制定宣讲工作方案，召开动员会议，举办宣讲骨干培训班，采取市级党员领导带头讲、市委宣讲团集中讲、各类宣讲队伍深入基层讲、媒体网上讲等形式，迅速掀起学习宣传贯彻全会精神的热潮。用好建好“学习强国”学习平台，2021年度在省学习平台发稿16916件、全国学习平台发稿906件，用户总数占党员比例198.48%，用户活跃度59.12%，位居全省前列。

【开展党史学习教育】 市委常委会专题研究、集体学习19次。举办党史学习教育专题读书班3批、11期，培训县级以上领导干部3600余人次。县（市、区）同步举办专题读书班，党员领导干部全部轮训。抓好农村党员、流动党员、“两新”（新经济组织、新社会组织）组织党员、青少年等重点群体学习教育，推动学习教育全覆盖。市级党员领导干部到基层联系点开展讲专题党课活动80余次，受众1.2万人次。以新时代文明实践中心为主阵地，开展“讲故事·学党史”宣讲活动。组建老干部“本色·党史宣讲团”等宣讲团队，深入基层单位开展党史宣讲，累计开展集中宣讲3000余场次。市级媒体开设《奋斗百年路 启航新征程》等专栏刊发1.2万余篇。推出百集短视频典型事迹片《初心——庆祝建党100周年老党员访谈》、系列短视频《永远跟党走——泰安红色故址寻访》等系列融媒产品。省级以上主要媒体刊发泰安市党史学习教育工作动态和经验做法300余篇（条）。中央党史学习教育简报刊发泰安市理论阐释类典型经验1条。公布首批20个党史教育基地名单。打造一批党史教育精品剧目，拍摄9集党史题材电视纪录片《日出泰山红东方》、新时代泰山“挑山工”题材电影《挑山者》，创作梆子剧《徂徕儿女》、舞剧《挑山》等重点作品。组织“唱支山歌给党听”主题晚会、党史知识竞赛、歌唱大赛等群众性教育活动。督促指导全市各级各部门单位公布为民实事清单，市级394项重点民生项目全部完成既定目标，各县（市、区）层层办好一批民生实事，群众获得感、幸福感、安全感不断提升。

【新闻宣传】 围绕习近平总书记视察山东、中国共产党成立100周年、党史学习教育等重大主题和春节等重要时间节点，在中央和省级主流媒体刊播重头稿件830余篇（条），其中，《人民日报》及所属媒体刊发重头稿件41篇，中央广播电视总台各档新闻节目共计播出47条；《大众日报》及其客户端刊发重头稿件153篇，山东广播电视台共播出580余条。《乡村振兴齐鲁样板“三年答卷”》《泰安老旧小区改造：扎实做好民生“里子”！》等重头稿件在《人民日报》刊发。常态化开展疫情防控宣传，播发宣传稿件及信息20余万条。开设《持续优化营商环境 推进政府职能转变》专题专栏，集中展示推介“泰山产业大集”等9个优势产业集群。《“一把手”谈改革》网络视频访谈节目累计播发1130余条，《服务民生面对面》大型专题节目录制50余期。制定印发应急广播体系建设和“纪录小康工程”工作方案，成立专班，完成“纪录小康工程”数据库建设和大事记编写工作。完成上年度“泰安好新闻”评审工作，编印好新闻作品集。

【社会主义核心价值观建设】 开展善行义举四德榜“榜上有名”先模人物评选宣传活动，编辑出版《泰安市公民道德建设实践典型案例选编》。制定《关于改进和加强典型学习宣传工作方案》，健全完善典型宣树机制。开展“扣好人生第一粒扣子”主题教育实践活动，举办2021年“泰山国学小名士”经典诵读电视大赛，评选“泰山国学小名士”20名。推进乡村“复兴少年宫”试点工作，肥城市入选全省乡村“复兴少年宫”试点县。开展庆祝建党百年宣传教育，印发《关于举办中国共产党成立100周年庆祝活动的通知》，开展“永远跟党走”群众性主题宣传教育活动，举办“泰山产业大集”经济发展成果展、“东岳壮歌”革命文物展览、美术书法摄影剪纸作品展等系列庆祝建党百年活动。举办庆祝中国共产党成立100周年理论研讨会、“红动齐鲁·我心向党”泰安市第三届红色故事讲解大赛。召开新时代文明实践中心建设暨乡村文化振兴现场观摩会、工作推进会和专题辅导报告会，起草《深化乡村文明行动的工作方案》。制定测评实施方案，组织开展新时代文明实践暨乡村文化振兴工作测评。出台《关于高质量推进新时代文明实践中心建设工作的实施意见》，创新推出省市级文明单位（文明校园）与中心（所、站）结成城乡文明共建对子的做法，新时代文明实践中心建设课题成功列入全市重点社科课题，编撰《文明礼仪》《生态文明》等系列丛书5册。《文明之花遍地开》等经验做法在《中国社区报》《支部生活》刊发。推动全国文明城市创建常态长效，印发年度创建工作实施方案，召开推进会议，明确工作任务目标措施。成立“四大周边”（校园、社区、交通场站、农贸市场）环境综合整治等工作专班，实施动态管理考核。召开全市诚信宣传教育“五进”（进机关、进社区、进学校、进企业、进农村）工程现场会，推动信用理念建设。推进志愿服务法治化进程，出台《泰安市志愿服务促进条例》。举办全市“泰安小美”学雷锋文明实践志愿服务活动启动仪式，发布“泰安小美·帮您办”等志愿服务项目20余个。开展“我为群众办实事”“美丽泰安”、疫情防控等文明实践志愿服务活动6万余次。拍摄“泰安小美”公益宣传片1部，在“学习强国”学习平台和大众网等省级以上媒体广泛刊播。

【文化事业产业】 围绕庆祝建党百年重大主题，推出广播剧《寻找中共泰安第一党支部》、图书《往生》等优秀文艺作品，电影《挑山者》举行首映式，舞剧《挑山》、山东梆子《徂徕儿女》《泰山人》举行展演。推出《山东红色基因图谱（泰安卷）》《泰安英烈故事》等出版物，推出《红色足迹——中共泰安纪事》等专题片。出台《泰安市重大主题文艺创作工作机制》，提高文艺创作组织化程度。动态管理重点文艺作品，推动山东梆子《追梦长者》、动漫《蟋蟀王国》等优秀潜力项目入选《泰安市优秀文艺作品项目库》。积极推动《泰山诗文》编写，扶持《泰山文库》《泰山编年通史》等大型文献丛书编纂出版。开展优秀传统文化进校园、进社区、进农村、进家庭、进机关、进企业、进军营“七进”活动。在《半月谈·文化大观》刊发泰山文化专题，利用新闻媒体多渠道对泰山文化、石敢当精神、非遗活动等进行宣传报道。强化爱国主义教育基地建、管、用工作措施，建立泰安市爱国主义教育基地建设工作台账。积极推动文旅改革重点任务和改革案例落实，组建市国有文化资产监督管理委员会，出台“双效”考核评价办法，建立健全监管体制。开展智慧文旅试点工作，“慧游泰山达观天下”智慧文旅平台正式在支付宝上线。组织开展第五届文化惠民消费季。完成泰山书房安屿店、大千店等6家城乡书房的建设运营，实施“两个100金种子”文化惠民计划，举办各类群众文化活动2.3万余场次。推进文化产业发展。提报“三个一批”项目82个，计划总投资108亿元。泰山秀城一期

12月15日，当代现实题材舞剧《挑山》泰安首演　　（李　川　供）

泰安府项目已投入运营，国际泰山冰雪文体中心二期项目、泰山·九女峰乡村度假区项目等重点项目建设有序推进。开展政银企对接活动，推出“泰安文旅六保贷”等扶持文旅项目发展产品。动画《趣话泰山》获得“2021山东省数字文化创新创业大赛”三等奖。承办全国首届文化出版领域文创产品博览会。

【对外宣传】 加强与中央、省级外宣媒体和境外媒体合作，在央视中文国际频道、中新网等外宣媒体刊播各类稿件1000余篇。联合中央电视台制作播出大型电视外宣纪录片《美食中国》泰安专辑（5集）、《见证·生态泰安》（上下集），与山东广播电视台联合制作的电视外宣纪录片《脉动泰山》（上下集）在央视中文国际频道播出，制作刊播外宣短视频《天下泰安》系列映像24期。统筹做好新闻发布工作，举办全市新闻发言人培训班。组织70余家部门单位，举办各类新闻发布活动66场，刊发原创稿件1500余篇，解答群众关心关注的各类问题178个。组织策划“泰安市‘十三五’成就巡礼”“脱贫攻坚的生动实践”“展望‘十四五’”等系列主题新闻发布会。举办“全面小康 奋进山东”主题系列新闻发布会泰安专场。推进“两微一端一网”（微信、微博、新闻客户端、官方网站）平台建设，共推送新闻发布情况及各类新闻信息1.5万余条。（李 川）

统一战线工作

【概况】 年内，全市统战工作以学习宣传贯彻《中国共产党统一战线工作条例》为抓手，全面加强党对统战工作的领导，守正创新，扎实作为，有效推动中央关于统战工作各项决策部署和省委、市委工作要求在泰安落实落地。市委统战部获得“全省统战理论政策研究先进单位”“全省统战宣传工作先进单位”称号，继续保持“省级文明单位”称号。

12月2日，省委常委、统战部部长张江汀（左二）到泰安调研统战工作（丁为飞 供）

【党史学习教育】 部署开展“走过百年 同心向党”统一战线党史学习教育暨庆祝中国共产党成立100周年主题活动，分工作领域开展“同心学党史 携手开新局”等系列主题教育活动，策划开办泰安统一战线“同心讲堂”，在《泰安日报》开设专栏刊发党外代表人士庆祝中国共产党成立100周年署名文章，举办全市统一战线文艺会演，召开党外人士学习贯彻习近平总书记在庆祝中国共产党成立100周年大会上的重要讲话精神座谈会，打造泰西回民抗战记忆馆、岗上红色记忆馆等统一战线红色教育展馆，综合利用主题征文、演讲比赛、电视专访、红色教育等形式，广泛凝聚统一战线思想政治共识。

【多党合作事业】 落实政党协商计划，开展政府工作报告征求意见座谈会、营商环境座谈会等协商活动13次。引导各民主党派聚焦乡村振兴、基层治理、生态保护等方面确定20个选题，开展专题调研和民主监督。组织党外特约人员围绕审计、热力供应、乡村振兴等内容开展监督活动30余次。搞好对接联络，坚持走出去与请进来并重、走上去与走下去齐抓，全面梳理民主党派成员信息，持续加强对上对外联系。先后迎接全国、省政协领导到泰安调研。加强民主党派基层组织规范化建设，民建泰山区“支部会员之家”工作经验获得民建中央主要领导点评肯定。完成民主党派市级组织换届工作。成立市中华职业教育社，拓展职业教育领域统战工作抓手。协调“明日之星”教育基金会为泰安市义务教育学校捐赠价值500余万元的教学物资。引导各统战团体和统战成员通过科技助农、慈善捐助、产业扶持等方式，开展“我为群众办实事”实践活动。

【民族宗教工作】 开展全市民族团结进步宣传月和示范单位创建活动，肥城市获评“全国民族团结进步示范区示范单位”，泰山区等5家单位被命名为“全省民族团结进步示范区示范单位”，首批表彰30家单位为全市“民族团结进步示范单位”。依托岱岳区金兰牧场打造全市铸牢中华民族共同体意识教育实践基地，新泰市禹村镇被列为全省铸牢中华民族共同体意识示范创建试点区。在泰山区财源街道试点推行“1145”（“1个家园”承载，“1张网络”覆盖，“4元主体”共治，“5项机制”联结）工作法，引导民族社区打造“红石榴驿站”。开展“实施乡村振兴战略，助力民族村发展”帮扶行动，2个村被认定为全省乡村振兴示范民族村。投入各级资金2822万元支持少数民族发展。召开全市宗教工作联席（扩大）会议4次，开展专项检查3次，举办全市宗教工作基层基础建设现场会，专题研究宗教领域重点任务。举办宗教政策法规培训和讲经讲道活动，巩固深化宗教活动场所“四进”（国旗、政策法规、优秀传统文化、社会主义核心价值观进宗教场所）成果。成立泰安佛教文化研究院，探索佛教坚持中国化方向的泰安路径。

【民营经济和新的社会阶层人士统战工作】 召开全市民营经济统战工作会议，贯彻《关于加强新时代民营经济统战工作的实施方案》，加强和改进党对民营经济统战工作的领导。举办“同心向党·企业家入党故事”专访、泰安市年轻一代民营企业家理想信念教育培训班等活动，加强民营经济人士理想信念教育。指导泰山区、肥城市开展民营经济“两个健康”（非公有制经济健康发展和非公有制经济人士健康成长）示范区创建工作。评选发布“2021年泰安民营企业50强”。稳妥推进市、县（市、区）工商联换届工作。坚持“六有”（有党组织覆盖、有思想引领、有活动品牌、有骨干队伍、有条件保障、有制度规范）标准，推进新的社会阶层人士统战工作实践创新基地建设。举办思政讲堂、财税讲堂、专题培训等活动，加强新的社会阶层代表人士队伍建设。

【港澳台统战工作】 设置泰山国家级海峡两岸交流基地永久性标志，举办“海峡两岸·情重泰山”图片展览，活动被评为2021年全省优秀对台交流项目。加强与台湾统派组织和人士、第二三代青年台胞的联系，与台湾阿里山事业集团、太平洋森活投资控股集团有限公司等开展项目对接交流，开展港澳乡情普查和港澳资企业运营情况核查，建立完善涉泰安港澳人员信息数据库。成立香港泰安联谊总会，促进泰安、香港经贸文化交流，助力现代化强市建设。

【侨务工作】 做好与海外侨团侨社团结联系及中华海外联谊会考察团接待服务工作。按照“市县同权”要求，优化“三侨考生”（归侨、华侨子女、归侨子女考生）身份确认、归侨侨眷身份认定办理流程，依法维护侨界人士的权益。

【统战机关和党外干部队伍建设】 加强统战工作机构设置，推进社会主义学院建设，安排市委统战部1名副部长担任市社会主义学院常务副院长。批设副县级事业单位——市党外人士联谊服务中心，隶属市委统战部管理。市、县（市、区）累计设立统战部门所属事业单位7个，核定编制由改革前的42名增加到73名，领导职数由3个增加到16个。加强党外干部安排使用力度，年内配备市政府工作部门党外正职1名，提拔重用县级党外干部9名，交流使用县级党外干部12名，为3名县级党外干部晋升职级。

（丁为飞）

政策研究

【概况】 2021年，政策研究工作围绕市委中心工作，立足本职、聚焦主业，踔厉奋发、笃行不怠，圆满完成市委交办的各项工作任务。先后获得“市直机关创建模范机关先进单位”“新时代泰山‘挑山工’先进集体”“市直机关党建规范化标准化建设先进单位”“全市抗击新冠肺炎疫情先进集体”“全国文明城市创建先进集体”等称号。

【文稿起草】 始终把起草市委重要文件和市委主要领导重要讲话作为工作的重中之重，坚持以“自己满意、领导满意、社会满意”为标准，树牢精品意识，起草各类文稿400余篇，得到市委主要领导充分肯定，全市优化营商环境工作会议讲话、市委全会讲话、市委经济工作会议讲话等一批具有较强理论高度、思想深度和指导力度的文稿引起良好社会反响。

【决策咨询】 立足于当大参谋、出大主意，围绕新型工业化、黄河战略、文旅融合、城市提升、乡村振兴、共同富裕等市委中心工作，超前思考，深度调研，完成《关于泰安市先进制造业发展的几点建议》《关于支持鲁普耐特集团发展壮大的建议》等高质量的调研报告8篇，提出一批符合泰安实际，具有较强前瞻性、战略性、建设性的意见建议，并融入市委十一届十四次全会、市委经济工作会议等市委重要会议文稿之中，为市委谋划部署工作提供决策依据。

【深化改革】 强力推动全市改革工作向纵深发展，谋划实施年度改革任务126项，组织开展的“微改革”“微创新”活动被省委改革办在全省推广，3个案例被省委改革办推荐至中央改革办，泰安医改经验被中央改革办《情况交流》刊发，泰安市山水林田湖草生态保护修复“泰山样板”获评“中国改革2021年度地方全面深化改革典型案例”。与主流媒体合作，推出“活力泰安·改革进行时”“一把手谈改革”“2021泰安改革创新巡礼”“改革案例展播”等系列报道10余个。

【载体建设】 编发《泰安工作》12期，进一步创新内容编排和版面设计，精心策划《开局之年》《以史为鉴开创未来》《红色记忆》等栏目，紧扣时代发展主题，传递市委声音。（邵　辉）

机构编制

【概况】 2021年，机构编制工作坚决贯彻党中央决策部署和省委、市委工作要求，牵头推进的各项改革和机构编制工作成效显著。高质量完成深化事业单位改革试点任务，党政机构改革成果持续巩固提升，重点领域体制机制得到系统优化，为助推全市经济社会高质量发展发挥积极作用、提供坚实保障。市委编办被市委、市政府表扬为“2021年度高质量发展综合绩效考核先进单位”，系连续4年获评优秀等次。

【深化事业单位改革试点】 市、县两级全域改革任务于6月底全部完成，通过省委编办评估验收。通过改革，全市事业单位数量精简达35%，减幅位居全省前列，事业单位实现系统优化、整体重塑、功能再造。统筹做好事业单位改革“后半篇文章”，巩固完善“过程写实＋年终考核＋综合评定”绩效考核新模式，开展事业单位法人电子证书试点，加强“双随机一公开”抽查，推动事业单位监督管理水平不断提升。中央编办在泰安市召开《事业单位登记管理暂行条例》修订工作座谈会，对泰安市改革试点工作给予充分肯定。

【巩固党政机构改革成果】 调整优化科技、安全生产、扶贫开发等领域体制机制，推动成立市委科技创新委员会，组建市、县乡村振兴局，理顺安委办与设在部门的关系，强化安全生产执法力量。持续抓好市、县两级权责清单的动态调整，全年累计调整市级权责清单5128项，县（市、区）级权责清单28387项。破题推进机关职能运行监管，在全省率先以市委办公室、市政府办公室名义出台《泰安市市级机关职能运行监管办法（试行）》，对市级75个部门的3750条监管指标和县级386个部门的14930条监管指标开展常态化监管。着眼为基层松绑减负、赋能提效，在全省率先制定出台包含7大类176项事项的镇街职责任务清单，并以清单实施为抓手，探索构建起“服务最优、流程最简、时间最短、效率最高”的镇街履职体系。

【优化重点领域体制机制】 科学界定市、县层级和部门间责任分工，协调解决煤炭塌陷地综合治理、口岸管理、停车管理、城市排水管网

7月22日，省委编办在泰安市召开全省机关职能运行监管创新研讨会，泰安市在会上作典型发言　（陈　栋　供）

4月21日，中央编办在泰安市召开《事业单位登记管理暂行条例》修订工作座谈会，泰安市在会上作典型发言　（陈　栋　供）

建设管理等领域职责划分难题。着眼服务保障高质量发展，先后调整优化泰安市营商环境体制机制，配合推进市属四大国有集团组建，建立新型工业化强市建设推进机制，在组织架构、运作模式、力量保障等方面靶向发力，努力为泰安市高质量发展蓄势赋能、保驾护航。着眼打造开发区改革升级版，对全市开发区改革后全员聘任、录用流动等人事管理进行统一规范。构建起“开发区有呼叫、属地单位有响应”工作联动体系。

【创新机构编制管理】　统筹优化编制资源配置，建立全市事业编制统筹和周转使用制度，为全市88个乡镇（街道）调增事业编制616名，为安全生产、信访、生态环境等重点领域调整职能并增加编制80余名。推动机构编制资源向民生领域倾斜，为市中心医院等3所医院加挂牌子，相应增加工作职能；新设立市属小学2所、幼儿园1所。创新新型事业机构管理，批复设立不定规格不定编制、具有独立法人资格的“泰山中医药应用研究院”“泰山免疫力经济产业研究院”。加大机构编制监督检查力度，高标准完成第二次全国机构编制核查任务。加快推进机构编制法治建设，全年共制定出台规范性文件3个，修订规范性文件1个，废止规范性文件12个。推进“泰山智慧编办”科学决策平台部署应用。中央编办《中国机构改革与管理》刊发专文予以推广，省大数据局将其列为全省9家“优政场景·智慧机关”案例之一。信息宣传工作继续走在全省前列，获评2021年度全省机构编制信息宣传工作“表现突出集体”。

（陈　栋）

对台工作

【经贸交流】　4月，台湾阿里山事业集团到泰安，就在泰安市创立“台青创客中心”、台湾魏翔小型飞机组装基地、台湾阿里山现代农业示范园区三个项目进行实地考察，并与泰山区、岱岳区相关负责人座谈交流。阿里山事业集团与济南天庆进出口贸易有限公司（省庄镇天庆冷链物流）签约合作。6月，市领导分别会见山东统一银座商业有限公司和台湾太平洋森活集团有限公司负责人，就深入合作意向达成共识。9月，会见乾隆国际控股副董事长一行，就“慧民云医服务平台”项目推进情况进行深入交流。年内，市肿瘤医院设备调试基本完成。

7月14日，泰山海峡两岸交流基地标志暨图片展览揭幕仪式举行，市委常委、统战部部长成丽（右三）参加活动　（丁为飞　摄）

【泰山海峡两岸交流基地建设】 7月14日，在泰山红门广场举行泰山海峡两岸交流基地标志暨“海峡两岸·情重泰山”图片展览揭幕仪式。省台港澳办副主任王清玉，泰安市委常委、统战部部长成丽，泰山景区党工委书记亓利群、泰安市台湾同胞投资企业协会副会长钟隆恒等出席仪式。揭幕仪式上，王清玉、成丽、亓利群、钟隆恒共同为泰山海峡两岸交流基地标志揭幕，参加仪式的相关人员到岱庙参观“海峡两岸·情重泰山”图片展览。活动被省台港澳办评选为2021年全省优秀对台交流项目。

【涉台宣传】 全年共发表涉台信息27篇，其中，中国台湾网发稿3篇，省台港澳办网站发稿13篇，华夏经纬网发稿3篇，“台港澳之窗”微信公众号发稿8篇。人民资讯、腾讯网、澎湃新闻等大型门户网站转载40余篇。协助鲁网《观海岱雄藩·看农业巨变》网络视频片在泰安取景拍摄。积极动员市内中小学生参加“鲁台港澳中小学生主题征文大赛”活动，参赛作品800余篇。结合“创业齐鲁·乐在山东”主题活动，加强与台商台胞线上互动交流力度，深化两地联络交流。（高　丹）

6月25日，泰安市直机关庆祝中国共产党成立100周年暨“奋进‘十四五’、机关走前列”主题活动推进会召开　（宋来强　摄）

机关党建

【概况】 年内，市直机关党建工作围绕把握新发展阶段、贯彻新发展理念、融入新发展格局、推动高质量发展，扎实开展党史学习教育，创新开展“奋进‘十四五’、机关走前列”主题活动，全面提升机关党的建设质量，为市直机关各项事业发展和“十四五”规划顺利实施提供坚强思想保证，以优异成绩庆祝中国共产党成立100周年。被国家机关事务管理局、中共中央直属机关事务管理局、中华人民共和国国家发展和改革委员会评为“节约型机关”，继续保持“省级文明单位”称号。

【思想建设】 深入开展党史学习教育，市委市直机关工委理论学习中心组开展专题学习研讨14次，为市直机关订阅党史学习材料近2000套，引导广大机关党员干部深入学习《论中国共产党历史》等指定书目、走进红色基地，开展理想信念教育、爱国主义教育、革命传统教育。高质量召开专题组织生活会、专题民主生活会。开展宣传宣讲，组织市直部门单位开展习近平总书记在庆祝中国共产党成立100周年大会上的重要讲话精神、中共十九届六中全会精神、“讲故事、学党史”等专题宣讲70余场次。组织开展党员“讲百年党史·做时代先锋”微党课大赛、“学党史强责任·作表率开新局”党支部书记示范培训班，党务干部阅读党史等活动，推动党史学习教育走深走实。开展“我为群众办实事”实践活动，引导市直机关各级党组织围绕服务群众确定“我为群众办实事”项目600余个，开展活动2万余次，服务群众64万余人次，其中《市委市直机关工委抓好四个“突出”，讲好微党课》的做法，入选全市党史学习教育优秀微案例。

【宣传工作】 在全市范围内挂牌市直机关党性教育点25个，挂牌命名市直机关党性第三批教育点8处，制定《泰安市直机关党性教育（爱国主义教育）点认定管理办法（试行）》，拓宽党员教育培训途径，丰富教育平台。刊发《泰山公仆》杂志4期，发行1.2万余册；与泰安日报社合作，开设“泰安机关党建”频道，在最泰安App和中华泰山网发布党建信息142篇。与泰安交通广播电台合作，开设《机关走前列》专栏，发布信息50篇；在泰安机关党建网发布信息共1148篇，在泰安机关党建微信公众号发布机关党建信息115篇，出刊宣传展板6期；评出“泰安市机关党建好新闻”40余篇。与泰安广播电视台合作，推出“泰安市直机关十大示范党建品牌和十大先锋岗展播”活动，在泰安电视台公共频道集中展播宣传22篇。

【模范机关建设】 组织开展“奋进‘十四五’、机关走前列”主题活动，举办市直机关“泰安市‘十四五’规划纲要”线上宣讲会，帮助市直机关党员把握规划要义，推进贯彻落实；打造市直机关“十大示范党建品牌”、“十大示范服务品牌”和10个示范服务窗口；培育一批党员先锋，在服务重大项目、建设重点工程、推进重要工作中攻坚克难，凝聚起新时代现代化强市建设的强大力量。该活动作为创新案例在中央和国家机关的核心期刊《机关党建研究》上发表。举办“我来当书记”讲坛活动，通过网络评选方式，集中宣传展示党支部规范化标准化建设成果。举行市直机关新发展党员代表入党宣誓活动，60名新党员代表参加活动。“深入推进模范机关建设研究”研究成果被省委省直机关工委评为“2021年度全省机关党建优秀研究成果一等奖”。

【组织建设】 健全体制机制落实机关党建主体责任。制定《关于进一步加强和规范市直机关党建工作责任制的实施意见（试行）》，修订《党组（党委）抓机关党建“十条”基本规范》，抓住党组（党委）书记、机关党委书记、党支部书记机关党建关键人，明责尽责督责。健全完善“一岗双责四联评定”党建责任机制，《“一岗双责四联评定”责任机制的探索与实践》获得全省机关党建创新优秀案例一等奖。对机关党组织履行主体责任情况调研调度20余次。实施党支部层级跨越行动，命名表扬党建工作过硬的30个基层党组织为市直机关基层党建示范点，开展示范点“1+N”帮带（以一个基层党建示范点为核心力量，帮带一个或多个基层党组织共同进步的一种帮带机制）。组织机关党建优秀创新案例评选，遴选45个工作典型编印成册发放市直部门单位交流学习。将市直1200余个社会组织党建任务分解到市直60个部门，增强部门抓行业监管必须抓党建的责任意识。

【作风建设】 推进省委巡视市委巡察发现的机关党建突出问题整改工作，梳理出共性问题25项，开展两轮专项现场督导，并将整改落实情况纳入机关党建考核。加强对市直部门机关纪委的领导和指导。审理市纪委监委派驻纪检监察组移送科级及以下人员违纪违法案件57件、受理市直机关处理科员以下人员违纪违法备案事项6件。

【群团统战建设】 制定《泰安市直机关职工大病医疗补助实施细则》，编撰《机关工会工作手册》，联合团市委印发《关于进一步加强和改进市直机关事业单位共青团工作的实施意见》，开展“民法典进机关·每周‘典’读”系列主题活动，“春蕾计划”“希望小屋守护计划”劝募活动，共计募集资金9.8万余元。先后推荐全国巾帼文明岗1个、全国巾帼建功标兵1名；省、市先进集体16个，先进个人28名。指导督促市直各部门（单位）把统战工作相关文件列入理论中心组和党组（党委）第一议题学习内容，把统战工作纳入市直机关党务干部、党支部书记培训班以及党员学习教育课程。

【精神文明创建】 采取网上和实地调研相结合的方式，对102家单位文明创建工作进行考评；参加32家市级文明单位申报省级文明单位的考评工作。完成2020年度精神文明奖的审核发放工作；表扬市直文明单位35个；到下港镇保家庄新时代文明实践站开展结对共建活动，为保家庄文明实践站带去党史学习教育书籍、优秀党课和办公设施等。组织开展第三届“清风常伴 廉洁齐家”家庭助廉寄语活动。做好创城工作。完成工委担负12项个性指标和共性指标任务，完成市直部门单位创城材料的调度、上报工作；联合泰安市全国文明城市创建工作领导小组办公室印发《2021年度文明单位结对共建小区工作实施方案》通知，明确全市184家文明单位开展结对共建活动。市委市直机关工委联合市文明办、市机关事务服务中心、市交警支队、市政中心保卫处召开泰安市直机关电动车规范驾乘工作部署会，组织开展规范驾乘文明劝导8次。 （侯春云）

精神文明建设

【概况】 2021年，全市精神文明战线以培育和践行社会主义核心价值观为根本，以提升公民素养和社会文明程度为目标，全力推进全国文明城市创建、群众性精神文明创建、新时代文明实践、志愿服务、未成年人思想道德建设等重点工作，市民文明素质和社会文明程度不断提升。年内，泰安市推荐成功第八届全国道德模范1名，第八届全省道德模范4名、提名奖6名，选树第七届全市道德模范20名、提名奖10名；推荐成功“中国好人”2名、“山东好人”43名、“山东好人之星”2名，选树“泰安好人”62名。推选出省级新时代好少年2名、市级新时代好少年30名。全国志愿服务信息系统实名注册志愿者115万人，占全市常住人口21%以上；注册志愿服务团队1.4万个，发布项目3万余个。

7月3日，泰安市2021年度全国文明城市创建暨迎接国家卫生城市复审工作推进会议召开，通报全国文明城市创建和国家卫生城市迎审情况 （司 刚 摄）

【全国文明城市创建】 加强顶层设计，制定印发《2021年度泰安市全国文明城市创建工作实施方案》，调整充实泰安市全国文明城市创建工作领导小组及办公室成员单位。制定《泰安市创建全国文明城市工作手册》，完善考核标准，印发3个清单（任务清单、标准清单、问题清单）。制定《泰安市关于推进文明城市常态长效创建的实施意见》。成立由分工市级领导任组长的“四大周边”（校园、社区、交通场站、农贸市场）环境综合整治工作专班、新时代文明实践中心（所、站）建设工作专班、电动车规范驾乘工作专班、凌乱架空线和建筑物外立面规范整治工作专班。凝聚全员合力。市、区、乡镇（街道）、社区四级创建业务指导员混合编组、集中办公，一体化创建。深化网格创建，全市划分为27个网格，构建“网中有格，格中有点，点中有人，人有其责”网格化管理工作格局。实行“四长六员”（哨长、网格长、片长、点长，吹哨员、引导员、点位员、秩序员、环卫员、义务员）创建工作法，建立轮流值日制度。开展凌乱架空线、建筑物外立面专项整治。共整理凌乱架空线路391.85千米。全面维护各类破损墙面、玻璃幕墙、灯箱广告及立面广告，对沿街建筑外立面张贴喷涂的小广告进行集中清除。开展电动车驾乘人员文明驾驶专项整治。采取每天公示、每周通报、定期调度、常态化实地督导的模式，狠抓电动自行车通行秩序管理。营造浓厚创建氛围。持续开展“文明泰安随手拍”活动。利用台报网微端等媒体，刊发或报道文明城市创建信息稿件。组织新闻媒体对市直各责任单位开展创城相关宣传活动。

10月23日，全市乡村“复兴少年宫”建设工作推进会议暨“一乡一品”成果展示交流活动举行 （陈 阳 摄）

【乡村文化振兴】 印发《全市新时代文明实践中心建设和乡村文化振兴工作测评实施方案》，明确全年主要任务、考核重点和测评方式。把文明村镇创建、戏曲进乡村、移风易俗工作纳入2021年乡村文化振兴的重点工作来抓，明确年度工作任务目标、责任主体、完成时限等，为扎实做好全年的工作奠定基础。持续开展调研督导。对各县(市、区)、功能区的乡村文化振兴工作进行考核。定期或不定期组织专门人员明察暗访、调研督导。组织开展全市乡村文化振兴第三方摸底调查工作。调查结果和存在的问题第一时间通报给各县(市、区)、功能区，并对存在的问题进行督促整改。根据省里印发的涉农资金任务清单，制定印发全市涉农资金重点任务落实方案，并与市财政局对接资金落实相关事项。

【新时代文明实践】 年初，出台全市《关于高质量推进新时代文明实践中心建设工作的实施意见》，为高质量推进新时代文明实践中心建设工作奠定坚实基础。通过召开专题会议、座谈会，开展专项测评等多种形式推进工作落地落实。申请确立新时代文明实践中心建设社科重点课题，组织相关专家、学者和一线工作人员进行专题研究，利用取得的研究成果促进全市新时代文明实践工作再上新水平。70个省市级文明单位和部分志愿服务组织分别与部分乡镇(街道)、村(社区)开展牵手共建，6个市级以上文明校园与6个县(市、区)结对共建，实行包保指导。成立新时代文明实践融媒体教材编撰机构，发挥职能部门单位的作用，组织编撰文明礼仪、法律法规、文化文艺等类别的10册系列丛书，至年底，完成5册丛书的编纂工作。山东省委党刊《支部生活》第三期以《泰汶大地“蒲公英”绽放》为题，专题报道泰安文明实践志愿服务典型做法。6月中旬，山东电视台新闻栏目播发泰安市岱岳区粥店街道岳峰社区和肥城市汶阳镇西徐村新时代文明实践工作经验。在7月13日召开的全省新时代文明实践中心建设工作现场推进会议上，泰安市作典型发言。10月31日，《中国社区报》、人民网相继刊发《文明之花遍地开》稿件。

【未成年人思想道德建设】 组织迎接全国文明城市创建未成年人思想道德建设工作测评，取得满分。召开全市未成年人思想道德建设工作会议，对各县(市、区)、功能区的工作完成检查考评。开展“扣好人生第一粒扣子”教育实践活动，推选省级新时代好少年2名、市级新时代好少年30名。举办全市新时代好少年发布会，发布第四批省市级新时代好少年名单，41人入选；围绕庆祝中国共产党成立100周年，组织开展“童心向党”教育实践活动，评选“童心向党”优秀作品80余件；举办2021“泰山国学小名士”经典诵读电视大赛，评选“泰山国学小名士”20名，获得山东省第八届“国学小名士”经典诵读电视大赛优秀组织奖。推进乡村学校少年宫“一乡一品”品牌体系建设，全市共打造活动品牌97个，举办全市乡村“复兴少年宫”建设工作推进会议暨“一乡一品”成果展示交流活动，肥城市入选全省乡村“复兴少年宫”试点县，全市建成乡村“复兴少年宫”118处。组织开展“泰安有爱 未保护航”主题宣传活动。

【志愿服务】 制定《泰安市2021年推进志愿服务制度化的实施方案》，召开全市志愿服务工作推进会议。出台《泰安市志愿服务促进条例》。举办泰安市“泰安小美”学雷锋文明实践志愿服务活动启动仪式、全市志愿服务展示交流活动。组织开展全市新时代文明实践志愿服务培训和志愿服务信息化培训，培训志者骨干人员200余人。在90%以上的城乡社区、村庄，在医院、银行、政务大厅等窗口单位，在车站、城市广场等公共场所，在城管驿站、图书馆、书店等重要点位，建成基层文明实践志愿服务站点3600余个，实现学雷锋志愿服务站点城乡全覆盖。联合市行政审批

5月22日，泰安市第四批新时代好少年发布会举行　　（司　刚　摄）

服务局和市交警支队策划“泰安小美·帮您办”“泰安小美·助您行”等“泰安小美”系列项目。推动省级项目“手牵手圆梦行动”关爱困境儿童、“情暖夕阳红”爱老助老、关爱少年儿童“阳光成长”等文明实践志愿服务项目在泰安市落地落实，1500多个组织、近2.2万名志愿者参与。组织开展元旦春节志愿服务关爱行动、植树节“绿满泰安”志愿服务活动，并为“卫健先锋志愿林”揭牌。围绕中国共产党成立100周年，组织开展以“永远跟党走”新时代宣讲、“我为群众办实事”等为主要内容的庆祝建党100周年系列志愿服务活动。围绕全国文明城市创建，组织开展“文明交通”“美丽泰安”等文明实践志愿服务活动。围绕疫情防控，发动全市各级各单位招募组建“泰安小美”疫情防控志愿服务队6300多支，设立疫情防控志愿服务岗5000余个。推树学雷锋志愿服务先进典型，泰山区花园社区被评为“全国最美志愿服务社区”，23个典型入选全省先进；新泰市同舟公益救援服务中心赵利、王云峰和新泰市同舟公益救援服务中心等分别被评为河南省防汛救灾优秀志愿者和优秀志愿服务组织。开展志愿服务星级认定，认定星级志愿者178名、星级志愿服务组织17个。为最美志愿者制作发放“最美志愿者证”，可持证免费游览泰山。中央电视台《新闻联播》、人民网、新华社客户端、山东卫视《新闻联播》分别刊播泰安市志愿服务工作动态和经验。拍摄“泰安小美”公益宣传片《“小美”让城市更温暖》，在“学习强国”学习平台、大众网、海报新闻客户端刊播。“泰安小美”文明实践志愿服务被评为市直机关十大示范服务品牌，入选党史学习教育微案例、全市第二批“微改革”“微创新”项目。

5月22—23日，泰安市2021泰山国学小名士经典诵读电视大赛决赛举行（司刚 摄）

3月5日，泰安市“泰安小美”学雷锋文明实践志愿服务活动启动仪式举行（司刚 摄）

【公民思想道德建设】 印发《关于评选表彰第七届全市道德模范的通知》《第七届全市道德模范评选活动工作方案》，泰安市推荐的赵利被表彰为第八届全国道德模范，4人被表彰为第八届全省道德模范，5人和泰山消防救援站获得第八届山东省道德模范提名奖。评选出第七届全市道德模范20名，提名奖10名。每月广泛开展“身边好人”评选推荐活动，在《泰安日报》、泰安电视台开辟《德耀中华》专栏，集中宣传报道好人事迹。推进诚信制度化建设。着力推进全市行业部门建立互联互通、信息交互共享的诚信信息平台。召开全市诚信缺失突出问题专项治理行动部署会和全市诚信宣传教育“五进”（进机关、进企业、进校园、进社区、进农村）工程现场会。

【网络文明建设】 推进专题制作，设计制作“2021山东省泰安市‘网上祭英烈页面’”“2021文明校园风采展”“我们的节日·清明”“传承红色基因·七一童心向党”等4个专题网页，对外全面展示全市精神文明建设成果。推进网络文明传播，加强培训提高技能，对网络传播志愿者进行线上集中培训。通过“文明泰安”官方微博、微信等新媒体渠道，组织开展“文明祭扫新风尚，绿色安全过清明”网络文明传播活动。

【文明单位、村镇、社区、家庭、校园创建】 全市新增省级文明单位33个、省级文明村镇34个、省级文明社区6个，新增市级文明单位76个、市级文明村镇172个、市级文明社区17个，推选创建全国文明校园先进学校6所、省级文明校园14所、省级文明校园提名学校28所，评选市级文明校园92所。开展文明家庭创建系列活动。印发《2021年关于进一步开展好文明家庭创建活动的通知》，联合市直机关工委组织开展第三届“清风常伴 廉洁齐家”家庭助廉寄语活动，共征集到28个部门单位报送的200多条寄语，紧接地气、鲜活生动、温情感人，经过层层筛选最终确定优秀寄语30条，在各县（市、区）组织开展“聆听榜样故事 凝聚向善力量”文明家庭故事分享会巡讲、“同贺国庆 爱在深秋”家庭文明建设座谈交流等活动。在市级媒体、新媒体和网络平台开设《文明家庭》专栏专题，广泛宣传文明家庭建设典型。

【开展“我为群众办实事”实践活动】 指导各级各单位利用实地走访、集体座谈、民意调查、网络征求意见等渠道广泛对接群众所需所盼。高标准推进。聚焦“我为群众办实事”实践活动的全环节、全要素，编制“推进流程图、督促通知单、项目进度表、项目要素模板”。重点推进10件市级“我为群众办实事”重点项目，致力破解老旧小区改造、人居环境整治、基础教育保障等难题。完善民生项目台账建设，实行“一项一档”，形成独立档案438项，定期调度进展，做好绩效评估，形成一级抓一级、层层抓落实的工作格局。承接的44项省级重点民生项目、市级层面确定的2批共394项民生实事和县级层面确定的696项重点民生项目和民生实事全面完成目标任务。（李　明）

老干部服务

【概况】 年内，全市老干部服务工作突出党建引领，一体推进离退休干部服务保障、文化养老、作用发挥，全面推进老干部工作提质增效。继续保持“省级文明单位”称号，被评为全省离休退休干部信息统计工作先进单位、全省老干部工作部门调研信息宣传工作先进单位。

【离退休干部思想政治建设和组织建设】 组织离退休干部参加党史学习教育，收看全国离退休干部党史学习教育网上专题报告会3场。参加“全省老干部庆祝中国共产党成立100周年党史知识竞赛”，32名老干部获奖，市委老干部局获组织奖。成立老干部“本色·党史”宣讲团，开展党史宣讲活动，全市100余名老干部宣讲员开展宣讲活动250余场次，听众10万余人次。“本色”宣讲团党支部被评为在全省“本色家园”离退休干部党组织建设工作中表现突出的离退休干部党组织，被市委表彰为“新时代泰山‘挑山工’先进集体”。开展“我看建党百年新成就”专题调研活动，引导老干部深情表达热爱党、拥护党的心声。开展“向党说句心里话”微心愿征集活动，老干部创作各类作品300余件，29件被评为全省一等奖，市委老干部局获组织奖。印发《关于推行离退休干部党支部“五化”提升星级管理的实施意见》，评审、命名五星级离退休干部党支部46个。与市委组织部等部门联合印发《关于进一步加强国有企业退休党员管理服务工作的指导意见》，助力国有企业退休党员融入社区。新审核命名第二批“泰山金秋”离退休干部党员驿站和主题党日活动共享基地57处，全市离退休干部党建“共享式”阵地总数达到116处。

【离退休干部服务管理工作】 落实情况通报、参观视察等制度，组织市级老干部参加“泰山产业大集”集中观展活动、全市重点项目建设参观视察活动、定期健康疗养。会同市医疗保障局、市卫生健康委员会印发《关于进一步规范市直离休人员医疗服务保障工作的通知》，为市直离休干部看病就医提供更加优质、周到的服务保障。健全完善干部荣誉退休工作流程，指导各级办好荣休仪式。开展“进百老门、知百老事、解百老难”大走访活动，走访慰问老干部3.87万余人次，收集到有较强针对性、可操作性的意见建议70余条，解决老干部实际问题180余个。

8月30日，市委书记杨洪涛（左二）走访看望市级老领导。市委常委、秘书长李灿玉（右二），市委常委、组织部部长刘泮英（右一）陪同活动

（张　蒙　供）

【离退休干部发挥作用情况】　组织开展“绿水青山行”助力生态文明建设、社区义务值守助力疫情防控等系列主题志愿服务活动，打响“泰山夕阳红”新时代文明实践志愿服务品牌，为助力经济社会发展贡献独特的“银色”力量。在全国学雷锋志愿服务“四个100”（100个最美志愿者、100个最佳志愿服务组织、100个最佳志愿服务项目、100个最美志愿服务社区）先进典型推选活动中，泰安市共有3个老干部志愿服务先进典型上榜。在全市青少年中开展“学党史、颂英烈，争做时代新人”主题教育活动，组织老干部编撰《泰安英烈故事》，深入学校、社区、乡村，同青少年面对面交流宣讲。开展“关爱明天、普法先行”青少年普法教育活动，市关心下一代工作委员会被评为“全国青少年普法教育先进集体”。

【离退休干部文化养老工作】　制定印发《关于进一步加强老干部“社区课堂”建设的通知》，打通离退休干部教育培训“最后一公里”，有关经验做法被省委老干部局《情况反映》刊发推广。推动老年大学与新华书店、泰山女子学堂等单位共享优质教育资源，与泰山护理职业学院等院校合作办学不断深入，进一步满足老干部多元化、多层次学习需求。建设“空中课堂”“泰安老年电视大学”等文化养老云平台，全面开展“跨越数字鸿沟·乐享现代生活”老年人运用智能技术教育培训活动，市老年大学获得“全国老年大学信息化建设优秀单位”称号。举办第八届全市老干部文化艺术节，组织市直离退休干部戏曲演唱会等文艺演出10余场，集中展览老干部创作的书画摄影作品300余幅，线上展示红歌传唱节目60余个。在全省第九届老干部艺术节中，市委老干部局获组织奖、文艺展演集体金奖。组织老干部参与各类文体展演比赛活动，在“第二届国际老年大学艺术大赛”“第三届山东省老年大学文艺展演”“山东省第十一届全民健身运动会”等活动中获得各类奖项近300个，展示泰安市老干部文化养老的丰硕成果和老干部昂扬向上的精神面貌。

（张　蒙）

党史研究与地方志编纂

【概况】　2021年，党史地方志研究部门积极参与党史学习教育活动，立足部门职能，抓好中共十九届六中全会精神学习宣传贯彻。紧紧围绕全市中心工作，充分发挥以史鉴今、资政育人作用，继续保持“省级文明单位”称号。

【党史征集研究】　编辑出版《改革开放以来泰安市、县委书记口述历史》，共50万字，编研经验在全省推广。持续关注市委、市政府疫情防控动态，整理编辑《泰安战“疫”实录》。参与编纂《泰安英烈故事》《创新·实践·事业——七十年工作社会生活概述（1948—2020年）》《中国红色保密故事大全》等书。制作党员教育专题片。撰写《红色足迹——中共泰安纪事》专题片脚本，协助有关部门高质量完成100期拍摄任务。完成“百部精品党课”课件内容及微视频专业审核。与市广播电视台合作，制作拍摄专题片《日出泰山红东方》。完成党员教育电视剧剧本《徂徕担当》《我和第一支部》及其他党员教育片的脚本审核等工作。组织开展党史史志“六进”（进机关、进学校、进企业、进军营、进社区、进乡村）活动，营造建党100周年的热烈氛围。联合制作《山东红色基因图谱（泰安卷）》。会同市委宣传部等单位对20个涉党史类展陈展览进行排查整治。联合有关部门举办革命文物展览和党史知识竞赛。在《泰安周刊》设置《红色记忆》专栏，对泰安党史进行专题宣传。开展泰安市第三届“红动齐鲁”故事讲解大赛。举办全市青少年学党史、颂英烈故事会等。

【参与编制泰安“红色地图”】 为用好全市红色党性教育资源，配合市委组织部对全市红色资源和党性教育资源进行挖掘梳理，采取线上线下相结合的方式，编制印发《泰安市红色党性教育资源布局图》。红色地图本着全面准确、务实管用的原则，遴选收录全市50个红色资源和党性教育资源，编制纸质和电子两类地图，设计悬挂式、折页式、电脑版、手机版4种展现形式，开发设计位置标注、缩放搜索、详情展示、导航等多个功能，达到“一图揽尽红色资源、一键直达教育现场”的效果。精心设计规范全市7条红色教育体悟线路，组织“全市红色讲解员培训班”，对全市50名红色讲解员进行集中培训，山东省委党史学习教育领导小组办公室专门刊发简报介绍其经验做法。

【志书编纂】 组织召开《泰安市乡镇概览（2016—2020）》编纂工作会议，安排12个单位进行样稿编纂试点。指导《泰山学院志》《大河水库志》等志书编纂工作。协助泰山管委召开《泰山志》志稿评审会，并报中国地方志指导小组办公室验收。参与齐鲁名镇名村志文化工程，印发《加快推进名镇名村志编修工作通知》《进一步推动齐鲁名镇名村志文化工程的通知》等文件。指导《潮泉镇志》《蒋集镇志》《耿山口村志》编修，并推荐参加齐鲁名镇名村志评选。参加中国地方志指导小组办公室、国家方志馆主办的“讲述黄河故事、传承黄河文化”系列活动讲述大赛，报送黄河故事22篇。其中获奖2篇，《祖孙三代人 治黄一条心》被中国地方志指导小组办公室评为二等奖。加强方志理论研究。向中国地方志指导小组办公室、省委党史研究院等报送方志理论文章40余篇。其中，获省院方志理论研讨会一等奖论文1篇、二等奖论文2篇。12月15日，东平县乡镇村志编修文化工程启动会召开，安排部署乡镇村志编修工作。

11月19日至12月18日，由中共泰安市委主办，市委组织部、市委党史研究院承办的“党的百年奋斗重大成就和历史经验——十九届六中全会精神学习展览”在泰安市政大楼二楼大厅展出。图为11月22日上午，市委书记杨洪涛（前排左二）等市领导参观展览 （司 刚 摄）

【年鉴编辑】 年内，编辑《泰安市情手册（2021）》，5月印刷发行。全书共23万字，旨在客观反映2021年度各级、各部门（单位）工作成绩，设2020年大事记、经济和社会发展等内容。11月，《泰安年鉴（2021）》出版发行，是连续出版发行的第31卷。完成2021卷《山东年鉴》《中共山东年鉴》供稿和代组稿工作。6个县（市、区）均出版发行综合性年鉴。

【《泰安年鉴（2021）》出版发行】 11月由方志出版社出版发行。全书系统准确地记述2020年度泰安市自然、政治、经济、文化、社会和生态建设等方面情况，设置类目37个、分目（子分目）271个、条目1560个，收录图片344幅、示意图（表）54个，共103.2万字。该卷年鉴类目设置由2020卷的29个调整为37个，其中，法治、军事、旅游业、金融业、文化5个类目是将原类目拆分进行分设，招商·合作、建筑业、信息化·数字化、开放型经济、房地产业、应急管理6个类目是整合调整部分类目内容进行新设，部分分目也作出相应调整。加大图片刊载量，卷首图片107幅，分辉煌“十三五”、调查研究、重要会议、节会展会、项目建设、疫情防控、乡村振兴、红色党建、文明创建、幸福生活、生态环境11个版块，正文收录随文图片237幅，图文并茂地展示泰安的新发展、新变化。

【宣传教育】 集中学习习近平总书记在庆祝中国共产党成立100周

7月15—17日，第三十届全国图书交易博览会举办。图为泰安分会场开幕式活动（司　刚　摄）

年大会上的重要讲话、《中国共产党第十九届中央委员会第六次全体会议公报》、《中共中央关于党的百年奋斗重大成就和历史经验的决议》等，举办十九届六中全会精神培训班。在市政大楼二楼大厅举办“党的百年奋斗重大成就和历史经验——十九届六中全会精神学习展览”。11 月 22 日，市委书记杨洪涛等市领导到展览现场参观。市委书记杨洪涛、省委党史研究院院长赵国卿分别对展览作出批示，多家媒体进行报道。组织开展党员干部带头讲专题党课活动，到机关单位、社区、学校等讲党史课，宣传党史。选派 5 名业务骨干参与市委党史学习教育领导小组工作，助力全市党史学习教育。开展“我为群众办实事”活动，向 100 多个单位赠送党史史志书籍 6000 余册。

【品牌建设】　结合部门职能，推出泰山史敢当工作品牌，logo 正式启用。泰山史敢当品牌由机关党建品牌、征研编修品牌、宣传教育品牌、志愿服务品牌组成。机关党建品牌充分体现市委以党的建设为统领的要求，以创新主题党日活动为切入点。先后举办“我为新时代党史史志发展建一言”“报报账、亮亮相”等主题党日活动。志愿服务品牌有序推进。助力全国文明城市创建，在泰山区国华社区开展志愿服务，出动党员 600 余人次。开展“双报到”，服务基层群众。（吴　楠）

党校工作

【完成省“两评估、一考核”任务】年初，泰安被列为全省两家市级党委党校办学质量评估试点之一。5 月 17—21 日，省委组织部、省委党校开展办学质量评估试点工作，对泰安办学质量给予充分肯定。11 月 29 日至 12 月 3 日，省委组织部、省委党校进行正式办学质量评估。市委书记、市委党校校长杨洪涛出席办学质量评估反馈会并讲话；市委常委、组织部部长刘泮英出席办学质量评估座谈汇报会、反馈会，汇报市委落实党校工作主体责任情况；省考核评估工作组对泰安办学治校成效给予高度评价。

【教学培训】　举办市委理论学习中心组党史学习教育专题读书班 3 期、市委理论学习中心组学习习近平总书记在庆祝中国共产党成立 100 周年大会上的重要讲话精神专题读书班 4 期、全市领导干部学习贯彻中共十九届六中全会精神专题学习班 4 期，培训学员 4200 余人次。完成各类主体班次 11 期，举办两区（泰山区、岱岳区）分校主体班次 6 期。全年培训主体班次学员 5000 余人次；培训在职研究生 317 人；承接社会培训班次 16 个，培训学员 2200 余人次。聚焦理论教育和党性教育，突出习近平新时代中国特色社会主义思想主课必修课地位。实施教学布局优化工程，提升教学效果和培训质量。落实领导干部上讲台制度，领导干部讲课占主体班次总课时的 24.17%。

【调研科研】　完成各级各类课题 62 项，其中省级课题 14 项、市级课题 48 项。在《泰安日报》等主流媒体发表理论文章 48 篇，向省、市各级庆祝建党百年理论研讨会提交论文 165 篇。承担的省社科规划课题“新时代泰山‘挑山工’精神研究”，以山东人民出版社出版的《勇做新时代泰山“挑山工”》专项著作形式结项。19 项调研成果获市委、市政府领导签批，7 项被市委、市政府主要领导签批。调研报告《东平湖区域生态保护和高质量发展的困境与对策建议》呈报省委、省政府领导参阅，核心内容呈报国家发展和改革委员会，被国家发展和改革委员会作为决策参考。《关于“压紧压实各级法治建设责任，加快推进法治政府示范市创建”的意见建

12月3日，市级党委党校（行政学院）办学质量评估和主体责任考核情况反馈会召开，市委书记、市委党校校长杨洪涛出席会议并讲话

（张立永　摄）

议》，得到市政府主要领导签批肯定，该调研报告纳入《泰安市法治政府建设示范创建资料汇编》并印发全市法治政府建设示范市会议参考。

【宣传宣讲】 选派15名教师参加全市党史学习教育宣讲团、7名教师参加全省党校（行政学院）系统习近平总书记在庆祝中国共产党成立100周年大会上的重要讲话宣讲团、7名教师成为中共十九届六中全会精神宣讲团成员，宣讲169场次，各行各业1.5万余名党员干部和群众从中受益。有7人次获全省党校系统和全市“微党课”理论宣讲比赛一、二等奖。

【队伍培养】 坚持校委会成员带头示范，举行校委理论学习中心组集体学习交流研讨14次，组织党史专题学习5次。与高新区对臼社区开展文明城市创建结对共建活动16次，参加社区疫情防控志愿服务活动16次，开展义务送党课到社区15次。1人作为万名干部下基层成员到肥城市潮泉镇工作，1人作为农村基层党组织建设工作组成员到肥城市仪阳街道空杏寺村工作。招考硕士研究生4名，引进高层次人才1名。5人被推荐为泰安市社科理论专家，2人作为市级拔尖人才进行管理。选派1人赴新疆喀什岳普湖县委党校支教，2人到高新区和宁阳县担任驻村“第一书记”。组织教师参加省委党校线上师资培训平台——“种金顶云讲堂”专题培训；开展学习贯彻中共十九届六中全会精神网络直播课程培训；选派26人参加省委党校各类进修班、专题师资培训班，推动教师思想解放、素质提升。（祝　捷）

编辑　校对　　刘　凯

泰安市人民代表大会

综 述

【概况】 2021年，市人大常委会深入学习贯彻习近平新时代中国特色社会主义思想，认真贯彻中共十九大和十九届历次全会精神，在中共泰安市委的坚强领导下，立足人大职能，突出工作重点，积极担当作为。全年共召开主任会议13次，常委会会议10次，制定和修改地方性法规2件，听取和审议专项工作报告19项，开展执法检查、视察、调研32次，作出决议决定8项。

【重大决议决定】 为建立健全全市应急保障体系，统筹提升各类突发事件应对保障能力，2021年5月17日，市十七届人民代表大会常务委员会第三十五次会议表决通过《泰安市重大突发事件应急保障体系建设规划（2021—2030年）》决议。为贯彻落实山东省“十四五”生态环境保护规划有关要求和规定，切实推动全市生态文明建设和生态环境保护，2021年12月29日，市十七届人民代表大会常务委员会第四十一次会议表决通过《泰安市“十四五”生态环境保护规划》决议。为进一步完善泰安国有资产管理情况报告工作机制，推动加强人大和全社会对国有资产管理的监督，促进泰安国有资产治理体系和治理能力现代化，使国有资产更好服务泰安发展，2021年12月29日，市十七届人大常委会第四十一次会议表决通过《泰安市人民代表大会常务委员会关于加强国有资产管理情况监督的决定》。

【自身建设】 立足“四个机关”定位，把讲政治、强作风、增效能、促保障作为切入点和着力点，提升履职能力水平。加强思想作风建设。把思想政治建设摆在首位，扎实开展党史学习教育，形成常委会党组带头学、机关党员干部跟进学的联动学习机制，坚持学以致用，推动“我为群众办实事”项目落实落地。严格落实中央八项规定精神和省委、市委实施细则要求，不断改进会风文风，力戒形式主义、官僚主义。扎实推进党风廉政建设，筑牢干部队伍廉洁自律思想和行为防线。全力支持市纪委、监委派驻第三纪检监察组开展工作，认真做好市委巡察反馈问题整改工作，机关建设全面加强。加强常委会班子建设。把握国家权力机关定位，全力推进履职规范化、制度化、标准化。加强常委会组成人员履职能力建设，修改完善常委会组成人员守则，规范履职评议考核办法，增强履职的积极性、主动性。加强机关队伍建设。常委会重视和加强专门委员会和机关建设，推动专门委员会工作深入开展。关心和加强中青年干部队伍建设，创造环境，搭建成长成才平台。举办中青年干部专题读书班，选派优秀干部到基层一线、“四进”攻坚工作组经受锻炼、服务大局，加强对中青年干部的培养和使用。强化制度建设，规范机关运行，推动机关党的建设、老干部服务、档案管理、文明创建、信访等各项工作争一流、上水平。加强理论宣传。坚持正确舆论导向，努力讲好人大故事。搭建载体平台，在电视、报纸和新媒体开设专栏，宣传展示人大代表履职风采。加强人大新闻宣传，在省以上媒体刊登新闻稿件40余件。加强理论研究，成立市人大工作理论研究会，组织开展习近平法治思想、习近平总书记关于坚持和完善人民代表大会制度的重要思想的学习研讨，推动人大工作与时俱进。

【人事任免】 年内，市人大常委会依法行使人事任免权，任免国家机关工作人员103人次。

1月21日，泰安市第十七届人民代表大会常务委员会第三十二次会议，任命李平为泰安市人大常委会监察和司法工作委员会主任，王文忠为泰安市人大常委会社会建设工作委员会主任。免去李平泰安市人大常委会副秘书长职务，王文忠泰安市人大常委会预算工作委员会副主任职务。决定任命许伟为泰安市住房和城乡建设局局长，决定免去张韧泰安市人民政府秘书长职务，张广银泰安市住房和城乡建设局局长职务。任命张太楼为泰安市中级人民法院审判员。批准任命毛斌为宁阳县人民检察院检察长。免去周萍泰安市人民检察院检察员职务。

2 月 25 日，泰安市第十七届人民代表大会常务委员会第三十三次会议，决定任命李华民为泰安市人民政府秘书长，戴先锋为泰安市生态环境局局长，免去李华民泰安市生态环境局局长职务。

4 月 27 日，泰安市第十七届人民代表大会常务委员会第三十四次会议，决定任命刘琳为泰安市应急管理局局长。决定免去张培峰泰安市司法局局长职务。任命范军为泰安市人民检察院副检察长、检察委员会委员、检察员，王增爱为泰安市人民检察院检察委员会委员、检察员。免去周新宇泰安市人民检察院检察员职务，赵志刚泰安高新技术产业开发区人民检察院副检察长、检察委员会委员、检察员职务。批准免去王增爱泰安市泰山区人民检察院检察长职务，范军新泰市人民检察院检察长职务，赵平原东平县人民检察院检察长职务。

5 月 17 日，泰安市第十七届人民代表大会常务委员会第三十五次会议，免去王成钧泰安市中级人民法院执行局执行二庭庭长、审判员职务。

5 月 28 日，泰安市第十七届人民代表大会常务委员会第三十六次会议，根据常绪扩的辞职报告，决定接受其辞去泰安市人民政府副市长职务的请求。决定任命张颖为泰安市人民政府副市长。

6 月 29 日，泰安市第十七届人民代表大会常务委员会第三十七次会议，批准任命赵平原为泰安市泰山区人民检察院检察长，周新宇为东平县人民检察院检察长。任命郑岩为泰安高新技术产业开发区人民检察院副检察长、检察委员会委员、检察员。

8 月 24 日，泰安市第十七届人民代表大会常务委员会第三十八次会议，决定任命唐传营为泰安市人民政府副市长。任命梁传英、王永建为泰安高新技术产业开发区人民检察院副检察长、检察委员会委员、检察员，张媛媛为泰安高新技术产业开发区人民检察院检察员。

9 月 24 日，泰安市第十七届人民代表大会常务委员会第三十九次会议，免去张宏伟泰安高新技术产业开发区人民检察院检察长、检察委员会委员、检察员职务。

10 月 29 日，泰安市第十七届人民代表大会常务委员会第四十次会议，决定任命梁立元为泰安市司法局局长，孙磊为泰安市财政局局长，臧玉海为泰安市林业局局长。决定免去刘斌泰安市财政局局长职务，葛茂金泰安市林业局局长职务。任命唐娜为泰安市中级人民法院立案一庭庭长，李兴文为泰安市中级人民法院立案二庭庭长，王凌强为泰安市中级人民法院刑事审判第一庭庭长，王君远为泰安市中级人民法院刑事审判第二庭庭长，王蕾为泰安市中级人民法院刑事审判第三庭庭长，阎鹏为泰安市中级人民法院民事审判第一庭庭长，谭明娜为泰安市中级人民法院民事审判第二庭庭长，梁丽梅为泰安市中级人民法院民事审判第三庭庭长，陈峰为泰安市中级人民法院民事审判第四庭庭长，张云翼为泰安市中级人民法院行政审判庭庭长，郑成国为泰安市中级人民法院审判监督庭庭长，王华为泰安市中级人民法院执行局执行一庭庭长，张宗强为泰安市中级人民法院执行局执行二庭庭长，刘庆伟为泰安市中级人民法院

1月28日，当选的市监察委员会主任于瑞波（前排中）、市人大常委会副主任辛海明（前排右二）和市人大常委会委员向宪法庄严宣誓

（王馨蕾　供）

执行局执行三庭庭长，王芳为泰安市中级人民法院立案二庭副庭长，张国强为泰安市中级人民法院刑事审判第一庭副庭长，屈玉涛为泰安市中级人民法院刑事审判第一庭副庭长，曹丙营为泰安市中级人民法院刑事审判第二庭副庭长，王舰为泰安市中级人民法院刑事审判第三庭副庭长，薛茜为泰安市中级人民法院民事审判第一庭副庭长，宋许科为泰安市中级人民法院民事审判第二庭副庭长，朱惠东为泰安市中级人民法院民事审判第三庭副庭长，毕经纶为泰安市中级人民法院民事审判第三庭副庭长，徐献武为泰安市中级人民法院民事审判第四庭副庭长，冯小芳为泰安市中级人民法院审判监督庭副庭长，仉磊为泰安市中级人民法院审判监督庭副庭长，魏军为泰安市中级人民法院执行局执行三庭副庭长。免去唐娜泰安市中级人民法院立案一庭副庭长职务，李兴文泰安市中级人民法院民事审判第二庭副庭长职务，王凌强泰安市中级人民法院刑事审判第二庭庭长职务，王君远泰安市中级人民法院刑事审判第二庭副庭长职务，王蕾泰安市中级人民法院刑事审判第三庭副庭长职务，阎鹏泰安市中级人民法院民事审判第一庭副庭长职务，谭明娜泰安市中级人民法院民事审判第三庭庭长职务，梁丽梅泰安市中级人民法院民事审判第二庭副庭长职务，陈峰泰安市中级人民法院民事审判第二庭庭长职务，郑成国泰安市中级人民法院立案二庭庭长职务，王华泰安市中级人民法院立案一庭副庭长职务，张宗强泰安市中级人民法院执行局执行三庭副庭长职务，王芳泰安市中级人民法院民事审判第三庭副庭长职务，张国强泰安市中级人民法院审判监督庭副庭长职务，屈玉涛泰安市中级人民法院民事审判第三庭副庭长职务，曹丙营泰安市中级人民法院刑事审判第一庭副庭长职务，王舰泰安市中级人民法院刑事审判第一庭副庭长职务，薛茜泰安市中级人民法院民事审判第四庭副庭长职务，宋许科泰安市中级人民法院民事审判第一庭副庭长职务，朱惠东泰安市中级人民法院民事审判第二庭副庭长职务，毕经纶泰安市中级人民法院民事审判第四庭副庭长职务，徐献武泰安市中级人民法院民事审判第三庭副庭长职务，冯小芳泰安市中级人民法院立案二庭副庭长职务，仉磊泰安市中级人民法院民事审判第四庭副庭长职务，魏军泰安市中级人民法院民事审判第三庭副庭长职务，朱旭光泰安市中级人民法院审判员职务，秦勇、陈学忠泰安市中级人民法院审判委员会委员、审判员职务，裴晓东泰安市中级人民法院立案一庭庭长职务，陈文生泰安市中级人民法院刑事审判第一庭庭长职务，于建平泰安市中级人民法院刑事审判第三庭庭长职务，李鸿雷泰安市中级人民法院民事审判第一庭庭长职务，王勇泰安市中级人民法院民事审判第四庭庭长职务，侯凯青泰安市中级人民法院审判监督庭庭长职务，王兆民泰安市中级人民法院执行局执行一庭庭长、审判员职务，王庆伟泰安市中级人民法院刑事审判第二庭副庭长职务，王涛泰安市中级人民法院执行局执行二庭副庭长职务。

12月29日，泰安市第十七届人民代表大会常务委员会第四十一次会议，根据赵德健的辞职报告，决定接受其辞去泰安市人民政府副市长职务的请求，报泰安市人民代表大会备案。（张国伟）

重要会议

【市十七届人大六次会议】 1月25—28日召开，大会通过泰安市十七届人大六次会议关于政府工作报告的决议、关于泰安市国民经济和社会发展第十四个五年规划和二〇三五年远景目标纲要的决议、关于泰安市2020年国民经济和社会发展计划执行情况与2021年计划的决议、关于泰安市2020年预算执行情况和2021年预算的决议、关于泰安市人民代表大会常务委员会工作报告的决议、关于泰安市中级人民法院工作报告的决议、关于泰安市人民检察院工作报告的决议。大会选举辛海明为泰安市人大常委会副主任，选举王希娟、乔建博、梁作宾为市十七届人大常委会委员，选举于瑞波为市监察委员会主任。

【市十七届人大常委会主任会议】 年内，市十七届人大常委会举行主任会议13次。

市十七届人大常委会第四十六次主任会议。1月20日召开。会议研究市十七届人大常委会第三十二次会议的建议议程和日程；研究人事任免的有关事项；研究提请市十七届人大常委会第三十二次会议审议的有关材料；研究市人大常委会工作报告（稿）；听取预算工委关于泰安市2020年预算执行情况和2021年预算草案的预先审查情况报告；听取市人大监察和司法委员会关于全市刑事检察和刑事审判工作情况报告的审议意见。

市十七届人大常委会第四十七次主任会议。2月19日召开。会议研究市十七届人大常委会第三十三次会议的建议议程和日程；传达全

1月25—28日，市十七届人大六次会议召开　　（王馨蕾　供）

省2021年工作动员大会精神和市委常委会议精神；研究人事任免的有关事项；听取市政府关于2021年为民办实事项目筛选确定及推进情况的汇报；研究泰安市人大常委会2021年工作要点（草案）；听取专门委员会对市政府关于全市国有资产管理、学前教育、旅游项目建设工作情况报告的审议意见。

市十七届人大常委会第四十八次主任会议。2月24日召开。会议研究人事任免的有关事项，同意提交市十七届人大常委会第三十三次会议表决，会议还研究了向宪法宣誓的有关问题。

市十七届人大常委会第四十九次主任会议。4月19日召开。会议研究市十七届人大常委会第三十四次会议的建议议程和日程；研究人事任免的有关事项；研究提请市十七届人大常委会第三十四次会议审议的有关材料；审议《泰安市人大常委会关于开展对任命的有关国家机关工作人员2020年度述职述法评议工作的实施方案（草案）》；听取有关专门委员会对市政府关于城市管理、水污染防治"一法一条例"实施、2020年为民要办实事、"七五"普法与2016—2020年依法治市情况报告的审议意见；听取市人大常委会法工委关于全省地方立法工作会议精神的汇报；听取市人大常委会法工委关于《山东省东平湖生态保护和发展促进条例》起草情况的汇报；听取市人大常委会预算工委关于开展2021年部门预算备案审查工作的汇报；听取市人大社会建设委关于全市反家庭暴力"一法一条例"贯彻实施情况暨性别平等工作情况的调研报告。

市十七届人大常委会第五十次主任会议。5月17日召开。会议研究市十七届人大常委会第三十五次会议的建议议程和日程；研究人事任免的有关事项；研究市人大社会建设委关于《泰安市重大突发事件应急保障体系建设规划（2021—2030年）（草案）》的审查结果报告。

市十七届人大常委会第五十一次主任会议。5月28日召开。会议研究市十七届人大常委会第三十六次会议的建议议程；研究人事任免的有关事项。

市十七届人大常委会第五十二次主任会议。6月22日上午召开。会议研究市十七届人大常委会第三十七次会议的建议议程和日程；研究人事任免的有关事项；研究提请市十七届人大常委会第三十七次会议审议的有关材料；听取关于全国人大常委会法工委2021年第一期地方立法培训班精神的汇报；听取市人大城建环资委员会关于全市能源、电力基础设施建设工作的调研报告；听取市人大民侨外旅委员会关于全市《山东省宗教事务条例》实施情况的执法调研报告；听取市人大民侨外旅委员会关于全省人大民侨外工作座谈会的情况汇报。

市十七届人大常委会第五十三次主任会议。6月29日下午召开。会议听取市人大法制委员会关于《泰安市献血条例（草案修改稿）》修改情况的说明。

市十七届人大常委会第五十四次主任会议。8月16日召开。会议研究市十七届人大常委会第三十八次会议的建议议程和日程；研究人事任免的有关事项；研究提请市十七届人大常委会第三十八次会议审议的有关材料；听取关于全省县乡两级人大换届选举工作部署会议精神及贯彻意见的汇报；听取关于省人大常委会习近平法治思想暨2021年地方立法培训班精神的汇报；听取关于2021年部门预算备案审查结果的报告。

市十七届人大常委会第五十五次主任会议。9月24日召开。研究市十七届人大常委会第三十九次会议的建议议程和日程；研究人事任免的有关事项。

市十七届人大常委会第五十六次主任会议。10月18日召开。会议研究市十七届人大常委会第四十次会议的建议议程和日程；研究人事任免的有关事项；听取市政府关于2020年度代表建议、批评和意见办理“回头看”情况的报告；研究提请市十七届人大常委会第四十次会议的有关材料；审议关于贯彻落实《关于加强地方人大对政府债务审查监督的意见》的工作措施（草案）；听取各专门委员会关于市十七届人大六次会议代表重点建议督办情况的汇报；听取市人大社会建设委关于全市就业促进“一法一条例”执法检查报告的审议意见；听取市人大教科文卫委关于中华优秀传统文化进校园情况调研报告。

市十七届人大常委会第五十七次主任会议。10月27日召开。会议研究通过人事任免的有关事项，并将有关的人事任免事项提请市十七届人大常委会第四十次会议审议表决。

市十七届人大常委会第五十八次主任会议。12月21日召开。会议研究市十七届人大常委会第四十一次会议的建议议程和日程；研究人事任免的有关事项；研究提请市十七届人大常委会第四十一次会议审议的有关材料；审议泰安市人大常委会2022—2026年地方立法规划，审议泰安市人大常委会2022年地方立法工作计划；听取有关专门委员会对市政府关于全市公共卫生应急管理体系建设、2021年上半年全市财政预算执行、残疾人保障“一法一办法”实施、上半年全市国民经济和社会发展计划执行情况报告的审议意见；听取预算工作委员会关于市政府2021年市级部门预算备案审查整改情况的汇报，听取市人大农业与农村委员会关于泰安市乡村振兴工作情况的调查报告。

【市十七届人大常委会会议】 年内，市十七届人大常委会举行会议10次。

市十七届人大常委会第三十二次会议。1月21日召开。会议听取关于泰安市第十七届人民代表大会第六次会议筹备工作情况的报告，听取关于泰安市人大常委会工作报告（审议稿）起草情况的说明，听取市政府关于泰安市国民经济和社会发展第十三个五年规划实施情况暨第十四个五年规划和二〇三五年远景目标纲要（草案）的报告；听取市人大常委会代表资格审查委员会关于补选代表的代表资格的审查报告；听取主任会议关于提请任免市人大常委会工作人员职务的报告；听取市政府关于提请任免市政府组成人员职务的议案；听取市中级人民法院关于提请任命人民法院审判人员职务的报告；听取市人民检察院关于提请任免人民检察院检察人员职务的报告；听取拟任职人员发言。会议表决通过关于召开泰安市第十七届人民代表大会第六次会议的决定；原则通过泰安市人大常委会工作报告（审议稿）；表决通过泰安市第十七届人民代表大会第六次会议列席人员范围；原则通过泰安市第十七届人民代表大会第六次会议主席团、秘书长名单（草案）；原则通过市人大常委会关于泰安市国民经济和社会发展第十三个五年规划实施情况暨第十四个五年规划和二〇三五年远景目标纲要草案的报告的审议意见；表决通过市人大常委会代表资格审查委员会关于补选代表的代表资格的审查报告。会议表决通过人事任免事项，向被任命人员颁发任命书，并举行宪法宣誓仪式。

市十七届人大常委会第三十三次会议。2月25日召开。会议传达省十三届人大五次会议精神；听取泰安市人大常委会2021年工作要点（草案）；听取市政府关于提请任免市政府组成人员职务的议案；听取拟任职人员发言。

市十七届人大常委会第三十四次会议。4月27日召开。会议听取市政府关于《泰安市献血条例（草案）》的说明；听取市政府关于2020年度环境状况和环境保护目标完成情况的报告；听取市政府关于办理市人大常委会优化营商环境工作情况报告的审议意见和专题询问有关问题整改情况的报告；听取市政府关于全市脱贫攻坚工作情况的报告；听取市中级人民法院关于全市法院一站式多元解纷和诉讼服务体系建设工作情况的报告；听取市人大常委会执法检查组关于全市就业促进“一法一条例”执法检查的报告；听取市政府关于提请任免市政府组成人员职务的议案；听取市人民检察院关于提请任免检察人员职务的报告；听取拟任职人员发言。会议原则通过市人大常委会关于全市2020年度环境状况和环境保护完成情况的报告的审议意见；原则通过市人大常委会对市政府《关于办理市人大常委会优化营商环境工作情况报告的审议意见和专题询问有关问题整改情况的报告》的审议意见；原则通过市人大常委会关于全市法院一站式多元解纷和诉讼服务体系建设工作情况的报告的审议意见；原则通过市人大常委会关于全市就业促进“一法一条例”执法检查的报告的审议意见。会议对市人大常委会任命的有关国家机关工作人员2020年度述职述法情况进行评议。会议表决通过人事任免事项，向被任命人员颁发任命书，并举行宪法宣誓仪式。

市十七届人大常委会第三十五次会议。5月17日召开。会议听取市政府关于泰安市重大突发事件应急保障体系建设规划（2021—2030年）编制情况的报告；听取市人大常委会代表资格审查委员会关于个别代表的代表资格变动情况的报告；听取市中级人民法院关于提请免去审判人员职务的报告。会议表决通过市人大常委会关于《泰安市重大突发事件应急保障体系建设规划（2021—2030年）》的决议（草案）；表决通过市人大常委会代表资格审查委员会关于个别代表的代表资格变动情况的报告；表决通过人事任免事项。

市十七届人大常委会第三十六次会议。5月28日召开。会议听取市政府关于提请任命政府组成人员职务的议案；听取拟任职人员发言。会议表决通过人事任免事项，并举行宪法宣誓仪式。

市十七届人大常委会第三十七次会议。6月29日召开。会议听取市人大法制委员会关于《泰安市献血条例（草案）》审议结果的报告；听取市政府关于《泰安市志愿服务促进条例（草案）》的说明；听取市政府关于全市交通运输工作情况的报告；听取市政府关于全市公共卫生应急管理体系建设情况的报告；听取市人民检察院关于提请任命检察人员职务的报告。会议表决通过《泰安市献血条例（草案表决稿）》；原则通过市人大常委会关于《全市交通运输工作情况的报告》的审议意见；原则通过市人大常委会关于《全市公共卫生应急管理体系建设情况的报告》的审议意见；表决通过市人大常委会代表资格审查委员会关于个别代表的代表资格变动情况的报告。会议表决通过人事任免事项，并向被任命人员颁发任命书。

市十七届人大常委会第三十八次会议。8月24日召开。会议听取市人大法制委员会关于《泰安市志愿服务促进条例（草案）》审议结果的报告；听取市政府关于泰安市2021年上半年国民经济和社会发展计划执行情况的报告；听取市政府关于泰安市2020年财政决算和2021年上半年预算执行情况的报告；听取市政府关于泰安市2020年度市级预算执行和其他财政收支的审计工作报告；听取市人大常委会主任会议对《泰安市人大常委会关于在全市开展第八个五年法治宣传教育的决议（草案）》的说明；听取市人大常委会执法检查组关于检查《中华人民共和国档案法》实施情况的报告；听取市人大常委会执法检查组关于全市残疾人保障“一法一办法”实施情况的报告；听取市政府关于提请任命市政府组成人员职务的议案；听取市中级人民法院关于提请免去市中级人民法院审判人员职务的报告；听取市人民检察院关于提请任命人民检察院检察人员职务的报告；听取拟任职人员发言。会议原则通过市人大常委会关于2021年上半年全市国民经济和社会发展计划执行情况的审议意见；原则通过市人大常委会关于2021年上半年全市财政预算执行情况的审议意见；表决通过泰安市人大常委会关于批准泰安市2020年市级财政决算的决议；表决通过泰安市人大常委会关于泰安市2020年市级预算执行和其他财政收支审计工作报告的决议；表决通过泰安市人大常委会关于在全市开展第八个五年法治宣传教育的决议；原则通过市人大常委会关于检查《中华人民共和国档案法》实施情况的报告的审议意见；原则通过市人大常委会关于检查全市残疾人保障“一法一办法”实施情况的报告的审议意见；表决通过市人大常委会代表资格审查委员会关于个别代表的代表资格变动情况的报告。会议表决通过人事任免事项，向被任命人员颁发任命书，并举行宪法宣誓仪式。

市十七届人大常委会第三十九次会议。9月24日召开。会议听取市人民检察院关于提请免去检察人员职务的报告，经过审议讨论，以举手表决的方式通过有关人事免职的决定。

市十七届人大常委会第四十次会议。10月28日至29日召开。会议传达学习中央人大工作会议精神；会议听取市十七届人大常委会第五十六次主任会议关于泰安市第十八届人民代表大会代表名额的决定（草案）的说明；听取市政府关于2020年度全市国有资产管理情况的综合报告；听取市政府关于全市深化“放管服”改革情况的报告；听取市政府关于全市国有林场改革发展工作情况报告；听取市政府关于泰山区域山水林田湖草生态修复治理工作的报告；听取市政府关于发展旅游新业态，打造泰安旅游“升级版”情况的报告；听取市监察委员会关于开展扫黑除恶“惩腐打伞”工作情况的报告；听取市政府关于提请任免市政府组成人员职务的议案；听取市中级人民法院关于提请任免审判人员职务的报告；听取拟任职人员发言。

市十七届人大常委会第四十一次会议。12月29日召开。会议听取市人大法制委员会关于《泰安市志愿服务促进条例（草案修改稿）》修改情况的说明；听取市十七届人大常委会第五十八次主任会议关于《泰安市人民代表大会常务委员会关于加强国有资产管理情况监督的决定（草案）》的说明；听取市人大常委会法工委关于全市规范性文件备案审查工作情况的报告；听取市政府关于2020年度市级预算执行和其他财政收支审计查出问题整改情况的报告；听取市政府关于2021年全市新增政府债务限额及市级预算调整方案（草案）的报告；听取市政府关于2021年为民要办的10件实事实施情况的报告；听取市政府关于《泰安市“十四五”生态环境保护规划（草案）》编制情况的报告；听取市人大教育科学文化卫生委员会关于市十七届人大六次会议主席团交付审议的第4号议案审议结果的报告；听取市人大社会建设委员会关于市十七届人大六次会议主席团交付审议的第6号议案审议结果的报告；听取市政府关于政府系统办理市十七届人大六次会议以后代表建议、批评和意见情况的报告；听取市中级人民法院关于提请免去审判人员职务的报告。会议表决通过《泰安市志愿服务促进条例（草案表决稿）》；表决通过《泰安市人民代表大会常务委员会关于加强国有资产管理情况监督的决定》；原则通过市人大常委会关于《2020年度市级预算执行和其他财政收支审计查出问题整改情况的报告》的审议意见；表决通过市人大常委会关于批准2021年全市新增政府债务限额及市级预算调整方案的决议；原则通过市人大常委会关于《2021年为民要办的10件实事实施情况的报告》的审议意见；表决通过市人大常委会关于《泰安市“十四五”生态环境保护规划》的决议；表决通过市人大教育科学文化卫生委员会关于市十七届人大六次会议主席团交付审议的第4号议案审议结果的报告；表决通过市人大社会建设委员会关于市十七届人大六次会议主席团交付审议的第6号议案审议结果的报告；表决通过市政府关于政府系统办理市十七届人大六次会议以后代表建议、批评和意见情况的报告；表决通过市人大常委会人事选举代表工作室关于市十七届人大六次会议以后代表所提建议、批评和意见办理情况的书面报告；表决通过人事任免事项。

（张国伟）

地方立法与法律监督

（参见“法治”类目）

工作监督

【推进高质量发展】　围绕全市重点工作任务，聚焦“十四五”开局、统筹推进经济社会发展和民生实事等开展监督，及时发现问题，推动解决问题。依法审查国民经济计划草案、监督计划执行情况，做好五年规划实施和纲要编制情况审议；组织开展旅游产业发展、全市能源、电力基础设施建设等专题调研、视察、检查；就全市脱贫攻坚、种业发展情况等开展专题调研。持续深化“放管服”改革，开展打造“泰好办”政务服务品牌议案办理情况“回头看”活动，提升“泰好办”政务服务品牌影响力。

【深化预算和国有资产监督】　纵深推进预算审查监督重点拓展改革，制定出台《泰安市人大常委会关于加强市本级部门预算审查监督的若干规定》等制度文件，健全完善全口径政府预算监督体系，在全省率先建成人大预算联网监督平台，实现预算编制、预算执行、预算评价、预算绩效的全流程实时监督。听取全市国有资产管理情况综合报告，分别听取经营性、行政性、资源性、金融性资产管理情况专项报告，作出关于加强国有资产管理情况监督的决定，督促政府健全完善国有资产监管制度，确保国有资产保值增值。

【推动民生和社会事业发展】　听取审议市政府关于落实常委会关于2020年为民要办实事决议等工作情况报告；开展2021年度为民办实事跟踪监督行动，积极建言献策，提出意见建议，推进问题解决；表决通过市人大常委会关于《泰安市重大突发事件应急保障体系建设规划（2021—2030年）》决议；专题视察全市公共卫生应急管理体系建设情况、一站式多元解纷和诉讼服务体系建设情况。聚焦养老服务体系建设，针对养老机构数量不足、养老服务资源不均衡等问题，督促政府扩大养老服务供给，推动养老服务多样化。

【聚焦生态保护和安全生产】　听取审议全市环境状况和年度环境保护目标完成情况报告，开展“泰汶环保世纪行”活动，听取审议市政府关于泰山区域山水林田湖草试点项目完成情况、生态环境保护等情况的报告，推动有关问题解决。坚守安全生产“底线”意识，组织开展安全生产“一法一条例”执法检查，强化多级联动，摸清真情实情，听取审议报告，督促相关部门落实主体责任、提升监管能力，推动全市安全生产形势稳定向好。

（张国伟）

代表履职

【开展代表活动】 组织驻泰安全国、省人大代表围绕推动新旧动能转换、《山东省宗教事务条例》、《泰安市献血条例(草案修改稿)》、文化和旅游融合发展、就业促进"一法一条例"、全市公共卫生应急管理体系建设、《山东省老年教育条例(草案)》等专题,开展调研和执法检查。深化"创新创业、履职履责"主题实践活动,向全市各级人大代表发出"永远跟党走,我为群众办实事"倡议书,发挥代表表率带头作用。巩固拓展脱贫攻坚成果,组织市人大代表采取积极措施,助力所联系的发展相对薄弱村,推动巩固拓展脱贫攻坚同乡村振兴的有效衔接。深化拓展代表小组活动,进一步明确代表小组活动内容,增强小组活动实效。

【开展"双联系"工作】 加强市人大常委会组成人员与分工联系代表的联系,通过参加执法检查、专题调研、集中视察、代表小组活动或在"人大代表之家""人大代表联络站"等"双联系"平台,采取召开座谈会、听取意见建议等形式,与分工联系的代表每年至少联系一次。强化"人大代表之家""人大代表联络站"建设,在形成"人大代表之家""1+N"服务模式的基础上,结合党史学习教育"我为群众办实事"实践活动要求,把"加强人大代表'家''站'建设,深化'双联系'工作,打通联系群众'最后一公里'"列入"我为群众办实事"项目台账,为民要办项目取得积极实效。

10月28日,市人大常委会组成人员赴肥城现场视察　　(王馨蕾　摄)

【提升代表建议督办力度】 严把审核流程,针对人代会期间提出的代表建议数量多、内容覆盖面广、涉及承办单位较多的实际,对提交的代表建议进行校核整理并形成建议汇编和承办情况汇编,提高建议转办的精准度和工作效率。建立工作台账,向市政府及有关部门等58个单位印发代表建议转办函,明确代表建议编号、承办单位、办理期限等内容,对承办情况实行代表建议办理销号制度,调动各承办单位的积极性和主动性。明确督办重点,确定10件代表建议作为各专门委员会2021年的重点督办建议。各专门委员会通过专题视察、召开座谈会以及与开展视察、调研、执法检查等相结合的形式进行督办,督办情况在10月份主任会议上专题汇报。在泰安电视台开辟《人大代表重点建议跟踪督办》专栏,对重点督办的代表建议进行专题报道,提升督办质量。开展代表建议办理"回头看",专题听取市政府系统2020年度B类代表建议办理"回头看"情况工作报告,助力解决一批代表广泛关注、群众普遍关心的民生实事。

【提升代表服务保障能力】 提高代表参与权知情权,邀请驻泰安全国、省、市人大代表600余人次参与省人大常委会、市人大常委会组织的视察、调研、执法检查等活动及"一府一委两院"组织的有关活动;邀请15名驻泰安全国、省人大代表担任泰安市人大工作理论研究会会员。把加强代表履职学习、提高履职能力作为一项基础工作,组织14名驻泰安省人大代表和岱岳区、肥城市人大常委会主要负责人参加省十三届人大代表学习班,提高代表的履职能力和水平。建立健全代表履职情况报告、履职档案记实和评价制度,全过程记录代表履职实绩,激发代表履职尽责积极性。

(张国伟)

编辑　校对　王　巍

泰安市人民政府

综　述

【重要决策、决定】　1月29日，市政府办公室印发《泰安市打造“国际体育休闲名城”行动计划（2021—2025年）》，立足于充分挖掘和发挥泰安市体育旅游资源优势，统筹全市体育旅游体系，以打造国内外重要体育赛事节点型城市为突破口，加强公共服务设施建设，健全政策安全保障体系，优化体育旅游消费环境，壮大泰安特色体育旅游产业集群，不断推进体育与旅游产业深度融合发展，将泰安市打造成为世界级山水文化型体育休闲名城，跻身中国体育旅游城市“第一方阵”，塑造“体泰心安”的国民体育旅游形象。

2月7日，市政府办公室印发《关于促进3岁以下婴幼儿照护服务发展的通知》，要求大力推进婴幼儿照护机构及配套设施建设、全面加强对婴幼儿照护的指导和管理、完善支持婴幼儿照护服务机构发展的配套政策，促进婴幼儿照护服务规范发展，更好地满足人民群众对婴幼儿照护服务需求。2021年，建成1所经国家托育机构备案信息系统审核备案，具有示范引领作用的普惠性婴幼儿托育服务机构。到2023年，托育服务机构数量进一步增加，婴幼儿照护服务管理体制机制初步建立，每个县（市、区）至少建立1所具有示范带动作用、承担一定指导功能的托育服务示范点。

2月23日，市政府印发《泰安市2021年市级重点建设项目名单》，公布建设类项目107项、准备类项目32项、续建项目27项。

3月2日，市政府办公室印发《关于公布第三届“泰山和谐使者”名单的通知》，公布和西梅、王相红等15人为第三届“泰山和谐使者”。

3月9日，市政府办公室印发《关于公布2020年泰安市首席技师名单的通知》，公布张彬、杨丽等20人为泰安市首席技师。

3月10日，市政府办公室印发《全面实施“一业一证”改革大幅降低行业准入准营成本工作方案》，在原有20个试点行业基础上，新增建筑、检验检测、特种设备生产等行业，将“一业一证”改革范围扩展至50个行业，健全完善“一章审批、一次告知、一表申请、一窗受理、一同核查、一并办理、一证准营、一体联动”机制，大幅降低行业准入准营制度性交易成本，加快推动集成化流程再造、信用化审批监管、智慧化功能提升。

3月12日，市政府办公室印发《市发展改革委〈泰安市2021年国民经济和社会发展计划〉》，明确2021年经济社会发展总体思路和预期目标、2021年经济社会发展重点及措施等内容。

3月15日，市政府办公室印发《关于推进新型基础设施建设的实施意见》，以打造全省新型基础设施建设示范区为目标，大力推进5G网络基础设施建设应用、建设高水平数据中心、推动工业互联网加快发展、加强人工智能建设示范、积极推进新型农业基础设施建设、大力发展新型交通基础设施等。

3月25日，市政府印发《关于推进规模以上制造业企业技改扩规全覆盖的实施意见》，明确以智能化技术改造项目为抓手，运用大数据、云计算、工业互联网、物联网、人工智能、5G、区块链等新一代信息技术，推行“技改+”模式，在全市规模以上制造业企业中开展新一轮技改扩规运动，为推动全市经济社会高质量转型发展提供坚实保障。

4月2日，市政府印发《2020年度泰安市科学技术奖名单》，授予山东科技大学姜海燕等6人市青年科技创新奖；授予“新型土壤调理剂关键技术研发与应用”等10项成果市科学技术进步奖一等奖，授予“氨基葡萄糖绿色生物制造关键技术”等30项成果市科学技术进步奖二等奖，授予“高压大容量智能电力变压器的关键技术及应用”等60项成果市科学技术进步奖三等奖。

4月12日，市政府办公室印发《泰安市城市供水管理办法》，共7章37条，内容包括总则、规划和建设、供用水管理、设施维护管理、水质安全、二次供水，自2021年7月14日起施行，有效期至2026年6月30日。

4月25日，市政府办公室印发《泰安市人民政府2021年重大行政决策事项目录》，共公布重大行政决策事项15项。

4月28日，市政府办公室印发《泰安市应急物资储备体系建设规划(2021—2030)年》,按照统一调拨、平时服务、灾时应急、采储结合、节约高效的原则，进一步理顺机制、明确职责、优化布局、提升能力，完善应急物资储备管理机制，建立健全集中统一的应急物资保障体系。通过政府主导、市场化运作的方式，构建政府、企业（商业）、社会、使用单位相衔接的应急物资储备体系，确保关键时刻拿得出、调得快、用得上，有效应对较大突发事件，切实维护人民群众生命财产安全。

4月29日，市政府办公室印发《加快归并优化全市政务服务便民热线工作实施方案》，明确以一个号码服务企业群众为目标，以“需求导向、统一规范、数字赋能、集约高效”为原则，加快推进非紧急类政务服务便民热线归并，全面提升“12345”热线服务能力和服务水平。2021年10月底前，各级设立并在泰安市接听的非紧急类政务服务类热线统一归并至“12345”热线。持续推进“12345”热线与有关诉求渠道融合，优化运行管理机制，强化支撑保障，持续推动泰安市热线工作争创“省内领先、国内一流”。

4月29日，市政府办公室印发《关于做好2021年全市政务公开工作的通知》，要求各级各有关部门和单位要深入贯彻落实上级关于全面深化政务公开的工作要求，通过加大主动公开力度、夯实政务公开工作基础、加强政策解读和回应、强化工作监督和保障机制等举措，努力提高全市政务公开工作规范化、制度化和科学化水平。

5月18日，市委副书记、市长张涛（前排右三）到部分单位、社区、农贸市场督导调研迎接国家卫生城市复审工作　　（赵文文　供）

5月6日，市政府印发《关于加强品牌建设 共建共享“好品山东”推动高质量发展的实施意见》，明确以品牌建设为抓手，聚焦全市重点行业和重要业态，通过实施品牌战略和标准化战略、加大科研力度和品牌培育力度等举措，持续提高“好品山东”品牌美誉度和竞争力，推动全市经济社会高质量发展。到2025年，形成一批自主创新、竞争力强、具有国际国内领先水平的“好品山东”品牌，品牌建设竞争力位居全省区域品牌前列。

5月7日，市政府办公室印发《关于进一步严肃全市政府系统公文处理工作纪律提高以文辅政质效的通知》，对公文报送、公文制发、公文确定事项督办、印信管理等工作作出进一步规范，要求全市政府系统公文处理工作坚持“科学、规范、严谨、精细”原则，狠抓“质量、效率、落实”3个关键，深入开展公文处理流程再造，不断丰富完善以文辅政内涵，以务实规范、优质高效的工作态度全力服务市委、市政府重要决策部署落实落地。

5月14日，市政府印发《泰安市国民经济和社会发展第十四个五年规划和二〇三五年远景目标纲要》，从科技创新、新旧动能转换、深化改革、促进开放、绿色发展等14个方面，全面阐述“十四五”时期的发展战略、总体目标、主要任务和重要举措，明确提出2035年发展远景目标，是泰安市新时代现代化强市建设的宏伟蓝图，是全市人民的行动纲领。

5月24日，市政府办公室印发《泰安市政务服务“双全双百”工程实施方案》，2021年年底前，围绕企业开办、准营、运营、退出等阶段，个人出生、教育、工作、婚育、养老等阶段，各推出不少于100项企业和群众办事需求大、关联度高、获得感强的高频事项，简化办理环节，推进流程再造，全面构建部门协同、整体联动、线上线下融合的政务服务新模式，实现“双全双百”事项极简办、集成办、全域办，大力提升企业和群众满意度。

5月27日，市政府办公室印发《泰安市全面推行证明事项告知承诺制实施方案》，围绕直接面向群众和企业、依申请办理的政务服务事项，以行政机关清楚告知、企业和群众诚信守诺为重点，全面推行证明事项告知承诺制工作，切实减少多余证明、循环证明、重复证明，逐步构建标准公开、规则公平、预期明确、各负其责、信用监管的治理模式，努力建设服务型政府，全力打造一流营商环境。

5月28日，市政府印发《泰安市优化营商环境创新突破行动实施方案》，对标全国先进水平，补齐补强短板弱项，细化开办企业、工程建设项目审批制度改革等18项优化营商环境创新突破行动的配套措施，力争全市营商环境整体实现新提升。

6月4日，市政府办公室印发《泰安市以社会保障卡为载体发放惠民惠农财政补贴工作实施方案》，深入贯彻落实习近平总书记关于“探索以社会保障卡为载体建立居民服务‘一卡通’”的重要指示精神，发挥社保卡安全、便捷、覆盖广的优势，在教育、民政、农业、林业、扶贫、公积金等12大领域推广应用社保卡“一卡通”和惠民惠农补贴“一本通”平台，通过跨部门数据信息共享，整合集中财政补贴资金发放工作，健全补贴资金发放全过程监管长效机制和基层服务体系，构建共建共享公用的社保卡“一卡通”服务新格局。

6月6日，市政府办公室印发《贯彻落实〈东平湖生态保护和高质量发展专项规划（2020—2035年）〉重点任务分工方案》，对强化区域和流域统筹、全力保障防洪安全、水环境保护和水资源利用、建立高质量国土空间保护开发格局、加强生态修复和生态建设、优化城乡居民点空间格局等8个方面工作进行任务分解，明确责任部门，强化督导落实，努力推动东平湖区成为黄河流域生态保护和高质量发展示范区。

6月7日，市政府办公室印发《泰安市重大突发事件应急保障体系建设规划（2021—2030年）》，通过完善应急管理指挥、应急医疗卫生保障、应急运输保障、应急通信保障等9个方面体系，开展应急管理信息化系统、应急指挥中心、风险监测预警中心、应急物资储备等14项工程，大力推进重大突发事件应急保障体系建设，有效防范化解重大公共安全风险。到2030年，建成平战结合、专常兼备、反应灵敏、上下联动、特色鲜明、全面有效应对各类突发事件的现代化应急保障体系。

6月17日，市政府印发《泰安市康养福地建设实施意见》，部署全面提升医疗卫生服务水平、加快发展健康养老服务业、提升发展文旅康养产业、积极发展健康体育产业、大力发展中医药健康产业、发展壮大健康农业产业等工作，推动医疗康养、养老养生、旅游休闲等业态深度融合，持续提升“养老泰安·养生泰山”品牌影响力，努力构建覆盖全生命周期的医养健康产业体系，建成省内一流、国内有影响力的医养健康基地。

6月24日，市政府印发《泰安市“三线一单”生态环境分区管控方案》，结合区域发展格局、生态环境问题及目标要求，划定环境管控单元，实施差别化生态环境分区管控措施，严把生态环境准入关，加快推进“生态保护红线、环境质量底线、资源利用上线、生态环境准入清单”落地，进一步健全国土空间开发保护制度，推动形成绿色发展模式，努力建成人与自然和谐共生的美丽泰安。

7月1日，市政府办公室印发《泰安市重大突发事件应急保障体系建设行动计划（2021—2022年）》，通过完善应急管理领导指挥体系、开展风险隐患排查治理、壮大应急救援力量等措施，进一步提高全市突发事件应急保障能力和水平。到2022年，初步形成具有泰安特色的应急保障体系框架，应急保障能力和水平走在全省前列。

7月24日，市政府印发《关于公布泰安市市本级2021年度国有建设用地供应计划的通知》，以优化土地供应结构、促进土地集约节约利用、加强租赁住宅用地保障为供应导向，2021年度市本级国有建设用地供应总量控制在942.06公顷以内，其中居住用地336.57公顷、公共管理与公共服务设施用地42.02公顷、商业服务业用地117.44公顷、工矿用地142.4公顷、交通运输用地267.4公顷、公用设施用地19.98公顷、绿地与开敞空间用地15.54公顷、特殊用地0.71公顷。

8月4日，市政府印发《泰安市产业高地建设实施意见》，深入实施“产业兴市”战略，通过优化产业布局、壮大市场主体、强化项目支撑、加强要素保障，进一步推动淘汰低效落后动能、改造提升传统产业、培育壮大新兴产业、大力发展现代服务业，推进企业梯次培育，加快产业集群发展，打造一批千亿级支柱产业、百亿级优势产业，为建设新时代现代化强市注入强大动力。

8月9日，市政府办公室印发《关于建立“信易批”服务机制推进“泰好办”政务服务信用体系建设工作方案（试行）》，通过推动政务服务诚信建设，建立政务服务信用奖惩机制，完善信用信息平台等措施，充分发挥信用在创新政务服务机制、提高政务服务能力等方面的基础性作用，全面推进“泰好办”政务服务信用体系建设，不断提高社会诚信水平。

8月9日，市政府印发《关于发布2021年企业工资指导线的通知》，根据国务院及省政府关于改革国有企业工资决定机制要求，企业工资指导线基数为2020年全国城镇非私营单位就业人员平均工资97379元，2021年全市企业职工货币工资增长基准线为7%；不再发布企业职工货币工资增长上线、下线。企业应按照有关规定，建立职工工资正常增长机制，合理安排职工工资增长。

8月11日，市政府办公室印发《泰安市加强食品安全工作若干措施》，深入贯彻落实习近平总书记关于食品安全的重要指示精神和“四个最严”要求，坚持“源头严防、过程严管、后果严惩”的原则，加强种植养殖源头管控，强化食品生产、流通、餐饮全过程监管，提高食品安全监管效能，全面推动全市食品安全状况稳定向好，保障人民群众“舌尖上的安全”。

8月13日，市政府印发《泰安市市级证明事项告知承诺制清单（第一批）》，共涉及20个部门343项政务服务事项。

8月19日，市政府印发《泰安市科创名地建设实施意见》，明确充分发挥泰安市优势，抢抓济（南）泰（安）同城加快布局等战略机遇，进一步深化科技创新体制机制改革、加快培育创新主体、打造高能级创新平台，加快科创名地建设步伐，为实现泰安高质量发展提供坚强科技支撑。

8月23日，市政府办公室印发《公共文化领域市与县财政事权和支出责任划分改革实施方案》，明确基本公共文化服务、文化艺术创作扶持、文化遗产保护传承、文化交流、能力建设等5个方面市与县财政事权和支出责任。

8月26日，市政府办公室印发《关于进一步做好全市政务公开重点工作的通知》，要求进一步加强优化营商环境领域、历史规划（计划）和高质量发展领域、公共企事业单位、财政领域、民生安全、疫情防控等6个领域信息公开，切实推动泰安市政务公开工作提质增效。

8月27日，市政府办公室印发《泰安市防震减灾事业发展第十四个五年规划（2021—2025年）》，坚持以人为本、服务发展，坚持问题导向、融合发展，坚持系统观念、共建共治，进一步夯实监测基础，加强预报预警，摸清风险底数，强化抗震设防，保障应急响应，增强公共服务，推进泰安市防震减灾事业高质量发展，力争到2025年，初步建成“监测智能、防治精细、服务高效、科技先进、管理科学”的新时代防震减灾事业现代化体系。

8月27日，市政府办公室印发《关于进一步加强水库除险加固和运行管护工作的实施意见》，通过强化资金投入保障、加快实施除险加固、强化水库运行管护、强化信息技术支撑等措施，建立健全水库运行管护长效机制，全面提升水库管理水平，保障水库运行安全。

9月1日，市政府印发《第三十五届泰山国际登山节总体方案》。该届泰山国际登山节于9月6日举办，内容包括2021中国泰安投资合作洽谈会、2021第三十五届泰山国际登山比赛暨第二十六届全国全民健身登泰山徒步活动等。

9月2日，市政府印发《泰安市文旅胜地建设实施意见》，明确充分发挥泰安市在自然山水风光和历史文化资源等方面的优势，依托泰山、大汶口、大运河、东平湖等为代表的泰安文旅品牌，深入挖掘文化内涵、开发特色产品、完善服务功能、提升城市品质，进一步做大做强“精品旅游”“文化创意”两大产业集群，推动文化和旅游深度融合发展，打造彰显泰山魅力的国际文旅胜地。

9月18日，市政府办公室印发《泰安市2021年冬季清洁取暖建设实施方案》，明确2021年年内，城区、县城完成清洁取暖改造273万平方米，农村地区完成清洁取暖改造20万户；城区、县城完成建筑能效提升90.24万平方米，完成农房能效提升1753户。

9月26日，市政府印发《关于进一步强化就业优先政策做好稳就业保就业工作的通知》，通过帮助企业纾困解难、全力推动创业就业、全面提升就业质量、大力拓展就业渠道、防范化解失业风险、全面提升就业人员素质等举措，切实营造良好就业氛围，加快实现更加充分更高质量就业，确保全市就业形势持续平稳。

9月28日，市政府印发《关于公布全市最低工资标准的通知》，调整后的全市最低工资标准分为两类：泰山区、新泰市、肥城市月最低工资标准为1900元，小时最低工资标准为19元；岱岳区、宁阳县、东平县月最低工资标准为1700元，小时最低工资标准为17元。月最低工资标准适用于全日制就业劳动者，小时最低工资标准适用于非全日制就业劳动者。调整后的标准自2021年10月1日起执行。

9月30日，市政府办公室印发《关于进一步深化户籍管理制度改革促进城乡融合区域协调发展的实施意见》，通过开展全面放开城镇落户限制、畅通入乡返乡落户通道、健全完善实有人口服务管理制度等6个方面重点工作，不断深化户籍管理制度改革，全面放开城镇落户限制，引导劳动力要素合理畅通有序流动，为全市经济社会高质量发展提供充足的人力资源保障。

10月8日，市政府印发《关于修改和废止部分市政府行政规范性文件的决定》，对《泰安市封山育林管理办法》《泰安市人民政府办公室关于印发泰安市烟草制品零售点合理布局管理办法的通知》作出修改，废止《泰安市人民政府关于印发〈泰安市安全生产监督管理办法（试行）〉的通知》。

10月19日，市政府办公室印发《泰安市市属企业负责人经营业绩考核与薪酬管理办法》，包括总则、考核内容与指标、考核目标及实施、考核结果与奖惩、薪酬结构与管理、附则等6章59条。

10月27日，市政府办公室印发《关于加强入库纳统工作的通知》，明确“四上企业”、固定资产投资项目、限上个体户等纳统对象入库纳统的申报标准、时间及流程，构建起职责明晰的纳统体系，鼓励和支持纳统对象主动纳统；督促指导企业完善财务账簿、依法纳统，确保统计数据全面、准确、客观反映泰安市经济发展成果，为泰安市经济高质量发展提供坚实保障。

10月29日，市政府办公室印发《泰安市深化农村道路管理养护体制改革实施意见》（以下简称《实施意见》）、《泰安市农村道路路长制实施方案》（以下简称《实施方案》）。《实施意见》部署完善市、县、乡3级管理体制、强化农村道路养护管理资金保障等4方面重点任务，明确到2022年基本建立权责清晰、齐抓共管的管理养护体制机制，有效补齐全市农村道路管理短板；农村道路列养率达到100%，农村公路年均养护工程比例不低于7%，中等及以上农村公路占比不低于80%。《实施方案》确定路长制的组织体系和工作任务，确定全面推行以县（市、区）政府、功能区管委主要负责人为总路长的农村道路路长制，设立县、乡、村3级路长，视情况设置分级路长。

11月2日，市政府办公室印发《泰安市工业领军企业50强评价体系》，明确领军企业申报条件、申报程序、评价体系等。

11月19日，市政府办公室印发《关于进一步提升基层政务服务能力的通知》，公布基层“就近办”政务服务事项161项，从提高服务效率、拓宽服务领域、提升服务质量等方面着力，通过整合基层政务服务资源，完善基层政务服务体系，让数据多跑腿、群众少跑腿，全力推动实现基层政务服务“线上办、就近办”，高质量打通政务服务“最后一公里”，为群众提供更好的政务服务体验，不断提升人民群众的获得感和幸福感。

11月23日，市政府办公室印发《开展“有解思维”流程再造实施方案》，聚焦流程类、服务类、监管类、政策类等4大类17方面重点工作，坚持“能取消的审批事项坚决取消、能备案解决的坚决不再审批、所有审批事项均对标全国最优流程、审批事项实行动态优化调整、对优化到位的审批流程形成制度”的基本原则，对标国内先进水平，着力破解服务企业和群众过程中的矛盾困难和短板问题，抓实全市流程再造工作，积极打造“务实、管用、易行”的办事新流程，持续优化泰安市营商环境。

11月28日，市政府印发《泰安市“十四五”数字强市建设规划》，重点阐明市委、市政府融入数字强省建设，抢抓新一轮科技革命和产业变革重大机遇、全面推进经济社会数字化转型发展的战略意图，以数字赋能高质量发展为主体，明确总体目标、主要任务和发展重点，是推进建设数字强市的行动指南。该规划基期为2020年，规划期限为2021—2025年。

11月28日，市政府印发《关于2020年度泰安市专利奖励的决定》，经市专利奖评审委员会审议，市政府决定，授予“一种高效合成乙酰氨基葡萄糖的重组枯草芽孢杆菌”等5项专利2020年度泰安市专利一等奖；授予“一种超薄超透明全生物降解薄膜吹膜级材料及其制备方法”等8项专利2020年度泰安市专利二等奖；授予“一种减速机式三工位慢速操作机构”等15项专利2020年度泰安市专利三等奖。

12月10日，市政府印发《关

于加快建设现代流通体系服务构建新发展格局的实施意见》，通过优化流通设施布局、大力发展新业态新模式、促进城乡流通一体化等措施，加快建设现代流通体系，促进经济循环畅通高效，服务构建新发展格局。

12月13日，市政府印发《关于2021年度泰安市科学技术奖励的决定》，经市科学技术奖评审委员会评审、市科学技术奖励委员会审定，市政府决定，授予山东农业大学张仁堂等6人市青年科技创新奖；授予“工程用高性能碳纤维复合材料智能制造新模式应用”等10项成果市科学技术进步奖一等奖；授予“大吨位起重机械用高强韧焊丝”等29项成果市科学技术进步奖二等奖；授予“隔震式双动力液压破碎机”等60项成果市科学技术进步奖三等奖。

12月13日，市政府印发《泰安市生态绿地建设实施意见》，以泰山、徂徕山、大运河、东平湖等高质量生态要素为主体，不断优化国土空间开发保护格局，全面提升山水林田湖草沙系统治理水平，全面落实《东平湖生态保护和高质量发展专项规划》，建立“两山一河一湖”的生态空间结构，加强生态修复和保护，推动绿色清洁低碳发展，努力建设生态优先、绿色发展的泰安样板。

12月15日，市政府办公室印发《泰安市“十四五”社会信用体系建设规划》，按照国家、省信用体系建设工作部署，通过开展推进信用体系制度化建设、打造信用建设强力引擎、完善信用联合奖惩机制、构建信用新型监管体系、积极培育信用服务市场、推动多方共建信用社会等重点工作，进一步健全社会信用制度体系，完善信用建设组织架构和运行机制，全面构建规范高效、共享共用的信用体系，积极打造“信用泰安”品牌。到2025年，建成数据全面覆盖、应用持续加强、监管有力有效的社会信用体系，确保走在全省前列。

12月17日，市政府办公室印发《泰安市药品安全事件应急预案》，明确组织指挥体系和职责分工、监测预警机制、应急响应流程等，为努力防范、及时控制和正确处置各类药品安全事件，全力保障人民群众身体健康和生命安全提供制度保障。

12月21日，市政府印发《泰安市“十四五”体育事业发展规划》，围绕建设新时代现代化体育强市这一目标，以新发展理念为引领，以高质量发展为主题，以深化供给侧结构性改革为主线，以改革创新为动力，推动体育事业与经济社会各领域协调发展，大力提升公共体育服务水平，持续丰富体育产品供给，积极扩大体育消费群体和产业规模，全面提高泰安市体育事业综合实力和竞争力，力争体育工作走在全省前列。

12月24日，市政府印发《泰安市“十四五”综合交通运输发展规划》，以加快交通基础设施互联互通为主线，以构建现代化综合交通体系为方向，以实施新旧动能转换和促进高质量发展为抓手，抢抓济（南）泰（安）共建省会城市群先行发展区有利机遇，着力强化交通基础设施互联互通和立体衔接，持续提升城际城乡和城市交通运输服务水平，打造支撑同城化和全域旅游的综合交通网络，全面优化泰安市综合交通运输体系。

12月24日，市政府办公室印发《关于支持供销合作社深化土地托管服务增强为农服务能力的实施意见》，明确支持供销合作社探索建立以县级农业服务公司为龙头，以乡镇为农服务中心为平台，以土地托管为主要形式的农业社会化服务体系，加快打造功能完备、运行高效、管理规范的供销合作社土地托管服务平台，充分发挥其在促进农业提质增效、农民持续增收和推进乡村振兴、保障国家粮食安全等方面的积极作用。

12月24日，市政府办公室印发《关于继续执行和宣布失效部分市政府行政规范性文件的通知》，决定继续执行《泰安市校车安全管理办法》等6件市政府行政规范性文件，宣布失效《泰安市土地整治管理办法》等2件市政府行政规范性文件。

12月29日，市政府印发《泰安市“十四五”生态环境保护规划》，以改善生态环境质量为核心，以协同推动生态环境高水平保护和经济社会高质量发展为主线，以减污降碳协调增效为总抓手，以生态环境治理体系和治理能力现代化为支撑，坚持综合治理、系统治理、源头治理，深入实施黄河流域生态保护和高质量发展重大国家战略，着力提升泰山区域的生态屏障功能，推动经济社会全面绿色转型，全力打造生态绿地泰安样板。

12月29日，市政府印发《泰安市突发事件总体应急预案》，包括总则、应急预案体系、组织指挥体系、运行机制、资源保障、责任与奖惩、预案管理、附则等8章，为有效提高泰安市突发事件应急处置能力水平提供制度支撑。

12月29日，市政府办公室印发《交通运输领域市与县财政事权和支出责任划分改革实施方案》，在省与市县交通运输领域财政事权和支出责任划分的政策框架下，结合泰安市交通运输发展改革实际，合理划分市与县公路、港航、铁路、民航、邮政、综合交通等方面财政事权和支出责任。属于市级财政事权的，由市级（含市属企业）承担相应支出责任；属于市与县共同财政事权的，由市级（含市属企业）与县级共同承担相应支出责任；属于县级财政事权的，由县级承担相应支出责任。

12 月 29 日，市政府办公室印发《应急救援领域市与县财政事权和支出责任划分改革实施方案》，明确预防与应急准备、灾害事故风险隐患调查及监测预警、应急处置与救援救灾三大领域的市与县财政事权和支出责任；跨区域调动救援队伍，按照“谁调动、谁补偿”的原则承担相应支出责任。

12 月 30 日，市政府印发《泰安市“十四五”能源发展规划》，围绕“碳达峰、碳中和”目标，全面落实“四个革命、一个合作”能源安全新战略要求，推进能源结构调整，助推能源产业转型升级，加快能源装备产业发展，提升能源应急保障能力，提高能源消费利用效能，保障能源领域安全生产，全面构建绿色低碳、安全高效的现代能源体系。

12 月 30 日，市政府印发《泰安市“十四五”残疾人事业发展规划》，以推动残疾人事业高质量发展为主题，部署开展全生命周期服务、完善保障体系、健全帮扶机制、推进无障碍环境建设等工作，切实保障残疾人群体平等权利，增进残疾人民生福祉，增强残疾人自我发展能力，推动残疾人事业高质量发展，不断满足残疾人美好生活需要。

12 月 31 日，市政府印发《泰安市政府投资项目管理办法》，共总则、计划管理、项目审批、项目实施、监督管理、附则等 6 章 46 条，自 2022 年 2 月 1 日起施行，有效期至 2027 年 1 月 31 日。

12 月 31 日，市政府印发《泰安市“十四五”妇女发展规划和泰安市“十四五”儿童发展规划的通知》，进一步完善妇女儿童发展制度机制，优化发展环境，切实保障妇女儿童群体权益。 （许兴超）

2021 年度泰安市政府常务会议情况表

表 2

会议次数	时　间	主持人	会议内容
第五十四次	1 月 11 日	张　涛	听取市司法局《关于 2020 年度法治政府建设情况的报告（审议稿）》起草情况的汇报，听取市住房城乡建设局《关于明堂河生态保护修复工程和梳洗河生态保护修复工程实施情况的汇报》，听取市水利局《关于王家院水库向泰城供水工程实施情况的汇报》，听取市城市管理局《关于泰城雨污分流改造工程和第四污水处理厂提标改造及扩建工程实施情况的汇报》《关于全国城市生活垃圾分类工作现场会议精神及全域垃圾分类体系建设项目进展情况的汇报》
第五十五次	1 月 13 日	张　涛	听取市应急管理局《关于 2020 年全市安全生产工作情况的汇报》
第五十六次	1 月 19 日	张　涛	听取市政府研究室关于《政府工作报告（讨论稿）》起草情况的汇报，听取市发展改革委关于《泰安市国民经济和社会发展第十四个五年规划和二〇三五年远景目标纲要草案（讨论稿）》《2020 年国民经济和社会发展计划执行情况与 2021 年计划（草案）的报告（讨论稿）》起草情况的汇报，听取市财政局关于《2020 年预算执行情况和 2021 年预算草案报告（讨论稿）》、岱宗大街 151 号土地房产收储工作有关情况的汇报
第五十七次	2 月 7 日	张　涛	听取市应急管理局关于全国全省安全生产会议精神及全市安全生产大排查大整治情况的汇报，听取市国资委关于《泰安市国企改革三年行动实施方案（2020—2022 年）（讨论稿）》起草情况的汇报，听取市医疗保障局关于《泰安市区域点数法总额预算和按病种分值付费国家试点工作实施方案（送审稿）》起草情况的汇报。市信访局书面汇报全国信访局长视频会议、全省信访工作视频会议精神贯彻落实情况
第五十八次	2 月 9 日	张　涛	听取市政府办公室关于《政府工作报告》任务分解责任分工情况的汇报

续表 2

会议次数	时　间	主持人	会议内容
第五十九次	3月1日	张　涛	听取市应急管理局关于全省安全生产专项督导工作动员培训会议精神及贯彻落实情况的汇报，听取市行政审批服务局关于深化“绿卡”制度改革加快推进项目落地开工的十条意见有关情况的汇报，听取市政府办公室关于泰安市一体化综合指挥平台建设工作方案有关情况的汇报
第六十次	3月23日	张　涛	听取市应急管理局关于《泰安市重大突发事件应急保障体系建设规划（2021—2030年）及专项规划、行动计划（送审稿）》编制情况的汇报，听取市发展改革委关于《贯彻落实构建更加完善的要素市场化配置体制机制意见的若干措施（讨论稿）》有关情况的汇报，听取市扶贫办《关于实现巩固拓展脱贫攻坚成果同乡村振兴有效衔接的若干措施（讨论稿）》有关情况的汇报，听取市畜牧兽医事业服务中心关于全省重大动物疫病防控工作视频会议精神及贯彻落实意见的汇报，听取市卫生健康委关于迎接国家卫生城市复审工作情况、全国全省新冠病毒疫苗接种工作会议精神及贯彻落实意见的汇报，听取市财政局关于《泰安市市级行政事业性国有资产管理改革实施方案（审议稿）》有关情况的汇报，听取市司法局关于《市政府2021年重大行政决策事项目录（草案）》《市政府2020年立法工作情况及2021年立法工作计划（审议稿）》编制情况的汇报，听取市公用事业服务中心关于《泰安市城市供水管理办法（草案）》有关情况的汇报。市信访局书面汇报信访积案化解有关情况
第六十一次	4月12日	张　涛	听取市国资委《关于完善市属经营性国有资产管理体制深化集中统一监管工作的实施意见（讨论稿）》有关情况的汇报，听取20个政府部门关于2020年度省对市经济社会发展综合考核定量指标完成情况的汇报，听取市房产管理服务中心关于《泰安市人才保障住房建设和管理实施意见（讨论稿）》有关情况汇报，听取市司法局关于《泰安市献血条例（草案审议稿）》有关情况汇报。市应急管理局传达学习《山东省党政领导干部安全生产责任追究办法（试行）》
第六十二次	4月30日	张　涛	听取市发展改革委等部门关于全市一季度经济运行情况的汇报，听取市应急管理局关于《一季度安全生产工作情况》的汇报，听取市生态环境局关于《泰安市2021年大气污染防治实施方案（审议稿）》编制情况的汇报，听取市司法局关于《泰安市人民政府关于禁采、禁售、禁存、禁运泰山石的通告》有关情况的汇报，听取市科技局传达全省科技创新大会会议精神及贯彻落实意见。专题学习《中华人民共和国政府信息公开条例》
第六十三次	5月28日	张　涛	听取市统计局传达学习习近平总书记关于统计工作重要讲话重要指示批示、《防惩统计造假弄虚作假重要文件选编》，关于国家统计督察反馈意见整改工作有关的情况汇报，听取市市场监管局关于《泰安市2021—2022年公共服务质量提升行动方案（审议稿）》有关情况的汇报，听取市卫生健康委关于《泰安市康养福地建设实施意见（讨论稿）》有关情况的汇报，听取市发展改革委关于《贯彻落实〈东平湖生态保护和高质量发展专项规划（2020—2035年）〉重点任务分工方案（审议稿）》有关情况的汇报，听取市人力资源和社会保障局关于《泰安市以社会保障卡为载体发放惠民惠农财政补贴工作实施方案（审议稿）》有关情况的汇报，听取市公安局关于禁毒、“昆仑2021”专项行动、打击电信网络犯罪等工作情况汇报，听取市应急管理局关于全省安全生产大排查大整治工作推进会议精神及贯彻落实情况的汇报，听取市文化和旅游局关于全省文物工作会议主要精神及贯彻落实意见汇报，听取市生态环境局重点河流入河湖排污（水）口排查整治工作情况汇报。市信访局书面汇报全国、全省“治理重复信访、化解信访积案”经验交流暨工作推进会议精神及落实措施。专题学习《党政主要负责人履行推进法治建设第一责任人职责规定》

续表 2

会议次数	时　间	主持人	会议内容
第六十四次	6 月 8 日	张　涛	听取市生态环境局关于第二轮省级生态环境保护督察、泰安市“三线一单”（生态保护红线、环境质量底线、资源利用上线，生态环境准入清单）生态环境分区管控方案有关情况的汇报，听取市自然资源和规划局关于全省省级重大基础设施建设项目用地服务监管工作电视会议精神及贯彻落实意见的汇报，听取市教育局关于全省教育系统安全稳定工作视频会议精神及全市学校安全工作情况、全市未成年人思想道德建设工作情况的汇报，听取市发展改革委关于全市对口支援和东西协作工作情况汇报，听取市司法局关于《泰安市志愿服务促进条例（草案审议稿）》有关情况汇报。专题学习《中华人民共和国文物保护法》
第六十五次	6 月 28 日	张　涛	听取 25 个牵头部门单位关于省政府“六稳”“六保”第一、二、三批政策清单落实情况的汇报，听取市应急管理局关于《泰安市安全生产工作任务分工（讨论稿）》、第一次全国自然灾害综合风险普查电视电话会议精神及贯彻落实有关情况的汇报。市交安委书面提报泰安市道路交通安全形势及强化事故预防工作的意见
第六十六次	7 月 8 日	张　涛	听取市发展改革委关于《泰安市产业高地建设实施意见（讨论稿）》、中办回访调研报告贯彻落实方案有关情况汇报，听取市教育局关于《深化新时代教育评价改革总体方案》主要内容及贯彻落实情况的汇报，听取市行政审批服务局《关于建立“信易批”服务机制 推进“泰好办”政务服务信用体系建设工作方案（试行）》有关情况的汇报。专题学习国有土地使用权出让收入和矿产资源专项收入划转有关政策
第六十七次	8 月 3 日	张　涛	听取市发展改革委等部门关于上半年经济运行情况的汇报，听取市生态环境局关于《2021 年度泰安市南四湖流域水污染综合整治工作方案》《泰安市南四湖流域水污染综合整治三年行动方案（2021—2023 年）》编制情况的汇报，听取市发展改革委关于全市能耗“双控”和煤炭消费压减工作总体方案、全省违规“两高”项目整改工作视频会议精神及贯彻落实意见有关情况的汇报，听取市市场监管局关于全省知识产权保护大会会议精神及贯彻落实意见的汇报，听取市科技局关于《泰安市“科创名地”培育实施方案（讨论稿）》有关情况的汇报，听取市应急管理局关于《泰安市防震减灾事业发展第十四个五年规划（讨论稿）》有关情况的汇报，听取市司法局关于《泰安市人民政府关于进一步加强公共秩序治理防范安全事故的通告（草案）》有关情况的汇报。专题学习《中华人民共和国固体废物污染环境防治法》
第六十八次	8 月 26 日	张　涛	听取市政府办公室关于省优化营商环境领导小组办公室主任（扩大）会议精神及加快泰安市优化营商环境整改推进工作有关情况的汇报，听取市住房城乡建设局关于《泰安市 2021 年冬季清洁取暖实施方案（讨论稿）》有关情况的汇报，听取市生态环境局关于第二轮中央生态环境保护督察有关情况的汇报，听取市发展改革委关于泰安市产业发展战略研究报告有关情况、1—7 月份全市经济运行情况的汇报，听取市文化和旅游局关于《泰安市文旅胜地建设实施意见（讨论稿）》、第三十五届泰山国际登山节筹备情况的汇报。专题学习《中华人民共和国行政处罚法》
第六十九次	9 月 7 日	张　涛	学习习近平生态文明思想和“两高”问题有关指示精神，传达省市领导关于中央生态环境保护督察通报典型案例的批示指示精神，研究中央第二轮生态环境保护督察通报问题整改工作

续表 2

会议次数	时 间	主持人	会议内容
第七十次	9 月 16 日	张 涛	听取市生态环境局关于第二轮中央生态环境保护督察通报宁阳化工园区典型案例问题整改情况的汇报，听取市应急管理局关于《泰安市“十四五”安全生产规划》编制情况的汇报，听取市自然资源和规划局关于全省耕地保护督察意见整改工作情况的汇报，听取市民政局关于贯彻落实全省社区养老服务设施清查整治工作调度推进视频会议精神、全省未成年人保护工作领导小组第一次全体（扩大）会议有关情况的汇报，听取市农业农村局关于贯彻落实全国、全省食用农产品“治违禁、控药残、促提升”三年行动情况的汇报，听取市食品药品安全委员会办公室关于全省食品药品安全委员会全体会议精神及贯彻落实意见的汇报，听取市国资委关于《泰安市市属企业负责人经营业绩考核与薪酬管理办法（讨论稿）》修订情况的汇报。专题学习习近平法治思想
第七十一次	9 月 27 日	张 涛	听取市政府办公室关于国务院第八次大督查迎查工作情况的汇报，听取市发展改革委《关于进一步推动全市贯彻新发展理念的任务落实方案（讨论稿）》有关情况的汇报，市公安局《关于进一步深化户籍管理制度改革促进城乡融合区域协调发展的实施意见（草案审议稿）》有关情况的汇报，听取市委组织部关于对山东中康国创先进印染技术研究院有限公司申请为引进的院士团队给予“一事一议”认定支持情况的汇报，听取市司法局《关于修改部分市政府规章的决定》《关于修改和废止部分市政府行政规范性文件的决定》草案审议稿有关情况的汇报。专题学习《中华人民共和国审计法》
第七十二次	10 月 21 日	张 涛	听取市发展改革委等部门关于前三季度经济运行情况的汇报，听取市应急管理局关于全市安全生产工作情况的汇报，听取市工业和信息化局关于《泰安市工业领军企业 50 强评价体系》调整情况、《关于加快推动工业互联网发展的通知（审议稿）》有关情况的汇报，听取市发展改革委关于《泰安市黄河流域生态保护和高质量发展实施规划（讨论稿）》有关情况的汇报，听取市智慧城市服务中心关于《泰安市“十四五”数字强市建设规划（讨论稿）》有关情况的汇报，听取市生态环境局关于《泰安市“十四五”生态环境保护规划（讨论稿）》有关情况的汇报，听取市自然资源和规划局关于《泰安市生态绿地建设实施意见（讨论稿）》有关情况的汇报，听取市交通运输局关于《泰安市深化农村道路管理养护体制改革实施意见（审议稿）》《泰安市农村道路路长制实施方案（审议稿）》有关情况的汇报，听取市房产管理服务中心《关于规范经济适用住房取得完全产权有关事宜的通知（审议稿）》有关情况的汇报，听取市委编办关于优化营商环境体制机制有关情况的汇报。市信访局书面提报全省推进信访问题化解工作视频会议及全省信访局局长会议精神
第七十三次	11 月 11 日	张 涛	听取市行政审批服务局《关于开展“有解思维”流程再造的实施意见（讨论稿）》有关情况的汇报，听取市住房城乡建设局《关于促进建筑业高质量发展的十条措施（审议稿）》有关情况的汇报，听取市公安局关于扫黑除恶专项斗争信息网络领域整治工作有关情况的汇报，听取泰安技师学院关于择址新建有关情况的汇报，听取市发展改革委关于调整泰安城区巡游出租车价格有关情况的汇报，听取市卫生健康委关于完善泰安市中心医院高新区院区管理运营体制方案有关情况的汇报，听取市工业和信息化局关于《泰安市化工园区认定问题整改方案（审议稿）》有关情况的汇报
第七十四次	11 月 17 日	张 涛	听取市国资委关于组建市属企业集团有关情况的汇报，听取市能源局关于《泰安市能源发展“十四五”规划（讨论稿）》有关情况的汇报，听取市应急管理局关于《泰安市“十四五”安全生产规划三年行动计划（2021—2023 年）（审议稿）》《泰安市“四位一体”深入推进安全生产专项整治三年行动实施方案（讨论稿）》有关情况的汇报，听取市公安局关于贯彻落实推动全省道路交通安全工作高质量发展现场会议精神情况的汇报，听取有关部门单位关于省政府“六稳”“六保”第四批政策清单落实情况的汇报

续表2

会议次数	时　间	主持人	会议内容
第七十五次	12月3日	张　涛	听取市体育局关于《泰安市“十四五”体育发展规划（讨论稿）》《泰安市全民健身实施计划（2021—2025）（讨论稿）》有关情况的汇报，听取市司法局关于《泰安市重大行政决策程序规定（草案）》《泰安市应急避难场所管理办法（草案）》《关于在全市开展法治宣传教育的第八个五年规划（2021—2025）（讨论稿）》有关情况的汇报，听取市发展改革委关于《泰安市社会信用体系建设“十四五”规划（讨论稿）》有关情况的汇报，听取市残联关于《泰安市残疾人事业发展“十四五”规划（讨论稿）》有关情况的汇报，听取市交通运输局关于《泰安市“十四五”综合交通运输发展规划（讨论稿）》有关情况的汇报，听取市财政局《关于进一步规范和加强市区土地储备出让工作的通知》有关情况的汇报，听取市住房城乡建设局关于《泰安市第四污水处理厂备用污水管网建设方案》有关情况的汇报，听取市公用事业服务中心关于中石油战略重组泰山燃气集团有关情况的汇报，听取市地方金融监管局关于泰安银行股权代持问题有关情况的汇报，听取市教育局关于崇智学校项目管理使用建议有关情况的汇报
第七十六次	12月23日	张　涛	听取市应急管理局关于《泰安市突发事件总体应急预案（修订稿）》修订情况的汇报，听取市公用事业服务中心关于“莱热入泰”长输供热项目、引黄入泰项目建设有关情况的汇报，听取市妇联关于《泰安市“十四五”妇女发展规划（讨论稿）》《泰安市“十四五”儿童发展规划（讨论稿）》有关情况的汇报，听取市发展改革委关于《泰安市政府投资项目管理办法（审议稿）》《泰安市“十四五”战略性新兴产业发展规划（审议稿）》有关情况的汇报，听取市供销社《关于支持供销合作社深化土地托管服务增强为农服务能力的实施意见（审议稿）》有关情况的汇报，听取市公路事业发展中心关于第一工程部和第二工程部改制有关情况的汇报，听取市司法局关于《泰安市法治政府建设实施方案（2021—2025年）（审议稿）》《关于2021年度法治政府建设情况的报告（审议稿）》有关情况的汇报，听取市国资委关于泰山西湖智慧医养综合体项目有关情况的汇报，听取市财政局关于2021年全市新增政府债务限额分配情况和市级预算调整方案、2021年年底有关重大支出事项情况的汇报
第七十七次	12月30日	张　涛	听取市农业农村局关于城镇开发边界外未建成安置区建设工作有关情况的汇报，听取市发展改革委关于2022年全市经济社会发展主要指标预期目标初步建议的汇报

（张　庆）

综合协调服务

【概况】　市政府办公室坚持以习近平新时代中国特色社会主义思想为指导，以党史学习教育为契机，围绕“七个走在前列”、建成“五个名地”奋斗目标，统筹服务好疫情防控和经济社会发展，在参谋辅政、办文办会、政务服务、综合协调、督促落实等方面取得明显成效。确定“我为群众办实事”项目2批6件，出台政策8项，惠及民众1万余人。推进模范机关建设，办公室先后获得创建模范机关先进单位、先进基层党组织、共产党员先锋岗、示范服务窗口等称号；5人被评为优秀共产党员、优秀党务工作者、优秀女共产党员；2人分别入选“百部精品党课”“我来当书记”讲坛活动。

（郑灿灿）

【政务值班工作】　着眼统筹疫情防控和经济社会发展的新形势、新任务，不断完善政务值班工作体系。健全完善各项制度，研究制定《泰安市值班工作手册》《值班工作有关事项办理流程》等制度规范，加强对市政府各部门（单位）、各县（市、区）、功能区值班工作指导，逢节假日、重要时段对值班工作提前安排部署，确保值班系统优质高效运行。加强疫情防控值守，与市委统筹疫情防控和经济运行工作领导小组（指挥部）办公室保持密切联系，及时处理疫情防控有关文电事项，全年共移交转办各类疫情通报函、协查函350余次。做好维稳值班工作，统筹24小时值班值守，完成“两会”“七一”等重大活动和春节、国庆等重要节假日值班保障工作。及时报送突发信息，全年共处理较大及以上突发事件信息14件，及时上报（北）京台（北）高速磁窑段交通事故、省道S103黄前镇羊栏沟段交通事故等多起突发事件信息，接收转办省领导批示77件、重要预警118件，接收省政府总值班室文件通知20件，为突发事件迅速及时有效处置提供有效保障。推进值班信息化建设，对省市值班视频调度系统进行升级改造，全力保障重要节假日期间省、市领导视频连线畅通，全年共参与省领导、省政府总值班室点名67次。做好日常任务保障，全年共接听各类来电7000余件，接收办理各级各部门（单位）邀请函、讣告等40余件，编发《市政府领导工作安排》248期，办理政府系统领导干部请假600余人次。

（李靖武）

6月1日，市委副书记、市长张涛（左四）与市政府办公室党员到泰安第一支部展室参加党史学习教育活动　（许兴超　供）

【会议活动服务】　全年接收和办理省、市各类会议活动通知210个，组织省、市会议会务工作100余次，组织召开市政府常务会议24次、专题会议53次，起草会议纪要77期，研究议题204项。对市委、市政府重要会议室进行提升维护，进一步完善会务服务实施细则，完善优化政务活动服务水平。完成山东省第四届冬季全民健身运动会开幕式、省会经济圈“一圈同城　交通先行”建设启动暨京台高速改扩建开工仪式、“泰山产业大集”集中签约仪式、2021智能矿冶加工技术和装备高端论坛开幕式、“泰山学堂”揭牌暨领军班启动仪式、第四届“泰山论炙”高端论坛暨中国针灸学会全国科技工作者日活动、泰安市人民政府与华能能源交通产业控股有限公司战略合作协议签约仪式、山东省2021年“文化和自然遗产日”主场城市活动暨“红色文化主题月”启动仪式、山东省康养产教研联盟成立大会暨首届康养产教研论坛、第三十届全国图书交易博览会开幕式、第三十五届泰山国际登山节暨2021中国泰安投资合作洽谈会开幕式、山东省第十一届全民健身运动会开幕式、泰山新闻出版小镇人天书店项目一期投产暨二期开工仪式等政务活动520余次。

（周彤彤）

【公文处理】　坚持“科学、规范、严谨、精细”原则，狠抓“质量、效率、落实”3个关键，开展公文处理流程再造，不断丰富完善以文辅政内涵，以务实规范、优质高效的工作全力服务市委、市政府重要决策部署落地落实。倾力服务全市中心工作，全年制发各类文电483件，办理来文3623件。特别是围绕“五大名地”建设、新旧动能转换、“双50强”企业发展以及优化营商环境、“六稳”、“六保”等重点工作，打破常规、优先审核、随到随办；持续做好疫情防控常态化来文办理工作，全年共办理省疫情指挥部到文2000余件。提升公文确定事项督办实效，印发《泰安市人民政府办公室关于进一步严肃全市政府系统公文处理工作纪律提高以文辅政质效的通知》，确立“立体化监督、全方位督办”的工作思路，构建办公室统一领导、文秘科牵头、各秘书科室配合、各承办单位各负其责的“1+7+N”公文确定事项督办体系，形成公文、会议、督查一体联动的“大督办”格局；在全省政府系统公文处理培训班以《打造公文督办泰安模式　构建高效辅政管理枢纽》为题作典型发言，并在《泰安工作》予以印发；年内，纳入公文确定事项督办台账事项共496项，按时办结率达到90%以上。省政府办公厅及文电处领导先后两次到泰安开展专题调研。做好公文处理相关工作，编制、发放《泰安市政府公报》6期共2.4万册，提供市政府、市政府办公室用印服务6000余次，收发信函文电2.2万余件。加强对46家纳入统计范围的市政府工作部门、直属单位公文制发数量的调度督导，实现统计口径内市直机关发文数量较2020年压减10%的目标。举办2021年度全市政府系统公文处理工作培训班，全面夯实政府系统公文处理工作人员业务能力。加强与泰安日报社合作，完善“宣传+解读+监督”三位一体模式，及时

发布重大事项，全年有效阅读量超千万人次，宣传效应明显，社会反响良好。（许兴超）

【政务信息处理】 采编信息1.06万条，编发《泰安政务信息》《政务信息专报》《要情快报》等104期，市领导批示15件次；上报省政府办公厅信息883篇，采用331篇，省政府领导批示43篇，增长30.3%；国务院办公厅采用44篇，国务院领导批示17篇，增长142.9%；继续保持全省政务信息报送先进位次。在市委办公室、市委宣传部考核中，分别位居市直单位第一名、第二名。办理省转办信息20件，均按时有效回应。市政府顾问等工作稳步推进。（展俊潇）

【政务督查】 年内，市政府督查室紧紧围绕市政府工作中心和领导关注的焦点、重点以及群众关心的热点、难点问题，强化执行抓落实、聚合发力促成效，确保全年各项目标任务的顺利落地见效。及时将《政府工作报告》确定的106项目标任务细化分解，采取定期调度、现场督查、跟踪督办相结合的方式持续督促发力。组织开展基层医疗卫生机构药款清欠、农村饮水安全、泰山石“四禁”整治、社会消费品零售额纳统工作等各类专项督查工作。全程参与市领导专题会议、活动调研，全年共转办市政府主要领导批示116件，形成政务督查专报101期、政务督查通报17期。全力抓好市委、市政府为民要办的10件实事督查落实，高质量推动10件民生实事按时间节点有序推进。以迎接国务院第八次大督查为契机，全面做好《问政山东》曝光问题、国务院和省“互联网＋督查”涉及泰安市转办件的梳理、转办和跟踪督查落实。选定“市政府2020年重大行政决策落实情况”“老旧小区改造攻坚行动”“完善城中村和老旧小区水气热公用设施建设”3项内容纳入年度第三方评估。加强同市人大、市政协的沟通对接。年内，共办理人大代表建议127件、政协提案317件，满意率均为100%。（姜润泽）

【政务公开工作】 根据省市政务公开工作要点，持续深化“五公开”，做好信息发布、政策解读、平台建设、制度保障等工作，打造阳光透明政府。年内，在市政府门户网站发布政府信息1.1万条，解读市政府或市政府办公室发布的政策性文件130余条，在政府门户网站向社会主动征集决策意见建议86项。开设政策规章专栏，集中统一公开现行有效的政府规章和规范性文件。优化政务公开专栏设置，新增优化营商环境、市政府重大行政决策事项归集展示、政府工作报告任务分解、市委市政府为民要办的10件实事、市重点任务公开承诺事项、政务公开看泰安等专题页面，公开重点指标和事项进展情况、落实成效，提升政务公开质量。加强基层政务公开标准化规范化建设，推进政务公开工作向基层延伸。（吴锡斌）

【反走私】 聚力强化基础保障，印发实施《2021年全市反走私综合治理工作要点》《关于全力做好农产品走私综合治理工作的通知》《关于进一步加强打击整治冻品走私工作的通知》等文件，适时组织召开全市反走私工作会议、专题会议，压紧压实各级各有关部门单位责任。组织开展经费使用情况自评，规范缉私经费使用。着力加强队伍建设，结合党史学习教育及各种培训，把队伍建设摆在首位；组织公安、市场监管等部门赴福建福州、宁德考察反走私综合治理先进经验，形成考察报告供市领导决策参考；举办全市反走私综合治理工作培训班，提升队伍的专业素质和履职能力。推进专项行动实效，围绕疫情防控和安保维稳等重点工作，开展打击走私“国门利剑2021”行动，紧盯“洋垃圾”、野生动物及其产品、疫情防控物资、成品油、农产品、涉枪涉毒等走贩私违法行为，抓住运输渠道、市场流通、寄递物流等关键环节，组织开展打击整治“洋垃圾”、冻品、农产品等走私专项行动。提升综合治理水平，成立泰安市反走私系统涉案财物存放中心，建设泰安市反走私宣传教育基地。组织泰安海关、公安、市场监管等部门在泰山极顶录制《牛气冲天，反走私在路上》新春拜年祝福视频，展现泰安市反走私战线的良好形象。参加“中国反走私”发起的三八节主题征稿活动，12篇稿件被采用。营造舆论氛围，树立“宣传也是打私”的理念，借助“3·15”“6·26”等有利时机，开展反走私宣传活动。向省打私办报送信息58篇，其中42篇被省打击走私综合治理领导小组办公室采用、4篇被全国反走私综合治理调查研究中心采用。推动诚信体系建设，印制《进出口业务操作指南》，赠送发放给重点进出口外贸企业。对部分进出口企业开展以信用管理和通关新规为主要内容的政策宣讲活动，引导企业开展信用管理认证，对于违法失信企业，及时调整信用等级，全年对2000余家企业注册备案信息进行核对，发现注册信息失实企业15家，立案处罚4家，下调企业类别5家。（李　杰）

【驻外办事处工作】 市政府对外联络服务中心以党建为引领，强化履职尽责，各项工作有序开展。重视党建工作，健全完善组织体系和管理制度，优化配强党组织班子，规范党内政治生活，开展多种形式的党员教育活动，在服务全市发展大局、推动新旧动能转换、安保维稳、流动党员管理服务等方面均发挥积极作用。按照全市重大活动安保维稳前线指挥部工作部署，参与完成中国共产党成立100周年庆祝活动、全国“两会”泰安市在京人员的安保维稳工作。市“3·1”专班北京组落实全天候24小时轮班在岗，累计接转旅客240余人，均安全抵达泰安，全体工作人员零感染；报送信息426条，助力泰安市做好疫情防控。开展驻地政务联络，联系北京、上海两地党政机关、企事业单位40余家，全年报送经济信息50条。做好驻地服务保障工作，完成全国“两会”泰安人大代表、政协委员的用车、核酸检测、接送站等服务保障工作；完成第四届国际进口博览会期间的各项服务保障工作；服务保障泰安市赴北京、上海公务活动26批次、“双招双引”活动49批次，服务泰安市各类中小型企业北京、上海业务联络、帮助协调20余次。高质量完成市政府办公室交办的各项工作任务，对北京、上海办公用房进行维修改造，实现集党建、政务联络、经济洽谈、对外宣传、住宿接待为一体的多功能用房，改善驻地工作和生活条件，提升泰安形象。（祁振亚）

【优化营商环境】 牵头承担全市持续深入优化营商环境工作和推进政府职能转变工作，成立工作推进组5个，设置专题攻坚工作组19个，负责相关工作的重点推进和调度。将市行政审批服务局的“一次办好”监督指导科、审批改革推进科整建制划转至市政府办公室，并在“一次办好”监督指导科基础上组建营商环境促进科（挂“一次办好”监督指导科牌子）。增设优化营商环境服务中心，由市领导小组办公室（设在市政府办公室）统一协调。形成依靠市政府办公室内设的“两科一中心”实质运作、5个工作组具体推进、19个指标攻坚专题组分别承担相应工作任务的工作机制。2020年度省营商环境评价反馈问题202项，已整改完成200项。全年共开展专项督导检查1次、全面督导检查1次，形成督导专报2期，累计梳理共性问题8项、个性问题38项。在市政府门户网站开设“优化营商环境专栏”，公开各类信息500余条。在泰安广播电视台开设《一把手访谈》专栏，26个部门一把手对营商环境工作进行表态。举办全国网络媒体泰安行活动，邀请全国各大网络媒体对泰安市优化营商环境工作进行宣传，提炼出工作亮点20余个。（林　晓）

决策服务

【概况】 年内，市政府研究室及时把上级要求以及政府的工作安排，转化为谋划发展的新思路、新举措、新部署，以更高站位完成文稿起草、更宽领域开展调查研究、更深层次进行决策参阅。做好山东省政府研究室和省发展研究中心等部门调研组接待、协调以及材料报送交流工作，承担完成《山东经济战略研究》等刊物的联络供稿工作。

【文稿起草】 严格落实习近平总书记文稿起草“短实新”要求，高质量组织起草《政府工作报告》以及市委经济工作会议等重要会议、专业会议、重要公务接待活动场合的领导讲话、汇报、致辞等各类文字材料近300篇，有效文字量80余万字。2篇经验类文稿在《大众日报》《山东经济战略研究》发表。

【调查研究】 围绕“六稳”“六保”、新旧动能转换、工业经济发展、乡村振兴等全市中心工作和重点任务，年初印发《2021年度全市政府系统重点调研课题分工》，确定市政府年度重点调研课题11项、专项调研课题31项，形成一批具有典型性、代表性、推广性、操作性的调研成果。其中《关于宁阳化工产业园及周边地下水污染防控修复试点项目的调研报告》《关于新泰市惠美农牧“泰山百合和园”发展情况的调研报告》《关于肥城市工业互联网发展的探索与实践》等5篇调研报告得到市政府主要领导肯定性批示。

【服务政府决策】 围绕市政府决策需求，针对泰安市经济社会发展短板弱项，加大政策解读力度，深入研究思考，及时总结提炼具有推广借鉴、指导作用的建议措施，编发《决策参阅》15期。联合泰安日报社开展“开门写报告 我来献一策”（第二期）建言征集活动，收集各类意见建议近2000条，建议被吸纳进政府工作报告。（白　帆）

人事人才

【打造新时代人才集聚高地】 坚持党管人才原则，持续打造新时代人才集聚高地。贯彻中央、省委人才工作会议精神，编制“十四五”

3月24日，泰安市“政企直通、校企互惠、产教融合”校企对接洽谈会暨人才招聘会举办，市委常委、副市长宋洪银（后排左四）参加会议

（沈红叶　摄）

人才发展规划，打造“登高望远、选择泰安”招才引智品牌，2021年兑现奖补资金6430万元。加强载体平台建设，举办第三届国际高层次人才创业大赛，深化“双‘十百千’”（引进培养10个顶尖人才团队、10个外国专家团队，引进100名高端产业领军人才、培养100名高层次专业技术人才，新增6000余名技能实用人才、9000余名到泰安就业高校毕业生）英才汇聚行动，探索“揭榜挂帅”引才机制，布局建设“人才飞地”，吸引落地高端创业项目7个，评选科技创新重大专项37个，遴选认定“泰山特聘专家”10人，引进国外专家27人、海外留学人员92人、博士47人、硕士1377人，新增技能人才8000余人，有5人入选国家专项计划人选，数量居全省第6。制定支持“国家先进印染技术创新中心”人才团队建设的8项举措，引进3支院士团队并给予3000万元资金支持。“泰山智慧谷”成功获批“科创中国”创新基地、国家小微企业创业创新示范基地。建成市人才金政服务平台，优化人才政策落实体验，发放“泰山人才金卡”311个、高层次人才证书2100余张。实施人才安居工程，筹集和新建房源5100余套。

（刘　超）

【补贴政策落实】　建立“泰安市人才金政服务平台”，将全市大学生租房补贴和生活补贴等多项补贴纳入线上平台发放，推行“政策找人”“无形认证”服务模式。全市重点高校本科以上毕业生2538人通过平台申领租房和生活补贴、工业企业人才津贴2095.8万元。为7名博士后发放补贴27万元，为1200名技师、高级技师发放职业资格培训补助328万元。

【人才招引】　落实省委“万名博士、十万硕士、百万大学生”创业齐鲁计划，组织开展线上线下引才活动。组织600余家企业分别参加“才入泰安”线上高校行活动、“逐梦新时代就业选泰安”高校毕业生春季专场活动线上招聘会、“就选山东才入泰安”网络招聘会泰安专场活动、中研博硕英才网承办的“西部十校2021届未就业研究生、本科生暨2022届实习生公益空中视频招聘会”、“海聚山东智汇泰安”带岗直播活动，线下组织开展“泰安—名校人才直通车”活动，参加“山东—名校人才直通车”活动。全年引进专科以上各类人才3.1万人，其中硕博士1800余人、海外留学人才130余人。

【高层次人才】　全市各博士后工作站（基地）共招收博士后22人，1家单位获批省级博士后创新实践基地，3个项目获批2021年度山东省博士后创新项目。畅通高层次人才服务绿色通道，全年为18人发放“山东惠才卡”，为75人发放“泰山人才金卡”，为251人发放“高层次人才证书”。山东碧蓝生物科技有限公司、肥城经济开发区2家单位被评为山东省专家服务基地，泰安市泰山乡村振兴学院、山东新泰惠美农牧发展有限公司2家单位被评为省级乡村振兴专家服务基地。

【职称改革】　深化职称制度改革，将中小学教师等系列（专业）中高级职称评审权限下放至市教育局等部门，将律师和公证员职称评审权限下放至泰安市律师协会和泰安市公证协会，全年评审通过副高级职称5622人、正高级职称128人。开展专业技术人员继续教育培训，8.3万余人参加公需科目培训、4万余人参加专业科目培训。

【技能人才】　推进新型学徒制培训，培训2287人。举办第18届市级职业技能大赛，设养老护理员等47个比赛项目，2000余人参赛。在肥城市举办第三届乡村振兴职业技能竞赛，开设电商直播、桃木雕刻等5项赛事。深入推进企业技能人才自主评价，2021年，新增技能人才自主评价企业65家，总数达118家，24113名职工经自主评价取得职业技能等级证书，21504人进行21项专项职业能力考核，3263名学生参加社会培训评价职业技能等级认定、职业技能考核鉴定和技工院校学生自主认定。山东岱银纺织集团股份有限公司获批齐鲁技能大师特色工作站，获得20万元省级补贴、5万元市级补贴资金。18名高技能人才被评为市首席技师，6家企业被评为市技师工作站，泰安技师学院机电一体化专业、山东泰山技师学院汽车维修专业被评为市技工院校名优专业。实施“金蓝领”培训项目，1564名高技能人才参加培训。做好技工院校校园检查督导工作。

【人事代理】 为464名毕业生办理调整改派手续，为15人办理户口迁移手续，为2人办理报到证遗失办理手续。完成2.06万份档案电子档案影像化工作。全年新增人事档案778份，转出752份，累计代管人事档案21987份；代理单位849家，新增42家。为19人办理退休手续，出具各类证明材料800余份，查借阅档案1317人次；为事改企单位调整工资200余人次；为代理人员申报职称94人，其中初级18人、中级44人、高级32人。接转流动党员党组织关系58人次，其中转入1人，转出57人。

【事业单位人事管理】 泰安市直及功能区共招聘事业单位工作人员888人。实施事业单位“海纳英才”、“广纳英才”、青年人才优选等招聘工作，全市各类事业单位共引进留学生87名、博士研究生6名、硕士研究生634人。事业单位工作人员年度考核共批复备案54个部门213个事业单位，批复事业单位工作人员和机关工勤人员16646人，有3170人被确定为优秀等次。

【人事考试】 全年完成各类考试报名27项，报名人数5.4万余人；组织实施考试18项，参考人员6万余人，累计动用考点50余个，考场2000余个，试卷保密封闭19次70余天。推广纸质版证书“电子化”。标准化考点拓建升级，具备省级标准化考点8所、标准化考场400余个。

为推动人才引进，泰安市开展2021年“泰安市—高校人才直通车”暨人才政策宣传日活动。图为5月15日，工作人员到山东农业大学开展宣传
（郑恒娟 摄）

【表彰奖励】 表彰全市脱贫攻坚先进集体50个、先进个人100名。表彰全市劳动模范和先进工作者199名。开展泰汶盐化“5·25”火灾处置有功人员及时奖励工作，给予表现突出的2人记二等功奖励、9人记三等功奖励。开展危化品事故处置表现突出集体和个人及时奖励工作，给予泰安市消防救援支队记集体二等功奖励，5人记二等功奖励，24人记三等功奖励。完成33个省级以上表彰项目评选推荐工作，累计推荐先进集体88个、先进个人候选对象149名，其中，6名受表彰人员享受省部级表彰奖励获得者待遇。为市直机关事业单位128名省部级表彰奖励获得者每人发放1000元春节慰问金。推荐1人参加人力资源社会保障部组织开展的第三期省部级以上表彰奖励获得者休假疗养活动，推荐2人参加省委组织部、省人力资源社会保障厅组织开展的先进模范人物休假疗养活动。印发《关于进一步做好清理规范省级以下创建示范活动工作的通知》《关于进一步规范评比达标表彰活动的通知》，清理规范创建示范活动、评比达标表彰活动。办理市政府提请市人大常委会决定任免工作人员事项6项、市政府任免工作人员事项26项，涉及208人次。 （孟庆涛）

外事工作

【对外交流与合作】 加强国际友城务实交流合作，推动泰安、韩国龙

9月26日，市委书记杨洪涛（右二），市委副书记、市长张涛（右一）向到访的韩国驻青岛总领事一行赠送泰山旅游纪念品　　（司　刚　摄）

仁市政府、山东第一医科大学和韩国龙仁明知大学签署《促进城际及校际间国际交流的业务合作协议》；接待以色列驻华大使、印度尼西亚驻华大使等代表团 7 批 136 人次，其中副部级以上团组 2 批 25 人次；筹备第四批荣誉市民授荣工作，遴选确定候选人 10 名，壮大泰安市国际“朋友圈”；组织泰安市企业参加中国（山东）—东盟中小企业合作发展大会、拉美企业分享交流会等全省重要活动，促进企业“走出去”和“引进来”；加强外事外宣工作力度，配合省委外办做好“云话山东”系列采访活动，讲好山东故事泰安篇。完成市委宣传部《天下泰安》宣传片 30 多期字幕、泰山景区管委会申报全国文明景区资料以及泰安市各类外宣文本的翻译和审定工作。

【国际友城】　加快推进泰安市与马来西亚柔佛州古来县、沙捞越州古晋南市以及菲律宾达沃市的友城结好工作，推动泰山与法国圣·米歇尔山缔结“友好山”关系。至年底，泰安市与 15 个国家的 21 个城市建立友城关系或友好合作关系，与 16 个国家的 55 个社团、院校、医院等建立基层友好关系，缔结 4 个国际“友好山”关系。

【涉外管理】　推动涉外邀请业务提质增效，通过一次办好、政策助企、快捷通道等措施，完成 9 个国家 14 批 37 名外国人到泰安的审核报批工作。推介 APEC 商务旅行卡，通过“微信 + 互联网”平台、“白名单”制度以及专办员培训等举措，完成 5 家企业 22 名商贸人员 APEC 商旅卡的审核报批工作。持续加强领保宣传力度，通过媒体宣传、知识讲座、现场答疑等举措，增强公民涉外安全意识和风险防范能力。健全完善涉外应急处置协调联动机制，为全市经济社会发展营造安全稳定的涉外环境。

【因公出国管理】　按照外交部“非必要非紧急不出国”有关规定要求，做好当前因公出国管理各项工作。对 2003 年以后的因公出国重要文件进行分类归档，优化团组申报流程，出台《泰安市加强因公出国事中事后管理》等文件；做好过期护照的注销、在库护照的保管工作；严格落实省委外办“审护签”工作有关要求，为新系统启用做好准备。

【疫情防控】　统筹推进常态化疫情防控外事组各项工作，做好市“3·1”专班、疫情防控外事组肥城驻点督导、在泰安外籍人员疫苗接种等工作。累计入境抵泰安人员 13945 人，累计处置省指挥部推送入境人员信息通报单 860 件，其他地市指挥部函电 535 起；推进在泰安外籍人员疫苗接种工作，共摸排泰安市外籍人员 366 名，疫苗接种率 100%。

（伊　强）

信　访

【概况】　全市信访工作围绕中心、服务大局，“搭襻躬身挑重担，倾情倾力解民难”，全力以赴“为民解难、为党分忧”，提升整体水平。3 月份，在全省 2020 年度信访工作考核中，泰安市被评为优秀等次。连续 9 年保持“省级文明单位”称号。被省委、省政府表彰为建党 100 周年安保维稳工作表现突出的集体。

【信访服务保障】　全年特别是全国“两会”、中国共产党成立 100 周年庆祝活动、中共十九届六中全会等重点时期，全市信访工作得到省信访工作领导小组通报表扬和市委、市政府主要领导批示表扬。

【攻坚化解信访积案】　打好打赢“三大攻坚战”。省级领导包保泰安市的 16 件信访事项，6 月底前全部化解，省委副书记杨东奇、省政协副主席赵家军对泰安市工作给予高度评价。市级领导包保积案实体性化解93.4%，超额完成市委确定的年度目标任务。省交办十大领域信访突出问题，6月底前全部化解。中央和省交办第一批“治重化积”案件，年底前全部化解。“运用法律援助、化解信访难案”的做法，在新华社《中国有了法律援助法》栏目报道。

【信访事项办理】 坚持以“事要解决”为核心，全力推进信访事项“一次办好、群众满意”。国家信访局纳入满意度评价的信访事项，群众对信访部门和责任单位满意率分别为92.28%、90.39%，均位居全省第3名。

【信访改革创新】 结合学党史“为民办实事”，协调指导肥城市仪阳街道创新推行“有事您来说，剩下我解决”工作机制，完善“信访问题面对面，干群关系心连心”工作模式。协调督促各县、乡全面推行“夯基础、抓基层，信访问题不上行”工作做法效果明显，该做法在新华社《高管信息》和《山东要情动态》刊发，市委、市政府和省信访局主要领导批示肯定。 （李　伟）

机关事务

【概况】 2021年泰安市机关事务服务工作以促进机关事务治理体系和治理能力现代化为目标，围绕市委、市政府中心工作，重保障、优服务、强管理，机关事务服务保障水平和管理效能不断提升。

【公务用车管理】 做好车辆编制、更新、处置等工作，印发《泰安市市级公务用车编制管理及更新配备细则》，实现市级公务用车编制配备管理制度化、规范化。根据市委压减三公经费不再购置一般性公车的要求，发挥统管车辆“公物仓”作用，为市城管局等5个单位调剂公车11辆，节约购置费190余万元。落实取消车辆资产评估、公开拍卖程序，全年处置公车82辆，上缴处置款54.91万元。配合市纪检监察部门开展中央八项规定检查，为查处“车轮上的腐败”提供业务支持。保障公务出行，3月，将收缴的26个市级党政机关34辆公车纳入中心平台，使平台车辆达到105辆，规模数量位居全省前列。拓宽服务范围，共为市领导、党政机关77个部门，省委、省政府派驻工作组等省、市14个临时机构提供车辆保障。全年安全行驶里程62万余千米，比2020年提高155%。规范车辆运行管理，在自动化派车的基础上实现油料数据电子化、信息化、透明化。制定《公务车智能化信息管理平台考核办法》，按照“一月一检查、一月一通报、季度全覆盖”的要求进行考核，提高公务用车使用效率和服务水平。做好中心车辆每月保险购买、车辆年检等工作，为公车安全出行护航。

【办公用房管理】 以“六统一”（统一规划建设、统一权属管理、统一配置调剂、统一维修管理、统一处置管理、统一物业规范）管理机制为核心，有序开展房屋出租、维修、处置等工作。共审批出租业务16件，面积3.5万平方米；处置业务12件，面积2.6万平方米；维修改造业务13件，面积7.6万平方米。为14个单位办理划转手续，面积19.1万平方米。为市委组织部等单位调配办公用房近3000平方米。录入单位95家、院落44处、楼座81幢、建筑面积61万平方米，指导岱岳区、肥城市、宁阳县完成录入工作。包括市级在内的泰安市4家单位均通过房地产管理系统应用试点验收。

【公共机构节能】 严格贯彻市委关于“厉行节约”的部署要求，建立源头抓起、全程管控的管理体制，形成政府引导、市场运作、全员参与的工作机制，确保泰安市公共机构完成节能目标任务。8月，全市共166家机关单位被国家机关事务管理局、中央直属机关事务管理局、国家发展改革委、财政部4部委评为“节约型机关”。“十三五”时期，全市累计创建国家级节约型示范单位8家、省级12家，实现“县县有示范”；累计遴选出国家级能效领跑者1家、省级3家；累计有9家被评为“山东省节水型单位”，1家被评为国家级“水效领跑者”。通过国家“46城”公共机构生活垃圾强制分类评价验收。

【财务核算】 自2021年1月1日起，泰安市机关事务服务中心不再承担市直50余个部门的支付审核职能，继续履行33个非独立核算单位会计核算工作。撤销市直机关财务结算管理服务中心，成立财务科。科室人员从软件、硬件保障，工作流程再造等方面对工作进行优化、更新。一方面做好17个独立核算部门的交出工作，另一方面做好剩余33个报账单位收支业务的会计核算工作。全年处理账务3.72万笔，结算金额6.72亿元，退回不合理的原始会计资料25笔，涉及金额5.6万元；纠正不规范的会计资料423笔。 （李冬霞）

编辑　校对　刘　凯

中国人民政治协商会议泰安市委员会

综　述

【概况】　2021年，市政协召开常委会会议5次、主席会议5次，开展协商活动12次，立案的337件提案集中转交承办单位办理。一些创新做法和工作成果得到全国政协和省政协领导的批示肯定，3次被省政协《工作通报》转发，在全国政协系统党的建设工作经验交流会上作书面交流。市政协机关继续保持“省级文明单位”称号。

【履职尽责服务大局】　创建委员履职干事新平台。利用委员单位、街道、社区的闲置房屋等既有资源，按照有组织、有场所、有设施、有制度、有计划、有档案的“六有”标准，建成委员之家35处，印发《关于创建政协“委员之家”的实施意见》《政协“委员之家”建设指导规范》等系列配套文件，为委员搭建学习交流、协商议政、服务群众、团结联谊新平台。组建成立泰山书画院、政协委员企业家协会，拓展联系服务委员渠道、丰富政协履职形式。

着力为群众办实事解难事。把“为群众办实事”作为党史学习教育落脚点，确定为民要办15件实事。树立“服务委员企业就是抓发展”理念，3次召开委员企业家座谈会，听取委员企业反映问题59个，协调解决55个；举办银企协商座谈会，现场签订229.8亿元的合作协议。支持6名下派基层干部开展帮扶工作，强党建、上项目、引资金，助力乡村振兴。推动政协履职向基层延伸，出台《市政协委员开展联系网格活动的意见》，组织委员在居住或工作地主动联系社区、走进网格、亮出身份，417名委员到社区报到，在联系网格开展法律援助、义务诊疗、慈善义捐、残疾救助、纠纷化解等活动60余场次，基层群众真切感受到“政协离自己很近、委员就在身边”。

抓牢提案办理落实。树立“抓政协提案就是抓民生实事”理念，重点针对高质量保障学生餐、规范校车经营、建好社区幸福食堂等群众关心关注热难点问题，创新督办模式，搞好跟踪督办，多方凝聚共识，协商办理解决。仅用一周时间就有效解决规范校车运营制约问题。

传承弘扬泰山文化。成立泰山文化研究院，筹建泰山文化研究会，筹划文化产业发展孵化基地，为泰山文化研究保护与传承创新提供重要保障。贯彻“双创”方针，聚焦建设泰山文化传承创新示范区，召开泰山文化传承创新研讨会，抢救性搜集展示泰山文化研究成果，在泰山文化保护传承中彰显政协新担当。

【团结联谊凝心聚力】　制定印发《关于加强和促进人民政协凝聚共识工作的实施意见》，利用党史学习教育，组织引导各党派团体和各界人士认真学习中共党史、新中国史、统一战线史和人民政协史，增强政治认同、思想认同、理论认同、情感认同，坚定不移地感党恩、听党话、跟党走。坚持政协党组成员与各民主党派、工商联经常性联系制度，召开政协和各民主党派、工商联秘书长联席会议，年内党派团体提案立案165件，开展党派界别协商5项。

【发挥专门协商机构作用】　完善协商议政机制。建立以全体会议为龙头，以专题协商为重点，以对口协商会、提案办理协商会等为常态的协商议政格局。组织开展各类协商活动12项，形成调研协商报告4篇，得到市委、市政府主要领导批示肯定。促进协商式监督。抓好市委、市政府主要领导批示的10件重点提案的督办，推动立案的337件提案全部办复。积极反映社情民意信息。推选6名农民身份的代表人士为特邀信息员，上报社情民意信息540余篇，全国政协、省政协采用90多篇次，市委、市政府主要领导批示2篇次，其中1篇被全国政协转报中央办公厅，批转有关部委办理落实。

【自身建设】 加强党建活动，提升政治引领力。围绕庆祝中国共产党成立100周年，征集244幅书画作品，举办《红色百年，同心筑梦》大型书画展；组织新闻媒体采访优秀委员，开展《同心向党，礼赞百年》政协委员对党说句话活动。围绕建设过硬党支部，组织开展主题党日活动70余次，2个党支部分别被评为全市和市直机关先进基层党组织。

创办融媒体，提升影响力。市政协于6月上旬创办融媒体中心，构建多层次、立体式、全时段的政协宣传格局。融媒体中心投入运行以后，编发原创宣传稿件144篇，有些优质稿件被省级媒体转载，扩大了政协宣传覆盖面和传播力。“山东泰安：政协委员进网格——延伸政协触角 赋能基层治理”的稿件被新华社采用，点击量突破135万。筛选部分优秀委员进行宣传报道，帮助委员和委员企业提高知名度、美誉度，让委员感受到政协“娘家人”的温暖。

建立全员入委制度，实现委员履职规范化。出台《关于建立界别委员全员参加专委会制度的实施意见》，将21个界别组的417名委员编入9个专委会。各专委会分别联系1～3个界别组，将界别活动纳入专委会工作统筹安排，指导协助界别组制定年度工作计划，做好活动组织协调、统计入档、履职考核等服务保障工作，做到委员全员入委，界别组月月有活动，年终有考评，实现委员活动界别化、界别活动常态化、履职工作集成化。

加强文化建设，提升文化感染力。建设30米长的机关文化长廊，宣传习近平总书记对人民政协的新思想新论断，展示政协履行职能的新理念新方式，以同心、实干、为民、廉洁为价值理念，教育引导政协委员和机关干部勇做新时代泰山“挑山工”，营造敬业奉献、担当实干、奋勇争先的良好氛围，3名工作人员被评为市直机关先进个人。

巩固巡察整改成果，提升执行力。对标整改标准要求，开展巡察整改回头看，修订完善有关工作制度10项，细化工作目标任务，严明工作岗位责任，进一步提高机关干部担当作为、守正创新、狠抓落实的能力。创建集学习、履职、服务、管理、考核于一体的智慧政协平台系统，搭建网上办公新平台，构建委员全天候履职的新载体，实现政协履职信息化、智能化、高效化。

（王　帅）

重要会议

【全体委员会议】 1月24—27日，政协第十三届泰安市委员会第五次会议在泰山国际会展中心泰山会堂举行，应出席委员418名，实到358名，符合《中国人民政治协商会议章程》有关规定。泰安市委书记崔洪刚出席会议。会议审议通过周桂萍代表市政协十三届常委会所作的工作报告和姚霆所作的提案工作报告。委员们列席市十七届人大六次会议，听取并讨论张涛所作的政府工作报告和市中级人民法院工作报告、市人民检察院工作报告，以及其他有关报告，对上述报告表示赞同，并提出意见建议。委员们围绕《泰安市国民经济和社会发展第十四个五年规划和二〇三五年远景目标纲要》及有关重大问题，广泛协商讨论，12位委员作大会现场发言。会议经过民主协商和选举，决定有关人事事项，郭德文补选为十三届市政协主席，李诚实补选为十三届市政协秘书长，5名委员补选为十三届市政协常务委员。

【常务委员会会议】 2021年，市政协常委会召开会议5次。

十三届二十二次会议。1月25日召开。市政协主席周桂萍，副主席徐恩虎、张庆明、刘君、王昌元、马纯勇、程明、孙岱峰出席，副主

9月26日，市政协委员企业家协会第一次会长会议召开，市政协主席郭德文参加会议　（张学亮　供）

6月28日，“泰安市庆祝中国共产党成立100周年书画作品展”在市美术馆举办。市委书记崔洪刚（中），市委副书记、市长张涛（右三）出席书画展开展仪式并参观展览。图为市政协主席郭德文（左三）在仪式上致辞
（张学亮　供）

席姚霆主持会议。会议听取市委组织部负责人有关人事选举事项的说明；协商审议政协第十三届泰安市委员会第五次会议选举办法（草案），政协第十三届泰安市委员会第五次会议选举总监票人、监票人名单（草案），政协第十三届泰安市委员会第五次会议提案审查情况的报告（草案），政协第十三届泰安市委员会第五次会议政治决议（草案）及有关人事选举事项。会议决定，将该次会议协商审议内容提交全体委员讨论审议。

十三届二十三次会议。1 月 26 日召开。市政协副主席姚霆主持会议。大会组织组负责人汇报委员讨论组有关人事选举事项讨论酝酿情况。会议审议通过政协第十三届泰安市委员会第五次会议选举办法（草案），决定提交第三次全体会议审议；审议通过有关人事选举事项，决定提交第三次全体会议选举表决；审议通过政协第十三届泰安市委员会第五次会议选举总监票人、监票人名单（草案），决定提交第三次全体会议审议；审议通过政协第十三届泰安市委员会第五次会议提案审查情况的报告（草案），决定提交第三次全体会议审议；审议通过政协第十三届泰安市委员会第五次会议政治决议（草案），决定提交第三次全体会议审议。

十三届二十四次会议。3 月 26 日召开。市政协主席郭德文主持有关会议并讲话。市人大常委会副主任刘学保、市政府副市长袁久党应邀出席会议。会议传达学习全国、省“两会”精神；审议通过《政协泰安市委员会 2021 年度协商工作计划》《关于建立界别委员全员参加专委会制度的实施意见》。

十三届二十五次会议。7 月 24 日召开。市政协主席郭德文主持有关会议并讲话。市委常委、副市长宋洪银、市人大常委会副主任曹步山应邀出席会议。会议学习习近平总书记在庆祝中国共产党成立 100 周年大会上的重要讲话；听取泰安市上半年经济社会发展情况的通报；审议通过《关于数字科技助推经济增长与产业结构转型升级的调研报告》；听取“委员之家”创建工作和委员全员入委、联系网格工作情况的汇报。会上，举行“泰安市政协联谊书画院”揭牌仪式，并为“泰安市政协融媒体中心”负责人颁发聘书。

十三届二十六次会议。10 月 14 日召开。市政协主席郭德文主持有关会议并讲话。市人大常委会副主任刘学保、副市长张颖应邀出席会议。会议传达学习习近平总书记在 2021 年秋季学期中央党校中青年干部培训班开班式上的重要讲话和全国政协系统党建工作经验交流会精神；听取市政府负责人关于市政协十三届五次会议以后提案办理情况的通报；审议通过《关于强化政协委员责任担当的实施意见》《关于加强和完善城市社区治理的建议案》及有关人事事项。

【主席会议】 2021 年，市政协召开主席会议 5 次。

十三届三十六次会议。1 月 25 日召开。市政协主席周桂萍主持会议。会议研究召开政协第十三届泰安市委员会常务委员会第二十二次会议有关事项。市委组织部负责人就有关人事选举事项作说明。协商审议政协第十三届泰安市委员会第五次会议选举办法（草案），政协第十三届泰安市委员会第五次会议选举总监票人、监票人名单（草案），政协第十三届泰安市委员会第五次会议提案审查情况的报告（草案），政协第十三届泰安市委员会第五次会议政治决议（草案）及有关人事选举事项。会议决定，将该次会议协商审议内容提交市政协十三届常委会第二十二次会议审议。

十三届三十七次会议。1 月 26 日召开。市政协主席周桂萍主持会议。会议研究召开政协第十三届泰安市委员会常务委员会第二十三次会议的有关事项。大会组织组负责人汇报委员讨论组有关人事选举事项讨论酝酿情况。审议通过政协第十三届泰安市委员会第五次会议选举办法（草案），政协第十三届泰安市委员会第五次会议选举总监票人、监票人名单（草案），政协第十三届泰安市委员会第五次会议提案审查情况的报告（草案），政协第十三届泰安市委员会第五次会议政治决议（草案）及有关人事选举事项。会议决定，将该次会议审议通过的内容提交市政协十三届常委会第二十三次会议审议。

十三届三十八次会议。3 月 26 日召开。市政协主席郭德文主持会议。会议传达学习全国、省“两会”精神；审议通过关于召开市政协十三届常委会第二十四次会议有关事项；审议通过《政协泰安市委员会 2021 年工作重点（讨论稿）》《政协泰安市委员会 2021 年度协商工作计划（讨论稿）》《政协泰安市委员会调研工作实施办法（草案）》《关于创建“政协委员之家”的实施意见（草案）》《关于开展市政协委员联系网格活动的实施意见（草案）》《关于建立界别委员全员参加专委会制度的实施意见（草案）》《政协泰安市委员会主席会议组成人员、常委联系委员调整名单（讨论稿）》《市政协十三届五次会议重点提案及办理意见（讨论稿）》《政协泰安市委员会委员履职考核办法（修订稿）》；听取市政协机关 2020 年“双招双引”工作情况汇报，研究部署 2021 年工作。会议决定，将该次会议协商审议的部分内容提交市政协十三届常委会二十四次会议审议。

十三届三十九次会议。6 月 24 日召开。市政协主席郭德文主持会议。会议学习习近平总书记在庆祝中国共产党成立 100 年大会上的重要讲话等有关内容。审议通过关于召开市政协十三届常委会第二十五次会议的有关事项、《政协泰安市委员会关于加强和促进人民政协凝聚共识工作的实施意见（讨论稿）》、《关于数字科技助推经济增长与产业结构转型升级的调研报告（讨论稿）》。听取市政协“委员之家”创建工作和市政协委员全员入委、联系网格工作情况汇报。

十三届四十次会议。10 月 12 召开。市政协主席郭德文主持会议并讲话。会议传达学习全国政协系统党的建设工作经验交流会精神；审议通过关于召开市政协十三届常委会第二十六次会议的有关事项；审议通过《政协泰安市委员会关于强化政协委员责任担当的实施意见（讨论稿）》《政协泰安市委员会关于加强和改进反映社情民意信息工作的意见（讨论稿）》《政协泰安市委员会关于表扬十三届三次会议以来优秀提案、优秀提案承办单位和优秀提案工作者的通报（讨论稿）》《政协泰安市委员会关于加强和完善城市社区治理的建议案（讨论稿）》《政协泰安市委员会关于免去李鲁青十三届市政协常委职务、撤销其市政协委员资格的决定（草案）》等。会议决定，将该次会议协商审议的部分内容提交市政协十三届常委会第二十六次会议讨论。会议听取各委室年内工作情况汇报，对下一步工作提出任务要求。

（王　帅）

协商议政

【协商民主】 构建“政协搭台、委员唱戏、各方参与”的协商机制，完善以专题协商为重点，以对口协商、界别协商、网上协商为常态的协商议政格局，打造“有事多商量”的协商品牌。市委转发《政协泰安市委员会 2021 年协商工作计划》，确定开展重点协商活动 12 项，其中专题协商

8月19日，市政协召开委员企业家反映问题协商推进会，市政协主席郭德文，副主席张庆明、姚霆、马纯勇，秘书长李诚实参加会议　（张学亮　供）

2项、对口协商3项、界别协商5项、重点提案办理协商2项。

【专题协商】 8月31日下午，召开“校车运行”专题协商会。市政协主席郭德文主持会议并讲话。在听取各相关部门及学校相关负责人发言和提出的建议后，郭德文强调，校车运行是一个综合性的问题，需要由政府牵头推进，多部门齐心协力合作解决，希望相关部门要做好摸底调查，在征求家长意见后，根据实际需求做好校车运行规划，合理设定校车接送点，满足家长接送孩子的需求。希望各相关部门算好校车运营账，由政府出面，引进社会资本，将校车经营社会化、企业化，并争取财政资金给予经营公司适当补贴，为公共教育提供安全可靠的服务。同时，要加强校车运行的安全管理工作，本着对学生负责的态度，相关部门定期对校车运行情况进行检查，教育部门制定好校车管理制度，安排专人维护好乘车秩序与安全，并及时填写安全日志，发现问题及时整改，以保障学生的安全。

【对口协商】 围绕培育“全市文旅新业态”，积极开展对口协商。组织委员到泰山区鲁普奈特绳网体验馆和新泰市泰山·百合和园进行实地调研，召开座谈会，听取市文旅局主要负责人关于全市文旅新业态发展情况的汇报。调研组在对泰安市文旅新业态发展现状、存在问题和下一步发展对策进行广泛深入的协商论证基础上，形成《关于全市文旅新业态发展情况的调研报告》，呈报中共泰安市委，得到市委书记杨洪涛批示肯定，要求有关部门加以落实。

【重点提案办理协商】 2021年，市政协确定10件重点提案，得到市委、市政府主要领导批示。对10件重点提案实行主席会议成员领衔督办、有关委室分工负责、联合市委市政府督查室检查的方式，加大提案督办力度，组织提案人参与提案办理协商、联合调研、带案视察等活动，对有关部门重点提案办理情况进行跟踪督查，有效保证提案办理质效。7月28日上午，市政协委员以及农业和农村委员会特聘专家，就孙海伟委员提出的《打造载体平台 推进十大农业特色产业发展 为乡村振兴提供坚实物质保障》（13号）重点提案办理工作情况进行督办。在岱岳区道朗镇茶溪谷市政协农业界别组“委员之家”召开面复座谈会。会上，重点提案办理主要承办单位市乡村振兴工作领导小组办公室以及各协办单位市科技局、市农业农村局、市文化和旅游局、市林业局、市畜牧兽医事业服务中心的负责人分别介绍提案办理工作相关情况。重点提案提案人孙海伟委员对各单位办理工作情况表示满意，委员和特聘专家代表也就提案办理工作和泰安市大力发展农业特色产业、促进乡村全面振兴提出具体意见和建议。8月20日，市政协人口资源环境委员会同提案委员会，组织市公安局交警支队、市自然资源和规划局、市住建局、市城市管理局、市教育局负责人和部分提案人代表，就市政协十三届五次会议第184号《关于进一步完善学校、幼儿园门口划设斑马线、红绿灯等交通标示建议》重点提案的办理落实情况进行调研协商。督办调研组先后到擂鼓石大街科大幼儿园、温泉路岱道庵小学和花园路六中等学校现场进行实地调研，召开提案督办座谈研讨会，听取市公安局交警支队关于提案办理情况汇报；市自然资源和规划局、市住建局、市城市管理局、市教育局负责人也结合各自单位工作职责范围，对如何保障好学校、幼儿园师生和家长出入安全、方便出行以及维护交通秩序，提出许多富有建设性的意见和建议。

8月26日上午，市政协举办首届“泰山文化论坛”。市政协主席郭德文主持论坛并讲话 （张学亮　供）

【调查研究】 年内，围绕省会经济圈交通设施互联互通、数字科技助推经济增长与产业结构转型升级、常态化疫情条件下的社区治理开展专题调研，形成专题调研报告3篇，得到市委、市政府主要领导批示肯定。3月17日，围绕加快推动省会经济圈交通基础设施互联互通建设开展专题调研。调研组分别到京台高速泰山西互通立交施工现场、S103东岳胜境旅游公路建设现场进行实地调研，召开座谈会，听取和征求市直有关部门负责人及委员、专家们意见和建议，形成《关于加快省会经济圈交通设施互联互通的调研报告》，并在省会经济圈城市政协主席联席会议上进行研讨交流。4—6月份，围绕数字科技助推经济增长与产业结构转型升级开展调研。调研组深入市直和高新区部分数字科技企业，召开不同层面座谈会，还到浙江杭州、金华和省内青岛等地实地考察部分数字科技创新企业和数字经济产业园区的经验做法，形成并向市委报送《关于数字科技助推经济增长与产业结构转型升级的调研报告》。7—9月份，围绕常态化疫情条件下的社区治理开展专题调研，调研组先后召开社区、街道和市直部门3个层次的座谈会，到4个街道、8个社区进行实地调研，形成《政协泰安市委员会关于加强和完善城市社区治理的建议案》，经市政协十三届二十六次常委会会议审议通过，报送中共泰安市委。

（王　帅）

民主监督

【提案监督】 市政协委员及各参加单位聚焦泰安经济社会发展重大问题、聚焦深化改革瓶颈问题、聚焦群众关心热点问题，通过提案履职尽责。市政协十三届五次会议以后，收到提案379件，经审查立案337件，其中团体提案165件。聚焦市委关切、群众呼声、长远发展，反复酝酿讨论，遴选确定10件重点提案，经市政协十三届三十八次主席会议审议通过。多次与市委、市政府督查室联系沟通，将立案提案于3月底前全部转交69个承办单位进行办理。至2021年年底，所有交办提案全部办复，办复率100%。

【视察监督】 年内，市政协组织视察活动14次。

视察文物保护与非遗传承工作。5月26日，市政协组织部分市政协委员、文物保护专家及相关部门单位负责人实地参观市政协文体新闻组“委员之家”，观看新创作品《敢当龙未央》节目排练，赴肥城市实地察看孙伯镇五埠村古民居、王庄镇花园村陶南山馆、桃园镇正港木业工艺品厂现场，听取相关情况汇报，提出意见建议。

视察全市金融工作。6月7日上午，部分省、市政协委员召开“金融支持促振兴、绿色动能助发展”观摩座谈会。委员们一行先后视察山东泰鹏环保材料股份有限公司、山东农大肥业科技有限公司、泰安市智慧能源科技有限公司和山东众成饲料科技有限公司。活动现场，银行、担保公司和企业共28家单位签订合作协议，总金额达229.8亿元。

组织住泰安省政协委员视察高新技术产业发展情况。6月11日上午，市政协组织委员到泰山创新谷展示中心、山东睿思奥图智能科技有限公司、山东汇氏环境科技有限公司、山东中硕机械装备制造有限公司以及泰安大陆医疗器械有限公司，详细了解企业发展情况以及当前面临的问题和困难。住泰安全国政协委员张诚达参加活动。

专项视察“科创中国”试点市建设情况。6月24日上午，市政协组织委员先后视察泰山创客空间文化科技有限公司、山东欧瑞安电气有限公司。在山东四维卓识信息技术有限公司，观看公司发展宣传片，听取公司对接全国学会，汇聚技术、人才、数据等创新要素流向企业情况。

开展全市引进国外人才智力情况视察活动。7月7日，市政协港澳台侨和外事委部分委员及市直部门有关负责人先后实地查看泰安泰山高压开关有限公司、泰山碑酒厂、山东碧蓝生物科技有限公司3家企业。市科技局负责人汇报全市引进国外人才智力工作情况。

开展《中华人民共和国民法典》宣传落实情况视察活动。8月11日，市政协委员先后实地考察岱岳区天平街道司法所、天平街道南黄社区法制宣传一条街和泰山区徐家楼街道大官庄社区法制宣传教育基地，听取市司法局、泰山区、岱岳区有关情况汇报。

对供销系统土地托管服务工作进行视察。8月18日，市政协农业农村委部分委员和特聘专家实地视察东平县沙河站镇冯洼村土地股份合作社、沙河站供销社为农服务中心、新湖供销社为农服务中心等现场，听取基层工作情况介绍。在随后召开的座谈会上，市供销社主要负责人、东平县政府分工负责人分别介绍市、县供销社系统开展土地托管服务的有关工作情况，与会的市政协委员、特聘专家分别发言并提出意见和建议。

对全市会展业发展情况进行视

6月7日上午，"泰安市政协视察全市金融工作暨'金融支持促振兴·绿色动能助发展'银担企签约仪式"举行。市政协主席郭德文、副主席马纯勇参加会议（张学亮 供）

察。8月19日，组织部分政协委员实地考察泰山国际会展中心，参观全市会展业发展成果展，召开座谈会。市贸促会主要负责人汇报全市会展业发展工作情况，委员们就推进会展业高质量发展提出意见和建议。

对公共体育设施建设情况进行视察。8月20日，市政协组织部分委员到新体育中心、泰山冰雪文体中心等，实地查看体育馆、游泳馆、训练馆等场馆建设运营及管理情况，听取相关单位有关情况汇报。委员们就公共体育设施建设均衡发展、破解公共体育设施建设和开放难题、提高公共体育设施利用率等问题提出意见建议。

组织住泰安省政协委员视察"委员之家"建设情况。8月24日，市政协组织委员先后到市政协机关、中国移动泰安分公司、泰山区岱庙街道丽景社区、泰山医养中心、徂汶景区视察泰安市政协"委员之家"建设情况，并听取相关负责人介绍。

视察全市中小学午餐保障及食堂改造提升工程。9月23日，市政协组织部分委员先后到泰安六中新校、泰安实验学校、岱岳区岳峰小学查看学校食堂建设、学生用餐管理、食品质量等现场情况，听取相关情况汇报，围绕提升餐饮质量、保障学生用餐安全及课后服务工作提出意见建议。

视察红色革命遗址保护利用情况。9月24日，市政协组织部分委员和市政协文史特邀顾问、研究员先后视察岱岳区夏张抗日武装起义纪念碑、纪念展馆，宁阳县东疏华东野战军司令部指挥部旧址，召开座谈会，听取市文化和旅游局有关工作情况汇报，与会委员、特邀文史顾问、研究员就红色革命遗址保护利用工作提出意见建议。

对全市文旅产业项目进行视察。10月21日，市政协组织文体新闻组委员实地视察泰山新闻出版小镇、泰山秀城等项目现场，听取有关情况汇报，对建设好文旅产业项目，发挥好文旅产业项目作用提出意见建议。

组织住泰安省政协委员视察田园综合体建设情况。11月10日，市政协组织住泰安省政协委员先后到新泰市羊流镇惠美农牧·泰山百合和园、泰茶良心谷视察田园综合体建设情况，实地查看产品展厅、繁育基地、有机茶园、炒茶车间，听取相关负责人情况介绍。委员们对园区"规模种养＋加工销售＋休闲旅游"的三产融合、农业文化旅游"三位一体"的经营模式、规模发展助农增收就业等做法给予充分肯定。

【社会监督】 推荐政协委员参与社会监督工作，先后推荐22名省政协委员、84名市政协委员参加省、市有关部门单位组织的政风行风评议，推荐委员担任评审评委、公众代表、社会监督员等职务或参与市电视台《工作落实面对面》电视问政节目录制等活动，较好地发挥和体现政协委员在履行民主监督职能方面的重要作用。2名委员参加市政府《工作落实面对面》电视问政。

【反映社情民意】 推选6名农民身份的代表人士为特邀信息员，围绕党政工作的重点、经济转型升级的难点、民生领域的热点、社会治理的矛盾点，上报社情民意信息540余篇，全国政协、省政协采用90多篇次，市委、市政府主要领导批示2篇次，其中1篇被全国政协转报中央办公厅，批转有关部委办理落实。

（王 帅）

编辑 校对 王 巍

纪检·监察

综　述

【概况】　2021年，全市纪检监察机关坚持以习近平新时代中国特色社会主义思想为指导，在省纪委、监委和市委坚强领导下，深刻领悟“两个确立”的决定性意义，增强“四个意识”、坚定“四个自信”、做到“两个维护”，忠实履行党章和宪法赋予的职责，充分发挥监督保障执行、促进完善发展作用，纪检监察工作高质量发展迈出新步伐，为新时代现代化强市建设提供坚强保障。

【强化思想政治引领】　坚持用党的创新理论凝神铸魂，持之以恒学懂弄通做实习近平新时代中国特色社会主义思想，跟进学习习近平总书记重要讲话精神，深入学习贯彻中共十九届六中全会精神，扎实开展党史学习教育，不断提高政治判断力、政治领悟力、政治执行力。牢牢把握“两个维护”根本任务，聚焦“国之大者”做深做实政治监督，严明政治纪律和政治规矩，为党中央重大决策部署和省委、市委重点工作安排落地见效提供坚强保障。坚持打铁必须自身硬，突出政治引领，带头捍卫“两个确立”、做到“两个维护”，深化全员培训，提升能力素养，自觉接受最严格的约束和监督，着力锻造忠诚坚定、担当尽责、遵纪守法、清正廉洁的纪检监察铁军。

【深化监督执纪执法】　抓深抓实纪检监察体制改革，做精做细日常监督，持续深化派驻机构改革，完善执纪执法体系，规范化、法治化、正规化建设更加深入。坚持政治巡察定位，高质量完成十一届市委巡察全覆盖，做好巡察整改“后半篇文章”，完善巡视巡察上下联动工作格局，全面从严治党利剑作用充分发挥。坚定不移推进反腐败斗争，保持高压态势，深化以案促改，不敢腐、不能腐、不想腐一体推进综合效能不断提升。坚持纠“四风”树新风并举，靶向纠治形式主义、官僚主义，严查享乐主义、奢靡之风，营造担当作为、干事创业良好氛围，中央八项规定精神堤坝持续加固。扎实开展“我为群众办实事”实践活动，坚决整治群众身边腐败和不正之风，推动巩固拓展脱贫攻坚成果同乡村振兴有效衔接，集中整治民生领域突出问题，推进“惩腐打伞”常态化，群众获得感、幸福感、安全感不断提升。

（许　栋）

重要会议

【市纪委十一届六次全会】　2月8日召开。会议以习近平新时代中国特色社会主义思想为指导，全面贯彻中共十九大和十九届二中、三中、四中、五中全会精神，认真贯彻落实十九届中央纪委五次全会、省纪委十一届六次全会部署，总结2020年全市纪检监察工作，安排2021年任务。市委书记崔洪刚出席会议并讲话，市委常委、市纪委书记、市监委主任于瑞波代表市纪委常委会作题为《贯彻新发展理念、推动高质量发展，为新时代现代化强市建设提供坚强保证》的工作报告，对2021年工作任务作出部署。

【市纪委监委党史学习教育动员大会】　3月5日召开。市委常委、市纪委书记、市监委主任于瑞波出席会议并作动员讲话。会议强调，纪检监察机关要突出重点关键，精准把握党的全面领导、思想伟力、性质宗旨、历史经验、革命精神，勇做新时代泰山“挑山工”，确保党史学习教育取得实效。

【全市党风廉政建设和反腐败工作情况通报会】　3月30日召开。市委常委、市纪委书记、市监委主任于瑞波代表市委向市各民主党派、工商联和无党派人士代表通报2020年度全市党风廉政建设和反腐败工作情况。会议要求，各民主党派、工商联和无党派人士要聚焦党风廉政建设和反腐败工作的突出问题，积极建言献策，进一步加强自身建设，提高履职水平，服务市委中心工作，参与全市重点工作，为新时代现代化强市建设作出新的更大贡献。

【市纪委监委派驻监督工作座谈会】 3月31日召开。市委常委、市纪委书记、市监委主任于瑞波出席会议并讲话。会议强调，各派驻机构职责定位要准，在忠实履职上有新突破；监督工作要实，在提质增效上有新进展；审查调查要强，在形成震慑上有新作为；自我要求要严，在队伍建设上有新提升。有关部门单位要强化统筹协调，全力支持和有力保障派驻机构工作，着力提升派驻监督治理效能。

【重点攻坚质效提升专题推进会议】 7月5日召开。市委常委、市纪委书记、市监委主任于瑞波主持会议并讲话。会议强调，要全力推进涉政法干警问题线索核查，有效化解信访举报重点难点问题，持续加强干部队伍作风建设，以最坚定的决心、最有力的措施、最务实的作风，全力打好“质效提升行动”攻坚战，推动各项重点工作再上新台阶。 （许　栋）

监督首责

【强化政治监督】 聚焦“两个维护”，坚决贯彻习近平总书记对山东工作的重要指示要求，对黄河重大国家战略跟进、精准监督。聚焦“十四五”开好局起好步，围绕惠民富民、促进共同富裕政策措施，突出“六项重点任务”（新型工业化、黄河战略、文旅融合、城市提升、乡村振兴、共同富裕）、用好“四项举措”（改革创新、扩大开放、优化环境、考核奖惩）、守好“五条底线”（安全生产、生态环保、疫情防控、金融安全、社会稳定）等部署要求，深化政治监督。严明政治纪律和政治规矩，全市立案审查违反政治纪律案件15件，处分24人。深入开展粮食购销、停车管理等领域腐败问题专项整治，持续加大人防、供销系统腐败治理，紧盯巩固拓展疫情防控和经济社会发展成果、环保督察反馈问题整改、安置房建设和农村危房整改等情况，加强监督检查。严肃换届纪律风气，全市查处违反换届纪律案件11件，给予党纪政务处分14人。

【做实做细日常监督】 认真履行协助职责、监督专责，强化政治生态分析研判、成果运用，向市委提报工作建议15条。聚焦“一把手”和领导班子，制定加强党政正职日常监督24条措施。综合运用述责述廉、廉政谈话、监督检查、约谈提醒等方式，推动主体责任、监督责任、第一责任人责任、班子成员“一岗双责”四责协同。坚持业务内外统筹联动，信访积案、初信初访一体推进，实行“双通报”制度，开展化解重复举报专项行动，全市纪检监察机关接收信访举报同比下降17.8%。坚持实事求是、依规依纪依法，全市纪检监察机关运用“四种形态”批评教育帮助和处理5445人次。

【深化纪检监察体制改革】 优化派驻机构设置，实行“驻点办公、综合监督”，构建“驻在一个点、延伸一条线、辐射一个面”的监督格局，探索“室组”联动监督、“室组地”联合办案模式。常态化开展案件质量评查，健全与执法、司法机关重大疑难复杂案件会商机制，完善与公安机关协作联合办案模式。打造涉案财物“换押式”移交模式，实现跨部门一体化集中管理。加强疫情防控，完善应急预案，加快推进标准化留置场所建设，市纪委监委留置点翠竹园二期、备用留置点清风园顺利通过验收、投入使用。

（许　栋）

正风肃纪反腐

【纠“四风”树新风并举】 坚决破除在贯彻新发展理念、构建新发展格局中空泛表态、敷衍应付、不担当不作为乱作为等形式主义、官僚主义问题，健全完善“直通车”机制，推动基层减负常态化，全市纪检监察机关查处问题515个，给予党纪政务处分348人。持之以恒落实中央八项规定精神，开展常态化、不间断明察暗访、交叉互查，全市纪检监察机关查处问题205个，给予党纪政务处分167人。严格落实“三个区分开来”（把干部在推进改革中因缺乏经验，先行先试出现的失误和错误，同明知故犯的违纪违法行为区分开来；把上级尚无明确限制的探索性试验中的失误和错误，同上级明令禁止后依然我行我素的违纪违法行为区分开来；把为推动发展的无意过失，同为谋取私利的违纪违法行为区分开来），精准问责党组织25个，问责党员领导干部、监察对象241人，为35名干部容错纠错，为27名干部澄清正名，回访受处理处分干部265人。推动构建亲清政商关系，查处损害营商环境问题26个，给予党纪政务处分30人。

【深化“三不”一体推进】 始终保持高压态势，紧盯重点行业领域，持续加大审查调查力度，全市纪检监察机关处置问题线索3511件、立案2145件，给予党纪政务处分2400人，挽回经济损失1.9亿余元；留置45人，移送检察机关35人；54人主动向纪检监察机关投案，91人主动交代问题。协同推动政法队伍教育整顿，坚决查处王某钧、丁某等典型案件，全市处理处分政法干警362人。发挥以案促改功效，全市制发纪检监察建议书183份，督促建章立制。探索开展同级同类干部警示教育，深化“廉洁泰安”建设，出版《泰安历代良吏传》，打造泰山西湖现场教学点，提升“岱下清风”品牌影响力。

【整治侵害群众利益问题】 深入开展过渡期专项监督，全市查处巩固拓展脱贫攻坚成果同乡村振兴有效衔接方面腐败和作风问题404个，给予党纪政务处分258人。扎实开展“我为群众办实事”实践活动，持续纠治教育医疗、养老社保、生态环保、执法司法等重点领域腐败和作风问题，全市纪检监察机关查处民生领域腐败和作风问题818个，给予党纪政务处分518人。常态化推进“惩腐打伞”，开展“案大伞小、案多伞少”专项排查，推进乡村治理、信息网络、自然资源、交通运输、工程建设、金融放贷六大行业领域集中整治，全市纪检监察机关立案查处涉黑涉恶腐败和“保护伞”问题55个，给予党纪政务处分42人，移送检察机关6人。

（许　栋）

巡视巡察

【概况】 2021年，泰安市委巡察机构立足政治巡察职能定位，突出加强对基层贯彻落实党的路线方针政策和党中央决策部署情况、群众身边腐败问题和不正之风、基层党组织软弱涣散、组织力欠缺等方面问题的政治监督，强化巡察规范化建设，监督质效不断提升，巡察工作取得新进展。

【全覆盖任务扎实推进】 市委常委会召开4次会议听取巡察汇报、研究巡察工作，将巡察工作列入常委会年度工作要点，出台完善压力传导机制推动责任落实的实施意见，传导责任压力。组织开展市委第九轮、第十轮巡察，完成市委一届任期内巡察全覆盖任务。自觉围绕“十四五”开局起步各项决策部署和省委、市委重要工作安排贯彻落实情况加强监督检查。市县巡察共发现一般性问题4500余个，督促即知即改问题140余个；移交线索193件，立案59件，党纪政务处分50人。

【上下联动成效显著】 开展供销系统、停车管理领域、涉粮问题专项巡察；对全市公安、法院系统开展提级交叉巡察。巡察供销系统时，发现问题线索26件，督促补缴清退资金64.99万元，1人主动投案。对全市公安、法院系统开展提级交叉巡察时，发现问题线索41件，督促补缴清退资金267.69万元，1人主动投案，5人被采取留置措施。

【巡察整改不断压实】 出台市级领导干部落实“一岗双责”推进巡察整改工作暂行办法，市领导出席所分管部门单位巡察反馈会议，督促被巡察党组织抓好整改。市委巡察办向市委市直机关工委、市财政局、市直机关服务中心等通报巡察发现共性普遍性问题3大类28项，督促开展系统治理，推动整改面上问题70余个。市县纪检监察、组织、审计、信访等部门向市县巡察组通报情况、提供材料170余次（份）。协调市委宣传部对第九轮、第十轮巡察的18个部门单位开展意识形态专项检查，发现并督促整改一般性问题120余个。

【队伍建设深化提升】 成立市委巡察临时党支部23个，开展学习活动60余次，市委巡察办党支部被表彰为市直机关先进基层党组织。组织270余名巡察干部参加巡前培训。从有关部门单位选派110余名优秀干部参加市委巡察。修订完善制度机制16项，落实巡察干部考勤请假、请示报告、谈心谈话、安全保密等规定，严防违规违纪问题发生。

（陈国超）

编辑　校对　　王　巍

民主党派

中国国民党革命委员会泰安市委员会

【概况】 简称民革泰安市委会，设基层委员会1个、支部15个、小组1个，党员363人。民革泰安市委会被民革中央评为“民革全国组织工作先进集体”“民革助力脱贫攻坚工作先进集体”，被民革省委会评为“民革全省机关工作先进集体”“2020—2021年度为民革山东省委提案工作作出贡献的先进集体”。市委会机关人员王磊被民革中央评为“民革全国机关工作先进个人”。

【换届工作】 10月30日，民革泰安市第八次代表大会召开，徐恩虎代表第七届委员会作《履职尽责 创新实干，为新时代现代化强市建设贡献力量》大会报告，选举产生第八届委员会和出席民革山东省第十四次代表大会代表，委员职数13人。八届一次全委会议选举朱丽为主任委员，杨维仁、刘清廷、程鹏、郭秀荣为副主任委员，任命李芳为秘书长。

【思想建设】 开展“同心学党史，携手开新局”学习教育，召开全市民革党员党史学习教育动员大会，部署安排党史学习教育活动。组织市委委员、支部主委赴枣庄市铁道游击队纪念馆、山东力明科技职业学院开展“走过百年，同心向党”党史学习教育；举办“走过百年，同心向党”“初心合作承使命·翰墨飘香迎国庆”等书画笔会活动。

【组织建设】 以作风建设年为契机，加强基层组织建设，完成新泰市基层委员会、泰山区支部、市直二支部换届工作，成立民革高新区支部。推进示范支部和优秀党员之家建设，岱岳区支部荣获“民革全省示范支部”和“民革全省优秀党员之家”称号，泰山区支部荣获“民革全省优秀党员之家”称号。

【参政议政】 完成《关于我市推进黄河流域生态保护和高质量发展》专题调研报告和《关于推进我市法治乡村建设的建议》民主监督报告。向民革省委、市委统战部报送反映社情民意信息18件。2件得到市委主要领导签批，11件被民革省委采用或转件。

【社会服务】 各支部开展帮扶困难家庭、慰问敬老院老人、文化卫生下乡、进企业、进社区等活动7次。民革党员企业泰安益升康集团为郑州灾区捐献物资60余万元；民革新泰基层委员会开展“同心圆梦”助学行动、到部分中小学开展普法教育活动；引导党员到经济基础薄弱

民革泰安市第八届委员会领导班子成员合影 （王 磊 供）

村发展特色产业、开办红色养老院等，助力乡村振兴。　　（王　磊）

中国民主同盟泰安市委员会

【概况】　简称民盟泰安市委会，有盟员723名，设总支1个、基层委员会1个、支部19个、学习小组1个。年内，民盟泰安市委1名盟员获民盟中央“组织发展工作先进个人”荣誉称号。在民盟省委纪念中国民主同盟成立八十周年表彰中，民盟泰安市委会获“先进集体”荣誉称号，民盟山东农业大学总支、民盟泰安市机关直属三支部、民盟泰安市岱岳区支部、民盟泰安市肥城支部、民盟泰安市泰山区支部获“先进集体”荣誉称号，1名盟员获“荣誉老盟员”称号，4名盟员获“杰出盟员”荣誉称号，3名盟员获“优秀盟员”荣誉称号。民盟泰安市委会获民盟山东省委“脱贫攻坚先进集体”荣誉称号。民盟山东农业大学总支获民盟山东省委“脱贫攻坚先进集体”称号。5名盟员获“脱贫攻坚先进个人”称号。民盟泰安市委会获评民盟山东省委2021年度盟务工作先进集体，民盟新泰基层委员会、民盟泰安市机关直属三支部、民盟泰安市机关直属五支部、民盟山东农业大学总支、民盟泰安市岱岳区支部获“先进集体”荣誉称号，24名盟员和个人获“先进个人”荣誉称号。

10月30日，中国民主同盟泰安市第九次代表大会召开　（王玲玲　供）

【换届工作】　10月30日，中国民主同盟泰安市第九次代表大会在泰安召开，泰安市政协副主席、民盟泰安市委主委孙岱峰代表民盟泰安市第八届委员会向大会作工作报告。大会选举产生民盟泰安市第九届委员会，在九届一次全委会议上，选举孙岱峰为主任委员，选举丁爽、张清、周奎、朱树华为副主任委员，任命徐建英为秘书长。

【思想建设】　认真学习中共十九届五中全会精神和习近平总书记重要讲话精神，召开专题民主生活会。推进学习教育活动，制定《民盟泰安市委开展“同心学党史，携手开新局”学习教育实施方案》。开展中共党史学习教育学习会6次、座谈会2次、讲座1次、现场教学活动9次；宣传平台中，微信发布25篇，网站发稿25篇。参加民盟中央和民盟省委纪念中国共产党成立100周年、民盟成立80周年活动画展，1幅作品入选民盟中央画展，整理上报民盟省委画展15幅。参加盟省委“百年华诞话同心”征文活动，撰写上报各类征文13篇。参加“民盟山东省委纪念民盟成立八十周年专刊”活动，编撰8000余字。开展“我把祝福献给党”活动，制作短视频4部，制作歌曲《风雨同舟》、专题片《陪读妈妈服务纪实》，录制原创歌曲《百年辉煌》被推送至“学习强国”学习平台播放。录制戏曲《风雨兼程 中国民盟》，向中国共产党成立100周年、民盟成立80周年献礼。整理上报民盟前辈事迹5篇。年内，向盟中央、盟省委上报工作信息49条，12条被盟中央采纳，49条被盟省委采纳，30余条被泰安统战信息采纳。在泰安电视台、《泰安日报》刊发新闻6条。

【组织建设】　新发展盟员23名，其中博士硕士研究生12人，高、中级职称10人。4月13日，全国政协副主席、民盟中央常务副主席陈晓光带队就“推进新时代博物馆事业高质量发展”课题到泰安调研，全国政协常委、副秘书长，民盟中央副主席张道宏参加调研。调研组一行到盟员企业鲁普耐特集团绳网文化科技馆进行调研，并为民盟泰安市机关直属五支部“盟员之家”揭牌。民盟泰安市委、民盟枣庄市委在枣庄市博物馆联合举办“翰墨书同心·丹青庆华诞”书画展。新成立民盟高新区支部、机关直属六支部。完成民盟泰山学院支部、山东第一医科大学（泰安）支部、泰安市中心医院支部、机关一支部换届。

【参政议政】 向市政协十三届五次会议提交提案30余件，其中集体提案15件、个人提案20余件，政协大会发言4篇，1件被评为十大重点提案。完成《泰安市城乡融合发展路径研究》《泰安市挥发性有机物治理专项调研》《关于进一步深化济泰一体化交通发展的建议》3个调研报告并得到市委主要领导批示。年内，共上报社情民意信息20余条，6条被盟省委采用，3篇被省政协采用。《城乡师生配比失衡问题亟需关注》的社情民意被民盟中央《民盟信息》采用，同时被《建言专报》采用，得到市委主要领导批示。《关于农村畜禽养殖规范化建设的建议》和《关于解决城市停车难的建议》获泰安市委主要领导批示。

【社会服务】 年内，民盟泰安市委和各支部纷纷开展走访慰问、困难帮扶、文艺演出、健康义诊、疫情防控、科技帮扶、健康讲座、捐资助学、救助河南水灾等各类社会服务活动，并为困难家庭捐款捐物。

（王玲玲）

中国民主建国会泰安市委员会

【概况】 简称民建泰安市委会，设总支部1个、基层支部15个、专委会9个。全年新发展会员14人，至年底全市会员308人，其中女会员99人，占32.1%；经济界会员及相关专家学者270人，占87.7%；大学本科以上学历209人，占67.9%；中级以上职称184人，占59.7%。年内，被民建山东省委会表彰为“全省民建参政议政工作先进集体”“全省民建理论宣传调研工作先进单位”。

7月20日，民建中央副主席兼秘书长李世杰（左二）到泰安调研民建市级组织建设。图为在民建中心支部会员之家参观考察 （杜荣立　摄）

【换届工作】 11月7日，民建泰安市第七次代表大会召开。会议审议通过张庆明代表第六届委员会所作的题为《凝心聚力 履职尽责 为推动泰安经济社会发展献智出力》的工作报告，选举产生民建泰安市第七届委员会，规模13人。在七届一次全委会议上，袁久党当选为主任委员，黄屹峰、尹洪宗、魏云刚、陈文当选副主任委员，任命戚锋为秘书长。

【思想建设】 以中共党史学习教育为契机，深化思想政治建设。5月8日，召开专题会议，对中共党史学习教育进行全面安排部署，印发实施方案，指导学习教育深入开展。5月27日，组织市委委员及基层组织负责人赴枣庄铁道游击队纪念馆和台儿庄战役纪念馆开展红色教育和爱国主义教育。6月20日，举办“走过百年·同心向党”中共党史学习教育报告会，150余名会员参会，接受一次深入的中共党史洗礼。

【组织建设】 强化领导班子建设。1月9日，召开市委会领导班子及成员民主测评会。推进会员队伍建设。全年新发展会员14人，平均年龄38岁。年内转出2人，会员总数达308人。7月20—21日，民建中央副主席兼秘书长李世杰一行到泰安就民建市级组织建设进行调研，召开座谈会。加强基层组织建设，推进规范化支部和会员之家建设。4月30日，民建泰安高新区支部“会员之家”启用，全市会员之家达6家。9月7日，民建泰山区支部代表全省民建基层组织在民建全国会员之家建设工作会议上作典型发言。

【参政议政】 在市政协十三届五次会议上，提报集体提案13件、委员提案20件，均被立案，其中《关于进一步完善学校、幼儿园门口划设斑马线、红绿灯等交通标示的建议》《关于支持储能新技术新产业发展的建议》被列为重点提案，9人在市政协全会上作大会现场发言或书面交流。《突出大生态、大绿带、大水面、大景观，保护、建设好“泰山西湖”的建议》等7件提案被市政协表彰为优秀提案。年内，先后开展乡村振兴、推进生产性服务业发展、金融服务实体经济发展、小微企业园区建设等调研活动并形成相关调研成果呈报市委，全部得到市委主要领导签批。全年编辑上报社情民意信息近50篇，其中1篇被民建中央采用，5篇被省政协采用报全国政协，28篇被民建省委会采用，2篇作为建言专报得到市委主要领导签批，6篇被省委会表彰为“全省民建优秀参政议政成果”。

【社会服务】 引导各基层组织、广大会员及会员企业开展各类社会服务活动。1月12日，在泰山区小天使康复中心举行第八期“民建之光——点亮儿童微心愿”品牌活动圆梦仪式，帮助200余名残障儿童实现微心愿。年内，民建泰山区支部开展民建法律书屋、幸福夕阳活动，新泰总支开展“同心思源”暖冬行动、捐资助学活动，泰山支部开展关爱特殊儿童活动，中心医院支部开展义诊活动，泰西支部开展关爱老人活动，产生广泛社会影响。河南洪灾发生后，泰安速恒物流有限公司、鲁普耐特集团有限公司、泰安东升服装有限公司、泰安市易家成地产营销策划有限责任公司等会员企业积极捐款捐物，全力助力河南抗洪救灾。 （杜荣立）

中国民主促进会泰安市委员会

【概况】 简称民进泰安市委会，设支部10个。年内，新发展会员12人，总数273人。民进泰安市委会被民进山东省委会表彰为“社会服务工作先进单位”。1名会员被民进中央表彰为“社会服务工作先进个人”。

【换届工作】 11月4日，中国民主促进会泰安市第七次代表大会召开。会议审议通过董洁代表第六届委员会所作的题为《强基固本守初心 履职尽责显担当 努力建设新时代高素质参政党》的工作报告，选举产生民进泰安市第七届委员会，规模13人。在七届一次全委会议上，苏雪峰当选为主任委员，贾汇红、谭晓蕾、孙海伟、王进喜当选为副主任委员，任命孙圆景为秘书长。

【思想建设】 1月17日，召开民进泰安市委六届五次全委（扩大）会议，学习中共十九届五中全会精神、中共泰安市委十一届十二次全体会议精神和民进山东省委七届五次全体会议精神，审议通过民进泰安市第六届委员会2020年度工作报告，部署安排2021年工作，对先进基层组织和优秀会员进行表彰。5月15日，开展“同心学党史 携手开新局”主题教育活动。5月，向民进省委会报送8幅书画剪纸作品参加民进省委举办的“在正道上行——庆祝中国共产党成立100周年书画展”，5幅被采用并编入作品集。6月28—29日，组织支部骨干会员赴临沂开展“走过百年·同心向党”主题活动。

【组织建设】 6月28日，组织支部主委考察学习民进临沂市罗庄区总支构建“N+履职”大数据云平台工作新机制等先进经验做法，汲取基层组织建设经验。7月16日，举办由民进市委委员，支部主委、副主委和骨干会员60余人参加的“反映社情民意信息主题年工作推进会暨骨干会员培训班”。11月19日，召开民进泰安市委七届二次全委（扩大）会议，学习中共十九届六中全会精神，公布民进泰安市第七届委员会领导班子工作分工，部署安排基层组织换届和市政协十四届一次会议大会发言和提案工作。

【参政议政】 年内，民进市委会有省、市、县（市）三级人大代表、政协委员39人（省级3人，市级20人，县级16人）。向市政协十三届五次会议提交提案42件，2件提案被列为

11月4日，中国民主促进会泰安市第七次代表大会在泰安召开
（王传其 供）

重点提案。提交大会发言材料5篇，1篇在十三届政协五次会议上作口头发言。年内，4件提案被评为市政协十三届三次会议以后优秀提案，1篇社情民意信息被全国政协《每日社情》采用。7月15日，民进山东省委会调研组在山东省人大常委、民进山东省委会专职副主委郭永军带领下到泰安就“加快推进我省普通高校转型发展”课题召开调研座谈会。围绕《关于我市民办中小学规范发展的建议》开展民主监督调研。围绕《关于加快我市康养事业发展》开展专项调研。专项调研报告和监督报告均得到中共泰安市委主要领导批示。

【社会服务】 联合泰安神墨教育在岱岳区角峪镇中心小学举行“开明书屋”捐建仪式，捐献图书1000册，价值3万余元。赴岱岳区夏张镇朱家庄村开展“送科技下乡”志愿服务活动。泰山区支部赴邱家店镇、省庄镇开展慰问贫困学生活动，捐赠价值5000余元的生活用品以及8000元的助学金。教育支部为岱岳区道朗镇鲁能泰安希望小学捐赠电脑1台、助学金4000元、图书400册，成立“文友爱心书屋”。泰山区支部以实际行动支援河南灾区，捐款13000余元，购买牙膏、牙刷、毛巾、肥皂等生活物资1000套。山东第一医科大学（泰安）支部开展健康乡村行义诊活动，市直支部开展乡村振兴活动。 （王传其）

中国农工民主党泰安市委员会

11月6日，中国农工民主党泰安市第七次代表大会召开 （丁婧 供）

【概况】 简称农工党泰安市委会，下设基层委员会1个、总支1个、支部19个，党员413人。年内，农工党泰安市委会被农工党中央评为“农工党脱贫攻坚工作先进集体”，被农工党省委授予“‘庆祝中国共产党成立100周年’理论征文先进组织工作奖”。

【换届工作】 11月6日，农工党泰安市第七次代表大会召开。会议审议通过徐坤代表第六届委员会所作的题为《不忘合作初心 牢记政治使命 努力建设适应新时代要求的参政党》工作报告。选举产生农工党泰安市第七届委员会和出席农工党山东省第八次代表大会代表。在七届一次全委会议上，徐坤当选为主任委员，赵晓民、梁群言、赵铭、刘志超当选为副主任委员。

【思想建设】 年内，引导广大党员牢固树立“四个意识”，扩大政治共识，巩固思想政治基础。以纪念中国共产党成立100周年为契机，开展“走过百年 同心向党”学习教育活动，召开庆祝中国共产党成立100周年座谈会，组织基层组织负责人和骨干党员参观泰安城区生态保护工程。组织党员参与农工省委和市委统战部组织的理论征文、节目展播等主题宣传活动。参加中共党史学习教育活动，参与“对党说句心里话”“百年华诞话同心”等宣传活动。

【组织建设】 年内，召开主委办公会、全委会4次，就全国“两会”精神、党的统一战线政策、文件等进行学习。领导班子成员参加农工省委举办的“同心学党史 携手开新局”全省领导干部学习班。各基层组织结合自身实际开展集中学习、志愿服务等活动。岱岳区支部开展“党史映初心、同心跟党走”主题教育活动，泰山护理职业学院支部邀请徐坤主委为支部党员上党课，农工党山东第一医科大学（泰安）总支组织党员到泰安徂徕山抗日武装起义纪念馆开展中共党史学习教育活动，艺术支部举办“庆祝中国共产党百年华诞书画进社区”活动。积极稳妥发展党员。新发展党员15名。

【参政议政】 在市政协十三届五次会议中，农工党泰安市委会提交集体提案5件。组织党员撰写社情民意信息，向农工省委、市委统战部报送社情民意信息40余条。积极开展专题调研工作，完成《关于加快健康医疗大数据建设 提升健康医疗服务水平的调研》和《关于加快推进泰安市中草药产业高质量发展的调研》，上报中共泰安市委。2名党员参加农工党中央举办的农工党党内监督网络培训班。3名党员参加农工党省委举办的全省市级组织参政履职工作培训班。

【社会服务】 积极开展社会服务。组织党员专家到泰山区财源街道清真寺社区开展2021年环境与健康宣传周义诊活动，发放新冠肺炎预防、脑血管疾病保健与预防等健康宣传资料400多份，提升群众的健康保健意识和疾病预防能力。市直二支部组织先后开展“帮扶结对雷锋情·共植友谊树常青”植树节活动和“学党史”传承红色精神、“开义诊”服务乡村振兴系列主题活动，专家团队为村里老年人进行口腔健康查体，免费发放口腔保健用品。山东农业大学支部组织党员考察土门村省级美丽乡村创建，交流合作目标与思路，用科技助力美丽乡村建设。山东第一医科大学（泰安）总支及第二附属医院支部组织开展“世界艾滋病日”主题宣传义诊活动。泰山护理职业学院支部到泰山区邱家店迓庄村开展“学史力行 文明共建”志愿服务活动。 （丁 婧）

中国致公党泰安市委员会

【概况】 简称致公党泰安市委会，设支部13个，党员202人。致公党党员侨海关系覆盖美国、日本、英国、新西兰、澳大利亚等多个国家和地区。年内，致公党泰安市委会被致公党山东省委会评为“创先争优组织建设先进集体”，山东农业大学支部被评为“创先争优参政议政工作先进集体”，泰山学院支部和新泰支部被评为“创先争优社会服务工作先进集体”，市委会共有19位党员被评为“创先争优·优秀党员”，5位党员获得“助力脱贫攻坚先进个人”荣誉称号。

【换届工作】 11月5日，致公党泰安市第三次代表大会召开，会议审议通过梁望东代表第二届委员会所作的题为《加强自身建设 履行政党职能 推动泰安致公党工作开创新局面》的工作报告，选举产生致公党泰安市第三届委员会，规模13人。在三届一次全委会上，梁望东当选为市委会主任委员，张忠、王景霞、刘涛当选为副主任委员，任命卢晓堂为秘书长。

【思想建设】 深入学习贯彻中共十九届五中全会精神。召开市委全委会议，集体学习《中共十九届五中全会公报》，引导广大致公党员深刻理解新发展阶段、新发展理念、新发展格局的内涵要义、实践要求。11人次参加中共泰安市委党校举办的专题学习班。开展“学史凝共识，同心助发展”主题活动，制发《活动方案》。组织骨干党员赴东平昆山党性教育基地、枣庄台儿庄纪念馆、铁道游击队纪念馆参观学习。各支部组织开展到徂徕山纪念馆、冯玉祥纪念馆参观学习活动。通过现场教学，让党员学习感受红色基因和革命精神，深化对参政党性质和历史使命的理解，进一步感悟多党合作初心，坚定多党合作信念。

【组织建设】 推进组织建设、基层支部建设和后备干部队伍建设。完成致公党省委会、市委统战部安排的民主党派成员基本情况调查、党外代表人士特点及培养与选拔中的建议等多项组织建设工作任务。开展“筑梦新时代同心奔小康”“风采·民主党派基层组织”等活动。开展创先争优活动，10个支部被评为全省先进集体，3项活动被评为社会服务品牌，56名党员被表彰为优秀党员。抓好机关建设，提高服务党员水平，积极参与全国文明城市创建、疫情防控等工作，机关干部工作能力、服务意识进一步增强，致公党泰安市委会3次在省委会上作典型发言。

【参政议政】 围绕市委、市政府中心工作和群众关心关切的热点问题，积极调查研究，提出意见建议，完成重点调研课题和民主监督课题5项。做好市政协会议期间提案准备工作，市委会及党员共提交立案提案50余件，3件提案进入市政协大会发言，1件提案被列为重点提案。担任各级司法机关和政府部门特约人员的致公党党员，参加有关活动，履行监督职责。

【社会服务】 坚持扶危济困和服务发展并重，开展各类“三下乡”社会服务活动50余次，为农村农民提供茶园规划指导、花卉种植技术培训、司法法律咨询，组织到党员创建的服务基地、党员企业参观考察20余次，形成多项社会服务品牌。其中山东农业大学支部茶产业示范服务品牌、市直一支部音乐支教服务品牌、泰山区支部济困助残服务品牌，被致公党省委、市委统战部列为重点品牌或工作范例。助力乡村振兴，组织山东农业大学支部和泰山区、岱岳区、高新区、新泰市、肥城市5个支部进行对接交流活动，围绕推动校地合作、校企合作和科技成果转化讨论交流，共同助力乡村振兴。组织山东农业大学支部部分专家党员到泰山区、新泰市、肥城市和相关企业调研，深入交流合作事宜。山东农业大学支部已确定与泰山区支部共建一处茶产业示范基地；与肥城支部共建一处花卉基地，并推动农大园艺学院与肥城市科技局开展科技项目合作。

（张淑蕾）

九三学社泰安市委员会

【概况】 简称九三学社泰安市委会，设基层委员会4个、支社28个，社员710名。年内，九三学社泰安市委会被九三学社山东省委表彰为“2021年度社会服务先进集体”。

【换届工作】 10月31日，九三学社泰安市第九次代表大会召开。刘君代表九三学社泰安市第八届委员会作题为《栉风沐雨守初心 砥砺前行担使命 为推进泰安九三学社事业大发展而奋斗》的工作报告。大会经选举产生九三学社泰安市第九届委员会，规模15人。在九届一次全委会上，王淑玲当选为主任委员，孙启凯、刘峰、诸葛玉平、肖玲当选为副主任委员，刘彦涛被任命为秘书长。

【思想建设】 年内，召开全委会议3次。11月下旬，社市委召开学习贯彻中共十九届六中全会精神培训班，专题传达学习中共十九届六中全会精神。纪念中国共产党成立100周年，组织开展“传承爱国主义精神 致敬抗美援朝老兵”活动，邀请参加过抗美援朝等战斗的49名老兵及家属共同观看抗美援朝题材影片《长津湖》，活动现场让参加过长津湖战役的老战士给全体社员进行一次鲜活的爱国主义教育，该活动在社会上引起广泛好评，同时被全国政协网、央广网、“学习强国”学习平台、《泰安日报》等多家媒体、多个平台宣传报道，起到很好宣传效应。

【组织建设】 全年发展社员32人，高层次比例81.5%，主体界别比例68%，平均年龄37岁。坚持人才强社，组织坚强性持续巩固。社市委严格按照《中共中央关于加强中国特色社会主义参政党建设的意见》，丰富组织发展载体，拓展组织建设模式，推进自身建设。采取走出去和请进来相结合的方式，对标先进地市，研究制定适应新形势组织建设发展新要求的实施办法，及时收集各基层组织对社市委的工作情况反馈，不断提升为基层组织服务水平。

【参政议政】 向泰安市政协十三届五次会议提交提案128件，其中重点提案6件。开展课题调研，承担和参与社省委重点课题2项。“关于建立基于物联网的个人健康监控平台的建议”获九三学社山东省委立项。开展课题调研与民主监督，提报的3篇建言专报得到市委书记杨洪涛批示。12月，向中共泰安市委提交调研报告5篇。全年有7名社员加入九三学社山东省委所属专委会。

【社会服务】 开展社会服务活动32次，捐献物资价值20万元。社市委各级组织发挥智库优势，整合专家资源深入乡村开展乡村振兴系列活动20余次，传授知识，捐赠肥料等物资价值12万余元，受到当地政府的欢迎。长期坚持举办敬老月活动，给老人们送文艺、送物资，多次捐赠物资达8万余元。

（王建波）

编辑　校对　　王　巍

人民团体

泰安市总工会

【概况】 泰安市总工会辖6个县（市、区）总工会，新汶、肥城2个矿业集团公司工会，泰安高新区、泰安旅游经济开发区、泰山景区、徂汶景区4个功能区工会，市属48个产业（局、公司）工会。年内，市总工会获评全国2017—2020年“尊法守法·携手筑梦”服务农民工公益法律服务行动成绩突出集体、全国第一批“节约型机关”，连续10年获“省级文明单位”称号，“齐鲁工惠泰安e站”App获“全国互联网+工会普惠服务最具影响力平台”第一名。获评“全国五一劳动奖章”1人、全国城市困难职工解困脱困先进个人1人、“山东省五一劳动奖章”12人、“齐鲁工匠”2人、“泰山工匠”10人。

【宣传教育】 开展中共十九届六中全会精神“六进”（进企业、进车间、进班组、进工地、进机关、进校园）集中宣讲活动。开展党史学习教育，开展“永远跟党走·奋进新征程”“劳动创造幸福”等主题宣传教育活动。开展“网聚职工正能量、争做中国好网民”主题活动，获全国奖项14个。创新开展新时代职工思想政治引领示范单位选树活动，命名表扬首批市级引领示范单位10家。探索开设《泰安职工天地》电视专栏，打造职工思想政治引领新平台。扩大泰工“文心苑”平台影响力，宣传展示企业文化职工文化典型经验、优秀成果。组织22万人次女职工参加全国第九届“书香三八”读书活动。深化全国职工主题阅读活动成果，选树首批10个职工书屋示范点，2个职工书屋获全国工会职工书屋示范点。

【职工竞赛】 开展“深植发展、势如泰山”劳动竞赛，培育高技能人才3200余人、工匠1000余人，覆盖职工10万余人次，被全国总工会列入“十三五”全国引领性劳动和技能竞赛典型案例。参加山东省第七届职工职业技能大赛，获团体第三名，市总工会获最佳组织奖。

【职工创新】 实施企业全员创新工程，培育省级全员创新企业、劳模和工匠人才创新工作室各1家，市级全员创新企业、劳模和工匠人才创新工作室各10家，5项成果获省级创新创效竞赛成果奖。成立产业工人队伍建设改革工作专班，将该项工作纳入对县（市、区）及市直有关部门综合考核加分项目，打造适应泰安高质量发展的产业工人队伍。实施一线职工“求学圆梦”

4月27日，全市庆祝“五一”国际劳动节暨市劳动模范和先进工作者表彰大会在泰山国际会展中心召开 （陈 超 供）

行动，助力208名一线职工实现学历、能力“双提升”，发放补助62.4万元。开展“五小”（小发明、小创造、小革新、小设计、小建议）群众性创新活动，激发广大职工的创新创造活力。

12月28日，泰安市劳模精神劳动精神工匠精神教育基地（泰安市工人运动历史展览馆）和泰山区工人文化宫启用仪式举行　（陈　超　供）

【权益维护】　构建和谐劳动关系。实施职工维权“泰会帮”品牌提升行动，强化工会法律援助服务机构实体化运作，深化“法院＋工会”劳动争议多元化解，全年办结法律援助案件765件，参与诉前调解156件，开展普法宣传活动53场；开展“尊法守法·携手筑梦”服务农民工普法活动，到50家企业开展劳动用工“法治体检”活动；深化“燃热情、汇众智，促企业高质量发展”主题活动。建设普惠服务体系。开展“四季服务”活动，筹集送温暖资金360万元，走访企业87家、1665人次，慰问补助劳模104人，发放劳模补助资金80万元，为34名困难职工家庭大学生发放救助金12.8万元；推进工人文化宫整治提升行动，加大户外劳动者服务站点建设力度，推进“工会妈妈小屋”建设，市总工会在全省工会服务职工阵地建设工作会议上作典型发言。

【困难帮扶】　帮助城市困难职工解困脱困，职工大病医疗救助168人、补助报销263.6万元，获评全国城市困难职工解困脱困先进个人1人。实施女职工心灵关爱工程，开展“帮扶送教育”行动，全市各级工会组织共资助困难职工子女911人、资助金额125.52万元，资助单亲困难女职工子女190人、资助金额34.83万元。开展女职工结对帮扶工作，结对帮扶特困女职工390户，帮扶资金59.47万元。做好东西部扶贫协作工作，向巫溪县总工会拨付扶贫资金30万元。

【基层工会组织】　实施“双覆盖、双示范”（工会组织全覆盖、工会职能全覆盖，党工共建工作示范、职工之家创建示范）工程，开展“新就业形态劳动者入会集中行动”，新增工会组织180个，发展会员3.4万人，全省推进新就业形态工会工作会议在泰安市召开。深化党工共建机制，开展“大抓基层、大抓建会”行动，实行企业建会清单制，在百人以上企业普遍建会的基础上，推动25人以上企业建会。设立农民工入会专项经费，加强“乡镇街道、村社区、企业”小三级工会建设。开展“争创十佳职工信赖的职工之家、争做十佳职工信赖的娘家人”活动，创新开展模范职工之家“结对共建”试点工作，选取25个试点单位，提升新时代职工之家建设水平。

【助力乡村振兴】　依托各级农民工培训基地、市县职工服务中心，实施乡村振兴“我代言·我直播”行动，开展直播带货技能培训。举办泰安市第四届农民丰收节慰问活动，组织山东农业大学、泰安市农科院技术专家现场为企业提供技术指导。开展“工友创业园”培育选树工作，5家单位获省级“工友创业园”称号，4人获省级“农民工之星”称号，1人获评省级“工友创业”优秀个人。

【智慧工会建设】　开展“智慧工会建设规范年”行动，至年末，实名采集工会组织数3834个，注册会员48.7万人，认证会员38.6万人，商家入驻567家，发布新闻资讯6000条。开设“惠工日”活动，开展“情系职工、普惠职工”系列普惠活动247场，惠及职工30余万人次，带动消费1300余万元。举办“齐鲁工惠泰安e站”App上线2周年成果展示暨“全市智慧工会建设示范年”启动仪式，展示总结智慧工会建设成果，获全国正能量案例征集“同心圆—等优秀奖”，“齐鲁工惠泰安e站”App再次获评“全国互联网＋工会普惠服务最具影响力平台”。

【泰安市劳模精神劳动精神工匠精神教育基地启用】 泰安市总工会投资600万元，采取和泰山区总工会共建的形式建设打造1500平方米的泰安市劳模精神劳动精神工匠精神教育基地（泰安市工人运动历史展览馆）。12月28日，泰安市劳模精神劳动精神工匠精神教育基地揭牌投入使用，填补泰安市工运史展览馆的空白。该基地通过展板、实物、影像、数据、雕塑等方式，阐释劳模精神、劳动精神、工匠精神、最美职工的内涵，展示泰安市典型劳模工匠的先进事迹，成为泰安市集工运展览、红色教育、实践教学等功能为一体的“新地标”，为劳模工匠发挥作用搭建新平台，获评首批全省职工爱国主义教育基地。

（陈　超）

中国共产主义青年团泰安市委员会

【概况】 年末，全市有共青团员202204人，团委420个，团工委53个，团总支319个，团支部9584个，基层团干部17698人。全年获得省级以上荣誉36项（人）。

【宣传引导】 开展党史学习教育。“青年大学习·一起学党史”网上团课累计参加320万人次，“红领巾爱学习”主题队课带动40万名少先队员学习。“团团带你学党史”推送专栏24期，出品舞台剧1部、原创歌曲2首、宣讲文化产品81个。组织市级青年讲师团和红领巾巡讲团进学校、进企业、进社区，开展分众化宣讲活动470次，接受教育青少年22.3万人。“请党放心 强国有我”主题队课覆盖全市675所中小学校、近40万名少先队员。团市委在党史学习教育省巡回指导组座谈会上作交流发言。打造泰安青年学做新时代泰山“挑山工”思想引领品牌，举办“学党史、强信念、跟党走”主题团日市级示范活动，制作学做新时代泰山“挑山工”凡客微传单，传递18.5万次，印制《泰安青年学做新时代泰山“挑山工”》画册，拍摄宣传片，团中央微博、中青在线推广反映泰山文化和泰山“挑山工”精神品格的作品，线上参与话题80万人次。策划制作文化产品，防溺水海报阅读量达8.8万次，“红领巾小楼长，温暖这座城”阅读量4.9万次、留言2.2万条，“少先队员对你说”微传单线上传播22.6万次、留言4.5万条。

【服务发展】 组建青年企业家协会“顾问团”，为青年企业家提供政策、智力、资金等支持。推荐22名青年企业家参加“泰山学堂”培训。举办金融产品推介会4期。开展青年联合会委员服务千村行动，为乡村环境提升、产业优化和农业发展服务。印发《关于开展全市青年安全生产技能提升行动的通知》，引领青年职工在安全生产工作中作表率。开展青年安全生产示范岗创建工作，获省级青年安全生产示范岗5个。做好防一氧化碳中毒工作，抽查走访9个乡镇50余户。开展大学生返家乡社会实践工作。召开市青年联合会五届五次常委扩大会议，审议通过青年联合会委员提案和建议工作制度，提名省青年联合会委员2名。打造大学生双创骨干梯队。开展“青鸟计划”招聘直播。推动全市“十四五”规划中列明青年发展专节。印发《泰安市贯彻落实〈山东省中长期青年发展规划（2019—2025年）〉实施方案》。

【基层组织建设】 推动青年工作委员会转型升级，出台青年工作委员会考核机制，对乡镇青年工作委员会工作成效进行评价。推进“青年之家”建设，在全市乡镇（街道）范围进行“青年之家”建设情况摸排统计，泰安3处“青年之家”获省“青年之家”综合服务平台建设

9月28日，团市委开展2021新立方联盟融入行动　（毕建军　摄）

9万元资金支持。加强团员发展和管理，至年末，全市发展新团员1.47万余人。选树表扬泰安青年学做新时代泰山“挑山工”先进集体5个、泰安青年学做新时代泰山“挑山工”先进个人40人。开展乡村“好青年”赋能行动，印发《关于做好“乡村振兴好青年贷”推进工作的通知》，政策覆盖各县（市、区）及功能区。

【学校少先队工作】 开展高校团学干部作风整顿提升工作。做好中学共青团工作，强化与教育部门沟通配合，资源整合。推进少先队改革，以市委名义印发《泰安市全面加强新时代少先队工作的实施意见》。建立少先队基层组织情况台账。打造“社区少先队会客厅”，以项目推介、项目路演的方式引领全市20余家优秀“两新组织”（新经济组织和新社会组织）下沉社区。开展少年科学院活动，7500名青少年参与。成立社区少工委，开展“寻找最美守护者”“争做小小追梦人”“红领巾公益集市”等系列活动20余期。配齐县级总辅导员和学校大队辅导员，强化全员培训机制，市县少先队组织举办培训班15期，1500名少先队辅导员参与。推选5名少先队辅导员获评第十九届山东省优秀少先队辅导员、6名少先队员获评第十九届山东省优秀少先队员，5个集体获评第十九届山东省优秀少先队集体。

【青年志愿者工作】 团市委印发《关于进一步做好青年志愿服务工作暨开展“青春志愿行”主题志愿服务系列活动的通知》，按照疫情防控常态化要求开展青年志愿服务活动。强化希望小屋后续志愿服务，促进实现从“小屋焕新”到“精神焕新”的转变。强化校地青年志愿服务合作，利用高校人才优势，引导志愿服务项目服务社区、村居、企业。开展阻泳志愿服务，组建阻泳志愿服务队伍，前置预防关口。《青春是我们的名片，服务是我们的志愿——泰安高校学子青年志愿服务在行动》被中国青年志愿者微信公众号转发。

【青春扶贫工作】 做好“希望小屋”重点项目，通过腾讯520公益“一起捐”、99公益日共筹款174万元，新建成希望小屋231个，2年完成652个，深化“金晖助老”“牵手关爱”行动。开展“点亮留守儿童微心愿行动”“红领巾共建希望小屋”爱心义卖等活动，2.5万名少先队员参与。 （单美菁）

泰安市妇女联合会

【概况】 年末，全市有县（市、区）妇联工作机构6个，功能区妇联工作机构3个，乡镇（街道）妇联工作机构92个，村、社区妇联3756个，市、县两级党政机关事业单位妇委会478个。市妇联机关工作人员14人，县（市、区）妇联机关工作人员46人，乡镇（街道）妇联主席、副主席243人，村、社区妇联主席3756人。年内，获“省级文明单位称号，被命名为“中国儿童中心家庭教育研究与实践基地”。

【妇联组织建设】 基层组织建设。完成全市女性进“两委”任务目标，换届后，党组织有女性成员的村、社区2575个，占68.56%，较上届提高13.36%；村委会主任中女性比例达6.14%，较上届提高2.11%。做好村（社区）妇联换届，全市3756个村（社区）完成妇联换届工作，选举产生主席3756人、专兼职副主席7216人、执委17676人。实施省级妇女儿童家园提质增效工程，划拨专项资金30万元，用于10个省级妇女儿童家园提质增效。

干部队伍建设。实施“巾帼领头雁淬炼行动”，市、县、乡各级

7月23日，市妇联在徂汶景区化马湾乡开展泰安市“爱心妈妈”关爱留守儿童志愿服务活动。图为活动现场，“爱心妈妈”们为20名留守儿童赠送书包、文具等学习用品 （贾秀梅 供）

11月23—25日，市妇联举办山东省女致富带头人培训工程——泰安市"乡村振兴巾帼行动"女致富带头人培训班　　（贾秀梅　供）

妇联共举办基层妇联组织成员素质提升培训班660期，培训妇联干部2万余人次。建立主席办公会（扩大）会议制度，召开例会7次。在公众号设立"巾帼擂台赛"信息平台，累计编发信息12期266条。

为妇女办实事。开展"万名妇联执委走基层大宣讲办实事，当好贴心娘家人"活动。全市各级妇联执委直接联系妇女群众15万余人，开展走访调研3.2万余次，实地走访妇女11万余人，认领实事项目2.2万个，为妇女群众完成实事项目2万余个。

【组织妇女参与精神文明建设】 思想政治引领。开展"巾帼心向党 奋斗新征程"宣讲活动1600余场次，12.5万余人参与。组建全市"泰安巾帼"基层党组织书记宣讲团宣讲中共十九届六中全会精神，开展"讲实事、悟思想、感党恩、跟党走"宣讲67场次。在微信公众号、妇女网发文1700余条，在多家省市媒体刊发宣传文章130余篇。

群众性宣讲活动。开展"中国梦·新时代·跟党走"巾帼大宣讲进社区、进学校、进农村416场，参与妇女7万余人，征集宣讲作品60余件，1件作品在省展演活动中获三等奖。举办"百万家庭心向党·砥砺奋斗新征程"泰安市家庭党史知识竞赛。组织家庭开展"颂歌献给党"家庭同唱一首歌接力赛活动，5件优秀作品选入齐鲁女性公众号展播。

优秀典型选树。选树泰安市"最美基层妇联人"30人，获"山东省最美基层妇联人"称号8人。选树"巾帼十杰"10人、"最美巾帼奋斗者"100人、"优秀女共产党员"100人。评选出市"十佳兵妈妈"10人，1人获省"十佳兵妈妈"称号。

【组织妇女参与经济建设】 服务妇女就业创业。设立《优化营商环境巾帼在行动》网络专栏，提供政策信息服务。举办线上线下"庆三八、送岗位"妇女专场招聘，提供岗位信息5633条。与人民银行泰安支行联合召开泰安市金融担保政策融合支持实体经济专题推进会，优化妇女融资环境。通过发倡议、"鲁担巾帼贷"宣传推介、问卷调查、座谈交流等方式，为妇女创业就业提供金融支持，共帮助创业妇女协调各类贷款7408万元。

助力妇女增收致富。举办"乡村振兴巾帼行动"女致富带头人培训班和高素质女农民专题培训，在公众号开通"乡村振兴巾帼行动"E课堂，定期发布农业生产技术、创业就业发展技能课程。举办各类技能培训657场次，培训妇女4.5万余人。抓好典型示范引领，5人在寻找乡村振兴"百名优秀女农人"活动中获省优秀农业劳动者、优秀"三农"工作者称号，1人获省"最美民宿女主人"称号，2个巾帼好品参加"参观消费帮扶——沿黄九省区巾帼好品展"展示。

激发妇女双创活力。开展"科技创新巾帼行动"专题调研，研究交流加强校地合作、支持女性科技人才创新奋斗等工作。开展"庆三八·送安康"保险捐赠，为获得省级以上荣誉的先进集体女性成员及先进个人捐赠总保额达1605万元的"女性安康保险"321份。组织女企业家开展"豫见鲁情 风雨与共"驰援河南防汛救助活动，募集物资20.6万余元，对口支援巫溪县，捐赠物资3万元。

【维护妇女儿童合法权益】 维权和普法宣传。发挥"12338"妇女维权服务热线、反家暴公益维权服务站、妇女法律援助工作站作用，接待信访件436件，受理反家暴法律咨询521件，承办妇女法律援助案件121件，运用部门联动机制处理妇女儿童侵权案件13起；开展普法宣传活动503场次，受益妇女5.9万余人。婚姻家庭辅导服务和婚姻隐患排查。全市373名婚姻家庭辅导志愿者，共进行离婚辅导5289件，其中 3168 件取消或暂缓离婚；全市村（居）婚姻家庭辅导服务站建成率 100%，开展婚姻家庭辅导服务；开展 2 轮婚姻家庭风险隐患排查，建立动态管理台账，排查重点妇女 3766 人、重点儿童 1177 人，组织巾帼志愿者、妇女骨干、妇联执委等探访重点人群 4674 次。

【深化家庭家教家风建设】 做好家庭文明创建行动。培育“泰山人家”家庭文化，开展家庭文明建设活动。成立“娘家人”家风传习志愿服务队，开展好家庭好家风宣传宣讲活动，吸引近 8.2 万户家庭参与。选树第二届“泰安十大和美人家”10 户、“最美家庭”51 户，其中 3 户家庭获全国最美家庭称号、4 户家庭获省五好家庭称号。

深化家庭教育指导服务。实施“双百工程”，完成建立 100 个“母亲素质提升工程”实践基地和 100 支家庭教育志愿服务队的任务目标。打造“15 分钟培训圈”，累计开展各类家教活动 560 余场次，参与家长和儿童达 4.5 万余人。创设“母亲公益讲堂”，开发泰享读·家庭悦读项目，推行“家长学校 +”服务，把“家庭文明创建”“母亲素质提升”“好家风传播”等家教服务融入家庭。

开展儿童关爱活动。开展“少年儿童心向党”主题教育活动。开展“春蕾女童”关爱救助活动，99 公益日期间发起“爱心一起捐”，举办实施“春蕾计划”项目现场劝募，筹集善款 72.5 万余元，117 个志愿团队参与，1.6 万余名社会人士响应，募集总金额居全省第二。组建泰安市“爱心妈妈”巾帼志愿服务队，年内累计为 2280 名困难儿童送上价值 36 万余元的学习生活用品。

【“美丽庭院·泰山人家”创建】 推进“美丽庭院”创建，打造“美丽庭院·泰山人家”，承办全省“美丽庭院”创建交流观摩活动，全市建成“美丽庭院”10.9 万户，建成率 25.46%，村村建有“美丽庭院”，选树市“美丽庭院”示范村 10 个、“美丽庭院·泰山人家”983 户，97 户家庭获评省“美丽庭院”家庭典型。

【优化妇女儿童发展环境】 完善细化性别平等评估机制工作，对全市反家庭暴力“一法一条例”贯彻实施情况暨性别平等工作情况进行调研评估。加大男女平等基本国策宣传力度，在市委党校春季班次开设男女平等基本国策宣讲课，在公众号发布国策知识问答 3 期，确定性别平等教育进中小学项目市级试点学校 12 所。协调督促市妇（女）儿（童）工委各成员单位完成《泰安市妇女发展“十三五”规划》《泰安市儿童发展“十三五”规划》实施工作，牵头起草《泰安市“十四五”妇女发展规划》《泰安市“十四五”儿童发展规划》，并由市政府颁布印发。推进为妇女儿童要办的十件实事项目完成。举办妇女“两癌”（宫颈癌、乳腺癌）防治知识进基层活动 654 场，7.5 万余名妇女参与。争取中央及省、市三级“两癌”专项救助金 121 万元，救助患“两癌”低收入妇女。（贾秀梅）

泰安市科学技术协会

【概况】 年末，市科协管理市级学会 50 个、企业科协 145 个、高校科协 10 个、农技协 200 个、老科协 248 个，会员 20 万人。年内，泰安市获批全国第二家、全省首家“科创中国”创新基地，泰安市科技馆连续 5 年成为全国免费开放试点单位，市科协获“全国科普日活动优秀组织单位”称号。

【“科创中国”试点市建设】 推动将“科创中国”试点市建设纳入党代会工作报告、政府工作报告和泰安市“十四五”发展规划。争取市财政列支“科创中国”专项经费，

5月10—12日，2021年度科协系统青少年科技教育活动工作研讨会在泰安召开（孙宏杰 摄）

10月20日，全国食品、农产品高质量发展高峰论坛在泰安举办。图为泰安市人民政府与中国检验检测学会签订意向协议现场　（孙宏杰　摄）

配套制定《泰安市“科创中国”试点市项目管理实施细则》，对“科创中国”试点市有关项目给予支持。获批全国第二家、全省首家“科创中国”创新基地，新对接中国可再生能源学会等一批全国学会，与60家全国学会、28家省级学会建立联系。中国科协《调研动态》、省委《今日信息》发文推广泰安经验，《人民日报》《科技日报》《大众日报》等主流媒体先后报道，省政府发文通报表扬泰安做法。

【服务科技经济融合发展】　建成智慧水务研究院等科技融通创新平台46个，解决企业技术难题120个。开展2021智能矿冶加工技术和装备高端论坛等高端学术活动33场次，33名院士和100余名行业知名专家助力泰安发展。推动泰安市政府与中国检验检测学会、山东中医药大学等签订战略合作协议，促成一系列“产学研”合作。坚持项目化推进，梳理20个重点项目报省政府办公厅重点督导，推动项目进展。省科协助力创新驱动发展工程协同创新基地覆盖各县（市、区）。中国科协海外专利信息资源服务企业846家，新增专利400余项，培训一线工程师3800余人次，实现经济效益51亿元。

【提升全民科学素质】　推进科普设施建设，市科技馆年接待群众14万人次。加强科普活动品牌化建设，开展全国科普日、科技专家惠民行动暨订单式科普等活动。13个省基层科普行动计划项目和6个省科普示范工程项目获得财政支持。开展首届泰安市科普创作大赛。组织青少年科技系列赛事。引导市级学会开展科普工作，市板栗协会被评为2021年度中国农学会科技志愿服务典型，市电子学会、市水科技学会、市眼科学会、市口腔学会、市健康睡眠研究会等市级学会多次开展公益活动。5月10—12日，2021年度全国科协系统青少年科技教育活动工作研讨会在泰安市召开。“十三五”末，泰安市公民具备科学素质的比例达11.5%，超全省全国总体水平。

【服务科技工作者】　推动“海智计划”泰安基地建设，组织策划海智项目路演活动，3个项目获中国科协经费支持。开展“全国科技工作者日”系列活动、“泰安市最美科技工作者”学习宣传活动。开展第十四届自然科学优秀学术论文评选。充实科技创新智库专家队伍，推荐8名专家入选2021年山东省智库高端人才。开展科技中介服务机构评选，从人才经费中拿出100万元对10个科技中介服务机构进行支持。

【深化科协系统改革】　岱岳区、新泰市、肥城市、东平县完成科协换届，徂汶景区成立科协组织。市科协印发《泰安市科协作为科技类民办非企业单位业务主管单位的有关规定》，科技类民办非企业单位总数达6家，企业科协总数达145家，泰安市在全省企事业科协与园区科协能力提升工作会议上作典型发言。开展“我为群众办实事”主题实践活动43次。2个项目入选泰安市“微改革”“微创新”项目。建立276人的科创联络员队伍。　（孙宏杰）

泰安市归国华侨联合会

【概况】　年内，泰安市归国华侨联合会（简称泰安市侨联）履行服务经济发展、依法维护侨益、拓展海外联谊、积极参政议政、弘扬中华文化、参与社会建设等职能。被国家机关事务管理局、中直机关事务管理局、国家发展改革委、财政部评为“节约型机关”，获“省级文明单位”称号。

【服务经济建设】　跟进英国归侨投资1.2亿元的山东岱佑医药科技有限

公司主动式干粉吸入制剂及装置生产项目，准备二期投产。配合泰安市人社局“海纳英才计划”，协助开展泰安市高层次紧缺人才引进工作，筹备建立泰安留学人员及其眷属联谊会。促使泰国格乐大学与泰安高校、侨资、侨企达成多项教育合作。

9月23日，美国华侨高永祺先生“919助学金”捐赠仪式举行

（马　琳　供）

【依法维护侨益】　开展全市侨界空巢老人调研摸底工作。组织“走侨家，送温暖”活动，慰问贫困归侨侨眷16户次，发放贫侨救助金2万元，解决侨界群众到电到访40余件。成立泰安市侨胞法律事务服务中心（侨法宣传角）3家，为侨资企业新泰猫眼石置业有限公司等公司及部分归侨在房屋产权、经济纠纷、投资效益、侨眷权益等方面提供法律援助。

【拓展海外联谊】　先后与俄罗斯山东同乡会、澳大利亚昆士兰山东同乡会、沈飞集团侨联等建立友好关系，协助成立泰国泰安留学生联谊会。在市级以上电视、报刊、网站等新闻媒体上刊载宣传稿件10余篇（件），泰安侨胞代表孔令让接受中央电视台采访，其事迹在央视大型纪录片《追梦中华·百年赤子心》宣传报道。

【参政议政】　组织全市各级侨界政协委员、人大代表先后提交10余份提议案，1名侨界委员作大会发言。牵头建成侨界“政协委员之家”。多名侨界人士参加致公党泰安市第三次代表大会，1名侨界委员受邀参加山东中国和平统一促进会成立大会。

【弘扬中华文化】　推进“中国华侨国际文化交流基地”建设，太阳部落史前文化研学基地、泰山文化博物馆成为泰安地区首批省级认证基地，确认4家文化场所为泰安市首批华侨国际文化交流基地。组织“侨心向党征文大赛”“第二十二届世界华人学生作文大赛”“第五届华侨华人摄影展”等活动。指导文化交流基地开展“泰安市侨界庆祝建党100周年书画笔会”、“献礼百年辉煌·传承家乡文化”首届大汶口文化知识竞赛、“赤子侨心·山海不远”中医药文化助力健康中国等活动。

【参与社会建设】　开展“慈善月·侨心行”系列活动。成立泰安侨联春蕾行动志愿服务队，参加留守儿童志愿服务活动。组织工作人员和侨界人士参加“9·9公益日”助困境女童成才圆梦、“慈善一日捐”活动，捐款近万元。协调争取美国华侨高永祺“919”慈善专款4万元，帮扶泰安二中困难学生20人。

（马　琳）

泰安市工商业联合会

【概况】　简称市工商联。年内，市工商联以促进民营经济高质量发展为主线，以加强新时代民营经济统战工作为抓手，充分发挥职能优势，服从服务中心大局，推动“两个健康”工作全面提升，为建设新时代社会主义现代化强市作出积极贡献。

【凝聚思想共识】　学习贯彻中共十九届六中全会精神，召开党组理论学习中心组扩大会、专题报告会进行解读和宣讲。组织举办“泰山企业家大讲堂”，在临沂山东兴大集团举办全市年轻一代企业家理想信念教育培训班，累计培训民营企业家500余人。扎实开展党史学习教育，组织各直属商会开展庆祝中国共产党成立100周年系列庆典活动，邀请市委党校教授为商会作“学习百年党史 汲取奋进力量”专题宣讲，组织开展“我想对党说·勇做新时代泰山挑山工”主题演讲比赛，组织各商会开展庆七一慰问老党员活动。引导民营企业和商会组织大力弘扬光彩精神，参与各类社会公益事业，年内，组织各类捐赠活动达30余次，捐款捐物数额2000余万元，惠及贫困群众5000余人。

【助推双招双引】 市工商联以强化“外联”为突破口，深化与全国各地山东商会、泰安商会和友好商会的联系合作，依托异地泰安商会建立泰安市“双招双引”工作站，推进“双招双引”工作。年内，先后接待中国供销农产品批发市场控股有限公司、中合新农超（北京）投资发展有限公司、中农联控股安徽有限公司等10余家企业负责人到泰安市考察；接待枣庄市工商联、厦门石材商会等友好工商联、商会到访。登山节期间，邀请近百家企业参与线上经贸洽谈活动，助力全市“双招双引”发展。年内，全市工商联系统合同引资额达10.2亿元，完成到位资金5600万元。

【全力纾难解困】 以促进经济高质量发展为首要任务，采取多种措施，打造“工商联+”工作模式，搭建政策服务平台。与泰安市税务局联合发文开展助力小微企业发展“春雨润苗”专项行动，精准实施面向小微企业的税费政策宣传咨询辅导。持续推进“两送一防”专项行动，制定工作方案，建立工作台账，集中开展全市走出去民营企业走访调研活动，利用“齐鲁大讲堂”“泰山企业家大讲堂”“中小微企业网上双周培训”等有效形式，先后邀请有关部门在网上举办30多场专场解读会，并在市、县工商联网站、微信公众号开设专栏，编印政策明白纸，提高政策知晓率。搭建品牌活动、政策项目、人才资源“三对接”服务平台，与市科协联合开展“科技赋能民企”行动，引导民营企业加大创新研发力度。与市人社局、市教育局、市退役军人事务局、市总工会、市妇联联合开展2021年全市民营企业招聘月活动。协调开展银企对接，联合农业银行等金融机构，征集企业融资需求，开设绿色审批通道，强化信贷支持，帮助企业渡过难关。联合中信保山东分公司，结合泰安市实际，针对企业组织开展“护航行动”专项活动，提升企业信用风险管理能力。搭建法律服务平台，与市仲裁办组织开展“仲裁调解进百家商会”活动，联合市司法局、市律师协会共同开展“千名律师联百会进千企”活动，深入开展企业法律体检，为企业提供精准化“菜单式”解决方案，切实维护企业合法权益。

【举办2021年泰安民营企业50强发布活动】 联合市工信、农业、商务、市场监管、税务等五部门举办2021年泰安民营企业50强发布活动。市委、市政府对该活动高度重视，市委书记杨洪涛参加会议，为50强企业负责人授牌并发表重要讲话。杨洪涛在讲话中充分肯定广大民营企业为全市经济社会高质量发展所作出的突出贡献。在2021年的榜单中，入围企业实现营业收入2149.8亿元，石横特钢集团有限公司、兴润建设集团有限公司等6家企业收入过百亿元；户均营业收入达到43.5亿元，同比增长7.5%；户均资产总额达到32亿元，同比增长7.7%；50家企业实现税收91.4亿元，在全市国内税收收入总额中占比达32%。

【工商联工作基础建设】 坚持“及早谋划、全面部署、市县联动、有序推进”原则，制定印发实施方案，推进县级工商联建设全部达到省“五好”标准，泰山区、新泰市、肥城市、宁阳县4家单位先后被评为全国“五好”县级工商联。在全市工商联系统开展“商会建设年”活动，严格工商联所属商会建立申报程序，加强对所属商会的指导和管理，提升商会建设整体水平。泰安市投融资商会、泰安市福建商会被评为全国“四好”商会，泰安市河南商会、泰安市江苏商会、泰安市教练型企业家协会等14家商会被评为全省“四好”商会。加大市内行业商会、异地商会和市外泰安商会建设力度，年内新成立直属商会5家，全市工商联系统商协会组织总数达189家。联系指导成立青岛市泰安商会、广东省泰安商会，全国异地泰安商会总数达13家。制定会员发展计划，通过组建商会组织、吸纳团体会员等实现会员扩增，会员总数达15890家。加强企业家队伍建设，引导推动民营企业家强化主人翁意识。继续实施非公经济组织党建三年行动计划，推行党支部评星定级和党员量化积分管理，认定6家企业为首批泰安市民营企业理想信念教育基地、泰安市非公有制经济组织教学基地。开展党史学习教育，强化党风廉政建设，参与全国文明城市创建，加快“网上工商联”建设，提高工作效能，泰安市工商联连年被评为省级文明单位。 （王亚楠）

编辑　校对　　刘小笋

地方立法与法律监督

【地方立法】 按照省人大常委会委托，完成《山东省东平湖保护条例》的初稿起草工作，为省人大常委会顺利表决通过打下坚实基础。制定通过《泰安市献血条例》《泰安市志愿者服务促进条例》2部条例，有效法治供给得到量与质的“双提升”。

【创新立法机制】 建立健全地方立法协调联席会议制度，逐步形成“党委领导、人大主导、政府依托、社会参与”的立法工作格局。加强基层立法联系点工作，依托代表之家、驻泰安高校、社区、律师事务所，结合泰安实际筹建一批具有地方特色和行业特色立法联系点，打造全覆盖、宽领域、代表性强的基层立法联系体系。至年末，共组建立法服务基地2处、立法联系点6个，切实让人民群众感受到立法就在身边。

【法律实施】 对《山东省宗教事务条例》实施情况进行执法调研，组织开展《中华人民共和国档案法》、残疾人保障“一法一条例”、就业促进“一法一条例”等法律法规的执法检查，强化跟踪督促，检视问题整改，增强法治刚性权威。持续推进规范性文件备案审查工作，上年共备案审查8件。加强与监察委员会、人民法院、人民检察院的沟通，形成对“一委两院”有关规范性文件备案审查的工作机制，督促各县（市、区）全部实现备案审查工作报告制度和备案范围两个“全覆盖”，进一步落实市人大常委会备案审查职责，实现该项制度的长期化、规范化、显性化发展。首次听取市监委关于扫黑除恶“惩腐打伞”专项工作报告，听取法院、检察院、公安专项工作情况报告，推进公正司法，促进社会公平正义。

【法治宣传教育】 高度重视法治宣传教育工作，听取审议“七五”普法工作情况报告，依法作出“八五”普法决议，全面落实党组理论学习中心组集体学法、法律培训等制度，对人大常委会任命的国家机关工作人员实行任前考法，并在省内率先建立述职述法评议制度。实行地方性法规新闻发布会制度，扩大社会公众知晓率，实现法规实施的法律效果和社会效果相统一。

（张国伟）

政法与综合治理

【概况】 2021年，全市政法机关创新工作理念、工作方法、体制机制，推进平安泰安、法治泰安建设，群众安全感、满意度得到提升，全市社会大局持续平安和谐稳定。年内，市委政法委继续保持“省级文明单位”称号。全市政法系统涌现出省级以上先进集体8个，其中2个单位受到国家级、部级表彰；省级以上先进个人7人次。

【党管政法】 以党史学习教育为主题主线，贯彻习近平新时代中国特色社会主义思想，落实习近平总书记在庆祝中国共产党成立100周年大会上的重要讲话、视察山东重要指示要求，建立政法委机关每周五学习制度，用理论指导实践、推动工作。学习习近平法治思想、《中国共产党政法工作条例》，确定“12345”工作思路（弘扬“忠诚、为民、务实、敢当”工作精神，围绕平安泰安“一个目标”，增强法律、协调“两种能力”，秉持遇事不怕事、有事处理事、没事不惹事“三条规则”，用好民治、综治、法治、强制“四种手段”，依靠政法委、法院、检察、公安、司法“五支队伍”），推动政法工作开展。将平安泰安建设纳入全市经济社会高质量发展考核重要内容，完善党对政法工作绝对领导、维护安全稳定、扫黑除恶斗争、政法队伍建设等制度机制，推动各项工作见实效。

【教育整顿】 开展政法队伍教育整顿，累计开展警示教育、廉政教育、党性锻炼等学习教育627场次，谈心谈话1.1万余人次，排查整改问题1.3万余个，建立健全制度机制363项。举办“忠诚之路 政法新时代泰山‘挑山工’事迹报告会”“忠诚、担当、为民——政法队伍教育整顿”图片展。开展“我为群众办实事”活动，落实政法为民36件实事，公布为民服务项目40个，举办为民服务活动3404场次。成立“6·10”工作专班，对42个涉法涉诉涉访项目进行办理，至年末办结问题项目34个，69.7万平方米房产达到登记办证条件，新办不动产权证5015个。根据市政法机关解决不动产领域历史遗留问题、推动政法为民办实事而创作的《天大的好事》，在“人民至上——全省政法机关‘我为群众办实事’”故事分享会上登台展演，《山东政法简报》在全省推广泰安市的经验做法，全国政法队伍教育整顿中央第九督导组组长姚增科、时任省委书记刘家义、省第九指导组组长李娥等给予肯定。

【平安建设】 完善平安建设体制机制，平安建设领导小组设10个专项组，泰安市在省里确定的34个成员单位基础上扩大到57个。深化严打暴恐活动专项行动，泰安市暴恐活动“零打响、零炸响”。落实意识形态工作责任制。调整升级市扫黑除恶斗争领导小组，由市委书记任组长，政法委书记兼任办公室主任。聚焦重点行业领域，推进扫黑除恶斗争常态化，保持对黑恶势力严打高压态势。努力化解涉法涉诉信访案件。完成庆祝中国共产党成立100周年安保维稳任务。健全网

6月11日，“忠诚之路 泰安政法新时代泰山‘挑山工’事迹报告会”举行
（司 刚 摄）

上网下一体化打防管控模式，开展打击整治“盗抢骗”（盗窃、抢劫、诈骗）、“黄赌毒”（卖淫嫖娼、贩卖或者传播黄色信息，赌博，买卖或吸食毒品）、“食药环”（食品、药品、环境）等犯罪专项行动，开展反电信网络诈骗“扫楼”集中行动，打掉诈骗团伙39个，抓获违法犯罪嫌疑人294人，全市网络电信诈骗预警劝阻率达100%，劝阻成功率99.97%，居全省第1位。重大决策社会稳定风险评估规范化试点东平县被评为优秀等次。

【法治建设】 完善党领导法治工作的体制机制，市、县、乡三级成立党委法治建设议事协调机构及办事机构。推进司法责任制配套改革，推进以审判为中心的诉讼制度改革，探索审查逮捕、公诉证据标准化，严格证据标准，推进“捕诉合一”试点工作，一个案件由一名检察官或办案组承办，办案周期平均缩短10天。印发《法治泰安建设规划（2021—2025年）》《泰安市法治社会建设实施方案（2021—2025年）》《泰安市贯彻落实〈关于加强社会主义法治文化建设的意见〉的实施意见》。推进司法体制综合配套改革，开启“八五”普法宣传教育，全市3707个村（居）实现村（社区）法律顾问全覆盖，推进诉讼服务中心转型升级，深化“分调裁审”机制改革，推进智慧法院建设。探索“五案”［“听案”（旁听庭审）常态化、评案专业化、督案精准化、备案规范化、不干预办案制度化］执法监督机制。7—12月，组织市、县委政法委“听案”2980人次，人均“听案”14.9场次，带动全市一审案件被发改率降低2.04%、一审服判息诉率提高2.45%，相关经验做法在《法治日报》头版头条、《大众日报》头版、《山东政法简报》刊发。“整合资源共建 安全便携共享 积极推进跨部门涉案财物一体化智能管理”项目入围全国第六届“法治政府奖”初评。

【社会治理】 规范各级综治中心建设，市综治中心建成投入使用，

7月28日，“忠诚、担当、为民——全市政法队伍教育整顿”图片展启动仪式举行 （司 刚 摄）

社会治安综合治理、网格化服务管理、矛盾纠纷排查化解、突发事件应急处置等功能被纳入中心，推进数据整合。做好网格化服务管理工作，开展“城乡网格优化设置攻坚行动”，全市划分综治网格 9645 个，配备专兼职网格员 11187 人，制定网格员九大项 53 类职责清单，汇集政法、信访、司法等相关治理事项；开展“四无”（无上访、无邪教、无重大案事件、无重大安全事故）网格创建；建立网格队伍管理、事务准入、事项流转、分析研判和联动处置各项机制，提高网格事项办理质效；印发《网格化服务管理考评办法》《“星级”网格创建暂行办法》，奖励先进、督促后进。研发综治信息系统，与县乡村综治信息系统串并联网。完善网格化服务管理信息系统，实现信息建档、事项办理、指挥调度、考核管理全流程信息化。拓展网格员移动终端，开发网格员“民安通”手机 App，全市综治 9 项基础采集信息录入完成。完善“一元主导、多元化解”矛盾纠纷调处机制，建立市县乡社会治理联系会议制度，矛盾调解成功率达 97.17%。 （董陈东）

法治政府建设

【示范创建】 创建第二批全国法治政府建设示范市。召开全市法治政府建设示范创建推进会。修订完善创建指标 100 项，印发攻坚方案。印发《关于做好创建全国法治政府建设示范市推进工作的通知》，确定重点创建项目 15 项，打造示范创建亮点，同步推进综合创建与单项创建工作，委托第三方机构开展示范创建评估，查找短板弱项，加强整改提升。“整合资源共建 安全便携共享 积极推进跨部门涉案财物一体化智能管理”项目入围全国第六届“法治政府奖”初评。

【政府立法】 健全完善依法治理制度体系，推动出台《泰安市献血条例》《泰安志愿服务促进条例》《泰安市重大行政决策程序规定》《泰安市应急避难场所管理办法》《泰安市人民政府关于修改部分市政府规章的决定》5 部法规规章，服务全市高质量发展。

【重大决策事项合法性审查】 加强市政府重大行政决策和行政规范性文件的指导、监督和管理工作，完成 14 件市政府重大行政决策事项、4 件行政规范性文件、34 件合同协议、92 件会议纪要的合法性审

9月18日，泰安市法治政府示范创建评估结果通报整改推进会议召开 （王 岩 供）

查，防范政府决策风险。印发《关于推进乡镇（街道）合法性审查全覆盖工作的指导意见》，打通法治建设最后一公里。

【行政执法监督】 打造泰安市规范文明执法生态链，经验做法被中央依法治国办工作简报第19期刊发推广。加强法制审核队伍和能力建设，落实行政执法人员持证上岗和资格管理制度，对1687名新上岗执法人员和879名重大执法决定法制审核人员开展行政执法能力提升培训考试。推行包容审慎监管和柔性执法方式，公布实施《泰安市不罚轻罚清单（2021年版）》，对符合条件的302项违法行为事项不予处罚、17项违法行为事项减轻处罚，涉及27个执法领域的26个行政执法部门。开展重点执法领域“问诊式”专项监督，全市通过行政处罚与强制网络运行系统录入行政处罚案件1748件。

【行政复议应诉】 开展行政复议体制改革和行政复议“质量提升年”活动，印发《关于深化行政复议体制改革加强行政复议工作的实施意见》等8个文件，全市行政部门负责人出庭应诉率、涉企案件涉案部门负责人出庭应诉率均达100%。建立征地强拆、补偿安置等重大复杂案件“直通车”制度，先后向市领导推送案件专报6期，向执法部门发放建议书和督办单10份。年内，市本级新收案件406件，累计办结302件，其中调解和解86件，综合纠错率达37.93%；办理市政府本级应诉案件94件，复议市政府案件15件，共计515件。（王 岩）

公 安

【概况】 2021年，市公安局继续保持“全国文明单位”称号，为泰安市获评“全国文明城市”、全国“秀美之城”、连续保持“国家卫生城市”，泰山区荣登“2021中国最具安全感百佳县市”榜首作出贡献。

【维护社会稳定】 完成中国共产党成立100周年、中共十九届六中全会、各级“两会”、全市村（社区）“两委”换届选举等安保维稳任务。常态化开展“三清一建”（清积案、清老户、清存量，建机制）信访积案攻坚化解活动，群众到信到访办结率99.4%。全面启动高等级社会面巡防勤务，落实“四项机制”（重点部位定点武装执勤、公安特警屯警街面动中备勤、人员密集场所高峰勤务、公安武警联勤武装巡逻）和“1、3、5”（重点部位定点执勤力量1分钟、中心城区3分钟、其他城区5分钟到达现场并快速处置）分钟快速反应机制，全市50支、城区30支快速反应机动队（组）动中备勤，增援处置较大以上警情652起，成功处置因独立学院转设引发的事件，在“11·14”废旧炮弹事件处置过程中，清理、销毁各类炮弹1.4万余枚，为国内近年间罕见。落实“外防输入、内防反弹”各项措施，核查上级推送数据120万余条，随访登记国内疫情地区到泰安人员29.2万余人次，协查疫苗到期未接种失联人员7.3万余人次，联合电信运营商对所有进入泰安返回泰安人员发送提醒短信5908万条。

【营造平安环境】 市、县两级均成立新型犯罪研究作战中心，打造24小时运转的网上作战综合体，共侦破电信网络诈骗及关联犯罪案件1230起，抓获犯罪嫌疑人1449人，呈现出“两降两升”（发案数、损失数下降，破案数、打击数上升）态势，相关做法得到副省长范华平批示肯定。落实常态化、机制化开展扫黑除恶斗争要求，侦办恶势力犯罪集团1个、恶势力团伙2个，打掉东平陶某某等人恶势力犯罪集团，新泰金某、金某某等人恶势力犯罪集团，健全完善与纪检监察机

1月4日，“泰山勇士”荣誉称号授称十周年纪念仪式举行。图为纪念仪式现场（吴 昊 供）

1月30日晚，泰安市公安局粥店派出所民警在“泰山老街”商业区维护治安秩序，为市民送“福”（吴昊 供）

关线索双向移送机制，同步推进“打伞破网”（彻查各种黑恶犯罪背后的腐败问题，打掉各种保护伞、破除关系网），移交腐败问题及保护伞线索49条。保持对命案等各类严重暴力犯罪的严打高压态势，26起命案现案全部破获；破获“两抢一盗”（抢夺、抢劫，盗窃）刑事案件434起，抓获犯罪嫌疑人424人，同比分别上升70.86%和52.45%；侦办“黄赌”类刑事案件51起，同比上升54.55%；查处“黄赌”类行政案件153起，同比上升1.32 %。以“昆仑2021”专项行动为抓手，共立案侦办食药环领域刑事案件135起，抓获犯罪嫌疑人397人，刑事拘留265人，移送起诉378人，打掉黑窝点102个。依托“云端”打击主战模式和打击非法集资涉众型经济犯罪、打击地下钱庄犯罪“歼击21”、打击恶意逃废债务犯罪等专项行动，共破获各类经济犯罪案件130起，抓获犯罪嫌疑人321人，移送起诉142起293人，涉案金额16.47亿元，挽回经济损失3.34亿元，有效防范化解金融风险。

【优化社会治理】 开展村（社区）“两委”换届安保工作，对3.5万余名候选人开展资格联审，排查化解矛盾纠纷573起。固化“一企一警”“项目警官”工作机制，210余名项目警官累计走访企业940余家次，解决重点项目治安、交通等领域难点问题124件。开展“一盔一带”高峰勤务，劝导登记11万余人次，实现电动自行车头盔佩戴率不低于70%、电动车挂牌率达100%的目标。抓好《优化旅游发展环境10条措施》贯彻实施，重点打击整治揽客拉客、黑车黑导、尾随兜售等扰乱旅游市场秩序行为，行政处罚35人，清理教育扰乱旅游秩序违法行为995人次，查获并移交非法营运嫌疑车辆23辆。在2021年中国旅游景区欢乐指数排名中，泰山连续登上自然景观类榜首名单。做好《养犬管理办法》贯彻实施，查处违法养犬案件236起，完成犬只登记挂牌1万余个。持续推进“校园安防建设三年行动计划”，完成全市4045名校园安保员培训工作，清理整顿学校周边出租房屋860余家、宾馆旅社490余家、网吧270余家。依法治理售卖泰山石违法违规行为，检查门头房、饭店、园林苗圃316家，发现涉嫌销售泰山石的商铺44家、“抖音”账号89个、淘宝账号24个。

【保障民生】 各类户籍业务全面推行“告知承诺制”，放开农业转移人口及其他常住人口落户城镇准入限制，居民身份证异地申办手续全面简化，实现居民身份证、临时身份证“全城通办、一窗受理、当场制发”、居住登记“全程网办”、新生儿落户“全市通办”。国家移民管理机构“12367”服务平台启用，出入境24小时自助服务区投入使用，开启出入境“24小时不打烊”服务模式。全面启动驾驶证电子化推广应用，实行摩托车驾驶证全国“一证通考”，全市41个派出所实现车驾管业务窗口办理、一站办结。推进“互联网+公安政务服务”，布建24小时智慧“无人警局”和自助服务区34个，设置各类自助机124台。融合“9600110”民生警务热线、“12345”政务服务热线、泰安民生警务等平台，受理各类民生诉求2.1万余件，回复群众率100%，群众满意率99.98%。强化全市53家网约车公司、1591辆网约车的安全监管。城区500余辆公交车“一键报警”系统、公交车监控视频与“天网工程”联网工程完成。做好道路交通事故“减量控大”（减少道路交通事故发生数量、减少交通事故死亡人数，控制较大以上交通事故发生，坚决遏制重特大道路交通事故发生），全市道路交通事故起数、死亡人数、受伤人数、财产损失数同比分别下降0.23%、7.87%、0.56%和7.17%。深化“公消一体、联勤联治”机制，发现并督促“九小场所”（餐饮、购物、住宿、公共娱乐、休闲健身、医疗、教学、生产加工、易燃易爆危险品销售储存等场所）和村居社区整改火灾隐患18万余处，“九小场所”火灾起数、损失数同比下降15.6%和28%。

【基层建设】 梳理派出所九大职能事项以及社区警务五大职能事项，整合撤并派出所4个，新建派出所4个，改扩建派出所20个，置换增配派出所3个。全市20人以上城区派出所实行“一室两队”（勤务指挥室，案件办理队、社区警务队）勤务机制，139个社区警务室落实社区民警专职化，配备兼职社区民警666人，611名社区民警进社区（村居）“两委”班子。布建高空侦查、电磁侦测反制、视频监控等设备3.3万路，社会治安全息感知体系覆盖至社区一级，建成“智慧安防小区”1530个，覆盖率超过95%，“技防村”覆盖率已达100%。全市车站、边界检查站核录设备全部布建联网。依托警用电磁技术，整合内外部数据资源约1500亿条，在国内率先实现城市实体、电磁数据和空间应用的深度融合。将全市2000余个重点部位纳入智图管控，联网1.3万个人像、WIFI、MAC采集等“嗅探式”设备，构筑起环市、环城、路网“三道防线”。做强刑事科学技术手段，新泰、肥城、宁阳建成并投入使用的县级DNA实验室通过公安部物证鉴定中心联网验收和资质认定。优化执法办案管理中心，推进政法部门协同办案平台、跨部门涉案财物集中管理平台建设。以“轻刑快办”“刑拘直诉”“认罪认罚从宽”“行政案件快速办理”等速裁机制办理各类案件3199起，无一引发复议诉讼。推广应用“鲁警e法通”，深化在线答疑。开展执法“双清”（警情清零、积案清仓）专项行动，清理刑事积案2712起、行政积案2679起。

（吴　昊）

检　察

【概况】 2021年，全市检察机关履行检察职能，为大局服务、为人民司法，加强法律监督，抓实教育整顿和党史学习教育，各项工作取得新进展。全市有30个集体、35名干警获省级以上表彰奖励，宁阳县检察院获评“山东省人民满意的公务员示范单位”，东平县检察院获评“全国维护妇女儿童权益先进集体”，5个基层院获评“全国检察宣传先进单位”。

【维护社会稳定】 依法打击各类刑事犯罪，批捕816人，起诉4044人。做好职务犯罪检察，依法办理辽宁省政协原副主席李某喜等一批大要案。做好扫黑除恶斗争工作，强化源头治理，针对行业领域存在的问题制发检察建议19份，集中开展涉黑恶案件财产刑执行法律监督专项检查，督促执行涉案财产4亿余元，推动彻底铲除黑恶势力经济基础。惩治电信网络犯罪，与公安、金融等部门完善案情通报、侦查取证等机制，形成打击治理合力，办理的陈某等人网络诈骗案，入选最高检电信诈骗典型案例。助力安全生产，组建专案组，依法办理栖霞笏山矿难案，制发检察建议20件，督促落实安全生产责任。

【服务社会发展】 维护金融安全，打击破坏金融管理秩序犯罪169人，办理全省首例“自洗钱”案。办理司法救助案件248件，发放救助金253.5万元。守护宜居泰安，惩治破坏环境资源犯罪357人，开展“南四湖”公益诉讼专项活动，在东平湖开展公益诉讼增殖放流活动，投放鱼苗120万尾。支持企业健康发展，依法对涉罪企业人员不捕不诉133人，清理长期未侦结涉企刑事案件48件。依托企业重大法务风险防控服务中心，拓展企业帮App服务，制发涉企案件专报2期，帮助

9月26日，全市“检警衔接”机制现场推进会在肥城召开　（宋光恩　供）

解决重大法务难题200余个。推进企业合规改革试点，指导新泰市院建立第三方监督评估机制，办理的6家建筑企业串通投标案写入最高检2021年工作报告，并被评为全国首批企业合规典型案例。

【强化法律监督】 开展刑事检察。全面贯彻“少捕慎诉慎押”司法政策，不捕643人、不诉980人。加强立案监督和侦查活动监督，依法监督立案57件、撤案84件，追捕追诉223人。加强刑事审判监督，提出抗诉19件，全部已改判或发回重审。纠正各类刑罚执行和监管活动违法461件。落实认罪认罚从宽制度，激励和促进犯罪嫌疑人自愿认罪悔罪，释放司法善意，减少社会对抗，全市认罪认罚适用率90.97%，量刑建议采纳率达99.29%。强化民事行政检察。办理民事生效裁判监督案件584件，提出抗诉或再审检察建议282件。加大对虚假诉讼行为的惩治力度，办理涉及虚假诉讼案件71件。化解行政争议案件134件，做到案结事了人和。优化公益诉讼检察，办理公益诉讼245件。签署并落实《黄河流域（山东）生态环境保护跨区域检察协作框架协议》要求，促进黄河流域生态资源环境保护，全面推开“河长+检察长”监督协作机制，制发诉前检察建议44件，推动河湖资源环境治理。

【深化改革创新】 落实内部监督制约。落实入额领导干部带头办案制度，两级院领导办理重大疑难复杂案件706件，列席同级审委会62次。制定院领导听案制度，对基层请示汇报案件一律书面答复。优化检察公共关系。深化新型检律关系建设，推出律师互联网阅卷服务，从“最多跑一次”升级为“一次不用跑”。探索构建新型检警关系，建立“365检警衔接”机制，与市公安局会签建立配合制约衔接机制的意见，相关经验得到副省长范华平等领导批示肯定。做强智慧检务。围绕科研和产业“两条主线”持续发力，相关理论成果在全国政法论文评选活动中获一等奖，完成省检察院交办的研发任务。自主研发“泰山云”五大产品平台，建设“智慧实验室”，助推泰山政法大数据产业园项目建设、泰安数字化产业发展。

【检察队伍教育整顿】 开展检察队伍教育整顿。召开专题会议40余次，形成两级院上下联动、一体推进工作格局。创新“党组中心组+机关党委+党支部+党员”四级学习机制，开展专题学习8场次。自查自纠，组织政策解读76场次，实现两级院干警谈心谈话全覆盖，排查问题374个。制定制度机制37项，实现常治长效。组织开展法律监督专项检查“攻坚月”活动，监督检查同级政法机关司法案件10175件，发现执法司法问题案件1664件、职务犯罪线索58件，以法律监督成效推进教育整顿工作。 （宋光恩）

法　院

【概况】 2021年，全市法院受理案件103212件，审执结97725件，其中中院收案10322件、结案9752件。全市法院结案均衡度、法定审限内结案率、平均办案天数等主要质效指标位列全省先进位次，扫黑除恶、“分调裁审”机制改革等工作经验被最高法院刊发推广或在省级以上会议作典型发言，26个集体、44名个人受到市级以上表彰。

【维护社会稳定】 审结一审刑事案件2463件3568人。审结故意杀人等严重暴力犯罪案件315件。审结职务犯罪案件21件。常态化开展扫黑除恶专项斗争，专项斗争开展中共审结涉黑恶犯罪案件38件337人，依法判处财产刑并追缴、没收

11月18日，泰安市中级人民法院在肥城市边院镇张山头村开展“送法进乡村 实事促振兴”活动 （王戎卿 摄）

5月19日，泰安市"法援惠民生·助力农民工"法律援助志愿服务活动举行
（王 岩 供）

违法所得4亿元。审结一审行政诉讼案件689件，行政机关负责人出庭应诉率达100%。推进行业治理，联合成立"泰安市证券期货与公司纠纷调解中心"。邀请63个调解组织、644名调解员入驻法院在线调解平台，推动矛盾纠纷前端化解。

【营造法治化营商环境】 依法平等保护市场主体合法权益，审结一审商事案件14737件。成立优化营商环境领导小组，制定优化营商环境等司法保障配套意见88项，组建9个专班对36个重点项目征集意见105条，调处涉重点企业案件3起。办结破产清算、重整案件50件，助力"僵尸企业"有序退出。审结知识产权与竞争纠纷861件，服务创新驱动发展。审结涉环境资源案件645件，推动绿色发展。

【提升人民群众司法获得感】 加强民生权益保障，审结一审民事案件29958件。审结涉婚姻、继承纠纷案件8012件。审理涉农村土地案件278件，助推农村要素市场化配置改革。健全完善执行工作长效机制，执结案件36106件，执行到位金额57.45亿元。开展"我为群众办实事"实践活动，帮助102栋、3753户办理不动产登记。办理司法救助案件69件78人次，发放救助金401万元。开展"庭审进乡村"等活动160次，中院志愿服务队累计服务时长达4700小时。

【推进司法改革】 深化新型审判权运行机制改革，压实院庭长监管职责，规范自由裁量权行使。院庭长带头办理重大疑难复杂案件，院庭长办案数量占比达66.75%。加强法官遴选工作，增补员额法官22名。两级法院45个民商事调解速裁团队结案24746件，占同期同类案件的51%，人均结案数达575件。推进全流程网上办案系统应用，以办案模式转变助推审判实效提升。深化司法公开，公开裁判文书5.79万件，庭审直播案件1.79万件。

【加强队伍建设】 开展党史学习教育和政法队伍教育整顿，核查线索1421个，清查评查案件33416件，整改问题2899项，建立健全制度121项。强化司法能力，组织各类教育培训121期、1230余人次。

（林 营）

司法行政

【概况】 2021年，全市司法行政工作推进全面依法治市，推动法治政府建设、公共法律服务体系建设，开展党史学习教育和政法队伍教育整顿等各项工作，司法行政多项业务实现新突破。全年受理各类矛盾纠纷案件17309件，全市司法鉴定机构办理各类司法鉴定案件7811件，全市公证行业开展为民办实事9526件，全市通过法援在线办理法律援助案件12736件，全市执业律师办理各类案件51105件。

【统筹谋划】 推动市委常委会专题研究法治建设相关工作7次、市政府常务会议专题研究法治政府建设相关工作11次，筹备召开市委全面依法治市工作会议和市委法治委第6次、第7次会议，学习贯彻习近平法治思想，贯彻落实中央全面依法治国、省委全面依法治省工作会议精神。谋划全市法治建设工作，将法治建设纳入泰安市"十四五"经济社会发展总体规划、年度计划、市委工作要点、政府工作报告，研究制定市委法治委、市委依法治市办年度工作要点，在全市范围内开展"法治为民办实事"活动，推进法治泰安建设。开展党政领导干部年终述法工作，市县同步推进，创新实施"向法治委会议述法、领导班子和领导干部年度考核述法、向人大常委会述法、向党委全委会和人代会述法”四措并举述法，受到省委依法治省办肯定。推进市委依法治市办及立法、执法、司法、守法普法、法治型干部队伍建设5个协调小组工作，开展12次会议活动。首次聘用21名法律专家、学者、资深律师担任党政一体法律顾问，建立市委、市政府党政一体化法律顾问和法律专家库。指导推动各县（市、区）、功能区，以及全市88个乡镇（街道）完成法治建设领导机制和工作体系的建立运行，落实村（社区）司法行政工作室规范化建设，依法治市工作格局形成。

【法治调研】 以市委名义，印发《泰安市法治社会建设实施方案（2021—2025年）》《法治泰安建设规划（2021—2025年）》；以市委全面依法治市委员会名义，印发《泰安市法治政府建设实施方案（2021—2025年）》。研究制定市委法治委、市委依法治市办年度工作要点。调研课题“泰安市法治政府建设的成效、问题及对策”被省司法厅评为“全省司法行政理论调研成果一等奖”。持续优化法治营商环境，服务泰安市经济优化发展。

【法治督察】 开展学习宣传贯彻习近平法治思想和法治政府建设督察，推进中央督察反馈问题整改，对涉及泰安市9个具体问题和26个共性问题，梳理形成96项整改措施，督察反馈问题整改完成。确定各级各部门法治建设责任，将有关内容纳入对县（市、区）、开发区（功能区）综合绩效考核和对市直部门单位绩效考核，发挥考核作用。对在法治建设工作中表现突出的肥城市等30个单位和50名个人进行通报表扬，推进法治泰安建设。

【普法与依法治理】 全市各级各部门以专题形式开展习近平法治思想学习研讨，开展领导干部学法考法，在党校（行政学院）举办各类主题班次专题课程12讲，将习近平法治思想等法律知识设为结业考试必考内容，考试合格率100%，优秀率95%以上。印发《在全市开展法治宣传教育第八个五年规划（2021—2025年）》。增强普法工作针对性和实效性，举办民法典实施宣传启动活动，组织开展“民法典宣传月”活动，印发《泰安市关于进一步增强普法工作针对性和实效性的意见》，推动落实“谁执法谁普法”普法责任制，印发《泰安市2021年全市普法依法治理工作要点》，推进各级各部门落实普法责任。发挥和调动律师、公证、基层法律服务工作者等专业法律服务队伍，通过线上讲座、线下授课等方式，开展以案说法、以案释法活动200场次，受教育人数30万人，借助新媒体传播优势，开展民法典有奖问答活动，参与人数4万人，制作播放民法典普法微视频等32集，对《中华人民共和国宪法》《中华人民共和国民法典》等重要法律法规进行普及宣传，提高普法宣传实效性。

【公共法律服务】 全年受理各类矛盾纠纷案件17309件，调解成功17166件，成功率达99.17%。为社区村居提供法律服务39000件次。全市司法鉴定机构办理各类司法鉴定案件7811件，比上年增加1306件，同期增长20.80%。全市91家律所1000名执业律师开展法律咨询服务4000人次，开展中小微企业“法治体检”1200场次，提供各类法律服务2000件次，开展公益法律讲座1700场次，受众30万人。法援在线办理法律援助案件12736件，同比增长26.94%。市司法局政务大厅窗口落实政务服务“好差评”制度，率先在进驻大厅单位中制定《泰安市公共法律服务大厅值班工作制度》，推动公共法律服务工作规范化。司法局窗口被评为红旗窗口12次，被授予服务标兵36人次，在50个窗口单位综合考核排名中列第二。

12月4日，泰安市司法局开展泰安市法治文化进校园活动（王 岩 供）

【律师业务】　开展“普法惠民、法润民生”法律宣传活动，全市90家律所近1000名执业律师开展法律咨询服务4000余人次，开展中小微企业“法治体检”1200余场次，提供各类法律服务2000余件次，通过线上线下等方式开展公益法律讲座1700余场次，受众30余万人。通过现场法律咨询、发放宣传资料、悬挂宣传条幅等形式向群众普及法律知识，加深民众对法律的理解和认识。

【公证业务】　全市有8家公证处，46名公证员，92名公证员助理，全年办理公证33461件，比上年增加12658件，同期增长60.85%。市岱宗公证处、泰安公证处等公证机构相继在市中院、高新区法院、泰山区法院等设立辅助事务中心，参与案件速调工作，优化办案流程，提高案件审理效率，省委常委、政法委书记林峰海给予批示肯定。在全省率先通过官网向社会公示《泰安市公证在线服务申办指南》，开展公证书在线核验试点工作，服务泰安市营商环境提升。打通公证服务“最后一公里”，变“坐门等证”为“上门办证”，“贴心代办”“延伸服务”提升群众获得感。

【司法鉴定】　加强司法鉴定机构考核管理，开展司法鉴定“为民办实事”活动。全市有司法鉴定机构11家，司法鉴定执业人员143人。办理法律援助案件85件，减免费用14.9万余元。山东鲁伟交通事故司法鉴定所用专业服务社会、山东泽宇法医司法鉴定中心扶贫济困、泰安协和司法鉴定所上门鉴定、山东阅微司法鉴定所利用自身专业技术DNA鉴定和比对技术帮无名烈士回家等典型，社会反响强烈。

【法律援助】　将法律援助便民服务网络建设列入司法行政为民办实事工作项目，“法援在线”工作被列入全市绩效考核重点工作专项评价事项，开通“法援在线”服务平台，打造法律援助“一体化”网络服务新模式，提高工作效率。开展法律援助工作宣传，提高法律援助知晓率，开展宣传活动7次，发放法律援助宣传品2300份，现场解答法律咨询710人次，提升农民工群体依法维权的意识和法律援助服务群众的社会影响力。

【社区矫正】　落实《关于集中开展违规违法办理减刑、假释、暂予监外执行案件全面排查整治工作的实施方案》，在全市展开排查摸底，对重点对象依法严格管理。落实省级、市级社区矫正案件评查工作，梳理确定省级、市级及省厅待评查重点案件目录，其中省级15件、省厅30件、市级70件的重点评查案卷共115件，未出现社区矫正工作人员违法问题，社区矫正对象重新犯罪率保持在较低水平。

【人民调解】　开发网上指挥中心，形成“一站式”受理、指派、督办、汇总机制。印发《关于推进三项重点工作努力构建大调解格局的通知》，对构建大调解格局做出要求，加强一站式调解中心建设，构建大调解格局。完善品牌调解室建设，吸收律师所、公证处、基层法律服务所以及交调会、医调会、金融纠纷调委会、知识产权调委会等组织组成的专业化调解团队，纳入品牌调解专家库调解员126人。

【法律职业资格考试】　完成对2020年度358名法律职业资格考试合格考生的资格审查、材料报送工作和法律职业资格证书发放工作，做好疫情防控常态化形势下的法律职业资格考试组织实施工作。2021年度客观题考试1558人、主观题考试552人完成考试。

【人民参与和促进法治】　推进人民陪审员工作，加强业务指导和跟踪监督，全市1008名人民陪审员参与审理案件4300件，缓解法院审判压力，提升法院审判质量。推进人民监督员工作，完成全市72名人民监督员的2020年度考核，有7人被评为全省优秀人民监督员，选派人民监督员参与办案193件，派遣人民监督员389人次。　（王　岩）

仲　裁

【概况】　2021年，全市受理仲裁案件1739件，连续2年列全省第4位；受案标的额23.7亿元，收取仲裁费1137.5万元（全额交财政），均列全省第5位，同比分别增长15%、70%和75%。连续2年被评为“全省仲裁工作先进单位”，继续保持“省级文明单位”称号。

【宣传推行】　借力微信公众号、网站、报纸、电视台四大宣传推介平台，推送仲裁法律知识和工作动态。在《人民日报》客户端、“学习强国”学习平台、《法治日报》、大众网等刊发通讯报道47篇；在《泰安日报》《泰山晚报》发布5个整版、43期仲裁专栏；加强新媒体宣传，在泰安电视台播出仲裁宣传片15期。深化以案释法工作机制，10件仲裁案例入选司法部仲裁优秀案例库。参与省会经济圈仲裁一体化发展联盟，提升仲裁社会影响力。

8月13日，泰安仲裁委员会五届一次会议召开　　（张天宇　供）

【仲裁网络体系建设】　加强仲裁分会规范化建设，结合仲裁委员会换届，吸纳4名分会负责人为仲裁委员会委员。优化政府购买仲裁法律服务合同，健全奖惩机制，激励仲裁分会发挥优势，融入营商环境建设和基层社会治理。年内，各分会共受理各类民商事纠纷案件381件，涉案标的额8.6亿元，仲裁融入基层一站式非诉纠纷机制被新华社刊发，《人民日报》客户端、《法治日报》、司法部网站等以《泰安仲裁委法律服务均等化促进基层社会治理》为题进行报道。

【金融仲裁】　发挥金融仲裁中心等7个专业中心作用，加强与各金融机构业务对接，了解金融仲裁服务需求。联合律师事务所到兴业银行等金融机构进行专题培训，宣传金融仲裁知识。与人民银行泰安市中心支行、金融消费权益保护协会合作，在乡镇、街道设立首批金融纠纷仲裁调解工作站10个，提供“一站式”纠纷快速处理法律服务，把金融纠纷化解在基层。与市中级人民法院、司法局、地方金融监管局联合印发《关于建立证券期货与公司纠纷诉调对接工作机制的意见》，优化法治化营商环境，建立健全金融纠纷多元化解机制。全年受理金融仲裁案件1244件，标的额11.2亿元。

【仲裁业务】　梳理办案流程，结合仲裁委员会换届，修订完善《泰安仲裁委员会章程》《仲裁规则》等11项规章制度。组建新一届仲裁委员会和专家咨询委员会，选聘仲裁员251人，优化仲裁员队伍的专业知识结构。编印完成《仲裁业务制度汇编》《仲裁办案实用手册》，完善仲裁业务制度体系。重新选定评估鉴定机构，开展备选鉴定机构培训，规范委托鉴定流程。落实每案审查制度，完善文书审阅核查和专家委员会重大疑难案件咨询制度，健全案件风险防控管理体系，保证实体公平、程序公正、文书规范。仲裁案件的自动履行率达90%以上，被法院撤销或裁定不予执行的案件比例控制在1‰以下。

【“智慧仲裁”工程】　深化“一次办好”改革，开发建设网络仲裁系统，打造“网上仲裁”“一网通办”新模式，实现仲裁办案全程在线、智能提醒、重点监督、自动统计、大数据分析。完善“民呼我应”机制，实现线上咨询、政策解读、仲裁宣传等功能；设立流动仲裁庭，上门提供仲裁服务，零距离服务群众。“民呼我应”机制和流动仲裁庭入选泰安市首批“改革惠民生 实事暖民心‘微改革’‘微创新’活动”项目清单。

【规范化建设】　规范仲裁员的职业操守，强化监督管理，完善考核评价体系，落实《仲裁案件过错责任追究办法》，对仲裁员在办案过程中的十类违规情形追究过错责任，并计入仲裁员信用档案。加强业务和作风建设，将廉政教育纳入仲裁员培训，强化仲裁员廉洁办案意识，确保办案质量，提高仲裁公信力。制定落实《办案秘书绩效考核暂行办法》，通过每月绩效考核、学习交流及实务培训等方式，突出办案秘书能力建设，提高仲裁队伍综合素质。　（张天宇）

编辑　校对　　刘小笋

军 事

泰安军分区

【政治工作】 2021年，泰安军分区（以下简称军分区）抓好以党史学习教育为重点的思想政治教育，配合组织“弘扬泰山‘挑山工’精神，做新时代国防动员事业不懈奋斗者”主题实践活动，相关做法被《解放军报》《中国国防报》等刊物转发。加强全民国防教育，开展“百校百师千课”国防教育进课堂活动，经验做法在军委国防动员部《要讯》和《中国国防报》头版头条及整版刊发。宁阳县将县内211处散藏无名烈士墓集中迁入烈士陵园，社会反响较好。围绕庆祝中国共产党成立100周年主题，组织系列军营文化活动，加强营区政治文化建设。持续推进红色革命资源挖掘工程，组织干休所开展老干部红色资源抢救性挖掘和泰安市军事历史展陈暨国防教育主题公园建设。巩固深化脱贫攻坚成果，参与“红色美丽乡村”建设，服务全市发展大局。

【军事工作】 2021年，军分区规范战备秩序，组织值班业务培训和资格认证考核2次，保持良好戒备状态。开展“学战研战”活动，密切关注民情社情动态。突出防火、防汛两大任务，年内组织现地勘察4次，东平县组织民兵进行东平湖防汛抢险任务训练演练。强化实案实兵演练，先后组织山林防火演练、人民防空综合演习，提升应急处置能力。推进军事训练转型，组织首长机关、民兵干部和民兵教练员集训，组织开展轮训备勤、联演联训、拉动考核，抓好军官考核，完成年度训练任务。市县两级投入资金用于民兵训练基地升级改造。

【国防动员】 2021年，军分区推进国防动员准备，修订完善各类方案计划，组织全市国防动员潜力资源普查和重点核查。按照“基于任务、一专多能”要求，有序吸纳社会力量、国有民营企业资源加入民兵组织，采取“周查、月讲、季评”方式抓好静态资料建设，森林灭火分队按照“人装同编、细化定位、协同混编”的方式进行编建，岱岳区在非公企业开展“党建＋民兵”试点活动。适应“一年两征”（一年春季、秋季两次征兵）新形势，实践探索赋予驻泰安高校驻地征集任务，加大“网格化”“一对一”精准宣传力度，完善大学毕业生优先征集措施，出台加强军地协作、深化征兵工作人员监管16条规定，规范役前训练和定兵秩序，全程量化督导征兵进展，完成年度征兵任务。

【基层建设】 2021年，军分区贯彻新修订《军队基层建设纲要》，持

1月20日，泰安市党管武装第一书记述职会议召开　　（李晓明　供）

续正规“四个秩序”（训练、战备、工作、生活秩序）。开展“我为群众办实事”活动，累计为基层办理76件实事。注重先进领建，规范开展各类评比和军地联合表彰，召开典型事迹报告会，大力推广新泰籍官兵“功臣群体”。抓好基层武装工作，组织首批村（社区）党组织书记武装工作示范培训，投入资金配套基层武装部和民兵营（连）部室家建设，结合换届抓好专武干部配备及民兵干部进“两委”工作。开展“条令法规学习月”活动，组织安全大检查、百日安全活动、网络安全隐患排查，突出敏感时节和重点部位安全管控，抓好安全教育训练，保持安全稳定态势。新泰市人武部、干休三所连续3年被山东省军区表彰为先进单位。

【综合保障】 2021年，军分区抓好常态化疫情防控，加强营区精准管控，疫苗接种率达99.1%。持续推进后勤6个重点行业领域整肃治理。改造提升营区基础设施，完成营院绿化、公寓房外墙保温、办公楼改造和干休所综合整治，优化营区环境。做好安置住房配售和经适房产权办证，年度挂账的13项房地产领域历史遗留问题得到较好解决。做好老干部服务保障工作，开展系列服务活动，营区实行物业化管理，配套完善服务站建设，开展作风教育整顿活动，干休三所被省军区评定为示范干休所。（李晓明）

武警泰安支队

【军事工作】 2021年，武警泰安支队以执勤“三评”（优秀作战勤务值班员、优秀执勤监控员、优秀执勤哨兵评选）活动为抓手，覆盖全员建立执勤档案，逐个哨位量化执勤数据，累计投入12万元为6个中队优化监门哨部署，总队挂账的14项隐患全面清零。全年累计完成武装押解、联勤武装巡逻和泰山景区维护秩序任务等临时勤务43起，处置执勤险情3起。完成卫士系列演习、“魔鬼周”极限训练、东平湖汛期战备和武警部队课目演示等任务，提升官兵实战意识和战备水平。开展“大考核大排名”、“百日攻坚战”和军事体育运动会等群众性练兵比武活动。在武警山东省总队年终军事考核中支队总评为第二名，教导队被评为一级训练机构，机动中队被评为军事训练一级单位，总队特战分队比武实现历史性突破。以争创“百日安全竞赛”活动等为载体，全面构筑安全文化，开展警示图片展、法规知识竞赛、定制安全彩铃等活动。抓好保密、“大排查大起底”和微信泄密专项整顿行动，为所有电脑升级保密系统，累计注销账外卡152张，堵塞安全漏洞。发挥安全工作协调督导机制作用，解决执勤、车辆、枪弹和在外人员管控等8类42个隐患，支队被武警部队确定为“六无”单位。

【政治工作】 2021年，武警泰安支队组织开展党史学习教育。开展“牢记训词、迎接大庆、忠诚担当”专题教育，抓好主题教育、基础教育和经常性思想教育，士兵课堂做法得到上级点赞。贴近官兵实际，开展重温入党誓词、参观红色基地等配合活动，举办文艺会演2场，“人缘泰山”专题报道被《人民武警报》整版刊发，1人被总队表彰为“奋斗强军标兵”。开展“密切官兵关系、杜绝打骂体罚”教育整治和“弘扬优良传统、整顿作风纪律”学习教育。落实依法抓建、精准帮带，成立10个联合工作组蹲点帮建，组织38人次当兵蹲队，为兵服务“18件实事”全部兑现。执勤一大队和执勤一中队、执勤二中队、泰安中队被表彰为“四铁”先进单位。持续做好减压释负、暖心惠兵工作，先后投入367万元用于基层生活设施改造和公寓房建设，合并取消24种登记统计；举办第三

8月1日，武警泰安支队“庆八一”联欢晚会暨第三届“强军标兵”“好军嫂”颁奖典礼举行（尹爱青　供）

届“强军标兵”“好军嫂”颁奖典礼，稳妥做好子女入学、家属随调等工作，为官兵发放慰问金 11.7 万元。

【保障工作】　2021 年，武警泰安支队开展“学法规、强业务、正秩序”专项教育、“伙食管理规范月”和“厉行节约、反对浪费”等活动，为基层购置给养器材 3 类 18 件(套)。做好后勤领域工作，集中开展车辆枪弹安全整治、装备普查等检查。落实常态化疫情防控措施，新冠疫苗接种率 100%，对归队官兵强制落实核酸检测和封控隔离措施，实现“零传入、零感染”。　（尹爱青）

7月30日，泰安市庆“八一”军民联欢会暨“最美退役军人”“优秀兵支书”颁奖仪式举行　（司　刚　摄）

退役军人事务

【概况】　2021 年，泰安市退役军人系统开展“政策法规落实年”活动。市双拥工作领导小组办公室获市委“新时代泰山‘挑山工’先进集体”十面红旗之一。泰安军用饮食供应站完成全国重点军供站考核评估。军休干部泰山医养基地揭牌运行。泰安市光荣院挂牌成立。全市评选“最美退役军人”30 人、“优秀兵支书”20 人。

【服务体系建设】　2021 年，全市 95 个县乡退役军人服务中心(站)、服务对象 100 人以上的村(社区)服务站完成全国示范型创建，建成省市级红色服务站 15 家，实现“县县有精品、镇镇有特色、村村有亮点”。泰安代表山东省接受全国示范型退役军人服务中心(站)检查组实地验收。以“岱下您最美”为服务品牌，加强退役军人社会力量建设，成立市就业创业协会、市关爱退役军人基金会、市三色旗志愿服务中心、市退役军人应急救援大队、市全民国防教育促进会、市双拥文化研究院等 6 家社会组织，开展“关爱困难老兵”“致敬最美英雄”“我替烈士看爹娘”等活动。全省退役军人志愿服务现场会在肥城召开。

【双拥共建】　2021 年，市委、市政府召开全市双拥工作总结表扬大会，表扬“拥军优属先进集体”30 个、“拥政爱民先进集体”15 个、“拥军优属先进个人”67 人、“拥政爱民先进个人”12 人。解决驻军难点问题，做好随军家属社区公益性岗位安置、未就业随军家属工资发放工作，军人子女需要入学的，全部就近或安排到条件最好的学校。全市多名现役军人获优秀士兵以上奖励。泰山区、肥城市迎接全省双拥模范城年度考评。

【移交安置】　2021 年，泰安市接收政府安置军转干部、自主择业军转干部、军转干部随调家属和接收自主就业退役士兵，对符合政府安排工作条件退役士兵进行适岗安置。接收军队离退休干部、残疾士兵，完成安置任务。

【优待抚恤】　2021 年，泰安市打造“靠前一步、贴心服务”泰安优抚品牌，及时为优抚对象发放抚恤定补资金，推进伤残人员换发新证、评定残疾等级、抚恤关系迁移、优抚对象康复疗养等业务。制定《优抚对象住房优待办法》《烈士纪念设施保护管理办法》。开展英烈文化“六进”(进机关、进学校、进军营、进社区、进企业、进乡村)活动 132 场，受教育人数 8.4 万人次。完成全市 925 处烈士纪念设施信息核查，其中国家级烈士纪念设施 1 处、省级 3 处、市级 2 处，完成 919 处县级及以下烈士纪念设施管理保护专项行动。

【就业创业】　2021 年，全市举办退役军人线上线下专场招聘会 17 场，提供岗位 9350 个，达成意向 2931 人，运用两支基金助推退役军人就业创业和困难救助。市直新开发退役士兵公益性岗位 382 个。在全省退役军人创业创新大赛中，泰安市获二等奖1个、三等奖1个、优秀奖1个，入选“山东退役军人就业合作企业光荣榜”企业1家，入选“山东退役军人创业光荣榜”退役军人1人，获全省退役军人“创业之星”和“就业之星”4人。

【军休服务】 2021年，全省军休业务政策培训班在泰安举行。泰安市依托社区平台、机构平台、基地平台、网络平台、文体平台等五大平台，打造高层次军休服务保障新模式，组织3批、102名军休干部开展荣誉疗养。

【事业单位改革】 4月2日，市退役军人服务中心由正科级调整为副县级公益一类事业单位，市退役军人事务局财务服务中心整建制划转至市退役军人服务中心；市转业军官培训中心更名为市退役军人创业指导基地服务中心，机构规格由正县级降为正科级；泰安革命烈士陵园管理处更名为泰安革命烈士陵园管理服务中心。改革后，市退役军人事务局所属事业单位6个，其中副县级全额事业单位2个、正科级4个。

【庆祝中国共产党成立100周年】 2021年，市退役军人事务局开展“老兵永远跟党走”“听老兵讲述英雄故事”主题活动，为1283名中华人民共和国成立前及参加抗美援朝作战的老军人建立荣誉档案，拍摄口述纪录片153部、影像资料1700余分钟。

（丁兆秀）

人民防空

【概况】 2021年，泰安市人防工作抓好人防改革创新、人防大数据建设、人防信息化智能化建设。11项软件获国家版权局颁布的计算机软件著作权证书。在全省人防演习演练课目规范试点观摩会、全省人防系统安全生产视频调度会议上作典型发言。沿黄九省（区）人民防空协调合作暨高质量发展会议在泰安市设分会场。市人防办连续6年保持“省级文明单位”称号。

【服务经济社会发展】 2021年，市人防办实施跨部门流程再造，在全省率先将防空地下室建设要求纳入建设用地规划条件，将防空地下室设计条件纳入建设工程规划许可，将防空地下室施工要求纳入建筑工程施工许可，实现人防工程审批与建设项目审批合并办理。实施人防政策打包集中宣传、送政策上门、政策培训解读、全程动态精准监管、人防工程质量监督跟踪、线上服务等6项人防政策支持服务专项行动，设置人防政策服务热线电话3部，为民服务更便捷高效。聘任优化人防领域营商环境社会监督员10人，对人防部门及工作人员进行监督，持续转作风、优服务、提效能。省人防办通过简报推广“创新建立防空地下室建设审批与建设项目审管深度融合联动机制”经验做法。市政府《政务信息专报》、《泰安日报》头版报道相关经验做法。实施防空地下室建设全程动态精准管理，全市新增审批结建防空地下室面积、开发利用人防工程面积分别完成年度目标任务。

【科技创新】 2021年，市人防办围绕人口疏散掩蔽指挥决策关键环节，邀请国防科技大学、山东大学专家团队指导，组织开展需求论证、架构设计、软件研发、系统测试等工作，自主创新完成集结点匹配、人防工程可用指数、疏散地域安置能力、应急避难场所可用指数、疏散车辆匹配、城市交通通行能力、最佳疏散路径、群众防空组织编配、物资消耗指标、警报可用覆盖率、基于大数据的智能化人口疏散掩蔽系统等11项软件研制，提高数据分析、辅助决策、资源调度、行动指挥的效率和精准性，11项软件获国家版权局颁布的软件著作权证书。

【《泰安市人民防空建设“十四五”规划和二〇三五年远景目标》】 2021年，以泰安市国防动员委员会名义印发《泰安市人民防空建设“十四五”规划和二〇三五年远景目标》，总结“十三五”时期人防事业发展成就，分析人防建设面临的形势和发展环境，明确“十四五”时期人防建设的指导思想和基本原则、主要目标、主要建设任务、人防融合式发展途径、主要推进措施。

【人防信息化建设】 2021年，以泰安市国防动员委员会名义印发《泰安市人防战备数据建设管理暂行办法》，对人防战备数据采集、汇聚、存储、共享、开发、应用及监督管理作出规定，完成战备数据更新，省人防办全文转发推广经验做法。在全省率先建成人防机动指挥“二代”车。组织完成“9·18”防空警报试鸣，城区警报音响覆盖率达95%以上。沿黄九省（区）人民防空协调合作暨高质量发展会议在泰安市设分会场。

【训练演练】 2021年，以市人防训练领导小组名义印发《2021年全市人民防空训练工作计划》，下达开训令。以东平湖重要经济目标综合防护为重点，组织防空防灾综合演习，实施演练科目20余个，参加演习人员700余人，在组织指挥等多方面拓展提升，实现人防训练演练提档升级，省人防办全文转发“打造重要经济目标综合演习升级版 全面提升重要经济目标防护能力”做法。将泰安军分区民兵训练中心升级改造建成市级人防训练基地。督促8类训练对象开展常态化人防训练演练。结合“5·12”“9·18”等时间节点，组织社区居民、在校学生开展防空防灾疏散演练，在全省人防演习演练课目规范试点观摩会上作典型发言。

9月28日，沿黄九省（区）人民防空协调合作暨高质量发展会议在泰安市设分会场　（曾湘莲　摄）

【工程建设和质量监督】　2021年，编制完成1项人防工程施工图设计文件，组织人防工程质量监督巡查检查195次，全市新增人防工程竣工面积完成年度目标任务。完成全市已建成人防工程普查，在单建人防工程使用管理单位设立党支部、党小组，督促落实维护管理和安全管理主体责任，省人防办通过简报推广“人防工程防护单元网格化管理工作”经验做法。

【人防系统安全生产】　2021年，市人防办印发《泰安市人民防空办公室2021年安全生产工作要点》《泰安市人民防空办公室安全生产责任清单》，督促相关工程使用管理单位更新签订安全管理责任书，落实安全生产责任。开展全市单建人防工程“守底线、保安全”专项督导检查，对在建单建人防工程、开发利用单建人防工程、早期人防工程安全生产情况开展监督检查，整改隐患问题。成立安全生产驻点监管工作专班，进驻人防工程使用管理单位，现场督促帮助企业排查整改安全隐患，在全省人防系统安全生产视频调度会议上作典型发言。

【法治建设】　2021年，市人防办印发《泰安市人民防空法治建设规划纲要（2021—2025年）》，明确“十四五”时期人防法治建设指导思想、主要原则、总体目标。制定《泰安市人防行政执法规程》，规范执法程序、工作流程和执法文书格式。组织“双随机、一公开”随机抽查12次，检查相关单位45家。组织日常执法巡查40次，加大违法项目执法力度。

【宣传教育】　2021年，市人防办、市教育局印发《全市中小学人民防空教育实施意见》，明确小学、初中、高中人防教育教学任务和课时安排，在全市500余所初级中学开展常态化人防知识教育。通过泰安日报社户外阅报栏展出人防专题宣传4期；通过门户网站、微信公众号、《今日头条》开展线上人防宣传教育。市人防宣教场馆完成方案设计和施工图设计审查。　（梁　波）

编辑　校对　　刘小笋

经济管理

宏观经济管理

【概况】 全市实现地区生产总值2996.7亿元，增长6.1%；三次产业比例调整为10.9∶38.9∶50.2。规模以上工业增加值增长8.3%，社会消费品零售总额增长13.6%，外贸进出口总值增长37.2%。完成一般公共预算收入230.5亿元、增长0.6%，一般公共预算支出428.2亿元、增长4.6%；完成国内税收313.9亿元、增长6.9%。城镇、农村居民人均可支配收入41741元、21769元，分别增长7.3%、10.6%。市发展和改革委员会（简称市发展改革委）被省人社厅、省滩区办评为省黄河滩区居民迁建工作先进集体，被表扬为全国价格监测先进单位，继续保持“省级文明单位”称号。

【新旧动能转换】 聚焦“五年取得突破”目标任务，发挥牵头协调作用，研究制定《新旧动能转换“五年取得突破”工作方案》《新旧动能转换综合试验区2021年工作要点》，高标准编制《泰安市产业发展战略研究报告》，组织开展“三个坚决”（坚决淘汰落后产能、坚决改造提升传统动能、坚决培育壮大新动能）、“10+1”产业（高端装备和智能制造、新材料、新一代信息技术、新能源和节能环保、医养健康、文化旅游、高端化工、轻工纺织、现代高效农业、现代物流＋现代金融服务业）高质量发展行动计划。高新区机电与矿山装备、岩岩泰山·青青岱岳精品旅游2个产业集群新入选全省“雁阵形”产业集群库，集群总数达到6个，集群规模突破1800亿元。争取23个项目入选年度省新旧动能转换优选项目、9个项目入选省“双招双引”重点签约项目，完成年度计划投资的154.5%、136.9%；52个市优选项目完成投资97.4亿元，占年度投资计划的147.8%。

【抓项目稳投资】 开展重点项目建设“提质提速提效”行动，65个省级重点项目，总投资674.4亿元，完成投资237.7亿元，完成年度计划的115.6%。实施市重点项目208个，总投资1493.7亿元，完成投资519.9亿元，占年度计划的126.7%。泰安二期抽水蓄能电站项目顺利开工。全市产业经济工作小组9项重点任务顺利推进，完成投资计划的104%。策划投资亿元以上项目204个，其中20亿元项目41个；谋划筛选2022年亿元以上投资项目831个，总投资5460.6亿元。累计发行地方政府专项债券项目103个，债券额度80.9亿元。编制印发《国家、省重点投资方向和产业政策》，全年争取发改系统国家和省预算内无偿资金9.45亿元。

【黄河战略落实】 推动成立由市委、市政府主要负责人任组长的泰安市推进黄河流域生态保护和高质量发展领导小组。起草《关于学习贯彻习近平总书记视察山东重要讲话精神扎实推动黄河流域生态保护和高质量发展的决定》，编制《泰安市黄河流域生态保护和高质量发展实施规划》《东平湖生态保护和高质量发展专项规划重点任务分工方案》。建立全市黄河战略重点项目库，25个项目纳入全省黄河战略集中推进，26个项目参与省集中开工。肥城化工产业园工业污水处理厂项目获中央黄河专项扶持资金6513万元。深入开展黄河流域生态环境突出问题大排查大整治专项行动。

【乡村振兴战略】 争取上级涉农项目下达投资计划5.5亿元，3个项目纳入全省乡村振兴重大项目库第三批入库项目，拟申请贷款14.5亿元。筛选一县四乡58个村争创全省第二批乡村振兴“十百千”工程示范创建单位，泰山区农村产业融合发展示范园区列入第三批省级示范园创建名单。易地扶贫搬迁、黄河滩区居民迁建后续工作有序推进。

12月31日，新泰市佳禾生物科技有限公司获批山东省技术中心
（葛宗泰　供）

【济（南）泰（安）一体化】　参与《省会经济圈“十四五”一体化发展规划》《省会经济圈“369”行动方案》等一系列规划文件编制，高标准制定《泰安市〈省会经济圈一体化发展“369”行动方案〉重点任务清单》。联合济南市编制《济泰同城化发展实施方案》，谋划8大领域27项重点任务，推动济（南）泰（安）同城化发展，为省会经济圈一体化打造样板、作出示范。

【绿色低碳发展】　贯彻落实“碳达峰、碳中和”战略部署，着力抓好能源消费总量和强度双控。坚决遏制高耗能、高排放项目盲目发展，97个“两高”项目全部落实分类处置措施。推进经济社会与资源环境协调发展，成功列入国家大宗固体废弃物综合利用示范基地，涉及新泰和宁阳的南四湖流域列入国家第二批流域水环境综合治理与可持续发展试点；肥城市纳入国家主体功能区试点示范，泰山区纳入国家重点生态功能区。

【信用体系建设】　优化市级公共信用信息平台，累计归集有效信用信息1.7亿条。加快建立以信用为基础的新型监管机制，探索“信用预警+信用修复”服务模式，举办首次信用“红黑名单”新闻发布会。“信易贷”平台发布金融产品215个，居全国第4位；注册企业5万家，实现授信额118.4亿元，分别居全省第2位、第5位。新泰市、肥城市分别被授予国家社会信用体系建设示范区（第三批）、省社会信用体系建设典型城市（第二批）称号，泰安本级、岱岳区列入省社会信用体系建设典型城市（第三批）创建范围。政府及政府机构列为失信被执行人案件全面清零。

【改革创新驱动】　印发实施《泰安市加快完善市场主体退出制度改革工作计划》，落实市场准入负面清单制度。行业协会商会与行政机关脱钩改革成效显著，全市300家行业协会商会全部完成脱钩改革任务。公共资源交易平台整合共享制度体系建设取得新成效。加强创新体系建设，新增省级企业技术中心10家、市级企业技术中心29家，总数分别达到112家、155家。编制《泰安市“十四五”战略性新兴产业发展规划》，实施战略性新兴产业集群培育工程，出台《关于推进新型基础设施建设的实施意见》。争取1人入选泰山产业领军人才，获批扶持资金400万元；5个重点区域急需紧缺人才项目获得补助资金700万元。

【社会民生项目建设】　新泰市、宁阳县列入国家县城新型城镇化建设示范名单；泰山新闻出版小镇项目入选国家发展改革委第二轮全国特色小镇典型经验。岱岳区、新泰市获得山东省2019年度县域经济高质量发展进步县（市、区）称号。12个社会民生领域项目列入中央预算内投资计划，争取到位无偿资金5927万元。其中4个公共卫生体系项目获中央预算内投资2263万元；14个项目纳入省社会事业领域储备项目库；山东农大肥业科技有限公司等9家企业列入全省第一批产教融合型企业。超额完成省下达的社会足球场建设任务。做好民生保供保暖综合协调工作。　（葛宗泰）

国有资产监督管理

【概况】　全市国资部门强化“树国企形象、创国资速度”目标，扎实推进国企改革3年行动，实施国有资本优化重组，推动国资在线监管平台建设连续2年位列全省第一，央企省企合作、融通集团遗留问题处置、免疫力经济发展、法治国企建设、党建品牌5项工作走在全省前列。融通集团专题向市委、市政府发函表示感谢，向市国资委题送“国资担当作为、助企排忧解难”锦旗。创新突破的免疫力经济被《大众日报》整版刊发，得到国家粮食局主要领导、市委主要领导批示肯

2月28日，市国资委举办央企省企投资泰安 助力建成“五个名地”项目集中签约暨泰安国资免疫力经济产品路演活动 （司刚 摄）

定。法治国企建设经验被省依法治省委员会专门发文推广。落实市委、市政府战略决策部署，重新组建市属4大集团，在泰安国资国企改革发展史上具有里程碑意义。

【优化资本布局】 突出“城市建设运营商、产业发展助推器”定位，重新组建泰山城建、产业发展、交通发展、泰山文旅4大集团。牵头制定一系列工作意见、流程方案、政策文件，一周明确一项阶段任务，周一部署、周末总结、每天通报进展，提前2周完成集团组建，同步形成新集团发展战略规划。

【发展产业项目】 举办“央企省企投资泰安 助力建成‘五个名地’”项目集中签约活动，52家央企省企出席活动，签约项目16个，总投资181亿元。4个项目在第四届中国企业论坛现场签约，数量位居全省前列。强力实施“1246”（1个企业上市、2个集团发债、4个工业项目建成投产、6个免疫力经济项目加快发展）突破工程，泰安市金土地测绘整理有限公司上市程序启动，泰安金融控股集团有限公司、泰安市国泰民安投资集团有限公司2家集团境外债成功发行，资产证券化全面提升。4个重点工业项目相继落地见效，东平玻璃科技产业园对接中建材研究院新上疫苗“预灌封”生产线。泰山黄精“工业＋旅游”智能工厂、全球首条万吨级小麦糊粉层生产线建成投产，6个免疫力经济产业项目建链强链，开创泰安产业发展的新品牌。

【改革攻坚】 年内承担的6项全市重点改革任务全面按期完成。制定出台《泰安市国企改革三年行动实施方案》，统筹推进国资监管能力现代化和现代企业制度建设，年内完成总任务量的94%，超计划进度完成年度目标任务。融通集团涉及问题任务量居全省中游水平，办结进度全省第二。

【提升监管效能】 加快建设国资在线监管系统，在2020年全省首个建成市级平台的基础上，2021年全省首个完成县级全覆盖，获得省国资委“两个第一”评价。梳理形成《泰安国资监管制度汇编》。结合4个集团组建，创新制定业务全流程、监管全覆盖的《市属企业监督管理办法》，监管体系进一步完善。

【品牌建设】 集中发布金控集团“鑫”向党、泰安银行“泰山清泉、滋润万家” 等党建品牌10个，“一企一特色、一企一标识”国企党建品牌集群初步形成，国企党建品牌全面打响。 （商西鹏）

财政

【概况】 2021年年末，全市有市、县（市、区）、乡镇（街道）三级财政机构103个。其中，市级财政机构1个，县（市、区）级财政机构6个，泰安高新技术产业开发区管理委员会财政机构1个，泰山风景名胜区管理委员会财政机构1个，泰安旅游经济开发区管理委员会财政机构1个，徂徕山汶河风景名胜区管理委员会财政机构1个，乡镇（街道）财政机构92个。按现行财政体制，全市一般公共预算收入230.5亿元，加税收返还和转移支付收入154亿元，动用预算稳定调节基金6亿元，调入资金98.1亿元，上年结转收入11.9亿元，全市一般公共预算总收入500.5亿元。全市一般公共预算支出428.2亿元，加债务还本支出1.9亿元，上解支出32.6亿元，补充预算稳定调节基金6.6亿元，全市一般公共预算总支出469.3亿元。收支相抵，结转下年31.2亿元。

【财政收支】 全市一般公共预算收入完成230.5亿元，增长0.6%。一般公共预算收入中，税收收入173.1亿元、增长4.9%。其中，增值税74.3亿元、下降1.7%，企业所得税21.5亿元、增长13.5%，个人所得税5.4亿元、下降6.3%，其他税收收入71.9亿元、增长10.9%；非税收入57.5亿元，下降10.4%。全市一般公共预算支出428.2亿元，同口径增长4.6%（2021年预算执行中，国务院规定市县国库集中支付结余不再按权责发生制列支，剔除这一因素后为同口径数，下同）。其中，一般公共服务37.5亿元、同口径下降0.7%，国防6537万元、同口径下降18.8%，公共安全18.2亿元、同口径下降6.7%，教育91.9亿元、同口径增长10.6%，科学技术3.7亿元、同口径增长31.9%，文化旅游体育与传媒5.3亿元、同口径增长0.4%，社会保障和就业81.3亿元、同口径下降1.8%，卫生健康48.4亿元、同口径下降0.03%，节能环保7.2亿元、同口径增长7.5%，城乡社区37.2亿元、同口径增长38.8%，农林水46.1亿元、同口径增长17.1%，交通运输7.6亿元、同口径下降23.8%，资源勘探信息等9.5亿元、同口径增长42.1%，商业服务业等2.5亿元、同口径下降47.4%，金融963万元、同口径下降53.2%，援助其他地区6376万元、同口径增长11.9%，自然资源海洋气象等4亿元、同口径下降27.3%，住房保障7.6亿元、同口径下降5.8%，粮油物资储备3604万元、同口径下降70.9%，灾害防治及应急管理3亿元、同口径增长7.5%，债务付息13亿元、同口径增长1.7%，其他支出2.3亿元、同口径下降28.5%。全市政府性基金预算收入完成218.1亿元，下降18.1%；全市政府性基金预算支出完成272.8亿元，同口径下降0.4%。全市国有资本经营预算收入完成5.2亿元，增长46.6%；全市国有资本经营预算支出完成3.8亿元，同口径增长44.6%。

2021年泰安市一般公共预算收入情况表

表3　　　　单位：万元

预算科目	调整预算	累计完成	占预算%	增长%
收入合计	2303840	2305436	100.1	0.6
税收收入	1728490	1730827	100.1	4.9
国内增值税	743025	742937	100.0	-1.7
企业所得税	215698	215123	99.7	13.5
个人所得税	53564	53727	100.3	-6.3
资源税	59171	58842	99.4	0.6
城市维护建设税	116887	116382	99.6	8.4
房产税	48667	48492	99.6	-2.8
印花税	32177	31896	99.1	25.0
城镇土地使用税	87150	86369	99.1	2.7
土地增值税	119132	121197	101.7	23.1
车船税	31868	31908	100.1	15.6
耕地占用税	38472	40077	104.2	139.7
契　税	179378	180548	100.7	2.1
环境保护税	3237	3264	100.8	0.1
其他税收收入	64	65	101.6	27.5
非税收入	575350	574609	99.9	-10.4
专项收入	99680	102891	103.2	-2.8
行政事业性收费收入	108154	105632	97.7	-33.8
罚没收入	100114	98094	98.0	49.3
国有资本经营收入				
国有资源（资产）有偿使用收入	234541	236638	100.9	-15.8
捐赠收入	1250	1269	101.5	-80.7
政府住房基金收入	24317	24287	99.9	30.5
其他收入	7294	5798	79.5	69.0

2021 年泰安市一般公共预算支出情况表

表 4　　单位：万元

预算科目	调整预算	累计完成	占预算 %	增长 %
支出合计	4282559	4281902	100.0	4.6
一般公共服务支出	378683	375300	99.1	-0.7
国防支出	6506	6537	100.5	-18.8
公共安全支出	188667	182454	96.7	-6.7
教育支出	922847	918945	99.6	10.6
科学技术支出	38373	37279	97.1	31.9
文化旅游体育与传媒支出	53193	53479	100.5	0.4
社会保障和就业支出	778841	812840	104.4	-1.8
卫生健康支出	481573	484368	100.6	-0.03
节能环保支出	74529	72491	97.3	7.5
城乡社区支出	350311	371920	106.2	38.8
农林水支出	429953	461441	107.3	17.1
交通运输支出	79224	75856	95.7	-23.8
资源勘探信息等支出	81255	94714	116.6	42.1
商业服务业等支出	25513	24719	96.9	-47.4
金融支出	883	963	109.1	-53.2
援助其他地区支出	6570	6376	97.0	11.9
自然资源海洋气象等支出	49592	39585	79.8	-27.3
住房保障支出	72615	76159	104.9	-5.8
粮油物资储备支出	6028	3604	59.8	-70.9
灾害防治及应急管理支出	30579	29614	96.8	7.5
债务付息支出	130167	130223	100.0	1.7
其他支出	96657	23035	23.8	-28.5

【财力统筹】 强化政府预算统筹，坚持实事求是抓收入、坚定不移提质量，实现一般公共预算收入量、质“双提升”，其中全市地方税收收入占一般公共预算收入的比重达到 75.1%，为 2010 年以后最好水平。强化国有资产统筹，围绕提高资产配置使用效益，深入推进行政事业性国有资产管理改革，初步构建起职责清晰、配置合理、运转高效、约束有力的管理运行机制。积极支持市属四大企业集团组建，按时高效完成市区污水管网、雨水管道等资产清查评估工作，涉及资产价值 82.2 亿元。强化存量资金统筹，建立健全存量资金定期核查和清理回收机制，市直通过专项行动盘活结余结转资金 8.9 亿元。强化对上争取，全市争取各类财政资金 247.7 亿元，增加 38.3 亿元，有力缓解财政困难局面；争取泰安市跻身北方地区冬季清洁取暖试点城市，中央 3 年给予奖补资金 9 亿元，至年底，已到位 4.8 亿元。强化厉行节约，坚持政府带头过紧日子，全市一般性支出较上年压减 4.7 亿元，下降 11%，其中“三公”经费压减 863.4 万元，下降 7.9%，腾出财力保民生、促发展。

【财源建设】 用好财税政策，坚决落实减税降费政策，年内新增减税额 26.6 亿元，帮助市场主体恢复元气、增强活力。贯彻省落实“六稳”“六保”、促进高质量发展四批政策清单，以及支持新旧动能转换 46 条等地方政策，确保落地见效。用好专项债券，全市争取新增地方政府专项债券 89.9 亿元，增加 25.9 亿元、增长 40.5%，有力支持市政基础设施等重点项目建设。用好专项资金，发挥科技创新、动能转换等专项资金作用，市级整合科技创新发展资金1.1亿元，增长10%，重点用于“科创中国”试点和泰山创新谷、智慧康养创新创业共同体、市产业技术创新研究院建设等；投入0.4亿元，撬动全市研发投入7.1亿元，保障“揭榜挂帅”引才机制落实。落实人才政策“金十条”，市级兑现各类奖励补助资金0.9亿元。市级筹集2.8亿元，用于国家先进印染技术创新中心建设；投入1.7亿元，支持骨干企业技改和中小企业高质量发展；投入1.3亿元，支持外经贸发展、企业创新能力建设和电商下乡等。用好市场手段，在继续管好用好重点企业财源建设等现有基金的基础上，组建总规模10亿元的清泰创新引领基金；申请省新旧动能转换基金出资，组建两支项目基金，实行定向定点、精准扶持。市财金集团通过融资担保、融资租赁和过桥还贷，帮助企业融资128.5亿元，有效缓解企业融资难、融资贵问题。

【民生保障】 年内，全市一般公共预算民生支出339.2亿元，占比达到79.2%。通过专项债券、市场化融资、预算安排等方式，全市筹集26.7亿元，保障市委、市政府为民要办的“十件实事”落实落地。教育方面，全市教育支出91.9亿元，同口径增长10.6%，促进教育优先发展。其中，投入10亿元，支持扩大普惠性学前教育资源，深入推进义务教育改薄与能力提升；投入2亿元，落实教育资助政策；投入2.3亿元，确保“大班额”动态清零不反弹；投入2.6亿元，支持高职院校专业化特色化发展；投入0.6亿元，支持中小学午餐保障及食堂改造提

7月26日，财政部副部长朱忠明（前排右三），山东省财政厅党组书记、厅长刘兴云（前排右二）在岱岳区道朗镇调研国家农村综合改革试点试验工作 （王慧婷 供）

升。社会保障方面，全市投入17.9亿元，用于居民基本养老保险补助；投入10.1亿元，用于社会福利救助，全面提高9类困难群众救助保障水平；投入2.5亿元，同时发放创业担保贷款9.6亿元，扶持、带动就业、创业。卫生健康方面，全市投入8.1亿元，保障新冠疫苗免费接种、应检尽检人员核酸检测、防疫物资设备采购、定点医疗救治机构运转等；投入23.9亿元，用于居民基本医疗保险补助；投入4.3亿元，完善基本公共卫生服务体系；投入4.5亿元，支持公立医院、基层医疗卫生机构综合改革，以及市中医医院、市传染病医院（市中心医院分院）建设等。住房保障方面，全市各类住房保障支出24.9亿元，改造棚户区2148套、老旧小区2.26万户、农村危房449户，发放住房租赁补贴1458户。

【城乡发展】 城市建设方面，市级投入21.8亿元，支持双龙路、明堂路改造和迎胜路南延、环山路东延等重点项目建设，畅通城市路网；投入1亿元，支持岱宗大街等15条道路维修改造、城区13处街角游园及20座公厕改造提升等，优化城市环境。乡村振兴方面，全市统筹整合涉农资金37.6亿元，支持乡村振兴和高标准农田、水利工程等重点项目建设，其中落实衔接推进乡村振兴补助资金3.5亿元，实现过渡期内稳定投入和政策平滑过渡；市级落实奖补资金1.5亿元、3年累计落实4.5亿元，带动投资41.9亿元，帮助2785个行政村实现道路“三通”。绿色发展方面，全市投入9.8亿元，支持大气、水、土壤污染防治和农村环境整治、节能减排等工作，为打好“蓝天、碧水、净土”保卫战提供有力保障；筹集6.7亿元，支持20.1万户农村居民实现清洁取暖，超额完成年度目标任务；巩固山水林田湖草生态保护修复工程成果，累计完成投资154.4亿元，打造“泰山样板”。

【管理改革】 全面推进预算绩效管理改革，市级基本建成“全方位、

全过程、全覆盖”预算绩效管理体系，并在全省率先建立预算绩效指标库，首批开展项目全成本绩效管理试点，为全省财政管理改革提供泰安经验。全面推动预算绩效管理提质增效的做法获得全市首届“工作创新奖”一等奖。市级通过事前绩效评估和预算评审，全年审减资金8.1亿元；通过绩效目标实现程度和预算执行进度“双监控”，收回低效预算指标10.8亿元。创新土地资源管理机制，进一步规范和加强经营性用地储备出让管理，建立统一规划、统一储备、统一出让、统一管理“四统一”机制，优化土地资源配置。严防政府债务风险，健全规范政府举债融资机制，积极化解存量隐性债务，强化专项债券“借、用、管、还”闭环管理，有序推进融资平台市场化转型，全市政府综合债务率继续保持在合理区间，防风险与促发展统筹兼顾。严防基层“三保”风险，市财政落实各类对下转移支付143.4亿元，帮助基层缓解收支矛盾，增强“三保”能力；健全常态化财政资金直达机制，全市各级分配落实直达资金74亿元，直接惠及企业1279家、群众1382万人次。

（王慧婷）

税务

【概况】 国家税务总局泰安市税务局辖泰山区、岱岳区、新泰市、肥城市、宁阳县、东平县、泰安高新区、泰山景区8个县（市、区）税务局，59个基层分局（所）。服务纳税人18.7万户，其中企业10.7万户、个体8万户；缴费人524万人，其中社保职工114万人、城乡居民410万人。顺利通过“全国文明单位”复审，获得“山东省职工职业道德先进单位”称号。

【党的建设】 以党建为统领，把政治建设放在首位，融合推进党建业务工作，全面落实管党治党政治责任，保持风清气正的良好政治生态。对标“学党史、悟思想、办实事、开新局”，扎实开展党史学习教育。组织书记讲党史专题党课，7部被山东省税务局通报表彰，2部入选市委组织部“百部精品党课”。举办建党百年庆典，开展情景党课展播暨“两优一先”（优秀党务工作者、优秀共产党员，先进基层党组织）颁奖典礼，组织“光荣在党50年”纪念章颁发仪式。建立明责知责、履责尽责、考责问责“六责联动”机制，推动两个责任（党委负主体责任、纪委负监督责任）落实到位。深化新“纵合横通强党建”机制体系，推动纵向“两个合力”（凝聚上级税务局党委与下级税务局党委、上级税务局党委与下级税务局所在地党委及其工作部门共抓税务系统党建）和横向“七个打通”（实现税务机关内部党建与党风廉政建设、机关党建与系统党建、机关党委工作与机关及系统人事工作、党建与税务执法监督及内控、党建与干部培训、党建与系统绩效管理、党建与税收业务工作打通）办法落实落地，有关经验做法在市直机关作交流。

【组织收入】 年内，全市累计完成税费收入492.32亿元，其中税收收入完成313.95亿元，增长6.86%。扣除海关代征，国内税收收入完成309.69亿元，增长6.81%，增收19.75亿元。市以下地方级税收收入完成179.22亿元，增长5.75%；非税及其他收入完成11.72亿元，增长20.43%；社保费收入完成166.65亿元，增长171.3%。

【减税降费】 建立网格化服务模式，拓展税收专家顾问制度成效，全市税收专家顾问突破200人，服务对象超过2000户。按季召开税费优惠政策落实工作机制例会，集中研究解决突出问题。升级税费标签体系，全面推行“不来即享”，通过电子税务局实现优惠“自行申报、网上办理、先行享受、后续监管”。年内，落实既有减免税费88.03亿元，新增减免税费26.63亿元，办理阶段性税费缓缴3.2亿元；增值税留抵退税14亿元，平均退税受理审核时长0.14天，较年初缩短3.9天；出口免抵退税15.88亿元，平均办理时间由原来的5个工作日压缩至2.5个工作日，其中一类企业退税1日内即可到账。

【税收法治】 联合制定“1+4”（国家税务总局泰安市税务局，泰安市公安局、泰安市人民检察院、泰安市中级人民法院、泰安市司法局）税收司法共治保障联动机制和实施方案，在全省率先建成税收司法共治体系。开展6项证明事项告知承诺制试点，统一明确10项执法裁量标准。开展稽查内控机制创新，推动“风险源头防控、纠错提前介入、操作全程留痕、过错实时追究”。研究制定管、评、查、服联动机制运行规程和运行办法，实现监管体系各环节紧密衔接、一体联动。完善个人所得税股权转让管控链条，相关做法被市委副书记、市长张涛批示肯定。建立“政府领导、税务主导、部门协作、社会参与、法治保障、大数据支撑”共建共治格局，先后采集利用泰安市住房和城乡建设局、泰安市生态环境局、泰安市医保局等部门数据1180万条，相关做法被市政府领导批示肯定。在全省率先协同完成二手房交易国有土地使用权出让收入征缴业务对接测试，相关做法被市委领导批示肯定，并在全省部门联席会议上作典型发言。

9月28日，泰安市税收司法共治体系签约仪式举行　（王　敬　摄）

【税费服务】　把优化税收营商环境作为"头号工程"，实施创新突破行动，推出20项72条具体措施。深化"我为纳税人缴费人办实事暨便民办税春风行动"，推出具有本地特色的10类30项92条便民办税具体措施，制定3类12项30条"春雨润苗"专项行动方案，推广"一户一策"税收解决方案，分类编制涵盖企业经营、税费缴纳、税收优惠等内容的服务手册，集中开展上门送策活动。强化办税窗口逆向考核，深化"三层分流"（引导来办税服务厅纳税人到网上办、自助办、窗口办）导税模式，开通"码上办"系统，推出"智能微厅"，引导纳税人网上办、自助办，"非接触式"办税比例达96.4%，提升8.38个百分点。开展证明事项告知承诺制试点，大幅降低纳税人办税负担。整合"12366"热线与"12345"热线，建立热线工单定期分析制度，完成"服务民生面对面"上线任务。

2021年泰安市国内税收收入、社会保险费收入和非税收入分县（市、区）完成情况表

表5　单位：万元

单　位	累计收入			
	税　额	上年同期	比上年增长%	比上年增减额
全市合计	4880696	3610994	35.16	1269702
泰山区	1095012	770817	42.06	324195
岱岳区	574159	421016	36.37	153143
高新区	437592	384027	13.95	53565
徂汶景区	13347	4500	196.60	8847
泰山景区	72399	41700	73.62	30699
旅游开发区	165040	151525	8.92	13515
新泰市	743885	519053	43.32	224832
肥城市	1027646	795182	29.23	232464
宁阳县	409028	266958	53.22	142070
东平县	342588	256216	33.71	86372

2021 年泰安市税收收入、社会保险费收入和非税收入分项目分级次完成情况表

表 6　　单位：万元

项　目	累计收入			
	税　额	上年同期	比上年增长 %	比上年增减额
各项收入总计	4923224	3649638	34.90	1273586
税收收入合计	3139467	2938035	6.86	201432
国内税收收入	3096939	2899391	6.81	197548
其中：中央级	1341215	1263670	6.14	77545
省　级	-36496	-58973	-38.11	22477
市及以下级	1792220	1694694	5.75	97526
国内增值税	1534088	1479858	3.66	54230
国内消费税	70113	58806	19.23	11307
营业税	—	—	—	—
企业所得税	537808	473837	13.50	63971
个人所得税	136271	145123	-6.10	-8852
资源税	58842	58473	0.63	369
城镇土地使用税	86369	84127	2.67	2242
城市维护建设税	116392	107372	8.40	9020
印花税	31897	25506	25.06	6391
土地增值税	121194	98450	23.10	22744
房产税	48494	49915	-2.85	-1421
车船税	31908	27593	15.64	4315
车辆购置税	99544	93492	6.47	6052
耕地占用税	40078	16720	139.70	23358
契　税	180548	176756	2.15	3792
环境保护税	3263	3262	0.03	1
其他税收	130	101	28.71	29
海关代征进口增值税消费税	42528	38644	10.05	3884
社会保险费收入合计	1666533	614269	171.30	1052264
非税收入合计	113010	93947	20.29	19063
其他收入合计	4214	3387	24.42	827
出口退税	-158800	-213446	-25.60	54646

【队伍建设】 研究建立"强化基层一线遴选，突出派出机构培养，输送市局机关使用，反哺基层队伍建设，优秀县（市、区）局长优先推荐进市局班子"的人才流动机制，相关做法被山东省税务局领导批示肯定。统筹实施青年理论学习聚变工程，成立青年理论聚变工程学习小组64个，构建"导师＋组长＋成员"的模式，党委委员直接担任学习导师，明确"五个一"（组织一次活动、撰写一篇论文、制作一部短片、编排一个节目、选树一位典型）行动目标，广泛开展自主学习、专题研讨、集中交流，先后组织各类活动108次。组织参加党建与公共知识、社保非税、数据风险条线业务比武，党建与公共知识比武平均成绩位居全省第2名，3人进入全省前20名，1人在山东省税务局智税竞赛个人赛中位居第2并入围全国比赛。

【工作创新】 成立虚拟或实体化团队24个，出台制度20余项，上收税收风险和复杂事项21项，实施流程再造18项，加快推进"一体两翼"（机关实体化，监管和服务）建设。持续推进制度机制创新，税收司法共治体系创新项目被市委领导批示肯定，入围泰安市"泰安工作创新奖"评选；"税企党建共建，助力乡村振兴"创新项目，被市委组织部纳入党委书记抓基层党建突破项目，入选全市机关党建优秀创新案例，并被山东省税务局领导批示肯定；"一转四化"（遵循"稳划转"理念，构建"社会化"共治格局，强化线上线下"网络化"支撑，推行"实体化"运行团队，构筑风险防范"指标化"保障）做精做实社保非税征缴新板块创新项目，被国家税务总局领导批示推介；定制"一户一策"套餐精细服务企业健康发展数据应用案例，被确定为全省新型智慧城市"优政"领域优秀案例。

【年度税收分析】 税收实现稳定增长，税收收入规模突破300亿元大关，增速较上年加快5.3个百分点，其中市以下地方级税收逐月稳步提升，增速较上年加快2.6个百分点。收入质量持续提升，主体税种（增值税、企业所得税、个人所得税）完成220.82亿元，占税收收入比重为71.3%，居全省第2位；地方级税收收入占全市财政收入比重为75.1%，较上年提高3.1个百分点。产业结构持续调整，第二产业税收完成158.34亿元，增加11.24亿元，增长7.6%；第三产业税收完成155.32亿元，增加8.85亿元，增长6%。区域税收同步增长，泰山区、岱岳区、新泰市、肥城市、宁阳县、东平县、泰山景区、旅游开发区分别增长2.4%、10.1%、13%、7.6%、29%、10.6%、19.1%、2.5%，高新区受制造业成本提高一级减税缓税政策影响下降13.2%。社保费收入增幅较大，全年征缴入库各项社会保险费收入166.67亿元，同口径较上年增收45.82亿元，增长37.9%。非税收入平稳划转，成立多部门参加的非税收入征收职责划转工作专班，平稳推进国有土地使用权出让收入和矿产资源专项收入征收职责划转，组织非税收入11.69亿元，扣除新划转项目等不可比因素，比上年增收0.21亿元，增长2.18%。（负相前）

金融监督管理

【中国人民银行泰安市中心支行】 年内，该行创新货币政策运用，优化金融政策供给，构筑风险防控长效机制，推进外汇"放管服"改革，为全市经济高质量发展提供强力金融支撑。被授予2018—2020年度人民银行总行级文明单位，连续19年保持"省级文明单位"称号，连续6年获评全市经济社会发展综合考核先进单位，连续4年获评济南分行目标管理考核先进单位。

【金融运行】 年末，全市金融机构人民币各项存款余额4903.3亿元，比年初增加343.6亿元，同比少增122.2亿元；比年初增长7.5%。单位存款较年初有所下降。全市单位存款余额1356.6亿元，比年初减少24.1亿元，上年同期为增加8.8亿元；比年初下降1.8%，上年同期为增长0.6%。个人存款平稳增长。个人存款余额3468.2亿元，比年初增加407.3亿元，同比多增11.5亿元；比年初增长13.3%，同比回落1.5个百分点。

年末，全市人民币各项贷款余额3578.3亿元，比年初增加442亿元，同比多增2.1亿元；比年初增长14.1%。短期贷款同比多增。短期贷款余额1182.7亿元，比年初增加173.5亿元，同比多增52.9亿元；比年初增长17.2%，同比提高3.6个百分点。中长期贷款平稳增长。全市中长期贷款余额2137.2亿元，比年初增加214.8亿元、增长11.2%。票据融资较快增长。全市金融机构票据融资余额255.3亿元，比年初增加51.7亿元，同比少增22亿元；比年初增长25.4%。

外币存贷款余额双增。全市外币存款余额69954万美元，比年初增加2469万美元；外币贷款余额2559万美元，比年初增加839万美元。

2021 年泰安市存款类金融机构人民币信贷收支情况表

表 7 　　　　单位：万元

栏目 / 项目名称	当期余额	比年初增减		栏目 / 项目名称	当期余额	比年初增减	
		2021 年	2020 年			2021 年	2020 年
各项存款	49032743	3436326	4658176	各项贷款	35782918	4419754	4398910
境内存款	49028061	3435894	4658165	境内贷款	35782862	4419776	4398885
住户存款	34682404	4073276	3958040	住户贷款	15094207	1538496	1978951
活期存款	7484237	445492	839840	短期贷款	3503232	640485	657275
定期及其他存款	27198167	3627783	3118200	消费贷款	1173561	80488	73295
非金融企业存款	9486354	−54354	293368	经营贷款	2329671	559996	583980
活期存款	3711717	−333363	−310707	中长期贷款	11590975	898012	1321676
定期及其他存款	5774637	279009	604076	消费贷款	10502609	972300	1103760
机关团体存款	4079480	−187128	−205093	经营贷款	1088366	−74288	217916
财政性存款	183840	−114395	61265	非金融企业及机关团体贷款	20688655	2881280	2419934
非存款类金融机构存款	595983	−281505	550584	短期贷款	8323434	1094028	548010
境外存款	4683	432	10	中长期贷款	9781143	1250280	1125439
金融债券	—	—	−60025	票据融资	2552668	516970	736746
其中：境外发行	—	—	—	融资租赁	—	—	—
卖出回购资产	—	−16700	16700	各项垫款	31411	20002	9738
借款及非存款类金融机构拆入	—	—	—	非存款类金融机构贷款	—	—	—
联行往来（净）	—	—	—	境外贷款	56	−22	25
应付及暂收款	1437482	283081	153544	债券投资	6194894	645326	1404818
各项准备	1042966	76827	43403	其中：境外债券	—	—	—
所有者权益	1662649	−71070	208141	股权及其他投资	957890	−273904	−157253
其中：实收资本	980292	−11320	144500	买入返售资产	258806	248026	−54318
其　他	−1392755	417570	1054238	存放非存款类金融机构款项	2560	1237	398
				联行往来（净）	7755912	−1006574	228507
				其中：境内存放二级准备金	137637	−11786	−354771
				金银占款	—	—	—
				中央银行外汇占款	—	—	—
				应收及预付款	509206	108458	230804
				投资性房地产	—	−251	−29
				固定资产	320898	−16039	22338
资金来源总计	51783085	4126033	6074176	资金运用总计	51783085	4126033	6074176

说明：该表机构包括中国人民银行、银行业存款类金融机构

【金融调控】 普惠金融稳企纾困。全年投放再贷款、再贴现央行资金122.1亿元，年度投放首次突破100亿元，直接支持6468户经营主体获得低成本融资，全市企业贷款加权平均利率同比下降20BP至4.55%，其中小微企业贷款加权平均利率同比下降23BP至4.96%，创统计以后最低水平，直接为市内企业节约融资成本约3亿元。推动普惠小微企业贷款延期还本付息政策和普惠小微企业信用贷款支持政策“两项直达工具”落地惠企，累计发放奖励资金1906.2万元、提供无息央行资金3.3亿元，解决5400余家小微企业融资难题。

4月15日，中国人民银行泰安市中心支行召开2021年泰安市货币政策与金融管理工作会议　（吴家彬　供）

金融助力经济发展。坚持新发展理念，制定金融服务“专精特新”企业政策清单，开展专项融资对接活动，组织银行机构主要负责人成立“金融顾问团”，走访对接率达100%，“专精特新”企业贷款覆盖率较年初提高14.7个百分点至76.7%。加大重大项目支持，推动金融机构为市内83个省级重点项目授信208.6亿元，有效信贷需求满足率达100%。推进绿色金融发展，推动银企达成融资协议229.8亿元。推进科创产业发展，全市金融机构累计办理知识产权质押融资贷款13.2亿元，同比增长18.6%。

推动金融改革创新。开发建设被人民银行总行等国家六部委确定为全国金融科技应用试点项目的“央行资金引领的金融支持中小微企业智慧融资服务平台”，实现再贷款再贴现等央行资金全流程线上操作和资金流向的图形化、自动化监测管理，形成央行资金使用情况“一张图”全景监测展示和“穿透式”管理，业务办理时限由1～2天缩短至半天。在此基础上，联合新泰市政府创新开展小微企业诚信体系建设，设立总额5000万元的贷款风险补偿资金，建立“普惠小微诚信企业库”，汇集分散在不同部门的小微企业信用信息，为经办银行对企业精准服务提供支撑。

【金融服务】 助推乡村振兴。建立综合类助农取款服务点达4515个，占比达95%，提前4年完成“分行2025年达80%”的目标。做好农民工工资支付保障工作，辖区农民工工资银行代发率100%，保持全省首位。紧跟黄河滩区迁建进度，强化金融资源配置，共设立服务点66个，均具备社保缴纳、支付宣传等综合服务功能，有效满足东平县黄河滩区4个乡镇、61个行政村、6.2万人的综合金融需求。

发挥国库资金枢纽作用。优化退税流程，开辟绿色通道，推进减税降费政策落地，累计办理退库业务12万笔，退付金额31亿元。联合税务局、银行开展跨省异地电子缴税直入国库试点工作，跨省异地缴税办理时间由原来的3～9个工作日缩短至1个工作日。

保障“放心钱”“干净钱”市场供应。作为全市货币流通调节中心，严格流通中人民币消毒管理，以原封新券投放为主，保障现金供应和流通安全。

做好老年人金融服务。推动11家银行机构打造老年人“简版”手机银行，33家银行机构布放适老智慧柜员机534台，设立网点老年人服务专员，解决老年人“不会用、不敢用”的难题。相关做法被《金融时报》《大众日报》宣传报道。

加大诚信体系建设。设立21家商业银行征信查询网点，打造“征信查询3公里服务圈”，银行网点查询量比重超55%。

【金融管理】 金融生态稳定。推动辖区2家农商行风险处置取得突破性进展，辖区高风险机构和问题机构实现“双清零”。强化风险精准监测和处置，对12家法人银行机构进行“体检式”监测，防止风险反弹回潮。

反洗钱工作。对81家银行、证

券、保险机构开展监管走访，其中对10家银行、保险机构开展联合监管。指导2家地方法人银行提前1年完成洗钱风险自评估。推进洗钱入罪“侦、诉、判”一体化，成功推动全省首例自洗钱犯罪案件判决。

金融消费权益保护。妥善处理咨询投诉272件，组织调解89件，群众满意率、合理诉求满意率、回复群众率、按期答复率均为100%。深化金融纠纷仲裁调解机制，金融消协与泰安仲裁委建立首批“金融纠纷仲裁调解工作站”，相关工作被《人民日报》报道。

【外汇服务】 推进优质企业大幅简化跨境资金结算，纳入贸易便利化试点的企业办理无需逐笔审核的资金收付业务1930笔，占其全部跨境收支交易量的80%；帮扶重点企业扩容跨境资金池解决集团90%的资金归集难题。指导重点企业拓宽融资渠道完成近6亿美元境外融资。加强汇率避险辅导，实现全市1100余家涉外收支实绩企业风险中性辅导全覆盖，解决汇率避险难题100余项，超六成企业外汇风险敞口下降。国际收支总量达50.1亿美元；全市跨境人民币结算额59.3亿元，增长38.2%。 （吴家彬）

【银行保险监管】 年末，全市银行业各项存款余额4922.30亿元，比年初（下同）增长7.75%；各项贷款余额3582.71亿元，增长14.19%；不良贷款率较年初下降，累计实现净利润21.12亿元。全市保险业实现原保险保费收入129.41亿元，增长1.94%；累计赔（给）付支出43.14亿元。在2021年度考核中，中国银行保险监督委员会泰安监管分局居全省系统第3名，获“省级文明单位”等称号。

【银行保险业支持地方经济发展】 引导全市银行保险业贯彻国家和省、市的惠企利民金融政策，围绕打造泰安“五个名地”（产业高地、生态绿地、文旅胜地、康养福地、科创名地）建设部署，加大金融支持力度。召开全市营商环境及逃废债情况座谈会、普惠金融暨优化营商环境推进会，联合市税务局举办“银税合作签约仪式”，至年末，全市银税互动贷款余额14.13亿元，较年初增长40.34%。落实惠企政策，年内，全市银行机构累计对困难企业通过展期、延期和无还本续贷等方式提供贷款2341户、金额276.05亿元。防汛救灾工作中，全市保险业赔付支出超过1.2亿元。

10月21日，泰安银保监分局、泰安市税务局联合举办泰安市深化银税合作签约仪式 （任逸群 供）

【防范化解金融风险】 督促银行业加快风险处置，全年累计处置不良贷款58.44亿元。推动泰安银行发行地方政府专项债9亿元，带动资本充足率提升1.42个百分点。督促农村中小金融机构加大不良贷款化解力度，推动村镇银行做好风险防控，累计开展压力测试15家次，强化流动性风险管控。引导全市各银行保险机构围绕“六个提升”（提升内控合规文化、为民服务意识、公司治理质量、风险管理能力、服务经济质效、依法监管水平），加强规范化建设。强化案件风险管理，专题研究案件工作6次，现场督查17次，开展案件集中清理专项行动，确保陈案积案清零。开展全市银行机构安全大检查，与市公安局协同联动，抽取全市18家单位进行安全保卫现场检查。

【银行保险转型发展】 贯彻全省城商行重点工作推进会，以及农商行改革发展暨农村中小金融机构年中监管工作会议精神，落实属地监管职责。继续实施泰安银行“公司治理提升计划”，完善泰安银行公司治理架构。督促各农商行和省联社泰安审计中心在风险攻坚战基础上修订完善三年达标规划；开展常态化股权和关联交易管理专项整治工作。完善村镇银行员工异常行为管理长效机制。全市非车险市场占比上升9.3个百分点；人身险“双录”（录音、录像）工作由局部试点转为全面展开；中介机构扶优限劣工作局面向好，保险市场秩序持续好转。

【深化监管工作】 以EAST系统为抓手，组建跨部门智能检查团队，采取“线上分析+现场取证”方式，探索出现场检查新模式。非现场监管方面，开发运行银行授信业务、保险业务等模型思路10余个。全年累计报送政务信息410篇，其中被上级采用190篇，信息工作在全市29家B类单位中排名第一。开展全辖“廉风进机构”活动，累计宣讲6场次、覆盖人员500人次。编发《清风泰山 廉洁金融》电子微刊6期，累计观看、转发数量10万次。指导市银行保险行业协会开展泰安市银行保险机构“金融会客厅”系列访谈活动，已上线节目近30期。

（任逸群）

公共资源交易管理

【概况】 年内，突出“公共服务”职能定位，打造“阳光交易”服务品牌。累计完成各类交易项目（标段）2050个，实现交易总额305.32亿元，节约资金11.14亿元，增收资金3.55亿元，节约代理服务费60万元。

【智慧平台建设】 启动“平台3.0版”建设，获得“三星级”认证证书，成为省内第3个通过EBS认证的市级平台。畅通数据共享链，完成交易平台与全国、省平台之间数据连接，与市政务信息共享平台完成57项指标数据接口对接，实现数据同步、信息共享。

12月28日，2021年度公共资源交易奖项评选颁奖盛典举行

（石锡铭 摄）

【推进便民利企】 坚持“服务至上”理念，实行网上注册“即办理”制度，推行延时服务、跨区域服务。为交易主体免费办理CA数字证书，每年节省资金140余万元。推行“保险保函”，入驻金融机构13家，年内，有2595家企业使用保函参与交易活动，保函金额480.17万元，释放企业资金4.76亿元。坚持满意导向，邀请金融机构、代理公司、投标企业等各方代表召开座谈会12次，电话回访代理机构213家次、投标企业2600家次，回访满意度达100%。

【资源交易阳光操作】 完成“安采商城”向“齐鲁云采”泰安分站过渡衔接。完善供应商库，年内，泰安站点征集供应商808家，涵盖超市电商、超市厂商、授权代理商、定点供应商等多个领域。推广网上商城采购方式，全年有353家单位通过商城进行采购，成交订单5054笔，成交金额7575.77万元。

【开发资信标同步推送公示系统】 省内首创资信同步推送模式，在开标的同时将投标人电子标书资信业绩信息通过系统同步推送到网站进行公示，任何招投标参与主体、社会公众均可通过“资信业绩公示栏目”对所有投标人的资信业绩进行实时查看监督，实现信息公开关口前移，从源头上减少质疑投诉纠纷案件的发生，遏制和打击弄虚作假行为。

【上线运行电子监管平台系统】 上线运行“泰安市公共资源电子监管平台”系统，新增项目信息全流程实时监督、监督质疑异议处理、线上受理处理投诉等功能，整合优化在线处理质疑、投诉流程。建立健全电子监管工作机制，利用电子监管平台加强对质疑（异议）处理过程的行政监督，督促招标人及其代理机构及时在线回应交易主体合理诉求，保护交易当事人合法权益。至年底，该系统已在6大行业、70多个部门单位推广使用，实现全市对政府采购项目和招标投标项目的电子行政监管全覆盖。

【推行“不见面开标＋远程异地评标”模式】 与省内6个市级中心、市内5个分中心签订远程异地评标协议并常态化运行，实现“不见面开标”全覆盖，打破时间和空间限制，最大限度减少人员聚集流动，降低交易成本，提高交易效率。通过全流程电子化模式，实现交易主体空间上的物理隔离，杜绝人为因素干扰，保证招标采购项目开标、评标过程公开、公平、公正和阳光透明。

【助力优化营商环境】 牵头推进招标投标、政府采购两项指标。印发《2021年专班工作规则》，推行调度研判落实“三位一体”（主要领导抓调度、分管领导抓研判、责任科室抓落实）机制，召开调度会26次，完善政策及配套制度45项。细化分解营商环境指标任务38项，其中创新突破行动配套措施19项、整改提升12项、问题整改7项，挂图作战、插旗攻坚，如期完成营商环境任务。 （冯　彦）

审　计

【概况】 2021年年末，有市、县审计机关7个，审计工作人员223人，全市审计机关共审计项目230个，查出违规金额1.36亿元，促进增收节支2.28亿元，移送司法机关、纪检监察机关和有关部门处理事项13件。市审计局连续保持“省级文明单位”称号。

【政策措施跟踪审计】 把重大政策措施落实跟踪审计作为重大政治任务，组织开展耕地保护、国资国企改革、网络安全和信息化建设、政府专项债券、农商行风险管控、黄河滩区移民迁建、泰山区域山水林田湖草生态保护修复工程、粮食购销领域和优化营商环境审计调查，推动各项政策落到实处。

【财政资金审计】 实现市本级及县（市、区）一级预算单位预算执行审计全覆盖，重点关注财政资金的安全和使用效益，揭示财政资金在管理、分配、使用等方面存在的突出问题，审计工作报告得到同级人大肯定和好评。通过整改，上缴国库、归还原资金渠道9220.96万元，统筹盘活资金860195万元，促进资金拨付159037.54万元。

【经济责任审计】 对131名领导干部开展经济责任审计，其中任中审计52人、离任审计79人，把落实中央八项规定精神、厉行节约反对浪费相关要求贯穿始终。会同组织、编制等部门，强化分类管理，完善审计对象数据库，修订《泰安市经济责任审计工作联席会议议事规则》，提升经济责任审计水平。

【民生项目资金审计】 把群众“急难愁盼”问题作为审计监督重点，对乡村振兴工作进行全过程、全链条审计，追回套取资金40.79万元，清理拖欠民营企业中小企业账款3458.82万元。对全市医保基金进行审计，追回违规报销医保基金84.34万元，清退个人多支付费用20.22万元。对全市社保基金进行审计，推动被征地农民社保资金3.01亿元落实到个人账户。

【政府投资审计】 对市本级保障性安居工程资金投入和使用绩效情况进行审计，揭示保障房建设迟缓、分配不及时问题，涉及住房8652套、居民5000余户。对山东农业大学征收建设项目工程决算进行审计，核减投资金额4644万元，对环山路东延改造工程进行决算审计。及时向市委、市政府提出审计建议，推动重点建设项目顺利实施。

【企业和金融审计】 对全市国资国企改革重点事项推进情况、岱岳农村商业银行股份有限公司风险管控情况进行审计调查，及时反映各种风险隐患和苗头性倾向性问题，助推泰安市国有企业改革和高质量发展，维护地方经济安全。

（杨　宁）

统　计

【概况】 全市统计工作以党的政治建设为统领，以提高数据质量为主线，以推进基本单位名录库维护和企业高质量纳统、统计数据质量管控、统计分析研判、统计法治监督保障等7大体系建设为重点，依法治统强基础，提升质量促服务，为推动全市高质量发展提供坚实统计支撑。获得第七次全国人口普查国家级先进集体，作为先进集体代表赴人民大会堂领奖。在省统计局23项业务评价中，获得全省总分第一名，实现全省统计工作考核“三连冠”。

【统计法治建设】 推动各级党委、政府专题学习中央、国务院统计重要文件精神18次，各部门学习82次，统计系统学习118次，举办各类统计法律法规宣讲培训227次。全面完成国家统计督察山东反馈的整改任务19项，市委办公室、市政府办公室印发《关于建立党政领导干部防范和惩治统计造假、弄虚作假责任制的实施意见》，确保整改落实常态长效。制定《泰安市统计数据质量管控体系（2021）》，对全市1600家企业进行数据质量核查，开展城市商业综合体、一套表调查单位数据质量等专项核查。制定印发《统计执法“双随机”抽查办法（试行）》等文件，开展“双随机”执法检查257起，立案查处统计违法企业13家，行政处罚金额44万元，与市人力资源和社会保障局、市市场监督管理局开展联合执法行动，完成执法案件10起，行政处罚信息及时加载信用平台，纳入联合惩戒，运用法治思维和法治方式解决统计问题的能力进一步提升。

12月8日，“泰安市暨泰山区‘统计法治宣传月’启动仪式 庆祝《中华人民共和国统计法》颁布38周年”活动在万达广场举行 （杨晓妍 摄）

【入库纳统工作】 建立“1+1+9”工作机制，即1项联席会议、1个纳统专班、9部门分工协作，政府主导、统计牵头、部门协作的高质量纳统体系基本形成。市政府办公室印发《关于加强入库纳统工作的通知》，并在泰山区召开全市入库纳统现场会议，着力破解“产转法”“城市商业综合体”等纳统难题，推动全市入库纳统工作。建立部门数据共享机制，累计比对单位信息30余万条次，反馈基层核实名单2000余家。市、县、乡、村、网格五级联动开展“准四上”企业摸底调查行动，持续跟踪监测，指导达到标准、符合条件的企业主动申报纳统。联合相关职能部门每月向县（市、区）、功能区党委、政府通报“四上”企业和投资项目纳统情况，督促应纳早纳、应统尽统。300家达到限额标准的个体户于年底纳统入库，全年“四上”企业新增入库703家。

【统计改革创新】 GDP统一核算改革落地落细，市委、市政府主要领导召开县（市、区）、功能区党（工）委书记参加的GDP核算调度会议，市委常委、常务副市长宋洪银定期召集GDP统一核算部门联席（视频）会议，市直29个部门参加，市统计局成立国民经济核算工作专班，按月测算预判，向县（市、区）、功能区党委、政府及市相关部门通报主要基础指标情况，各级各部门联动促统质效提升。科学核算县（市、区）、功能区生产总值，实现全市汇总与县（市、区）、功能区数据衔接一致。加快现代信息技术在统计工作中的推广和应用，拓展全市经济运行监控平台，强化主要经济运行指标监测预警，深化县（市、区）、部门数据共享内容和功能。作为全省首批试点市，全市共有3143家企业实现由财务报表自动有序转换生成统计报表，占全部联网直报企业的95%，完成率列全省第1位，保障源头数据真实、准确、及时，有效减轻基层负担。

【统计服务】 持续加大统计监测频次和分析力度，及时向市委、市政府主要领导呈报《统计快报》20余期、《统计专报》40余期。深入基层开展现代高效农业、农村电商、“两高”（高耗能、高污染）行业企业等调研22项，形成有深度的高质量调研报告。统计分析信息在国家统计局、省统计局采用量分别居16市第1位、第2位，在市委办公室、市政府办公室采用通报中分别居各部门第4位、第2位，7篇分析信息被市领导批示。面向社会公众需求，在泰安电视台、《泰安日报》持续推出《统计之窗》专栏，播（刊）发信息43条次，发布统计公报、人口普查公报，在“泰安统计”微信、微博、头条客户端发布信息百余条。每季度刊发1期由市政府主办、统计局承办的《泰安发展景气报告》，图文并茂展示全市高质量发展成果。开展社情民意调查13项，架起党委、政府与人民群众之间的信息传输渠道。

【统计基层基础】 制定出台《泰安市统计系统基层基础建设年实施方案》，完善乡镇（村居）、企业、部门、队伍建设“四轮驱动”工作机制，乡镇统计站规范化建设100%达标，出台《关于加强村居（社区）统计基础工作的通知》《泰安市企业统计工作规范化管理实施细则》，打造141个村居、213家企业统计规范化示范点，推动相关部门全部建立《统计工作管理办法》。建立《泰安市基层统计人员调整记录台账》制度和乡镇（街道）统计在岗人员动态管理库，乡镇统计队伍管理水平明显提升。在全省率先出台基层统计人才培育工程人员动态补充规定，全市享受省、市、县三级基层统计人才补贴人员分别达到8名、40名、67名。全市乡镇统计站在岗人员390人，站均超过4人。分两批开展为期3天的统计大培训，覆盖全部乡镇（街道）统计站和调查单位统计人员。泰安“双基”（基层基础）建设实践探索作为全省唯一市级经验被《中国统计》刊发推广。

（杨晓妍）

9月15日，全市劳动力调查业务暨9月份数据联审培训班举办，对全市劳动力调查业务人员及辅助调查员进行现场培训，进一步夯实劳动力调查基层基础工作

（全延臻　供）

调查统计

【概况】　2021年，国家统计局泰安调查队（以下简称泰安调查队）继续保持“省级文明单位”称号。在山东国家调查队技能竞赛中，获专项调查设计竞赛二等奖、无人机遥感技能竞赛三等奖。

【常规调查】　住户收支与生活状况调查。在全市范围内开展住户调查“质检月”活动，对全市所有记账户调查数据进行全面核实；开展住户调查“发挥党员调查员示范引领作用　进一步提升住户调查数据质量”主题活动，对记账户从家庭规模、年龄结构、文化结构、就业结构和收入水平等方面进行全面分析评估，提高住户调查数据质量。

采购经理调查。对全市81家采购经理调查样本企业开展现场集中培训，连续4年对采购经理调查样本企业开展“双随机”执法检查，夯实调查数据质量。

劳动力调查。多种形式加强调查业务人员培训，每月逐户逐人逐指标核查确保数据真实准确。

专项调查。加强组织领导，注重部门协作，强化人员和设备保障，严格按照方案要求优质高效完成调查工作。

农作物对地调查。完成全市5个县（市、区）、100个样本村的夏播、秋冬播面积调查和夏粮、秋粮预实产调查；进一步完善样本室管理工作，完成样本室搬迁，确保样本存储安全规范。

畜牧业统计调查。畜牧业归口管理后各项工作稳步推进，2021年开展样本融合工作，将国家样本和地方样本融合为一套样本，减轻基层负担。

价格调查。实现价格调查专业法律告知书全覆盖，做好辅助调查员的选用、调整和培训工作，夯实跟岗、访点工作，确保基础工作扎实可靠，为开展价格调查奠定良好基础。

【统计服务】　提升调查服务质效，印发《国家统计局泰安调查队关于加强高质量统计调查服务的实施方案》，全年共撰写调研报告87篇，5篇被国家统计局内网采用，10余篇次被省、市领导批示。做好疫情防控工作，落实防疫物资储备、离泰安出省报备、全员疫苗接种和重大事项请示报告等防疫重点工作，积极组织社区服务、抗疫宣传等活动。推动文明创建，完成2021年度省级文明单位复审，积极创建第七届全国文明单位，泰安调查队党支部被评为“市直机关先进基层党组织”。

【依法治队】　开展普法宣传，坚持“逢会必讲法”，推进依法统计依法治统，强化统计法治意识，加大执法监督工作力度，全年共开展2轮执法检查，完成对2个县级调查队和2个承担国家调查任务的区县统计局的执法检查，坚决防范和惩治统计造假、弄虚作假。（任小璐）

【省级劳动力调查】　按照《国家统计局关于进一步加强劳动力调查工作的通知》要求，3月，国家统计局泰安调查队开始进行第一批劳动力调查新样本轮入工作，到5月，全市新样本首次全部轮入，样本轮入工作完成。新样本轮入后，泰安市劳动力调查样本点由13个增加到41个，每月调查户样本量扩大到656户，对数据采集、审核、管控提出更严格的要求。面对新政策、新任务，国家统计局泰安调查队发挥市级指导监督作用，全年共组织各类形式业务培训11次，赴县（市、区）入户陪访16次，提升调查能力，夯实源头数据。（金延臻）

物价管理

【重点领域价格改革】 协调建立东平湖生态维护费，对东平湖水资源出湖口门价格提取每立方米0.08元作为东平湖水源生态维护费，建立东平湖调水价格包含生态维护费的价格形成机制。做好出租车运价调整工作，将泰安城区巡游出租车起步价由2公里6元调整为2公里8元；车公里运价每公里1.5元调整为每公里1.6元。核定城区非居民天然气销售价格，根据上游气源企业门站价格下调情况，3次启动联动机制，调整城区非居民天然气最高销售价格。

【收费标准制定管理】 制定医疗废弃物处置收费标准、泰山医养中心养老服务项目试行价格、课后服务收费标准、部分高中学生公寓收费标准，规范义务教育阶段线下学科类校外培训收费；做好生物质发电企业电价补贴核算，为垃圾焚烧发电企业、燃煤污泥耦合发电企业核算补贴电量，组织4家农林生物质发电企业申报电价精准补贴，落实补贴资金2000余万元。

【特色农产品目标价格保险】 贯彻落实特色农产品目标价格保险政策，马铃薯目标价格保险投保面积7653.33公顷（11.48万亩），保险金额共计22960万元，保费总额1608万元，其中，争取省级财政补贴643万元。大蒜目标价格保险共承保面积594.29公顷（8914.42亩），保费总额共计112万元，其中，争取中央财政补贴28.08万元，省级财政补贴22.46万元。召开“办好价格保险、服务乡村振兴”专题座谈会。

【平价商店建设】 对11家平价商店运行情况进行季度、半年和年度考核，督导各商店严格执行平价销售价格政策。通过考核和综合评定，银座东岳店、银座齐鲁店、中百佳乐家、银宝中心店等8家商店被评定为优秀等次，新时代商厦宝龙店、泰安大润发、银座东湖店3家商店被评定为良好等次，分别给予适当奖励。

【价格认定】 完成各类价格认定案件46件，认定总金额6000余万元。其中，涉及公安、检察院案件24件，纪检监察10件，复核认定案件12件，复核维持率100%。成立泰安市价格争议纠纷调解室，稳步推进价格争议纠纷调解工作。（赵上上）

行政审批服务

【概况】 2021年，泰安市行政审批服务工作秉承“审批至简·服务至善”理念，落实有解思维，开展“大学习、大改进、大提升”活动，围绕营商环境建设、“绿卡”制度建设、“市民之家”建设、政务服务集成化改革四大重点任务和改革创新、流程再造等八大攻坚行动，打造“泰好办”政务服务品牌。市级政务服务中心累计办理业务58.42万件，其中线上办理20.36万件，线下办理38.06万件；网上帮办1.3万余件，为老年人等行动不便人群提供上门服务537件，社会各界满意度持续提高。

【严格疫情防控】 政务大厅入口处安排专人值班，进厅所有人员佩戴口罩，严格查验健康通行码，严格体温检测，对没有智能手机的老年人进行严格登记，对途经或来自疫情中高风险地区健康通行码显示绿码的人员，需持规定时限内的核酸检测阴性证明方可进入政务大厅。政务大厅内定期开展卫生清扫和消杀，群众在取号和办理业务时，间隔1米以上。

【推进改革创新】 围绕政务服务提升，确定改革创新项目集中攻坚22个。2个项目受到省领导签批肯定，10个项目被省委、省政府、山东省持续深入优化营商环境和推进政府职能转变领导小组办公室等省以上信息简报刊发推广，8个项目被省大数据局评为全省新型智慧城市建设优政案例。深化重大投资项目“绿卡”制度，市级层面出台《关于深化“绿卡”制度改革加快推进项目落地开工的十条意见》，打造“十个优先”（具备一定投资规模和高创税能力的工业、技改、外资项目优先纳入，规划优先办理，基坑优先开挖，用地指标优先保障，污染物排放总量指标优先支持，优先纳入重污染天气应急响应期间施工保障类减排清单，企业诉求优先解决，项目要素优先保障，政策扶持优先给予，资金需求优先支持），建立“绿卡”专班会议制度和“绿卡”服务专员制度，推进规划超前办理，手续承诺即办，要素优先保障和政策强力扶持，先后分5批将50个重大投资项目纳入“绿卡”，共推进办理各类建设手续472个，实现49个项目超前开工建设，项目审批提速58%以上。打造企业开办“1545”服务模式，牵头制定企业开办全省地方标准，企业开办全流程只经1个环节，自选5种办理渠道，推出“4零成本”，获享5项服务，激发创业动力和市场活力。推出“信易批”服务模式，实行信用积分制管理，根据申请人信用情况开展分类审批，依托“信易批”平台系统，健全完善闭环信用管理体系，打造13个信用审批应用场景，营造良好政务服务诚信环境。

【推进“市县同权”】 在全省率先完成“市县同权”改革的基础上，依据“市县承接能力、企业群众就近办理需求度、业务办理成熟度、事项办理频率、市直部门业务指导配合度”5个维度开展“回头看”，年内累计办理“市县同权”改革事项4万余件。

【推进“三减一并”】 实行“能减则减、能缓则缓、能容缺则容缺、能承诺代替则承诺代替”的“减缓容诺”综合措施，118个事项合计压减申报材料622份、审批环节218个、审批时限1107个工作日，合并审批程序132个。

【深化工程建设项目审批制度改革】 加大事项合并办理力度，全省率先实现人防结建审批并入建设工程规划许可证核发，人防工程施工图核准意见书和人防工程质量监督手续并入建筑工程施工许可证核发；推行建筑工程施工许可分段办理，建设单位依法确定施工（工程）总承包单位后，可自主选择3种形式办理施工许可证；扩大工程规划许可豁免范围。联合市自然资源和规划局明确泰安市《建设工程规划许可证》豁免清单，推行工程设计方案告知承诺制。实施项目极简审批，将社会投资简易低风险项目审批压缩为工程建设许可、联合监督检查、联合竣工验收3个环节，全流程审批时限控制在8个工作日以内，同步实现项目报建“零成本”。

【优化政务服务方式】 以“服务温度”提升企业、群众满意度。推动帮办代办服务转型升级，开展“全流程、全领域、全免费”贴心帮办代办服务。打造“泰安小美·帮您办”帮办代办服务品牌，依托镇村基层便民服务中心（站点），组建专、兼职服务队伍，健全“线上线下”“厅内厅外”立体式服务模式，年内为210个重点建设项目委托代办事项370个，解决难题650余个，提供民生事项帮办代办2000余件。

【“四个一”工程】 推进“一门集中”，市级47个进驻部门的1655项依申请政务服务事项进驻大厅办理，实现“应进必进”。推进“一窗受理”，根据不同审批领域专业性和业务办理流程，在市场准入、工程建设、社会事务领域开展无差别“一窗受理”工作，平均等待时间缩短60%以上，平均服务时间缩短50%以上。推进“一链办理”，实施“双全双百”工程，企业全生命周期和个人全生命周期共推出100个“一件事”场景主题服务，在政务服务网泰安站、“泰好办”微信小程序开通“双全双百”服务专区功能，上线法人事项、个人事项及主题服务三类功能模块，100项场景集成服务实现“网上办”“掌上办”。推进“一网通办”，提升“三端融合”智能服务水平。互联网端，在泰安市政务服务网开通4大功能模块，市、县、乡、村四级16.9万余项事项上线运行，同步上线相应的辅助功能和无障碍服务应用；移动端，打造市县一体化的“泰好办”微信端，“泰好办”小程序共开发上线实用功能650个，包含12个热点应用、5个特色服务专区、537项高频事项申报、34项便民查询及30类电子证照查询应用；自助终端，全市延伸部署458台“泰好办”自助服务一体机，实现城市社区和农

2月1日，市行政审批服务局为“一业一证”改革试点扩展行业的企业颁发营业执照（张肖锦绣　摄）

村区域化党群服务中心全覆盖，每台自助服务终端至少辐射周边5～10个村，形成10分钟自助服务圈。

【承接改革试点】 开展政务服务“好差评”，承担国家试点改革任务，建立指标全覆盖、渠道全联通、差评全整改、结果全公示、信用全挂钩的政务服务评价体系，健全完善形成“线上+线下”“厅内+厅外”“内部+外部”相结合的立体式评价机制，年内收集企业群众评价549.03万条，整体满意率达99.9%，限期整改率、回复率、回复满意率100%。扩面推进“一业一证”改革，牵头起草的行业综合许可规范成为全省“办事标准”，牵头开发网办系统，率先将“一业一证”改革扩展至60个行业，年内发放行业综合许可证4200余张，平均减少办事环节、申请材料、审批时间80%以上。推进告知承诺制，构建起“法规定标准、部门履告知、企业作承诺、过程强监管、失信有惩戒”的政务服务新模式，确定告知承诺服务事项124项，办理业务16万余件，累计精简材料21万余份。

【实施“免申即享”】 公布《泰安市“免申即享”政策清单（第一批）》，整合127项免予申报、直接享受的政策，依托“泰安市政企直通车”平台，开通信息推送、免申即享等功能模块，打造企业群众“能用、好用、想用”的免申即享政策品牌。

【启动“跨域通办”】 线上依托政务服务网和“泰好办”微信小程序建设服务专区，线下依托市、县、乡三级服务大厅设立173个服务专窗，配备专职帮办代办服务队伍，加入淮海经济区、“云上办”等合作联盟，与济南市联合实行济泰行政审批服务一体化服务，合作范围覆盖全国272个地区。

【创新“政银”“政商”合作模式】 发挥银行单位网点多、渠道广、服务好的优势，开展广泛交流合作，在银行营业网点设立“政银合作”服务专窗和“泰好办”自助服务终端，至年底，覆盖14家银行的182个网点，20余项高频事项实现“网点办”；与商会协会、大型商圈合作，设立服务站点，为企业和群众提供帮办代办、上门服务等便利举措，持续拓展政务服务渠道。（于　钺）

市场监督管理

【概况】 年内，市市场监督管理局被评为全国清理整顿人力资源市场秩序专项行动取得突出成绩单位；“擦亮地理标志商标‘金字招牌’促进乡村振兴”入选全省优化营商环境创新案例，作为全市3项标杆之一在全省推广；作为全省10个市县（市、区）政府部门（单位）法治政府建设先进典型，受到省委全面依法治省委员会办公室通报表彰，市委书记杨洪涛、市长张涛分别作出批示予以肯定；继续保持“全国文明单位”称号。

【质量安全监管】 慎终如始加强进口集装箱、药店、农贸市场疫情防控，全面推广“山东冷链”，集中监管专仓安全规范运行，强化药店疫情防控“哨点”作用。巩固食品安全稳中向好态势，省级食品安全市县实现全域创建，在全省食品生产安全监管工作会议上介绍“亮标承诺、对标生产、核标出厂”行动经验做法，在第十九届中国食品安全大会上作经验介绍。创新开展食用农产品“每日快检进市场”“零点行动”，3处食用农产品批发市场全部落实“五项制度”（驻场监管、快检+互联网、定量监督抽检、扫码追溯、半年检查），组织学校食品安全大培训大摸底大排查大整治。强化药品安全监管，抓好新冠疫苗流通环节质量监管、新冠病毒检测相关医疗器械专项检查，28家零售药店创建为全省“放心消费示范药店”。提升特种设备安全治理能力，2.2万余台在用电梯纳入“96333”应急处置服务平台，投保率100%，72家气瓶充装单位追溯体系建设覆盖率100%。抓好产品质量安全监管，邀请技术专家对重要工业产品企业进行质量监督，提高监管能力。

【质量品牌战略】 市政府印发《关于加强品牌建设 共建共享“好品山东”推动高质量发展的实施意见》，出台优化营商环境促进市场主体高质量发展20项措施，与全国纺织印染行业唯一的国家制造业创新中心——国家先进印染技术创新中心签订战略合作协议，与省会经济圈6个市的市场监管部门签署一体化发展协同合作协议。全市新增市场主体8.3万户，增长10.08%，增速居全省第5位。全市市场主体达到54.67万户，增长10.82%。33家企业被认定为2021年山东省高端品牌培育企业，1人获第八届省长质量奖个人提名奖。指导山东中康国创参与制（修）订2项国际标准，实现零的突破。泰安康平纳机械有限公司“基于筒子纱智能染色精准计量工业示范项目”作为全省唯一项目，入选全国能源资源计量服务示范项目名单。正式筹建山东省水资源计量装备产业计量测试中心。2处市场入选全国商品交易市场百强。

2021 年泰安市地理标志商标情况表

表 8

单位名称	商标名称	商品类别	商品名称	所属区县
泰安市岱岳区泰安煎饼协会	泰安煎饼	30	煎　饼	开发区
泰安市传统食品协会	泰安豆腐	29	豆　腐	岱岳区
泰安市泰山林业科学研究院	泰山四叶参	5	四叶参（中药材）	景　区
泰安市泰山林业科学研究院	泰山黄精	5	黄精（中药材）	景　区
泰安市泰山林业科学研究院	泰山何首乌	5	何首乌（中药材）	景　区
泰安市泰山林业科学研究院	泰山紫草	5	紫　草	景　区
泰安市葡萄酒协会	泰山南麓葡萄酒	33	葡萄酒	岱岳区
山东省肥城桃开发总公司	肥　城	31	桃	肥　城
肥城市王庄粉皮协会	孔庄粉皮	30	粉　皮	肥　城
肥城市桃木雕刻协会	肥城桃木雕刻	20	桃木工艺品	肥　城
肥城市汶阳镇河岔口鸭蛋产销协会	河岔口鸭蛋	29	鸭　蛋	肥　城
肥城市边院镇农业综合服务中心	雨山核桃	31	核桃（新鲜水果）	肥　城
肥城市边院镇农业综合服务中心	大王樱桃	31	樱　桃	肥　城
肥城市边院镇农业综合服务中心	韩庄头豆腐皮	29	豆腐皮（豆腐制品）	肥　城
宁阳县林果协会	宁阳大枣	29	干　枣	宁　阳
宁阳县泗店镇蟋蟀产业协会	宁阳蟋蟀	31	蟋蟀（活的）	宁　阳
宁阳县泗店镇蔬菜协会	宁阳桥白	31	大白菜	宁　阳
宁阳县泗店镇蔬菜协会	许家桥大白菜	31	大白菜	宁　阳
泰安市水产研究所	泰山赤鳞鱼	31	活　鱼	泰山区
泰安市岱岳区下港乡特色农产品产业协会	泰山板栗	31	新鲜栗子	景　区
泰安市岱岳区化马湾乡大樱桃协会	化马湾大樱桃	31	樱　桃	开发区
东平县安山大米行业协会	安山大米	30	大　米	东　平
东平县核桃发展协会	大羊薄皮核桃	31	核桃（坚果）	东　平
东平县彭集街道花生产业协会	彭集花生	31	新鲜花生	东　平
新泰市农村合作经济组织联合会	新泰芹菜	31	新鲜芹菜	新　泰
新泰市楼德镇煎饼协会	楼德煎饼	30	煎　饼	新　泰
新泰市唯特果树研究所	新泰苹果	31	苹　果	新　泰

续表 8

单位名称	商标名称	商品类别	商品名称	所属区县
新泰市黄山红山羊研究所	新泰红毛山羊	31	活　羊	新　泰
新泰市草猪养殖协会	新泰草猪	31	活　猪	新　泰
泰安市岱岳区徂徕镇果树农民经济协会	徂徕黄金梨	31	梨	开发区
泰安市岱岳区岱绿特蔬菜协会	泰安黄芽白菜	31	大白菜（新鲜蔬菜）	岱岳区
泰安市岱岳区岱绿特蔬菜协会	泰安大白菜	31	大白菜（新鲜蔬菜）	岱岳区
泰安市岱岳区泰山玉产业协会	泰山墨玉石雕	14	玉雕艺术品；玉雕首饰	岱岳区
泰安市岱岳区夏张镇夏张红农产品协会	泰安红心萝卜	31	萝卜（新鲜的）	岱岳区
泰安市岱岳区良庄镇瓜菜专业技术研究会	泰安红根波菜	31	新鲜菠菜	开发区
泰安市岱岳区良庄镇瓜菜专业技术研究会	泰安红根韭菜	31	新鲜韭菜	开发区
新泰市刘杜镇甜红子山楂协会	新泰甜山楂	31	山楂（新鲜的）	新　泰
新泰市横山丝研究所	新泰横山丝	22	生　丝	新　泰
新泰市放城镇马家寨香椿协会	马家寨子香椿芽	31	香椿芽（新鲜的）	新　泰
新泰市石井特色农产品研究所	梅鹿山小米	30	小　米	新　泰
东平县大羊土安西瓜协会	土安西瓜	31	西瓜（新鲜的）	东　平
新泰市青云街道外峪珍珠油杏研究所	新泰珍珠油杏	31	新鲜杏	新　泰
新泰市宫里镇宫北村养鸭协会	新泰麻鸭蛋	29	麻鸭蛋（蛋）	新　泰
肥城市马铃薯产业协会	肥城土豆	31	新鲜土豆	肥　城
肥城市孙伯镇农产品产销协会	肥城绞瓜	31	新鲜绞瓜	肥　城
泰安市泰山茶叶协会	泰山茶	30	绿　茶	泰山区
新泰市石井特色农产品研究所	新泰大花生	29	加工过的花生	新　泰
肥城市王庄镇农业综合服务中心	肥城白菜	31	新鲜白菜	肥　城
宁阳县乡饮乡南赵村粉皮协会	乡饮大粉皮	30	粉　皮	宁　阳
宁阳县磁窑镇新燕农副产品服务中心	宁阳黄姜	31	新鲜黄姜	宁　阳
肥城市汶阳镇农业综合服务中心	汶阳香附	5	药用香附	肥　城
新泰市龙廷镇丹参种植服务中心	龙廷丹参 LONGTINGDANSHEN	5	药用丹参	新　泰

泰安市 2021 年度山东省高端品牌培育企业情况表

表 9

企业名称	行政区域	企业名称	行政区域
山东泰开电力电子有限公司	泰山区	山东晶泰星光电科技有限公司	新泰市
山东赛特电工股份有限公司	新泰市	山东康平纳集团有限公司	泰山区
山东碧蓝生物科技有限公司	宁阳县	特变电工山东鲁能泰山电缆有限公司	新泰市
山东欧瑞安电气有限公司	高新区	鲁普耐特集团有限公司	泰山区
山东农大肥业科技有限公司	肥城市	山东岱银纺织集团股份有限公司	泰山区
山东金塔机械集团有限公司	肥城市	泰安路德工程材料有限公司	高新区
肥城金塔酒精化工设备有限公司	肥城市	石横特钢集团有限公司	肥城市
山东泰鹏智能家居股份有限公司	肥城市	山东索力得焊材股份有限公司	肥城市
泰安泰山高压开关有限公司	泰山区	山东润德生物科技有限公司	新泰市
山东塔高矿业机械装备制造有限公司	宁阳县	山东泰丰钢业有限公司	新泰市
山东海天智能工程有限公司	泰山区	山东泰盈科技有限公司	高新区
泰安东升服装有限公司	泰山区	泰安市巨鼎云海酒店管理有限公司	泰山区
普瑞特机械制造股份有限公司	泰山区	兴润建设集团有限公司	肥城市
山东鲁泰建材科技集团有限公司	肥城市	山东前程似锦人力资源有限公司	泰山景区
新东岳集团有限公司	东平县	山东大禹水处理有限公司	岱岳区
肥城金塔机械科技有限公司	肥城市	华润泰安医药有限公司	岱岳区
山东国泰科技有限公司	泰山区		

2021 年山东知名品牌情况表

表 10

企业名称	行政区域	企业名称	行政区域
山东路德新材料股份有限公司	高新区	山东彩山铝业有限公司	宁阳县
石横特钢集团有限公司	肥城市	山东科德电子有限公司	高新区
新东岳集团有限公司	东平县	山东晨晖电子科技有限公司	高新区
山东大禹水处理有限公司	岱岳区	山东德源环氧科技有限公司	肥城市
山东泰开隔离开关有限公司	高新区	山东德普化工科技有限公司	新泰市

续表 10

企业名称	行政区域	企业名称	行政区域
特变电工山东鲁能泰山电缆有限公司	新泰市	山东鑫国矿业技术开发有限公司	岱岳区
泰安东升服装有限公司	泰山区	新泰市唯特果树研究所	新泰市
山东海天智能工程有限公司	泰山区	山东健源生物科技有限公司	泰山区
山东鲁能泰山电力设备有限公司	泰山区	速恒物流股份有限公司	泰山区
肥城金塔机械科技有限公司	肥城市	山东铁鹰建设工程有限公司	岱岳区
新泰市天信农牧发展有限公司	新泰市	山东天路重工科技有限公司	高新区
泰安瑞泰纤维素有限公司	肥城市	山东金祥纸业有限公司	宁阳县
山东泰鹏智能家居股份有限公司	肥城市	华润泰安医药有限公司	岱岳区
山东前程似锦人力资源有限公司	泰山景区	山东泰之源食品有限公司	肥城市
泰安泰山高压开关有限公司	泰山区	山东新合源热传输科技有限公司	宁阳县
山东宝来利来生物工程股份有限公司	泰山区	兴润建设集团有限公司	肥城市
肥城市正港木业工艺品厂	肥城市	山东汉正橡胶工业有限公司	宁阳县
山东泰开电缆有限公司	高新区	山东仁达民防工程设备有限公司	肥城市
尤洛卡（山东）矿业科技有限公司	高新区	山东泰开真空开关有限公司	高新区
山东博达光电有限公司	东平县	山东腾阳智能装备有限公司	肥城市
山东世亚装配建筑工程有限公司	高新区	山东博新新材料有限公司	肥城市
山东飞扬化工有限公司	新泰市	山东芝人堂药业有限公司	高新区
泰安轻松表计有限公司	高新区	泰安市龙藏深泉商贸有限公司	肥城市
泰石节能材料股份有限公司	岱岳区	泰安市行政审批服务局	泰山区
山东汇氏环境科技集团有限公司	高新区	山东省显通安装有限公司	肥城市
泰山恒信有限公司	高新区		

2021 年山东优质品牌情况表

表 11

企业名称	行政区域	企业名称	行政区域
泰安东升服装有限公司	泰山区	泰安中联水泥有限公司	岱岳区
山东路德新材料股份有限公司	高新区	山东致远建材有限公司	肥城市

续表 11

企业名称	行政区域	企业名称	行政区域
山东泰鹏环保材料股份有限公司	肥城市	山东源圣钰新型建材有限公司	肥城市
鲁普耐特集团有限公司	泰山区	山东同创汽车散热装置股份有限公司	宁阳县
山东泰鹏智能家居股份有限公司	肥城市	`山东云宇机械集团有限公司	肥城市
山东鲁普科技有限公司	泰山区	山东仁达民防工程设备有限公司	肥城市
山东德源环氧科技有限公司	肥城市	山东大唐宅配家居有限公司	泰山区
山东德普化工科技有限公司	新泰市	山东金彩山酒业有限公司	宁阳县
泰安康平纳机械有限公司	泰山区	泰安泰山亚细亚食品有限公司	泰山区
肥城金塔酒精化工设备有限公司	肥城市	山东宝来利来生物工程股份有限公司	泰山区
肥城金塔机械科技有限公司	肥城市	泰安汉威集团有限公司	岱岳区
泰山恒信有限公司	高新区	山东健源生物科技有限公司	泰山区
泰安科创矿山设备有限公司	肥城市	山东亚奥特乳业有限公司	泰山区
山东天路重工科技有限公司	高新区	泰安市金兰乳业有限公司	泰山区
泰安佳成机电有限公司	高新区	山东凤凰生物有限公司	泰山区
山东鲁普耐特机械有限公司	泰山区	山东瑞浩重型机械有限公司	肥城市
山东腾飞机电科技有限公司	宁阳县	泰安瑞泰纤维素有限公司	肥城市
山东洁静环保设备有限公司	岱岳区	山东碧蓝生物科技有限公司	宁阳县
山东祥德机电有限公司	泰山区	泰安市天正检测中心有限公司	泰山区
山东晨晖电子科技有限公司	高新区	山东奥斯瑞特检验检测有限公司	泰山区
山东龙辉起重机械有限公司	新泰市	速恒物流股份有限公司	泰山区
山东神州机械有限公司	新泰市	泰安市宝泰隆泰山地下大裂谷旅游开发有限责任公司	泰山区
山东爱客多热能科技有限公司	高新区	山东巨鼎餐饮网络科技有限公司	泰山区
山东金塔机械集团有限公司	肥城市	山东泰山新合作商贸连锁有限公司	肥城市
山东大禹水处理有限公司	岱岳区	泰安市智慧能源科技有限公司	肥城市
山东泰开高压开关有限公司	高新区	山东征途信息科技股份有限公司	肥城市
鲁变电工股份有限公司	肥城市	山东东晨物业管理有限公司	肥城市
山东泰西水泥有限公司	肥城市		

2021 年泰安市获得中国驰名商标企业情况表

表 12

企业名称	商标名称	商品名称	所属区县
泰山玻璃纤维有限公司	CTG 及图	非纺织用玻璃纤维线、非绝缘非纺织用玻璃纤维	岱　岳
山东东岳橡胶制品有限公司	东岳及图	自行车内外胎、力车内外胎	东　平
山东光明起重机械集团有限公司	金斗山及图	起重机	新　泰
山东泰安山锅集团有限公司	第 714344 号图形	锅　炉	岱　岳
山东泰鹏实业有限公司	安琪尔	床罩、被子、被罩	肥　城
泰山集团泰安市普瑞特机械制造有限公司	普瑞特	金属容器	泰　山
泰安泰山工程机械股份有限公司	岱峰 DaiFeng 及图	移动吊车、升降设备、起重装置	泰　山
泰山石膏股份有限公司	泰山及图	石膏板	岱　岳
山东正方轮胎有限公司	正　喜	车辆轮胎	宁　阳
泰山集团股份有限公司	TAISHAN 及图	锅炉（非机器零件）	高新区
山东春潮色母料有限公司	春潮 chunchao 及图	塑料着色母料、电缆母料	新　泰
瑞星集团有限公司	东平湖	尿　素	东　平
山东银宝食品有限公司	银宝 YINBAO 及图	猪肉、猪肉食品、非活家禽	肥　城
肥城富世康工贸有限公司	富世康及图	面　粉	肥　城
肥城金塔机械有限公司	金字及图	蒸馏塔	肥　城
山东九鑫机械工具有限公司	泰山 TS 及图	扳手（手工具）	东　平
泰安华鲁锻压机床有限公司	华　鲁	弯曲机、金属加工机械、液压机、压力机	高新区
山东光大日月油脂股份有限公司	ZY ZHIYU 智育及图	食用油、食用油脂	东　平
山东索力得焊材有限公司	索力得 SOLID 及图	金属焊丝	肥　城
山东亚奥特乳业有限公司	亚奥特 YAT	牛奶制品	泰　山
山东云宇机械集团有限公司	云宇及图	汽车配件	肥　城
泰开电气集团有限公司	泰开及图	高压断路器	高新区
山东省肥城桃开发总公司	肥　城	桃	肥　城
山东三和化工有限公司	阳和及图	三聚氰胺、未加工人造树脂	新　泰
山东东顺集团有限公司	顺清柔及图	卫生纸、纸手帕、纸餐巾、纸巾	东　平
山东同创汽车散热装置股份有限公司	TCAC 及图	马达和发动机冷却器	宁　阳
山东一滕新材料股份有限公司	一滕及图	纤维素、工业化学品	肥　城
泰安安能电气集团有限公司	安能 信锐及图	变压器、电开关、高低压开头板	高新区

续表 12

企业名称	商标名称	商品名称	所属区县
泰安市泰山索道运营中心	第 5139629 号图形	空中运输、旅客运输（游客）、观光旅游	景　区
山东九鑫日用化工有限公司	满　婷	肥皂、化妆品、洗发剂、洗涤剂、洗面奶	东　平
山东傲饰服饰有限公司	傲饰及图	服　装	肥　城
肥城阿斯德化工有限公司	阿斯德	甲　酸	肥　城
山东新轮轮胎有限公司	新轮 XIN LUN 及图	车辆轮胎、自行车车胎、三轮车车胎	肥　城
山东华泰电缆有限公司	华泰及图	电源材料（电线、电缆）	新　泰
山东康平纳集团有限公司	第 3752835 号图形	呢绒、布、毛织品、棉织品、纺织纤维织物	泰　山
山东亚奥特乳业有限公司	亚奥特 YAT	牛奶制品	泰　山
兴润建设集团有限公司	兴润建设 XING RUN 及图	建筑服务	肥　城
泰安路德工程材料有限公司	路　德	非金属栅栏、非金属搁栏、土隔膜	高新区
泰石岩棉有限公司	泰　石	非金属耐火建筑材料	岱岳区
山东泰丰钢业有限公司	青云山	油井金属套管、金属套管	新　泰
山东泰山轮胎有限公司	泰山及图	汽车轮胎 拖拉机轮胎	肥　城
鲁普耐特集团有限公司	鲁普耐特及图	绳索、非金属缆、捆扎用非金属线	泰　山
泰安仕全兴涂料有限公司	名士达 MINGSHIDA 及图	木材涂料（油漆）、清漆、漆	岱　岳
山东龙成消防科技股份有限公司	薪薪及图	灭火器	新　泰
山东肥城精制盐厂	鲁祥 Luxiang 及图	盐	肥　城
泰安瑞泰纤维素有限公司	瑞泰 RUI TAI	羟丙基甲基纤维素	肥　城
山东宝来利来生物工程股份有限公司	宝来利来及图	非医用饲料添加剂	泰　山
泰安市雅邦工贸有限公司	雅邦斯诺尔	涂　料	新　泰
泰山酒业集团股份有限公司	泰山及图	酒	泰　山
山东润通齿轮集团有限公司	中润通 ZHONGRUNTONG	陆地车辆传动齿轮	新　泰
山东润德生物科技有限公司	润　德	食品工业用葡萄糖	新　泰
新东岳集团有限公司	速至 SUZHI 及图	车辆轮胎，自行车、三轮车内胎	东　平
山东农大肥业科技有限公司	农大 SDAU 及图	肥料，化学肥料，植物肥料	肥　城
山东华显安装建设有限公司	华显及图	建筑物装饰修理服务，建筑工程服务，机械、电器设备的安装与修理	肥　城

【放心消费全域创建】 全市放心消费创建主体达36.2万户，培育放心消费示范单位1.1万家，发展ODR企业3018家。实行投诉举报24小时回应机制，全省第2家实现“12345”热线与“12315”平台系统对接，受理消费者投诉3.9万件，挽回经济损失241万元，全市政务服务考核中“群众合理诉求满意率、回复群众率、按期答复率”持续保持100%，在全省放心消费创建工作现场推进会、全省投诉举报快速回应机制现场经验交流会上作经验介绍。成立家装消费公益指导专家团，省内首个景区规范化“消费维权服务站”在泰山南天门正式启用。市消费者协会被命名为全国“青少年维权岗”。

【公平竞争环境】 建立由分管市长为召集人的公平竞争审查联席会议，推动35个成员部门全部建立内审机制，建立商业秘密保护指导站11个。企业年报信息公示率居全省第3位。成立由专家学者组成的格式合同评审委员会，开展“护苗助老”专项整治，加强涉企收费、民生领域价费监管执法。公布不罚轻罚事项清单95项，创新建立行政执法“三项制度”（行政执法公示制度、行政执法全过程记录制度、重大执法决定法制审核制度）清单，全面推进“双随机、一公开”监管。在全省市场监管部门法治工作视频会上介绍经验。在第八届药化械执法办案技能竞赛中，获得团体三等奖，8人被授予“山东省药化械执法技术能手”称号。全省市场监管执法稽查工作座谈会、全国侵权假冒伪劣商品统一销毁行动山东分会场启动仪式在泰安举办。

【基层规范化建设】 将2021年确定为全系统“基层规范化建设年”，制定基层所规范化建设三年规划和指导意见，明确基础建设、规范管理、队伍建设3个方面22项标准，并以出台《领导干部联系点制度》、智慧市场监管一体化平台为抓手，全力为基层创环境、减负担。全系统21个试点所完成改造提升，一体化平台应用指数居全省第5位。

（张　军）

民营经济发展服务

【概况】 调整完善全市促进非公有制经济发展工作领导小组，编制工作规则和办公室工作细则，出台《泰安市民营经济高质量发展行动计划（2021—2022年）》，开展环境提升、数字化赋能、产业升级、市场主体培育、供应链提升、融资促进六大专项行动。

【打造中小企业公共服务示范平台】 出台《泰安市中小企业公共服务示范平台认定管理办法》，全市共培育市级以上中小企业公共服务示范平台45家，其中，市级示范平台10家、省级示范平台31家、国家级示范平台4家。山东征途信息科技股份有限公司、泰安三英环境安全检测有限公司入选工信部重点支持国家“小巨人”企业公共服务平台，泰安泰山科技有限公司入选全省中小企业公共服务示范平台综合评价前10位。

【培育小型微型企业创业创新示范基地】 新认定泰安市小型微型企业创业创新示范基地11家、2021年度省级小型微型企业创业创新示范基地6家，泰山科技双创基地被评为2021年度国家小型微型企业创业创新示范基地。至年底，全市共认定市级小型微型企业创业创新示范基地85家，其中60家被认定为省级小型微型企业创业创新示范基地，2家被认定为国家级小型微型企业创业创新示范基地。（朱玉祥）

【个体私营企业党建】 市市场监督管理局和8个县（市、区）均设立个

6月19日，泰安市温州商会党支部组织开展“学党史、感党恩、跟党走”庆祝中国共产党成立100周年主题活动。图为党员参观徂徕山抗日武装起义展览

（赵文文　摄）

体私营企业党委，深入推进非公企业党建指导员、联络员、党建指导站“两员一站”建设，在山东省个体私营企业党委成立暨全省个体私营企业党建工作推进大会上作典型发言，“小个专”党建受到市场监管总局通报表扬。市个体私营企业协会获评全国个体私营企业协会系统“小个专”党建工作突出单位。市场监督管理总局个体工商户扶持发展座谈暨现场观摩交流会在泰安召开。（张　军）

知识产权

【概况】 2021年，泰安市被省市场监管局确定为第一批省级专利侵权纠纷行政裁决示范建设工作试点市。全国知识产权宣传工作经验现场会在泰安举办。在全省率先成立市级知识产权协会。创新“四改”（改变申报途径、改变转化模式、改变服务理念、改变保护形式）知识产权服务机制赋能经济高质量发展入选泰安工作创新奖；知识产权行政保护工作绩效考核受到国家知识产权局通报表扬。

【知识产权创造】 全市国内授权发明专利839件，增长68.1%，增幅居全省第5位；PCT国际专利申请量29件，增长31.8%，增幅居全省第2位；商标注册量1.36万件，增长46.2%；新增马德里国际商标注册11件。至年末，全市有效发明专利3101件，增长24.9%，居全省第3位，万人有效发明专利拥有量5.67件；全市有效商标注册累计6.04万件，增长26.9%；全市中国驰名商标达54件、地理标志商标达55件，分居全省第7位和第5位；累计马德里国际商标注册量97件。

【知识产权运用】 全市知识产权质押融资9.04亿元。2家企业获第二十二届中国专利优秀奖；2个区域产业类导航项目和2个企业运营类导航项目分别被确定为省级专利导航项目；1所高校列入山东省高价值培育中心。“擦亮地理标志商标‘金字招牌’促进乡村振兴”入选全省优化营商环境创新案例，作为全市3项标杆之一在全省推广。

【知识产权保护】 完善知识产权纠纷多元化解机制，强化诉（讼）调（解）、仲（裁）调（解）对接，实现市、县、乡非诉调解网络全覆盖。泰安市知识产权纠纷人民调解委员会与泰安市调解员协会联合实现网络平台案件转接。开展知识产权专项保护行动，强化知识产权执法力度。“山东省绿色矿山输送高端装备产业知识产权联盟”成为全省首批5家重点产业知识产权保护联盟之一。（张　军）

编辑　校对　　刘　凯

招商·合作

招商引资

【概况】 年内，制定印发《全市重点招商引资活动计划》，组织参加山东省重点外商投资项目签约活动、山东省与港澳台合作推进会、中日韩对接合作山东行、“山东与世界500强连线”（北美、欧盟、德国、日韩）专场、第二届跨国公司领导人青岛峰会、对话商协会齐鲁之约、进博会RCEP经贸合作洽谈会等活动，共签约外资项目13个，合同外资3.55亿美元。承办第三十五届泰山国际登山节暨2021中国泰安投资合作洽谈会，先后在澳门、青岛、上海等地举办2021泰安投资合作洽谈会，共签约内外资项目127个，总投资1265.68亿元，其中签约投资过10亿元项目41个，正威中德产业园、日本7-Eleven、先进压缩空气储能电站、绿色建材基地等一批重大战略新兴产业项目落地建设。

【项目推介】 搜集包装整理对外宣传的十大产业招商项目100个，通过官方门户网站、微信公众号等对外发布，并上传至省投资促进中心“选择山东”云平台进行发布。设计制作“泰安市重点产业和招商政策”PPT，在重点活动中进行推介。及时改版制作招商宣传画册，在各类活动中发送1000余册，做好招商基础性工作。在省外事办公室组织的“中日韩对接合作发展山东行”活动中，编制医养健康产业招商宣传资料，由市领导进行发布推介。

【2021泰安市（青岛）投资合作洽谈会】 7月15—16日，市委书记崔洪刚率队参加第二届跨国公司领导人青岛峰会，并举办2021泰安市（青岛）投资合作洽谈会。该次投资洽谈会，集中签约重点项目27个，同时为“青岛市泰安商会”揭牌。活动期间，市委书记崔洪刚先后走访青岛半岛港湾控股集团等知名企业，参观新动能·青岛展览及泰安主题展区、泰安企业展区。

【2021中国泰安投资合作洽谈会】 9月6日，第三十五届泰山国际登山节暨2021中国泰安投资合作洽谈会成功举行。日本、韩国、俄罗斯、德国等国家和地区以及国内的500余位嘉宾、客商，通过现场出席和视频连线的方式参加活动。共签约重点项目59个，总投资868.48亿元。

【2021泰安市（上海）投资合作洽谈会】 11月4—6日，市委副书记、市长张涛带队赴上海参加第四届中国国际进口博览会，并举办

9月6日，第三十五届泰山国际登山节暨2021中国泰安投资合作洽谈会签约仪式举行 （和沐雯 供）

11月5日，2021（上海）泰安市投资合作洽谈会召开　（和沐雯　供）

2021泰安市（上海）投资合作洽谈会。该次投资洽谈会集中签约项目28个，总投资209.95亿元。活动期间，市长张涛一行先后到安萌得医药科技（上海）有限公司等企业对接洽谈项目，并走进第四届中国国际进口博览会，实地视察调研泰安市企业展览采购情况，参加“山东省RCEP经贸合作高层对话会”活动。（和沐雯）

重点项目建设

【概况】　年内，泰安市25个项目列入省重大项目，其中实施类项目15个，总投资313.46亿元，计划投资63.96亿元；完成投资75.8亿元，完成年度计划的118.5%。全市市级重点建设项目177个，其中实施类项目156个，总投资1232.5亿元，计划投资345.5亿元；完成投资422.5亿元，完成年度计划的122.3%。

【山东泰安二期抽水蓄能电站项目】该项目总投资101.86亿元，项目装机容量1800兆瓦，安装6台立轴单级混流可逆式水泵水轮机组。电站枢纽工程主要建筑物由上水库、下水库、输水系统、地下厂房及地面开关站等建筑物组成，按装机容量确定为一等大（1）型工程。项目建成后将承担山东电网的调峰、填谷、调频、调相及紧急事故备用等任务，可提高山东电网的调峰能力，缓解调峰压力，改善供电质量，保障电网安全、稳定、经济运行，极大促进泰安市经济社会发展。年内主要进行筹建期工程施工，开展场内道路路基施工及通风兼安全洞施工工作，移民搬迁工作已完成。

【泰山文旅健身中心建设项目】　该项目总投资约37亿元，总建筑面积10.22万平方米。主要包括“一场三馆”（体育场、体育馆、游泳馆、全民健身馆）以及辅助配套设施。该项目建设与生态休闲公园融为一体，建成每年可承接100多场国内外大型赛事，构建赛时与非赛时、全年候、全天候的活动中心。到年末，体育馆金属屋面装饰板龙骨完成70%，幕墙龙骨完成；游泳馆金属屋面装饰板龙骨完成，天窗玻璃完成，幕墙龙骨完成；健身馆二次结构完成95%。

【国泰大成科技产业园一期碳纤维项目】　该项目总投资27亿元，建设规模为3000吨碳纤维。主要建设7500吨原丝，3000吨碳纤维规模的生产线，配套建设厂前区、公用工程装置等辅助生产设施以及缠绕气瓶生产线。该项目符合山东省新旧动能转换重大工程实施规划

5月24日，泰山文旅健身中心建设项目施工现场鸟瞰图　（侯波　供）

的要求，对泰安市产业优化升级和整体实力提升，完善地区生产力布局，促进区域经济高质量发展具有重要意义。到年末，建设工程量完成96%，厂区碳化厂房、纺丝车间主体完工，正在进行顶部及外立面施工。

【国际文化大数据（泰山）产业城项目】 该项目总投资20亿元，总建设面积14.2万平方米，主要建设“一站、一湖、四基地、四中心”（“一站”为院士工作站及博士后工作站，“一湖”为数据存储的基础设施数据湖，“四基地”为华录数字文化产业基地、中国优秀传统文化教育基地、国家级手游动漫制作基地、国家级数字版权交易基地，“四中心”为文化大数据运营中心、文创孵化中心、传统文化互动体验中心、创意商业中心）。项目应用国际领先自主知识产权的蓝光存储，构建从数据（传统文化数据）归集、加工、应用、数据应用、科研成果转化的全产业链聚集。到年末，先行区装修完成，投入使用，进行设备升级和招商工作，对接科技企业百余家，签约及意向入驻企业40余家，建设工程量完成55%。

【泰安秀都（一期）建设项目】 项目总投资约15亿元，建设规模为总建筑面积10.35万平方米，主要建设文化演艺、娱乐演艺、特色美食、主题酒店、文创购物5大核心业态。项目的建设对弘扬泰山传统文化，发展当地旅游经济起到十分重要的作用。到年末，泰安府、铁道剧场开始运营；部分路灯绿化工程调试完毕；停车场投入使用，地下车库处于调试阶段。

【中联水泥年产1500万吨无机非金属新材料建设项目】 该项目总投资5.2亿元，建设规模为年产无机非金属新材料1500万吨。主要建设一条年产1000万吨骨料和500万吨精品机制砂生产线，购置安装生产设备。该项目生产工艺技术将全部由东平中联自主研发，拥有完全自主知识产权。东平中联拥有原料配比、预热分解、高精度数控加工等多项技术，达到国内领先水平。年内进行“三通一平”（路通、电通、水通，场地平整）施工，部分设备进场，建设工程量完成61.5%。（侯　波）

扶贫协作

【概况】 市委、市政府高度重视对口帮扶支援合作工作，先后3次召开市委常委会、市政府常务会、领导小组会议，专题研究部署相关工作。印发《2021年泰安巫溪协作工作要点》《关于做好2021年协作巫溪县社会捐赠和结对帮扶工作的通知》等文件。建立完善泰安市东西部协作巫溪县对接机制，明确高层互访、联席会议、部门联络、资金管理、招商引资等对接机制。市对口支援工作服务中心在2021年被省委、省政府表彰为全省脱贫攻坚先进集体。

【资金支持】 年内，拨付巫溪县财政援助资金5200万元，其中市县级财政资金3086万元，下达项目计划17个，在重庆市市级乡村振兴重点镇实施5个项目1784万元。筹集社会帮扶资金520万元。

【人才交流】 选派党政干部3人、教师32人、医生36人、农技人员13人赴重庆巫溪县挂职交流；巫溪县选派党政干部4人、教师7人、专业技术人员4人、医生7人到泰安挂职学习。组织巫溪县党政干部306人到山东培训，组织培训专业技术人才279人。

【产业合作】 按照“政府搭台、多元投入、市场运作、产业兴园”建设思路，共建古路镇农产品加工示范园区，打造规模化、标准化、专业化和集约化农业加工示范基地。

9月24日，巫溪县招商引资推介会在泰安召开　（韩　冰　供）

引进泰安长合农业发展有限公司入驻园区，新建100万羽蛋鸡产业园项目，项目总投资1.1亿元。

【消费扶贫】 探索形成以行政引导为基础、以公司运作为手段、以市场对接为关键、以物流补贴为激励、以电商助力为引擎的消费协作长效机制。印发《2021年鲁渝协作消费帮扶工作方案》，组织采购考察团赴巫溪县采购对接1次，组织巫溪县农特产品到泰安举办消费帮扶产销对接大会。年内，向山东销售巫溪县农副产品1915万元。

【劳务协作】 帮助巫溪县农民工联系泰安用工企业，收集整理102家企业发布就业岗位2000余个，通过巫溪网、手机短信等平台发送定向招工信息1万余条。优化交通补贴、稳岗补贴等政策，完善定向山东送工机制。全年组织63名巫溪籍脱贫人口赴山东稳岗就业。通过13个东西部协作援建乡村振兴车间吸纳就业，举办就业培训班6期，实现就近就地就业433人。

【结对帮扶】 选取巫溪县龙池村、茶山村作为鲁渝协作示范村。建立泰安市岱岳区道朗镇与巫溪县通城镇结对帮扶机制，捐赠资金80万元用于通城镇示范村规划和建设。

（韩 冰）

对口支援

【概况】 贯彻落实省委、市委和省援疆指挥部各项部署要求，围绕社会稳定和长治久安这一总目标，按照年初确定的“1+3+5+1”（政治素质提升，乡村振兴、高效发展、民族团结，人才支撑、产业培育、民生改善、文化润疆、交往交流，自身建设）工作思路，超前谋划、精心部署、统筹推进，各项援疆工作任务起步扎实、开局良好。中新社、新华网、大众网等主流媒体刊发各类宣传稿件60余篇。落实援疆资金向民生、基层倾斜两个80%的要求。

【助力乡村振兴】 探索“一抓双促”（抓党建工作，促脱贫攻坚、促乡村振兴）示范工程，确定岳普湖乡作为整乡推进乡村振兴示范乡镇。按照“规划先行、产业引领、典型带动、整体推进”的打造思路，安排援疆资金4300余万元，帮助岳普湖乡完成整乡推进乡村振兴规划，重点打造1个整乡推进示范乡镇和5个“一抓双促”示范村。

【产业援疆】 与岳普湖县委、县政府建立联合招商工作机制，共建招商平台，在珠三角、长三角、山东暨京津冀、上海、北疆等各招商服务站配备领导1名、招商大使1名、干部1名，蹲点招商。至年底，共对接项目344个，签约项目59个，总投资79.56亿元；竣工投产项目22个，安排就业1886人，增长45%。推进山岳鑫成新材料包装产业集团整合上下游17家产业链企业“组团式”进驻泰岳包装材料产业园。全力推进泰岳农副产品加工孵化园二期、泰岳农副产品交易中心项目建设。

【人才援疆】 推进泰山文化进校园活动，开通“直播泰山”课程，投资700余万元的“泰山学堂”揭牌运行。先后选派26名临床、医技、疾控等方面的专技人才赴岳普湖工作，实现从“零星选派”到“组团选派”。探索实施“以院包科”模式，着力打造胸痛、卒中、创伤、危重新生儿救治、危重孕产妇救治5个中心。投入援疆资金275万元启动“春风”妇幼健康服务工程。

【文化润疆】 创新推出“鲁礼庆婚”，开展活动5期，表彰人数180余名。实施“燎原计划”干部教育培训工程，组织县乡村党政干部到泰安乡村振兴学院学习培训，培训干部160余名。实施“泰岳连心”志愿服务活动，开展送教下乡60余场次，覆盖全县78所学校、9所乡镇卫生院，下乡义诊28场次，受益群众3500余人。集中打造一批富有凝聚力的文艺作品，其中，大型歌舞晚会“多彩岳普湖”累计演出80余场次，大型民族史诗歌舞话剧《爱在达瓦昆》10月2日首映。

（韩 冰）

编辑 校对 刘 凯

农业·水利

农业综述

【概况】 2021年，全市实现农林牧渔业总产值636.07亿元，按可比价增长8.4%；农村居民人均可支配收入21769元，增长10.6%。农林牧渔业增加值357.26亿元，增长7.3%。农林牧渔服务业增加值29.9亿元，增长8.7%。

【重要农产品保障】 全年粮食播种面积557.81万亩，比上年增加0.19万亩，增长0.03%；粮食总产257.24万吨，比上年增加0.16万吨，增长0.06%，粮食播种面积和总产量连续3年实现增长，粮食总产连续5年稳定在25亿千克以上。3月4日，全省耕地和种子工作暨春季农业生产现场会议在肥城市召开。泰安市农业农村局被农业农村部表彰为全国粮食生产先进集体，2人被表彰为全国粮食生产先进个人。"菜篮子"供给稳定。年末生猪存栏量106.7万头，恢复常年水平；畜禽出栏1.12亿只，年末存栏3732.3万只；水产养殖面积14万亩，完成水产品产量8.39万吨；蔬菜种植面积稳定在152万亩，产量569万吨。

【特色优势产业】 2021年，肥城桃、泰山茶、泰山西红柿、泰山板栗、有机蔬菜、泰山大樱桃、东平湖水产品、苗木花卉、生猪、生态奶业十大优势产业总产值164.4亿元。肥城桃种植区被认定为国家级、省级特色农产品优势区；泰山板栗、东平湖鲤鱼种植养殖区被认定为省级特色农产品优势区；泰山板栗产品远销20多个国家和地区，成为全国板栗基地最集中的产区和加工区；苗木花卉面积规模继续保持全省领先。

【农业平台建设】 以园区建设引领一、二、三产融合发展，通过建设现代农业产业园，提高产业链现代化水平，形成一批集中度高、规模大、效益好的优势产业。2021年，新认定市级产业园20家。全市市级以上产业园58家，其中国家级现代农业产业园1个、省级5个。肥城市入选全国第一批农业现代化示范区，泰山区邱家店镇等7个镇被评为省级农业产业强镇，泰山景区下港镇被认定为全国一村一品（泰山板栗）示范乡镇。

【创新农旅融合】 坚持深化内涵、产村融合、创新驱动，培育农业农村新经济新业态。东平县、岱岳区和宁阳县葛石镇、岱岳区道朗镇里峪村被评为全国休闲农业和乡村旅游示范县、示范点，泰山区、泰山茶溪谷、肥城市大张庄村等16个单位被评为全省休闲农业和乡村旅游示范县、示范点（村）；泰山景区沙岭村等8个村被评为全国、全省美丽休闲乡村；泰安高新区青青农场、徂汶景区天泽农园等11个单位被评为全省休闲农业精品园区（农庄）。

【农产品质量安全】 开展"控药残、治违禁、促提升"三年行动，实施县域农业投入品生产经营主体"一张图"工程，加大农产品检测力度，健全农产品质量安全可追溯制度，全面推行农产品合格证制度，全市实施农产品合格证主体847家，累计开具合格证9.4万余张，附带合格证上市农产品2.2万余吨。开展农产品质量检验监测，全年迎接省级抽检13次，抽检样品996个，合格率97.5%以上；市级开展抽检8次，抽检样品1230个，合格率98%以上。新泰市被列为第三批国家农产品质量安全县创建单位。发布市级农业地方规范3项，市级以上农业地方规范突破100项，涉及农产品高产优质栽培、绿肥应用、病虫绿色防控等方面，为推行标准化生产提供技术支持。结合区域优势主导产业，推广使用"一乡一业"标准体系库，推广应用农业标准和技术规程。发挥标准化基地的辐射带动作用，鼓励散户向种植大户、家庭农场转变，引导散户加入到农民合作社、农业企业等组织，自觉进行标准化生产。23家生产主体通过泰安市第四批标准化基地验收，全市有省级农业标准化基地92个、市级93个。依托“山东省农产品质量安全信用信息平台”，开展信用分级分类监管工作，采集农产品质量安全检查抽查、执法检查、农产品质量安全相关行政处罚等信息2728条，推进农产品质量安全信用体系建设，全市涉农生产主体有6家被评为A+级信用企业、280家被评为A级信用企业。

【品牌建设】 开展区域公用品牌、企业产品品牌“双牌”同创，7个企业产品品牌入选全省第六批知名农产品企业产品品牌；评选市级农产品区域公用品牌2个、企业产品品牌13个；市级以上知名农产品品牌达到122个，其中国家级2个、省级38个。“肥城桃”入选中国农业品牌目录，在价值评估和影响力指数评价中以19亿元上榜；“泰山茶”国家级区域公用品牌价值评估达37.52亿元。

【农业执法】 强化农业综合行政执法及监督体系建设，开展以春季农资打假、“三夏”“三秋”生产、农机渔业安全生产、种子执法监管等为重点的集中整治活动，打击假冒伪劣农资露头气焰，维护农民群众合法权益。2021年，累计开展执法检查2942人次、检查生产经营场所1841个，挽回经济损失158万余元，罚没87.43万元。新泰市农业行政执法大队成功创建第三批“全国农业综合执法示范窗口”。

【农村改革创新】 2021年，3551个村全部完成“两委”换届，均配备35岁以下年轻干部。开展“双五十”村扶优培强，市级每两年遴选50个发展潜力大的村重点培树、50个基础最薄弱的村重点整顿，激励后进争先进、先进夺红旗。推进村党组织领办合作社，推行“土地股份合作+全程托管服务”模式，党组织领办合作社的村达2654个、占74.74%，带动村均增收3.4万元、户均增收0.75万元。巩固村集体经济发展“跨五跃十”成果，开展农村集体经济组织换届，由村党组织书记担任理事长的村3499个，占完成改革村的94%，泰安市在省级考核评价中获“优秀”等次。指导宁阳县、肥城市完成省级集体资产股权质押贷款、有偿退出试点任务，发放农村集体资产股权抵押贷款136笔、867万元，全市村集体收入10万元以上的村3282个，占比92%；50万元以上的村714个，占比20%。通过集体产权制度改革建立农村集体经济组织3724个，确认成员423万人，量化资产117亿元。推进农村土地“三权分置”（所有权、承包权、经营权）改革，农村土地经营权流转面积201万亩，占土地确权面积的49%，全面完成土地确权颁证，泰安市被评为全省农村土地确权登记颁证工作先进集体。

【新型经营主体培育】 实施农业龙头企业培育工程，全市规模以上农业龙头企业336家、销售收入482亿元。山东亚奥特乳业有限公司被评为第七批全国农业产业化龙头企业，全市有国家级农业龙头企业4家、省级49家、市级526家。推动农产品加工企业“上规纳统”，实现农产品加工业快速发展。全市规模以上农产品加工企业由2019年的153家发展到2021年的221家，营业收入由309亿元增长到472亿元。山东亚奥特乳业有限公司等14家企业被评为省级农业产业化示范综合体。肥城弘海食品有限公司承担农业农村部农业产业强镇项目，泰安泰山亚细亚食品有限公司成为全国农业国家贸易高质量发展基地。农民合作社和家庭农场高质量发展，肥城市开展第三批全国农民合作社质量提升整县推进试点；新泰市开展全省家庭农场高质量发展整县提升试点。巩固提升家庭农场生产经营能力和带动能力，新认定市级示范社126家、市级示范场63家。全市登记注册的农民合作社11664家，其中国家级示范社28家、省级181家；家庭农场8349家，其中省级示范场60家；农业生产性服务组织5278家、从业人数13万人。

【高标准农田建设】 按照“田成方、渠相通、路相连、旱能灌、涝能排”的标准，投资34780万元新建高标准农田23万亩，累计建成高标准农田293万亩，占全市耕地面积的54%，亩均提升粮食产能100千克以上，年增产2.93亿千克。肥城市入选2021年高标准农田整县推进示范县。

【种业振兴行动】 开展全国第三次农作物种质资源普查与收集行动，走访群众9873人次，采集数据12970条，征集古老、珍稀等各类种质信息459个，新收集种质资源191份。肥城桃种质资源圃、泰安市农科院食用菌种质资源库被确定为第一批省级农作物种质资源保护单位。4月25日，泰安市在山东省种质资源普查电视电话会议上作典型发言。3个小麦品种通过国家农作物品种审定委员会审定、3个小麦品种通过山东省农作物品种审定委员会审

5月1日，泰山·九女峰乡村度假区夜景　　（潘炳　摄）

定、6个玉米新品种通过山东省农作物品种审定委员会审定；引进备案主要农作物新品种9个，其中玉米品种8个、小麦品种1个；登记非主要农作物品种14个。完成24个小麦和19个玉米新品系试验的特征特性调查和总结推荐、4个点次共60个小麦和63个玉米新品种系的跟踪评价工作、9项次小麦和223项次玉米国家及省级试验监督检查。泰安禾元种业科技有限公司基地被认定为首批“国家农作物品种展示评价基地”。

【数字三农建设】　推进信息进村入户工程建设，建成益农信息社3449个，其中中心站6个、标准站362个、专业站472个、简易站2609个。建设一批5G农业应用示范基地和生态智慧农场，山东乐汶农业发展有限公司等8家公司（合作社、农场）被评为2021年度智慧农业应用基地。岱岳区、新泰市入选全省数字乡村试点县，宁阳县文庙街道、东平县东平街道入选全省数字乡村试点乡镇（街道）。成立全省首个农产品产地冷藏保鲜设施建设项目专家顾问团，2021年，新增建设设施数149个、新增冷库库容5.8万吨，肥城市被认定为全国农产品产地冷藏保鲜整县推进试点县。

【农村人居环境整治】　坚持“三级联创、融合提升、共建共享”理念，新创建省级美丽乡村示范村25个、市级73个、县级153个，建设绿化、美化、硬化、亮化等项目705个，打造一批留得住乡愁、品得出乡韵的美丽乡村，全市美丽乡村示范村961个，覆盖率达27%以上。开展人居环境整治五年提升行动，全市新增259个农村生活污水治理目标，78个巩固提升农村生活污水治理目标，13处农村黑臭水体治理目标，年内全部完成并通过市级复核。中央、省、市、县四级财政投入改厕规范升级资金2373万余元，累计完成质量提升改造的行政村1665个、306510户，新增农村改厕服务站3个，累计建设245个；抽粪车15辆，累计438辆。新改建“四好农村路”710千米，路面状况改善工程1086千米，危桥改造62座，84个具备条件的自然村实现农村道路“三通”（村村通、巷巷通、户户通）。发动农民群众投工投劳44万人次开展村庄清洁行动，清理农村生活垃圾35万吨、村内水塘2770口、村内沟渠3865千米、畜禽养殖粪污等农业生产废弃物45万吨，肥城市被评为全国村庄清洁行动先进县。

（李临涛）

种植业

【概况】　全市粮食播种面积557.81万亩，总产257.24万吨；油料作物面积68.27万亩，总产18.98万吨，亩产278千克；棉花面积4.50万亩，总产3764吨，亩产83.6千克；烟叶面积112亩，总产21.18千克，亩产189千克；药材类面积7.63万亩；蔬菜及食用菌面积152.03万亩，总产569.35万吨，亩产3745.0千克；瓜果类面积2.14万亩，总产7.37万吨，亩产3450千克；其他农作物面积2.86万亩。

【粮食生产“十统一”】　围绕粮食生产的产前、产中、产后各个环节，在全市51个乡镇继续开展粮食生产“十统一”社会化服务，服务面积140万亩，实现节本增效农民增收目的。落实资金11982.24万元，其中市级奖补资金2450万元、县级财政支持资金1163.67万元、整合资金8368.57万元。完成服务面积统一供种134.16万亩、统一病虫害防治265.91万亩、统一机收212.1万亩、统一秸秆还田183.92万亩、统一深耕（松）81.81万亩、统一旋耕110.9万亩、统一播种207.3万亩、统一施肥210.4万亩、统一镇压207.3万亩、统一保险359.39万亩。

2021 年泰安市粮棉油菜生产情况表

表 13　　单位：万亩、千克 / 亩、吨

名　称	粮　食			棉　花			花　生			蔬菜及食用菌		
	面　积	单　产	总　产	面　积	单　产	总　产	面　积	单　产	总　产	面　积	单　产	总　产
合　计	557.81	461.2	2572384	4.50	83.6	3764	67.38	279.5	188359	152.03	3745.0	5693489
泰山区	3.16	484.2	15314	0.0002	60.0	0.12	—	—	—	0.42	2707.3	11295
岱岳区	92.06	494.2	454988	0.20	72.4	143	2.99	225.9	6764	30.29	3463.1	1049020
高新区	—	—	—	0.0002	100.0	0.2	2.84	218.5	6201	15.54	3695.7	574213
泰山景区	—	—	—	0.02	66.3	12	0.40	186.9	742	0.33	2125.4	7035
徂汶景区	—	—	—	0.02	97.3	22	3.87	274.8	10643	8.55	3744.8	320018
新泰市	78.28	487.2	381371	0.33	77.8	254	30.65	267.4	81972	27.75	3968.4	1101414
肥城市	106.52	460.9	490884	0.95	78.2	740	2.86	266.4	7621	32.13	3590.5	1153483
宁阳县	127.93	471.8	603625	0.08	85.8	68	18.71	315.7	59064	20.80	4152.8	863729
东平县	149.87	417.8	626201	2.91	86.7	2524	5.06	303.7	15352	16.23	3779.3	613283

【蔬菜生产】　2021 年，全市蔬菜播种面积 152 万亩，蔬菜产量 569 万吨。蔬菜种植在全市均有分布，相对集中在新泰市、肥城市、宁阳县、泰安高新区等县（市、区）、功能区，常年种植的品种有叶菜类、瓜类、茄果类、根茎类、葱蒜类、豆类等 12 个大类 30 多个主导品种。有房村镇、良庄镇、华丰镇、楼德镇、边院镇、王庄镇、天宝镇等以蔬菜种植为特色的小镇 7 个。依托山东农业大学和泰安农科院的蔬菜生产技术优势，通过建设新技术、新品种示范区，加大全市西红柿先进适用新技术、新品种的推广，促进泰山西红柿的标准化栽培技术推广，形成以宁阳县华丰镇、泰安高新区房村镇为中心的泰山西红柿标准化种植园区，带动泰山西红柿主产区产业化发展、品牌化销售。重点推广设施蔬菜水肥一体化、菌菜双面棚、统防统治、绿色控害等技术，创建高标准蔬菜基地，实现蔬菜产业提质增效，形成岱岳区“红心萝卜”，罗家堂芹菜，泰安高新区“泰山七仙女”番茄，“泰山翡翠”无公害白菜，东平县斑鸠店镇大蒜，肥城市马铃薯、大白菜、西兰花等特色农产品。

【耕地轮作休耕】　印发《2021 年耕地轮作休耕工作实施方案》，明确实施内容、实施区域、技术路径、操作方式和保障措施等。组织农业专家开展技术培训为耕地轮作休耕提供技术指导服务。支持社会化服务组织为农民提供耕地播种、肥水管理、病虫防控、机械收获等社会化服务。肥城市先后组织开展玉米—大豆带状复合种植模式培训、大豆种植技术培训。选择位于肥城市安驾庄镇夏辉村的肥城市双北农业种植专业合作社建设玉米—大豆带状复合种植模式基地 1000 亩。全年累计在 33 个乡镇完成耕地轮作休耕面积 7.5 万亩。

【植物检疫】　搞好检疫性有害生物和重大植物疫情的调查防控，重点对红火蚁、梨火蚁、果蔬害虫、甘薯小象甲等检疫性有害生物进行调查。严格产地检疫和调运检疫，对小麦、黄瓜、大葱等制种田进行产地检疫，产地检疫面积 46.68 万亩，签发产地检疫合格证 1173 份；签发植物检疫证书 2178 份。做好植物检疫登记证非现场监管工作，利用全国植物检疫平台对全市新申报的 11 家制种单位进行网上审核、发证。做好农药监督管理工作，开展为期 3 个月的农药经营主体监督检查，累计检查农药经营门店 358 家，立案查处 3 家，责令整改 33 家。

【病虫害防治】　全年病虫草害发生 2678.96 万亩次，比上年减少

0.92万亩次，防治2522.87万亩次，减少41.77万亩次，防治面积占发生面积的94.17%。其中，小麦条锈病发生较重，见病早、流行面积大；玉米螟、大斑病、褐斑病等常发病虫害总体接近常年。通过防治，挽回粮食损失33.35万吨、棉花910.64吨、油料2.1万吨、水果6.89万吨、蔬菜100万吨。加强病虫草害监测预警。加密监测网点设置和调查频次，全面启用诱捕器、诱虫灯、高空灯等监测设备；开展大田普查，密切关注病虫害的发生和发展动态，印发《泰安市2021年小麦重大病虫防控技术意见》等各类病虫草防控技术意见。全市发布预报18期，发文20期，电视预报、开办讲座3期，微信群、微信公众号等发布1082期，召开防控会议11次，举办各类培训班10期，发布病虫情报32期，制定各类防治技术意见52期，田间调查3004人次，检查指导虫情调查624人次。做好病虫防控知识宣传普及。提高小麦条锈病、草地贪夜蛾、玉米南方锈病等重大病虫防治技术普及率，培训技术人员904人，培训统防统治技术人员和种粮大户8900人次，发放挂图2000份、“明白纸”6.4万余份。开展专业化统防统治。2021年，全市农作物病虫害统防统治服务组织178个，从业人数2946人；施药器械18177台（套），其中无人机539架，日作业能力22.3万亩。肥城市获得第二批全国农作物病虫害“绿色防控示范县”和“统防统治创建县”称号。推广绿色防控技术。集成推广生态调控、理化诱控、生物防治、安全合理用药等绿色防控技术，降低菌源基数和虫口密度，加快农药减量。通过选用抗（耐）病品种、合理轮作倒茬、高温闷棚灭菌防病、深耕深翻土壤、生物防治等技术，全市主要作物绿色防控覆盖率39.04%，农药利用率达40%以上，测土配方技术覆盖率超过90%。肥城市入选全国绿色种养循环农业试点县，宁阳县入选省级农业绿色发展先行区。（李临涛）

泰山茶

【概况】 泰山茶是北方茶的代表，主要分布在泰山、徂徕山周围，标准茶园面积5万余亩。全市推广种植福鼎大白、安吉白茶、中茶108、黄金芽、金萱等优良品种20多个，无性系良种率46%以上。联合山东泰山茶溪谷农业发展有限公司和泰安市农业科学院完成“山东珍特茶树品种创制与栽培关键技术集成”成果，选育出泰山御芽、碧霞春、岱鼎御丰、岱鼎御岫4个抗寒、抗病虫性强的优良新品种，并获得省级林木新品种审定。2021年，全市干茶产量1692吨，产值10.8亿元，其中名优茶产值6.5亿元。全市中小型茶叶企业58家，茶叶加工厂（合作社）100多家，其中省级龙头企业2家、市级龙头企业20家、SC认证企业43家。

【泰山茶区域公用品牌建设】 按照“政府主导、企业主体、协会运作、双牌经营”的思路，推进泰山茶区域公用品牌建设，完善以“泰山茶”区域公用品牌为“母品牌”，以企业整合的产品品牌为“子品牌”的“1+N”品牌体系。拓展泰山茶区域公用品牌营销渠道，通过网络直播、短视频等方式，提高品牌国内外影响力。建立健全“泰山茶”质量追溯系统，规范“泰山茶”区域公用品牌防伪标识使用。“泰山红茶”被列入农业农村部地理标志农产品保护工程项目，“泰山红茶”防伪标识正式启用，11家企业获首批授权。26家茶企使用泰山茶区域公用品牌，茶企产品品牌达80多个。

【宣传推广】 组织多家茶企参加第四届中国国际茶叶博览会，“泰

5月28日，位于省庄镇小津口村的泰山茶核心产区

（泰安市泰山茶叶协会 供）

山茶”品牌，展示泰山茶“国山圣水 茶礼天下”的新风貌。“泰山茶”“泰山女儿茶”获“第四届中国国际茶叶博览会推荐产品”称号。积极参加各类茶事活动，“泰山绿茶”“泰山红茶”“泰山白茶”先后在中国国际茶叶博览会、中国国际农产品交易会、中国国际果蔬产业博览会、中国农牧品牌泰山峰会等重要平台进行展示推介。在第十四届亚洲果蔬产业博览会（上海）上，成功举办“泰山茶”品牌推介会，“泰山君子茶”获金奖。带有泰山及泰山茶元素的山东茶宣传片以及山东农业大学园艺学院的泰山茶茶艺表演在农业农村部、斯洛文尼亚驻华大使馆联合举办的世界蜜蜂日和国际茶日活动中亮相，受到国际友人的赞誉。成功举办 2021 中国泰山茶博览会暨第六届泰山茶手工炒茶技能大赛，25 家茶企参加炒茶大赛，评出金奖 1 名、铜奖 3 名、银奖 6 名，40 家茶企在该次博览会上进行产品展示展销，泰山茶的知名度和美誉度得到提升。

（李临涛）

林业产业

【概况】 2021 年，培优培强肥城桃、泰山大樱桃、泰山板栗、泰山核桃、苗木花卉等优势产业，做精做大泰山鲁丽苹果、泰山黄精、宁阳大枣、甜红子山楂等特色产业，推进林果品种培优、品质提升、品牌打造和标准化生产。新发展泰山鲁丽苹果示范园 2 处、面积 53.33 公顷（800 亩），新发展榛子示范园 1 处、面积 20 公顷（300 亩），新发展泰山黄精 133.33 公顷（2000 亩）、总面积达 1133.33 公顷（1.7 万亩）。

9月30日，第十七届泰山苗木花卉交易会在泰山国际花木城开幕

（石亚男　供）

岱岳区仙草谷泰山黄精林下经济示范基地入选第五批国家林下经济示范基地（山东省有 4 个）。市政府标旗项目泰山大樱桃产值 12.3 亿元，市级十大优势产业考核项目泰山板栗产值 8 亿元、肥城桃产值 10 亿元以上。全市特色经济林总面积 11.33 万公顷（170 余万亩）、苗木花卉 2.94 万公顷（44.1 万亩）、中药材 5466.67 公顷（8.2 万亩），面积规模均居全省前列；果品总产量 100 万吨，其中电商平台销量占 50% 以上。

【林业品牌建设】 至 2021 年年末，全市“三品”（无公害农产品、绿色食品、有机农产品）认证面积 5.67 万公顷（85 万亩）；国家地理标志商标 16 个，认证面积 1.8 万公顷（27 万亩）；国家驰名商标 4 个，省著名商标 10 个。国家级核桃示范基地 2 处，省级标准化示范园 29 处，省十佳旅游观光果园 10 处，“齐鲁放心果品”品牌 23 个。肥城桃入选中国特色农产品优势区，新泰樱桃被评定为全国经济林产业区域特色品牌。肥城桃、泰山板栗、东平核桃获山东知名农产品区域公用品牌。新泰市被纳入全国经济林产业区域特色品牌建设试点市。10 月，参加第十七届中国林产品交易会，获金奖 33 个（其中“泰尚皇·黄精丝”连续三届获得金奖）、银奖 10 个，同时获优秀组织奖。

【食用林产品质量安全监管】 印发《2021 年“守护舌尖安全”食用林产品专项行动实施方案》《2021 年食用林产品质量安全监督抽检实施方案》等文件。对板栗、桃、葡萄、樱桃等 10 类果品开展监督抽检和风险监测，抽检 630 个批次，其中省级 480 个批次、市级 150 个批次，合格率均为 100%。

（石亚男）

渔　业

【概况】 2021 年，全市水产品产量 8.39 万吨，产值 22.76 亿元。主要养殖鱼类品种有青鱼、草鱼、鲢鱼、鳙鱼、鲤鱼、鲫鱼、泰山螭霖鱼、乌鳢、罗非鱼等，甲壳类有克氏原螯虾、中华绒螯蟹等。

【渔业资源养护】 组织县(市、区)、功能区完成水产养殖种质资源基本情况普查工作，普查养殖主体400余个，基本掌握全市水产养殖种质资源现状。实施渔业资源增殖放流，全市累计放流优质鱼种2569万尾。其中，东平湖放流鲢鱼、鳙鱼、草鱼等2534万尾，泰山螭霖鱼保护区放流螭霖鱼13.9万尾，岱岳区角峪水库测水配方项目放流鲢鱼、鳙鱼22万尾。

【渔业绿色发展】 继续实施水产绿色健康养殖“五大行动”（生态健康养殖模式推广行动、养殖尾水治理模式推广行动、水产养殖用药减量行动、配合饲料替代幼杂鱼行动、水产种业质量提升行动），遴选2家骨干养殖企业开展“五大行动”，绿色发展示范带动效果明显。对全市水生野生动物经营利用单位开展联合检查，开展水生野生动物保护科普宣传活动，组织水生野生动物经营利用单位通过2021年度年审。严格渔用投入品使用管理，制定《泰安市水产养殖用投入品专项整治三年行动方案（2021—2023）》，严厉打击水产养殖用兽药、饲料和饲料添加剂等违法使用行为。

【渔业安全生产】 开展渔业安全生产大排查大整治行动和三年整治行动，排查治理安全生产风险隐患，印发《2021年全市渔业安全生产工作要点》，开展应急演练5次，累计检查渔业生产企业单位77家次，排查治理安全隐患20余处。

（李临涛）

畜牧业

【概况】 2021年，全市生猪、牛、羊、禽存栏量分别为106.7万头、12.48万头、69.53万只、3732.3万羽，增长9.14%、16.09%、9.79%、12.46%；出栏量分别为150.17万头、8万头、121.65万只、11219.16万羽，增长22.6%、32.01%、26.07%、−3.52%。肉蛋奶总产量70.93万吨，增长0.7%。年内，泰安市畜牧兽医事业发展服务中心被省畜牧兽医局评为全省饲料兽药管理工作先进单位，获得山东省乡村振兴畜牧业项目争先创优竞赛一等奖，继续保持“省级文明单位”称号。

【畜牧产业化】 2021年，全市新增国家级产业化重点畜牧龙头企业1家，总数4家；省级12家、市级101家。全市畜牧合作社1050家，其中国家级示范社13家、省级35家、市级99家。年内，重点培植产值过10亿元的十大优势产业生猪生产和生态奶业，生猪存栏106.7万头，完成年度任务的101.6%；生态奶业产量25.3万吨，完成年度任务的126.3%，产值37.6亿元，完成年度任务的117.4%。全年争取中央资金到位5943万元，争取招商引资到位资金19.5亿元。金兰乳业种养结合全产业链生态循环发展模式得到农业农村部认可，作为粮改饲项目创新模式典型在全国推广。

【重大动物疫病防控】 全面加强牲畜口蹄疫、禽流感、非洲猪瘟等重大动物疫病防控。泰安市通过无疫区建设省级验收评估，肥城市作为全国首批便携出具动物检疫证明（B证）试点县成效显著，受到省畜牧兽医局肯定，宁阳县被纳入全国第二批试点县。完成春秋两季重大动物疫病强制免疫工作，应免畜禽免疫密度均达100%，免疫牲畜挂标率100%，抗体检测水平全部达到国家标准，全年未发生非洲猪瘟等重大动物疫病。

【畜禽养殖废弃物资源化利用】 2021年，全市1666家畜禽规模养殖场粪污处理设施配建率达100%，畜禽粪污综合处理利用率96.1%，超额完成年度目标任务。

【畜产品质量安全】 2021年，完成畜产品质量安全风险抽检669批次，其中市长特批“瘦肉精”应急专项风险抽检347批次；完成上级畜产品质量安全监督抽检559批次，兽药质量抽检33批次、青贮饲料质量抽样评价17批次、养殖环节瘦肉精监督抽检任务165批次，均未发现问题。

【品牌建设】 2021年，新泰市天信农牧发展有限公司、宁阳县西岭家庭农场、泰安金兰奶牛养殖有限公司、泰安立华畜禽养殖有限公司、山东肥山正园农牧科技有限公司等9家企业被评为山东省智慧农业应用基地。其中，新泰市天信农牧发展有限公司、岱岳区金兰奶牛养殖有限公司等4家企业先后获评省级智能牧场。创建省级标准化畜禽屠宰企业4家，争创全省十大（十优、十强）企业3个（新泰市获评全省十大家禽屠宰产业集群、肥城银宝食品有限公司获评全省十强健康肉产业集群、山东众客食品有限公司获评全省十优畜禽屠宰企业），2家超大型100万头生猪屠宰企业完成提档升级，生猪年屠宰量超300万头。

【饲料和兽药】 分级评定全市114家兽药、饲料企业，其中A级40家、B级53家、C级7家；实施动态监管，鼓励支持A级企业做大做强，加强B级、C级企业的监督管理，增强企业自建意识，提高监管效率，强化正向引领。山东泰山生力源集团股份有限公司等3家企业被评为齐鲁样板企业。泰安市海纳药业有限公司、泰安豪信生物科技有限公司等6家企业通过省级新版GMP验收。成功推荐新泰市天信农牧发展有限公司、泰安市立华畜禽有限公司作为农业农村部兽用抗菌药使用减量化试点养殖场。

10月25日，2021中国泰山农机线上博览会暨智慧农业发展论坛在泰安市举办
（刘含赟 供）

【畜禽良种繁育体系建设】 2021年，全面铺开第三次全市畜禽遗传资源普查工作，全市种畜禽场56家，其中原种猪场1家、原种羊场1家、一级奶牛场3家、一级种猪场6家、一级种蜂场1家、一级种羊场1家、祖代肉种鸭场1家、二级种猪场10家、生猪人工授精站3家、父母代蛋种鸡场8家、父母代肉种鸭场12家、父母代肉种鸡场3家、肉鸭孵化场3家、肉鸡孵化场3家。泰安市同成牧业有限公司创建成为省级畜禽遗传资源保种场，实现全市保种场零的突破。

（谷国安）

农业机械化

【概况】 年内，市农业机械发展中心更名为市农业经济发展服务中心，为市农业农村局所属正县级公益一类事业单位，挂泰安市农村经济管理服务站牌子。至年末，全市农业机械总动力553万千瓦，拖拉机保有量9.2万台，谷物联合收获机2.17万台，其中玉米联合收获机8280台。农作物耕种收综合机械化率90%。落实农机购置补贴资金4691元，补贴农户5534户。建成综合农事服务中心85家，加快农机合作社转型升级、扩规增效。举办“2021中国泰山农机线上博览会”，“三夏”生产等重点工作获市委、市政府主要领导签批。泰安市被评为全国整建制率先基本实现主要农作物生产全程机械化示范市，全国“平安农机”示范市创建工作扎实开展。市农业经济发展服务中心获全省农机购置补贴政策落实延伸绩效管理工作市级优秀单位称号，获全省“技能兴鲁”职业技能大赛优秀组织奖；继续保持“省级文明单位”称号。

【农机科技推广】 2021年，各县市结合实际，以玉米分层施肥播种、花生覆膜播种、小型园林机械等为推广重点，组织举办各类演示会、观摩会、培训班32场次。精量小麦播种、水肥一体化智能施肥等新技术广泛推广应用。全市推广使用各类拖拉机9.16万台，配套机具16.8万台（套）。

【农机深松整地作业】 2021年，新增80马力以上大型拖拉机264台，总数达7667台；深松机3030台；耕整机1.78万台。至年底，全市完成土地深松整地作业4.47万公顷（67万亩），其中作业补助项目2.07万公顷（31万亩），落实补助资金1081万元。

【农机科教培训及修配管理】 2021年，开展科技下乡活动78场次，开办农机化实用技术、新型职业农民、农机手等各类培训班100余期，培训1.1万多人次。加强农机维修和质量监管，组织检修各类农机具7万台（套）。

【农机安全服务】 以创建全国“平安农机”示范市工作为依托，开展“农机安全生产月”等活动，全市出动农机检查人员439人次，检查单位323个次，查处各类农机隐患257起。全年办理拖拉机联合收获机挂牌1557台，发放农机驾驶证715个，年审2434台，实现农机安全“零事故”。

【2021中国泰山农机线上博览会】（参见“商贸服务业·会展业”）

（刘含赟）

农业科研

【概况】 泰安市农业科学院（以下简称市农科院）是全市唯一一所综合性农业科研单位，前身为1958年创建的泰安地区农业科学研究所，2003年更名为泰安市农业科学研究院。2021年，与市水产研究所、市农业优质产品开发服务中心和市水产服务中心整合组建泰安市农业科学院，挂山东省农科院泰安市分院牌子，为市政府直属公益一类事业单位。

2021年，全院设小麦、玉米、农业资源与环境、植物保护、蔬菜、甘薯、食用菌、花生、杂粮、果茶、水产、生物技术和现代农业研究所13个。在职人员中，正高级职称22名、副高级职称47名，博士17名、硕士45名，享受国务院政府特殊津贴专家1名，山东省有突出贡献中青年专家2名，山东省农业农村专家顾问团成员2名，泰安市科技最高奖1名，泰安市专业技术拔尖人才8名。有国家现代农业产业技术体系小麦、食用菌和绿肥试验站3个，农业农村部农药登记试验资质4个，山东省现代农业产业技术体系小麦、玉米、食用菌和蔬菜专家岗位4个，花生、杂粮、甘薯、茶叶和水产试验站5个，省级创新平台1个和市级工程中心5个。年内，6人次分别获泰安市先进工作者、山东省科普奖先进个人、泰安青年学做新时代泰山“挑山工”先进个人、泰安市最美科技工作者、泰安市全民科学素质工作先进个人、泰安市“最美退役军人”称号；食用菌研究所被评为泰安市全民科学素质工作先进集体。

【项目争取】 2021年，全院新上纵向项目17项，其中国家级4项、省级12项、市级1项；承担横向课题及各类试验项目120项。全年到账经费1047.85万元。

【成果奖励】 全年组织验收评价科技成果21项。主持完成的“小麦水肥高效利用技术与应用”获山东省科技进步三等奖，“设施番茄根区调控关键技术集成与示范推广”获中国商业联合会科学技术二等奖，另有7个项目分获泰安市科技进步奖、山东省农牧渔业丰收奖以及淮海科学技术奖。

【育种工作】 全年有4个农作物新品种获国家、省级审定（登记）。其中，‘泰科麦36’和‘泰科麦44’两个小麦新品种通过国家审定，‘泰科紫麦2号’和‘新世纪999’小麦新品种分别通过山东省和安徽省审定。选育的42个小麦、玉米、花生等农作物新品系分别参加国家、省区域试验。

【知识产权】 2021年，全院获得授权国家专利12项。其中，“一种用于眼蕈蚊科害虫的杀虫剂组合物及其应用”“一组杀菌剂组合物及其应用”“含三氟苯嘧啶的增效杀虫剂组合物及其应用”3项技术获国家发明专利，“一种小麦灌溉设备控制阀结构”等9项技术获实用新型专利。“丘陵旱薄地花生高产稳产栽培技术”“灵芝提质增效栽培技术”“姜病虫草害绿色防控关键技术”3项技术分别被列为2021年度山东省和泰安市农业主推技术。制定泰安市地方标准《泰山茶标准体系建设指南》1项、《露地韭菜生产技术规程》等山东省蔬菜协会团体标准5项。全年发表学术论文50篇，其中SCI论文2篇；参编著作3部。

【成果推广】 围绕地方产业需求，在全市建设科技含量高、示范

9月17日，市农科院专家团队到三棵树家庭农场送农资、送技术

（陈震 摄）

带动能力强、影响力大的科技示范基地20处，促进技术成果的集成熟化和转化落地。6月，在市农科院汶口和马庄科技示范基地，自主选育的强筋小麦新品种‘泰科麦33’和高产节水小麦新品种‘泰科麦36’实打单产分别达822.7千克和803.1千克，均刷新泰安市优质强筋小麦和节水小麦实打单产最高纪录。

【科技服务】 开展“泰安农科先锋 助力乡村振兴”活动，根据基层需求，组织科技人员开展科技指导。外派9人参与援疆、东西部农业协作、市派第一书记和乡村振兴工作队工作。64名科技人员担任省、市科技特派员，为农业企业、合作社等新型经营主体申请市科技特派员项目8个，到账经费19万元；27名省科技特派员在全省科技特派员绩效考核中获“优秀”等次。全年科技指导、培训3000人次，发放技术资料4000份。

【农技培训】 依托泰安市基层农技人员培训基地平台，在严格做好会议备案和疫情防控工作基础上，有计划、有组织、分专业、分批次举办基层农技推广体系泰安培训班，培训全市6个县（市、区）的县乡两级农技推广人员467名。

【人才建设】 2021年，引进博士研究生1人、硕士研究生3人、本科生1人。8人取得正高级农艺师资格、3人取得高级农艺师资格、1人取得农艺师资格、2人取得助理农艺师资格。19名专业技术人员获聘高一级专业技术职称，8名技工系列人员获聘高一级技工岗位。

（王瑞霞）

水 利

【概况】 2021年，完成各类水利建设投资24.97亿元，完成4.58万公顷（68.7万亩）农业水价综合改革任务，完成81.68平方千米水土流失防治。王家院水库向泰安城区供水工程全面建成。编制出台《泰安市水利发展“十四五”规划》。超目标完成招商引资、对上争取任务。东平县成为全国水系连通及水美乡村建设试点县。4月27—29日，由山东水利学会主办，泰安市水利局、水利部科技推广中心山东省推广工作站协办的“第二届中国（山东）水利科技与生态建设博览会”在泰安举行。泰安市水利局继续保持“省级文明单位”“全国水利系统文明单位”称号，被评为全省脱贫攻坚先进集体、全市脱贫攻坚工作先进集体、新时代泰山“挑山工”先进集体。泰安市水利局、新泰市水利局、肥城市水利局、宁阳县河道管理保护中心4个单位被省委、省政府表扬为全省防汛抗洪表现突出的集体，8人被表扬为全省防汛抗洪表现突出的个人，1人被水利部表彰为全国水旱灾害防御工作先进个人。

【重点水利工程建设】 系统实施总投资298.61亿元5大类31小类353个项目，汶口坝拦河闸除险加固、堽城坝拦河闸除险加固、35座小型水库除险加固等重点水利工程全部完成，大汶河砖舍拦河闸等项目加快推进，水利基础设施投资惠民面大、带动力强的优势显现。大汶河防洪治理工程一期等26个项目完成竣工验收，7个工程被评为省级优质工程、省级文明工地。

【王家院水库向泰城供水工程】 王家院水库向泰安城区供水工程是《泰安市水安全保障总体规划》规划建设的泰安市引水安全骨干水网工程。2018年12月14日，泰安市发展改革委批准该工程立项，估算总投资89526.27万元。工程纳入泰安城区水生态环境治理工程PPP项目，建设期为2019年9月至2021年6月。

8月25日，王家院水库向泰城供水工程通过投入使用验收。图为11月24日记者拍摄的王家院水库 （陈 阳 摄）

2019年8月6日，泰安市水利局批复王家院水库向泰安城区供水工程初步设计，批复概算总投资96202.43万元，分两期实施：一期工程概算投资7.79亿元，实施王家院水库向大河水库和泷泽湖供水，工程内容概括为“3122”（三座景观生态坝、一座水库、两段管线和两座泵站），可从王家院水库向泰安城区年供水量4730万立方米；二期工程概算投资1.85亿元，实施王家院水库通过青春创业园自来水加压站向泰安城区供水工程，年调水量4380万立方米。纳入PPP项目实施建设的是一期工程，2019年9月开工，2021年8月25日完成工程建设和投入使用验收。“三座景观生态坝”为大汶河埠前坝（坝高3.0米、坝长271米）、埠阳庄坝（坝高2.8米、坝长272米）、南阳关坝（坝高2.5米、坝长401米）。“一座水库”为王家院水库防渗工程，工程内容为库底及坝坡防渗工程、库内隔坝挖除工程和围坝、绿化工程，实施后王家院水库总库容1900.7万立方米，死库容247.50万立方米，属中型水库。“两段管线”为王家院水库至大河水库供水工程管线和大河水库至市政府西泷泽湖供水工程管线，管线总长34.3千米，其中王家院至大河水库管线长30.1千米，设计流量1.5立方米/秒；大河水库至市政府泷泽湖管线长4.2千米，设计流量1.0立方米/秒。“两座泵站”分别为王家院水库泵站和大河水库泵站，王家院泵站设计流量1.5立方米/秒，大河水库泵站供水流量均为1.0立方米/秒。工程为岱岳区、泰安旅游经济开发区提供可靠水源保障，并为大河水库及泰安城区提供生态用水和城市景观用水，有效缓解全市水资源时空分布不均问题。

【农村饮水安全】 组织县（市、区）、功能区编制并实施2021年度农村饮水安全水平提升方案。完成投资4.8亿元，建成宁阳县华龙水业第一水厂等重点工程。改造提升531个村内管网，其中100个村被列入省“六稳”“六保”项目，补齐农村饮水安全短板。连续3年委托第三方开展市级水质检测。落实市级奖补资金，健全完善农村供水长效运行管理机制。

【农村水利建设】 按期完成投资1.54亿元引黄灌区农业节水工程二期建设任务，整治骨干渠道9.15千米，配套渠系建筑物89座，埋设灌溉管道66千米，新建及维修提水泵站34座、机井泵站525座，保障农业生产需要。

【水旱灾害防御】 印发《关于做好2021年水旱灾害防御工作的通知》，相继召开水旱灾害防御、水利防汛等会议，落实水库防汛“三个责任人”（行政责任人、技术责任人和巡查责任人）1626名、河道防汛责任人449名、山洪灾害防御县乡村三级责任人830名，组织培训2700余人次，促进责任人从“有名”到“有实”“有能”。修订完善预案方案1817个，开展演练180场次、4500余人，加强防汛物资储备和抢险队伍建设，确保关键时候拉得出、用得上、打得赢。调整公布8人组成的市级专家委员会和57人组成的专家库。开展联合会商7次，与县（市、区）视频会商5次，下发气象信息48件、山洪预警信息21期；启动水旱灾害防御Ⅳ级应急响应4次、Ⅲ级应急响应1次。组织市级7个督导检查组、县级20个督导检查组，“四不两直”方式全覆盖滚动式督查，累计检查水利设施860多处。在黄河、东平湖洪水防御期间，积极汇报争取，多途径分洪东平湖、大汶河洪水，协调大汶河上游控制洪水流量，历史上首次实现东平湖水向南四湖分洪。

【水资源管理】 深度落实“四水四定”（以水定城、以水定地、以水定人、以水定产），完成取用水管理专项整治行动，核查取用水单位4125个。开展农业灌溉机电井取用水管理专项整治行动，按节点完成核查登记。加快水资源监控系统平台建设，完善大汶河各闸坝、取水口监控设施，建立水资源税管理预警提醒机制。制定大汶河水量县（市、区）分配方案，科学编制《大汶河超载治理实施方案》，开展河湖生态流量保障工作。水权水市场改革取得突破进展，泰山区2家企业在中国水权交易平台完成水权转让。加快国家、省节水激励政策落地实施，创建24家省级节水型单位、2家节水型高校、3家节水标杆单位以及1家国家级水效领跑者，泰山区节约用水教育基地成为全市首个省级节水教育基地。

【河湖管理与保护】 印发第8号泰安市总河长令，组织召开全市河湖长制工作推进会议，推动各项任务落实。调整河湖长制组织工作体系，市河长办主任升格为由分工副市长担任。建成市级河湖长制管理信息系统，在全省率先创新出台河湖长巡河湖分级管理通报制度，市、县级全面建立河湖违法有奖举报制度。完成全市513段河湖矢量化数据校核、43条河道绿化任务，成功创建省级美丽幸福示范河湖10条，127条河湖达到省级美丽幸福河湖标准，完成138座中小型水库、5座水闸安全鉴定、147座小水库管理房建设，持续排查清理涉河湖违法违规问题，推进环保督察问题排查整改。

【水土保持】 治理水土流失81.68平方千米，完成目标任务的109%。黄河流域生产建设项目水土保持专项整治行动得到水利部黄河水利委员会肯定；肥城市、泰山百合水土保持科技示范园，分别成功创建为“国家水土保持示范县”“国家水土保持科技示范园”。省政府“十三五”水土保持考核评估，泰安市获得“优秀”等次；代表山东省迎接全国考核评估，获得“优秀”等次。

【移民后扶】 完成水库移民“十四五”规划编制，规划资金22亿元。完成116个库区移民后扶项目和33个三峡移民后扶项目的计划批复。完成水库移民培训。连续两年代表省水利厅接受水利部现场调研，三峡移民工作经验两次在水利部《水工程移民》杂志发表，在全省三峡移民项目推进会上作典型发言。

【行业发展】 完成承担的26项法治政府建设任务。制定《泰安市水利工程运行管理监督检查办法（试行）》等10个规范性文件，开展河湖管理保护立法调研，规范法制审核和公平竞争审查机制。制定全年水利监督工作计划，明确重点监督任务29项，强化县级水利监督体制机制制度建设。水影响评价制度等改革经验被省厅推广。全市办理行政处罚案件41件。市县镇村四级联动开展农村饮水安全大排查大整改行动及“回头看”，排查整改问题293个。与市检察院、公安局、住房城乡建设局联合开展泰安城区自备井监督执法专项行动，检查规模企业、学校等企事业单位和个体经营单位（个人）700余家，排查出自备井178眼，全部采取相应措施。开展水利行业安全生产大排查大整治专项行动，发现整改安全隐患406处，在全市安全生产综合考核中获得“优秀”等次。7个水利项目被确定为全市农民工工资支付工作“精品项目”。加强内部审计经验做法得到省内审协会肯定。

【南水北调】 协调东平县有关单位排查化解影响调水运行的各类问题，核实南水北调东线后续工程（东平县境内）征地范围，做好保障服务工作，保障年度调水任务顺利完成。

（赵春明）

黄河河务

【概况】 2021年，全市黄河河务工作按照以建设“幸福河、平安湖”为总目标，打造“两区三线”（防洪核心区、水资源调配区，河湖生态安全线、幸福单位保障线、黄河文化保护线），强化“四个支撑”（全面从严治党、干部人才队伍建设、规范管理、科技创新）的“1234”工作思路，统筹开展黄河、东平湖和大汶河下游的防汛、工程建设与管理、水政执法等重点工作，年度各项工作任务全面完成。黄河秋汛洪水防御取得全面胜利，实现黄河、东平湖安澜的双赢目标。编制完成《新阶段东平湖综合治理提升方案》。东平湖蓄滞洪区防洪工程通过黄河水利委员会（以下简称黄委）竣工验收。石洼闸被评为黄委示范工程，黄河东银铁路文化展馆被泰安市委命名为“红色党性教育资源基地”。

【防汛工作】 严格落实以行政首长负责制为核心的各项防汛责任制，初步建立大汶河流域雨水情信息共享机制。汛前完成工程普查、河势查勘、根石探测、涵闸启闭、防汛演练等技术基础工作，修订完善预案方案，调整落实群防、专防队伍，

10月12日黄河秋汛期间，航拍东平湖八里湾闸向南水北调干渠泄洪

（刘性泉 供）

抓好防汛料物、机械的储备、代储等。防御台风“烟花”及多次强降雨措施得力，提前开闸泄水腾库，精准调度出湖水量，督促落实金山坝防守、群众迁安等应急措施。

【黄河秋汛洪水防御取得全面胜利】 面对黄河、东平湖“两线作战”的不利局面，提前预置抢险力量、料物、设备，“一个流量、一方库容、一厘米水位”地精细调度东平湖泄洪闸门79次，泄洪7.5亿立方米，全年累计泄洪18.79亿立方米。“拦、蓄、送、排”综合施策，首次实现大汶河上中游水库、塘坝等拦蓄水工程统一联合调度，首次利用大汶河琵琶山引水闸分洪，首次利用南水北调济平干渠渠首闸、玉斑堤魏河闸、八里湾船闸等实现多渠道泄洪，首次启用八里湾泄洪闸泄洪，首次向南四湖泄洪。各级机关151名干部职工下沉一线，与基层职工、群防队伍合力防洪。派出11人组成防汛专家组驻守金山坝，指导地方政府抢险。预加固及出险工程9处105道坝，消耗石料57661立方米（其中抛铅丝笼21115立方米），耗资2147.66万元。泰安市政府紧急调拨1.4万吨防汛石料、5吨铅丝支援黄河抢险。东平湖老湖超警戒水位运行25天，各级领导亲临防汛一线检查指导。各类工程运行平稳，实现黄河、东平湖安澜的双赢目标，获水利部、黄委、山东黄河河务局和山东省防汛抗旱指挥部等各级秋汛洪水防御先进集体表彰7个、先进个人表彰24名。

【防洪工程建设与管理】 贯彻落实《黄河流域生态保护和高质量发展规划纲要》，认真梳理东平湖重大问题，配合山东河务局编制完成《新阶段东平湖综合治理提升方案》初稿，配合地方政府推进东平湖老湖区防洪综合治理工程前期工作。配合上级推动黄河下游“十四五”防洪工程、引黄涵闸改建、安全监控系统等工程前期工作。东平湖蓄滞洪区防洪工程通过黄委竣工验收。实行工程维修养护物业化管理模式，打造工程管理示范段，公益水闸标准化管理试点“三册一表一台账”示范文本在黄委推广，4座水闸完成安全鉴定，2处基层段所开展标准化、准军事化管理试点。完成视频监控全覆盖项目建设，新增监控点123个、无人机22架、视频会议终端11台，实现视频监控、段所无人机及五级视频会商系统全覆盖。

【水政】 持续深化河湖监管，维护河湖良好水事秩序。推进“八五”普法，参与《中华人民共和国黄河保护法》《山东省东平湖保护条例》立法调研工作，招募普法志愿者485名，开展普法活动，形成多元化的大普法格局。与濮阳河务局共建省际交叉河段联防联控机制，东平县建立“生态110”联动机制，实现司法保障全覆盖。推进河湖“清四乱”常态化规范化，完成自查整治“四乱”（乱占、乱采、乱堆、乱建）问题463项，销号上级督办“四乱”问题31项，完成“一河（湖）一策”清单问题整改100项。开展日常河道巡查800余次8.4万多千米，制止查处违法行为54项，首次组织完成行政处罚听证会和行政复议。加强涉河项目监管，推进浮桥整治规范提升专项行动。强化水行政执法监督考核，建设河湖执法监管视频监控室。

【黄河文化建设】 完成石洼闸、林辛闸、十里堡闸三闸生态文化景观初步设计方案，增设“民国治黄功德碑”附碑1块，进湖闸管理所黄河文化展室初具雏形。完成“东平湖黄河文化标识高地”建设资料的整理编辑，形成文稿约30万字。

（刘性泉）

编辑　校对　　戚淑娟

工业及新型工业化

综　述

【概况】　2021年，全市工业经济向高质量发展转变取得显著成效。全市规模以上（简称规上）工业增加值增长8.3%。全市规上工业企业累计实现营业收入2717.3亿元，增长21%；利润151.4亿元，增长51%。

【防疫物品生产】　申报生产能力建设支持项目16个，争取中央财政补助资金3163万元，保障泰安市医药企业产能建设持续开展。年末，全市有口罩生产企业13家，每日产能550万只。其中，医用口罩生产企业7家，每日产能305万只；医用隔离衣重点生产企业2家，每日产能6万套；医用防护服生产企业2家，每日产能达10.1万套；隔离面罩生产企业1家，每日产能1万个；84消毒液、75%医用酒精等的消杀产品重点生产企业5家，每日产能100余吨，能够满足泰安市疫情防控所需。

【服务配合新型工业化强市建设】开展新型工业化强市战略规划调研，研究分析工业发展现状，盘点资源禀赋，解析各产业链重点企业、项目的发展方向、商业模式、核心竞争力及存在问题，客观判断泰安市产业发展水平和竞争优势。全力推动高端装备和智能制造、新一代信息技术、新材料、高端化工、纺织服装五大产业创新突破、做大做强，岱岳区（绿色建筑材料）特色产业集群、宁阳（基础零部件——钢球）特色产业集群入选山东省特色产业集群，其中，“山东泰安岱岳区（绿色建筑新材料）特色产业集群”在全省特色产业集群综合评价中位列第6位。

【举办首届“泰山产业大集”】　举办首届“泰山产业大集”，采取线上平台、固定展厅、线下展会“三位一体”模式，对泰安优势产业进行集中展示推介。展会期间，“线上＋线下”观展人数达到54万人次，集中签约采购项目37个、合作项目7个，合同额分别为90.13亿元、12.95亿元。打造“泰山产业大集”线上平台，线上实时展示企业630家、产品3200项。建设“泰山产业会客厅”，打造保产业链供应链的重要抓手和推进发展的有效平台。

【安全生产】　落实安全生产专项整治三年行动，制定印发《全市民爆行业安全生产百日攻坚行动工作方案》，实现监管全覆盖民用爆破产品（简称民爆）经营企业5家，累计完成督导检查60余次，排查各类问题94项，均全部整改到位。落实好安全生产驻点监管工作，派出化工园区、企业驻点监管工作组23个，监管人员55人；成立民爆经营企业流动驻点监管工作组5个，抽调民爆驻点监管人员13人。

【企业家培训】　组织优秀企业家申报山东省“行业领军企业家”“优秀企业家”称号，山东润德生物科技有限公司董事长卢伟被评为山东省行业领军企业家，泰山集团股份有限公司总经理、山东鲁能泰山电力设备有限公司党委书记、总经理侯传新，路德新材料股份有限公司董事长梁训美被评为山东省优秀企业家。先后组织20余家企业参加欧亚国际工业博览会、中国国际工业博览会、长沙国际工程机械展览会、中国国际中小企业博览会，展示泰安企业形象，宣传泰安政策环境。

（朱玉祥）

·行业管理·

【“泰山学堂”培训】　组建“泰山学堂”，全方位服务、全要素赋能民营经济发展。以商学培训为入口，围绕企业迭代升级和企业家素质提升，提供“商学培训、管理咨询、产业投资、科技赋能、助推加速和上市服务”六位一体的全方位、全要素、系统化赋能服务。5月31日，“泰山学堂”揭牌成立，企业家领军班正式开始授课，114名企业家入选培训。至年底，共举办培训7次，培训民营企业家2000余人次，走访学员企业70余家。借助泰安产业赋能基金等平台资源，推动优质企业走向资本市场，对泰安大陆医疗器械有限公司、山东粒子光速科技有限公司、山东云天安全大数据技术有限公司3家民营企业投资共计7500万元。

4月1—2日，全市规上制造业企业技改扩规全覆盖现场推进会召开

（司刚 摄）

【行业协会】 在全市重点行业和新兴行业中，指导建立一批经济发展亟需、政社分开、独立运作的行业协会。发挥行业协会在行业自律、企业维权、交流合作等方面作用，搭建政府、企业沟通交流桥梁，初步形成以“领军企业、领军人物”为主导，以行业发展为主线，以行业联盟为纽带，涵盖全市规模以上企业、大专院校、科研院所及中介机构参与的“点、线、面”相结合的组织体系和服务体系。年内，指导成立社会组织2家，分别为泰安市泰山科技金融服务中心及泰安市泰山产融服务中心。推进行业诚信体系建设，组织实施“信用进企业”活动，开展企业信用管理暨信用修复专题培训活动，近百余名企业家、协会、商会负责人参加培训。开展慈善援助活动，指导行业协会、民营企业广泛开展捐资助学、公益培训等活动，增强行业协会、民营企业的社会责任。

【改革改制】 按照市委、市政府工作部署，原市行办更名为市民营经济发展服务中心，明确原市行办破产改制企业资产管理职能移交市国资委。9月6日，市委常委、副市长宋洪银主持召开专题会议，举行原市行办破产改制企业管理职能移交仪式，市民发中心、市国资委、市企业国资中心签订交接清单。9月24日，原市行办承担的破产改制企业资产管理职能基本移交完毕。

（李　燕）

工业运行监测

【概况】 全市规模以上工业增加值增长8.3%，比年初确定的6%左右的增长目标高2.3个百分点，两年平均增长6.8%。工业增加值784.9亿元，增长7.0%，比GDP增速高0.9个百分点；占GDP比重为26.2%，比上年提高1.7个百分点。工业用电量171.8亿千瓦时，增长18%，增速列全省第1位。工业税收105.2亿元，增长1.3%。

【工业运行分析】 37个在统大类行业有29个行业实现增长，增长面为78.4%。其中，黑色金属冶炼和压延加工业增长21.7%，金属制品业增加值增长50%，化学原料和化学制品制造业增长17.2%，食品制造业增长15.3%，医药制造业增长14.9%，汽车制造业增长11.9%，电气机械和器材制造业增长2%。全市9个县（市、区）、功能区规上工业营业收入除泰山景区外，均实现正增长，增长面为88.9%。

（朱玉祥）

工业技术改造

【概况】 全市在库工业技改项目569个，比上年同期增加114个，项目数量增长25.1%。受2020年同期石横特钢特殊因素影响等，全市完成工业技改投资增长－41.3%，居全省第15位。48个产业重点项目完成投资88.2亿元，4个市级重点项目完成投资37.4亿元。

【规模以上制造业企业技改扩规全覆盖】 市工信局印发《关于推进规模以上制造业企业技改扩规全覆盖的实施意见》，明确总体目标、重点任务、保障措施，推行“智能化技改”“技改 +”工程。推动传统产业改造升级做优做强，“一县一策”推进智能化绿色化技改。

【落实重大技改政策】 27 个项目进入省智能化技术改造奖补项目名单，3 个项目进入省重大技术改造贷款贴息项目名单。实施技改综合奖补，对肥城市等 5 个技改成效好的县（市、区）进行分档奖励，奖励资金 900 万元；落实 2020 年“机器换人”奖补项目部分剩余未拨付资金，奖补资金 660 万元。

（朱玉祥）

工业创新驱动

【概况】 全市拥有国家级制造业创新中心 1 家（山东中康国创先进印染技术研究院有限公司—国家先进印染技术创新中心），省级制造业创新中心 1 家（山东路德新材料有限公司—山东省高性能复合土工材料制造业创新中心），国家技术创新示范企业 1 家，省技术创新示范企业 25 家，省级工业企业“一企一技术”研发中心 25 家。236 个项目列入省技术创新项目计划。

【国家先进印染技术创新中心落户泰安】 完成投资 2.6 亿元。仪器设备到位 280 台（套），完成 95% 仪器设备安装工作。12 大实验室投入使用，取得 CMA 资质认定证书；建成国内最大的压电喷墨打印头专用微机电实验室，其中百级净化实验室 330 平方米、万级净化实验室 820 平方米，达到试验生产条件。高性能和绿色纺织化学品验证平台、先进印染装备及智能制造验证平台进行设备安装调试。累计引进技术专家 7 人、青年技术人员 56 人。持续开展工业压电喷墨打印头等项目研发。

【技术创新】 2 家企业入选省人工智能行业优秀企业，2 个项目入选省人工智能赋能制造业应用场景，泰山 AI 视频云入选省优秀创新产品与解决方案，6 家企业产品入选 2021 年山东创新工业产品名单，10 家企业的 11 项产品成功入选省首台（套）技术装备及关键核心零部件企业及产品名单，7 家企业成功申报省首台（套）技术装备及关键核心零部件保险补偿财政扶持资金 1070.98 万元。8 家企业被认定为 2021 年山东省技术创新示范企业，4 家企业入选山东省工业企业“一企一技术”研发中心，培育认定 25 家市级工业企业“一企一技术”研发中心。

（朱玉祥）

4月21—24日，泰安举办首届泰山产业大集 （陈 阳 摄）

工业化和信息化融合

（参见“信息化·数字化”类目）

企业培育

【概况】 工业领军企业 50 强实现营业收入 1680.1 亿元，增长 38.4%，比全部规上工业企业营业收入增速高 17.4 个百分点。新认定瞪羚企业 24 家、国家级专精特新“小巨人”企业 9 家、省级专精特新中小企业 63 家。全年净增“小升规”企业 100 家。全市有国家级制造业单项冠军和绿色工厂分别达到 15 家、20 家，瞪羚企业 63 家，省级专精特新中小企业 243 家，其中，国家级专精特新“小巨人”企业 16 家、国家级重点“小巨人”企业 12 家。

【清欠工作】 开展清理拖欠民营企业中小企业账款工作，全年共受理国家、省清欠投诉线索 23 起，其中不属于清欠范围 17 起，达成协议撤诉 3 起，清偿完毕 2 起，推动处理中 1 起，累计清偿民营企业中小企业账款 1158.7 万元。清欠专项行动台账中所有拖欠账款全部清零，累计清偿民营企业中小企业账款

67020.86万元，切实保护中小企业合法权益。

【“亩产效益”评价改革】 全市“亩产效益”评价改革企业信息采集、综合评价、结果公示等各项工作顺利完成，共评价规上工业企业812家，规下工业企业930家，资源要素配置、精准指导服务、产业政策引导机制基本完善。 （朱玉祥）

煤炭工业

【煤炭生产经营】 2021年年底，市内18处煤矿核定年生产能力1300万吨，累计生产原煤883.54万吨，其中，13处地方煤矿生产原煤416.47万吨、5处省属煤矿生产原煤467.07万吨。省外9处权属煤矿生产原煤208.41万吨。

【煤矿智能化】 全市煤矿装备进一步升级，省属煤矿和冲击地压煤矿全部实现智能化采煤，全年全市煤矿采掘机械化程度分别达到98.36%、99.55%，智能化开采产量达到41.6%。

【煤矿安全监管】 开展煤矿安全专项整治3年行动，全市煤矿共辨识各类安全风险4万项，开展煤矿安全执法检查92矿次，查出问题1403条，责令停止生产矿井1处，停止采掘工作面生产2个，停止设备使用3台次，实施行政处罚30矿次。年内，全市所有煤矿均实现安全生产。

【散煤清洁治理】 年内，全市共推广洁净煤8.7万吨、节能环保炉具6079台。举办全市“洁净型煤+节能环保炉具”推广对接会，组织抽检煤炭样品420个批次，全部达到清洁煤标准，率先在全省实现劣质散煤动态清零。

（吕孟辕）

·山东能源新汶矿业集团公司·

【概况】 2021年11月，山东能源集团启动产业区域整合，整合后新矿集团的产业板块、管理区域更加集中，主要分布在山东和内蒙古两大区域，省内区域重点布局煤炭+生产服务、生活服务业，内蒙古区域重点布局煤炭+煤化、煤电、新能源产业。煤炭资源储量201.7亿吨，管理的18对矿井核定产能3216万吨。其中，泰安区域5对，分别为孙村煤矿、华丰煤矿、良庄矿业、协庄煤矿、翟镇煤矿，核定产能合计570万吨。

【安全强基】 先后启动“大排查大整治”“安全生产攻坚行动”“安全警示教育”“强系统、强体系、强基础”等活动。强化安全管控，围绕生产管理、专业管理、灾害治理“三大体系”建设，明晰各层级安全责任，构建起全方位、系统性的安全生产管理体系。倡树“朴素的质量标准化”理念，规范工作面安装与撤除、工程施工、设备设施等竣工验收管理，井下所有工程实行拉线施工，确保动态达标。强化装备升级，投入24亿元实施装备升级，新建8个智能化工作面，新投用34台综掘机、7台掘锚机，消灭17个炮掘面，完成77部国Ⅲ单轨吊更换，事故率下降47.8%；投入5台应急柴油发电机组，提升极端天气安全供电能力。强化灾害防治，分类构建“一矿一策、一面一策”精准治灾体系，引进外部专家力量，形成“一区域一固定专家团队”技术服务格局，全面开展治灾评价及设计、技术咨询、会诊及技术人员培养。其中，在水害防治方面，联合西安煤矿科学研究院等院校，实施汶河流域“一张图、一体化”治水工程。强化全员培训，推动教育整合，重启成人大专、职工中专、高级技校招生，突出专业培养，拓展办学模式，组织安全培训等1.5万余人次。

【生产优化】 倡导“优化优化再优化，持续优化、循环优化”的理念，联合专业机构，组建技术团队，开展评价活动，帮助矿井理顺开拓布局、生产接续、系统布置、装备配套、劳动组织，“一矿一策”制定优化方案。加快浅部开拓和系统改造，启动“良庄煤矿两年期优化”“协庄煤矿三年三步走改造”等优化项目。良庄服务年限由8年延长到16年；协庄解放煤量1784万吨，服务年限由5年延长到20年。开展供电、通风、主运等专项优化活动，供电系统方面，整治电缆节点多、线路长、存量大、开关冗余等问题；主运系统方面，整治系统环节多、能力不匹配、运行效率低、占用人员多等问题；通风系统方面，整治系统线路长、风阻高、设施多、漏风点多、设备效率低及回风巷存放物料等问题，为矿井安全、集约、高效、稳定发展打下坚实基础。

【经营管理】 实施智能化、精益化、市场化“1+2”三化融合管理，做实“财务、选煤、控员、资产”等管控措施。深化财务管理，加大融资力度，维持“AAA级”信用等级。深化精煤战略，完成23项洗煤技改项目，全集团精煤回收率达71.9%。坚持精准用工，完成控员2951人，降低人工成本3.6亿元。强化资产盘活，开展“大清仓、大利库，大回收、大复用”活动，调剂设备2481台，盘活资产账面价值7.22亿元，回收现金流5.05亿元。

【深化改革】　实施机关机构改革，总部机关部室减幅21%，机关人员减幅33%。完善公司治理结构，建有董事会的企业全部实现外部董事占多数。推进混合所有制改革、亏损企业治理。大数据中心建设取得突破性进展，财务ERP项目全覆盖上线运行。科技创新再创新成果，《深部矿井锚注切顶自成巷关键技术及应用》获山东省科技进步一等奖。持续解遗留、促规范、防风险，一系列问题得到有效稳妥处置。

【创实党建】　以“双入双创”为指引，构建新矿“创·实”党建工作模式，推进党建工作与安全生产经营深度融合。深化党史学习教育，做实“我为群众办实事”，规划的8件实事件件落地。开展“喜迎建党百年、庆祝建企65周年”系列活动，组织开展“团结一致向前看，凝心聚力谋发展”形势任务教育。完成52家权属单位巡察“回头看”全覆盖。深化党建品牌建设，19部“我和我的支部”微视频被省委组织部展播，承办山东能源集团党的建设工作会议暨过硬党支部建设现场会。成立“新矿心”志愿服务总站，推出帮扶救助“十项精准”措施。疫情防控有力有序，矛盾化解及时有效，信访总量、交办案件、函访到访大幅下降，为企业发展创造和谐稳定的环境。　（赵士鹏）

·山东能源肥城矿业集团·

【概况】　肥城矿业集团前身是肥城矿务局，为山东能源集团重要骨干企业之一。2021年11月山东能源集团产业区域整合后，肥矿集团原隶属的梁宝寺煤矿、白庄煤矿、单县能源公司等骨干矿井全部划转至山东能源鲁西矿业公司。一对在建矿井甘肃平凉五举煤业划转至山东能源西北矿业公司。年内，肥城矿业集团着力培育现代物流产业板块，依托鲁西储配煤公司，落实“一保障、两优化”（保障能源安全，优化能源布局、优化能源结构）战略部署，承担起全省能源战略保供的重任。年末，企业资产78.87亿元；全年营业收入7.2亿元。

【战略发展】　年内，集团公司项目建设、内部管理、发展环境、基础支撑、政策扶持等发生系统性、整体性变化。战略帮扶阶段。1—8月份，按照能源集团“看住家、稳住局”的定位，与战略合作方进行协同帮扶，较短时间内理顺机制，实现人员划转，稳定队伍，抓好人力资源、组织机构、资产盘活、“僵尸”处置、闲置物资、历史遗留问题“六项瘦减”，有序培育曹庄煤矿转型、泰铝土地盘活、板带箔厂区土地盘活等“十个经济增长点”。战略定向阶段。8—11月份，按照能源集团统筹安排，肥城煤业公司相对独立运营，集团公司锁定“化解遗留问题、盘活闲置资产、转型发展”三大任务，倡树“能改变是新内涵，会挣钱是真本事，不亏损是有能力，精益化是硬实力，抓党建是根和魂”的理念，有序谋划、调研转型项目，加快鲁西储配煤基地建设。战略深化阶段。11月份能源集团区域化整合，肥城煤业公司及各权属矿井并入鲁西矿业公司、西北矿业公司，肥矿集团依托鲁西储配煤公司建设，加快改革转型。12月23日，能源集团听取集团公司年度工作汇报，要求肥矿集团围绕“六大主业”协同发展谋篇布局，进一步坚定信心，指明方向，振奋精神。

【鲁西储配煤基地项目建设】　该项目总体定位是，立足泰安，服务鲁西，联动山东，辐射全国，建设现代化、智能化仓储基地，构建贸易运输仓储掺配全环节业务链；打造煤炭应急储备承载区、公铁联运物流集聚区、煤炭行业转型发展先导区；形成山东区域应急能源供应支点，构建鲁西区域公铁联运物流网络，创新探索山东后煤炭产业转型发展模式，促进产城生态融合发展。总体目标是，基地储煤能力270万吨，物流吸引量670万吨，其中煤炭吸引量近400万吨、基地贸易量270万吨。8月27日，注册成立鲁西储配煤公司。

【规划实施“一园三区”】　围绕能源集团“煤炭、煤电、煤化工、新能源新材料、物流贸易、高端装备制造”六大主业，成立工作专班，对接海南智慧物流、山东能源上海期货交易所，发挥能源集团内部各要素资源的协同效益，推行煤炭、水泥、砂石、矿粉、钢铁、金属矿石等大宗物资交易，实物交割与期货合约相结合，构建“园区＋实体＋贸易＋产品＋网络货运（物流）”运营模式。一园，即综合物流园，盘活利用原泰山铝业北厂区，建设综合物流园，该园区与曹庄园区“一黑一白”（曹庄园区以储配经营黑色煤炭为主；泰惠园区以开展综合物流贸易，经营大宗钢材、石子、砂石、粮食等白色商品为主）协同推进。三区，即煤炭储配区，重点进行煤炭储备加工，立足鲁西地区，融入华东片区，逐步向全国辐射；煤炭生产加工区，对矿区铁路进行优化改造，建成环形路网，实现外来煤炭的深度加工与销售；新产业培育区，通过战略合作、土地作价入股等方式，引进新技术产业。

【培育实体支撑项目】 围绕提高园区综合创效能力，培育发展实体项目业务。新材料项目，与深圳大学开展产学研合作，研发无机充填材料，申报喷浆用添加剂、注浆加固用添加剂2个团体标准，根据对能源集团省内40余对矿井的调研，每延米成本比零添加节约320元以上，有较好的效益前景。智慧物流网络货运项目，依托鲁西储配煤基地和能源集团海南国际能源交易中心、山东国际大宗商品交易中心，整合区域上下游物流贸易资源，加快建设“网络+实体”“储备+贸易”智慧物流园区，规划建设区域大宗商品物流交易平台，建设“陆港通”网络货运平台，吸纳整合附近及周边货源和运力，年内完成整合车辆6万台，物流吸引量达到1000万吨，收入100亿元。选矿项目，建设300万吨的选矿项目，主要是从巴西、澳大利亚引进铁矿石进行加工，就近向石横特钢提供产品服务。拓展开展矿粉贸易业务，发挥毗邻山东日照港、青岛港的优势，持续供应各大中型钢企。环保防腐材料项目，引进战略合作者，加工生产环保材料，该种材料能达到全寿期的设计要求，减少设备、设施服役期间的防腐养护费用、防腐养护频次，将来可以广泛应用到户外钢结构件及型材、井筒装备、管路、液压支架及井下设备、钢结构厂房的防腐、企业厂房、生产线设备防腐。

【破解难题】 集团公司着力解决一批难事要事，严抓落实，班子成员分别包保，签订考核责任书，倡树“有人负责我配合、无人负责我负责”“认真就是水平、落实就是能力”的担当意识和卓越执行力，全力攻坚历史难题。重点化解人力资源“三多三少”（富余人员多、专业人才少，管理人员多、一线人员少，年长人员多、年轻人员少）的问题，通过实施帮扶、畅通出口等举措，管理人员减少43%，机关部室减少50%。化解出僵治亏问题，通过法院判决、资产组包拍卖、召开债权人会议等方式，对5家企业进行妥善处置。化解民营企业欠款“官司诉讼”的问题，坚持一企一策，灵活采取多种谈判方式，全年民营企业欠款完成清零总目标，同时对自储物资、代储物资实现“双清零”目标。化解存量资产“闲置浪费”的问题，通过资金运作、债务折让、税收筹划，实现财务创效；实行财务集中核算管理、资金集中监督管理，压减机关部室、经费专班费用，实行收支两条线管控，严格资金预算的编制及支付审批。实施精益化管理，6个工作板块186个子项目、169项数据报表，逐个实施落地。化解了安全管理基础薄弱的问题，企业安全形势持续稳定。化解法务案件“风险短板”的问题，针对诉讼案件高发，法务风险大的实际情况，成立诉讼案件处理专班，指导、协助、督促、考核诉讼案件办理，集中化解法务风险，重塑企业信誉。

【关爱民生】 以对职工群众生活高度负责的精神，历经5次集中梳理，查阅自2003年以后档案资料2000余账册，摸清应补发的职工荣誉金、培训费、班中餐、伤残津贴、安全抵押金、一次性独生子女补助，应补缴的职工医疗账户、住房公积金等欠账底数。梳理急难愁盼问题28项、重点问题164条、急需办理的实事203项。梳理兑付公积金、医疗金、独生子女补助费、培训费、班中餐、各类抵押金、职工欠款等17项费用，涉及职工欠款全部解决。干部职工心齐气顺，想发展谋转型的思想行动高度统一。

（李文军　贾　刚）

输变电装备及电线电缆产业

【概况】 以“高端化、智能化、数字化、服务化”为主攻方向，坚持输变电装备与电线电缆“双轮”驱动，重点发展特高压交流成套装备、特高压直流成套装备、GIS等特高压成套装备及智能配电网成套装置、柔性直流输变电成套装备、智能巡检成套装置等智能电网成套装备。2021年，输变电装备及电线电缆产业中规模以上企业77户，实现营业收入283.9亿元，增长16.3%。　（颜大龙）

【泰开集团有限公司】 该公司是开发和生产1000千伏及以下电压等级输变电电器成套设备的大型骨干企业，是国内外知名的一站式输变电产品供应商，产品线覆盖低压、中压、高压、超高压、特高压全电压等级，涵盖开关、变压器、开关柜、电站自动控制、电线电缆等全系列产品，

3月3日，泰开机器人助力动能转换　　（陈　阳　摄）

致力于为用户提供设备制造、工程总包、运维服务的整体解决方案。企业综合经济指标居全国同行业前5名、山东省同行业首位。1980年，泰安县高压开关厂与泰安县机床电器厂合并组建泰安县电器开关厂。1984年，开发研制出DW2-35型多油断路器，DW2-35高压油断路器生产能力在全国同行业居第二位。1997年，组建泰安高压开关集团，并通过ISO 9001国际质量体系认证。1998年6月，加入山东泰山国际电缆电器公司。1999年，更名为鲁能泰山开关集团，生产的LW30-126户外高压SF6断路器，被评为1999年国家级新产品，获得国家实用新型专利；主要产品LW8-35SF6断路器获国家科技进步三等奖、国家火炬计划证书，产品销往全国各地，并出口苏丹、尼泊尔等国，国内市场占有率80%。2002年后，改制更名为泰开集团有限公司。集团占地面积300万平方米，建筑面积150万平方米，参与制定国家和行业标准上百项，拥有专利900项，其中发明专利60项，百万伏电压等级的组合电器、变压器、互感器、隔离开关等产品达到国际先进水平。集团先后获国家火炬计划重点高新技术企业、全国五一劳动奖状、全国守合同重信用企业、中国制造业企业500强等荣誉，“泰开”商标被评为“中国驰名商标”。

【特变电工山东鲁能泰山电缆有限公司】 该公司始建于1950年，前身为山东电缆厂，2003年由特变电工和山东鲁能联合组建，是特变电工输变电产业的核心骨干企业、山东省百年品牌重点培育企业、国家级高新技术企业、国家制造业单项冠军示范企业。该公司是国内大型电线电缆研发制造出口基地、电线电缆行业的标杆企业，具备750千伏及以下电力电缆、电缆附件、特种电缆、民用布电线、±1100千伏特高压交直流大截面导线等全系列电线电缆产品的研发、制造和试验能力。是国内较早从事110千伏、220千伏及500千伏高压、超高压电缆产品研制的企业，110千伏产品率先通过产品技术鉴定，220千伏产品较早实现挂网运行，330千伏产品一体化施工填补国家电网大长度运行的空白，可提供500千伏及以下电缆+附件+施工运维的系统集成服务。公司拥有国家专利43项、核心发明专利5项，先后参与制定国家标准、行业标准22项，获得中国机械工业联合会科技一等奖等大奖，被评为中国线缆行业最具竞争力企业10强企业之一。“特变电工”品牌获得中国驰名商标、中国名牌产品、山东省著名商标等称号。

【泰山集团股份有限公司】 该公司是国家级高新技术企业，中国锅炉与锅炉水处理协会副理事长单位、中国电器工业协会工业锅炉分会副理事长单位、中国城镇供热协会会员，国家级制造业单项冠军示范企业、山东省制造业高端品牌培育企业、山东省高端装备制造业领军（培育）企业，山东省产学研创新突出贡献企业。公司具有A级锅炉制造资质，A1、A2级压力容器制造资格和1级锅炉安装资质以及机电总承包三级资质和环保工程专业承包三级资质，主要设计、制造工业锅炉、电站锅炉、锅炉辅机、锅炉安装运输、压力容器、变压器、高压开关、电线电缆、电车线、余热制冷机组等产品，是一家具备产品研发、制造、销售与技术服务为一体的国家大型企业。（玄　长）

矿山装备及工程机械产业

【概况】 坚持“高端化、智能化、数字化、服务化”发展方向，持续推动“矿山装备、工程机械、农机、物料搬运设备”等领域高质量发展。2021年，矿山装备及工程机械产业中规模以上企业135户，实现营业收入153.7亿元，增长13.1%。（颜大龙）

【山东能源重型装备制造集团有限责任公司】 该公司是世界500强——山东能源集团的权属二级单位。成立于2014年12月，注册资本29.08亿元，是一家以装备制造、再制造、融资租赁和生产服务为主导产业的装备制造企业，权属二级单位14户，合并报表范围内的独立法人单位34户，经过多年发展，形成省内新汶、宁阳、泰安、枣庄、莱芜5个工业园区和省外新疆、内蒙古2个工业园区。主要生产销售采掘、支护、运输、提升、洗选、装卸全系列煤机装备及其再制造、工程机械等产品，主导产品出口俄罗斯、韩国、印度、印度尼西亚、土耳其、越南、马来西亚、澳大利亚等国家和地区。公司有高新技术企业6家、博士后工作站1家、省级企业技术中心9家、省级工业设计中心1家、石化装备再制造创新实验室1家、山东省技术创新示范企业2家。拥有核心知识产权574项。企业获得各类奖项97项，完成科技成果鉴定73项。2019年11月，企业自主研发制造的无人值守智能装车系统，属于国内首创，整体技术达到国际先进水平。2020年9月，加入泰安市泰山智能制造产业联盟，并当选理事长单位。2020年11月，与国内知名盾构机企业实施战略合作，共同生产制造高端盾构机产品，填补泰安市产业空白，实现技术变革和产业升级。该公司是泰安市工业领军“50强”企业、泰安市泰山智能制造产业联盟理事长单位；山东省高端装备制造领军企业、山东省新材料领军企业、山东省高新技术企业、山东省新型工业化产业示范基地、山东省数字化装备制造中心；千万吨工作面设备选型标准制定单位、机械产品再制造国家工程研究中心建设单位、中国循环经济协会再制造专委会理事长单位、中国煤机协会副理事长单位、中国煤炭机械工业优秀企业，连续多年位列中国煤机行业50强第二位。

【力博重工科技股份有限公司】 该公司成立于2005年，是国家重点高新技术企业、国家绿色工厂，是专一从事各类矿山、水泥厂、电厂、港口、码头等相关行业设备及配套产品开发与应用的专业化国际公司，是全国矿山输送装备行业领军企业。主营大型带式输送机、永磁同步变频电动机、矿用隔爆型三相永磁同步电动滚筒、带式输送机用逆止器、盘式制动装置等产品。主导产品“长距离大运力带式输送机”获2019年国家科技进步二等奖，产品技术水平达到国际领先，国内市场占有率61%，居国内行业第一位。公司拥有体制机制灵活的新型研发机构——力博工业技术研究院（山东）有限公司，拥有中澳散料输送联合研发中心、山东省企业技术中心、山东省带式输送机电工程技术研究中心、泰安市智能化散料连续输送产业工程实验室等科技平台。共申请专利300项，登记计算机软件著作权30项，登记作品9件，注册国内国际商标30项，制订国家行业标准8项，承担国家技术项目7项、省科技项目30项，获得国家级、省部级科学技术奖20项。

【泰安华鲁锻压机床有限公司】 该公司是国家级高新技术企业，承担国家“高档数控机床与基础制造装备”科技重大专项，是中国机床工具工业协会锻压机械分会常务理事单位，连续多年被评为“中国机床工具行业30强企业”。2018年公司引入战略投资者石横特钢控股集团有限公司和上海天绩冶金工程技术有限公司，实施增资扩股、实现强强联合；注册资本2亿元，产品拓展到锻压设备、冶金设备两大板块。其中锻压设备作为公司主营产品，涵盖数控卷板机、板料矫平机、开卷生产线、坡口成型机、剪折设备等系列化板料成形装备，产品呈现智能化、专业化、个性化发展格局，拥有完全自主知识产权，部分技术达到国际先进水平，多项产品为国内首创，堪称“国之重器”。产品

12月19日，泰安华鲁锻压机床有限公司车间　（司　刚　摄）

在船舶制造、军工装备、海工装备、风电核电、航空航天、桥梁钢构、汽车机车、有色金属、压力容器、煤炭机械、钢铁冶炼等领域广泛应用。公司坚持创新驱动发展战略，在引进、消化、吸收欧洲先进制造技术的基础上，与山东大学、南京理工大学、合肥工业大学、太原科技大学等知名高校深入开展合作，进行前瞻性、关键性课题研究。公司先后建立山东省大型数控成形机床示范工程技术研究中心、山东省省级企业技术中心、山东省工业设计中心等多个科技创新平台。公司先后引进外国专家、泰山产业领军人才、享受国务院政府特殊津贴专家等11人，攻克高强度钢板、爆炸复合板、各种有色金属等材料的成形加工技术难题，得到市场充分认可，为客户创造最大价值。公司拥有专利119项，其中，发明专利22项；计算机软件著作权20项；起草制定国家标准4项、行业标准19项、团体标准1项；已经取得ISO 9001、ISO 14001、OHSAS 18001、国家知识产权贯标4个体系认证。公司先后获得“国家知识产权优势企业”“中国产学研合作创新成果奖”“中国产学研合作军民融合奖”“山东省制造业单项冠军”“山东省专精特新企业”“中国专利山东明星企业”“山东省重点领域首台套重大技术装备”“山东省企业技术创新奖”等荣誉。

【山东索力得焊材股份有限公司】 前身为肥城矿务局南高余煤矿，1995年3月关井转产；1997年10月，气保焊丝项目投产；2003年8月，实施民营化改制，成立山东索力得焊材有限公司。2014年8月，变更为山东索力得焊材股份有限公司。2015年5月，公司股票在全国中小企业股份转让系统（新三板）正式挂牌，公司证券简称索力得，证券代码832398。公司主要产品包括气保焊丝和埋弧焊丝两大类，产品广泛应用于汽车、动车、船舶、工程机械、压力容器、煤矿机械、桥梁建筑、电力设备等制造行业的多个领域。公司注册商标“索力得”（SOLID），被认定为中国驰名商标，通过国际马德里商标认证。（玄　长）

汽车及零部件产业

【概况】 围绕新能源汽车及关键零部件核心技术和智能汽车等前沿领域开展技术攻关。支持整车企业做强做大，引导传统整车企业向纯电动、插电式混合动力、燃料电池汽车方向发展。2021年，汽车及零部件产业中规模以上企业45户，实现营业收入101.1亿元，增长7.1%。

【中国重汽集团泰安五岳专用汽车有限公司】 该公司是中国重型汽车集团有限公司的全资子公司，是一家拥有自卸车、特种车、消防车、挂车及其他产品等四大类产品的国有企业。该公司为始建于1950年10月的泰安农具铁工厂。1965年4月，更名为泰安汽车制配厂。2002年12月，成立中国重型汽车集团泰安五岳专用汽车有限公司。2015年3月，成为中国重汽集团独立出资的有限责任公司。该公司具备较强的专用车研发设计能力和生产制造水平，是集团公司最大的专用车生产企业之一，国内较早研发、生产自卸车的企业。致力于打造成为集团公司半挂车出口基地，各类半挂车、全挂车产品型谱全、质量高。是国内较早的特种车底盘生产企业，具备深厚的汽车起重机底盘和油田修井机专用底盘生产底蕴，形成驱动型式从4×2到14×10全系列的设计生产能力；2017年，获批消防车生产资质，开始进入消防车市场。先后获得国家级守合同重信用企业、中国专利山东明星企业、山东省富民兴鲁劳动奖状、山东省优质产品生产基地龙头骨干企业等荣誉。1人获评齐鲁工匠、3人获评山东省首席技师、10人获得泰安市首席技师和振兴泰安劳动奖章等荣誉。

【山东厚丰集团】 亦称泰安鲁美汽车散热器有限公司。始建于1972年，是一家车用散热器研制开发、生产制造与销售服务的专业化公司。公司拥有400台（套）国内外先进的自动化设备，12条现代化生产流水线，年产能力达150万台（套）车用散热器、20万台（套）汽车空调器及空调两器（蒸发器和冷凝器）。公司拥有省级技术开发中心、省级散热器产品质量检验站，年产销量100万台（套）。产品有8大系列1000种型号，包括铝质汽车散热器（全铝、铝塑）、铜质汽车散热器、工程机散热器、汽车空调器、空调两器、汽车暖风机、内置式钢管和铝质板翅式机油散热器、中冷器、工程塑料水室、塑料导风罩等。公司在全国行业内率先通过ISO 9001：2000质量体系、QS 9000质量体系认证及ISO/TS 16949：2002标准，产品获山东省名牌产品、山东省标志产品称号，“鲁美”“东岳”商标获“山东省著名商标”称号。

【山东润通齿轮集团有限公司】 公司成立于2006年10月，专业研发、制造重型卡车各类齿轮及差速器壳，产品主要面向中国重汽、一汽、二汽、陕汽、福田以及北方奔驰。公司通过 ISO/TS 16949:2009 国际汽车行业质量管理体系认证、ISO 14001:2004 国际环境管理体系认证、OHSAS 18001:2007 职业健康安全管理体系认证和国家安全生产标准化企业认证。获评“国家级高新技术企业”“国家级守合同重信用企业”“国家级绿色工厂”“瞪羚企业”“制造业单项冠军企业”，入选“山东省高端装备制造业领军（培育）企业”。“精密齿轮智能制造项目”被确定为山东省新旧动能转换重大项目库第一批优选项目，“多向智能精密成型项目”被确定为泰安市新旧动能转换优选项目，获“中国驰名商标”“山东名牌”认证，是泰安市双 50 强、新泰市双 20 强企业，达到年产 10 万吨锻件、2000 万件各类齿轮的生产能力，两获中国重汽集团金牌供应商，自动化、智能化、产品质量保证能力和节能环保程度均达到国内同行业领先水平。该公司申报发明专利 3 项，获得企业标准备案 1 项，通过科学技术成果鉴定 1 项，取得国家实用新型专利技术 21 项、国家软件著作权 12 项。

特色金属材料产业

【概况】 延伸特种钢铁材料产业链，推动特色金属材料与产业链下游协同发展。加快特色金属材料高端化转型进程，打造特、优、普产品全覆盖的产业体系。搭建特钢、铜材以及高端制造产业联盟，做强钢材、钢材贸易能力，保障区域特色金属材料供应。2021 年，全市新材料产业有规模以上企业 40 家，实现营业收入 453.5 亿元，增长 54.4%。（*颜大龙*）

【石横特钢集团有限公司】 石横特钢集团有限公司（以下简称石横特钢）地处山东省泰安市肥城市境内，以钢铁为主业，延伸至化工、金融等领域，连续多年跨入中国企业 500 强之列。钢材产品主要有建筑钢筋、锚杆钢筋、精轧螺纹、圆钢、电力角钢等，形成以建筑钢材为主打，以矿用支护用钢、电力角钢等专业领域产品为特色，以高强度合金钢、耐蚀钢、耐低温钢等产品为发展方向的产品体系。9 月 25 日，中国企业联合会、中国企业家协会、全国工商联发布“2021 中国企业 500 强”“2021 中国制造业企业 500 强”“2021 中国民营企业 500 强”“2021 中国民营企业制造业 500 强”榜单，石横特钢分别位居第 498 位、第 248 位、第 260 位、第 148 位。

生产经营。2021 年，面对跌宕起伏的钢铁行业形势和国家“双控、双碳”方向的确立，石横特钢主动适应外部环境变化，稳定有序推动项目建设。尤其是下半年进入经济运行状态，严格依照山东省工业和信息化厅要求实行限产，并妥善安置人员，确保企业无一人下岗，生产运营实现良好状态。全年实现营业收入 500 亿元，上缴税金 17 亿元，集团本部产品产销率完成 100％。企业品牌影响力不断增强，连续六年获评中国钢铁企业竞争力特强 A 级，连续三年入选山东省高端品牌企业培育名单，获得“较强专利创新力企业”“中国优秀钢铁企业品牌”“山东省重大工程推荐品牌”“全国优质建筑用钢品牌”等称号。“石特牌”产品多端发力，建材进入省内第一方阵，电力角钢国内销量第一，锚杆钢被中国冶金报推选为“中国锚杆钢之冠”。

企业管理。进一步理顺管理流程，提高管理水平，激活员工活力。6 月份，董事长张武宗著作《走长寿企业之路》出版发行。书籍的发行引起社会各界的关注，《中国冶金报》、今日头条等新闻媒体均重点推介，全联冶金商会、冶金规划院等单位纷纷来电参阅。书籍发行后，石横特钢职工深入学习并对“走长寿企业之路”思想进行贯彻落实。12 月份，编制完成《石横特钢基本法》及 30 项重大制度。年内，石横特钢多项管理成果获得省级荣誉。其中《钢铁企业共创、共赢营销管理机制的构建与实施》获评山东省企业管理现代化创新成果三等奖。

技术创新。大力开展技术创新，建立系统的重点经济技术指标水平体系，科学规范企业知识产权管理，技术创新成果突出，为企业发展提供有力的技术支撑。持续提升科技创新能力，年产品研发经费占营业收入比重 3.97%，提高技术创新投入回报率和社会效益贡献率。有可比性重点经济技术指标 50 项，达到行业先进平均水平 46 项，达到行业先进水平 38 项，达到行业领先水平 20 项，为经济效益持续提升作出重大贡献。年内，石横特钢有 14 项成果通过山东省冶金工业总公司组织的科技成果鉴定验收、10 个项目获得“2021 年度山东省冶金科技进步奖”、12 个项目获批山东省工信厅发布的 2021 年技术创新项目计划，继续保持国家级高新技术企业资格。

人才培养。完善人才培养教学设施建设，拓宽职称晋升渠道，鼓励员工通过艰苦奋斗实现收入增长。投资建设集教学、实训、考评、鉴定为一体的人才开发院，下大气力抓好人才培养和培训工作，全年组织开展管理论坛 36 场，开展基层干部培训班 2 期，完成 35 个职种、184 个岗位、365 个职级课程开发。2021 年共聘任新聘期专业技术职务

898 人，拓宽员工成长渠道，加大人才评聘力度，为历年聘任人数之最。7 月 16 日，正式发布实施《薪酬调整方案》。该方案确立新的收入体系结构，向奋斗者、专业技术职称、努力创新倾斜，增资幅度为多年来最大，年化人均增资 1.67 万元。石横特钢连续 5 年进行薪酬调整，员工收入实现稳步增长。

信息化建设。不断提升信息化、智能化、数字化水平，完成 ERP、MES、OA 办公等业务系统，实现生产、采购、销售、人事、生产等业务的主体流程信息化。高效推进“日成本项目、电子质保书、安全环保物流日费用、市场信息决策系统、业务流程管控、员工一卡通、装备管理信息化”等重点项目建设，实现信息整合及业务联动。推动设备平台、能耗分析平台、装备可视化平台、工程项目管理平台等项目的实施，实现“MES、ERP、数采平台、点检系统、设备管理平台”等数据抽取及展示，为专业管理提供实时数据支撑，填补装备工程管理信息化方面的空白。

绿色发展。紧跟时代步伐，科学规划低碳布局，加快实现超低排放，高质量推动绿色制造。落实国家“碳达峰”“碳中和”政策，8 月 4 日，与冶金工业规划研究院举行战略合作签约仪式，重点推动节能与能效提升、用能及流程结构优化、绿色布局、循环经济产业链构建、低碳技术创新应用五大降碳路径。按超低排放和 A 级企业要求推进绿色工厂建设，投资近 2 亿元建设除尘设施，投资 1800 万元完成老厂区“雨污分流”，投资 2000 万元扩大绿化面积 50 万平方米，建设园林式公园 17 处，新配置清扫车洒水车 40 余台，厂区面貌再上新台阶。

企业文化。积极承担社会责任，通过设立 2000 万元教育基金、3000 万元见义勇为基金，建设千亩桃园等方式，以实际行动践行“共创共赢”的价值观。2021 年，出资 180 万元表彰奖励肥城市品学兼优的学生和贡献突出的教师；出资 82.1 万元奖励泰安市见义勇为先进集体和个人；累计投资 2500 万元成立并发展桃都果业公司，生产有机绿色肥桃，支持肥桃发展，产品达到“绿色食品”标准。全年帮扶救助职工 664 人次，发放慈善资助金、困难救助金、探视慰问金、金秋助学金等共计 293 万元。2021 年，石横特钢获得“全国抗击新冠肺炎疫情先进民营企业”“山东省第七届山东慈善奖”“山东省见义勇为爱心企业”“泰安市抗击新冠肺炎疫情先进集体”等荣誉，《与企业管理融为一体的企业文化》获得首届山东省企业文化优秀成果二等奖。（李慧星）

【山东盛德大业新材料科技有限公司】 该公司成立于 2015 年 7 月，注册资金 1.51 亿元，是一家专业从事有机涂层板的生产及深加工研发制造的高科技企业。公司以 0.1 毫米超薄级高精度金属板材制造为主导产品，产品广泛应用于航空、机车、精密仪器仪表、汽车制造、电气产品等多个行业领域。获得“泰安市 50 强企业”“山东省两化融合优秀企业”“山东省制造业单项冠军”等称号。（玄　长）

高性能纤维及复合材料产业

【概况】 构建“全产品体系 + 广应用场景”深度耦合的产业发展模式，打造产品结构持续迭代、应用场景拓展延展的高性能纤维及复合材料产业生态。2021 年，高性能纤维及复合材料产业中规模以上企业 62 户，实现营业收入 148.7 亿元，增长 25.1%。（颜大龙）

【泰山玻璃纤维有限公司】 1994 年 11 月建，主要产品为无碱玻纤毡、方格布、无捻粗纱等。1997 年 3 月，中国首条万吨无碱玻璃纤维池窑拉丝生产线投产。1999 年 11 月，更名为泰安泰山复合材料厂。2001 年 7 月，改制组建为泰安泰山复合材料有限公司；12 月实现债转股后，更名为泰山玻璃纤维股份有限公司。该公司隶属于中国建材集团有限公司，是国家专业从事玻璃纤维及复合材料制品研发、生产、销售的国有大型企业。年末，总规模达到 95 万吨 / 年，是全球 3 大玻璃纤维制造企业之一。主导产品无捻粗纱、短切毡、方格布、多轴向经编织物、热塑性纤维、细纱（电子细纱及工业纱）及制品、耐碱玻璃纤维等系列产品，应用于建材、交通运输、电子电器、化工、新能源等国民经济各个领域，远销北美、中东、欧洲、亚太等 70 多个国家和地区。公司是高新技术企业，拥有玻纤行业国家级企业技术中心、博士后科研工作站等研发平台，拥有国家认可实验室（CNAS）、DNV-GL 认证检测中心、博士后工作站等创新平台，拥有自主产权的节能环保玻璃配方及高性能玻璃配方、大型池窑设计及建造、纯氧燃烧节能技术、大漏板弥散技术、全自动物流输送、大卷装拉丝与络纱工艺技术、废丝回收利用等核心技术。自主研发新技术、新产品 400 项，其中承担国家“863”计划 3 项、国家科技支撑计划 1 项、国际合作 3 项；拥有有效专利技术 177 项，其中发明专利 17 项；获得省部级科技进步奖 17 项，其中“高 TEX 数无捻粗纱的研制”获得国家科技进步二等奖。2013 年被工业和信息化部、财政部认定为“国家技术创新示范企业”，2015 年被工业和信息化部认定为全国首批“智能制造示范企业”。

【泰安鲁普耐特塑料有限公司】 该公司成立于 2002 年 4 月，是国家级高新技术企业、国家科技进步二等奖获奖单位、山东省“制造业单项冠军”企业，主要生产航空航天、军事装备、海洋工程、船舶舰艇、安全防护、消防救援、体育户外、交通运输、日用五金等 36 个领域所用各种材料的高端“绳、网、线、带”产品，产品畅销美国、加拿大、日本、澳大利亚等全球 110 个国家和地区，是集绳网研发、生产制造、机械装备研制、国际贸易、技术服务、绳网艺术及文化为一体的综合性集团公司。公司拥有“综合院士工作站”、省级“认定企业技术中心”、省级“新材料绳网工程技术研发中心”、省级“绳网产业技术创新战略联盟”、省级“工业设计中心”、“中国绳网研发基地”。公司先后获得“国家知识产权优势企业”称号、“中国专利优秀奖”、“中国纺织行业专利金奖”；参与制定国家标准 6 项，牵头制定纺织行业标准 14 项；获授权发明专利 21 项、实用新型专利 91 项；公司通过三体系认证、知识产权管理体系认证；先后取得 CCS、CE、CCC、ABS、装备承制资格等多个国内国际产品和体系认证，成为国内绳网行业高端市场的引领者。

【泰安现代塑料有限公司】 该公司成立于 1998 年，是专业从事塑料土工合成材料研发生产的科技创新型企业。主要生产塑料土工格栅、长丝土工布、土工格室、工程纤维等新型土工合成材料，服务于公路、铁路、水利、环境治理等工程领域的软基础处理。产品市场遍布国内各省、市和自治区，并销往世界 50 多个国家和地区。2017 年，TMP 美国公司格栅生产线正式投产，实现中国土工格栅产品在美国本土制造销售。公司通过 ISO 9001 质量管理体系认证；产品通过中铁 CRCC 认证、欧盟 CE 认证；公司产品获得欧美第三方专业检测机构（TRI、SGI、BTTG）认可。公司是中国土工合成材料协会常务理事单位，被认定为山东省高新技术企业、省级企业技术中心。公司获得专利 20 多项、计算机软件著作权 6 项，其中发明专利 2 项、实用新型专利 19 项，拥有产品商标 3 个。公司获得“山东省科学技术进步奖”等。

（玄　长）

新型建筑材料产业

【概况】 提高新型建筑材料产业发展能级，拓展新型建筑材料产品品类，推动新型建筑材料产业与建筑安装产业深度融合，创新建筑及建材全产业链驱动模式，构建新模式引领、新业务拉动、新技术支撑的新型建筑材料产业生态圈，打造绿色新型建筑材料、绿色建筑产业循环共生的创新发展集聚区。2021 年，新型建筑材料产业中规模以上企业 118 户，实现营业收入 153.1 亿元，增长 22.6%。（颜大龙）

【泰山石膏有限公司】 该公司是以生产纸面石膏板为核心业务的新型建材企业，中国建材集团旗下的新型建筑材料生产企业，中国建材百强企业、中国最大的纸面石膏板生产企业，世界同行业第 7 名。在全国 20 个省（市、自治区）建立 30 条纸面石膏板生产线，拥有资产 30 亿元，主导产品纸面石膏板年生产能力达到 8 亿平方米，是亚洲最大的纸面石膏板生产企业。公司生产各种规格的纸面石膏板、装饰石膏板、护面纸、水泥缓凝剂、轻钢龙骨及相关配套产品 5 大类 60 多个品种。主导产品“泰山”牌系列纸面石膏板及系统产品作为新型轻质建筑材料，用作隔墙、吊顶，充

3月2日，泰山石膏有限公司车间　（陈　阳　摄）

分满足现代建筑要求，具有防火、隔音、保温、抗震、保健等功能，广泛应用于工商业及民用建筑。公司通过ISO 9001质量保证体系认证和ISO 14001环境管理体系认证，并成为国家倡导的“双绿色之星”企业。“泰山”牌系列石膏板产品获得“中国环境标志认证产品”“中国绿色建材名优品牌”“中国建筑装饰协会信得过推荐产品”“国家康居示范工程选用产品”称号。“泰山”牌纸面石膏板获评“中国名牌产品”，“泰山”牌商标被认定为“中国驰名商标”。泰山石膏的系列开发，拥有自主知识产权和专利技术与装备。公司的工艺技术、装备水平、产品能耗均达到国际先进水平，拥有专利486项，其中发明专利44项、实用新型专利396项、外观设计专利46项。

【山东路德新材料股份有限公司】 该公司主要生产经营基础设施建设专用新材料，包括土工格栅、土工格室、三维土工网垫、土工布、复合土工膜等土工合成材料，年生产能力2亿平方米以上，装备及技术水平在同行业中位居前列。产品主要应用于铁路、高速公路的路基增强加筋，水利堤坝除险加固，隧道、地铁等工程领域，远销30多个国家和地区，市场占有率稳居同行业前列，受到工程界专家和广大用户的普遍好评。公司系国家级制造业单项冠军示范企业、国家高新技术企业、国家级守合同重信用企业、国家高新技术产业标准化试点单位、国家知识产权优势企业、中国产学研合作创新示范企业、全国建材行业先进集体，山东省优秀企业、山东省瞪羚标杆企业、山东省新材料十强企业（第四名）、山东省硬科技品牌TOP50榜企业、山东省技术创新示范企业、山东省建材新材料产业集群龙头骨干企业，被列入泰安市工业领军企业50强。公司通过质量管理体系认证、环境管理体系认证、知识产权管理体系认证、职业健康安全管理体系认证、能源管理体系认证、两化融合管理体系认证、碳排放核查认证，是国家级智能工厂、绿色工厂。产品通过铁路产品（CRCC）认证、矿用产品安全标志认证、欧盟CE认证，“路德”商标被评为中国驰名商标，并通过马德里体系境外商标注册。该公司有行业科研平台2个、省级科研平台5个、省级院士工作站1个、国际科技合作基地1个，有科技部创新人才推进计划科技创新创业人才1人、享受国务院政府特殊津贴专家1人、山东省泰山产业领军人才2人、泰山英才领军人才4人。申请国家专利120项，获得省级以上科技成果奖20项，起草或修订各类标准40项。公司被省政府评为“山东省百家制造业高端品牌培育企业”“百年品牌培育企业”。

（玄 长）

现代食品产业

【概况】 一二三产全面融合，创新“核心能力塑造+优势赛道切入”的发展模式，着力培育中央厨房（预制菜）、乳制品产业两大食品支柱赛道，特色发展酒水饮料、功能与休闲食品、肉制品加工、饲料加工与宠物食品产业四大增长极，稳步发展粮油加工、盐加工两大优势赛道。2021年，食品加工制造、饮料业105户，实现营业收入291.5亿元，增长26.8%。

（颜大龙）

【蒙牛乳业泰安有限责任公司】 该公司是内蒙古蒙牛乳业（集团）股份有限公司在山东投资的分公司，2003年11月注册成立，拥有3大生产车间50条生产线，乳制品日生产能力达2100吨，是集生产冰激凌、常温牛奶、酸奶于一体的综合性生产基地。生产三大系列160多个品项的产品。主要产品有绿色心情系列雪糕、蒂兰圣雪系列冰淇凌、中国第一款专业儿童牛奶——

4月6日，蒙牛乳业泰安有限责任公司数智化工厂改造升级项目 （司 刚 摄）

未来星儿童牛奶、自主研发的零脂肪发酵乳饮料——优益 C、早餐奶、纯牛奶等，先后通过质量管理体系 ISO 9001:2000、职业健康安全管理体系 OHSAS 18001:1999、环境管理体系 ISO 14001:2004、食品安全管理体系 HACCP 认证。公司先后被评为“2006 年度全国优秀外商投资企业”“山东省消费者满意单位”“山东省放心消费示范单位”“省级守合同重信用企业”“山东省热心慈善事业先进单位”“山东省首批履行社会责任达标企业”“山东省轻工行业安全生产先进单位”“泰安市十大农业龙头企业”“泰安市管理创新十佳企业”等。

【山东泰山生力源集团股份有限公司】 该公司是泰山酒业集团投资建立的股份制企业集团，有控股公司 5 个、参股公司 3 个。公司致力于生物发酵技术产品的研发与生产，技术及生产水平国内领先，先后建成国内发酵饲料行业最先进液态发酵、固态好氧与厌氧发酵生产线，年生产能力达到 20 万吨，通过 ISO 9001 质量管理体系认证。年内，相继通过 ISO 14001 环境管理体系、ISO 45001 职业健康安全管理体系和 ISO 50001 能源管理体系的认证。担任山东省饲料行业协会常务理事单位、泰安市饲料工业协会副会长单位。公司为国家级高新技术企业、山东省“专精特新”中小企业、山东省瞪羚企业。该公司先后与中国海洋大学、天津科技大学、江南大学、山东大学、山东农业大学、齐鲁工业大学等高校联合组建省级企业技术中心、泰安市固态发酵产业技术研究院等研发平台；公司技术中心多次承担国家“863”计划项目、国家发改委农业循环经济项目、农业农村部农副资源利用项目、国家火炬计划项目、省科技重大专项等科研课题，拥有国家发明专利 7 项、实用新型专利 4 项。经过多年研发与工艺改进，先后开发畜禽微生态系列产品、酿酒酵母培养物、发酵豆粕、功能性小肽及膳食纤维等产品，为现代畜牧业的可持续发展、生态环保和食品安全贡献力量。

【山东泰山啤酒有限公司】 1979 年，泰安酒厂以啤酒生产车间为主筹建泰安啤酒厂。1988 年，啤酒生产能力 2 万吨。1997 年，啤酒生产能力 15 万吨，产品销量 12 万吨，“克利策牌”啤酒被授予省名牌产品称号。1998 年 10 月，通过 ISO 9002 国际质量体系认证。2000 年，改制为泰山生力源集团啤酒有限公司。公司引进全套德国克朗斯生产线，年产能力达 20 万吨。凭借先进、完备的工业设施和优美的景观规划，形成集生产、旅游、餐饮为一体的啤酒工业园区。公司主营业务为啤酒的研发、生产、销售，主打“泰山”“克利策”“泰山原浆”3 大系列近 20 种的啤酒产品。公司不断加大研发力度，成功开发泰山原浆系列（德式艾尔）和 IPA 系列特色产品，2018 年，特色啤酒占 70% 以上。公司设有省级企业技术中心，拥有山东省技师工作站、泰安市技师工作站两大平台。先后与山东农业大学、中国食品发酵研究院等单位，建立长期技术战略联盟。每年投入大量科研经费用于新品研发和啤酒酿造新技术的研究，技术革新与科技进步位于全国同行业前列。

（玄　长）

高端化工产业

【概况】 推动化工产业向“下游精细化、产品高端化、应用协同化”转型升级，聚力发展高端精细化工和化工新材料产业。2021 年，高端化学产业中规模以上企业 73 户，实现营业收入 310.6 亿元，增长 44.6%。（颜大龙）

【山东华阳农药化工集团有限公司】 该公司始建于1966年，注册资金2.01亿元，占地面积86.7公顷（1300亩），是以化学农药、化工为主导，集科工贸于一体的国有大型企业集团。该公司有员工 1350 人。拥有省级企业重点实验室、省级化学农药工程技术研究中心、省级企业技术开发中心、国家博士后科研工作站，是中国农药工业协会常务理事单位、高新技术企业，先后被评为中国农化行业十大质量品牌企业、山东省重点培育和发展的出口名牌企业。农药是该公司的核心产业，拥有杀虫剂、杀菌剂、除草剂、种衣剂 4 大系列，其中，基础化工产品主要有氯碱、氯磺酸、硫酸，精细化工产品主要有光气、氯乙酸、氯甲酸乙酯等。围绕农药化工、基础化工、精细化工三大产业，建设年产 3000 吨二甲戊乐灵、2000 吨灭多威、2000 吨克百威、1000 吨涕灭威等农药生产装置和年产 6 万吨离子膜烧碱、1 万吨光气、3000 吨三氯化磷、5000 吨氯甲酸酯类产品等化工中间体及精细化工产品生产项目。“华阳农药”在国内外享有较高的知名度和美誉度，是中国驰名商标，拥有 1 个中国名牌、5 个山东名牌、2 个山东省著名商标；建立覆盖全国 28 个省、市、自治区的产品推广、销售网络；向欧美、东南亚等30多个国家和地区进行产品输出。

【瑞星集团股份有限公司】 该公司是集肥料生产与销售、粮食收储与加工、土地流转、金融服务、科技研发、国际贸易于一体的大型现代化农业集团公司，总资产150亿元。是中国化工企业500强、中国制造业企业500强、中国民营企业500强、中国肥料制造业排名第7位、中国石油和化工企业100强。公司主要产品为合成氨、尿素、甲醇、淀粉、葡萄糖等，建有世界先进的粉煤气化装置和化肥生产装置。旗下拥有山东润银生物化工股份有限公司、山东祥瑞药业有限公司等子公司。企业建有完善的质量、职业健康安全、环境和能源管理体系，是国家级重点高新技术企业、山东省重点骨干民营企业。先后建成国家粉煤气化技术工程研究中心试验基地、山东省企业技术中心、山东省重点实验室，设立院士工作站、博士后科研工作站，与中国科学院、北京化工大学、南京工业大学、航天长征化学工程公司等多家科研机构建立长期稳定的协作关系，为企业发展奠定坚实的技术支撑。公司承担多项国家“863”计划项目和技术创新重点项目，获得省、市科技进步奖10项。被省政府授予节能突出贡献企业、智能制造试点示范企业、科技创新示范企业、两化融合贯标试点企业、制造业单项冠军培育企业称号。公司生产系统运行稳定高效，主产品尿素、葡萄糖产能、效益均居全国同行业前列。2019年，被工业和信息化部评为绿色工厂。

【山东农大肥业科技有限公司】 该公司创立于1995年，坚持走“产品领先、产学研合作”发展道路，为全国腐植酸肥单项冠军示范企业，“农大”品牌为中国驰名商标。企业建有国家企业技术中心、土肥资源国家工程实验室、国家博士后科研工作站、农业农村部腐植酸类肥料重点实验室等8个省部级以上重点研发平台，并与中国科学院、中国农科院、中国农业大学、山东农业大学等多家科研院校建立良好的合作关系。企业承担省部级科研项目10多项，自主研发的腐植酸活化技术、控释包膜技术、土壤调理技术填补国内空白，与山东农大、南京农大等共同开发的功能菌生防技术水平国内领先。企业拥有4项国际领先核心技术，累计申请专利100项，授权42项，起草制定国家标准4项，行业标准6项，地方或团体标准22项，获得山东省科技进步奖、中国专利优秀奖等省级以上奖励12项，为全国腐植酸肥料领军企业。 （玄 长）

4月16日，山东农大肥业科技有限公司农业大数据中心及新型生态肥智能化改造项目 （司 刚 摄）

新能源产业

【概况】 做大新能源发电装机规模，构建多能互补能源体系。统筹新能源资源开发和新能源装备材料融合发展，实现新能源装备产业全链式、规模化发展。2021年，新能源产业中规模以上企业42户，实现营业收入82.9亿元，增长23.4%。 （颜大龙）

【推进市“十四五”能源发展规划】 编制出台《泰安市“十四五”能源发展规划》，明确光伏、生物质、氢能、储能、新能源装备的发展方向和重点项目，提出加快能源结构优化调整、助推能源产业转型升级、加快能源装备产业发展、提升能源应急保障能力、提高能源消费利用效能、保障能源领域安全生产、构建现代能源发展新体系、强化能源服务惠民利民八大任务，打造全国重要的储气储能基地、采煤塌陷区农光互补基地、鲁中抽水蓄能基地，电网绿色智能升级、天然气延伸覆盖、清洁能源取暖改造、煤矿智能化提升、氢能示范推进八大工程。

【新能源发电】 至年底，新能源发电装机达到375.6万千瓦，增长20%，电力装机占比提高到49.8%，其中：光伏202万千瓦，风电49.3万千瓦，生物质23.1万千瓦，抽水蓄能100万千瓦，压缩空气储能1万千瓦。新能源累计发电52.97亿千瓦时，增长35.9%。非水可再生能源消纳责任权重达到24.15%，高于省分解激励性目标3.75个百分点。

【新能源重点项目】 2021年，实施首批11个"十四五"集中式光伏项目，共115万千瓦。投产新泰市翟镇100MW光伏、宁阳县鲁居30MW农林生物质电站、东平县12MW垃圾发电等新能源基建项目。户用光伏实现投产45万千瓦。新泰市、肥城市、东平县被列入国家分布式光伏整县推进试点名单。9月23日，全国首套盐穴压缩空气储能调峰电站10MW示范项目在肥城经开区成功并网发电，项目入选《2021年度全国能源领域首台（套）重大技术装备项目》《山东省2021年度能源领域新技术、新产品和新设备目录》。

（吕孟辕）

【山东超威电源有限公司】 该公司建设于2005年，是一家自然人投资的法人独资企业，注册资金1亿元，占地面积33.33公顷（500亩），有子公司山东超威磁窑电源有限公司。该公司具有年产电动助力车用阀控式铅酸蓄电池866万千伏安时和新能源动力电池120万千伏安时的生产能力，产品涵盖6大系列100多个品种。至年底，有员工1209人，专职研发人员102人，实验室建设面积1500余平方米，拥有各类研发设备300多台（套）。建设有省级、市级企业技术中心平台，市级产业技术研究院，省级、市级工程实验室5个平台。被工信部认定为"绿色工厂"，4个系列产品被工信部认定为"绿色设计产品"，是"中国绿色发展联盟"理事单位、国家级"两化"融合试点企业。（玄　长）

医药及医疗器械产业

【概况】 以"做强生物制药、做精化学制药、做大医疗器械、做优中药制药"为产业主攻方向，从源头上抓创新，以高端研发为驱动，积极招引化学医药项目落户泰安，加速推进生物医药、医疗器械产业发展。2021年，医药及医疗器械产业中规模以上企业26户，实现营业收入78.3亿元，增长19.4%。（颜大龙）

【山东泰邦生物制品有限公司】 该公司前身为山东省生物制品研究所，是2002年重组成立的合资企业，系国家定点的以血液制品为主，集科研、生产、经营一体化的国家级高新技术企业。公司有人血白蛋白、静注人免疫球蛋白、人凝血因子Ⅷ、人纤维蛋白原等在内的10个品种、25个规格产品，是行业内产品品种最为齐全的企业之一，优质的产品赢得市场的广泛青睐，品牌实力名列行业前三。公司先后承担多项国家"863"计划项目、国家重大新药创制专项及省级科技攻关项目，拥有专利技术60项。其中，2018年上市的世界首创新一代人纤维蛋白原，拥有速溶即用的特效，为抢救大出血患者赢得宝贵时间。2020年上市的人凝血因子Ⅸ填补国内市场空白，为乙型血友病患者治疗提供保障。公司于2018年投资25亿元建成占地面积17.3公顷（260亩）的泰邦生物科技园，全面实现生产过程的自动化、信息化、智能化，是亚洲规模最大、设备技术领先的血液制品生产基地。被列为国家卫健委和科技部重大新药创制及产业化项目、省新旧动能转换生物医药示范项目。在原料血浆保障充足情况下，园区实现1500吨血浆产能，供应15个品种、30个规格市场急需血液制品，

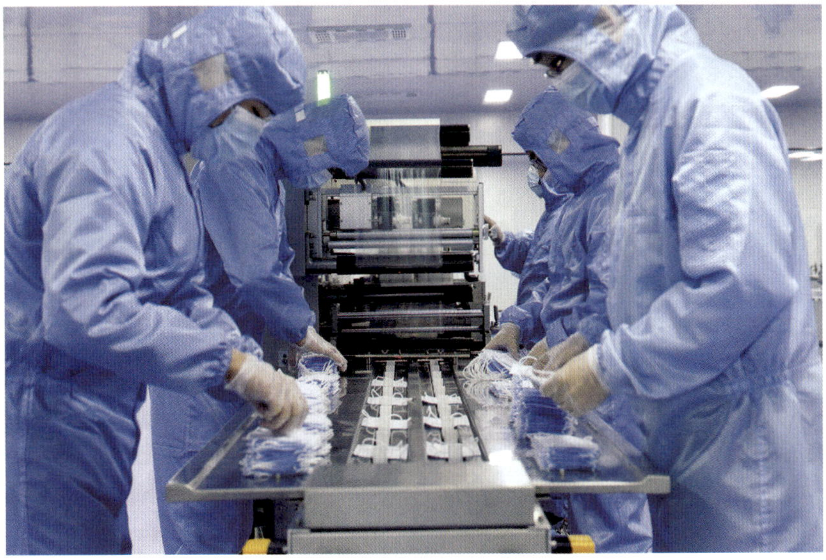

4月16日，汉昂医药集团大健康产业园医疗器械生产车间　（司　刚　摄）

实现年销售收入 60 亿元，创税 10 亿元。

【山东宝来利来生物工程股份有限公司】 该公司成立于 1996 年 8 月，是中国最早专业研究和生产动物微生态制剂的企业。动物微生态制剂是一种天然的生物活性制剂，无毒副作用、无耐药性、无药残，广泛应用于饲料厂、畜禽养殖企业，可有效替代饲用抗生素，有效解决因饲用抗生素滥用、化学兽药过量使用而导致大量多重耐药细菌产生、畜禽疫病暴发和食品安全等问题。该公司是国家高新技术企业、省技术创新示范企业、省“专精特新”中小企业、省农业产业化重点龙头企业、中国专利山东明星企业。相继通过 ISO 9001 质量管理体系、ISO 22000 食品安全管理体系和知识产权管理体系认证，获得中国驰名商标、山东名牌、山东优质品牌、山东知名品牌等称号，产品销售覆盖全国 30 多个省、市、自治区并出口东南亚多个国家，连续多年产销量位居国内同行业首位。

【山东润德生物科技有限公司】 2014 年成立，以生物制品的研发、生产、营销、国际贸易、技术服务为核心业务，主营氨基葡萄糖系列产品。企业获得国家高新技术企业、国家制造业单项冠军示范企业、中国轻工业科技百强企业、国家级绿色工厂、国家知识产权优势企业、中国发酵产业十强企业等称号。公司拥有年产 1 万吨氨基葡萄糖生产线，实现氨基葡萄糖全产业链的绿色生产，产品质量达到国际标准。相关技术被中国轻工业联合会鉴定为“国际领先水平”，并获得中国轻工联合会科学技术发明一等奖。

出版印刷产业

【概况】 贯彻创新、协调、绿色、开放、共享的发展理念，积极引导产业链协同化、融合化、多元化、绿色化，发展总部经济，打造版权新增长极，构建新闻出版产业新坐标、文化交流新高地。联动发展上游造纸，下游印刷、包装、出版业，形成高效的上下游配套体系。承接疏解北京非首都功能产业转移，加快新闻出版小镇建设，升级新闻出版产业集群发展模式，精准招引省内外新闻出版领域龙头企业入驻落户，打造新闻出版旗舰镇。2021 年，出版印刷产业中规模以上企业 29 户，实现营业收入 63.9 亿元，增长 29.1%。 （颜大龙）

【泰山新闻出版小镇】 坐落于泰安高新区，规划用地 653.2 公顷（9798 亩），分南北两个区域，计划总投资 400 亿元。依托泰山文化，承接北京新闻出版领域外溢项目，汇聚国内外新闻出版行业优质资源，以新闻出版产业为核心，以会展经济推动新闻出版业发展，以产业集群整合新闻出版产业资源优化、生产要素配置，优势互补，形成集聚发展的市场网络，打造新闻出版全产业链集聚平台。先后被列入国家发展改革委重点项目，省发展改革委、省新闻出版局的重点项目，山东省新旧动能转换重点推介项目，泰安市重点项目。2021 年 3 月，泰山新闻出版小镇被国家版权局授予“全国版权示范园区（基地）”称号。10 月，首届文化出版领域文创产品博览会在泰山新闻出版小镇开幕。12 月，国家版权局批准建设泰山国家图书版权交易中心，泰山国家图书版权交易中心线上服务平台初步开发完成，通过“大数据 +”方式打造图书版权交易产业链。至年底，60 余家企业签约入驻泰山新闻出版小镇，时代天华文化教育出版基地项目、出版物等文化产品供应链管理技术服务项目、泰山印刷博物馆项目投入使用，中国新闻出版传媒集团、中国大百科全书出版社、机械工业出版社、中国水利水电出版社、北京人天书店公司等新闻出版行业重点机构入驻，泰山新闻出版小镇产业集群效应逐步显现。

【山东天和纸业有限公司】 该公司是以制浆、造纸为核心，纸制品加工、造纸化工、废水治理为一体的大型民营企业。公司秉承“诚信、开放、包容、创新、尊重”的核心价值观，以提升产品核心竞争力、创新文化意境为使命，以做“性价比”最好的浆纸，打造事业共同体为愿景，始终坚持“只有客户满意，工作才有价值，只有客户满意，公司才有未来”的服务理念。公司秉承“大环保、大安全、高质量、高效率、生态天和、绿色天和”的宗旨，拥有资产总额 10 亿元，占地面积 40 公顷（600 亩），员工 1200 余人，年浆纸产能 45 万吨，拥有先进的造纸生产线 8 条，引进国际先进的安德里茨设备，采用 PRC-APMP 工艺进行多树种混合制浆，具有高松、亮泽、高强、洁净的特点。主要产品为高档出版用纸、食品级纸杯原纸、高松图画纸、簿本纸、牛皮纸、双面雅涂蓝数码工程纸、复印原纸、素描纸系列及高克重艺卡系列产品，其中系列产品“天和兴”牌复印纸获得“山东省著名商标”“山东名牌”。公司被评为“国家级高新技术企业”。

【泰中特种纸有限公司】 该公司成立于2012年，成立之初即将自身定位为小而精的特种纸生产企业，主要产品为防伪水印纸、液晶面板间隔纸、证券纸、彩色纸、彩卡、便利贴原纸、荧光纸。公司获得防伪水印纸、纤维纸生产许可证书，成为全国第四家、民企第一家具有防伪水印纸、纤维纸、增值税发票原纸及人民币毛票纸生产资质的企业。除接受国家特殊严格监管类订单外，以自身研发能力为依托，为用户研发并生产特定高端产品。"四川地税""广东地税""河南财政"等地方性防伪水印纸系列由该公司独家专供；为著名作家莫言出版的书籍独家定做防伪水滴纸；为Double A集团代工生产的特种纸品成功竞标国家工行用纸；是晨光集团可再贴原纸独家供应商，蓝美印复印纸供应商；得利文具"百事贴"原纸供应商，为其代工生产的复印纸成功竞标为G20峰会用纸。

【泰安百川纸业有限责任公司】 该公司成立于2002年，是山东能源集团旗下的特种纸研发、生产企业，拥有8条先进的特种纸生产线和成熟的技术人才队伍，产能12万吨。主导产品有羊皮纸、轻型纸、无碳原纸、字典纸、圣经纸、不锈钢衬纸、金箔原纸、胶版纸、双胶纸、道林纸、石膏板护面纸、纱管纸、卷缠绝缘原纸、离型原纸等十几大类几十种规格。公司先后通过ISO 9000、ISO 14000、OHSAS 18000"三位一体"认证和清洁生产审核，通过FSC森林环保体系认证。羊皮纸在国内市场占有率第一，出口亚欧美澳非五大洲；轻型纸在出版印刷业集中、市场竞争激烈的北京、上海等以品牌优势享誉市场。先后获得"国家质量信誉AA级企业""客户满意的十佳造纸企业"等称号，被山东省轻工业协会评为"山东省造纸行业先进企业""安全生产先进企业"，"百川"牌被认定为"中国著名品牌"，"百川"牌轻型胶版印刷纸和工业羊皮纸两个产品被评为"山东名牌产品"，注册商标"百川"被认定为"山东省著名商标"。 （朱玉祥）

纺织服装产业

【概况】 强化纺纱、绿色印染、服装代加工、产业用纺织品等环节的优势，推动产业链向高附加值环节延伸。2021年，纺织服装产业中规模以上企业69户，实现营业收入114.2亿元，增长15%。 （颜大龙）

【山东康平纳集团有限公司】 该公司始建于1998年，是生产高档毛纺面料和现代纺织染整装备的综合性企业，下属纺纱、织布、染色、整理4家分公司和泰安康平纳机械有限公司。公司主要生产高档粗纺呢绒、半精纺呢绒、精纺呢绒，羊绒、多组分纱线及各种纱线的染色加工，12个系列上千个品种。染整系列设备有自动化染色成套设备、多功能湿整设备、数控化后整理设备等。该公司是国家高新技术企业、国家技术创新示范企业、山东省创新百强企业、山东省智能制造标杆企业等。拥有国家认定企业技术中心等国家级、省部级研发机构，先后承担完成国家"863"计划、科技支撑计划、智能制造专项等国家级、省部级科研项目86项，获得国家级、省部级科技进步奖11项。公司以自主研发的国家科技进步一等奖成果——筒子纱数字化自动染色成套技术与装备，先后被列入国家首批智能制造试点示范项目、《中国制造2025》2017年度重大标志性项目、山东省新旧动能转换重点项目，"筒子纱智能染色工业示范项目"获得2018年中国工业大奖。

4月13日，山东天源服装股份有限公司研发设计及智能化生产车间
（司刚 摄）

【山东岱银纺织服装集团】 该集团是一家集纺织、服装、进出口贸易、跨国生产经营于一体的大型综合性企业。系全国棉纺织行业竞争力排名前20强企业、全国服装双百强企业、中国优秀民营企业、山东省重点工业企业集团。相继通过ISO 9001国际质量标准体系认证、ISO 14001国际环境管理体系认证、OHSAS 18000职业健康安全管理体系认证和“国家AAAA级标准化良好行业”确认。各种系列的纱、布、毛呢、服装产品远销日本、韩国、美国等国家和地区，在国内、国际市场上享有很高的声誉。集团培植发展的名牌产品“雷诺”服饰先后获“中国驰名商标”“中国国际服装服饰博览会金奖”“国家免检产品”“山东省名牌产品”等荣誉，销售网络遍布全国各大中城市。

【山东泰鹏集团有限公司】 1985年建，原名肥城县毛巾厂。1992年，与香港客商合资成立肥城市第一家港商投资企业——肥城泰鹏纺织有限公司，引进喷胶棉生产线1条，所产喷胶棉产品获“国家级新产品”称号。1996年，企业获得自营进出口权。1997年，组建山东泰鹏集团。集团下设子公司5个，其中新三板挂牌公司2个、国家级高新技术企业3个。主要生产环保滤材、智能家居、生态家纺三大系列产品。“安琪尔”家纺商标为“中国驰名商标”，拥有省级名牌产品2个、省著名商标1个。获得国家专利100多项，其中发明专利11项。为中国非织造布10强企业，山东省制造业单项冠军企业、山东省隐形冠军企业、中国产业用纺织品行业竞争力20强、山东省科技创新示范企业、泰安市工业领军50强。

【海斯摩尔生物科技有限公司】 该公司始建于2012年，位于宁阳县环城科技产业园金阳大街1299号，注册资金7800万元，占地面积14.67公顷（220亩），其产品主要为壳聚糖纤维、非织造布、医用护理巾等，是集海洋生物新材料、各式功能性纺织品及生物医卫纺织品等产业用纺织品的研发设计、加工生产、内外贸销售于一体的综合性企业集团。有员工58人，其中专业技术人员26人。该公司已拥有专利120项，其中2020年新申报专利6项。被认定为国家高新技术企业，拥有山东省院士工作站、山东省企业技术中心、山东省壳聚糖工程技术研究中心、山东省多糖生物质工程实验室，是9项国家标准和行业标准的起草单位。先后获2013年中国纺织工业联合会科技进步一等奖、2015年中国纺织工业联合会科技进步一等奖、中国专利银奖、山东省科技进步二等奖等奖项以及“全国纺织工业劳动模范先进集体”、“全国青年文明号”、“山东省新材料领军企业50强”、“山东省瞪羚标杆企业”等称号。（玄 长）

水电气生产与供应业

【城市供水】 （参见“城乡建设与管理”类目）

【天然气供应】 （参见“商贸服务业”类目）

【电力供应】 电力供应保障。2021年，全市全社会用电量累计244.94亿千瓦时，增长13.71%。其中，第一产业用电量3.38亿千瓦时，增长13.74%；第二产业用电量174.3亿千瓦时，增长17.63%；第三产业用电量32.6亿千瓦时，增长5.93%；城乡居民生活用电34.63亿千瓦时，增长3.53%。工业用电量累计完成171.83亿千瓦时，增长18.01%。

充电基础设施。至年底，全市共运营电动汽车充电设施202座、充电桩2285台，其中新建充电桩356台，初步形成布点高速公路及涵盖公共建筑物停车场、社会公共停车场、大型居民小区等区域的保障网络，构建起城区3千米充电服务圈。

简化获得电力。做好“简化获得电力工作”，10千伏用户办电环节压减至3个工作日以内，低压客户办电环节压减至2个工作日以内，高、低压电网服务平均时长压缩至6.6个工作日和0.97个工作日，居全省最优水平。

煤电机组关停。编制全市“十四五热电联产”规划，推进单机容量30万千瓦以下煤电机组关停整合。2021年，全市关停退出低效煤电机组10.8万千瓦。

【生物质清洁取暖】 选取部分村镇和单位作为试点，积极推动推广“生物质燃料＋专用炉具”分散取暖模式“生物质＋节能环保炉具”，成功申报国家北方地区冬季清洁取暖示范城市。2021年节能和新能源发展专项资金支持生物质取暖锅炉2台，生物质清洁供暖面积达4000余平方米。（吕孟辕）

【国网新源山东泰山抽水蓄能电站有限责任公司】 该公司于1999年7月注册成立，是泰安抽水蓄能电站和山东泰安二期抽水蓄能电站业主单位。泰安抽水蓄能电站位于山东省泰安市西郊、泰山二级风景保护区，为国家“十五”重点工程。工程总投资43.26亿元，电站作为山东省第一个抽水蓄能建设项目，共安装4台250兆瓦立轴单级混流可逆式水泵水轮机组，总装机容量100万千瓦，能有效利用夜间用电低谷电能，每年节约标准煤43.4万吨，节约燃油25.5万吨。自2006年第一台机组投产，公司秉承国家电网公司“人民电业为人民”的企业宗旨，在保障山东电网安全稳定运行和可靠供电等方面做出突出贡献，具有节能环保、改善生态环境等社会综合效益。山东泰安二期抽水蓄能电站位于泰安市徂徕山汶河景区，项目距泰安、济南、济宁、青岛、雄安新区的公路里程分别为20千米、70千米、105千米、260千米、449千米，地理位置优越。电站总投资101.86亿元，装机容量180万千瓦，安装6台单机容量30万千瓦可逆式水泵水轮发电机组，设计年发电量18亿千瓦时，设计年抽水电量24亿千瓦时。电站以500千伏线路接入山东电网，承担保障大电网安全、促进新能源消纳等任务。工程建设将拉动地区生产总值增长306亿元，增加电工装备制造业产值22.33亿元。电站投运后，每年可减少原煤消耗约65万吨，减排二氧化碳约130万吨、二氧化硫约0.87万吨、氮氧化物约0.33万吨，在提高电网质量、应付突发事故及保障系统稳定安全运行等方面起到重要作用；同时将促进地方基础设施建设，活跃地区商品市场，增加地方就业机会，为推动山东省、泰安市新旧动能转换，拉动地区国民经济发展，助力实现“碳达峰”“碳中和”目标做出积极贡献。

电网（电源）发展。全年机组共启动5514台次，增长48%，启动成功率100%，启动次数位居国网新源公司第一，超出第二名1000余次，其中2号机组创下单日启动16次的纪录；服务电网826次，大功率缺额正确动作7次。二期筹建期工程顺利开工，工程建设稳步推进，通风兼安全洞和进厂交通洞顺利进洞，完成年度施工计划。项目前期工作成绩显著，协助山东省能源局完成抽水蓄能“十四五”规划选址，成功签订项目建设合作意向书7个。

安全生产。2021年，公司坚决贯彻上级安全生产部署，坚持以“反违章”为抓手，强化现场违章查处；健全常态防控机制，从严从紧监督管控，积极协调，率先组织提前接种疫苗，新冠疫苗接种率100%，全员确保应接尽接。在煤电紧张、有序用电关键时期，公司发挥电网“稳舱石”作用，连续2月日均启动18台次以上，9月13日，创造单日启动47次的历史纪录，山东省电力公司以《收放自如的岱岳“神功”》为题，对公司在新能源消纳和保供电等方面给予高度评价，并在《电网头条》刊发。实施1号、2号机组C级检修、2号主变大修，首次开展夜间4台机组定检；开展2号机组励磁控制系统国产化、线路开关保护、中控室等关键设备设施检修改造，消除设备缺陷541条、隐患4条，落实反措整改8项、设备异动16项；完成全国“两会”等重大活动保电任务。加大现场“旁站式”监督力度，充分发挥监理作用，督促各工区、作业面安全监督管控，建立健全特种设备、危险品清单台账；严格落实岗位责任制，层层压实安全责任，狠抓施工现场安全管理，二期工程建设安全有序。

经营管理。2021年，公司提质增效取得实效，全年预算、现金流计划执行准确，完成多年挂账款项清理。研究独立核算方法，搭建管控系统两级账套和ERP系统财务模块，满足二期个性化需求；完善ERP系统配置，二期项目自动竣工决算功能上线实施。完成资金安全专项自查、互查，消除资金安全隐患；持续跟踪日元汇率变动情况，开展金融衍生品价值评估，防范汇率波动风险；顺畅衔接多维精益核算体系与“1233”资金管理业务。制定“双碳”目标落地工作措施49项；严格落实“项目负责人制”，把综合计划执行纳入专项考核。以时间节点控制为抓手，以现场工程量复核为依据，丰富人工、材料、设备询价途径，严把概预算审核关口，合规开展工程造价审核。

（胡　阳）

【国家能源集团山东石横热电有限公司】 该公司始建于1962年，占地面积240.87公顷（3613亩），担负为泰安、聊城、济南等地区供电任务。公司原隶属于山东电力集团公司。2006年4月26日，移交给中国国电集团公司运营管理，更名为国电石横发电有限公司。2019年3月，因中国国电集团公司与神华集团有限责任公司重组为国家能源投资集团有限责任公司，更名为国家能源集团山东石横热电有限公司。2021年，该公司以实现老厂转型为目标，积极应对煤炭供应紧张、价格大幅提升、新能源发展竞争激烈的困难局面，安全生产形势保持总体平稳，电力热力保供取得阶段性成效，重点领域风险防控进一步加强，厂区光伏实现投产，完成安全环保、经营回报、持续发展三大类指标承包任务，一期机组实现由纯凝机组向供热机组的转变，奠定“十四五”转型发展的基础。全年累计完成发电量77.17亿千瓦时，增加18.93亿千瓦时；售热量315.28万吉焦，增加43.21万吉焦；上缴利税0.83亿元。

职工结构。至年底，公司有职工1197人，本科及以上学历384人，其中研究生学历14人、双学位5人；拥有中级职称（含技师、高级技师）345人，占职工总数的28.8%。管理人员占10.9%，专业技术人员占6.4%，技能操作人员占73.9%。

安全管理。依据新颁布的《中华人民共和国安全生产法》和人员机构变动情况，对16个部门、524个岗位的安全生产责任进行修订，完善全员安全生产责任清单。公司与部门、部门与班组、班组与个人逐级签订安全生产环保责任制。完成元旦、春节、全国“两会”、国庆等重大节点保电任务。开展安全生产大排查大整治行动，整改各类隐患499项，更新559个设备设施和作业活动风险点。强化外委队伍管理，将外委队伍纳入双重预防体系，实行违章处罚积分制，强化安全教育，没有发生外委不安全事件。机组启停108台次无异常，增加26台次。开展16项应急演练，906人次参与，提升应急处置能力。2600人次参与《中华人民共和国安全生产法》、山东公司新修订的67项安全生产管理制度的宣贯学习，组织35人参加高压电工取证培训、96人参加双重预防体系培训，安全意识和能力得到提高。全年未发生重大设备损坏事故、人身轻伤及以上事故、负主要责任的供电供热中断等事故。

生产维护。完成7台次机组检修工作，累计工期296天，实施检修项目7930项，消除3号汽轮机2号主汽门阀座冲蚀、3号主变中性点CT处渗油等931项隐患。强化缺陷管理，消除影响安全经济运行的缺陷29426条。持续推进标准化建设工作，72个治理项目开工，竣工65项。对40个区域进行标准化治理及验收。承揽蓬莱公司1号机组C修部分工作。6号机组获得山东省网源协调性能300MW级金牌机组，在全国大机组能效对标竞赛中获得三等奖。技改项目顺利竣工，完成5号汽轮机通流改造、2号汽轮机切缸供热改造、1号汽轮机抽汽供热改造等22项技术改造项目。5号汽轮机通流改造后，热耗下降约每千瓦时147千焦，折算煤耗约每千瓦时5.5克；2号汽轮机切缸供热改造后供热能力最高可达每小时500吨、煤耗预计下降每千瓦时50克。智慧企业建设顺利推进，完成三期外围PLC系统改造，实现远程控制与监视；二期会议室展示屏完成安装调试。非停防控常抓不懈，制定四管泄漏治理专项措施52项，电气和热工保护可靠性措施105项，防止运行误操作专项措施18项。建立非停防范措施落实台账，实现方案表格化、措施清单化。开展锅炉防磨防爆检查，更换789根壁厚减薄超标受热面管、4号炉垢下氢腐蚀的870根水冷壁管。抓好焊接管理，完成3744个焊口探伤检验，检验率100%。机组延寿有序进行。1号、2号机组现场检测工作分别于5月20日、11月10日完成，蒸汽管道样管进行高温持久性能试验。12月15日，完成1号、2号机组延寿现场安全性评价，发现问题按计划整改中。环保管控措施到位，二氧化硫、烟尘等排放率99.8%以上。实施煤场封闭改造。完成氨站退运工作。强化设备治理和运行调整，提升石膏浆液品质。合规处置报废脱硝催化剂148.84吨和废矿物油10吨。完成一二期取水许可延期审批。11月，获得泰安市主动减排奖励资金。科技攻关取得突破。投入研发费用366.48万元，“基于机械分流的等离子点火调节”和“可视化智能吹灰系统”两项成果进入实施阶段，获得实用新型专利授权8项。一项成果获得山东公司科技进步奖。（许桂芸）

【国家能源泰安热电有限公司】该公司成立于2013年12月，股东及投资比例为：国家能源集团山东电力有限公司51%，山东能源肥城矿业集团有限责任公司42%，泰安泰山控股有限公司7%。公司位于国家级经济技术开发区泰安高新区，占地面积46.71公顷，装机容量70万千瓦，两台35万千瓦超临界热电联产机组于2015年投产发电。该公司扛起央企政治责任、社会责任，慎终如始巩固安全生产基石，凝心聚力促进经营管理提升，改革创新推动绿色转型发展，获评集团公司安全环保一级企业、山东公司经营业绩考核A级单位、2021年度山东省电力行业党建创新示范单位，获得高新区2021年度“高质高效发展优秀企业奖”。

企业发展。深入学习贯彻落实绿色发展理念。推进二期项目扩建，完成国家能源集团的评估，作为泰安市“十四五”期间发展的重要热源点纳入热电联产规划，1台21万千瓦背压机组列入山东省“十四五”小火电整合方案，并纳入山东省能源保障网项目库。推进向大汶口工业园供汽管网建设，规划路由全长 11 千米，向大汶口工业园提供安全、稳定、可靠的工业蒸汽。全面布局光伏开发，签订分布式光伏项目 17 个、集中式光伏项目 4 个，签订开发协议容量共计 271.2 万千瓦，连创区域内“四个第一”。9 月 30 日，由国家能源泰安热电有限公司、中国神华海外开发投资有限公司共同出资 3050 万美元成立国能（泰安岱岳区）新能源有限公司，主营发电、输电、供（配）电业务，同时开展电力行业高效节能技术研发、太阳能发电技术服务、节能管理服务、集中式快速充电站、农林牧渔业废弃物综合利用、休闲观光活动等一般业务。

安全生产环保。坚持以集团公司、山东公司 1 号文件为纲领，以安全生产标准化为主线，以双重预防体系为抓手，强化安全生产责任制，推行领导人员基层联系点和安全工作分级监察制度。开展安全风险预控，推动风险管控关口前移。持续实施电力安全生产专项整治三年行动计划。加强承包商管理，建立“黑名单”制度，督促诚信履约。强化应急管理，组织进行防汛、燃料紧缺和供热中断等 38 次应急演练和现场处置方案演练。推进生态环保管理提升，完成全厂水分级综合利用改造，消除环保隐患。开展“工作质量提升”活动，以可靠性为总抓手，设备管控为主线，推动设备主人责任落实，推进设备全周期管理。推进科技创新，鼓励自主创新，发掘科技创新潜能，加大科技创新投入，全年科技研发费完成 124.8 万元、科技投入 1923.06 万元。开展标准化建设，开展设备见本色综合治理，推进 20 个文明示范小区创建。严格控制无组织排放，通过山东省生态环境厅清洁生产工作复审。年内，未发生生态环境保护违法违规事件，受到山东省政府通报表扬，并获得重污染天气控制奖励 5 万元。

经营管理。牢固树立“过紧日子”思想，推动成本线下移，科学施策燃料保供控价，借助集团一体化战略优势，加大集团内部煤采购和兑现力度，超量兑现年度合同 37 万吨。以市场营销为突破口，精准把握市场“博弈规律”，找准政策调控和市场调控的契合点，统筹做好电热营销“量、价”双争。供热产能全面释放，供热覆盖面积达到 2270 万平方米。持续优化经济运行指标，合理配比掺烧，提高机组经济运行效率。精益财务管理，筹措保供运营资金，落实减税降费政策，争取财税政策奖励 330 万元。规范资产产权管理，完成主体工程基建竣工决算。

企业治理能力。发挥制度强基固本作用，“立改废”制度 124 项，覆盖领域更加全面，执行性更符合实际，提升规章制度建设法治化水平。编制完成《三年滚动规划》《2022 年度综合计划》。推进 3 项制度改革，强化队伍建设，设立新能源工作部和工程建设部。推进“法治国家能源”建设，做好普法宣传，举办《中华人民共和国民法典》专题讲座。严格重大合同提级审查制度的落实，做到法律风险和合规经营事前防范。强化全面风险和内控管理，开展内控评价，提高风险预控能力。持续做好信访维稳、档案和保密工作。统筹抓好疫情防控和生产经营，新冠疫苗接种“应接必接”完成率 100%，未发生员工及家属感染事件。（田珂珂）

·国网泰安供电公司·

【概况】 2021 年，泰安全市全社会用电量 244.94 亿千瓦时，增加 13.71%。公司完成电网基建投资 8.54 亿元。至年底，实现连续安全生产 8508 天。

【安全生产】 开展安全生产大排查大整治、“五查五严”（查思想认识，严明政治规矩；查制度体系，严肃制度执行；查安全管理，严细落实责任；查事故隐患，严抓安全防控；查法治建设，严格依法治企）与安全生产专项整治，查改各类隐患 2659 项。滚动修编全员安全责任清单。完成 835 项春秋检任务，改造治理 7 座变电站、16 条输电线路老旧设备。全市 66 户重要客户 104 项用电隐患见底清零。打造“20 分钟网格化防护圈”，35 千伏及以上线路责任跳闸率降低 35.1%。加装一二次融合开关 1447 台、跌落式熔断器 4055 组，配电线路故障停运率降低 47.1%，标准化配置率达 100%。补强 191 处防汛重点部位，成功应对 68 次恶劣天气考验。连夜架设照明、供电保障线路并安装照明灯，做好东平湖重大汛情电力保障。完成援豫抗洪抢险等 56 次重大保电任务。

【电网发展】 11 月 3 日，市政府与国网山东省电力公司签订“十四五”战略合作协议。全省率先取得陇东—山东特高压工程市级发改部门书面意见支持。服务全国的首座非补燃式压缩空气储能电站顺利并网。规范做好分布式光伏并网服务，全年新增并网 46.04 万千瓦。完成 35 千伏中天门站智慧化改造。基建工程全年

2021年11月3日，泰安市人民政府与国网山东省电力公司签署战略合作协议　　（胡金阳　供）

“14开工、12投产”。完成17项市政工程、5项客户工程涉及的106条输配电线路迁改任务。新建改造配电线路728.3千米、配变520台，新增容量17.76万千伏安。用时66天完成275项“煤改电”配套电网改造任务。

【优质服务】　促请出台10项优化电力营商环境支持政策，获得电力告知承诺制，并在全省推广。“一链办理”区县全面贯通，“三零”（零上门、零审批、零投资）、“三省”（省力、省时、省钱）节省客户投资6090.6万元。建成高新中心、景区中心2个“获得电力”示范区，形成入驻即送电、预安排客户零停电等8项样板举措。深化“四进”（进政府、进企业及省市重点项目、进各类交易主体及合作伙伴、进重要客户）走访，服务省市重大重点项目送电90项、89.69万千伏安。拓展带电作业深度广度，减少停电81.63万时户。稳妥推进电价市场化改革，逐户走访告知全市1.49万户高压工商业客户。落实“2021年泰安市为民要办十件实事”，累计建设投运充电站191座、充电桩1385台，基本建成泰安核心城区三公里充电服务圈。接续助力乡村振兴，建成全省首家电力爱心超市，获评山东省脱贫攻坚先进集体。

【企业建设】　学习贯彻习近平总书记重要讲话精神和视察山东重要指示要求、中共十九届六中全会精神。市、县176个基层党支部召开党史学习教育专题组织生活会，开展专题主题党日活动704次，现场教育及宣讲386次。完成市县公司党委换届选举，先后推出服务举措42项。“输电运检中心党支部”获评山东省先进基层党组织，泰山中心公海云获评“中国好人”“山东省道德模范”。　　（胡金阳）

编辑　校对　　刘　凯

建筑业

勘察设计管理

【概况】 至2021年年末，全市有勘察设计单位102家，其中建筑工程设计单位15家（甲级4家、乙级5家、丙级5家、丁级1家），一类施工图审查机构2家。全年完成建筑工程设计文件审查624项、建筑面积约1930.34万平方米；受理房屋建筑、市政类工程消防设计审查项目306个。

【施工图审查】 市住房城乡建设局印发《关于实行施工图设计文件阳光图审的通知》，全面实行施工图审查信息“五公开”制度，即通过施工图审查管理信息系统报送施工图的工程建设项目，在图审系统首页设置公示栏实时公示施工图审查基本信息、建设主体信息、审查机构信息、审查信息、违规信息，鼓励审查机构开发完善公众号或小程序公示施工图审查相关信息。规范施工图审查信息“三报告”制度，即审查机构按照《房屋建筑和市政基础设施工程施工图设计文件审查管理办法》相关要求，向监管部门和行政审批部门报告施工图审查有关情况，推进阳光图审。全年全市建筑工程设计文件审查624项，建筑面积约1930.34万平方米（不含装修改造类）。

【消防设计审查】 制定《建设工程消防设计审查、验收及备案工作服务指南》，明确工作标准和流程，指导各县（市、区）、功能区做好区域内的建设工程项目消防设计审查工作，全年受理房屋建筑、市政类工程消防设计审查项目306个，开展消防培训376人次。12月14日，公布由111名市内外专家组成的泰安市建设工程消防设计审查验收专家库（第一批）专家名单，参与全市建设工程消防相关政策咨询、评审论证、宣讲培训、应急处置、事故调查等技术服务工作。

【绿色建筑与建筑节能】 市住房城乡建设局联合市发展改革委等7部门印发《泰安市绿色建筑创建行动实施计划》，提出“2021—2022年全市新增绿色建筑1000万平方米以上，2022年城镇新建民用建筑中绿色建筑占比达90%以上”的目标，明确推动绿色建筑高质量发展、提升建筑能效水平、推动建造方式革新等5个方面16项重点任务。全市县城及以上城市规划区绿色建筑设计标准和新建建筑节能强制性标准执行率均达100%，全年建成绿色建筑1144.81万平方米、节能建筑1179.96万平方米。推进既有居住建筑、公共建筑节能改造及可再生能源利用，完成既有居住建筑改造51.91万平方米、既有公共建筑改造4.09万平方米。泰安鲁商中心G7号楼、新泰市新汶街道张庄社区幼儿园被动式能耗项目竣工。

【装配式建筑】 3月6日，市住房城乡建设局等4部门联合印发《泰安市推广装配式建筑工作导则》，对装配式建筑评价、评分内容、预制构件应用、装配率、推进目标等作出明确要求，将装配式建筑要求纳入工程项目各审批环节，严把审批及验收关。全市建设装配式产业基地6个，4家企业分别被评为省级装配式建筑部品生产类、集成应用类产业基地；累计建设装配式建筑工程134个、建筑面积558.38万平方米，其中2021年度新开工装配式建筑项目127个、建筑面积441.14万平方米。8月，省住房城乡建设厅印发《关于印发济宁、泰安、临沂装配式建筑发展有关经验做法的通知》，推广泰安装配式建筑经验做法。

【历史文化名城保护】 聘请市规划设计院编制《泰安历史文化名城保护规划》《泰安历史文化街区（红门路—岱庙—通天街）保护规划（2020—2035）》，省住房城乡建设厅分别于6月1日、12月17日组织专家进行审核，并按程序报批。

做好历史建筑公布和测绘建档工作，全市测绘建档挂牌历史建筑79处。根据住房城乡建设部《关于进一步加强历史建筑普查认定工作的通知》要求，新泰市、肥城市、宁阳县、东平县已公布第二批历史建筑，完成历史建筑“达十”任务（各县市区历史建筑达到十处以上）。

【勘察设计企业创先争优】 参加第四届“优路杯”全国BIM技术大赛，山东博宇建筑设计有限责任公司获金奖；推荐4名选手参加2021年山东省建筑创意设计技能竞赛，获一等奖1个、三等奖3个。参加省“技能兴鲁”职业技能大赛，泰安市联强远大住宅工业有限公司获得装配式建筑构件制作三等奖；山东泰山普惠建工有限公司、山东泰安建筑工程集团有限公司分别获得建筑信息模型技术员团体赛三等奖，山东泰山普惠建工有限公司1名员工获得个人赛一等奖；泰安市城市建设设计院获得工程测量员团体赛三等奖。（李　燕）

建筑市场监管

【概况】 2021年，全市建筑业完成总产值1169.7亿元，居全省第四位；建筑业增速10.8%，高于全省增速1个百分点，居全省第三位；出省施工产值（出省、出国）632.9亿元，居全省第三位，较上年同期增长10.55%；缴纳税金52.7亿元，增长21.88%，占全市税收总额的16.79%。建筑业从业人员平均人数23.95万人，较上年同期增加1.26万人、增长5.55%。

【建筑业高质量发展十条措施】 11月25日，市政府办公室印发《关于促进建筑业高质量发展十条措施》，制定优化建筑业发展环境、鼓励企业做大做强、推动建筑业企业“走出去”、加大科技创新和创建优质工程、严格落实用工保障制度、鼓励发展全过程工程咨询、加快建筑业绿色低碳安全发展、加快装配式建筑发展、强化金融支持、深化招标投标制度改革10项举措，助推企业综合实力提升。

【建筑业发展规划】 编制《泰安市“十四五”建筑业发展规划（2021—2025年）》，提出“到2025年末建筑业年度总产值达到1300亿元，年均增长5%……我市进入全省建筑业‘百强企业’10家左右，力争5家企业实现产值超100亿元，8家企业实现产值超50亿元”的“十四五”建筑业发展目标，明确积极推进产业优化升级、全面深化改革举措、创新工程建设组织模式等7项主要任务，推动建筑业转型升级和高质量发展。

【建筑市场信用管理】 6月1日，市住房城乡建设局印发《泰安市建筑施工企业、监理企业和预拌混凝土企业信用评价管理办法》，7月1日正式施行。分7章、31条，对企业的综合实力、表彰奖励、工程质量、安全生产、文明施工、科技创新、工程业绩、社会责任、农民工工资、扬尘治理、市场行为等进行量化打分，根据信用评价结果，评为AAA、AA、A、B、C五个等级，将建筑市场主体划分为诚信守法、轻微失信、一般失信、严重失信四类。对严重扰乱建筑市场秩序、发生重大质量安全事故、拖欠农民工工资、扬尘治理不到位等造成严重社会影响的8种行为直接列入建筑市场主体“黑名单”。

【建设领域农民工工资支付】 严格落实农民工工资保证金制度，实行农民工工资保证金缴存差别化动态监管，经建设行政主管部门信用评价为AAA等级的房屋建筑和市政工程施工总承包企业，存储工资保证金或提交银行保函后，在全市范围内承建工程连续2年未发生工资拖欠的，其新增工程按照应缴存数额50%的比例缴存；连续3年未发生工资拖欠且按要求落实用工实名制管理和农民工工资专用账户制的，其新增工程可免于存储工资保证金。全年受理拖欠农民工工资投诉92起，涉及金额6853.6万元。

【标准造价管理】 加强对工程造价咨询单位的日常监督管理，组织开展抽查检查4次。做好国家数据监测平台日常管理工作，累计监测工程造价数据5330个。做好工程造价信息、经济指标的发布工作，在“泰安市住房与城乡建设局官方网站”发布《泰安工程造价信息》6期，涉及材料种类1000余种。做好定额解释和计价纠纷的调解工作，受理多起定额解释和计价纠纷问题，其中书面回复13起。组织全市工程造价专业技能大赛预赛，选拔选手参加省技能大赛（土建专业）决赛，获团体“精神风尚奖”和“2021年度工程造价岗位标兵”等荣誉。组织建设工程强制性标准宣贯会议，学习《城镇燃气工程项目规范》等22项规范的强制性条文。

【招投标工作】 全年现场监督开标、评标工程项目78个。引导招投标各方参与主体合法合规开展相关业务，打造公平、公正的市场竞争环境。做好房屋建筑和市政工程监管平台试运行工作，加大在线监管力度，指导招标人通过统一的网络平台回复相关主体提出的异议，畅通网络举报投诉渠道，严厉打击弄虚作假、串通投标等违法违规行为。加大招投标领域改革工作力度，鼓励社会投资项目实行工程总承包。加快房屋建筑和市政工程交易领域信用体系建设，集中力量排查整治突出问题，对招标代理机构市场活动行为进行主动监督，及时记录公告不良行为信息。依法加强评标专家行为监管，对全市561名评标专家开展资格审查工作，实现全市评标专家库的动态管理。　（李　燕）

工程质量安全监管

【概况】　2021年，市住房城乡建设管理部门贯彻落实习近平总书记关于"从根本上消除事故隐患"的重要指示精神和中央、省、市关于加强建筑施工质量安全监管工作的一系列部署要求，推行工程质量管理标准化，全面压实质量终身责任制，开展房屋市政工程大排查、大整治行动，稳步提升全市建筑工程质量安全监管水平。住宅质量信息公示、先验房后收房等制度有效落实，社会反映良好。

【施工质量管控】　开展住宅工程质量常见问题治理工作，深化"民生质监、阳光质监"服务品牌建设。全市组织各类质量监管检查1640次、发现并督促整改问题1.24万项；受理新注册监督工程536项，建筑面积201.43万平方米；市区内工程质量监督覆盖率100%，一次性竣工验收合格率100%。制定《泰安市新建住宅工程交付前业主开放活动暨先验房后收房实施办法（暂行）》，群众可通过住宅工程"先验房后收房"开放活动对新房进行验收。印发《泰安市住宅工程质量分户验收作业指导书（试行）》，落实建设、施工、监理、政府部门分户验收责任，提升住宅工程交付质量水平。

【施工安全管控】　市住房城乡建设局印发《关于进一步加强房屋市政工程施工安全监管工作的通知》，做好"123569"六项工作，即完善1个机构（安全监督机构）、健全2个工具（安全监管平台、企业信用管理办法）、抓好3个标准化（企业内部安全生产管理标准化、施工现场安全管理标准化、监理企业安全监督标准化）、开展5项活动（安全生产整治三年行动、大排查大整治行动、安全生产月活动、打非治违行动、应急演练）、做好6次抽查（每两个月抽查一次）、统筹好9项工作（起重机械专项整治、作业人员培训专项整治、专项执法、强力推行安全员外派制、推行建筑起重机械一体化管理、引入市场机制完善保障体系、农民工工资监管、扬尘治理、推广装配式建筑）。全年房屋市政工程大排查大整治行动组织检查439个组次，出动检查人员2169人次，检查项目2367项次，发现问题隐患13261项，责令停业整顿210家，移交立案行政处罚31次，处罚金额521.17万元，约谈警示17家。

【施工质量创优】　2021年，争创国家级奖项2个（泰安市高铁新区医院装饰装修工程、山东省印刷物资有限公司综合楼项目幕墙工程获得中国建筑工程装饰奖）、华东六省一市优质结构3项、"泰山杯"31项、山东省优质结构36项、安全文明工地23项。

【行业培训教育】　完成省级政务平台注册资格认定事项认领和二级建造师注册新系统的测试、迁移工作，实现业务流程"一网通办"。将二级建造师执业资格认定事项缩减5项，平均压缩办理时限80%。全年受理二级建造师注册审核6944件，受理各类咨询3000余次。完成11705人二级建造师执业和3300人二级造价工程师职业资格考试的报名组织工作；完成泰安考区10534人二级建造师考试的组织实施。完成住建领域现场专业人员变更497人次，审核企业信息50余家。打造住建行业"全域化"培训格局，完成城市规划建设管理专题培训200人，装配式建筑技术培训192人，有限空间作业安全培训232人，建筑施工消防安全培训120人，建筑施工特种作业人员培训考核11063人；完成全省建筑施工企业安全生产管理人员泰安考区7000余人考试，组织三类人员继续教育2937人。探索创新人才培养模式，拓展互联网信息技术功能，推进线上线下紧密结合、互为补充的教育培训新机制。　（李　燕）

编辑　校对　　戚淑娟

信息化·数字化

网络安全和信息化管理

【概况】 贯彻落实中央和省委、市委关于网络安全和信息化建设工作的部署要求，持续提升网上宣传影响力，加强网络综合治理和舆情管控，统筹推进网络安全和信息化发展。市委网信办被省委宣传部、省委网信办表彰为“全省国家网络安全宣传周山东省活动表现突出单位”；经省委网信办批准，获“优秀网络辟谣作品征集活动优秀组织奖”；经省委网信办、省人社厅等批准，获2021年“安恒·泰山杯”网络安全大赛“优秀组织奖”。

【网上宣传阵地建设】 策划实施40个重大主题宣传和重大议题设置，突出做好中国共产党成立100周年、党史学习教育、中共十九届六中全会、疫情防控等主题宣传引导工作。举办“营商环境看泰安”2021全国网络媒体“泰安行”采访活动，38个网络媒体和自媒体参与，累计发布稿件608篇次，全网点击量超过1亿次。2件网络宣传产品入选2021全国“五个一百”（百名网络正能量榜样、百篇网络正能量文字作品、百幅网络正能量图片、百部网络正能量动漫音视频作品、百项网络正能量专题活动）网络精品征集评选展播。开展“这就是泰安”网络主题宣传活动，抖音话题播放量突破1.5亿次，单个作品最高播放量达3000万次。建立网评智库，举办“岱下钟鼓”网评大赛，“岱下时评”发布作品235件。县级融媒体中心互联网新闻信息服务许可实现全覆盖，纳入全省正能量传播体系和互联网新闻信息稿源单位。推进网络文明建设，实施网络公益工程，成立网络文明专家讲师团，开展线上线下宣讲活动，2人获得“好网民·在山东”榜样人物称号，3个项目在山东网络正能量项目评选中获奖。

【网络综合治理体系建设】 开展“清朗”系列等专项行动33个，依法整治查处网络有害信息和非法活动，维护清朗网络环境。完善举报一体化受理处置机制，发布泰安市典型谣言案例5件，其中2个案例入选2021年上半年山东省网络辟谣典型案例。辟谣整体宣传工作受到中央和省委网信办认可，作品《网络辟谣主题公益宣传广告》获山东省优秀网络辟谣作品征集活动优秀作品奖，工作信息在中央网信办举报中心微信公众号发布。

【网络安全和信息化建设】 组织开展2021年度全市党委（党组）网络安全工作责任制检查评估，做好重要时间节点的网络安全保障工作，在全国“两会”、庆祝中国共产党成立100周年期间全力保障全市关键信息基础设施平稳运行。研究制定《泰安市2021年数字乡村发展工作要点》，肥城市在“全国数字乡村建设推进会议”上作典型发言，岱岳区、新泰市、宁阳县文庙街道、东平县东平街道被省委网信办等8部门确定为山东省数字乡村试点单位。“肥城桃产业智慧管理新平台”作为典型案例写入国家《数字乡村建设指南1.0》。举办2021年国家网络安全宣传周泰安市活动，发布网络安全周宣传活动相关稿件400余篇，浏览量共计29万余次，评论量2000余次。市直各单位、各县（市、区）、功能区网信部门，通过线上和线下结合的方式，组织开展校园日、电信日、法治日、金融日、青少年日、个人信息保护日等网络安全专题宣传教育活动。组队参加2021年“安恒·泰山杯”山东省网络安全大赛，获“优秀组织奖”。

【互联网行业党建】 指导全市6个县（市、区）成立县级互联网行业党委，发挥基层互联网党委政治引领功能，加强基层党组织规范化建设。培育互联网企业党建示范点，东平信息港公益协会党支部、山东泰盈科技有限公司党委和山东众志电子有限公司党支部被确定为“全市基层党建示范点”，市互联网行业党委指导泰山信息科技公司建立“泰山区互联网行业党委党群服务中心”，示范带动全市互联网企业党建工作质量全面提升。

（方雯彦）

大数据

【概况】 年内，泰安市大数据工作围绕市委、市政府决策部署，做好数据资源共享、基础平台建设、新型智慧城市创建、数字机关建设、安全防护等各项工作，取得良好成效。泰安市大数据局被省大数据局评为大数据创新应用工作表现突出单位和智慧社区建设工作表现突出单位。

【数据汇聚共享】 开展数据共享突破行动，梳理数据资源目录3.02万条，汇聚84个单位2499个数据集，汇集数据26.4亿条，比数据共享工作开展前增加214.3%。提出85项应用场景，形成166个应用案例、55个解决方案，其中10个应用场景被评为省级大数据创新应用典型场景，6个方案被评为省级大数据创新应用优秀解决案例。

【新型智慧城市建设】 编发《泰安市“十四五”数字强市规划》，成立由市委书记和市长任双组长的数字强市建设领导小组。加强四星级新型智慧城市试点建设，挖掘典型创新应用场景，形成智慧城市典型应用案例199个。完成省评估组对新泰市新型智慧城市试点建设终期验收和宁阳县中期评估工作，组织专家对9个智慧社区（村居）建设工作进行集中验收。推进数据中心建设，组织参与一体化大数据中心省级节点与省级新型数据中心试点建设，其中2家数据中心入选山东省省级新型数据中心（第一批）试点建设名单。

【基础平台建设】 完善视频监控共享平台系统功能，推进全市各级各部门公共安全视频监控资源汇聚。建设一体化综合指挥平台，投资5000多万元建设面积约3300平方米高标准平台。其中平台综合运行、指挥调度两大系统基本完成主体功能建设。推动电子证照平台建设，归集电子证照200余类、220余万条数据，在“爱山东”App实现亮证应用和跨区域互认共享。

【数字机关建设】 按照“一人一号”工作要求，加快构建机关内部统一用户体系。加快梳理机关内部事项，全市已累计梳理事项800余项。完成全市协同办公系统升级，实现系统完全国产替代工作，按时完成系统向“山东通”迁移。

【数据工作标准化建设】 结合泰安工作实际推进“四集中”建设，即资源集中、专业技术人员集中、信息化资金集中和项目管理集中，提高全市大数据工作标准化水平。

【网站和新媒体监管】 加强市政府门户网站建设运维。全年共发布政务动态、政府文件、政策解读等信息6378条，处理网民留言185条，继续保持“泰安市文明网站”称号。强化政府网站与政务新媒体监管。对全市51个政府网站及433个政务新媒体开展全覆盖、全时段检查。开展专项整治行动，集中注销今日头条号263个、微信公众号和微博91个。

【电子政务云网建设】 推进市一体化云监管建设，完成市政务云接入省级政务云监管平台，实现对市云节点的统一动态监管。推进市一体化网监管建设，完成市政务网接入省级政务网监管平台，实现对市政务网的统一动态监管。优化电子政务外网市县网络平台骨干网络架构，完善市、县、乡、村网络全覆盖。

【安全防护建设】 完善云网安全保障体系，建设集智能监测、威胁预测和态势感知于一体的安全监测平台，同省级平台互联对接，为全省统一的网络安全态势感知和指挥平台提供数据支持。健全市县协同联动机制，落实周报、月报制度，开展常态化安全检查。做好“鲁数网安”实战攻防演练和重大时间节点保障工作。推进政务信息领域信创工作。完成电子政务外网、政务云平台、政府门户网站等重要业务系统的年度测评工作。

【政务服务“掌上办”工作】 “爱山东”App泰安分厅共接入政务服务事项764项，完成双全双百专区入驻和111项事项优化，“泰好办”微信小程序整体迁移入驻，注册人数比为65.5%，用户日活度为2.27%。

（李圆圆）

“12345”政务服务便民热线

【概况】 年内，泰安市“12345”政务服务便民热线围绕“服务民生、服务决策、服务落实”工作目标，整合受话资源，畅通受理渠道，深挖数据资源，提升服务质效，发挥“党群干群连心桥”重要作用。

【“12345”热线受理】 受理群众有效诉求126.65万件，增长49.07%。热线接通率98.52%，群众合理诉求满意率98.84%，回复群众率99.51%，按期办结率99.84%。省政府办公厅发布《山东省“12345”政务服务便民热线2021年上半年数据分析报告》，泰安市诉求增量和诉求增速均居全省前三位，办理结果满意率和服务过程满意率分列全省第一位和第五位。北京师范大学发布的《热线服务能力发展报告（2021）》，评估全国102个地级行政区划单位，泰安“12345”热线“电话接听基本礼仪”评估指标位列第一。

【“12345”热线督办考核】 建立“内部督办、升级督办、监察问责、舆论监督”四位一体督办机制，印发“书面督办单”360余次，印发《月度考核通报》12期，推动群众反映强烈的突出问题有效解决。

【“12345”热线决策服务】 加强热点问题和突发事件的预警分析，整理报送《一周热点》51期、《副市长分管领域数据报告》62份、专项报告20份、假日旅游专题简报12份，为领导决策提供数据支撑和信息参考。

【“12345”热线数智化建设】 布局智能工单、智能助手、智能质检、智能知识库等8大智能化模块，《泰安市加强数智化建设打造“12345”热线高质量发展新样板》被《山东省优化营商环境推进政府职能转变简报》转发，在全省创造“泰安经验”；《打造全方位数智化平台，畅通政企政群互动渠道》入选《泰安工作》，在第五届“12345”政务服务便民热线大会上，泰安市“12345”热线被评为“全国数智增效典范”，并作为全国优秀热线代表应邀参加“数智化政务热线的基础构建和发展图景”圆桌论坛，向全国分享泰安经验。

（李圆圆）

工业化和信息化融合

【概况】 建成市级工业互联网平台18个，创建省级示范平台5个。重点培育打造工业互联网应用场景20个，石横特钢集团有限公司“一体化信息系统平台建设”等7个项目入选全省工业互联网典型应用场景，泰山玻璃纤维有限公司“探索5G云边协同，助力工厂无人运输”等2个场景入选全省“5G+工业互联网”优秀案例。肥城工业互联网创新中心成为全省工业互联网的重要节点，帮助40余家企业部署工业互联网应用系统。全市省级及以上两化融合管理体系贯标试点企业41家，有32家获得贯标证书，两化融合发展水平有效提升。

【5G基站建设】 市委、市政府把5G基站建设任务列入为民要办的10件实事之一，泰安市人民政府批复5G专项规划。2021年建设开通5G基站3629个，总数达到6908个，泰安主城区和县（市、区）核心地段具备5G覆盖能力。

【工业互联网发展】 山东路德新材料股份有限公司“土工合成材料产业互联网平台＋安全生产”等2个项目入选国家制造业与互联网融合发展试点示范项目；农大肥业基于大数据的“产—供—销—财”现代农业精准服务平台构建与应用项目入选工信部发布大数据产业发展试点示范项目，全市国家级大数据产业项目实现突破。山东泰开成套电器有限公司“设计制造一体化平台”入选山东省工业大数据平台。开展工业互联网园区培育建设，推荐肥城高新技术产业园区申报省级工业互联网园区。

【“5G进万家”系列活动】 组织开展“5G进万家”系列活动，梳理智能制造、医疗、政务服务等领域应用10余个。其中，泰山玻纤5G+MEC智慧工厂，通过5G技术满足工业环境下设备互联和远程交互应用需求，打造泰安市首条“5G+工业互联网”生产线点火运行，技术水平达到国际先进。（朱玉祥）

无线电管理

【概况】 全年监测时长6.2万余小时，共监测频段21个，先后执行春运春节无线电专项监测、广播频率专项监测、部队演习训练地域保护频率监测、庆祝中国共产党成立100周年期间重要频段监测、GPS频段专项监测等5次专项监测，为国家或省、市组织的30余场考试进行无线电安全保障工作。

【做好干扰投诉查找】 共协助查找航空干扰1起，排查肥城中医院B超机干扰1起，排查卫星干扰2起，及时查处有害干扰，有力规范电磁环境秩序。

【查找定位“黑广播”】 依托有效防范和打击治理“黑广播”违法活动联合工作机制，及时监测、查找、定位“黑广播”，共定位“黑广播”12个，排查广播信号2个，为市公安局、市文化和旅游局等执法部门打击“黑广播”提供有力的技术支持。

【做好无线电技术设施维护】 共配合维护固定站48座次、移动监测车8台次、可搬移站8套次、便携式监测设备8台次、台式监测仪表12台次、检测系统12套次，解决各类软硬件故障24个。（朱玉祥）

数字经济产业

【概况】 泰安市着力做大做强智慧方案服务产业，链式发展电子信息制造产业，优化发展高端智慧软件产业，统筹发展新型基础设施，打造“特色基础设施、特色数字产业、特色转型实践”相结合的新体系，形成数字经济“泰山模式”。2021年，全市新一代信息技术产业有规模以上企业31户，实现营业收入60.5亿元。（颜大龙）

【山东众志电子有限公司】 该公司位于泰安高新区，是国家级高新技术企业，信息化综合解决方案提供商、云计算运营服务商和智慧城市建设运营商。公司通过ISO 9001国际质量管理体系认证，取得涉密信息系统集成和运维及软件开发乙级资质、山东省安全技术防范工程设计施工一级资质、国家信息技术服务标准认证（ITSS）二级资质、获得ISP和IDC运营资质，是山东省首批工信部认证的“两化融合”管理体系贯标咨询服务机构、山东省企业上云行业云平台服务商。2013年，公司承建运营的泰安市云计算中心上线运营，至2020年年底，运营包括“慧游泰山”智慧旅游官方云平台、智慧物价云平台、智慧金融安全云管理平台等20多个云平台，服务范围辐射10余个省、市的300余家单位、企业等。2019年，华为泰安云计算数据中心落地泰安市云计算中心。2020年，泰安市云计算中心被批准设立泰安云计算平台应用创新产业技术研究院。2015年，公司联合泰安高新技术产业开发区、上海市数据科学重点实验室、山东农业大学建设泰山神农智谷大数据产业园，共同打造国家级农业大数据产业园区和高端信息中心。2019年，园区被列入山东省成长型数字经济园区。泰安市信息安全与网络应急支援中心在公司设立，负责为全市企事业和科研等单位提供网络信息安全应急支援等工作。公司成立一支50余人组成的专业运营服务团队，为泰安市300余家政府和企事业单位提供专业外包服务。公司与高等院校加强“产、学、研、用”合作，山东农业大学、山东第一医科大学、泰山职业技术学院在公司设立“教学科研与实践就业基地”。公司拥有软件著作权136项、软件产品登记7项、发明专利3项、实用新型专利64项。公司承担的各类国家及省、市级科技创新成果转化项目13项。被评为山东省软件工程技术中心、山东省大数据重点骨干企业、山东省企业上云优秀体验中心、山东省物联网产业重点企业、山东省诚信企业等，是山东省信息化协会会员单位、中国云计算市场与应用联盟副秘书长单位、中国电子工业标准化技术协会信息技术服务分会会员单位、全国信息技术标准化技术委员会大数据标准工作组成员单位、农业大数据产业技术创新战略联盟副理事长兼秘书长单位。

【泰安轻松表计有限公司】 该公司成立于2003年，注册资金6000万元，专业从事计量表具的研发、生产、销售和服务，主要生产一卡通系列智能预付费水表、电表、燃气表等产品，其中无线远程抄表系列热量表、水表、电表、燃气表有较高市场占有率。承担山东省技术创新项目计划3项，通过山东省企业技术中心、泰安市智能计量仪表产业技术研究院等创新平台认定。公司通过了ISO 9001:2008质量认证体系认证，电能表产品均通过国家CCC认证等各类相关资格认证。公司与山东科技大学、山东农业大学建立良好的产学研合作机制，走“产学研合作、科技创新发展”道路。拥有专利19件，其中发明专利1件、实用新型专利17件、外观设计专利1件。公司被认定为国家级高新技术企业。

【宇祺（山东）智能装备有限公司】 该公司隶属北京富华宇祺信息技术有限公司，成立于2017年，注册资金3000万元，是专业从事智慧矿山解决方案与工业网络通信产品研发的国家级高新技术企业。产品覆盖矿山通信、矿山安全监测、精确定位、矿山安全数据中心、矿用智能终端、工业交换机、无线通信等领域，主要产品有井下“一站式”综合通信系统、工业万兆环网系统、工业PON网络系统等。获得实用新型专利14件、实质审查发明专利2件、软件著作权3件。制定企业标准5项，与太原理工大学共同承担煤矿应急通信与煤矿信息化的部级课题，与辽宁工程大学联合创建智慧矿山信息学院，并建有针对煤炭企业客户的培训基地。公司完成5G无线通信技术与多功能光网络综合接入技术在井下矿山的应用，2020年12月，5G智能矿山专网建设示范应用项目入选2020年山东省5G试点示范项目。

【山东科德电子有限公司】 该公司成立于2007年，注册资金1亿元，是集产品研发、生产、销售、教学实习为一体的国家级高新技术企业、国家高新区“瞪羚”企业、省级“瞪羚”企业、省级“专精特新”企业。致力于物联网智能水、电、气、暖民用四表及智慧城市、智慧水务、智慧电力、智能家居行业的深度研发。拥有智能水表、智能电表、超声波热能表、智能电力仪表等系列智能仪表产品及基于物联网的智能化管理系统与平台。推出的基于云平台的物联网智能通信数据终端及智慧水务管理系统及平台，应用于全国各地水务集团、自来水公司、热力公司等单位；推出的能耗监测管理系统，实现水、电、气、暖、物业等项目统一管理。公司组建研发中心，先后与山东农业大学、山东科技大学、泰山职业技术学院、岱岳区职教中心签订产学研协议。公司先后通过质量体系认证、环境管理体系认证、职业健康安全管理体系认证等各类相关资格认证。

通信业

【中国移动泰安分公司】 公司连续20年保持“省级文明单位”称号。至年底，该公司移动用户超355万户，其中5G网络客户超65万户，物联网连接数超过163万户。

新型基础通信设施建设。2021年对上争取投资1.59亿元，开通5G站点1874个，基站总数达到3804个，实现城区深度覆盖、100%乡镇驻地、98%以上行政村有效覆盖，泰山景区、高速铁路沿线连续覆盖及行业应用场景的专网覆盖。响应国家建设“宽带中国”战略号召，深入开展全千兆建设，宽带用户突破90万户，其中千兆宽带突破5万户，通过5G＋千兆家庭宽带，推出“FTTR全光＋场景套装＋全屋智能定制”，实现智能终端场景感知互联互通，满足人民对数字化美好生活品质需求。

持续推动5G赋能千行百业数智化转型。发挥行业主力军作用，实施5G＋计划，将5G与人工智能、物联网、云、大数据、边缘计算等技术融合，打造高质量5G行业应用，推动5G与各行业尤其是十强产业的融合发展，发挥5G产业带动效应，助力全市新旧动能转换。成功打造一批5G标杆示范项目，年内共获得省部级奖项7项。其中，泰安市中心医院5G智慧医院项目被评为集团5G龙头示范项目；泰山玻纤5G智慧工厂获得绽放杯决赛优秀奖、先进制造赛道二等奖、山东省移动互联网及5G应用创新技能大赛二等奖、入选工信部“5G+工业互联网”行业应用案例；盛鑫铁矿5G智慧矿井项目获得“绽放杯”智慧矿山专题赛优秀奖；新泰市光伏农业综合服务中心5G大数据平台项目获得第一届中国新型智慧城市创新应用大赛一等奖。

通信惠民和乡村振兴建设。坚持以人民为中心的发展思想，坚决落实提速降费、携号转网、电信普遍服务等工作要求。持续完善关爱老年人服务举措，推出掌厅App“长辈版”、设立老年人爱心服务岗、“手机看家”安防摄像头等助老措施和服务，助力政府加快推进网络适老化改造；发挥公司网络、技术、数据等优势注智赋能乡村振兴，建成数字乡村示范村60多个，签约乡村超2800个，惠及用户超3万户；消费扶贫30多万元，选派驻村第一书记1名，1名员工被评为“中国移动脱贫攻坚先进个人”。

（许　利）

【中国联合网络通信有限公司泰安市分公司】 该公司是泰安市数字信息基础设施运营服务国家队、网络强国数字中国智慧社会建设主力军、数字技术融合创新排头兵。拥有固定资产35亿元，在岗员工近2000人，年度引进各类人才30余人、贡献社会就业岗位2万余个。自觉践行“人民邮电为人民”的初心使命，赓续红色基因，传承红色战邮精神，满足人民群众对美好信息通信生活需要。

加大“双千兆”网络建设。新建5G基站3200余个，重点场所5G网络通达率100%，基本建成5G精品网络。全面建成全光网络城市，通信光缆总长度近7万千米，互联网出口带宽突破1600G；推进千兆宽带建设，行业内率先推出“五星宽带”，家庭用户宽带网速达到1000兆。

赋能千行百业数字化转型。聚焦智慧旅游、工业互联网、智慧医疗等行业领域的数字化转型需求，为行业量身打造整体解决方案。打造的“5G+智慧泰山项目”在第四届“绽放杯”5G应用大赛总决赛中获全国文旅行业最高奖项、全国总决赛二等奖，获新华网独家采访报道。打造的“5G+智慧矿山”项目获得山东省“技能兴鲁”职业技能大赛二等奖。承建的泰安市智慧产融服务平台，入驻企业达41634家，有效降低融资成本、提升融资效率。承建的新泰市全民健康信息平台以建设基层卫生和公共卫生两大信息系统，实现新泰市130多万人口就诊信息互联互通。

履行社会责任惠民生。助力文明城市创建，累计投入4000万元迁改和整治通信线路2126千米，完成716个老旧小区的通信线路改造。累计派驻扶贫干部5名，投入扶贫资金50余万元；推出扶贫套餐惠及7000户贫困户，累计减免通信费用40万元；投身“乡村振兴”战略，派出第一书记1人；为全市2300余个行政村免费部署联通数字乡村工作平台，惠及50余万名村民。开展诈骗电话、骚扰电话、垃圾短信等专项治理。协助市公安机关破获涉嫌重大诈骗团伙，获得省、市公安系统的表彰和高度评价。（丛绍芬）

【中国电信股份有限公司泰安分公司】 服务社会。开展“满意服务年”“提供优质综合智能信息服务”“打造幸福企业”3项工作，部署细化成8大类17项办实事举措。践行国企责任，坚持“一切为了人民群众”的理念，牵头组织开展交通执勤达1000人次、服务2000小时，打造户外劳动者服务驿站14个，老旧小区架空光缆改造200多千米，多次开展社区防诈宣传、社区现场服务等活动，真正为泰安人民“办实事”。

做好防疫抗疫。疫情期间，抽调22名技术人员对“12345”政务服务热线进行7×24小时全程监控，进行现场巡视32次，出动车辆47辆次、人员78人次，保障“12345”热线的平稳运行，有效确保政府联系市民、解决市民诉求渠道的畅通。同时，为多个乡镇、社区、学校、医院及企事业单位提供天翼看家、天翼对讲、天翼云课堂等信息化产品，为社会各界防疫抗疫提供坚强的通信和网络支撑。

业务拓展。全年业务收入呈现快速增长趋势，增幅超过泰安GDP增幅。新增营业场所31家，其中社区22家、农村9家，方便广大人民群众办理和使用电信业务。

网络建设。实施“网络强国”战略，以基础网络为平台结合云、物联网，培养网络技术与新兴业务的融合人才，打造DICT生态圈，实现当地云业务、物联网业务100%一点接应，物联网终端测试率由90%提升至100%。继续加大5G网络覆盖力度，累计完成基站建设3200余个；持续“抓落实，提质量；抓支撑，提服务；抓管理，提效能”，网络质量及用户使用感知反馈的关键指标得到全面提升。（杜永健）

【中国铁塔泰安市分公司】 2021年，获山东省国防机械电子工会“职工信赖的职工小家”，山东铁塔数据质量三星级公司、五四青年突击队、青年安全生产示范岗、先锋集体、先进基层党组织、财务工作先进单位等称号。

政府支持。市委、市政府将加快5G移动通信基础设施建设列入2021年为民要办的10件实事。市政府召开5G建设工作推进会议，与各县（市、区）、功能区签订5G建设目标责任书，将5G建设纳入全市经济社会发展综合考核体系。编制《泰安市5G通信基站布局专项规划（2021—2025年）》，并获市政府批复。

5G建设。新建开通5G基站3600个，提前完成10件实事任务，实现泰安城区、泰山景区、县(市、区)核心地段及乡镇驻地、全市重点园区、大型商超5G信号优化覆盖。

社会共享。推进“通信塔”向“社会塔”转化，打造“数字塔”，助力数字强市建设。建设全市国有林场和重点林区“天眼护山”火情监测预警系统，实现防火全域化、立体化、智能化、可视化、全天候覆盖。建设完成2021省发展改革委重点项目可视化督导服务平台项目。推进“扬尘哨兵”和环保综合解决方案实施，助力政府蓝天保卫战。推广换充备发电，服务国计民生。

网络运营维护。强化服务能力，打造以客户为中心的运营服务体系。提升“四项维护能力”，保障网络安全稳定运行。完成驰援河南“7·20”暴雨灾害抢修援助、建党百年、疫情防控、汛期和泰山国际登山节等重大活动应急通信保障。

基础管理。开展“学制度、讲规矩、防风险”专项行动。构建风控、内控、合规三位一体、协同高效的风险防控体系，推进精益管理，夯实管理基础。深化落实“一岗双责”安全生产主体责任，安全形势保持稳定。（郭　建）

编辑　校对　刘　凯

交通·邮政

交通综述

【概况】 全市交通运输系统围绕市委、市政府工作部署，开展“抓项目强功能，抓服务惠民生，抓管理树形象，抓落实向前冲”主题实践活动，统筹推进疫情防控和交通运输事业发展，加快交通基础设施建设，优化交通运输结构，提升运输服务水平，实现“十四五”良好开局。年内，全系统建成省级文明单位13个、市级文明单位14个。市交通运输局被评为“全省交通运输行业职工职业道德建设先进单位”。

【交通基础设施建设】 全年完成交通建设投资67.27亿元，其中公路建设完成投资54.44亿元、港航建设完成投资5.95亿元。加快普通国省道提档升级，实施新改建和大中修项目6个、160千米，累计完成投资9.15亿元。实施“四好农村路”（建好、管好、护好、运营好农村公路）路网提升、道路通达、通行安全保障、融合发展样板、运输服务升级“五大工程”，新改建农村公路710千米，路面状况改善工程（养护工程）1086千米，改造危桥62座，全市农村公路通车里程达到1.5万千米，行政村通油（水泥）路率达100%。年末，全市公路里程16700.5千米，公路密度每百平方千米215.2千米，居全省第三。按行政等级划分，国道583千米，省道891.5千米，县道1601.3千米，乡道2335千米，村道11289.7千米；按技术等级划分，高速公路10条、475千米，一级公路455.2千米，二级公路1619千米，三级公路2115.9千米，四级公路12035.4千米。

【运输经济】 年末，全市有道路旅客运输经营业户19家、道路货物运输业户数5497家，客运营运线路194条，年平均日发510班次；全市客运车辆保有量857辆，货物营运车辆43351辆，大型以上载货汽车比例达到65%。拥有跨省运输经营的国内水路运输企业3家，船舶79艘，运力56695载重吨；拥有市内水上旅游企业6家、1156个客位；浮桥企业7家；无船承运企业2家，水路货物代理企业1家。新增港口企业1家，完成吞吐量80.4万吨。全市公路水路完成客运量1075.74万人、旅客周转量6.8亿人千米；完成货运量7741.55万吨、货物周转量178.4亿吨千米。城市公交、客运出租汽车客运量达到13.2亿人次。完成春节假期运输和重大节假日运输保障及应急运输任务。

【依法行政】 推进法治政府部门建设，落实党政负责人法治建设第一责任人责任，被省交通运输厅表彰为“法治政府部门建设成绩突出基层集体”“七五普法成绩突出基层集体”。开展交通运输执法领域突出问题整治行动，严格落实行政执法“三项制度”（行政执法公示制度、执法全过程记录制度、重大执法决定法制审核制度），加强执法监督检查，交通运输综合执法能力进一步提升。优化交通运输行业营商环境，推进“放管服”改革，将政务服务事项纳入“一窗受理、集成服务”，3项高频审批事项（超限运输证、网约车经营许可证、网约车道路运输证）由承诺件压缩为即办件。推进政务服务事项“掌上办、掌上查”，完成道路运输人员从业资格证事项服务应用接入“爱山东”App软件，方便企业和群众办事。加强事中事后监管，实施“双随机、一公开”监管、“互联网+监管”和信用监管，被省交通运输厅确定为“信用交通市”试点单位。年内，市政务服务中心交通窗口办理审批服务事项1.5万件（含公交等服务事项），事项办结率、群众满意率均达到100%，交通窗口考评始终名列前茅。开展旅游客运市场、客运出租市场、普通货运市场专项整治，完善投诉举报快速反应机制，认真办理行政复议应诉案件，规范道路水路运输市场秩序。推进“平安交通”建设，交通运输行业防毒禁毒、扫黄打非、公路水路护路联防、物流安全管理等综合治理工作有效落实。组织开展扫黑除恶斗争交通运输领域整治，被评为“全省交通运输行业扫黑除恶专项斗争突出贡献的集体”“泰安市扫黑除恶专项斗争先进集体”。依法加强路政、运政、航政管理，检查营运车辆12万辆次，查处违章违规车辆3394辆次。加强治超站点规范化建设，完善路面监控网络，干线公路车辆超限超载率控制在3%以下。依法加强交通建设市场管理，强化工程质量监督，规范建设市场秩序。（张　文）

公　路

【概况】 至2021年年底，全市公路总里程达到16700.5千米，公路密度达到每百平方千米215.2千米。按行政等级划分，国道583千米，省道891.5千米，县道1601.3千米，乡道2335千米，村道11289.7千米；按技术等级划分，高速公路10条、475千米，一级公路455.2千米，二级公路1619千米，三级公路2115.9千米，四级公路12035.4千米。

【高速公路建设】 加快推进高速公路项目建设，全市高速公路建设完成投资34.06亿元，（北）京台（北）高速泰安至枣庄段改扩建工程完成投资20.03亿元，提前15个月建成通车，为泰安市首条智慧高速公路。（北）京台（北）高速公路济南至泰安段改扩建工程完成投资4.43亿元。

【（北）京台（北）高速泰安至枣庄段改扩建工程】 泰安至枣庄段改扩建工程起自（北）京台（北）高速与青（岛）兰（州）高速交叉的泰山枢纽，向南经泰安市岱岳区、高新区、宁阳县出境，全长40.58千米。改扩建工程中，将原有双向四车道拓宽为双向八车道，设计速度每小时120千米。泰安段项目于2021年9月29日建成通车，优化泰安市高等级路网结构，改善泰安核心区域交通条件，拉近泰安与省会经济圈和长江经济带的时空距离，对泰安市加快新旧动能转换、推进区域经济协作、带动经济社会发展具有十分重要的作用。

【（北）京台（北）高速泰安至济南段改扩建工程】 （北）京台（北）高速泰安至济南段改扩建工程，起于（北）京台（北）高速与青（岛）兰（州）高速交叉的泰山枢纽，向北经泰安市岱岳区界首出境，全长11.62千米。采用“两侧拼宽为主，局部路段改移中分带”的加宽方式，由双向六车道改扩建为双向八车道。在项目实施中，争取项目业主单位新增泰安北互通立交，优化改造泰安西互通立交。工程于3月底正式开工建设，主线东幅于11月18日建成通车。

【普通国省道建设】 全年完成普通国省道建设投资9.15亿元，实施新改建和大中修项目6个，完成改建42.305千米、中修46.931千米。市插旗项目，省道S103济（南）枣（庄）线泰（安）新（泰）高速立交桥至新泰泗水界段改建工程于11月9日实现全线通车。省道S103东岳胜境旅游公路示范工程，艾洼至环山路口段主线中修、环山路方特路口至博阳路口段样板路改造完成，积极协调泰山区、泰山景区、徂汶景区开展各项工作，徂汶景区段已完成立项批复。省道S241临（邑）徐（州）线岱岳区南台子至新泰董家庄段，国道G342日（照）凤（县）线华丰至泰（安）曲（阜）路口、宁阳绕城段两个中修工程提前交工通车；国道G220东（营）深（圳）线东平段大修工程超额完成年度计划，完成投资1.3亿元。

11月9日，省道S103济（南）枣（庄）线牟汶河大桥　（司　刚　摄）

2021 年泰安市公路通车里程统计表

表 14

单位：千米

技术等级 行政等级	合　计	高速公路	一级公路	二级公路	三级公路	四级公路
小　计	16700.5	475.0	455.2	1619.0	2115.9	12035.4
国　道	583.0	203.8	212.0	167.2	—	—
省　道	891.5	271.2	146.2	385.4	88.7	—
县　道	1601.3	—	64.7	654.8	703.5	178.3
乡　道	2335.0	—	24.1	176.0	626.0	1508.9
村　道	11289.7	—	8.2	235.6	697.7	10348.2

【普通国省道养护】　加强预防性养护和精细化养护，全市普通国省道路面状况 PQI 达 91.29，位居全省并列第三；公路优良路率达 96.18%，居全省首位。加强桥梁管护，对全市 490 余座桥梁进行普通公路桥梁基础信息统计复核。深化公路驿站运营管理，新建成省道 S103 济（南）枣（庄）线徂徕公路驿站，全市共建成 12 处。全市 4 处易积水路段设置视频监控。

【路政管理】　依法维护路产路权，履行路政执法职能，全年完成高速公路路政巡查 36.81 万千米，处理路赔事案 421 起，案件出勤率和查处率均达到 100%。发挥"一路三方"（高速公路交警、高速公路路政执法、高速公路运营企业）联勤联动机制，抓好桥梁、隧道、涵洞、急弯陡坡、临水临崖等重点部位安全隐患排查，规范公路沿线施工，对养护施工单位进行现场安全监督 424 次，安全隐患排查整改 376 起，依法对企业涉路违法施工行为处罚 1 起。借助高速公路路网信息监控平台，采用线上视频监控与线下路面执法检查相结合方式，探索实施高速路政执法管理信息化新模式。加大宣传力度，提高群众的爱路护路意识。开展高速公路服务区客运车辆违规上下客、危化品车辆检查等工作。

【农村公路建设管理】　实施"四好农村路"提质增效专项行动，累计完成投资 11.2 亿元，完成新改建"四好农村路"710 千米，路面状况改善工程 1086 千米，危桥改造 62 座，具备条件的自然村通户道路硬化有序推进。深化农村道路管理养护体制改革，市政府制定出台《泰安市深化农村道路管理养护体制改革实施意见》《泰安市农村道路路长制实施方案》，督导各县（市、区）、功能区制定出台相应文件，推进"路长制"稳步落地落实，不断提升农村道路管养水平。

【泰安市深化农村道路管理养护体制改革实施意见】　将农村公路、村内通户道路纳入管理养护范围，明确总体目标、重点任务和保障措施。市政府对全市农村道路管理养护工作负总责，县级政府履行农村道路管护主体责任，乡镇政府负责辖区内乡村道路管护工作，指导和组织村民委员会做好村道（村内道路）管护。明确市、县政府资金筹集责任，加大财政投入力度，将路长制工作经费纳入财政预算保障。实施农村道路"路长制"，建立完善管护长效机制，推进市场化改革，加强安全和信用管理，加强信息化建设，提升信息化、智慧化管护水平。

【泰安市农村道路路长制实施方案】　明确路长制工作目标、组织体系、工作任务和有关要求，加快构建覆盖农村公路（县道、乡道、村道）、村内道路（巷巷通、户户通道路）的路长制体系。设立县、乡、村三级路长，实行"一把手"推进机制，县（市、区）政府、功能区管委主要负责人为总路长，乡、村级路长由乡镇政府（街道办事处）、村委会主要负责人担任。县道、乡道分级路长分别由县（市、区）、功能区副县级以上干部，乡镇（街道）副科级以上干部担任。行政村重要村道、片区内路长可由村委有关负责人或人大代表、政协委员、责任心较强的热心群众担任，并视情设置自然村路长。　（刘友来）

公共交通

【概况】　年末，泰安城区拥有公交线路 150 条，公交车 2380 辆，完成公交客运量 6021 万人次。其中，市公共交通公司拥有公交线路77条，公交车2046辆，纯电动、混合动力等环保型占公交车辆总数的100%；市第二公共交通公司拥有公交线路73条，公交车334辆，纯电动、混合动力等环保型占公交车辆总数的100%。

【公共交通管理】 开展公交品质提升行动，加快公交车辆增新扩容，优化公交线网布局，推进公交线路向居民小区、旅游景区、学校及泰安城区周边乡镇（街道）延伸，提升公交服务承载能力。年内，新开通公交线路5条，优化调整公交线路15条。提升公交适老化服务水平，泰安城区公交车辆增加身份证识别设备，实现国内各地60周岁及以上老年人刷身份证即可免费乘车。实施残疾人、60岁以上老年人、军人免费乘车等惠民利民措施。继续实行公交延时服务，城市公交线路普遍延长运行时间1～2小时，缩短运行间隔2～5分钟。继续实施“公共交通一小时免费·优惠换乘”，开展“一分钱乘公交”“五折乘公交”等惠民活动，降低乘客出行成本。推进全国“交通联合一卡通”互联互通拓展和省会经济圈公交卡发行工作，实现“省会都市经济圈”8折乘车优惠。开展一卡通虚拟卡、二维码等移动互联网新技术的应用，泰安城区公交车全部实现扫码支付乘车、移动支付全覆盖。

【公交场站建设】 完善城市公交基础设施，山口镇公交枢纽站开展前期相关土地规划手续办理工作；高铁公交枢纽站完成地块组件报送；徂汶新区公交停保场与当地镇政府开展对接；高铁南部公交枢纽站与岱岳区旅游经济开发区对接完成相关规划。推进充电基础设施建设，窦家村首末站、高铁公交枢纽站、大陡山公交停车场、市公交公司二分公司新建停车场、方特公交枢纽站内充电设施建设完成并投入使用。

（李心岳）

水　运

【概况】 年末，全市航道通航里程145.95千米，拥有跨省运输经营的国内水路运输企业3家，船舶79艘，运力56695载重吨；拥有水上旅游企业6家，1156客位；浮桥企业7家；无船承运企业2家，水路货物运输代理企业1家。新增港口企业1家，完成吞吐量80.4万吨。

【港航基础设施规划建设】 港航建设完成投资5.95亿元，统筹推进大清河航道、港口作业区等项目建设，老湖作业区竣工验收，实现开港运营，是泰安市首个实现运营的作业区。京杭运河东平湖区主航道正式通航，这是自1902年断航119年之后的历史性恢复。推进大清河航道工程、兖矿泰安港公铁水联运物流园项目建设和兖矿泰安港公铁水联运物流园前期工作。

【水上运输行业管理】 规范水上运输市场秩序，严格落实市场准入制度，开展水路运输企业经营资质核查，通过核查水运企业13家，货船79艘，共计27710总吨，56695载重吨；旅游客船46艘、479个客位。推行海事管理规范服务，办理海事业务507件。做好水上交通安全生产技术支持和服务保障工作，开展安全评估检查、专题督导调研16次，服务指导企业40余家次，船舶50余艘次，指导整改问题128项，全市水上交通安全生产形势持续稳定。

（吴　娜）

行业管理

【客运行业管理】 加快客运行业转型升级，推进汽车客运站资源整合、规范经营，促进新业态高质量发展。东平汽车总站通过一级汽车客运站站级验收，泰安城区小井公交枢纽新增东部地区班车发车功能。发展个性化运输服务，开通泰安城区至济南、曲阜等定制客运班线，全市定制客运线路达到13条。落实“放管服”改革要求，放宽经营限制，取消“车线”捆绑政策，投放车辆实行备案制，扩大客运企业经营自主权。优化管理服务，激发市场活力，承接省级下放的省、市际班线许可事项，年内下达行政许可12个。全市3576个行政村继续保持通客车率100%，公交化率达到97.4%。

【货运行业管理】 加快发展多式联运，争取山东省交通运输厅将泰安市“山东长鑫物流多式联运一单制试点工程”列为省试点工程。组织国家级多式联运示范工程泰山内陆港开通通往青岛港的班列，形成直达青岛港、覆盖全省各区县、连接国内主要城市的多式联运网络。推进货运公司化改造，鼓励企业发展厢式、冷藏、罐式、集装箱等标准化货车车型，货车中型以上比例达到67%。开展市属危货（危险货物）运输企业安全诊断排查行动，做好质量信誉考核工作，评定AAA级危货（危险货物）运输企业10家。开展网络货运平台线上服务能力认定申报，全市注册网货平台7家。推进“司机之家”建设，开展服务监测，新建“司机之家”4家。推进农村客货邮建设，建成15个客货邮融合站和4条运营线路，解决偏远地区的快递配送难题，打通农村物流“最后一公里”。

【客运出租行业管理】 推动泰安城区出租汽车车载设施设备提档升级，开展泰安城区出租车顶灯、座套更新工作，采用“以商养车”模式市场化运作投入使用车载卫星定位装置。配合价格主管部门调整泰安城区客运出租运价，促进行业健康发展。加大网约车监管力度，规范发展网络预约出租汽车新兴业态，泰安城区网约车企业发展到61家，车辆1477辆。加强客运出租行业监管，开展出租汽车驾驶员依法经营、文明服务等方面宣传教育，规范驾驶员经营行为，提升行业服务质量。开展“最美驾驶员”服务评比活动，引导出租汽车公司建设“爱心车队”“和谐车队”等品牌车队，开展“爱心送考”“道路救援”“为文明城市添光彩”等社会公益活动和服务提质活动，提升出租汽车行业形象。

【机动车维修行业管理】 推进道路运输车辆“三检合一”（道路货运车辆年检、尾气检测、年审综合性能检测）改革任务落实，核实全市32家机动车检验检测机构有关信息上报省交通运输厅。引导检测企业切实落实“交钥匙工程”，推广预约检测服务和自助打印检测报告等便民服务举措，提高业务办理效率，减少车主等候时间，改进车主服务体验。年末，全市共有各类汽车维修业户629家，综合性能检测企业37家。做好全市国三营运柴油货车淘汰工作，简化申请资料、优化审核流程，缩短审核周期，提高淘汰车辆资料审核和补贴资金拨付效率，全市累计淘汰国三营运柴油货车5554辆。

【机动车驾驶员培训管理】 组织开展非法营运驾校以及培训、教练车排查整治工作，严厉打击违法违规运营行为，查处违法行为70余件，推进驾培行业健康稳定有序发展。推进泰安市驾培监管服务平台和公安考试系统联网对接，实行考试前学时核查，对考生达不到规定学时的，取消当次考试资格。落实取消除道路危险货物运输以外的道路货物运输驾驶员从业资格考试改革工作，3月1日起，对符合大货车驾驶员培训条件的驾校分批公示，全市具有大货车驾驶员培训和结业考核资格驾校6所，考试制度改革后共核发大货车驾驶员从业资格证3978个。严格考试程序和制度，实施“阳光考试”和理论考试无纸化，全年共核发客货危道路运输从业人员从业资格证件4402个。全年共考核道路运输驾驶员48798人次，继续教育培训27623人次。

【车辆超限治理】 开展道路运输行业“打非治违”（打击非法违法生产经营活动行为）行动，参与省会经济圈“七市”（济南市、淄博市、泰安市、聊城市、德州市、滨州市、东营市）联合执法，做好重大假日值班执勤执法保障。加强与公安、城市管理、文化和旅游等部门联合执法，严厉打击超限超载、脱落扬撒、“两客一危”（从事旅游的包车、三类以上班线客车和运输危险化学品、烟花爆竹、民用爆炸物品的道路专用车辆）、出租汽车行业等各类交通运输非法违法行为。发挥联合执法常态化制度化机制，联合公安交警部门开展联合执法，依托超限检测站实行固定检测、流动巡查执法，保持超限治理高压态势。推进科技治超，104国道“不停车检测系统”共检测货运车辆190万辆次，处罚超限车辆109辆次，超限率下降到1%以下。加强执法人员培训教育，提升执法人员业务素养，规范路面执法行为。2021年，全市累计出动交通行政执法人员6.7万人次、执法车辆2.2万辆次，检查客、货运输车辆12万辆次，查处违章车辆3339辆次。联合公安部门查处超限超载车辆1.04万辆，卸载货物7万吨，严格落实“一超四罚”（对路面查获的超限超载车辆，在交通运输综合执法机构责令消除违法状态、公安交通管理部门处罚记分后，依法对货物运输车辆、车辆驾驶人、货物运输经营者和货物运输源头单位实施追踪查处）制度，全年抄告超限信息1685条。

【平安交通建设】 开展以“平安公路”“平安车站”“平安港口”“安全生产”等为主要内容的平安创建活动，推进安全生产专项整治3年行动和大排查大整治行动，全系统累计开展督导967次，督导部门和企业（项目）3315家，排查整改安全隐患2588个。开展安全生产驻点监管，驻点重点领域监管企业（项目）13家，派驻人员26人。抓好铁路沿线安全环境治理，优化调整综合治理工作机制，督导整治铁路沿线环境问题300余件，拆除道口13处。完成交通运输防汛工作，秋汛期间创新启用京杭运河八里湾船闸输水廊道泄洪。加强应急队伍建设和物资储备，开展道路运输应急救援、水上应急等演练活动，提升交通应急处置能力。强化重点领域和要害部位安全防范，完成重点时段安保维稳任务。牵头抓好长途汽车站和重点交通路口疫情防控工作，严格落实交通运输公共服务场所和交通工具常态化防控措施。加强综合治理，妥善处理来信来访，认真解决群众诉求，保持行业稳定。

【交通文明行业创建】 学习贯彻习近平总书记对交通运输工作的重要论述和视察山东重要指示精神，做到学思用贯通、知信行合一。开展党史学习教育，交通系统各级党组织做到学史明理、学史增信、学史崇德、学史力行，为群众办理实事200余件、解决问题400多个，实现学党史、悟思想、办实事、开新局。自觉肩负管党治党政治责任，严格落实全面从严治党重大部署，扎实推进“争创模范机关、深化党组织规范化标准化建设”和行业党建工作，提升全系统基层党的建设工作水平。开展“抓项目强功能，抓服务惠民生，抓管理树形象，抓落实向前冲”主题实践活动，激发交通干部职工干事创业的激情和活力。坚持把全国文明城市和国家卫生城市复审工作作为重要任务，全员参与，细化任务，狠抓落实，提高行业文明卫生程度。加强新闻宣传工作，妥善应对热点舆情，全方位宣传交通运输发展成效，展示交通运输良好形象。 （张　文）

铁　路

【概况】 境内有铁路6条，营运里程316.25千米。其中，京沪线北起界首入境，南到宁阳县南驿站前石桥村出境，营运里程58.51千米，为国家Ⅰ级干线双线电气化铁路；泰（山）肥（城）支线起点为京沪线泰山站，终点为肥城湖屯站，营运里程49.34千米，为单线铁路；磁（窑）莱（芜）线，西起京沪线磁窑站，东至新泰北师店出境，营运里程84千米，为国家Ⅰ级单线铁路；辛（店）泰（山）线由岱岳区范镇站入境，在泰山站与京沪线接轨，营运里程27.2千米，为国家Ⅰ级单线铁路；东（都）平（邑）铁路起点为磁莱线东都站，在新泰放城站出境，营运里程45千米；京沪高速铁路泰安市境内长52.2千米。泰安市境内形成以京沪线和京沪高铁为主干线，辛泰线、磁莱线、泰肥支线和东平线分布东西两侧的铁路网。

【泰山火车站】 该站位于泰山脚下，地处京沪干线中段，车站中心里程京沪线555千米+864米处，是泰（安）肥（城）支线的起点，辛（店）泰（山）线的终点。北端衔接大河站，南端衔接洪沟站，西端衔接天平店站，东端衔接上高镇站，是济南铁路局集团有限公司管内的一等中间站，办理客货运输业务，是泰安市的重要窗口单位。年末，车站设3个车间和综合技术室，有职工291人（各级管理人员28人），其中，运转车间105人，客运车间131人，货运车间36人，综合后勤人员13人，站级管理人员6人。车站4个方向接发列车，日均接发列车361列，其中，货物列车239列，旅客列车122列（办理客运业务59列，其中上行30列、下行29列）。车站行车设备为K5B计算机联锁，设正线3条，到发线10条，货物线5条。固定调车机1台（东风7型）。车站有旅客候车室2座，建筑面积6420平方米。售票大厅1处，面积1125平方米。行包房一处，面积1200平方米。旅客站台3座，一站台（基本站台）长520米、宽14米、高1.25米，二站台长642米、宽8.3米、高0.5米，三站台长550米、宽8.2米、高1.25米。天桥1座，长84.8米、宽6米。地下通道1座，长37.3米、宽4米、高2.6米。设自动扶梯7部、垂直电梯1部。有货物仓库4座，总面积5128平方米。设货物站台2座。

全年旅客发送量为184.51万人次，日均5055人次，旅游旺季最高日发送旅客达1.89万人次（5月5日），年旅客到达量为207.5万人次。货物装车5266车，日均装车15车。年发送货物20.50万吨，日均发送货物562吨；年货物卸车16416车，82.08万吨。 （孙启峰）

【京沪高铁泰安站注重品牌文化建设】 该车站系隶属于济南铁路局济南站的一等车站，中心里程为465千米+768米，北距高铁济南西站58千米+660米，南距高铁曲阜东站70千米+388米。站房位于线路东侧，面向城市。设正线2条，到发线4条，到发线有效长度为650米。站区南北长1.93千米，设450×12×1.25米岛式中间站台2座，站台间设12米宽旅客地道2座。车站总建筑面积1.36万平方米，其中候车室面积7800平方米、售票厅380平方米、出站通道1200平方米。共设有4个站台、3个售票窗口（含1个爱心服务售票窗口）、9台自动售票机、5台自助取票机、16台进站检票闸机、6台出站检票闸机、8台自动扶梯、4台自动垂梯。2021年，发送旅客人数为343

万人次，到达旅客人数为324万人次。该车站依托和汲取泰山文化的丰富内涵，结合泰山特色将“泰山挑山工坚韧不拔、奋发向上的攀登精神”“泰山松百折不挠、自强不息的拼搏精神”“泰山厚重沉稳、胸怀博大的包容精神”“泰山石敢当一身正气、乐于助人的担当精神”进行提炼，融入车站文化品牌中，培育“高铁泰安、品质如山”文化品牌，全力打造“安全责任重如泰山、卫生环境美如泰山、职工队伍稳如泰山”的管理理念，用品牌文化引领职工、凝聚队伍，不断提升车站服务质量和整体工作水平。

（朱　玲）

邮　政

【概况】　全市有邮政普遍服务营业网点138处，许可快递企业45家，分支机构180家，备案末端网点2163家。全市邮政行业业务收入（不包括邮政储蓄银行直接营业收入）累计完成18.59亿元，增长18.01%；全市邮政行业业务总量累计完成20.7亿元，增长22.24%。全市邮政寄递服务业务量累计完成6349.57万件，邮政寄递服务业务收入累计完成0.86亿元。快递服务企业业务量累计完成14893.97万件，增长32.21%。其中，同城业务量累计完成895.12万件，增长31.71%；异地业务量累计完成13995.30万件，增长32.41%；国际及中国港澳台业务量累计完成3.56万件，下降77.55%。全市快递服务企业业务收入累计完成10.90亿元，增长23.18%。其中，同城业务收入累计完成0.5亿元，增长24.62%；异地业务收入累计完成7.08亿元，增长20.84%；国际及港澳台业务收入累计完成0.11亿元，下降5.4%。

【“快递进村”全覆盖】　市政府组织实施，分管市长组织召开全市“快递进村”工作推进会和视频调度会，市政府办公室印发《关于进一步做好快递进村工作的有关通知》，市邮政管理局与各县（市、区）、功能区及相关部门协调推进，建立快递进村“两账一库”（泰安市“快递进村”进展台账、“快递进村”站点详细台账，行政村数据库），强化政策资金保障，推动形成“快递进村”长效机制。12月20日，顺利完成全市“快递进村”全覆盖工作任务。

【岱岳区农村客货邮样板县试点】联合市交通运输局印发《关于进一步深化农村客运与快递邮政融合发展　加快推进“快递进村”的实施意见》，强化与泰安市交通运输局和泰安市交运集团沟通对接，加快落实交快合作公交线路试点工作。加快推进岱岳区农村客货邮样板县试点建设。建成客货邮县级处理中心2个、客货邮镇级站点2个和客货邮村级站点18个，覆盖村160多个，通过公交专线每日投递邮件快件1000余件。

【优化政策发展环境】　市政府印发《关于加快建设现代流通体系服务构建新发展格局的实施意见》，贯彻落实山东省人民政府第四批“六稳”“六保”促进高质量发展政策清单中关于农村快递服务站点和农村快件的两项补贴的要求，按照邮政领域市县事权和支出责任划分，列支专项资金，纳入2022年财政预算，切实保障资金需求。在全市范围内协调加油站点11个，为寄递车辆提供及时用油保障，中石油每天保障快递业基本用油5千升，为快递业务旺季平稳运行提供强力支撑。推动新泰市人民政府办公室印发《新泰市支持电子商务发展的意见》，明确对村级电商服务点代买代卖、快递收发、“智慧乡村”应用突出、辐射带动强，年线上销售200万元以上的，

10月18日，国家邮政局副局长戴应军（左二）一行到泰安调研农村地区邮政普遍服务和快递进村情况　（沙　娜　供）

给予 0.2 ~ 3 万元奖励补助，总额不超过 50 万元。

【全面助力乡村振兴】 畅通农村经济微循环，在稳固既有快递“金银铜”项目基础上，积极发掘产业优势，肥城桃、樱桃、柿饼、地瓜、香油、栗子、核桃等农产品寄递量均超百万件，桃木制品寄递量超千万件。引导邮政企业加大“一市一品”精品项目培育力度，2021 年成功挖掘培育泰山粉条、良庄土豆、龙廷月饼等精品项目 6 个。积极培育快递 + 制造业特色项目，先后引导寄递企业与山东傲饰服饰有限公司等企业开展合作。泰安纺织品、猫粮狗粮等项目年寄递超 500 万件，日化用品等项目寄递超 200 万件，寄递量超 100 万件的项目有 10 个。

【强化邮政综合服务平台建设】 指导邮政企业发挥网络优势、平台优势、功能优势，构建多功能邮政综合服务平台。至年底，警邮合作、税邮合作、政邮合作实现县（市、区）全覆盖。全年累计办理交管证照、身份证、税务发票、法律文书、大学录取通知书寄递 49.27 万件，服务人次 49.27 万，形成寄递业务收入 952.54 万元。

【持续推进绿色邮政建设】 率领全行业完成 2021 年环保工作任务目标，推动将邮政快递业塑料污染治理工作纳入泰安市塑料污染治理工作体系，与市能源局、市工业和信息化局等 15 部门联合印发《泰安市新能源汽车推广应用实施方案》，将邮政快递业新增新能源汽车作为重点任务并明确政策支持。

【提升农村邮政普遍服务能力】 创新性开展普法工作，发布“老柴普法”教学小视频 5 期，现场教学视频 1 期，1000 多邮政从业人员参与学习，答复咨询问题 60 余个。着重提升边远地区建制村投递服务水平，建制村通邮率维持在 100%。

【做好快递小哥权益保障】 举办快递小哥专场招聘会，成立“泰安市快递小哥法律援助服务站”，推进快递小哥保险办理，组织开展免费体检，新增快递小哥驿站 10 家，定期赴企业开展关爱慰问。评先树优发挥模范企业示范引领作用，组织参与山东省第二届“最美快递员”评选，开展全国邮政行业先进集体、“邮政行业青年安全生产示范岗”和青年文明号等创建活动。

【打牢寄递安全根基】 督导寄递企业建立健全企业寄递安全内控机制和长效机制，通过网格化管理和执法检查等手段督导企业开展好自查自纠、奖惩通报、教育培训等活动，构建寄递安全主体责任落实长效机制。全年彻底验视率稳定保持在 95% 以上，保证全市重大活动期间寄递渠道安全畅通。 （沙　娜）

【中国邮政集团有限公司泰安市分公司】 年内，通过省级文明单位复审；1 个单位被山东省总工会命名为“第二十届山东省职工职业道德建设先进单位”；1 个单位被泰安市总工会授予“泰安市女职工建功立业标兵岗”称号；1 个单位被省分公司评为“山东邮政先进集体”；1 人被山东省委宣传部、山东省总工会评为“齐鲁最美职工”；2 人被市委、市政府授予“泰安市劳动模范”称号；2 人被省分公司、省邮政工会授予“山东邮政先进个人”称号。

责任担当。压紧压实责任，落实落细疫情常态化防控措施，疫苗应接尽接率 100%。开展邮政窗口服务优化提升活动，实行市、县两级业务视察人员集中管理，有针对性地抓好服务问题治理，提升客户体验，客户满意度 94.91 分。机要通信继续保持质量全红。联合市总工会在 31 个网点设立户外劳动者驿站。118 个网点开办“代开发票”服务，代征税款 1846 万元；22 个网点开通代办交管服务。依托惠农合作和邮乐助力乡村振兴，完成农产品交易额 5273 万元，发放“融资 E”惠农贷款 2280 万元，打造 5 款销售过万单的扶贫农特产品。强化“绿色邮政”宣传，推动“绿色邮政”建设。累计完成 66 处网点智能监测系统的建设工作，完成金融营业网点 110 报警、市分公司集中监控中心升级改造；省分公司“绿盾”系统接入率 100%。《赋能智慧建设，打造行业领先，实现泰安邮政网点安防一体化智能管理》项目被审定为全省邮政企业管理现代化创新成果。提升风险管控水平，被省分公司评为“年度风险防控先进单位”。

邮政经营。将 2021 年作为“工作落实年”，结合“‘一月一事’消灭最差”“比学赶帮超”活动的开展，强执行、重落实，全市邮政业务收入完成计划的 103.99%，增长 14.39%。各专业、各县（市、区）分公司均完成全年收入目标，且全部实现正增长。肥城入选全省“十五快”县分公司。全市金融原始总量净增 57 亿元，较 2020 年同期多增 9.1 亿元，居全省第 3 位。基金销售、公司存款、信用卡有效卡完成率均居全省第 1 位。在全省率先全面完成中邮保险各项计划。全市 14 个金融网点产能提升总量过亿元。寄递业务完成计划的108.12%，居全省第7位；增长21.39%，居全省第2位。全市累计完成批销站点3048个，实现农村电商批销额5806万元，完成计划的108.94%。连续3年完成“一县一品”（借助邮政渠道优势，拓展县域优势农产品销售渠道）工作。全面完成919电商节活动批销、邮乐目标。函件、报刊、集邮超额完成全年收入计划，函件、集邮实现两位数增幅。联合市科协、科技馆开展进小学、进社区等科普教育活动。建设“全民阅读邮政便民服务亭”3个。

改革创新。按照省分公司安排，开展营业局领导人员聘任制和契约化管理试点工作。完成网路运营中心改革。在邮件分拣、邮运司机等内部处理岗位全面推行计件薪酬。理顺县域经营、运营管理链条，开展普邮投递队伍优化工作。持续推进末端经营模式创新，11个实施单元实现收入4382万元，增长27.68%。打造“四位一体”（公司领导＋县（市、区）分公司市场部＋专业部室、营销人员、支局＋揽投部）综合营销体系，通过完善制度建设、细化落地措施、强化队伍打造，探索推进网格化营销、条线团队长管理模式落地。专职客户经理283人，配备率136.7%。全市客户经理业绩1.9亿元，增长75.47%。强化线上营销赋能，完成线上营销额4989万元。加强数据驱动，12个数据营销项目实现收入395万元，完成计划的281%。

企业管理。持续加强队伍建设和用工优化。加强干部考核，将考核结果运用到干部选拔任用、教育培养、薪酬分配、管理监督等工作中。坚持利润导向，深化全面预算管理。坚持绩效导向，进一步完善体系、细化指标，强化考核激励约束。强化寄递降本增效考核，并创新对网运专业增加分润激励考核指标，确保降本增效工作效果。坚持基层导向，强化末端损益分析，提高基层单位经营发展水平。坚持夯基固本，紧抓往来款管理，提升集中核算质量。坚持以收定支，强化资金管控，提升资金运用效益。坚持以查促改，开展各类审计自查，其中工程审计审减金额286万元。推进揽投岗位计件薪酬系统上线应用，实现揽投岗位统一薪酬分配模式、分配制度、分配标准。突出效益导向，优化绩效薪酬切块，不断提高人工成本激励作用。创建“宋现生劳模创新工作室”“国冉冉劳模创新工作室”，其中“国冉冉劳模创新工作室”被省邮政工会命名为“山东邮政劳模和工匠人才创新工作室”。在全市邮政开展“十五强”支局、“十五快”支局、优秀专业负责人、“十五佳”营业员、“十五佳”投递员等评选工作，激励员工争先创优。

企业能力。新购置网点1处，装修改造网点26处，网点迁址10处。完成渠道网点转型108处，转型率78.3%。建成大津口中学“泰安邮政爱心书屋”，打造青年路“云慧书吧”平台转型样板，肥城桃城支局成为省级示范转型网点。建成直投中心，将全市12所院校的代投网点全部纳入直投，日均投递6000件。落实县、乡、村三级快递物流体系建设，建设、改造县级仓配处理中心5处、镇级仓储处理中心21处，挂牌建设“邮政快递公共服务站”3551个，实现建制村覆盖率100%、自提率71.14%。完成麻塔交邮合作示范点建设，依托公交公司客货邮线路运行，实现邮快合作下乡进村。实施机要邮件与普通邮件分离运输，开通单独机要邮路，节省运输成本24.75万元。（张莉莉）

编辑　校对　刘　凯

开放型经济

货物贸易

【概况】 2021年，泰安市实现货物贸易进出口额291.1亿元，增长37.2%，增幅高于全省4.8个百分点，增幅列全省第5位。泰山区被认定为“国家级外贸转型升级基地（纺织服装类）”，填补全市货物贸易领域国字号空白；岱岳区被认定为“山东省进口贸易促进创新区”。

【进口】 全年实现进口979306万元，增长47.6%。进口商品来自115个国家（地区）。从10大主要进口来源地区进口741708万元，增长36%。

【出口】 全年实现出口1931873万元，增长32.4%，占全市生产总值的6.5%、全省出口总值的1.1%。出口商品销往186个国家（地区）。对10大主要市场出口1015465万元，增长24.15%。 （和沐雯）

服务贸易

【概况】 2021年，泰安市实现进出口150044万元，其中服务进口101159万元、服务出口48885万元。泰安市智财翻译有限公司被认定为“国家文化出口重点企业”，是泰安市首个服务贸易领域国家级称号。

【业务领域】 泰安市服务贸易涉及旅行、其他商业服务、建设、运输服务等领域，建设、其他商业服务、加工服务等为主要出口业务领域。

【出口市场】 泰安市服务贸易主要出口市场为亚洲、欧洲、非洲等。 （和沐雯）

吸收外资及港澳台资

【概况】 泰安市2021年引进外国及中国港澳台投资项目64个，签约额187019万美元，实际投资额40696万美元。

【投资产业】 第一产业项目1个，签约额247万美元，实际投资额108万美元；第二产业项目32个，签约额105084万美元，实际投资额12299万美元；第三产业项目31个，签约额81583万美元，实际投资额28289万美元。

【投资来源】 14个国家（地区）在泰安市投资，投资额列前5位的国家（地区）分别是中国香港、中国澳门、日本、新加坡、美国，合计投资项目55个，签约额186423万美元，实际投资额40638万美元。（和沐雯）

2021年泰安市主要投资来源情况表

表15

投资来源	投资项目（个）	签约投资额（万美元）	实际投资额（万美元）
中国香港	40	146743	30242
中国澳门	6	18724	5112
日　本	6	19704	4747
新加坡	1	900	420
美　国	2	352	117

2021 年泰安市货物贸易情况表

表 16

项　目	进出口		出口		进口	
	金额（万元）	同比 ±%	金额（万元）	同比 ±%	金额（万元）	同比 ±%
合　计	2911179	37.2	1931873	32.4	979306	47.6
按贸易方式划分						
一般贸易	2461237	32.9	1710949	30.1	750288	39.7
加工贸易	55220	–5.8	43878	–4.7	11342	–9.9
其他贸易	394722	86.2	177046	80.5	217676	91.1
按企业性质划分，其中						
国有企业	419023	36.7	207190	30.8	211833	43.1
外商投资企业	131003	–1.0	79875	2.1	51128	–5.5
其他企业	308690	–1.9	224288	33.4	84402	–42.4
私营企业	2052462	49.9	1420520	34.8	631943	100.7
按大类商品划分，其中						
纺织服装	603643	17.1	504366	11.0	99276	61.5
农产品	152877	6.2	115338	–3.3	37538	51.7
化工产品	334382	58.5	248047	44.5	86334	119.3
机电产品	880879	29.7	704567	41.1	176312	–1.9
高新技术产品	243943	–2.3	159864	9.1	84079	–18.6

2021 年泰安市主要进口商品情况表

表 17

进口商品名称	金额（万元）	同比 ±%	占总额比重 %
未锻轧铜及铜材	217350	37.8	22.2
铁矿砂及其精矿	191708	53.4	19.6
铜矿砂及其精矿	83837	487.1	8.6
纺织纱线、织物及制品	74353	23.6	7.6
电器及电子产品	73386	111.5	7.5
初级形状的塑料	66695	108.6	6.8
仪器仪表	44579	32.1	4.6
服装及衣着附件	24916	1896.7	2.5
机械设备	19605	–36.1	2.0
棉　花	10465	51.1	1.1

2021 年泰安市主要进口来源统计表

表 18

序　号	进口来源	累计进口金额（万元）	同比 ±%
	小　计	741708	36.00
1	智　利	176188	93.95
2	澳大利亚	151988	48.81
3	马来西亚	93213	63.73
4	韩　国	76184	184.59
5	台澎金马关税区	59306	–29.05
6	日　本	54690	4.69
7	哈萨克斯坦	47947	11.39
8	赞比亚	30498	404.82
9	阿联酋	27400	1134.29
10	越　南	24294	124.03

2021 年泰安市主要出口商品情况表

表 19

出口商品名称	金额（万元）	同比 ±%	占总额比重 %
纺织纱线、织物及制品	350656	32.0	18.2
电器及电子产品	187791	154.8	9.7
运输工具	163309	17.5	8.5
服装及衣着附件	153684	–18.3	8.0
机械设备	143535	34.7	7.4
钢　材	136257	191.9	7.1
金属制品	92413	32.5	4.8
蔬菜及制品	79316	–1.8	4.1
仪器仪表	43564	162.5	2.3
塑料制品	32590	43.8	1.7

2021 年泰安市对外出口及对港澳台市场统计表

表 20

序号	国家（地区）	累计金额（万元）	同比 ±%
	小　计	1015465	24.15
1	美　国	356613	26.53
2	马来西亚	104714	50.03
3	中国香港	96438	192.91
4	日　本	89688	–36.46
5	韩　国	83880	0.46
6	澳大利亚	64098	37.41
7	印　度	61673	58.38
8	俄罗斯联邦	58343	68.75
9	巴　西	50080	46.86
10	新加坡	49938	637.63

对外国及中国港澳台地区经济技术合作

【概况】 泰安市2021年新设境外企业6家，总投资1354.29万美元，中方投资1354.29万美元。主要投资对象为工程机械、机电设备，进出口贸易等，主要投资项目包括泰安市天泽市政工程有限公司在中国香港新设成立中国（香港）天泽国际控股有限公司、新泰市统筹城乡发展集团有限公司在中国香港新设成立泰信国际发展（香港）有限公司等。

【承包工程】 泰安市2021年对外承包工程合同签约额3341万美元，完成营业额19979万美元。新签约项目涉及电力工程、民建等，主要分布在阿尔及利亚、巴基斯坦等国家。

【劳务合作】 泰安市2021年派出劳务人员1315人，主要派遣国家和地区是新加坡、日本等。（和沐雯）

开发区建设

【概况】 2021年，泰安市7个省级以上经济开发区实现公共预算收入95.92亿元，增长4%；新注册企业2806家，增长11%；固定资产投资总额584.05亿元；实现规模以上工业主营业务收入1511.77亿元，增长26%；实际到账外资及港澳台资金5.69亿美元；实现进出口总额34.1亿美元，增长43%。

【园区建设】 2021年，组织7个省级以上开发区开展体制机制改革工作“回头看”，对改革后的管理体制、开发运营机制、干部人事管理制度、政策支持体系进行“全面体检”，推动开发区改革继续走深走实，巩固扩大改革成果，提升开发区管理水平。综合保税区申建工作取得进展，成立市综合保税区建设领导小组，编制完成《综保区铁路专线可行性研究报告》，项目总体概念性规划和一期工程详细规划形成中期成果。“标准厂房”建设实现“筑巢引凤”，充分发挥“管委会＋公司”的“公司”企业化运营主体作用，推行“标准地”制度，推进标准厂房建设，全年推出标准地262.21公顷（3933.18亩），建成标准厂房237.1万平方米，分别占年度任务的95.4%、109.6%。

【泰安高新技术产业开发区】 2021年，泰安高新技术产业开发区实现公共预算收入16.9亿元，下降15%。固定资产投资总额72亿元，下降21%。实现规模以上工业主营业务收入438.4亿元，增长27%。实现进出口总额7.7亿美元，增长100%。实际到账外资及港澳台资金8435万美元，增长29%。全区实现生产总值218.8亿元，增长9.6%，列全市第1位；实现营业总收入683亿元，增长13.3%；规模以上工业实现利润总额27.2亿元，完成市里下达的外贸进出口任务；固定资产投资高于全市60%。泰安高新区获批国家第二批企业创新积分制试点，位列2021年中国高新区创新能力百强榜单第21位。13家企业入选市科技创新型50强，净增高新技术企业35家，153家企业通过国家级科技型中小企业认定，数量居全市首位。7家企业获批省级新型研发机构，1家企业获批市级新型研发机构。新增发明专利346件，增长127%。9个项目获市科技创新重大专项资金。挖潜火炬人才7人，其中2人被推荐到科技部。

【泰山经济开发区】 2021年，泰山经济开发区实现公共预算收入13.6亿元，增长22.4%。固定资产投资总额98.2亿元，下降14.3%。实现规模以上工业主营业务收入150.2亿元，增长19.6%。实现进出口总额8.2亿美元，增长34.7%。实际到账外资及港澳台资金1.4亿美元，下降0.6%。5家企业获得省“瞪羚企业”称号，3家企业被评为山东省专精特新企业，6家公司被认定为2021年山东省高端品牌培育企业，2个项目被列入2021年省第二批软件产业高质量发展重点项目。2个项目新列入省重大项目，3个项目新入选市重点项目。7个市级重点项目完成年度投资任务，顺利通过市发改委重点项目办考核验收，通过率100%，项目通过数占全市的46%。

【岱岳经济开发区】 2021年，岱岳经济开发区实现公共预算收入22.8亿元，增长18.6%。固定资产投资总额79.6亿元，下降8.8%。实现规模以上工业主营业务收入223.9亿元，增长33.9%。实现进出口总额6.3亿美元，增长23.2%。实际到账外资及港澳台资金1.6亿美元，增长46.7%。全年完成全口径税收收入21.67亿元，增长12.3%。共有规模工业共125家，工业总产值完成214.3亿元，增长32.6%，规模以上服务业企业15家，完成主营业收入7.2亿元，增长10.08%，限额以上批零业423家，完成商品销售额925.47亿元，增长113.9%。开发区着眼“十强”产业布局，2021年新签约项目9个，总投资额约104.4亿元；重点建设项目16个，总投资 339.87 亿元，新开工项目 4 个。2021 年拥有高新技术企业 50 家，增长 35.1%；拥有发明专利 204 个，增长 87.2%。

【新泰经济开发区】 2021 年，新泰经济开发区实现公共预算收入 25.1 亿元，增长 0.1%。固定资产投资总额 157.9 亿元，下降 9%。实现规模以上工业主营业务收入 341.2 亿元，增长 26.3%。实现进出口总额 6.4 亿美元，增长 41.2%。实际到账外资及港澳台资金 8595 万美元，下降 18%。在全省开发区综合发展评价位列第 24 位，前进 3 个位次。全年引进项目 18 个，总投资 56.5 亿元，引进高层次人才 22 人，有力推动园区科技创新发展。

【肥城经济开发区】 2021 年，肥城经济开发区实现公共预算收入 6 亿元，下降 26.6%。实现规模以上工业主营业务收入 61.2 亿元，增长 27%。实现进出口总额 2 亿美元，增长 50.9%。实际到账外资及港澳台资金 7357 万美元，增长 44.5%。全年实现税收收入 5.95 亿元，亩均税收达到 14.19 万元，完成固定资产投资 32.92 亿元，投资强度 78.46 万元，其中“十强”产业固定资产投资额 28.14 亿元，占比 85.47%。全年新建续建项目 42 个，计划总投资 137 亿元。世界首台（套）、省重大项目肥城盐穴先进压缩空气储能调峰电站正式投运，投资近 50 亿元的山东国惠盐穴天然气储气库项目加速推进。新增“独角兽”“瞪羚”“单项冠军”“隐形冠军”企业 8 家，新列入省重点项目 2 个。11 家企业纳入“科技型中小企业”培育库，新增高新技术企业 6 家、发明专利 11 项，新增全职的国内外高端人才 12 人，被列为省级专家服务基地、泰安市小型微型企业创业创新示范基地。

【宁阳经济开发区】 2021 年，宁阳经济开发区实现公共预算收入 7.8 亿元，增长 1.2%。固定资产投资总额 92.5 亿元，下降 18%。实现规模以上工业主营业务收入 200.1 亿元，增长 23.5%。实现进出口总额 2.2 亿美元，增长 12.5%。实际到账外资及中国港澳台资金 1495 万美元，下降 58.8%。民营经济税收达到 5 亿元，增长 350%。地方级税收总额 2.48 亿元，其中开发区自身企业实现财政收入 16834.46 万元，增加 7155.78 万元，增幅 73.93%。2021 年，8 家企业获批国家高新技术企业，4 家企业进入泰安市高新技术企业培育库，15 家企业完成国家级科技型中小企业登记，4 家企业获批省级“专精特新”企业，2 家获批省级瞪羚企业。

【东平经济开发区】 2021 年，东平经济开发区实现公共预算收入 5.5 亿元，增长 71%。固定资产投资总额 50.9 亿元，增长 34.5%。实现规模以上工业主营业务收入 99.6 亿元，下降 18.1%。实现进出口总额 1.3 亿美元，增长 38.6%。实际到账外资及港澳台资金 1317 万美元，下降 80%。

（和沐雯）

海 关

【概况】 2021 年，泰安海关审结报关单 2.41 万票，监管货运量 237.6 万吨，税收入库 4.7 亿元，检验检疫进出境货物 1.18 万批、货值 39.4 亿元。继续保持“省级文明单位”“省级青年文明号”称号，党总支“泰山挑山工”获评“2021 年度全国海关党建培育品牌”，“打造讲习所阵地”入选第一批全国海关基层党建创新案例。

【优化口岸营商环境】 继续巩固压缩整体通关时间成效，提前申报率、两步申报率保持济南关区前列，进、出口整体通关时间均优于关区平均水平。优化政务服务，全面实行企业注册备案网上受理、在线审批；简化检验检疫证单签发流程，

6月29日，泰安海关关员到出口食品原料种植基地查看黄秋葵种植情况
（张 成 供）

试点签发电子化入境货物检验检疫证明，出证时间压缩50%；出口食品生产企业管理由事前审批改为事后备案，5年有效期改为长期有效。助力乡村振兴，备案出口食品原料种植基地面积达4866.67公顷，实施随报随检、快检快放，支持11.5亿元农产品顺畅出口。

【释放优惠政策红利】 开展税政调研，取消进口冻猪肉暂定税率等2项税则调整建议获采实施。落实结构性减税政策，支持企业技术改造和转型升级，跟踪协调解决重点企业减免税疑难问题，审批减免税款1485.5万元。释放优惠原产地政策红利，签发优惠原产地证书7621份，帮助企业享受出口目的国关税减免1.16亿元。为加工贸易企业减免风险类保证金900万元，减轻中小企业负担。优化企业信用管理，帮助3家高级认证企业尽享海关便利政策。

【服务扩大对外开放】 保障《泰安市人民政府 济南海关战略合作备忘录》签署。关注综合保税区、泰山内陆港等建设规划，组建工作专班和课题组，加强摸底调研、政策宣讲和对上争取。加强政策宣讲，推动传统外贸企业拓展跨境电商业务，实现跨境电商B2B直接出口15.8亿元。支持国家级创新平台建设，针对辖区国家先进印染技术创新中心出台“一揽子”帮扶措施，帮助企业免税担保进口设备2707万元。

【强化监管坚守国门】 牢固树立总体国家安全观，着力维护泰安市安全健康外贸秩序。严把进出口食品农产品质量安全关，进出口食品抽样检验及风险监测工作完成率和出口食品合格率保持100%。加强进出口危险化学品、医疗器械等重点敏感商品检验监管，实施检验鉴定7178批，检出不合格商品85批，销毁3批。严格跨境电商直购进口业务监管，查扣、退运跨境电商渠道进口非正面清单产品及夹藏夹带物品7单。保持打私高压态势，向缉私部门移交案件线索10起。强化国际旅行卫生健康保障，开展出国体检5098人次，预防接种3790人次。

（张　成）

2021年泰安市进出口情况表

表21

指　标	进出口		出　口		进　口	
	总值（亿元）	同比 ±%	总值（亿元）	同比 ±%	总值（亿元）	同比 ±%
进出口总值	291	37.1	193.2	32.4	97.9	47.5
其中：一般贸易	246.1	32.9	171.1	30.1	75	39.6
进料加工贸易	5.3	−0.4	4.2	0.4	1.1	−3
来料加工贸易	0.2	−57.9	0.2	−53.2	0	−75
其中：对东盟贸易	47	65.4	32.5	60.2	14.6	78.4
对美国贸易	37	21.2	35.7	26.5	1.4	−42
对欧盟贸易	26.1	8.3	21.5	15.4	4.6	−15.9
对澳大利亚贸易	21.5	44.4	6.4	37.4	15.1	47.6
对非洲贸易	16.2	51.1	9.8	27.4	6.4	111.9
对日本贸易	14.4	−25.3	9	−36.5	5.5	4.7
其中：民营企业	207.5	26.8	156.6	30.1	50.9	17.7
国有企业	42	36.2	20.7	29.4	21.3	43.6
外商投资企业	41.5	133	15.8	66.2	25.7	209.9

编辑　校对　　刘　凯

商贸服务业

服务业综述

【概况】 年内，全市服务业增加值实现1502.84亿元，增长9.0%，服务业增加值占生产总值的比重达到50.2%，超过第二产业11.3个百分点。现代服务业实现增加值754.2亿元，增长9.2%。服务业对国民经济增长的贡献率达到74.3%，高于第二产业61.4个百分点，拉动生产总值增长4.5个百分点。

【现代服务业与先进制造业深度融合】 加大财政资金扶持力度，争取国家、省级服务业引导资金扶持，重点投入先进制造业和现代服务业深度融合关键领域、薄弱环节，最大限度发挥资金的使用效益。争取山东路德新材料股份有限公司基于高性能碳纤维土工格栅及高性能复合材料柔性化定制与共享生产的土工合成材料两业融合新模式项目，获得2021年中央预算内资金3010万元。争取山东路德新材料股份有限公司列入省发改委第二批省级两业融合试点企业。

【载体支撑】 实施市级服务业载体"1123"（规划建设10个特色发展、集聚发展、创新发展的服务业特色小镇，培育提升10个区位优势明显、发展特色鲜明的服务业集聚区，培植发展20个创新能力强、市场竞争力强的服务业重点企业，加快推动30个投资规模大、辐射带动作用强的服务业重点项目）工程，定期对12个市级服务业特色小镇、10个市级服务业重点集聚区、33个市级服务业重点企业和30个市级服务业重点项目实行动态管理。对列入省级载体项目9个现代服务业领域优势产业载体项目，重点调度、重点培植、动态监管，努力打造新的服务业增长点，形成引领支撑服务业发展的新动能。抓好省级服务业特色小镇和省级服务业创新中心建设，争取入选2家2021年度山东省服务业特色小镇和入选2家省级服务业创新中心。至年底，先后争取11个特色小镇入选省级服务业特色小镇、5家企业获批省级服务业创新中心。

【人才培育】 抓好省服务业专业人才组织推荐工作，争取山东众志电子有限公司武传涛入选2021年山东省服务业专业人才人选，获省服务业引导资金奖励30万元。至年底，先后争取5人入选山东省服务业专业人才。

【试点争创】 支持列入省级服务业综合改革试点的泰山区、新泰市进行体制机制、政策创新，在创新体制机制和探索典型经验等方面引导改革试点破除发展制约，探索形成一批可复制可推广的典型经验做法，激发发展活力，打造现代服务业发展新高地。在省"十三五"服务业综合改革试点期满评估中，泰山区、新泰市改革试点均被评定为优秀，优秀数量居全省首位，试点工作经验作为可复制可推广的新经验在全省推广。 （张　晶）

商贸流通

【概况】 2021年泰安市社会消费品零售总额1161.8亿元，增长13.6%。按地域分，城镇966.7亿元，乡村195.1亿元。按行业分，批发和零售贸易业1041.6亿元，住宿和餐饮业120.2亿元。居民人均消费支出总额20277元，增幅9.0%，分列全省第9、第10位；电子商务网络零售额完成112.74亿元，增长25.5%，增幅列全省第2位，比全国、全省平均增幅分别高13.6、5.5个百分点。完成重要产品追溯体系试点城市建设；泰山钢材大市场被认定为省商品市场转型升级基地，宁阳县被认定为省高效配送示范县建设试点，东平县被认定为省乡镇商贸中心建设引领试点县，泰安老街完成省级步行街提升改造。

【疫情防控】 细化防控标准，先后印发《商场超市疫情常态化防控工作标准》《大型商超企业疫情防控“五关十五条”》；成立10个县级领导干部带队的工作组，定期到县（市、区）、功能区进行督导检查。全年共督导检查商场超市、汽车销售企业、进口高风险非冷链企业等各类商贸重点场所717家次，发现各类问题424个，均进行反馈、复查、整改完毕等闭环管理。

【市场消费】 社会消费稳中有升，纳入商务部监测的69家商贸流通样本企业，零售业销售额36亿元，增长1.83%，批发业销售额438亿元，增长10.43%，餐饮业营业额1.3亿元，增长20.45%。建立健全生活必需品和重要生产资料的市场预测预警体系，在“五一”“十一”等节假日期间，对大型超市和批发市场进行粮油类、饮料烟酒类、服装鞋帽类、金银珠宝类销售情况统计，保障节假日消费品市场运行稳定。制定印发《泰安市商务系统消费扶贫实施方案》，建立起“行政引导、公司运作、市场对接、电商助力”的长效化工作机制，完成消费扶贫1915万元，超额完成年度扶贫任务。

【泰安老字号】 开展第二届“泰安老字号企业”评选活动，面向全国征集评选“泰安老字号”形象标识（logo），组织全市老字号企业参加“中国国际进口博览会”“中国品牌商品中东欧展”“故宫过大年”“山东品牌中华行”等各类国内外展会，从政策、资金、展会3个方面加强品牌建设。加强已获评“山东老字号”动态管理，实行诚信黑名单制度。全市共有“中华老字号企业”1家，“山东省老字号企业”17家，“泰安市老字号企业”37家，各级老字号企业年销售额达18亿元；13道菜品、小吃获评“齐鲁名菜”“齐鲁名吃”，14家企业获得“山东省绿色饭店”“齐鲁餐饮名店”称号。

【家政服务业】 推进家政服务信用体系建设，充分利用家政服务业资金，支持鼓励全市家政服务企业为家政服务员建立信用档案，加大家政诚信信用平台的宣传推广力度。全市家政服务业信用平台累计登记家政服务员5874人。开展“诚信家政进社区、服务群众心连心”活动，举办全市家政服务业转型升级培训会，邀请国内领先的家政互联网培训机构——斑马家政风声云职培校长马涛，就国内家政服务业发展趋势等前沿内容进行讲解，全市51家重点家政企业负责人参会。

（和沐雯）

贸易促进

【概况】 2021年，泰安市贸促会努力克服疫情影响，立足服务企业，创新服务模式，积极代言工商，拓展联络渠道，搭建合作平台，维护企业权益，较好发挥连接政企、衔接内外、对接供需功能作用，有力推动贸促事业发展。

【推动贸易投资促进】 举办2021泰安市“一带一路”线上产业对接交流会暨首届跨国采购商泰山行活动。活动采取线上线下相结合方式开展，来自俄罗斯、白俄罗斯、乌克兰、南非等“一带一路”沿线11个国家的24位国际采购商齐聚泰安，与市内建材、工程机械、农业设备、工艺品等行业的60家外向型企业进行一对一合作洽谈，现场达成签约合作项目55个，意向订单额7700余万元；线上对接交流活动为期两个月，达成意向订单800余万元。该活动为泰安市企业搭建起对外贸易新平台，有效激发企业热情和信心，成为后疫情时期国际贸易新风向标。

组织2021山东省外贸优品展销

10月20日，2021泰安市“一带一路”线上产业对接交流会暨首届跨国采购商泰山行活动启动 （赵传勇 供）

会参展参会工作。泰安市共组织参展企业15家、采购商8家，展位面积160平方米，其中特装展位2个，特别是桃文化特装展位，展现桃文化名城风采，着力宣传泰安桃木吉祥平安文化，受到省领导重点关注。

发动企业参与“对话山东——日本/德国·山东产业合作交流会”。组织动员全市114家对日合作、对日需求企业在线参会，近百家与德国有合作意向的企业在线参会，进一步拓宽泰安市企业与日本、德国的交流合作渠道，促进泰安市对外经贸合作的发展。

举办山东省大数据产业发展线上交流会。以“数聚新动能、数创新机遇”为主题，通过专家主旨报告、圆桌论坛、企业推介等形式，推动大数据在相关行业落地应用，提高大数据行业企业发展格局，引导企业积极利用数据资源促进生产方式、经营模式、治理方式转变，助力推动数据资源开放共享，以数字经济赋能高质量发展。

开展企业调研工作。按照沉下去、深入企业工作思路，先后走访企业80余家，分别就企业发展现状、对外贸易开展情况、出展计划和存在问题和困难进行沟通交流。

促进对外贸易工作。征集对外合作需求和意向项目信息，筛选上报企业需求信息10条。组织泰安瑞泰纤维素有限公司等企业参加2021上海合作组织国际投资贸易博览会等各类经贸活动。帮助企业纾忧解困，协调新泰市开发区为辖区内日资电子元件生产企业解决用工难、厂房及交通问题。

【会展经济】 努力克服疫情影响，全力举办展会活动。2021年，全市共举办大型展会活动134场，其中，展览活动26场，300人以上大型会议活动108场。包括泰安市首届泰山产业大集、全国粮油产销企业订货会、中国（山东）水利科技与生态建设博览会、全国图书交易博览会泰安分会场等大型会展活动。推动市农机发展中心采取线上模式，举办2021中国泰山农机线上博览会暨智慧农业发展论坛。高质量完成2021新动能·青岛展览洽谈会泰安展区展示工作，泰安展区以“勇做新时代泰山‘挑山工’，构建新格局、建设新泰安”为设计主题，全面展示泰安6个县（市、区）、四大功能区基本概况、特色优势和重点招商项目。加快落实会展扶持资金，发挥扶持资金杠杆作用，完善扶持资金政策，为2020年度37个会展项目兑现完成297万元专项资金扶持，极大地缓解主办单位资金压力，增强在泰安办展办会吸引力。积极为全市会展业发展建言献策，为推动会展发展，向市政府提报《关于做好我市会展工作的几点建议》，对泰安市会展工作现状、存在主要问题、意见建议进行详细汇报。面对国内疫情散发对会展带来的困难，积极协调市疫情防控指挥部、市卫生健康委员会等部门，起草《关于疫情期间进一步规范会展活动审批工作的请示》《关于疫情期间进一步规范会展活动审批工作的建议》。规范全市党政机关办展办会流程，根据省级党政机关办展办会规定，起草《关于进一步规范展会活动申报工作的通知》，进一步明确全市党政机关主办展会活动的申报流程，确保展会合法性。

【国际商会建设】 增强服务企业意识，夯实贸促工作基础，继续做好发展会员企业工作，共发展国际商会会员企业182家。深入90家会员企业，访需求、送政策、帮困难、促提升，通过靶向精准服务的形式开展联系服务工作。新增2家企业作为营商环境监测服务点，举办山东省外资外贸企业营商环境线上工作调研会（泰安专场），形成高质量调研报告。整合企业资源，为50余家会员企业之间开展业务合作牵线搭桥、搭建平台。加大宣传力度，增强贸促会知晓度美誉度，全方位宣传贸促工作，展示贸促和企业形象。泰安贸促官网新闻中心和贸促服务版块每天及时更新新闻信息，发布国家重要法规政策、经贸信息、预警信息，宣传报道泰安市贸促会重点业务工作等。健全完善发展模式，推进国际商会运转，召开泰安市国际商会成立大会暨第一届会员代表大会，借鉴省国际商会经验做法，设置部室6个，形成较为完善的组织机构和人员队伍。

【贸促业务培训】 利用国家和省贸促会资源，开展多元化多形式培训，帮助企业拓展国际视野。举办2021山东省RCEP协定解读暨日韩跨境电商市场拓展、“‘一带一路’市场拓展”线上培训会（东盟专场）等2场专题线上培训会，帮助企业熟悉RCEP内容和规则，增强参与国际合作与竞争的本领。先后联合会员单位山东岱青律师事务所、硅谷兄弟泰安分公司和兴业银行泰安分行共同为会员企业举办“2021助企发展贸促公益大讲堂”“送法进企业 护航促发展”“公益普法进企业 贴心服务送上门”“送服务到企业，‘一对一’微诊断及辅导”“‘企业再造与顶层设计咨询方案班微诊断’培训会”“高企培训与企业创新规划暨企业财税管控沙龙”“深

化银企互动 助力企业发展”等10场线下培训活动，有针对性地为各类企业提供培训服务，为企业在经营中遇到的问题，精准把脉，对症开方，破解企业发展难题，帮助企业突破瓶颈，实现稳步快速发展。

【法律服务】 抓好出证认证服务工作，针对疫情反复情况，持续开通“绿色通道”，推广“不见面”办公方式，在保证工作正常运转前提下“少见面，不接触”。2021年，共签发出口商品原产地证书3108份，其中：一般原产地证2704份，优惠原产地证书404份。代办商事证明书600份，代办使馆认证146份。推广优惠政策服务，深化“放管服”“一次办好”改革，研究探讨进一步提高效率的举措，落实好电子原产地证明书的实施工作，引导企业善用FTA规则，促进企业通关更加便利化。推动RCEP先期落实，帮助企业充分了解RCEP协定相关惠企政策，提高企业享惠用惠意识。首期，为山东东平通达进出口有限公司出口至日本的化工产品签发区域全面经济伙伴关系协定（RCEP）原产地证书，可以减免税款约1600美元。

【2021泰安市“一带一路”线上产业对接交流会暨首届跨国采购商泰山行活动】 10月19—21日，在泰山宝盛大酒店举办。来自俄罗斯、白俄罗斯、乌克兰、南非等“一带一路”沿线11个国家的24位国际采购商与60家泰安生产企业进行一对一洽谈，现场达成签约合作项目55个，意向订单额7000余万元，进一步拓宽新冠肺炎疫情发生以后的泰安国际贸易市场，激发泰安生产企业热情和信心。

泰安市作为内陆城市，外贸发展相对滞后，外贸企业个头不大、行业竞争力不强，抗风险能力较弱，特色和优势产品缺乏有效的宣传渠道，国际品牌效应不强。特别是新冠肺炎疫情发生以后，外贸企业生存空间受到一定挤压，老企业想寻找新渠道、新企业想开拓国际市场的现状普遍存在。针对这种情况，市贸促会充分发挥职能优势，秉承依靠企业、走进企业、服务企业的原则，先后走访泰安市商协会和外贸企业近200家，设计印发企业调查问卷多次，倾听企业心声，了解企业困难和需求，收集并整理大量外贸企业数据和意见建议，并针对当前存在的问题和收集的意见建议，积极开拓工作思路，立足于发挥政府与企业之间桥梁纽带作用，在对外贸易促进、国际市场开拓、国际商会建设、外贸企业服务等重点职能领域进行深入探索，借鉴先进地市经验做法，结合泰安市外贸企业需求特点，精心策划2021泰安市“一带一路”线上产业交流对接会暨首届跨国采购商泰山行活动。

为组织开展好此次活动，市贸促会党组多次召开班子成员、相关部室人员以及会展机构人员参加的专题会议，对活动方案进行反复探讨和论证，最终确定先内后外、先选后挑、精准对接原则，在全市范围内对优势产业和企业进行大范围宣传和问卷调查，收集企业信息和合作意愿，并在两周内设计发放活动调查问卷400余份，实地走访企业80余家，举办专题宣传推介会7场，参会企业达140家。在密集走访调研和广泛宣传推广下，泰安企业参与热情高涨，共有建材、纺织等10个产业110余家企业报名参加活动，泰安市最终确定建材、工程机械、农业设备、工艺品4个产业60家企业参加会议。中东国际展览集团根据泰安市确定的企业类别在其大数据平台多达70万家的采购商数据库中选择24家意向性最强、适配度最高的采购商到泰安参加活动，确保对接交流会的精准度和满意度。

该活动是泰安市与中东国际展览集团优势互补、强强联合的首次尝试，旨在突破传统贸易模式，探索适合当地特色的新型贸易方式，搭建起对外贸易平台，引导泰安市企业走出国门、开拓海外市场，深度融入共建“一带一路”和RCEP经济圈。活动采用线上大数据分析推广，线下对接洽谈，线上线下相结合的新模式，在现场洽谈后，所有参会企业均可享受为期2个月的网上洽谈合作，中东国际展览集团将为参会企业实时推荐优质境外采购商。活动为泰安市开拓国际贸易市场提供新选择，开辟新途径，为当地外贸企业启迪新思路，有力推动泰安市对外开放新高地建设，为经济社会高质量发展注入强大动能。

【2021外贸优品展销会】 6月11—13日，在济南国际会展中心举办。该届展销会由中国国际贸易促进委员会山东省委员会主办，中国国际商会山东商会承办，山东省16市贸促会协办。以“外贸优品，品质生活”为主题，展期3天，展览面积1.5万平方米，参展参会企业700家以上。采取线上和线下同步、展览和销售同步、展示和会议同步的模式，设名优食品区、外贸精品区、进口展区、电商专区等6大板块。开幕式上，山东省副省长汲斌昌宣布展销会开幕，中国国际贸易促进委员会秘书长于健龙、济南市副市长尹清忠出席开幕式并致辞，开幕式由山

东省贸促会会长于风贵主持。大韩贸易投资振兴公社青岛代表处、上海市品牌授权经营企业协会、自有品牌产业研究院、中国亚洲经济发展协会、亚经协联合国及国际公共采购委员会等嘉宾出席开幕式。泰安市贸促会联合各县（市、区）贸促会，经过前期积极筹备，共组织泰安迪克宠物用品有限公司、山东泰山啤酒有限公司、九品贡（山东）食品有限公司、山东八里乡食品有限公司等15家优质外贸企业参加该展销会。其中，肥城市桃文化及泰安迪克宠物用品有限公司搭建两个特装展位进行产品陈列和宣传推介。展销会期间，山东省副省长汲斌昌、中国贸促会秘书长于健龙、山东省贸促会会长于风贵等领导到泰安市桃文化展位参观指导。（赵传勇）

粮食物资管理

【粮食安全】 完成2020年度粮食安全考核工作，落实粮食安全责任考核清单任务要求，完成省明确的27项粮食安全责任考核清单任务。督促指导泰山景区、徂汶景区分别落实5000吨地方粮食储备。实行粮食安全党政同责制定考核办法研讨会和粮食安全立法修规工作座谈会在泰安召开。

【粮食监管】 制定《粮食企业分级分类差异化监管实施方案》，建设粮食企业信用信息体系，推进粮食行业“放管服”改革。落实全省政策性粮油库存市级交叉重点检查。加大政策性粮食监管，制定印发《关于切实做好国家政策性粮食销售出库和加工转化监管检查工作的通知》，对辖区内政策性粮食承储库实行月巡查。组织开展夏、秋粮收购专项检查。

【储备粮管理】 加强储备粮油管理，组织开展春季、秋季粮油大普查，全市地储粮账实相符、数量真实、质量良好、储存安全、管理规范，达到“一符、三专、四落实”（账实相符，专仓（罐）存储、专人保管、专账记载，数量落实、质量落实、品种落实、地点落实）基本要求。完成市级1.3万吨、2.4万吨地方储备粮轮换任务。推进“一整两通”（整合资源，打通数据、贯通应用）建设，实施粮库信息化升级改造。投资391万元，完成23个承储库区、150个仓房视频系统扩容升级，安装配备摄像头、分析器，实现地方储备粮管理的视频互联互通。加强财政资金管理，及时拨付专项补贴，落实粮油储备补贴资金1200.33万元。

【救灾物资储备】 成立市粮食和物资储备保障中心，完成市级救灾物资向市粮食和物资储备保障中心的移交工作，便于更好更规范地管好市级救灾物资。建立健全值班巡班制度，建立储备物资台账和值班记录，明确责任到人，对工作人员和值班人员进行防火、防电等应急处置培训，开展消防演练等。

【优质粮食工程】 总投资503.86万元的市粮油质量检测中心正式完成验收，配置检验仪器设备、实验台、通风橱及通风管路等；新购置检验仪器设备48台（套）；实验室面积由原来的625平方米扩大到1400平方米，检测项目可提升至8个类别、100个项目。完成“中国好粮油”示范县和示范企业验收工作，肥城市、新泰市县级验收达到预期目标，确定为合格。

【粮油会展】 举办第四届中国粮油泰山论坛暨第十六届全国粮油产销企业订货会，500家企业参展，展览面积超过2.5万平方米，参展产品2000余种，交易量550万吨，成交金额约220亿元，带动全市相关产业增收1.2亿元。筹备第四届山东粮油产业博览会。

（张在友　张　蕾）

6月23—24日，国家粮食和物资储备局实行粮食安全党政同责制定考核办法研讨会和粮食安全立法修规工作座谈会在泰安召开　（张　蕾　供）

电子商务

【概况】 2021年，全年实现电子商务网络零售额112.74亿元，增长25.5%，增幅列全省第2位，比全国、全省平均增幅分别高13.6、5.5个百分点；有4个乡镇被阿里巴巴评为中国“淘宝镇”，13个村被评为中国“淘宝村”。

【电商示范县】 电子商务示范县项目经验获推广，新泰市、肥城市国家电子商务进农村综合示范县项目稳步推进。4月，新泰市电商工作在省商务厅开展的中期绩效评估中取得好成绩，并在商务部督查组严格督查中获得商务部、省商务厅的充分肯定，新泰市电商示范项目固定资产管理课件在商务部网站作为典型案例全国推广。7月，“全省电子商务进农村综合示范项目观摩会”在新泰市举办。新泰市、肥城市累计建成电商公共服务中心、物流仓配配送中心4处，镇级电商物流服务站24个、村级电商物流服务点141个。

【电商物流】 配合做好快递进村工作，调研后起草《关于加快推进快递进村工作的建议》，加强工作指导，强化督促检查，全市3551个行政村全部实现快递进村。《泰安市打造快递+商超+电商公共服务中心三体融合模式打通快递进村最后一公里》入选全市第二批“微改革”“微创新”典型示范项目，并在商务部网站和“学习强国”学习平台山东频道宣传推广。

【直播电商】 推动全市电商服务企业、直播基地、电商园区等平台化发展，壮大直播企业队伍，强化人才培训，制定出台《泰安市电子商务直播基地认定办法》，认定全市首家直播电商基地——东平顺达直播（泰安）电商有限公司，成立全市直播电商协会；在肥城设立全省第一个阿里数字乡村产地仓。据平台统计，2021年直播8.6万场，观看6.2亿人次，商品上架205.6万件次，极大地促进泰安市电商业发展。 （和沐雯）

特殊行业管理

【概况】 完成2021年度特殊行业监管工作，顺利完成全市拍卖行业年审工作，加强报废汽车管理、再生资源管理、成品油流通监管、散装水泥管理等工作。在拍卖、年审、直销行业开展非法集资风险排查活动，均未发现违法现象。

【拍卖企业经营】 拍卖行业稳步发展，完成泰安市新设立拍卖企业的报批工作和2021年度全市拍卖行的年审工作。全市拍卖企业共23家，全年共举办拍卖会271场，拍卖总成交额6.8亿元，获取佣金1023.86万元，全市注册拍卖师数量35人。积极开展拍卖行业非法集资风险排查活动，没有发现非法集资现象。

【报废汽车回收管理】 加强报废机动车回收拆解行业专项整治，严厉打击非法回收拆解等违法行为，整治活动期间，共印发张贴“通告”180余份，出动执法车辆20余辆次、机械设备21台次，人员80余人次，扣押废旧轮胎、轮毂、零部件5车，清理拆车市场业主40余户，对存在非法拆解窝点的乡镇（街道）进行专项督导检查，重点清理存在多年的非法拆解市场。

【散装水泥管理】 散装水泥绿色发展成效显著，全年完成散装水泥推广638万吨，散装率71%，高于全省平均水平；完成预拌砂浆推广应用108万吨，比上年增加20万吨左右。

【安全生产】 成立全市商务系统安全生产工作领导小组，先后出台《市商务局2021年安全生产工作实施方案》《全市餐饮经营场所燃气安全排查整治工作实施方案》《商务系统生产经营单位安全总监制度推进工作实施方案》等16个制度措施，建立健全安全生产长效机制；开展“安全生产月”“商贸流通领域安全隐患拉网式大排查”等活动；迎接省安全督导检查7次，组织全市商务领域干部、企业负责人参加安全生产培训，分别在酒店、二手车市场、商城开展各类应急演练3次。联合第三方机构对全市商贸流通、餐饮、住宿、二手车拆解、对外经济合作等领域内100余家企业开展安全综合整治，制定隐患问题清单，明确整改时限，限时完成整改，全市商务领域安全生产形势总体平稳。

（和沐雯）

现代物流业

【概况】 2021年，全市规模以上现代物流企业73家，实现营业收入51.7亿元，增长14.8%。8个现代物流业插旗项目累计投资10.78亿元，完成全年目标的135%。

【现代流通体系建设】 市政府印发《关于加快建设现代流通体系服务构建新发展格局的实施意见》，

促进现代流通体系快速发展。组织实施《现代物流业突破行动计划》，着力打造千亿级绿色低碳产业集群，重点抓好泰山钢材大市场商贸物流产业园集群、泰安内陆港物流产业园集群等。（和沐雯）

供销合作

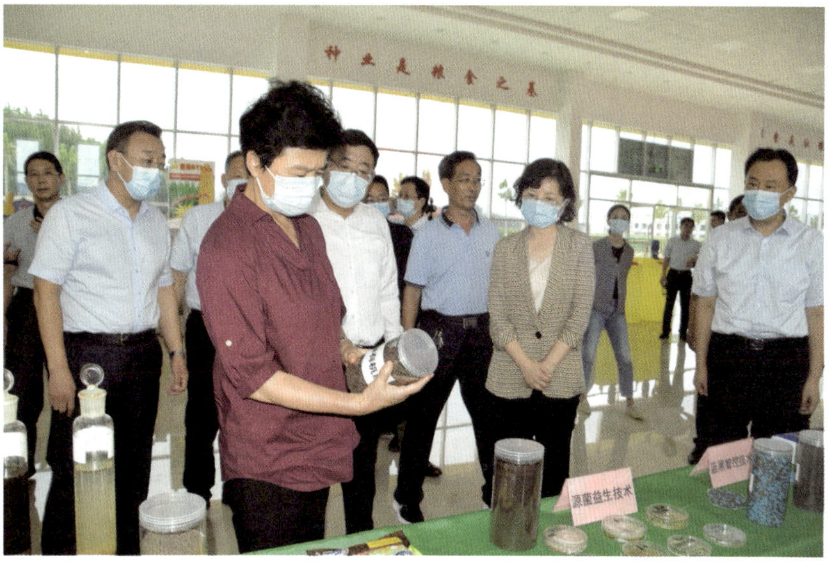

9月16—17日，中华全国供销合作总社理事会主任、党组副书记梁惠玲（左四）带队到泰安市调研供销社综合改革工作（宁娟 摄）

【概况】 全市供销系统围绕“三农”（农业、农村、农民）工作大局，聚力服务乡村振兴，持续深化综合改革，各项重点工作取得新进展、实现新突破。全国总社党组书记韩立平、理事会主任梁惠玲先后调研泰安市供销社综合改革工作并给予高度评价。司法部把泰安市作为《供销合作社条例（草案）》立法工作全国唯一调研现场并给予充分肯定。市供销社在2021年度全省供销社系统业务评价中获得一等奖，位居全省第四。探索出的土地托管、商贸流通、快递进村、合作金融等重点改革经验做法在全省供销社系统推广。

【农业社会化服务】 围绕农业产前、产中、产后全环节，逐步构建起以县级农业服务公司为龙头，以乡镇为农服务中心为综合平台，以土地托管为主要服务形式的农业社会化服务体系，打造“农民外出打工，供销社给农民打工”服务品牌。全市供销社系统县级农业服务公司4家，乡镇为农服务中心47处。累计开展统一病虫害防治、机耕机收、秸秆还田等农业社会化服务14.67万公顷（220万亩）次，承接政府购买农业社会化服务3.93万公顷（59万亩）次。组建全市首家省、市、县三级供销社共同出资的山东鲁供东原农业服务公司，以东平县沙河站镇为试点，在全省率先开展全镇域“土地股份合作+全程托管服务”，全托管32家土地股份合作社470.27公顷（7054亩）土地，亩均增产100千克。肥城市供销社汶阳田农高区为农服务中心分别作为全省、全市耕地和种子工作暨春季农业生产会议的重要现场，得到与会省、市领导肯定。东平县供销社沙河站为农服务中心被省农业农村厅确定为农业社会化服务典型在全省发文推广。市组织部门将土地托管工作纳入乡村组织振兴考核体系，并将其作为县乡书记抓基层党建述职评议考核重要内容。

【农村现代流通】 打造“城区供销惠民超市+社区供销便利店”连锁经营体系，重新恢复建立市级商贸流通网络。12月，位于泰安城区东岳大街繁荣地段、营业面积2000余平方米的全市首家市供销社全资的供销惠民超市开业运营。推进县域综合集配中心、乡镇综合服务站、农村综合服务社三级联动、一体发展的农村现代商贸流通体系建设。全市供销社系统累计建设农产品、农资、日用品等县级配送中心7处、乡镇商超51家、村级综合服务社1200余家。依托县、乡、村三级流通服务网络，整合“四通一达”（申通快递、圆通速递、中通快递、百世汇通，韵达快递）等快递企业资源，拓展供销社“快递进村”服务，有效解决“工业品进村最后一公里、农产品进城最先一公里”难题。市供销社“快递进村”工作做法在全省供销社系统推广。

【基层组织建设】 抓好资产盘活、服务拓展、项目建设、班子强化等重点，实施基层社改造提升，规范农民合作社发展。新发展乡镇为农服务综合体9个，改造薄弱基层社15家，新培育国家级农民专业合作社示范社2家。设立市供销社合作发展基金，加大对基层供销社和为农服务项目的支持，首批筹集注入资金50万元，支持新泰市、肥城市等供销社的土地托管、流通服务等为农服务项目2个。

12月2日，“消费援疆·大仓东移”鲁喀农副产品产销对接会暨山东供销供应链春节订货会在泰安召开　（宁　娟　摄）

【联合合作】　对接全国供销总社、省供销社及所属企业、协会，争取项目合作与支持。市供销社与中国农业生产资料集团就建设中农泰安农业社会化服务项目、与中国供销农产品批发市场控股公司就泰安农产品批发市场项目达成初步合作意向。争取全国总社2021年合作发展基金项目1个（全省仅2个）；争取省供销社乡村振兴重大专项资金农业社会化服务项目、联采分销项目以及省援疆农产品销售项目等财政资金418万元。与省农业信贷担保公司泰安管理中心合作，帮助系统经营主体获批贷款1939万元，占全省系统一半。

【市场援疆】　落实市委、市政府援疆工作要求，利用全省系统流通资源，搭建起门店经营、电子商务、冷藏储存、物流配送“四位一体”的覆盖泰安、辐射周边的销售服务网络，打造“供销援疆·喀什好味道”销售服务品牌。至年底，有实体店10家、社区授权店36家、物流仓储中心1处，累计销售新疆特色农产品3100吨、近4000万元。年内，与省供销社供应链管理集团共同组建全省首家分公司，负责全省系统新疆、西藏等地区受援地特色农产品的联采分销，12月，举办“消费援疆·大仓东移”鲁喀农副产品产销对接会和岳普湖农副产品年货大集，达成意向成交额8000余万元。

（宁　娟）

烟草专卖

【概况】　泰安市烟草专卖局（公司）辖8家直属单位，包括泰山、岱岳、新泰、肥城、宁阳、东平6个县级烟草专卖局（营销部）和卷烟物流配送中心、泰安泰山壹伍叁贰物联商贸有限公司，服务卷烟零售客户1.9万户。全年共实现税金6.92亿元，增加2740万元。市领导高度关心烟草工作，对泰安烟草工作作出批示，给予充分肯定。

【卷烟营销】　坚持“以游客为中心”服务理念，率先在全国AAAAA级旅游景区打造“泰山尊客”游客体验中心，建成吸烟舱，在“疏堵结合”杜绝火灾隐患基础上，为游客提供品鉴和休息场所，并上架泰山特产、文旅商品，宣传泰山文化，助推泰山旅游消费；在山下建设旅游旗舰终端、品牌店、标准店280家，开发应用连锁版“泰e购”网上商城，开创“山上山下+线上线下”旅游市场开发新模式。自觉融入乡村振兴大局，开展“一村一店”（每个农村行政村建设1家现代零售终端）建设，投入400余万元建设农村终端，拉动农村市场消费。

【专卖管理】　建立由公安局、检察院、法院、交通局、邮政管理局、市场监督管理局等多部门参与的烟草市场秩序整治工作机制，协调公安机关对涉烟违法分子精准布控、精确打击。开展电子烟专项整治行动，建立“研、宣、建、管”（研究法律适用、强化宣传引导、全面摸排建档、实施精准监管）监管模式，开出全国首张向未成年人销售电子烟过万元罚单。全年共查获案件2326起，查扣量1775.65万支，案值1131.75万元，拘捕判102人。其中，查获5万元以上大要案42起，完成公安部、国家烟草专卖局标准网络案件6起，拘捕判人数同比翻番。

【企业管理】　开展群众性质量管理活动，QC成果被山东省质量协会授予一等奖1项、二等奖1项、三等奖6项，其中2项成果在中国质量协会成果交流会上现场发布，均获得“示范级成果”称号，并被中国质量协会、中华全国总工会、中华全国妇女联合会授予“全国优秀质量管理小组”称号。

11月29日，在泰山南天门安装全国AAAAA级旅游景区首个“单元式智能吸烟舱”
（徐 鹏 摄）

【履行社会责任】 以“我为群众办实事”主题实践活动为载体，建立党员志愿者服务队和“四联八提”（党组织联系基层党小组，提升党组织服务基层的能力，提升基层党小组改进工作的能力；机关党员联系一线员工，提升机关党员掌握主营业务的能力，提升一线员工服务客户的能力；先进党员联系落后群体，提升先进党员示范引领的能力，提升落后群体履职尽责的能力；企业党员联系弱势群体，提升企业党员扶危济困的能力，提升弱势群体自我造血的能力）帮扶活动平台，组织开展扶老助残、儿童关爱、帮困解难等社会公益活动186次，捐款3万余元；助力派驻“第一书记”和乡村振兴服务队工作，拨付帮扶项目基金28万元；向山东省公安民警优抚基金会和慈善总会捐款共计20万元；助力全国文明城市建设，选派市文明城市创建领导小组办公室人员1人；组织开展文明交通志愿服务执勤活动，累计参与290人次；建成室内外吸烟室77处、便民吸烟点1288处，为泰安市精神文明建设履行应尽职责，被山东省精神文明建设委员会授予“省级文明单位”称号。 （王彦宗）

蚕茧经营

【概况】 全市桑蚕业以基地建设、大户培育、设施改造、新技术推广为突破口，以提高单产、助农增收为切入点，精心组织，统筹安排，突出重点，狠抓落实，顺利完成全年各项工作任务。至年底，有桑园面积1240公顷（1.86万亩），生产收购鲜茧1826吨，全年蚕茧收购均价每千克54.76元，蚕农茧款收入1亿元，成龄桑园亩桑产茧平均收入5366元，户均收入1.17万元。

【培植典型】 按照“适度规模、相对集中”原则，统筹协调，引导桑园和土地向养蚕大户、重点户流转，培育蚕桑大户，在全市培育一批1公顷以上、年收入7万元以上的养蚕大户，走专业大户、专业村组、专业乡镇的发展路子，实现规模经营和集约经营，体现蚕桑规模效益。高度重视先进典型的树立和挖掘，发挥栽桑养蚕科技水平高、经济效益好的蚕桑重点乡镇、村和专业户的引导和示范带动作用，提高示范样板建设水平，抓好示范户、示范村、示范片，利用“深化农村土地制度改革”契机，培植典型大户，及时总结典型经验并推广，发挥辐射带动作用，促进全市蚕桑产业发展。

【抵御灾害】 春季气温异常，桑园遭受3次严重的晚霜冻害。4月4日，80%以上桑园受冻，桑芽冻死；4月14日、18日桑园复发芽后又遭受更为严重的冻害，桑园新梢和冻害后二次新发的桑芽全部冻死干枯，受害桑园面积达90%以上且参差不齐。冻害发生后，公司和各乡镇蚕茧站迅速摸清受灾情况，发动蚕农进行抗灾自救，同时印发具体的抗灾技术指导意见，对冻害桑园采取剪枝、施肥、浇水和划锄措施，加大对受灾户的技术指导力度，力争减轻灾害损失。针对各乡镇、村各地块桑园冻害的不同程度，因地制宜调整村、户收蚁时间，将已催青和出库的蚕种请求广通集团协助进行应急冷藏处理，收蚁日期适当推迟并分7批次收蚁。考虑到地方政府“飞防”要求，养蚕时间不能过迟，只能动员蚕农适当退养蚕种。桑园遭受冻害后又遇持续低温，桑叶生长较慢，造成小蚕期用叶困难，技术员及时掌握信息，合理做好户与户、站与站之间桑叶的调剂，同时大力推广蚕用营养饲料的使用，最大限度地降低蚕农损失。

【科技服务】 丝绸公司以精准服务，实现蚕农增产、增收为目标，继续组织实施“蚕业科技下乡”活动、“蚕桑科技入户”工程，通过各种形式对蚕农开展技术培训。各乡镇蚕茧站技术员根据桑蚕生产季节性强的特点，实行集中培训与田间、农户、大棚现场指导的办法，向蚕农传授桑蚕科技知识，为蚕农排忧解难，使植桑养蚕户每户都有一个熟练掌握植桑养蚕技术的“明白人”，提高蚕农的劳动技能和生产技术水平。加强到户指导力度，针对不同养蚕水平，精准服务，继续抓好新技术、新品种、新设施的应用推广，通过依靠科技进步，实现增产增效、减轻劳动强度、提高劳动生产率的目标。

【提质增效】 全力抓好蚕茧产量质量提升，应用抗血液型脓病家蚕新品种，蚕体健壮无病，从强化上蔟方法、改善蔟中环境等环节入手，积极入户加大技术指导力度，做好宣传引导工作，克服诸多不利因素，桑蚕生产普遍取得丰产丰收。市丝绸公司从促进蚕农增收、保护蚕农生产积极性、稳定桑资源角度出发，通过内部节能降耗、节本挖潜，尽最大努力提高蚕茧收购价格，泰安市全年收购均价每千克54.76元，高于全国各主产区收购价。全年蚕茧产值超过10万元的56户、超过7万元的171户、超过5万元228户，蚕农普遍满意。

（王荣凤）

石油天然气

【成品油流通监管】 强化成品油市场流通监督管理，切实担负起市成品油监管领导小组牵头单位的职责，完善成品油监管长效机制。严厉打击“自流黑”，持续提升油品质量，先后8次迎接省第七督战队对泰安市的现场督战；顺利通过省环保督察问询、第二轮中央环保督察，成效显著。开展“双随机、一公开”检查，共抽查各类加油站21座，发现问题47个，全部整改到位；严把年审关，严格成品油零售经营资格审查，规范合法企业经营秩序。

（和沐雯）

【天然气供应】 编制《压非保民应急预案》，组织开展实战演练，完成省政府下达泰安市的650万立方米政府储气能力建设任务；推进中俄东线天然气管道、山东环网西干线泰安段建设工作；天然气长输管道实际来气量累计达6.89亿立方米，进一步保障工业生产和群众生活。

（吕孟辕）

【中国石化山东泰山石油股份有限公司】 简称泰山石油。年内，该公司牢记习近平总书记视察胜利油田的重要指示精神，紧扣“擦亮石化品牌、彰显社会责任、促进政企融合、增加财政收入、实现绿色发展”主旨，以推动高质量发展为主题，主动服务和融入泰安市新发展格局，围绕产业转型升级和“人·车·生活”服务圈，创新打造“大零售、大发展、大服务、大数据”4大工程。全市在营加油（气）站172座，油库1座，年吞吐量70万吨，总存储量5万立方米。年末，公司实现成品油销售36.28万吨，其中零售25.75万吨、直分销10.53万吨。

【社会服务】 服务地方农业发展，设立农业用油保供站点，为农户办理惠农卡，享受柴油优惠政策。打造司机之家32座、爱心驿站14座，为环卫工人、交警、外卖员及过往司机等户外劳动者提供休息场所，免费提供热水、加热存放餐食、手机充电、小药箱等7+X（饮水设备、冰箱/冰柜、微波炉、桌椅/沙发、电风扇/空调、小药箱、多功能电源插座/手机充电口）服务。第一时间参加东平湖抗洪救援，开辟供油绿色通道，向抗洪一线提供应急救援和保障物资。坚持绿色低碳发展，推进设备设施依法合规升级改造，建立油气回收自检体系，全力攻坚“蓝天绿水保卫战”，落实“双碳”目标。

【泰山石油经营发展】 开展精准营销，绘制加油站商圈和竞争网格图，动态优化营销策略，建立常态化客户走访维护机制；推广“爱跑98”品牌汽油，打造品牌差异化竞争优势。强化服务效能，实施“十大服务”（进出顺畅方便、油品选择快捷、服务体验良好、设备运转高效、夜间亮度充足、支付齐全方便、会员计划暖心、销售陈列丰富、环境干净整洁 、增值服务有力）触点管理，优化推行“加油六步法”（引车入位、问候确认、加注油品、增值服务、结算收银、送别离站）服务流程；采取夜间亮化、24小时营业等提量措施，推进“4+2”（清洁计划、员工卓越计划、客户评价、司机之家、自助洗车业务、高标号汽油推广）行动计划，开展老站增量、加油站现场管理整顿季等活动，开展客户满意度评价工作，软硬件服务功能得到强化提升。统筹推进企业转型发展，坚持“政企协同、强强联合、优势互补、融合发展”原则，创新打造企地共建模式，与泰安市人民政府国有资产监督管理委员会和地方国资企业以及华能泰山电力有限公司、国家电投集团海南新能源投资有限公司、新汶矿业集团泰兴物业有限责任公司等签署新能源发展战略合作协议；先行先试抢滩氢能高地，探索打造国际旅游城市“油气氢电服”综合加能港，加快布局新能源网络；因地制宜有序实施光伏发电，建成并网分布式光伏发电站5座，建成山东石油首座BIPV光伏发电站，年发电量11万千瓦时；快速推进充换电项目，建成充电站8座、蔚来换电站1座。全力搭建线上服务网络，成立一体化推进项目组，加快一键加油、易捷到车、石化钱包、电子加油卡等推广应用；打造易捷服务平台，依托泰山地方特产和直播平台，完善合作共建、自营自播机制，推进线上线下融合；加油中石化App累计新增用户14.96万户，我要买油App注册用户360余家，客户线上开单率达95%。配合政府推动市场经营秩序净化，东平、宁阳两家县公司成立成品油行业协会。

【泰山石油企业管理】 健全风险防控体系，提升合规治企能力。坚持“严”的总基调和大抓基层的鲜明导向，突出“三基”（基层建设、基础管理、基本功训练）工作，筑牢安全环保防线，完善风险防控与隐患治理双重预防机制，严格落实疫情防控，推进安全生产专项整治3年行动计划；开展安全隐患排查整治工作，推行24小时整改制；开展“百日安全无事故”、“五查五严”（查思想认识、严明政治规矩，查制度体系、严肃制度执行，查安全管理、严细落实责任，查事故隐患、严抓安全防控，查法治建设、严格依法治企）保安全专项行动，整治“低、老、坏”问题。严守质量管理生命线，推动油品全指标、全环节质量控制，油库安全数质量管理工作实现零事故，各级部门油气质量抽检100%合格。线上线下相结合举办公众开放日泰安站活动，全面展示“智慧、绿色、创新、开放”企业形象。

（熊正君）

11月27日，泰山石油组织开展以“探秘智慧能源”为主题的“中国石化公众开放日”大型品牌活动，活动以公众视角感受企业“智慧、绿色、创新、开放”的企业形象。图为泰安小记者团和社会公众参观该企业油库油品质检室（姜锋 摄）

会展业

【概况】 2021年，面对国内外新冠肺炎疫情反复出现的不利影响，市贸促会严格落实中央、省和泰安统筹推进疫情防控和经济社会发展工作部署要求，在疫情防控严峻时期在全市印发《关于进一步加强常态化会议展览活动疫情防控措施落实的紧急通知》，主动协调有关部门，克服疫情带来的种种困难，采取系列应对措施，鼓励企业探索“线下+线上”展览新模式，努力保障全市会展行业安全运行。7月份，泰安市贸促会获得省会展业协会评选的“2020年度山东省会展行业促进发展贡献奖”，当选山东省会展业协会第五届理事单位。年内，泰安市共举办大型展会活动134场，其中规模以上展览活动26场（线上线下相结合展会4场），总面积17.42万平方米，300人以上大型会议活动108场。2021首届泰山产业大集、第二届山东水利博览会、第三十届全国图书交易博览会泰安分会场、第四届中国粮油泰山论坛暨第十六届全国粮油产销企业订货会、河和之契：2021黄河流域、大运河沿线非物质文化遗产交流展示周、2021第五届泰山国际福祉暨康复设备博览会等一大批全国性、专业性展会活动相继成功举办。

【2021首届泰山产业大集】 4月21—24日，在泰山国际会展中心举办。集中展示推介泰安市产业集群中产业链关键环节典型产品。展会分室内、室外2个展区，展览面积2.5万平方米，269家企业参展，邀请关联客户单位1000余家。参展企业以泰安市工业领军企业“50强”、

各县（市、区）、功能区骨干工业企业为主，代表全市工业的实力和水平，参展产品也充分体现出专、精、特、新的特点。线上展示推介整合全市主导产业产品数据资源，建立全市工业产品数据中心，在泰安市人民政府门户网站、泰安市政企直通车平台开设泰山产业大集专栏，突破传统推广渠道，构建实时展示、互动交流的线上推广平台，宣传泰安企业和产业集群形象，吸引同类企业厂商向泰安产业集群聚集。该活动是围绕省委、省政府“七个走在前列”“九个强省突破”重大部署，以融入国内国际“双循环”为目标，打造泰安产业高地的重要工作部署。市委、市政府非常重视，经过前期精心筹备、深入调研摸底、多次调度推进，采取线上平台、固定展厅、线下展会“三位一体”模式，对输变电设备、汽车零部件、矿山装备、建筑工程装备、新型建材、新材料、纺织服装、医疗康养、“养生泰山”免疫力经济等9个产业集群进行集中展示推介，打造工业攻坚的重要抓手和推进发展的有效平台。“泰山产业大集”成为展示泰安工业产业的重要平台、了解泰安工业发展的有效载体、助力招商引资的直观窗口、普及工业知识的重要阵地，实现经济效益和社会效益“双赢”，为推进制造业高质量发展营造良好氛围。活动开幕首日还举行泰安市智能制造产业专家委员会与会专家座谈研讨会、泰安市数字经济发展高端论坛（主论坛）、泰山装备智造高端论坛及院士专家与企业对接会等相关活动。

【第三十届全国图书交易博览会泰安分会场】 7月16日，在泰山国际会展中心开幕。该届书博会泰安分会场由国家新闻出版署、山东省人民政府主办，泰安市人民政府承办。展区规模达1万平方米，以“建党百年，书香泰安”为主题，突出庆祝建党百年、弘扬泰山文化、传承优秀经典、构建儿童阅读空间等特色，规划举办庆祝建党百年图书主题展、优秀传统文化图书主题展、“童心向党”儿童阅读主题展、“书香泰安·文创泰山”主题展、泰山新闻出版小镇主题展等5大特色主题展区。其中，庆祝建党百年图书主题展陈列的书籍有6700余种、3.5万余册，主要是以建党百年为主题的书籍读物，充分挖掘泰安深厚红色文化资源；“童心向党”儿童阅读主题展是泰安市首次举行的大规模童书主题展，展区主要分为乐乐趣立体书、当代世界儿童文学宝库、儿童绘本等多个板块，可以满足0～12岁青少年儿童的不同阅读需求。该届书博会还开设“书香泰安·文创泰山”主题展区，泰山皮影、木版年画、泰山剪纸等泰安市代表性非遗展演亮相展区；敢当当文创、泰尚黄黄精等种类丰富的文创产品也供市民和游客选购。作为该届展会的一大亮点，泰山新闻出版小镇主题展区将采用声光电等多种形式，对小镇融合发展、跨界发展进行集中展示和精彩互动。吸引中华书局、上海古籍出版社、光明日报社、山东出版集团、北京出版集团等34家出版单位参展。书博会期间，开展“泰山国学小名士”经典诵读电视大赛、“全民阅读，由我领读”教师领读者活动、作家签售等精彩活动26项；著名作家、诗人黄亚洲，著名儿童文学作家杨红樱等12位具备影响力的作家也亮相书博会现场，与读者面对面，共享盛世书香。

【第四届中国粮油泰山论坛暨第十六届全国粮油产销企业订货会】
5月8—11日，在泰安市泰山国际会展中心举办。该届展会展览面积2.5万平方米，共吸引国内外500家知名企业参展，参展产品2000余种，粮油交易量550万吨。5月9日上午，第四届中国泰山粮油论坛拉开序幕，邀请来自中国人民大学、国家粮油信息中心、中国社会科学院农村发展研究所、河南工业大学的12位专家学者教授，分别就宏观经济形势及粮油市场行情分析、粮油行业前沿工艺技术分享、企业运营管理、市场营销策略等方面作精彩的学术报告。出席论坛的专家学者，都具有深厚的理论功底、丰富的实践经验、高超的授课艺术，带来粮食产业发展的新观点、新理念、新思路，为泰安实施乡村振兴战略增添新举措、新动力、新活力。

【第十七届泰山苗木花卉交易会】
9月30日至10月2日，在泰安市泰山区邱家店镇泰山国际花木城举办。该届展会由泰安市人民政府、山东农业大学、山东省农业科学院主办，泰山区人民政府、泰安市林业局承办。展会以“培育苗木花卉产业，推动乡村振兴战略”为主题，通过搭建全国园林花木产业交流合作和产销对接平台，全力促进苗木花卉产业化发展和农民群众增收致富。展会为期3天，为降低新冠肺炎疫情对展会影响，采取“云上苗交会”和线下办展相结合的方式举办。“云上苗交会”设置虚拟展厅、线上论坛、客商交流等多种版块，集企业及产品展示、信息发布、产品展销、客商交流等于一体；线下设置园林园艺、盆景、菊花、果树、机械、书画等展示交易区6个，展厅面积达

1 万多平方米。该届“云上苗交会”吸引来自北京、天津、河北、江苏、河南、安徽、陕西等 20 多个省地市的 340 多家苗木企业、园林公司参展、参会。会场展出众多高档盆景、优良园林绿化及果树苗木、先进的园林机械和优美的园林艺术景观。其中，菊花展国庆假日期间免费开放，以供市民和游客观赏打卡。

【第二届中国（山东）水利科技与生态建设博览会】 4 月 27 日举行。该届博览会由山东水利学会主办，泰安市水利局、水利部科技推广中心山东省推广工作站协办。博览会为期 3 天，紧扣“中国共产党成立 100 周年”时代主旋律，以“赋能智慧水利 建设智水山东”为主题，设立展览面积 2 万平方米（含室外）、国际标准展位 760 个。该届博览会以省外参展企业、参会嘉宾、专业观众为主体，将更好地吸引水利行业品牌企业到泰安参观考察、投资兴业，让更多的行业人士走进泰安参会交流、感受泰山文化，打响“好客山东”旅游品牌，提升“中华泰山、天下泰安”的城市影响力，共同拓展新时代水利行业发展机遇。展会期间，有 320 余家国内外企业参展，共吸引省内外水利系统、科研机构、应用单位等各界人士近 3 万人到泰安参会观展。

4月27日，第二届中国（山东）水利科技与生态建设博览会举行

（郑旭光　供）

【河和之契：2021 黄河流域、大运河沿线非物质文化遗产交流展示周】 12 月 23—26 日，在泰山国际会展中心举办。该活动由文化和旅游部非物质文化遗产司指导，山东省文化和旅游厅、泰安市人民政府主办，山东省文化馆（省非物质文化遗产保护中心）、泰安市文化和旅游局承办，国家非遗展览展示研究中心齐鲁（邹城）展示基地协办，国家非遗展览展示研究中心总策展。此次非遗交流展示周以“推动传统手工艺振兴、强化非遗系统性保护”为主题，展览活动将采取静态展览、动态展示、活态展演的方式，展览分为“文明的赓续”山东省黄河流域振兴传统工艺集萃展和“流动的文化”山东省大运河沿线省级文化生态保护区成果展两大部分，展现丰富多彩山东省优秀传统手工艺，反映“心手相牵、美好生活”的山东手造文化内涵，促进非物质文化遗产区域性整体保护，加强非物质文化遗产传播和交流，讲好中国故事山东篇章，为泰安市民呈现一场精彩的展览盛宴。在泰山大剧院举行黄河流域、大运河沿线特色非遗项（节）目专题舞台演出开幕式，展示黄河流域、大运河沿线非物质文化遗产的独特艺术魅力，彰显黄河流域、大运河沿线非物质文化遗产保护传承弘扬的丰硕成果。

【2021 第五届泰山国际福祉暨康复设备博览会】 11 月 22 日，在泰山国际会展中心开幕。该届展会采取“线上 + 线下”方式举办，“线上”搭建博览会网上展厅，共有 130 余家企业参展，展示各类康复训练设备及辅助器具 3200 余种。“线下”组织部分在省内有分公司或代理商的国内知名康复辅助器具企业搭建展位，重点展示康复辅助器具新产品、新技术。展会期间还举办泰山国际残疾人论坛，通过专家解读发展残疾人事业新理念、新技术、新业态，推动社会各界关注残疾人群体，持续提高残疾人的生活质量。

【2021 中国泰山农机线上博览会暨智慧农业发展论坛】 10 月 25 日，在泰安开幕。该届展会由泰安市农业经济发展服务中心主办。以“发展智慧农业，引领产业发展，助力乡村振兴”为主题，共商深化合作大计，共谋发展共赢愿景。博览会采取线上模式，实行市场化管理运营，依托大数据、5G、“互联网 +”等技术，由专业展览公司开发建设网上农机展厅，搭建机具展示、直播互动、贸易

洽谈、线上交易、技术指导五位一体展销形式，构建规模庞大、功能强大、便捷高效的农机网络展销平台。356家农机企业的3000余台大型、智能、高端农机装备产品，全面展现国内乃至世界农机发展水平。150余家海外采购商，2万余名国内专业观众，通过智能导购、云端洽谈、直播互动等把握价格行情、获取行业资讯、实现商贸交易。

博览会同期举办乡村振兴产业发展论坛，特邀业内专家、行业领军人物就智慧农业前沿理论进行深度解读，探讨新时代农机化发展新路径，采用视频同步直播形式实现资源共享，为业界人士带来一场学术盛宴。论坛研讨成果为加快数字农业建设、推进现代农业高质量发展、助力乡村振兴战略提供制度框架、政策体系方面的理论参考和实践指导。

6月23日，“文创活力”——新兴领域青年助力新经济大展活动在泰山国际会展中心举办　（郑旭光　供）

【“文创活力”——新兴领域青年助力新经济大展活动】 6月23日，在泰山国际会展中心举办。该活动由共青团中央指导、共青团山东省委和泰安市人民政府主办、中央美术学院提供学术支持。该活动深入贯彻习近平总书记关于做好新兴领域青年工作的重要指示要求，以“新时代 新青年 新风采”为主题，全方位展示新兴青年庆祝中国共产党成立100周年主题创作成果，聚焦科技发展、乡村振兴、城市治理，突出科技赋能文创，呈现在文创、非遗、影视动漫、文旅文博等领域的创意作品和创新项目，搭建资源链接、服务转化平台。大展集聚40多家文创园区、投资机构和10多个专业院校共同参与，成为全国新兴领域青年交流互动、风采展示、服务发展的行业盛会。活动期间还举办“新时代助力新经济”创意创造系列研讨交流会、“新时代引领新风尚”新兴领域青年成长会客厅、“文创活力”服务乡村振兴主题电影展映、“新时代助圆新梦想”大师公开课等7场线上线下交流研讨活动，进行专家点评、项目评审和资源链接，众多行业专家、业内大咖、协会组织负责人等与新兴领域青年面对面交流，分享文创精粹、介绍行业政策、激发创新创业精神。　（郑旭光）

编辑　校对　　刘　凯

旅游业

综　述

【概况】　2021 年，泰安市旅游业持续回暖复苏，全市全年接待国内外游客 6410.35 万人次，实现旅游总收入 650.52 亿元，分别增长 27.19%、34.94%。泰安市被中国互联网新闻中心评为“2021 美丽中国首选旅游目的地”。泰山国际登山节被评为中国最具特色旅游节庆。“泰安市精品旅游产业集群”“泰安新闻出版文化创意产业集群”“泰安市岩岩泰山·青青岱岳精品旅游产业集群”分获第一、第二、第三批全省精品旅游产业集群名单，泰安市成为全省文旅系统唯一的前三批均有产业集群入库、集群数量全省第一的地市。“泰山秀城·老街”项目入选首批国家级夜间文化和旅游消费集聚区，“梦泰山夜肆文旅街”“泰山云集文化商业街”项目入围首批省级夜间文化和旅游消费集聚区。岱岳区成功创建省级全域旅游示范区。泰山碧霞湖被评为省级文旅康养融合发展示范区。徂徕山汶河景区被评为省级文旅康养融合发展试点区。道朗镇入选第一批全国乡村旅游重点镇。推出“慧游泰山”支付宝小程序，成为第一家打通腾讯和阿里的智慧文旅平台。创新推出“泰安十大伴手礼”。推广“山水圣人”中华文化枢轴产品，推动省会经济圈文旅一体化发展迈出新步伐。

【旅游规划编制】　编制完成《泰安市“十四五”文化和旅游发展规划》。牵头制定《泰安市文旅胜地建设实施意见》。市政府办公室印发《关于做好当前文化和旅游假日市场工作的通知》。修改完善《关于促进泰安市文化和旅游产业高质量发展的十条措施》。牵头完成《山东省“十四五”文化和旅游发展规划》《泰安市国民经济和社会发展第十四个五年规划和二〇三五年远景目标纲要》《东平湖生态保护和高质量发展专项规划》《大运河（山东段）文化和旅游融合发展》等多项规划，累计征求意见 20 余次。

【旅游项目建设】　2021 年，重点推进“三个一批”（策划招商一批、建设推进一批、巩固提升一批）项目 83 个，年度计划总投资 108.29 亿元。总投资 150 亿元的泰山佑·国际生态旅游度假区项目、总投资 150 亿元的泰山山高·金谷项目先后开工，成为全市重点招商引资项目；引进陕旅集团投资 27 亿元打造的泰山秀城试营业，铁道游击战剧场、泰安府美食街、游客服务中心和停车场对外开放。泰山·九女峰乡村度假区一期项目主要建设“故乡的云”高端民宿、九女峰书房、“八楼氧心谷”亲子民宿、泰山九女峰山地户外运动主题公园、山东省乡村振兴齐鲁样板研究院、春天里度假酒店、“故乡的月”文化艺术中心、神龙大峡谷等项目，总投资约 3 亿元，全部投入运营。九女峰项目被评为山东省乡村振兴齐鲁样板示范区、泰安市乡村振兴示范区，并获得“山东人游山东”最值得期待的乡村旅游目的地、首批“山东省精品文旅小镇”等称号。泰山西湖、泰安老街、爱琴海购物公园、泰山桃花源项目一期、自驾车房车营地和红门广场停车场、花样年华——休闲四季等一批项目建成运营；天颐湖旅游度假区、泰山百合和园、泰茶良心谷有机生态示范园、泰山茶溪谷等景区基础设施不断完善；泰山新闻出版小镇、泰安市文旅健身中心、泰山石敢当文化旅游区、铁山地质公园等多业态融合项目进展顺利。　（刘姗姗）

旅游管理与服务

【旅行社管理】 印发《泰安市旅游服务质量提升三年行动（2021—2023年）实施方案》，重点围绕10个方面38项重点工作开展质量提升。按照《文化和旅游部办公厅关于用好旅游服务质量保证金政策 进一步支持旅行社恢复发展的通知》和《旅行社条例》及实施细则要求，为符合条件的旅行社暂退部分旅游服务质量保证金。严格按照《2021年度新冠疫情防控工作方案》《关于开展安全生产风险隐患大排查大整治督导工作实施方案》等要求统筹做好疫情防控工作，对全市各县（市、区）旅行社等涉旅单位开展实地督导，对疫情防控和安全生产工作落实情况不严者，下达整改通知书责令限期整改。严格执行跨省旅游经营活动管理“熔断”机制，做好涉疫情游客及团队排查流调，指导相应旅行社妥善处理退团退费工作。指导各旅行社签订《旅行社文明诚信安全生产承诺书》，督促其制定《安全生产主体责任清单》并逐一进行审核把关，确保企业将安全生产责任特别是隐患排查整治责任细化到岗到人。

2021年泰安市主要旅行社名录

表22

序号	旅行社名称	地址	属地
1	泰山中国国际旅行社有限责任公司	红门路26号	市直
2	泰安市泰山瀛泰国际旅行社有限公司	迎胜路52号（华泰大酒店南邻）	泰山区
3	泰安市海峡国际旅行社有限公司	新泰市青云街道办事处对面	新泰市
4	山东吉程国际旅行社有限公司	擂鼓石大街609号信德泰山御园	泰山区
5	泰安市泰山天马旅行社有限公司	温泉路北段（旅游汽车公司北侧）	市直
6	泰安市泰山文化国际旅行社	岱庙街道北关社区岱宗大街226号	泰山区
7	泰安市浪漫假期国际旅行社	万达广场8号楼1716号	泰山区
8	泰安市华之旅旅行社有限公司	长城路北首圣地大厦A座877室	岱岳区
9	山东风华国际旅行社有限公司	岱岳区粥店街道开元路中天城市广场1-804号	岱岳区
10	山东省海天国际旅行社有限公司	财源街道灵山大街363号梦想谷产业园	泰山区
11	泰安市泰山环球国际旅行社有限公司	银座广场A2-2楼	泰山区
12	泰安远东国际旅行社有限公司	火车站旅游咨询中心	泰山区
13	泰安驴妈妈国际旅行社有限公司	岱宗大街丽景花园三期商业楼	泰山区
14	泰安康辉国际旅行社有限公司	龙潭路65号	泰山区
15	山东星程国际旅行社有限公司	泰安万达广场8号写字楼1210	泰山区
16	泰安市双龙国际旅行社有限公司	银座广场A座1单元401室	泰山区
17	山东金色假日国际旅行社有限公司	东岳大街100号奥莱新天第B座604室	泰山区
18	泰安岱岳旅行社有限公司	灵山大街与迎胜路路口西北侧泰晟教育5楼	岱岳区
19	泰安市泰山假日旅行社有限公司	宝龙广场御膳楼二楼对面	泰山区
20	山东泰安五岳旅游汽车有限公司泰安五岳旅行社	东岳大街139号新汽车站	市直
21	山东恒远国际旅行社有限公司	迎胜路北首28号	泰山区
22	泰安市东巍国际旅行社有限公司	老县衙南门东侧	泰山区

续表22

序　号	旅行社名称	地　址	属　地
23	泰安市铁运旅行社有限公司	银座广场A座3单元1402室	泰山区
24	山东诚之旅国际旅行社有限公司	岱宗大街丽景花园三期商业楼	泰山区
25	山东省天成国际旅行社有限公司	万达广场2号楼1409-1410房间	泰山区
26	泰安市新视野旅行社有限公司	长城路圣地大厦A栋1002室	泰山区
27	泰安市悠游国际旅行社有限公司	校场街25号	泰山区
28	泰安市泰山中信国际旅行社有限公司	泰安市升平街37号	泰山区
29	泰安山意国际旅行社有限公司	粥店岱岳花园小区33号楼5单元2楼西户	岱岳区
30	泰安市泰山新亚国际旅行社有限公司	温泉路宝龙广场东首B1031	泰山区
31	泰安金秋国际旅行社有限公司	岱宗大街体育局健身中心6楼6002室	泰山区
32	山东康泰国际旅行社有限公司	青年路（老市政府侧对面）	泰山区
33	泰安市泰山新闻国际旅行社有限公司	泰山区东岳大街56号	泰山区
34	泰安市泰山蓝天国际旅行社有限公司	岱宗大街279号东都宾馆	泰山区
35	山东泰安中飞国际旅行社有限公司	文化路西段泰山中学路南	市　直
36	泰安市联合假期国际旅行社有限公司	岱宗大街210号尊皇大酒店商务三楼	市　直
37	泰安市天乐国际旅行社有限公司	擂鼓石大街683号	泰山区
38	泰安东岳泰山国际旅行社有限公司	红门路45号	市　直
39	泰安中国旅行社有限责任公司	普照寺路2-6号	泰山区
40	行远（山东）国际旅行社有限公司	泰山区文化路49号二号楼三单元501室	泰山区
41	泰安市岱岳区方圆旅行社有限公司	泰安二中南邻（煤炭局宿舍）	岱岳区
42	泰安名远假期旅游有限公司	岱岳区天平街道泰山文化发展中心	泰山区
43	泰安梦行谷国际旅行社有限公司	泰山火车站中南繁华里1号二单元402	泰山区
44	山东鑫瑞国际旅行社有限公司	岱宗大街338-38号丽景花园	泰山区
45	山东明晟国际旅行社有限公司	泰山华庭嘉苑B区8号楼	泰山区
46	泰安海纳国际旅行社有限公司	岱宗大街彩虹花园小区北门	泰山区
47	山东泰山研学教育有限公司	红门路72号7号楼208室	泰山区

【旅游饭店管理】　开展星级饭店（星级民宿）评定复核，完成山东省旅游饭店评定委员会对泰安市正元名饮酒店、丽景广场酒店四星级饭店复核，对满三年期的铁道大厦、东都宾馆等6家三星级饭店组织开展复核工作。检查相关星级饭店的必备项目、设施设备、运营质量等方面情况，督促整改存在的问题。取消6家星级饭店的“星级饭店”称号。通过“全国旅游监管服务平台”，指导督促各星级饭店完成季报、月报和年报填报及审核工作，迎接文旅部第三方统计调研。向省文化和旅游厅推荐申报的3家星级民宿顺利通过省评定检查，其中岱岳区“故乡的云”“八楼氧心谷”2家民宿获省首批五星级旅游民宿称号。鼓励引导旅游民宿规范化、特色化、精品化、集群化发展，泰山区泰前街道、岱岳区道朗镇、东平县旧县乡入选山东省旅游民宿集聚区创建单位。

2021 年泰安市四星级以上酒店一览表

表 23

名　称	地　址	星　级	电　话
泰安东尊华美达大酒店	迎胜东路 16 号	五星级	0538—8368888
泰安市御座宾馆	岱庙北路 50 号	四星级	0538—8269999
泰安市正元名饮国际酒店	东岳大街西段	四星级	0538—8588999
丽景广场酒店	泰山广场东邻	四星级	0538—6986666
泰安市岱岳区美若山水酒店管理有限公司	泰安市岱岳区长城路北首路西（地矿大厦）	四星级	13854681599
泰安铭座三泰宾馆	泰安市岱岳区东岳大街 554 号	四星级	18615561217
肥城宝盛大酒店	肥城龙山路 20 号	四星级	0538—3237888

【旅游行业安全】　启动市假日旅游指挥部运行机制，统筹假期疫情防控、安全生产和文化旅游各项工作。市文旅局联合市公安局、市交通运输局等部门成立“文旅市场秩序联合检查组”，依法处理文化旅游安全生产违法违规行为。先后印发 15 份文件部署安全生产监督管理工作，召开文化旅游系统安全工作会议 3 次，建立安全生产督导检查工作机制，严格落实安全生产属地管理责任、行业监管责任和企业主体责任。开展系列安全生产活动培训，开展安全生产“开工第一课”培训，组织各县（市、区）安全生产负责人参加文旅部安全生产线上培训，分两期举办旅行社行业安全生产知识学习暨转型升级工作系列活动。继续开展安全生产专项整治三年行动（2020—2022 年）、安全生产“攻坚战”行动和“安全生产月”活动。指导文旅企业参与“安全生产月”活动，指导泰山宝泰隆旅游度假区、铭座三泰宾馆开展应急演练。加强景区游客最大承载量控制，推行景区门票预约制度，指导各 A 级旅游景区做好疫情防控常态化工作。

【旅游市场监管】　强化线上线下监管，开展“护蕾·2021”专项行动，加强对互联网上网服务营业场所及娱乐场所的监管，规范文化市场经营秩序。成立“旅游市场秩序综合整治领导小组”，在重要节日、重大活动等重点时段，联合相关部门组成督导检查组，开展文化和旅游市场隐患排查治理行动。累计出动联合执法人员 460 余人次，检查旅行社 121 次，发送整改意见书 5 份，取缔黑社 1 家，查处未备案旅行社服务网点 3 家，查处黑出租车辆和违规旅游大巴车 51 辆，查处拦车拉客人员和尾随兜售人员 23 名。依托“全国旅游监管服务平台”“全国文化市场技术监管与服务平台”，实现对文旅企业的全时线上监管，泰安市各项模块覆盖率均居省内前列。2021 年，在山东省政府部门联合“双随机、一公开”监管平台完成“双随机”抽查任务 149 家，全部完成 2021 年全市文旅领域“双随机、一公开”部门内和部门联合抽查全覆盖，抽查比例均超过 10%。完善失信约束制度和信用修复机制，指导失信企业开展信用修复。指导协调文旅市场综合执法工作，开展文旅领域扫黑除恶专项整治行动。每季度定期召开泰安市文化市场综合执法工作会商会议。制定《泰安市文化市场综合执法手册》《泰安市文旅行业便民服务手册》，做好省文化和旅游厅联合督导组到泰安市检查文化市场综合执法规范化建设工作。

【旅游服务】　开展景区服务质量提升百日攻坚行动，完善配套设施，提升全市 A 级旅游景区服务质量。在“五一”“十一”等重要节假日开展“泰山小美”文明旅游志愿服务等系列活动。创新文旅服务营销模式，4 月 25 日，“慧游泰山”支付宝小程序正式上线，创新开发出智慧客服、AR 扫码、电子语音讲解以及互动打卡等功能。“十一”期间，“慧游泰山”体验区在游客服务中心上线，为游客提供线上查询引导和线下咨询服务，免费发放文旅宣传品。完善泰安旅游集散中心咨询服务功能，实现旅游咨询服务多维度发展。摸底排查城区旅游标识牌的牢固情况，更新重点路段的 10 块年久失修、字迹模糊、存在较大安全隐患的旅游标识牌。对东尊华美达酒店、御座宾馆、美若山水酒店、铭座三泰宾馆 4 家生活垃圾分类达标样板单位，开展垃圾分类试点督导检查工作。为东都宾馆、御座宾馆等示范点制作景观小品公益广告、残疾人停车位及指示牌，并配备助听器、老花镜等无障碍设施。

【导游员管理培训】 2021 年年初，举办 2020 年度泰安市十大金牌导游评选活动，在“平安泰山礼遇泰安”泰安十大伴手礼评选活动、山东省文创产品开发成果转化对接暨泰安十大伴手礼推介活动上，均由金牌导游推介泰安特色伴手礼。7 月 6—8 日，举办 2021 年导游员培训班，培训导游 100 余名。10 月下旬，遴选优秀人才备战第七届全省导游大赛决赛，1 名导游入选文旅部“金牌导游培养项目”，2 名导游入选“山东省十佳导游主播”。 （刘姗姗）

旅游开发

【景区和度假区管理】 积极培育和发展新景区，推动旅游景区提档升级。加强景区的智慧化建设，将智慧化景区建设作为申报国家 AAAA 级旅游景区的必要条件。完成重点 A 级旅游景区预约、客流、监控数据与省、市平台的对接和传输，确保进入景区游客信息可查询、可追溯，做好重点 A 级旅游景区门票线上预约的“无纸化”入园工作。推进齐长城国家文化公园、大运河国家文化公园建设工作。6 月 26 日，全市 A 级旅游景区服务质量提升百日攻坚行动动员大会召开。7 月上旬，组织省内专家对全市 80 家 A 级旅游景区进行体检式暗访复核，根据暗访检查情况安排部署整改提升工作。9 月上旬，成立专项督导组检查部分景区整改提升工作。9 月 11—20 日，组织专家对 38 家景区进行检查验收。

【产业发展】 “泰安市精品旅游产业集群”（2019 年）、“泰安新闻出版文化创意产业集群”（2020 年）、“泰安市岩岩泰山·青青岱岳精品旅游产业集群”（2021 年）先后入选全省“十强”产业集群库，集群总数居全省文旅系统第一。推出“六保贷”金融产品，向 258 家文旅经营主体发放优惠贷款 4.8 亿元。借助“泰安市政企直通车”平台，将“六稳”“六保”政策制作成“政策包”，向平台上 37 家规模以上文旅企业精准推送，并通过市政府门户网站、文旅部门网站及手机 App 等形式向各类文旅企业推送。4 月，启动第五届泰安文化和旅游惠民消费季，审核通过企业 93 家、产品 5000 余件，依托第五届泰安文化和旅游惠民消费季启动仪式、山东省 2021 年“文化和自然遗产日”暨“红色文化主题月”活动启动仪式、“惠游云集·吃喝玩乐 go”云集之夜活动启动仪式、第三十届全国图书交易博览会泰安分会场活动、第二届中国国际文化旅游博览会、泰山秀城一期试营业启动仪式等活动，发放各类消费券 195 万元，用券人数 2.4 万余人，直接拉动消费 463.7 万余元。协调中国银行泰安分行利用入驻中行全国手机 App 的“泰山惠玩”平台开展 100 万元文旅满减活动。

【文化和旅游商品开发】 举办 2020 年度泰安十大伴手礼评选活动。举办山东省文创产品开发成果转化对接暨泰安市十大伴手礼推介活动，一批优秀文创产品成功完成成果转化对接，山东省文化和旅游商品大赛、公共文化机构大赛、非遗 + 旅游文创大赛、文创礼品大赛、精品旅游文创大赛等优秀作品创作者与落地转化单位进行签约。组织、参加 2021“山东人游山东”暨环泰山西湖徒步游活动文旅商品展示、黄河文化旅游带建设推进活动山东物产展、2021 年文化和自然遗产日活动文创展、新兴领域青年助力新经济大展泰安文创专区、2021 第九届北京国际旅游装备博览会、2021 济南花博会 16 市文化和旅游商品展示等展销活动。组织 15 家企业 32 件（系）作品参加第三届山东省文化和旅游商品创新设计大赛，获两金两银一铜成绩，其中 9 件作品入选全省庆祝建党 100 周年 100 款红色文创产品推荐名单。组织参加 2021 中国特色旅游商品大赛，推荐的南国音韵系列香薰、吉祥桃木系列伴手礼获金奖。宁阳县古楼《密室逃脱》传统文化旅游项目入选山东省 10 项旅游特色产品。肥城市举办 2021 全国桃木旅游商品创新设计大赛暨全国桃文化旅游商品评展活动，全国 20 多个省市的 200 多家企业和个人参赛，3000 多件桃木和桃文化实物作品参与展出和评奖，评出特别大奖 1 个、金奖 10 个、银奖 16 个、铜奖 26 个。

【乡村旅游】 至 2021 年年底，全市有全国乡村旅游重点镇（乡）1 个（岱岳区道朗镇），全国乡村旅游重点村 3 个（岱岳区里裕村、东西门村，肥城市五埠村），山东省精品文旅小镇 3 个（岱岳区天颐湖休闲小镇、岱岳区九女峰度假小镇、肥城潮泉生态康养小镇），全省乡村旅游重点村 5 个（泰安市泰山区邱家店镇王林坡村、岱岳区道朗镇八楼村、肥城市仪阳街道刘台村、东平县银山镇南堂子村、泰山景区大津口乡沙岭村），山东省景区化村庄21个（泰山区泰前街道白马石村、泰山区邱家店镇北王庄村、泰山区邱家店镇王林坡村、泰山区省庄镇大河峪村、岱岳区道朗镇丰山村、岱岳区山口镇小马庄村等），泰山区泰前街道、岱岳区道朗镇、东平县旧县乡入选山东省旅游民宿集聚区创建单位。岱岳区入选第三批山东省全域旅游示范区名单。

【红色旅游】 策划推出“党史学习教育红色体悟参考路线”7条，泰山景区打造“泰山挑山工”情景体验线路，并开展红色体悟路线接待工作。全市8处革命旧址、2家革命博物馆入选全省依托革命文物资源开展党史学习教育场所。全市11个村入选全省庆祝建党100周年100个红色文化特色村培育创建名单。加大红色旅游资源的研究、开发力度，实施“红色旅游+”战略，市文旅局联合教育部门，制定印发《泰安市推进中小学生研学旅行工作实施方案》，指导红色旅游景区与研学旅游基地合作探索，搭建“红色资源+旅游+研学”发展平台。加大冯玉祥纪念馆等革命纪念馆、博物馆建设力度，创新展陈形式，提升红色景区核心吸引力。《泰安徂徕山抗日武装起义主题展》《陆房突围胜利纪念展览》入选全省庆祝建党100周年100家革命场馆特色展陈推荐名单。将红色旅游与绿色生态相结合，打造“红绿配”新兴旅游产品，发展红色生态旅游，徂徕山春季采摘槐花、樱桃，夏季避暑纳凉等产品深受游客喜爱。将红色旅游与扶贫工作相结合，乡村振兴服务队进驻新泰市龙廷镇掌平洼等村，打造“掌平洼—太公峪—龙溪庄—老瓜峪”红色旅游片区，龙廷镇实现年接待游客3万余人次、增收300多万元。

【旅游厕所建设】 2021年，全市旅游厕所全部通过省创新管理研究院复核验收，全国旅游厕所管理系统百度地图标注率达100%，综合排名列全省第2位。对照旅游厕所国家标准，建设一批示范性旅游厕所，在“全国旅游厕所管理系统”中立项的13座示范性旅游厕所，年内全部建设完成。 （刘姗姗）

节庆活动

【泰山国际登山节】 （参见“专记·第三十五届泰山国际登山节”）

【“国庆吃面 国泰民安”新民俗倡议活动】 10月1日，“国庆吃面 国泰民安”新民俗倡议活动在泰山秀城泰安府广场举办。活动由中国非物质文化遗产保护协会、山东省文化和旅游厅、泰安市人民政府主办，泰安市文化和旅游局、山东省文化馆（省非遗保护中心）、泰安旅游经济开发区、陕旅（泰安）文化旅游有限公司承办。活动以“国庆吃面 国泰民安”为主题，通过宣传片展播、各省联线互动、线上同步直播等方式，展示9种特色非遗面食，展现丰富多彩的面食文化及饮食习俗，倡导形成共同吃面为祖国庆生的国庆新民俗，彰显共享国庆面、同叙家国情的新民俗文化内蕴。活动现场开展全国各地多种面食非遗制作技艺展示及快闪《我和我的祖国》等活动。中央及省、市级媒体，各商业网站、客户端发布稿件1679篇，其中媒体、商业网站及客户端报道1321篇，微博、微信、短视频等自媒体信息358条。10月1日晚，中央电视台《新闻联播》以《多彩活动欢度国庆 青山绿水畅享假期》为题，对活动作出报道。泰山秀城项目成为全市新的旅游目的地和网红打卡地，2021年10月获评“第一批国家级夜间文化和旅游消费集聚区”。

【泰安十大伴手礼】 3月9日，举办2020年度泰安“十大伴手礼”评选活动，从近400件文创产品中评选出最能代表泰安特色的十件伴手礼，泰山玉缠枝莲纹葫芦、天仙照鉴玉符、泰山茶、形意寿星、敢当当文创、泰山豆福干、泰尚黄黄精组合、泰山皮影、灵芝孢子粉胶囊、茶言枣语成功入选。“学习强国”学习平台、《中国旅游报》、大众网等10余家国家级及省市级媒体平台和政务新媒体平台进行宣传报道和转载，《泰安日报》网络直播平台访问量达26.5万多人次。3月18日，举办山东省文创产品开发成果转化对接暨泰安十大伴手礼推介活动，组织2020年各文创大赛部分获奖作品创作者与落地转化单位进行签约，推动一批优秀文创产品完成成果转化对接。省文化和旅游厅为“文创产品进景区”活动第一站泰山景区授牌，正式启动“文创产品进景区”展销活动。泰安市金牌导游向与会人员推介泰安十大伴手礼。 （刘姗姗）

旅游资源

【概况】 全市有国家A级旅游景区71家（国家AAAAA级旅游景区

1家、国家AAAA级旅游景区13家），省级旅游度假区4家，星级饭店23家（5星级1家、4星级6家），旅行社174家，星级民宿3家。有全国乡村旅游重点村3家、省乡村旅游重点村（精品旅游特色村）9家。

泰安市旅游资源丰富，除最著名的泰山之外，在自然遗产方面，有徂徕山、腊山、牛山等国家森林公园，有莲花山、神童山等省级森林公园，有东平湖省级风景名胜区。在文化遗产方面，有世界文化遗产3处（泰山、齐长城、大运河），数量居全省之首；全国重点文物保护单位有大汶口遗址、岱庙、冯玉祥墓、白佛山石窟造像、泰山古建筑群等15处；省级重点文物保护单位有范明枢墓、萃英中学建筑群、山西会馆、陆房战斗遗址等105处。省级优秀历史建筑有宁阳禹王庙、和圣柳下惠墓、春秋时期史学家左丘明墓、商圣范蠡墓、黄巢兵败退守遗址黄巢寨及黄巢衣冠冢、穆桂英生长地穆柯寨、大字鼻祖洪顶山高僧安道一摩崖石刻及全国民俗旅游定点村埠阳庄等。

全市旅游资源分布主要以市区为中心，北为泰山，城区主要有岱庙、蒿里山、灵应宫等名胜古迹；泰山区主要有汉明堂遗址、老县衙旅游文化街、泰山方特欢乐世界、花样年华景区、宝泰隆旅游景区、中国原浆啤酒体验中心、泰山乡村文化博物馆、叶家庄生态休闲景区、埠阳庄民俗旅游村、白马石民俗村、泰山文化广场、泰山国际花木城等；岱岳区主要有太阳部落景区、泰山温泉城、天乐城、天颐湖、徂徕山滑雪场、大汶口国家考古遗址公园、萧大亨墓、文姜城遗址、黄巢寨、无梁殿、上泉古泉群、蒙牛乳业泰安工业园、齐长城民俗文化区等；新泰市主要有新甫山、青云山、见子山、青云湖、金斗山、金斗水库、光明水库、白马寺、长兴百汇庄园、泰山百合和园、良心谷、黄牛山、清音公园、羊祜公园、峙山、和圣园、朝阳洞、九顶皇山、墨石山、太平山、上豹峪、东石井、前上庄、高崖头、酒台、毛泽东文献博物馆、新泰革命史纪念馆、新泰县第一次党代会会址、八蜡庙、老寨山革命遗址、大协炮楼、老瓜峪、正觉寺、朝阳洞景区、掌平洼景区等；肥城市主要有陶山、范蠡墓、十万亩桃园、左丘明墓、云蒙山、翦云山、牛山、春秋古镇、五埠岭大门、鱼山桃花海、吕仙古村落、圣井峪旅游度假村、黑牛山、泰山植物园、泰西桃花源、左传文化园、肥子茶园、泰山牡丹文化产业园、安驾庄温泉、望鲁湖等；宁阳县主要有凤凰山、千顷枣林、蟋蟀园、文庙、颜庙、颜林、堽城坝、复圣文化旅游区等；东平县主要有东平湖、白佛山、昆仑山、六工山、腊山、棘梁山、灵泉山庄、司里山、戴村坝、稻屯洼、月岩寺、黄石悬崖景区、贯中园、洪顶山经刻、水浒影视城等。

【泰山风景名胜】 主要分布在南起泰安古城南门（包括蒿里山、灵应宫），东南、西南以环山路为界，总面积171平方千米范围内，主景区面积125平方千米。景区内有山峰112座、崖岭98座、溪谷102条、潭池瀑布64处。泰山自然风光优美、壮观，其景观特点以“雄”为主，兼有“奇、险、秀、幽、奥、妙”的特点。泰山游览区分岱麓游览区（丽区）、中路游览区（幽区）、西路游览区（旷区）、岱顶游览区（妙区）、后石坞游览区（奥区）、桃花峪游览区（秀区）。

岱庙。又名东岳庙、泰岳庙、岱岳庙，俗称泰庙，是古代祭岱的主要场所。位于泰山南麓泰安城区红门路南端，是泰山中路登山起点。庙内有古建筑和仿古建筑186间，碑碣184块，汉画像石48块，古桧、侧柏212株，观赏植物292种。中华人民共和国成立后，曾为泰山管理机构驻地，后为泰安市博物馆。1988年被列为全国重点文物保护单位。主要景点有遥参亭、正阳门、天贶殿、汉柏院、东御座、唐槐院、后花园等。

灵应宫。碧霞元君的下庙，原名天仙祠。位于市区灵山大街北侧。创建年代无考，明万历年间奉敕拓建。2002年重修。蒿里山位于泰山之阳，汉代以前，蒿里山被称作“高里山”，《汉书》有汉武帝“亲禅高里”的记载。魏晋时期，始有“蒿里”之称。古代，人们视蒿里为死后灵魂的归宿之处，故汉魏间即有名为“蒿里行”的丧歌。蒿里山为泰山（泰安）地府—人间—天堂“三大空间”的地府所在。蒿里山曾建有蒿里山神祠，又名森罗殿，创建年代无考。1992年，被国务院批准列入泰山总体规划开发景点。

丽区。即岱麓游览区，指的是泰山南麓东起王母池、西至樱桃园一带清幽明丽的游览区域。岱麓地处山城接合部，依山临市，环山公路贯通东西，环境优美，风景秀丽，气候宜人。主要景点有岱宗坊、王母池、范明枢墓、普照寺、烈士祠、五贤祠、三阳观、冯玉祥墓、樱桃园等。

幽区。即中路游览区，是泰山主景区。登山道路是在唐玄宗登封泰山古御道的基础上拓建而成的，自泰山山门岱宗坊始，至岱顶南天门，全长8.5千米。石阶七千，峰回路转，林荫夹道，溪瀑争流，亭台楼阁，风景幽深。沿途两侧碑碣题刻触目皆是，风景名胜最为集中。主要景点有关帝庙、红门宫、万仙楼、革命烈士纪念碑、斗母宫、经石峪、中天门、朝阳洞、十八盘、南天门等。

旷区。即西路游览区，是指自西溪谷口大众桥至中天门的游览区域。西路游览区峰峦起伏，群峰耸立，谷深峪长，潭静瀑飞，林木繁茂，景色旷秀。主要景点有天外村广场、黑龙潭、扇子崖、元始天尊庙等。

妙区。即岱顶游览区，是自南天门至玉皇顶面积约 0.6 平方千米的游览区域。攀越十八盘，登上南天门，就算进入了“天府仙界”。此处，“日近云低”，“只有天在上，更无山与齐”。虚无缥缈的月观峰，金碧辉煌的碧霞祠，直插云天的玉皇顶，扑朔迷离的无字碑，都使人感到神秘莫测，妙不可言。岱顶集中泰山自然风光与名胜古迹的精华，是游览泰山的高潮所在。主要景点有天街、碧霞祠、唐摩崖、玉皇庙、孔子庙、日观峰、东天门、探海石、仙人桥、月观峰、西天门。

奥区。即后石坞游览区，是以岱阴后石坞为中心的游览区域，南起玉皇顶，北至元君庙，东起天烛峰，西至北天门，面积约 5.5 平方千米。后石坞自古即被称作岱阴第一洞天。奇峰耸秀，怪石嶙峋，峰险谷深，旷远清幽。步行道“独足盘”环绕其间，为明万历年间所辟。沿“独足盘”攀登，行愈远，路愈险，山愈奇，景愈胜。主要景点有丈人峰、北天门、独足盘、八仙洞、后石坞、元君庙、九龙岗、天烛峰、谷山玉泉寺、周明堂遗址、锦绣谷、齐长城。

秀区。即桃花峪游览区，位于泰山西麓，因旧时桃林满谷而得名，分上下两段，上段称桃花源，下段为桃花峪。这里奇峰叠列，林深涧曲，豁达空旷。峪底公路，透迤 10 千米。沿途千潭叠瀑，万壑汇川，丹英饰涧，纷飞如雨。主要景点有桃花源、猛虎沟、彩石溪、后寨门、吴道人庵、桃花峪谷口。

【《中华泰山·封禅大典》项目】 以泰山历代封禅故事为创作背景，真实再现古代五朝的市井文化和帝王封禅盛况，演出包括远古祭祀、金戈铁马（秦）、儒风雅乐（汉）、盛唐气象（唐）、艺术王朝（宋）、康乾盛世（清）、青山依旧等场景 7 幕，在 80 分钟里带领观众穿越中华五千年的时空，用独特的方式去探寻泰山的深刻内涵、中华民族的历史故事。户外实景舞台设在泰山东麓的天烛峰脚下，舞台及观众区均依泰山山势而建，且运用泰山石为主要建设元素，与泰山融为一体。在观看演出的过程中，天烛峰自然天成的美景尽收眼底。封禅大典在弘扬泰山文化的基础上，将封禅大典文化盛宴打造成泰安市对外文化教育宣传基地，形成泰安市乃至山东省弘扬泰山文化、宣传泰安形象的窗口。2021 年度累计演出 81 场，接待观众 6 万余人次，实现营业收入 400 万余元。

【环山路景观大道】 环山路东起天烛峰，西至桃花峪停车场，全长 26 千米，是泰山的保护线、重要的旅游线、泰安城区重要的交通线和代表泰安形象的景观线。环山路是打通泰山东、中、西部的连接线，西接桃花峪景区，东连泰山方特欢乐世界、天烛峰景区，中间连接藏佛寺、抽水蓄能电站、旅游经济开发区、樱桃园景区、市政大楼、天外村、普照寺、红门景区、虎山公园、白马石民俗村等景区景点，串接铭座三泰酒店、东尊华美达大酒店、丽景广场酒店、工行培训中心、泰山宾馆、东岳山庄、宝龙福朋大酒店等大型宾馆。环山路景观大道是泰安市的一条风景带，既可沿途参观景点，也可欣赏泰安城区、泰山景色以及用餐、休闲等，为游客提供更多选择。环山路景观大道完善泰安城区现代化风景旅游城市的功能，优化城市路网结构，并起到山城分界线的作用，有利于加强对沿山建筑物的控制，强化对泰山的保护。

【泰山方特欢乐世界】 国家 AAAA 级旅游景区。位于泰安市泰山区东部新区，2008 年 12 月 27 日开工建设，2010 年 5 月开门纳客。该项目属第四代大型高科技科幻主题公园，是一个以科技和幻想为主题的乐园，通过现代计算机、自动控制、数字模拟与仿真、数字影视、声光电等高科技手段与艺术结合并打造的新型高科技主题乐园。由恐龙危机、飞越极限、神秘河谷、聊斋、维苏威火山、海螺湾、未来警察、生命之光等 17 个主题项目区组成，包含主题项目、游乐项目、休闲及景观项目 300 多项。2010 年，被全国旅游景区质量等级评定委员会评为国家 AAAA 级旅游景区。2021 年度接待游客 19.92 万人次，实现营业收入 4901.76 万元。

【泰山宝泰隆旅游景区】 国家 AAAA 级旅游景区。位于泰山区邱家店镇。泰山宝泰隆旅游景区（泰安地下龙宫）总占地面积 128 万平方米，以地下漂流观光与地上休闲娱乐为主题，有地下溶洞观光、龙宫观光、3000 米溶洞探险漂流、地上湿地观光、候鸟放飞观赏、游船码头、七彩游乐场等游玩项目，是一家集吃、住、行、游、购、娱于一体的大型综合性环保休闲度假区。2013 年 9 月，景区对外开放。先后被评定为中国风景名胜区协会会员单位、山东省文化产业示范基地；地下溶洞漂流项目通过大世界基尼斯认证，获“最长的无动力暗河溶洞漂流”称号。2021 年度接待游客 20.71 万人次，实现营业收入 1713.70 万元。

【泰山花样年华景区】 国家 AAA 级旅游景区。位于泰山区省庄镇，是全国著名的影视拍摄基地、山东省科普教育基地，集休闲观光、体验刺激为一体的景区。景区占地面积 80 公顷（1200 亩），有泰山冰雪文体中心、嗨运动乐园、飞驰卡丁国际赛车场、爱尔萌宠乐园、泰山亚龙湾水上乐园、天合乐园和冰雪童话王国等景点。其中，泰山冰雪文体中心占地面积 4 万平方米，总投资 6 亿元，拥有 5 个世界先进的气承式气膜结构为主体的冰雪馆群，包括已建成的 3 个气膜场馆（冰体馆、冰上演艺中心、素质教育中心），其中冰体馆和素质教育中心——嗨运动乐园已投入使用，2020 年 12 月 4 日举办泰山冰雪文体中心启用仪式暨山东省短道速滑锦标赛开幕仪式，另外两个场馆是室内滑雪场、室内标准游泳馆。冰体馆拥有 1800 平方米国际标准冰场 1 块，是泰安市唯一一个能达到国际级赛事标准的真冰场，可服务市区学生冰上体育课，支持泰安市冰雪运动特色学校筹建校园冰雪队伍，致力于群众冰雪运动推广，能承办国内外顶级冰上赛事，也能满足大型文艺演出活动的需求，是 2022 年冬奥会备战冰球、花样滑冰、短道速滑等项目跨界选拔及训练基地。冰场内有国内外国家队退役的专业教练员现场执教，配有 800 双冰鞋及各种滑冰装备，可容纳 600 人同时滑冰。2021 年度接待游客 8.56 万人次，实现营业收入 313.06 万元。

【埠阳庄民俗村】 位于邱家店镇东南，该地民风淳朴、物产丰富，是典型的中国北方乡村。20 世纪 80 年代，成为泰安市民俗旅游观光点。中外游客到村中吃农家饭、睡农家炕、干农家活，日出而作、日落而息，体验泰山脚下农民的日常生活，其乐融融。1998 年，被国家旅游局定为华夏民俗旅游村。2000 年，被山东省政府定为民俗旅游村。

【泰安老街】 位于天平湖路以北、梅山西路以西的开元盛世文旅城内，总投资 11 亿元，总占地面积 2.67 公顷（40 亩），总建筑面积约 10 万平方米，包括 10 栋 3 层框架结构商业楼，总铺位 511 间。以非物质文化遗产 24 节气为主题，是集“古韵、生态、休闲、民俗”于一体的商业民俗文化街区，地处泮河景区的核心地带，包含广场、水系、特色餐饮、民俗民宿、茶馆酒肆、各类网红小吃等，花样繁多，琳琅满目，是一处“吃、住、娱、游、购、雅”全景式生态文化休闲胜地。

【太阳部落景区】 国家 AAAA 级旅游景区。位于泰山南麓，徂徕山西侧，汶河之滨，是大汶口文化的重要发祥地。2013 年一期工程建成开放，2014 年二期项目建成开放，2015 年完成三期项目规划。太阳部落以大汶口文化为主线，以情景体验的形式，将史前文化和游乐项目有机融合，使远古文明的场景在游客面前真实展现，是全国首家体验史前文明的特大型文化主题公园。旅游区分时光穿越、梦回大汶口、洪荒探秘、洪荒历险、情定大汶口、金乌古镇六大版块，由时空隧道、文明之光、地心历险、猿古大战、盘古狂叫、女娲补天、共工的愤怒、山洪暴发、洪荒漂流、高空斗牛、水龙王、远古大战、狩猎归来等 40 余个主题项目组成，运用现代化高科技手段，将大汶口文化的精髓融入其中，真实再现大汶口时期的生产生活场景，让游客走进古老的洪荒神话，亲身体验史前文化。2021 年度接待游客 68.09 万人次，实现营业收入 3520.28 万元。

【天颐湖旅游度假区】 国家 AAAA 级旅游景区。位于泰山南麓，徂徕山西侧，大汶河之滨，毗邻大汶口文化发祥地。景区规划面积 15.2 平方千米，水面面积 6 平方千米，是泰安南部最大的水面。2010 年 12 月被评为国家级水利风景区，2017 年 4 月被全国旅游景区质量等级评定委员会评为国家 AAAA 级旅游景区。亲水式沙滩 3 处，10 万余平方米；儿童职业体验场馆——梦想小镇，建筑面积 1 万平方米，主要包括室内职业体验馆、室外职业体验区和外围休闲娱乐区 3 个组成部分，设有 51 个职业体验单馆、60 多种职业体验，主要面向 3 ～ 15 岁的少年儿童群体；泰山花海项目占地面积 133 公顷，沿天颐湖东岸线呈带状分布，以花卉观赏、游览为主，融入爱情、婚拍元素，集科普、休闲、娱乐、运动于一体；飞行体验馆项目主要包括室内娱乐风洞飞行体验和表演、室内跳伞培训、模拟飞机驾驶娱乐和教学；婚纱摄影基地位于天颐湖泰山花海景区南侧，摄影基地主体建筑面积近万平方米；游艇码头 5 个，购置大型游船和小型游船，并配备2艘救援艇，让游客尽享水上娱乐。2021年度接待游客76万余人次，实现旅游收入2800万余元。

【天乐城旅游休闲区】 国家AAA级旅游景区。位于满庄镇，占地面积37公顷，是以盐文化、室内水上游乐和休闲养生为主题，与泰山文化及地方民俗特色完美融合，集商务会议、特色餐饮、康体娱乐、生态旅游、休闲度假于一体的大型综合旅游度假中心。天乐城旅游休闲区主要建设有天乐城水世界、山东能源集团国际酒店、盐海神汤和山能精选酒店岱宗店、山能精选酒店岱岳店。其中，天乐城水世界总建筑面积2.6万平方米，是舒适度极佳的室内四季水上娱乐项目；山能国际酒店是集商务会议、康体娱乐于一体的高端酒店，建筑面积4.2万平方米，有高档客房220间、中端客房330间，床位约900张，提供24小时管家式服务。拥有大中小型多功能会议室、小型报告厅、培训教室计31个，可同时容纳1000人入住、就餐、培训，配套600～1000个停车位；天乐城盐海神汤以盐文化为主题，集盐海漂浮、泥疗、盐疗、温泉养生等多项功能于一体，在这里人们可以自然漂浮在水面上，一年四季尽享“盐海”奇景。2021年度接待游客20万人次，实现旅游收入1867.77万元。

【大汶口国家考古遗址公园项目】 位于岱岳区大汶口镇，规划面积390公顷，涵盖大汶口遗址、大汶口古镇、大汶口明代古石桥等历史文化遗迹。一期工程主要建设内容为“三区、一带、一节点”。“三区”，即主题广场区、遗址核心区、大汶口古镇区，总投资4.3亿元。主题广场区，占地面积6.67公顷（100亩），主要建设门前景石及标志性建筑、主题雕塑、广场及水系，均已完工，基本实现封闭化、规范化管理运行。遗址核心区，总面积30公顷（450亩），主要是对遗址区域进行环境整治，对遗址核心区进行土地收储和边界封闭，移除地上占压物，进行统一管理保护和考古发掘。大汶口古镇区，按照“层出不穷的文化活动、意蕴悠长的石头古镇、最有调性的栈桥书屋、生态宁静的汶阳田居”设计愿景，推进大汶口古镇保护性建设项目，总投资15亿元。“一带”，即滨河景观带。包括5个方面建设内容：防洪堤工程，主要建设1100米防洪墙，防止洪水对遗址的侵蚀；文化墙建设工程，以汶河记忆为题，以花岗岩雕刻贴面为表现形式，通过文明之光、汶水汤汤等8个篇章，浓缩展现汶河流域几千年的文化积淀，增加防洪堤景观效果；滨河景观绿化工程，沿河栽植绿化乔木，铺设步道，建设亲水平台、木栈道，并点缀伏羲悟卦、汶水倒流、汶河渔猎等景观节点的建设；大汶河流域人工湿地水质净化工程，改善大汶河流域水质，恢复大汶河的自然生态，并结合泰安八大景之一的汶河古渡和1.13公顷（17亩）的河中离岛，打造岸柳成行、苇影婆娑、白鹭追逐、船舶穿行的湿地观光休闲场所；大汶口古石桥修缮工程，主要对石桥现状进行修整，局部加固，兼顾古石桥周边环境治理和两侧河道疏通，淤泥清理。“一节点”，即大汶口文化博物馆，总投资5000万元，展陈面积2600平方米。共分7个展厅，以文物展陈、图片展示、全息影像、互动体验等形式，向公众展示大汶口文化的起源、发展及其在中华文明史上的重要地位。大汶口国家考古遗址公园项目围绕大汶口考古遗址，重点实施大汶口遗址综合性管理用房配套停车场工程、大汶口遗址北岸保护展示工程、大汶口遗址汶河北岸区域已发掘房屋遗迹保护棚和管理用房工程、考古发掘项目、大汶口遗址风貌改善项目等，加强基础设施建设和文物保护利用。

【新泰·新甫山景区】 国家AAAA级旅游景区。位于新泰市境内，是由山东文旅集团下属山东文旅景区投资集团经营管理的一处综合型人文生态旅游度假区。新甫山历史悠久，文化底蕴深厚，其山脉东西绵延15千米，总面积100平方千米，主峰天台峰，海拔999米，森林覆盖率达95%以上。自然景观独具特色，以山秀、石奇、林翠、水美而称誉，拥有世界上唯一纯天然形成的观音石像——天成观音。在新甫山西部发现的28亿年前的科马提岩，是地球上最古老的岩石，全世界也只在南非、澳大利亚和加拿大发现有这种岩石，具有特殊的科研价值。新甫山主要景点有子母泉、云谷飞瀑、灵禅瀑布、青龙潭、五云涧、天成观音等。先后建成菩提大道、观音广场、通天河、云谷寺、古盘道、莲花湖、莲花顶八大游览区，配有房车营地、莲花酒店、通天河漂流、索道、悬崖栈道、玻璃栈桥等休闲娱乐项目，是国家森林公园、世界地质公园、国家AAAA级旅游景区、省级旅游度假区。2021年度新甫山景区总入园人数19.43万人次，实现旅游收入595.21万元。

【毛泽东文献博物馆】 该博物馆由新泰市委、市政府提供场所和资助，毛泽东著作版本大世界基尼斯纪录获得者柏钦水提供藏品而建立，系收藏、展示和研究毛泽东文献、习近平著作及老一辈革命家著作版本的综合性博物馆，是国家三级博物馆。该馆占地面积约6000平方米，主体分“毛泽东著作版本展（藏）馆”和“毛泽东铸铜雕像广场”两部分。毛泽东著作版本展（藏）馆的主体建筑为3层，建筑面积2872平方米，划分基本陈列室、临时展厅、藏品库房和公共服务空间4部分。馆内藏有100多年间国内外4000多家出版社和单位出版印制的毛泽东著作以及中共历届领导集体成员和世界共产党领袖著作版本。馆内有藏品10.6万余种31万余册，藏品中不乏珍品和孤本，仅中华人民共和国成立前出版的毛泽东著作版本就达1800余种，其中160种早期版本属国内仅存。毛泽东文献博物馆被确定为山东省关心下一代教育基地、山东省社会科学普及教育基地、泰安市党员干部教育基地，是青少年开展红色基因教育的重要阵地。2021年度接待参观团队（单位）1000余场次，接待观众19.8万人次。

【和圣园景区】　国家AAA级旅游景区。位于新泰市宫里镇西柳村，为纪念春秋时期著名思想家、政治家、外交家、“和”文化的奠基人“和圣”柳下惠而修建，是一座以和圣庙为中心的集旅游观光、文化交流、度假休闲于一体的大型“和”文化主题公园，是齐鲁大地上一处著名的国家级人文与旅游文化景区。和圣园始建于1998年，总占地面积86.67公顷（1300亩）。和圣园北园以和圣庙仿古建筑、和圣湖、和圣书院、柳下惠学院和圣故居、和圣广场及一些娱乐、休闲、体验为主体，北侧有和圣墓，总占地面积20公顷（300亩）。南园以奎星阁登高望远和林果采摘、休闲、度假、养生为主体，占地面积66.67公顷（1000亩）。“柳下惠传说”为山东省非物质文化遗产。2021年度接待游客7.53万人次，实现旅游收入126.06万元。

【泰山百合和园】　国家AAA级旅游景区。位于新泰市羊流镇蟠龙山下，总占地面积1733.33公顷（2.6万亩），总投资6.5亿元，园区种植百合花666.67公顷（1万亩）、有机茶园200公顷（3000亩）、藜麦200公顷（3000亩），形成一个百合主题、茶主题多景点生态大园区，集旅游观光、婚纱摄影、拓展训练、农事体验及配套生态餐饮、养老养生产业为一体的旅游主题公园。2018年园区鲜百合成为青岛上合峰会特征食材。2021年度接待游客3.5万人次，实现旅游收入33万元。

【长兴农业百汇庄园】　国家AAA级旅游景区。位于新泰市楼德镇，成立于2014年，是一家集有机果、蔬育苗、种植、采摘、农产品深加工、农业观光旅游、技术研发服务于一体的省级农业龙头企业，是山东省农业旅游示范点、省精品采摘园、省十佳观光果园、省旅游服务名牌单位、国家级产业技术体系示范基地和特色产业基地。长兴农业园以生态农业为主线，以实施“农业+文化+旅游”为思想，构建长兴百汇庄园旅游综合体。主要建设有以“新长征之路”为主题的团建拓展区，以“自然、生态、亲子”为主题的田园民宿区、葡萄酒文化体验区以及长兴农业田园综合体等功能区域。2021年度接待游客15.93万人次，实现旅游收入964.6万元。

【见子山景区】　国家AAA级旅游景区。位于新泰市青云街道办事处见子山村，始建于2014年，总占地面积136.53公顷（2048亩），是一家集现代农业、文化创意、休闲观光度假、生态农业体验等多种项目于一体的特色田园综合体的景区。景区建有观光火车、马术俱乐部、仿古游船、千层瀑布、森林动物园、玻璃漂流、7D玻璃栈道、赛车场、儿童游乐场、滑雪场、特色民宿等项目，是亲子教养、修学养性、健康养生的良好场所。2021年度接待游客46万人次，实现旅游收入524.7万元。

【东石井】　东石井村建于唐贞观元年（627年），隶属新泰市放城镇，距离市区33千米。该村位于泰安新泰市、临沂平邑县、济宁泗水县三地交界处，是洙水和泗水的汇接处。民间相传大禹在此治水13年，多次过家门而不归。“小三峡”有“孔子登临处”春秋古道、鲁公洞、康茂才墓、白鼋庙、钓鱼台、铁角寺、神仙府等文物古迹及相关神话传说。《论语》中“子在川上曰”提到的孔子观川处，即在“小三峡”春秋古道边，俗称“石窟子”。这里是孔子到新泰（今放城）的必经之道，遗址尚存。“小三峡”两岸峭崖巍巍，峻拔伟岸，重重迭峰，峭壁如削，峡内常年流水，波光粼粼，山水相映。峡中之水滔滔南流，蜿蜒形若长江三峡，故有“小三峡”美誉。依托东石井村深厚的文化底蕴和旅游资源，打造集山水、民俗、宗教、休闲、度假为一体的综合性旅游目的地。

【朝阳洞景区】 国家AAA级旅游景区。位于新泰市汶南镇盘车沟村北，是一处集娱乐、游览观光、休闲度假于一体的景区。景区分为A区和B区。A区主要以溶洞为主，洞长约1500米，钟乳石高大雄伟，洞内大洞套小洞，洞洞相通，洞洞相连，有门洞亦有窗洞，有的地方狭窄细长，仅容一人通过，有的地方开阔自如，可容纳千人，洞内常年保持温度18℃，冬暖夏凉，是夏天避暑的好地方。B区以水上娱乐项目为主，一期已对外开放，河道宽约50米、长约1500米，水质清澈无污染，河道两岸全部布满荷花，成为B区一道亮丽的风景；二期，河道加长至6千米，适当区域充实更多的水上娱乐项目。2021年度接待游客2.9万人次，实现旅游收入29.5万元。

【掌平洼景区】 国家AAA级旅游景区。位于新泰市龙廷镇掌平洼村。该景区按照“党建促旅游、旅游强党建”的思路，以“老井”为核心旅游景点，依托“龙廷镇革命史纪念馆”暨党建广场项目，深入挖掘红色资源，搭建起承载历史记忆、再现革命史实、加强爱国主义和革命传统教育的平台。景区以“杏梅”“油杏”等特色产业为依托，老井、石屋等资源为基础，建成集赏花采摘、高端民宿、休闲度假、红色教育、民俗游乐于一体的乡村旅游度假区。2021年，被评为国家AAA级旅游景区、山东省乡村旅游重点村。2021年度接待游客6.5万人次，实现旅游收入64万元。

【泰茶良心谷有机生态示范园】 国家AAA级旅游景区。位于新泰市石莱镇。该景区是集有机名茶种植加工、有机粮种植加工、道地有机中草药种植加工、技术研发、生态养殖、休闲旅游于一体的现代生态农业示范基地。园区建设面积2333.33公顷（3.5万余亩），其中有机茶园区933.33公顷（1.4万亩）、“泰皇菊”种植面积400公顷（6000亩）、有机粮食种植面积666.67公顷（1万亩）、道地有机中草药种植加工333.33公顷（5000亩）、休闲观光区46.67公顷（700亩）以及茶叶加工厂、茶叶研究所、观景平台等生产、旅游配套设施。产品取得中国、欧盟、美国、日本有机认证，通过瑞士SGS 481项农残检测，是全国通过多项国际有机认证和检测的茶叶基地之一。

【春秋古镇】 国家AAAA级旅游景区。位于肥城市龙山路77号。项目以北方古建筑为载体，融注春秋文化精髓，借鉴苏州园林移步换景的造园手法，精心打造道路景观、滨河景观、广场景观和客栈景观，布设中国最具美学价值的古典园林。项目核心区以春秋文化为主题，分鲁园、齐园、秦园、晋园、宋园、楚园、吴园七大园区，融合“中国桃都”肥城地域文化，再现春秋时期“百家争鸣”的恢弘场景，呈献中国最具思想高度的文化大观园。项目按照吃、住、行、游、购、娱、闲、养的功能分区，打造文化旅游商业区、文化旅游体验区、特色五星级饭店区、特色地方餐饮区、展示中心、忆古观景客栈区、旅游产品批发区、艺术家工坊、迷你儿童娱乐区、康王河湿地生态休闲区等，将春秋古镇建成“济南—泰山—曲阜”旅游黄金线上的黄金接待站、山东地区最具人气的大型旅游集散地。2021年度接待游客40万人次。

【五埠岭伙大门景区】 国家AAAA级旅游景区。位于肥城市孙伯镇五埠村，先后获全国乡村旅游重点村，第五批“中国传统村落”、山东省服务业特色小镇、山东省旅游特色村、山东省美丽休闲乡村、山东省乡村旅游后备箱工程示范基地、山东省旅游服务名牌等称号。五埠村始建于明洪武十四年（1381年），曾是古泰安州和古东平洲的交界地，有“一鸡鸣五县，一路分两州”的说法。村内古树、古碑、古井等历史文化遗存众多，依山而建的传统民居全部为石头建成，其中“门中有门，院中有院，巷中有巷”的“伙大门”建筑风格全国罕见，被誉为“山东第一石头村，全国独特伙大门”。2015年，泰安市五埠岭旅游开发有限公司以“乡愁记忆”为主题，以“伙大门”为品牌，对五埠村进行景区化开发。修建进村景观大道，建设完善游客中心、停车场、旅游厕所、旅游标识系统等旅游基础设施及集餐饮会务于一体的五韵山庄综合接待场所。打造老坑湾、十亩荷塘、一路分两州、乡村记忆馆等多个自然文化景观。修缮“伙大门”胡同5条，打造精品民宿37处，引进木雕、剪纸、面塑等非物质文化遗产项目。建设旅游商品展销中心，研发设计鱼子石、千叶草化石等多款手工文创产品和枣花蜜、香椿酱、石磨面条等系列农副产品。在村庄外围规划开发百果园、农耕园、书画写生基地等现代休闲农业景观，实现休闲度假、文化体验、研学教育、旅游商品研发等多业态融合发展。2020年“文化和自然遗产日”之际，“非遗工坊”和“乡村记忆馆”落成营业。2021年度接待游客32万人次，实现旅游总收入1600万元。

【陶山景区】 国家AAA级旅游景区。位于肥城市湖屯镇栖幽寺村。陶山主峰海拔520米，方圆20多平方千米。陶山山势险峻，方棱四削，峰顶平缓，负阴抱阳，遍身披翠，伟岸挺拔。山中奇石遍布，天然石洞星罗棋布。古时山前为湖，风光秀丽，是《水浒传》中提到的八百里水路的一部分。陶山有范蠡墓、范蠡祠、幽栖寺、朝阳洞、小泰山等文物古迹20多处。其中，朝阳洞位于陶山北侧的山崖上，是远古时代地壳变化自然形成的石灰溶洞，因洞向阳，故称朝阳洞，是全国重点文物保护单位。洞内冬暖夏凉，游人进洞顿感快活舒服，快哉也！亦称快哉洞，嘉庆二十二年(1817年)改为朝阳洞。此洞是陶山七十二洞之首，也是石刻造像最多的一个。小泰山风景区是范蠡西施陶山景区的一部分，因景点恰似东岳泰山，自古以小泰山闻名于世。2021年度接待游客6.8万余人次，实现旅游总收入220万余元。

【牛山景区】 国家AAA级旅游景区。位于肥城市高新区邓李付村。牛山，又名郁葱山，总面积19平方千米，森林覆盖率达93%以上，是一处集旅游、观光、休闲、度假为一体的国家级森林公园、中国森林氧吧、首批国家森林特色小镇、省级地质公园、山东省生态文明示范教育基地。景区内山清水秀，林茂境仙，是天然旅游胜地。主峰穆柯寨海拔524米，是北宋名将穆桂英屯兵打仗之地，存万余米寨墙，是全国唯一保留较为完整的古代山寨，被誉为“天下第一古山寨”。始建于唐代的牛山寺，规模宏大，远近闻名，为牛山保存最完整的古建筑物。另外还有同川书院、落石泉、文昌阁、“圭山”石刻、资圣院、八角琉璃井等众多景点。2021年度接待游客9.6万人次，实现旅游总收入260万余元。

【翦云山景区】 国家AAA级旅游景区。位于肥城市潮泉镇柳沟村。景区总面积3.9平方千米，景区内山峰连绵不断，山势起伏跌宕，峡谷纵横交错，水库塘坝间杂其中，主峰翦云山海拔607.7米，为肥城最高峰，雄、奇、险、秀，浑然天成。景区以“齐鲁度假圣地·泰岳养心天堂”为定位，将山水与文化有机融合，是一处集旅游观光、休闲度假、商务接洽、高端居住于一体的综合性旅游景区。景区分综合服务区、碧水度假区、文化体验区、生态康体区、会所休闲区五大功能区。景区旅游观光指导思想是“自然与文化的完美统一”，于清新静幽之地回归自然、放松心情，于文化馨香之域采撷芬芳、畅想未来，建设立足泰安、面向山东、辐射全国的“肥子国文化体验和生态康体度假目的地”。2021年度接待游客8.7万人次，实现旅游总收入296万元。

【云蒙山景区】 国家AAA级旅游景区。位于肥城市孙伯镇东坞村，又名琵琶山，与泰山一脉相通，海拔343米，山体植被茂盛，花艳草鲜，林丰树茂，风光秀丽，植被覆盖率达95%以上，是省级农业旅游示范点，素有“古代兵家圣地、北方植物王国”之美誉。历史上孙膑、庞涓曾在此斗智斗勇，留下孙伯陵、索鲁城、蝎子城、古寨门、古寨墙、古兵营等众多遗迹。绿荫掩映之中的白衣寺远近闻名。云蒙山景观众多，有观日峰、览月峰、望鲁台、燎星峰、落凤岭五大峰。有千年“青檀”“紫檀”树等。山下有千亩核桃园、千亩板栗园、十二华里的凯特杏、珍稀菌种鸡腿菇生产基地、汶河流域大桑园、全省最大的农业有机蔬菜生产基地。景区内的汶河长滩，绿树成行，生态环境极佳，是“全国林网千佳村”。泰山行宫岱阳观始建于唐代，兴盛于明清，建有行宫大殿、药王楼、文昌阁、吕祖殿、王母楼、藏书楼、孙膑墓、孙膑洞、鬼谷峪、齐长城、青檀沟、迎客泉、白衣庵、奇石岭、落凤岭、云门、古兵营、问垒亭、龙王井、龙王庙、血箭崖等人文、自然景点30多处。2021年度接待游客7.2万人次，实现旅游总收入220万元。

【圣井峪旅游度假村】 国家AAA级旅游景区。位于肥城市安临站镇牛庄村。牛庄村有600多年历史，2015年5月被评为“山东省传统村落”，是著名油画家张华清的故里，有“多彩画家村”的美誉。村落房屋全部是石质结构，屋顶用石板覆盖，冬暖夏凉。房前屋后石台、石凳、石磨、石碾随处可见，各色石头满目皆是，花鸟雕饰十分精美，栩栩如生，让人叹为观止。村内有药王庙、水月寺、七星泉等多处历史古迹。项目由泰安四方集团投资开发建设，已修复建成特色民宿24套，新建四合院1处，铺设石板游览步道，建设游客接待中心、会务中心、休闲厅堂、景观台、放生池、停车场等配套基础设施。为满足游客游乐需求，增设训练场、游乐场、打靶场、素质拓展区、王马印社、此间花开、共享画室、陶艺制作等多个艺术体验类项目。度假村被肥城市摄影家协会、肥城市美术家协会、泰安书画艺术研究院选定为创作、写生基地。

【刘台桃花源景区】 国家AAA级旅游景区。位于肥城市仪阳街道刘台村，有“世外桃源，人间仙境”之美誉。先后获全国首批农业旅游示范点、山东旅游下乡工程示范点、中国乡村旅游模范村、山东省旅游特色村等称号。该景区茅茨土阶，用“真山真景真空气”的绿色生态塑造自身的旅游个性，具有浓郁的山野气息。建有民俗馆、抗战地道、桃花岛、桃花谷、桃花溪等旅游景点20余处，以及游客服务中心、大型停车场、农家乐餐饮等服务设施。作为肥城市桃花旅游的主景区，先后承接十八届桃花节开幕式和十三届金秋品桃节，每年吸引省内外游客60万余人次。

【肥子茶园景区】 国家AAA级旅游景区。位于肥城市老城街道办事处张花峪村。项目由泰安市东兴农业有限公司投资建设，泰安君子教育科技发展有限公司运营管理，是依托泰山茶种植基地，集茶园观光、茶作体验、田园游乐、民宿度假等休闲旅游于一体的综合性旅游景区。景区自建园开始，就定位“茶旅一体”发展思路，在发展茶产业的同时为旅游配套打好基础。以“一心一环三区”的空间布局进行打造，以入口处游客服务中心为基础，建造茶乡田园风景环线，建设“浓浓茶意”文化茶园体验区、“田园野趣”健康果蔬休闲区、“创意茶乡”特色乡创度假区。先后获泰安农业公园、山东省农业旅游示范点等称号。

【左传文化园】 国家AAA级旅游景区。位于肥城市老城街道办事处李庄村。由山东左传精舍文化传播有限公司投资开发建设和运营。项目以传承发展中国优秀传统史学文化、弘扬春秋时期史学家左丘明严谨治史精神为内涵，打造独具特色的“中华传统史学文化传习平台。”占地面积约200公顷（3000亩），总投资2亿元，主要建设春秋左传精舍（中华传统文化传习平台）、春秋谷、教育工坊（陶艺坊、木工坊、纸工坊、书画工坊、科技创客工坊、食艺工坊、园艺工坊等）、长城（齐长城旧址复建长度约4千米）、真草坪操场、场地赛道、越野徒步环线、拓展训练场、开心农场等研学教育场地和设施。景区主要为5～18岁青少年和儿童提供全年不间断的“瑶峪营”系列研学课程。

【泰山植物园】 国家AAA级旅游景区。位于肥城市仪阳街道三环村。由泰山植物园旅游有限公司投资建设，发展定位是集“春赏花、夏嬉水、秋采摘、冬滑雪，四季康养、拓展游乐、休闲度假”于一体的四季游景区。主要建设内容有3项：三环美丽乡村建设，借助泰山植物园优质的旅游资源，发展美丽乡村建设、果蔬采摘、设施农业、民宿、土特产、餐饮、外环带状公园等项目；续建泰山农耕文化风情园，以民俗馆、高山牡丹谷、南山菊园、百年大型核桃园等在建项目为主，发展旅游、观光、休憩、游玩、餐饮等休闲科普项目；建设泰山植物园综合旅游度假项目，以运营中的泰西雪山峪滑雪场、在建中的三环湾古崖嬉水区为主要项目，发展室外拓展、滑草娱乐、网红桥、无动力游乐中心等综合娱乐项目。2021年度接待游客9.6万人次，实现旅游总收入720万余元。

【泰西桃花源景区】 国家AAA级旅游景区。位于肥城市潮泉镇。由山东世外潮泉文化旅游开发有限公司投资建设。项目总体定位为乡村振兴康养文旅特色小镇，以山水田园、生态农业为基础，以康养度假为核心，以地域文化为特质，以旅游开发为引擎，以社区创建和配套为支撑，主要建设“三大片区”。康养度假区，总建筑面积94.2万平方米，主要建设星级酒店、生态康养中心、休闲娱乐设施及旅游景观小品等，聚合健康疗养、休闲度假、体育运动等业态，打造以康养生活为主题的现代颐养居住地。商业旅游区，总占地面积173.33公顷（2600亩），以张庄村卧猫岭为中心，主要建设集观光花海、田园民宿、研学基地、文创中心等于一体的大型乡村文化公园，聚合亲子教育、生态体验等业态，打造以多彩农庄为主题的田园休闲地。幸福家园区，通过实施村企联建，整合利用张庄、下寨等村庄土地资源，推动搬迁改造村庄向镇驻地集中，有效改善农村人居环境。2021年度接待游客18.2万人次，实现旅游总收入390万元。

【复圣文化旅游区】 国家AAAA级旅游景区。位于宁阳县东部新区，占地面积73.93公顷（1109亩），是集国学研修、家风体验、休闲观光、健身娱乐、美食购物于一体的大型文化旅游综合体项目。园内分为“尊”“悟”“敬”三大区域，由家风主题广场、慧明楼、藏乐湾、复圣主题广场、荣昭园、君子泽、孔颜乐处主题广场、敬贤林、童趣园等20多个不同风格的主题项目群组成，包含家风体验项目、国学研修项目、游乐项目、休闲及景观项目等30余项，是一处老少皆宜的文化主题景区。景区项目内容涵盖中国传统文化、家风体验、国学研修、研学游、亲子儿童游乐等多个方面。依托全国首座复圣研究院和复圣书院挖掘复圣文化内涵，以歌舞、舞台剧、祭祀活动等形式演绎复圣文化经典，让游客体验文化魅力；规划设计全国首个家风体验馆，把颜氏家风精髓与习近平总书记提出的家风、家教、家规完美融合；复圣展厅定期举办高规格书画、摄影、雕塑等展览，为游客提供高层次文化艺术服务。家风教育体验和国学培训研修成为宁阳县新的旅游名片。2021 年度接待游客 69.84 万人次，实现旅游总收入 753 万元。

【凤凰山休闲旅游区】 国家 AAA 级旅游景区。位于宁阳县葛石镇，北依泰山，南接曲阜，西与水泊梁山相望，总面积 14.1 平方千米。2017 年被国家林业局批准为国家级森林公园。凤凰山峻、险、清、奇，主峰海拔 548.1 米，26 座山峰各具形态，山巅幽谷的 124 块奇石神斧天工，形神毕肖；山上佳林蓊郁，秀木珍卉，水拱泉缀；沿山古文化遗址、民间传说众多，构成自然与人文和谐交融的靓丽风景线。凤凰山历史悠久，人杰地灵，荣启期、建安七子刘桢、孔融等历代名人辈出，仙梨石、晾字台、刘桢书画院、刘桢墓、后梁石刻、天下第一藤等历史名迹遍布，为游客创设“山上青翠如画屏，山下景点似珍珠”的诗情意境。2021 年度接待游客 10.6 万人次，实现旅游收入 1215 万元。

【洸河湿地景区】 国家 AAA 级旅游景区。位于宁阳县城西部。景区以“修复生态环境，追忆田园生活，重塑民俗影苑，创新黄金水岸，建设翡翠绿洲”为主要内容，依托洸河河道自北向南由四部分组成：北部是以追忆欢乐田园为主题的碧水湖湾；中部分别以重塑民俗影苑为主题，建设富有历史文化气息的雕塑、景墙、亭廊、灯柱等景观设施，以创新黄金水岸为主题，建设新中式商业街、创新型景观小品、亲水平台、高档住宅小区；南部是以翡翠绿洲为主题的湿地公园，与北部碧水湖湾构成两大生态门户节点。景区横跨整个宁阳县城，区域内湿地类型主要分为河流湿地、洪泛湿地两类，漫步于湿地景区，但见水质清冽、水域开阔、芦苇丛生、鱼跃鸟鸣，构成一幅秀逸醉人的水上画卷，是美丽宁阳的一张名片。2021 年度接待游客 20 万人次。

【友邦田园景区】 国家 AAA 级旅游景区。位于泰安市宁阳县蒋集镇。由泰安友邦现代农业科技有限公司与浙江台州蓝之美农业科技有限公司合作开发建设。按照“农业 + 旅游 + 教育 + 文化”的模式，规划面积 333.33 公顷（5000 亩），总投资 8.6 亿元，是山东省推进乡村振兴和新旧动能转换的“新六产”项目，也是山东省乡村振兴重大项目库第一批入库项目，获山东省农业旅游示范点、山东省新型职业农民培育实训基地等称号。该项目是泰安市第一家集现代科技农业及传统农业体验、亲子休闲旅游、培训拓展为一体的综合性农旅项目，一体化设计，分 3 期实施，主要建设现代农业科技示范园、亲子休闲旅游观光体验及大自然培训学校、农产品深加工等，实现一、二、三产深度融合；二期借助彩山脚下村落（蒋集镇八大村）农家院旧址进行升级改造，原汁原味呈现乡村自然风光，留住乡愁感知田园，将生活与休闲相互融合，成为泰安市较大特色民宿村；三期整合彩山旅游资源，发展观光体验、森林休闲康养等。2021 年度接待游客 38.5 万人次，实现旅游收入 2251.4 万元。

【金彩山酒文化园景区】 国家 AAA 级旅游景区。位于宁阳县城西部。由山东金彩山酒业投资 5.2 亿元兴建，占地面积 11.2 公顷（168 亩），其中“金彩山鲁酒文化博物馆”单体建筑面积 12960 平方米，投资 5000 多万元。金彩山酒文化园景区把宁阳乡饮酒礼、“四八”宴等非物质文化融入白酒产业链条，丰富工业文化旅游内涵，以酒文化为主体，将酒文化博物馆和生产设施、制造过程等生产风貌作为旅游项目，配以相应的解说、导览、DIY 体验等服务，让游客获取观光、休闲、科普、手工制作、购物等多元化体验。2021 年度接待游客 1.22 万人次，实现旅游收入 267.8 万元。

【东平湖景区】 国家 AAAA 级旅游景区。东平因水而名，因水而兴，因水而盛，东平湖宛如一颗明珠镶嵌在东原大地之上，黄河从东平湖西部环绕而过，大清河似玉带贯穿东平东西，大运河蜿蜒逶迤连通南北，东平湖是南水北调东线工程的枢纽，“一湖三河”在东平描绘出一幅波澜壮阔、壮丽秀美的江北水乡画卷，长江和黄河之水在东平的相聚交融成为中国水利史上难得一见的奇观，黄河文化、运河文化、水浒文化在这里交相辉映，源远流长。2021 年度接待游客 71.17 万人次，实现旅游收入 1973.1 万元。

【白佛山景区】 国家AAAA级旅游景区。位于东平县城西北隅。主要由白佛山、佛山公园、圣水观音雕塑广场组成。景区内有中原隋代第一佛——释迦牟尼佛造像，三教寺、大雄宝殿、碧霞元君祠，山之巅有玉皇阁、白云洞、黑云洞等景点。其中，隋开皇七年（587年）雕刻的释迦牟尼佛造像，高7.6米，被誉为“齐鲁隋代第一佛”，是全国重点文物保护单位，每年有数十万人前往观光祈福。2021年度接待游客17.11万人次，实现旅游收入462.4万元。

【昆仑山景区】 国家AAAA级旅游景区。位于东平县西部，是新版《水浒传》的主拍摄地之一。主要包括昆山旅游码头、昆山山寨、宋家庄、祝家庄、七星雕塑、月岩寺等多个景点，是集影视拍摄、观光休闲、采摘娱乐于一体的旅游景点。2021年度接待游客34.36万人次，实现旅游收入1683.7万元。

【六工山景区】 国家AAA级旅游景区。位于东平湖北岸。主峰海拔189米，由12个山峰组成，每2个连成一个工字形，共6个工字形，故名六工山。六工山地理位置优越，自然景色峻峭秀丽。上得山来，只见山岭逶迤，堤坝纵横，河道如白练，湖汊似明镜。山上松柏蓊翳，紫霭蒸腾，遮掩着青砖绿瓦的古刹佛殿。2021年度接待游客10.27万人次，实现旅游收入271万元。

【腊山景区】 国家AAA级旅游景区。位于东平湖西岸，是国家级森林公园，有“小岱峰”之称。腊山有大小山峰72座。日出时山巅雾气缭绕，霞辉闪耀，酷似蜡矩吐焰，故称“腊山”。腊山景点蕴涵着道家文化的怀秀忘机、学旷若虚、体仁含静、返朴归真的高清意韵。腊山道教音乐被列为国家级非物质文化遗产。2021年度接待游客21.63万人次，实现旅游收入817.7万元。

【棘梁山景区】 国家AAA级旅游景区。位于东平县戴庙镇司里山村。棘梁山又名司里山，曾是水浒英雄好汉晁盖、吴用、三阮等兄弟第一次聚义的根据地。山上水浒遗迹众多，有探海石、火并王伦的大山峪、七星演武场、聚义厅等。山顶上有历时1500多年的“中原北齐第一大佛”和“千佛崖”，被誉为“鲁西石刻博物馆”、国家第七大摩崖石刻照像群、中国北方最早的“三教合一”的宗教名山。

【灵泉山庄】 国家AAA级旅游景区。位于东平县梯门乡西侧，是一处集旅游、餐饮、休闲等于一体的大型现代化农业庄园，投资近300万元。种植面积46.67公顷（700多亩）。山上樱桃树遍布，每逢花开季节，放眼望去，遍地芬芳，成熟的樱桃娇艳欲滴。

【戴村坝景区】 国家AAA级旅游景区。戴村坝是中国古代著名水利工程之一，素有“北方都江堰”之称，始建于明永乐九年（1411年），已有600多年的历史，是世界文化遗产点之一。大坝气势磅礴，雄伟壮观，坝体设计巧妙、造型美观，虽历经数百年，任洪水千磨万击，岿然不动，有“运河之心”美誉。

【黄石悬崖风景区】 国家AAA级旅游景区。位于东平湖东北、水牛山东侧、梁林村西，为东平古八景之一。黄石悬崖以绝壁、石海、奇树、宝泉、道观、碑林、石窟、一线天为特色，绝壁如刀切斧劈，高数十丈，上部呈铁青色，下部呈赭石黄色，远望如绢屏，有雁荡山之风韵，为北方所少见。

【贯中园景区】 国家AAA级旅游景区。位于东平县城区罗庄村，为纪念罗贯中、继承和弘扬东原历史文化而建，是“水上东平游”线路的一个重要景点。景区占地面积3.44万平方米，建筑面积6700平方米，由曲阜古建筑学院设计，仿明代建筑风格，青砖灰瓦，雕梁画栋，是一处集藏品展览、资料查询、学术研究、碑林观赏等多功能于一体的文化旅游精品。

【水浒影视城】 位于东平湖东岸，是新版《水浒传》主场景拍摄地、全国影视指定拍摄景地。规划面积25.07公顷（376亩），建筑面积4万平方米，以《水浒传》中描述的人物故事为背景，充分展现水浒故里历史风貌和民俗人情，主要建设王爷府、太师府、太尉府、青楼、樊楼、瓮城、御龙坊、东京汴梁御道、紫石街等仿宋代建筑，古风浓郁，工艺精湛，细致逼真，进入城中，犹如跨入历史；漫步城中，宛若畅游千年。水浒影视城已成为集文化体验、风情展示、休闲度假、影视拍摄、游客集散于一体的综合性旅游服务区。2021年度接待游客17.31万人次，实现营业收入7940万元。

【良庄镇青青农场】 位于泰安高新区。青青农场以“龙头企业+特色农场+电商平台+种植大户”的运作模式，合理利用“互联网+现代农业”发展渠道，发展订单农业、电商农业、循环农业和生态休闲农业，构建一体化的蔬菜产业体系，打响地方特色农产品品牌——青青优品，主营红毛山羊、红薯粉皮、精品蔬菜等农产品。在研学旅行方面，结合良庄镇的红色教育资源和农场自身的蔬菜种植大棚基地，确定“红色教育，绿色体验”的研学旅行教育理念，创造性融合科普教育、红色教育和现代农业、乡村旅游，设计三大体系40多门课程，与当地10多所中小学校建立合作关系，2016年，以第三课堂的形式接待3.7万人次的研学任务，2017年、2018年继续完成10万余人次的研学旅行任务。青青农场被列为全国青少年农业科普示范教育基地、泰安市首家中小学生研学旅行第三课堂教育基地。

【徂徕山汶河景区】 国家AAAA级旅游景区、国家森林公园、世界地质公园。位于泰安城区东南部，西临泰山温泉城，总面积471平方千米，景区内徂徕山与大汶河山水相依，生态、历史、文化资源禀赋优良。徂徕山面积约109平方千米，为山东省第二大林场。主峰太平顶与泰山玉皇顶相距30千米，海拔1028米，植被覆盖率92.4%。大汶河绕徂徕山西北流过，每年径流量约10亿立方米，是黄河下游最大的支流，也是南水北调东线工程重要的水源补给地。经综合治理，景区内形成回水长度20千米、水域面积11平方千米、蓄水量4000万立方米的湿地景观12公顷，2014年被国家林业局评定为国家级湿地公园，2015年被水利部评定为国家级水利风景区。景区内的桥沟温泉，是唐代御封八大温泉之一的“乾封汤”，水温高、水量大、水质好。经初步探明，地下热水面积约16公顷，混合水温可达45℃，含有20多种对人体有益的微量元素和矿物质，达到医疗价值标准和矿泉水命名标准。

大汶河是泰安人民的母亲河，孕育了6000年历史的大汶口文化，是中国古代文明发端的标志，是著名的泰山石敢当文化和碧霞元君信仰的源出地，民俗文化、道教文化、帝王文化具有深度发掘的潜力。2013年10月，汶河北岸的古博城入选山东省第四批省级文物保护单位名单。其始建于春秋，扩在秦汉，盛于隋唐，历经2000余年，一直是泰山周边郡县治（府）所在地，也是历代帝王到泰山封禅时的行宫所在地。徂徕山古迹众多，唐代大诗人李白曾在徂徕山隐居六载，纵酒酣歌，以诗会友，与山东名士孔巢父等6人世称“竹溪六逸”，留下“秋波落泗水，海色明徂徕”等千古佳句，创造了文坛上久负盛名的友情文学现象；有千余年历史的徂徕书院，与金山、岳麓、石鼓并称宋初四大书院，其创办人徂徕先生——石介是宋代儒家理学的奠基人之一，被誉为新儒学的开拓者和创立者。大寺遗址为全国重点文物保护单位，1938年1月1日，在徂徕山大寺举行抗日武装起义，成立八路军山东抗日游击队第四支队。徂徕山抗日武装起义纪念碑和徂徕山革命遗址等，成为开展爱国主义教育的重要场所和红色旅游的经典线路。景区内存寺庙3处、碑碣54块、摩崖刻石113处、古树名木千余株。

【徂徕山滑雪场】 位于徂徕山脉，汶河之畔。距离泰安市区10千米，距离温泉城1千米。徂徕山滑雪场占地面积近10万平方米，是集户外滑雪、观光游览、休息度假、儿童戏雪为一体的综合性旅游胜地。配有滑雪俱乐部、戏雪乐园、东北特色餐厅、咖啡屋、星级酒店、滑雪学校及专业滑雪教练。提供雪具租赁、滑雪服务、滑雪视频、摄影、餐饮、住宿等各方面休闲服务，每天可接待滑雪游客2000余人，雪场总共可容纳4000人，已建成3000平方米半透明观景滑雪大厅1座，雪圈道5条，滑雪道2条，分别为初级雪道，中、高级雪道，可同时容纳1000人滑雪。双板、单板1000余副，进口造雪机10台，神奇魔毯3条，每小时可输送游客1200人次。压雪车1台、专业教练50名。2021年度接待游客63852人次，实现旅游收入287.56万元。

【泰山温泉城】 位于泰安徂汶景区徂徕镇，占地面积40公顷，规划建筑面积15万平方米，是集温泉养生、商务休闲、生态旅游为一体的国家AAAA级山地森林旅游景区及度假酒店。分温泉区、国际会议接待中心区、温泉度假酒店客房区、十大景观苑区以及综合服务配套区5个功能区。温泉区每天最大接待容量达1万人次，主要包括温泉综合服务楼、温泉露天园区和汤屋汤院区。其中，温泉综合服务楼为温泉区的接待中心，主要配置有室内游泳馆、SPA水疗馆以及一系列康体休闲娱乐设施；温泉露天园区以温泉综合服务楼为中心依山而建，山下为动感温泉区，设有海浪池、通天瀑布池、洞府鱼疗池、七彩儿童池等，山上为文化温泉区和养生温泉区，设有岱岳禅汤、独尊神汤、何首乌汤、墨玉泉、石板泉等60多个功能各异的温泉泡池；汤屋汤院区位于温泉露天园区的西侧，设有中式、日式、南洋式等汤屋汤院 30 幢。泰山温泉城温泉出水温度 50℃左右，最大出水量为 3800 立方米 / 日。2021 年度接待游客 83285 人次，实现旅游收入 859 万元。

【化马湾龙湾风景区】 国家 AAA 级旅游景区。位于徂徕山东麓，徂汶景区化马湾乡双泉村，景区面积 11.2 平方千米。龙湾风景区既有泰山之雄壮，又有桂林山水之清隽，融山、水、林、溪、湾胜景于一体，集奇、险、雄、秀、野于一身。景区内地质遗迹极为丰富，除形态各异的花岗岩奇峰怪石外，还有龙湾崩塌地质灾害遗迹，龙湾沟谷东侧岩壁上垂直节理发育的花岗岩经长期的风雨剥蚀，大大小小的石块脱离母体，顺坡滚落，形成壮观的“岩石流”。龙湾风景区是地学科普、观光旅游的圣地，分泰山岩群剖面景区、湾中湾景区、沿溪生态村景区、太平顶及马场景区、上下池龙湾景区、天然氧吧景区 6 个风景区。景区气象万千，叠翠的峰峦随四季更替显现不同的姿态，高山流水、苍松翠柏、溪唱泉吟、鸟语花香，到处充满生机，是踏青游玩、休闲娱乐的好地方。

（刘姗姗）

泰安市国家 A 级旅游景区名录

表 24

序　号	景区名称	等　级	序　号	景区名称	等　级
1	泰山风景名胜区	AAAAA	23	宁阳县凤凰山休闲旅游区	AAA
2	新泰市新甫山风景区	AAAA	24	东平县戴村坝景区	AAA
3	东平县东平湖景区	AAAA	25	东平县六工山景区	AAA
4	泰山区泰山方特欢乐世界景区	AAAA	26	东平县贯中园景区	AAA
5	泰山森林温泉旅游区	AAAA	27	东平县黄石悬崖风景区	AAA
6	东平县白佛山景区	AAAA	28	泰山区中国原浆啤酒体验中心	AAA
7	岱岳区太阳部落景区	AAAA	29	化马湾龙湾风景区	AAA
8	泰山区泰山宝泰隆旅游区	AAAA	30	岱岳区曼华庄园景区	AAA
9	泰安市徂徕山汶河景区	AAAA	31	肥城市牛山景区	AAA
10	岱岳区天颐湖旅游度假区	AAAA	32	肥城市陶山景区	AAA
11	肥城市春秋古镇景区	AAAA	33	东平县棘梁山景区	AAA
12	宁阳县复圣文化旅游区	AAAA	34	东平县泉灵农场	AAA
13	肥城市五埠岭伙大门景区	AAAA	35	新泰市泰茶良心谷有机生态示范园	AAA
14	东平县昆仑山景区	AAAA	36	宁阳县中京文化艺术旅游景区	AAA
15	新泰市和圣园景区	AAA	37	东平县腊山景区	AAA
16	泰安市蒙牛乳业泰安工业旅游园区	AAA	38	岱岳区中青松石葡萄庄园	AAA
17	泰山区泰山花样年华景区	AAA	39	新泰市长兴农业百汇庄园	AAA
18	岱岳区天乐城旅游休闲区	AAA	40	肥城市恒昌农业金泰庄园景区	AAA
19	新泰市朝阳洞旅游景区	AAA	41	北集坡天泽农业科技园	AAA
20	肥城市刘台桃花源景区	AAA	42	岱岳区大汶口文化风景名胜区	AAA
21	肥城市云蒙山景区	AAA	43	肥城市圣井峪旅游度假村	AAA
22	肥城市翦云山景区	AAA	44	宁阳洸河湿地景区	AAA

续表 24

序 号	景区名称	等 级	序 号	景区名称	等 级
45	宁阳友邦田园景区	AAA	59	肥城市陆房战斗遗址景区	AA
46	新泰市泰山百合和园	AAA	60	泰山区叶家庄生态休闲景区	AA
47	肥城市布金山景区	AAA	61	新泰市如意谷农场景区	AA
48	肥城市左传文化园	AAA	62	宁阳县圣地农庄景区	AA
49	肥城市泰山植物园	AAA	63	肥城市泰山牡丹文化产业园	AA
50	肥城市泰西桃花源景区	AAA	64	肥城市黑牛山庄旅游度假区	AA
51	新泰市掌平洼景区	AAA	65	肥城市马埠民俗馆	AA
52	肥城市肥子茶园景区	AAA	66	高新区力明艺术宫	AA
53	新泰市见子山景区	AAA	67	肥城市鱼山桃花海景区	AA
54	岱岳区乐惠“彩韵田园”景区	AAA	68	肥城市兴润生态园	AA
55	宁阳县金彩山酒文化园	AAA	69	宁阳县辛安风景区	AA
56	泰山区泰山乡村文化博物馆	AA	70	肥城市吕仙景区	AA
57	新泰市新汶森林公园	AA	71	肥城市水岸花田景区	AA
58	宁阳县文庙景区	AA			

注：截至2021年，全市有国家A级旅游景区71家，按等级分，AAAAA级1家，AAAA级13家，AAA级41家，AA级16家；按地域分，市直1家，泰安高新区2家，徂汶景区4家，泰山区6家，岱岳区7家，新泰市10家，肥城市22家，宁阳县9家，东平县10家

特产名吃

【泰山四大名药】 据近代泰山名医高宗岳编纂的《泰山药物志》记载，泰山有“特产”药物60余种，“通产”药物500余味，其中泰山何首乌、四叶参、黄精、紫草被中医药界誉为“泰山四大名药”。

泰山何首乌。被称为泰山中草药之冠。何首乌原名白首乌，传因泰山白发何翁食之须发变黑还童，故泰山一带称白首乌为何首乌。何首乌是滋补良药。

泰山四叶参。即泰山参，又名羊乳。个大似胡萝卜，外皮粗糙，色灰黄，野生于泰山深处的岩石缝隙、阴湿山沟、山坡林荫之下。

泰山黄精。黄蔓精的简称，又名轮生玉竹，生长在泰山荫坡、石壁、杂草丛中和树下。

泰山紫草。为紫草科多年生草本植物，块根入药。

【泰安四宝】 泰山玉、泰山茶、肥城桃木、泰山汉麻系泰安本地特色资源，承载着厚重的泰安、泰山文化，为泰安市代表性文化旅游商品，具备较高的知名度和市场占有率，被评为泰安四宝。

泰山玉。泰山玉产于泰安市泰山山麓，形成年代久远，约有25亿年的历史。秦汉以前，泰山玉就已闻名华夏，据《山海经》记载：“泰山其上多玉……环水出焉，东流注于河，其中多水玉。”泰山玉依据颜色和质地的不同大致可分为墨玉、翠斑玉、碧玉3种，其色碧绿，深沉似海，绿如夏荷，墨如凝膏。泰山玉依托泰山文化而诞生，泰山文化赋予泰山玉灵魂，成为泰山平安吉祥文化的重要载体之一，历来被称作镇宅玉、辟邪玉、平安玉。

泰山茶。泰山种植茶树的历史久远，唐朝时就有在泰山种茶的探索，拥有深厚的茶文化底蕴。泰山茶区属于中国最北的茶区，独特的水土资源和暖温带半湿润大陆性季风气候，为泰山茶叶的生长营造良好条件，也造就泰山茶香高味浓、叶厚耐泡、汤绿明亮、花香或栗香明显等特有的风味。泰山茶一直以绿茶为主，后又研发出泰山红茶、泰山

白茶等新品种，产品种类不断丰富。

肥城桃木。肥城桃木雕刻以境内独有的佛桃木为原材料，木体清香、色泽金黄，花纹呈八卦螺旋形。以传统平面浮雕为基本雕刻技法，包括浅浮雕、深浮雕、高浮雕、多层叠雕等手法。采用散点透视构图、线面结合、保留平面，以构图饱满、层次丰富见长。代表产品有桃木剑、桃木如意、桃印、桃木摆件及各种桃木小饰品。产品获国内多项大奖，具有很高的收藏价值，深受广大游客喜爱，产品畅销全国各地。肥城桃木旅游商品已发展到 20 多个系列、3000 多个品种，占全国桃木旅游商品市场 80% 以上的份额，形成“肥城桃木雕刻流派”。

泰山汉麻。汉麻素有“天然纤维之王”美誉，泰安依山傍水的地理条件造就泰山汉麻纤维极佳的品质，由它制成的服装衣饰具有吸湿、透气、舒爽、散热、防霉、抑菌等多种功能。泰山汉麻系列产品由纯麻柔性化处理的天然汉麻纤维纺织而成，经仿棉纤维效果处理，在排汗、防静电、除臭方面效果显著，备受市场青睐。

【泰山灵芝】 泰山的珍贵特产，传说是神农在尝百草中从泰山发现的，故称为“神草”。

【泰山板栗】 山东名产之一，以个大色鲜、质细味甘而独享盛誉。泰山地区栽培板栗已有 3000 多年的历史，在金、元、明、清等时期均被定为皇室贡品。民国以后，蜚声国际市场，被誉为“泰山甘栗”。栗子收获季节的糖炒栗子是一年一度的节令佳果，深受男女老幼的青睐。

【泰山红心萝卜】 以夏张产的红心萝卜为最好，个头匀称，每个都在 250 克左右，青皮白瓤里呈现着清晰的红绿，质地细腻，汁多味甘，清脆爽口。

【泰山三美】 泰安产的白菜、豆腐和泰山泉水被誉为“泰山三美”。泰山白菜口味鲜美、个儿大心实，质细无筋；泰山豆腐浆细质纯，嫩而不老、味道甘美、富有弹性；泰山泉水高氧洁净，清甜爽口，杂质少。用泰山白菜、豆腐、水烹制的菜汤称为“泰山三美汤”，豆腐白、菜叶绿、味汤浓，是一道集美味、营养于一身的菜肴。

【泰山赤鳞鱼】 又名螭霖鱼，产于泰山山涧溪流中，是泰山泉水哺育的珍贵山区淡水鱼，为中国鱼类珍品，成鱼长不过 20 厘米，肉质鲜嫩，其味鲜美而不腥，为名贵菜馔，亦可药用。

【泰安煎饼】 创制年代无考，明代已成家常便饭。以玉米、高粱、谷子、地瓜干等粗粮为原料，经过粉碎泡糁、磨细成糊、摊于鏊子上边刮边烙，烙熟即成。质地细薄，水分少，耐久储，香酥可口。泰安煎饼分 5 种：用未发酵糊子制作的为甜煎饼，用发酵糊子制作的为酸煎饼，冷却的煎饼再烙酥为酥煎饼，煎饼加葱油或豆腐、白菜等馅烙制的为油煎饼，小米面加白糖烙制的为糖酥煎饼。新泰楼德镇利用当地资源优势，开发煎饼产品，成为“中国煎饼第一镇”。

【泰安豆腐宴】 泰安神豆腐浆细含水多，质嫩而不流，洁白如雪，味道甘美，富有弹性，久煮不老亦不糊，系泰山周围居民家常菜。烹制方法多样：或制作豆腐乳、臭豆腐、五香豆腐、豆腐干、豆腐皮、辣豆腐、冻豆腐、茶色豆腐；或用来凉拌、热炖、油炸、蜜汁。随季节而变，春有小葱拌豆腐、香椿麻汁豆腐；夏有大蒜麻汁豆腐；秋有青椒炒豆腐、冬瓜豆腐汤；冬有白菜炖豆腐、大葱炒豆腐、辣椒热豆腐、羊肉炖豆腐、豆腐炒鸡蛋。泰安有名的“豆腐筵”，已开发出 150 多道菜，以“三美豆腐”、豆腐丸子、锅塌豆腐、炒豆腐脑、砂锅豆腐、煲豆腐、奶汤豆腐、软烧豆腐最为著名。

【泰山野菜宴】 泰山野菜食用历史悠久，历代帝王到泰山封禅，均“食素斋，整洁身心”，以示虔诚。寺院倡导素食，民间亦有菜食、菜医习惯。后人将宫廷素食、寺院素食、民间素食集为一体，创制野菜宴，成为中外游客推崇备至的“绿色食品”。泰山野菜宴可分为冷盆类、油炸类、腌制类、汤羹类等，品种 50 多个，均有丰富的营养价值和医疗保健作用，尤以姜汁荠菜、炸藿香、山鸡扒鹿角、蛋炒鸦葱（又称琉璃嘴）等最为著名。

【泰安酱包瓜】 清咸丰年间创制，与泰安酱磨茄、泰山牙枣并称泰安三宝，清同治年间被定为贡品。采用泰山南麓大白峪村特产的一种黑褐色、未成熟、鲜嫩甜瓜作外衣，将莴苣、黄瓜、花生仁、核桃仁、瓜子仁、杏仁、藕、龙须菜、冰糖、柿饼、青红丝等切块作料馅，用当地自产的甜酱酱制，鲜脆清香，酱味浓郁。

【泰山牙枣】 明末创制，清代定为贡品。该品用精选的鲜长枣经特殊加工制成。枣坯为宁阳县葛石大枣，故有“泰山牙枣宁阳坯”之说。

传统的手工制作方法分为选枣、煮枣、脱皮、晾晒、除核、提霜6个步骤。首先要选择个头均匀的鲜红枣，放入锅内煮至五六成熟，脱皮晾成半干，待枣的表面自然生出一种白色物质（俗称“枣霜”）后，除核，拌上适量淀粉，使外皮漂白光滑美观即成，形似饴糖，肉若荔干，香甜可口，别有风味，被称为“干果糕点”。

【山农酥梨】 山农酥梨是山东农业大学陈学森教授团队历经15年时间，采用“果树多种源品质育种法”发明专利技术，以遗传背景复杂、含有‘库尔勒香梨’血缘的‘新梨7号’为母本，以‘砀山酥’梨为父本，杂交育成的新品种，具有品质优、耐贮藏、抗氧化、极晚熟、易丰产等特点。平均单果重460克，果心小，果个大；质地细密、酥脆，可溶性固形物含量14.8%；常温下存放2个月，仍保持酥脆品质；切开后72小时不褐变，抗氧化，保健价值大；果实发育期180天左右，极晚熟；二年生成品苗定植第二年见果见效，四年丰产高效，早果性强。该品种在山东泰安、聊城、菏泽、济宁和临沂等地示范推广2000公顷（3万余亩）以上。

【泰安珍珠西红柿】 岱岳区房村镇被誉为“齐鲁番茄第一镇”“番茄之乡”，所产西红柿已注册“泰山珍珠”著名商标。珍珠西红柿呈椭圆形，果实直径1～3厘米，单果重10～30克，每穗可结6～10个果实，每株可结80～100个果实；其外皮为鲜红色，有光泽，果肉皮层厚，为粉红色，种子呈黄绿色；其腔室饱满，汁液较多、味清甜、无核、口感好，耐挤压能力强。

【范镇油酥烧饼】 清乾隆年间范镇村民徐畅创制。制作方法是用生面、酵面、老面加“油酥”（用驴油、花生油、面粉制成）、食盐、花椒粉等糅合，然后烤制而成，具有色泽金黄、层次分明、外酥里软等特点。乾隆帝品尝后亲题“徐家烧饼铺”匾额。抗日战争时期，匾额被日伪军焚毁。中华人民共和国成立后，时任中共山东省委书记的舒同到泰安视察工作时，题写“范镇烧饼”，赠给徐氏五代传人徐连功。1965年，徐氏第六代传人徐太国在山东省供销系统食品表演大赛中，获一等奖和特别荣誉奖。20世纪80年代，越来越多的人开始学做徐家烧饼，范镇烧饼已传遍全国数百个大中城市。

【泰山黑猪】 泰安市地方猪种之一，有6500余年饲养历史。体型较大，体躯较长，全身被毛黑色，鬃毛长而密，喜爱活动，具有体质强健、抗病力强、繁殖力高、耐粗饲等特点。其肉质鲜美、拉力强、弹性高、口感筋道，富含微量元素，是美味与营养兼具的滋补之品，深受当地人们喜爱。

【泰山驴肉】 泰山周边乡村一直有人工饲养驴的传统。制作泰山驴肉，须挑选绿色养殖500天以上、体重250千克以上健壮的毛驴，宰杀前空腹12小时以上，经过严格工艺流程屠宰分割，入0℃～4℃恒温室排酸24小时后进行清洗处理。用泰山山脉山泉水，加入天然植物配方煮制3小时，再小火慢煮2小时，关火焖煮7小时后方可出锅晾晒。晾晒后冷藏保存，随时可食用。泰山驴皮可制作保健食品阿胶，也可制作泰山皮影。泰山驴油可制作泰山驴油火烧，已传承上百年。

【果都咸菜】 产于新泰市果都镇果都村。果都始建于秦代，曰德性庄。汉武帝东巡，更名裹头城。明初更名为果都城，后简称果都。果都地处平原，蔬菜资源丰富，家家户户有生产酱腌菜的历史。早在清末，“果都咸菜”的出品带动当地酱腌菜的发展，以其香味浓厚、质地脆嫩而闻名省内外。1972年被评为“省优产品”，同年，“果都咸菜”和生产的“海味辣椒”成为进京产品。在2003年首届“泰山名优产品”评选活动中，被评为“泰山名优特产”。在2004年第二届“家＋乐杯”泰山名优特产评选中获银奖。2005年被市消费者协会、市旅游局指定为旅游生产定点产品。“果都咸菜”味道鲜美，清香、脆嫩，深受大家喜爱。

【羊流豆腐皮】 产于新泰市羊流镇，有500年加工历史。相传明太祖朱元璋曾题写“乐陵小枣莱阳梨，不及羊流豆腐皮”，一度成为朝中贡品。羊流豆腐皮制作工艺独特，用料精细。首选上等优质黄豆，去皮进行泡涨（俗称泡黄子）。泡涨后磨成细豆糊，把糊经纱布过滤除渣后放进大锅中加水熬成汁，后舀入大缸中下石膏，下膏后便成豆腐脑。把豆腐脑搅碎，越碎越好，然后舀入事先在模子里铺好的白布中，撇一层豆腐脑，盖一层布，层层弄匀。最后再进行压汁，便成为生豆腐皮，将生豆腐皮放入锅中加盐和水煮，煮熟凉透后，折叠成便于食用的长方块，即成。羊流豆腐皮薄如白纸，清爽、劲道，口感独特，营养丰富，便于携带和食用。

【新泰米廪居清真糕点】 有墓碑记载，唐末回族米氏已在禹村镇定居。早在明洪武年间，米氏家人开始制作清真糕点，到清朝中后期技艺趋于成熟。清咸丰年间，创始人米申太创立米廪居清真糕点。当代传人米云在原配方的基础上，继承传统工艺，推陈出新，严格把控产品原料来源的同时，根据现代人对食物营养健康、美味可口、方便携带等多重追求，融合西方烘烤技巧，研发推出新派糕点，分烤制类、炸制类、蒸煮类等品种。其中，烤制类有长寿糕、桃酥、寿桃、月饼、菊花饼等；炸制类有蜜三刀、炒糖、江米条、芙蓉枣、千层酥、酥角等；蒸煮类有绿豆糕、蒸蛋糕等。米廪居清真糕点可作早点、茶点，也可作席间小吃和礼品。

【时家“卤水鹅”】 新泰市楼德镇黄泉沟村的大鹅饲养颇具规模，这里的时家“卤水鹅”作为一项加工产业，带动着当地养殖加工业的发展。楼德时家“卤水鹅”制作工艺考究，每道工序都有严格的要求。选材精良，选择饲养一年半以上的老鹅，健康、无疾病、活毛在3.4至4千克的鹅，选取老鸡、老鸭以及畜类大骨，加上秘方，熬制老汤。将鹅放入自制老汤，配以八角、花椒、丁香、桂皮等30多味材料，卤制3～5小时，晾凉后真空包装，成品卤水鹅每只3千克左右，开袋切片即食，口感鲜香滑嫩，老少皆宜。

【肥城桃】 肥城桃是全国著名特产，因产于肥城而得名，又名佛桃、寿桃。其果实肥大、外形美观、肉质细嫩、味美甘甜、营养丰富，被誉为“群桃之冠”，有1100多年栽培历史，为历代皇室贡品。明隆庆六年（1572年）《肥城县志》载：“果亦多品，惟桃最著名。”清雍正年间《山东通志》载：“桃产肥城者佳，临清次之，分销各处。”清光绪三十四年（1908年）《肥城县乡土志》载：“东西洋诸国莫不知有肥桃者。”至清代晚期，肥桃已驰名国内外。肥城桃作为一个品系，不断引进、培育新品种，已拥有红里、白里、晚桃、柳叶、大尖、香桃、酸桃等品种30多个，其中以白里品质为最佳，红里居多，成熟期为8月底9月初，成熟后呈米黄色。果重250～300克，最大900克，果肉中含可溶性固形物14%（最高可达24%）、糖量13.6%～18.59%、果酸0.25%～0.43%，每百克果肉中含维生素C10.22～10.44毫克，具有很高的营养和药用价值。1995年肥城被农业部确定为“中国佛桃之乡”，2000年被世界吉尼斯上海总部确定为世上最大的桃园，2001年在国家商标局注册地理标志证明商标，2009年肥城桃地理标志证明商标获山东省著名商标称号，2013年“肥城桃”先后入选“山东省十大地理标志商标”、2013年度“全国名特优新农产品”目录，2014年肥城桃地理标志“肥城”商标获中国驰名商标称号，2015年肥城桃地理标志获“中国果品百强品牌”和“中国果品区域公用品牌50强”两项国家级荣誉，入选2015年度“全国名特优新农产品”目录。

【演马庄牛肉】 肥城演马庄回民陈氏经销的熟牛肉有260多年的历史，制作工艺讲究：将活牛屠宰后，剔除骨骼，肉分割为块，置木架上晾干后下锅；加水浸过肉约10厘米，点火烧煮，待水开后，用铁勺置火硝约2两，点燃加入锅内，约半小时，漂去白沫及污物；按百斤肉加盐1.5千克，并将配好的佐料（大小茴香、三奈、白芷、砂仁、紫蔻、花椒、丁香、橘皮、边桂等）轧碎装纱布袋放入锅内中层，同时将上次煮肉的老汤注入，继续烧煮约1.5个小时，再改用文火烧煮2～3个小时方可停火，趁热将肉捞出晾至无水汽即可。陈氏加工制作的牛肉微红透亮，味香爽口，咸淡适宜，营养丰富，有色、香、味俱佳的特点。

【孔庄绿豆粉皮】 起源于明朝末年，兴盛于清康熙年间。创始人是孔子第六十一代孙孔宏嗣，他创制加工绿豆粉皮的技艺，并授徒多人，绿豆粉皮的加工由此逐渐兴盛。孔庄粉皮以优质绿豆为原料，采用传统秘方配料，手工制作，天然晾干而成，具有清爽可口、营养丰富、保质期长等特点，属纯绿色食品。被山东省消费者协会评为“消费者信得过产品”，获国家“名牌产品”称号和“金鸡奖”称号，在北京、上海、天津、青岛、深圳等10多个大中城市均设有销售专柜，并远销欧洲及东南亚各国。2012年，孔庄粉皮获国家地理标志商标认证，实现产地的认证与商标的独享。

【汶阳河岔口鸭蛋】 肥城汶阳特产。河岔口鸭蛋外壳呈淡绿色，椭圆形，鸭蛋个大，每枚重100克左右，个大、质优、色正、味美。肥城市汶阳镇河岔口村三面环河，河面宽广，常年流水不竭，沿河芦苇满滩，水草丛生，是各种鱼类、蛙类栖息的良好场所。入夏，鱼蛙产卵，无数幼鱼、蝌蚪、草虫浮游水面，蛤螺遍布河底，是鸭类的天然优质饲料。鸭群白天觅食于河滩，傍晚进食用豆饼、麦麸、玉米渣等配制的饲料，一般午夜后产蛋。得天独厚的自然条件，加之精心喂养盛产出独特、味美、质优的河岔口鸭蛋。

【泰山君子茶】 泰山茶的新品牌，归属泰安市东兴农业有限公司。茶园的历史可追溯到1950年，拥有在泰安地区最早的试种，有野化的老茶树26.67公顷（400余亩），位于肥城市老城街道双峪村。新茶叶基地历时5年，位于泰山西麓的老城街道张花峪、河口、田花峪3个山区村，种植面积93.33公顷（1400余亩）。该公司选择空气清新、水质纯净、自然生态环境优美的泰山西麓作为有机茶生产基地，有机化种植、不施化肥、不打农药，确保茶叶质量。泰山君子茶实现茶叶生产的标准化、有机化和产品营销的品牌化，精选茶园一芽一叶茶，采用新工艺精制而成。

【王晋甜瓜】 历史悠久的土特名产，有1600多年的栽培历史。王晋流域分布着红色沙土，是种植甜瓜的理想土壤，所产甜瓜皮色光亮，外形美观，不易裂果，含糖量高，肉质细腻，甜脆可口，口味郁香，富含多种维生素、氨基酸。光绪三十四年（1908年）《肥城县乡土志》载："王晋甜瓜品种最优。"王晋村与山东省农业科学院、山东农业大学等合作，探索实施王晋甜瓜的有机化种植，共同开发出'王晋绿甜'1号、2号、3号，'王晋花甜'1号、2号、4号，'王晋香甜蜜'1号等名优品种。'王晋绿甜'1号、2号早熟，绿白色，果重约500克以上，极甜，品质极佳；3号中熟，绿色带深绿色花纹，甜中带面，瓜重1000～1500克；'王晋花甜'1号，早熟，极甜，果重约400克，品质上乘。王晋甜瓜是馈赠亲朋好友的佳品，已进入大中城市名优水果市场，备受消费者青睐。

【肥桃宴】 肥城是佛桃之乡，千百年来，肥城以鲁菜为基础，遵循礼道，继承传统，融入桃文化，就地取材，以最淳朴的原材料入菜，形成"肥桃宴"。肥桃宴中，肥桃肘子是肥城地方风味菜的经典菜品，独具特色。色、香、味俱佳，口感味美香甜，久食而不腻。主要用料为肥桃2个、带皮猪后肘1个，辅料为白糖、冰糖、蜂蜜、香精、山楂糕丁。将桃去皮、去核，桃肉切成半分厚的大片。猪肘处理干净，把骨头剔去，放在汤锅里煮熟至七八成熟，捞出晾干水分，切成半公分厚的大片，与桃间隔排在碗内，加入白糖、冰糖，上笼蒸透。开笼后取出扣入大盘内，上面撒上山楂糕丁。蒸肘子原汤倒入勺内，加入蜂蜜、冰糖，将汁熬浓，滴上2滴香精，浇在肘子上即成。

【宁阳大枣】 宁阳大枣产于"泰山之阳，圣人故邻"的山东省泰安市宁阳县，历史悠久。宁阳大枣以果大核小、皮薄肉厚、细腻扯丝、清甜可口、营养丰富、品质独特、风味浓郁而驰名中外，是滋补保健佳品，被评为国家保健枣。据化验分析，宁阳大枣干枣的含糖量为86.9%，每百克含蛋白质6.7克，脂肪0.4克，钙61毫克，磷66毫克，铁1.6毫克，维生素C814毫克，维生素P3358毫克，发热量为309千卡，有"天然维生素丸"之称。明李时珍将宁阳大枣作为药用首选，宁阳大枣有多种功效，民间有"一日三枣，长生不老"的谚语。宁阳大枣鲜食、熟食、干食皆宜，蒸枣糕、煲汤粥、入药膳皆可，是走亲访友、馈赠亲朋之佳品。

【宁阳钟庄豆腐皮】 以精大豆、纯天然泉水为原料制作而成，不含任何添加剂，制作工艺独特，一般要经过选料、浸泡、磨浆、滤浆、加热、下膏、拨皮、加压、剥皮和成品10个过程。成品呈浅黄色，营养丰富，质量纯正，口感好、有韧性，味道鲜美，别具风味。蛋白质、氨基酸含量高，富含铁、钙、钼等多种微量元素，易消化吸收。

【鹤山绿豆粉皮】 又名"周家吊桥"粉皮，采用祖传配方和特殊工艺手工制作而成，为明清时期贡品，并以其独特风味载入《山东风物大全》，20世纪70年代由山东省供销总社备案为地方特色产品，被评为市级非物质文化遗产。鹤山绿豆粉皮以优质绿豆为原料，采用特殊工艺提取淀粉加工为粉皮后，保持绿豆的天然属性，色泽透明，清脆可口，营养丰富，能凉拌热炖，在沸水中浸泡10分钟，然后加用凉水浸泡可保持24小时不粘不碎，与肉类或蔬菜一起混炖，不粘连不破碎，是宴请宾客的美味佳肴，也是馈赠亲朋好友的上等礼品。民谣"一桌菜席均有剩，唯有粉皮吃个净"即为明证。

【蒋集花生粘】 蒋集花生粘制作有160多年历史，精选优质花生为原料，经过选米、炉米、熬糖、挂霜、铺晾等系列加工程序，纯手工操作，味性甘醇，酥脆可口，老少皆宜，是喜庆筵席特别是四八家宴必不可缺的菜品之一。其营养价值丰富，花生含有丰富的营养元素，具有多种功效。推出的牛奶花生粘、蜂蜜花生粘等产品，也深受市场欢迎。

【宁阳泗店“桥白”】 宁阳泗店“桥白”素有“鲁西南第一白”之美称，明初史称“大白菜”。“桥白”种植不施农药、化肥，个头匀称、菜心厚实，富含蛋白质、脂肪、多种维生素、矿物质以及大量粗纤维，鲜嫩易熟，味道纯正。其做法可焖炖、可煎炒、可作馅、可配菜，与肉类同食，既可增添肉的鲜美味，又可减少肉中的亚硝酸盐和亚硝酸盐类物质，减少致癌物质亚硝酸胺的产生，俗称“肉中就数猪肉美，菜里唯有白菜鲜”。泗店“桥白”“浑汤若稀粥”的特点颇为有名，民谚有“百菜不如白菜香”之说。除供熟食之外，还可加工成菜干或制成腌制品。

【州城糟鱼】 东平县地方传统名吃。远自清代，在境内各大集镇均有糟鱼上市，誉为佳品。中华人民共和国成立后，糟鱼声誉愈增。特别是州城镇聂、谢两家，世代相传，技艺精湛，久负盛名。所制糟鱼，鱼体完整，骨肉同食，味美，香而不腻。糟鱼制作多选用鲫鱼、鲇鱼、黑鱼等，留腮鳞，去内脏，洗净下锅，首尾相交，上下分层（大者在下），加适量香料、红糖、食盐、老汤、温水等，以木柴文火通夜焖炖，次日即可食用。

【东平湖咸鸭蛋】 以优良的东平湖麻鸭禽蛋为原料，经腌制而成的著名特产。湖里放养的麻鸭以各类小鱼、小虾和浮游动植物为食，不仅产蛋率高，而且个头大，蛋质细，黄油多，平均每只重105克左右，比普通鸭蛋超重30克。用湖产麻鸭下的蛋腌制成的咸鸭蛋，油分充足，咸淡适中，煮后切食，味道特美。剖开煮熟的咸鸭蛋，可见蛋白如凝脂白玉，蛋黄似红橘流丹，红白相映，味美诱人。因蛋心鲜红，故又称“红心麻鸭蛋”。

【东平粥】 又名徐家粥，为州城镇桂井子街徐保明家世代经营，清康熙年间创制。东平粥系以上好的黄豆、小米作原料，用石磨将黄豆、小米分别制浆，并过滤去渣，然后按配方熬制而成，豆浆与米浆之比约为2∶1。熬汁时，先将豆浆倒入沸水锅内，烧至沸点，用木勺连续搅动，文火慢熬，熬制约半小时，待沸汁浮沫消净、豆香飘溢时，再将过滤的米汁倒入豆汁锅内，慢火烧沸后，即可熄火出锅。熬出的粥液以“清汁”为上品。若豆汁、米汁同时下锅，则会熬成混汁，即下品。出锅的粥在粥缸内呈液体状态，盛入碗内即凝，表面好像浮着一层油汁。此时，把预先用陶罐焖制好的五香熟豆撒在碗里，与粥同食，喝时便会豆随粥游，入口愈嚼愈香，韵味无穷，振人食欲。东平粥制作选料精、做工细，而且做粥的水是用清真寺附近马公祠深水井中的甜水，故熬出的粥滑润爽口，清香甘甜，沁人心脾，有独特的糊香味，喝尽粥，碗如洗，不挂一丝粥迹。

【虎头鸡】 徂徕传统名吃，有上百年承传史。由境内西埠前村的“泰东名厨”程兆宣所创。原来叫“糊涂鸡”。其主要制作工艺是上料挂糊、过油促油以及水蒸扣碗技艺，因过油后及扣碗之鸡块色黄形圆，状如虎头，故名虎头鸡，取虎虎生气、生龙活虎、吉祥多福等内涵。虎头鸡制作技艺保留泰安民间独特的烹调技艺和烹调理念，是民间物质文化和精神文化融合的产物，是泰山文化的重要组成部分。

【徂徕煎饼】 徂徕煎饼选用优质小米、玉米、大豆、花生、栗子、核桃等原料，制成的煎饼薄如纸、脆如酥，含粗纤维多。2013年，徂徕镇注册的“泰安煎饼”正式成为“国家地理标志保护产品”。

10月1日，“国庆吃面 国泰民安”新民俗倡议活动在泰山秀城举办。图为文艺演出现场
（刘姗姗 供）

【徂徕粉皮】 徂徕镇种植地瓜历史悠久，所产地瓜品质好产量高。用地瓜加工粉皮、粉条是徂徕镇的特色产业。所生产的粉皮色泽银白，有冰的质感。其厚薄适中，敲之有清脆的木质音。入锅，耐炖、易入味；入口，味道香醇、滑爽有趣。

【天宝豆腐干】 天宝豆腐干的制作起源于清朝末年。取 4 千克黄豆或黑豆，去除杂物，放在温水中浸泡 8 ~ 10 小时。充分泡透后，用小石磨磨成粥状，再用开水浸泡，撇去浮沫。将一包袱吊起四角悬挂在大缸上，将冲泡好的豆浆盛在包袱内滤除豆渣。过滤后的豆汁在缸中煮开，朝一个方向不停地搅拌，并按一定比例撒入石膏，不一会豆浆变成豆腐脑。将一个 5 厘米见方的模框放在铺有白布的案子上，中间倒入豆腐脑，上面覆盖一层白布，再压一块木板，然后用一压杠（杠杆原理）将豆浆压实。取出压好的豆腐块放在锅中用酱油、食盐、调料等煮制一下，捞出后晾干，便制成香嫩可口的豆腐干。

【石楼菠菜】 良庄镇石楼菠菜曾在明清时被定为贡品。石楼村位于良庄镇东南部，柴汶河北岸，因其位于汶河冲积平原，土地肥沃，利于蔬菜种植，很早就有“天下菠菜属石楼”之说。石楼人家家种菠菜，人人吃菠菜，年年卖菠菜。石楼菠菜清香浓郁、醇厚绵长，口感好，用其制作的菠菜饼，更是人间美食，2016 年，良庄菠菜饼被评为市级非物质文化遗产。其后，引进推广测土配方、水肥一体化、绿色防控、有机质栽培等 10 余项生产实用新技术，成功申报认证“泰安红根菠菜”地理标志商标。泰安红根菠菜种植面积 666.67 公顷（1 万余亩），年产量 2 万余吨，年产值达 1 亿元左右，惠及农户 9000 余户。

【良庄四大名吃】 俗称“鸡给给、小鲜鱼、果果豆、豆腐皮”，即山区柴公鸡、山溪里小鲜鱼、花生米和豆腐皮。良庄镇山区柴公鸡采取满山放养的形式饲养，鸡钻行于绿草野花间，松柏荆莽之下，或栖息于巨松古柏之上，或飞于高山巨石，或戏于山溪细流，啄百虫，食百草，饮山泉，营养价值丰富，肉质极美。小鲜鱼是指生活于山涧溪水、水塘、水库之中的非人工养殖的天然小鲜鱼，肉质美，少污染，营养高，口感好。良庄花生米又脆又香，入口欲化，百吃不厌。良庄豆腐皮有干皮、湿皮之分，均用传统工艺制作，有“检豆、泡豆、磨糊、摇包、烧煮、泼皮、压榨”等多道工序，成品口感细腻，咸香可口，营养价值高，耐储存，或凉拌，或配菜，或直接食用，卷葱、蘸酱均可。

【良庄大樱桃】 主要分布在徂徕山沿山 10 个村，种植面积 666.67 公顷（1 万亩），其中 A 级绿色食品认证面积 266.67 公顷（4000 亩），“五一”前后上市，比全国樱桃主产区早成熟上市 1 周左右。单产每亩 1000 千克，总产 1 万吨，总产值 1.5 亿元，带动农民增收 1 亿元。主要品种有俄罗斯 8 号、福辰、美早、布鲁克斯，四大品种主要特点是成熟早、生长环境优质抗寒、产量大。成熟后樱桃果实艳丽，味甜微酸，食之爽口。 （刘姗姗）

编辑 校对 戚淑娟

房地产业

土地市场监管

【建设用地供应】 2021年，全市国有建设用地供应2276.96公顷，上升8.11%。从供应方式看，以出让方式供应土地340宗、845.20公顷，下降23.32%，出让价款173.65亿元，下降22.51%；以划拨方式供应土地214宗、1425.12公顷，上升41.96%。

【房地产用地供应】 2021年，全市房地产用地供应147宗，面积432.29公顷，上升8.30%。其中，招拍挂出让普通商品住房用地312.47公顷，下降4.50%；招拍挂出让价款138.72亿元，下降8.34%。

【批而未供和闲置土地处置】 截至2021年12月底，处置2009—2018年批而未供土地497.81公顷（7467.09亩），处置2019—2021年批而未供土地1665.74公顷（24986.10亩），处置闲置土地183.87公顷（2758亩）。

（张维康）

房地产市场

【概况】 2021年，泰安市坚持“房住不炒”定位，加强房地产市场预期引导、住房市场体系建设和房产市场风险监测评估研判，强化市场调控措施，房地产市场总体保持平稳健康发展。全市房地产开发完成投资281.2亿元、施工面积2787.1万平方米，分别增长6.5%、3.9%；新开工面积629.2万平方米，下降16.1%；房屋竣工面积307.1万平方米，增长10.9%；商品房销售面积517.05万平方米，下降8%，销售金额415.03亿元，下降5%。年末，商品房待售面积1201.02万平方米，增长5.6%。

【落实房地产市场监管调控相关政策】 制定出台加强商品房预销售监管、预售资金监管、商品房买卖合同备案管理等房地产市场监管的政策规定，规范房地产开发企业经营行为。2021年，市区核发商品房预售许可证263份，办理商品房预售合同备案19365套、现房合同备案2779套，市区交存商品房预售资金233.57亿元，核准使用预售资金226.21亿元。

【完善房地产市场监管体系】 规范商品房销售管理，加强预售资金监管、售后纠纷调解。开展重大税收违法失信联合惩戒工作，完成5批次790起购买商品房联合惩戒限制。加强房产市场监测分析，做好

8月27日，市房产管理服务中心开展2021年度房地产估价机构“双随机、一公开”检查 （陈传奇　供）

房产领域矛盾纠纷化解和疫情防控工作，稳妥化解个别房地产项目风险，稳房价、稳预期，保持房产市场平稳健康发展。

【不动产登记】 2021年，泰安城区办理不动产登记352145件（其中宅基地202574件），发放不动产权证书235531本（其中宅基地195420本），出具不动产登记证明51366份，向公检法及社会公众出具信息查询证明179867份，完成学生入学房产核查12.11万条，收缴不动产登记费1620.06万元、出让金2230.59万元。回复为民服务热线群众咨询7215件，处理上级转交信访案件14件，应诉行政案件33起。全年解决历史遗留问题小区104个，面积166.98万平方米，涉及11922户；累计解决历史遗留问题小区317个，面积697.32万平方米、涉及60324户。

【培育发展住房租赁市场】 制定印发《住房租赁合同》《住房租赁托管合同》《住房租赁经纪服务协议》3个示范文本，完成住房租赁备案1861笔。严格规范住房租赁机构备案和管理，建立健全住房租赁机构、房地产经纪机构和从业人员实名登记制度。研发泰安市住房租赁交易服务平台，加强住房租赁企业平台化管理。推进“租购同权”政策落实落地，确保承租人享受基本公共服务和便利。

（陈传奇　张维康）

物业管理

9月28日，市房产管理服务中心到三联社区开展党建引领红色物业工作调研活动　（陈传奇　供）

【概况】 至2021年年末，全市有在管物业服务企业469家，从业人员3.6万人。有物业管理区域2562个，其中物业服务企业管理项目2008个、业主自管项目143个、社区居委会代管项目390个。实有业委会1552个。

【健全物业领域党组织体系】 发挥城市基层党建引领作用，提升物业领域党组织覆盖率，全市住宅小区业委会组建率达73.3%，物业服务企业党的组织和工作覆盖率分别达91.3%、100%，全市上下基本形成“党建引领、行业主管、基层主抓、上下联动”的工作格局。

【完善物业服务行业政策体系】 先后建立健全前期物业管理招投标、评标专家管理、信用等级定期公示等制度，印发《泰安市物业管理“三会三公开”工作规范》《关于规范业主委员会工作的指导意见（试行）》等，建立符合“放管服”要求的物业服务行业指导政策体系。

【破解老旧小区物业管理难题】 以“社区领办物业兜底”为主攻方向，鼓励社区成立自主经营、自负盈亏的物业企业，对未实施专业化物业管理的老旧小区实行兜底服务，全市98个社区领办企业，兜底服务268个老旧小区，实现物业服务无漏点无盲区。

【提升物业行业服务品质】 完善物业行业监管体系，用好“红黑榜”和企业信用评价机制，考核评价物业企业1926家次，督促落实问题整改。3家企业获全省物业服务品牌建设典型案例，20个物业项目被评为全省“质量标杆”物业项目。

（陈传奇）

编辑　校对　戚淑娟

金融业

综　述

【概况】　2021年，全市金融机构和地方金融组织175家。其中，银行业机构31家，存款余额4922.30亿元，新增354.04亿元，比年初（下同）增长7.75%；驻泰安银行业机构表内贷款余额3582.71亿元，新增445.27亿元，增长14.19%；保险业机构60家，保费收入129.41亿元，增长1.94%，累计各项赔款43.14亿元，增长15.00%；证券机构15家，累计成交额5552亿元，实现利润7336万元；小额贷款公司13家，融资性担保公司9家，民间资本管理公司18家，信用互助合作社1家，介于现货和期货之间的大宗商品交易市场1家，典当行16家，融资租赁公司10家，商业保理公司2家。

【信贷支持】　实施"信贷支持攻坚"行动，建立重点企业、重点项目"信贷名单制"和"主办行制度"，新增贷款增幅始终高于全省平均水平。年末，全市人民币各项贷款余额3578.3亿元，增长14.1%；新增贷存比128.6%，居全省第6位，比全省高17.2个百分点。

【化解金融风险】　实施"金融风险化解攻坚"行动，累计处置不良贷款58.44亿元；重大风险化解突出，逾期企业由上年初239家减少到55家，减少184家；不良贷款率同比实现下降。

【企业上市】　建立"一对一"专班，攻坚IPO。1家企业通过深交所审核，1家企业在深交所审核，2家企业在山东证监局辅导。1家企业在"新三板"挂牌，1家企业获美国证监会上市批复，1家企业报新加坡交易所审核。培育上市挂牌后备资源89家、"种子企业"16家、列入省培育重点企业14家。

【政银企合作】　实施"金融先行攻坚行动"，银企签约408.6亿元，资金到位率100%以上，开展银企对接73次。"驻鲁银行行长泰安行"活动，省级行长到泰安70余人次，现场解决融资196亿元，与3家省级银行签约总授信1000亿元。金融辅导工作，辅导企业2560家，比年初增加100%，居全省第1位，省反馈的企业评价满意率100%；"整村授信"到村到户，农担贷39.7亿元，居全省第4位。金融服务工作，融资性担保180.5亿元，规模居全省第2位；无还本续贷企业508家、76.4亿元，居全省前列。

【金融改革创新】　打造"泰融易"泰山智慧产融信息服务平台，实现银企不见面的秒通、秒审、秒批、秒贷、秒放。入驻平台企业4.2万家，居全省第1位，企业发布融资需求12.53亿元，支持企业贷款7.85亿元。

【优化营商环境】　建立政策库、案例库、成效库等"三库"，开展获得信贷"四减两增"（减环节、减时限、减材料、减层级，增效率、增质量）专项行动，发布政策54项、金融产品262项，人民网推广做法15篇。实施存贷联动机制和驻泰安银行绩效评价机制，存贷联动达49.67亿元。开展"增信贷降不良打逃债树诚信"专项行动，"打逃债"收回资金66亿元。　（姚思荷）

【泰安金融控股集团有限公司】　2021年，该公司实现营业收入8.71亿元，实现利润总额9948.69万元，实现入库税金1.2亿元，为846户企业及个人提供投融资服务184.77亿元。

服务实体经济。开展"支持实体经济，助推工业发展，泰安金控在行动"系列活动，制定惠企专项措施和纾困政策，提供融资担保、基金投资等业务，打造"金融＋实体"服务模式，助力实体经济发展。年内，为752户企业及个人提供投融资服务153.81亿元。其中，为27户“双50强”企业提供融资担保31.6亿元，累计在保43.8亿元；为124户工业企业提供融资担保42.28亿元，累计在保50.42亿元；为1249户小微企业及个人提供融资担保支持56.86亿元。帮助企业节省财务成本4782.02万元。

优化营商环境。制定惠企专项措施和纾困政策，提供融资担保、基金投资、供应链金融、应急转贷等多元业务，为企业服务、为群众解难。年内，先后与山东康平纳集团有限公司、山东以利奥林电力科技有限公司、瑞星集团股份有限公司等重点企业开展战略合作，并与山东慧商投资集团有限公司、宁阳县统筹公司合作搭建融资租赁新平台。

防控化解风险。开展风险防范化解三年攻坚活动，实行领导班子包保责任制，成立工作专班，一企一策定方案，加速化解风险。建立以“三线四墙”（各子公司开展风险防控、以集团风控中心为主导的管理支持、以集团审监部门为主导的审计监督，战略防火墙、体制防火墙、制度防火墙、信息防火墙）风险治理机制为核心的风险管控体系以及风险隔离框架下“担保+1”的授信管理模式，强化风险防控和预警。加快不良资产处置和变现，通过市场化运作手段，探索盘活运营存量资产新模式。

做实投融资管理。发行2021年泰安点石资产管理有限公司1亿美元高级无抵押的境外美元债券。发行7期2.5亿元山东金交中心“资产收益权产品”，引进省应急转贷引导基金7000万元，齐鲁股交备案承销发行可转债1.6亿元。与蓝海股权交易中心和齐鲁股权交易中心合作发行可转换公司债。引进东平中益汇海日资股权合作项目600万美元、泰安鲁威新材料公司资本金省外资金注入1.2亿元，引进1名博士落地高新区。成立总规模1.5亿元的景泽私募股权投资基金，发行景泽基金，合作成立泰安市黄精产业发展投资合伙企业（有限合伙）并完成投资3000万元。

构建现代企业体系。推进国企改革三年攻坚行动，完成省现代企业制度“示范工程”建设任务。理顺管理体系，健全配套机制，完善各级法人治理结构和“三会一层”（股东大会、董事会、监事会，高级管理层）议事管理规则，深化子公司独立运营和流程再造。推进法治国企建设和合规管理，提升集团治理能力。（冯文洁）

银行业

【中国农业发展银行泰安市分行】 简称农发行泰安市分行。辖市分行营业部和新泰市、肥城市、宁阳县、东平县4个支行。年末，各项贷款余额147.95亿元，较年初增加26.24亿元；各项存款日均余额27.18亿元；清收不良贷款及风险贷款1.81亿元，不良贷款清零；实现FTP利润1.72亿元，同比增加1.21亿元，完成农发行山东省分行利润计划的175%。

优化政银合作环境。开展高层对接，促请农发行山东省分行与泰安市政府签署合作协议，并进一步加大与政府及相关部门的沟通协调力度，先后举办农发行政策宣讲会6次，邀请农发行山东省分行专家讲授重点产品、信贷政策及运作模式等，全方位对接客户发展战略和项目。联合市地方金融监管局逐县（市、区）开展项目对接督导，对各地报送项目清单进行筛选优化，形成重点项目63个，融资需求341.4亿元。

项目贷款审批。面对部分项目，及时畅通上下沟通协调机制，邀请农发行山东省分行人员开展现场辅导15次，成立联合办贷小组，及时解决遇到的问题，省、市、县三级行协同联动，提升项目推进效率。

12月3日，中国农业发展银行泰安市分行支持东平县城乡供水一体化供水提质工程签约仪式举行 （魏群 供）

全年累计审批中长期项目21个，金额100.8亿元，同比多审批项目14个，74.4亿元，项目审批创历史新高。

服务乡村振兴。全年累计投放服务黄河流域生态保护和高质量发展相关贷款15.47亿元，同比多投放3.53亿元，相关贷款余额49.15亿元，占全部贷款的33.22%。支持政府增储计划和企业轮换补库，累计发放相关贷款5.15亿元，支持增储和轮换小麦1.76亿千克。巩固拓展脱贫攻坚成果同乡村振兴有效衔接，累计发放扶贫贷款5.33亿元，扶贫贷款余额15.11亿元。支持农业现代化，累计投放农地类贷款11.46亿元。推进小微企业优化服务提升工程，小微企业贷款余额7530万元，较年初增加1850万元。

提升合规管理水平。开展金秋支农资金筹集攻坚活动，召开支农资金专题工作会议4次，全年累计营销债券资金24.84亿元。开展“行业规范建设提升年”和“内控合规管理建设年”活动，开展案防专项治理和监管数据专项治理。继续对客户金融服务相关费用开展减费让利工作，累计减费让利金额超130万元。严格疫情防控和安保管理，营造安全办公环境。（魏　群）

2021年中国农业发展银行泰安市分行各支行（部）基本情况表

表25　　　　单位：人、万元

支行（部）	职工人数	年末存款		年末贷款	
		金　额	比上年增%	金　额	比上年增%
直营业务部	26	60301	-27.88	466114	3.17
新泰市支行	20	71912	8.24	358545	30.41
肥城市支行	22	13112	-24.00	72993	121.86
宁阳县支行	18	70784	31.38	233679	28.34
东平县支行	21	52136	36.58	348205	26.44
合　计	107	268246	3.43	1479535	21.56

【中国工商银行股份有限公司泰安分行】　简称泰安工行。至年末，该行全年实现拨备前利润9.61亿元，同比增长0.56亿元，缴纳各项税金9729万元。继续保持“省级精神文明单位”称号，获“践行社会责任爱心企业”“执行外汇管理规定A类行”称号。

存、贷款业务。年末，全部存款（含信用卡）余额539.72亿元，较年初增长35.52亿元，增幅7.04%，增量、增幅居全省系统内第10。本外币各项贷款（含信用卡）余额381.03亿元，较年初增长50.77亿元，全省工行系统排名第7，增幅15.37%，排名第6，较全省平均水平高3.32个百分点，同比多增14.5亿元。其中，企业贷款较年初增长31.76亿元，全省工行系统排名第4，当地四大行排名第1，增幅21.07%，全省排名第1，较全省平均水平高9.58个百分点，同比多增10.12亿元。新增贷存比133.79%，较上年提高57.79个百分点。

服务实体。支持辖内新能源、先进制造业、城市基础设施、民生工程等领域，累计投放项目贷款39.36亿元，余额较年初增长26.54亿元，增幅高于全部贷款21.4个百分点。支持服装、化工、食品、煤炭行业企业，民营企业贷款较年初增长11亿元，增幅20.37%。对经营暂时存在困难、周转资金紧张的企业，落实无还本续贷等优惠政策，累计为110余户企业办理延期还本、无还本续贷业务，涉及贷款金额46亿元。

普惠金融。成立服务乡村振兴领导小组与乡村振兴办公室，印发《乡村振兴实施方案》，打造工银“兴农通”品牌，为服务乡村战略提供金融助力。全年涉农贷款净增15.73亿元，增幅21.65%，全省工行系统排名第6。其中，普惠涉农贷款净增8.16亿元，增幅87.15%，增幅全省工行系统排名第3，计划完成率居全省工行系统第1。化解小微企业融资难、融资慢、融资贵难题，银保监口径普惠贷款较年初增长9.6亿元，增幅60.4%；人行降准口径普惠贷款较年初增长9.76亿元，增幅60.5%。两项监管口径贷款排名均居全省工行系统第5。

渠道建设。累计投入1.92亿元，完成13个网点装修改造和全辖网点靓化工程，全网点设立“工行驿站”，配备老花镜、轮椅、助盲卡、医药箱等便民设施。累计投放VTM、回单打印机、即时制卡机等新型智能设备 77 台，试点投放智能机器人，开展智能 PAD 应用推广，实现客户精准识别和个性化服务。

科技赋能。搭建线上缴费场景，打造银校通、物业云、党建云平台，与泰安电力、热力、燃气、通讯等多家企业合作，建立 7×24 小时实时缴费通道，实现民生类缴费项目全覆盖。推广线下业务线上预约，提前响应客户需求，科学调控业务峰谷，减少客户排队时间。开发社保卡全流程自助发卡项目，将社保卡制卡周期缩短至 1 个工作日，实现社保业务“一站式办理”，打通服务群众“最后一公里”。　（宋　伟）

5月19日，中国工商银行泰安分行与泰安市农业农村局签署《金融服务乡村振兴全面战略合作协议》。图为签约现场　（宋 伟 供）

2021 年中国工商银行泰安分行各支行（部）基本情况表

表 26　　单位：人、万元

单　位	职工人数	人民币存款		其中：储蓄存款		人民币贷款		税　金（含个人所得税）	
		余　额	同比增 %	余　额	同比增 %	余　额	同比增 %	余　额	同比增 %
市分行营业部	310	1272121	13.96	579937	12.58	850349	7.88	2472	-4.89
泰山支行	110	738418	7.11	520034	12.56	376952	5.98	1152	12.39
高新支行	61	410582	9.20	260771	14.04	830065	30.07	1895	33.54
岱岳支行	70	383567	6.48	266864	12.18	372466	41.24	859	25.40
新泰支行	144	984211	-0.43	801050	8.66	533046	2.10	1493	8.98
肥城支行	129	990984	9.00	735590	11.25	408311	11.01	982	13.66
东平支行	51	245300	11.25	198927	13.16	256829	22.92	439	-6.00
宁阳支行	65	313692	5.15	274886	13.70	180439	15.55	437	4.55
合　计	940	5338875	7.67	3638058	11.61	3808458	15.38	9729	9.97

【中国农业银行股份有限公司泰安分行】 简称泰安农行。年末，各项存款、各项贷款、中间业务收入均保持四大行首位。全年纳税 1.03 亿元。全年综合绩效考核居全省农行系统第 5 位，保持“第一梯队”。继续保持“省级文明单位”称号，获市外汇局“年度评价 A 类行”称号。

主体业务。各项存款余额 705.8 亿元，较年初增加 40.3 亿元。各项贷款余额 546.2 亿元，较年初增加 81.6 亿元，创历史新高，同比多增 35 亿元。资产质量居全省农行第 4 位、全市同业优秀水平。

普惠民生。开展金融进企辅导等活动，普惠贷款余额 46.9 亿元，较年初增加 20.4 亿元，增幅达 77%，占全部贷款增量的 25%。根据小微企业纳税、交易流水、资产等情况，推荐线上信贷产品，小微企业线上贷款余额 7.3 亿元，较年初增加 3.5 亿元，增幅 92%。为 375 户首贷客户发放贷款超过 4 亿元。发展供应链融资，带动产业链上下游协同发展，发放供应链融资 2.6 亿元。通过“银税互动”“信易贷”等信用信息共享机制，为企业发放贷款 68 笔、金额 43.7 亿元，被评为泰安市“信易贷”平台推广先进单位。

“三农”服务。发展特色产业

集群批量授信模式，支持乡村建设、乡村产业，县域贷款增加46.7亿元，增速19.6%，高于全部贷款增速2个百分点。完善“政府部门推荐＋农担担保＋财政贴息＋农行贷款”运作模式，扩大惠农贷款投放。“强村系列贷”余额11.8亿元，惠及新型农业经营主体1619家。针对农户的小额信贷需求，进村入户开展农户信息建档，加快自动授信的纯信用线上贷款——“惠农e贷”投放，余额达到20.3亿元，较年初增加9.2亿元，同比多增3亿元。

社会责任。组建服务团队，对接省、市新旧动能转换重大工程信贷需求，通过行长包保、名单制管理等方式，加快信贷业务运作，获批重大项目10个，额度29.2亿元，实现投放14.7亿元，主要投向新旧动能转换领域。建立绿色金融业务信用审查审批快办机制，专列绿色信贷计划，支持绿色新能源发展、生态环保项目建设，绿色信贷余额35.8亿元，较年初增加9.4亿元，增幅35.6%。（侯庆华）

6月8日，中国农业银行山东省分行与泰安市人民政府金融服务乡村振兴暨新旧动能转换战略合作签约仪式举行（侯庆华 供）

2021年中国农业银行泰安分行各支行（部）基本情况表

表27　　单位：人、万元

单位	职工人数	人民币存款		其中：储蓄存款		年末贷款		税金	
		余额	同比增%	余额	同比增%	余额	同比增%	总额	同比增%
新泰市支行	225	1602517	9.92	1182606	9.75	1094254	9.68	2008	−2.54
宁阳县支行	133	604092	10.70	446921	12.11	340221	11.99	586.7	5.05
肥城市支行	223	1341576	0.91	983922	15.28	896148	38.46	1295.4	9.76
东平县支行	132	616606	2.35	443939	14.49	525419	19.41	538.1	8.42
泰山支行	218	1100305	2.45	833063	5.97	815053	23.70	1617.3	11.86
岱岳支行	154	983924	11.69	645809	8.18	585455	12.93	1278.7	9.19
市分行营业部	48	546572	11.87	162939	27.90	385020	13.83	1191.2	1.63
龙泽支行	32	157160	2.42	92082	12.99	691046	6.13	1497.4	−1.55
高新区支行	21	104382	−5.27	78910	9.93	118519	30.45	266.4	27.22
市分行直管	217	472	−95.88	—	—	10864	12971.55	—	—
合　计	1403	7057606	6.06	4870190	11.26	5461999	17.56	10279.2	4.73

【中国银行泰安分行】 简称泰安中行。该行辖属机构27个，其中泰安城区网点总数15个、各县（市）网点12个。继续保持“省级文明单位”称号，机构考核列山东中行第3位。

负债业务。本外币各项存款日均余额314.57亿元，较上年末新增28.82亿元，列山东中行第5位。其中，公司存款时点余额153.31亿元，较年初增加10.21亿元，个人存款时点余额161.24亿元，较年初增加18.6亿元。

资产业务。支持实体经济，回归银行经营本源，全行人民币贷款余额257.47亿元，较年初新增32.44亿元。围绕全市经济工作重点、支柱产业，优先安排信贷资源。全年累计投放公司贷款126.95亿元，累计对接新旧动能重点项目10个，授信余额32.76亿元。支持重点领域，制造业和民营企业贷款余额分别为44.9亿元、34.8亿元。发展绿色金融，绿色信贷余额11.07亿元，较年初新增11亿元。

国际业务。发挥外贸专业银行优势，累计叙做国际结算14.6亿美元，叙做跨境人民币20.6亿元，市场份额列当地同业第1位。从外汇政策、投资登记、资金使用等方面支持“稳外贸”，累计办理汇入外资资本金业务4.8亿美元。做好客户撮合对接服务，组织6家泰安企业参加第四届进博会，现场签约2家企业，意向金额近0.4亿元。为泰安市城市发展投资有限公司发行美元债1亿美元，为泰山财金投资集团有限公司发行美元债3亿美元，牵头发行肥城市城市资产经营集团有限公司短期海外债5000万美元。

科学管理。坚持用数字说话，坚持问题导向、结果导向，强化绩效考核“争创0.1分”过程管理，绩效考核列山东中行第3位，高质量发展评价列全省第1位。加强和改进员工绩效管理，推进“基薪+奖金”薪酬改革落地。被中国银行山东省分行授予“中银卓越集体”称号。

社会责任。防范化解金融风险，累计化解表内不良贷款12.62亿元。不良贷款余额9500万元、不良率0.45%，分别较年初下降0.91亿元、0.43个百分点。助力小微企业，普惠金融贷款余额16.62亿元。开展“百行进万企”活动，精准服务中小微企业57户，达成合作意向3.72亿元。创新普惠金融产品，推出“人才贷”“厂房贷”等多款产品。聚焦乡村振兴战略，涉农贷款余额57.27亿元，占全行各项贷款的22.24%。依托全辖88家助农点，强化金融服务下乡，覆盖村民近20万户。全年纳税6172万元。（张　聪）

12月11日，中国银行泰安分行举行庆祝分行成立四十周年健步行活动

（张　聪　供）

2021年中国银行泰安分行基本情况表

表28　　单位：人、万元

单　位	职工人数	人民币存款		其中：储蓄存款		人民币贷款		税　金	
		余　额	较上年增%	余　额	较上年增%	余　额	较上年增%	余　额	较上年增%
市分行直管	237	808232	-14.39	217889	9.44	877321	37.92	2880	-21.93
泰山支行	59	247405	20.02	135709	8.44	259087	36.19	1865	1.77
东岳支行	53	202517	8.01	161585	12.69	167454	35.33	1477	18.87
岱岳支行	69	328772	20.69	226874	14.40	216148	-6.79	2128	3.04
肥城支行	65	439031	14.37	267218	22.06	385057	11.13	2378	6.51
新泰支行	75	492426	4.32	381705	18.05	411522	3.63	3914	14.77
宁阳支行	46	186984	3.90	122292	18.91	176048	23.21	1114	-8.04
东平支行	28	145124	-4.44	78722	19.56	81480	-55.17	1657	405.77
合　计	661	2850490	1.88	1591993	15.62	2574117	14.40	17413	8.76

【中国建设银行股份有限公司泰安分行】 简称泰安建行。该行辖县（市、区）支行15个，营业网点44个。至年末，一般性存款时点余额387亿元，日均余额383亿元，分别比年初新增22.1亿元、33.7亿元；人民币贷款余额276亿元，比年初新增17.1亿元；中间业务净收入2.22亿元。

服务实体。年末，对公贷款余额116.6亿元、基础设施贷款余额18.3亿元、民营企业贷款余额42.4亿元、绿色贷款余额9.5亿元、跨境快贷投放超1700万元、国际收支客户新增250户、国际贸易单一窗口签约45户、对公外汇存款时点余额5770万美元、结售汇量5.01亿元。全年为2932户小微企业提供贷款支持30.72亿元，发放“云税贷”贷款422户、金额2.44亿元。为受疫情影响的120户小微企业办理7544万元贷款延期还本业务。对接市科技创新企业45户，批复授信额度14.93亿元，支持政府平台融资2.3亿元。发放系统内首笔教育信息化PPP项目贷款，被推荐申报“2022年度国家金融助力乡村教育振兴”优秀项目。

2月28日，中国建设银行泰安分行开展“青春善建 雷锋同行”建行泰安分行微蓝服务团队志愿活动（杨 咪 供）

社会责任。践行“我为群众办实事”，开放“劳动者港湾”44处、“裕农通”服务点3482个，实现建行生活全面开城，服务商户近500户，为5万余户居民发放消费优惠券。举办“善心慧思”爱心助学、金智惠民学子下乡活动，选派“第一书记”下乡。将“泰”好办政务系统、交警违章处理、征信机引驻物理网点，将14项高频政务事项嵌入44家网点107台智慧柜员机；上线公租房贯标联网系统，将租赁补贴的发放时间由一周缩短至半天，推广公租房平台，全年系统代发租赁补贴1600多户90万余元。

其他业务。激活医保电子凭证32718户，总量和完成率均居系统第1位。掌上网点用户获客101071户，完成率居系统第1位。手机银行MAU同比增长4.39万户，同比增速17.54%，居系统第2位。建融智合平台MAU（月活用户数）555户，居系统第2位。悦生活活跃场景新增50个，计划完成率166.67%，居系统第3位。快捷支付全量客户绑卡率55.17%，居系统第4位。

（杨 咪）

2021年中国建设银行股份有限公司泰安分行各支行（部）基本情况表

表29　　单位：人、万元

单位	职工人数	人民币存款		其中：储蓄存款		人民币贷款		税金	
		余额	同比增%	余额	同比增%	余额	同比增%	余额	同比增%
分行直属	328	620012	15.57	380706	10.73	279542	14.86	934	12.48
泰山支行	92	293029	18.19	197983	14.70	264948	–5.60	722	4.00
市中支行	91	353227	16.89	283685	15.64	290236	14.86	699	19.49
新汶支行	74	442563	0.05	376043	11.68	282216	–12.01	792	–4.42
新泰支行	87	586759	15.27	363565	22.54	324434	15.68	845	19.39
肥城支行	122	667630	7.42	431925	15.12	328041	6.01	656	–5.47

续表 29

单　位	职工人数	人民币存款		其中：储蓄存款		人民币贷款		税　金	
		余　额	同比增%	余　额	同比增%	余　额	同比增%	余　额	同比增%
宁阳支行	47	149308	2.08	121213	20.98	146481	–9.05	378	–10.92
东平支行	42	134407	12.75	81351	17.05	242540	6.30	424	–37.35
岱宗支行	26	78849	4.19	37297	–2.53	77333	48.00	173	23.06
青年支行	33	89588	–6.38	47554	22.73	125629	22.46	332	1.18
东岳支行	33	100719	4.95	71144	10.59	155459	14.80	373	21.93
大河支行	23	63557	9.41	52030	19.37	77786	0.40	150	–0.39
农大支行	24	121962	–7.49	90956	12.32	76251	23.95	166	65.97
高新支行	18	73086	19.38	44621	29.15	71079	16.07	139	1.78
东城支行	15	58367	11.24	55628	18.52	19993	–15.67	—	—
合　计	1055	3833067	9.64	2635703	15.23	2761991	6.61	6781	2.73

【交通银行泰安分行】 简称泰安交行。该行辖县（市、区）人工网点9个，自助网点4个（含离行单体2个），在用现金类设备31台，非现金类自助设备28台。该行营业部获评“全国千佳示范网点”。年末，该行资产总额91.31亿元，较年初增加3.46亿元，增幅3.93%；负债总额92.67亿元，较年初增加7.95亿元，增幅9.38%。各项存款余额90.56亿元，较年初增加7.37亿元，增幅8.86%；各项贷款余额80.48亿元，较年初减少1.14亿元，降幅1.39%。

服务实体经济。对接国家战略、泰安市重大项目和重点工程，加大表内外资产投放，服务实体经济。以授信业务为抓手，加强与泰安市重点客户的合作关系，年内上报上级行审批17户，金额60.16亿元。强化场景式营销，提升客户基础，年末泰安分行完成对公达标客户1057户，较年初增加222户；有效活跃户较年初新增4094户，手机银行季度月活客户达到44267户，较年初增长5162户，贡献度变化排名全省第2位。支持先进制造业以及传统制造业转型升级，保持制造业贷款持续增长，截至年末，泰安分行制造业贷款投向余额23.15亿元，较年初增加9.61亿元。支持乡村振兴，加强对涉农贷款的补贴力度，争取贷款利率下降空间，年内，泰安分行新发放涉农贷款平均利率3.77%，较同期全口径新发放贷款利率低15BP，给授信主体最实际的金融支持。

普惠金融。年末，两增口径贷款较年初增幅43.33%，监管指标信贷计划完成率210.8%，在国有五大行中列第2位，平均利率3.84%，较上年利率再降0.19个百分点。年内，交行辅导队共对接企业30户，其中结对辅导20户，辅导满意率100%；

12月23日，交通银行泰安分行开展助力乡村振兴送温暖活动
（刘梦冉　供）

企业定向融资需求17户，已全部对接并给予资金支持；对接“信易贷”平台小微贷款需求客户，落实信易贷平台客户业务21户。推广“线上抵押贷”“普惠e贷”等线上产品，助力打通普惠金融最后一公里。

风险管控。压实经营、审批、贷（投）后、清收保全的全流程管理责任，持续加大风险处置力度，推动存量不良有序出清，全年累计处置不良贷款3.2亿元，不良贷款余额0.10亿元，较年初减少0.49亿元，不良率0.13%，较年初下降0.59个百分点。做好信用风险监测处置工作，做好大型客户、地方政府类业务、房地产业务、普惠小微企业风险管控。全年分行资产质量整体向好，逾期、不良、高风险资产实现“三降”，不良率较全市银行机构平均不良率水平（1.75%）低1.62个百分点。

金融消费者权益保护。打造“好客交行”服务品牌，提升金融消费者的自我保护意识和风险意识，推进公众教育宣传工作，为所有网点设计统一的公众教育专区。开展“金融知识万里行”“金融知识进万家”“金融知识普及月”等宣传教育活动，走进企业、社区、商铺进行宣传，通过公众教育强化员工的消费者权益保护意识，达到“预防为先，教育为主”的效果。

（刘梦冉）

2021年交通银行泰安分行各支行（部）基本情况表

表30　　单位：人、万元

单　位	职工人数	年末人民币存款		其中：储蓄存款		年末贷款	
		余　额	同比增%	余　额	同比增%	余　额	同比增%
分行营业部	17	306622.34	15.04	72231.62	19.57	303562.29	13.57
岱岳支行	11	62614.59	–12.61	33218.21	14.39	53940.79	–1.43
望山支行	8	56843.87	–12.92	35510.82	7.56	16633.66	38.27
岱北西路支行	8	51316.78	–14.08	46441.34	11.64	22088.53	–53.08
花园支行	7	35481.00	8.17	32264.11	17.25	10817.15	–17.61
文化东路支行	9	38473.07	42.11	26232.29	19.56	20441.37	21.01
向阳支行	8	73286.50	12.26	47375.96	10.99	22333.73	–9.37
新泰支行	15	110078.88	–8.77	32251.32	14.59	255196.89	–10.36
肥城支行	13	166130.54	39.54	23802.59	29.47	99803.05	4.26
合　计	96	900847.57	8.79	302732.16	15.39	804817.46	–1.39

【泰安银行】 该行下设80个网点，包括营业部1家，异地分行1家。年末，该行资产总额904.20亿元，较年初增加90.33亿元，增幅11.10%；负债总额为825.98亿元，较年初增加85.84亿元，增幅11.6%。各项存款余额700.56亿元，贷款余额501.57亿元。实现拨备前利润10.98亿元，实现净利润3.94亿元。

存款业务。年末，该行存款余额700.56亿元，较年初增加87.11亿元，增幅14.2%。其中，储蓄存款417.81亿元，较年初增加67.88亿元，增幅19.4%；对公存款205.07亿元（其中保险公司存款32.31亿元），较年初增加22.11亿元，增幅12.09%；保证金存款77.67亿元，较年初减少2.89亿元，降幅3.59%。

贷款业务。年末，该行贷款余额501.57亿元，较年初增加91.4亿元，增幅22.28%。其中，贷款461.94亿元，较年初增加81.27亿元，增幅21.35%；公司类贷款405.79亿元，较年初增加94.99亿元，增幅30.56%；个人类贷款56.15亿元，较年初减少13.72亿元，降幅19.63%。票据贴现39.63亿元，较年初增加10.13亿元，增幅34.36%。

其他业务。该行银行卡累计发卡量139.91万张，电子银行客户数累计达89.83万户，电子渠道办理业务544.86万笔，交易金额达3241.52亿元，电子银行柜面业务替代率达85.48%。

经营管理。年内，该行坚守地方银行职责，服务地方经济发展。推动落地9亿元地方政府专项债，资本实力增强。与13家企业签订20.11亿元银企合作协议，并于年末全面完成信贷投放。对战略新兴产业加大投放，为新旧动能转换的

10个行业、58家企业提供信贷资金65.5亿元。持续拓宽企业融资渠道，为“双50强”企业发放贷款53.8亿元。支持先进制造业发展，中长期制造业贷款余额77.1亿元。支持民营企业健康发展，推广科技创新贷款等特色产品，民营企业贷款余额占全部贷款40%以上。持续推动绿色金融业务发展壮大，绿色贷款余额36.4亿元。推进“一行一品”战略，80家支行每家主推一个普惠金融产品，为小微企业提供金融服务，普惠贷款余额55.8亿元，较年初增加14亿元，增速34%，普惠贷款平均利率5.79%，较年初下降0.03个百分点。持续推动金融服务乡村振兴，涉农贷款余额119亿元，较年初增加29.54亿元，增速33%。支持企业抗击疫情，组建16支、76人的金融辅导队，推进金融辅导工作，获山东省“金融辅导工作优秀单位”称号。持续做好疫情期间企业资金接续，做到“应延尽延”，累计为300余家普惠小微企业办理延期还本付息业务15.4亿元。施行人才兴行战略，优化人员结构，促进业务发展。强化科技赋能，设立数字金融部，引进金融科技人才，上线新一代信贷管理系统，为数字化转型打下基础。

（戚桂状）

10月10日，泰安银行新一代信贷管理系统上线仪式举行　（戚桂状　摄）

2021年泰安银行基本情况表

表31　　单位：人、万元

单　位	职工人数	年末存款		其中：储蓄存款		年末贷款	
		余　额	同比增%	余　额	同比增%	余　额	同比增%
总行营业部	173	1372341	5.49	842501	10.54	1079698	17.20
泰西管辖行	173	1138957	19.45	752227	19.46	951364	20.43
岱宗管辖行	228	1731810	15.67	1107471	13.59	911385	8.65
新泰管辖行	115	650915	18.90	500200	30.34	333231	44.42
肥城管辖行	102	599476	20.15	412013	32.49	234988	40.60
宁阳管辖行	70	343655	5.74	201370	25.25	261014	57.01
东平管辖行	90	372940	6.67	302999	27.20	272293	-37.39
济南分行	90	470372	38.13	59297	53.22	412594	98.81
合计（含总部机关）	1381	7005560	14.20	4178123	19.40	5015679	22.28

【山东省农村信用社联合社泰安审计中心】 亦称泰安全市农村商业银行，辖农村商业银行6家、营业部6家、支行127家、分理处118家。全年实现各项收入58.13亿元，同比增加6.08亿元，增幅11.67%；实现账面利润6.77亿元，同比增加1.86亿元，增幅38.01%；累计上缴税金3.19亿元。

存款业务。年末，各项存款余额1245.7亿元，较年初增加120.8亿元，增幅10.74%，存款市场占有率25.18%，新增存款市场占有率35.1%。其中，储蓄存款余额1108.97亿元，较年初增加124.84亿元；单位存款余额103.51亿元。

贷款业务。年末，各项贷款余额799.45亿元，较年初增加113.02亿元，同比增加11.48亿元，贷款市场占有率 22.34%，新增贷款市场占有率 25.57%。其中，涉农贷款余额 450.33 亿元，较年初增加 38.39 亿元，增幅 9.32%；消费贷款余额 261.05 亿元，较年初增加 21.81 亿元；抵质押贷款新增 29.42 亿元，新增占比 47.2%，抵质押贷款余额达到 271.86 亿元，余额占比 42.16%。

中间业务。全年发行银行卡 620.26 万张，实现银行卡收入 795.8 万元，卡均存款余额 3367.19 元，其中发行社保卡 255.26 万张；签约智 e 通客户数 116.07 万户；银联传统 POS 存量 7624 台；聚合支付商户 9.96 万户；布放农金通 3031 台；电子渠道替代率 95.73%；累计实现代理国际业务结算量 1591.61 万美元。

6月16日，山东省农村信用社联合社泰安审计中心与泰山燃气集团有限公司举行党建共建暨战略合作签约仪式 （罗 凯 供）

金融服务。截至年末，涉农贷款余额 450.33 亿元，占全市金融系统涉农贷款总量的 31.68%，较年初增加 38.39 亿元，增幅 9.32%，高于全省平均水平 1.9 个百分点。小微企业贷款余额 341.84 亿元，较年初增加 77.12 亿元，增幅 29.13%（全省排名第二位），高于全省平均水平 13.8 个百分点。服务城乡居民家庭，实施“整村授信”工程，累计授信 3135 个行政村、覆盖率 88.38%；开展农户、个体工商户、小微企业、城镇社区居民“四张清单”对接营销工作，对接客户 368.84 万户，有效对接率达 69.53%，累计授信 64.25 万户、2187.16 亿元；全面开办“鲁担惠农贷”“鲁青基准贷”“乡村好青年贷”等政策性贷款，累计发放贷款 41.19 亿元，较年初增加 19.48 亿元，增幅 89.74%；加大线上产品研发推广，先后上线“泰易贷”“泰山 e 贷”等产品，缩短审批时限，提高办贷效率，累计线上办贷 3.9 万笔，金额 209.02 亿元，实现客户获得贷款便捷化。

（罗 凯）

2021 年泰安全市农村商业银行基本情况表

表 32 单位：人、万元

单位	在岗职工人数	年末存款		其中：储蓄存款		年末贷款		税金	
		余额	同比增 %	余额	同比增 %	余额	同比增 %	总额	同比增 %
泰山农商银行	546	1559832	11.08	1152439	11.10	1177718	15.02	6951	-1.41
岱岳农商银行	647	2992292	11.35	2709850	13.17	1961088	16.21	5436	-33.70
新泰农商银行	670	2508853	11.12	2218127	15.00	1632977	19.06	7250	11.44
肥城农商银行	542	2308572	9.85	2176662	10.75	1431530	14.94	9654	104.42
宁阳农商银行	453	1492708	11.52	1292227	14.93	866450	16.90	4544	24.81
东平农商银行	460	1594736	9.26	1540063	10.74	924695	16.37	3872	-10.37
审计中心	18	—	—	—	—	—	—	—	—
合计	3336	12456993	10.74	11089368	12.69	7994458	16.47	37707	9.49

【中国邮政储蓄银行泰安市分行】该行辖新泰市支行、肥城市支行、宁阳县支行、东平县支行、岱岳区支行5个一级支行，全行21个自营网点、118家代理网点；全年资产规模达480亿元。各项存款余额达458.83亿元，年增47.81亿元；其中个人存款432.48亿元、年增45.09亿元，单位存款25.35亿元、年增2.72亿元。各项贷款余额达123.48亿元，年增2.92亿元，增幅2.5%。不良贷款及不良率均在管控限额之内，资产质量保持优良。

普惠金融。制定普惠金融推进方案，提升金融服务能力。截至年末，普惠型小微贷款余额18.68亿元，年内净增5.17亿元，完成监管计划的216%；普惠小微贷款增速（较年初）36.36%，高于各项贷款增速22.21%；户数结存4498户，较年初增加1139户；2021年平均贷款利率较上年下降49BP，完成“两增两控”（增余额、增户数，控利率、控不良率）普惠小微监管考核指标。

乡村振兴。构建专业化为农服务体系，打造线上线下融合的服务模式，全年建设信用村680家，信用户1.6万户。围绕涉农行业特点，创新担保方式，推进“银行＋核心企业＋担保公司”合作贷款，加大对畜牧行业等重点领域信贷支持力度，持续推进“三农”金融业务由服务“小农户”向服务“大三农”全产业链金融转变。截至年末，涉农贷款余额达43.36亿元，占各项贷款余额比重35.11%，涉农贷款余额年增6.64亿元，增速高于各项贷款增速15.67%。

政银企合作。对接重点区域、重点项目、重点行业，加强对实体经济、战略性新兴产业、重点行业的信贷支持力度。截至年末，重点项目贷款余额34.17亿元。创新多元化金融服务方式，通过银行承兑汇票、票据贴现、银承质押、债权融资计划等多种方式提供融资支持，服务实体经济。（杨　虎）

2021年中国邮政储蓄银行泰安市分行基本情况表

表33　　单位：万元

单　位	个人总资产						对公存款	信贷业务			
	时点余额净增	理财保有量净增（月日均）	国债销量	基金有效销　量	代理保险销量	年增合计	年　增	经营贷年增	消费年增	公司授信	票　据
新泰支行	9577	749.22	2813.48	7214.60	6393.10	5559.60	7787.17	14762.1	11716.55	38000	81587.54
肥城支行	5367	1506.87	2726.47	4305.23	6002.00	3869.84	9892.27	10074.78	1523.56	—	82724.03
宁阳支行	2052	-776.35	2537.98	4208.13	2752.10	5159.45	-8551.15	13045.85	1626.54	—	30604.68
东平支行	5445	-786.90	2003.10	3061.72	1835.00	4017.57	92.39	2382.99	1842.77	—	5941.49
郊区支行	18212	650.06	3674.98	8690.92	6210.70	7616.07	4118.45	10619.39	12774.15	—	8198.00
直属支行	5843	-1473.73	6705.97	9869.38	7121.00	6048.16	13759.00	3809.22	28604.59	—	120795.00
合　计	46495	-130.82	20461.98	37349.97	30313.90	32270.69	27098.90	54694.33	58088.16	38000	329850.74

【兴业银行泰安分行】该行营业机构包括营业部、肥城支行、岱岳支行3家传统支行以及和园社区支行、嘉德现代城社区支行、泰山御园社区支行、东湖社区支行、岱东社区支行、肥城上海花苑社区支行6家社区支行，内设7个管理部门。

负债业务。年末，各项负债总额93.74亿元，较年初减少15.75亿元，降幅14.39%；存款余额81.98亿元，较年初减少10.78亿元，降幅11.62%。其中，单位存款余额68.76亿元（含保证金存款），较年初减少15.53亿元，降幅22.58%；个人存款余额28.75亿元，较年初增加4.75亿元，增幅19.80%。

资产业务。年末，各项资产总额95.20亿元，较年初减少15.75亿元，降幅14.20%；各项贷款余额95.84亿元，较年初减少10.15亿元，降幅9.57%。其中，个人贷款余额65.69亿元，较年初增加0.95亿元，增幅1.47%；单位贷款余额29.32亿元，较年初减少5.97亿元，降幅16.92%。

资产质量。年末，该行不良贷款余额1.99亿元，较年初减少2500万元，不良率2.08%，较年初下降0.03个百分点。

金融服务。持续加大制造类企

业的信贷投放力度，年末制造业贷款余额11.04亿元，占对公表内贷款余额的36.6%。推出“普惠贷”“连连贷”“投联贷”“快易贷”“合同贷”等重点普惠产品，截至年末，分行新增普惠小微贷款余额5.27亿元，较年初增加2.96亿元；小微户数502户，较年初新增371户，超额完成监管口径小微任务。

（陈乃鹏）

【莱商银行泰安分行】 该行辖营业网点7家（分行营业部、新泰支行、岱岳支行、肥城支行、东平支行、宁阳支行、高新区支行），实现泰安各县（市、区）网点全覆盖。年末，各项存款余额71.2亿元，各项贷款余额52.68亿元，实现账面利润1.15亿元。

信贷投放。加大对实体企业支持。年末，对公贷款余额43.87亿元，其中支持民营企业贷款29.79亿元，小微企业贷款余额28.78亿元；支持泰安市“双50强”企业贷款16.75亿元。发挥“信易贷”平台作用，突破银企信息不对称瓶颈。截至年末，通过“信易贷”平台，累计推出金融产品9个，通过“信易贷”平台成功授信57笔、授信金额6.82亿元。该行将“信易贷”平台作为与中小企业对接沟通的重要桥梁，在全行进行推广，缓解中小微企业的融资难、融资贵问题。

普惠金融。以“普惠发力”助推普惠金融业务。截至年末，普惠金融贷款余额11.69亿元，涉及客户341户，涉农贷款25.8亿元，普惠型涉农贷款4.64亿元，无还本续贷累放金额4.34亿元，培植首贷企业79户。发挥线上供应链和税易贷作用，推行小微企业信用贷款，截至年末，通过供应链金融带动普惠金融2.06亿元，通过税易贷为221户小微企业授信，授信额度8669万元。

金融服务。利用区块链、云计算、大数据等现代信息技术，利用智慧供应链金融、税易贷及莱易贷等信用贷款融资平台，共实现信贷投放4.96亿元，提升信贷供给效率。推进网点规范化文明服务，打造“让客户对业务放心、对服务满意”的厅堂服务，提高业务办理效率。拓展餐费、校服费、校车费、天然气费、暖气费等八大民生缴费领域，提升智慧项目实效。

（白宇辰）

【济宁银行泰安分行】 该行辖营业部、宁阳支行、泰山支行、肥城支行、新泰支行营业网点5个。

资产业务。年末，各项贷款余额46.37亿元，较年初增加11.49亿元，增幅32.95%。

负债业务。年末，各项存款余额51.12亿元，较年初增加16.45亿元，增幅47.44%。

业务发展。契合泰安市经济社会发展需要，优化信贷结构，加大对辖区重点项目、“双50强”企业等支持力度，助力全市新旧动能转换、民营经济发展和营商环境优化。推进绿色金融业务发展，将绿色信贷任务指标纳入绩效考核项目，提高绿色信贷指标考核权重，推出“碳中和”系列产品，拓宽业务面，发挥金融扶持实体经济的作用。

优化服务。开展“金融辅导员”“首贷培植”等活动，该行5支金融辅导队先后对辖内79家企业进行上门辅导，摸清企业经营情况、现实困难和金融诉求，提供金融服务。利用网上银行、手机银行、微信银行、视频银行等线上业务平台，满足客户足不出户办理业务的需求。

（施国一）

【齐鲁银行泰安分行】 该行辖营业部、新泰支行、宁阳支行、肥城支行、岱岳支行、东平支行6家营业网点，18处助农点。年末，各项存款余额85.27亿元，较年初增加16.4亿元，增幅23.81%；各项贷款余额90.65亿元，较年初增加27.73亿元，增幅44.07%。实现经济利润2.04亿元。

普惠金融。县域普惠金融中心建设实现全覆盖，集中行内优势资源支持县域金融发展，创新信贷产品和服务模式，推出“鸭鸭贷”“蔬菜贷”等特色信贷业务，助力乡村振兴。通过金融科技创新，推出轻松e贷、税融e贷等“齐鲁e贷”系列线上产品，突破传统信贷在贷款额度、担保方式、贷款期限、还款方式上的限制，实现普惠信贷产品的贷款线上化、风控智能化、运营数字化、操作便捷化，为中小微客户提供全方位一站式金融服务。引入国担基金，同政府性融资担保机构合作推出“鲁担—助业贷”特色产品，由政府性融资担保机构和银行风险共担，担保公司见贷即保，有效破解小微企业主的担保难题，助力小微企业金融发展。年内新增普惠金融客户537户，普惠贷款余额15.5亿元，较年初增长5.6亿元，增速达到56.8%，高于全部贷款增幅19个百分点；小微企业平均利率由上年6.3%降至5.72%，引入国担基金的“鲁担—助业贷”产品发放325户，共计2.08亿元。

支持实体经济。年内，为29家“专精特新”企业提供金融支持3.93亿元。解决民营企业、小微企业融资难、担保难的问题，年末，存量业务93笔，金额9.2亿元。加大对外贸企业的信贷支持力度，实施名单制管理和一把手负责制，明确重点支持企业，提升业务办理进度，

确保金融服务工作落实到位，年内为7家外贸企业提供金融支持7400万元。（孙小珺）

【天津银行泰安分行】 年末，该行各项存款余额15.26亿元；各项贷款余额28.11亿元，为近200家企业提供信贷支持，开立对公和个人结算账户1.7万余户。

业务拓展。以省市重点项目和制造业企业为目标，落地项目贷款和贸易融资金额6亿元。依托存量投资业务，提高业务合作度。先后投资美元债2000万美元、PPN8000万元人民币。做好同业结算存款，带动同业存单销售。实现同业日均存款3.7亿元，同业存单累计销售6.6亿元。

普惠金融。对单户授信敞口在1000万元（含）以下的民营和小微企业授信业务建立绿色审批通道，发展面向小微企业的供应链融资业务、线上业务，提供“银税e贷”“商超e贷”等线上信用产品，支持7×24小时在线融资服务。年内，“商超e贷”“银税e贷”小微线上自营贷款累计发放832笔，余额2.32亿元。（周　言）

【中国民生银行股份有限公司泰安分行】 该行在全市范围内设有4家物理网点，包括全功能综合网点1家（营业部），社区网点3家（丽景花园社区支行、高新社区支行、宝龙广场社区支行）。

存款业务。吸收各项存款余额34.42亿元，较年初减少22.83亿元。其中，储蓄存款余额7.57亿元，较年初减少0.24亿元；对公存款余额21.5亿元，较年初减少21.25亿元；保证金存款5.3亿元。

贷款业务。各类资产投放余额42.21亿元，较年初减少19.22亿元。其中，各项贷款余额42.08亿元，较年初增加2.76亿元。从贷款期限来看，短期贷款余额15.62亿元，占比37.12%；中长期贷款余额23.28亿元，占比55.32%。从贷款企业规模来看，大型企业贷款余额18.27亿元，占比43.41%；中型企业贷款余额7.33亿元，占比17.43%；小型企业贷款余额3.87亿元，占比9.2%；个人经营性贷款6.17亿元，占比14.67%。

表外业务。银行承兑汇票余额8.6亿元，较年初减少11.85万元；非融资性保函余额1.52亿元，较年初减少0.98亿元；信用证余额1.33亿元，较年初减少9.22亿元。

盈利情况。全年实现营业收入12547.07万元，较上年同期增加1974.81万元。其中，利息净收入11782.24万元，较上年同期增加9182.17万元；中间业务收入354.82万元，较上年同期减少1027.53万元。全年实现净利润9494.32万元，较上年同期增加10618.85万元。

纳税情况。全年纳税总额1224.08万元。（张嘉楠）

【上海浦东发展银行泰安分行】 该行下设分行营业部和宝龙社区支行2个营业网点。年末，各项存款余额15.53亿元，各项贷款余额26.59亿元。2021年被中国银行业协会表彰为文明规范服务“千佳单位”。

信贷投放。落实金融政策，加大对实体经济的信贷投放，助力“双50强”企业信贷投放，加大信贷结构调整力度，优化授信客户的质量和结构。通过信贷政策的差异性，向上争取信贷资源，对公敞口授信余额41.39亿元（大中型客户34户，小微型客户6户），较年初下降5.6亿元，其中表内贷款余额14.72亿元，较年初新增0.81亿元；银行承兑汇票敞口6.88亿元，与年初持平；国内保函及信用证敞口9.35亿元，较年初下降3.4亿元。依托总行、省行战略客户，实现公司贷款正增长，落地新矿集团长江养老险资债权计划26亿元，带动结算存款日均2亿元，后续中间业务收入约2000万元，发挥票据业务优势作用，再贴现业务量和余额均居省内行前列。

绿色金融。发挥浦发绿色金融品牌优势，重点营销九大电力绿色能源项目，跟进县级光伏产业发展、清洁取暖、水电气扩建等项目，找寻SHEA、CCER的碳排放配额质押融资的需求企业。跟进国能泰安热点蒸汽管网项目，加大绿色行业领域信贷投放规模，助力泰安“碳达峰”“碳中和”目标实现。

普惠金融。助力小微企业发展，从均等性、可得性、全面性3个方面加强普惠金融服务工作，利用推出的房抵快贷、小微在线秒贴、政采E贷、银税贷、瞪羚科技信用贷等小微特色产品，全面开启科创型企业的合作。年末，普惠贷款余额1820万元，较年初新增832万元。落实金融辅导员政策，结对辅导22家中小微企业，通过线上服务与线下服务相结合，对接企业87次，企业均作出满意评价，全年累计向金融辅导结对企业发放经营性贷款1160万元，办理外汇结算业务450万美元，解决4家企业结算难题。

（夏　昭）

【中国光大银行泰安分行】 年末，该行存款37.03亿元，贷款22.59亿元，正常贷款率99.99%。

信贷业务。信贷较上年增长24.77%，公司客户新增批复16笔，新增批复敞口15.63亿元，授信客户净新增10户，增幅40%，业务涉及制造业、政府平台、普惠金融等领域，其中战略优享客户成效显著，新增批复战略优享级客户3户，新增债券投资1.1亿元，1.2亿元ABS理财支持证券化投资批复落地，通过转授权实现2亿元贷款投放。

结算业务。发挥光大云缴费优势，推行“一部手机、一家银行”战略，加大数字金融业务拓展和应用，参与泰安市智慧社区建设，成为智慧社区App合作银行，并陆续获取公积金、非税缴纳、清算专户等资格，为全面服务社会、反哺客户奠定基础。

支持实体。把“金融辅导”“为群众办实事”等活动与贯彻落实市委市政府重大决策部署相结合，做好“六稳”“六保”相关工作，全年制造业贷款增幅88%，普惠贷款增幅63%，涉农贷款增幅39%。

（张洪德）

保险业

【概况】 2021年年末，全市保险机构共计60家，较上年增长1家，其中财产险机构28家、人身险机构32家。保险专业中介机构119家，其中法人机构4家、省级以下分支机构115家。全市保险从业人员33759人。保险业实现原保险保费收入129.41亿元，同比增长1.94%。其中，财产险原保费收入31.88亿元，同比增长5.93%；人身险原保费收入97.52亿元，同比增长0.70%。全年累计赔（给）付支出43.14亿元，同比增长15.00%。其中，财产险赔付支出20.94亿元，同比增长16.63%；人身险赔款（含给付）支出22.2亿元，同比增长13.51%。

（姚思荷）

【协会建设】 3月，成立泰安市保险业廉洁金融文化建设工作委员会。6月，组织全行业开展“体悟红色路 迈向新征程”主题活动，集体赴肥城陆房红色教育基地参观学习。9月，在全行业开展以“学红色金融历史、讲清廉文化故事”为主题的“清廉好故事”征文活动。同月，组织全市保险业三、四级机构负责人进行清廉金融文化建设（线上）考试。12月16日，泰安市保险行业协会召开第八届会员大会组织开展换届工作，选举产生新一届理事会，建立专职副会长负责制的新管理体制。同日，召开八届一次理事会，首次吸收19家专业中介机构为会员。

【行业自律】 做好财产险自律工作。采取审核自查自评报告与自律检查相结合的方式，对全市财产险公司逐一进行测评打分，为监管提供参考，全年共通报情况3期。配合泰安银保监分局做好人身险“双录”工作推进与实施。对部分人身险公司开展自律检查，加强内控合规建设。受泰安银保监分局委托，泰安保险行业协会对62家保险专业中介机构进行现场巡查。

【行业宣传】 加强保险知识宣传普及，“3·15”宣传周期间，联合市公安局经侦支队印发《保险消费特别提示》，提醒保险消费者依法理性维护自身权益，远离“代理退保”不法行为。“7·8”全国保险公众宣传日期间，与媒体合作，印发“双录”公告和理赔小知识海报，向保险消费者宣传。在大众网开展“金融会客厅”系列访谈节目，驻泰安21家保险机构参与。在《泰安日报》开设《2021泰安保险最强音》专栏，以“服务公益 奉献社会”向泰安人民作公益性展示。

【行业维权】 年末，共收到“12345”转办投诉2651件，较上年增长265%，其中银保监分局转办483件、保险公司自行对接处理2168件；直接受理消费者投诉和咨询381件，接待到访35人次，中介机构投诉21件次，保贝云平台审核消费者投诉121件次。

12月16日，泰安市保险行业协会第八届会员大会召开，组织开展换届工作 （赵 强 供）

【行业服务】 每月汇总行业数据，为会员公司提供数据支持。通过“12378”工单访调对接系统、诉调对接系统及保险公司、客户申请，共接收投诉转调解件156件，其中调解成功45件。为防范和打击“代理退保”黑色产业链，主动联系公安经侦部门，与之形成常态合作机制，通过行业交流治理经验和对部分从事“代理退保”公司主要负责人进行现场调查谈话等一系列治理措施，“代理退保”情况明显得到遏制。 （赵 强）

【中国人民财产保险股份有限公司泰安市分公司】 年末，该公司累计实现保费收入12.38亿元，支付赔款8.59亿元，上缴各类税金1.07亿元。

创新治理领域保险保障。公司持续加大保险产品创新和供给力度，发挥保险职能作用，深化社会治理领域保障。首席承保全市灾害民生综合保险项目，快速响应处理冰雹、暴雨等极端天气造成的损失，分担政府压力，让民生工程惠及百姓。提供“安责险＋科技＋服务”管理模式，为200余家企业免费提供生产安全双重预防体系建设的现场指导和服务，协助企业建成并运行双体系。以服务新技术、新业态、新模式、新产业为重点，推动政策支持型的首台(套)重大技术装备保险、新材料首批次保险、软件首版次保险等新兴险种实施，促进创新产品快速推广应用。为企业做大做强提供服务，全年为25家高端装备、新材料、创新型科技型企业，提供近14亿元的风险保障，促进新技术成果转化。

落实惠民保险政策。落实强农惠农政策，助力脱贫攻坚和乡村振兴。先后开办小麦、玉米、生猪、价格指数等农险产品25个，推进完全成本保险试点，为大宗粮食作物提供风险保障，为全市47.74万户农户提供数十亿元的风险保障，财政补贴资金放大效应近33倍。参与全市多层次社会保障体系建设，形成涵盖大病、补充医疗、扶贫医疗救助、长期护理保险等一体化业务格局，构建起社保业务领域独特的专业优势。大病保险参保人群211万人，支付赔款超过1.36亿元，累计赔付近14万人次。扶贫特惠保为建档立卡贫困人口提供医疗风险保障近90亿元，支付赔款超402万元，赔付超2.2万人次，有效减轻群众的医疗费用负担。

优化保险服务方式。丰富车辆增值服务体系，搭建涵盖“车保险、车服务、车生活”的一站式服务平台，开展增值服务进企业、进乡村活动，面对面介绍公司的各类服务项目，让客户直观感受服务优势。年内，共深入128个企业、1595个村开展宣传，11620位车主通过公众号享受优惠保养、代办审车、健康体验等15项增值服务项目。推出线上化理赔服务，客户通过“山东人保财险”微信公众号进行在线报案，使用远程视频查勘、自助上传照片进行快捷定损赔付，做到快处快赔、易处易赔。全年为客户提供线上救援服务8346次，线上预约审车服务1120次，代为送检服务720次，线上理赔服务2.5万人次。（王建军）

【中国人寿保险股份有限公司泰安分公司】 简称中国人寿泰安分公司，该公司在市级本部设有12个部室，辖县（市、区）支公司6个，城区营业单位2个，团险直管团队1个，乡镇和街道营销服务部64个。年末，公司实现总保费收入20.14亿元，同比增长0.56%，市场份额17.38%，居泰安保险行业首位。

客户服务。年内，公司累计给付总金额5.53亿元，其中寿险理赔案件2646件、赔付金额8093.46万元，短期险理赔案件44394件、赔付金额10530万元，满期及年金给付金额22974万元，健康保险短险理赔支付13751万元。注重科技国

2月4日，人保财险泰安市分公司开展“中国人民保险暖警行动——致敬泰安人民警察”活动 （王建军 供）

寿应用，深化智能化服务，提升e化服务水平，提高工作效率。开发推广理赔出院及时赔、销售人员代理赔、重大疾病一日赔等特色服务，重疾一日赔率达到98%，提升客户服务能力和服务质效。

特色业务。开办城镇职工大病保险、职工长期护理保险、教育系统学生平安保险、卫健系统“银龄安康”工程、计生系统计划生育保险及失独家庭护理保险、政法系统“泰山平安卫士”综治人员意外险、妇联系统“关爱女性安康工程”等创新型特色业务，构建多层次的保险保障体系，提升参保居民保险保障水平。

服务社会发展。加大对黄河流域生态保护和高质量发展的金融支持，为东平县400余人提供工作岗位，承担着东平县约60万居民大病保险和6.8万人的职工长期护理保险，为东平县2.3万老年人、4.2万中小学生、8.3万计生家庭人口提供意外保险。助推乡村振兴发展，通过“国寿心意”电商平台扶贫产品专区购买扶贫产品3万余元，助力电商扶贫产业发展。参与教育扶贫，向泰安市教育系统捐赠资金70万元，用于资助和激励泰安各县（市、区）在校贫困学生。参与市卫健委组织的2021年度“金秋助学”活动，为全市960名困难学生提供救助。联合各级卫生健康委开展“银龄安康”扶贫救助行动，向全市7703位80岁以上部分贫困老年人赠送保险，总保费金额16.17万元、总保额1.67亿元。联合各级妇联开展2021年度“爱母亲·送健康”女性安康保险赠送活动，为泰安市部分困难母亲捐赠3000万元保额的女性安康保险。

（颜　健）

证券业

【概况】 年末，全市有证券营业机构15家，分别为中泰证券股份有限公司泰安分公司、海通证券泰安岱宗大街营业部、太平洋证券泰安虎山东路营业部、中信证券（山东）泰安长城路营业部、国海证券股份泰安擂鼓石大街营业部、中国银河证券泰安长城路营业部、安信证券泰安营业部、华安证券泰安泰山大街营业部、华林证券泰安长城路营业部、长江证券泰安环山路营业部、国都证券泰安长城西路营业部、东方财富证券泰安擂鼓石大街营业部、方正证券泰安灵山大街证券营业部、兴业证券股份有限公司泰安分公司、财信证券有限责任公司泰安灵山大街证券营业部。其中，中泰证券泰安分公司下辖9个营业部，海通证券共有2个营业部，全市证券营业部共24个，实现县（市、区）全覆盖。年内，全市15家驻泰证券营业机构累计成交额5552亿元，比上年同期增加631亿元，增长12.82%；累计收入18927.62万元，比上年同期减少2119.85万元，下降10.07%；累计实现利润7336万元，比上年同期减少1838万元，下降20.04%；累计开户数43041户，比上年同期增加10505户，增长32.29%，全市驻泰安证券行业持续向好。推进企业上市挂牌业务，服务实体企业。推动企业到主板、北交所、新三板、四板上市挂牌，推动公司债、美元境外债发行，促进全市资本市场发展。

（姚思荷）

【中泰证券泰安分公司】 该公司辖区内有9家营业网点，其中市区5家、县（市、区）4家，分布在泰山区、高新区、新泰、肥城、宁阳、东平。母公司中泰证券于2020年6月3日在上海证券交易所主板挂牌上市，股票代码“600918”。

经济效益。公司实现营业利润5152.35万元，全年缴纳增值税及附加等各项税款总额1460.2万元，缴纳企业所得税税款总额627.20万元，合计缴纳税款2087.40万元。

10月28日，泰安市证券投资者教育中心揭牌仪式举行　（郑爱华　供）

通道业务。全年分公司各营业部共完成A股、基金交易总量2543.53亿元，实现佣金收入1.2亿元；各营业部客户资产总值157.42亿元，市场份额0.0474%。全年两融业务净收入0.75亿元，日均两融余额8.21亿元，新增两融账户556户。

非通道业务。全年实现认购公募基金5.87亿元，私募产品2.14亿元，产品类资产保有量9.6亿元。

机构业务。年内，与山东宝来利来生物工程股份有限公司、山东泰山啤酒有限公司、泰山恒信有限公司签订上市保荐辅导协议，推荐山东大通前沿电子科技股份有限公司、山东中拓信息科技有限公司2家企业登陆齐鲁股交中泰创新培育板，推荐山东微尔生物工程有限公司挂牌齐鲁股交乡村振兴板，山东凤凰生物有限公司新三板挂牌稳步推进，协同中泰金融国际有限公司参与完成泰安市泰山财金投资集团有限公司3亿美元债发行，联席参与泰安城市发展投资有限公司1.1亿美元债发行，协助泰山租赁有限公司成功发行融资租赁资产支持计划融资6.8亿元，助力泰安市泰山财金投资集团有限公司非公开发行公司债30亿元。

战略合作。9月30日，公司与泰安市政府签署战略合作协议，与泰安银行股份有限公司、泰安市泰山财金投资集团有限公司、泰安金融控股集团有限公司、泰安泰山控股有限公司签署全面合作协议；与山东能源重型装备制造集团有限责任公司、山东华阳农药化工集团有限公司等7家公司签署战略合作协议，服务泰安实体经济和资本市场发展。（王　虎）

【海通证券泰安营业部】 年内，泰安营业部作为公司区域级旗舰营业部，实现营业利润1997.55万元，缴纳各项税款总额477.81万元。

通道业务。全年完成A股、基金交易量1133.20亿元，实现佣金及手续费收入3538.30万元。年末，托管客户资产总值108.31亿元，市场份额0.01770%。

非通道业务。两融业务实现净息费收入500.30万元，两融余额2.63亿元。销售各类公募基金2.64亿元，私募销售及引入金额5.65亿元，销售理财产品18.37亿元。

业务发展。做好金融知识宣传、投资者教育、适当性管理，深化客户服务，增强客户服务的广度和深度，培育营业部核心客户群体，建立起对客户的分层分级服务体系。业务办理向网络化、无纸化发展，发展网厅、掌厅、现场“智慧通”等自助业务受理模式，提升客户体验。履行社会责任，加强金融知识宣介和投资者保护，协助投资者维权，被市金融消费权益保护协会评为“2021年金融知识普及宣传工作先进单位”。（王琳琳）

编辑　校对　　刘小笋

城乡建设与管理

城乡规划

【概况】 2021年，泰安市深入推进国土空间规划编制工作，规划评估、双评价（资源环境承载能力和国土空间开发适宜性评价）、城市发展目标定位等9项专题研究和规划中期成果通过省自然资源厅验收。完成“三区三线”（城镇、农业、生态空间，永久基本农田保护红线、生态保护红线、城镇开发边界）试划工作。2月19日，《东平湖生态保护和高质量发展专项规划（2020—2035年）》经省政府正式批复实施。4月，《泰安市东部新城战略规划》经市政府批复。加强规划管控，服务重点工程与城乡经济社会发展，完成“莱热入泰”“引黄入泰”等重大基础设施项目规划选址。

【市政工程规划审查】 服务省、市重大基础设施项目，做好与城市总体规划的衔接。完成济（南）微（山）高速公路济南至济宁新机场段（泰安段）、济（南）广（州）高速公路济南至菏泽段改扩建项目、“引黄入泰”工程、“莱热入泰”工程4个重大市政基础设施建设项目的规划选址和审查工作。推进市政类专项规划的编制及审查报批，完成《泰安市5G通信基站布局专项规划（2021—2025年）》《泰安市城市供水专项规划（2021—2025）》的审查与上报审批工作，市政府已批复实施。做好道路设计与城市总体规划、相关地段控规的衔接，为重点道路工程及市政管线的建设提供规划依据。2021年，完成规划选址20项，规划方案审查13项，累计审查道路125千米、市政管网260千米。

【规划研究】 按照国家、省部署，开展“三区三线”三轮试划工作，年内完成三轮试划。结合泰安当地发展特点，合理确定城市性质及发展目标，提出空间发展目标战略，优化城市功能和用地布局，形成《泰安市国土空间总体规划（2021—2035年）》中期成果。

【规划管理】 加强专项规划和控规编制，全年召开市国土空间规划委员会会议10次，核发规划条件91件。统筹平衡各领域空间需求，会同市发展改革委等有关部门拟定28项空间类专项规划编制目录清单。审查批复供水、5G通信基站专项规划2项，控规47项，审查规划设计方案208项，办理竣工规划核实项目158个。 （张维康）

城镇化建设

【概况】 坚持以人的城镇化为核心，以城乡融合为导向，科学推进城镇化暨城乡融合发展工作。2021年，泰安大城市、肥城中等城市、宁阳I型小城市、肥城石横新生小城市试点工作顺利推进，泰安累计申报省级新型城镇化综合试点地区4个（新泰市、肥城市、宁阳县、肥城市石横镇）、省级城乡融合发展试验区1个（新泰市）。2021年年底，全市常住人口城镇化率为64.81%。

【大中小城市发展】 6月，省城镇化暨城乡融合发展工作领导小组通过现场评估、查验资料等方式，对泰安市、肥城市、宁阳县、肥城市石横镇大中小城市试点建设工作进行综合评估，各试点工作进展顺利，通过省级评估验收。

【城乡融合发展】 3月，聘请山东建筑大学设计集团有限公司编制《泰安市新型城镇化与城乡融合发展规划（2021—2035）》，完成初稿第一轮征求意见。6月，市城镇化领导小组办公室牵头制定《2021年度泰安市新型城镇化和城乡融合发展试验区重点任务》，明确促进农业转移人口加快融入城市、加快建设现代化城市、提升城市治理水平等4个方面17项重点工作任务，健全工作机制，压实发展和改革、住房城乡建设、民政、教育以及各县（市、区）、功能区等工作责任，推动全市新型城镇化和城乡融合试验区发展。新泰市委、市政府以入选首批省级城乡融合发展试验区为契机，在农村集体经营性建设用地入市、城中村改造、农村新型社区建设、城乡交通一体化、电子商务进农村、农村房地一体不动产调查登记等方面进行创新探索，形成制度性成果13项。“标准化引领、打造政务服务新泰样板”“新泰市建机制抓重点推进县城补短板强弱项”2个典型做法在全省复制推广，城乡融合发展试验区建设取得阶段性成效。（李　燕）

11月1日，市委书记杨洪涛调研重点城建项目（李　燕　供）

城市建设

【概况】 2021年，全市城市建设完成投资44.01亿元。泰安市被列为北方地区冬季清洁取暖试点城市，顺利通过山东省城市品质提升中期验收。圆满完成第三届山东省城市建设博览会参展工作。迎胜路南延、灵山大街东段等6项道路工程顺利竣工，明堂路北段、长城路与岱阳大街立交桥项目通车。明堂河、梳洗河、泮河流域生态修复工程基本完成。全市建成海绵城市汇水面积107.7平方千米、地下综合管廊34.07千米。市住房城乡建设局继续保持“省级文明单位”称号，被授予“第三届山东省城市建设博览会表现突出集体”称号，获山东省五一劳动奖状。

【国有土地房屋征收】 2021年，全市国有土地上房屋征收工作完成各类房屋征收3.98万平方米，涉及180户。服务重点工程建设，参与北上高大街、擂鼓石大街东段、环山路东延二期、双龙路、泮河大街东延、谢过城大街、迎胜路南延、明堂路北段、泮河综合治理、梳洗河生态修复等项目，加强征收行业指导服务，落实属地征收制度，印发《房屋征收拆迁资料汇编》，定期“下基层、沉一线”，加强对各县（市、区）、功能区国有土地上房屋征收与补偿工作的监督指导。解决灵山大街12户非住宅房屋问题，全部按照货币补偿方式补偿到位。配合泰山区政府对金星十六排平房实施危旧小区改造。加大房屋拆除安全监管，坚守安全红线不动摇，推进安全生产专项整治三年行动，全年市区房屋拆除安全生产实现零事故的目标。《把支部建在一线，让党旗立在前沿》被评为全市党建“十佳”创新案例。

【依法行政】 严格依法决策，在建设工程招标投标、合同签订、政策制定等过程中，坚持议事先议法，落实政府法律顾问制度；印发《关于进一步健全完善公平竞争审查制度和工作程序的通知》，审查涉及市场主体经营活动的增量文件10件。健全制度体系，《泰安市供热条例》1月1日起实施，《泰安市燃气管理办法》2月1日起施行；全年报请市政府出台规范性文件2件、部门规范性文件3件。严格执法监管，抽查企业（项目）1608个，向省“互联网＋监管”平台推送监管数据1603条；落实行政执法“三项制度”（行政执法公示制度、执法全过程记录制度、重大执法决定法制审核制度），市住房城乡建设局印发《行政执法举报投诉制度》《关于建立公平竞争审查举报处理回应机制的通知》等文件，制订《2021年度普法教育工作计划》，健全“普法责任人清单”“普法责任清单”“年度普法工作计划表”。开展《泰安市供热条例》《泰安市燃气管理办法》《泰安市城市供水管理办法》普法宣传活动，组织“市住房城乡建设局2021年度行政执法人员专业法律知识测试”“全市住建系统青年干部政策法规测试”。

【城区道路】 2021年，泰安城区共实施16项新建、续建道路工程，总概算投资75.44亿元，总长度48.9千米。迎胜路南延、擂鼓石东段（凤台路至博阳路）、擂鼓石东段（花园路至凤台路）、北上高大街、灵山大街东段、黄前干渠路6条道路工程竣工。明堂路北段主车道建成通车，长城路与岱阳大街立交桥项目全线通车。双龙路、谢过城大街、环山路东延二期等工程按计划推进。

明堂路北段改造工程。工程北起碧霞湖大街，南至冯家庄互通立交桥，长约5.5千米，红线宽50米，主要建设内容包括道路、桥涵、管线、交通设施、照明、电力改造、景观绿化等。2021年4月26日，明堂路北段主车道建成通车，成为泰安市主城区东部重要的南北过境通道，有效缓解双龙路、天烛峰路南北交通压力。

长城路与岱阳大街立交桥建设项目。工程北起长城路泮河桥南侧桥头，通过新建桥梁，向南跨过岱阳大街后落地，路线全长708.86米。项目建设涉及保通工程、道路工程、桥涵工程、管线综合、排水工程、消防工程、照明工程、环卫、景观绿化、交通安全设施、交通管理设施以及海绵城市建设。2021年8月20日，长城路与岱阳大街立交桥项目全线通车，泰安城区西部通行效率得到提升。

【城市品质提升】 2021年，泰山区岱北片区和泰安旅游经济开发区开元河片区城市品质提升试点工作顺利实施，泰安市通过山东省城市品质提升中期验收。泰山区域山水林田湖草生态保护修复工程中明堂河、梳洗河、泮河流域治理工程、第二污水处理厂湿地工程完成建设任务，对26.7千米的河道进行截污、清淤、蓄水、绿化，累计打造居民生态活动空间、各类亲水平台近50处，建设居民休闲绿道22.35千米。全市建成海绵城市汇水面积107.7平方千米、地下综合管廊34.07千米。

【清洁取暖】 2021年，财政部、住房城乡建设部等4部门印发《关于组织申报北方地区冬季清洁取暖项目的通知》。4月，泰安市入选北方地区冬季清洁取暖试点城市。中央财政给予清洁取暖改造定额奖补，连续支持3年，每年奖补标准为3亿元，市级财政3年奖补4亿元，剩余资金由各县（市、区）、功能区筹措安排。至年末，全市累计完成投资15.2亿元，完成城市（县城）清洁取暖改造面积311.78万平方米、农村地区清洁取暖改造20.13万户、农房建筑能效提升1776户。

【参加第三届山东省城市建设博览会】 4月27日，以“城市更新，让人民生活更美好”为主题的第三届山东省城市建设博览会在青岛国际会展中心开幕。泰安展区以“国泰民安”为主题，从城市风貌、城市建设、生态宜居、城市更新、绿色建筑、山水林田湖草、城市管理、古城保护、建设惠民等方面，展现泰安城市建设事业成果。展区融合泰山“挑山工”元素，突出泰安特色，主题鲜明、内涵丰富。“挑山工”精神、泰山区域山水林田湖草生态保护工程、古城保护、泰安城区电子沙盘等板块内容得到参展人员肯定。市住房城乡建设局被省住房城乡建设厅授予“第三届山东省城市建设博览会表现突出集体”称号。

【自然灾害风险普查】 按照第一次全国自然灾害综合风险普查部署和要求，印发《泰安市第一次全国自然灾害综合风险普查房屋建筑和市政设施调查实施方案的通知》，全面普查全市房屋建筑和市政设施。全年累计普查房屋建筑480.56万栋、4.14亿平方米，其中城镇房屋14.86万栋、农村房屋465.68万栋；累计普查供水厂（站）18座，供水管线476条、631.3千米。

4月27日，第三届山东省城市建设博览会在青岛国际会展中心开幕。图为住房和城乡建设部及省住房城乡建设厅领导参观泰安展厅 （李 燕 供）

【城建档案】 至2021年年末，市城市建设档案馆有馆库及办公面积1500平方米，馆藏档案14万余卷。做好建设工程档案验收工作，全年验收单体工程500项，发放“山东省建设工程档案合格证”149份。实行建设工程档案验收告知承诺制，完成12项工程的告知承诺制试点。组织做好档案的统计分析，按时编制上报年度报表；加强档案库房安全管理与保护工作。建设电子文件流转与归档接收系统，实现建设工程电子档案在线接收。推进纸质、电子、声像档案及地下管线测绘数据“四位一体”移交，提高馆藏档案数字化率。全年接收档案19223卷，接收照片1500余张、录像300余分钟、电子数据820G，地下管线档案112项；排列上架城建档案12455卷。全年接待查询档案利用人员629人次，调卷1165卷次。

（李　燕）

10月22日，市委副书记、市长张涛（左二）到泰安河海热力项目部调研泰安城区供热保障情况

（李璐　供）

市政公用设施

【概况】 2021年，修订完成《泰安市燃气专项规划》《泰安市城市供水专项规划》《泰安市中心城区清洁能源供暖实施方案（2021—2025年）》，推动完成《泰安市城市供水管理办法》《泰安市燃气管理办法》《泰安市供热条例》，公用事业管理水平得到大幅提升。编制完成《2020年获得用水用气培训指导手册》，建立用水用气用热优化营商环境检查制度，公用行业营商环境逐步优化。对公用事业服务中心所属企业进行安全检查42次，下达隐患整改通知单24份，排查治理问题和隐患161项，组织企业开展安全应急演练151次，参加人员1800余人次。市公用事业服务中心连续9年被评为省级文明单位，获得2020年度山东省住房城乡建设系统先进集体称号。

【城市供水】 年内，实现城市供水量5348万立方米，完成水质检测4次，水质综合合格率达100%。通过省住房城乡建设厅供水安全检查。落实城市节水工作，开展第30个全国城市节约用水宣传周活动。

【城市供气】 泰安城区天然气销售4.4亿立方米，较上年增长5%，泰安城区燃气企业调峰储气能力达2188.9万立方米，完成2021年度调峰储气任务。

【城市供热】 泰安城区实现集中供热入网面积3786万平方米，实际供热面积2203万平方米，新增清洁取暖完工面积192.8万平方米，完工率107%，超额完成2021年泰安城区清洁取暖建设任务。西部热源出厂管线、迎胜路南延段、东岳大街西段、青年路南延段等供热管线全部完工，泰安城区集中供热覆盖范围扩大。

【徂汶净水厂】 位于泰安市博阳路以东、泰楼路以北。项目概算总投资1.98亿元，总占地面积3.15公顷（47.3亩），主要建设供水规模每日3万立方米净水厂1座，敷设彩山水库至徂汶净水厂直径800毫米球墨铸铁管道19千米。2021年5月，通水试运行，运行平稳。

【山口净水厂】 位于环山路东延段以南、小马庄村以西、黄前西干渠以北。项目概算总投资1.51亿元，总占地面积2.16公顷（32.4亩），主要建设供水规模每日5万立方米净水厂1座。2020年10月开工建设，2021年，整体土建和内外装饰全部完成。

【西部热源项目】 位于岱岳经济开发区北大圈村。项目概算总投资10.8亿元，总占地面积19.47公顷（292亩）。建设2×400吨高温高压循环流化床锅炉，配2×50MW背压汽轮发电机组，同时配套建设跨季节储能场，建成后可提供2000万平方米的供热能力。2021年1月，取得13个单体的工程规划许可证与施工许可证并进入全面建设阶段；至年底，该项目完成总投资的90%，主厂区及主辅机设备安装基本完成。

【引黄入泰项目】 该项目位于岱岳区、肥城市、东平县境内，概算总投资22.98亿元，总占地面积12.19公顷（182.9亩）。工程由河湖联通和引湖入泰两部分组成。4月12日，市政府召开引黄入泰工作协调会议，建立工作联络机制，加快推进项目实施。9月24日，项目获得核准立项批复。12月，项目申请2022年度政府专项债券并通过国家发展改革委审核。12月23日，项目通过市政府2021年第七十六次常务会议审议；12月30日，项目通过十一届市委第二百七十次常委会会议审议。

【“莱热入泰”长输供热项目】 项目估算总投资18亿元，总占地面积2.926公顷（43.89亩）。建设从莱芜区的华电莱城电厂向泰安敷设2×DN1400供热高温水管线，在博阳路附近与已有管网联通，长度约48.7千米，配套建设1座中继泵站、1座隔压站，实现供热能力2500平方米。8月11日，市政府召开专题会议，确定成立“莱热入泰”工作专班。10月19日，市委召开东部热源项目建设专题会议，要求加快推进项目建设，做好前期工作。12月23日、30日，项目先后通过市政府常务会议和市委常委会会议研究并确定实施。

【为民实事】 2021年，完善城中村和老旧小区水气热公用设施建设被列入市委、市政府为民要办的十件实事之一。年内，完成48个城中村和老旧小区供水、供气、集中供热改造工程，惠及户数22023户，实现中心城区城中村供水、供气公共管网全覆盖，65万平方米老旧小区接入集中供热系统主管网的既定目标。

【公用服务下沉】 持续开展“红黄蓝”志愿服务活动，把公用服务送到群众家门口，年内开展活动10周，进驻岱庙办事处、泰前办事处计40个小区，参与志愿者679人次，发放宣传材料3684份，入户安检389户，抽查公用设施1792处，完成检修37处。

4月30日，市自来水有限公司DN800原水管道改造合口切换作业顺利完工 （林 森 摄）

【简化水气报装】 开展优化营商环境工作，简化获得用水用气报装工作，实现泰安城区获得用水用气“四零”（零材料、零环节、零审批、零费用），用户满意度不断提高。按照服务规范和标准开展质量评价4次，组织水气专营企业进行网上问卷评价6次，开展走访座谈13次，用户满意度99.9%以上。

（李 璐）

城市管理

【概况】 2021年，全市城市管理工作围绕全国文明城市创建、污染防治、全域垃圾分类、城市功能配套提升等方面，重点做好市容市貌整治、环境卫生保洁、市政设施运行、园林绿化、城市排水、污水处理、建筑渣土和工地管理以及城市管理执法等工作，城市环境持续改善，城市品质和城市管理水平全面提升。

【城区容貌整治】 组织开展市容环境大扫除专项活动，推进环境综合治理，累计清理占道经营1.6万余处，清理店外经营2100余处，指导规范设置牌匾436处，店招牌匾安全检查1200余处，整治城市“六乱”（乱搭乱建、乱堆乱放、乱设摊点、乱拉乱挂、乱贴乱写乱画、乱扔乱吐）1.9万余处次，处置违规停放共享电动车事项12.1万余件，劝导不文明行为1160处次；开展校园周边食品安全巡查500次，清理取缔无证食品摊贩28处。加强市容环境长效管理，督促相关部门认真履责。开展临街建筑物墙体破损整治工作，对150余处、5.5万余平方米破损墙面实施外立面装饰装修，打造干净、整洁、有序的市容环境。在泰山广场、高铁广场、泰山火车站广场设置中大型公益广告60余处，高铁广场更换草坪3000余平方米。

【环卫保洁】 市级管理保洁面积813万平方米，其中道路保洁面积545万平方米，全部实行机械化作业，全年完成机械化作业96.77万千米，深度保洁6000工时。清运、处理生活垃圾47.69万吨。持续提升城乡环卫一体化水平，完善“户集、村收、镇运、市县处理”的农村生活垃圾收运处理体系，有500平方米以上的垃圾转运站52座，配备保洁人员1.8万余人，生活垃圾无害化处理率达100%。全年完成85座农村公厕建设改造，累计完成1607座。指导各县（市、区）、功能区做好农村公厕和涉农街道户厕后续管护工作。

【垃圾分类】 打造全域垃圾分类“泰安模式”，7月18—19日，国家开发银行县（区）域垃圾、污水处理业务推动现场会在泰安市召开。推进中心城区生活垃圾分类体系建设项目，在中心城区设置可回收物智能回收系统479组，垃圾分类亭1500套，配备垃圾分类运输车125辆，增加宣传设施设备949组，印制宣传品10万份。建设完善垃圾分类大数据智慧管理平台，新增高清视频监控摄像头1500个，将垃圾分类亭、智能回收箱、清运车辆等数据全部接入平台，建立全天候、全方位、全过程监管机制，实现对垃圾分类全程智慧化监管和大数据分析。创新设置垃圾分类“绿色账户”，通过实行垃圾分类投放换积分、积分换礼品的方式，引导居民做好生活垃圾分类工作。围绕建设国家级大宗固体废弃物综合利用示范基地，组织编制《泰安市大宗固体废弃物综合利用示范基地实施方案》，在全省5个报名申报国家级示范基地城市中，泰安市以第一名成绩通过省级评审；12月27日，通过国家发展改革委评审，入选全国40家大宗固体废弃物综合利用示范基地。

【智慧城市建设】 改造升级数字化城市管理平台，与公安“天网”共享视频监控资源，受理各类城市管理事项46.7万余件，转办率100%，核查率100%，处置率95%以上。开展联勤联动工作，完善《内部联动工作方案》，通过内部联动上报城市管理事项17.3万余件，处置率100%。

【园林绿化】 2021年，栽植各类乔木8400余株、灌木4万余株、地被13.6万余平方米、模纹71万余株、清理杂草280万余平方米、绿地施肥3.3万余千克。修剪行道树3.1万余株、乔灌木8.8万余株、市管道路和公游园绿篱模纹、球类植物218万余平方米。开展法桐、杨柳抑絮治理，对3.7万余株法桐、杨柳喷洒“悬铃散”“杨柳净”。通过检测，法桐飞絮防治效果达70%以上，柳树飞絮防治效果达80%以上。加强古树名木管理，为城区152株古树名木建立档案，悬挂标识牌，定期“体检”维护。

【市政设施】 做好道路、桥梁、路灯、排水管网、污水处理等管理工作，路灯亮灯率99%以上，城市污水处理率达98%。编制《泰安市市政设施精细化管理评价办法》，对城市污水处理、排水设施运行、污泥处置等明确管理维护标准，完善市政设施管养标准体系。市城市管理局牵头开展全市城市道路桥梁设施自然灾害综合风险普查，完成全市948条市政道路、565座市政

5月17日，园林工人修剪石楠　　（王长婧　供）

桥梁普查任务；牵头开展窨井盖、限高限宽设施排查整治工作，排查各类窨井盖 18.4 万余个，整治 9255 个，加装防坠网 38761 个。承担全国文明城市创建 9 大类 43 项 177 条指标，牵头新增凌乱架空线和建筑物外立面规范整治、共享单车配备头盔、“四大周边（农贸市场、交通场站、社区、校园）环境综合整治”等任务。在迎接国家卫生城市复审工作中，承担 12 项任务，负责协调安装卫生城市复审公益广告 22 处。

【城市防灾】 开展安全生产专项整治三年行动和大排查大整治行动，围绕道路除冰除雪、“两山”防火、疫情防控等重点，将“风险关口”前移，及早排查隐患、落实整改，修订《泰安市城市防汛指挥部防汛工作意见》，部署城市防汛重点工作，签订城市防汛责任书。完善《泰安市城市防汛应急预案》，制定《2021 年城市防汛联勤联动应急工作方案》，组建 800 余人的市城市管理局城市防汛联勤联动大队，落实城区低洼路段应急联络人员和工作职责，为应对强降雨工作打下基础。加强汛前排水设施维护，指导各级城市防汛主管部门完成排水管网清淤 441 千米、整修雨水篦子及井盖 4200 余套、城区河道清淤 25 万立方米，完成金山塘坝库区清淤和除险加固。市城市管理局与市住房城乡建设局、市气象局等部门配合，建立“通信联络、信息共享、灾情会商”工作机制。全年启动联勤联动四级响应 17 次、三级响应 4 次、一级响应 2 次，累计出动 8000 余人次开展低洼路段应急值守，采取强排措施，保障人民群众生命财产安全。

【城市管理执法】 坚持早六晚九错时延时执法、文明执法，确定第一次警告、第二次最低罚、第三次顶格罚的工作标准，对拒不符合标准的停工整顿，全年累计出动执法人员 4.7 万余人次、执法车辆 1.5 万余辆次，立案 961 件，结案 961 件，结案率 100%，结案金额 716 万余元。修改完善《泰安市城市管理局重大执法决定法制审核办法》。制定印发《行政处罚餐饮油烟一本通》《行政处罚夜间建筑施工噪音污染一本通》《行政执法实用指南》《行政许可一本通》。强化餐饮油烟污染执法处罚，创新使用餐饮油烟在线监测系统，对未安装油烟净化设施和超标排放的餐饮业户一律依法停业整改。

【城市管理服务】 优化营商环境，主动服务重点项目，项目手续能立即办理的现场办理。在 23 处城管服务驿站划分党建活动区、工作展示区、服务设施区，实现行业党建、城管业务、民生服务深度融合，服务基层党员、市民游客 100 余万人次。加强假日期间服务，提供免费充电、免费热水、防疫物品等“一站式”贴心服务，服务市民游客 15 万余人次。在审批服务窗口推行贴心代办、一次办好等“店小二”服务。全年受理政务服务热线工单 12396 件，均转至责任单位限时处置，回复群众率、按期答复率、合理诉求满意率均为 100%。实施“微城管”微信公众平台，每天受理群众诉求 70 余件。推行大件垃圾、可回收垃圾上门收运等服务，收运大件垃圾 6800 余件。开展以“小手拉大手”为主题的垃圾分类进校园活动 400 余次，城市管理“六进”（进学校、进社区、进店铺、进机关、进工地、进企业）志愿服务活动 1300 余次。

【扬尘治理】 推动出台《泰安市城市建筑垃圾管理办法》，制定《泰安城区积存渣土清运处置实施方案》，泰安城区积存渣土堆 236 处，认可销号 236 处。巡查工地 2.5 万余处次，督促整改扬尘问题 2100 余处次。工地扬尘立案 253 件，结案 253 件，结案金额 521 万余元。严查违规渣土车和渣土车遗撒污染路面、未经核准擅自处置建筑垃圾等违法违规行为，查处各类渣土车、半挂车 200 余辆次，处置道路污染 140 余处，立案 179 件，罚款 102 万元。

【雨污分流改造】 实施城区排水管网雨污分流改造工程，新建雨污管道 67.37 千米，对既有管道非开挖清淤维修利用 304 千米。

【城市功能配套提升】 推进市政道路设施维修工程（二期），维修改造岱宗大街、望岳西路、望岳东路、迎春路、花园路、温泉路、泰山大街、东岳大街 8 条段道路，维修沥青路面 40.5 万平方米，铺设人行道 14.4 万平方米。实施红门路、东岳大街维修项目，红门路维修沥青路面 1 万余平方米，东岳大街（长城路至迎胜路）维修沥青路面 6.5 万平方米。加快实施路灯电缆密闭防水接头及接地线缆改造，对接地电阻超标的文化路、青年路等 7 条道路敷设接地线缆 1.29 万余米，制作密闭防水接头 2822 处，改造后接地电阻均优于国家标准。推进迎宾大道西段（界首至天平湖路）绿化提升工程，栽植法桐、白蜡、紫叶李等大小乔木 1.2 万余株，地被植物 7.5 万余平方米。

（王长婧）

美丽乡村建设

【概况】 2021年，以建设美丽宜居村庄为导向，以乡村绿色发展、环境靓丽为主攻方向，聚焦农村危房改造、厕所革命、住房安全排查、建制镇污水治理、历史文化名镇名村等重点工作，因地制宜、试点先行，助力乡村振兴。全市村镇建设总投资完成113.13亿元，泰安市被列为全省农村住房安全保险试点地区（全省7个）。

【农村危房改造】 市住房城乡建设局会同市财政局、市民政局等部门制定《2021年泰安市农村低收入群体等重点对象住房安全保障工作实施方案》，明确农村脱贫享受政策户、脱贫不稳定户、边缘易致贫户、严重困难户、农村低保户、农村分散供养特困人员6类人员享受危房改造政策补贴。健全完善农村低收入群体等重点对象住房安全动态监测机制，及时将困难群众危房纳入改造计划。泰安市被列为全省农村住房安全保险试点地区（全省7个）。全年完成危房改造636户。

【农村无害化厕所改造】 提升农村厕所建设标准，做好建管衔接。全市新增农村改厕服务站3个、累计245个，新配备抽粪车15辆、累计438辆，新配备管护人员14人、累计628人，全年后续管护资金投入1600万元。开展农村厕所问题摸排整改“回头看”，摸排2013—2021年间各级财政支持改造的全部农村户用厕所57.55万个，发现问题6.28万个，均按计划整改完成。

【建制镇污水治理】 制定《2021年泰安市建制镇生活污水治理攻坚行动方案》，每月调度污水处理设施运行情况及设施建设情况；加强对各县（市、区）污水处理设施建设进展与运行情况的督导检查，发现问题及时整改。全市62个建制镇建成污水处理设施（站、厂）68个，日处理能力35.8万吨，配套管网建设长度485千米，实现“一镇一设施”的目标要求。

【历史文化名镇名村保护】 全市有历史文化名镇2个（岱岳区大汶口镇、东平县银山镇），历史文化名村6个（肥城市孙伯镇南栾村、大石桥村，东平县老湖镇梁林村、银山镇南堂子村、东腊山村、西腊山村）。对照《山东省历史文化名城名镇名村保护条例》，加快历史文化名镇名村保护规划的编制报批进度，2021年9月，省住房城乡建设厅组织召开专家评审会，审查岱岳区大汶口镇历史文化名镇保护规划成果；市住房城乡建设局组织召开专家评审会，审查东平县银山镇历史文化名镇及6个历史文化名村保护规划成果，修改完善后按照程序报批。 （李　燕）

9月1日，泮河生态修复工程现场“清水绿岸、鱼翔浅底、白鹭成群、拾来即景”美丽画卷 （李 燕 供）

编辑　校对　　戚淑娟

自然资源管理综述

【概况】 树立节约集约循环利用的新资源观，聚焦聚力自然资源和规划重点任务，严格落实自然资源和规划管理各项方针政策，依法行政，规范管理，为全市经济社会高质量发展提供有力的自然资源和规划保障。泰安市“深入推进田长制管理”工作经验做法，得到部领导充分肯定，市政府主要领导在自然资源部召开的耕地保护专题研究班上作典型发言。市自然资源和规划局执法支队被市委、市政府表彰为“全市建党100周年安保维稳工作表现突出的集体”。

【泰山区域山水林田湖草生态保护修复国土类项目的组织实施】 2021年，泰山区域山水林田湖草生态保护修复国土类项目的190个子项目全部完工，完成采煤塌陷地治理9320公顷、矿山生态修复1585公顷、地质公园及地质遗迹保护245平方千米，完成土地整治2.7万公顷，土地整治新增耕地4558公顷。

【执法监察与信访】 加强新增农村乱占耕地建房问题整治，通过拆除复耕和补办用地手续整改完成乱占耕地建房问题466个。组织开展耕地保护督察工作，2021年9月，省自然资源督察组反馈的90个问题，完成整改83个，其余7个因不符合规划、项目施工等原因，经省自然资源厅同意，全部纳入持续整改。开展土地卫片执法检查，全年整改2020年土地卫片违法图斑298.12公顷（4471.86亩），其中补办建设用地手续耕地面积23.21公顷（348.19亩）、拆除违法占地耕地面积151.73公顷（2275.97亩）、通过冻结占补平衡指标整改违法占地耕地面积123.18公顷(1847.7亩)，全市违法占用耕地比例由23.23%下降至3.35%。加强违法案件查处，对新增违法实行“零容忍”，坚决控制违法增量，查处土地类违法案件632件、矿产类违法案件261件、规划类违法案件385件。受理处置信访事项356件。

【重点工程】 推进财源街中央商务区建设工程，13栋回迁住宅楼已完工交付回迁11栋，其余2栋楼基本建成；回迁商业办公楼基本完工，完成179处、8.7万平方米非住宅回迁房源确认工作。财源110千伏输变电工程竣工交付使用。开发项目建设全面铺开，完成财源门及

12月21日，省自然资源厅厅长宇向东（前排右一）一行到泰安调研泰山区域山水林田湖草生态保护修复试点工程实施情况，市委副书记、市长张涛（前排右二）陪同活动 （张维康 供）

中南城购物中心主体结构建设。市民之家项目主体建设全部完工，精装修及配套工程完成85%。

【测绘管理】 至2021年年末，全市有测绘资质单位42家，其中甲级2家、乙级40家，专业范围涵盖测绘航空摄影、地理信息系统工程、工程测量、界线与不动产测绘等方面。编制完成《泰安市“十四五”基础测绘规划》。启动泰安城区实景三维建设项目，获取泰安市城区100平方千米0.05米分辨率倾斜航空影像，制作泰安市城区100平方千米0.05米分辨率实景三维模型和1∶500比例尺数字正射影像图。

（张维康）

土地资源管理

【保障经济社会发展用地】 通过对上争取，将全市32个项目纳入全省重点基础设施建设项目，25个项目纳入省重大项目，列入国家和省土地指标保障范围。破解用地难题，处置批而未供和闲置土地2266.67公顷（3.4万亩），核算奖励指标535公顷（8025亩），争取国家和省指标800公顷（1.2万亩），挖潜土地指标322.53公顷（4838亩），全市共报批建设用地2400公顷（3.6万亩），其中批复1333.33公顷（2万亩）；供应土地2266.67公顷（3.4万亩）。推进土地储备经营工作，泰安城区储备土地35宗、面积274.73公顷（4121亩），出让经营性土地33宗、面积102.13公顷（1532亩），出让金43.56亿元。

【严守耕地保护红线】 健全耕地保护和执法监管制度体系，市委、市政府办公室印发《关于加强耕地保护严格执法监管的实施意见》，实行耕地保护“党政同责”，明确各级党委、政府、相关部门的耕地保护责任。完善县、乡、村、地块四级“田长制”管理机制，逐步构建覆盖全市、责任到人、监管到位的自然资源动态监管网络。泰安市推进“田长制”经验做法得到自然资源部肯定，市政府主要领导在自然资源部组织的耕地保护专题研究班上作典型发言。

10月25—26日，国家自然资源督察济南局督察监督室主任范真（左二）一行到泰安调研“田长制”工作（张维康 供）

【土地综合整治】 2021年，全市补充耕地项目新增耕地953.33公顷（1.43万亩），完成任务量的143%；工矿废弃地复垦项目新增耕地220公顷（0.33万亩），完成任务量的220%。

【土地变更调查】 开展年度土地利用现状变更调查，调查图斑7.5万个，面积4.9万公顷，全部通过国家核查。开展房地一体登记工作，调查村庄2973个，完成权籍调查113万户，宅基地发证汇交95.3万户。

【服务和改善民生】 开展“我为群众办实事”及登记“泰效率”便民“心服务”实践活动，并环节、减资料、通路径、提时效，不动产登记业务全部实现由30个工作日压缩到1个工作日内办结，其中40%业务实现即时办结。实现34个项目交房、交地即办证，惠及企业30家、群众4600余户。开展异地扶贫搬迁安置住房不动产登记工作，累计发放移民避险解困、黄河滩区迁建、异地扶贫搬迁三大工程29个安置社区不动产证书1.37万本。全年解决不动产登记历史遗留问题小区104个，累计解决317个。优化营商环境，做好分类优化财产登记，开设“登记财产企业专窗”，实行“一人受理、一窗进件、一个环节、一套资料、一窗出证”“五个一”服务，实现企业办证“立等可取”。（张维康）

矿产资源管理

【概况】 全市矿产资源种类较多，储量丰富，已发现矿产63种（含亚矿种），查明资源储量 31 种。优势矿种有石膏、岩盐、煤、铁矿等。至 2021 年年底，全市有采矿权 87 个，矿产资源开发利用总量 6910.69 万吨，从业人员 2.49 万人，工业总产值 109.54 亿元。

【矿山治理】　完成《泰安市矿产资源总体规划（2021—2025 年）》编制和上报工作。推进采煤塌陷地综合治理，完成治理面积 1.37 万公顷（20.6 万亩），占基本稳沉面积的 93.1%。其中，完成历史遗留采煤塌陷地治理 8733.33 公顷（13.1 万亩），占历史遗留采煤塌陷地总面积的 92.8%；完成企业责任治理采煤塌陷地 5000 公顷（7.5 万亩），占企业责任稳沉采煤塌陷地面积的 93.5%，超额完成省政府下达的双 90% 治理任务。加快山石矿山的退出和整合进度，验收完成 21 家山石开采企业，20 家恢复生产。推进绿色矿山建设，全市 44 家矿山创建为绿色矿山，其中 9 家创建为国家级绿色矿山。办理采矿权 4 宗、探矿权 6 宗，实现矿业权出让收益 3.9 亿元。

【泰山石保护】　2021 年，检查门头房、饭店、园林苗圃 216 家，发现涉嫌销售泰山石行为商铺 22 家、泰山石“抖音”账号 62 个，与商户签订“承诺书”186 份。5 月，市自然资源和规划局联合市公安局、市市场监管局以游客身份实地走访暗查可疑场所，发现疑似销售泰山石线索 22 条。“泰安市依法保护泰山石取得积极成效”入选中央依法治国办关于党政主要负责人履行推进法治建设第一责任人职责及法治政府建设实地督察发现的典型经验做法，成为全国 8 个典型经验案例之一。11 月，《中国自然资源报》以《泰山石保护：治理风暴中的生态转型》予以报道。

【地质灾害防治】　加强地质灾害应急值守工作，健全地质灾害预警预报系统，实施地质灾害治理工程 4 个。开展地质灾害隐患排查巡查，排查隐患点 133 处，汛期采取避让措施的隐患点 16 处，转移受地质灾害威胁的群众 407 人。汛期开展突发性地质灾害气象风险预警预报，发布预警信息 5 次，全年未发生重大地质灾害灾情。

（张维康）

泰山玉保护与发展

【概况】　2021 年，泰山玉作品累计获行业奖项 29 个，泰山玉经营企业（户）及加工户 1100 家，各类门店、摊位、网店 2700 个，龙头企业 35 家，加工经营人员 1.2 万人，玉石交易额超 6 亿元。泰山玉产业发展服务中心继续保持“省级文明单位”称号。

【矿山建设】　指导泰安市泰山矿产资源开发投资有限公司开展绿色矿山建设。协助该公司完善泰安矿区、济南矿区两矿权整合手续，加快推进矿权整合工作；督促严格执行内控制度和安全生产操作规程，层层签订《安全生产目标责任书》，落实安全生产主体责任，矿山实现安全、环保零事故。

【泰山玉品牌创建】　年内，推荐泰山玉作品参加各类评选评比活动，获行业奖项 29 个。参加第九届“玉华奖”评选，获铜奖 2 件、提名奖 4 件；“荷花杯”山东省工艺美术设计创新大赛，获金奖 6 件、银奖 6 件、铜奖 2 件、入围奖 7 件；“2021 天工玉石雕刻作品展”入围作品 4 件。“泰山玉缠枝莲纹葫芦”“天仙照鉴玉符”入选 2020 年度泰安“十大伴手礼”。推进泰山玉地理标志产品申报工作。8 月，国家知识产权局发布受理公告，正式受理泰山玉地理标志产品保护申请，公告期内无异议。

【宣传推介】　年内，参加“央企省企投资泰安、助力建成五个名地”项目集中签约暨泰安国资免疫力经济产品路演活动、2021 首届“泰山产业大集”、2021 第十三届中国（山东）工艺美术博览会等活动，设置“‘玉’见泰山 · 国泰民安”泰山玉主题展区开展宣传推介。11 月 5—10 日，泰山玉参展第四届中国国际进口博览会，引起国内外客商关注。与大众网策划开展“‘玉’见泰山 · 国泰民安”网络直播活动。加强泰山玉文化研究，指导编辑学术性书籍《泰山玉道》，丰富泰山玉文化内涵。

【人才引培】　实施“走出去”战略，利用展会、节会到全国各大玉石产业基地开展招商推介、吸纳人才，吸引辽宁、南阳、扬州等地玉雕人才 1000 名到泰安从事泰山玉雕工作，其中省级以上玉雕大师 300 名。邀请国家博物馆鉴定中心原主任岳峰、中国珠宝玉石首饰行业协会专职副会长史洪岳、国家级玉雕大师孙立国到泰安指导泰山玉创作设计、玉雕技法。泰山职业技术学院、岱岳区职业中等专业学校玉雕相关专业在校学生突破 190 人。1 名青年玉雕师获 2020 年度泰安市“首席技师”称号。

【市场培育】 实施"泰山文化＋玉"和"旅游＋玉"行动，推动泰山玉产业与文化旅游产业融合发展。紧跟"互联网＋"发展趋势，引导推广直播销售、网购等营销模式，培树电商直播典型和标杆，激发产业发展动力和活力。泰安遇石记玉石制品有限公司等龙头企业筹备搭建泰山玉电商平台，泰山玉经营业户在抖音直播销售平台注册用户450家，快手直播销售平台注册用户300家，年销售收入达3亿元。

【平台建设】 2月28日，与中国珠宝玉石首饰行业协会、北京中琛投资管理有限公司签订中华（泰山）珍宝馆、泰山玉产业发展平台建设项目战略合作框架协议。5月，泰安市泰山矿产资源开发投资有限公司与山东泰安茂源物流有限公司达成合作协议，搭建泰山免疫力产业经济研究院泰山玉展厅，成为泰山玉宣传展示的重要平台。协调泰安旅游经济开发区做好泰山玉石加工生产交易基地建设规划。

（李　勇）

林业资源管理

【林长制】 全市设林长4434名，其中市级7名、县级69名、乡级371名、村级3987名；在泰山、徂徕山、莲花山、牛山、蟠龙山、腊山、九女峰等7个重要生态区域设立由市领导兼任的市级林长。健全完善林长制体系，制定实施各级林长任务清单、责任清单和措施清单。10月，经市委书记、市总林长杨洪涛，市委副书记、市长、市总林长张涛审签，市林长制办公室制定印发《泰安市进一步深化林长制改革工作方案》，明确健全完善林长制体系、落实保护发展目标责任制、加强森林资源保护管理、加强生态修复和质量提升、加强森林灾害预警防控、深化森林资源领域改革创新、强化基层力量支撑7个方面任务，推动全市林长制改革工作做深做实，探索以"林长制"实现"林长治"的长效机制。

【造林绿化】 坚持宜林则林、宜灌则灌、宜草则草，开展国土绿化攻坚行动，把增绿扩绿的主攻方向转到重点攻坚和内涵挖潜上，依法精准拓展绿化空间，突出抓好荒山绿化、乡村绿化美化和森林质量提升，依法依规推进廊道绿化。实施工程化、专业队造林，划定年度重点攻坚任务区，逐一落实山头地块、定点上图。2021年，全市完成新造林773.33公顷（1.16万亩），新建和提升绿色通道156千米，分别占年度任务的116%和156%；完成村庄绿化美化460个，栽植各类绿化苗木251.3万株。至2021年年末，累计33个乡镇、238个村居创建为市级以上"森林镇村"，20个村居被评为全国森林乡村。

【森林防火工作】 对重点林区实行"网格化""战区化"管理，全力抓好春节、元宵节、清明节等重要节假日和关键时段的严防死守，保持全市森林防火安全平稳。推进以"引水上山""天眼护山"工程为重点的防火基础设施建设，"引水上山"工程投资2.83亿元，新建和改造供水主管道93千米、分支管道25.7千米，新建改造泵站20个，设置消防栓207个，建设水库塘坝3个，集雨窖、蓄水池258个，简易储水设施78个，总蓄水量200万立方米；"天眼护山"工程投资1.4亿多元，建设高点视频监控243处、低点智能语音警示卡口712处。11月，市委书记杨洪涛，市委副书记、市长张涛专门就森林防火工作作出批示，要求深入贯彻习近平总书记关于加强森林草原防灭火工作的一系列重要指示精神，把森林防火当作"365工程"，聚焦关键，严责任、强基础、重落实，坚决守护好珍贵的森林资

6月25日，泰安市林业系统举办"永远跟党走　奋进新征程"庆祝建党100周年合唱比赛活动

（石亚男　供）

源。11 月 16 日，市委副书记、市长张涛参加“泰山区域森林防灭火联席会议”，就做好泰山区域和全市森林防灭火工作提出具体要求。

【林业有害生物防控】 科学精准防控松材线虫病、美国白蛾、春尺蠖等重大林业有害生物，完成防治作业面积 23.22 万公顷（348.26 万亩）次，实现有虫不成灾目标。全力抓好泰山松材线虫病除治巩固提升和徂徕山枯死松木清理，清理枯死松树 7305 株，完成对古松及周围 100 米范围内的 9.9 万株松树打孔注药保护，在疫情发生区和缓冲区飞机施药防治面积 7933.33 公顷（11.9 万亩）。泰山疫情除治得到国家林业和草原局、省自然资源厅肯定。

【森林资源监管保护】 坚持依法治林，严格林木采伐限额管理，严守和执行森林、林地、湿地和生物多样性“生态保护红线”，全年办理林木采伐许可证 2600 余份，采伐林木蓄积 11.7 万余立方米，办理征占用林地审批项目 82 件。组织开展年度森林督查和“绿盾”“清风”“网剑”等专项行动，严厉打击破坏森林和野生动植物资源违法犯罪活动，依法查处林业行政案件 61 起，恢复林地 2.56 公顷（38.43 亩），补种树木 7055 株。全市有省级以上湿地公园 7 处，其中国家湿地公园 3 处（肥城康王河国家湿地公园、泰安汶河国家湿地公园、东平滨湖国家湿地公园）、省级湿地公园 4 处（宁阳县大汶河省级湿地公园、新泰青云湖省级湿地公园、宁阳洸河省级湿地公园、泰山卸甲河省级湿地公园）。年内，印发《泰安市重要湿地和一般湿地认定管理工作暂行办法》；加大湿地保护与修复力度，提升湿地管护水平，肥城康王河国家湿地公园新设界碑界桩 200 个、护栏网 1300 米，东平滨湖国家湿地公园设立监测点 6 个。

【林业改革创新】 推进集体林权制度改革，进一步放活林地经营权，依法推进林权规范有序流转，扩大政策性森林保险覆盖面。全市政策性森林保险投保参保面积 7.56 万公顷（113.4 万亩），林业专业合作社总数 2131 家，民营林场发展到 102 家。加强国有林场建设管理，全市国有林场 11 家，泰安市国有林场改革发展创造的“泰安经验”在全国推广。强化科技创新，完成新型职业林农培训 90 场，培训林果农 3500 余人次。引进推广优良品种 20 个，新成果、新技术 20 项。加大对上争取和产业招商力度，落实到位省级以上专项资金 9625 万元。（*石亚男*）

环境保护综述

【概况】 2021 年国民经济和社会发展计划中生态环境领域 8 项约束性指标顺利完成，污染物排放持续下降，生态环境质量明显改善。全市 $PM_{2.5}$ 年均浓度 42 微克 / 立方米，改善 12.5%；二氧化硫、二氧化氮、一氧化碳年均浓度稳定达到国家环境空气质量标准一级浓度限值。大汶河干流国控断面水质优良比例达 100%；东平湖湖区水质保持在地表水Ⅲ类及以上；省控及以上河流断面水质全部达到或优于年度考核要求；国控河流断面优良水体比例达 83.3%；全市污染地块安全利用率保持 100%，土壤环境形势安全稳定。市生态环境局被国务院机关事务管理局、中共中央直属机关事务管理局、国家发展改革委、财政部联合授予“节约型机关”称号，被中国环境报社评为 2021 年度环境宣传工作先进单位；市生态环境保护综合执法支队被省委、省政府评为山东省生态环境保护先进集体；市生态环境局党组被市委、市政府评为新时代泰山“挑山工”先进集体。

【污染防治攻坚行动】 2021 年，按照“减污降碳”总要求，围绕“提气、降碳、强生态，增水、固土、防风险”的思路，以蓝天、碧水、净土三大保卫战为重点，深入打好污染防治攻坚战。6 月中旬至 7 月底，聚焦涉挥发性有机物企业、固废危废、散乱污、扬尘、山石矿山、污水溢流、畜禽养殖、乡村生活污水、黑加油站点、河湖“四乱”十大领域，部署开展突出生态环境问题“十大攻坚行动”，排查点位 20274 个，整改问题 3625 个，解决一批突出生态环境问题。

【“四减四增”行动】 2021 年，启动新一轮“四减四增”三年行动。制定印发《泰安市新一轮“四减四增”三年行动方案（2021—2023 年）》，坚持污染源头防治、系统治理、综合治理，推进产业结构、能源结构、交通运输结构、农业投入与用地结构调整，遏制高耗能、高排放项目盲目发展。全年办理总量确认企业 25 家，排查“两高”项目 97 个，16 个“两高”行业新上项目严格落实能源消费减量替代，无新增“两高”项目；全市新增新能源汽车 2886 辆，增长率 156.3%，配套建设新能源汽车充电桩 2200 台；全面实施测土配方施肥技术，化肥施用量折纯 18.42 万吨，完成年度目标任务，推进经济社会发展全面绿色转型。

【生态环保督察整改】 健全完善市生态环境保护委员会工作机制，严格实行生态环境保护“党政同责”“一岗双责”，制定印发各成员单位生态环境保护责任清单，制定出台领导包保、部门督战、考核奖惩、环境约谈、量化问责等文件。围绕生态环境保护工作，市委、市政府先后组织召开会议53次，市领导作出批示69次，开展调研50余次。第一轮中央、省环保督察及“回头看”交办的1211件信访件全部销号，反馈的85项问题整改完成83项；第二轮中央和省级生态环境保护督察交办的1843件信访件，办结1794件，阶段办结49件。

（杨明利）

环境治理

【大气环境】 强化工业源、移动源、扬尘源综合整治，淘汰35吨及以下燃煤锅炉22台，对1.8万余台非道路移动机械登记喷码，安装GPS定位系统1.2万台，对10035辆在用重型柴油货车安装OBD排气监控系统，实现远程监控。加强细颗粒物和臭氧协同控制，泰安市被列入生态环境部首批“一市一策”驻点跟踪城市。开展夏季挥发性有机物治理专项行动，建成大气污染热点网格29个、空气质量微观站229个，实现空气质量监控重要点位全覆盖，泰安市主城区大气污染热点网格监管项目在2021全国环境互联网会议上获2021年度智慧环保创新十大案例。建成泰山岱顶大气监测站、地面大气监测超级站和大气净化能力监测点，构建全方位、全天候的污染源监测和监控体系。加强重点单位碳排放配额清缴履约管理，符合要求的20家企业均如期完成履约任务。

【水环境】 加强全流域协同治理，水环境质量全面达标。协调济南、济宁、聊城3市14个县（市、区）、功能区，完成16个重点河流断面流域横向生态补偿协议签订，推动形成责任清晰、合作共建的流域保护和长效治理机制。对3578个排污（水）口进行溯源，完成整治3571个；完成10条省级美丽幸福示范河湖创建任务，建成美丽幸福河湖126条；对泰安城区4座日处理能力32万吨污水处理厂实施提标改造，将外排水质化学需氧量、氨氮、总磷等指标提升至地表水Ⅳ类标准。

【土壤环境】 制定《泰安市创建国家土壤污染防治试点城市工作方案》，更新发布69家土壤污染重点监管单位名录，完成210个地块土壤污染状况调查报告评审、25个疑似污染地块调查，43个高关注度重点行业企业用地土壤污染状况调查通过省级行政验收；开展危险废物专项排查整治，签订目标责任书3840份，排查企业853家、重点场所128个，发现问题746个，立案处罚企业8家，行政处罚318.5万元；开展7个化工集聚区及26个工业污染源地下水环境状况调查，对5处地下水国控考核点位开展监督性监测及溯源分析；成功申请创建国家级地下水污染防治试验区。

（杨明利）

生态保护

【生态红线】 正式发布《泰安市“三线一单”生态环境分区管控方案》，划定生态保护红线839.65平方千米，环境管控单元107个，明确到2025年和2035年的生态保护红线、环境质量底线、资源利用上线及生态环境准入清单。实行环境总量替代指标统筹使用机制，制定实施21项服务经济高质量发展措施，审批报告书26个、报告表18个，复核环评70件。制定《泰安市“十四五”生态环境保护规划》，推动“三线一单”成果应用。

6月5日，泰安市2021年“六五”环境日主题宣传活动“泰山玻纤”杯生态环保文艺会演在市广播电视台举行（韩 雪 摄）

【农村环保】 推进农村环境综合整治，完成259个行政村生活污水治理、78个行政村巩固提升、13处农村黑臭水体治理。巩固拓展生态环境脱贫攻坚成果同乡村振兴有效衔接，每月对覆盖318个贫困村的235个饮用水源地开展巡查，建立责任划分清单，落实具体责任到人，形成网格化监管体系。制定《省定贫困村饮用水水源地突发环境事件应急预案》，按照饮用水水源地防控要求，落实饮水安全突发性事件的预防和应急处置措施，提高环境安全应急防控能力。

【生态文明宣传教育】 结合六五环境日、生物多样性日、全国低碳日等开展宣传活动，举办“环保书画展”和文艺演出，组织小记者观察泰山古树名木、观看鸟类保护影片，带动家庭和社会关注环保；深化企业宣传，发放“有奖举报”海报1.5万余份、《环境保护普法宣传册》3000余套；开展“企业环保法律服务日”活动；加强新闻报道，在《中国环境报》《大众日报》《泰安日报》等新闻媒体发稿200余篇，宣传展示泰安生态文明建设取得的进展。获2021年度中国环境报宣传工作先进单位、2021年度中国环境报山东新闻宣传报道工作一等奖荣誉。肥城市孙伯镇被命名为第二批省级生态文明建设示范区和“绿水青山就是金山银山”实践创新基地。

（杨明利）

环境监管

【环境执法】 严格执法监督，出动执法人员962人次，检查污染源481家次，立案查处环境违法案件309起，处罚金额1.3亿余元。移送公安机关行政拘留案件13起，涉嫌环境污染犯罪案件1起；开展“以案释法”，在网站和微信平台开设专栏，刊发环保典型案例100余个；强化科技支撑，推动1300家企业安装用电监控，安装点位4877个，2200家企业安装智慧监管系统App服务端；开展执法大练兵活动，执法人员持证上岗率为100%，制定《泰安市生态环境保护综合行政执法人员制式服装着装管理规定》，统一执法服装。

【环境应急管理】 完成区域突发环境事件风险评估、市县两级政府及部门《突发环境事件应急预案》编制（修订）、化工园区有毒有害气体预警体系建设、《泰安市大汶河“一河一策一图”环境应急响应方案》编制及评审。组织开展突发环境事件应急演练10余次，成功处置宁阳县粗苯泄漏、岱岳区甲醇泄漏等多起因交通事故、火灾等导致的次生环境险情。

【固废管理】 实施“生产、储存、运输、处置”全过程全链条闭环管理，强化“一废一库一品”环境监管，开展涉危险废物环境隐患排查专项行动，发现各类问题746个，立案处罚8起，行政处罚318.5万元；刑事立案3起，抓获犯罪嫌疑人6名。

【辐射环境监管】 办理辐射安全许可证申领事项39件、延续事项50件，变更事项29件，注销事项5件，重新申领事项11件。39家放射源使用单位安装视频在线监控，保证放射源使用安全，开展核技术利用单位专项检查，督促企业完善相关制度，消除辐射安全隐患。

【环境监测】 制定印发《2021年泰安市生态环境监测方案》，明确11大类49项监测任务，出具监测报告4000余份，取得人工监测数据1.8万余条，自动监测数据2000余万条。对7家工业园区、43家化工石化及涉重类企业开展重点污染源地下水环境监测现状调查。完成用电量监控系统建设，实现钢铁、水泥、火电、建材、塑料及木材加工等重点行业重点企业全覆盖。

（杨明利）

编辑　校对　　戚淑娟

科技综述

【概况】 2021年，全市综合科技创新水平指数达74.05%，居全省第7位。全市研发投入占GDP比重达2.40%，居全省第9位，连续7年超过全省平均水平。全市高新技术产业产值占比达57.5%，较上年提升6.38个百分点，超过全省平均水平10.74个百分点，居全省第4位。净增高新技术企业154家，有效期内高新技术企业总量达522家，同比增长41.8%。办理190笔省科技成果转化贷款，贷款金额7.21亿元，备案金额7.21亿元。

【科技创新体系建设】 完善泰山创新谷“5+1”服务体系（研究开发、技术转移、创业孵化、科技金融、交流培训5大功能和科技创新云平台），启用十大功能区，新引进注册公司19家，累计100家；新筹建产业创新研究院4家，累计20家；新引进高水平研发团队16个，累计70个；培育泰山领军人才2人，聚集博士以上人才76人。推动建设省智慧康养创新创业共同体，与首都医科大学合作共建首科医谷泰安智慧康养创新与转化中心，成员单位达40家，累计引进中国工程院院士1人、海外高层次人才3人、国家杰出青年等国家级人才3人、省级以上专家6人；建立专业孵化器2个，孵化企业16家；培育高新技术企业1家、有意向拟上市企业3家。泰安市产业技术创新研究院成为泰安市政府与山东产业技术研究院共同创建的分院，注册成立泰安产业技术研究院投资公司。

【科技计划与科技成果】 全市对上争取科技项目450项，年度到位资金2.16亿元，创历年之最。中康国创一项目获8000万元财政资金支持，创全市单个科研项目资金之最。在市级科技创新重大专项项目中推行“揭榜挂帅”，征集项目指南建议99个，形成市科技创新重大专项指南40项，鼓励市域内企业牵头，联合高校、科研院所共同揭榜，揭榜37个项目，立项经费3780万元，引进高层次人才35人。全市3个项目成果获2020年国家科学技术奖励，其中泰安市单位牵头2项。1项成果获2021年度山东省科学技术进步奖一等奖，5项成果获2021年度山东省科学技术进步奖三等奖；1人获2021年度山东省国际合作奖，这是泰安市首次获得山东省国家合作奖。评选出市青年科技创新奖6人，市科学技术进步奖99项，其中一等奖10项、二等奖29项、三等奖60项。

10月22日，首科医谷泰安智慧康养创新与转化中心揭牌仪式在泰山创新谷举行
（李向福　供）

泰安市 2021 年获省级及以上科学技术奖励情况一览表

表 34

序号	奖励类别	成果（人员）名称	完成单位	等级
1	国家技术发明奖	苹果优质高效育种技术创建及新品种培育与应用	山东农业大学	二等奖
2	国家科技进步奖	高比例新能源电力系统电能净化关键控制技术及应用	山东泰开电力电子有限公司	二等奖
3	国家科技进步奖	粮食作物主要杂草抗药性治理关键技术与应用	山东农业大学	二等奖
4	省科技进步奖	深部矿井锚注切顶自成巷关键技术及应用	新汶矿业集团有限责任公司	一等奖
5	省科技进步奖	大功率高端激光加工装备制造关键技术及产业化	山东能源重装集团大族再制造有限公司	三等奖
6	省科技进步奖	小麦水肥高效利用技术与应用	泰安市农业科学研究院	三等奖
7	省科技进步奖	功能益生菌菌种选育及其产业化应用	山东凤凰生物有限公司	三等奖
8	省科技进步奖	碳酸二甲酯绿色生产关键技术研究与应用	山东德普化工科技有限公司	三等奖
9	省科技进步奖	基于钾盐液体高效速凝剂技术的产业化应用	泰安市秀特力博岩土工程科技有限公司	三等奖
10	山东省国际科技合作奖	艾米莉亚·卡米莉娅	山东碧蓝生物科技有限公司	—

【科技创新主体培育】 843 家企业加入国家科技型中小企业库，同比增长 97.9%。47 个项目入选山东省科技型中小企业创新能力提升工程（第一批），获得经费支持 2302 万元。10 家高新技术企业上榜山东省科技领军企业名单，入选数量居全省第 7 位。净增高新技术企业 154 家，有效期内高新技术企业总量达 522 家，同比增长 41.8%。“创新 50 强”企业实现营业收入 44.49 亿元，同比增长 20.7%。13 家企业营业收入增幅同比超过 50%，其中 8 家企业增长 100% 以上。全市高新技术产业产值同比增长 25.34%，高于全省平均水平 5.81 个百分点，居全省第 7 位；占规模以上工业总产值比重达 57.5%，超过全省平均水平 10.74 个百分点，居全省第 4 位。

【科技招才引智】 泰安市引进的外国专家实现国家级人才工程“零突破”。累计引进科技创新创业人才 184 人，其中院士 3 人、国家级人才 7 人、享受国务院政府特殊津贴 3 人、省部级人才 22 人。备案山东省企业科技特派员 35 人，推荐 17 人申报国家级人才工程，推荐 2 人申报中国政府友谊奖、2 人申报省政府友谊奖。

【科技创新平台】 新增省级新型研发机构 2 家，累计 12 家；备案首批市级新型研发机构 3 家，认定市域外创新创业平台 16 家；备案省院士工作站 1 家，累计 28 家；认定市级重点实验室 15 家，累计 33 家。

【科技金融】 加强科技成果转化贷款风险资金管理，与 18 家银行签订省科技成果转化贷款风险补偿业务合作协议，为 190 家国家科技型中小企业办理科技成果转化贷款 7.21 亿元，居全省第 7 位，同比增长 4.50%；备案金额 7.21 亿元，居全省第 7 位，同比增长 10.92%。

（李向福）

社会科学

【概况】 2021 年，泰安市社科联在山东省社科联系统工作创新发展研讨会上作典型发言。被表彰为“全国大中城市先进社科组织”“中原经济区 2021 年度社科工作先进单位”，继续保持“省级文明单位”称号。《讲故事·话泰山——泰山文化社科普及系列片》被评为“2021 年度山东省社科普及工作优秀案例”。

【社科普及】 开展社科普及周活动。5 月 28 日，在徂汶景区化马湾乡土山河村举办“永远跟党走·筑梦新征程”山东省暨泰安市第十八届社会科学普及周活动开幕式，省、市、县三级联动，现场开展新时代文明实践社科普及志愿服务活动，面向农村基层群众宣传习近平新时代中国特色社会主义思想、社

5月28日，山东省暨泰安市第十八届社会科学普及周开幕式举行

（武珍祯　供）

会主义核心价值观、党史知识等内容。全年开展各类社科普及活动80余项。

举办东岳大讲坛。围绕庆祝中国共产党成立100周年，策划开展“社科专家讲党史”“百人百讲庆百年”党史宣讲活动，组织社科理论专家进机关、进学校、进农村、进社区，与群众面对面，普及党史知识，激发干部群众爱国爱党爱社会主义的热情。线上线下相结合，举办东岳大讲坛12场。

社科普及应用读物推广。与市广播电视台联合摄制《讲故事·话泰山——泰山文化社科普及系列片》，以讲故事的形式探寻泰山文化，传播泰山文化知识。授权山东农业大学、泰山学院2个课题组，分别对《泰山文化社科普及读物丛书》进行俄文和英文翻译，推进泰山文化在海外的传播。

社科普及示范体系建设。年内，新命名市级社科普及教育基地12处、市级社会科学研究基地5处，新增“十四五”时期第一批山东省社会科学普及示范县（市、区）1个、示范乡镇（街道）6个、示范村（社区）10个，完善社科普及示范体系。年末，全市有市级社科普及教育基地147处、市级社科研究基地26处、省级社科普及示范单位141家。

【社科研究】　社科课题研究成果。2020年度社科课题结项229项，2021年度社科课题立项269项，其中重大课题3项、重点课题60项、一般课题182项。与泰山学院、市教育局联合设立教育专项课题24项。3项课题入选山东省人文社科课题。加大成果转化应用力度，编送《社科成果要报》4期，为市领导和有关部门提供决策参考。完成泰安市第三十五次社会科学优秀成果奖评选工作。共获奖120项，其中一等奖24项、二等奖36项、三等奖60项。加强社科人才智库建设。年内，新聘社科专家40人，续聘专家46人，年末在库专家达248人。评选泰安市第十四次社会科学优秀人才奖1人。实施“泰安社科新秀”人才培育工程，遴选首批“泰安社科新秀”10人。1名社科工作者获山东省第十五届社会科学学科新秀奖，实现泰安市在此类奖项上零的突破。

【社团管理】　规范社科类社会组织管理工作，召开全市社科类社会组织管理工作培训会，对市属社科类社会组织的党建工作、意识形态工作和职责任务等事项做出专题培训。

【研讨交流】　召开泰安市社科理论界学习贯彻习近平总书记在庆祝中国共产党成立100周年大会上的重要讲话精神座谈交流会和全市社科理论界学习宣传中共十九届六中全会精神座谈会，引导全市社科工作者用学术讲政治、用学理明思想。开展学习习近平总书记在庆祝中国共产党成立100周年大会上的重要讲话精神征文活动，评选出一等奖13篇、二等奖21篇、三等奖22篇。举办山东社科论坛——徂徕山抗日武装起义与山东抗日根据地发展研讨会，70余名专家学者进行线上线下讨论。会议收到论文55篇，其中7篇论文入选山东省社科论坛优秀论文。

【平台建设】　编辑出版《泰安论坛》6期，刊发各类文章72篇，免费向全国相关城市社科联和全市范围内党政机关、驻泰安高校等单位发放交流。利用网站和“泰安社科”微信公众号，发布各类社科信息100余条，宣传泰安市社科工作建设新成效。

（武珍祯）

泰安市第三十五次社会科学优秀成果一等奖获奖情况一览表

（同等次排序不分先后）

表 35

类别	成果名称	作者	成果形式	发表刊物、结项单位或出版单位	推荐单位
著作类	城市资源禀赋与发展定位研究——以泰安市为例	赵庆海	著作	吉林大学出版社	泰山学院社科联
	社会治理视角下社会组织绩效评价指标体系与模型构建研究	陈海玉　郭学静	著作	云南科技出版社	山东第一医科大学（泰安校区）
	清代嘉庆道光之际诗歌研究	于　慧	著作	山东人民出版社	泰山学院社科联
	吉登斯历史唯物主义研究引论	李　聪	著作	首都师范大学出版社	泰山学院社科联
	新时期高校声乐教学改革与人才培养研究	刘炳强	著作	九州出版社	泰山学院社科联
文章·课题·研究报告类	新生代农民工就业质量的空间差异及其效应研究	张务伟　刘　霞　王孝莹　李仕超等	课题	全国哲学社会科学工作办公室	山东农业大学社科联
	外畅高速 内优格局 精准治堵 绿色出行——关于“泰城交通改进八策”	韩　明	研究报告	市级领导批示	市自然资源和规划局
	新旧动能转换背景下泰安市文化旅游产业融合发展路径研究	高爱霞　满广富　白立洋　姚兴华等	课题	泰安市哲学社会科学规划管理办公室	山东财经大学东方学院社科联
	生猪养殖规模化程度的影响因素及其空间效应——基于13个生猪养殖优势省份的研究	张园园　吴　强　孙世民	文章	《中国农村经济》	山东农业大学社科联
	在新冠肺炎疫情防控中推进政府治理创新	亓慧亭	研究报告	市级领导批示	中共泰安市委党校
	庙宇祠堂的空间隐喻与权力——从“庙产兴学”运动谈起	丁燕燕	文章	《山东社会科学》	山东农业大学社科联
	《尚书孔传》释水的方法、特点及成就	邵　妍	文章	《历史文献研究》	泰山学院社科联
	以社会主义核心价值观为“坐标”的当代大学生价值目标矫正研究	王新亮　黄德杰　苏同营　包心鉴等	课题	中共山东省委教育工委，山东省教育厅	山东科技大学泰安校区社科联
	基于医疗集团框架下的区域疫情防控一体化政策与制度研究	倪庆宾　王　琨　邹　瑞　魏光明等	课题	泰安市社科联	市卫生健康委
	老城区微绿地规划方法研究——以泰安市为例	卢晓莉　李　琦　贾鲁音　侯晓辉等	课题	泰安市社科联	泰山职业技术学院社科联
	企业内部控制制度中会计信息失真与治理探究	张红伟	文章	《环球市场》	泰安高新区
	发挥医护类职业院校作用推进医养结合发展	贾　茜　党　帅　游晓功　李红伟	研究报告	市级领导批示	泰山护理职业学院社科联
	泰安市城乡老年人健康养老需求与养老服务供给研究	佟向杰　石礼华　谢　俊　李晨光等	课题	泰安市哲学社会科学规划管理办公室	山东第一医科大学（泰安校区）

续表 35

类　别	成果名称	作　者	成果形式	发表刊物、结项单位或出版单位	推荐单位
文章·课题·研究报告类	领导者个人能力对单位能力建设的影响及改进建议	袁庆远　黄德杰	文章	《领导科学》	山东科技大学泰安校区社科联
	吕思勉的中国史观	李　波	文章	《史学理论研究》	山东农业大学社科联
	保存与传承：山东泰安五庄院回族的红色记忆	金　坡	文章	《回族研究》	泰山学院社科联
	中共山东抗日武装武器来源探析	刘世超	文章	《抗日战争研究》	山东农业大学社科联
	弘扬泰山文化 推进全域旅游建设	苏君燕	文章	《文化月刊》	市卫生健康委
	关于信仰的拷问	朱　凌　郑润良	文章	《小说评论》	山东农业大学社科联

气　象

【概况】　市气象局辖新泰、肥城、宁阳、东平 4 个县级气象局及泰山气象站、泰安农业气象试验站 2 个业务台站，与泰山区、岱岳区政府共建泰山区、岱岳区气象局，分别挂靠在市气象科技服务中心、泰安农业气象试验站。2021 年，市气象局和新泰、宁阳、东平 3 个县级气象局以及泰山气象站继续保持“省级文明单位”称号。《根植岱顶 守望风云》在中国气象局党组党建办《致敬建党百年 气象人讲气象故事》短视频征集展播活动中获评“优秀作品”。市气象局获评 2021 年全省重大气象服务先进集体、全省农气测报业务管理先进单位、全省气象科普工作先进集体、全省气象声讯电话服务优秀单位。

【气象防灾减灾】　服务东平湖防汛和金山坝脱坡险情，派驻移动气象台提供现场气象服务；实行预报员双岗制度，连续 8 天开展每小时 1 次的专项预报及实况资料服务。服务台风“烟花”天气过程，开展每 3 小时滚动服务。举办全市气象灾害预警防御培训班。汛期每天参加市应急局 24 小时联合值班，每周参加市防汛视频会商，每月参加市灾情会商。更新 4056 名决策信息、2256 名新型农业经营主体服务信息接收人员和联络员。全年制作发布决策气象服务材料 1722 期，获市领导批示 4 次。

【公共气象服务】　召开 6 次天气新闻发布会。做好关键性、灾害性、转折性天气预报预警工作，预警信号发布精确到乡镇。与生态环境局开展重污染天气线上会商。完成 2020 年全市生态气象监测评估，制作《泰安市生态气象公报》。与中国人寿财产保险股份有限公司泰安市分公司共建“智慧气象 + 数字农险”。为泰山国际登山节等活动提供精细化气象服务。开展气象灾害综合风险普查，形成 81 份气象灾害危险性评估报告。开展“直通式”作物关键期农事服务。每周与农业部门联合会商农作物长势。带动农户种植甘薯覆膜技术“西瓜红”66.67

11月11日，山东省人大气象立法专项调研工作座谈会在泰安召开
（张　静　供）

公顷。示范引领种植脱毒种薯工厂化繁育马铃薯 333.33 公顷。联合繁育紫薯一号 90 万株。编制《猕猴桃气候适宜性分析报告》。

【气象现代化建设】 与市发展改革委共同印发《泰安市气象事业发展“十四五”规划》。建成森林火情卫星遥感监测平台，该项工作被列为全省高质量气象现代化建设先行试点工作。建成人影标准化作业站点 1 处。完成移动火箭作业点安全等级评定。完成全市区域站升级改造。开展观测质量内审、山洪项目建设、探测环境评估整改。

【气象科研与人才队伍建设】 完成省气象局课题 4 项、市气象局自立课题验收 13 项，新立项省气象局课题 6 项。发表论文 22 篇。获全省青年科研基金二等奖、全省气象科学技术研究开发与应用奖三等奖、第八届淮海科技三等奖各 1 项。获得专利 5 项。农试基地列入省科技成果转化中试基地，与气象科学研究院、山东农业大学等科研单位合作开展联合试验 12 项。《国家气象观测站风传感器防冻解冻技术》《泰安农业气象试验基地现代化建设》获评 2021 年全省气象现代化建设优秀创新发展实践工作。建设研究型预报员队伍，提升县级预报服务能力。接收全省县级新入职人员在泰山站人工观测实习培训。与市人力资源和社会保障局等部门联合举办全市“技能兴泰”职业技能大赛。

【气象改革创新】 11 月 11 日，省人大赴泰安开展人工影响天气管理条例立法、气象设施和气象探测环境保护条例贯彻落实情况、不可迁移气象台站的建设和环境保护调研。开展法治宣传，市气象局在泰安市气象局门户网站新增《行政许可》《以案释法》专栏。开展危化企业防雷安全全覆盖检查，清单化管理防雷安全重点单位 510 家。对气球升放资质单位进行安全检查，开展升放气球巡查 40 余次。

【气候特点】 泰安市天气气候主要特点为降水偏多，气温正常略偏高，日照偏少。

3月23日，围绕“世界气象日主题 · 海洋，我们的气候和天气”，泰安市气象局、泰安市气象学会联合泰安日报社“最泰安全媒体”举办“揭秘我们身边的天气”大型科普直播活动 （张 静 供）

降水量。全市平均降水量 1002.0 毫米，较常年（673.5 毫米）偏多 48.8%，属降水偏多年份，为 1951 年以后第二位多值，仅次于 1964 年 1034.8 毫米。降水量时空分布不均，2 月、3 月、6 月、7 月、8 月、9 月、10 月、11 月降水多于常年同期。其中，2 月较常年偏多 289.1%，9 月较常年偏多 272.1%，10 月较常年偏多 97.9%，均属降水异常偏多月份。1 月、4 月、5 月、12 月降水量少于常年同期，其中 12 月较常年偏少 90.1%，属降水异常偏少月份（图 1）。泰安年降水量 1135.7 毫米，较常年（691.7 毫米）偏多 64.2%，为全市最多；宁阳 941.8 毫米，较常年（653.7 毫米）偏多 44.1%，为全市最少。肥城 1003.6 毫米，较常年（646.4 毫米）偏多 55.3%；东平 967.8 毫米，较常年（619.5 毫米）偏多 56.2%；新泰 961.3 毫米，较常年（756.0 毫米）偏多 27.2%。泰安、肥城、东平较常年显著偏多，泰安、肥城为有气象记录以后历史第二位多值，东平为有气象记录以后历史第三位多值，宁阳为有气象记录以后历史第五位多值，新泰为有气象记录以后历史第九位多值。

气温。全市平均气温 14.7℃，较常年（14.0℃）偏高 0.7℃，属气温正常略偏高年份，为 1951 年以后第二高值。4 月、5 月、8 月、10 月平均气温低于常年，其他月份均略高于常年（图 2）。年极端最高气温 37.7℃，6 月 8 日出现在肥城；年极端最低气温 −18.4℃，1 月 7 日出现在新泰。泰安大雾日数 14 天；大风日数 4 天；高温日数 6 天，均出现在 6 月；轻度干热风天气 3 天，出现在 6 月初，大部地区小麦进入成熟期，对产量影响不大；终雪结束于 3 月 1 日，初雪开始于 11 月 7 日。

日照时数。全市平均日照时数2215.4小时，较常年(2252.3小时)偏少36.9小时，属日照时数偏少年份。其中1月、2月、11月、12月日照时数比常年偏多，其他月份少于常年同期(图3)。日照时数最多的是泰安2450.4小时，较常年同期(2385.8小时)偏多64.6小时；最少的是东平2029.6小时，较常年同期(2254.6小时)偏少225.0小时。

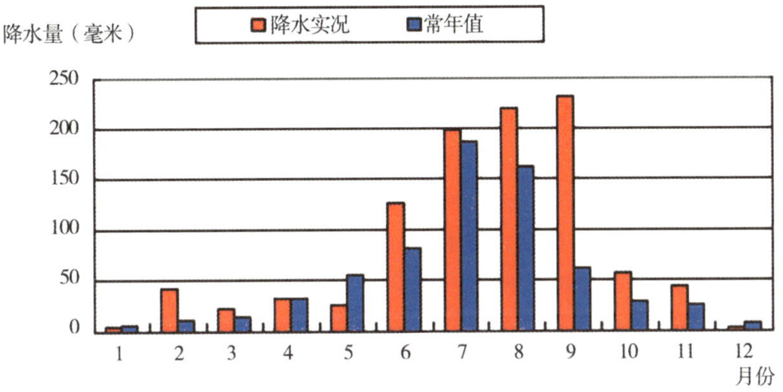

图1　2021年1—12月泰安市逐月降水量示意图

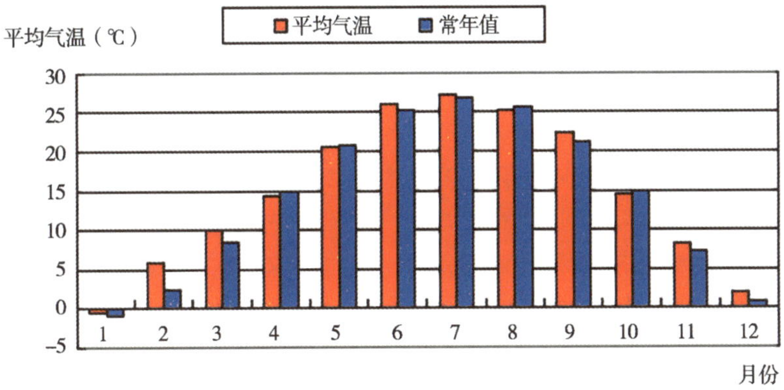

图2　2021年1—12月泰安市逐月平均气温示意图

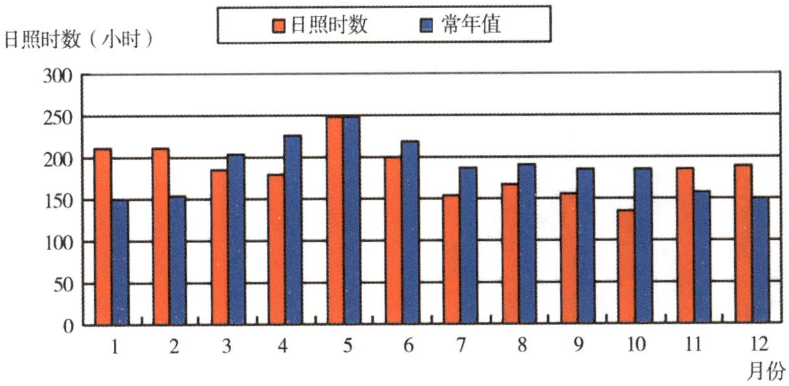

图3　2021年1—12月泰安市逐月日照时数示意图

【主要天气气候事件】　降水。全年降水明显偏多，多月份降水异常偏多。出现14次大范围暴雨过程，大部地区暴雨日在4～6天，平均为5.0天，较常年偏多2.4天，为历史最多。汛期持续到10月上旬结束，较常年偏晚近40天。6月1日至10月10日，全市平均降水量为820.7毫米，较常年同期偏多62.5%，特别是进入秋季后(9月1日至10月10日)，全市平均降水量为277.5毫米，较常年同期偏多279.1%，为1951年以后第二位多值，仅次于2005年298.1毫米，造成泰安市1951年以后罕见的秋汛。台风“烟花”于7月29日9时从济宁鱼台入境山东，30日凌晨从滨州移出山东，受其影响，全市出现暴雨到大暴雨，平均降水量86.4毫米，其中50毫米以上114个站，100毫米以上41个站，最大197.1毫米，出现在徂汶景区徂徕镇土门村。

气温。全年平均气温为1951年以后第二位次高值。2月全市平均气温为6.0℃，较常年偏高4.2℃，为1951年以后同期最高，2月19—21日，全市最高气温达24℃左右，突破1951年以后2月历史极值。1月6—8日，全市出现大范围寒潮天气过程，大部地区降温幅度为8℃～10℃，局地降幅达11℃～14℃，东平最低气温−16.9℃，突破当地历史极值。

大风。全市平均大风日数为11.1天，为2006年以后最多。其中8月1日01时到04时，全市105个自动气象观测站中，有75个站出现7级及以上大风，其中11级2个站(泰山站和中天门)，10级2个站(徂徕山太平顶站和泰山区刘庄)，9级8个站，8级22个站，7级41个站。强对流天气多发、并发、重发，最早出现在4月15日，最晚出现在10月31日。其中，6月30日下午，受强对流天气影响，泰安市大部分地区出现雷阵雨天气，伴有 8 ~ 10 级大风，局部阵风 11 级。泰安市新泰、宁阳、东平、泰山景区遭受风雹灾害，出现灾情。

沙尘。春季全市出现 3 次大范围沙尘天气过程，中西部浮尘日数达 4 ~ 10 天，为 1989 年以后最多。其中，3 月 15—17 日，受蒙古气旋和冷空气影响，自北向南出现沙尘天气，空气质量 AQI 指数一度达到 500 以上；3 月 28—29 日，受蒙古气旋和冷空气影响，大部地区出现沙尘天气，空气质量 AQI 指数达到 491；4 月 16 日，受蒙古气旋影响，泰安出现沙尘天气，城市空气质量下降。（张　静）

水文监测

【概况】 2021 年 3 月 2 日经省编办批复，泰安市水文局更名为泰安市水文中心。泰安市水文中心是由山东省水利厅和泰安市人民政府双重管理的公益性事业单位。设测验科、水情科、水资源科、水环境监测科、水土保持监测科等 8 个职能科室，辖东平、肥城、城区、新泰 4 个正科级水文中心。年内，在全省水文系统考核为优秀等次，连续 16 年保持"全省水利系统文明单位"称号，连续 11 年被评为"全省水文系统先进单位"，继续保持"省级文明单位"称号。

【站点设置】 设戴村坝、大汶口、北望、楼德、白楼、黄前水库、东周水库、光明水库、下港、瑞谷庄 10 个国家基本水文站。在全市境内建有包括水文站、水位站、降水量站、辅助站、报汛站、地下水监测站、水质监测站、水土保持监测站在内的各类水文监测站点 600 余处。建有防汛抗旱预警信息及视频会商系统，拥有国家计量认证的水环境监测实验室，形成种类齐全、功能完备、代表性高、覆盖面广、信息及时可靠的水文监测网络系统。

【基层水文建设】 东平县大羊镇人民政府、肥城市人民政府老城街道办事处、泰安徂汶景区管委会相继印发《关于进一步加强水文工作的意见》，持续推进乡镇水文事业发展。肥城市河长制办公室印发《关于肥城市水文中心参与全市河长制湖长制工作的函》。新泰市政府划拨 500 余平方米办公用房。肥城、城区、新泰 3 个县级水文中心通过省水文中心标准化建设评估审核。

3月19日，"世界水日""中国水周"开放日活动在泰安水文科普教育基地（新泰东周水库水文站）举行（孙　娟　供）

【水文测报】 全年泰安市经历 8 次较大洪水过程，其间，完成应对台风"烟花""秋汛"等水文测报任务，其间，全市各基本站及中小河流站共计测流 560 次、测沙 160 次。秋汛期间，泰安市水文中心支持东平湖防汛工作，参加各级防汛会商会议 20 余次，做出东平湖入湖水量、水库纳入能力及大汶河洪峰流量预报，为东平湖防汛提供技术支撑。全年发送雨水情短信 4.5 万人次，发送雨水情信息 7 万余人次。发布水情月报 9 期、水文简报 3 期、水文快报 32 期、水情简报 144 期，处理各类雨水情信息 19 万余条。汛期完成水文预报 76 次，提出水库调度建议 39 次，为全市防汛减灾工作提供水文技术支撑和信息保障。

【工程建设】 加强戴村坝水文站新技术应用示范站建设，编制《戴村坝水文站新技术应用示范站实施方案》。开展新仪器设备比测，通过山东省水文设施建设工程泰安市水文测站工程建设，安装水文缆道、雨水情设备、侧扫雷达、二线能坡、在线流量监测等监测设备，国家基本水文站全部实现在线流量监测。完成胜利水库除险加固工程带水文设施工程竣工验收和水文设施设备资产移交工作、大汶河生态流量监测项目资产移交工作、大江大河水文监测系统工程建设项目资产核查及统计工作。完成国家自动墒情监测站建设工作。3 月，国家自动墒情监测站建设项目鲁中片区开工仪式在泰安市大津口乡举行；10 月末，完成 10 处国家自动墒情监测站的站点建设和设备安装调试工作，提高对农业旱情的监测能力。

【水文服务】　开展全国用水统计调查数据审核暨区域用水总量核定工作、泰安市地下水超采区划定工作、水生态监测工作及水土保持监测工作。编写《2020 年度全国用水统计调查数据审核暨区域用水总量核定报告》《泰安市水资源监测评价报告》《泰安市水资源公报》《泰安市地表水资源质量报告》《泰安市水土保持公报》。在新泰东周水库水文站建立泰安市首个水文科普教育基地，被列为 2021 年泰安市基层科普行动计划项目单位，举办的水文科普开放日活动被评为 2021 年“全国科普日”优秀活动。

【管理与科研】　泰安市水文中心印发《泰安市水文中心 2021 年汛期特别工作制度》《泰安市地下水自动监测站运行管理办法》《泰安市水文中心水文设施工程项目实施过程管理办法》等制度，进一步加强水文工作管理。落实疫情防控管理。

9月20日，泰安市水文中心在大汶河南支柴汶河楼德桥测断面测流
（孙　娟　供）

做好安全生产双体系建设工作，通过年末省水利厅安全生产双体系建设评估。与山东科技大学资源学院签署战略合作框架协议，在人才培养、专业建设与实验实训基地建设、科研课题攻关等方面建立战略合作关系。全年发表学术专著 2 部，论文 17 篇，其中核心期刊 3 篇。获山东省齐鲁水利科学技术一等奖 1 项、第九届水利信息化论文优秀奖 1 项、国家知识产权局实用新型专利 21 项。

【信息化建设】　泰安市水文中心完成市水文中心及 4 个县级水文中心的水情会商室改造。在全省首先使用水情信息管理系统 V3.0 软件，自行开发研制水情智能报汛管理系统，自行提示报汛任务，自动纠错、校核，精准报汛。建设泰安水文智能可视化平台，接入视频监控信号 50 余路。　（孙　娟）

编辑　校对　　刘小笋

教育

综述

【概况】 全市有各级各类学校2107所，在校生101.5万人，教职工8.63万人，其中专任教师7.41万人。获评省教育厅第十批省特级教师25人。市教育局评选出市优秀教师202人、市优秀班主任55人、市优秀教育工作者53人、市教书育人先进单位59个。市教育局连续19年保持“省级文明单位”称号。

【经费保障】 全市教育经费总投入122.45亿元，比上年提高9.29%；公共财政预算安排教育经费98.23亿元，比上年提高2.63%。建立幼儿园生均公用经费财政拨款制度，确定财政拨款最低每生每年710元。统一城乡义务教育学生“两免一补”（免学杂费、免课本费，补助寄宿生生活费）政策，按照小学710元、初中910元、义务教育段寄宿制学校增加200元、特教学校8000元标准落实生均公用经费，对农村不足100人的规模较小学校按100人核定公用经费，超过100人不足200人的规模较小的学校按200人核定公用经费。对城乡义务教育阶段学校在校生免费提供教科书。调整高中段学校生均公用经费，普通高中按照每生每年不低于1000元标准落实，中等职业学校（含技工学校）生均公用经费基本拨款标准按专业类别确定生均公用经费拨款基本标准（每生每年2800～4500元不等）。建立完善公办高职院校生均拨款制度，确定生均财政拨款水平不低于1.2万元。

【教师荣休暨入职仪式】 12月20日上午，由泰安市委教育工委、泰安市教育局、泰安市广播电视台联合举办的教师荣休暨入职仪式在泰安市广播电视台举行。12位荣休教师代表参加活动，50名新入职教师参加现场入职宣誓。

【教师队伍】 年内，面向社会公开招聘教师1560人。年内完成2批次教师资格认定工作。第一批通过认定高中段教师487人，第二批通过认定1492人。安置2017级省属公费师范生126人。全年全市录取省属公费师范生290人、市级政府委托高等院校培养师范生72人。全面推进中小学教师“县管校聘”管理改革，推进义务教育学校教师校长交流轮岗。完成边远贫困地区、边疆民族地区和革命老区（以下简称“三区”）人才支持计划教师专项和重点扶持区域人才支持计划教师专项，共选派支教教师110人，其中“三区”人才64人，重点扶持区域46人。全年开展常态化教师交流轮岗1800余人。

12月20日，泰安市教育系统2021教师荣休暨入职仪式举行 （刘晓 供）

【人才管理】　年内，向教育部推荐国家级高层次人才3人。做好泰安市教育类第十三批、十四批专业技术拔尖人才年度考核工作，并向专业技术拔尖人才发放扶持资金25.2万元。推进泰安教育人才递进培养工程，向泰山教学新星、泰山教坛英才、泰山名师、泰山功勋教师、泰山教师名家发放培养经费40余万元。

【教师培训】　全年组织各类培训29项，培训校长教师合计56783人次，组织参加国家级培训7项，合计59人次；省级培训8项，合计1496人次。组织遴选山东省乡村优秀青年教师培养奖励计划人选19名。遴选推荐山东省教育厅省中小学"优秀班主任工作室"小学7个、初中6个、高中2个、中职2个。印发《关于印发泰安市中小学教师信息技术应用能力提升工程2.0实施意见的通知》，全市遴选出12名教师成立市级专家团队，启动能力提升工程2.0。组织开展全市骨干教师综合能力提升培训8040人，全市骨干班主任培训260人，全市教师师德建设培训240人，第24期初中校长任职培训137人，市直中小学2019—2021年新入职教师集中培训106人。组织48名中学骨干英语教师赴上海外国语大学开展专项能力提升培训，3名小学校长赴上海外国语大学附属外国语小学挂职培训。印发《泰安市2021年"互联网+教师专业发展"工程实施方案》，全市报名46303人，其中高中8892人、初中16713人、小学18418人、幼儿园2280人。组织参加省级工作坊23人、省级专家高级研修班33人。完成省基础教育教师校长培训专家库人员85人推荐工作。完成"互联网+教师专业发展"工程市县专家543人配备工作。省师训中心公布山东省"互联网+教师专业发展"工程"创新培育项目"项目学校名单，全市5所学校入选，入选数量居全省第4位。

【挂职交流】　选派32名骨干教师赴重庆巫溪县支教，组织39名优秀教师赴新疆喀什地区岳普湖县开展工作，接收巫溪县7名干部到泰安市教育系统挂职锻炼。

【学生资助】　全年发放各类学生资助资金1.85亿元，受助学生19.34万人次，其中免除学前教育、普通高中、高等教育特殊困难学生学费979.35万元、受助学生6151人次；免除中等职业教育学生学费9014.37万元、受助学生65338人次；发放各学段家庭经济困难学生助学金（生活费补助）8458.34万元、受助学生12.2万人次。落实2019年以后退役士兵学生资助资金共计2947.72万元，受助学生6983人次。年内，为7929名大学生申请办理助学贷款，贷款金额7217.55万元。全年募集爱心一日捐资金1091.69万元、其他捐资助学定向捐赠2226.26万元。

【教育科研】　组织申请省规划课题结题鉴定2次共11项课题，全部通过省规划办审核，通过结题鉴定。组织全市申报山东省教育科学规划"十四五"2021年度课题，有11项课题通过省级评审，立项为省规划课题。申报省教育科学成果奖，有6项成果被评为省二等奖。与泰山学院合作，在泰安市社科联立项教育专项课题12项。组织2021年市级教育科学规划课题申报，共立项市级规划课题248项、专项课题200项，组织市级"十三五"规划课题结题鉴定，共有287项通过结题鉴定，其中优秀课题46项、合格课题241项。组织全市第十八届创新教育展示课活动，全市有145名教师参加市级讲课比赛。组织全市中小学幼儿园创新课优秀教师送教下乡活动，安排24名创新课优秀教师、泰山名师和点评指导专家赴全市27处农村学校（幼儿园），累计送课54节，听课学生达4000余人，参与听课研讨教师达2400余人。评选全市"书香校园"30所、"读书人物"100人，召开书香校园建设现场会。开展"德育教育优秀主题班会展评活动"，65名选手参加班会展评活动，分获一、二等奖。

【教育信息化】　推进教育信息化基础设施建设，促进数字校园教学模式优化升级，全面推动智慧校园建设。截至年末，全市所有中小学（含教学点）宽带接入率已达100%，出口带宽均达100M以上；拥有多媒体教室的中小学（含教学点）比例达100%、多媒体教室数占全部教室数比例达97.3%以上，数字校园建设覆盖率达98.17%。与市大数据局合作，实现中考招生录取平台与爱山东App，义务教育招生平台与爱山东App、市大数据交互共享平台的对接，实现教育数据与户籍、不动产等信息的交互共享。全年转发网络安全相关文件10余份，与市委网信办、市公安局网警支队联合排查网络安全漏洞，消除安全隐患。在全市范围内开展网络安全宣传活动，动员全市5.2万名教师参与网络安全知识竞赛，提高网络安全防范意识和应急处置能力。

【"数据赋能，一网通办"工程】 推进教育政务流程再造，启动实施"数据赋能、一网通办"工程，开发"泰安上学"手机App和同名微信小程序，整合与群众关系密切的服务事项，打造面向公众的掌上教育局。暑假期间，中考招生和义务教育招生模块投入使用，惠及初中考生12万人、义务教育学校学生12.5万人。

【疫情防控】 完善市、县、乡、校四级防控工作网络和多部门密切配合的联防联控工作机制，督促全市学校落实校园相对封闭式管理防控措施。全年开展校园常态化疫情防控明察暗访30次，摸排进入泰安返回泰安师生员工及共同居住者15324人次，指导各学校开展疫情防控应急演练2800余场次，组织开展全市教育系统疫情防控桌面推演2次、防控培训4次。推进全市在校师生接种新冠病毒疫苗，完成3～17岁在校学生（幼儿）新冠病毒疫苗接种97.42万人。完成全市学校师生员工5%核酸抽检44.8万人。

【校园安全】 开展全市校园安全隐患大排查大整治行动，对全市2168所学校进行2轮全覆盖检查。开展学生安全及心理健康教育专题活动，全市15098个教学班共计开展主题班会30196次，师生面对面谈心谈话105.5万人次，召开家长会15098次，开展集体户外活动20190次，开展疫情防控知识教育40123次，对摸排出的重点人群39897人开展家访。建立泰安市校园安全智慧化管理与服务平台，实现市、县、校三级安全管理、隐患排查与处置的智慧化监管。开展全市校园消防安全专项整治"回头看"，新发现隐患建筑单体176栋，已整改153栋，停用23栋，开展消防安全管理达标创建工作，市教育局被省政府消防安全委员会表彰为"2021年消防安全工作先进单位"。全市城镇学校专职保安员、一键式报警和视频监控系统、封闭式管理、护学岗完成率均达100%。建设泰安市学校食品安全管理平台，实现大宗食材统一采购、食品加工、财务管理、安全监管实时网上管控。在全市开展学校食品安全大培训大摸底大排查大整治活动，共计检查学校食堂1072家、集体配餐单位14家和中央厨房2家、配餐学校184家，建立监管台账，12所学校食堂被省教育厅公布为星级规范化食堂。

【各类考试】 完成增设泰安一中新校高考考点、优化初高中学考考点布局年度重点突破工作。全年组织考试26次，考生55万人，182万科次，涉考工作人员18万人次，创历史新高。

【语言文字】 组织参加2021年度山东省中华经典诵吟作品评选、山东省教师诗词讲解大赛、山东省教师书法大赛、山东省中小学生书写汉字大赛、"百年征程传薪火、红色经典润乡土"主题活动等，共推选出优秀作品112个参加省级评选，获全国二等奖1个，省一等奖4个、二等奖8个、三等奖21个、优秀奖26个。获全国二等奖的经典诵吟作品《摸读中国》应邀在中央教育电视台播放展出。泰安市教育局分别在山东省教师书法大赛和"百年征程传薪火、红色经典润乡土"主题活动中获优秀组织奖。联合九部门制定下发《泰安市教育局等9部门关于开展第24届全国推广普通话宣传周活动的通知》，组织开展第24届全国推广普通话宣传周系列工作。年内组织开展2次面向社会人员普通话水平测试，共有3975人参加。组织宁阳职业中专、泰安技师学院、肥城市职业中专3所中职学校在校教师和学生开展普通话水平测试，共有1808人参加。

【落实"双减"政策】 成立由市教育局等24个部门组成的泰安市"减轻义务教育阶段学生作业负担和校外培训负担"（以下简称"双减"）工作协调机制，负责统筹协调推进全市"双减"相关工作。制定印发《泰安市学科类校外培训机构统一登记为非营利性机构工作实施指引》，推进"营转非"工作，义务教育阶段学科类校外培训机构由1019家压减至47家，超额完成预定压减目标。印发《泰安市校外培训机构预收费监管方案》，强化资金监管工作。建设泰安市校外培训机构监管服务平台，利用信息化手段实现全资金、全机构、全过程监管。基本实现"双减"工作"一年治乱，负担有效减轻"的阶段性目标。双减校内减负成效明显，作业负担全面减轻。创设"减总量增睡眠、减重复增实践、减压力增合力"三减三增做法，建立"年级＋学科"双线作业管理机制，被教育部、《中国教育报》和省教育厅宣传推介。全市小学生作业量较以往压减15%左右，初中生作业量较以往压减20%左右。建立市级优秀作业设计案例分享机制，开展优秀作业案例征集遴选工作，推广典型案例21个。全市义务段学校建立作业公示制度的学校、作业时间控制达标的学校等11项校内"双减"

指标全部为 100%。在省政府教育督导室三期通报中，泰安市校内双减指标均保持先进。响应省教育厅组织开展的基础教育优秀改革案例推介工作，在市、县、学校层面挖掘基教改革经验，进行宣传推广，年内全省共推介 729 例，其中泰安市 61 例，居全省第 4 位。

【中小学午餐保障及食堂改造提升工程】　投资 1.01 亿元，完成 29 处新建、24 处改扩建学校食堂任务，惠及学生 60 多万人。164 所无食堂的学校全部实行统一配餐，满足学生就餐需求。泰安市学校食品安全管理平台建成并投入使用，实现食材配送、资金运作、食品安全的远程监管。

【教师节庆祝大会】　9 月 9 日上午，全市 2021 年教师节庆祝大会召开，会议采取视频会议的形式，各县（市、区）、功能区设分会场。市委书记杨洪涛出席会议并讲话，市委副书记、市长张涛主持，市委副书记、东平县委书记曲锋，市人大常委会主任唐福泉，市政协主席郭德文出席会议。会议宣读《关于对县级人民政府 2020 年度履行教育职责评价结果的通报》《关于公布“2020 年度泰安最美教师”和泰安市教书育人楷模评选结果的通知》《关于泰安市优秀教师（班主任、教育工作者、教书育人先进单位）选树结果的通报》；为市教书育人先进单位、市最美教师和教书育人楷模、优秀教师获奖代表颁奖。杨洪涛代表市委、市政府，向全市广大教师、教育工作者及离退休老教师致以节日的问候，向受到表扬的先进单位、先进个人表示祝贺，向长期关心支持泰安教育事业发展的各界人士表示感谢。

【中华泰山诗文大会暨《泰山诗文》首发式】　12 月 22 日，由市委教育工委、泰山景区管委会、市教育局、市广播电视台共同主办的第四届中华泰山诗文大会暨《泰山诗文》首发式举行。《泰山诗文》以全息影像方式首发。诗文大会以壮观雄浑的演绎、美轮美奂的舞台全景展现泰山诗文的艺术魅力、时代价值及泰安教育发展成果。　（刘　晓）

12月22日，中华泰山诗文大会暨《泰山诗文》首发式举行　（刘晓　供）

基础教育

【概况】　年内，全市有普通中小学（含幼儿园）2174 所（含小学教学点），在校生 829684 人，教职工 72495 人，专任教师 64092 人。其中，幼儿园 1383 所，在园幼儿 203967 人，教职工 22283 人，专任教师 16061 人；小学 580 所（含教学点），在校生 321164 人，教职工 18656 人，专任教师 21511 人；初中 171 所，在校生 209074 人，教职工 21044 人，专任教师 17863 人；普通高中 40 所，在校生 95479 人，教职工 10838 人，专任教师 8787 人。特殊教育学校 5 所，在校生 2247 人，教职工 292 人，专任教师 268 人。

【学校建设】　年内，全市规划 15 所中小学建设项目，截至年末全部主体完工，新增班数 261 个，新增学位 12055 个，累计完成投资 5.71 亿元，完成年度任务目标。规划 17 所幼儿园项目，已全部完工，增加学位 2800 个，累计完成投资 12333 万元。

【教育服务体系建设】　课后服务工作实现纵深发展，建立起涵盖下午课后服务、午间餐后服务、暑期托管服务的教育服务体系。全市中小学全部开展课后服务工作，占比 100%，服务时间达标学校数占比 100%，惠及 46.9 万名学生，实现义务教育课后服务全覆盖，有需求的学生全面保障。在全省率先启动暑期托管，建立常态化假期托管机制。先后被央视频道、《人民日报》、新华社、《中国教育报》等媒体报道，全面展示泰安市 447 所学校、8000

多名教师的经验做法，惠及 5 万个家庭。暑期托管服务工作被省督导室评为泰安市履行教育职责三个典型工作案例之一。

【集团化办学】 12 月 20 日，市直集团化办学揭牌仪式举行，挂牌成立泰安市实验幼儿园教育集团、泰安市实验小学教育集团、泰安市实验初级中学教育集团、泰安市实验学校教育集团 4 个教育集团，辐射 25 所学校。

【家庭教育】 建立家校联合育人机制。印发《泰安市教育局关于建立全市中小学家校协同育人机制的通知》，在全市中小学建立起以班级为单位、以教师为“网格员”、每名教师联系包保 10 名学生的“网格化”联合育人机制，每学期开展不少于 3 次的家庭教育指导活动，帮助家长解决孩子成长过程中的问题。年内在全市范围实现网上家长学校全覆盖。组织开展 6 场家庭教育公益大讲堂活动，1200 名家长现场参与、40 多万名家长观看直播。开展“智慧家长”评选活动，3 名家长被评选为省级“智慧家长”。

【特殊教育】 全市有 5 所特殊教育学校，有在校生 2247 人，教职工 292 人，专任教师 268 人。送教上门和随班就读残疾儿童少年 1534 人。加大办学投入，实施特殊教育学校建设提升工程。全市 5 所特殊教育学校，全部开设高中部，市特殊教育中心具备招收所有障碍类型残疾学生的能力，各县（市、区）特殊教育学校逐步转型为培智学校。残疾儿童少年义务教育入学率达 96% 以上，学前三年入园和接受康复教育训练率达 90% 以上，高中阶段教育规模扩大。推进融合教育。培育随班就读骨干学校，建立并完善以特殊教育学校为骨干，以普通学校随班就读为主体，以送教上门为补充的全纳教育；全市招收残疾学生 5 人以上的 23 所普通学校，全部建立资源教室。推进残疾儿童少年随班就读示范区、示范校创建，肥城市、宁阳县被评为首批省级示范区、泰山区南关中学等 12 所学校被评为首批省级示范校；开展全市残疾儿童少年随班就读现场观摩活动，提升随班就读工作思想认识和工作质量。落实经费保障。建立多元投入机制，逐步提高生均公用经费标准，所需经费纳入各级财政预算；特殊教育学生按照生均 8000 元公用经费的标准进行拨付，全部实现“三免一补”（免课本费、免杂费、免文具费，补助住校生生活费），肥城市、宁阳县特教学校实现全免费教育。

【德育工作】 建立起以泰山德育品牌为主体，以中华泰山成人礼、德育空中课堂为“两翼”，以学校为主阵地的“一体两翼一阵地”泰山德育工作机制。4 所学校德育方案被评为全省优秀案例，3 名学生被推选为第十五届宋庆龄奖学金候选人。开展中国共产党成立百年系列庆祝活动、节约用水、生态环保书画、向海而生、科普知识竞赛等德育活动 21 次。制定实施中小学校劳动教育清单，推进劳动教育开展，肥城市白云山学校劳动教育经验在教育部作典型发言。

【体育教育】 完成全国中小学生体质健康数据上报工作，上报率 100%。对全市 54 所中小学校 5600 余名学生进行体质抽测和视力抽测，体质抽测合格率较上年提升 14 个百分点，总体近视率较上年降低 10 个百分点，肥城市近视率防控经验做法，被教育部近视防控经验案例专辑收入，在全国推广。举办全市中学生田径运动会、第三届泰山足球小将冠军赛和篮、排、乒、羽、游等项目市级联赛，参加市赛人数 3000 余人。承接全省武术联赛和耐

12月20日，泰安市市直学校教育集团揭牌仪式举行，4个市直学校教育集团正式成立（刘晓 供）

克杯全国高中篮球赛山东赛区比赛，泰安二中获山东赛区总冠军。

【卫生教育】 加强与卫生健康部门沟通协调，做好各类传染病防控、宣传、教育活动。开展全市结核病防控工作督查，启动入学新生结核病筛查工作和儿童青少年心理健康“六个一”（讲好一堂课、推荐一本书、开展一次评估、畅通一条心理热线、普及一套心理调适方法、开通一个绿色通道）进校园活动。申报全国营养与健康学校39所。联合市口腔医院，为32所学校7377名学生开展口腔健康知识讲座，为1938名适龄儿童免费开展窝沟封闭。开展全市校医和保健教师培训工作3次。

【艺术教育】 完成中小学生艺术素质测评工作，上报率100%。举办首届全市教育系统师生书画展，展出师生作品194件。组织全市中小学美术教师基本功大赛，推选30名教师参加省赛取得优异成绩。成立“泰山之声”教师合唱团，在各项活动中多次承担演出任务获得好评。推进“市—县—校”三级艺术展演、展示活动300余场次，泰安四中艺术作品《篆书》获省一等奖，被推送教育部全国展演。 （刘 晓）

2021年泰安市幼儿园基本情况表

表36

单 位	园 数（所）	离园人数（人）		入园人数（人）		在园人数（人）		教职工（人）		办园条件		
		合 计	其中，女	合 计	其中，女	合 计	其中，女	合 计	专任教师	占地面积（万平方米）	建筑面积（万平方米）	图 书（万册）
合 计	1383	65316	29906	53356	25434	203967	96537	22283	16061	380.47	187.86	284.13
泰山区	238	10836	5002	9184	4413	36507	17352	4389	3074	51.11	30.62	42.18
岱岳区	165	6821	3181	7467	3558	24397	11563	2717	2042	51.59	25.76	33.8
新泰市	370	17781	7778	9824	4579	49755	23117	5358	3853	90.55	43.64	65.86
肥城市	143	9130	4379	8992	4442	31172	15239	3186	2441	59.02	30.63	45.24
宁阳县	104	7198	3296	7509	3542	24092	11380	2617	1757	47.61	21.41	47.72
东平县	213	8868	4048	6463	3018	23849	11076	2392	1749	46.53	22.10	27.81
泰安高新区	73	2858	1367	2533	1236	9034	4361	1096	722	19.09	8.26	13.57
泰山景区	18	498	234	319	149	1252	596	139	134	3.26	1.76	1.96
徂汶景区	59	1326	621	1065	497	3909	1853	389	289	11.69	3.68	5.99

2021年泰安市普通小学基本情况表

表37

单 位	小 学（所）	教学点（个）	毕业生数（人）	招生数（人）	在校生数（人）	教职工（人）		占地面积（万平方米）	建筑面积（万平方米）	图 书（万册）	数字终端数（台）
						合 计	专任教师				
合 计	485	95	54304	67522	321164	18656	21511	944.98	282.18	989.92	59462
泰山区	53	2	8515	12351	55295	2051	2657	63.15	28.12	134.82	7886
岱岳区	55	8	4949	7456	33314	2212	2658	114.69	41.36	104.60	6425
新泰市	138	31	13496	18798	84152	5163	5394	281.22	70.95	296.59	16776
肥城市	53	1	8705	8866	47565	2929	3560	130.83	40.07	146.06	8668
宁阳县	68	8	7850	6953	38394	2734	3178	145.36	44.96	143.55	8434
东平县	59	11	7553	8539	42428	2075	2532	104.82	30.56	88.11	5509
泰安高新区	24	4	1723	2935	12451	746	776	54.41	15.23	35.52	2828
泰山景区	10	14	395	412	1988	248	247	15.97	3.86	10.48	888
徂汶景区	25	16	1118	1212	5577	498	509	34.53	7.07	30.19	2048

2021年泰安市普通初中基本情况表

表38

单位	校数（所）	毕业生数（人）	招生数（人）	在校生数（人）	教职工（人）		占地面积（万平方米）	建筑面积（万平方米）	图书（万册）	数字终端数（台）
					合计	专任教师				
合计	171	48332	53922	209074	21044	17863	831.21	360.94	1056.54	50205
泰山区	26	7948	9593	35679	3595	2846	113.12	57.05	196.26	9530
岱岳区	26	4907	5658	21570	2639	2182	124.80	56.09	130.36	6552
新泰市	32	11848	13122	56633	4682	4303	161.98	70.67	264.30	10485
肥城市	31	7891	8416	31303	3731	2901	140.69	57.01	181.58	9220
宁阳县	18	5922	7195	25729	2515	2158	108.43	54.15	123.74	5676
东平县	24	6646	7416	27535	2654	2314	109.27	44.85	94.38	5651
泰安高新区	6	1526	1570	5984	626	579	37.52	9.58	27.44	1537
泰山景区	3	499	283	1333	191	188	9.86	4.24	10.26	489
徂汶景区	5	1145	669	3308	411	392	25.54	7.30	28.23	1065

2021年泰安市普通高中基本情况表

表39

单位	校数（所）	毕业生数（人）	招生数（人）	在校生数（人）	教职工（人）		占地面积（万平方米）	建筑面积（万平方米）	图书（万册）	数字终端数（台）
					合计	专任教师				
合计	40	34758	26724	95479	10838	8787	394.07	223.53	524.09	24183
泰山区	6	6311	5360	17914	2157	1756	65.42	47.35	88.86	5441
岱岳区	4	4242	3511	11917	1129	1059	39.14	30.69	70.42	2268
新泰市	9	7606	6338	22635	2247	2027	104.27	50.28	119.45	5912
肥城市	10	6626	4349	16763	2098	1536	66.88	30.37	116.10	4973
宁阳县	5	4868	3241	12300	1709	1166	65.16	33.14	78.32	2947
东平县	4	4441	3449	12037	1320	1090	43.30	26.01	36.17	2283
泰安高新区	1	317	300	919	90	68	6.50	3.19	9.80	125
徂汶景区	1	347	176	994	88	85	3.40	2.50	4.98	234

中等职业教育

【概况】 年内，全市共有中等职业学校 14 所，在校生 4 万人，教职工 2780 人，其中专任教师 2587 人。

【职业院校技能大赛】 举办全市职业院校技能大赛，全市中职学校及驻泰安高职院校 11 支代表队、370 人参加比赛。首次承办全国职业院校技能大赛（中职组）电梯维修保养赛项比赛，来自全国各省、市、自治区的 26 支代表队，200 余名专家、老师和选手参加比赛，赛事组织工作得到教育部和省教育厅领导认可。承办山东省职业院校技能大赛电梯维修保养赛项，泰安市理工中专获省赛冠军。

【提升职业教育教学质量】 完成第二期教学质量提升计划项目，46 项“德技并修”优秀人才培养方案进入完善阶段并迎接终审工作。第三批泰安市教师教学能力达标工作结束，全市专任教师达标率 100%。

6月28日，2021年全国职业院校技能大赛中职组“电梯维修保养”赛项开赛式在山东服装职业学院举行　（毕研兴　摄）

开展“匠心育人”特色课堂系列活动，共计完成 84 节特色示范课堂、特色技能课堂、特色信息化课堂的在线评选工作。开展全市职业院校精品资源共享课和微课联盟的网评及答辩工作，建设 80 门精品资源共享课程，第五批通过验收 38 门课程，第六批立项 20 门课程。完成第四批微课联盟建设，其中从 17 个微课联盟中评选出 761 节优质微课和 5 个数字化资源团队成果奖。开展泰安市职业院校优质课展评活动，共评选出泰安市优质课 41 节，其中公共基础课程 17 节，专业（技能）课程 24 节。组织泰安市教学能力大赛，按照公共基础课组、专业课程一组、专业课程二组评选出 41 个教学团队。组织泰安市职业院校班主任能力比赛活动，业务能力组 22 人获奖，最美班主任组 3 人获奖。组织 2021 年泰安市职业院校技能大赛工作，大赛共 9 个专业大类 38 个项目，参赛学生 11 支代表队共 370 人。

（刘　晓）

2021 年泰安市中等职业学校基本情况表

表 40

单　位	校　数（所）	毕业生数（人）	招生数（人）	在校生数（人）	教职工（人）		占地面积（万平方米）	建筑面积（万平方米）	图　书（万册）	数字终端数（台）
					合　计	专任教师				
合　计	14	10648	14325	40276	2780	2587	175.26	88.41	132.49	10385
泰山区	5	2343	2701	8125	674	622	31.31	23.96	25.67	3230
岱岳区	1	1504	1310	4149	354	312	23.90	11.84	20.15	1561
新泰市	3	1659	3678	9271	573	511	31.75	17.35	30.64	2015
肥城市	1	975	2088	4819	435	489	23.13	12.93	19.11	985
宁阳县	1	1292	1431	4774	342	283	37.73	6.46	14.87	864
东平县	2	1254	2054	5055	238	263	14.04	8.75	13.55	1130
泰安高新区	1	1621	1063	4083	164	107	13.40	7.14	8.50	600

高等教育

【概况】 市内有高校15所，在校生14.59万人，教职工1.23万人。其中，山东农业大学、山东科技大学泰安校区、山东第一医科大学泰安校区、泰山学院、山东医药技师学院、山东外贸职业学院泰安校区、山东交通职业学院泰安校区、山东电力高等专科学校泰安校区8所为省属高校，泰山职业技术学院、泰山护理职业学院、山东服装职业学院、泰安技师学院4所为市政府直属事业单位，泰山科技学院、山东财经大学东方学院、山东力明科技职业学院3所为民办高校。（刘　晓）

【山东农业大学】 学校校园占地面积356公顷，建筑面积114.89万平方米，教学科研仪器设备总值9.85亿元，图书馆藏书289万册，电子图书178万册。在职教职工2522人，教师中有教授、副教授1259人，中国科学院院士1人，中国工程院院士2人。学校设有农学院等21个学院。有博士后科研流动站12个，一级学科博士点12个，一级学科硕士点26个、专业学位授权类别15个。设有本科专业96个，其中国家级特色专业9个、国家一流本科专业建设点14个、省级一流本科专业建设点16个。调整优化本科专业结构布局，新增学士学位授予专业8个、本科专业2个，停招本科专业5个。获批国家级一流专业建设点2个、省级一流专业建设点8个。1个专业通过工程教育专业认证，1个专业通过中期考核。获评省级一流课程25门，推荐参评国家一流课程15门。教育部产学合作协同育人项目立项83项。开展师德专题教育，印发教师师德失范行为负面清单及失范行为处理办法，完善师德师风制度体系。印发现代产业学院建设实施方案，建立校级现代产业学院4个。1个团队获评全国全省高校黄大年式教师团队，5人获评省级教学名师。获首届教师教学创新大赛全国二等奖1人，获全省青年教师教学比赛一等奖1人。获评全省“深化高考改革，提升人才培养质量”优秀成果一等奖项目1个。落实新时代研究生教育改革发展意见，完善“申请考核”、“硕博连读”和“公开招考”等招录机制。增列5个硕士学位授权点，3个硕士点入选山东省博士学位授权点精准培育。立项各级各类科技项目663项，立项经费3.05亿元、到位经费2.56亿元，其中国家重点研发计划课题2项、国家自然科学基金项目75项、农业部农业科研杰出人才项目3项、省重大基础研究项目2项、省优青2项，新增国家社科基金项目2项、山东省重大创新工程项目2项、教育部人文社科基金项目5项、山东省社科规划项目9项。获国家技术发明二等奖1项、国家科技进步二等奖2项，山东省科技进步一等奖2项。获得授权专利374项，其中发明专利235项，国际专利17项。获得农业植物新品种权15个，审定新品种14个，获得软件著作权登记260项。开展“六大行动”（制度建设行动、科技成果提升行动、服务队伍提质行动、校地合作并肩行动、校企合作联姻行动、基地建设扎根行动），推进科技服务“五个一工程”［整建制服务一个县（市、区），派一个专业化服务团队，选一个科技副职，建一片技术示范基地，形成一个科技服务系统］，与高密市、茌平区、临淄区等10余个县（市、区）开展全面战略合作，与邹平县、新泰市、莱芜区合作共建乡村振兴研究院，与肥城市共建全国农业科技现代化先行县，与鲁粮集团、信发集团等签署全面合作协议，与土发集团合作共建宁阳大枣研究院，推进共建喀什大学农学院。参与共建山东烟草工商研创新科技园，争取横向经费996万元。签订各类技术

12月23日，泰安市委书记杨洪涛到山东农业大学宣讲中共十九届六中全会精神（胡春龙　供）

合同328项、金额1.06亿元，成果转化40项、金额3459万元。2021年，学校招收本科生7190人、硕士研究生1939人、博士研究生148人；毕业本科生7936人、硕士研究生1322人、博士研究生125人；在校学生34256人，其中本科生29150人，博士、硕士研究生5106人。另有非全日制研究生446人，继续教育类学生21532人。（胡春龙）

9月28日，泰安市知识产权协会成立大会在山东科技大学泰安校区举行。图为揭牌仪式现场（刘钦兴 供）

【山东科技大学泰安校区】 山东科技大学在青岛、泰安、济南三地办学，在泰安设泰安校区党委和管委，负责校区党政工作。泰安校区占地面积50余公顷，校舍面积38万余平方米，设资源学院、智能装备学院、财经学院、公共课教学部、继续教育学院等教学单位5个，设煤矿充填开采国家工程实验室、采矿工程研究院、岩土工程研究院等科研机构3个，本科专业29个。在职教职工567人，高级职称人员145人，博士生导师和硕士生导师80余人。有省级研发中心6个。其中，“山东省工业测控工程技术中心”是山东省科技厅批准建设的省级科研平台；“矿业工程综合实训中心”为省级实验教学示范中心；“矿业工程实验中心”和“矿山机电工程实验中心”为山东省骨干学科实验室；“先进自动化技术实验中心”为中央与地方共建特色优势学科实验室；校内教学模拟矿井被原煤炭部命名为“华东煤炭院校泰安实习中心”。校区实施“教学质量生命线工程”，加强专业建设、课程建设、科技创新平台建设和师资队伍建设，提高人才培养质量。有国家级精品课程1门，山东省特色专业建设点3个、在建山东省高水平应用型专业2个，山东省一流课程4门、精品课程29门、在线开放课程平台上线课程8门，山东省教学团队2个，山东省教学名师2人，全国煤炭教学名师1人。校区教师在高校青年教师教学比赛、教师教学创新大赛中，获国家级一等奖1项，省级奖励10项。2017—2021年，校区承担国家自然科学基金、国家社会科学基金、山东省自然科学基金等省部级以上项目38项近1000万元；横向科研合同经费1.79亿元；获省部级以上科研奖励20余项；授权发明专利70余项，专利许可转让16项。2021年，山东科技大学泰安校区招收本科生1287人、硕士研究生156人；毕业本科生2917人；在校学生6998人，其中本科生6746人、硕士研究生252人。（刘钦兴）

【山东第一医科大学（山东省医学科学院）泰安校区】 山东第一医科大学（山东省医学科学院）泰安校区占地面积200多公顷，校舍面积82万平方米。校区有基础医学院、放射学院、护理学院、药学院、口腔医学院等17个教学院部，设有临床医学、口腔医学、护理学、医学影像学、药学、预防医学等48个本科专业和专业方向。实施“本科教育提升计划”，开展“专业强化、金课建设、名师培养、质量保障”等十大内涵建设提升工程，实施教学改革，新增国家级一流本科专业建设点1个、省级一流本科专业建设点2个，获批省级一流课程15门。完成教师岗位评聘，打造骨干教师队伍梯队，2名教师入选省教学名师、1支团队被评为“山东省高校黄大年式教师团队”。科创中心入驻科研团队37个。泰安市附属肿瘤医院被省委、省政府评为“2020年度山东省人才工作先进单位”。年内，学校获山东省唯一2020年度国家自然科学奖二等奖，成为山东省第二家以第一完成单位获得该奖项的省属高校。获省科技进步奖一等奖3项、二等奖7项、三等奖3项，省自然科学奖二等奖2项。获批国家级项目89项。2021年，校（院）泰安校区招收本科生5359人；毕业本科生4664人、专科生883人；在

9月24日，泰安市“全警进高校、入网格”反诈宣防活动启动暨首届反诈社团成立仪式举行（李启明　供）

校学生16751人，其中本科生16250人、专科生501人。（李启明）

【泰山学院】　学校建有南、北两个校区，占地面积91.87公顷，建筑面积54万平方米，建有原党和国家主要领导人设在高校的第一座图书馆——万里图书馆。2021年，泰山学院入选山东省应用型本科高校建设首批支持单位，获批山东省美育浸润行动计划试点单位。有国家级一流本科专业建设点3个，省级一流本科专业建设点10个，2个专业通过师范类本科专业二级认证。有二级学院15个，本科专业66个，涵盖文学、理学、工学、历史学、教育学、管理学等九大学科门类。有教职工1456人，其中专任教师1100余人，高级职称450余人。新增专业1个，新增校企合作专业（方向）5个。新增省级一流课程7门，27门课程上线省课程联盟平台，获评山东省优秀教材1部。新成立产业学院（联盟）4个，人工智能产业学院获批省级现代产业学院。获全省第八届高校青年教师教学竞赛一等奖3个，获全国大学生学科竞赛排行榜国家级奖励91项、省级奖励475项，获省级以上大学生创新创业项目53项，获山东省大学生科创大赛奖励10项，获第九届山东省师范类高校学生从业技能大赛一等奖9个。纵横向科研到账经费1.21亿元。新增国家级项目4项、省部级项目41项。取得各类科研成果880余项。授权专利62项，出版著作118部。获得各类成果奖30项，其中省自然科学奖二等奖1项、泰山文艺奖1项、省社会科学学科新秀奖1项、文化和旅游优秀研究成果二等奖1项，均为首次突破。1个项目入榜“科创中国”先导技术榜，是全国唯一地方本科院校入榜成果。《泰山编年通史》入选“十四五”国家重点图书出版专项计划，属学校首次。持续推进服务泰安行动计划和乡村振兴，签订协议322个、项目309项，提供政策咨询9项。推进教产研深度融合，建立博士智库，结对院所（校）27个、产业园区8个、行业协会8个。与山东国欣文化旅游发展集团共建泰山国欣智慧文旅产业学院。成立泰山学院理事会。2021年，招收全日制新生5009人，毕业5920人，在校生1.8万人。（王成磊）

【泰山职业技术学院】　学院占地面积63公顷，建筑面积22.6万平方米，教学仪器设备价值1.03亿元。馆藏图书78.5万册，固定资产4.2亿元。建有泰安创业大学、泰安市第一公共实训中心、泰安市逆向工程与三维技术研究院、泰安市现代职教研究院、泰安市工艺美术学会、泰安市增材制造协会、泰安市机电职教集团、泰山书院。有国家实训基地4个、省高等学校应用技术优质协同创新中心1个、省高等学校工程技术研发中心1个、省职业教育技艺技能传承创新平台4个。有专业52个，其中中央财政重点支持、教育部骨干、省重点建设、省特色专业、国控专业、省品牌专业群、省现代学徒制试点专业项目、省“3+2”专本贯通培养专业22个，省级精品课程、资源共享课、省级课程思政示范课程、省社区教育优秀课程39门，省级专业教学资源库1个。有国家专利发明88项。教职工558人，其中专任教师490人，副高级以上职称200人，省职业教育名师工作室3个、省级教学团队3个。完成教育部提质培优行动计划38项工作任务。新增9个招生专业、1个省高水平专业群。新增“1+X”职业资格证书制度试点4项，完成“1+X”证书制度试点考核12项，考核920人次。推荐151名学生进入2021年度的“齐鲁工匠后备人才”遴选程序。获批省首批大数据人才实践基地。获省级以上大赛奖146项，其中国家级一等奖9个、二等奖16个、三等奖6个、省级一等奖19个。2人获省教学名师称号。新

7月13日，泰山职业技术学院承办山东省高职院校思政课程建设论坛暨山东省职业院校2021年度“萌新磨课会”（陈路平 供）

增2名泰安市社科专家、2名山东产教融合智库中心专家。新立项各类课题101项，其中省厅级课题15项、市级课题18项；结题市级以上科研项目36项，其中省级课题20项、市级课题16项。获省市科研成果奖16项，授权实用新型专利12项，发表学术论文61篇。承担完成市社科与市哲学社会科学规划项目15项。1项教育部重点教育科学规划课题结项，2项高职及中职教育教学成果获省级教学成果奖，1个项目被评为省2021年终身学习品牌项目，1个方案被评为省级大数据创新应用优秀解决方案，2项教材被评为“十四五”省级职业教育规划教材。开展15种类型、3.8万人次的考试。科技扶贫岱岳区房村镇。与16所中职院校17个专业开展五年制高职教育“3+2”合作共建工作。依托建筑培训中心培训考核全市建筑行业特种作业1068人。完成学生学籍注册工作。发放学生资助资金991.78万元。1人获“全国优秀共青团干部”称号。组织网络招聘会。参加第七届省“互联网+”大学生创新创业大赛，获1项金奖。开展校企（校校）合作。与25家省内企业举行校企合作签约挂牌仪式；与10家企业签订校企合作办学项目合同、制定招生计划；与泰山智能制造产业研究院举行教产研战略合作签约。开展国际化合作。先后获全国社科组织先进单位、省级文明校园、省教育网络安全工作先进单位、省最具影响力教育政务融媒体、省教育新闻宣传先进单位、省无偿献血先进高校、省征兵工作先进单位、省社科普及工作先进单位等称号。2021年，全日制在校学生1.6万人，毕业生4412人。录取新生7561人，高出本科线114人。

（杨 春 陈路平）

【泰山护理职业学院】 学院占地面积35.33公顷，主要举办专科层次医护类高等职业教育，是山东省医护人才培养基地、全国第二家国际护士培训基地、山东省康养产教研联盟理事长单位、省级文明校园。有教职工438人，专任教师289人，中高级职称占教职工总数53.3%，硕士研究生以上学历占比专任教师的70.9%。馆藏纸质图书32.7万册，教学科研仪器总价值5577.71万元。学院有教学部3个、系部6个，有预防医学、护理、助产、医学影像技术、放射治疗技术等招生专业15个，其中预防医学专业为国控专业，护理康养专业群被评为山东省高水平专业群，护理专业、助产专业被评为全国职业院校骨干专业，失智老人照护、母婴护理等7个专业获批全国“1+X”证书制度试点。加

10月18日，泰山护理职业学院建院10周年庆典大会举行（董合新 供）

强与医疗卫生机构、大型医药企业合作，发展市妇幼保健院、泰安市立医院、泰安市中医二院3家附属医院，在泰安市中心医院、泰安市中医医院、泰安市肿瘤防治院、山东省泰山疗养院、山东省煤炭泰山疗养院等5家医院设立教学医院，在北京解放军总医院、上海海军军医大附属长海医院、山东省立医院等省内外64家综合性医院及大型药企建立实习基地，先后与中航东星、泰智医学、山东九州通等12家企业集团建立稳定的校企合作关系。2021年，学院在校生1.1万人，录取学生3758人，其中普通专科3209人，五年一贯制198人，五年一贯制转段351人；2021届毕业生3238人，就业率94.97%，在全省医护类院校中居于前列。713人升入本科相关专业，升本率达84%，比全省平均升本率高13个百分点。学院先后获山东省首批高等职业学校学分制改革试点单位、全省第一批教育信息化建设试点单位、山东省首家钉钉未来校园、山东省青年志愿服务先进集体等称号，继续保持国家级青年文明号、省级文明单位称号。（董合新）

【山东服装职业学院】 学院占地面积40公顷，建筑面积23万平方米。有普通高职、“3+2”本科对口贯通培养、五年制大专、自考本科、成人大专等办学层次。开设服装工程与管理系、服装设计与表演系、艺术与设计系、国际贸易系、信息工程系、财经系、机电系和基础部9个教学机构。设有服装与服饰设计、服装设计与工艺、服装陈列与展示设计、民族服装与服饰、视觉传播设计与制作、会计、旅游管理、机电一体化、计算机应用技术、虚拟现实应用技术等33个专业。推进名师培育、专业提升、科研创新等十项工程。服装设计与工艺专业群立项为“山东省高等职业教育高水平专业群”，服装设计教师团队获批“山东省高校黄大年式教师团队”，1项教学改革项目获批山东省职业教育教学改革研究项目，新增家用纺织品设计、舞蹈表演2个专业。举办全国职业技能大赛电梯维修保养比赛，取得2022年山东省大学生数学竞赛（专科组）承办权。学院师生在全省职业院校技能大赛、全国大学生“新道杯”沙盘模拟经营大赛、全国大学生纺织外贸营销+跨境电商职业能力大赛、山东省大学生数学竞赛、全国大学生校服大赛、山东省教学能力大赛等比赛中获一等奖5项、二等奖6项、三等奖13项，在省大学生运动会田径比赛中获两金两银两铜，列乙组团体第7名。19项省、市级课题立项，企业资助研究经费实现突破，泰山汉服文化研究中心获批首个市级科研创新平台。落户学院的泰安市大型仿真实训基地建设项目，被列入全市重点建设项目。年内，在校生数量达到13889人。录取新生5378人，报到4703人，总体报到率达到87.45%。毕业生2992人，总体就业率96%。新增3个成人专科函授教育专业，录取函授生2600人。开展各类培训人数突破7000人。年内，通过“省级文明校园”复审，连续11年保持“省级文明单位”称号。获全国职业教育管理创新学校、全国纺织服装教育先进单位、全省职业教育先进单位、山东最具办学特色高职院校、最受企业欢迎的山东职业技术院校、全省最具就业竞争力高职院校、山东省纺织服装职业教育先进单位等称号。（耿春燕）

12月28日，山东服装职业学院举行“紫薇花”艺术团成立暨庆元旦文艺演出（毕研兴　摄）

【泰安技师学院】 学院占地面积9.53公顷，建筑面积7万平方米，资产1.76亿元，办学层次以中级班、高级班、技师班三位一体。在校生8000余人。设有汽车工程、机械工程、商务管理、数控技术、电气工程、信息工程6个系和基础部，开设汽车制造与装配、焊接加工、机电一体化技术、会计、烹饪、数控加工、工程造价、电气自动化设备安装与维修、计算机应用与维修、电子商务等专业（工种）。其中，焊接加工是省级重点名牌专业；电气自动化设备安装与维修是省级重点名牌专业、省技工院校百强专业、省级示范专业群建设项目；数控加工、机电一体化专业是泰安市名优专业。强化制度建设，提高教学管理和科研工作规范化水平。加强专业建设，机电一体化专业获泰安市技工院校名优专业。做好技能大赛工作。教师参加各级各类比赛获国家级三等奖1个、优秀奖1个；省级一等奖8个、二等奖3个、三等奖7个、优秀奖15个；市级一等奖10个、二等奖7个、三等奖8个、优秀奖11个。学生参加各级各类比赛获国家级三等奖1个；省级一等奖7个、二等奖7个、三等奖11个；市级一等奖4个、二等奖5个、三等奖14个。年内，结题省级课题3项、市级课题2项；在研省级课题5项、在研市级课题4项。组织企业新型学徒制培训，为16家企业1200余名企业职工开展9个专业（工种）的学习培训。新上护理、新媒体、网络与信息安全、新能源汽车、物联网、无人机技术应用等新专业6个；全年与市内外17家单位达成冠名培养协议，开设冠名班28个。考察学生实习单位，全年累计为泰开集团有限公司、泰盈科技集团、开元国际酒店、上汽通用五菱股份有限公司青岛分公司等企业组织派送工学交替实习学生1700多人次。做好毕业生就业工作，举办2021就业暨顶岗实习供需双选会，采用线下与线上相结合的形式，在举办招聘会的同时，邀请冠名班合作单位、企业新型学徒制合作单位举办校企合作座谈会，共商校企合作事宜。年内，招生3125人，2021届毕业生1882人，就业人数1876人，就业率99.7%。学院先后获全国职业教育先进单位、全国职工教育培训示范点、山东省职业教育先进单位、山东省技工学校教学质量优秀单位、山东省教育系统先进集体、省级文明单位、全省技工教育通报表扬集体等称号。

（张 斌 李 乾）

【山东财经大学东方学院】 学院占地面积35.46公顷，校舍面积15.90万平方米。固定资产总值2.7亿元，其中教学、科研仪器设备资产值3236.4万元。图书馆建筑面积1.35万平方米，藏书45.2万册。拥有计算机1181台。信息化设备资产2113.22万元，网络信息点数1096个，校园网出口总带宽1000 M bps，电子邮件系统用户数1200个，上网课程数75门，数字资源量1200GB，管理信息系统数据总量39.09GB。开设本科专业28个，专科专业2个，涵盖经济学、管理学、理学、工学、文学、艺术学6个学科门类。获批山东省本科教育教学改革研究项目2项，职业教育教学改革研究项目1项。获批省级科研项目4项，厅级科研项目35项，校级科研项目10项。获泰安市优秀科研成果奖一等奖1项，二等奖1项，三等奖2项。发表高层次学术论文42篇，其中核心期刊11篇。获第十七届“挑战杯”全国大学生课外学术科技作品竞赛山东省赛二等奖1项，三等奖1项，建行杯第七届“互联网+”大学生创新创业大赛山东省赛铜奖1项，2021年国家级、省级大学生创新创业训练计划立项国家级4项、省级1项，第四届全国高校经济决策虚仿实验大赛区域赛二等奖1项，全国三等奖1项。年内，获2021山东最佳社会声誉高校、2021最具影响力教育政务融媒体等称号。2021年，招收专科生240人、本科生1988人；毕业专科生519人、本科生1659人；在校学生8453人，其中专科生1882人、本科生6571人。（刘 晓）

【泰山科技学院】 2021年3月1日，学校由“山东科技大学泰山科技学

3月1日，泰山科技学院揭牌典礼举行，正式由山东科技大学泰山科技学院更名为泰山科技学院

（王 敏 供）

院”正式更名为“泰山科技学院”。泰山科技学院位于泰安市岱岳区山口镇，校园占地面积 53.6 公顷，建筑面积 13.94 万平方米，教学仪器设备价值 2790.77 万元，图书馆藏书 38.43 万册。有专任教师 245 人，其中副高级职称 17 人、正高级职称 6 人；外聘专任教师 91 人，其中副高级职称 29 人、正高级职称 10 人。学校设有淬炼商学院、大数据学院、行政管理学院、智能工程学院、通信工程学院、建筑工程学院、艺术传媒学院 7 个学院。有省级实验教学示范中心 1 个、省级本科特色专业 3 个、省级精品课程 29 门、省级一流课程 2 门、省级教学成果奖 4 项。获批财务管理、人力资源管理、电信工程及管理、数字媒体艺术本科专业 4 个，数字媒体艺术设计、婴幼儿托育服务与管理、电信服务与管理专科专业 3 个。学生获国家级奖项 330 项，其中一等奖 34 项；获省级奖项 279 项，其中一等奖 48 项。年内，开设新生体验课 26 门，其中新开 8 门；新生研讨课 11 门，其中新开 4 门。成立国际交流学院。完善基层教学组织建设，新成立 12 个教研室。全年完成本专科学生课堂教学任务 67587 学时，实验教学任务 12394 学时。组织各教学部门制定 22 个本科专业、16 个专科专业、14 个专升本专业的人才培养方案。立项省级教研教改项目 2 项；省级科研项目 10 项；市级科研项目 8 项，其中 2 项为重点项目；获市级社会科学优秀成果奖 1 项，2021 年产学合作协同育人项目 3 项。年内，学校获 2021 年度综合实力民办高校、2021 融媒传播——创意传播高校、最佳社会声誉高校、最具影响力教育政务融媒体等称号。2021 年，学院招收本科生 2953 人，专科生 806 人；毕业本科生 2762 人，专科生 513 人；在校生 8231 人，其中本科生 6216 人、专科生 2015 人，就业率 93.7%。（王　敏）

民办教育

【概况】　全市有各级各类民办教育学校 675 所，在校生 18.1 万人。其中民办高校 3 所，在校生 2.7 万人；民办高中 10 所，在校生 1.0 万人；民办职业中专 3 所，在校生 0.5 万人；民办初中 22 所，在校生 2.3 万人；民办小学 11 所，在校生 2.1 万人；民办幼儿园 626 所，在园幼儿 9.5 万人。

【规范民办义务教育发展】　年内，建立规范民办义务教育工作推进机制，成立工作专班，制定工作方案，完成对 39 所民办义务教育学校的“校校到”排查，逐校建立问题清单，按照整改时限，督促整改落实。在“校校到”基础上，制定“一校一案”规范方案，按照“有易到难”原则，初步完成民办义务教育学校“党务、招生、教学、财务、校名、办学条件”6 个方面的年度规范任务。

【实现民办高等教育新发展】　2 月 3 日，经教育部批准，山东科技大学泰山科技学院转设为泰山科技学院，泰安市新增一所独立设置的本科层次民办高等学校。（刘　晓）

编辑　校对　　刘小笋

文化

综述

【概况】 2021年，泰山新闻出版小镇被国家版权局评为全国版权示范园区、设立为全国首家图书类版权交易中心。首创泰山国际新闻出版会展品牌，泰山国际新闻出版合作大会永久落户泰安。《人民日报》《中国文化报》对泰安市创新推动新闻出版业高质量发展做法进行宣传报道。城乡书房建设获第五届山东省文化创新奖，入选省文化和旅游厅2021年度工作典型案例。省级以上文化产业示范基地14家，规模以上文化产业法人单位67个。泰山大剧院引进保利剧院托管，常年引进高端剧目。泰山文化传承创新示范区被列入省重点推进示范区。大汶口遗址（新石器）入选“百年百大考古发现”。3项作品获第十二届山东省“泰山文艺奖”。先后举办第三十届全国图书交易博览会分会场活动，河和之契：2021黄河流域、大运河沿线非物质文化遗产交流展示周，山东省2021年“文化和自然遗产日”主场城市活动暨“红色文化主题月”活动，东岳壮歌——泰安市庆祝中国共产党成立100周年革命文物展览，“永远跟党走 奋斗新征程”全市广场舞及才艺大赛等活动。完成献礼中国共产党成立100周年影片《你的青春在哪里》、电视剧《我们都是追梦人》、108集动画片《趣话泰山》等的制作与拍摄。

5月22日，“唱支山歌给党听”——泰安市庆祝中国共产党成立100周年“大家唱”群众合唱展演活动举行 （刘姗姗 供）

【艺术创作】 2021年，3项作品获第十二届山东省“泰山文艺奖”。其中，山东梆子大型现代戏《泰山挑山工》获戏剧类作品一等奖，歌曲《愿苍生安宁》获音乐类三等奖，舞台杂技《坛艺》获杂技类二等奖。新创音乐作品《挑泰山》《敢当龙未央》、戏曲作品《三进门》入围第十二届山东文化艺术节新创群众文艺作品展演。山东梆子《徂徕儿女》、小戏《谁动了我的瓜》入选第十二届山东文化艺术节展演。其中，《谁动了我的瓜》获第十二届山东文化艺术节小型戏剧新创作优秀剧目评比展演奖。重点创作山东梆子大型现代戏《徂徕儿女》、新编木偶戏山东梆子《墙头记》、小戏《谁动了我的瓜》《三进门》，完成文化和旅游部2021年度“国家非物质文化遗产专项保护项目”《豹头山》《刀劈杨藩》的复排和巡演工作。1名山东梆子演员入选第二届“山东省戏曲名家工作室”，并参加由中宣部、文化和旅游部共同主办的2022年新年戏曲晚会。

公共文化

【公共文化设施】 2021年，全市有公共图书馆7个，其中一级馆3个（泰安市图书馆、泰山区图书馆、东平县图书馆），二级馆3个（新泰市图书馆、肥城市图书馆、宁阳县图书馆）；有公共文化馆7个，在第五次全国文化馆评估定级中，泰安市文化馆、泰山区文化馆、岱岳区文化馆、新泰市文化馆、肥城市文化馆、宁阳县文化馆、东平县文化馆均获评“国家一级馆”。建设县级文化馆分馆88个、图书馆分馆100个，全部实现免费开放。公共图书馆均按照“六个一”（一个统一标牌、一尊孔子像、一个国学讲堂、一个道德展室或展板、一个国学经典阅览室或阅览区、一个文化体验室或活动区）标准完成尼山书院建设。乡镇（街道）综合文化站、村（社区）综合性文化服务中心建设实现全覆盖。年内，以实现公共文化服务均等化为重点，推动文化资源整合，加强各级公共文化阵地建设，完善市、县、镇、村四级公共文化服务体系，利用各级文化设施开展群众性文化活动，满足广大群众对美好文化生活的需求。

【文化惠民活动】 2021年，继续实施“五抓”（抓队伍、抓活动、抓阵地、抓宣传、抓管理）、“四员”（党员干部下沉基层当好指导员、服务员、联络员、宣传员）文化惠民工程，推进群众文化生活满意度提升攻坚行动，在全市范围内组织开展大家创、大家唱、大家演、大家拍、大家评“五个大家”群众文化活动。全年举办各类群众文化活动5万余场，开展送戏下乡演出6400余场次，放映公益电影6.4万余场。全市投入全民阅读活动经费420万余元，举办捐赠图书活动35场，开展阅读季活动170场次，国学经典诵读、亲子阅读活动580场次，书香校园巡展80余场，“名著周末”20期，其他品牌阅读活动260余场，开展“讲党史故事读万卷好书”乡村阅读齐鲁行暨农家书屋万场主题阅读活动1.2万场，累计惠及民众近240万人次。启动第五届泰安文化和旅游惠民消费季活动，发放市级消费券125万元。组织文艺小分队开展“文艺轻骑兵 惠民走基层”系列展演活动160余场。举办“金种子”文化惠民培训班2期。开展“唱支山歌给党听”——泰安市庆祝中国共产党成立100周年“大家唱”群众合唱展演活动、“永远跟党走 奋斗新征程”泰安市2021年全市广场舞大赛·泰山群星大舞台、冬春文化惠民季等大型活动。其中，“永远跟党走 奋斗新征程”2021年泰安市广场舞及才艺大赛、“文友杯”泰安文旅“大家拍”活动、宁阳县“家·国·梦”全民歌舞拉力赛入选2021年度全省“五个大家”系列活动优秀案例。肥城市“桃木雕刻之乡”、东平县“渔家文化之乡”获2021—2023年度“山东省民间文化艺术之乡”称号。

【城乡书房建设】 创新拓展公共文化服务空间，构建15分钟阅读圈，以构建图书馆总分馆、城乡书房、农家书屋、社区书屋、新华书店、旅游驿站互联互通“六位一体”公共服务为目标，因地制宜推行“1+N”书房建设模式。“书房＋县区”模式，形成“一地一品”。新泰市建成24小时开放书房，肥城市建成“新华书店＋社区图书馆”，泰山区建成“泰山书房＋旅游驿站”，岱岳区建成“红色驿站”，宁阳县建成“名著周末”书房。其中，《点亮城乡阅读之灯 开启心灵智慧之门——新泰市创新实施城乡书房建设工程》获第五届山东省文化创新奖，入选省文化和旅游厅2021年度工作典型案例；新泰市《乡村书房建设及服务规范》省级地方标准给予立项，填补全省在该领域的空白。“书房＋部门”模式，形成职能优势。联合纪委监委、共青团、教育、妇联、残联、邮政等部门，采取书房“＋四点半学校”“＋妇女儿童之家”“＋志愿者之家”“＋老年大学”“＋残疾人之家”“＋村邮站”“＋村便民超市”“＋村电商服务站”等方式建设综合性书房，开展延伸服务和精准服务，为不同人群提供全方位阅读服务。“书房＋旅游”模式，促进文旅融合。与景区景点规划和旅游服务站点建设相结合，建设“书房＋旅游驿站”“书房＋茶吧”“书房＋休闲屋”等景点服务书房；与乡村旅游建设中的农耕文化馆、村史馆、乡村记忆博物馆等结合，建设“书房＋耕读学院”“书房＋民俗馆”等“留得住记忆，记得住乡愁”的农家书屋升级版书房。其中，九女峰书房位于九女峰景区，建成后在短短2个月内成为全国网红打卡地和游客向往的新景点。2021年，全市建成城乡书房20家，先后开展国学经典诵读、亲子阅读、“名著周末”等品牌阅读活动2000多场次，累计惠及民众500多万人次。

【美术馆】 泰安市美术馆（泰山画院）是一家集收藏、研究、展示、教育于一体的公益性文化事业机构，推出的公共文化服务品牌项目“泰安市美术馆公教研修班”，开设国画（人物花鸟、山水）、油画、水彩、综合材料4个画种5个班次，作品多次在国家、省、市级展览中获奖。2021年5月15日，市美术馆推出的水彩作品《彩石溪之二》（刘建东）、《新疆老人》（冯晓东）、《工业记忆之一》（丁毅）3件作品入选由中国美术家协会、山东省文化和旅游厅主办的“水彩与新时代——中国水彩泰山学术论坛暨中国水彩名家学术邀请展”。油画作品《塞罕坝的春天》（冯晓东）入选第五届中国油画展。丙烯画《白》（赵祥）入选第七届全国画院联展。先后举办迎新春·泰安市美术暨民间工艺品展、“感党恩·颂百年”泰山第五届中国女书画家作品展、“青春·进步”——泰安市第四届青年美术作品展等各类展览19个，累计接待观众4万余人次。

【图书馆】 2021年，泰安市图书馆古籍藏品总量383件（套）计2000余册，其中泰山古籍文献藏品10余件（套）；列入省级古籍文献藏品20余件（套）；明清版古籍文献藏品350余件（套），2007—2020年连续14年被山东省文化和旅游厅、山东省古籍保护中心评为山东省古籍重点保护先进单位。市图书馆获得由山东省文化和旅游厅颁发的“第十六届全省读书朗诵大赛先进集体奖”，选送的作品在总决赛中获一等奖1件、三等奖2件。在山东省委宣传部和省文化和旅游厅联合举办的“图书馆员讲红色故事”活动中，第一批全省入选18人，其中泰安市有4人入选。市图书馆自2011年7月1日起免费向社会开放，实行全年365天无节假日开放。免费向读者提供借阅、咨询服务，2021年，图书借还量达14万册次，人员借还量9.4万人次。打造数字化移动图书馆，强化数字阅读硬件配备，购置电子读报机、电子阅读机、自助借还机、自助办证机、自助查询机，让读者阅读更便捷。采取“线下＋线上”文化活动新模式，推出每周一次线上公益绘本课堂、每月一期线上优秀图片展、线上有声经典诵读“尼山诵读亭”等系列活动。

【文化馆】 泰安市文化馆成立于1961年12月。2021年4月，同挂泰安市非物质文化遗产保护中心、泰安市文化惠民服务中心牌子，馆内有乡村记忆博物馆及非物质文化遗产展厅。其中，乡村记忆博物馆主要展示岁时节令、衣食住行、人生礼仪、生产贸易、信仰习俗、游艺竞技等，非物质文化遗产展厅主要展出非物质文化遗产项目。2021年6月14—20日，在第十二届山东文化艺术节群众优秀新创文艺作品会演中，市文化馆两件原创音乐作品《挑泰山》《敢当龙未央》入选。《挑泰山》参加“河和之契：2021黄河流域、大运河沿线非物质文化遗产交流展示周”启动仪式。先后举办“彩山特曲杯”泰安市第十四届器乐大赛、泰山群星大舞台比赛4期（歌舞类专场、民族器乐专场、西洋器乐专场、戏曲曲艺专场）、“永远跟党走 奋斗新征程”2021年泰安市广场舞大赛总决赛及才艺展演活动等大型群众文化活动，承办“庆国庆 我和我的祖国”文艺快闪等文艺演出活动。开展线上“文化迎春·艺术为民”泰安市春节联欢会、非物质文化遗产月“迎新春·闹元宵”非遗展览展演、非遗展厅等各类线上文化活动。组织开展庆祝中国共产党成立100周年“文艺轻骑兵 惠民走基层”系列活动，深入乡镇、村开展文化基层演出活动计162场，服务人数10万余人次。开设免费公益培训班，设置声乐、戏曲、舞蹈等学科门类10个，培训110余课时、2100余人次。举办电子琴、写意、戏曲、声乐等13个专业的线上公益培训课程，摄影班学员作品分别获香港第十一届全国摄影艺术展精英奖、第二届国际老年大学艺术摄影大赛一等奖、第九届山东省老干部艺术节摄影大赛金奖。 （刘姗姗）

组织开展“文艺轻骑兵 惠民走基层”2021年泰安市文化惠民系列展演活动。图为11月17日到天平街道岩庄社区进行文艺演出 （刘姗姗 供）

文学艺术

【概况】 2021年，泰安市文学艺术界联合会（以下简称市文联）拥有市级所属艺术家协会43个。全市6个县（市、区）、1个功能区成立文联组织，拥有国家级会员189人，省级会员1932人，市级、县区级艺术家协会会员5万余人。年内，全市有5部作品获山东省泰山文艺奖。出版《泰山作家文库·第五辑》。举办第七届泰安文学周。举行第三批签约作家签约仪式。围绕庆祝中国共产党成立100周年主题，开展系列文艺活动。继续组织乡村美化工程、开展文艺进万家活动等。市文联继续保持“省级文明单位”称号。

【文学艺术创作】 年内，5部作品获省泰山文艺奖。儿童文学《稻草人和蝴蝶》（黛安）、诗集《孙子》（马晓康）获省委、省政府第五届泰山文艺奖（文学创作奖）。山东梆子《泰山挑山工》、歌曲《愿苍生安宁》、舞台杂技《坛艺》3项作品获第十二届省泰山文艺奖。

3月13日，泰安市作家协会和泰山文学院联合在粥店社区会堂举办《泰山作家文库·第五辑》首发式。加强对中青年骨干作家的培养和扶持，推动文学精品创作，4月，市文联举行第三批签约作家签约仪式，签约作家6名。《泰山故事》（夏照军）由山东出版传媒股份有限公司出版发行，并被译为韩文出版，列入“一带一路”丝路书香工程。推出六大美术品牌，“泰山三工绘泰山”（泰山画）、“泰山祥和图”（荷画）、“泰山平安图”（竹画）、“泰山山君图”（虎画）、“泰山八百里图”（牛画）、“泰山吉祥图”（鸡图）。

【第七届泰安文学周】 10月22—24日在新泰市楼德镇举办。全省50名作家围绕优秀文学作品创作、作品主题方向等内容展开深入讨论交流。省作协副主席葛长伟到场指导工作，青岛市作协主席高建刚，山东师范大学教授、著名文学评论家赵月斌对签约作家的作品进行讲评。与会人员实地走访考察楼德地域特色、文化传承、经济社会发展等情况，让文学更好地为社会和人民大众服务。

【乡村美化工程】 年内，组织艺术家以百年党史、中华民族传统美德、泰安红色文化、乡村振兴为导向，开展系列墙体彩绘活动。组织市文联文艺宣传队，市书协、市美协等6家协会、艺术组织，12支文艺轻骑兵以及墙绘志愿者，深入11个乡镇累计绘制墙体彩绘400个、面积2.5万余平方米；到肥城市桃园镇顾庄村等9个村，在孙牛路、泰肥一级路及安桃路沿线为80余间农村生产看护房公益创作墙体彩绘，用写意、抽象等手法，融合当地“西王母赐肥桃”民间传说，以及社会主义核心价值观、传统民俗文化等内容，为桃园镇绘制近1000平方米的“彩绘屋墙”。

【庆祝中国共产党成立100周年系列文艺活动】 6月17日，与市委宣传部、市文旅局联合举办“泰安市庆祝中国共产党成立100周年美术书法摄影剪纸作品展”，展出作品385幅。6月28日，与市政协办公室、市文旅局联合举办“泰安市庆祝中国共产党成立100周年书画作品展”，展出作品228幅。6月3日，举办“泰安市文学艺术界与社会各界庆祝中国共产党成立100周年”文艺晚会。

【文艺进万家活动】 年内，组织艺术家到13个社区、7个学校、4家企业、16个村开展文化活动。举办首场“泰安文学艺术界春节大联欢”演唱会；举办“我们的中国梦”

6月3日，“学党史 传精神 跟党走”学府春天·泰安市文学艺术界与社会各界庆祝中国共产党成立100周年文艺晚会举办 （刘志宇 摄）

文化进万家走进泰山旅游集团活动、泰安市文艺轻骑兵演出小分队慰问演出活动、泰安市文学艺术界与社会各界庆祝中国共产党成立100周年文艺晚会、“我们的中国梦”文化进万家走进仓库路学校等志愿服务活动，让书法、美术、皮影等传统文化、文学艺术进社区、进学校、进企业、进农村，真正实现文化进万家。

【“我为群众办实事”活动】 2021年，市文联开展“我为群众办实事”活动13项。组织艺术家为肥城市桃园镇9个村环境美化公益创作墙体彩绘写生行动；组织泰安市民间文艺家，以泰安城区财源时尚广场为场地载体，长久展示工艺美术品等民间文艺产品；组织所属43家艺术家协会，在新泰市羊流镇官桥村片区发展建设文学艺术创作室、百合种植园等，创作交流文艺作品；聚焦肥桃产业、百合生产、泰山黄精、泰山茶、山农酥梨等特色种植产业、重点骨干企业项目和文旅产业项目，排练展演优秀文艺作品。

【对上争取和招商引资】 2021年度对上争取省级财政扶持资金39.6万元。在新泰化工产业园招商引进泰安科赛尔化学科技有限责任公司噻吩生产建设项目，到位资金3000万元。组织招商工作组与新泰市楼德镇政府、长兴农业发展有限公司、新加坡企业签订中外合资生产酵素《招商引资合同》，引进到位外资50万美元，酵素产品已投放市场。楼德镇优质葡萄、山农酥梨、红枣等干鲜果品，是酵素企业的生产原料，全镇十万余亩蔬菜基地用于酵素生产，农产品销售渠道拓宽，周边农民群众实现增收致富。

（刘志宇）

非物质文化遗产

【概况】 至2021年年末，全市拥有联合国“人类非物质文化遗产代表作名录”项目1项（泰山皮影），国家级非物质文化遗产代表性项目12项、省级59项、市级489项、县级803项，涵盖非物质文化遗产十大门类；国家级非物质文化遗产代表性传承人4名、省级20名、市级187名、县级281名。

【非物质文化遗产保护传承】 2021年，打造建设非遗教育实践基地，泰安市泰山皮影艺术研究院、泰安市泰山豆腐文化博物馆、泰山茶文化有限公司、新泰市金斗中学、泰安市五埠岭文化旅游开发有限公司、宁阳县文化艺术中心6处基地入选山东省非物质文化遗产传承教育实践基地。持续打造五埠非遗工坊，指导肥城市孙伯镇五埠村入选山东省文化生态名村；指导岱岳区茶溪谷泰山非遗小镇建设、新泰市非物质文化遗产保护中心建设和肥城市吕仙景区非遗主题街区建设。推进非遗进校园、进社区、进景区，依托泰山文化内涵和生态价值，让更多群众了解非遗、保护非遗、传承非遗。

【河和之契：2021黄河流域、大运河沿线非物质文化遗产交流展示周】 12月23—26日在泰安市举办，是全国第一个融合黄河、大运河非遗集中共同展示的重大活动。该项活动由文化和旅游部非物质文化遗产司指导，山东省文化和旅游厅、泰安市人民政府主办，山东省文化馆（省非物质文化遗产保护中心）、泰安市文化和旅游局承办，国家非物质文化遗产展览展示研究中心齐鲁（邹城）展示基地等单位协办。活动以“推动传统手工艺振兴、强化非遗系统性保护”为主题，分为“文明的赓续”山东省黄河流域振兴传统工艺集萃展、“流动的文化”山东省大运河沿线省级文化生态保护区成果展、高端论坛三大部分。23日上午，在泰山大剧院举行黄河

12月23日，河和之契：2021黄河流域、大运河沿线非物质文化遗产交流展示周开幕。图为在泰山大剧院举行的黄河流域、大运河沿线特色非遗项（节）目专题舞台演出现场 （刘姗姗　供）

流域、大运河沿线特色非遗项（节）目专题舞台演出开幕式。“文明的赓续”山东省黄河流域振兴传统工艺集萃展，分为“金、木、水、火、土”五大版块，展出黄河澄泥陶印、雕版印刷技艺、鲁派内画等非遗项目78个，参展传承人116名，展现全省黄河流域各地优秀传统手工艺保护传承的丰富内涵和时代价值。以“流动的文化”为主题，在泰山文化生态保护实验区、邹鲁文化生态保护实验区、临清运河文化生态保护实验区、台儿庄运河文化生态保护实验区4个省级文化生态保护实验区展区内，95个非遗项目、158名传承人进行非遗展演展示，展现山东省大运河沿线非物质文化遗产区域性整体保护成果。23日下午，举办黄河流域、大运河沿线非物质文化遗产交流展示周高端论坛。活动的举办对促进全省黄河流域、大运河沿线非物质文化遗产挖掘、保护、利用、弘扬，深入挖掘“山东手造”资源，加快实施山东手造推进工程，具有重要的推动作用。

【山东省2021年“文化和自然遗产日”主场城市（泰安）系列活动】 6月12日，山东省2021年“文化和自然遗产日”主场城市活动暨“红色文化主题月”启动仪式在泰安市举行。活动由山东省文化和旅游厅（省文物局）和泰安市人民政府主办，泰安市文化和旅游局（市文物局）、泰山风景名胜区管委会承办，活动主题是“文物映耀百年征程”“人民的非遗 人民共享”。启动仪式上，通过多媒体形式展示省文化和旅游厅开展的100家革命场馆特色展陈、100个红色故事追述历史、100款红色文创展示推广、100家研学基地寓教于游、100条红色旅游线路推广、100场演出传承红色基因、100个红色文化特色村培育创建、100名红色讲解员展示风采“8个100庆祝建党100周年”系列活动成果，启动青少年“游红色文化乡村（美丽乡村）讲革命文物故事”活动作品展播开播仪式、“诵读红色家书”展演活动、“致敬100·向远方”红色旅游景区打卡活动及媒体采风活动，举办非物质文化遗产展演展示展销、古建筑保护与营造技艺展示等系列活动，现场发放20万元惠民消费券和红色旅游景区打卡手册。

（刘姗姗）

泰安市省级以上非物质文化遗产代表性项目一览表

表41

序号	类 别	项目名称	保护单位	级 别	公布时间
1	民间文学	泰山传说	泰山风景名胜区管理委员会	国家级	2011
2		宁阳大禹治水的传说	宁阳县文化馆	省级	2009
3		范蠡与陶山的故事	肥城市非物质文化遗产保护协会	省级	2009
4		水浒传说	东平县非物质文化遗产保护中心	省级	2013
5		肥桃的传说	肥城市非物质文化遗产保护协会	省级	2016
6		和圣柳下惠的传说	新泰市文化馆	省级	2013
7	传统音乐	泰山道教音乐	泰安市道教协会	国家级	2008
8		腊山道教音乐	东平县非物质文化遗产保护中心	国家级	2008
9		东平硪号子	东平县非物质文化遗产保护中心	省级	2009
10	传统舞蹈	独杆跷	新泰市文化馆	国家级	2008
11		百兽图	新泰市文化馆	省级	2006
12		逛荡灯	新泰市文化馆	省级	2006
13	传统戏剧	泰山皮影戏	泰安市泰山皮影艺术保护研究中心	国家级	2008
14		山东梆子	泰安市山东梆子艺术研究院	国家级	2008
15		宁阳木偶戏	宁阳县文化馆	省级	2006
16		四音戏	东平县文化馆	省级	2006

续表41

序号	类 别	项目名称	保护单位	级 别	公布时间
17	曲艺	端鼓腔	东平县非物质文化遗产保护中心	国家级	2011
18		山东柳琴	新矿集团	省级	2021
19	传统体育、游艺与杂技	中华子午门功夫	东平县非物质文化遗产保护中心	省级	2009
20		徐家拳	新泰市泰山徐家拳研究院	国家级	2014
21		泰山舞狮	泰安市泰山区文化馆	省级	2021
22	传统美术	泥塑（泰山泥塑）	岱岳区文化馆	省级	2009
23		泰山水陆画	泰安市画像研究院	省级	2016
24		东平湖莲子彩绘工艺	东平县非物质文化遗产保护协会	省级	2021
25		面塑（泰山石家面塑）	泰安市文化馆（泰安市非物质文化遗产保护中心）	省级	2021
26		糖画（泰山糖画）	泰安市泰山糖画艺术研究院	省级	2021
27		陈氏指画	新泰市文化馆	省级	2021
28		泰山石刻	泰安市泰山石敢当文化发展研究院	省级	2021
29		木雕（肥城桃木雕刻技艺）	肥城市正港木业工艺品厂	省级	2021
30	传统技艺	泰安豆腐制作技艺	泰山区文化馆	省级	2013
31		泰山火烧制作技艺	泰安市传统食品协会	省级	2013
32		泰山酒传统酿造技艺	泰山酒业集团股份有限公司	省级	2013
33		尚氏锔艺	肥城市非物质文化遗产保护协会	省级	2016
34		泰山石刻碑拓技艺	泰安市非物质文化遗产博物馆	省级	2013
35		泰山香传统制作技艺	泰山会展研究中心	省级	2016
36		彩山特曲传统酿造技艺	宁阳县文化馆	省级	2021
37		得膳斋清真糕点制作技艺	泰安市泰山区得膳中式糕点斋	省级	2021
38		西御道老鸡汤制作技艺	泰安御道韩氏食品有限公司	省级	2021
39		泰山茶制作技艺	泰山茶文化有限公司	省级	2021
40		玉氏鸿叶旗袍制作技艺	新泰市山东玉叶制衣有限公司	省级	2021
41		肥城聂氏铜器铸造工艺	泰安市龙藏深泉商贸有限公司	省级	2021
42	传统医药	安驾庄梁氏正骨疗法	肥城市安驾庄梁氏骨科医院	省级	2009
43		王氏正骨	泰安市王氏正骨研究所	省级	2016
44		孟氏接骨膏制作技艺	新泰孟氏医院	省级	2016
45		翟氏正骨	新泰翟氏中医医院有限公司	省级	2021
46		瑞泽堂王氏膏方	肥城市文化馆	省级	2021
47	民 俗	泰山封禅与祭祀习俗	泰山风景名胜区管理委员会	省级	2006
48		桃木雕刻民俗	肥城市非物质文化遗产保护协会	省级	2006
49		宁阳彩粽及送彩粽习俗	宁阳县文化馆	省级	2006
50		宁阳斗蟋	宁阳县文化馆	省级	2009

续表41

序号	类　别	项目名称	保护单位	级　别	公布时间
51	民　　俗	东岳大帝与碧霞元君信俗	泰安市艺术馆	省级	2013
52		泰山豆腐宴食俗（豆腐传统制作技艺）	泰安市泰山东岳豆腐宴研究院	国家级	2021
53		泰山封禅御宴	泰安市泰山行宫御宴文化研究院	省级	2016
54		泰山祭祀习俗	泰安市艺术馆	省级	2016
55		泰山玉习俗	岱岳区文化馆	省级	2016
56		宁阳四八宴席与酒礼	宁阳县文化馆	省级	2021

文　物

【概况】　泰安是中华古代文明重要发祥地之一，是国家历史文化名城，境内文物古迹数量大、种类多、价值高。截至2021年年底，全市有不可移动文物2422处，其中世界文化遗产3处（泰山、齐长城、大运河），数量居全省之首；国家重点文物保护单位15处、省级77处、市级144处、县级222处；博物馆46家，其中国有博物馆9家、藏品146828件，非国有博物馆37家、藏品449686件；一级文物152件、二级文物536件、三级文物4438件。10月28日，大汶口遗址（新石器）入选"百年百大考古发现"。

【文物保护】　年内，市委办公室、市政府办公室印发《关于加强文物保护利用改革的实施方案》。联合泰山风景名胜区管委会创建泰山文物保护利用示范区，开展文物普查，对景区内文物资源全面调查，建立档案，分期分批实施修缮；定期督导检查，争取上级政策支持，为创建工作提供保障。实施重点文物保护工程，加大文物保护项目申报力度，省级以上文物保护项目计划获批24项。审核完成隐仙观、肥城县抗日民主政府成立旧址修缮保护工程设计方案、宁阳朱蓂阶烈士墓修缮保护方案等市级文物保护单位修缮保护方案10项。核准夏张抗日武装起义纪念碑保护方案（修改版）、杨家庄七圣堂维修方案（修改版）、芝田村清真寺维修方案（修改版）等省级文物保护单位修缮方案5项。完成杨家庄七圣堂、芝田清真寺、光化寺等3项省保修缮工程初验，完成大汶口遗址（宁阳段）、宁阳文庙、宁阳颜子庙和颜林3项安防工程终验。组织开展对28处第六批省级文物保护单位现场复核、确认工作。开展齐长城（泰安段）沿线文物资源调查，完善文物档案，配合编制《长城国家文化公园（山东段）建设保护规划》。完成14处全国重点文物保护单位和建设控制地带重新勘定工作，开展省级、市级文物保护单位勘定工作。加大对上争取力度，2021年争取国家和省级文物保护经费4136万元。

【革命文物】　公布泰安市第一批不可移动革命文物名录。开展革命旧址抢险加固工作，排查各级不可移动革命旧址险情。联合市消防部门，开展革命文物建筑消防安全工作。围绕庆祝中国共产党成立100周年，联合市委宣传部、市委党史研究院、泰山风景名胜区管理委员会举办"东岳壮歌——泰安市庆祝中国共产党成立100周年革命文物展览"。《泰安徂徕山抗日武装起义主题展》《陆房突围胜利纪念展览》入选"全省庆祝建党100周年100家革命场馆特色展陈"推荐名单。推动革命文物资源与主题学习教育有机结合，全市10处革命文物资源入选全省依托革命文物资源开展党史学习教育场所；与助力乡村振兴战略有机结合，11个村入选全省红色文化特色村培育创建名单，4个村入选全省第一批红色文化特色村；与群众性主题宣传教育活动有机结合，7个短视频、素材入选"全省庆祝建党100周年100个红色故事追述历史短视频"推介名单。完成《山东红色基因图谱（泰安卷）》红色遗址部分的编纂工作。

【文博事业】　2021年，泰安市泰山印刷博物馆、泰安市泰山军事博物馆获省文化和旅游厅设立备案确认，全市非国有博物馆数量增加至37家。围绕"博物馆的未来：恢复与重塑"主题，组织开展"5·18"国际博物馆日系列宣传活动。承办山东省2021年"文化和自然遗产日"主场城市活动暨"红色文化主题月"启动仪式。组织开展博物馆和文物保护公开课、山东省革命博物馆高质量发展研讨会等系列活动。组织全市5家国有博物馆开展文物本体保护、预防性保护、数字化保护技术方案集中申报工作，获批8项。完成社会发展变迁物证征藏工作，通过接受捐赠、购买等形式，征集社会发展变迁物证27件（套）、310件。

【文物安全】　完成文物安全百日攻坚集中行动，全市各级文物部门开展检查巡查238次，检查巡查文物数量1637处、博物馆44家、考古调查勘探发掘项目39项、建设工程73项，对新发现的73处不可移动文物进行建档、登记，按有关程序公布，并做好保护管理工作。开展2021年文物安全大检查暨文物消防安全标准化管理建设工作，检查市级以上文物保护单位、博物馆等，完善落实文物安全联络员、文物安全长效问责机制。开展文物火灾隐患整治和消防能力提升三年行动，排查检查文博单位安全隐患。组织开展文物博物馆单位文物安全直接责任人公告公示工作，明确直接责任人，完成公告公示牌设置。为全市125处文物建筑、35家博物馆统一配备微型消防站，提高火灾预警防控能力。

【考古调查勘探】　2021年，市文化和旅游局、市发展改革委、市自然资源和规划局、市行政审批服务局四部门联合转发《关于协作加强建设工程文物保护工作的通知》，为共同做好全市建设工程文物保护工作提供保障。基本工程建设考古调查勘探项目获批37项、完成25项，完成考古发掘项目5项，出具立项选址初步意见6项。推进大汶口国家考古遗址公园建设，大汶口遗址汶河北岸区域发掘房屋遗迹保护工程项目已完成工程量的50%以上，汶河北岸遗址展示系统工程项目基本完工，大汶口遗址（新石器）入选“百年百大考古发现”。

（刘姗姗）

2021年泰安市全国重点文物保护单位一览表

表42

序号	名称	地点	时代	类别	公布时间	批次
1	大汶口遗址	岱岳区大汶口镇、宁阳县堡头村	新石器时代	古遗址	1982年2月	2
2	岱　庙	泰山区朝阳街7号	宋至清	古建筑	1988年1月	3
3	冯玉祥墓	泰山区泰山南麓	1953年	近现代重要史迹及代表性建筑	1988年1月	3
4	齐长城遗址	泰山景区、岱岳区、肥城市	春秋、战国	古建筑	2001年6月	5
5	泰山石刻（包括：经石峪、唐摩崖处、纪泰山铭摩崖石刻）	泰山景区	北齐至唐	石窟寺及石刻	2001年6月	5
6	白佛山石窟造像	东平县东平镇焦村白佛山	隋、唐	石窟寺及石刻	2001年6月	5
7	泰山古建筑群	泰山景区	明至清	古建筑	2006年5月	6
8	洪顶山摩崖	东平县旧县乡屯村铺村	南北朝	石窟寺及石刻	2006年5月	6
9	大运河	东平县彭集镇、宁阳县堽城镇堽城里村	春秋至清	古建筑	2006年5月	6
10	大汶口古石桥	岱岳区大汶口镇西南门外大汶河上	明	古建筑	2013年3月	7
11	萧大亨墓地石刻	岱岳区满庄镇东萧家林村	明	石窟寺及石刻	2013年3月	7
12	颜子庙和颜林	宁阳县鹤山乡泗皋村	元、清	古建筑	2013年3月	7
13	棘梁山石刻	东平县戴庙镇棘梁山	北朝至宋	石窟寺及石刻	2013年3月	7
14	徂徕山抗日武装起义旧址	高新区房村镇黑石埠村，在徂徕山大寺	抗日战争时期	近现代重要史迹及代表性建筑	2013年3月	7
15	陶山朝阳洞石刻造像	肥城市湖屯镇陶山主峰西北侧山崖	宋至中华民国	石窟寺及石刻	2019年10月	8

2021 年泰安市省级重点文物保护单位一览表

表 43

序号	名称	地点	时代	类别	公布时间	批次
1	泰山盘路古建筑群（包括：无极庙、元始天尊庙、老君堂）	泰山景区	唐、清、民国	古建筑	1992 年 6 月	2
2	范明枢墓	泰山景区泰山南麓普照寺南	1950 年	近现代重要史迹及代表性建筑	1992 年 6 月	2
3	周明堂遗址	泰山景区大津口乡沙岭村明家滩	周	古遗址	2013 年 10 月	4
4	藏峰寺遗址	泰山景区曹家庄村	元	古遗址	2013 年 10 月	4
5	中天门二虎庙	泰山景区中天门管理区	明清	古建筑	2013 年 10 月	4
6	泰山玉泉寺	泰山景区玉泉寺管理区	北魏	古建筑	2013 年 10 月	4
7	桃花峪元君庙	泰山景区桃花峪管理区	清	古建筑	2013 年 10 月	4
8	竹林寺	泰山景区竹林寺管理区	唐	古建筑	2013 年 10 月	4
9	总理奉安纪念碑	泰山景区红门管理区	1929 年	近现代重要史迹及代表性建筑	2013 年 10 月	4
10	乐善桥	泰山景区竹林寺管理区	1936 年	近现代重要史迹及代表性建筑	2013 年 10 月	4
11	泰山革命烈士纪念碑	泰山景区红门管理区	1953 年	近现代重要史迹及代表性建筑	2015 年 6 月	5
12	泰山宋至清石刻	泰山景区	宋至清	古建筑	2022 年 1 月	6
13	泰山区清真西大寺（泰安城区清真寺）	泰山区财源街道清真寺街	明清	古建筑	2013 年 10 月	4
14	杨家庄七圣堂	泰山区上高街道杨家庄村	明清	古建筑	2013 年 10 月	4
15	省庄清真寺	泰山区省庄镇（东孙家庄村、二十里埠村、芝田村、岗上村、岳庄村、刘家庄村）	明至中华民国	古建筑	2013 年 10 月	4
16	萃英中学建筑群	泰山区岱庙街道青年路	清、中华民国	近现代重要史迹及代表性建筑	2013 年 10 月	4
17	泰安火车站站房（泰安府站钟楼）	泰山区财源街道龙潭路	1909 年	近现代重要史迹及代表性建筑	2013 年 10 月	4
18	汉明堂遗址	泰山区泰前街道	西汉	古遗址	2015 年 6 月	5
19	上高施氏牌坊	泰山区上高街道	清	古建筑	2015 年 6 月	5
20	泰安侵华日军司令部旧址（育英中学旧址）	泰山区岱庙街道	中华民国	抗战遗址、纪念设施	2015 年 6 月	5
21	吴家庄范氏祠堂	泰山区邱家店镇吴家庄村	清	古建筑	2022 年 1 月	6
22	山西会馆	岱岳区大汶口镇会馆街	明	古建筑	2006 年 12 月	3
23	无梁殿	岱岳区夏张镇梨园村	明	古建筑	2006 年 12 月	3
24	西界清真寺	岱岳区马庄镇前营村	明清	古建筑	2013 年 10 月	4
25	下旺清真寺	岱岳区粥店街道下旺村	清	古建筑	2013 年 10 月	4
26	中淳于瓷窑址	岱岳区满庄镇西北，西近中淳于村	隋唐至明	古遗址	2015 年 6 月	5

续表 43

序 号	名 称	地 点	时 代	类 别	公布时间	批 次
27	文姜城遗址	岱岳区大汶口镇和平街东北 500 米处	东周至汉	古遗址	2015 年 6 月	5
28	山西街村建筑群	岱岳区大汶口镇山西街村	明清、中华民国	古建筑	2015 年 6 月	5
29	泰安抗日烈士公墓	岱岳区祝阳镇陈良村	1946 年	抗战遗址、纪念设施	2015 年 6 月	5
30	夏张抗日武装起义纪念碑	岱岳区夏张镇夏北村北	1998 年	抗战遗址、纪念设施	2015 年 6 月	5
31	泰西抗日武装起义旧址	岱岳区道朗镇、肥城市仪阳街道	1938 年	抗战遗址、纪念设施	2015 年 6 月	5
32	姚庄遗址	岱岳区祝阳镇姚庄村	汉	古遗址	2022 年 1 月	6
33	石坞洞山山寨遗址	岱岳区道朗镇二奇楼村、肥城市仪阳街道石屋山	明至清	古遗址	2022 年 1 月	6
34	淳于意墓	岱岳区满庄镇中淳于村南约 300 米	西汉	古墓葬	2022 年 1 月	6
35	角峪十字穿心阁	岱岳区角峪镇鹿角村	清	古建筑	2022 年 1 月	6
36	马庄村裴氏宗祠	岱岳区马庄镇马庄村	清	古建筑	2022 年 1 月	6
37	粥店崇兴寺	岱岳区粥店街道堰堤小学	清	古建筑	2022 年 1 月	6
38	阴佛寺造像	岱岳区角峪镇苏庄村	唐	古建筑	2022 年 1 月	6
39	新泰智人化石地点	新泰市东都镇乌珠台村西南	旧石器时代	古遗址	1992 年 6 月	2
40	新泰市周家庄东周墓群	新泰市青云街道办事处周家庄村	东周	古墓葬	2006 年 12 月	3
41	徐琛墓	新泰市羊流镇徐家庄村东南	元	古墓葬	2013 年 10 月	4
42	东街清真寺	新泰市放城镇东街村	明至中华民国	古建筑	2013 年 10 月	4
43	光明东村正觉寺	新泰市刘杜镇光明东村	明至中华民国	古建筑	2013 年 10 月	4
44	莲花山云谷寺	新泰市泉沟镇莲花山风景区	明清	古建筑	2013 年 10 月	4
45	青云山三官庙	新泰市汶南镇青云山村	清	古建筑	2013 年 10 月	4
46	阁老顶观音造像	新泰市放城镇郗家峪村南	宋、金	石窟寺及石刻	2013 年 10 月	4
47	大协炮楼	新泰市小协镇大协村	1938 年	近现代重要史迹及代表性建筑	2013 年 10 月	4
48	抬头寺遗址	新泰市汶南镇果庄村北	新石器时代至东周	古遗址	2015 年 6 月	5
49	新泰羊氏墓地	新泰市羊流镇沟西村、徂汶景区天宝镇颜前村	东汉至隋	古墓葬	2015 年 6 月	5
50	北单家庄遗址	新泰市羊流镇北单家庄村	新石器时代至汉	古遗址	2022 年 1 月	6
51	师旷墓	新泰市青云街道北师村	东周	古墓葬	2022 年 1 月	6
52	怀德书院北学堂	新泰市楼德镇东村	清	古建筑	2022 年 1 月	6
53	西韩庄村王氏宗祠	新泰市西张庄镇西韩庄村	清	古建筑	2022 年 1 月	6
54	寺山上清宫	新泰市新汶街道	明清	古建筑	2022 年 1 月	6

续表 43

序号	名称	地点	时代	类别	公布时间	批次
55	八腊庙	新泰市青云街道 41 号	清	古建筑	2022 年 1 月	6
56	老寨山战斗遗址	新泰市禹村镇老寨山	1947 年	近现代重要史迹及代表性建筑	2022 年 1 月	6
57	陆房战斗遗址	肥城市安临站镇东陆房村东北 500 米处	抗日战争时期	近现代重要史迹及代表性建筑	1977 年 12 月	1
58	泰山显灵宫	肥城市石横镇石横四村内	明	古建筑	2006 年 12 月	3
59	护鲁山泰山行宫	肥城市孙伯镇大石桥村	明清	古建筑	2013 年 10 月	4
60	圭山石刻	肥城市王瓜店街道印山子村	明	石窟寺及石刻	2013 年 10 月	4
61	东向北阁	肥城市边院镇东向北村	明清	古建筑	2015 年 6 月	5
62	小中泉天主教堂	肥城市湖屯镇小中泉居委会中心街北	1910 年	近现代重要史迹及代表性建筑	2015 年 6 月	5
63	新城群力放水洞	肥城市新城街道东尚里村北	1960 年	近现代重要史迹及代表性建筑	2015 年 6 月	5
64	晒书城遗址	肥城市桃园镇东里三村晒书城	东周至元	古遗址	2022 年 1 月	6
65	幽栖寺遗址	肥城市湖屯镇栖幽寺村北	宋、清	古遗址	2022 年 1 月	6
66	左丘明墓	肥城市石横镇东衡鱼村	东周	古墓葬	2022 年 1 月	6
67	关王殿村小泰山古建筑群	肥城市湖屯镇关王殿村北的小泰山极顶	明至民国	古建筑	2022 年 1 月	6
68	陶南山馆	肥城市王庄镇花园村	清	古建筑	2022 年 1 月	6
69	新刘玉皇庙	肥城市汶阳镇新刘村	明	古建筑	2022 年 1 月	6
70	南夏辉萧氏家祠	肥城市安驾庄镇南夏辉村	清	古建筑	2022 年 1 月	6
71	马家埠丁家庙	肥城市安驾庄镇马家埠村	明	古建筑	2022 年 1 月	6
72	新胜耶稣帝王堂	肥城市石横镇新胜居委会	1840 年	近现代重要史迹及代表性建筑	2022 年 1 月	6
73	长山街玉都观	肥城市新城街道长山街南首	1926 至 1936 年	近现代重要史迹及代表性建筑	2022 年 1 月	6
74	肥城县抗日民主政府旧址	肥城市王庄镇东焦村	1939 年	近现代重要史迹及代表性建筑	2022 年 1 月	6
75	古磁窑址	宁阳县华丰镇西部、磁窑火车站东三千米处	宋、元	古遗址	1977 年 12 月	1
76	潘茂汉墓	宁阳县东疏镇潘家黄茂村北	汉	古墓葬	1977 年 12 月	1
77	宁阳文庙	宁阳县县城东街 313 号	元至清	古建筑	2006 年 12 月	3
78	宁阳禹王庙	宁阳县伏山镇堽城坝村北	明	古建筑	2006 年 12 月	3
79	宁阳灵山寺	宁阳县华丰镇灵山	唐至清	古建筑	2006 年 12 月	3
80	西太平窑址	宁阳县磁窑镇西太平村	唐、宋	古遗址	2013 年 10 月	4
81	义和寨寨墙	宁阳县磁窑镇贺家庄村	清	古遗址	2013 年 10 月	4
82	南陈村北窑址	宁阳县东庄镇南陈村	隋、唐、宋	古遗址	2013 年 10 月	4
83	神童山观音庵	宁阳县葛石镇黑石村	明清	古建筑	2013 年 10 月	4

续表 43

序号	名称	地点	时代	类别	公布时间	批次
84	神童山摩崖石刻	宁阳县葛石镇刘家庄村	北朝、五代	石窟寺及石刻	2013 年 10 月	4
85	堽城坝（闸）遗址	宁阳县堽城镇堽城里村	元	其他（大运河）	2013 年 10 月	4
86	郕城故城	宁阳县东庄镇南故城新村	东周至汉	古遗址	2015 年 6 月	5
87	关圣帝君庙碑	宁阳县东疏镇马庙村	明、清	石窟寺及石刻	2015 年 6 月	5
88	大孔扬水站	宁阳县堽城镇大孔家庄村	1978 年	近现代重要史迹及代表性建筑	2015 年 6 月	5
89	东平故城	东平街道宿城村附近	汉至唐	古遗址	1977 年 12 月	1
90	北桥墓群	东平县老湖镇北桥村	汉	古墓葬	1977 年 12 月	1
91	梁氏墓群	东平县老湖镇梁林村	宋	古墓葬	1977 年 12 月	1
92	理明窝摩崖造像	东平县斑鸠店镇六工山	唐	石窟寺及石刻	1992 年 6 月	2
93	尚书林	东平县梯门镇西梯门村	明	古墓葬	2013 年 10 月	4
94	常庄民居	东平县接山镇常庄村	明、清、中华民国	古建筑	2013 年 10 月	4
95	前山西屯大队部	东平县梯门镇前山西屯村	1975 年	近现代重要史迹及代表性建筑	2013 年 10 月	4
96	东平安山闸	东平县商老庄乡大安山村	明	其他（大运河）	2013 年 10 月	4
97	东平戴庙闸	东平县戴庙镇戴庙村	明	其他（大运河）	2013 年 10 月	4
98	阳谷邑故城	东平县旧县乡王古店村东	周、汉	古遗址	2015 年 6 月	5
99	峗山汉墓群	东平县东平街道焦村北白佛山前东侧	汉	古墓葬	2015 年 6 月	5
100	蓆 桥	东平县接山镇蓆桥村	金、明	古建筑	2015 年 6 月	5
101	银山石刻	东平县银山镇前银山村北	北朝、宋、清	石窟寺及石刻	2015 年 6 月	5
102	徂徕山摩崖石刻	徂汶景区天宝镇后寺村北	北齐、唐	石窟寺及石刻	1992 年 6 月	2
103	博城故城	徂汶景区滨河片区后旧县村	东周至宋	古遗址	2013 年 10 月	4
104	山东省委旧址暨八路军山东抗日游击第四支队司令部旧址（光化寺）	徂汶景区天宝镇后寺庄村西北	1938 年	抗战遗址、纪念设施	2015 年 6 月	5
105	徂徕山抗日武装起义磨山峪旧址	高新区房村镇磨石峪村	1938 至 1945 年	近现代重要史迹及代表性建筑	2022 年 1 月	6

新闻出版

【概况】 2021 年，市文化和旅游局完成 407 家印刷企业、619 家发行企业、22 家报纸、期刊、内部资料性出版物单位的年度核验及统计年报工作。督促 14 家连续性内部资料单位进行整改。组织专家对全市报纸单位每个月进行审读，全市 5 家报刊出版单位通过社会效益考核。做好记者证的管理工作，组织全市符合条件的记者参加省统一专业培训、考试。向全市版权相关企业发出倡议书，在《泰安日报》、电视台刊发“全面加强版权工作，推动构建新发展格局”专题报道、刊播公益广告。结合版权示范单位、园区评选让版权进企业。组织征文活动让版权进校园、进社区。印发《关于迎接省级软件正版化检查的通知》，对全市党政机关、市属国有重要行业企业、县（市、区）软件正版化工作制度建设和责任落实情况、软件资产管理情况、计算机软件安装情况进行逐一核查。

【泰山新闻出版小镇】 （参见“工业及新型工业化·出版印刷产业”）

【第三十届全国图书交易博览会泰安分会场】 7月16—18日，由国家新闻出版署、山东省人民政府主办，泰安市人民政府承办的第三十届全国图书交易博览会泰安分会场在泰山国际会展中心举办。博览会以“建党百年，书香泰安”为主题，突出庆祝建党百年、弘扬泰山文化、传承优秀经典、构建儿童阅读空间等特色，推出庆祝建党百年图书、优秀传统文化图书、“童心向党”儿童阅读、“书香泰安·文创泰山”、泰山新闻出版小镇五大特色主题展。参展单位62家（其中出版单位34家），展出1.5万个品种、近20万册图书，销售图书4.5万余册，销售额130万余元，参展观众5万余人次。其间，开展“泰山国学小名士”经典诵读电视大赛、“全民阅读，由我领读”教师领读者活动、作家签售等活动26项，12位知名作家与读者面对面，共享盛世书香；向市民发放惠民购书券7500张，共计30万元。 （刘姗姗）

·泰安日报社·

【概况】 泰安日报社（泰安传媒集团）旗下拥有《泰安日报》《泰山晚报》2份报纸，“中华泰山网”1个重点新闻网站，“最泰安”客户端、zaker泰安等新闻聚合平台，微信、微博、头条号、视频号、抖音号等公众号传播平台50余个；其中，中华泰山网、“最泰安”客户端具有国家一类新闻资质。2019年，组建“最泰安”全媒体中央厨房指挥中心，打造全媒体、全维度、全时段的新闻信息生产与传播链条，实现新闻产品的生产传播从单一、单维、单向，向全媒、多维、互动转变。2021年，报社(集团)深入开展党史学习教育，扎实做好党媒宣传，新闻报道导向正确、安全有序。全年获各类新闻奖项计58件（新闻奖52件，平台建设类、公益类及其他奖项6件），媒体矩阵收获6.9亿点击量，用户数量突破900万；实现报业收入1.6亿元（不含房地产销售收入），资产总额9.59亿元。

【新闻宣传】 围绕市委、市政府中心工作，正确把握舆论导向，发挥主流媒体主力军、主阵地作用，唱响主旋律、凝聚正能量，完成各项宣传任务。做好主题宣传。围绕党史学习教育、建党百年、中共十九届六中全会、习近平总书记视察山东等重大主题宣传，先后开设《奋斗百年路 启航新征程》《学党史 悟思想 办实事 开新局》《我为群众办实事》等专栏；推出“党旗在基层 红星照我行”活动，收到稿件500余篇；中共十九届六中全会召开后，刊发系列评论员文章《沿着总书记指引的方向勇毅前行——论学习贯彻党的十九届六中全会精神》，报道广大党员干部群众对十九届六中全会的热烈反响。围绕全市中心工作做好宣传。市委十一届十四次全会召开后，围绕全会提出的重点任务和工作措施，开设《在习近平新时代中国特色社会主义思想指引下 学习贯彻市委十一届十四次全会精神》专题专栏；全市优化营商环境工作推进会议召开后，推出“持续优化营商环境 推进政府职能转变”系列报道。加强民生报道。坚持以人民为中心的工作导向，贴近群众、服务群众，及时发声、精准发声、正确发声，全年推出各类策划370个，包含春节期间号召就地过年、“高温下的劳动者”、聚焦“双减”政策、“老年人刷身份证免费乘车”、“未成年人暑期安全”等群众关心的热点难点问题。

【对上对外与评论监督报道】 借助人民日报党媒平台、新华社新华云、央视频客户端、《大众日报》《支部生活》等媒体、刊物，全年完成对上对外宣传报道80件。东平湖汛情期间推出的“战秋汛·保安澜”9图海报，得到中央及省级媒体的推送转发。“学习强国”工作专班上报稿件1600余篇，其中全国平台刊发30余篇、山东省学习平台刊发1300余篇。全年推出理论文章、系列评论、言论460篇。打造“岱下钟鼓”网评品牌，引入网评专家200余名，涵盖10余个方向。市委书记及市长分别对内参稿件《文明破晓的曙光如何灿然于今——大汶口遗址开发存在问题及对策》作出重要批示。

【媒体融合】 报社（集团）多渠道发声、多平台传播，增强现代媒体“数字化”宣传本领。中华泰山网、“最泰安”客户端获批“信息网络传播视听节目许可证”，实现从字到视的跨越。全年推出《天下泰安》系列映像24期；“沿黄九地市云上拜年”“少年中国说”“‘十一’近郊游”等短视频，先后在人民视频、央视频、今日头条等新媒体平台播放；开设《“一把手”谈改革》视频栏目22期；举办《服务民生面对面》59期；年度完成各类专题片51个、网络直播54场、现场录制70场。全年“泰山晚报”抖音号发布视频1959条，总阅读量3亿。中华泰山网被评为山东网络正能量先进单位、全市网络宣传引导工作先进单位、2021 年度泰安市文明网站。

【产业经营】 在统筹抓好常态化疫情防控工作前提下，加快恢复生产经营，保稳促增，多元化经营得到巩固。《泰安日报》连续 3 年获评全国报纸印刷质量“精品级报纸”，《泰山晚报》持续获全省报纸印刷质量精品报称号。策划开展“提高服务质量、助力优化营商环境”宣传活动、“泰安十大伴手礼”评选及推介活动、泰安市银行业党史学习教育暨庆祝中国共产党成立 100 周年歌曲展演活动、“住优所居·房暖万家”住房保障主题活动等；承担全市 70 余场新闻发布会及网站维护工作。策划推出 2021 健康科普大讲堂网络直播活动，开播 14 期，视频累计播放量超过 600 万，实现报社（集团）影响力和竞争力双提升。

【会展运营】 在疫情防控严峻形势下，泰山国际会展中心创新经营思路和方法，实行展会全案服务，提高会务服务质量，加大展会及赛事活动招商力度。全年举办展会活动 246 场，其中展览 21 场、会议 97 场、演出 25 场、培训 5 场、活动 17 场、劳务市场 81 场。先后承办第四届中国粮油泰山论坛暨第十六届全国粮油产销企业订货会、共青团中央新兴领域青年助力新经济大展、第三十届全国图书交易博览会泰安分会场等国家级、省级以上展会。举办的首届“泰山产业大集”展览面积达 2.5 万平方米，参展企业 269 家。赛事方面，先后举办新齐鲁·山东人游山东全省启动仪式暨环西湖徒步活动、岳普湖·泰山文化教育体育结对联谊活动。其中，2021 泰山国际马拉松线上赛报名人数突破 22 万人次，完赛人数超 18 万人次。参与运营的全民健身登泰山徒步活动，获“2021 中国体育旅游十佳精品赛事”；“泰山国际马拉松赛事周边”获 2021 首届山东体育文化创意与设计大赛体育赛事活动周边产品设计类铜奖；泰安市马拉松运动协会被国家体育总局授予“2017—2020 年度全国群众体育先进单位”。

（陈显良　李　铮）

·新华书店·

【概况】 山东新华书店集团有限公司泰安分公司辖新泰、肥城、宁阳、东平 4 个县（市）分公司，是全市规模最大的图书发行单位，也是全市图书发行的主渠道。2021 年，全市新华书店系统资产总额 4.71 亿元，其中流动资产 3.14 亿元、非流动资产 1.57 亿元。全年实现销售收入 4.63 亿元、利税 5055.78 万元。年内，泰安、肥城、宁阳、东平 4 个分公司通过“省级文明单位”复查验收，新泰分公司通过“市级文明单位”复查验收。获中国新华书店协会“建党 100 周年‘全国新华书店主题出版物造型设计大赛’”组织奖，参赛图书造型作品获全国“二等奖”。获山东出版传媒股份有限公司 2021 年教材教辅发行“市场营销稳定贡献奖”和 2021 年公司版教辅（含公司代理版）“市场维护奖”。泰山书城被评为山东省“女职工建功立业标兵岗”和“泰安市最美书店”。公司团委被评为省级“青年文明号”和山东省“五四红旗团委”。全年有 1 人被评为“泰安市劳动模范”和“智慧工会建设标兵个人”，3 名职工被山东出版集团评为“2020 年度优秀员工”，1 人被评为教材教辅发行工作先进个人。

【图书销售】 2021 年，全市新华书店系统发行各类图书 3037.43 万册，实现销售码洋 4.45 亿元。其中，发行中小学教材教辅 2592.77 万册，销售码洋 3.48 亿元；发行一般图书 444.66 万册，销售码洋 9768.55 万元。全年代发图书码洋 6.43 亿元。年内，做好党的政治理论读物的发

7月16日，第三十届全国图书交易博览会（泰安）期间，新华书店“建党百年图书主题展区”，读者在排队选购图书　（韦　芹　供）

行工作，各县（市）新华书店在中心门店设立图书陈列专架，组织开展上门征订、送书上门等服务，累计发行党史学习教育用书104万册，码洋3185.5万元；发行十九届六中全会文件2万册，码洋30万元。完成泰安高新区和徂汶景区258家“农家书屋”用书发行任务，图书发行码洋55万元。

【发行网点】 2021年，全市新华书店有营业网点11处、总营业面积11428平方米，其中泰安分公司设有图书发行网点4处、经营面积5750平方米。年内，配合建设中小学校园图书馆2家，全市累计建成校园图书馆84家、社区图书馆51家。4月20日，岱岳区山口镇油坊村网点正式揭牌启用。11月15日，新建泰安技师学院图书阅览室，营业面积270平方米，图书品种2000余种，可同时容纳150余人开展文化活动，服务在校师生8000余人。

【经营管理】 年内，先后制定《2021年经营指标考核办法》《2021年长期、大额应收款项实施方案》《2021年日常应收款项考核办法》《2021年联销计酬实施方案》等考核制度，推进公司规范化、制度化、科学化建设。通过公开竞聘，选拔中层干部3名，公开向社会招聘新员工6名。组织新入职员工开展岗前培训。举办全市新华书店“传承新华精神 打造精英团队”员工综合素质提升培训班。“书香新华”党建品牌获市直机关优秀服务品牌。

【转型升级】 以集团“四年攻坚计划”和“五项竞赛”（图书线上销售竞赛、多元业务竞赛、店外重点图书销售竞赛、“新华荐品”销售竞赛、研学业务竞赛）为着力点，做到店内店外、线上线下、图书与非图、传统营销与现代营销“四个并重”，推进实体书店转型发展。强化图书与多元业态融合创新，提升阅读文化环境，将泰山书城打造成以图书阅读服务为主体、多元融合发展的文化商业综合体。增强互联网意识，强化对ERP、BI系统的学习运用，加大线上店内自助购考核奖励，加强微信社群营销运营管理，尝试做好直播带货。

【文化活动】 继续开展送书进机关、社区、部队、学校，到乡村、医院、厂矿、企业等活动。泰山书城在全省每月的营销竞赛中先后5次获得营销活动优秀奖。春节、国庆节、中秋节、寒暑假等节假日组织开展各类阅读文化活动，年开展活动100余场次，增强读者黏性。围绕“全民阅读 书香泰安”建设，组织开展国庆图书展销活动；配合市文旅局开展第五届文化惠民消费季活动，发放图书专项惠民优惠券60万元；完成第三十届全国图书交易博览会泰安分会场相关工作；7月16—18日，举办“建党百年 书香泰安”图书展和多元文创产品展，先后邀请黄亚洲、杨红樱、三毛扮演者王龙基等知名作家到泰安开展读者签售活动。开展“庆祝中国共产党成立100周年‘图书进万家’活动”，将优质图书送到社区、乡村。10月29日至11月7日，2021齐鲁书香节暨山东书展在济南举办，泰山书城作为泰安分会场，推出丰富的文化活动和优质图书。与泰山区邱家店镇刘家疃村开展“新时代文明实践结对共建”活动。开展“第十二届著名书画家书画助学活动”，资助贫困中小学生20名，累计资助贫困学生242人，捐助图书及助学金82万余元。 （韦　芹）

5月28日，“六一”儿童节之际，泰安新华书店到刘家疃村开展新时代文明实践结对共建活动，举办优秀图书展 （韦　芹　供）

广播影视

【概况】 2021年，先后拍摄完成中国共产党成立100周年献礼影片《你的青春在哪里》、15集电视剧《红色经典伟大传奇》，反映挑山工精神的《铁肩》《宴无敌》《脊梁》，讲述脱贫攻坚故事的电影《春天花盛开》、电视纪录片《新村纪实》等影视剧作品。打造泰安影视文化品牌，引导扶持影视传媒公司拍摄体现泰山文化旅游特色的影视作品。推动做好电影《挑泰山》、泰山文化系列纪录片《追随泰山的脚步》摄制工作。按照“统筹规划、分级建设、安全可靠、快速高效、平战结合、统一标准”的基本原则，推进应急广播体系建设。至年底，泰安市级应急广播体系基本建设完成，12 月完成设备安装调试。建成的东平县应急广播体系 2021 年播发广播 1080 条次。落实中央广播电视无线（模拟）运行维护专项资金，联合市财政局、市乡村振兴局出台《关于延续广播电视行业脱贫帮扶政策的通知》，巩固拓展广播电视脱贫攻坚成果，保障人民群众收听收看广播电视的公共文化权益。加强广播电视内容监管，组织开展广播电视宣传管理制度落实情况自查排查，及时处理市县级广电媒体节目中存在的问题，全年未发生严重责任事故。（刘姗姗）

·泰安市广播电视台·

【概况】　泰安市广播电视台设广播、电视新闻、电视社教、电视文体、广播电视技术和电视党建六大中心，开设新闻、交通、旅游 3 个广播频率和综合、公共、教科 3 个电视频道，拥有泰山网、泰安新闻网、泰安手机台、泰安之声头条号矩阵、楼宇电视等新媒体。《泰安广播电视报·泰安周刊》每周 1 期，全彩印刷。有不同规格的电视演播室 5 个，演播大厅 2 个，广播直播间 4 个，流动电台直播车和大型电视转播车各 1 辆，流动文艺演出车 2 辆，现代化电影放映厅 6 个。资产总额 3.67 亿元，其中固定资产 1.28 亿元，全年收入 1.15 亿元。

3月16日，大型纪录片《日出泰山红东方》开机仪式在徂徕山抗日武装起义纪念馆举行　（刘建新　摄）

【新闻宣传】　聚焦学习宣传贯彻习近平新时代中国特色社会主义思想，围绕庆祝中国共产党成立 100 周年主线，开展重大主题宣传，推出一批亮点作品。以开展党史学习教育为契机，摄制大型纪录片《日出泰山红东方》，以历史纪录、现场寻访、人物讲述等形式，全景展现中共泰安党组织建立、成长、发展、壮大及领导泰安人民进行革命斗争、社会主义建设、改革开放和现代化建设的伟大历史征程、创造的辉煌业绩。开展庆祝中国共产党成立 100 周年优秀电视剧、红色经典电影、红歌、中国梦主题歌曲系列展播活动，播出《毛泽东》《东方》《解放》等一批优秀电视剧目；启动《庆祝建党 100 周年·千部红色电影进基层》大型公益展播活动；组织举办“日出泰山红东方——庆祝中国共产党成立 100 周年书画作品展”，营造共庆百年华诞、共创历史伟业的浓厚氛围。广播、电视、报纸、网站、新媒体等开设专栏 30 多个，围绕学习宣传贯彻中共十九届六中全会精神和积极融入黄河战略开展宣传。围绕市委、市政府中心工作，策划宣传方案，推出《在习近平新时代中国特色社会主义思想引领下》《黄河战略　泰安担当》《新开局　再出发》《“泰好办”政务服务》《人大代表重点建议跟踪督办》《泰安发布》《泰安小美在身边》《泰安好人》《文明校园》《贯彻习近平法治思想锻造新时代政法铁军》等一系列专栏。围绕立足新发展阶段、贯彻新发展理念、构建新发展格局，登高望远、奋力争先，营造开创新时代社会主义现代化强市建设新局面的舆论氛围。做好疫情防控宣传，开设栏目，从防控举措、防控知识、疫苗接种等方面进行宣传报道，2021 年，先后采制播发新闻节目 700 余条次，滚动播发疫情防控宣传提示、使用公筷、分餐等公益广告 6000 余条次。与市直相关部门联合开设《工业领军五十强》《乡村振兴进行时》《节能在行动》等栏目，宣传泰安经济社会发展亮点工作和主要成就。

【对上对外宣传】 围绕迎接建党百年大庆、全市经济发展、文明城市创建、乡村振兴、文化旅游等中心工作，加大对上宣传力度，对中央台、省台供稿实现新突破。全年在央视新闻栏目发稿65条，其中《新闻联播》13条；山东电视台《新闻联播》发稿320条。在中央人民广播电台播出16条，在山东人民广播电台播出400余条，其中山东综合广播《山东新闻》《山东新闻联播》播出231条。围绕讲好泰安、泰山故事制作外宣专题片。联合央视《社会与法》频道摄制的大型电视外宣片《见证·生态泰安》在CCTV-12《见证》栏目播出。协助山东卫视完成的纪录片《脉动泰山》于第四十四届世界遗产大会期间在央视播出。完成央视和省台交办的《今日中国》泰山直播活动。策划的《美食中国》泰安专辑在央视《中文国际》频道播出，第一集的收视率创下《美食中国》开播新高。协助央视《地理·中国》栏目拍摄大型纪录片《五岳·泰山》。提升新媒体对外影响力。在“学习强国”学习平台签发稿件532篇；《泰安之声》在今日头条发文9405篇，总阅读量达3940.14万；在抖音、快手发布视频5793个，粉丝量增至14.2万。全年取得省级以上各类获奖作品70余件。在山东省广播电视局组织开展的全省“优秀传播机构”评审中，泰安市广播电视台获山东省“优秀传播机构”称号。

【公共文化服务】 开办《工作落实面对面》《直通12345》等栏目，回应政府关心、社会关注、群众关切，强化监督实效，解决一批群众“急难愁盼”问题。发挥民生新闻栏目优势，宣传全市各行各业文明城市、卫生城市双创工作的好经验、好做法。开展庆祝中国共产党成立100周年优秀电影展映活动，放映5000余场次，观众30余万人次。放映农村公益电影3.48万场次，观众410万人次。开展“一村一年一场戏”文艺下乡活动，走进89个行政村、社区和学校，演出89场次，观众4万多人次。

【技术保障与安全优质播出】 完成公共频道高清制作系统、改造完成一号演播厅、广播数字化升级，提升安全优质播出保障能力；组织4场300余人次参加的“广播电视安全播出培训”，提升全台干部职工大安全理念。完善应急预案，加强防范措施，从设备、技术、人员、管理等方面堵塞漏洞，推进广播电视节目制作、播出、传输、覆盖等技术系统升级改造项目，提升安全播出技术保障能力。2021年，调频广播完成20805小时的安全播出发射，电视完成24660小时的安全播出，转播中央台新闻255小时，新闻联播延长天数210多次，直播、转播各类活动、晚会9场；数字电视发射完成中央、省、市25套电视节目和9套广播节目，每套节目6873小时的转播播出任务，未出现迟播、劣播、停播现象。国家广电总局确定6月26日0时至7月2日24时为广播电视安全播出重要保障期。围绕做好重要保障期的安全播出工作，接收安全预警信息155条，技术人员高度重视，精心组织，督导安全播出，确保万无一失。完成春节、全国“两会”、国庆节、十九届六中全会等重要保障期的各项转播工作。

【应急广播】 2021年，应急广播建设被列入泰安市为民要办的实事之一，市里成立应急广播体系建设专班。泰安市广播电视台承担建设市级应急广播平台系统建设任务，利用有线数字电视、地面数字电视、调频广播等传输覆盖手段，建设泰安应急广播平台和传输覆盖网络。10月21日，项目建设启动，年底平台初步建成试运行。（梁武言）

12月15日，市级应急广播平台系统初步建成并试运行。图为泰安市应急广播指挥调度平台
（刘建新 摄）

档 案

【概况】 2021年，全市拥有档案馆8个，其中国家综合性档案馆7个、专门档案馆1个。馆库建筑面积2.3万余平方米。馆藏档案1316个全宗，档案资料总量158万卷（件）。全年提供查档服务14634人次，提供档案资料42640件次，开展跨馆查阅服务71次。2021年，市档案馆申报的《电子公文单套制归档管理技术研究》科技项目获国家档案局批准立项，成为全省唯一一家获批的市级综合档案馆。市档案馆连续5年被评为省级文明单位，连续4年被省档案馆评为全省档案宣传工作先进集体。

【档案保管】 全年接收档案3562卷（件）；接收脱贫攻坚档案和疫情防控档案目录数据文书类6500余条、照片300余条、档案实体1234件。开展建党百年红色档案史料征集工作，收集抗日烈士传记、红色遗址照片、渡江支前光荣证等档案资料5000余件。完成档案全宗卷的规范化整理和特藏资料的整理。修复馆藏珍贵特藏资料4500页。申报全省珍贵革命历史档案文献遗产项目——《抗战时期革命丛书》。完成15.6万余件档案鉴定开放工作，共计开放档案4.4万件。会同10家归档单位完成到期档案解密审核工作，实现该项工作零的突破。开展档案库房定期巡察和安全专项检查，对库房定期通风、除尘、空气消毒，签订消防设施维修保护合同。组织全市各级综合档案馆完成省内档案数据容灾异地备份工作。升级改造档案馆库，完成《增加档案库房专用设施设备项目》《档案馆库安全设备购置项目》。

【档案利用】 与省内外多家综合档案馆签订跨馆利用协议，接入山东省档案目录中心平台，开展“馆际联动 跨馆查档”工作，共计查档71次。采用单签互认的方式，与济南市档案馆等9省60家黄河流域地级市综合档案馆签订民生档案跨馆服务协议。制定《疫情期间档案查阅利用服务规定》，推出远程代查服务。全年提供档案资料利用450人次、2000余卷（件）。

【档案业务指导】 督促归档单位做好2020年度归档文件整理工作。为国有企业退休人员社会化管理人员档案移交、全市农村土地确权办证档案、脱贫攻坚档案进馆，提供业务咨询和现场指导服务，累计指导、培训180余人次。脱贫攻坚档案优秀案例《脱贫攻坚 档案同行 泰安市规范档案管理助力脱贫攻坚》，被评为山东省档案服务脱贫攻坚示范案例。组织指导各县（市、区）、市直各部门、各企事业单位完成档案统计调查工作，并向市档案局上报统计调查数据。推进县级档案馆建设，4—5月，新泰市和岱岳区新馆先后封顶，全市6家县级综合档案馆均完成建筑主体封顶工作。指导涉改单位做好档案处置工作，与市委办公室（档案局）联合印发《关于做好深化市级事业单位改革试点档案移交接收工作的通知》，举办业务培训会，培训70余家单位、80余人，相关涉改单位已向主管部门或新组建单位移交档案100余万卷（件）。

【档案信息化建设】 加快档案数字化进程，完成10万页进馆档案的数字化扫描任务，并对数据进行严格质检，确保数质同优。统计馆藏全部档案的电子目录以及数字化成果，对档案数量、数据质量等进行问题登记，按全宗进行档案补录或补扫。升级机房动态环境监测服务平台及相关通讯设备，配备光盘库，完善数字档案备份策略，做好局域网、政务网、数字化加工3个网络平台数字档案在线、离线、近线和异地、异质备份工作。申报全省大数据创新应用成果——《全市档案信息“一网查”“掌上查”》。

【档案编辑与研究】 编辑出版《泰安市大事记（2020）》，收录大事条目900余条、18万余字。编辑出版《泰安市档案馆大事记（2020）》。编印《泰安老街的历史记忆》《泰安老街的历史记忆（二）》《泰安四海商城的繁荣始末》《细数泰城15处知名牌坊》4期资政参考。做好对上项目申报工作，《大数据时代下档案工作在爱国主义教育中的创新模式研究》通过省档案馆验收，并获山东省档案优秀科技成果奖三等奖。在泰安市档案馆官网展厅举办纪念建党百年档案系列展览。爱国主义教育基地被市委老干部局、市委离退休干部工作委员会授予“泰山金秋离退休干部主题党日活动共享基地”称号。

【档案宣传与教育】 组织开展小记者“走进档案馆 探秘寄存梦想”档案活动，“档案话百年”国际档案日宣传等活动。完成档案报刊征订工作，征订《山东档案》737份、《中国档案》117份、《中国档案报》131份。国际档案日组织全员收看国家档案局组织的线上专题讲座。组织全市档案干部参加“十四五”

全国档案事业发展规划公益大讲堂在线培训及全市档案工作培训会。组织山东科技大学学生走进档案馆开展爱国主义教育和教学实践活动。组织申报山东省档案学优秀成果奖，申报成果17项，其中获二等奖3项、三等奖14项。做好市直档案专业中初级职称评审工作，19人通过中级职称评审，23人通过初级职称评审。

（李　艳）

文化市场管理

【文化执法】 开展涉劣迹艺人违法违规文化产品和活动执法检查、文娱领域综合治理工作，先后检查互联网文化单位143家、歌舞娱乐场所162家、营业性演出场所50家，检查互联网文化产品605项、曲目19789首，指导督促231家文化市场经营单位落实主体责任，发现涉劣迹艺人的有禁止内容的曲目数量7项，均现场责令涉事单位进行彻底删除整改。制定2021年市文旅局部门联合"双随机、一公开"监管平台实施抽查工作计划，实现"进一次门，查多项事"，发起4个季度随机抽查，完成2021省直部门联合双随机抽查工作的39项任务。常态化开展"行政许可"、"行政处罚"及"零报送"工作，迎接省、市行政许可和行政处罚信用信息公开工作第三方全面评估，位列44个市级信源单位第一名。通过山东省互联网上网服务营业场所监管平台，对泰安140家互联网上网服务营业场所及15家互联网文化经营单位进行不间断巡查。联合泰山区、岱岳区综合执法局、泰安旅游经济开发区管理部门建立联合执法队伍，检查娱乐场所曲库，重点检查点歌系统链接的曲库是否有禁播的歌曲、是否违规与境外曲库链接等。开展"黑广播"专项整治，出动检查人员400余人次，累计检查市场经营单位、个人100余个（名），查处卫星电视接收设备10余套。

【扫黄打非】 突出市场监管与案件查办，把打击政治性非法出版物作为重中之重，创新推出"协调协作、专项行动、案件查处+督导检查"的"3+1"工作模式，严厉打击各类涉黄涉非出版传播活动。开展净网、清源、护苗、固边、秋风五大专项行动和寄递企业"扫黄打非"专项行动，突出互联网主战场，开展监测清查，全环节查堵管控，坚决截断有害信息和出版传播链条。2021年，先后查处重大违法案件4起、侵权盗版案件29起、非法印刷案件5起，刑事立案4起，出动执法人员2027人次，检查印刷企业164家次，警告11家次，罚款5家，罚款金额6.8万元；检查出版物经营单位761家次，警告5家次，罚款29家，罚款金额52450元。（刘姗姗）

编辑　校对　　戚淑娟

卫生·体育

卫生综述

【概况】 截至2021年年末，全市有各级各类医疗卫生机构4665家，拥有病床3.5万张，卫生人员5.42万人。全市有医院105家，其中综合医院66家、中医医院8家、专科医院27家、护理院4家；基层医疗卫生机构4530家，其中社区卫生服务中心（站）178家、卫生院67家、村卫生室2978家、门诊部55家、诊所（卫生所和医务室）1252家；专业公共卫生机构25家，其中疾病预防控制机构8家、专科疾病防治院（所、站）3家、妇幼保健院（所、站）7家、采供血机构2家、卫生监督所（中心）4家、计划生育技术服务机构1家；其他卫生机构5家。全市人均期望寿命79.64岁，孕产妇死亡率、婴儿死亡率和5岁以下儿童死亡率分别为7.46/10万、2.24‰和3.51‰。泰安市通过全国爱卫办2021年国家卫生城市复审，连续26年保持“国家卫生城市”称号，连续13届获“全国无偿献血先进市”称号。市卫生健康委被国家卫生健康委评为“中国共产党成立100周年庆祝活动卫生健康行业网络安全保障工作表现突出集体”，被省委、省政府表彰为“山东省脱贫攻坚先进集体”，连续18年保持“省级文明单位”称号，连续9年被市委、市政府表彰为“经济社会发展综合考核先进单位”。

【新冠肺炎疫情常态化防控】 坚决贯彻“外防输入、内防反弹”防控策略，巩固疫情防控向好态势，先后及时发现、闭环处置境外输入确诊病例1例、无症状感染者1例、确诊病例（复阳）1例、无症状感染者（复阳）1例，全部治愈出院，全年度未发生本土疫情传播。加强定点医院和发热门诊设置管理，做好医疗救治梯队储备。组建新冠疫情防控专家组和中医药专家组，强化实战演练，做好应对准备。压实院感防控责任，常态化开展“四级”院感巡查。规范设置发热门诊19家，实行网格化管理并向社会公示。提升核酸检测能力，全市46家医疗卫生机构日单采核酸检测能力达13.48万管，混采检测日最大能力达133.39万人份。制定第四版全市全员核酸检测工作实施方案，同步建立“1+N+10”（1个市级工作预案、N个配套市级分预案、10个县级工作预案）预案体系，开发建设全员核酸检测“泰新检测”信息系统，搭建全员核酸检测管控平台。大规模核酸检测组织实施能力建设通过省级验收。推进新冠病毒疫苗接种工作，加快构筑群体免疫屏障，分别启动18岁以上、12～17岁、3～11岁人群新冠病毒疫苗接种，累计接种新冠病毒疫苗1019.02万剂次。加强常态化疫情防控监督执法，责令37家违反疫情防控规定的医疗机构停业整顿，立案处罚344件。

【医养健康产业】 市政府印发《泰安市康养福地建设实施意见》，成立市级“康养福地”建设领导小组。确定8个年度医养健康产业专班内部插旗任务，完成年度计划投资5.228亿元。至年末，全市医药制造和医疗器械规模以上企业达到30家，营业收入59.8亿元，营业收入增速4.2%，利润15.81亿元，利润增速3.9%。邀请36家单位和企业参加“首届泰山产业大集”医疗康养产业板块活动。

【卫生健康活动】 开展“庆祝建党一百年·卫生健康办实事”实践活动，明确疫情防控服务大提升、群众就医体验大提升、公众健康素养大提升、卫生院大提升、卫生室大提升、农村适龄妇女“两癌”关爱活动、新生儿遗传代谢性疾病筛查“泰好办”活动、万名医师下基层活动、千名计划生育特扶对象得关爱活动、村医进课堂活动、中医中药进万家活动、餐饮具集中消毒服务单位专项整治行动等12项“我为群众办实事”主题实践活动，其中“扎实开展农村适龄妇女‘两癌’关爱活动”“政府主导 部门联动 推进‘基层卫生大提升’落地见效”“2.4万新生儿家庭用上新生儿遗传代谢病筛查手机App”三项案例入选《山东省卫生健康委“我为群众办实事”典型案例100篇》。

（李先虎　宋洪孟）

2021年泰安市医疗卫生机构、人员和床位情况表

表44

机构分类	机构数量（家）	床位数（张）	在岗职工（人）：卫生机构人员	卫生技术人员：小计	执业（助理）医师	其中：执业医师	注册护士	药师（士）	技师（士）	其中：检验师（士）	其他	其中：见习医师	其他技术人员	管理人员	工勤技能人员
总　计	4665	35303	54174	42811	16636	13423	19166	1969	2344	1163	2628	494	2648	1976	2423
医　院	105	27244	30681	26658	8930	8364	13759	1220	1551	752	1198	287	1631	1274	1674
综合医院	66	19396	22499	19731	6614	6229	10208	855	1125	580	929	233	1075	829	1137
中医医院	8	3723	5045	4424	1584	1500	2144	269	255	111	172	21	308	237	260
专科医院	27	3773	3007	2440	714	620	1373	91	166	59	96	32	241	192	220
护理院（中心）	4	352	130	63	18	15	34	5	5	2	1	1	7	16	57
基层医疗卫生机构	4530	5886	18948	12480	6470	3918	3795	618	463	216	1135	178	639	442	443
社区卫生服务中心（站）	178	845	2633	2317	926	654	921	137	88	39	246	54	116	105	129
社区卫生服务中心	20	782	1878	1618	622	421	627	111	86	37	172	42	93	83	107
社区卫生服务站	158	63	755	699	304	233	294	26	2	2	74	12	23	22	22
卫生院	67	5001	6185	5344	2157	1396	1750	353	319	153	765	98	466	221	267
乡镇卫生院	67	5001	6185	5344	2157	1396	1750	353	319	153	765	98	466	221	267
村卫生室	2978	—	6637	1485	1389	163	84	12	—	—	—	—	—	—	—
门诊部	55	20	549	498	201	164	212	13	41	21	31	3	19	48	10
诊所、卫生所、医务室	1252	20	2944	2836	1797	1541	828	103	15	3	93	23	38	68	37
专业公共卫生机构	25	1084	3501	2812	1000	908	1137	102	243	175	261	27	308	206	216
疾病预防控制中心	8	—	687	530	252	230	73	16	70	51	107	—	71	47	69
专科疾病防治院（所、站）	3	50	104	84	31	24	21	12	9	8	11	—	4	12	4
妇幼保健机构	7	1034	2477	2039	691	634	999	72	137	91	140	27	207	122	114
妇幼保健院	6	1034	2345	1941	646	590	973	70	127	85	125	27	190	121	97
采供血机构	2	—	121	81	14	13	39	1	25	24	2	—	13	6	21
卫生监督所（中心）	4	—	77	57	—	—	—	—	—	—	—	—	10	8	5
计划生育技术服务机构	1	—	35	21	12	7	5	1	2	1	1	—	3	11	3
其他卫生机构	5	1089	1044	861	236	233	475	29	87	20	34	2	70	54	90
康复医疗机构	2	1089	972	803	229	227	437	28	86	20	23	1	66	48	86
其　他	3	—	72	58	7	6	38	1	1	—	11	1	4	6	4

健康泰安建设

【健康城市创建】 推进实施健康泰安行动，以建设“环境宜居、社会和谐、人群健康、服务便捷、富有活力”的健康城市、健康村镇为目标，对全市6个县（市、区）的8个街道、12个乡镇、160个村（居）开展调研，完成《泰安市健康城市健康村镇建设规划（2021—2025年）》编制工作。围绕30项重点指标和124项监测指标，完成健康泰安建设的省级监测评估。在全市推出“一二三四”（推动室内公共场所、室内工作场所和公共交通工具全面禁烟，控烟工作与精神文明创建、卫生城市创建相结合，无烟党政机关、无烟学校、无烟卫生健康机构建设，强化戒烟服务体系建设、强化烟草违法违规问题集中整治、强化控烟宣传教育、强化监测评估和技术支撑）控烟行动十项举措，持续开展“无烟党政机关创建”“无烟单位创建”等活动，创建省级无烟机关8家、无烟单位5家，市级无烟机关118家、无烟单位290家。

【健康促进工作】 指导东平县成功创建省级健康促进县，新泰市通过省级健康促进县复审，实现泰安市省级健康促进县6个县（市、区）全覆盖。组建32个专业349人规模的副高级职称以上专家库，面向基层开展健康科普活动383场，受众超过12.83万人。着力提升全市居民健康素养水平，全市居民健康素养水平达24.52%，同比增长2.35%。

【卫生健康宣传】 开展全市卫健系统庆祝中国共产党成立100周年暨党史学习教育主题宣传活动，开辟《“医”路心向党·谱写新华章》专栏，组织参与“庆祝建党百年·巡礼健康山东”主题系列新闻发布会。在市电视台开设《医疗满意在人民》《人才领军·卫健力量》《名医话健康》等栏目，制作提升就医满意度系列专题片12部、健康科普短视频10部，打造健康科普“精品工程”。建好“两微一网”，通过市卫生健康委门户网站、官方微信公众号、官方微博累计发布转载各类信息、稿件3272条（篇）。

4月21日，泰安市医疗发展集团在“泰山产业大集”康养展区亮相

（宋洪孟　供）

【爱国卫生运动】 2021年，泰安市迎接国家卫生城市复审，在全国爱卫办暗访工作中取得较好成绩，在山东省迎审的12个地级城市中成绩排名第3，已连续26年保持“国家卫生城市”称号。通过迎接国家卫生城市复审，城市环境卫生面貌和群众生活环境显著提升。以国家卫生城市为龙头，将卫生创建工作向县、乡、村居、单位纵深推进，持续推动全域卫生创建。截至年末，全市共创建国家卫生乡镇24个，创建率为27.3%；省级卫生乡镇75个，创建率为85.2%；省级卫生村居2363个，创建率为63.8%，均提前完成省市提出的创建目标。

（李先虎　宋洪孟）

医药卫生体制改革

【公立医院综合改革】 持续深化医药卫生体制改革，印发《关于推动公立医院高质量发展的若干措施》，推动全市公立医院实现“三个转变”（发展方式从规模扩张转向提质增效、运行模式从粗放管理转向精细化管理、资源配置从注重物质要素转向更加注重人才技术要素），加快健全现代医院管理制度，提高卫生健康供给质量和服务水平。泰安市被确定为全国首批城市医联体建设60家试点城市之一、全省基本药物制度综合改革试点市，岱岳区被确定为省级公立医院综合改革示范县（市、区）。市医疗发展集团运作模式及成果作为重点典型案例，在国家卫生健康委举办的世行贷款中国医疗卫生改革促进项目2021年医改经验交流会上得到推广，并入选国家分级诊疗制度和医疗联合体建设典型案例库。成立泰安市城区互联网慢病医疗联合体。成立跨区域专科联盟25个、远程协作网3个，县域就诊率达90%以上。2021年国家、省、市财政共下达深化医药卫生体制改革补助资金3541万元，预算执行率100%。组织全市公立医院开展综合改革绩效目标自评，完成中央对地方转移支付预算执行情况的绩效考核，公立医院服务质量明显提升。

【学习推广三明医改经验】 市深化医药卫生体制改革领导小组办公室制定印发《关于学习推广福建省和三明市医改经验 进一步深化“三医联动”改革的实施意见》，组织召开全市深化医改工作会议暨市医改领导小组（扩大）会议，学习福建省和三明市深化医改的主要经验，完善“三医联动”工作机制，推进改革攻坚。年内，全市32家二级及以上公立医院医改监测的大部分指标均较上年有所向好。其中，公立医院医疗服务收入（不含药品、耗材、检查、化验收入）占医疗收入的比例达28.38%，三级公立医院出院患者手术占比24.1%，公立医院平均住院日8.76天，公立医院百元医疗收入的医疗支出（不含药品收入）107.78元。

【政策法规】 创新普法宣传模式，分6个专题通过线上直播开展“法治大讲堂”活动，观看人数达2.5万人次。开展《中华人民共和国民法典》、习近平法治思想等法治宣传活动25次，发放宣传材料1万份，提供法律法规咨询服务1000人次。废止卫生健康领域规范性文件1件，修订完善2件。对14个文件进行公平竞争审查，未发现违反公平竞争相关规定的文件。对245项市级卫生健康领域权责清单进行修订，对643项政务服务事项进行梳理、修改规范并公示。做好行政审批衔接和政务服务集中进厅工作，全年办理政务服务事项6类1248个。

（李先虎　宋洪孟）

疾病预防控制和卫生应急管理

【重点传染病防控】 做好H7N9禽流感、手足口病、艾滋病、结核病等传染病防治，全市传染病疫情防控保持平稳。全年报告法定管理传染病1.74万例，法定报告传染病发病率311.19/10万，同比上升12.5%。全市连续8年无狂犬病病例报告。全年报告输入性疟疾4例，较上年减少60%，均规范处置，无死亡病例。加大艾滋病疫情监测和患者随访管理力度，全市艾滋病病毒感染者随访检测率96.4%，免费抗病毒治疗覆盖率95.4%，病毒抑制率98.5%，艾滋病继续保持低流行状态。全市结核病定点医疗机构共登记肺结核患者1065例，活动性肺结核患者病原学阳性率62.9%，新病原学阳性耐药筛查率91.0%，高危人群耐药筛查率95.0%，耐药患者纳入治疗率100%，联合市教育局开展全市学校结核病专项督查。

【免疫规划管理】 儿童国家免疫规划单苗接种率保持90%以上，国家免疫规划疫苗全程接种率达91.63%。疫苗针对传染病控制在历史最低或近年较低水平，继续保持消灭脊灰、消除白喉成果，全年无风疹确诊病例，无流脑病例报告。全市数字化门诊建成、在建比例95%以上。

【地方病、慢性非传染性疾病综合防控】 实施碘缺乏病、饮水型氟中毒、克山病和高碘地区监测全覆盖。加强和完善以死因、肿瘤、心脑血管疾病为主的慢病监测系统，开展全市死亡漏报调查。完成2008名院内脑卒中高危人群筛查、4870名社区人群筛查干预，完成500名社区居民心血管病筛查，125名心血管病高危人群纳入随访管理，长期随访4000人。全市癌症中心规范化建设在省内率先实现全覆盖，完成农村上消化道癌早诊早治筛查2万例、上消化道癌机会性筛查4.2万例、重点慢性病（肺、上消化道、结直肠疾病）机会性筛查1807例。开展“深入基层防癌大讲堂”活动，举办讲座42场次，惠及2万人。

【精神卫生工作】 推进社会心理服务体系试点建设，社会心理服务体系试点建设实现县（市、区）全覆盖，免费为群众提供心理支持、心理疏导、危机干预等服务，2021年接线总量1286人次，医疗机构心理科建设不断加强，全市二级以上综合医院开设精神（心理）门诊17家，基层医疗卫生机构（乡镇卫生院、社区卫生服务中心）设立心理咨询室82家。全市共规范管理在册患者2.57万人，规范管理率94.9%，面访率98.32%，服药率98.69%。

【卫生应急管理】 举办突发急性传染病防控、免疫规划、传染病与突发公共卫生事件报告管理等各类卫生应急培训30场次，累计培训

3100余人次。加强和完善疫情信息报告管理及疫情分析预测预警机制，全年接到预警信息768条，初步判断疑似事件125条，当场调查排除121起，确认4起；全市通过突发公共卫生事件信息报告管理系统报告突发事件相关信息62起，报告发病数339例，死亡8例。市级开展突发事件公共卫生风险日常评估12次，对可能存在风险点逐一进行排查分析并提出应对措施和防控建议。

（李先虎　宋洪孟）

医疗卫生服务

【服务能力建设】　推进县医院医疗服务能力建设，宁阳县第一人民医院达到县医院医疗服务能力推荐标准，泰安市4家县（市）医院全部达标，完成率100%。深化城乡医院对口支援，2021年派驻医务人员152人；印发《泰安市城乡医院对口支援工作实施方案（2022—2024年）》，组织11家二级以上医疗机构与29家县级医院（基层医疗卫生机构）建立对口支援关系。以“六大中心”（胸痛中心、卒中中心、创伤中心、危重孕产妇救治中心、危重儿童和新生儿救治中心、癌症中心）建设为重点增强急危重症救治能力，建成国家级中心及建设单位11个，省级中心及建设单位13个。设置13家互联网医院，规范互联网诊疗行为。以新泰市为试点推进“互联网＋护理服务”，确定新泰市人民医院、新泰市中医医院、新泰市第二人民医院为“互联网＋护理服务”试点单位。以泰山区为试点推进“老年人居家医疗服务”，确定泰山区人民医院、泰安市中医二院、财源街道社区卫生服务中心、泰前街道社区卫生服务中心、泰安慈恩老年病医院、泰安泰山护理站为“老年人居家医疗服务”试点单位。

【医疗服务质量】　改善群众就医体验，在三级以上医院推广设立门诊服务中心、入院准备中心，优化服务流程。开展“群众就医体验大提升”活动，县级以上医院全面建立专家预约团队，实施门诊分时段预约；全面落实老年人就医优待政策，设立老年人优先就医窗口和老年人专病、专科门诊；改善门诊就医环境，增加便民服务设施设备，加强卫生间环境管理；落实门诊诊查“一患一诊室”，维护诊区诊疗服务秩序；建立患者投诉渠道和接待处理流程，实行首诉负责制。开展“万名医护下基层”活动，县级以上公立医院支援乡镇卫生院71家，累计派出医疗队4008人次，开设专科门诊数31个，开展培训讲座223次，开展义诊活动1147次，义诊群众13.02万人次、上门巡诊2575人次。开展“服务百姓健康行动”全国大型义诊活动周活动，服务1.57万人次，减免患者费用19.17万元。举办2021年泰安市医院感染管理技能竞赛。落实医疗救助，救助患者33人次，支付基金108.49万元，基金使用比例达63.82%。

【医疗质量和安全管理】　加强技术指导和质量控制，印发《泰安市市级医疗质量控制中心管理办法》，调整完善市级质控中心29个。加强院前急救建设，联合市发改委等10部门加快制定《泰安市进一步完善院前急救服务体系建设实施方案》，新增急救站点15家。重塑医院管理体系，全市4家三级医疗机构、16家二级医疗机构参加公立医院绩效考核。加强信息化建设，全市6家医疗机构电子病历应用水平达到4级；17家医疗机构电子病历应用水平达到3级。推进公立医院高质量发展，对全市6家医疗机构开展大型医院巡查工作。开展“民营医院管理年”活动，提升民营医院医疗质量安全和医疗服务能力。规范医疗废物处置，全市4099家医疗卫生机构医疗废物年度产生量为4519.72吨，全部由医疗废物处置中心集中

5月17日，泰安市医疗发展集团完成首次多学科远程会诊（宋洪孟　供）

收集，安全妥善处置。推进血液安全管理，落实无偿献血用血费用直免，全市临床用血100%出自公民自愿无偿献血，无偿捐献机采血小板达100%，连续13届获“全国无偿献血先进城市”称号。强化采供血服务，完善相关法规制度建设，协同推进《泰安市献血条例》立法落地。推进平安医院建设，协调处理医疗纠纷，全市38家二级以上公立医疗机构以及部分基层医疗卫生机构加入医疗责任险，医患关系明显改善。加强行风建设，开展不合理医疗检查专项治理行动，建立健全医疗检查监管长效机制，抽查医疗机构100余家，其中二级以上医疗机构17家。

【药政工作】 加强药学服务能力建设，转变药学服务模式，全市28家公立医院、86家政府办基层医疗卫生机构和2926个实行一体化管理的村卫生室全面配备使用基本药物并实行零差率销售，160家医疗卫生机构开通短缺药品监测网络。创新落实基本药物制度措施，肥城市卫生健康局、泰安市中心医院成功申报国家基本药物制度管理创新项目，加强创新突破，提升国家基本药物制度实施成效。

【“互联网+医疗健康”发展】 依托“泰安健康”微信公众号，以应用泰安市居民电子健康卡为纽带，并兼容社保卡和身份证等介质，实现诊疗信息互联互通、覆盖卫生健康全流程服务为目标，全面实现居民实名就医、医院流程全预约、就诊“零等待”、诊疗信息共享、健康服务、支付结算等业务流程一码办理，构建覆盖诊前、诊中、诊后的线上线下一体化医疗服务模式。

【科教工作】 2021年新申报山东省医药卫生科技发展计划项目15项，结题8项。获评泰安市社会科学优秀成果奖一等奖2项、二等奖3项、三等奖1项。完成2021年度住院医师规范化培训结业考核，其中泰安市中心医院基地87人参加，81人合格，首次考核通过率93.1%；山东第一医科大学第二附属医院基地121人参加，111人合格，首次考核通过率91.74%。2021年招录住院医师207人、招收全科医生转岗培训120人。开展“我为群众办实事——村医进课堂”活动，5887名乡村医生参与线上学习。加强病原微生物实验室管理，做好病原微生物实验室备案工作。

【人才工作】 完成全市2021年度卫生专业技术人员副高级职称及基层高级职称评审评定工作，134人通过正高级职称评审，793人通过副高级职称评审，164人通过基层高级职称评审。做好省级重点人才工程、齐鲁卫生与健康领军人才培育工程、市级专业技术拔尖人才和中青年专家选育工作，建立人才智库，促进卫生健康人才培养提质扩面。

【泰安市中心医院】 泰安市中心医院始建于1948年，是集医疗、教学、科研、康复、预防、保健、康养于一体的三级甲等综合医院。医院有在职职工4300余人，编制床位3066张。年内，中心院区改造全面实施，高新院区交付使用，泰山医养中心“一床难求”，“寿比泰山”医养品牌树立新形象，迎胜院区运行良好。区域布局协调发展，优质医疗资源扩容倍增，“一院多区”“一体多翼”，成为医院高质量发展新动力。2021年门（急）诊量165万人次，出院患者12.2万人次、开展手术3.98万台次。调整优化质控体系，提升标准规范。临床路径管理入径率达98.4%，完成率达86.5%，全院单病种出院总例数达4万余例。创新急诊急救服务体系，扩大改造急诊中心，启用新的ICU、EICU、神经ICU，非急救转运运转良好。完成3D打印治疗731例，国家级胸痛中心复核通过，5个省级区域分中心挂牌联动；3个专科再获省级临床重点，8项医疗技术成为省级临床应用规范化培训基地；最新一代海扶刀正式投入使用。成立22个MDT小组，全年开展新技术新业务76项。市中心医院——泰山景区、市高新区健共体正式签约，推进分级诊疗落实落地。印发《高层次人才选拔培养方案》，柔性引进高端人才，签约客座教授5人、首席专家7人。1人获评“泰山学者青年专家”，2人获评“齐鲁卫生与健康杰出青年人才”。公开招聘577人，与318名全日制博士研究生、硕士研究生，“985”“211”高校本科生，“双一流”高校本科生签订人才协议，并落实相应待遇。印发《非事业编制人员管理规定》，打破人才引进壁垒，完成455人的分级、届中聘任工作。年内，在站博士后获中国博士后科学基金特别资助1项，山东省自然科学基金面上项目1项。科研项目PI制、科研休假落地实施，实现市科技进步一等奖、科研成果转化零的突破，签订科技成果转化技术合同7项，获转化资金36.2万元。推进GCP工作，年度签署项目合同31项，合同总金额达1002万元，国际多中心临床试验项目、体外诊断试剂临床试验项目实现零的突破。获山东省自然科学基金4项，省医学会科研专项1

项，省中医药科技项目4项，省医药卫生科技发展计划1项。获省医学科技奖1项，市科技进步奖26项。完成省医药卫生科技发展计划结题9项，市科技发展计划项目结题18项，科技成果评价25项。发表论文134篇，其中SCI收录65篇。密切市校合作，医院成为青岛大学直属附属医院，青岛大学泰安医学中心落地。住院医师首次参加结业考核通过率达93.10%，首次参加医师资格考试通过率由上年64.71%增加到85.19%。获批国家级继续医学教育项目3项，省级43项，市级16项。开展抗“疫”支援工作，坚持“人物并防”，创新医防融合、医防协同。保持“山东省文明单位”称号，获“2021年度中国医院百强院”称号，成功创建“泰安市老年友善医疗机构示范单位”，在全国1289家三级综合医院绩效考核中迈入第一方阵。

【山东第一医科大学第二附属医院】 2021年，医院建筑面积12.5万平方米，开放床位1846张，在职职工2157人，医院引进高级职称人员5人，博士后出站人员2人，博士6人。实施“2030”青年英才培育计划，选拔培养20名学术带头人培养对象和30名学术骨干培养对象，招聘职工126人。设有48个临床科室、8个医技科室。胸痛中心、卒中中心、心脏康复中心、标准化房颤中心通过评审获批国家级中心。中医科、中医外科（乳腺外科）获批山东省中医药临床重点专科。癫痫诊疗中心通过中国抗癫痫协会国家级癫痫中心评审，成为首批经行业评价的二级癫痫中心。建立诊疗特色鲜明的乳腺病诊疗中心、盆底康复中心。心内科获批心血管疾病护理与技术培训基地。综合医技楼暨公共应急临床中心项目于8月29日奠基并开工建设。完成感染性疾病综合楼收尾工作、PCR实验室建设。年内投资5617万余元完成手术导航定位系统，内窥镜荧光摄像系统等高端设备投入使用。推进电子病历、智慧服务、智慧管理“三位一体”的智慧医院建设和医院信息标准化建设，通过国家医疗健康信息互联互通成熟度四级甲等测评，互联网医院上线。新增医联体合作单位71家，医学影像、心电图远程诊断协议单位11家。各专科联盟举办学术会议和“四进”及科普宣传活动239次，派出专家4160人次到基层开展坐诊、查房、讲课，服务居民1.55万人次，体检合作单位达150余家，查体收入同比增长18%。作为山东第一医科大学直属附院、临床学院，医院承担着临床医学、影像医学、护理学等专业的理论授课、实验教学、见习及部分实习带教任务。承训选手在全国大学生医学技术技能大赛护理学专业赛道中获华东赛区特等奖、全国总决赛银奖。通过教育部专家组对临床医学专业认证检查。成立中心实验室，天外村科研大楼移交医院管理使用。全年获各类立项课题31项，其中1项获省自然科学基金（青年项目）立项，8项获省医药卫生科技发展计划立项，5项获省中医药科技发展计划立项。获山东省医学科学技术奖三等奖等8项奖励。共发表论文281篇；SCI收录58篇。确保疫情常态化防控，累计为群众和职工接种新冠疫苗2.78万剂次，开展核酸检测22.60万人次。全院四级手术占比同比提高4.63个百分点。平均住院日控制到7.84天，缩短0.16天，实现医院总收入同比增长30.6%。医院获山东省三八红旗集体、抗击新冠肺炎疫情山东省三八红旗手、全省内部审计先进单位、山东省教育系统先进基层党组织等称号。

【山东省泰山疗养院（山东省泰山医院）】 该院1952年建院，是一所预防、医疗、保健、疗养、康复、养老并重的省直医疗机构，是泰安市基本医疗保险定点医疗机构。建院初期主要承担医疗保健服务工作，20世纪80年代末面向全社会各阶层开展医疗服务，2009年加挂山东省泰山医院院牌。医院占地面积约11.87公顷，职工599人，其中高级专业技术人员81人、中级专业技术人员135人，硕士及以上学历60余人。开放床位726张。开设有8个内科科室（神经内科、心血管、消化、呼吸、泌尿、内分泌、肿瘤内科和老年病科），外科含6个专业（腹部、胸、骨、泌尿、腔镜和痔瘘），8个中心（康复中心、急诊重症医学中心、疗养接待服务中心、国院养生养老中心、整合医学中心、健康管理中心、骨关节病诊疗中心、眩晕诊疗中心），还设有风湿免疫科、中医和中西医结合科、中西医结合肺病科、睡眠医学科、临床营养科、皮肤科、口腔科等临床科室，以及功能齐全、设备先进的医技科室。医院拥有美国GE-HDi型1.5T超导型磁共振、PENTAX共聚焦激光显微内镜、德国产西门子螺旋CT、美国产V7多维彩色超声诊断系统、东芝智能高档彩超Aplio 500、柯达DR、数字胃肠、日本产Pentax-i7000 OE型电子胃肠镜、OMOM胶囊消化道内镜系统、日立全自动生化分析仪、意大利全自动生化分析仪、德国产菲森尤斯血液透析机等一系列原装进口先进医疗设备。全年新增购置设备85台，价值567.83万元，均投

6月4日，山东省泰山疗养院（山东省泰山医院）举行庆祝建党100周年党史知识竞赛 （宋洪孟 供）

入使用。年内，签订科研项目合同9项，申报省级医药卫生项目7项，市级科技创新发展项目4项。已立项课题结题8项，申请结题9项。申报山东省地方标准1项，“体医融合”试点项目4项。全年发表论文共31篇，其中SCI收录3篇，中华医学会系列1篇，科技核心3篇，北大核心2篇，其他一般公开刊物论文22篇。省级中医药继续医学教育项目获批1项，省级继续医学教育项目获批4项。入选山东省中医药人才信息库中医师6人。成立由医师、护士、康复理疗师、营养师、中医等组成的多学科联合小组，提升疗养品质，打造特色疗养保健品牌，全年共接待各类普通保健对象600余人。完成泰安市重要外派保健任务10余次，安排医学科普及保健讲座20余次。提升医疗救治能力。按照临床、医技、门诊、药学等15个科室质量与绩效考核细则，落实医疗质量考核制度。开展不合理医疗检查专项治理行动，规范医疗行为。加强与院外知名专家合作，全年院外专家到院会诊达260余次。加强疫情防控应急演练，全年进行全员培训20次，演练和考核10次，提高应急水平。完成与17个经办机构的医保服务协议签订工作。做好泰安市安宁疗护试点工作，选派骨干力量参加培训，提升安宁疗护能力。参加2021年第二届中国国际医养健康产业博览会暨高层峰会。入选省卫健委及省民政厅开展的第一批山东省中医药特色医养结合示范基地建设项目。推出《名医推介》《品牌专科推介》等精品栏目，全年开展各类义诊活动、主题宣传活动、科普教育活动24场，受益人群达3000人。继续实施门诊半价惠民政策，全年为百姓节约医疗费650余万元。获省卫健委颁发的“脱贫攻坚专项奖励嘉奖”。

（李先虎　宋洪孟）

基层卫生和妇幼保健

【基层卫生服务】 创建达到“优质服务基层行”国家推荐标准的乡镇卫生院、社区卫生服务中心25家，全市累计达到国家推荐标准的乡镇卫生院、社区卫生服务中心36家，数量居全省第1位，受到国家卫健委通报表扬。建成社区医院8家，全市累计创建社区医院25家，机构占比和覆盖率居全省第1位，实现县（市、区）全覆盖。累计评审命名省级、市级、县级示范标准化村卫生室28个、191个、1053个。遴选28家特色科室作为建设单位重点培植，累计评审命名“泰安市基层医疗卫生机构特色科室”39个，向基层选派业务院长14人。政府办乡镇卫生院、社区卫生服务中心建成发热哨点诊室82个。岱岳区天平街道社区卫生服务中心通过康复科建设，提升医疗卫生服务水平的经验做法在国家卫健委办公厅《卫生健康工作交流》推广。

【妇幼健康服务】 全市全年发放母子健康手册29964册，0～6岁儿童健康管理率92.13%。农村妇女“两癌”（宫颈癌、乳腺癌）检查188402人，目标人群检查覆盖率104%，推动35～64岁农村妇女和全部建档立卡的贫困妇女“两癌”检查按照3年一个周期全覆盖。全市孕产妇HIV、梅毒、乙肝咨询检测率均保持在99.9%。评选出9个泰安市妇幼保健机构特色专科建设单位。市妇幼保健院新生儿科被评选为省级新生儿保健特色专科单位，市中心医院妇产科被评为省级孕产期保健特色专科建设单位，宁阳县妇幼保健院被遴选为山东省妇幼保健机构能力建设项目单位。宁阳县推进国家级妇幼保健机构机制创新试点建设经验在全省和全国推广。泰安市在2020年度全省妇幼健康项目绩效考核中列第3名。

2021 年泰安市妇幼卫生保健情况表

表 45

项　目	指　标	项　目	指　标
孕产妇死亡率	7.46/10 万	7 岁以下儿童健康管理率	92.13%
孕产妇系统管理率	92.14%	3 岁以下儿童健康管理率	92.11%
产后访视率	94.15%	6 个月内婴儿母乳喂养率	96.03%
新生儿死亡率	1.31‰	产前筛查率	91.73%
婴儿死亡率	2.24‰	新生儿四项遗传代谢病筛查率	99.9%
5 岁以下儿童死亡率	3.51‰	新生儿听力筛查率	99.52%
5 岁以下儿童贫血患病率	3.01%	妇女常见病筛查率	85.89%

【国家基本公共卫生服务项目】 国家基本公共卫生项目经费标准提高到人均 70 元，12 大类国家基本公共卫生服务项目规范进行。建立居民健康档案 502.2 万份，建档率 89.12%；65 岁以上老年人健康管理 60.8 万人，管理率 71.16%；高血压管理 50.3 万人；糖尿病管理 19.07 万人。泰安等 4 个地市代表山东省迎接国家基本公共卫生服务项目 2020 年度绩效考核，山东省列全国第 4 名。

【医防融合慢性病管理试点】 2021 年，泰安被列为全省“三高共管、六病同防”（高血压、高血糖、高血脂，冠心病、脑卒中、肾脏病变、眼底病变、周围神经病变、周围血管病变）工作试点市，泰安市印发《三高共管、六病同防、医防融合、慢性病管理试点工作方案》，建立市级三高中心 1 个、县级三高中心 14 个、三高基地 88 个、三高之家 800 个，成立泰安市三高共管、六病同防专家组，对“六病”实行定期筛查、精准治疗、有效恢复和减少复发。泰安市在试点建设中经费精细化测算的经验做法被省发文推广。

【家庭医生签约服务】 至年末，累计完成家庭医生签约 243.22 万人，其中健康帮扶对象签约 7.5 万人，实现应签尽签；65 岁以上老年人签约 71 万人，签约率达 83%。

【出生缺陷综合防治】 开展出生缺陷三级预防，继续实施免费孕前优生检查项目城乡人群全覆盖，免费孕前优生健康检查 3 万余人，农村妇女免费补服叶酸预防神经管缺陷 1.8 万人；规范相关技术服务，继续针对产前血清学筛查、产前诊断进行减免，适用人群在孕期内可自主选择；继续实施新生儿四项免费遗传代谢病筛查，筛查率为 99.9%。创新开展“新生儿遗传代谢病筛查 App 泰好办”项目，2021 年应用该 App 筛查新生儿 2.6 万余人，经验做法在《健康报》刊载，并被列为泰安市改革服务流程典型案例。

（李先虎　宋洪孟）

卫生健康综合监督与食品安全

【日常监督检查】 推动监督执法责任落实，2021 年全市应监督单位 15543 家，实际监督 15466 家，监督覆盖率 99.50%。国家下达泰安市双随机抽查任务 1348 件，任务完成 1343 件，任务关闭 5 家，任务完成率 99.63%，任务完结率 100%。实施行政处罚 216 件，罚款 15.88 万元。查处案件 1339 件，其中打击非法行医案件 74 件，人均办案 14.24 件，罚款金额 560.4 万元。

【医疗卫生行业综合监管工作】 建立健全医疗卫生行业综合监管制度，市政府印发《关于健全完善医疗卫生行业综合监管制度的通知》，明确职能部门权责分工，将综合监管纳入市政府督查事项，成立综合监管专项小组。对各县（市、区）开展医疗卫生行业综合监管工作督察。

【食品安全风险监测】 市卫生健康委制定《2021 年泰安市食品安全风险监测方案》，举办全市食品安全风险监测技术培训班，完成进口冷链食品专仓采样监测，确定在泰山区设立全国特定健康问题哨点监测点。完成化学污染物及有害因素监测样品 450 份，食源性致病菌监测样品 285 份，计划完成率为 100%。累计上报食源性疾病病例 9.67 万例，报告食源性疾病暴发事件 53 起。

（李先虎　宋洪孟）

医养健康

【老年健康服务体系建设】 在泰山医养中心举办“健康中国行动——老年心理健康志愿者走进泰安”暨心康乐园(失智医学中心)启用仪式,“国家老年人心理关爱项目技术指导单位”揭牌仪式。持续推进安宁疗护试点建设。开展首批“老年友善医疗机构”评估验收,复核公布“老年友善医疗机构示范单位”27个、“老年友善医疗机构”61个,泰山区岱庙街道丽景社区等3个社区被评为全国示范性老年友好型社区。

【医养结合】 医养结合深入推进,医养结合服务指导率为61.35%,泰安市及6个县(市、区)均被确定为省级医养结合示范先行市及县(市、区)。截至年底,全市有双证齐全医养结合机构48家,年度新增31家。省泰山疗养院(省泰山医院)、泰山医养中心被国家确定为第二批老龄健康医养结合远程协同服务试点机构。在市中心医院碧霞湖院区建立国家老年医学人才省级培训基地,成立泰安市医养结合暨安宁疗护品质联盟。泰安市在全省首届医养结合技能(康复)竞赛获“优秀组织奖”。举办全市首届医养结合技能(康复)竞赛。

【老年人权益保障】 落实老年人各项优待政策,医疗机构设立“老年人优先”窗口和“老年人就医绿色通道”,全市公交车实行老年人刷身份证免费乘车。开展关爱老人非法集资防范宣传知识进社区等活动,针对老年群体开展法律宣传、电信网络反诈宣传活动1051场次。开通泰安市老年人公证法律服务热线(8201199),市老年人法律援助工作站、岱宗公证处年度为特困、贫困老年人减免援助费、公证费等费用17万余元。为全市16785位90~99周岁老年人发放高龄补贴2148.46万元,为450位百岁老人发放长寿补贴204.44万元。为全市415位百岁及以上老人统一购买城乡居民基本医疗保险(个人缴纳医保),定期为百岁老人提供免费上门义诊健康管理。推进“银龄安康工程”,理赔案件3800件,理赔金额1160万元,为老年人提供健康生活保障。

【老年健康主题系列活动】 以“关注口腔健康,品味老年幸福”为主题的全省“老年健康宣传周”启动仪式在泰安市举办。市内8位老人入选第二届“山东健康老人”。举办“敬老月”走访慰问活动178次,慰问获“光荣在党50年”纪念章的老党员以及失能、独居、空巢等生活困难老年人8391人次。组织开展2021年泰安市“十大孝子”评选活动。实施“智慧助老”行动,编印发放《玩转智能手机——开启老年幸福生活》7000余册。 (李先虎 宋洪孟)

3月30日,泰安市泰山医养中心(泰安市中心医院碧霞湖院区)心康乐园(失智医学中心)开园仪式举行 (宋洪孟 供)

职业健康

【职业病监管】 对全市2019—2020年共计35家新发职业病例用人单位进行溯源监督检查,对35家用人单位存在的问题进行督促整改。泰安市作为全省3个职业健康信息化试点市之一,所有职业健康技术服务机构接入全省职业健康信息系统。

【职业病防治】 成立泰安市职业健康检查、职业病诊断、职业卫生和放射卫生技术质量控制中心,通过质控中心强化对职业健康技术服务机构和职业病防治项目的质量控制,推动职业健康技术服务机构开展标准化建设。市中心医院分院完成职业病诊断能力提升项目。山东国欣颐养集团肥城医院完成康复站建设,省煤炭泰山疗养院开始康复站建设试点。完成四大职业病防治项目。

【职业健康宣传培训】 举办“共创健康中国·共享职业健康”主题宣传周活动，开展主题宣讲、宣传咨询活动474次，印发宣传折页、明白纸等材料3万余份，制作宣传视频184份，覆盖近9万人。组织开展“职业健康专家科普讲座”150期，受众17.9万人。选送26部作品参加以“普及职业健康知识 助力职业健康保护”为主题的山东省第二届职业健康传播作品征集活动。

【职业健康保护行动】 全面调查职业病危害现状，率先完成省卫生健康委下达的摸底调查任务。评定省级健康企业3家、市级健康企业10家，评选省级“职业健康达人”23人、市级“职业健康达人”140人。在省级“职业健康达人”风采大赛中，市卫生健康委获团体赛优秀奖，1人获个人三等奖。

（李先虎 宋洪孟）

中医药

【中医药服务】 市卫生健康委编制印发《泰安市中医药发展“十四五”规划》与《泰安市中医药产业发展规划（2021—2025年）》。实施中医药临床优势专科培育工程，2021年全市入选省级中医药重点专科29个，数量居全省第三。在国家中医药管理局组织的绩效考核中，泰安市中医医院和新泰市中医医院、肥城市中医医院均居全省市级、县级中医医院前列。推进县级中医院标准化建设，新泰市中医医院和肥城市中医医院达到国家推荐标准，占比为40%，超过省30%的要求。在中医医院全面实施中医经典、中医外治技术、中医康复、中医治未病和中医护理“五个全科化”建设工作。开展“方便看中医，放心用中药”行动，全市6家二级以上中医院提供“中药代煎配送到家”服务。开展基层医疗卫生机构中医药服务能力提升行动，培植12个基层医疗机构专科专病中医药挖掘提升。新泰市、东平县通过国家中医药管理局“全国基层中医药工作先进单位”复审。推进中西医结合协同发展，健全完善中西医联合查房会诊协同机制，推动将中西医结合工作纳入医院等级评审和绩效考核。泰安市连续9年保持“全国基层中医药工作先进单位”称号。

【中医药产业】 加强特色中药材规范化种植养殖深加工，推进环东平湖“林+中草药”种植模式，集中连片发展沿湖中药材种植。参与全省道地药材目录和标准编制，推荐专家库成员2人，推荐山东省道地药材35种、特色药材10种。参加“齐鲁特色中药材采收季”活动，宣传推广泰安市芡实、黄精等特色中药材。寻访中医药产业老商号39家，成功申报首批齐鲁康养文旅打卡地4家。在全省药膳大赛理论比赛中获季军。市中医诊疗中心（中医药传承创新中心）被市委、市政府确定为2021年为民要办的十件实事之一重点推进。

【中医药文化建设】 举办首届泰山中医药文化节（第十二届泰山膏方节），开展“中医中药中国行”主题活动、“百人百场中医药文化科普巡讲”“中医药文化进校园”活动。新增省级中医药文化宣传教育基地和示范单位6个、省级中医药健康文化知识角2个，重点打造市级中医药健康文化知识角11个。启动泰安市中医药历史文化资源保护研究。在《山东省中医药条例》和中医药健康文化知识竞赛省级决赛中获团体一等奖和个人一等奖。

【中医药人才科教】 全市新增山东省中医药高层次人才——学术带头人培养对象1人，第五批全国中医临床优秀人才培养对象1人，全国中医护理骨干人才培养对象1人。有国家基层名老中医药专家传承工

10月22日，首届泰山中医药文化节“泰安市中医药文化宣传教育基地”揭牌仪式举行

（宋洪孟 供）

作室3个，省名老中医药专家传承工作室4个，省名老中医（药）专家1人，省名中医（药）专家13人，省基层名中医（药）专家36人。15个课题获2021年度山东省中医药科研项目立项。实施“中医药特色疗法挖掘整理”项目，入选首批山东省特色疗法项目库项目8个。依托“三经传承”（学经典、用经方、传经验）推广基地举办专题培训，“山东省五级中医药师承教育项目”第五批继承人通过考核。启动首批中医类别全科医生转岗培训，实施第四批西医学习中医培训工作。

【泰安市中医医院】 该院建于1980年，是国家三级甲等综合性中医医院，是全市中医的医疗、教学、科研、预防保健中心，是山东中医药大学附属医院，山东第一医科大学、滨州医学院教学医院，国家中医住院医师规范化培训基地，国家中医全科医生规范化培训基地，国家药物临床试验基地，泰安市骨伤医院。医院有各类专业技术人员1200余人。医院有开放床位1214张。年内，肛肠、骨伤、急诊、康复、脾胃病、心血管、针灸、肿瘤等8个专科入选“省级中医药临床重点专科”，骨伤科、肺病科、心血管科、康复科入选齐鲁中医药优势专科集群成员，脑病科被评为“全国中医药系统2018—2020年改善医疗服务先进典型科室”，并通过首批山东省中医药重点学科验收，急诊科成为“急诊高血压规范化管理项目救治基地”，肝病科被评为“全国人工肝及血液净化技术示范中心”“全国中医医院最佳临床型专科”，肺病科成为肺癌早筛公益项目泰安分中心，内分泌科通过山东省内分泌中医专科专病区域诊疗中心终期评估，山东省名中医药专家张树泉传承工作室通过验收，健康管理中心获评“慢病（亚健康）中医健康管理规范创建单位”。加快推进“六大中心”建设，成立“泰安市骨伤医院”，完成呼吸重症监护病房（RICU）、冠心病重症监护病房（CCU）、脑病科重症监护病房（NICU）建设，初步建立急、危、重症中西医临床协作模式及长效机制。成立集临床、教学、科研、养生于一体的中医经典科，为创建中医经典病房打下基础。扩建高标准的中医药特色诊疗区、健康管理中心，全院推广中医体质辨识，打造“治未病”服务品牌。落实市医保局支持中医药发展十条措施，提高中医药报销比例，推进“中医日间病房”试点工作，68种自制制剂被纳入医保报销范围。承办的第四届“泰山论灸”，被选为齐鲁中医药文化三张名片之一，在主办的首届泰山中医药文化节上，开展“膏方节”等中医药特色系列活动，弘扬中医药传统文化。牵头成立“泰安市中医医疗集团”，定期举办“市基层医疗卫生机构中医适宜技术暨特色优势技术推广应用培训班”。成立“泰山中医药应用研究院”，强化科研核心力量，组织申报各类奖项、科技计划项目、成果评价共106项，获得泰安市科学进步奖8项、山东中西医结合科学技术奖1项，全年共发表论文156篇。承担山东中医药大学等62人的教学任务，接收各大专院校实习生200余人，接收培训及医联体进修39人、规培学员及专硕40人，承担全省规培临床实践技能结业考核及山东中医药大学毕业临床综合技能考核共计170人。泰安中医药学校启动山东省第四批西学中工作，共招录531人。建立专家工作站，重用高层次人才，为9名博士低职高聘，新增高层次人才6人，参加卫生副高级职称评审45人，通过43人，推荐正高级职称11人，全部通过评审。获2021年度“鲁卫工匠”称号1人。成立绩效管理科，制定绩效考核指标，突出医疗质量、中医药特色考核占比。组建质量控制科，构建和完善决策层、管理层、执行层3级质量管理体系。开展护理品管圈竞赛，推广以“品管文化”为引领的“品管圈”管理方式。组建独立的医疗质量管理科，对制度和流程再梳理，利用信息化加强诊疗监管。推进泰安市中医医院门诊医技综合楼项目建设，该项目是市委、市政府2021年为民要办的十件实事之一，被列入2022年山东省重大项目之一，2021年项目正式奠基开工。建成红门路75号市中医药文化宣传教育基地，拓宽中医药服务途径。医院连续6年保持“省级文明单位”称号。（李先虎　宋洪孟）

计划生育

【概况】 2021年，全市出生2.83万人，出生率5‰，自然增长率-0.47‰，出生人口性别比109.4。一孩、二孩、三孩出生占比分别为32.8%、55.44%和11.76%，与“十三五”时期平均数据相比，二孩下降16.52%，三孩上升9.15%。

【生育支持体系建设】 坚持人口和计划生育目标管理责任制和“一票否决”，纳入全市经济社会发展综合考评体系和党委、政府重大事项督查范围。将完善生育支持、标准化母婴设施覆盖公共场所列入用人单位考核内容。推进生育支持体系制度改革，落实首接负责和个人承诺制度，构建支持生育政策环境。免费计划生育基本技术服务、孕前优生健康检查目标人群覆盖率均达100%，优化已婚育龄妇女健康查体项目。泰山区、肥城市被国家卫生健康委命名为2018—2020年全国计划生育优质服务先进单位。

【计划生育利益导向机制建设】 落实独生子女父母奖励费政策，全年共发放奖励扶助和特别扶助金2.03亿元。为计划生育特殊家庭确定联系人，发放就医卡，落实家庭医生签约等服务，开通就医绿色通道，计划生育奖励政策及特殊家庭“三个全覆盖”（联系人制度、家庭医生签约服务、优先便利医疗服务）全面落实。市属破产改制企业解除劳动合同人员按照“城镇其他居民”口径，全部纳入户籍地财政统筹。

【婴幼儿照护服务体系建设】 婴幼儿照护服务工作发展迅速，截至年末，全市各类托育照护机构已达328所，托位总数16483个，每千人托位比例达到3个，超额完成省下达1.6个的任务指标。泰安市“构建婴幼儿照护服务体系，化解‘带娃’难题”的经验做法先后被央视新闻频道、新华社《高管信息》、中新网、“学习强国”学习平台、《大众日报》等媒体刊发。宁阳县妇幼保健院被中国妇幼保健协会确定为“婴幼儿养育照护指导中心首批规范化基地创建单位”。泰山区被省发改委、省卫生健康委确定为全省13个“省级家庭托育试点县”之一。

【计划生育协会工作】 完成全市村（社区）计划生育协会换届工作。开展“优生优育知识进万家”巡讲、“舌尖健康、杜绝浪费、美丽庭院”家庭健康主题推进活动、“暖心行动·送清洁”活动，惠及20万人次。走访慰问困难计生家庭7515户，发放救助金312.24万元。投入88.7万元为5063人失独（伤残）家庭办理住院护理补贴保险，办理计划生育家庭意外伤害保险897.03万元，参保13.48万户。通过“金秋助学”活动帮扶救助计生贫困大中专学生2463人，发放救助金243.43万元，赠送意外伤害保险603份。山东农业大学、山东第一医科大学泰安校区2所高校中标中国计划生育协会青春健康教育项目，肥城市中标山东省计划生育协会“暖心家园”项目。

（李先虎　宋洪孟）

红十字会工作

【概况】 打造“博爱泰山”红十字品牌，推进“三救三献”（应急救灾、应急救护、人道救助，捐献血液、捐献造血干细胞、捐献遗体及人体器官组织）工作。全年共接收遗体捐献13例、角膜捐献13例；采集造血干细胞血样610份，成功捐献5例；为33名白血病患儿申请到小天使基金164万元。开展“博爱泰山送温暖”活动，重点对全市特困家庭、精神疾病患者、麻风病患者、肿瘤患者、造血干细胞捐献者等困难家庭进行走访救助。

【“城市社区博爱家园”示范点建设】 以“城市社区博爱家园”示范点建设活动为抓手参与基层治理，在粥店社区成立社区红十字会，组建社区红十字志愿服务队，建设博爱书屋、便民驿站、红十字宣传栏等服务阵地，安装全市首台AED（自动体外除颤器），开展多次应急救护普及活动，参与城乡社会治理。

【募捐工作】 做好募捐工作，全年接收款物合计86.03万元。其中，善款9笔合计8885元；物资7批，折合价值约85.15万元。

（李先虎　宋洪孟）

11月29日，泰安市红十字会将省红十字会捐赠的一台AED（自动体外除颤器）安装到粥店社区便民服务大厅。图为对社区工作人员进行AED使用培训现场　　（宋洪孟　供）

医疗保障

【概况】 2021年，泰安市被国家医保局确定为区域点数法总额预算和按病种分值付费试点城市。市医保局继续保持“省级文明单位”称号，被市委、市政府表彰为泰安市脱贫攻坚工作先进集体。

【巩固拓展脱贫攻坚成果】 巩固拓展医保脱贫攻坚成果与乡村振兴有效衔接，保持过渡期内医保政策总体稳定。贫困人口参加居民基本医疗保险个人缴费部分由县（市、区）财政按一档标准全额给予补贴，全市资助参保17.75万人、4802.94万元。为贫困人口支付医药费用6.40亿元。加大医疗救助力度，开展医疗救助25.26万人次，支出资金7305.86万元。

【保障疫情防控】 将核酸检测、新冠疫苗采购费用纳入医疗保障，累计上解资金5.4亿元，拨付接种费用4480万元，结算当地核酸检测费用2812万元。调整核酸检测价格，单人单检费用由60元降至30元，多人混检全部降至10元/次。做好购买退烧药、止咳药、抗病毒药、抗菌素等“四类药品”实名登记和信息报告工作，购买“四类药品”累计实名登记报告117.8万人，疫情重点地区旅居史、接触史的人员或有可疑症状患者累计登记报告6.4万人，发挥出零售药店在疫情防控中的“哨点”作用。

【完善制度体系】 全市基本医疗保险参保人数达527.1万人。居民医保财政补助标准由550元提高到580元。健全城乡居民高血压糖尿病门诊用药保障机制，扩大门诊慢性大病保障范围。完善重大疾病医疗保障制度，将参保职工政策范围内住院个人负担费用纳入职工大病保险支付范围，起付线为2万元，支付比例为60%，最高支付限额为40万元。完善长期护理保险制度，对职工长期护理保险制度进行调整，扩大严重失智人员、生活照料等保障范围；在肥城市开展居民长期护理保险试点工作，泰安市长期护理保险全国试点工作获国家医保局表扬。调整异地就医政策，将异地就医住院、门诊统筹、门诊慢性大病个人首先自付比例统一调整为10%，简化异地就医手续，取消各类证明材料。助力中医药传承发展，制定出台将符合条件的中成药、中药饮片、中药配方颗粒纳入医保支付，提高中医药服务住院费用报销比例，支持“互联网+中医药”健康发展等10条举措。鼓励发展普惠型商业医疗保险，在全省率先推出普惠型补充医疗保险“泰安市民保”，参保人数30万人，减轻患者医疗费用特别是大额医疗费用负担。

【医保基金监管】 开展打击欺诈骗保专项整治，重点打击医疗保障领域“假病人”“假病情”“假票据”等欺诈骗保行为，依法查处违规使用医保基金问题，全面规范医疗服务行为，提高医保基金使用效能。抓好基层医疗卫生机构专项排查整治，实现辖区内3015个村卫生室、社区卫生服务站专项排查整治行动全覆盖。督促医疗机构自查自纠，全年主动退回违规使用医保基金553.07万元。配合省医保局完成全省交叉检查、市内现场检查工作任务，完成国家及省医保局反馈的涉及31人次疑似医保重复报销的核查追缴工作。开展“医保基金监管执法规范年”建设。加强对定点医药机构的协议管理，增强医保基金使用管理在医保协议管理中的约束力；完善智能审核规则，开展全市医保基金使用分析和数据筛查，推进医保智能监控信息系统的使用，实现事前、事中、事后全程监管服务体系；构建以信用管理为基础的新型医保基金监管体系；印发《泰安市打击欺诈骗取医疗保障基金行为举报奖励实施办法》，畅通举报信息渠道，加强社会监督，增强群众维护医保基金安全积极性。开展打击欺诈骗保集中宣传月活动，联合大众网开展医保基金监管网上有奖竞答活动，建立基金监管工作常态化宣传工作机制，定期开展警示教育，曝光违法违规典型案例，营造维护医保基金安全氛围。

【重点领域改革】 推进区域点数法总额预算和按病种分值付费国家试点工作。成立工作专班，制定实施方案、指导意见、管理办法、实施细则、考核办法等文件规定，建立起比较系统完善的按病种分值付费政策体系，11月完成实际付费，完成国家试点任务。在国家医疗保障局组织的交叉调研评估中被评为优秀等次。深化集中带量采购改革。做好第四批和第五批国家集采成果落地实施，平均降价分别达到53%和56%；做好国家组织冠脉支架集采成果落地实施，冠脉支架均价从1.3万元下降至700元，首年节约费用7325万元；做好省级集采药品中选结果落地实施，39个中选药品平均降价67.3%，最大降幅98.6%；做好全省5类高值医用耗材集中带量采购中选结果落地实施，平均降幅

82.59%，最大降幅95.6%；落实京津冀及黑吉蒙晋辽鲁联盟医用耗材（人工晶体）带量采购成果，人工晶体平均降价46%；落实带量采购结余留用政策，拨付结余留用资金1474万元；启动公立医疗机构集采药品货款直接结算工作，直接结算1783万元。开展药款集中清欠行动，61家基层医疗机构完成2020年3月前的药款清欠任务，24家基层医疗机构实现欠款清零。深化医疗服务价格改革。2021年，新增医疗服务价格项目75项，修订医疗服务项目219项。制定并公布医疗服务项目价格112项，纳入医保基金支付范围。开展医疗服务项目分类与代码数据库动态维护工作，梳理项目27项。开展取消耗材加成调整医疗服务价格政策效果评估，为下一步医疗服务项目价格调整提供依据。落实新版国家医保药品目录。将国谈药品和临床必需、疗效确切、定点医疗机构暂未备药的目录内药品纳入"双通道"管理，实行统一支付政策；加强对谈判药品配备情况的调度，保障参保人员用药。完善互联网医院医保在线支付工作机制，《以慢性病管理为切口 以信息化建设为手段打造"互联网＋医保＋医疗＋医药"三医联动泰安模式》典型案例被省委改革办上报中央改革办。

【公共管理服务】 推行医保卡个人账户一卡通行，2799家定点医院、定点门诊、定点零售药店实现医保卡个人账户省内一卡通行，195家定点药店实现跨省通行。深化异地就医直接结算。183家定点医院接入国家异地就医直接结算平台，实现乡镇卫生院以上全覆盖；155家门诊慢病定点医疗机构实现省内异地就医直接结算；110家普通门诊定点医疗机构实现省内和跨省异地就医直接结算，实现县域全覆盖。推行标准化服务，落实医保服务标准，岱岳区医保局、新泰市医保局、肥城市医保局成功创建第二批省级标准化窗口。推行综合柜员和"好差评"制度，市直窗口年办理业务5万件，电话回访满意率100%。推进一网通办。基本医疗保险参保信息变更、城乡居民基本医疗保险参保登记等6项业务实现跨省一网通办；全市职工医保业务实现市内通办，居民医保业务实现县（市、区）通办。拓展医保电子凭证应用场景，推进基于医保电子凭证的全流程就医诊疗服务，全市医保电子凭证激活人数292.5万人，开通定点医药机构达3039家。

10月11日，泰安市上线国家医保信息平台启动仪式举行
（焦裕斌　供）

【医保基础建设】 建立健全医保基金内控考核、监督审计、智能审核等内部工作机制，实施全链条管理。全市职工医保、居民医保在国家局组织的基金运行评价中分别列全省第4位和第2位。编制《泰安市医疗保障事业发展"十四五"规划》，明确"十四五"期间医疗保障工作的指导思想、主要目标和保障措施。推进15项医疗保障信息业务编码贯标，组织开展数据治理和业务流程梳理工作，10月11日上线国家医疗保障信息平台，比原计划提前1个月。开展法治宣传教育主题活动，规范权责清单，严格行政执法程序，做到决策依法、办事守法、解决问题用法、化解矛盾靠法。加大医保政策宣传力度。全面升级官方网站和微信公众平台，建立全市医保系统宣传信息报送及采用情况通报制度。强化风险意识，政务服务热线群众合理诉求满意率保持100%。（焦裕斌）

体　育

【概况】 2021年，全市体育工作健全完善"体泰心安"全民健身公共服务体系，持续增强竞技体育综合实力，着力打造富有泰安特色的体育产业格局。泰安市体育局群众体育科、泰山区教育和体育局、新

泰市教育和体育局、肥城市体育事业发展中心、宁阳县教育和体育局、泰安市体育卫生艺术教育教学研究室、泰安师范学校附属学校、泰安市马拉松运动协会8个单位被国家体育总局评为“2017—2020年度全国群众体育先进单位”，6人被评为“全国群众体育工作先进个人”。

【体育规划】 市政府发布《泰安市“十四五”体育事业发展规划》《泰安市打造“体育休闲名城”行动计划（2021—2025）》，批准印发《全民健身实施计划（2021—2025年）》《泰安市加强全民健身场地设施建设发展群众体育的若干措施》。市体育局印发《健身设施建设补短板5年行动计划》，对全面提升全民健身公共服务设施建设作出部署安排。

【全民健身】 全年开展“体泰心安”赛事活动1700项，直接参赛人数26万人次。承办山东省第四届冬季全民健身运动会和山东省第十一届全民健身运动会，成为省内首个同时举办过冬、夏季全民健身运动会城市。在全市创新开展社区家门口运动会120场，累计参与群众达2万人次。创新开展“开放式”和“菜单式”志愿服务新模式，累计为1万名群众提供健身指导1500小时，为机关和企事业单位上门服务80次。开展国民体质监测“五进”（进企业、进学校、进机关、进农村、进社区）活动和体医融合惠民生活动，累计监测31个单位4400人。

【竞技体育】 参加省锦标赛获得金牌65.5枚、银牌42枚、铜牌61.5枚，金牌总数列全省第6位，连续两年实现“金牌争六”目标。岱岳区获评首批全国县域足球典型。市体育局与市教育局联合印发实施《关于深化体教融合促进青少年健康发展的实施意见》，推动全市青少年文化学习和体育锻炼协调发展。与市教育局优化整合学校比赛、市青少年锦标赛等各类青少年赛事，举办2021年“泰山足球小将”冠军联赛暨泰安市中小学生足球联赛，并将比赛成绩纳入体育、教育部门双方奖励评估机制。推进体育项目进校园，与泰山中学、泰山区泮河中学、岱岳区开元中学等6所学校合作共建篮球、橄榄球、射箭、足球等4个项目运动队，并为各合作学校配备50万元专项器材。持续加强反兴奋剂工作，累计开展反兴奋剂培训7次，培训人数1200人次。

2021年泰安市承办省级以上比赛情况表

表46

序号	比赛名称	时间	地点	人数（人）
1	山东省7人制橄榄球锦标赛（女子甲、乙组）	4月11—16日	市体育中心	369
2	山东省男子柔道锦标赛	4月20—24日	山东力明科技职业学院	462
3	青少年网球排名赛第一站（泰安站）	4月30日至5月3日	泰安市卓易青少年网球俱乐部	416
4	山东省女子跆拳道锦标赛	5月3日至6月5日	山东力明科技职业学院	256
5	山东省男子拳击锦标赛	5月7—14日	山东力明科技职业学院	412
6	山东省女子拳击锦标赛	5月15—21日	山东力明科技职业学院	207
7	山东省男子跆拳道锦标赛	5月24—30日	山东力明科技职业学院	493
8	体育传统项目学校田径联赛（东部区）	10月16—18日	市体育中心	1651
9	山东省7人制橄榄球冠军赛	10月18—26日	市体育中心	532
10	山东省武术套路比赛	10月25—29日	泰安实验中学	300
11	山东省男子跆拳道集训	10月31日至11月15日	泰山国奥健身中心	48
12	山东省拳击冠军赛	11月23—27日	泰山国奥健身中心	345
13	山东省排球冠军赛	11月27—30日	泰山国奥健身中心	145
14	山东省跆拳道冠军赛	11月29日至12月2日	泰山国奥健身中心	303
15	中国初中篮球联赛山东赛区	12月19—24日	泰安二中	240
16	耐克中国高中篮球联赛山东赛区	12月25—31日	泰安二中	270

2021年泰安籍运动员在全国级以上比赛中获奖牌情况表

表47

序号	姓名	性别	比赛名称	项目	小项	时间	成绩	地点
1	王　凯	女	第十四届全运会预赛	皮划艇	皮划艇	3月29日	第二名	广东广州
2	赵祥飞	男	第十四届全运会决赛	田　径	男子20公里竞走团体	4月1—2日	第二名	陕西西安
3	赵祥飞	男	第十四届全运会预赛	田　径	竞　走	4月1日	第二名	江苏太仓
4	高　状	男	第十四届全运会预赛	排　球	男子组	4月5日	第二名	广东江门
5	周　霞	女	第十四届全运会预赛	田　径	10000米	4月20日	第二名	重　庆
6	马新洋	男	第十四届全运会预赛	自行车	公路自行车个人赛团体	4月25日	第二名	陕西商洛
7	王金祥	男	第十四届全运会预赛	拳　击	男子81kg	5月8日	第三名	湖北枝江
8	张　倩	女	第十四届全运会预赛	排　球	女子组	5月18日	第二名	山东潍坊
9	田秀秀 徐　悦 张　越	女	第十四届全运会决赛	手　球	女子组	5月18日	第二名	陕西西安
10	徐　悦 张　越 田秀秀	女	2021年全国女子手球锦标赛	手　球	女子组	5月22—23日	第二名	安徽安庆
11	孙嘉忆	女	2021YONEX“郑洁杯”全国青少年网球积分排名系列赛北京站	网　球	网　球	5月22—23日	第三名	北　京
12	孙文硕	男	2021年全国少年柔道锦标赛	柔　道	男子–66kg级	5月31日	第三名	河南商丘
13	王金祥	男	2021年全国拳击锦标赛	拳　击	拳击	6月24日	第三名	重　庆
14	王鑫炎	男	2021年全国拳击冠军赛	拳　击	拳击57kg	6月24日	第三名	海南白沙
15	刘　佳	女	2021年投掷项群赛（2）暨省市分区邀请赛	田　径	女子10000米	8月29日至9月18日	第三名	四川成都
16	田秀秀 徐　悦 张　越	女	第十四届全运会预赛	手　球	女子组	9月24日	第三名	重　庆
17	薛凯阳	男	第十四届全运会	跳　水	男子团体	10月15—20日	第二名	陕西西安
18	查　宁	男	2021年全国少年柔道锦标赛	柔　道	男子+90kg级	10月15—20日	第一名	河南商丘
19	陈梦涵	女	2021年全国少年柔道锦标赛	柔　道	女子+70kg级	10月15—20日	第一名	河南商丘
20	孙嘉忆	女	2021YONEX“郑洁杯”全国青少年网球积分排名系列赛泰安站	网　球	网　球	10月23—24日	第三名	山东泰安
21	侯润韬	男	2021YONEX“郑洁杯”全国青少年网球积分排名系列赛泰安站	网　球	网　球	10月23—24日	第二名	山东泰安
22	郭涵辉	男	2021年全国少年柔道锦标赛	柔　道	男子–81kg级	10月23—24日	第一名	河南商丘

续表 47

序号	姓名	性别	比赛名称	项目	小项	时间	成绩	地点
23	程凯	男	2021 年全国跆拳道精英赛	跆拳道	男子 54kg	10 月 23—24 日	第一名	江苏无锡
24	翟超	男	第十四届全运会预赛	田径	400 米	12 月 22 日	第一名	重庆
25	高凤娇 杨钰莹 张欣悦 高一菲	女	第十四届全运会预赛（山东赛区）	足球	女子组	12 月 24 日	第一名	重庆

2021 年第三十五届泰山国际登山比赛暨第二十六届全国全民健身登泰山徒步活动个人成绩前三名一览表

表 48

组别	名次	姓名	参赛单位	成绩
男子组	1	戚振飞	省队	0:57:02
	2	桑克浩	省队	1:04:44
	3	姜国颂	省队	1:06:11
女子组	1	周昊	省队	0:39:31
	2	朱雨萱	省队	0:41:50
	3	王金范	省队	0:43:49

【体育产业】 泰山国际登山比赛被评为“2021 中国体育旅游十佳精品赛事”，泰山国际登山比赛、环泰山 T60 大徒步、泰山国际户外挑战赛 3 项赛事获评“2021 中国体育旅游精品项目”，获奖数量位居全省第一。泰山区、泰安市卓易体育服务有限公司、环泰山 T60 大徒步 3 个单位获评山东省体育产业示范基地（单位 / 项目）。2021 年度社会力量创办精品赛事重点项目集中签约 57 项重点赛事项目。体育惠民消费季活动累计发放消费券 46 万元，涵盖健身、游泳、篮球、网球、射箭、冰雪、平衡车等 7 个项目，带动体育消费 320 万元。刊发《山东体育产业》第 1 期——泰安专刊，在山东电视台体育频道播出《对话体育产业》泰安专辑，在全省推广泰安市体育产业工作。2020 年度全市人均场地面积达到 2.95 平方米，位居全省前列。

【体育彩票】 全市体育彩票累计销量 7.25 亿元，先后中出 500 万元以上大奖 6 注，其中最高奖达 1009 万元。帮扶救助困难群众 24 户，发放救助金 6 万余元，为农村小学捐赠价值 2 万元体育器材。（靳立超）

编辑 校对　刘小笋

社会生活

人口家庭

【人口】 （参见“市情概览·人口民族”）

【婚姻登记】 2021年，全市有婚姻登记处6处，全部为AAA级婚姻登记机关。推进婚姻登记服务和婚俗改革，自2月25日起，全市婚姻登记全部实现照相服务全免费。全年办理结婚登记20144对、离婚登记5239对、补领10605对。自10月18日起，开展结婚登记和生育登记申请信息采集联办工作，进一步方便办事群众。泰山区“一四五模式 引领婚俗改革新风尚”做法被《人民日报》客户端刊发；拍摄的《让我们的“爱情约定”推动“婚俗改革”跳跃成“喜”》专题片，在“2021泰安改革创新巡礼”系列展播活动中首发展播。

【公益性公墓建设】 推进公益性安葬（放）设施建设工作，完成300处的建设任务。开展殡葬业价格秩序、公益性安葬设施建设经营专项整治，全市火化遗体42364具，减免基本殡葬服务费用2540.3万元。民政部部长李纪恒、分管副部长詹成付等部领导对肥城市绿色殡葬改革经验作出重要批示。市委书记杨洪涛、市长张涛也分别作出重要批示，省委改革办在全省推广。7月22日，全省公益性安葬（放）设施建设管理使用现场交流培训会议在肥城市召开。肥城市农村公益性公墓建设案例被省民政厅评为2021年度全省民政工作创新案例。

（王先琪）

就业创业

【概况】 2021年，全市新增就业4.93万人，城镇登记失业率1.85%。发放创业担保贷款9.57亿元，为小微企业和个体工商户发放一次性创业补贴2185.3万元。《以“泰山集结号”破解招工难就业难》微改革微创新案例，被省委全面深化改革委员会办公室发文推广。

【就业政策扶持】 市政府印发《泰安市人民政府关于进一步强化就业优先政策做好稳就业保就业工作的通知》，从完善保障机制等7个方面提出14条落实措施。市人力资源社会保障局印发《关于印发〈泰安市“十四五”促进就业规划〉的通知》《泰安市市级就业风险储备金管理暂行办法》。市就业和农民工工作小组办公室印发《泰安市“创业泰山·乐业泰安”行动方案(2021—2023年）》，印发《2021年就业和农民工工作要点》，提出20项就业工作安排和18项农民工工作部署。

【保障企业用工】 市人力资源社会保障局印发《关于建立“1234”工作机制开展春节期间“稳岗留工”专项行动的通知》，面向外来务工人员、外出务工返乡人员、泰安学子、因疫情滞留泰安的海外留学人员等群体，开展“稳岗留工”专项服务行动。搭建抖音招聘平台，上线“就业泰安”官方抖音号。开展泰安市人力资源服务机构助企用工专项行动，组织人力资源服务机构深入重点企业开展用工对接，结合春风行动、百日攻坚招聘计划等活动，帮助解决企业缺工问题。设立就业见习基地368家，提供见习岗位2328个，组织1708人参加就业见习，发放就业见习补贴740.44万元。

【创业带动就业】 “泰山智慧谷创业创新示范综合体”被省人力资源社会保障厅评为“省级创业创新示范综合体”，获得省级扶持资金2000万元。印发《泰安市创业带动就业扶持资金管理使用实施细则》，规范就业扶持资金管理使用。印发《关于进一步规范创业担保贷款相关工作的通知》，调整担保贷款业务办理范围以及市级担保资金存放办法，规范创业担保贷款工作运行流程。将创业担保贷款工作审批权限下放乡镇（街道）人社所，缩短资格认定时间。

【重点群体就业】 做好普通高校毕业生等重点群体的就业工作，推进中小企业网上百日招聘高校毕业生活动。实施高校毕业生基层成长计划、“三支一扶”（支医、支教、支农，扶贫）计划，招募“三支一扶”人员168名。开展就业困难人员、残疾登记就业人员、脱贫人员以及低收入人员等重点群体的就业帮扶工作。印发《泰安市新就业形态灵活就业人员意外伤害险补贴实施细则》，对依托电子商务、网络预约出租车、外卖、快递等新业态平台灵活就业且办理就业登记人员购买意外伤害保险的，按照购买意外伤害保险费数额50%的标准给予补贴，每人每年补贴金额高于100元的按照100元的标准执行。

【人力资源服务】 68家人力资源服务机构为132家企业解决用工1253人。抽调全市各级人力资源社会保障部门与相关职能部门72名业务骨干，成立9个联合执法检查组，检查整治各类劳务中介乱象，查处未经许可和登记擅自从事职业中介活动10件，下达整改指令书10份，取缔“黑中介”3家。对全市经营性人力资源服务机构签订劳动合同的从业人员、企业从事人力资源管理的人员进行培训，培训各类人员2552人。

【提升职业技能】 市人力资源社会保障局印发《泰安市职业技能提升行动质量年活动实施方案》《泰安市项目制培训管理实施办法》，探索开展项目制培训，强化“特色技能”培训、订单式就业技能培训、就业技能＋创业扶持培训，全市完成补贴性培训10.91万人次，使用专账资金1.38亿元。

【助力乡村振兴】 梳理发布《巩固拓展脱贫攻坚成果同乡村振兴有效衔接的人力资源社会保障政策清单》，统筹城乡就业政策。印发《泰安市乡村振兴劳务基地认定和一次性奖补资金申领办法》，认定乡村振兴劳务基地14家，吸纳脱贫享受政策人员192人。开展第二届“十大返乡创业农民工”评选活动，对10名获奖农民工每人给予2万元奖励。做好泰安市与重庆市巫溪县的劳务协作工作，到巫溪县开展劳务协作对接活动2次，在巫溪县举办2021年“泰安市·巫溪县”东西部劳务协作大型招聘会，22家企业提供岗位1500余个。提高泰安的巫溪籍务工人员在职业介绍补贴、一次性稳岗就业补贴、培训补贴等方面的政策标准，鼓励巫溪籍脱贫人员到山东就业。帮助巫溪县农村劳动力实现就业497人，其中脱贫人员就业357人，到山东就业脱贫人员63人。《山东新闻联播》以《泰安：精准施策 确保脱贫攻坚和乡村振兴有效衔接》为题报道经验做法。

【优化人社营商环境】 健全完善人社营商环境攻坚专班，建立内部集中办公、部门定期会商、市县协同配合三大保障机制，建立定期通报和指标会审制度。制定印发《2021年全市人社系统政策专场宣讲及营商环境督导活动方案》，设立劳务派遣、新业态、新建企业、小微企业、人才等五大专场，进行政策宣讲及营商环境督导。依托进企业、各类培训班等载体，开展点对点、面对面为企业送政策、送服务活动，发放政策宣传手册、政策包、宣传单等材料。

【和谐劳动关系】 在全市范围内开展“和谐同行·安如泰山”和谐劳动关系创建年活动。转发省人力资源社会保障厅《关于加强劳动关系领域风险排查和防范化解工作的

12月31日，历时3个月的2021年泰安市“技能兴泰”职业技能大赛结束。图为大赛总结表扬会议现场　　（王新宇　摄）

通知》，在全市范围内开展劳动关系风险排查行动，重点排查企业裁减人员、劳务派遣用工、工时、休息休假、新业态企业用工等问题，特别是可能引发连锁反应乃至系统性区域性劳动关系风险的矛盾问题。实地走访调研滴滴、饿了么、顺丰、EMS 等 50 家新业态企业（平台）及分支机构，形成《关于维护新就业形态劳动者劳动保障权益的实施意见》《维护新就业形态劳动者劳动保障权益专项行动实施方案》。探索推进电子劳动合同，确定岱银集团为全市首家电子劳动合同应用试点。市人力资源社会保障局联合 16 个部门，从资金财税、项目申报、仲裁监察、评先评优等方面出台激励措施 19 项，给予市级劳动关系和谐企业联合激励。将企业从事室外作业和高温作业人员防暑降温费标准提高到每人每月 300 元，其他作业人员提高到每人每月 180 元。

【劳动人事争议调解仲裁】 印制《劳动争议预防及用工风险防控提示手册》，整理企业用工易发多发风险点 56 条，发布《劳动用工风险提示》7 期。制定《泰安市打造金牌劳动人事争议调解组织实施方案》，确定泰山区财源街道调解中心等 10 家基层调解组织为全市标准化基层劳动人事争议调解组织。按照《山东省劳动人事争议仲裁要素式办案规范》，“要素式”方式处理案件 1234 件。立案受理劳动争议案件 1562 件，当期结案 1560 件，结案案件涉案金额 4475.70 万元，仲裁结案率 99.68%，调解成功率 78.88%。立案受理农民工工资争议案件 300 件，涉及农民工 834 名，审结案件涉案金额 948.10 万元，其中通过农民工工资争议速裁庭处理案件 106 件，涉及农民工 554 名，审结案件涉案金额 334.97 万元。

【劳动监察】 深度应用省农民工工资支付监管平台，在建项目实名制实现全覆盖，实名制录入农民工 20 万余名，实名制项目 1030 个。在建项目全部通过农民工工资支付监管平台代发工资，累计发放 84.3 万人次 46.1 亿元农民工工资。全市累计受理各类举报投诉案件 10785 件，其中欠薪线索反映平台案件 1863 件，劳动保障监察子系统案件 303 件，“12345”交办案件 2514 件，问政转办单 412 件，网友留言、网信办转办舆情 89 件，其他方式受理案件 5604 件。全年累计检查用人单位 2989 家，为 7410 名劳动者追发工资待遇 9209 万元。开展进工地普法、法律援助等活动 42 次，发放普法宣传材料 10 万余份，受惠农民工 10 万余人次。泰安市劳动保障监察大队被人力资源社会保障部等部门联合表扬为“全国清理整顿人力资源市场秩序专项执法行动取得突出成绩单位”。（孟庆涛）

为推动员工权益保障，开展“依法治欠·温情护薪”主题宣传月活动，图为2021年5月19日，宣传队伍进工地向服务对象开展法律政策宣传

（徐璐 摄）

收入与消费

【机关事业单位工资管理】 落实事业单位科研人员职务科技成果转化现金奖励纳入绩效工资管理工作，将市农业科学院、市特种设备检验研究院等单位职务科技成果转化现金奖励部分纳入年度绩效工资总量。完成 2021 年度绩效工资总量核定工作，核定 298 个市属事业单位年绩效工资总量，计 8.89 亿元。清查公务员工资津贴补贴情况，测算事业单位绩效考核奖励分配方案。做好“吃空饷”防治工作。完成基本工资标准调整工作。

【完善企业工资分配机制】 加强对企业优化企业工资收入分配调研，开展技能人才薪酬分配指导办法培训。推进国有企业负责人薪酬制度改革，调查 2019 年度市属国有企业在岗职工平均工资，公布 2020 年度市管（市属）国有企业负责人基本年薪薪酬基数。建立企业薪酬调查信息发布制度，在全市范围内集中开展2021年度企业薪酬调查工作，发布237个分职业市场工资指导价位，指导企业合理确定工资水平。自2021年10月1日起提高全市最低工资标准，泰山区、新泰市、肥城市执行1900元/月的标准，小时最低工资标准19元/小时；岱岳区、宁阳县、东平县执行1700元/月的标准，小时最低工资标准17元/小时。

（孟庆涛）

【居民收入】 2021年，泰安居民人均可支配收入33505元，增长8.3%，增速比上年同期提高4.1个百分点。按常住地分，城镇居民人均可支配收入41741元，增长7.3%，增速比上年同期提高4.1个百分点；农村居民人均可支配收入21769元，增长10.6%，增速比上年同期提高4.9个百分点。工资性收入增速放缓。全市居民人均可支配收入中，人均工资性收入21469元，增长8.9%，占人均可支配收入的64.1%，拉动收入增长5.7个百分点，是居民收入的最主要来源。其中，城镇居民人均工资性收入27870元，增长7.9%；农村居民人均工资性收入12348元，增长11.5%。经营净收入增幅最大。全市居民人均经营净收入6235元，增长7.7%，占人均可支配收入的比重为18.6%，是居民收入的重要组成部分。其中，城镇居民人均经营净收入5454元，增长6.1%；农村居民人均经营净收入7347元，增长9.5%。财产净收入稳健增长。全市居民人均财产净收入2016元，增长9.2%，占人均可支配收入的比重为6.0%。其中，城镇居民人均财产净收入3242元，增长8.7%；农村居民人均财产净收入269元，增长12.2%。转移净收入平稳增长。全市居民人均转移净收入3785元，增长5.6%，占人均可支配收入的比重为11.3%。其中，城镇居民人均转移净收入5175元，增长4.6%；农村居民人均转移净收入1804元，增长8.8%。

【居民消费支出】 2021年，全体居民人均消费支出20277元，增加1676元，增长9.0%，增速比上年同期提高6.2个百分点。其中，城镇居民人均消费支出24696元，增加1701元，增长7.4%，增速比上年同期提高5.2个百分点；农村居民人均消费支出13979元，增加1586元，增长12.8%，增速比上年同期提高9.7个百分点。其中，食品烟酒支出5126元，增长7.8%；衣着支出1461元，增长7.5%；居住支出4277元，增长7.7%；生活用品及服务支出1555元，增长9.6%；交通通信支出2647元，增长10.8%；教育文化娱乐支出2664元，增长11.9%；医疗保健支出2093元，增长9.3%；其他用品和服务支出452元，增长9.6%。

【居民消费价格】 2021年，居民消费价格总指数（CPI）同比上涨0.9%，全年各月涨幅基本平稳。其中，食品烟酒价格上涨0.2%，衣着价格上涨0.5%，生活用品及服务价格上涨1.3%，交通通信价格上涨4.0%，教育文化娱乐价格上涨2.3%，其他用品及服务价格上涨0.4%，医疗保健价格下降0.4%，居住价格下降0.2%。 （佟宁 赵松）

社会保险

【概况】 2021年，全市收缴养老、工伤、失业3项社会保险费128.99亿元。其中，参加职工养老保险151.63万人，收缴养老保险费97.33亿元；参加居民养老保险274.17万人，收缴居民养老保险费24.58亿元；参加失业保险69.93万人，收缴失业保险费3.29亿元；参加工伤保险90.31万人，收缴工伤保险费3.8亿元。全市发放养老、失业和工伤3项社会保险金158.95亿元。其中，企业职工和机关事业单位养老保险基金支出133.99亿元，34.41万名离退休人员受益；居民养老保险支出19.63亿元，96.94万名退休居民受益；失业保险金支出0.91亿元；工伤保险支出4.42亿元。贯彻落实降低企业单位养老保险费率政策，惠及企业2.19万户、职工48.84万人，为企业减负4.34亿元；降低失业保险费率政策，惠及企业2.32万户、职工60.90万人，为企业减负1.55亿元。落实失业保险扩围政策，为24640名失业人员发放失业补助金3263万元；落实失业保险稳岗返还政策，为3846家单位返还稳岗补贴3615.15万元，稳定就业岗位27.33万个。

【养老保险】 为全市退休人员调整基本养老金，将居民基本养老保险基础养老金最低标准提高到150元。开展政策宣传，举办“点对点送政策 一对一解难题 泰安人社精准服务助推企业高质量发展”企业专场、群众专场新闻发布会，录制发布社保类情景剧9个，发布政策解读类小视频17个。针对特殊工种提前退休审批开展集中会审4次。开展企业职工档案预审工作，实现市直劳动代理人员提前一年退休资格预审。推行退休证照电子化，《泰安市推行电子“退休证”》优化营商环境创新案例，被省政府办公厅发文推广。企业职工养老保险省级统筹评价工作获全省综合评价二等次，获省人力资源社会保障厅120万元经费奖励。

【工伤保险】 开展工伤预防工作，优化工伤认定服务，实现工伤认定网上申报功能。全市1259个建筑交通水利等工程全部按项目参加工伤保险，参保率100%。印发《泰安市工伤预防五年行动计划（2021—2025年）实施方案》，部署“十四五”期间工伤预防工作。

【失业保险】 将“技能提升补贴政策申领条件由企业在职职工累计缴纳失业保险费36个月及以上放宽至累计缴纳失业保险费12个月及以上”政策，延长至2021年12月31日。用人单位和职工继续实施失业保险缴费费率1%的政策，其中单位费率为0.7%，个人费率为0.3%，2021年4月30日政策到期后，延续实施1年。除符合条件的企业可以享受稳岗返还外，将社会团体、基金会、社会服务机构、律师事务所、会计事务所、以单位形式参保的个体经济组织纳入稳岗返还政策范围。对领取失业保险金期满仍未就业的失业人员、不符合领取失业保险金条件的参保失业人员，按月发放失业补助金，期限最长为6个月。提高失业保险金标准，泰山区、新泰市、肥城市失业保险金标准由1557元调整为1710元，提高153元；岱岳区、宁阳县、东平县失业保险金标准由1395元调整为1530元，提高135元。

【公共社保服务】 做好养老保险全国统筹信息系统升级建设准备工作，开展人员培训及数据整理。514万人申领社会保障卡，306万人签发电子社保卡，完善“一卡通”平台基本框架建设，利用社保卡发放57项惠民惠农补贴2.6亿元。“12345”接转事项3258件，群众满意率97.7%，合理诉求满意率、回复群众率和按期答复率均为100%。“12333”接听电话165592个，综合接通率由上年同期的93.73%提升到96.18%。开展信息化便民服务创新提升行动。打造以“提速办、无感办、简便办、满意办、督促办”为特色的“我来办”线上服务品牌。线下打造“我来办”窗口，在政务服务大厅设置“我来办”专窗，为群众提供厅外业务“帮代办”、科室业务“协调办”、审批业务“催快办”、网上业务“陪同办”服务。与各社保卡合作银行深入梳理业务流程，在线上激活、查询、挂失等功能的基础上，全面开通线上社保卡申领、补换、注销，实现“不见面”制卡邮寄到手中。针对全市新生儿群体开展集中制卡工作，批量制卡7.2万张。全市日常补换卡和新制卡计3.76万张，其中为群众邮寄制卡3570张。在各银行推广即时跨行换卡工作，即时制卡网点达194个。开发上线就业社保合并办理和企业社保就业劳动关系一件事综合服务暨“三口合一”服务平台。推进实现人社数据跨层级跨部门共享和全国人社服务“一网通办”，落实数字政府建设“四个一”（一个平台一个号、一张网络一朵云）要求，实现业务在省一体化政务服务平台统一受理和反馈。

1月14日，市人力资源社会保障局工作人员在进行社保卡加载残疾人证功能现场科普宣传 （刘勤瑶 摄）

【劳动能力鉴定】 完善《劳动能力鉴定操作手册》，细化《劳动能力现场鉴定“明白纸”》，规范鉴定工作程序，优化鉴定流程。开展劳动能力鉴定工作人员培训，在全市劳动能力鉴定领域开展风险排查整治工作。在全市工伤职工劳动能力鉴定领域全面应用信息化管理系统。全年组织劳动能力鉴定6批次，其中工伤鉴定4批1436人、病退鉴定2批654人。

【社保基金监管】 制定《关于建立泰安市人社系统违规领取社会保险待遇追讨常态化工作机制（试行）的通知》，明确界定各类违规领取社保待遇行为、各部门职责分工、社会保险待遇违规领取行为查处工作管辖范围、查处违规领取社会保险待遇行为工作程序和工作要求。

（孟庆涛）

社会救助

【概况】 至2021年年底，全市保障城乡低保对象90957人，发放低保金43634.1万元；保障城乡特困人员23068人，发放特困供养金28339.5万元；实施临时救助4070人次，发放临时救助金1234.6万元。年内，印发《泰安市民政局关于巩固拓展民政领域脱贫攻坚成果同乡村振兴有效衔接的实施意见》，明确保持民政领域兜底保障政策总体稳定，补齐民生保障短板弱项，提升困难群众救助保障水平，更好服务乡村振兴战略实施。印发《泰安市民政局关于建设低收入人口动态监测信息平台的通知》，明确低收入人口监测范围、信息采集方式。根据经济社会发展水平、人均收入水平和居民人均消费支出水平，建立健全科学规范的城乡低保和特困人员供养标准自然增长机制。建成市、县、乡、村四级衔接互通的社会救助工作网络，综合运用“大数据”比对分析、到基层调研、走访宣讲等多种方式，完善主动发现机制，提升救助监管服务能力。肥城市、岱岳区分别入选全国、全省社会救助改革创新项目试点。分散供养特困人员社会化照护工作模式获民政部、省民政厅肯定；动员引导社会力量参与社会救助“五个一”（明确一个理念、制定一批政策、搭建一个平台、建立一个机制、树立一批样板）模式、“泰山区打造‘物质＋服务’新模式 开通救助工作新通道”等经验在全省推广；多维综合评估促进救助机制建设获全省民政政策理论研究一等奖；“坚持数聚赋能流程再造 助力社会救助服务效能全面提升”入选2021年全省新型智慧城市上榜优秀案例；6项改革经验被市委改革办刊发。

【社会救助标准】 城乡低保标准分别达到每人每月791元、593元，较2020年分别增长10%、10.4%；城乡特困人员基本生活标准分别达到每人每月1108元、836元，较2020年均增长10%；城乡特困人员照料护理标准按照失能、半失能、全自理三档分别为每人每月616元、308元、182元，较2020年分别增长10%、10%、10.3%。特困救助供养政策全面落实，有集中供养意愿特困人员实现敬老院“愿进全进”，生活不能自理特困人员集中供养率达59%。加大“救急难”机制落实力度，临时救助人均救助水平达3033元，较2020年增长20%。

【慈善工作】 2021年，登记注册慈善组织54家，位列全省第3位。8个单位、个人、项目受到第七届“山东慈善奖”表彰。开展“泰安慈善榜”典型选树活动，通报表扬先进典型30个。各级慈善总会通过“慈心一日捐”共募集捐款1927.47万元，比2019年增长83.5%。开展“低保边缘家庭大学新生救助”“事实无人抚养儿童助学”等8个慈善救助项目，发放救助金149.61万元。

【流浪乞讨人员救助管理】 开展救助管理服务质量大提升行动，泰安市救助站“寒冬送温暖”做法得到市委书记批示肯定。全年救助1346人，寻亲成功105人。泰安市救助管理站作为全省唯一救助管理机构，被团中央命名为全国“青少年维权岗”。（王先琪）

社会福利

【养老服务】 全市有养老机构115家、社区养老服务中心230家、农村幸福院1008家、社区老年“幸福食堂”152处，初步构建起居家社区机构相协调、医养康养相结合的

老人在幸福食堂就餐　（王先琪　供）

养老服务体系，打造具有泰安特色的“养老泰安·养生泰山”养老服务品牌。2021年，泰安市委、市政府将社区老年“幸福食堂”建设列为十件民生实事之一，至年底，累计建成社区老年“幸福食堂”152处，完成年度任务的141%，经验做法被省委改革办肯定并推广。编制《泰安市养老服务设施专项规划（2021—2025年）》，明确泰安城市规划区662处养老项目的具体选址。完成社区养老服务设施清查专项整治，累计配建社区养老服务设施397处，配建养老服务设施面积26.4万平方米，社区养老服务设施配建率达100%。投资500万元建设“5012349”（服务热线号码）智慧养老管理服务信息平台，开展线上线下养老服务，建设“没有围墙的养老院”。投资100万元建设老年人辅具服务中心，中心以全场景无障碍康复辅具展厅为核心，集展示、推广、培训、配送功能于一体。11月3日，成立泰安市养老行业党委，推动党建工作和养老业务工作深度融合。12月21日，成立泰安市养老协会，引领养老服务发展，规范养老服务行为，维护养老服务权益。做好县域养老服务体系示范创建工作，泰山区、新泰市入选全省县域养老服务体系创新示范县（市、区）（全省有22个）。

【儿童福利】 至2021年年底，全市保障孤儿411人、事实无人抚养儿童1191人、重点困境儿童931人；为82名孤儿和72名事实无人抚养儿童发放助学金。孤儿、事实无人抚养儿童、受艾滋病影响儿童和重点困境儿童基本生活保障标准在2020年基础上提高10%，机构养育孤儿、社会散居孤儿、重点困境儿童基本生活保障标准分别提高至每人每月1947元、1551元、1089元。实施“孤儿医疗康复明天计划”，为符合条件的孤儿及时提供医疗康复救助。落实“福彩圆梦·孤儿助学工程”，开展“事实无人抚养儿童助学工程”，为事实无人抚养儿童每人每学年发放1万元助学金。联合14个部门印发《关于进一步推进儿童福利机构优化提质和创新转型高质量发展的实施方案》，推进儿童养育、医疗、康复、教育、社会工作一体化发展。打造“筑梦阳光”工作品牌，动员30多家社会组织参与困境儿童关爱服务工作。

【未成年人保护】 贯彻落实《中华人民共和国未成年人保护法》，成立泰安市未成年人保护工作领导小组，加强对未成年人保护工作的统筹、协调、督促和指导，更好地保护未成年人身心健康、保障未成年人合法权益。以市、县（市、区）未成年人保护中心＋镇（街）未成年人保护工作站＋村（居）儿童服务阵地四级平台为网络支撑，以“儿童督导员＋儿童主任＋儿童社工”三类基层儿童工作队伍为服务主体，以家庭和社区为主要服务场所，构建未成年人保护体系。

【收养工作】 规范做好收养工作，全年办理儿童收养74人，收养登记合格率达100%。

【福彩公益】 全市有福彩销售场所500个，兼营设备110个。累计销售福利彩票4.15亿元，居全省第八位；筹集公益金1.24亿元。

（王先琪）

关心下一代工作

【概况】 泰安市关心下一代工作委员会（以下简称市关工委）于1992年6月成立，是以广大离退休干部为主体、有在职人员参加的、开展关心教育下一代工作的议事协调机构。市关工委办公室为市关工委的日常办事机构，2013年9月前设在共青团泰安市委，由团市委管理；2013年10月调整至市委老干部局，由市委老干部局管理。2021年4月，更名为泰安市关心下一代工作服务中心，独立设置，隶属市委老干部局，为副县级公益一类事业单位。2021年，市关工委以“学党史颂英烈，争做时代新人”主题教育活动为主线，开展传承红色基因、青少年法治教育、关爱帮扶困境青少年等各项活动，持续抓好关工委组织建设、“五老”（老干部、老战士、老专家、老教师、老模范）队伍建设、教育基地建设，推动全市关心下一代工作不断深入开展。

【主题教育活动】 围绕庆祝中国共产党成立100周年，在广大青少年中开展“学党史颂英烈，争做时代新人”主题教育活动。组织广大“五老”和学校思政课教师，运用线上、线下不同形式宣讲中共党史、泰安地方党史；通过到红色教育基地参观学习、举办英烈故事报告会、征文比赛、诗歌朗诵等形式，组织各大中小学学生系统学习党史、泰安地方党史和英烈事迹；6月28日，以网络直播和现场展演的方式，举办全市青少年学党史颂英烈故事会，10名选手参加。下半年举办青少年学党史颂英烈活动红色故事演讲视频比赛，对各级关工委推荐报送的24个红色故事演讲视频进行现场展播评选，评选出一等、二等、三等奖并发放证书。开展“清明祭英烈”、纪念中国人民抗日战争胜利暨世界反法西斯战争胜利76周年向烈士敬献花篮等活动。开展第四届“关爱明天、普法先行”青少年普法教育活动，市关工委被评为全国青少年普法教育先进集体。召开全市关爱工作现场会，组织开展“传承红色基因，关爱儿童成长”关爱活动、“暖心行动”等帮扶活动，帮助困境青少年解决学习和生活困难。

【《泰安英烈故事》出版发行】 该书由市关工委、市委老干部局、市教育局、市退役军人事务局、市委党史研究院5部门组织编撰，历时1年编撰完成。2021年6月由山东人民出版社出版发行。全书分革命先驱、抗日先锋、解放英杰、祖国卫士4部分，收录介绍革命烈士斗争事迹的文章100篇，共计38万字，是一本比较全面、完整记述泰安市著名烈士战斗事迹的书籍。入选烈士由市关工委等5部门、党史方志研究专家及各县（市、区）、乡镇（街道）推荐，编委会组织党史、方志专家研讨确定。撰稿过程中，工作人员多方收集资料，同烈士后人或战友、同事补充采访，确保文稿史实真实、准确，资料翔实、完整。该书的出版，为进一步抓好青少年党史学习和传承红色基因教育，提供生动、实用的参考教材。

【关工委组织和“五老”队伍建设】 召开全市关工委工作会议、全市关工委工作座谈会，安排部署全市关工委基层组织、“五老”队伍、教育活动等工作。制定印发《关于加强企业关心下一代工作的意见》，安排部署企业关工委组织建设工作。徂汶景区成立关工委组织，泰山区、新泰市、泰山景区调整充实关工委领导班子和组成人员。不断扩大“五老”队伍，发挥市关工委“五老”宣讲团、报告团的作用，宣讲团成员在党史宣讲、传承红色基因教育、法治教育等活动中发挥重要作用。

【教育基地建设】 开展第六批“泰安市关心下一代教育基地”申报命名工作，命名泰山区岗上红色记忆馆等“泰安市关心下一代教育基地”31个。至年底，全市共有6批126个市级关心下一代教育基地，初步形成红色基因、革命传统、党史国史以及优秀传统文化、农业、工业、科技教育等青少年教育基地网络。肥城市老城革命纪念馆、中共泰安第一支部展室、东平县博物馆被评为“山东省关心下一代教育基地”。

（赵　军　董婷婷）

社会组织与基层社会治理

【社会组织管理】 至2021年年底，全市经民政部门登记注册的社会组织3573家（市本级1213家），其中社会团体1304家（市本级481家）、民办非企业单位2257家（市本级721家）、基金会12家（市本级11家）；全市备案城乡社区社会组织6065个，其中农村社区社会组织3794个、城市社区社会组织2271个。年内，奖补资助94家社会组织及项目。出台《关于印发〈泰安市培育发展社区社会组织专项行动实施方案（2021—2023年）〉的通知》，推出省级社会组织创新发展基地14家。推动社会组织规范化建设，市社会组织党委出台《社会组织负责人候选人审核办法（试行）》以及联合市司法局制定的《行业协会商会负责人任职管理办法（试行）》《社会团体换届选举工作指引（试行）》2个规范性文件，为社会组织内部治理提供政策遵循。做好社会组织年检年报工作，全市年报率90.36％。开展“打非”和清理“僵尸型”社会组织专项行动，清理规范非法社会组织111家，335家“僵尸型”社会组织被列入清理整治范围。坚持做好涉企收费清理整顿工作，全年累计减免涉企收费920万余元。

【社会组织党建工作】 会同市委组织部、市委编办等6部门出台《关于加强全市行业基层党建工作的通知》，将抓行业与抓党建深度融合，进一步理顺党建工作机制。以“抓实党组织覆盖”为工作目标，市管1196个社会组织，建立党支部644个，其中单独建立党支部533个，党组织覆盖率54%。全市社会组织党建入章完成率达96％以上。加大对党组织的孵化培育，组建市社会组织党校，建立社会组织党员教育基地和党员实践基地4处。从民政局系统新选派23名党员干部充任党员志愿者，进入党建人才库。对市直近300家社会组织负责人和党组织负责人进行专题培训。打造党建服务品牌，开展“感党恩·颂百年”系列活动。以“泰山红帆”为主题，打造特色党建品牌110多个。

【基层社会治理】 按实际管理村（居）统计，至年底，全市有村委会3551个，其中泰山区115个、岱

5月19日，副省长孙继业（前排左二）带队到肥城市新城街道贵和社区调研村居换届工作，市委副书记、市长张涛（前排左一）陪同调研

（王先琪 供）

岳区 437 个、新泰市 837 个、肥城市 587 个、宁阳县 553 个、东平县 706 个、泰安高新区 104 个、泰山景区 74 个、徂汶景区 138 个；有城市社区居委会 205 个，其中泰山区 74 个、岱岳区 42 个、新泰市 27 个、肥城市 30 个、宁阳县 12 个、东平县 10 个、泰安高新区 8 个、泰山景区 2 个。

社区治理。全市配备城市社区专职工作者 1926 人，社区工作者“3 岗 18 级”薪酬体系普遍落实，社区工作者人均月工资达 4426.54 元，比套改前提高 33%。深化“一窗受理、全科服务”，“全科 + 自助”社区公共服务模式全面形成。肥城市、岱岳区通过全省社区治理创新实验区结项验收。22 家单位被评为全省和谐社区建设示范单位。

社区服务用房。落实《泰城城区新建住宅区配建移交社区工作服务用房实施办法》，2021 年，全市移交社区用房 24 处、15278 平方米，累计移交社区用房 58 处、35134 平方米，城市社区工作服务用房平均面积达 1402 平方米。实施社区综合服务设施“星级创建”工程，重点建设 32 处五星级、33 处四星级社区综合服务设施。

村（居）民自治工作。按时完成村居换届任务并做好换届后续工作，副省长孙继业给予批示肯定。村级民主决策“四议两公开”（党支部会提议、“两委”会商议、党员大会审议、村民代表会议或村民会议决议；决议公开、实施结果公开）程序实现村级全覆盖；组织实施村务公开“阳光工程”，确定示范点 65 个；推进村（居）议事协商，多元化推进、系统化设计、标准化实施、责任化落实、常态化开展“五化”新模式，被省民政厅评为全省民政工作创新案例，被省市场监管局确定为山东标准建设项。2 个村被确定为全国村级议事协商创新实验试点单位。

社会工作和志愿服务。在全省率先启动志愿服务立法工作，《泰安市志愿服务促进条例》完成全部立法程序。全市社会工作师总量增至 1345 人，实名注册登记志愿者增至 115 万人，标识志愿服务组织 159 个，注册志愿者人数、标识志愿服务组织数量达标率均为 100%。推进乡镇（街道）社会工作服务站建设，88 个乡镇（街道）全部建成启用社工站，宁阳县社工站建设经验入选全省创新案例。

【地名管理】 制定印发《泰安市地名管理实施办法（试行）》，建立地名管理长效机制。牵头做好道路标识设置工作，累计新设、更换各类道路标志 2305 块。完成 2 部《守望地名》专题片拍摄工作。

（王先琪）

住房保障与住房公积金

【棚户区改造】 2021 年，全市列入省棚改计划项目 8 个 2148 套，年内全部开工，开工率 100%；基本建成 6183 套，基本建成率 123%。

【人才保障性住房筹建】 打造人才住房推进体系，成立人才保障住房工作领导小组，出台《关于做好人才保障住房有关工作的通知》《泰安市人才保障住房建设装修配套标准和分配办法》《泰安市人才住房工作评价办法（试行）》等政策性文件，构建全市人才保障住房科学化、规范化管理体系。全市累计筹集人才保障性住房房源 1257 套，超额完成年度筹集 1200 套的目标任务。累计落实人才保障住房新建项目 33 个 5073 套，占全年新建任务 5000 套的 101%。

【市区保障房管理】 健全完善住房保障政策体系，持续开展保障房轮候家庭资格复核，完成市区第十批公共租赁住房（以下简称公租房）第四批次轮候家庭的选房签约分配工作。对新就业无房职工发放阶段性住房租赁补贴，全年发放租赁补贴1458户313万元，任务完成率108%。加快市区保障性住房小区建设，强化保障房使用管理，完善信息管理系统，10445户住房保障家庭信息纳入全国公租房信息系统，定期开展“双随机”检查，及时清退违规住户，确保资源公平善用。

【老旧小区改造和既有住宅增设电梯】 2021年，全市59个老旧小区改造项目全部完成，解决老旧小区基础设施老化、配套服务设施不完善等问题，涉及666栋楼、199.41万平方米，惠及2万余户。岱岳区被住房城乡建设部列为“我为群众办实事”全国30个重点解决建立老旧小区改造后续管理机制难题联系点之一。印发《泰安市既有住宅增设电梯实施方案》，稳步推进既有住宅增设电梯工作，全市累计投入使用电梯182部。

【城市房屋安全和住宅专项维修资金管理】 开展房屋安全排查，年内排查房屋8038栋、1982万平方米，存在安全隐患房屋全部解危，危旧房拆除改造试点工作顺利开局。规范维修资金业务流程，增设维修资金电子票据功能模块，畅通维修资金交存渠道，提高维修资金使用效率，市区维修资金累计交存16.15亿元，累计支用4396万元。

（陈传奇）

【住房公积金】 2021年，全市实现住房公积金增值收益2.44亿元，比上年增长6.1%，增值收益率达1.55%，高于部下达的1.2%的指标

12月27日，改造后的凤凰小区中心广场 （陈传奇 供）

要求，提取廉租住房建设资金2.3亿元；累计实现增值收益23.1亿元，累计上缴财政20.8亿元，其中累计上缴廉租住房建设资金17.5亿元。位居全国城市和地区住房公积金综合发展指标第4名。全市归集住房公积金58.9亿元，占全年计划的143%，增长12.2%。至12月底，累计归集住房公积金435.7亿元，归集余额435.7亿元。全市缴存单位7973个，缴存职工50.8万名。为40.98万名职工提取住房公积金36.14亿元，其中购房提取11.08亿元、偿还贷款提取14.06亿元、职工退休提取6.94亿元、其他提取4.06亿元。至12月底，累计提取住房公积金266.3亿元。全市发放个人住房公积金贷款32.9亿元，完成计划的194%，下降6%，贷款户数8606户。至12月底，累计为104529户职工发放个人住房公积金贷款262.7亿元，贷款余额154.7亿元。个贷率91.4%，逾期率0.06‰。

征收管理。加大公积金催缴、建缴力度，多措并举扩大覆盖面、提升归集额、巩固资金池。分行业重点突破、集中攻关，强化执法和宣传，民营企业缴存人数和开户数分别增长23.75%、47.23%，新增灵活就业人员缴存1127人，增长23.37%，累计达5949人。

信贷管理。科学谋划信贷政策，支持刚性住房需求，重点支持自住型购房，支持新市民租、购房产，将“房住不炒”落到实处，促进房地产市场平稳健康发展。推进省会经济圈内住房公积金协同发展，取消省会经济圈异地贷款职工住房公积金缴存使用证明、缴存明细和贷款结清证明。取消异地贷款职工省外户籍限制条件。通过授权委托方式实现不动产登记与公积金贷款的业务联办，将商转公业务扩大至全市商业银行住房贷款。

风险防控。强化风险防控能力，建立资金保障制度，确保资金安全。密切监控资金使用情况，合理调度资金，保证资金收益最大化。将全市贷款逾期率控制在0.06‰，远低于国家规定的1.5‰的控制标准。加强财务审计监督，党组每月专题听取内审报告，研究解决查出的问题。坚决打击骗提骗贷，严格落实《违规提取公积金处置办法》，针对骗提行为采取冻结账户、通报单位、

移送公安机关、诉讼追缴等办法进行处置。

服务提升。落实“我为群众办实事”活动，推动“跨省通办”“省会经济圈一体化”进程。简化缴存企业和缴存职工办理公积金贷款、提取、归集业务要件。向社会公开服务承诺5项，提取、贷款简化为两级审批，16项提取业务实现“秒批秒办”，贷款办理时限由15个工作日缩减为5个工作日。推进数据共享运用，实现“一网通办”“跨省通办”，信息共享运用的经验做法被省住房城乡建设厅发文推广。在每月市政府政务服务热线考评中，满意率、回复率和答复率连续居所在类别前三位。推进“让党中央放心、让人民群众满意”模范机关建设，打造的“金银党建共建、携手共谋发展”党建品牌被评为市直机关十佳党建品牌，“岱下公积金、圆您安居梦”被评为市直机关示范性服务品牌。连续10年保持“省级文明单位”称号。（周齐齐）

残疾人事业

【概况】 至2021年年末，全市有残疾人34.02万名，占全市总人口的6.16%。其中，视力残疾5.06万人，占14.86%；听力残疾8.22万人，占24.16%；言语残疾5205人，占1.53%；肢体残疾9.89万人，占29.07%；智力残疾2.27万人，占6.68%；精神残疾2.52万人，占7.40%；多重残疾5.55万人，占16.30%。年内，1人被国务院残疾人工作委员会（以下简称残工委）授予“全国残疾人工作先进个人”称号，泰山区政府残工委被国务院残工委表彰为“全国残疾人工作先进集体”；市残联连续五年被评为“省级文明单位”，被省政府表彰为山东省脱贫攻坚先进集体；新泰市、宁阳县政府残工委被省政府残工委授予“‘十三五’残疾人工作突出集体”称号，5人被省政府残工委授予“‘十三五’残疾人工作突出个人”称号。

【残疾人社会保障】 落实资金125万元实施“阳光家园”项目，以每人1500元的标准，为831名符合条件的智力、精神和重度肢体残疾人提供托养服务。落实资金65万余元，为132797名持证残疾人免费购买意外伤害保险。按照基准档对参加基本居民医疗和养老保险的二级以上重度残疾人给予政府补贴，为重度残疾人提前5年领取居民基本养老保险金做好服务。配合市民政局做好残疾人“两项补贴”（困难残疾人生活补贴、重度残疾人护理补贴）发放工作。开展残疾人证“跨省通办”和“全省通办”，采取“网上申请受理、异地残疾评定、异地代收代办、就近就便申领”服务模式，办理残疾人证“跨省通办”和“全省通办”138件。落实资金219万元，为1658户困难重度残疾人家庭进行无障碍改造。泰山区创新开展残疾人家庭智能化无障碍改造，为220户残疾人家庭安装智能门铃、窗帘等电子产品。

【残疾人就业培训】 市残疾人联合会与市税务局联合印发《关于做好2021年残疾人就业保障金征收缴纳工作的通知》，推行按比例安置残疾人就业年审工作网上办理。全市征收残保金5719万元，其中市本级2260万元。实施残疾人就业创业工程，落实资金268万元，扶持残疾人就业基地12处，辅助性就业机构8处，盲人按摩机构11个，残疾人自主创业标兵6名，残疾人致富能手60名，培训残疾人150名。市康复中心将辅助性就业项目列入市级财政预算，培训残疾人45名，14人签订辅助性就业协议，人均月增收约1000元。组织开展“基层党组织结对助残扶贫”活动，落实资金31.2万元，帮扶贫困残疾人家庭156户。组织开展农村残疾人实用技术、职业技能等培训，培训残疾人1393人次，其中市级举办职业技能培训班14期，培训残疾人530人次，合格率95%以上，32名学员获得市人力资源和社会保障局颁发的专项能力资格证书，6名视力残疾人获得全国盲人医疗按摩人员资格证书。推进高校残疾人毕业生就业服务工作，11月底，残疾人毕业生就业率98.53%。做好残疾人就业援助工作，市残疾人联合会与市人力资源和社会保障局联合印发《2021年就业援助月专项活动方案的通知》《关于开展残疾人就业帮扶周活动的通知》，开展网上残疾人招聘会、残疾人职业技能竞赛等活动，组织20家招工单位加入山东省助残就业联盟。2021年，城镇就业314人，农村就业972人。

【残疾人教育】 配合教育部门开展未入学残疾儿童调查摸底统计，适龄残疾儿童少年接受义务教育比例达96%以上，送教上门和随班就读残疾儿童少年1153名。实施彩票公益金学前儿童助学项目，落实资金38.4万元为128名学前儿童发放助学金。明确泰安市残疾大学生助学政策，落实资金31.8万元为73名残疾大学生发放助学金。

【残疾人康复救助】 以残疾儿童和建档立卡残疾人为重点，开展精准康复服务行动，为11.2万名有康复需求残疾人提供基本康复服务，占持证残疾人总数的87.7%，有康复服务需求残疾人服务率达100%。免费为残疾人提供各类辅助器具6500余件。对1954名0～17岁残疾儿童实施康复救助，康复服务覆盖率达100%。累计训练脑瘫、孤独症残疾儿童3000余人次。为13名符合条件听障儿童免费植入人工耳蜗、21名肢体残疾儿童进行矫治手术。为41名脑瘫儿童免费提供脑立体定向手术救助。探索推进残疾儿童康教融合工作，泰山区探索推出在康复机构设学习班、特教学校派老师授课的模式，实现康复与教育融合推进；宁阳县残联探索实施的“儿童康复超市”模式，组建宁阳县残疾儿童康复救助工作群，由机构统一代办救助手续，实现家长全程“零跑腿”。投入资金80万元，为16家乡镇卫生院、社区康复站、如康家园适配康复训练设备。开展脑卒中致残预防及康复训练工作，全市1400余名脑卒中患者接受训练。开展中学生脊柱侧弯筛查活动，为50名学生适配矫形器。为全市60家乡镇（街道）卫生院配发听力检测仪。

【残疾人维权】 全年受理残疾人信访件、电话、到访百余人次，受理“12345”政务服务热线43件，落实中国残联网站信件4件、省残联“12385”转办信访件10件，群众满意率、合理诉求满意率、回答群众率、按期答复率均为100%，未发生集体上访、越级上访事件。支持电信运营商结合残疾人需求，提供更大折扣的资费优惠，合理降低使用固定电话、移动电话、宽带网络等服务的费用，落实残疾人免费乘坐市内公交车、免费进入旅游景点等优惠政策。市、县图书馆、乡镇文化站设立盲文读物、盲人有声读物图书室和电子阅览室，对残疾人免费开放。

【残疾人组织建设】 至2021年年末，市、县、乡成立残联87个，其中市级残联1个、县（市、区）残联6个、乡镇（街道）残联80个；村（社区）建残疾人协会3601个。市县乡三级残联机关和事业单位工作人员248人。配备残疾人领导干部的市级残联1个，县级残联6个。建立市级及以下各类残疾人专门协会35个，其中市级各专门协会已建5个、县级各专门协会已建30个。助残社会组织2个。

【残疾人文体宣传】 宣传报道全市残疾人事业“十三五”期间的先进典型，新泰市残疾人家庭无障碍改造全覆盖，宁阳县残联花样服务套餐暖人心、未成年人思想道德建设等专题宣传片，先后在泰安电视台、《泰安日报》微信客户端等播出报道；肥城市残联“我为群众办实事”——“用心用情用力解决残疾群众急难愁盼问题”等活动在山东卫视《新闻联播》播出；人民网、中国发展网、《大众日报》等先后报道泰安市残联为民办实事新闻；泰山区、肥城市、宁阳县残疾人专职委员“工作中上门服务、心里只有工作”的服务案例在《中国残疾人》杂志刊登。组织参加省残联举办的“学党史·颂党恩·跟党走”系列征文活动，推送征文5篇，2篇在《齐鲁晚报》刊登。通过市委新闻发布会，向全社会介绍“十三五”时期全市建档立卡贫困残疾人脱贫攻坚任务完成情况。制作《共享阳光手拉手——泰安市残疾人事业“十三五”发展回眸》专题片。全年市残联网站发布工作动态200多条、刊发简报4期，向市两办报送工作信息100余条，向省残联报送工作动态36期、省残联公众号发布信息30余条、山东残疾人工作简报刊登1次。组织参加省第五届残疾人冰雪运动季活动暨全省残疾人旱地冰壶训练营活动，获得全省旱地冰壶友谊赛第一名；在第十届全省残疾人艺术会演中获得一金三铜、团体第五名、优秀组织奖成绩；在全国第十一届残运会暨第八届特奥会上获得跆拳道K43级男子—61千克级金牌，女子单人坐姿飞镖项目第八名。举办“全国残疾人文化周——送文化进家庭”走进泰山区活动和“奋斗百年路 启航新征程”——泰安市扶残助残书画作品展。与中国残疾人事业新闻宣传促进会联合山东省残联、青海省残联共同举办“学党史、颂党恩、担使命、攀高峰”——献礼建党100周年残健融合徒步登山活动。举办山东省第六届残疾人冰雪季暨泰安市残疾人旱地冰壶友谊对抗赛。组织举办残疾人体育健身指导员培训班及残疾人运动员冬季集训，备战2022年山东省第十一届残疾人运动会。为155户重度残疾人家庭提供开展“五个一”（读一本书、看一场电影、游一次园、参观一次展览、参加一次文化活动）的文化服务。

【扶残助残活动】 做好贫困残疾人过暖冬过好年工作，落实资金30万元为300名贫困残疾人每人发放1000元生活补助，并有2家爱心企业捐助22万元的生活物资。第31次“全国助残日”期间，组织各级残联开展为基层“送健康、送欢乐、送温暖、送辅具、送法律、送服务、送技术”系列活动。

11月22日，2021第五届泰山国际福祉暨康复设备博览会在泰安市泰山国际会展中心举办，市委副书记、市长张涛（左三）等出席开幕式

（李先锋　供）

【2021 第五届泰山国际福祉暨康复设备博览会】　（参见“商贸服务业·会展业”）

【市残疾人就业指导中心】　2021年，该中心被确定为国家级盲人保健按摩规范化实训基地。年内，完成第一批“我为群众办实事”工作事项——辅具“进村入户”工作，为680名残疾人上门适配各类辅助器具710余件。对530名残疾人进行线下培训，其中6名视力残疾人获得全国盲人医疗按摩人员资格证书、32人考取市人力资源和社会保障局颁发的专项能力资格证书。全国助残日期间，开展以“稳定就业，助残脱贫”为主题的走访慰问活动，完成7家新开办盲人按摩机构“共享阳光”项目补贴资金的审核、发放工作。全年康复听障儿童20名，8名听障儿童进入普通幼儿园接受教育。完成86名应届高校残疾人毕业生就业工作，推荐就业岗位200余个，就业率达98.53%。截至2021年12月31日，中国残疾人就业和职业培训信息管理系统显示，泰安市有就业年龄段持证残疾人64142名，已录入就业状况残疾人64118名，录入率99.96%，位居全省第一。

【市残疾人康复中心】　2021年，该中心与市妇幼保健院合作开展儿童康复工作，提供儿童康复服务7000人次；与市中心医院分院合作开展成人康复工作，提供成人康复服务700余人次、健康查体服务4万余人次；与奥泰康复辅具有限公司合作开展假肢矫形器制作与适配工作，为残疾人制作、适配假肢矫形器198具，为320余名假肢、矫形器佩戴者提供维修服务。以“阳光家园计划”为依托，与市中心医院分院合作开展集康复、托养、护理为一体的残疾人托养服务，打造“医康乐”托养模式，为10名重度肢体残疾人提供托养服务。举办泰安市第二期脊髓损伤者“希望之家”生活重建训练营，为11名脊髓损伤者开展生活自立训练、独立出行能力训练、轮椅操控训练等教学及康复训练。开发辅助性就业项目2项，培训残疾人43名，14人签订辅助性就业协议，人均月增收1000元。2021年4月6日，二期建设项目奠基，年底完成主体建设。

（董　卫　李先锋）

民族宗教事务

【民族团结进步创建】　以铸牢中华民族共同体意识为主线，扎实开展民族团结进步创建，探索构筑中华民族共有精神家园。9月，组织开展全市第21个民族团结进步宣传月活动。肥城市被评为“全国民族团结进步示范市”，泰山区等5家单位被命名为“全省民族团结进步示范单位”，市级命名“全市民族团结进步示范单位”30家、“全市民族团结进步教育基地”7家。清真寺社区少数民族流动人口服务站等6个岗位和家庭被命名为“全省民族团结进步和美家庭示范岗位”，市级命名“全市民族团结进步和美家庭示范岗位”30家。新泰市禹村镇被列为全省铸牢中华民族共同体意识示范创建试点单位。依托岱岳区金兰观光牧场打造铸牢中华民族共同体意识教育实践基地。在肥城市安驾庄镇升家庄村建设泰西回民抗战记忆馆。

【民族乡村振兴和城市民族工作】　实施少数民族帮扶工程，助力民族村乡村振兴。争取各级少数民族发展资金689万元，实施帮扶项目28个。泰山区省庄镇岳庄村、岱岳区满庄镇泥沟村、新泰市禹村镇卢家沟村、肥城市边院镇凤凰村被列入第二批山东省乡村振兴示范民族村创建名单。12月，全省乡村振兴示范民族村创建工作推进会议在新泰市召开，泰安市作交流发言。提升泰安城区少数民族流动人口服务管理水平，推进“红石榴”品牌创建，重点打造泰山区财源街道清真寺社区“红石榴”驿站。

【探索宗教中国化“泰安路径”】 坚持引导、管理、服务相结合，以点带面、分类施策、因场所制宜，探索宗教中国化具体举措。在宗教活动场所“四进”工作（国旗、宪法和法律法规、社会主义核心价值观、中华优秀传统文化进宗教活动场所）的基础上，探索“精细管理、红色文化、道德讲堂、同心书屋、法律服务、反邪教倡议”进宗教活动场所的“六进”模式，为宗教活动场所增加新时代文化学习阵地、科普宣传阵地、道德教化阵地功能。打造肥城桃源观、宁阳奇恩堂等一批省级和谐宗教活动场所。成立泰山佛教文化研究院，举办泰山佛教与佛教中国化座谈会。围绕庆祝中国共产党成立100周年，引导宗教界开展“爱党爱国爱社会主义”“知党史、感党恩、听党话、跟党走”等系列主题活动。全市宗教界组织开展教育实践活动52场次。

【加强宗教团体建设】 举办全市宗教团体宗教教职人员培训班，邀请专家教授、宗教工作干部就“爱党爱国爱社会主义”、宗教政策法规进行授课，培训90余人次。加强宗教团体班子和教职人员考核监督，完善考核评价机制，在全省率先开展“8+6”测评法（对宗教团体领导班子进行8个方面民主测评：宣传党的方针政策和国家法律法规，教育引导教职人员和信教公民拥护党的领导，拥护社会主义制度；联系服务教职人员和信教公民，维护其合法权益，反映宗教界的意见和合理诉求；根据宪法和法律法规，在业务范围内制定有关宗教活动场所、教职人员、宗教活动等方面的规章制度并督促落实情况；指导宗教活动场所成立管理组织，完善内部管理制度，实行民主管理，规范宗教活动和财务管理情况；进行宗教文化、宗教典籍研究，深入挖掘教义教规中有利于社会和谐、时代进步、健康文明的内容，对教义教规作出符合当代中国发展进步要求、符合中华优秀传统文化的阐释情况；加强宗教教职人员的法制、政治、文化、宗教教育情况；贯彻民主集中制原则和班子团结情况；桥梁和纽带作用发挥情况。对宗教团体班子成员6个方面进行民主评议：即政治思想、能力素质、道德素养、履职尽责、宗教造诣、廉洁自律）。

9月1日，全市第21个民族团结进步宣传月活动启动，市委常委、统战部部长成丽（前排左）为泰安市铸牢中华民族共同体意识教育实践基地揭牌
（丁为飞　供）

【推进宗教活动场所规范化管理】 指导宗教活动场所建立健全民主管理、财务管理、消防安全等9项制度，探索建立宗教活动场所“十规范十禁止”（规范学习教育、规范宗教活动、规范安全管理、规范重大事项报告、规范宗教教职人员管理、规范民主管理、规范财务管理、规范环境美化、规范档案管理、规范信教群众登记管理；禁止对外悬挂宗教标识物、禁止对外张贴宗教性对联和宣教标语、禁止对外悬挂宣教喇叭、禁止乱建滥塑露天宗教造像、禁止违法建设、禁止投资承包或变相经营宗教活动场所、禁止开展封建迷信活动、禁止燃烧售卖高香、禁止邪教等非法宗教活动、禁止强迫未成年人信教）标准、星级评定制度、宗教教职人员梯次培养机制和宗教教职人员“进出”机制，对全市宗教活动场所进行财务审计，规范宗教活动和宗教教职人员行为，形成宗教活动场所规范化、精细化、常态化管理体系。

（李永飞　陈　雷）

编辑　校对　戚淑娟

应急管理

安全生产监督管理

【概况】 以构建大安全、大应急体系为目标，以安全生产三年专项行动为主线，以安全生产大排查大整治为抓手，统筹推进发展与安全，提升应急管理工作水平，各项工作取得显著成效。年内，泰安市各类事故起数、死亡人数同比分别下降15.38%和12.94%，工矿商贸领域未发生较大及以上事故，未发生重大及以上事故和重大灾害。泰安市地下非煤矿山安全生产规范、城市社区“三管一建”火灾防控、出台应急避难场所政府规章、专业救援队伍建设等特色亮点工作走在全省前列。市应急管理局获得“2021年全省防汛抗洪表现突出的集体”称号。

【安全生产责任落实】 完善安全生产“1+5+N”（市安委会、5个议事协调机构、13个专委会）工作体制。制定实施市级党政领导班子成员安全生产职责和重点工作“两个清单”，召开市委常委会、市政府常务会、专题会议等30余次，高频次研究部署工作。制定《泰安市安全生产工作任务分工》，厘清45个部门、123个行业领域的安全生产职责，市安委会会同市编委印发《关于进一步明确部门安全生产职责加强安全生产工作的通知》，进一步明确界定各部门职责和安全生产机构人员设置。督促7.95万家生产经营单位完成责任清单修订，595家企业配备安全总监。在全省率先试点推广全员岗位工资＋安全绩效工资制度。

【安全生产精准整治】 聚焦危化品等20个重点行业领域，开展“起底式”大排查大整治行动和专项整治三年行动集中攻坚，累计排查检查生产经营单位15.2万家次，整改隐患19.8万余项。危化品领域，对105处重大危险源企业开展全覆盖排查，对4家光气、硝化工艺企业逐一“过筛子”，对22家重点企业进行深度评估，对43家生产储存企业开展帮扶式大诊断，整治各类问题隐患3250余项；重点生产企业全部建立安全风险监测预警系统。非煤矿山领域，出台“十条禁令”加强动火作业等关键环节管理，委托国内高水平技术服务机构中国冶金矿山企业协会编制《泰安市地下开采非煤矿山安全生产规范》，被省应急厅发文推广，全市6家地下矿山企业全面推行实施，全部建立人员精准定位系统，从业人数大幅度减少，企业“机械化换人、自动化减人、智能化无人”水平极大提升。工贸领域，推进安全生产标准化，年内达标率72%，较年初提升50个百分点；蒙牛乳业泰安有限责任公司、山东大唐宅配家居有限公司分别被选为全省工贸行业涉氨制冷、涉爆粉尘2个重点领域典型企业，拍摄制作专题宣传片。

【安全生产执法监察】 严格落实行政执法公示、执法全过程记录、重大执法决定法制审核“三项制度”，加强执法人员岗位练兵及业务培训，采取“专家＋执法”“机构＋执法”“四不两直”“双随机”等形式，扎实开展计划执法、联合执法、异地执法，全市应急系统共执法检查企业5500余次，整治隐患1.87万余项，行政处罚900余起，罚款1300万余元，其中，市应急局立案179起，罚款329.1万元。制定《泰安市安全生产举报奖励办法》及《市应急局安全生产举报投诉处置核查办法》，加大对群众举报事项的核查。

【安全发展基础建设】 建立企业开工安全生产“第一课”制度，25.6万人次企业职工接受安全教育。制作政府部门、企业负责人、一线员工三个层面的事故警示片，累计警示53.2万人次。深入推进企业全员“大学习、大培训、大考试”专项行动，累计培训近50万人次。

加强与电视、报纸、广播等媒体合作，健全完善公益宣传常态化机制，坚持每月制作1期事故警示专刊。持续开展安全生产“公开课”“微课堂”“安康杯”知识竞赛、应急演练周、安全宣传“五进”等活动1200余场次，60万人参与。加强安全教育体验馆、应急科普基地建设，推动安全教育由“说教式”向“体验式”转变。（田　野）

10月4日，山东省委书记李干杰（右三）调研东平湖防汛工作

（路　凯　供）

应急救援

【概况】　充实调整应急救援联调联战、防汛抗旱、防灾减灾等议事机构，制定完善工作规则和运行机制，出台《泰安市事故灾害处置现场指挥部规范》等工作规范。新成立6支、总计293人的专业应急救援队伍，充实防汛抢险、森林消防等专业救援力量。修订印发《泰安市突发事件总体应急预案》，成功举办全省客运索道应急救援综合实战演练。高效推进山东省森林火灾应急救援中心、泰安航空护林站、泰山区域森林火灾应急能力建设中心3个项目建设。以电动自行车、消防车通道、城镇燃气安全管理、微型消防站建设“三管一建”为切入点，不断提升城市社区火灾防控水平。完善市级应急指挥中心建设，实现与各乡镇及重点单位的视频联通。

【应急救援体制机制】　成立市委防灾减灾救灾领导小组，调整防震减灾工作领导小组成员，修订完善工作规则，构建市级防灾救灾常态化工作机制。调整市防汛抗旱指挥部（简称防指）成员，落实市、县、乡三级防汛抗旱行政首长负责制，建立市领导包重点防洪工程、市防指成员包县（市、区）防汛工作责任制。成立以市长为组长的市应急物资保障领导小组，明确市有关部门责任分工，整合优化分散在各部门的应急物资保障管理职能。充实调整市级应急救援力量联调联战工作领导小组，对内建立内部协作规范，对外完善部门协同机制，统一领导的应急管理体制、纵横贯通的应急联动机制进一步完善。制定《泰安市事故灾害处置现场指挥部规范》《协助市委市政府领导在市应急管理局指挥处置较大灾害事故工作方案》《泰安市应急管理局事故灾害处置工作规范》《应急救援队伍调配方案》等规范要求，使应急救援指挥工作更加高效、有序。

【应急救援力量建设】　依托山东泰安泰山保安服务有限公司等企业单位新成立6支、总计293人的专业应急救援队伍，在全市建成1支综合性救援队伍、15支专业救援队伍和3支社会救援队伍。按照专群结合的原则，在县、乡建立以基干民兵为基础、党团员为骨干的防汛常备队、抢险队和后备队。新招录森林专职消防员人员85人，全市森林消防专业队伍达613人。加强预案编修演练，修订印发《泰安市突发事件总体应急预案》等各类预案2327个，市级层面先后举办防汛暨地质灾害、森林火灾、非煤矿山事故、危险化学品泄漏等应急救援实战演练，全市开展各类演练1.9万余次。

【应急救援基础建设】　高效推进山东省森林火灾应急救援中心、泰安航空护林站、泰山区域森林火灾应急能力建设中心3个项目建设。坚持“党建引领、社会治理”，以电动自行车、消防车通道、城镇燃气安全管理和微型消防站建设“三管一建”为切入点，通过实施编制“一个指南”、列出“一张清单”、培育“一批典型”、打造“一个平台”、建立“一套机制”的“五个一”工程，提升城市社区火灾防控水平，培育打造96个城市社区、860个小区火灾防控样板。完善市级应急指挥中心预测预警和指挥调度功能，接入重点单位1800余路预警（监控）系统，打通与所有乡镇的视频联通。

（田　野）

防灾减灾救灾

【概况】　在全省率先完成自然灾害综合风险普查工作。严格落实《泰安市自然灾害灾情会商制度》。组织实施地质灾害风险隐患排查，对133处地质灾害隐患点建立台账。坚持每月一次联合会商研判制度，及时发布会商信息。推进“国家地震烈度速报与预警项目”建设，完成市级地震预警信息发布中心建设任务。制定实施防震减灾事业发展“十四五”规划。妥善应对台风“烟花”、东平湖持续25天超警戒水位运行等险情。防火期内重点林区实现零火灾、零伤亡。制定印发《泰安市应急避难场所管理办法》，为1998年机构改革后全省首部地市级应急避难场所方面的政府规章。出台重大突发事件应急保障和应急物资储备体系建设两个“10年规划”，扩大社会化协议储备企业规模，形成多元应急物资保障储备体系。

【灾害风险普查】　在全省率先完成自然灾害综合风险普查工作，新泰市完成省级试点。严格落实《泰安市自然灾害灾情会商制度》，开展会商研判19次，组织气象、水文、水利、城市管理等部门召开会商会议13次，为市领导指挥决策提供技术支撑。实施地质灾害风险隐患排查，对133处地质灾害隐患点建立台账，明确责任人，落实防范措施。

【灾害监测预警】　强化监测预警，打好自然灾害防御攻坚战，建立与自然资源和规划、气象、水利、林业等部门每月一次联合会商研判制度，及时发布会商信息。加强全市地震监测台站运行维护管理，推进煤矿开采区专用地震监测台网建设。推进“国家地震烈度速报与预警项目”建设，完成55个一般站、3个新建基本站和2个改造基准站的设备安装和调试。推进地震监测类重点项目建设，完成全市64个预警站点、14个学校预警项目建设，完成市级地震预警信息发布中心建设任务。制定实施防震减灾事业发展“十四五”规划。

【灾情应对和灾后救助】　派出172个工作组528人次开展汛前检查，督促完成小型水库、河道险工险段、地质灾害隐患点、城市低洼易涝区和路段等重点部位、环节372个问题的整改。实施防汛联合值守工作机制，积极应对台风“烟花”、强对流天气等自然灾害，实现全市重要河湖无重大险情、人员零死亡。全面做好冬春救助工作，2020—2021年度下拨救灾资金230万元，救助群众17085人。持续推进灾害民生综合保险工作，2021年度累计赔付916.97万元。

【基层基础建设】　加强政企合作，做好应急物资社会化储备和供应工作，与泰安银座商城有限公司等6家企业签订协议，构建多元救灾物资储备体系。充实完善应急资源数据库，共录入各类专家716位，救援队伍129支2553人，应急物资信息2690项283万多条。广泛开展小手拉大手、走进防震减灾、公益书法（绘画）比赛等“六个专题”宣传活动，普及全民防灾减灾知识和避灾自救技能。扎实做好综合减灾示范创建，已创建40个国家级、28个省级示范社区。

（田　野）

消　防

【概况】　年内，全市消防救援队伍共接警出动5547起，抢救被困人员735人，抢救财产价值2亿余元；在东平湖防洪防汛中发挥重要作用；成功处置“5·25”山东泰汶盐化工氯乙烯泄漏火灾事故；圆满完成增援河南抗洪抢险任务。山东省委书记李干杰、省长周乃翔等各级主要领导先后8次看望慰问一线救援队伍、实地调研消防工作。获得“先进党委”“先进支队”两项荣誉，并蝉联执勤训练、安全工作、信息调研等多项“先进”。市委下发决定，号召全市党员干部学习践行“泰山卫士”精神；市政府为支队记集体二等功，为40人记二等功、三等功；泰山消防救援站获首届全国应急管理系统先进集体称号，消防站代表受到党和国家领导人接见。

【思想政治工作】　部署开展党史学习教育和中共十九届六中全会精神宣讲活动，常态化开展学习贯彻落实习近平总书记重要指示批示情况“回头看”工作，组织4项教育活动、6项主题活动、17项配套活动；制定“为群众办实事、为基层办实事”两张清单，33项措施全部落地落实。举办授旗训词三周年座谈会和庆祝“泰山卫士”授称十一周年暨先进典型事迹报告会，打造7条“红色体悟”参观见学路线，以丰富形式提升教育质效。坚持四责贯通、源头预防、从严执纪，扎实推进“三个专项、一个攻坚”（收送红包礼金、执法微腐败、装备采购领域，问题线索清零）整治行动。秉承公平公正、实干实效的用人导向，27人晋升职级，16人调整岗位，为队伍转型升级、提质强能提供强有力的人才保证和智力支撑。

【消防队伍建设】 坚持党委议训，支队党委先后11次召开党委会、专题会研究战训工作，制定出台《全员岗位大练兵奖惩实施方案》等7个指导性文件，组织支队级演练30次，大队、站级演练1670次，修订编制重点单位应急预案1026份。围绕10类特殊灾害，组建10支专业队伍、66个作战单元、162个作战编组，建成全省首支市级森林消防大队、无人机大队，推进“一短三快”（接警时间短，出动快、到场快、处置快）初战机制改革。坚持“两严两准”（严格管理、严格要求，准军事化、准现役）建队标准，在全省实行“1+N”（1个中心站+若干卫星站）消防救援站力量编配优化调整试点工作，为全省提供“泰安经验”。加强人才能力建设，固化与高校人才共建模式，组织开展队长助理选拔、班长骨干培训等4次专项培训考核，提高人才队伍的综合素质。以强化安全责任体系为准绳，每季度召开安全形势分析会，部署开展“整治突出问题、筑牢安全基础”专项攻坚行动，确保风险剖析到位、问题整改到位、责任落实到位。

【火灾防控】 以落实“全面发展年”要求为抓手，推动各级党委、政府高位推进10余个专项整治行动。公安消防管理派出所模式持续完善，“一呼百应”（微型消防站点对点、点对片的一键实时调度）、“两个平台”（社会单位视频监控和语音对讲）应用成为常态。“双随机、一公开”由队伍内部拓展至全市行业部门，消防巡查服务力量扩充至158人，消防安全网络知识竞赛得到30余万名中小学生在线响应。配齐建强乡镇（街道）消防检查员队伍，消防检查员进入镇街综治办，专职指导和开展消防工作，通过镇办、社区村“两委”、网格片区、村居楼长四级网格，实现消防指令1小时内直达末端。全市火灾起数同比下降11%，已连续20年未发生较大以上火灾事故。

【后勤保障】 构建后勤人才队伍培养体系，建立财务人员选配、调整、培训、考核制度，新调整任用财务人员24名，在全省财务岗位比武中获团体第一名，支队被总队表彰为“先进单位”。全面提升装备配备水平，采购装备物资12476件套，对装备器材进行统型，落实“装随人走”，开展“装备技术服务下基层”，提高装备使用效能。与山东第一医科大学建立合作关系，开展伤口止血包扎、运动损伤康复等应急医护培训，培训5批共1200余人次，501人取得红十字救护员证。常态化开展疫情防控，应接人群接种率达100%。强化应急物资储备水平，印发支队级管理规定8个，同辖区9家单位签约联勤联储协议，储备应急物资11356件（套）。持续推进就医绿色通道、子女就餐“小饭桌”等举措，24名消防救援人员子女入学入托，285名消防救援人员及家属参加疗养，266名消防员顺利落户，800余名消防救援人员参加各类专业培训，620名消防救援人员取得国家认证的专业资格，队伍发展基础得到夯实。加强基础设施建设，推动省森林中心综合执勤楼项目和国家山岳救援大队的组建进度，完成选址建设、人员培训和物资调配工作。（刘爱红）

编辑　校对　　王　巍

景区·园区

泰山综述

【概况】 泰山古称“岱山”“岱宗”，世称“东岳”，为“五岳之首”，位于山东省中部，主峰玉皇顶海拔高度1545米。泰山以其有容乃大的气魄将历史文化、自然景观、地质地貌完美和谐地融合在一起，被誉为“中华文化史的局部缩影”、中华民族精神的象征。1982年，泰山被国务院公布为首批国家重点风景名胜区；1987年被联合国教科文组织列为首例“世界文化与自然双遗产”；1992年，入选首批“国家森林公园”；2005年，首批列入全国文明风景旅游区；2006年，首批列入国家AAAAA级旅游景区、国家非物质文化遗产名录、世界地质公园，成为国内为数不多的三重世界遗产。相继取得首批“国家级服务标准化示范单位”、全国旅游服务质量标杆单位、国家级全民健身登山基地、国家级海峡两岸交流基地、中国最美地质公园、中国最令人向往的地方、“中华十大名山”之首、首批“中国楹联名山”、首批“中国森林氧吧”榜单、首批“全国智慧旅游景区试点单位”、全国文明燃香试点单位、“中国旅游景区数字资产榜”第二名、2016最受微博用户关注景区TOP10、十一黄金周“旅游服务最佳景区”等称号，是名副其实的中华国山、世界名山。

【自然风光】 泰山自然风光优美、壮观，其景观特点以雄为主，“雄、奇、险、秀、幽、奥、妙”兼有。泰山主峰傲然拔起，环绕主峰的知名山峰有112座、崖岭98座、溪谷102条，构成群峰拱岱、气势磅礴的泰山山系。因太古界岩层裂隙作用，水系十分发达，有名泉72处，山体总储水量30亿立方米，形成山泉密布、河溪纵横的灵秀景观。泰山有旭日东升、晚霞夕照、黄河金带、云海玉盘、雾凇雨凇、碧霞佛光等自然奇观，五岳独尊、十八盘、姊妹松、旭日东升等古迹、景观被应用到第五套人民币上。

【历史文化】 泰山地区是中国古代文化重要发源地之一，在五万年前的旧石器时期，泰山周围已经有人类活动的踪迹，在母系氏族社会阶段就显露出文明的曙光。在五千年前的新石器时代，泰山南麓的大汶口文化、北麓的龙山文化，不仅影响到山东，而且影响到黄河中下游的广大地区。泰山自古被视为社稷稳定、政权巩固、国家昌盛、民族团结的象征，也成为几千年间中国唯一受过皇帝封禅的名山。相传远古时期，黄帝曾登过泰山，舜帝曾巡狩泰山。商周时期，商王相土在泰山脚下建东都，周天子以泰山为界建齐鲁。秦一统天下后，秦始皇、秦二世、汉武帝、汉光武帝、汉章帝、汉安帝、隋文帝、唐高宗、武则天、唐玄宗、宋真宗、清帝康熙、乾隆等古帝王接踵到泰山封禅致祭，刻石纪功；在官方封禅祭祀活动的推动下，泰山祠庙林立，儒家文化与佛、道两教融合发展，以东岳大帝、碧霞元君信俗、泰山石敢当习俗等为主要内容，以国泰民安为文化内核的东岳信仰得到长足发展，东岳庙、元君庙、泰山石敢当遍布全国并向海外辐射，使泰山文化具备超越任何一种宗教的广泛影响力和有容乃大的兼容性，形成中华文化史上“东岳之庙，遍于天下”的一个奇观。泰山吸引众多的文化名人前往，历代诗人墨客纷至沓来，朝山览胜，赋诗撰文，留下丰富的文化精品。孔子、管仲、司马迁、张衡、诸葛亮、曹植、李白、杜甫、刘禹锡、苏东坡、欧阳修、范仲淹、王世贞、姚鼐、郭沫若等均留下浩如烟海的颂岱诗文，孔子《丘陵歌》、曹植《飞龙篇》、李白《登岱六首》、杜甫《望岳》、苏辙《灵岩寺》、姚鼐《登泰山记》等均是不朽的名篇佳作，把游人从山神崇拜引向游览观赏、求知审美的方向。

【文物资源】 泰山不可移动文物资源类型丰富，包含古建筑60处；石窟寺及石刻1568处；古遗址14处；古墓葬2处；近现代重要史迹和代表性建筑12处；馆藏文物20848件（套），其中一级藏品139件（套）、二级藏品473件（套）、三级藏品3025件（套）。泰山文物绝大部分被联合国教科文组织列入世界文化遗产，为国务院公布的第三、第五、第六批国保单位所囊括，数量之多、级别之高、范围之大，在中国乃至世界上都占有重要地位。

【野生动植物资源】 泰山野生动物主要为鲁中南山地丘陵动物地理区的代表性类群，多为华北地区可见种。泰山自然保护区记录野生动物13纲48目252科1669种，其中哺乳类动物25种、爬行类12种、两栖类6种、鸟类359种、鱼类23种，陆生无椎动物种类多、数量大、分布较广，陆生节肢动物也很多，包括蛛形纲、昆虫纲、多足纲等。泰山有高等植物1614种及亚种、变种、变型，隶属于191科755属，其中苔藓植物38科105属211种及亚种、变种，蕨类植物14科21属40种及变种，裸子植物8科18属42种及变种，被子植物131科631属1321种。泰山植物资源具有较高的科研价值和生态价值，6种为国家二级重点保护野生植物，2种为国家一级重点保护植物，列入《濒危野生动植物种国际贸易公约》8种，列入《中国珍稀濒危植物红皮书》5种，列入“山东省稀有濒危保护植物”36种。

【地质遗迹资源】 泰山经历28亿年的地质演化历史，过程复杂多变，地质活动强烈，形成典型而罕见的地质遗迹，历来为中外地质学家所瞩目。它是中国早前寒武纪地质研究历史最悠久、地质现象最丰富的经典地区，大面积出露的太古宙花岗岩—绿岩带，较完整地记录地球25亿年到28亿年前的演化历史，是全球新太古代地质演化的一个窗口。2006年，泰山被联合国教科文组织批准为世界地质公园，总面积418.36平方千米。 （丁 中）

泰山景区保护与管理

【概况】 2021年，泰山景区接待进山游客310.7万人，增长23.78%，恢复至2019年的74.4%；实现门票总收入3.14亿元，增长56.57%，恢复至2019年的78.1%。泰山索道安全运送游客307.6万人次，增长28.11%，恢复至2019年的79.18%；收入2.92亿元，增长20.36%，恢复至2019年的74.7%。景区客运安全运送游客447万人次，增长21.80%，恢复至2019年的74.75%；收入1.3亿元，增长13%，恢复至2019年的72.98%。一般公共预算收入完成5.3亿元，其中税收收入完成1.88亿元、增长15%，非税收入3.42亿元、增长30%。地区生产总值增长9.77%、位列全市第一。固定资产投资增长8.1%、位列全市第二。

【营销宣传】 深化媒体合作，央视等主流媒体发布《脉动泰山》《见证生态泰安——青山可期》《今日中国 山东篇》等重磅信息6500余条，其中央视《新闻联播》5条、央视其他栏目56条、《山东新闻联播》20条；各类新媒体发布信息2000余万条；登上热搜榜榜单8件；新闻报道《云端的坚守者》成为全市唯一的微博热搜榜置顶帖；泰山连续6次蝉联全国欢乐指数自然景观类榜首；Facebook、Twitter、China Daily等媒体刊发泰山景区云海、日出、日晕等奇观美景3000余条，阅读量破亿次。扩大“济泰同城 畅游泰山”优惠覆盖面，策划发行“省会经济圈”优惠年卡，年内累计销售2万余张。深化与山东中烟工业有限责任公司、泰安市烟草专卖局、

6月1日，泰山景区举行党史学习教育理论学习中心组第一次专题学习暨“学光辉党史 挑时代重担”主题党日活动 （宋 凯 摄）

4月26日，“奋发图强，喜迎新百年”——《中华泰山》珍藏册发行暨《中华泰山》个性化邮票首发活动在岱庙举办 （丁 中 供）

山东泰安烟草有限公司合作，建成全国首家鲁烟旗舰店、全国首家景区内的鲁烟体验店及北方地区首家云烟旗舰店。泰山被省文旅厅列入山东“六好”优质文化和旅游产品名录。举行泰山海峡两岸交流基地标志揭幕仪式暨“海峡两岸·情重泰山”图片展，岱庙研学实践教育中心被授予“山东省民族团结进步示范岗”称号。继续推进《泰山志》、泰山文库编纂等工作，当代泰山重头学术成果《泰山编年通史》被列入国家“十四五”出版规划。

【旅游品质提升】 树牢“游客的流向就是我们工作的方向，游客的需求就是我们服务的追求”意识，开展旅游服务质量提升百日攻坚行动，整改提升服务质量、服务设施、环境卫生、经营秩序、旅游安全等6大方面22项整改内容。完善旅游导览标识系统，新增各类标识标牌及版面1.5万余块（套）。在游客密集区域新增休憩座椅、直饮水设备、洗手液、烘干机、扫码出纸机等设施，投放“登山助力机器人”60余台，完成25个AAA级旅游公厕的改造提升。开展食品安全、餐饮服务质量等专项整治，规范整改食品经营业户800余家，食品抽检合格率100%。加强车辆封闭运行管理，进山车辆削减五分之一。推进相对集中行政许可权改革，建成景区政务服务大厅，完成173项政务服务事项认领与实施清单发布、536条审批事项维护，年内实行“一次办好”注册企业334家。“96008888”呼叫服务热线累计接听咨询、求助、转办电话28万余次，办结率、回复率均为100%。美团泰山旗舰店上线运行，智慧票务系统实现景区门票、客运车票、索道票一站式购票服务，获中国社科院和美团网联合颁发的景区预约便利度前十强。泰山入选“2021好客山东网红打卡季100个网红打卡地”。

（丁 中）

·文物保护·

【概况】 2021年，完成南天门、斗母宫、红门宫等应急抢险工程6项，完成后石坞庙、孔子庙、青帝宫、未了轩等古建防雷工程4项，泰山古建筑群消防工程主体基本完成。开展乱刻乱画、乱钉乱挂、乱堆乱放“六清”专项整治行动。争取国家文物局关于碧霞祠（二期）修缮、竹林寺油饰彩画、扇子崖盘道修缮、竹林寺消防、关帝庙修缮等7项文物保护项目的专项资金1452万元。承办山东省2021年“文化和自然遗产日”主场城市活动暨“红色文化主题月”启动仪式，联合市委宣传部、市委党史研究院、市文化和旅游局在岱庙配天门举办“东岳壮歌——泰安市庆祝中国共产党成立100周年革命文物展览”。文旅部《文化月刊》、国家文物局《中国文化遗产》等刊物刊登泰山石刻类、遗产保护类论文5篇，介绍泰山遗产保护经验。泰山被纳入黄河流域生态保护和高质量发展重大国家战略以及省委确定的泰山文化传承创新示范区建设。

【博物馆】 挖掘泰山文化IP特性和价值，打造岱庙景区文创品牌店。推进文物预防性保护，实施馆藏陶瓷器文物、明万历香炉保护修复项目，岱庙古建筑扶垄勾抹保养工程、岱庙古建筑保护工程等文物保护工程。完成1个外展及7个临展项目，“东岳壮歌——泰安市庆祝中国共产党成立100周年革命文物展”被市委列入党史学习教育内容，被推荐参选全省博物馆、纪念馆十大革命文物陈列展览精品推介活动。博物馆获得省文旅厅2021年颁发的“2019—2020年度古籍保护先进单位”称号，馆藏明官印本《道藏》入选“山东古籍保护计划”山东省古籍普查十大新发现，岱庙研学教育实践中心被省民族宗教事务委员会评为“山东省民族团结进步示范岗位”，诵读作品《人工方峻极，绿化到山椒》获全国总工会 2021“网聚职工正能量 争做中国好网民”主题活动最佳讲述作品奖。

【石刻类文物保护填色项目】 2021年4月，实施泰山景区红门、南天门、中天门管理区石刻类文物保护填色项目，主要针对红门、中天门、南天门3个区域计43块、90.38平方米摩崖石刻存在的填色脱落、表层污染、风化等病害，首先采用物理清洗方法清除石刻表面油漆填色和青苔、地衣等污染物，然后使用天然矿物颜料对石刻重新填色，最后喷涂保护剂和封护剂，提升石刻表面强度，延缓石刻风化和溶蚀的速度，并起到加固填色颜料、增加其耐久性的作用。工程于2021年7月完工。

【南天门抢险加固保护工程】 2021年7月，实施南天门抢险加固保护工程，主要涉及南天门及摩空阁、未了轩、东配殿、西配殿4座文物建筑单体，以及排水严重不畅通的院落地面，总占地面积966.6平方米。主要修缮内容为：揭瓦屋面，按照规格进行补配；更换糟朽檩条、飞椽、瓦口及连檐；恢复和增设排水口，保障雨水顺利排泄；检修檐椽飞椽，更换糟朽瓦口；揭墁地面方砖，按照现有铺墁方式重做室内方砖地面；修补梁架地仗，重做室内梁架及木装修油饰；清理除铲室内粉化脱落墙面和空鼓墙皮，重做砂灰墙面，粉刷红浆等。通过一定的技术和管理措施，修缮因自然和人为造成的损坏，缓解和消除安全隐患和残损病害，真实、全面地保存并延续其历史信息和价值，维护泰山南天门珍贵文化遗产的真实性和完整性。（丁　中）

·林木管理·

【防火防汛】 升级完善“天眼护山”火情监测预警系统，实施环泰山森林防火廊道工程建设，推进智慧泰山、天眼护山，形成“天罗、地网、水盾、人哨”的互补式立体防控体系，连续33年未发生较大森林火灾，“天眼护山”智慧防火体系获2021年度“泰安工作创新奖”一等奖。推进“智慧泰山 +5G 精品网络”建设，完成5G基站审批站点120个，“5G+ 智慧泰山项目”获“绽放杯5G应用大赛总决赛”二等奖，为全国文旅行业最高奖项。严格落实河长制、湖长制，推动“一河（湖）一策”编制，实施《美丽河湖三年计划》，大津口乡和尚庄河获省级美丽幸福示范河湖。科学调度黄前水库水利枢纽拦蓄洪水2300余万立方米，充分保障泰安城区生活用水。完成45座小型水库安全鉴定、1座中型水库安全监测设施改造和农村河湖划界等任务，实施库区移民资金项目7个、其他水利建设项目5个，泰山景区被评为全省防汛抗洪表现突出的集体。

【森林健康】 完成泰山林场866.67公顷（1.3万亩）、谷山林场133.33公顷（0.2万亩）森林抚育间伐，常发性病虫害防控3000公顷(4.5万亩)，开展松材线虫病治理林片造林补植，栽植侧柏、五角枫、黄栌3.6万株，实现连续14年“将美国白蛾挡在景区之外”和连续34年“有虫不成灾”目标，国家林业和草原局连续3年推广泰山松材线虫病“精准防控”做法。开展古树名木生长现状调查，制定《泰山景区“十四五”古树名木保护规划》，实施211株古树保护复壮。策划“泰山云植树”项目，推进古树认养公益活动加强林产品宣传推介，泰山无恙堂健康产业有限公司九蒸九晒即食黄精获第十七届中国林产品交易会金奖，黄精茶获银奖。开展泰山昆虫种类调查，采集、记录泰山昆虫种类2000余种，启动《泰山昆虫图志》编写工作。

7月15日，泰山朝山总香社古树认养活动在天地广场举行（宋　凯　摄）

【泰山云植树】“泰山云植树”是泰山景区策划推出的公益植树项目，旨在推动泰山全民义务植树活动，在满足公众植绿护绿、栽植“纪念树”“心愿树”意愿的同时，更好地绿化美化泰山，实现泰山森林可持续发展。2021年9月29日，“泰山云植树”新闻发布会召开，“泰山云植树”微信小程序正式上线。市民通过微信小程序捐赠的资金，由泰山景区全部用于泰山植树造林、林木后期养护和抚育，并根据捐款人线上捐款时提交的信息和捐款人的意愿，为所植树木悬挂统一式样的说明牌，标注捐款人姓名和植树心愿等。2021年，累计募集爱心捐赠金50万余元，100余株古树被社会爱心人士认养。（丁　中）

·行政执法·

【概况】2021年，泰山景区综合行政执法工作落实行政执法“三项制度”（行政执法公示制度、执法全过程记录制度、重大执法决定法制审核制度），全年立案查处一般程序案件262起、简易程序案件991起，罚没款入库273万元，分别增长108%、1735%、184.35%，两起案件获评全市行政执法优秀卷宗。

【重点领域执法】开展旅游品质提升攻坚专项整治，组织安全生产、食品卫生、环境污染、文物安全、水利防汛等检查排查20余次，旅游秩序、经营秩序、交通秩序等专项整治活动近10次。做好全国文明城市和国家卫生城市复审工作，打造市级示范点15个，实施区域督导66次，督促整改问题292项，投放分类垃圾桶1400余个，清运垃圾2.4万余吨。推进城市管理工作，增设垃圾分类智能回收箱23处、垃圾分类收集亭35处，制作厕所标志标识6607块、78处厕所分布图，更换、增设垃圾桶、果皮箱472个，完成31处AAA级旅游公厕高德地图标注。处理城市管理平台案件690余起、省环保督察反馈问题10起，销号渣土堆问题台账8处，完成44家餐饮单位油烟检测。

【提升执法效能】加强综合行政执法队伍建设，召开泰山景区执法工作会议，出台《关于加强景区综合行政执法工作的实施意见》，开展行政执法人员《中华人民共和国行政处罚法》专项培训和安全生产、经营业户食品安全等专项培训，组织参加全省文物“百日攻坚”、全市药械化执法办案技能等培训和竞赛活动，打造忠诚、廉洁、公正、奉献、担当的执法队伍。严格落实包容审慎监管，通过柔性执法增进执法互信，彰显惩教结合、包容审慎的执法理念。组织开展“4·15”全民国家安全教育日、“6·9”泰山景区生态保护日、“美好生活·民法典相伴”、全省文物“百日攻坚”、“12·4”国家宪法日、“宪法宣传周”等法治宣传活动，营造知法、信法、守法氛围。（丁　中）

·社会事务·

【概况】全年发放各类民生资金2.71亿元，保障养老和医疗保险、基本公共卫生服务、困难群众救助、军人优抚、计划生育、库区移民补助等10.11万名群众的民生政策落实；完成各项社会保险收入8176万元，支出待遇18620万元；为扶贫对象代缴医保121.38万元，为困难人员报销医疗费用768万元。

【乡村振兴】启动食用农产品“治违禁、控残留、促提升”专项治理三年行动（2021—2024年）。实施农村清洁取暖项目6010户，煤改电完成率100.17%。完成农改厕“回头看”排查整治及后续管护工作。做好贫困人口饮水安全风险排查和动态清理。推进273户老旧小区改造，完成迎胜旧村改造所有院落拆迁，实施农村低收入群体危房改造。推进黄前镇乡村振兴示范区建设，完成1个市级、2个县级美丽乡村申报；深化“最美家庭”“美丽庭院”创建，曹家庄成为首批全国三星级地质文化村，沙岭村入选2021年度“全省乡村旅游重点村”。对2578户脱贫户、26487户一般户开展脱贫攻坚成果防返贫大排查和动态监测，新纳入即时帮扶1户4人，对致贫原因消失的标注退出1户4人，审批标注34户脱贫享受政策户。为2010名脱贫享受政策和边缘易致贫户、严重困难户人员购买特惠保险。向59名2020年秋季在校学生发放“雨露计划”补助资金8.85万元。对144个已建成项目加强管理，规划产业项目9个，基础设施建造项目8个。

【民生保障】投资647万元保障隔离点、防疫设施等重点支出。从严抓好常态化疫情防控，配送疫苗15.55万剂次，18岁以上人群全程接种率达93.5%以上。开展根治欠薪冬季专项行动，泰岳公馆A区建设项目作为精品项目接受国务院农民工工资支付考核。完成农村及城镇低保适龄妇女“两癌”（乳腺癌、宫颈癌）免费筛查1458人。为优抚对象发放优抚资金，南天门军人服务站为国家退役军人事务部提供观摩现场。成立未成年人保护中心，实施学校薄弱环节改善与提升项目，

8月13日，泰山景区管委会与山东国欣颐养集团国欣康养项目签约仪式举行　（宋　凯　摄）

落实学生午餐补助。推进康养福地建设，与德善老年服务中心天外村基地签订老人集中养护协议，签约颐养泰山中医药文化产业园、泰山景区国欣康养小镇项目。大津口乡卫生院通过一级甲等卫生院评审。泰安十六中学成功申报国家级“校园足球特色学校”。　（丁　中）

泰山景区建设

【概况】　推进《泰山风景名胜区总体规划》修编报批，市委常委会研究通过并上报省政府审核。研究确立重点建设项目12个，分别成立专班，集中攻坚、标旗推进。其中，金谷产业园污水处理厂、垃圾中转站及石汶河环境治理工程被列入省补短板项目，彩石溪景区旅游基础设施改造提升工程完成主体建设；引水上山污水下山工程竣工使用，泰山区域山水林田湖草生态保护修复示范工程通过验收。实施荷花荡、大众泉、玉泉环境提升工程，桃花峪片区开发进入实质运作阶段，“东岳山居文旅综合体”项目有序推进。与山东国欣颐养健康产业发展集团有限公司、香港康弘控股集团有限公司等成功签约9个项目。实现外贸进出口总额6.8亿元，其中跨境电商5770万元。发展电商网店774家，增长22.1%。制定《泰山景区乡村振兴产业项目资金管理办法》，精准扶持地方特色农业产业项目15个。完善泰山旅游集团公司法人治理架构，年内经营收入2.73亿元。景区重点工程项目指挥部被评为全市新时代泰山“挑山工”“十面红旗”。

【泰山彩石溪旅游基础设施改造提升工程】　泰山彩石溪景区是泰山西麓的重要景观区域，桃花峪路和彩石溪步游道穿行于绿荫遮峰、仙雾缥缈的泰山“秀区”之间，是展示景区风采、服务游客需求的基础设施，也是景区森林防火和抢险救灾的主要通道。2021年1月，泰山景区启动彩石溪旅游基础设施改造提升工程。桃花峪路起于泰山西进山口，向北沿线经彩石溪、红雨川等景点，止于桃花源索道站停车场，双向两车道，全长约8.94千米，采用四级公路标准进行提升改造，改造提升沿路桥梁4座、涵洞29道、平面交叉5处、避险车道2处；彩石溪步游道沿途建设公厕；根据道路建设情况配套敷设高压电缆3.78千米，缓解沿途用电压力。工程于2021年12月完工。

【环泰山森林防火廊道建设一期工程】　2021年3月，泰山景区启动环泰山森林防火廊道建设一期工程，打造“天罗、地网、人哨、水盾”立体防控体系，筑牢泰山森林资源安全屏障。打造无盲区“天罗”预警体系。建设双光谱监控探头95处、智能语音卡口770处，应用电子围栏追踪、卫星监测补盲等技术，建成“天眼护山”综合预警体系，实现森林资源全方位巡防和林火自动定位、自动报警。构建无缝隙“地网”阻隔布局。建设、清理1150千米林火阻隔带，沿林缘及重点防范区新建刀片刺绳隔离网135千米，有效封堵违规进山路口800余处，实现非开放区的封闭式管理，消除非法穿越等人为隐患。优化无死角“人哨”巡查机制。在62个工队、51个检查站、13个瞭望哨基础上，在泰山周边重要路口新设检查点62处，建设管护房26座，配齐配强护林员队伍，实行国有林、集体林联防联控机制，落实森林防火“三严禁”（严禁纸、香、火种进入林区）、“四不准”（不准闲散人员违规进入非开放区，不准火种及危险品进入景区，不准吸烟、烧纸、燃放烟花爆竹，不准擅自野外生产生活用火）管控措施和“四个必须”（必须说明进山入林事由，必须留存纸、香、烟、火种，必须接受进山安全检查，必须实名信息登记）规定，形成“点位查堵、网格巡护、全域联动”的防火防虫一体化巡护体系；创新性经验被国家林业和草原局在全国推广。布设全覆盖“水盾”防护屏障。实施引水上山三期工程，新建防火蓄水池161座，实现500米取水半径，为森林资源保护再添新保障。

（丁　中）

泰山索道运营中心

【概况】　简称索道中心，主要负责泰山中天门、桃花源、后石坞3条客运索道的安全运营、维护和管理等工作。年内，开展“锚定目标齐努力，不负春光开新局”“抢抓四月三节，开创运营新局”“接力奋战五六月，决胜半年求突破”“决胜百日攻坚，献礼百年华诞”等活动，创建“党旗红·强基层·平安行”党建品牌。全年运送游客307.6万人次，实现运营收入2.92亿元。2021年3月26日，山东省人民政府安全委员会在桃花源索道举办泰山客运索道应急救援综合实战演练。派出12人技术保障团队，参与北京冬奥会和冬残奥会延庆赛区4条索道（共9条）的技术服务保障。泰山索道运营服务流程优化提升被评为山东省质量改进优秀成果，“阳光服务，绿色通道”服务品牌被评为山东省企业品牌创新成果。索道中心被评为2021年度省级文明单位，获2021年度山东标准化协会“优秀会员单位”称号。

【安全生产】　持续巩固索道安全双重预防体系建设成果，推行月度安全检查量化考核制度，全年组织开展综合安全大检查12次，召开月度安全生产工作例会12次，完成隐患整改171项。每半年开展1次索道设备综合评价，坚持“定期检修，强制更新”设备管理原则，完成中天门、桃花源索道设备的检修维护和零部件更新。9月16—24日，完成后石坞索道旧钢丝绳更换。完善特殊天气索道安全运营集中会商机制和索道机电人员联动机制，开展机电人员专业素质培训教育，强化应急救援演练，提高技术保障和应急处置能力，确保索道设备安全和游客安全，实现连续安全运行38年无事故的行业最好成绩。泰安市安全生产年度考核获优秀等次。3个索道管理站被泰山防火指挥部评为泰山防火先进单位。严格落实常态化疫情防控措施，与泰山景区建立应急处置联动机制，全年疫情防控未出现任何纰漏。

【运营服务】　制定《泰山索道运营中心首问负责制制度》，成立客服中心，24小时解答游客咨询。9月7日，线上售票系统正式上线运行，实现游客网上购票和景区流量调度。完善服务设施，完善导览图、安全警示标语标识和游客排队时间提示牌等标识标志，加装游客临时休息座椅、遮阳伞、防雨篷和口罩自动售卖机，清理游客通道危石、整修游客通行道路，改善旅游服务环境。落实60岁以上老年人优待政策，全年享受索道半价的老年人达40.6万人次。开展“微笑服务”，为游客打造安心舒心、放心暖心的旅游环境。

【优化营商环境】　制定印发《泰山索道运营中心关于优化营商环境的八条意见》，为中外客商、各级各类高层次人才，为泰山国际登山节、“中华泰山成人礼”暨全市高中生登泰山活动以及其他各类招商引资活动提供服务。牵头引进陕旅集团“演艺秀都”项目落实资金10890万元，一期项目泰山秀城于9月18日正式营业。

【举办泰山客运索道应急救援综合实战演练】　3月26日，山东省人民政府安全委员会在桃花源索道举办泰山客运索道应急救援综合实战

10月28日，“泰山索道　助力冬奥”——2022北京冬奥会泰山索道运营中心技术保障团队出征仪式举行

（王成华　供）

演练，这是泰安市首次组织的特种设备应急救援演练。演练设置事故报告、启动市级预案应急响应、索道应急救援、伤员转移等4个科目，救援队员通过自行小车滑行到索道车厢顶部进入索道车厢，为被困游客穿配三角救援兜后通过缓降器安全降落到地面，由地面接应人员转移到安全地带。整个救援过程动作标准规范、救援队员之间配合默契娴熟，现场展示自行小车、缓降器等参演装备12种，展现出泰安市客运索道应急救援机制建设新成果。

【助力北京冬奥会索道技术保障】 索道中心派出由12人组成的技术保障团队，参与北京冬奥会延庆赛区索道技术服务保障，为北京2022冬奥会和冬残奥会贡献泰山索道智慧和泰安力量。2020年10月，泰山索道运营中心与北京八达岭文旅集团达成战略合作协议，由泰山索道运营中心派出技术保障团队，协助八达岭索道技术运营团队完成北京冬奥会延庆赛区索道技术服务保障。2020年12月，泰山索道运营中心派出第一批技术保障团队到达位于北京延庆海坨山的国家高山滑雪中心，负责北京冬奥会延庆赛区索道调试验收与2022年北京冬奥会测试赛期间的索道技术保障。2021年10月，泰山索道运营中心举行“泰山索道助力冬奥”——2022北京冬奥会泰山索道运营中心技术保障团队出征仪式。根据保障计划，泰山索道技术保障团队负责A1、A2、B1、B2共4条索道的技术保障任务。技术保障团队实行定岗、定员、定责“三定”管理模式，在规范设备检修维保、备品备件管理和应急救援等方面，充分运用“泰山经验”，提高冬奥会索道技术保障能力和应急处置能力，为冬奥会赛事相关人员提供安全高效的索道运营服务，完成索道运行安全保障重任。（王成华）

泰安高新技术产业开发区

【概况】 简称泰安高新区，位于泰安城区南部，是国家级高新技术产业开发区。辖区总面积277平方千米，辖北集坡、良庄、房村3个乡镇（街道），人口22.62万人，是全市经济建设主战场、动能转换主阵地、双招双引主平台。2021年，全区实现地区生产总值218.8亿元，增长9.6%，增幅全市第一；实现营业总收入683亿元，增长13.3%。固定资产投资增速高于全市平均60%。完成一般公共预算收入16.9亿元，其中税收收入15.49亿元；一般公共预算支出25.2亿元，实际利用外资1.1亿美元，实现进出口总额52亿元。规模以上工业总产值411.7亿元，增长12%；规模以上工业营业收入438.4亿元，增长12%；规模以上工业增加值增长9.9%，增速列全市第3位。区内有注册企业7900余家，其中国家级高新技术企业136家。

【体制机制】 成立双招双引工作委员会，实行项目洽谈签约、落地建设、竣工投产“三步走、一条线”服务模式，实现闭环管理、一体推进。坚持“不变体制动机制，不变职能强功能”，成立全区考核工作领导小组，设国家级高新区考核评价、省对开发区考核评价、市对区综合考核及区内考核3个工作专班，统筹推进重点任务落实。建立委领导牵头的重点工作专班制，统筹整合资源，打通部门界限，专班集中推进，构建专业、集约、扁平的工作模式。成立重点任务督导专组，督帮一体推进重点工作落实。

【产业发展】 加快推动高端装备制造产业提档升级，发展新能源新材料、新一代信息技术、新医药、数字出版等战略性新兴产业，打造高端高质高新的现代化产业体系。以泰开集团有限公司、山东能源重型装备制造集团有限责任公司、泰安航天特种车有限公司等为龙头的高端装备制造产业实现产值210亿元，增长7%；以山东泰邦生物制品有限公司、山东路德新材料股份有限公司等为龙头的战略性新兴产业实现产值163亿元，增长15%。机电与矿山装备产业集群入选省“十强”产业“雁阵形”集群；全国首家图书类版权交易中心落户泰山新闻出版小镇，中国新闻出版传媒集团、机械工业出版社等40余家单位签约入驻。

【双招双引】 新签约项目61个，内资合同签约额745.87亿元，其中投资10亿元以上项目9个，外资项目6个，外资合同额3.57亿美元。实际到位资金33.5亿元，实际利用外资1.1亿美元。建立校地企战略联盟，与山东大学等30余所高校达成合作，引进高端人才130人，推荐博士创业项目17个；在全省率先开展博士创业项目常态化招引，新注册落地博士团队领办项目21个。新增全职国内外高端人才543人，增长154%，在区创新创业博士以上高层次人才500人。

【项目建设】 全年新开工项目18个、新竣工项目18个，其中大源机械自动化液压夹具、诚德高分子土工合成材料等5个项目实现当年开工当年竣工；续建项目25个，完成固定资产投资33亿元。中以高端医疗产业园项目、尤洛卡年产十万台自助智能零售终端设备项目被列入省优选项目库；泰润智能装备制造建设项目、一泰液压新型高压胶管研发与生产项目、泰通QK320单克隆抗体项目3个项目被列入省重点签约项目；机械工业出版社泰安物流产业园及数码印刷基地建设工程项目、天成双创园等10个项目被列入市级重点项目。

出版物等文化产品供应链管理技术服务项目。由泰安人天书店有限公司投资建设，计划投资2亿元，项目总占地面积12.93公顷(194亩)，总建筑面积8.6万平方米，项目于2021年11月开工，主要建设职工服务中心、物流库房、车间等。项目建成后，可增强人天书店集团对全国各地的物流出版业协调能力，充实泰山新闻出版小镇业态。项目投产后可实现年销售收入6000万元、利润1000万元、税收200万元，安置300余人就业。

食用油脂产品生产加工项目。由泰安金冠宏食品科技有限公司投资建设，计划总投资5亿元，项目一期、二期总建筑面积9.1万平方米，2021年2月开工，主要建设油脂加工车间、食品加工车间、包装车间、动物蛋白加工车间、办公、研发、综合楼等。新上干湿法提脂生产线、油脂精炼生产线、动物油脂捏合灌装线、骨汤生产线、食品生产线，骨汤、食品包装线，肉粉烘干生产线等生产线20余条，购置设备300余套。项目建成达产后，可实现年产食用动物油脂10万余吨，年产值10亿元、利税5000万元。

9月27日，市委书记杨洪涛（前排右二）到泰开集团有限公司调研，市委常委、秘书长李灿玉（前排右一）陪同　　（辛承振　供）

高性能环保阻燃材料项目。由北京天航新材科技有限公司投资，山东龙腾新材料有限公司建设，项目总投资2亿元，总建筑面积2.36万平方米，项目于2021年9月开工，主要建设生产车间、研发中心，购置双螺杆挤出机等专用设备。项目建成后可实现年产高性能环保阻燃材料1万吨，产品主要应用于汽车制造行业、电子电器制造业、风电项目填充材料、“2020新基建”充电桩领域以及家电手机等需要环保高阻燃的零部件产业链，实现产值3亿元、税收1000万元，新增就业100人。

山东中电万力仪表智能科技研发生产项目。由山东中电仪表有限公司投资建设，计划总投资1亿元，总建筑面积2.43万平方米，项目于2021年6月开工，主要建设以新一代信息技术与能源计量、配电电器和家居智能有机结合为主导的智能仪表相关产品。新购置电子装配生产一体化生产线10条，智能机械手、智能校验、智能检测等辅助设备40台（套）。项目建成后，可实现年产智能水电表等高端特种设备150万台（套）、销售收入1.3亿元、税收930万元，安置100余人就业。

【企业培育】 全年兑现各类惠企政策资金5.7亿元。推荐泰开集团有限公司、山东泰邦生物制品有限公司等11家企业进入市工业领军50强；力博重工科技股份有限公司、泰山恒信有限公司获批国家级制造业单项冠军，山东爱客多热能科技有限公司获批省级制造业单项冠军；山东路德新材料股份有限公司获批国家级技术创新示范企业，力博重工科技有限公司获批省级技术创新示范企业；山东路德新材料股份有限公司获批国家级工业设计中心；泰安华鲁锻压机床有限公司、山东欧瑞安电气有限公司入选国家级专精特新“小巨人”企业、泰山恒信有限公司入选国家级重点“小巨人”企业；新增“瞪羚”企业4家，分别是山东泰开隔离开关有限公司、山东泰开重工机械有限公司、力博重工科技股份有限公司、尤洛卡（山东）矿业科技有限公司；山东汇氏环境科技有限公司等8家企业成功入选市级“一企一技术”研发中心。新增“四上”（规模以上工业企业，资质内建筑业、房地产开发经营企业，限额以上批零住餐企业，规模以上服务业企业）企业41家；55家工业企业营业收入过亿元，实现营业收入407.6亿元，增长13.4%。

【金融服务】　全区有金融机构和地方金融组织31家。其中，银行业机构11家，年末存款余额96.5亿元，贷款余额138.6亿元；5家民间融资机构、3家小额贷款公司累计投放63.1亿元；2家融资担保公司累计担保额111.3亿元；5家融资租赁公司融资租赁资产总额66.6亿元。新引进齐鲁银行高新支行，为5家企业办理“人才贷”3400万元；加强金融支持，举办“聚力双招双引加快高质量发展推进会暨政银企合作签约仪式”，开展科技创新金融服务“十百千万”专项行动，召开知识产权质押融资银企对接会，帮助企业与金融机构达成融资合作意向24.82亿元，到位资金20.38亿元。推动山东福网信息科技有限公司、山东友和安泰信息技术有限公司、泰安紫蜂旅游信息技术有限公司等5家企业在区域股权交易中心挂牌。新培育泰安众诚自动化设备股份有限公司、泰山恒信有限公司、山东蓬勃生物科技有限公司3家企业纳入省级后备资源企业库，全区上市挂牌企业27家。

【科技创新】　全年净增高新技术企业35家，总数136家。13家企业入选市科技创新型企业50强，总量居全市首位。新认定市级研发平台4家、科技中介服务机构4个，累计市级以上科技创新研发平台159家，其中省级以上研发平台28个，力博工业技术研究院被省科技厅评为优秀，获奖励资金100万元；14个项目入围省重点研发计划，获批省级扶持资金1779万元；10个项目在市、区两级创新创业大赛中获奖，获泰安市科技奖7项；3家企业获得全国创新创业大赛山东赛区优胜企业称号，1个项目获评全国颠覆性技术创新大赛优秀项目；1名外籍专家获省“海外工程师”称号，3名专家获市“泰山特聘专家”称号，1人获“山东省优秀科技工作者”称号；技术合同成交额达2.7亿元；高新区获批火炬中心第二批企业创新积分制试点单位，在“2021中国高新区创新能力百强”中居全国第21位，被科技部火炬中心评为全国火炬统计工作先进单位。

7月21日，“项目优先　人才为本　金融助力”聚力“双招双引”加快高质量发展推进会暨政银企合作签约仪式举行　（辛承振　供）

【泰山智慧谷获批“科创中国”创新基地】　11月，中国科协公布第二批创新基地名单，泰山智慧谷成为该次唯一获批的“科创中国”创新基地。泰山智慧谷是市委、市政府重点打造的人才创新创业城市综合体。该项目占地40公顷（600余亩），规划建筑面积80万平方米，总投资30亿元，按照“一谷引领、四园带动、六智支撑、多片拓展”的“1+4+6+N”发展思路，以人力资源服务、电子信息技术、新材料、生物医药四大产业园为起步区，拓展建成各类战略性新兴产业园区、国际人才交流中心、国际人才社区、高端人才公寓等生态功能区，吸引更多高层次人才到泰安创新创业。新引进奥科辰生物、点安人工智能、天泽电梯等项目39个，引进培育省级及以上人才19人，新建科研创新平台11家。建设成果转化服务平台，储备发明专利500余件，成功转移转化250余件。全国科技型中小企业入库24家，培育上市企业1家。

【党建引领】　在全区各级党组织和党员干部中开展“大调研、大讨论、大建言”活动，全面下沉基层、项目一线摸实情、查问题、出良策，形成调研材料85篇，收到意见建议740余条，一大批难点问题得到解决。打造“新新向党·新新向荣”非公有制企业党建品牌，培树非公有制企业党建示范点15个，成立新一代信息技术、生物医药2条产业链党建联盟，创建“红聚惠谷、望岳攀登”等园区党建品牌3个，激发园区党建活力。完成村（社区）“两委”换届选举，实施村党支部书记“季度打擂”和“红黄绿”挂牌管理，推动带头人队伍优化提升。持续壮大村集体经济，10万元以下村全部清零。招录社区工作者260名，划分红色治理网格27个，配备专兼职网格员355名，推动服务治理“精细化”。

【优化营商环境】 推行“1545”服务模式，优流程、创新办，深化市场准入流程再造。高新区被评为中国企业营商环境十佳园区。政务服务全流程“一链办理”被确定为国家级标准化试点。实行无差别“一窗受理”，减少重复提交材料近60%、时限压缩49%，准确办结率和群众满意度均达100%。在全省率先开展工业项目“极简极速极优”审批服务新模式，并获评中国政博会政务服务百佳实践案例，《重点建设项目行政审批全流程帮办服务规范》被确定为山东省地方标准。18个市级重点项目工程建设许可平均用时12.5个工作日、压缩38%，提前办结率100%。“一网通办”基本实现，全程网办率达98%以上。与省投融资担保集团公司合作开展“鲁担园区贷”业务，解决小微企业融资担保能力不足问题。“全程帮”人才服务品牌获得全市人社系统优秀服务品牌称号。

【改善民生福祉】 2021年，用于社会保障、医疗卫生、教育、征地拆迁补偿、精准扶贫等民生支出占年总支出的80%以上。8月，水泉小学、水泉幼儿园交付使用，龙潭小学启动建设；高新区一中高中上线率、重点高中录取率再创历史新高，高新区获全市“教育评价先进单位”称号。新增老年“幸福食堂”7处。完成清洁取暖改造20316户。完成18个村农村污水治理，新建“四好农村路”50千米。市中心医院高新区院区投入运营，加挂泰安高新区医院牌子，并免费为区内60岁以上群众进行查体。开展回迁安置住房集中交付，298户回迁居民拿到安置住房钥匙。11月7日，徂徕山环山路良庄段具备通车条件，徂阳新城一期、房村污水处理厂等基本建设完成。11月9日，泰（安）楼（德）路改造高新区段顺利通车。12月5日，五矿城市综合体正式开业，填补高新区没有大型商业设施的空白。

【综合执法】 办理26个领域行政处罚案件427件，受理并回复“12345”信访投诉1745起；出动执法人员及工作人员1150人次，配合市城管、市场监管、公安、环保、交通等部门集中开展综合环境、食品卫生、环保等各类联合执法活动312次，专项行动106次，办理相关案件99起；协助拆除各类违章建筑4900多平方米。全面推进垃圾分类工作，区内主次干道机扫作业及深度保洁作业达100%，生活垃圾实现日产日清，提升改造垃圾中转站6处。深化农村人居环境整治，农村生活垃圾无害化处理率100%。投资120万余元，建设农村粪污处理站3处，建成粪污处理综合服务平台，实现电话、手机客户端预约上门服务。

【生态环境保护】 完成第二轮中央环保督察、省环保督察保障工作。第二轮中央、省级生态环境保护督察期间交办案件64件，办结60件，阶段性办结4件。严厉打击各类环境保护违法行为，办理各类生态环境领域行政处罚案件29件，开展专项行动14次，受理并回复各类投诉举报360件，各类投诉的查处反馈率均达100%。加强突发事件防范，71家企业编制《突发环境事件应急预案》。3个地块通过土壤污染调查评审，建设用地安全利用率达100%。审批项目47个，发放排污许可证18张。完成65家发证企业执行报告上报及审核工作。（辛承振）

泰安旅游经济开发区

【概况】 该区位于泰安城区西部、泰山南麓。2021年，完成一般公共预算收入11.69亿元，增长4.22%；发行1亿美元高级无抵押债券，票面利率4.5%，发行利率创省内当期可比发行利率最低；全年新增授信58.75亿元，实际到位资金53.2亿元。继续保持“全国文明单位”称号。

【产业集聚】 优先发展生产性服务业，繁荣发展生活性服务业，积极发展新兴服务业，全年实际利用内资8.24亿元人民币、外资9400万美元，完成外贸进出口额1.7亿元人民币、文旅产业方面，泰山西湖景区、泰山秀城、泰安老街等景区街区年内接待国内外游客近千万人次。9月18日，泰山秀城营业，《铁道游击队》同步开演。泰山秀城·老街入选全国首批夜间文旅消费集聚区。康养福地方面，泰山西湖智慧医养综合体顺利签约，新华锦·泰安国际康养旅居基地稳步推进。总部经济方面，山东正元商贸签约落户，腾讯（泰安）数字产业示范基地项目签署合作框架协议，中国移动5G大数据中心、首普商业综合体等一批关联度高、互补作用强的优质头部企业、颈部企业积极推进。

【重点建设项目】 2021年，38个重点项目完成固定资产投资85.71亿元，增长7.7%，5000万元以上项目完成投资38.8亿元。其中，长城路与岱阳大街路口改造工程3月开工，8月实现通车；泰山文旅健身中心、泰山石敢当文化园、市立医院（二期）等重点项目按进度有序推进。

【党史学习教育】 结合党史学习教育和“我为群众办实事”实践活动，推出教育、医疗、文旅等方面为民实事项目8项。“12345”受理投诉案件16142件，按期答复率100%，满意率99.93%。新建崇智学校，主体框架已完成；扩建弘信学校，已建设完成交付使用。市立医院开展“惠民月”和义诊活动，解决“看病难”“看病贵”突出问题，覆盖群众33.5万人次。

【风险防控】 完成全国“两会”、中国共产党成立100周年、十九届六中全会等重大节点的安保维稳任务。健全完善安全生产责任体系，全年未发生重大生产安全事故和影响较大自然灾害。毫不放松地抓好疫情防控，高标准改扩建隔离点房间，严格重点地区人员摸排管控，做好防疫物资储备，筑牢“外防输入、内防反弹”坚实屏障。

【国家级旅游度假区创建】 对照《旅游度假区等级划分》国家标准和《国家级旅游度假区管理办法》，成立创建工作专班，委托清华同衡规划设计研究院风景旅游研究中心编制《国家级旅游度假区规划》，打响“泰山秀水·旅居福地”品牌，提升高品质接待设施比例，打造文旅康养“雁阵型”产业集群。硬件配套方面，推动泰山秀城、泰山石敢当文化园两个核心文旅项目建设以及望岳迎宾馆项目装修进程，完善多层次休闲度假体系，提升会议住宿接待能力。软件建设方面，多次与文旅部和省文旅厅对接，提升创建方案，齐全旅游要素，奠定良好创建基础。

【泰山秀城】 位于桃花源路以东、泰山西湖以西，总占地面积约40公顷（600亩），总投资约35亿元。主要建设文化演艺、娱乐演艺、特色美食、主题酒店、文创购物五大核心业态，包括泰安府、铁道游击战剧场、鲁智深剧场、天下剧场、游客服务中心等，配建停车位5200个。项目以演艺为核心主题，打造集演艺、娱乐、民俗为一体的综合景区，形成“登泰山＋玩秀都”的旅游新风向。2021年9月18日，泰山秀城（一期）营业，全年接待游客150万人，实现营业收入300万余元。

【北航泰山科创园】 北航泰山科创园是泰安旅游经济开发区、泰安市财政局与北京航空航天大学合作共建的“知识密集、创新驱动、机制科学、环境上乘”新型科技创新平台。位于泰山区文化路与龙潭路交叉口西北角。项目一期占地面积4.07公顷（61亩），总建筑面积4.3万平方米，总投资9.2亿元。北航泰山科创园于2020年5月开工，2021年5月投入使用，定位打造“121”的发展业态（“一院”为北航泰山创新研究院，“两中心”为创新创业中心和文化交流中心，“一基地”为创新人才培养基地）。年内，医工交叉数据实验中心、软件质量与可靠性测试中心、民航5G安全中心、电子商务交易技术中心、智能车联网安全中心、网络安全人才培训中心科研工作均取得重大进展。

（李德龙）

泰安旅游经济开发区夜景　　（马怀哲　摄）

徂徕山汶河景区

【概况】 徂徕山汶河景区（以下简称徂汶景区）辖徂徕镇、天宝镇、化马湾乡3个乡镇和滨河片区（管辖泰安高新区划转的23个行政村），共138个行政村，常住人口17万人。总规划面积471平方千米（含徂徕山林场，规划权限由徂汶景区代管），拥有耕地1.65万公顷（24.7万亩）、林地1.05万公顷（15.7万亩）、水面3000公顷（4.5万亩）。区内历史文化、红色文化、生态资源丰富，交通区位优越，境内有济（南）泰（安）高速、青（岛）兰（州）高速、泰（安）新（泰）高速3条高速公路，1条铁路（瓦日铁路）。获国家AAAA级旅游景区、国家级湿地公园、国家级水利风景区、首批中国森林氧吧、国家山地户外运动示范公园、首批国家航空飞行营地示范单位、省级文明单位等称号。2021年，徂徕山抽水蓄能电站、济（南）泰（安）高速快速通道等67个重点工程项目快速推进，博城社区搬迁安置、温泉城战略重组等一批大事要事、实事难事取得突破，徂汶景区成功创建为山东省文旅康养融合发展试点区。

【经济发展】 2021年，全区完成一般公共预算收入9985万元，增长72.99%，税收收入8091万元，增长58.09%，固定资产投资增长20.3%，增幅均列全市第一；规模以上工业企业增加值增长9.1%；外贸企业进出口1.44亿元，增长30.7%；实际利用外资672万美元；建筑业总产值4.3亿元，增长24.6%。

【体制机制改革】 按照精简高效管用原则，建立管委会+集团公司的一体化工作架构，实行“八部一中心”（综合部、人力资源部、财政财务管理部、经济发展部、自然资源和规划部、住房和开发建设部、文化旅游发展部、安全应急管理部，社会事务服务中心）的扁平化管理和全员绩效考核，市场开发运营职能全部交由泰安市天泽投资运营集团有限公司承担。设立招商发展部、自然资源规划分局、市场监管分局、生态环境办公室等机构。理顺新区行政服务职能关系，启动2536项市级权力事项承接，提升审批服务效能。打破条块分割，建立工作专班加指挥部的工作快速推进体系，成立投融资发展、重点项目建设、双招双引3个工作专班和徂徕山抽水蓄能电站、博城社区两大指挥部，集中力量抓大事、办要事、干实事、解难事。

【基础设施建设】 加快新区骨干路网、市政公用设施、教育服务设施等建设，投资超13亿元、全长83千米的环徂徕山路实现全线通车，连接徂徕山周边51个行政村、41座中小型水库和延伸4条进山景点观光道路，成为一条乡村振兴大道、环山旅游观光大道、安全应急抢险快速通道；投资6亿元、全长43千米的环湖路，投资12亿元、总长13.3千米的省重点项目济（南）泰（安）高速延伸线和连接线，以及投资2.2亿元的新四坡路（天宝段）加快建设；明堂路南段、博阳路南段、泰良路中段、颐博路、省道S103泰楼路改造提升工程持续推进。投资3.3亿元完成滨河大道、唐夏路绿化亮化提升工程；徂汶净水厂、第四污水厂、生态停车场相继建成投入运营，同步推进“四供两排”（供水、供电、供暖、供气，排水、排污）地下管廊建设；投入3114万元改造提升泰安五中等中小学办学条件，投资3亿元建成博城学校，引进泰安实验学校合作办学。

【重点项目建设】 2021年，全区确定2个省重点、2个市重点、2个省集中开工、5个专项债以及67个区级重点项目，形成开工建设一批、洽谈推进一批、策划储备一批的工作局面。投资超百亿元的徂徕山抽水蓄能电站项目是全国同期启动、第一个破土动工项目，4个工作面全部开始施工。颐养健康产业方面，投资超百亿元的山东国健康养小镇项目，投资超30亿元的徂徕度假村（国宾馆）、博城社区配套服务园区，先后完成土地等手续办理。文化旅游产业方面，加快森林温泉小镇建设，打造集温泉、会展、文旅、休闲于一体的全产业链旅游基地，一期投资13亿元，完成对泰山温泉旅游公司的战略重组，改造提升原有酒店及温泉场所，新建4.2万平方米会议中心，可具备同时容纳1500余人的度假、会议接待能力；二期投资17亿元，计划建设竹溪小镇、国际自驾营地、石敢当原乡等；与央企合作，规划建设徂徕山红色教育基地，聘请金螳螂公司完成规划设计；启动实施徂徕书院田园综合体、濯龙湾生态旅游示范园区等文旅综合体项目。体育赛事方面，总投资2亿元的体育小镇配套项目持续推进，已签约省级体育赛事6项。生态农业方面，重点推进新农创天泽农园、融鑫农产品精深加工产业园、樱桃现代产业园等龙头产业项目。文博会展方面，策划泰山论坛永久会址、博阳旧县遗址及商业街区等项目，开展精准招商合作，推动项目落地。工业企业方面，结合乡镇总体规划和发展条件，谋划布局工业园区建设，加快存量企业提档升级、闲置资产腾笼换鸟，新增规模以上企业5家（共11家），兑现奖励资金1000万元，全区高新技术企业、“专精特新”企业实现零的突破。

【徂徕山抽水蓄能电站项目】 该项目自2004年开始规划论证，2019年徂汶景区成立专班强力推进，2020年12月23日项目集中开工仪式在北京线上举行，2021年被山东省政府列为省重点项目。项目总投资101.86亿元，设计总装机容量180万千瓦，年发电量18亿千瓦时，年抽水电量24亿千瓦时。项目已开展上下库道路、通风兼安全洞、进场交通洞、1号2号隧洞4个工作面的施工建设，通风兼安全洞进洞深度165.5米，进场交通洞进洞深度37.6米，上下库连接公路1号、2号隧道进口开挖支护、设备安装完成，其中1号隧道进洞深度60.3米、2号隧道进洞深度24.5米。该项目业主营地完成招标和合同签订；项目水库工程（概算约15.1亿元）开展施工招标文件编制并上报2022年国网一批招标。该项目征地移民搬迁安置涉及徂徕镇296.98公顷（4454.74亩）的土地征收征用；搬迁安置人口153户502人、生产安置人口1221人；拆迁个体工商户3家、企事业单位2家。徂汶景区管委会成立工程建设指挥部，于2021年4月6—26日基本完成拆迁任务，拆迁速度在2020年12月28日全国同期开工的3处电站中是最快的。指挥部被市委、市政府评为泰山“挑山工”先进集体，获新时代泰山“挑山工”十面红旗。

【博城社区】 博城社区是经泰安市政府批准的棚户区改造项目，整体回迁安置滨河片区的8个行政村、5000余户、1.8万人。由同济大学建筑设计研究院（集团）有限公司规划设计。总投资63亿元，规划面积177万平方米，一次性建成87栋10272套住宅、6.2万平方米博城里商业街、幼儿园2所、小学1所以及28万平方米的地下停车场，打造建设富裕、文明、和谐、幸福、美丽的现代化新社区。2021年，推进社区周边4条共计7.81千米的道路建设，其中4.23千米的博城北路于11月9日建成通车；协调完成供电线路、供水管线、雨水管网、污水管网建设，完成热力管线铺设、燃气管线铺设等基础设施建设；新建铁塔3座；设置公交首末站，保障村民出行无忧。委托泰安市实验学校独立办学，博城学校于9月29日落成并投入使用。9月29日，社区卫生服务站正式启用并开展为期一周的义诊活动。建设“社区党委+网格党支部+楼栋党小组+党员中心户”的架构，以党群服务中心为核心，各村网格党群服务驿站为支点，实现“小驿站、大服务”。11月6日，八村网格党群服务驿站率先启用。商业街签约引进品牌商铺66家，单独划定1.6万平方米的民生街，签约村民商户96家。2021年9月5日、15日，分2批次将集体组织成员和非集体组织成员共计9688套房源分配到村；2021年10月10日至11月26日，完成7个村第一批的集体组织成员和非集体组织成员分房到户，村民房屋查验工作接续开展。加强社区治理，年末开工建设社区警务服务中心，推进社区智能安防、消防站建设，打造物业服务的新模式。

5月30日，徂汶景区环徂徕山路　（王成柏　供）

【环徂徕山路】 环徂徕山路全长83千米，包括绕山而建的主干道68千米，连接主干道与周边村镇的道路15千米，涉及徂徕、化马湾、天宝、良庄、房村5个乡镇41个自然村。项目投资超13亿元，建设工程分四期，一期、二期竣工完成共计22.1千米，已通车。三期工程自2020年8月15日进场施工，2021年4月28

日实现道路贯通，路缘石、防撞护栏及部分边沟道路附属工程的施工加紧推进。四期工程道路进入桥梁、挡土墙及管涵的基础开挖浇筑的施工阶段。

【国家级森林温泉康养小镇项目】 该项目坐落于泰安市徂汶景区徂徕镇。总投资30亿元，规划建设“一带一镇一区一谷”，“一带”指国风文化景观带，“一镇”指唐风主题度假小镇——竹溪小镇，“一区”指乡村振兴产业示范区——石敢当原乡，“一谷”指国家温泉康养度假谷——乾封汤泉。项目分两期建设，其中一期投资10.8亿元，改造提升原有酒店及温泉场所，新增四大康养中心、三大品质酒店、四大特色餐厅、三大亲子主题乐园；二期投资19.2亿元，建设竹溪小镇、国际自驾营地、石敢当原乡等项目，以多元化经营满足游客不同需求。至2021年年底，项目前期手续工作基本完成，森林温泉度假酒店改造提升，森林温泉康养中心、别墅汤屋修缮，森林温泉会议中心主体建设及室内装修，园区内环境绿化美化等工作稳步推进。

【济泰高速快速通道项目】 位于徂汶景区徂徕镇。总投资11.45亿元，全长约12.2千米，其中主线徂徕大街段长约10.8千米，济（南）泰（安）高速快速通道副线（徂徕大街至县道X016）长约0.6千米，济（南）泰（安）高速快速通道副线（县道X016至收费站）长约0.8千米，由泰安市天泽投资运营集团有限公司投资建设。至2021年年底，道路全线清表工作完成，路基电力、电信、移动、传输部门、广电、联通等线杆障碍物全部对接完成，桥涵、雨污水等综合管网、挡土墙工程有序施工，完成总工程进度50%左右。

【千润田园综合体项目】 位于化马湾乡北崖村，计划总投资1.6亿元，规划占地面积86.67公顷（1300亩）。分两期实施，一期主要是依托已有的13.33公顷（200亩）茶园，继续扩大面积，种植樱桃、蓝莓、有机蔬菜等达到66.67公顷（1000亩）左右，建设以茶文化、农耕文化为主题的集观光、休闲、采摘体验、科普、研学等为一体的观光休闲目的地；二期主要是建设康复理疗中心，占地面积2.67公顷（40亩），计划投资1.5亿元，建筑面积1万平方米，床铺500张，其中理疗床铺200张，配套完善医疗、卫生、餐饮等功能，打造泰安城区东部康养福地。一期工程2019年开工，2020年6月完工；二期工程已铺开建设，打造形成研学、旅游、康养、社区物业等一二三产业融合基地和产业综合体，带动就业，实现群众致富、村集体增收的和谐发展。

【乡村振兴】 以乡村振兴先行区建设和农业产业化项目为抓手，推动全区乡村全面振兴。农业产业发展迈上新台阶，徂徕春茶、徂徕山板栗、樱桃、核桃、黄金梨等优势农产品总面积达6520公顷（9.78万亩），产值6.98亿元，天泽农园田园综合体成功创建省级田园综合体，天宝镇前寺村、化马湾乡河东村被评为首批省乡村振兴示范村。推进美丽宜居乡村建设，总投资近70亿元的博城社区涉及8个行政村、超5700户村民，2021年年底完成7个村第一批的集体组织成员和非集体组织成员分房到户。组织徂徕中心社区、天宝镇年家峪地质灾害避险社区共336户有序搬迁。实施乡村建设行动，投资7600万元完成农村饮水安全提升工程，“四好农村路”和农村道路“三通”（村村通、巷巷通、户户通）两项工程全部完成任务，完善农村生活垃圾集运、建制镇生活污水处理，改善群众生产生活环境。圆满完成村“两委”换届。2021年安排教育文化、社保医疗和农林水等民生事业支出5.4亿元，占一般公共预算支出比重达83.2%。

【生态环境保护督察问题整改】 成立泰安市徂汶景区第二轮省级、中央生态环境保护督察工作协调联络工作领导小组，印发《泰安市徂汶景区第二轮省级生态环境保护督察保障工作方案》《泰安市徂汶景区第二轮中央生态环境保护督察保障工作方案》，明确各有关部门的职责任务分工。第二轮中央环保督察、省环保督察期间，向徂汶景区交办信访举报件和下沉问题线索75件，已办结69件、阶段性办结6件。对信访案件类似问题进行大排查、大整治行动，圆满完成中央、省环保督察反馈突出环保问题整改工作。

（王成柏）

编辑　校对　戚淑娟

泰山区

【概况】 泰山区为泰安市辖区，位于泰安市中部，东西南三面与泰安市岱岳区搭界，北部与济南市历城区、长清区毗连。因境内泰山而得名。全区行政区域面积337平方千米，辖7个乡镇（街道）。年末常住人口80.49万人。

全年实现生产总值499.86亿元，比上年增长6.1%。其中，第一产业增加值8.56亿元；第二产业增加值128.12亿元；第三产业增加值363.18亿元。固定资产投资下降23.4%；地方一般公共预算收入34.59亿元，地方一般公共预算支出28.18亿元，社会消费品零售总额251.16亿元，进出口总额54.2亿元。

规模以上工业企业151家，实现营业收入222.5亿元；实施投资500万元以上工业技改项目81个；工业技改投资增长38.8%，制造业技改投资增长16%，均居全市第一。全国煤矿专用地震台网、双创中心一期建成运营；高端智能工程机械产业园、中韩智能装备产业园全面投产。普瑞特入选第五批国家级工业设计中心，速恒物流入选国家级中小企业公共服务示范平台，大唐宅配被列入全省首批绿色工厂名单。新城吾悦广场、7-ELEVEn首批便利店开业运营；城南印象·泰山城市广场、泰山亲和源、厚街文旅综合体等项目加快推进。智财翻译被认定为国家文化出口重点企业。完成国家级现代农业产业园投资21亿元，建成项目17个，创建经验在央视《新闻联播》报道。成功举办泰山苗木花卉交易会、泰山茶博览会。

加大重点领域改革力度，针对“金星十六排”改造回迁工程，创新“容缺办理、模拟审批、拿地即开工”推进模式，打造快拆快建“金星样板”，相关经验做法在《山东新闻联播》《大众日报》等媒体宣传报道。改善营商环境，推进企业营业执照与许可证件“三联办”“一业一证”“跨域通办”“电子证照”等改革。全年新签约项目50个，合同引资额达260亿元。境内在建招商引资项目到位资金59.9亿元，总量居全市各县（市、区）第二；统计在库5000万元以上固定资产投资项目137个，增长33.7%。实施“智汇泰山”工程，培养引进省级以上高层次人才15人，其中“两院”院士3人、国家级人才4人，落地市创业大赛决赛项目5个。成立泰山高级经理研修院，是全省首家专注于企业高级经营管理人才培训服务的市场化、专业化教育平台。加快实施创新驱动战略，新增国家科技型中小企业60家，总数达125家，省级以上科研平台63家；新增国家级“专精特新”“小巨人”企业2家、省级“专精特新”中小企业9家；新增国家级高新技术企业34家，增幅、总量居全市各县（市、区）第一。鲁普科技获第二十二届中国专利奖优秀奖，泰开电力电子获国家科技进步二等奖。

启动11个城中村改造项目，顺利实施6个老旧小区改造项目。完成省道S103东岳胜境旅游公路年度任务，济枣线泰楼路段升级改造工程主线全线通车。推进智慧城管建设。开展“蓝天、碧水、净土”三大行动，绿水青山生态优势凸显。实施“四好农村路”提质增效专项行动，全面实行农村道路路长制。加快美丽庭院建设，文明村镇覆盖率达95%。乡村振兴典型做法列入全省示范案例，乡村振兴现场观摩列全市第一。全国青年科技和全省美丽庭院创建现场会在泰山区召开。

城镇居民人均可支配收入47992元，农村居民人均可支配收入22856元。巩固拓展脱贫攻坚成果，全区2176户、4163名建档立卡贫困人口全部脱贫，6个省定贫困村全部摘帽。为2534名脱贫人口和即时帮扶人口购买医疗商业补充保险，争取衔接资金1386万元。实施学校建设项目7个，新增学位9005个。

承办省级以上赛事8次，被命名为山东省体育产业示范基地。全面推进清洁取暖，21个村完成供水管网改造和设施配套。推进农贸市场改造提升项目，推广应用智慧市场监管一体化平台。医疗保险实现个人账户省内“一卡通行”。婴幼儿照护和社区居家医养结合典型经验在全国推广。“3+N”居家智慧养老模式被评为省创新典型案例。累计办结房地产历史遗留问题项目181个，惠及2.76万户。实施“残疾人筑梦”行动，提升残疾人生活质量。

新冠疫情防控措施落细落实，疫苗接种有序推进。扫黑除恶专项斗争成果丰硕，以第一名的成绩入选“2021中国最具安全感百佳县市”。阳光信访、责任信访、法治信访不断深化。省级双拥模范城实现六连冠。

年内，泰山区被评为中国最具安全感百佳县市、全国投资潜力百强区、全国市辖区旅游综合实力百强区、国家重点生态功能区、全国群众体育先进单位、全国基层中医药工作先进单位、全国计划生育优质服务先行区、全国县域节水型社会建设达标县、全国法治宣传教育先进区、全国双拥模范城、全国平安建设先进区、全省城市和谐社区建设示范区。

【多维融合型养老中心投入使用】 10月14日，多维融合型养老中心在财源街道更新社区投入使用。中心立足于构建更加符合社区老人实际需求的“医、食、助、行”多维融合，规划设置智慧养老服务指挥中心、文娱中心、健康驿站、日间照料室和社区幸福食堂。通过创新延伸服务，解决养老服务“最后一米”的痛点，将养老机构专业化服务延伸到家庭，通过对居家高龄、空巢、失能等老人提供专业化护理和远程监护等服务项目，让老人“不离社区不离家”便可享受到“吃不愁、病不忧、独不孤、乐有伴”的高质量养老服务。

12月22日，泰安7-ELEVEn“乐享消费 美好生活 2021暖冬消费季”启动仪式举行 （司 刚 摄）

【7-ELEVEn落户泰安】 10月29日，泰安7-ELEVEn项目签约仪式举行。7-ELEVEn作为世界500强企业，是全球第一家实现24小时营业的便利店。泰安7-ELEVEn便利店项目由泰山区财源投资集团与众地阳光集团合作经营。12月22日，泰安7-ELEVEn“乐享消费 美好生活2021暖冬消费季”举行启动仪式，首批入驻泰安的7-ELEVEn店铺开业大促。项目从洽谈签约到首店在泰安开业仅仅50余天，体现出双方的真挚友谊和合作诚意，展现出泰安招商引资的新速度、新气象。

【破解金星片区改造难题】 泰山区岱庙街道金星十六排拆迁工作是群众急切盼望解决的民生问题。2021年5月19日，省委副书记杨东奇到金星片区改造现场进行调研，要求金星片区快速回迁要作为党史学习教育为民要办的典型实事来加大推进力度。泰安市市、区、街道、社区四级联动、合力攻坚，解决片区内规划绿地和非建设用地调整、平衡用地不够、宅基地未确权、破产单位多、改造收支不平衡、手续办理慢等各类叠加问题，创造出3月丈量、4月拆迁、5月开工的“金星速度”，圆了群众的安居梦。

（杨 扬）

岱岳区

【概况】 位于泰安市中部偏北。北依泰山，与泰山区和济南市长清区、历城区、章丘区毗邻，南与新泰市、宁阳县隔汶河相望，东与济南市莱城区接壤，西与肥城市连接。因泰山古时亦称岱岳而得名。全区行政区域面积1750平方千米，实际管理面积832.28平方千米（不含北集坡、徂徕、化马湾、良庄、房村、黄前、下港7个乡镇、街道，下同）。辖11个镇（街道）。年末常住人口67.66万人。

全年实现地区生产总值369.3亿元，比上年增长6.4%。其中，第一产业增加值48.9亿元，第二产业增加值122.5亿元，第三产业增加值197.9亿元。固定资产投资下降16.0%；地方一般公共预算收入24.01亿元，地方一般公共预算支出37.32亿元，社会消费品零售总额125.1亿元，进出口总额46.3亿元。

粮食总产45.50万吨，蔬菜总产104.90万吨，水果总产7.30万吨，猪牛羊禽肉产量4.75万吨，水产品总产1560吨。蔬菜、茶叶、黄精、酿酒葡萄种植面积分别达2.2万公顷（33万亩）、666.67公顷（1万亩）、1333.33公顷（2万亩）、133.33公顷（0.2万亩）。市级以上农业龙头企业、家庭农场、农民专业合作社分别达63家、1031家、1378家。农机化水平达88.2%。投资6.8亿元实施大汶河防洪治理、胜利渠综合治理及水库除险加固等项目35个。九女峰省级示范区提档升级，泰安乡村振兴学院被确定为省委党校调研基地、山东乡村振兴研究院分院。

规模以上工业增加值增长8.9%，工业技改投资增长29%，制造业技改投资增长6.5%。工业占GDP比重21.69%，提高1.29个百分点。实现规模以上工业企业营业收入326.9亿元，增长16.3%，实现利润44.6亿元，增长73.1%。围绕构建产业经济集聚区，编制《泰岱经济开发区产业发展规划》，打造180平方千米西部产业经济隆起带。以泰山石膏为龙头的绿色建材产业集群，入选2021年度省特色产业集群；新认定省制造业单项冠军企业2家、“瞪羚”企业3家。泰山玻璃纤维有限公司打造全市首个5G智慧工厂，泰安中联水泥有限公司启动建设省内首个5G+地上智慧矿山项目。跨境电商备案企业达62家，被认定为“省进口贸易促进创新区”。为5家外贸企业争取信用额度贷款3.5亿元，培育2家过5亿元、9家过亿元、38家过千万元的稳外贸主体企业。

41家规模以上服务业企业实现营业收入33.47亿元，增长24.3%。金融企业65家，驻区银行机构存贷款余额分别达864亿元、658亿元，增长11.1%、20.9%。新增挂牌区域股权交易市场的企业11家，总数达43家。国家AAA级以上旅游景区7家，“岩岩泰山·青青岱岳”精品旅游产业集群入选省“十强”产业“雁阵形”集群，成功入选首批山东旅游高质量发展典型地区和第三批省全域旅游示范区。全区49家房地产企业61个项目，实现销售面积105.9万平方米。

全区新签约项目57个，意向投资额351.4亿元，市外到位资金58.6亿元，其中过10亿元项目10个。新建“人才飞地”3家，设立区级“人才贷”风险补偿资金。建设泰山茶溪谷院士工作站1家，康盛医疗获批省级企业技术创新中心。75个区级重点建设项目完成投资148亿元，完成年度计划的100.4%。其中，玻纤9线、年产500万平方米木钙石膏板等41个项目投产运营，国泰大成碳纤维、汉威产业园一期等项目加快建设。

共青团路南段、送马路等城市“主动脉”和体育场北街、卧牛石路等城区“微循环”建设有序推进。完成27个老旧小区改造提升。下旺片区16栋回迁楼完成主体建设，粥店社区完成回迁1058套，卧牛社区完成1516套分房工作。完成清洁取暖改造40385户。被确定为“省数字乡村试点区”。启动农村饮水安全改造提升工程，全面铺开46处管网更新改造、8处水源置换、12处直饮水站工程建设。巩固完善农村改厕管护长效机制，新建农厕977户、规范升级2365户。完成农村生活污水治理66个村、黑臭水体整治3处。做好第二轮省和中央环保督察迎检工作，办结反馈案件269件、阶段性办结7件。坚决打好“蓝天、碧水、净土”三大保卫战，全区环境空气质量$PM_{2.5}$浓度改善11.6%，空气质量优良天数提高2.8个百分点；国控大汶河大汶口断面连续7个月达到Ⅲ类以上水质。推进彩色廊道“一点一园一环线”建设，完成成片造林38.8公顷（582亩），荒山造林补植106.13公顷（1592亩），新建和完善农田林网100公顷（1500亩），提升绿色通道45.2千米，创建高标准绿化村庄29个。

城镇居民人均可支配收入41299元，农村居民人均可支配收入20763元。全年财政用于民生的支出达31.6亿元，占一般公共预算支出的84.6%。全区城镇新增就业6089人，期末城镇登记失业率控制在3.5%以内。建立健全区、镇、村三级救助体系。困难群体救助保障标准较上年提高10%。粥店街道、天平街道综合养老服务中心投入使用，建成并运营暖心食堂71处。年末，全区有各级各类学校262所，其中幼儿园165所、小学55所（含教学点8所）、初中26所（九年一贯制10所）、高中4所、成人教育中心校11所、职业学校1所。在校生95347人，其中幼儿园24397人、小学33314人、初中21570人、高中11917人、职业学校4149人。在编教职工5120人，其中幼儿园95人、小学1855人、初中1591人、高中1107人、成人教育中心校41人、职教中心354人。高考本科上线率连续四年居全市首位。

区妇幼保健院新院区正式运营，满庄镇卫生院通过二级医院评审，区疾控中心标准化建设加快推进。区图书馆、文化馆和镇街文化站全部建成，打造城市书房7处，九女峰书房获评“省第六届全民阅读示范基地”。抓好常态化疫情防控，做好新冠肺炎疫苗接种，构建群体免疫屏障。强化金融风险防控，驻区银行清收处置不良贷款6.68亿元，岱岳农商银行退出全省风险企业名单。开展安全生产隐患大排查大整治行动，全区安全生产形势总体稳定、持续向好。

年内，岱岳区被认定为山东省进口贸易促进创新区，成功入选首批山东旅游高质量发展典型地区和第三批省全域旅游示范区，被列入省部共同打造乡村振兴齐鲁样板示范县暨率先实现农业农村现代化试点县。九女峰书房获“省第六届全民阅读示范基地”称号，区文化馆获评国家一级文化馆，道朗镇入选首批全国乡村旅游重点镇，大汶口遗址入选“百年百大考古发现”。

【重点招商项目集中签约】 9月7日，2021泰安市岱岳区重点招商项目签约仪式以视频连线的方式举行，18个项目签约落户岱岳区，意向投资额54亿元。签约项目涵盖高端装备、现代物流、新材料、文化旅游、高效农业等产业。其中，“泰安振华5G生态数字科技城”项目，计划投资20亿元人民币，建立5G生态数字产业研究院集群；农业发动机热交换项目，建成达产后，可实现年销售收入5亿元，纳税过2000万元；年产1.2万吨高纯活性氧化锌项目，建成达产后，可实现年销售收入10亿元，纳税过亿元。

【泰安乡村振兴学院揭牌运行】 7月24日，泰安乡村振兴学院在山东省泰安市泰山九女峰乡村振兴齐鲁样板示范区揭牌运行。学院着力打造引领发展的党建阵地、人才培育的教学园地、成果转化的实践基地、产业项目的孵化宝地、政策理论的研究高地。泰安市联合山东省商业集团、国欣文旅集团，依托泰山九女峰乡村振兴齐鲁样板示范区，采取市场化方式建设泰安乡村振兴学院。学院被山东省委党校确定为山东省委党校调研基地、山东乡村振兴研究院分院，是党建引领乡村振兴的生动实践。

9月24日，第三届全国主题党日研讨会在泰安举行。图为与会领导为部分全国优秀主题党日品牌获奖单位代表颁奖　（陈　健　供）

【探索“党建+社会救助”模式】 构建党建引领、政府主导、社会参与、政策衔接、兜底有力的救助体系，形成区、镇、村三级联动的救助格局。以民政服务对象为基础，吸纳医保、教育等部门20多项惠民政策，确定惠民联办清单，覆盖5类人群，实行集中研判、协同办理。区民政局将政府购买、慈善捐赠、志愿服务等力量聚合。投入240万元购买6000个岗位参与救助工作；培强扶优慈善组织12家，疫情期间累计捐款捐物145.7万元。

【构建全域旅游新格局】 2021年，岱岳区初步形成“南部文化旅游、西部民俗旅游、东部田园旅游、中部休闲旅游”的全域旅游格局。泰山佑国际生态旅游度假区等项目全速推进，九女峰综合服务中心、泰山云集等项目建成投入运营。道朗镇里峪村、东西门村被评为省级乡村旅游重点村（精品旅游特色村），东西门村被评为第二批全国乡村旅游重点村。九女峰片区被列为省乡村振兴齐鲁样板示范区、泰安市10个乡村振兴示范区之一。（程建民）

新泰市

【概况】 地处山东省中部，东接临沂市蒙阴县，南邻济宁市泗水县，北与济南市钢城区相连，西靠泰安市岱岳区。取境内新甫山及泰山首字而得名。全市行政区域面积1933平方千米，实际管理面积1787平方千米（不含天宝镇，以下同）。辖20个乡镇（街道）。年末常住人口

126.07万人。

全年实现生产总值573.9亿元，比上年增长5.3%。其中，第一产业增加值（不含农林牧渔服务业）62.9亿元，第二产业增加值229.5亿元，第三产业增加值281.5亿元。固定资产投资下降44.3%；地方一般公共预算收入37.5亿元，地方一般公共预算支出76.1亿元，社会消费品零售总额239.1亿元，进出口总额41.6亿元。年末，金融机构人民币各项存款余额899.7亿元，其中城乡居民储蓄存款余额733.1亿元；金融机构人民币各项贷款余额570.4亿元。

粮食播种面积5.2万公顷，油料2.0万公顷，棉花217.9公顷，蔬菜及食用菌1.9万公顷。粮食总产38.14万吨，蔬菜总产110.14万吨，水果总产22.07万吨，猪牛羊禽肉产量9.42万吨，水产品总产1820吨。农用机械总动力104.7万千瓦，农用拖拉机21992万台。农村用电量2.5亿千瓦时。农用化肥（折纯）施用量3.1万吨。全年造林面积167公顷，其中经济林900公顷。规模以上工业企业293家，增加值增长4.8%，实现营业收入551.5亿元，实现利润7.9亿元。房地产开发投资52.0亿元。

全市等级公路通车里程3684.5千米，其中高速公路通车里程124.4千米。全市邮政业务总量4.2亿元，比上年增长11.9%。城市供水综合生产能力每日17.5万立方米，用水普及率100%；集中供热面积970万平方米；绿地面积城区3049公顷、建成区2925公顷，建成区绿化覆盖率44.9%，人均公园绿地面积18.5平方米。

有普通初级中学32所，专任教师4303人，在校生56633人；普通高级中学9所，专任教师2027人，在校生22635人；中等职业学校3所，专任教师511人，在校生9271人；小学138所，专任教师5394人，在校生84152人；幼儿园370所，专任教师3853人，在园幼儿49755人；特殊教育学校1所，专任教师41人，在校生177人。

科技型中小企业、高新技术企业分别达83家和145家，主持或参与制定国家标准、行业标准115项，有效发明专利、中国驰名商标和马德里国际注册商标分别达371件、9件和26件，入选“科创中国”试点市建设项目6个，获得全省科技进步奖一等奖1项，引进高层次人才153名。艺术表演场所2处，年内各类获奖表演节目7个。全市有广播电台1座，节目1套，日播音时间达20小时；电视台1座，转播节目24套。体育获得国家级奖牌1枚，其中银牌1枚；获得省级奖牌56枚，其中金牌18枚。举办全民健身活动40次，参加人数3.1万人。全年体育彩票发行额达12060万元。

有各类卫生机构973个，其中医院及卫生院41所。实有床位6515张。全市各类卫生技术人员8290人，其中执业医师2549人，执业助理医师936人，注册护士3615人，药剂员372人。

城镇居民人均可支配收入42953元，农村居民人均可支配收入21667元。参加城镇基本养老保险24.8万人，参加居民养老保险65.2万人，参加基本医疗保险114.6万人。社会福利收养单位（含敬老院）26处，床位4488张。全年销售福利彩票7500万元，筹集社会福利基金150万元。

年内，新泰市在2021中国县域综合实力百强榜中居第66位。先后获全国十佳生态文明城市、全国工业百强县、全国农村创业创新典型县、全国电子商务进农村综合示范县、全国农村一二三产业融合发展先导区、全国首批农村产业融合发展试点示范县、全国科技创新百强县、国家知识产权强县工程试点县、中国营商环境百佳示范县市、中国乡村振兴百佳示范县、中华诗词之乡、省公共机构合同能源管理试点、全省四星级新型智慧城市建设试点、省乡村振兴一等县、山东省森林城市、全省脱贫攻坚先进集体、山东省文化强省建设先进县、山东省社会科学普及示范县、全省县域经济高质量发展进步县称号。

1月29日，新泰市人民政府、齐鲁医药学院合作协议签约暨齐鲁医药学院第一医院揭牌仪式举行
（刘晓　供）

【实施个体工商户注册登记“智能无人秒批”工程】 2021年，印发《新泰市个体工商户注册登记“智能无人秒批”工程实施方案》，发挥“泰好办”自助终端技术和区位优势，运用大数据和人工智能，建设“申请材料结构化、业务流程标准化、审批要素指标化”的“智能无人秒批”系统，与省市场监管局综合业务系统、食品药品企业行政许可平台以及新泰市不动产登记系统等对接，通过登记信息数据化、审批核验智能化、协同监管一体化，实现自主申报、智能审核、秒批发证，个体工商户注册登记由1个工作日缩短至5分钟。《泰安政务信息》要情快报以《新泰市推出个体工商户“智能无人秒批”工程》为题，刊发新泰市经验做法。

【“云勘验”平台助力“不见面”审批】 2021年，新泰市投资50万元建成新泰“云勘验”系统平台，成立“云勘验”工作室，编制事项目录、勘验标准、服务指南，制作现场图片示例模板和VR实景演示模板，采取“身份认证+视频会议+电子签名”等技术，用远程视频勘验替代传统人工现场勘验，实现材料网上审、现场视频验、报告线上打、证照免费寄，勘验服务全流程、整链条“不见面”。5月，对食品经营许可等22项高频事项实施“云勘验”服务828件，简单勘验事项最快15分钟完成，一次性通过率大幅提高，相比传统勘验模式效率提升近20倍，节约企业、群众办事成本60多万元。中华网、《大众日报》分别以《大数据赋能泰安新泰“云勘验”，行政审批效率再提高》《新泰审批事项从现场看到“云”上看》为题刊发新泰市做法。

【“育苗升级”工程助推乡村振兴】 2021年，新泰市20个乡镇（街道）利用高校毕业生择业窗口期，发布招聘简章，吸引本土大学生到村任职、奉献家乡，打造一支“永久牌”农村后备人才队伍。参照事业编招聘程序，以乡镇为单位，统一发布简章、统一报名审查、统一考试考核、统一体检录用，将熟悉农村、有经济头脑的大学生选出来、用起来。组织镇域回村任职大学生联谊会，促进交流借鉴、互动启发，引导回村任职大学生尽快融入农村、进入角色、发挥作用。为回村任职大学生争取创业政策支持，累计扶持孵化创业项目18个。严格考核评价，强化待遇保障，鼓励引导回村任职大学生发挥自身优势，带领群众创业致富。坚持目标导向、结果评议，把因村制宜找准符合本村发展路子、推动村级经济发展等内容作为回村大学生任职工作考评的重要内容。实施“育苗升级”工程，有助于优化农村干部队伍年龄、学历结构，增强村级组织的战斗力、凝聚力和影响力，推动基层党组织全面进步全面过硬。 （刘　晓　刘仁航）

肥城市

【概况】 位于泰安市西部，东与泰安市岱岳区接壤，西与济南市平阴县、泰安市东平县为邻，南与宁阳县隔汶河相望，西南与济宁市汶上县以汶河为界，北与济南市长清区相邻。为“中国佛桃之乡”。因西周时期称肥子国而得名。全市行政区域面积1277平方千米，辖14个镇（街道）。年末常住人口88.53万人。

全年实现生产总值770.91亿元，比上年增长4.7%。其中，第一产业增加值62.27亿元，第二产业增加值380.37亿元，第三产业增加值328.27亿元。固定资产投资下降37.3%；地方一般公共预算收入44.7亿元，地方一般公共预算支出59.32亿元，社会消费品零售总额212.2亿元，进出口总额55.99亿元。年末，金融机构人民币各项存款余额806.4亿元，其中城乡居民储蓄存款余额613.9亿元；金融机构人民币各项贷款余额425.4亿元。

粮食播种面积7.1万公顷，粮食总产49.09万吨，棉花总产739.8吨，油料总产0.81万吨，蔬菜总产115.3万吨，水果总产7.9万吨，水产品总产4300吨，肉、蛋、奶总产17.33万吨。全市拥有农业机械总动力112万千瓦。规模以上工业企业212家，实现增加值206.02亿元，比上年增长11.5%，实现主营业务收入671.0亿元，实现利润39.9亿元。资质三级及以上建筑企业113家，实现建筑业增加值176.3亿元，比上年增长−6%。

公路通车里程2844.27千米，其中高速公路通车里程34.5千米。完成邮政业务总量13988.2万元。城镇化率68.1%。开工保障性安居工程1164套，竣工3210套，基础设施建设完成投资30.9亿元。城市空气质量良好率70.2%。污水集中处理率98.5%，垃圾无害化处理率100%。A级及以上旅游景区22家，全年接待旅游人数217万人次，实现旅游总收入26.25亿元。

有中等职业学校1所，在校生4819人。普通高中10所，在校生16763人。普通初中31所，在校生3.13万人。小学53所，在校生4.76万人。幼儿园142所，在园幼儿3.12万人。取得重要科技成果25项，获得市级及以上科学技术奖 8 项，授权专利 1459 件。有博物馆 1 个，档案馆 1 个，公共图书馆 1 所，文化馆 1 个，农村文化大院 605 个。广播、电视人口综合覆盖率均达 100%。医疗卫生机构 605 所，其中医院（卫生院）32 个、社区卫生服务中心 3 个。各类卫生机构有床位 5103 张，卫生技术人员 5995 人。体育馆 1 座，新建公共健身工程 77 个。

城镇居民人均可支配收入 43714 元，农村居民人均可支配收入 22696 元。居民基本养老保险参保人数 51.07 万人，居民基本医疗保险参保人数 70.23 万人。城镇最低生活保障人数 1412 人，农村最低生活保障人数 12851 人。

年内，肥城市成功创建首批国家水土保持示范县、节水型社会建设达标县。被确定为国家数字乡村试点、中国特色农产品优势区，入选全国首批农业现代化示范区创建名单。陶山朝阳洞石刻造像入选全国重点文物保护单位，康王河湿地公园成为泰安首家国家级湿地公园。

【肥城市党史学习教育广场暨移动展厅启用】 5 月 18 日，肥城市党史学习教育广场暨移动展厅正式启用。展厅涵盖移动党史展厅、党史主题广场两大部分。其中，移动党史展厅运用图文展板、历史文物、模型展览等传统形式，配合 AR 漫游、人机互动、视频音频等现代技术手段，通过 15 个篇章展示党的 4 个时期、100 件大事，打造可移动的党史展厅、可互动的党史课堂、可打卡的学习阵地、模块化的学习空间；党史主题广场依托市民广场，设置红心向党主题雕塑、100 周年雕塑、誓言广场等，增强党史学习教育的灵活性、趣味性、实效性。

【肥城市公安局情报指挥中心启用】 8 月 28 日，市公安局情报指挥中心启用仪式举行。仪式上，与会人员听取公安工作“数字化”改革暨“情指勤舆督”一体化建设汇报，实地查看 110 接警、执法监督、网上督察、大数据研发应用等建设情况。肥城市公安局投资近 4000 万元，历时 8 个多月，建成情报指挥中心，构建“110 接警、合成作战、执法监督、网上督察、大数据研发应用等 6 个分中心融合，交警、特警、派出所等 N 个勤务单元联勤联动”的“1+6+N”情指勤舆督现代警务体系，打造“风险防控全面精准、决策指挥高效顺畅、警务数据融合共享、警种优势合成作战、网上网下同步应对”的新型警务运行模式。

【全国首套盐穴压缩空气储能电站投产并网发电】 9 月 30 日，该电站投产并网发电仪式在肥城经济开发区举行。肥城压缩空气储能电站一期规划安装规模 310 兆瓦，分两期建成。一期规模为 10 兆瓦，年发电量达 26400 兆瓦时，采用中科院工程热物理所自主研发的蓄热式先进压缩空气储能技术，利用丰富的盐穴资源，实现电力系统调峰、调相、旋转备用、应急响应和黑启动等功能。

【全省玉米—大豆带状复合种植现场观摩会在肥城市召开】 10 月 13 日，全省玉米—大豆带状复合种植现场观摩会在肥城市召开。与会人员参观安驾庄镇夏辉村双北农业种植专业合作社“玉米—大豆带状复合种植”模式千亩示范基地现场。肥城市投资 50 万余元，购置与模式配套的五行播种机、间作除草机、自走式植保机、无人植保机、无人驾驶拖拉机、玉米籽粒收割机等农机具，逐步形成适于当地的“玉米—大豆带状复合种植”模式技术体系。经测产，玉米平均每亩产量 650 千克以上，大豆产量 100 千克以上，比普通种植玉米模式增收 400 余元，达到“玉米不减产，多收一季豆”的目标，实现“一季双收”的经济效益。

【肥城市档案馆新馆投入使用】 11 月，肥城市档案馆新馆改扩建项目和智慧综合档案馆一体化平台建设项目竣工验收，26 万多卷（件、册）各门类各种载体档案、图书资料等计 2500 余箱搬入新馆，完成入库、上架，正式投入使用。新馆采用集温湿度调控、空气质量监测、档案冷冻消杀、视频监控、防盗报警监控、门禁监控于一体的智能一体化平台统一控制管理，档案安全保管

6月22日，肥城市党史学习教育广场暨移动展厅（肥城市融媒体中心 供）

保护条件得到改善提升。新馆总面积7800平方米，内设档案库房与专业技术用房、查阅利用大厅、主题展厅、办公区，可满足未来30年的存放需求，集收集、保管、阅览、编纂、研究、咨询、展示、交流于一体，具有开放式、服务性、公众化等便民特征，是一处教育引导广大党员干部爱党、爱国、爱家乡的公共文化场所。

（庄惠丽　郝　航）

宁阳县

【概况】　位于泰安市西南、大汶河南岸，东邻新泰市，西连汶上县，南面自东向西与泗水县、曲阜市、兖州区接壤，北隔大汶河与肥城市、泰安市岱岳区相望。西汉汉高祖于宁山之南置县，因山南为阳，更取“安宁祥和”之意，故名宁阳。全县行政区域面积1125平方千米，辖13个乡镇（街道）。年末常住人口65.83万人。

全年实现生产总值274.14亿元，比上年增长6.24%。其中，第一产业增加值62.46亿元，第二产业增加值96.15亿元，第三产业增加值115.54亿元。地方一般公共预算收入14.2亿元，地方一般公共预算支出39.1亿元，社会消费品零售总额141.19亿元，进出口总额22.31亿元。年末，金融机构人民币各项存款余额411.0亿元，其中城乡居民储蓄存款余额334.0亿元；金融机构人民币各项贷款余额253.2亿元。

规模以上工业企业145家，增加值比上年增长11.4%，实现营业收入、利润总额分别达333.68亿元、14.69亿元，分别增长25.7%、36.0%。备案泰安市首批新型研发机构1家，获批泰安市引进外国智力示范推广基地1家，入库国家科技型中小企业53家，新认定国家高新技术企业12家，总数达36家；高新技术产业产值占比41.13%。实施产业人才汇聚行动，摸排充实市级以上高层次人才储备库70人，引进外国专家人才1名、海外留学人才5名，申报入选国家级人才2人、省重点扶持区域急需紧缺人才2人、齐鲁乡村之星9人、齐鲁文化之星1人。

新建乡村振兴示范区14个，区域面积176.3平方千米，4.09万户、13.85万人；统筹整合涉农资金4.72亿元推进乡村振兴，巩固提升东疏镇、蒋集镇市级示范区；堽城镇、葛石镇完成市级示范区重点工作任务，在全市14个乡村振兴示范区评比中分获第六名、第八名；东疏镇完成省级齐鲁样板示范区建设任务。完成2021年度市对县和县对乡镇乡村振兴战略的考核工作，规范落实项目资金1204.55万元。县委组织部、县委宣传部、县农业农村局、东疏镇、蒋集镇被评为2021年全市乡村振兴先进集体；12人被评为先进个人。创建省级农业产业联合体、省级农产品加工示范企业、省级产业化强镇、省级乡土名品村分别达2个、1个、2个、15个，创建市级龙头企业、市级农业产业园、市级标准化示范基地分别达6个、3个、2个，新增“三品一标”（无公害农产品、绿色食品、有机农产品和农产品地理标志）认证12个，乡饮南赵村被评为全国乡村特色产业亿元村，省级农业产业园通过省农业农村厅验收。“鲁担惠农贷”累计发放各类贷款金额11.59亿元，受益户2431个。

新建城区道路24条，总里程达119.5千米。完成国道G342、省道S104道路亮化工程。实施文庙历史文化街区等重点城建项目，复圣文化园、洸河湿地公园分别被评为国家AAAA、AAA级旅游景区；城区绿化覆盖率达40%，天然气、集中供热普及率分别达65%、75%；改造老旧小区19个、棚户区5165套，4个村完成城中村改造。建成水利工程150余项，提升农田水利设施条件。全县共建有改厕管护服务站点26个，全部实现市场化运作，配有服务人员92人、抽运车辆82辆。推进农村清洁取暖改造，全年完成改造任务2.2万户。葛石镇刘家庄村入选第二批山东省景区化村庄，东疏镇大伯集村被纳入山东省100个红色文化特色村培育创建名单。

城镇居民人均可支配收入41278元，农村居民人均可支配收入20724元。依托各类文化活动品牌及平台，开展各类文化演出1200余场。一类疫苗基础免疫接种率保持在90%以上。全县孕产妇和儿童系统化管理率分别达91.77%、90.21%。建成乡镇级体育健身场所13个，村级农民体育健身场所553个，社区场地设施12个，社会足球场10处，人均体育场地面积达2.5平方米，实现行政村全民健身工程全覆盖。

年内，宁阳县入选全国文明城市提名城市、2020—2021年度国家畜牧业统计监测工作综合评估优秀生产监测县、2020—2021年度国家畜牧业统计监测工作综合评估优秀市场监测县、山东省首批残疾儿童少年随班就读示范区、山东省幼小衔接实验区、山东省第十一届全民健身运动会先进单位、山东省禁毒工作高质量发展先行区、2021年山东省科普示范县。国家税务总局宁阳县税务局第一税务分局（办税服务厅）获评全国工人先锋号，文庙街道文成园社区获评第八批全国民主法治示范村（社区），东庄镇南故城社区获评2021年全国示范性老年友好型社区。

3月26日，泰安党支部工作指导中心启用仪式在宁阳举行，标志着全国首家党支部工作指导中心在泰安市建成启用。市委书记崔洪刚（右）出席并为中心揭牌　（徐　莹　供）

【宁阳县在全省率先建立大病商业补充医疗保险机制】　自2021年11月1日起，宁阳县实施大病商业补充医疗保险项目，在全省率先建立大病商业补充医疗保险机制，防范全县居住人员因病致贫、因病返贫的问题。由政府出资每人每年10元，为所有宁阳户籍人员以及非宁阳户籍在宁阳工作、生活且参加宁阳社保或连续工作三个月以上的人员，购买大病商业补充医疗保险。保障疾病包括121种罕见病、120种重大疾病、近三年县内参保人群发生大额医疗费用的病种、重大意外伤害等。补助费用为被保障人在基本医保、各种医疗救助以及商业保险等补偿以后所剩余的医疗费用。保障比例为以个人自付金额达到5万元为起付线，5万元至10万元部分按照70%比例补助，10万元至15万元部分按照80%比例补助，15万元以上部分按照90%比例补助。申报对象同时符合以上两个条件即可享受待遇。大病商业补充医疗保险机制启动后，宁阳县通过系统数据比对，实施“政策找人”，通过电话告知、入户宣传、医疗机构推送信息等方式便于大病患者家庭知晓该项政策并及时报销费用。

【泰安党支部工作指导中心启用】　3月26日，泰安党支部工作指导中心正式启用。总投资1600万元，占地面积1200平方米，总建筑面积4100平方米，是全国首家党支部工作指导中心。该中心以《中国共产党支部工作条例（试行）》为基本遵循，聚焦党支部发展研究、书记培训、建设示范、风采宣传“四大功能”，设置党支部发展历程展示、新时代党支部建设、党支部书记教育培训、党支部工作指导服务“四大功能区”，开设“党支部工作实务类、能力素养提升类、推进改革发展类、情景模拟类、精品党课类”等五大类43个专题课程，配套“党建实务教育、党史教育、政德教育、家风教育、改革发展实践教育、新时代奋斗精神教育”六大类教育基地、81个现场教学点，组建党支部工作研究院、实践指导顾问团、党支部书记工作站，选聘160余名专家教授、领导干部、支部书记和先模人物组建优质“师资库”，创新“典型变案例、经验变教材、问题变课题、榜样变师资”的实训模式，构建基地、课程、师资“三大体系”。2021年，承办各级学习考察、现场体验270余批次1.6万余人次，培训班次37个3000余人次。相关经验做法在人民网、新华网、共产党员网、新华社《高管信息》及《中国组织人事报》等主流媒体报道推广。

【磁窑司法所被评为全国模范司法所】　宁阳县司法局磁窑司法所以“平安建设不出事、服务群众不缺位”为目标，整合法律咨询、法律援助、法治宣传、人民调解等资源，设置法律咨询接待窗口、学习教育室、人民调解室、法律顾问室、社区矫正宣告室、心理咨询室等。每年组织全镇领导干部和党委理论中心组学法，参与镇政府合同签订、征地拆迁等工作并给出相应的法律意见，协助镇政府运用法律手段管理经济和社会事务。推进社区矫正工作，抓好入矫、在矫、解矫“三个环节”，做好社会调查评估、人身危险评估、阶段矫正效果评估和总体矫正质量评估“四段评估”，落实完善风险评估、监督管理、执法规范、教育帮扶和档案管理“五大体系”，严防脱管、漏管，与磁窑成教中心学校合办社区教育学校。创建“杜峰调解室”“德友调解室”两个金牌调解室，矛盾纠纷成功化解率达99%。开展普法依法治理工作，落实“一村（社区）一法律顾问”工作制度，发挥各村法律顾问职能，拓展农村、社区法治宣传阵地。10月27日，磁窑司法所获全国模范司法所称号。

【推进全国文明城市创建工作】 1月28日，宁阳县被中央文明办确定为2021—2023年创建周期全国文明城市提名城市，全县成立创建全国文明城市工作领导小组办公室负责指导协调、督导推进创建工作。搭建"网格指挥、部门推进、镇街落实"的责任体系，以城市社区为单元划定10个创城网格，各网格均成立指挥部、组建工作专班。制定《宁阳县创建全国文明城市实施方案》《宁阳县文明城市创建实地测评标准》等文件。围绕公共设施、公共服务、公共卫生、公共秩序等方面开展创建提升，全县施划道路标线1.36万平方米，改造路口缘石坡道160余处，改造提升公厕45座，更换垃圾桶2000余个，规范经营秩序7900余次，清理乱扯乱挂、乱贴乱画等1.3万处，无障碍通道建设实现重点窗口全覆盖，建设母婴室20余处，打造志愿服务站点100余个，4万人次参与文明交通志愿服务。围绕基础设施、容貌环境、交通秩序、市民素质等领域，成立8个专项工作组，由县直职能部门组成工作专班，实行县领导督办制度。开展结对共建活动，140个文明单位（校园）与城市社区小区结成帮扶共建对子，52个文明单位（校园）与52个村居结成新时代文明实践站共建对子，开展帮扶共建活动1000余场次。

（侯胜男　徐　莹）

东平县

【概况】 位于泰安市西南部，东与肥城市毗邻，南与汶上县、梁山县接壤，西部隔黄河与东阿县、阳谷县、河南省台前县相望，北与济南市平阴县搭界，居大汶河下游。因《尚书·禹贡》中"大野既潴，东原底平"之说而得名。全县行政区域面积1340平方千米。辖14个乡镇（街道）。年末常住人口67.54万人。

2021年，全县实现地区生产总值238.6亿元，比上年增长6.9%。其中，第一产业增加值56.5亿元，第二产业增加值76.2亿元，第三产业增加值105.9亿元。固定资产投资下降31.2%。地方一般公共预算收入14.1亿元，地方一般公共预算支出38.8亿元，社会消费品零售总额129.5亿元，进出口总额7.3亿元。年末，金融机构人民币各项存款余额401.8亿元，其中城乡居民储蓄存款余额342.8亿元；金融机构人民币各项贷款余额288.4亿元。

粮食总产62.62万吨，蔬菜总产61.33万吨，水果总产1.44吨，猪牛羊禽肉产量3.43万吨，水产品总产73022吨。实施引黄灌区节水改造项目，建成高标准农田1.72万公顷（25.8万亩），粮食生产连年丰收，获评全国节水灌溉示范县、节水型社会建设达标县、主要农作物全程机械化示范县。新增规模以上农业龙头企业36家、农民专业合作社650家、家庭农场360家，新认证"三品一标"（无公害农产品、绿色食品、有机农产品和农产品地理标志）产品63个。东平湖省级现代农业产业园、中林生态渔业产业园加紧建设，汉世伟繁育场、商老庄稻虾套养产业园被评为国家级养殖示范场。接山镇、彭集街道办事处分别入选国家级和省级农业产业强镇。

规模以上工业增加值比上年增长8.9%，实现主营业务收入184.6亿元，实现利润5.6亿元。山东洁昕纸业股份有限公司、东平中联水泥有限公司通过国家、省两化融合管理体系贯标试点认定，东平九鑫生物化学有限公司、山东长宇新材料有限公司获省制造业单项冠军，东平力创科技有限公司、山东润声印务有限公司等7家企业获省市级"专精特新"中小企业。打造绿色数字矿山，矿产业实现税费收入及国有收益9.42亿元，东平绿色建材产业集聚区建设纳入省建材工业"十四五"规划。"双招双引"完成招引项目73个，到位资金92.43亿元，实际利用外资1317万美元，对上争取扶持资金17.7亿元。

开展东平湖生态环境综合整治九大攻坚行动，拆除8400公顷（12.6万亩）网箱网围，彻底取缔沿湖餐船、砂场、"三无"（无船名船号、无船舶证书、无船籍港）船只，深度治理环湖村居环境、路域环境、违法建筑，建设环湖生态隔离带74千米，创新"生态110"警务机制，整治入河湖排污口163处，清理"四乱"（乱占、乱采、乱堆、乱建）问题635项。实施山水林田湖草生态保护修复工程，完成植树造林3466.67公顷（5.2万亩）、湿地改造提升1733.33公顷（2.6万亩）、废弃矿山修复573.33公顷(8600亩)、工矿废弃地整治134.27公顷（2014亩）。创建滨湖国家湿地公园，东平县入选水系连通及水美乡村建设国家试点。东平湖、大清河水质稳定保持在三类水标准以上。

推进大清河生态廊道、山体公园、10条城区道路和7处公园广场改造提升，新建口袋公园23处。抓好公厕改造、垃圾分类、"亮彩"行动、拆墙透绿、环境卫生整治、清洁取暖等工作。推进乡村建设行动，完成46个村农村生活污水治理，积极推进危房改造，巩固提升改厕成果，完成2万余户农村地区清洁取暖改造。累计创建省、市级宜居美丽乡村示范村51个，省、市级森林村居8个。

城镇居民人均可支配收入36434元，农村居民人均可支配收入20192元。全面落实特殊困难群体保障救助政策，发放城乡低保金9743.38万元、各类社会保险待遇14.05亿元。新增城镇就业6038人，培训农村转移劳动力8686人次。在全省率先设立公益岗位2120个，规模居全省前列。鼓励创业带动就业，为35家小微企业和292名自主创业者发放创业担保贷款1.4亿元。

年内，东平县被表彰为全省脱贫攻坚先进单位、山东省民间文化艺术之乡。县人力资源社会保障局被党中央、国务院表彰为全国脱贫攻坚先进集体，县文化馆被命名为国家一级馆，县商务局获评全国第一批节约型机关。东平县经济开发区获评国家绿色工业园区，昆仑山景区成功创建国家AAAA级旅游景区，旧县乡入选山东省旅游民宿集聚区创建单位，南堂子村成为全省乡村旅游重点村。先后承办全国“行走大运河”全民健身健步走、全国垂钓俱乐部挑战赛。

【东平滨湖国家湿地公园通过验收】2021年，国家湿地公园试点验收结果公布，山东东平滨湖国家湿地公园通过验收，为生态东平再添一张“国字号”名片。山东东平滨湖国家湿地公园位于东平湖滨，属北方罕见的大型湖湾湿地。水质清冽、水域开阔、港汊纵横、芦苇丛生、鱼跃鸟鸣，湿地内有约3平方千米的水上森林，山水相依、林水交融、景观独特。东平湖属平原浅水富营养型湖泊，自然资源丰富，是山东省重要的淡水渔业基地、中国北方重要的湖泊湿地和水禽栖息地，成千上万只鸟儿在这里群集、栖息繁衍。

【环东平湖防护林带及山体绿化提升一期项目开工】3月13日，山东省沿黄九市一体打造黄河下游绿色生态走廊暨生态保护重点项目集中开工，主现场设在济南新旧动能转换先行区“黄河淤背区防护林和郊野公园建设工程现场”，泰安市分现场设在东平县环东平湖防护林带及山体绿化提升一期项目现场。一期项目总投资3.5亿元，总绿化面积170万平方米，主要种植楸树、国槐、黄栌、五角枫等各类乔木、灌木和水生及地被植物，提高沿湖植被覆盖率，改善、保护东平湖周边大气和水质。

【中林集团东平湖生态渔业产业园项目奠基】7月26日，中林集团东平湖生态渔业产业园项目奠基。产业园规划面积5.29公顷（79.4亩），运用现代产业园区规划设计中的新理念和新手法，在满足东平湖鱼产品加工需求的基础上，为周边水域鱼产品加工市场预留发展空间。产业园建成后，每年可加工各类鱼类7000余吨，新增就业岗位1000余个，年产冷冻、腌制、干制、熟制等谱系鱼类深加工产品约8000吨，产值约3亿元，产品辐射山东、河南、江苏和华北等地区。

【昆仑山景区被评为国家AAAA级旅游景区】2021年，东平县昆仑山景区被评为国家AAAA级旅游景区。景区位于东平湖西岸，气候温润和畅，环境清幽淡雅，水浒文化与红色文化交会共融，自然风光和历史文化资源十分突出。景区坚持“生态优先、绿色发展、共建共享”，依托中国乡村旅游模范村南堂子村，打造集山、水、林泉、路以及古迹寻踪、影视拍摄、休闲观光、互动体验于一体的综合性新兴景区，成为与东平水浒影视城一脉相连的影视拍摄基地。主要景点有七星山寨、七星潭瀑布、石雕展示长廊、祝家庄、宋家庄、昆山党性教育基地、昆山烽火纪念馆、生态采摘园等。

（李姗姗　赵　潇）

8月9日，戴村坝下白鹭飞　（陈　阳　摄）

2021 年泰安市乡镇（街道）基本情况表

表 49

乡镇（街道）名称	村（居）民委员会（个）	行政区域面积（公顷）	户籍人口（万人）	地方财政收入（万元）	小　学（所）	小学专任教师（人）	医疗卫生机构（个）	执业（助理）医师（人）	享受最低生活保障金人数（人）
泰山区									
财　源	29	1200	20.0	88700	8	260	—	—	810
岱　庙	21	960	12.49	54630	5	201	—	—	1116
泰　前	26	7029	13.0	47516	6	268	27	596	339
上　高	26	3032	7.06	46206	7	203	23	59	640
徐家楼	16	1878	3.81	19723	5	126	11	30	410
省　庄	41	7120	6.11	5713	9	165	41	60	719
邱家店	44	6144	7.34	5967	11	108	48	74	717
岱岳区									
粥　店	30	9434	7.18	63148	11	1083	30	111	355
天　平	37	6435	3.52	41096	6	381	51	131	206
山　口	43	5760	5.33	6079	5	148	37	98	355
祝　阳	56	8712	5.64	2173	4	148	47	80	577
范　镇	39	6868	5.93	4752	5	107	55	99	424
角　峪	30	6374	3.33	1334	3	60	27	51	384
满　庄	42	11287	7.32	78118	7	272	45	82	362
夏　张	71	11674	6.26	2398	6	110	58	120	1262
道　朗	43	10536	3.37	6800	2	72	37	35	336
大汶口	45	9073	7.18	8895	3	122	54	87	697
马　庄	36	5724	4.93	2798	4	91	34	24	549
高新区									
北集坡	53	10827	6.96	6418	13	475	83	157	612
良　庄	40	13681	7.45	1256	7	177	41	52	982
房　村	31	9473	5.96	2677	7	153	29	30	1041
泰山景区									
黄　前	29	10440	3.40	2775	3	85	26	76	375
下　港	34	15475	3.96	829	4	114	29	56	640
大津口	7	5546	1.27	4467	3	49	7	23	283
徂汶景区									
徂　徕	34	13315	5.54	5079	5	128	48	42	1048
天　宝	50	14742	8.11	3931	10	189	56	32	—
化马湾	31	9982	3.75	4040	5	100	32	19	474

续表 49

乡镇（街道）名称	村（居）民委员会（个）	行政区域面积（公顷）	户籍人口（万人）	地方财政收入（万元）	小学（所）	小学专任教师（人）	医疗卫生机构（个）	执业（助理）医师（人）	享受最低生活保障金人数（人）
新泰市									
青云	77	12457	16.69	35995	16	1534	99	1114	—
新汶	18	3579	9.86	22816	7	441	52	657	489
新甫	37	5229	5.26	2838	3	189	36	5	652
东都	33	6339	7.15	3598	6	183	28	38	1069
小协	18	3907	4.84	5906	4	137	21	117	166
翟镇	46	6359	7.49	8860	6	174	49	56	815
泉沟	33	9260	4.85	3918	6	160	35	83	556
羊流	90	17222	10.71	4699	14	248	66	63	1050
果都	34	4813	4.08	4039	6	131	30	65	371
西张庄	28	4296	4.52	9715	3	158	27	43	900
楼德	36	9384	7.62	2988	9	240	37	142	—
禹村	36	8919	5.69	1266	6	174	38	41	1312
宫里	43	8513	6.37	2750	8	186	41	33	867
谷里	51	9480	5.81	1681	7	174	39	23	696
石莱	69	16314	7.0	3291	10	219	63	33	1154
放城	23	6896	3.58	2606	6	126	24	23	632
刘杜	28	5158	3.3	3198	5	103	30	19	655
汶南	85	18522	11.05	12702	10	289	79	105	2583
龙廷	53	15216	6.54	7482	7	177	54	23	1792
岳家庄	25	6810	4.04	2602	5	99	22	22	832
肥城市									
新城	43	5532	14.01	20755	5	1543	158	1232	780
老城	30	7863	7.92	4894	3	160	33	77	1445
王瓜店	37	9210	8.23	13732	6	246	44	290	927
仪阳	49	9750	4.58	37888	2	150	30	113	681
潮泉	11	5288	2.17	1766	1	65	13	28	308
桃园	40	10096	5.56	960	6	133	30	40	585
王庄	53	9360	5.30	1265	4	134	27	31	996
湖屯	53	8492	7.95	3530	1	130	42	56	219
石横	48	9451	8.28	94849	6	253	41	69	861
安临站	48	13100	5.78	9910	5	163	29	35	1200
孙伯	17	7097	2.94	21814	1	68	18	31	21814

续表 49

乡镇（街道）名称	村（居）民委员会（个）	行政区域面积（公顷）	户籍人口（万人）	地方财政收入（万元）	小 学（所）	小学专任教师（人）	医疗卫生机构（个）	执业（助理）医师（人）	享受最低生活保障金人数（人）
安驾庄	71	13457	8.52	23700	6	214	46	91	1535
汶　阳	53	7950	7.55	6520	3	146	36	58	1469
边　院	80	11099	8.21	18374	6	155	58	101	1878
宁阳县									
文　庙	18	2820	7.44	16327	7	776	22	645	627
八仙桥	25	2312	3.81	4813	3	281	22	28	415
泗　店	36	5606	4.39	7104	5	152	31	49	658
东　疏	49	8398	5.92	1805	5	178	41	54	1516
伏　山	59	8432	6.65	12008	5	212	52	103	2252
堽　城	62	11830	8.02	9839	7	216	60	42	1404
蒋　集	32	6500	4.0	1735	4	127	33	51	1316
磁　窑	92	15872	11.51	39541	9	276	87	198	1977
华　丰	59	10809	8.62	9154	8	288	59	146	1204
葛　石	27	13225	6.67	9073	6	206	49	35	1121
东　庄	45	9965	6.22	1912	5	145	37	42	1083
鹤　山	46	9811	5.53	7618	7	169	43	43	1848
乡　饮	15	6787	3.70	2757	3	152	34	56	993
东平县									
东　平	74	16090	15.03	12676	14	1141	77	825	1467
州　城	71	6599	5.93	1519	1	88	58	157	2036
彭　集	53	7490	6.62	6787	5	177	42	52	1667
沙河站	65	6622	5.87	812	4	107	37	37	1280
老　湖	71	11290	7.02	4197	7	155	35	38	3114
银　山	44	10451	6.1	1436	7	116	46	74	1153
斑鸠店	40	7611	4.9	1510	5	111	38	46	871
接　山	52	14937	6.23	2051	6	149	44	37	2051
大　羊	37	8286	3.4	1273	4	82	21	29	1683
梯　门	42	8976	3.62	6032	4	88	34	22	1007
新　湖	54	10481	5.32	1231	3	86	38	38	1421
戴　庙	48	8688	4.16	1345	5	86	24	63	854
商老庄	35	9291	3.52	1091	4	104	23	26	868
旧　县	30	7091	2.71	2967	1	42	13	15	504

人物·荣誉

市级领导人

杨洪涛　男，汉族，1966年10月出生，山东烟台人。1986年10月加入中国共产党，1988年7月参加工作。大学学历。

1988年7月毕业于山东经济学院财政系财政学专业。曾任省税务局征管处科员、省地方税务局办公室副主任、淄博市博山区副区长（挂职），淄博市博山区委副书记、副区长，高青县委副书记，高青县委副书记、副县长，高青县委副书记等职。2007年11—12月，任淄博市淄川区委副书记、副区长、代理区长；2007年12月至2010年12月，任淄博市淄川区委副书记、区长；2010年12月至2015年10月，任淄博市淄川区委书记；2015年10—11月，任淄博市委常委、淄川区委书记；2015年11月至2019年11月，任淄博市委常委、副市长；2019年11—12月，任德州市委副书记；2019年12月至2020年1月，任德州市委副书记、副市长、代理市长；2020年1月至2021年8月，任德州市委副书记、市长；2021年8月至2022年2月，任泰安市委书记、党校校长。2022年2月以后，任泰安市委书记、党校校长，泰安市人大常委会主任、党组书记。

张　涛　男，汉族，1972年1月出生，山东临清人。1993年1月加入中国共产党，1993年7月参加工作。在职研究生学历。

1993年7月毕业于山东大学管理科学系管理科学专业。曾任山东工艺品进出口集团股份有限公司企业管理部科员、发制品厂副厂长、办公室副主任、办公室主任、总裁助理兼办公室主任，新华锦集团有限公司人力资源部总经理等职。2003年1月至2004年9月，任新华锦集团有限公司人力资源部总经理，共青团山东省委企业工委副书记；2004年9月至2011年1月，任团省委副书记、党组成员；2011年1—4月，任团省委副书记、党组成员，省青联主席；2011年4月至2013年2月，任团省委副书记、党组成员兼山东青年政治学院党委书记，省青联主席；2013年2—6月，任团省委书记、党组书记兼山东青年政治学院党委书记，省青联主席；2013年6月至2016年11月，任团省委书记、党组书记兼山东青年政治学院党委书记；2016年11月至2018年4月，任泰安市委副书记（正厅级）；2018年4月至2019年5月，任泰安市委副书记（正厅级），东平县委书记、党校校长；2019年5—6月，任泰安市委副书记（正厅级），市长候选人，东平县委党校校长。2019年6月以后，任泰安市委副书记，市政府市长、党组书记。

于瑞波　男，汉族，1971年2月出生，山东莱阳人。1996年6月加入中国共产党，1991年7月参加工作。省委党校研究生学历。

1991年7月毕业于淄博人民警察学校公安专业。曾任省公安厅纪委科员、纪委综合室主任，省监察厅驻省公安厅监察专员办公室副主任，省监察厅驻省公安厅监察专员办公室副主任兼纪委综合室主任，省公安厅纪委副书记等职。2015年8月至2017年5月，任省公安厅网络安全保卫总队政委；2017年5月至2018年1月，任省纪委境外追逃追赃工作办公室主任；2018年1—12月，任省纪委案件监督管理室副主任兼境外追逃追赃工作办公室主任；2018年12—12月，任省纪委省监委案件监督管理室副主任兼案件组织协调处（境外追逃追赃工作办公室）处长（主任）；2018年12月至2020年4月，任省纪委监委案件监督管理室主任；2020年4月至2021年1月，任泰安市委常委，市纪委书记，市监委副主任、代理主任；2021年1月至2022年1月，任泰安市委常委，市纪委书记，市监委主任；2022年1—2月，任泰安市委常委。2022年2月以后，任泰安市委副书记、政法委书记。

成　丽　女，汉族，1972年2月出生，山东日照人。1993年6月加入中国共产党，1993年7月参加工作。在职研究生学历。

1993年7月毕业于临沂师范专科学校外语系英语教育专业。曾任日照市东港区日照街道党工委组织干事，日照市妇联权益儿童部、儿童部科员，日照市妇联儿童部副部长、部长，济宁市妇联副主席、党组成员，省妇联办公室副主任、研究室副主任等职。2009年4月至2015年5月，任省妇联组织联络部部长；2015年5—6月，任泰安市政府党组成员、副市长人选；2015年6月至2021年5月，任泰安市政府党组成员、副市长。2021年5月以后，任泰安市委常委、统战部部长。

程远军　男，汉族，1968年9月出生，山东巨野人。1988年4月加入中国共产党，1988年7月参加工作。省委党校研究生学历。

1988年7月毕业于山东省财政学校财政专业。曾任省委组织部办公室干事、主任科员，省委组织部人事处助理调研员，省委组织部机关党委副书记兼机关纪委书记，省委组织部公务员管理办公室主任、干部一处调研员等职。2013年9月至2017年5月，任省委组织部机关党委专职副书记、人事处处长；2017年5—12月，任省委第六巡视组副组长（巡视专员），省委组织部机关党委专职副书记、人事处处长；2017年12月至2022年1月，任省委第六巡视组副组长（巡视专员）；2022年1—2月，任泰安市委常委、市纪委书记，市监委副主任、代理主任。2022年2月以后，任泰安市委常委、市纪委书记、市监委主任。

常绪扩　男，汉族，1970年5月出生，山东东平人。1999年6月加入中国共产党，1992年7月参加工作。大学学历。

1992年7月毕业于山东经济学院计划统计系计划统计专业。曾任泰安医药采购供应站业务员，泰安市劳动局培训教研室科员、副主任，泰安市劳动局劳动力管理科副科长，泰安市劳动和社会保障局劳动工资科科长、办公室（政工科）主任（科长），泰安市劳动和社会保障局党委委员、纪委书记，肥城市委常委、组织部部长等职。2010年5—7月，任肥城市委副书记（正县级，援疆）、组织部部长；2010年7—11月，任肥城市委副书记，泰安市援疆工作前方指挥部指挥（正县级）；2010年11月至2011年7月，任肥城市委副书记，新疆岳普湖县委副书记，泰安市援疆工作前方指挥部指挥（正县级）；2011年7月至2013年12月，任肥城市委副书记，新疆岳普湖县委副书记，泰安市援疆工作前方指挥部指挥（正县级）、党委书记；2013年12月至2014年1月，任肥城市委副书记（正县级）；2014年1—2月，任肥城市委副书记、代理市长；2014年2月至2016年11月，任肥城市委副书记，市政府市长、党组书记；2016年11月至2020年6月，任肥城市委书记、党校校长；2020年6月至2021年5月，任泰安市政府副市长、党组成员；2021年5月至2022年2月，任泰安市委常委、政法委书记。2022年2月以后，任泰安市委常委，市政府副市长、党组副书记。

刘泮英　男，汉族，1970年3月出生，山东青州人。1992年11月加入中国共产党，1993年7月参加工作。省委党校研究生学历。

1993年7月毕业于山东师范大学化学专业。曾任潍坊市坊子区荆山洼镇组织干事，潍坊市坊子区人大常委会人事代表室副主任，潍坊市寒亭区区长助理，潍坊市潍城区副区长，潍坊市潍城区委常委、副区长，潍坊市潍城区委副书记等职。2013年3—4月，任潍坊市潍城区委副书记、副区长、代理区长；2013年4月至2016年11月，任潍坊市潍城区委副书记、区长；2016年11月至2019年2月，任潍坊市潍城区委书记；2019年2月至2021年1月，任潍坊市奎文区委书记。2021年1月以后，任泰安市委常委、组织部（市公务员局）部长（局长）。

张　颖　男，汉族，1972年6月出生，山东东阿人。1992年12月加入中国共产党，1993年7月参加工作。省委党校研究生学历。

1993年7月毕业于聊城师范学院政治专业。曾任聊城市西王乡计生办干事、组织干事、组织委员、党委委员，聊城地委办公室副科级干部，聊城市委办公室正科级干部，高唐县县长助理，高唐县副县长，高唐县委常委、办公室主任，聊城经济开发区党工委副书记、管委会副主任等职。2007年12月至2016年11月，任高唐县委副书记、县长；2016年11月至2021年5月，任高唐县委书记；2021年5月至2022年2月，任泰安市政府副市长、党组成员。2022年2月以后，任泰安市委常委、秘书长。

姜　宁　男，汉族，1975年9

月出生，山东兰陵人。1996年1月加入中国共产党，1998年8月参加工作。在职研究生学历。

1998年7月毕业于山东经济学院财政金融系国际金融专业。曾任临沂市罗庄区册山镇镇长助理、党委秘书，共青团临沂市罗庄区委副书记、党组副书记，费县县长助理、县政府党组成员，费县县委常委、办公室主任等职。2008年12月至2012年5月，任共青团临沂市委书记、党组书记；2012年5月至2013年8月，任临沂高新技术产业开发区管委会常务副主任、党工委副书记；2013年8—9月，任沂南县委副书记；2013年9月至2014年1月，任沂南县委副书记、副县长、代理县长；2014年1月至2015年7月，任沂南县委副书记、县长；2015年7—12月，任沂南县委书记、县长；2015年12月至2021年12月，任沂南县委书记；2021年12月至2022年1月，工作待安排；2022年1—2月，任泰安市委常委。2022年2月以后，任泰安市委常委，市政府副市长、党组成员。

汪占军　男，汉族，1971年10月出生，江苏灌云人。1993年2月加入中国共产党，1990年3月参加工作。大专学历。

1990年3月入伍。曾任三十九集团军某部战士，蚌埠坦克学院坦克分队指挥专业学员，四十集团军坦克五师某部排长兼技术员、连指导员，四十集团军装甲旅某部连指导员、旅政治部宣传科正连职干事、副营长兼助工（技术11级）、旅政治部宣传科副营职干事、旅政治部干部科科长、旅政治部副主任等职。2008年1月至2009年1月，任四十集团军司令部直工处处长；2009年1月至2012年4月，任四十集团军炮兵旅政治部主任（2007年4月至2010年1月，在西安政治学院军队政治工作专业学习，获军事学硕士学位）；2012年4月至2017年4月，任四十集团军炮兵旅政委；2017年4月至2020年9月，任炮兵七十九旅政委；2020年9月至2022年2月，任泰安军分区政委。2022年2月以后，任泰安市委常委、泰安军分区政委。

王爱新　女，汉族，1969年7月出生，山东肥城人。1995年8月加入中国共产党，1991年7月参加工作。省委党校研究生学历。

1991年7月毕业于泰安师范专科学校中文系汉语言文学专业。曾任肥城人民广播电台新闻部主任、台长助理，肥城市老城镇党委副书记，肥城市安临站镇党委副书记、镇长，肥城市安临站镇党委书记、人大主席，肥城市湖屯镇党委书记，肥城市委常委，湖屯镇党委书记，肥城市委常委、宣传部部长，肥城市委常委，市政府副市长、党组成员，泰安市泰山区委副书记等职。2016年12月至2017年1月，任泰安市泰山区委副书记、副区长、代理区长；2017年1月至2020年8月，任泰安市泰山区委副书记、区长；2020年8月至2021年12月，任泰安市泰山区委书记；2021年12月至2022年2月，泰安市泰山区委原书记。2022年2月以后，任泰安市委常委、宣传部部长。

辛海明　男，汉族，1965年6月出生，山东海阳人。1987年1月加入中国共产党，1987年7月参加工作。大学学历。

1987年7月毕业于山东农业大学农业经济系农业经济管理专业。曾任山东农业大学农业经济系助教，泰安市人大常委会农村经济工作委员会秘书，泰安市人大常委会人事选举代表工作室副主任科员，泰安市人大常委会机关党委专职副书记（正科级），泰安市人大常委会机关党委专职副书记、人事选举代表工作室主任科员，泰安市财政局纪委书记、党委委员，泰安市财政局副局长、党委委员，泰安市岱岳区委常委、副区长（挂职）等职。2011年5月至2017年1月，任泰安市财政局副局长、党委委员，市国库集中支付管理办公室主任；2017年1—4月，任泰安市审计局局长人选、党组书记；2017年4月至2019年1月，任泰安市审计局局长、党组书记；2019年1—3月，任泰山护理职业学院党委副书记、院长，泰安市审计局局长；2019年3月至2021年1月，任泰山护理职业学院党委副书记、院长；2021年1—3月，任泰安市人大常委会副主任、党组成员，泰山护理职业学院院长；2021年3月至2022年2月，任泰安市人大常委会副主任、党组成员。2022年2月以后，任泰安市人大常委会副主任、党组副书记。

王淑玲　女，汉族，1967年11月出生，河北沧州人。1997年12月加入九三学社，1993年8月参加工作。研究生学历。

1990年7月毕业于山东矿业学院煤田地质系矿山测量专业。曾任泰安市政府办公室技术科科员、副科长，泰安市司法局副局长，泰安市泰山区政府副区长，泰安市泰山区政府副区长、九三学社泰安市委副主委等职。2011年12月至2012年2月，任泰安市工商联（泰安市总商会）主席（会长）；2012年2月至2017年2月，任泰安市政协副主席，市工商联（市总商会）主席（会长）；2017年2月至2021年10月，任泰安市人大常委会副主任，市工商联（市总商会）主席（会长）；2021年10月至2022年1月，任泰安市人大常委会副主任，市工商联（市总商会）主席（会长），九三学社泰安市委会主委；2022年1—4月，任泰安市人大常委会副主任、民族侨务外事委主任委员，市工商联（市总商会）主席（会长），九三学社泰安市委会主委。2022年4月以后，任泰安市人大常委会副主任、民族侨务外事委主任委员，九三学社泰安市委会主委。

戴　冰　男，汉族，1968年9月出生，山东济南人。1997年12月加入中国共产党，1991年9月参加工作。大学学历。

1991年7月毕业于曲阜师范大学政治系政治教育专业。曾任泰安日报社助理编辑，泰安日报社编辑、记者，泰安日报社主任记者，泰安日报社党委委员、副总编辑、主任记者，泰安日报社党委委员、副总编辑、高级记者，泰安日报社党委委员、总编辑等职。2011年11月至2012年8月，任泰安日报社党委书记、社长、总编辑；2012年8月至2017年7月，任泰安日报社党委书记、社长；2017年7月至2019年3月，任泰安日报社党委书记、社长，泰安传媒集团董事长；2019年3—8月，任泰安市生态环境局党组书记、局长；2019年8月至2020年1月，任泰安市生态环境局党组书记、局长；2020年1—2月，任泰安市教育局局长人选、党组书记；2020年2—5月，任泰安市教育局党组书记、局长；2020年5月至2022年1月，任泰安市委教育工委常务副书记，市教育局党组书记、局长；2022年1—2月，任泰安市委教育工委常务副书记、市教育局局长。2022年2月以后，任泰安市人大常委会副主任、党组成员。

蒋永斌　男，汉族，1967年1月出生，山东宁阳人。1985年6月加入中国共产党，1986年7月参加工作。省委党校研究生学历。

1986年7月毕业于宁阳师范学校中师班。曾任泰安师专组织人事部干部，泰安市委组织部知工科干事，泰安市委组织部知工科副科级干事、干训科副科长、干部教育科科长、办公室主任，泰安市委组织部副调研员、办公室主任、机关党总支副书记，泰安市委组织部副部长等职。2012年10月至2015年12月，任泰安市委组织部副部长、市党员干部现代远程教育中心主任；2015年12月至2016年1月，任泰安市委组织部副部长，市人力资源和社会保障局党委书记、局长人选；2016年1月至2018年12月，任泰安市委组织部副部长，市人力资源和社会保障局党委书记、局长；2018年12月至2019年2月，任泰安市委组织部（市公务员局）副部长（副局长），市人力资源和社会保障局党委书记、局长；2019年2月至2022年1月，任泰安市委组织部（市公务员局）副部长（副局长），市人力资源和社会保障局党组书记、局长；2022年1—2月，任泰安市委组织部（市公务员局）副部长（副局长），市人力资源和社会保障局局长；2022年2—3月，任泰安市人大常委会副主任、党组成员，市总工会主席人选。2022年3月以后，任泰安市人大常委会副主任、党组成员，市总工会主席。

李华民　男，汉族，1970年7月出生，山东新泰人。2001年9月加入中国共产党，1993年7月参加工作。大学学历。

1993年7月毕业于河海大学水文系陆地水文专业。曾任泰安市水利水产局科员，泰安市水利水产局水资源管理站副站长，泰安市水利与渔业局水资源管理站站长，泰安市水利与渔业局水资源管理科科长，泰安市外事办（市侨务办）党组成员、副主任，肥城市委常委、宣传部部长，肥城市委常委、办公室主任，肥城市委常委、市政府副市长、党组副书记，肥城市委副书记，肥城市委副书记、统战部部长等职。2016年12月至2017年4月，任泰安市旅游局（旅游发展委员会）党组书记；2017年4月至2018年12月，任泰安市旅游发展委员会主任、党组书记；2018年12月至2020年1月，任泰安市文化和旅游局（市新闻出版广电局、市文物局）局长、党组副书记；2020年1—2月，任泰安市生态环境局局长人选、党组书记；2020年2月至2021年1月，任泰安市生态环境局局长、党组书记；2021年1—2月，任泰安市生态环境局局长；2021年2—5月，任泰安市人民政府党组成员、秘书长，市政府办公室（市大数据局、市政府外事办公室）党组书记；2021年5—12月，任泰安市人民政府党组成员、秘书长，市政府办公室（市大数据局、市政府外事办公室）党组书记，市智慧城市服务中心（市大数据中心）党组书记；2021年12月至2022年1月，任泰安市人民政府党组成员、秘书长，市政府办公室（市大数据局、市政府外事办公室）党组书记，市大数据中心（市智慧城市服务中心）党组书记；2022年1—2月，任泰安市人民政府党组成员、秘书长，市大数据中心（市智慧城市服务中心）党组书记。2022年2月以后，任泰安市人大常委会副主任、党组成员。

唐传营　男，汉族，1975年7月出生，山东沂源人。1994年12月加入中国共产党，1997年7月参加工作。中央党校研究生学历。

1997年7月毕业于山东轻工业学院无机材料系硅酸盐工程专业。曾任省经济协作办公室秘书处科员，省发展计划委员会（发展和改革委员会）人事处科员、副主任科员、主任科员、副调研员、副处长等职。2013年5—8月，任省发展和改革委员会政策法规处处长（援青）；2013年8月至2016年7月，任省发展和改革委员会政策法规处处长（援青），省对口支援青海干部管理组党委委员，青海省海北州发展和改革委员会党组成员、副主任（正县级，援青）；2016年7月至2017年6月，任省发展和改革委员会政策法规处正处级领导干部；2017年6月至2018年7月，任省铁路和机场规划建设办公室副主任（正处级）；2018年7—8月，任山东铁路投资控股集团有限公司党委委员；2018年8月至2021年8月，任山东铁路投资控股集团有限公司党委委员、副总经理。2021年8月以后，任泰安市政府副市长、党组成员。

刘峰梅　女，汉族，1969年11月出生，山东昌乐人。1994年7月加入中国共产党，1990年7月参加工作。省委党校研究生学历。

1990年7月毕业于山东工业大学机械工程系机械制造工艺及设备（冷加工）专业。曾任潍坊市农机研究所技术员、助理工程师、办公室副主任，潍坊市农机研究所所长助理、办公室主任，潍坊市农机研究所副所长，潍坊市农机研究所副所长、党支部副书记，潍坊市机械设计研究院副院长、党支部副书记，潍坊市机械设计研究院院长、党支部书记，潍坊市机械设计研究院院长兼农机研究所所长、党支部书记，诸城市副市长，诸城市委常委、副市长，诸城市委副书记等职。2015年11月至2016年2月，任诸城市委副书记、副市长、代理市长；2016年2月至2020年10月，任诸城市委副书记、市长；2020年10月至2021年12月，任日照市岚山区委书记；2021年12月至2022年1月，工作待安排。2022年1月以后，任泰安市政府副市长、党组成员。

冯能斌　男，汉族，1978年1月出生，江西泰和人。无党派，1999年7月参加工作。中央党校研究生学历。

1999年7月毕业于兰州大学地理系经济地理学与城乡区域规划专业。曾任高唐县建设委员会科员、建设局副局长、住房和城乡建设局副局长（主持县规划局工作）、规划局局长，高唐县政府副县长，聊城市政府副秘书长等职。2017年5月至2019年2月，任聊城市规划局局长；2019年2—5月，任聊城市自然资源和规划局局长；2019年5月至2022年1月，任聊城市自然资源和规划局局长、市林业局局长；2022年1—4月，任泰安市政府副市长；2022年4—5月，任泰安市政府副市长，市工商联主席候选人。2022年5月以后，任泰安市政府副市长，市工商联（总工会）主席（会长）。

窦清波　男，汉族，1969年12月出生，山东鄄城人。1993年6月加入中国共产党，1991年7月参加工作。大学学历。

1991年7月毕业于中国人民警官大学中文系汉语言文学专业。曾任省公安厅政保处科员、政治侦察处综合科副主任科员、直属机关党委副主任科员、直属机关党委机关团委书记（正科级）、直属机关纪委副书记、直属机关党委副书记，省公安厅有组织犯罪侦查总队副总队长、调研员等职。2017年3月至2018年9月，任省公安厅禁毒总队政委；2018年9月至2020年5月，任省公安厅禁毒总队政委、一级高级警长；2020年5月至2022年1月，任省公安厅直属机关党委专职副书记；2022年1—2月，任泰安市公安局局长、党委书记、督察长。2022年2月以后，任泰安市政府副市长、党组成员，泰安市公安局局长、党委书记、督察长。

马保文　男，汉族，1971年3月出生，山东广饶人。1998年6月加入中国共产党，1994年7月参加工作。大学学历。

1994年7月毕业于山东大学中文系汉语言文学专业。曾任东营市政府办公室秘书科科员、秘书二科副主任科员、秘书二科主任科员，东营市委办公室正科级干部、文秘科主任科员，东营市法制办公室副主任，东营市河口区委常委、副区长，东营市东营区委副书记等职。2016年11月至2017年2月，任东营市垦利区委副书记、副区长、代理区长；2017年2月至2020年11月，任东营市垦利区委副书记、区长；2020年11月至2021年12月，任肥城市委书记；2021年12月至2022年2月，任肥城市委原书记；2022年2月以后，任泰安市政府副市长、党组成员。

武林中 男，汉族，1966年11月出生，山东广饶人。1987年7月加入中国共产党，1989年7月参加工作。省委党校研究生学历。

1989年7月毕业于烟台师范学院政治系政治专业。曾任东营市建筑职业中专教师，东营市建委团委副书记、书记，共青团东营市委办公室正科级干部、办公室主任，共青团东营市委副书记等职。2001年4月至2006年3月，任共青团东营市委书记；2006年3月至2009年2月，任东营市委副秘书长、市信访局局长；2009年2—6月，任东营市河口区委副书记、副区长、代理区长；2009年6月至2010年5月，任东营市河口区委副书记、区长；2010年5月至2011年6月，任东营市委常委，河口区委副书记、区长，省援疆工作指挥部副总指挥、省第七批援疆干部副领队（援疆任喀什地委委员、疏勒县委书记）；2011年6月至2013年12月，任东营市委常委，省援疆工作指挥部副总指挥、省第七批援疆干部副领队（援疆任喀什地委委员、疏勒县委书记）；2013年12月至2014年1月，任东营市委常委，省援疆工作指挥部副总指挥、省第七批援疆干部副领队；2014年1月至2019年1月，任莱芜市委常委、政法委书记；2019年1—2月，任省民族宗教事务委员会党组成员；2019年2月至2022年1月，任省民族宗教事务委员会党组成员、副主任；2022年1—2月，任泰安市政协党组书记，市政协主席候选人。2022年1月以后，任泰安市政协主席、党组书记。

袁久党 男，汉族，1967年1月出生，山东新泰人。2001年3月加入中国民主建国会，1989年7月参加工作。大学学历。

1989年7月毕业于山东矿业学院采矿工程系采矿工程专业。曾任新泰市王家寨煤矿技术员、生产技术科科长、副矿长、筹建处副主任，新泰市煤炭工业管理局副局长，新泰市副市长，泰安市煤炭工业管理局副局长等职。2010年7月至2016年12月，任泰安市煤炭工业管理局局长；2016年12月至2017年2月，任泰安市安全生产监督管理局局长人选；2017年2—4月，任泰安市政府副市长、市安全生产监督管理局局长人选；2017年4月至2018年9月，任泰安市政府副市长、市安全生产监督管理局局长；2018年9月至2021年11月，任泰安市政府副市长；2021年11月至2022年2月，任泰安市政府副市长，民建市委会主委。2022年2月以后，任泰安市政协副主席，民建市委会主委。

孙岱峰 男，汉族，1962年1月出生，山东邹城人。2000年11月加入中国民主同盟，1984年7月参加工作。大学学历。

1984年7月毕业于山东纺织工学院纺织机电系纺织机械专业。曾任泰安毛纺厂职工、生产计划科副科长、生产计划科科长、销售科科长，泰安市泰山区政府副区长，泰安市司法局副局长，泰安市司法局副局长、民盟市委会副主委等职。2007年3月至2016年12月，任民盟泰安市委会副主委，市中级人民法院副院长；2016年12月至2017年2月，任民盟泰安市委会主委，市中级人民法院副院长；2017年2月以后，任泰安市政协副主席，市中级人民法院副院长，民盟市委会主委。

张步军 男，汉族，1966年9月出生，安徽萧县人。1990年11月加入中国共产党，1988年7月参加工作。大学学历。

1988年7月毕业于山东农业大学农业经济系农牧业经济管理专业。曾任泰安市经济战略研究中心干部、综合科副科长，泰安市纪委党风廉政建设室副科级纪检监察员、研究室正科级纪检监察员、研究室副主任，泰安市纪委常委、市监察局副局长等职。2004年12月至2006年5月，任泰安市纪委常委、秘书长（正县级）；2006年5—12月，任泰安市纪委副书记、秘书长；2006年12月至2017年2月，任泰安市纪委副书记；2017年2—4月，泰安市纪委原副书记；2017年4月至2018年12月，任泰安市委组织部副部长（正县级）；2018年12月至2021年5月，任泰安市卫生健康委员会（市中医药管理局）党委（组）书记、主任（局长）；2021年5月至2022年1月，任泰安市卫生健康委员会（市中医药管理局）党组书记、主任（局长），市疾病预防控制中心（市卫生检测检验中心、市预防医学研究所、市食品安全风险评估中心、市艾滋病预防控制中心）党委书记；2022年1—2月，任泰安市卫生健康委员会（市中医药管理局）主任（局长），市疾病预防控制中心（市卫生检测检验中心、市预防医学研究所、市食品安全风险评估中心、市艾滋病预防控制中心）党委书记。2022年2月以后，任泰安市政协副主席、党组成员，市政协文化和文史学习委员会主任。

倪庆宾 男，汉族，1967年11月出生，山东泰安人。1989年1月加入中国共产党，1991年9月参加工作。在职研究生学历。

1991年7月毕业于青岛医学院儿科系儿科医学专业。曾任泰安市中心医院儿外科医生、小儿外科副主任，泰安市中心医院医务部副主任、小儿外科副主任，泰安市中心医院医务部主任，泰安市中心医院党委委员、副院长，泰安市中心医院党委书记、副院长等职。2012年8月至2013年12月，任泰安市卫生局党委副书记，市红十字会专职副会长（正县级）；2013年12月至2015年6月，任泰安市卫生局党委副书记、副局长（正县级）；2015年6月至2018年12月，任泰安市卫生和计划生育委员会党委副书记、副主任（正县级）；2018年12月至2019年4月，任泰安市卫生健康委员会（市中医药管理局）党委副书记、副主任（副局长）（正县级）；2019年4月至2020年9月，任泰安市中心医院党委书记、院长；2020年9月至2022年2月，任泰安市中心医院党委书记、院长，市医疗发展集团党委书记、理事长（兼）。2022年2月以后，任泰安市政协副主席、党组成员，泰安市中心医院党委书记、院长，市医疗发展集团党委书记、理事长（兼）。

苏雪峰 女，汉族，1969年8月出生，福建南安人。2007年6月加入中国民主促进会，1991年7月参加工作。大学学历。

1991年7月毕业于山东师范大学历史系历史学专业。曾任宁阳县师范学校教师，宁阳县实验高中教师，宁阳县教委副主任，宁阳县教育局副局长，宁阳县政协副主席（不驻会）、县教育局副局长，宁阳县政协副主席（不驻会）、县教育局局长、教育督导室主任，宁阳县副县长，宁阳县副县长、县计生协会会长，泰安市教育局副局长、市政府教育督导室主任，泰安市教育局副局长、市政府教育督导室主任、民进市委会副主委等职。2017年2月至2020年2月，任泰安市教育局副局长（正县级）、民进市委会副主委；2020年2—4月，任泰安市文化和旅游局局长人选、市新闻出版广电局局长、市文物局局长，民进市委会副主委；2020年4月至2021年11月，任泰安市文化和旅游局（市新闻出版广电局、市文物局）局长，民进市委会副主委；2021年11月至2022年2月，任泰安市文化和旅游局（市新闻出版广电局、市文物局）局长，民进市委会主委。2022年2月以后，任泰安市政协副主席，市文化和旅游局（市新闻出版广电局、市文物局）局长，民进市委会主委。

梁望东 男，汉族，1970年1月出生，山东肥城人。2004年8月加入中国致公党，1992年8月参加工作。大学学历。

1992年8月毕业于青岛海洋大学海洋化学系化学专业。曾任肥城市焦化厂技术员、技术科调度员、副科长、科长，肥城市过村镇政府镇长，肥城市政府副市长等职。2011年12月至2013年12月，任泰安市人大常委会农村经济工作委主任、致公党市委会主委；2013年12月至2014年1月，任泰安市人大农业与农村委副主任委员人选、工委主任，致公党市委会主委；2014年1月至2015年1月，任泰安市人大农业与农村委副主任委员、工委主任，致公党市委会主委；2015年1月至2022年2月，任泰安市人大财经委副主任委员、工委主任，致公党市委会主委。2022年2月以后，任泰安市政协副主席，致公党市委会主委。

董彦和 男，汉族，1969年1月出生，山东新泰人。1994年12月加入中国共产党，1990年7月参加工作。大学学历。

1990年7月毕业于同济大学数学系应用数学（计算机软件）专业。曾任泰安市统计局科员、计算站副站长、计算站站长、办公室主任，市统计局党组成员、办公室主任，市统计局党组成员、副局长等职。2017年2—4月，任泰安市统计局党组书记、局长人选；2017年4月至2022年1月，任泰安市统计局党组书记、局长；2022年1—2月，任泰安市统计局局长。2022年2月以后，任泰安市政协副主席、党组成员，市政协委员联络工作委员会主任。

孙晋梅 女，汉族，1973年9月出生，山东武城人。1998年12月加入中国共产党，1999年7月参加工作。研究生学历。

1994年7月毕业于德州师范专科学校，后到聊城师范学院、中国政法大学全日制学习。曾任山东省人民检察院干部、书记员（副科级），省人民检察院法律政策研究室助理检察员，省人民检察院干部教育培训处副处长、助理检察员，省人民检察院干部教育培训处副处长、检察员，省人民检察院人事处副处长、检察员等职。2015年6月至2019年3月，任山东省人民检察院干部教育培训处处长、检察员；2019年3月至2021年12月，任山东省人民检察院基层工作处处长、检察员；2021年12月至2022年1月，任泰安市中级人民法院院长候选人；2022年1—2月，任泰安市中级人民法院党组书记、副院长、代理院长；2022年2月以后，任泰安市中级人民法院党组书记、院长。

王锡友 男，汉族，1966年3月出生，山东诸城人。1996年11月加入中国共产党，1990年7月参加工作。大学学历。

1990年7月毕业于山东省政法管理干部学院文科系法律专业。曾任省人民检察院干部、书记员、副科级助理检察员、正科级助理检察员，省人民检察院控告申诉（处）检察处副处级检察员、副处长等职。2011年11月至2013年10月，任威海市人民检察院党组副书记、副检察长、正县级检察员；2013年10月至2016年12月，任威海市人民检察院党组副书记、副检察长（正县级）；2016年12月至2017年1月，任威海市人民检察院党组书记、副检察长；2017年1—3月，任威海市人民检察院党组书记、副检察长、代理检察长；2017年3—12月，任威海市人民检察院党组书记、检察长（2017年3月，省人大常委会批准）；2017年12月至2021年12月，任威海市人民检察院党组书记、检察长、二级高级检察官；2021年12月至2022年1月，任泰安市人民检察院检察长候选人、二级高级检察官；2022年1—2月，任泰安市人民检察院党组书记、副检察长、代理检察长、二级高级检察官。2022年2月以后，任泰安市人民检察院党组书记、检察长、二级高级检察官（2022年3月，省人大常委会批准）。

模范人物选介

孔令让 男，1963年4月出生，中共党员，博士研究生学历。山东农业大学农学院教授，博士生导师，小麦遗传改良与基因组学团队带头人，农学院院长，兼任作物生物学国家重点实验室副主任、国家教学指导委员会农艺类副主任、山东省现代农业小麦产业技术体系首席专家、山东遗传学会理事长，《作物学报》《遗传》《Theoretical and Applied Genetics》《The Crop Journal》等国内外学术期刊副主编或编委等。2021年6月，被中共中央授予“全国优秀共产党员”称号；7月，被全国教书育人楷模推选委员会推选为“全国教书育人楷模”候选人。2022年团队获“中国青年五四奖章集体”称号。

他长期从事小麦及其近缘植物重要基因的发掘、种质创新和品种选育工作。承担国家自然科学基金重点项目、国家自然科学基金国际合作重点项目、国家重点研发计划、山东省良种工程等研究课题。先后在SCIENCE、PNAS等期刊发表论文80余篇，出版教材专著2部，培养研究生60余名，获省部级科技进步奖3项、发明专利5项，审定小麦品种6个。2020年5月22日，国际知名学术期刊《科学》（Science）以封面文章发表孔令让教授团队的重要学术突破。他们在全球首次从小麦近缘植物长穗偃麦草中克隆出抗赤霉病关键基因Fhb7，并揭示其抗病遗传和分子机制。这是中国小麦领域的首篇Science文章，该成果被两院院士评选为2020年“中国十大科技进展”，教育部“中国高校十大科技进展”，中国科协生命科学学会联合体“中国生命科学十大进展”，山东省“十大科技成果”以及“2021中国农业科学十大重要进展”。

从事教育工作多年，他始终牢记教师是自己的第一身份，教书是自己的第一工作，育人是自己的第一责任，不断增强为党育人、为国育才的责任感和使命感。作为院长论坛的主讲人，每年为本科生讲授入学“第一课”，帮助新生了解所学专业、制定学习目标，鼓励学生学农爱农、立志为农，引导学生将个人理想融入乡村振兴等国家发展战略中。承担本科生“普通遗传学”“作物学研究进展”等教学工作，注重教学方式创新和教学内容与时俱进，以科研促进教学，培养创新型人才。指导学生参加国家及山东省创新创业大赛，多次获一等奖、银奖等奖项。他先后获“山东省青年科技奖、农业部科技进步二等奖、中华农业科技奖、第八届中国侨界贡献奖二等奖、齐鲁最美教师、泰安新时代泰山‘挑山工’标兵、全国优秀共产党员、山东省优秀共产党员、第六届全国杰出专业技术人才”等荣誉。

刘　欣 女，1952年4月出生，中共党员，大专学历。泰山区岱庙街道花园社区居委会党总支书记。2021年6月，被中共中央授予“全国优秀党务工作者”称号。

作为一名社区党总支书记，她从严要求自己，自觉遵守党的纪律，认认真真做事，清清白白做人，成为老百姓信得过的当家人。面对工作中最苦最累的活、最缠手的事，她总是冲在前、干在前。她成立“地缘、志缘、业缘、趣缘”四缘党支部，接纳远离党组织，不能过正常组织生活的离退休、离（下）岗党员15人。她敢闯敢干，相继创新党建“四化工作模式”“加减乘除四则运算工作法”和为群众服务的“八仙”团队等党建品牌，动员组织广大党员群众为社区建设、为居民服务作出贡献。她牢记党的“全心全意为人民服务”的宗旨，了解民情，掌握第一手材料，为居民排忧解难办实事。筹措资金，将争取到的1000平方米办公楼打造成全方位为民服务中心；2008年带领社区居民一举搬迁造成社区环境脏乱差的拥有300个摊点的市场，改善社区环境；2012年她拓展思路，打造出全省第一批高标准的“妇女儿童家园”；2015年在创城迎审中履职尽责，敢于担当，拆除一楼违建的286个小院子，使30年的老小区换上新面貌。2018年协调开发商门头房400余平方米，建起全市首家“城市基层党建工作站”“刘欣工作室”。2020年，新冠肺炎疫情暴发，她带领社区200多名志愿者，放弃与家人的团聚，战斗在一线。封闭小区，24小时值守，用手写方式写出近100块疫情防控告知板，并制作发放居民和车辆临时出入卡，利用“明白纸”、一封信、大音响、小喇叭一遍遍宣传播放防疫措施。2020年9月，获评“抗击新冠肺炎疫情全国三八红旗手”。

从社区党委书记岗位上退休后，她利用工作室做好传帮带、搭建民意连心桥，协助社区为群众办实事解实难，受到群众赞扬。先后获“山东省优秀共产党员、第二届中国社区志愿者之星、全国孝亲敬老之星、山东省善行义举四德榜‘榜上有名’先模人物、泰安市十大女杰、泰安市优秀共产党员、山东省委‘担当作为好书记’、全国巾帼建功标兵、全国离退休干部先进个人、‘勇于创新奖’先进个人、全国优秀党务工作者”等称号，并记一等功。

赵　利　男，1968年3月出生，新泰市青云街道管家洼村村民。因居住地离青云湖不足百米，30多年他多次冒着生命危险参与水上救助，使16名落水者成功获救，打捞溺水死亡人员40多次。2021年11月，获“第八届全国道德模范”称号。

赵利受当过海军的父亲影响，从小练就一身的好水性。第一次救人是在1985年冬天，有个小孩和伙伴嬉闹时不慎落水，越挣扎离岸边越远，他赶紧一个猛子扎进去，最终将孩子托出水面。最危险的一次是在1990年腊月，一个农村妇女轻生投湖，当时风大浪急，妇人被冲离岸边10多米远，生命危在旦夕。他来不及脱衣服就跳进冰冷的湖水，落水妇女一下子死死抱住他。身上棉衣吸水的重量加上落水妇女挂在身上，生死一瞬间，他拼尽全力将轻生妇女推上岸。由于体力不支、全身冻透，赵利上岸后直接瘫在地上，村里人把他抬到家里。当天夜里，他就发起高烧，输液后才慢慢好转。舍身救人，他三十年点亮16个家庭的希望之火，被当地老百姓亲切地称为“青云湖边的生命守护神”。他参与救援不图回报，全家人在村里都有很好的口碑。妻子李花也被评为孝老爱亲“山东好人”。2020年，他发起成立新泰市同舟公益救援中心，义务实施水上救援，队员发展到100多人，本着“险情就是命令，时间就是生命”的搜救精神，7次参加救助落水人员和搜寻溺亡人员行动，协助查找33名走失儿童或年迈老人。他在水中书写人间大爱，用双手托起生命的希望。先后获“山东好人之星、中国好人、‘山东好人’2018十大年度人物、第七届山东省道德模范、第八届全国道德模范”等称号。

苏庆亮　男，1970年4月出生，中共党员，大学本科学历。生前任泰安市岱岳区扶贫办副主任。2016年7月24日，苏庆亮因突发心肌梗死，经抢救无效，牺牲在脱贫攻坚一线。2021年2月，被党中央、国务院追授“全国脱贫攻坚先进个人”称号。

1994年，24岁的苏庆亮放弃稳定的机关工作，到天平店乡大陡山村党支部主持工作，1996年2月，任天平街道大陡山村党支部书记，成为大陡山村带头人。为使家乡脱贫，他三下基层，一干就是21年，“就是搭上一条命，也要让穷村富起来。”他带领村里发展苗圃、茶园、生态旅游，把一个三年换两个支部书记的穷村乱村打造成为泰山脚下远近闻名的全国文明村。在担任区扶贫办副主任期间，他勤勤恳恳奋战在扶贫一线，两本笔记本密密麻麻写满他每天干的扶贫工作。3个月的时间，他跑遍全区82个贫困村，为精准扶贫工作东奔西走，帮助2200户贫困户找到脱贫路子，他身负重疾仍坚持工作，常年高强度的工作让他倒了下来。在大陡山村，他为大陡山村创造亿万资产，带领百姓脱贫致富奔小康，自己却一贫如洗，连一套最便宜的楼房也买不起，一家六口蜗居在狭窄的平房里几十年。他用自己年轻的生命，在泰山脚下树起一座不朽的丰碑。牺牲后，2016年10月，被国务院扶贫开发领导小组授予全国脱贫攻坚贡献奖、被山东省委宣传部追授“齐鲁时代楷模”称号；2018年，电影《苏庆亮》在全国城市和农村院线公开上映。

法文静 女，1970年5月出生，中共党员，大学本科学历。泰安金兰奶牛养殖有限公司总经理。2021年3月，获“全国巾帼建功标兵”称号。

她2003年返乡创业，在岱岳区满庄镇泥沟村把单纯的奶牛场发展成为集奶牛养殖、巴氏奶加工、牧草种植、有机肥生产、休闲观光为一体的一二三产深度融合的农业产业化龙头企业，产业辐射2个区4个乡镇15个村，流转土地333.33公顷，带动3000多户1万余人共同致富。她扎根牧场，立足农牧业转型升级、科技助推种养加三产融合发展，实现规模化牧场零排放，成为山东省生态循环示范企业、全国休闲观光牧场、全国抗菌药减量化行动试点场；加大科技研发，与省农科院、山农大等院校专家团队在公司开展A2奶牛的培育和牛奶开发，成为山东省A2牛奶产业化开发企业。2019年参加泰山区创新创业大赛获得一等奖，奶牛养殖废弃物资源化利用项目获省畜牧科技进步三等奖，金兰生态循环示范模式在全省推广。承担中国青贮玉米发展大会现场，种植优质牧草解决制约奶业“卡脖子”的进口牧草问题：用小麦秸秆替代进口燕麦草、用国产苜蓿+专用青贮替代进口苜蓿。恪守金兰创始人对李克强总理的承诺，诚信做好一杯好牛奶。长期或季节性聘用周边村470多人务工（其中女员工92人），助其增收500多万元；通过基地打工、补助等方式帮扶38户55人脱贫致富；流转土地直接增加农民收入360万元。依托技术团队成立合作社义务为养殖户做技术服务，带动20户改变养殖模式。承接新型农民科技培训50多次，为新疆岳普湖县提供技术培训3次100多人次。每年免费为泥沟村70岁以上老人购买医疗保险。免费给福利院、医院等提供26万元的鲜奶。捐助5个村300万元有机肥助力复工复产。新冠疫情期间为牛场周边村免费消毒、捐赠物资。她参加社区防控值班不慎受伤，先进事迹被“学习强国”学习平台等报道。先后获“全国巾帼牛人奖、中国好人（诚实守信好人）、全国巾帼建功标兵、山东省巾帼建功标兵、山东省十佳三农人物、山东省富民兴鲁劳动奖章、齐鲁畜牧宣传大使、山东省智慧家长、泰安市巾帼增收带头人、泰安市三八红旗手、泰安十大女杰、泰安市十大最美科技工作者、泰安市十大畜牧扶贫人物、泰安市模范市民”等荣誉。

路新华 女，1968年5月出生，中共党员，大学学历。泰安市看守所副所长、女子巡视监管大队大队长、四级高级警长。2021年3月，获“全国巾帼建功标兵”称号。

她担任女子巡视监管大队长以后，坚守在公安监管工作第一线，不仅是指挥员，也是开展管理教育工作的业务能手，针对女性在押人员的身心特点，她注重从物质保障、精神慰藉等方面彰显对在押人员的人性化关怀，将多年学习的专业知识与练就的经验融入监管工作中，在其带领下，女子巡视监管大队实现自成立以后一直安全无事故的局面。自2014年女子巡视监管大队党支部成立以后，作为党支部书记，她始终坚持以党建带队建，提高民警的党性修养和综合素养。“在岗一分钟、安全六十秒”，她始终这么要求着队里的每一位监管民警。她全身心投入监管工作，2016年丈夫因病去世，2017年她身患癌症，遭受接连打击，几个疗程的放疗、化疗治疗，身体和精神都受到极大影响，本应遵医嘱继续住院治疗的她，却坚持回到工作岗位，边工作边治疗，虚弱的身体、高强度的治疗丝毫没有影响到她对女子监管工作的投入与坚守。她以身作则，严中有爱，打造女子监管铁军队伍。疫情发生以后，她迅速组织人员，成立女子巡视监管大队战时党员突击队，主动要求坚守在驻勤第一线，封闭执勤模式运转11个多月，她克服身体不适和对家中90多岁老母亲的不舍，投入到监区安全管理工作中。对待在押人员，她也是尽心尽力，想在前做在前，用女性独有的爱心、细心和耐心，构筑起监区安全的防线，确保监区秩序的稳定，在非常时期，彰显出女民警有令必行、勇于奉献的可贵精神。先后获“全国县级公安机关公用经费保障标准落实工作先进个人、山东省公安系统先进个人、个人三等功”等称号，多次被评为优秀公务员，获市局嘉奖。她带领的女子大队，肩负着全市女性犯罪嫌疑人羁押管理任务，成立以后一直保持安全无事故，先后被评为“十佳铁军警队”，获“集体三等功”。

贾爱云 女，1962年5月出生，中共党员，肥城市湖屯镇前兴隆村党支部书记、村主任、合作社理事长，肥城市妇联兼职副主席，泰安市人大代表。2021年2月，获2020年度“全国三八红旗手”称号。

她1980年参加工作后，在前兴隆村工作40多年如一日。1999年任前兴隆村党支部书记、村主任，担任支部书记、村主任的20多年，带领前兴隆村实现小康。以前的前兴隆村是出名的穷村乱村，全村共有717户、2179人，耕地面积133.33公顷，村集体收入几乎是零，并且长期历史负债金额达400多万元。村民居住在土屋子，环境更是脏乱不堪，垃圾成堆，污水横流。上访闹事、孩子辍学、邻里争吵、人地矛盾、乱圈乱占、合同纠纷等各类问题，长期得不到有效解决，群众怨声载道，一年曾换过三茬支部书记，都没有稳住乱的局势。贾爱云上任后，带领前兴隆村，抢抓国家出台的惠民政策机遇，建设新村、腾土地、落地滕头园林苗木基地，国家扶持光伏农业三大机遇，优化组合村内土地、人力、资金等要素，推进整村搬迁，腾空旧村土地33.33公顷，引进落地青岛光伏发电有限公司、华盛农业产业园、泽盛菌业等农业龙头项目3个，做新做活土地流转规模经营。依托农业龙头企业，村集体引领带动成立三大股份合作社，村民入股共享红利，20年后，村集体经营性收入达到376.37万元，农民人均可支配收入达2.18万元。为解决妇女就业创业，她跑遍多家企业联系服装加工厂，并把加工厂引进到村里，介绍家政公司到村里举办各类培训班，让每名妇女学到一技之长，成立劳动股份合作社，创建多个服装加工厂。利用300多个大棚，搞特色种植，实现妇女足不出村就能打工挣钱，全村妇女劳动力562名，有340名在家门口就业。前兴隆村走出一条以产业化提升农业，以城镇化改造农村，以企业化富裕农民的创新之路。她先后获“山东省担当作为好书记并记一等功、山东省优秀党支部书记、山东省劳动模范、山东省优秀女村官、山东省乡村文明之星、山东省三八红旗手标兵、泰安新时代泰山挑山工标兵、泰安市优秀党支部书记”等称号。

万　峰　男，1969年3月出生，中共党员，泰山区人民法院审判委员会委员、岱庙法庭庭长。2021年12月，被评为“全国维护妇女儿童权益先进个人”。

从事基层审判工作25年以来，他一直注重维护妇女儿童合法权益，将审判工作不断向庭前、庭后和庭外延伸，化解大量的社会和家庭矛盾，有效维护社会和谐稳定。他积极探索推行泰山区法院关于家事案件的先行调解机制、财产申报制度、人身保护机制、探索共养子女模式、家事纠纷心理干预机制、案件跟踪回访机制。创新家室审判调解方法，依托法官一体化平台以及线上庭审系统，开展家事案件远程调解，避免当事人法庭对抗。并利用在全区建立的诉调对接工作网络，加强调解作用，先行委托家事调解员、基层组织干部进行调解，将调解贯穿整个诉讼过程始终，进一步完善家事纠纷的多元化解决机制。自2016年以后，结案760件，其中婚姻家庭类案件300余件，结案率在90%以上，发改率低于1%。他所经办案件中，无矛盾激化案件、无上访案件。先后获“全国法院先进个人、全省优秀法官、全省办案能手、泰安市首届泰山法官、泰安市十大法治人物”等称号。

石　菁　女，1978年3月出生，中共党员，大学本科学历。泰安一中数学教师，中学高级教师。2021年4月，被中华全国总工会授予“全国五一劳动奖章”。

她从教22年始终遵循教育规律，致力于学生创新精神的培养，其教学理念得到国内外诸多教育专家的认可，2016年入选山东省教科院专家库。2017年6月，作为高三数学备课组长，她带领全体数学老师精心备考，1116名毕业生中22人高考数学获得满分，取得全市数学高考成绩的新突破，受到社会各界的广泛关注。她把学生当作自己的孩子，资助99级4班学困生王家立顺利升入北京大学深造。截至2021年年末，班内学生已有5人获得学科竞赛全国一等奖，10人次通过清华、北大寒假学堂初审，多人在叶圣陶杯全国中学生新作文大赛、中国日报社“21世纪杯”全国英语演讲比赛中获得佳绩。作为数学教研室主任，她立足学校长远发展，致力于学校科研创新，2019年11月，学校被北师大数学院遴选为山东省十所“数学建模教学基地”之一。2017年6月，她主动带头到城郊新校区工作，为新校区的稳步发展作出自己的贡献，近四年，她每天往返城乡30千米的路程，超负荷完成教学任务，成为泰安一中最受尊重的“园丁”。先后获“山东省数学优质课一等奖、山东省教学能手、泰安市劳动模范、泰山名师、泰山功勋教师、泰安市拔尖人才、齐鲁名师、山东省特级教师、山东省五一劳动奖章、全国五一劳动奖章”等荣誉。

张连波　男，1974年4月出生，中共党员，大学文化。泰安市公安局泰山景区分局岱顶派出所所长，一级警督。2021年1月，被省公安厅表扬奖励为军转安置工作优秀军转干部，并记一等功。

2004年部队转业入警以后，他扎根岱顶，履职担当，勇做新时代泰山“挑山工”。在岱顶期间，他直接服务游客200余万人次，调解纠纷500余起，创下涉旅警情处置

“零投诉”的成绩，接受游客咨询百万余人次，救助走失、患病、受伤游客2000余人；帮助寻找丢失物品5000余件，价值70余万元；挽救轻生游客100余人，确保突发警情处置“随叫随到”，救助救援服务“随时随地”。在他的带领下，岱顶派出所获“全国公安机关爱民模范集体、第五届全国119消防先进集体”称号，被评为山东省首批“枫桥式公安派出所”，被表彰为山东省抗击新冠肺炎疫情先进集体，被省公安厅确定为党建带队建工作“示范单位”，被泰安市委评为“泰山先锋红旗党支部”。他先后荣立二等功2次、三等功1次，被评为“全国优秀旅游警察、全省人民满意政法干警、全省公安机关‘最美基层民警’，泰安市十大法治人物、‘泰山先锋’共产党员”。

梁　栋　男，1985年1月出生，中共党员，大学文化。肥城市公安局禁毒大队指导员、四级警长，三级警督警衔。2021年4月，被省公安厅奖励为侦破部督“2020—203”毒品目标案表现突出人员，记个人一等功。

2006年参加工作以后，他始终战斗在刑侦一线，屡破大要案件，特别是2017年负责禁毒工作以后，肥城市禁毒综合成绩始终位居全泰安市第一位，肥城市公安局在2020年度全省县级公安机关扫毒大比武中位居全省同序列第一名。在侦破公安部“2020—203”毒品目标案件中，他主动出击、攻坚克难，带领专案组克服重重困难，历时10个月，行程8万余千米，成功摧毁一涉及13个省40余个市的特大制贩合成大麻素犯罪网络，打掉制贩毒犯罪团伙3个，抓获犯罪嫌疑人32名，缴获合成大麻素360余千克，在案件侦破中发挥决定性作用，带队成功抓获主要犯罪嫌疑人，缴获原材料1.5吨，查获生产设备20台，实现嫌疑人抓捕一次成功、参战民警无一负伤、涉案证据全面固定的目标，确保公安部“2020—203”毒品目标案件圆满收官。荣立个人二等功1次、三等功4次，获嘉奖5次，先后获“全省公安系统先进个人、首届齐鲁禁毒标兵、泰安市优秀共产党员”等称号。

李　睿　男，1995年12月出生，中共党员，中央军委训练管理部军事体育训练中心空军五项队运动员。2020年6月，被中央军委训练管理部授予一等功。

2014年入伍后，他担任空军航空大学校务部警卫连班长，其间，因表现优异被派到空降兵某师教导大队空军预提警卫班长集训队学习。2017年5月，他毛遂自荐到空军五项队，试训3个月后通过考核，入队以后，认真学习专业知识，苦练各项技能，逐步成长为一名主力队员。他零基础学习游泳，练就过硬游泳技术；突破身体极限提高障碍项目成绩；每天都抽出40分钟练习击剑技术，达到了专业技术高、控剑能力好、专项力量强的要求；在训练定向越野时，为了熟练掌握地图知识，每天晚上加练结束后都坚持研究各种定向地图……经过两年多的不懈努力，他成功入选主力阵容，参加2019年第七届世界军人运动会，最终在空军五项比赛中摘得个人全能冠军、团体冠军，荣获“双冠王”，成为中国人民解放军代表队在空军五项比赛项目上的首位冠军得主，实现中国人民解放军代表队在该项目上零的突破。

先进个人名录（部分）

全国优秀共产党员

孔令让　山东农业大学农学院党委副书记、院长

全国优秀党务工作者

刘　欣（女）　泰山区岱庙街道原政协办公室副主任，花园社区党委书记

2020年度全国三八红旗手

贾爱云　肥城市湖屯镇前兴隆村党支部书记、村主任

全国巾帼建功标兵

路新华　泰安市看守所副所长、女子巡视监管大队大队长、四级高级警长

法文静　泰安金兰奶牛养殖有限公司总经理

全国维护妇女儿童权益先进个人

万　峰　泰山区人民法院审判委员会委员、岱庙法庭庭长

全国五一劳动奖章

石　菁　泰安第一中学数学教研室主任，中学高级教师

第八届全国道德模范

见义勇为

赵　利　泰安市新泰市青云街道管家洼村村民

全国脱贫攻坚先进个人

苏庆亮　岱岳区扶贫开发领导小组办公室副主任

全国城市困难职工解困脱困先进个人

李广涛　泰安市总工会经费审查委员会办公室主任

全国乡村振兴（扶贫）系统先进个人

张向峰　岱岳区扶贫开发领导小组办公室主任

全国残疾人工作先进个人

刘学永　泰安市残疾人联合会党组书记、理事长

全国最美家庭

刘奉阁家庭

王秀风家庭

第四期中国妇女社会地位调查优秀个人

贾秀梅　泰安市妇联办公室主任

平安中国建设先进个人

乔元波　宁阳县公安局东疏派出所副教导员

全国公安机关信访工作成绩突出个人

汪永峰　泰安市公安局信访处副处长

全国公安机关我为群众办实事

成绩突出个人

刘　伟　泰安市公安局泰山分局刑事侦查大队副大队长

全国公安监管部门抗击新冠肺炎疫情成绩突出个人

王　晓　新泰市看守所所长

全国公安机关情报信息工作成绩突出个人

张　通　泰安市公安局指挥中心情报信息中心四级警长

人民法院司法警察先进个人

李　博　肥城市人民法院法警大队大队长

退役军人服务保障先进个人

魏　勃　泰安市退役军人事务局党组书记、局长

2021年度《中国退役军人》宣传工作先进个人

石念富　泰安市退役军人事务局双拥科科长

全国火灾调查岗位练兵比武活动调查询问第三名

郭明辉　泰安市消防救援支队火调技术科科长

全国消防救援队伍优秀女干部

张婷婷　泰山景区消防救援大队专业技术人员

全国税务系统百佳税务所长（书记）

赵向东　泰山区税务局第二税务分局局长

全国税务系统精神文明建设先进工作者

王兴云　东平县税务局党委书记、局长

第二届中国国际文化旅游博览会优秀个人奖

李　豪　泰安市文化和旅游局产业发展科二级主任科员

周长顺　泰安市文化体制改革和文化产业发展服务中心副主任

抗击新冠肺炎疫情省三八红旗手

程　慧　泰安市中心医院主管护师

张爱华　泰安市疾病预防控制中心传染病防制科主任

郭燕芬　泰安市第一人民医院普外一科副护士长

董　玲　新泰市第二人民医院护师

梁　萍　泰安光彩大市场党委书记、管理服务中心主任

赵　鹏　新泰市教育和体育局少先队总辅导员、体卫艺教研室副主任

王金奎　肥城市安驾庄镇东赵村党支部书记、村委会主任

陈晓宇　泰安市徂汶景区行政审批服务部副部长

山东省妇女儿童工作先进个人

王　璐　泰安市国库集中支付中心二级主任科员

山东省妇女儿童工作优秀个人

陈晓娜　泰安市妇联党组书记、主席

谷　鹏　泰安市人力资源社会保障局劳动关系科科长

马　琳　泰山区委宣传部副部长、泰山区融媒体中心党组书记、主任

王　秀　泰安市公安局泰山分局岱庙派出所三级警长

伏圣娟　岱岳区卧虎山小学校长、智源小学党支部书记

曹玉红　新泰市实验幼儿园党总支书记、园长

张　雯　肥城市教育和体育局基础教育科副科长

方　震　东平县妇联党组书记、主席

山东省第十二届“十佳兵妈妈”

李永香　泰山区上高街道桑家疃村馨苑小区居民

山东省最美基层妇联人

许　伟　泰山区泰前街道科大社区党委委员、妇联主席、计生主任

张振爱　岱岳区天平街道井家庄社区居委会委员、妇联主席

王公翠　新泰市新汶街道中合寨村支部委员、妇联主席

刘荣霞　新泰市汶南镇汶南西村两委委员、妇联主席

岳　红　肥城市石横镇保安村两委委员、妇联主席

王　玲　肥城市高新区王西村村委委员、妇联主席

战继荣　东平县银山镇耿山口村两委委员、妇联主席

刘晓燕　泰山景区黄前镇羊栏沟村两委成员、妇联主席

山东省优秀农业劳动者

刘　霞　新泰石井旅游开发有限公司董事长

苏现霞　泰安泰山煎饼食品有限公司天宝分公司生产厂长

薛丽娜　泰安市岳洋农作物专业合作社理事长

山东省优秀三农工作者

杨士玲　新泰市农业行政执法大队大队长

殷红梅　泰安高新区北集坡街道办事处水利站站长

山东省五好家庭

吴方俊家庭

赵玲家庭

卜庆振家庭

魏红家庭

山东省家庭工作通报表扬个人

杨志丽　泰山区财源街道妇联主席

刘　娜　宁阳县妇联副主席

山东省“美丽庭院”创建工作通报表扬个人

韩　婧　泰安市妇女儿童服务中心副主任

杨文通　泰安市乡村生态振兴专项工作组主任

刘静静　泰山区徐家楼街道妇联主席

曹红云　岱岳区妇联党组成员、副主席

陈新建　新泰市妇联党组书记、主席

李　霞　肥城市安驾庄镇社会事务办公室副主任

高秀红　宁阳县妇女儿童服务中心科员

刘冬梅　东平县妇联综合部部长

李　玉　泰安高新区宣传工作办公室正科级干部

王秀娟　岱岳区黄前镇木口峪村妇联主席

任法芹　徂汶景区化马湾乡化马湾村党支部书记

山东省最美民宿女主人

朱　乐　山东乐惠生态农业发展有限公司董事长

齐鲁工匠

张泉城　山东泰鹏集团有限公司技术经理，装配钳工高级技师，高级工程师

高　文　山东华阳农药化工集团技术质量部副经理，化学检验高级技师

山东省五一劳动奖章

孔　磊　山东泰开电器绝缘有限公司车间主任

孙翠玲　新泰市贵和职业培训学校面点员
李宝友　东平中联水泥有限公司党委书记、总经理
杨玉慧　泰安市公安局网络安全保卫支队政委
张　东　泰安市第一人民医院党委书记、院长
陈　勇　中国移动泰安分公司党委书记、总经理
陈峰清　泰山玻璃纤维有限公司二分厂厂长
陈绪功　新泰市建筑安装工程有限公司党委书记、总经理
陈　雷　山东宝来利来生物工程股份有限公司副董事长、常务副总裁
邵秋云　宁阳县总工会女工委主任
秦洁新　泰山学院附属中学校长
倪庆宾　泰安市中心医院党委书记、院长
寇春刚　肥城白庄煤矿有限公司机电维修工

齐鲁最美职工

宋现生　中国邮政泰安市分公司投递员

省级“农民工之星”

齐　孟　泰安欣鸣塑业有限公司总经理
刘　霞　新泰石井旅游开发有限公司董事长
李传峰　东平县建业农业科技有限公司总经理
侯培广　肥城市汶阳镇西徐农业公司董事长

省级“工友创业”优秀个人

刘　波　肥城市天一肥桃种植专业合作社理事长

第十九届山东省优秀少先队员

芦恩子琳　泰安市第一实验学校
樊雨轩　岱岳区新城实验学校
周沛霖　宁阳县第二小学

2020 年度山东省乡村好青年

冯　健　泰安乐天然农业发展有限公司总经理

新时代山东向上向善好青年

丁一川　蓝光数字产业（山东）有限公司董事总经理

2021 年度山东省“学习强国”优秀管理员

巩志远　市委宣传部理论科二级主任科员
黄　敏　岱岳区文联（社科联）秘书长

全省舆情信息工作先进个人（省委宣传部）

杨　琦　市委宣传部意识形态工作科副科长

第十一届山东省优秀少先队辅导员

刘建民　泰山区财源街道乐园社区少先队校外辅导员

山东省优秀共产党员

孔令让　山东农业大学农学院党委副书记、院长
贾美荣（女）　泰安市贾美荣拥军优属服务中心党支部书记
姜　英（女）　华润泰安医药有限公司党委书记、总经理
谭华东　泰安市公园管理所副所长
邓兴法　泰安市徂徕山林场护林员
贺茂群　华能山东发电公司众泰电厂生产管理部主任
陈建民　宁阳县葛石镇石集小学教师
王云龙　新泰市东都镇酒台村党支部书记、村委会主任
马学文　山东农大肥业科技有限公司党支部书记、董事长
张保举　新泰市青云街道新甫社区党委书记、居委会主任
杜国磊　泰安市特殊教育中心教师
乔贤华　宁阳县华丰镇南良父村党支部书记、村委会主任
谷冬梅（女）　岱岳区金融发展服务中心主任
赵同军　肥城市孙伯镇五埠村党支部书记、村委会主任
彭广会　东平县人民医院重症医学科主任
徐　进　泰安市徂汶景区自然资源和规划部副部长
李明东　山东润通齿轮集团公司党支部书记、总经理
薛丽娜（女）　岱岳区马庄镇农经作物研究会会长
朱丽虹（女）　泰山景区泰山票务运营中心红门票务站站长

山东省优秀党务工作者

邱海静（女）　泰山区泰前街道嘉德社区党委书记、居委会主任

卢运忠　宁阳县东庄镇南故城村党支部书记、
村委会主任
谢振国　山东德然律师事务所党支部书记、主任
李希刚　新泰市羊流镇党委书记
朱志明　泰安市委组织部组织二科副科长
安红强　泰山景区南天门管理区党支部书记、区长
王铁锋　山东泰山保安服务有限公司党委书记、
总经理
王兴宝　东平县梯门镇东瓦庄村党支部书记、
村委会主任
王　卫　泰安高新区北集坡街道党工委书记
魏　真（女）　肥城市新城街道党工委委员
王庆峰　东平县铁路建设服务中心主任，
县交通运输局机关党委副书记

第八届全省道德模范

助人为乐

贾庆臣　岱岳区角峪镇先锋村村民

诚实守信

法文静（女）　泰安市金兰乳业有限公司总经理

敬业奉献

公海云（女）　国网泰安供电公司泰山供电中心
低压一班班长

孝老爱亲

韩彩霞（女）　肥城市湖屯镇东湖东村村民

第八届全省道德模范提名奖

助人为乐

泰山消防救援站

见义勇为

张荣产　新泰市刘杜镇光明中村村民

诚实守信

曹正磊　肥城市潮泉镇上寨村村民

敬业奉献

卢运忠　宁阳县东庄镇南故城村支部书记、
村委会主任

孝老爱亲

安其鹏　泰山区上高街道岔河村党支部书记、
村委会主任

省级新时代好少年

冯嘉原　泰安第六中学 2017 级 8 班
王　杰　新泰市金斗中学九年级 6 班

省级学雷锋志愿服务先进典型

最美志愿者

赵权平　泰安市法律公益援助发展中心秘书长
陈爱红　宁阳县第二人民医院妇产科主管护师
李　锋　肥城市阳光公益协会会长
徐勤锋　新泰市向阳实验学校教师
韩增峰　泰山区泰前街道嘉德社区卫生服务站站长
袁　东　东平县公路事业发展中心青年志愿者
服务队队长
李景光　东平信息港公益协会党支部书记、会长

河南省防汛救灾优秀志愿者

赵　利　新泰市同舟公益救援服务中心
王云峰　新泰市同舟公益救援服务中心

山东省脱贫攻坚先进个人

方增勇　泰山区邱家店镇党委书记
张　峰　泰山区省庄镇前省庄村党支部书记、
村委会主任
王　翠　岱岳区祝阳镇党委书记
庞继凯　岱岳区扶贫开发领导小组办公室副主任
公培国　新泰市扶贫开发领导小组办公室副主任
肖　璐　新泰市扶贫开发领导小组办公室统计
考核组组长
张仕峰　新泰市龙廷镇党委书记
张阴明　肥城市委办公室副主任，市扶贫办主任
李开磊　肥城市安驾庄镇党委书记
孙　栋　肥城市老城街道党工委书记
乔国良　宁阳县泗店镇党委副书记
尹彦靖　宁阳县扶贫办信息统计科科长
李学东　东平县委组织部副部长，县人力资源
和社会保障局局长
侯绪东　东平县扶贫办政策调研组组长
徐友华　东平县大羊镇扶贫办主任
李新卫　泰安高新区良庄镇党委书记
齐洪淼　泰山景区下港镇党委书记
陈爱鹏　徂汶景区天宝镇党委书记
于平国　泰安市委组织部机关党委专职副书记
臧玉海　泰安市扶贫办主任
王兴华　泰安市扶贫办督查统计组组长

崔延庆　泰安市教育局办公室科员
董　峰　泰安市民政局副局长
李文峰　泰安市财政局副科长
赵　鹤　泰安市住房和城乡建设局四级调研员
姜士科　泰安市委农办主任，市农业农村局党组书记、局长
石文东　泰安市医疗保障局副局长，市医疗保险事业处主任
刘德超　山东省军区泰安第一离职干部休养所干事

全省铁路治安秩序整治先进个人

姚传中　岱岳区委政法委三级主任科员

平安山东建设先进个人

赵　冰　泰安市公安局泰山景区分局红门派出所所长
孙　宁　泰安高新区社会事务服务中心、信访政法维稳办公室主任

山东省新建铁路治安秩序集中整治工作先进个人

记三等功

胡建军　肥城市委政法委副书记（正科级）

通报表扬

王　勇　肥城市委政法委二级主任科员

记嘉奖

孙　宁　泰安高新区社会事务服务中心、信访政法维稳办公室主任

全省公安机关2020年度工作成绩突出个人

记个人一等功

雷　鸣　泰安市公安局国内安全保卫支队副支队长

记个人二等功

黄　华　泰安市公安局泰山分局经济犯罪侦查大队中队长
孙　宁　泰安市公安局岱岳分局粥店派出所二级警长
王　明　新泰市公安局刑事侦查大队中队长
卢保田　新泰市公安局岳家庄派出所原副所长（追记）
吕成彬　肥城市公安局刑事侦查大队副大队长兼三中队中队长
谷　雨　宁阳县公安局经济犯罪侦查大队副中队长
曾凡龙　东平县公安局梯门派出所副所长
巩玉军　泰安市公安局治安警察支队治安行动大队大队长
史正鹏　泰安市公安局刑事侦查支队三大队副大队长
王　军　泰安市公安局交通警察支队岱岳区大队二级警长
李剑钊　泰安市公安局信息通信处警务技术四级主管
张　鹏　泰安市看守所女子巡视监管大队四级警长

省公安厅表扬奖励军转安置工作

优秀军转干部并记一等功

张连波　泰安市公安局泰山景区分局岱顶派出所所长

侦破部督“2020—203”毒品目标案表现突出人员

记个人一等功

梁　栋　肥城市公安局禁毒大队指导员

记个人二等功

续迎辉　肥城市公安局禁毒大队四级警长

全省公安系统抗击新冠肺炎疫情工作

记个人二等功

亓子超　泰安市公安局泰山分局治安管理大队大队长
侯树虎　泰安市公安局特巡警支队三大队四级警长

全省公安机关我为群众办实事实践活动

成绩突出基层民警标兵并记二等功

张　鑫　肥城市公安局桃花源派出所副所长

成绩突出基层民警并记三等功

庞大钱　泰安市公安局泰山分局省庄派出所一级警员
尹延慧　泰安市公安局高新区分局化马湾派出所一级警员
黄岳昌　宁阳县公安局伏山派出所二级警长

全省公安机关高速公路限速管理专项排查整治工作

成绩突出个人并记二等功

刘继勋　泰安市公安局高速公路交通警察支队副支队长

2021年齐鲁警察之星

刘　强　泰安市公安局泰山分局上高派出所副所长

全省法院党建工作先进个人

王静波　泰安市中级人民法院二级调研员
宁廷斌　宁阳县人民法院政治部副主任
李　伟　东平县人民法院民事审判第二庭一级法官

全省法院宣传工作先进个人

胡冰凝　泰安市中级人民法院研究室四级法官助理
徐　倩　宁阳县人民法院审管办四级法官助理

全省法院民商事审判工作先进个人

张　萍　泰安市中级人民法院民事审判第二庭四级高级法官
戴风玲　宁阳县人民法院民事审判第一庭一级法官

全省法院知识产权审判工作先进个人

屈玉涛　泰安市中级人民法院民事审判第三庭副庭长、四级高级法官

2020年度反洗钱工作联席会议成员单位先进工作者

王　平　岱岳区人民法院刑事审判庭一级法官
刘平岭　新泰市人民法院刑事审判庭一级法官

全省法院人民法庭工作先进个人

齐松涛　岱岳区人民法院汶口法庭一级法官
马光辉　新泰市人民法院立案庭一级法官
石海峰　肥城市人民法院王瓜店法庭庭长、一级法官
张士伟　宁阳县人民法院华丰法庭庭长、一级法官

山东省“十三五”时期“民兵工作先进个人”

张尽峰　肥城市人武部上校部长
娄家亮　宁阳县人武部军事科中校科长（营级正职）

山东省军区党委“优秀共产党员”

吴　斌　泰安军分区战备建设处上校处长

山东省军区“人武部、干休所建设优秀个人”

张作程　新泰市人武部上校政治委员
张尽峰　肥城市人武部上校部长
李　萍　山东省军区泰安第三离职干部休养所所长（副局级）

山东省军区“机关服务基层优秀个人”

王建华　泰安军分区保障处中校处长

山东省军区“新闻宣传工作先进个人”

刘德超　山东省军区泰安第一离职干部休养所中校干事

山东省军区记三等功

彭　鹏　泰山区人武部中校副部长

山东省军区记嘉奖

赵立军　山东省军区泰安第一离职干部休养所主任医师

武警山东省总队记个人三等功

张　强　武警泰安支队参谋部信息通信股少校股长

第二届“齐鲁最美消防员”

王锦波　泰安市消防救援支队应急通信与车辆勤务站一级消防长

2021年度全省消防救援队伍优秀领导干部

张良忠　泰安市消防救援支队支队长
姜从涛　泰安市消防救援支队政治委员
任鹏飞　泰安市消防救援支队副支队长
张传永　泰安市消防救援支队副政治委员

2021年全省防汛抗洪表现突出的个人

刘柞海　泰山区应急管理局党组成员
高　强　泰山区岱庙街道党工委副书记、办事处主任
张　文　岱岳区应急管理局火灾防治和防汛抗旱科科长
李　军　岱岳区水土保持服务中心主任
徐志国　岱岳区城市管护服务中心市政设施科科长
武新华　岱岳区祝阳镇赵汶管区党总支书记
刘忠文　新泰市水利局局长
徐鹏程　新泰市应急管理局局长
王瑞俊　新泰市应急管理局副局长

赵金生　肥城市应急管理局局长
聂继佩　肥城市住房和城乡建设局原局长，肥城市人民防空办公室主任
高　春　肥城市水利局副科级干部
赵长春　宁阳县应急管理局副局长
苏望征　宁阳县水利局工程管理科副科长
郭　东　东平县副县长
贾思恩　东平县政府办公室副科级干部
史金龙　东平县水利局局长
孟昭军　东平县应急救援指挥中心主任
段　震　泰安市水文中心东平水文中心主任
侯金良　东平县应急管理局防汛抗旱科科长
丁代兴　东平县消防救援大队大队长
米厚章　东平县戴庙镇原党委书记，东平县梯门镇党委书记
谢德伟　东平县戴庙镇东金山村党支部书记
李　杰　东平县银山镇党委书记
王玉航　泰安高新区应急管理办公室主任
王　聪　徂汶景区安全应急管理部科员
蔚立峰　泰安市委办公室国家安全监管科科长
杨新宇　泰安市委宣传部市委理论宣讲中心副主任
彭　娟　泰安市政府办公室秘书七科科长
孙继刚　泰安市自然资源和规划局国土空间生态修复中心地灾防治科科长
马恒凯　泰安市住房和城乡建设局行业安全管理科科员
王　骞　泰安市水利局局长
冯　利　泰安市城市管理局副局长
张　锋　泰安市城市管理局市政设施管理科科长
刘　琳　泰安市应急管理局局长
冉祥彬　泰安市应急管理局防汛抗旱科科长
李学健　泰安市广播电视台电视新闻中心时政新闻部主任
宋　昌　东平湖管理局水政与河湖监督处水政科科长
柳　伊　泰安市气象局工程师
王晓东　泰安市河湖管理保护服务中心灾害防御科科长
施金泉　泰安市黄前水库管理所所长

记大功人员

孟昭军　东平县应急救援指挥中心主任

山东省2021年度畜禽粪污资源化利用工作先进个人

侯　磊　泰安市畜牧兽医事业发展服务中心高级畜牧师
李　康　泰安市畜牧兽医事业发展服务中心副科长
亓宇龙　泰安市畜牧兽医事业发展服务中心科员
赵晓国　岱岳区畜牧兽医事业发展服务中心副主任、高级畜牧师
郎秀锦　新泰市畜牧兽医事业发展服务中心科长
刘　娇　新泰市畜牧兽医事业发展服务中心科员
王开斌　肥城市畜牧兽医事业发展服务中心二级主任科员
李　恒　宁阳县畜牧兽医事业发展服务中心科员
扈林林　东平县畜牧兽医事业发展服务中心生产科副科长

山东省住房城乡建设系统先进个人

王印林　泰安市住房和城乡建设局党组成员、副局长
郝全胜　岱岳区房屋征收服务中心主任
李圣鑫　东平县住房和城乡建设局工程建设科科长、建筑工程管理服务中心主任
张晓东　泰安市城市路灯照明管理所党支部副书记、所长
任成军　泰山区综合行政执法局（城市管理局）党组副书记、副局长
秦　鲁　肥城市综合行政执法局老城执法中队中队长
贾靳超　泰安市住房公积金中心宁阳县管理部党支部书记

数字山东建设工作先进个人

李吉峰　泰安市智慧城市服务中心建设运维科科长

山东省法治政府建设先进个人

史　超　泰安市司法局法治调研科科长
刘　舜　肥城市司法局党组书记、局长

山东省“七五”普法依法治理工作先进个人

姜　林　泰安市委宣传部宣传教育科副科长
韩　冰　泰安市委政法委法治科科长
艾宪冬　泰安市中级人民法院法官助理
李　健　泰安市人力资源和社会保障局劳动保障

监察大队大队长
陈现来　泰安市司法局普法与依法治理科科长
崔延庆　泰安市教育局政策研究室主任
牛　静　泰安市广播电视台《法治泰安》栏目制片人
李德政　泰山区委全面依法治区委员会守法普法协调小组成员
刘福宝　泰山区法律援助中心副主任
张建秀　岱岳区委政法委二级主任科员
刘　聪　新泰市司法局法治调研科副科长
王　强　国网肥城市供电公司办公室主任
张文峰　宁阳县葛石镇依法治镇办副主任
孟昭兴　东平县司法局党组成员、副局长
宁媛媛　泰山景区综合执法局执法监督科副科长
孙启勇　徂汶景区综合行政执法局局长

2020年度“双一流”高校毕业生来鲁就业工作表现突出个人

刘天庆　泰安市人才交流服务中心副主任
郑恒娟　泰安市人才交流服务中心市场科科长
李　强　泰山区人才交流服务中心主任
梅　萌　岱岳区人才交流服务中心主任
陈　伟　新泰市人才交流服务中心主任
宋义峰　东平县人才交流服务中心主任

第四届“泰山工匠”

张　彬　山东巨鼎餐饮网络科技有限公司厨师长
张　淳　山东明佳科技有限公司技术总监
杨方凯　国网新泰市供电公司变电运维班长
张福伟　泰山技师学院实习指导教师
李长伟　瑞星集团股份有限公司技师
马忠汉　新巨龙能源有限责任公司机电技术员
李士强　山东石横热电有限公司运行副总工程师
范维全　泰安交通运输集团客车驾驶员
刘海廷　东岳山庄有限公司行政总厨
刘　斌　泰安市岱岳区粥店刘斌玉器雕刻中心雕刻师

泰安市劳动模范

王传增　山东宏发重型机械有限公司生产制造车间主任
王鲁生　泰安金融控股集团有限公司党委书记、董事长
白亚琴（女）　泰安居然之家家居建材有限公司办公室主任
朱久永　泰安市盛华置业投资有限公司材料督查办科员
安宝峰　泰安嘉和重工机械有限公司总经理
孙其才　山东巨鼎餐饮网络科技有限公司维修部职工
吴曰胜　泰山区省庄镇安家庄村党支部书记、村民委员会主任
陈　峰　山东一清环保设备有限公司副经理
赵庆功　泰山农村商业银行股份有限公司董事长
段全虎　泰安市华伟集团泰安巨菱钻探装备有限责任公司董事、副总经理
徐志勇　山东岱银纺织集团股份有限公司精纺车间电气主管
徐　峰　泰山区上高街道魏家庄村党支部书记、村委主任
丁欣瑞　岱岳区角峪镇岳家庄村党支部书记、村委主任
王在延　山东合信项目管理有限公司副总经理
王兆祥　山东泰山茶溪谷农业发展有限公司总经理
王铁锋　山东泰山保安服务有限公司总经理
王　磊　益海嘉里（泰安）油脂工业有限公司安全员
刘宏伟　山东省联合农药工业有限公司副总经理、工会主席
孙桂彬　泰安汉威集团有限公司董事
苏晓川　泰安中联水泥有限公司骨料经营部副部长
李东强　岱岳区祝阳镇东强家庭农场经理
李志振　泰山石膏有限公司战略营销部副经理
张萍萍（女）　山东泰汶盐化工公司对外合作办公室科员
法文静（女）　泰安金兰奶牛养殖有限公司总经理
徐宗海　岱岳区祝阳镇徐家汶村党支部书记、村委主任
曹　惠（女）　泰山玻璃纤维有限公司党委委员、总会计师
薛丽娜（女）　泰安市岳洋农作物专业合作社经理
王成喜　山东鲁房置业有限公司总经理
牛玉叶（女）　山东玉叶制衣有限公司服装设计师
刘方军　新泰市掌平洼杏梅专业合作社理事长

刘光洲　新泰市宏成畜禽养殖专业合作社理事长
刘修花（女）　新泰市城市管理服务中心环卫处队长
刘　豪　山东中玻节能环保发展有限公司技术副总经理
刘　霞（女）　新泰市放城镇刘霞家庭农场理事长
李心娟（女）　山东众客食品有限公司财务总监
李瑞英（女）　泰安科赛尔化学科技有限公司安全科长
吴爱杰　山东新泰惠美农牧发展有限公司总经理
张淑同　新泰市新汶街道东良社区党支部书记、居委会主任
孟兆亮　新泰孟氏医院有限公司药品研发部主任
袁训军　山东新巨丰科技包装股份有限公司董事长
贾政起　国网新泰市供电公司总经理、党委副书记
董凤兰（女）　新泰中联泰丰水泥有限公司副总经理、工会主席
王秉勇　肥城市城市建设投资有限公司副总经理
邓来平　山东泰西水泥有限公司董事长
石香军　山东金塔机械集团有限公司车间副主任
史绪强　山东泰山轮胎有限公司三车间巨胎组长
冉雪峰　肥城新华印刷有限公司胶印车间机长
孙光雷　山东鲁泰建材科技公司技术研发中心主任
李庆果　肥城东升纸业有限公司董事长、总经理
李　勇　肥城市安临站镇站北头村党支部书记、村委会主任
杨吉军　肥城市老城街道办事处河东村党支部书记、村委会主任
汪西军　肥城市康农农业开发有限责任公司总经理
侯培广　肥城市汶阳镇西徐村党支部书记、村委会主任
耿　娜（女）　山东泰鹏集团有限公司技术研发部副部长
贾永强　肥城馨逸园生态农业专业合作社副理事长
韩先祥　山东鲁岳化工集团有限公司生产部部长
穆西广　山东中农嘉吉环保科技有限公司硫酸车间班长
王长义　宁阳县金鹤山粮食专业合作社理事长
王新广　宁阳县堽城镇保安村党支部书记、村委会主任
田　彪　山东金阳矿业集团有限公司金阳煤矿机电处处长
司传煜　山东恒信高科能源有限公司总经理
刘万林　山东万林新生态农业科技发展有限公司董事长
许兴海　宁阳县八仙桥街道青川围子村党支部书记、村委会主任
杜晓燕（女）　国网宁阳县供电公司市场及大客户服务二班班长
李西东　山东华阳农药化工集团有限公司纪委书记、工会主席
吴延春　宁阳县东疏镇胡茂村党支部书记、村民委员会主任
张　磊　山东晋煤明升达化工有限公司党委书记、董事长
陈业奎　山东金彩山酒业有限公司党委副书记、纪委书记、工会主席
单胥东　泰安友邦现代农业科技有限公司副总经理
赵旺青　山东华宁矿业集团有限公司技术处处长
袁德民　泰安圣奥化工有限公司质量管理部科长
夏婷婷（女）　山东塔高矿业机械装备制造有限公司党群工作部部长
王兴宝　东平县梯门镇东瓦庄村党支部书记、村委会主任
王修常　东平中联水泥有限公司党委委员、会计师
付兆刚　新东岳集团有限公司设备动力部电力工程师
刘广格　东平县彭集街道后亭村党支部书记
孙凤英（女）　中国邮政东平县分公司投递员
李艳艳（女）　东顺集团公司东顺超市中心店店长
杨周伟　东平县水利建筑安装公司支部委员、总工
宋朝元　东平县老湖镇前埠子村党支部书记、村委会主任
周脉华　东平县新湖镇侯河村党支部书记
赵　峰　农业银行东平县支行党委书记、行长
胡正峰　山东润声印务有限公司印刷车间主任
侯　刚　瑞星集团股份有限公司车间副主任
梁吉强　东平县州城街道大梁庄村党支部书记、村委会主任
彭倩倩（女）　山东儒原实业有限公司董事长
刘　博　山东泰开高压开关有限公司党委书记、董事长
闫　磊　泰安热电有限公司设备维护部热控班班长
李海军　蒙牛乳业泰安有限责任公司供应主管

陈书来　泰山恒信有限公司董事长
赵　森　泰安爱上三棵树家庭农场有限公司经理
郝　群　泰山集团股份有限公司客服中心副主任
刘均强　泰山景区客运有限公司车队班长
吴殿亮　泰山区大津口乡牛山口村党支部书记、村委会主任
倪庆军　泰安市栗欣源工贸有限公司车间主任
牛峰生　泰安市徂汶投资有限公司综合部经理
朱树刚　泰安市大汶河综合开发公司董事长兼总经理
孙丰军　泰安市岱岳区徂徕镇南上庄村党支部书记
杨保国　山东焦桐园林市政工程有限公司总经理
王业平　新汶矿业集团生产服务分公司经理
王　伟　新汶矿业集团泰兴物业公司董事长、经理
王忠刚　新汶矿业集团董事会秘书、办公室主任
姚玉涛　山东良庄矿业公司经营管理部部长
袁文生　内蒙古福城矿业有限公司技术部主任
高　坤　新汶矿业集团翟镇煤矿技术研究中心主任
谢成军　新汶矿业集团（伊犁）能源开发有限责任公司一矿综放工区区长
李国臣　肥城曹庄煤矿有限公司党委副书记、工会主席
郭长林　肥城矿业集团单县能源公司洗煤厂党支部书记
桑根洪　肥城白庄煤矿有限公司调度中心主任
王立忠　泰安烟草有限公司党委委员、副总经理
王　波　泰山酒业集团股份有限公司工会主席
王　健　兴润建设集团有限公司工会主席
亓　健　中国联通泰安市分公司党委书记、总经理
艾广建　泰安至诚公路工程监理咨询公司党支部书记、经理
许　欣（女）　鲁商（山东）教育科技有限公司总经理
杜晋生　农村信用社泰安审计中心党委委员、副主任
李兆遂　中国铁塔泰安市分公司党委书记、总经理
李洪飞　山东军辉建设集团有限公司证件科科长
肖仁军　泰山抽水蓄能电站有限责任公司运维检修部主任
时　平　新华书店集团泰安分公司党委书记、总经理
汪　炎　泰安市东岳金财投资有限公司党支部书记、董事长
沈文婷（女）　泰安银行宁阳葛石支行综合柜员
宋其燕（女）　泰安市公共交通公司驾驶员
张述鑫　工商银行泰安分行个人金融业务部总经理
陈　力　国家能源集团山东石横热电有限公司生产技术部主任
陈长清　泰安交运集团宁阳交通石化加油站站长
邵　霞（女）　泰山酒业集团公司包装车间主任
周　菁（女）　泰山城区热力有限公司副经理
单保华　泰山燃气集团党委书记、董事长
赵洪岫（女）　光大银行泰安分行副行长
赵　磊　中国邮政泰安市分公司副总经理
段　强　泰安煤矿机械公司党委副书记、工会主席
倪西忠　泰安东岳山庄有限公司党支部书记、总经理
徐松苗　中铁（泰安）环境治理有限公司党委书记、总经理
郭桂林　山东泰山蓝天律师事务所主任、党支部书记
韩天震　中国移动泰安分公司网优中心测试班班长
韩　军　国网泰安供电公司景区供电所所长
薛　涛　中国银行泰安分行党委书记、行长
魏振超　泰山中联水泥有限公司党委书记、总经理

泰安市先进工作者

冯　立　泰山区财政局党组书记、局长
孙启勇　泰山白马石社区管理服务中心主任
周升举　泰山区人民医院党支部副书记、院长
赵　华　泰山区徐家楼街道宅子小学教师
刘　峰　岱岳区粥店街道党工委书记
孙万胜　岱岳区委宣传部分管日常工作的副部长
邹　晓　泰安市第一人民医院肿瘤血液内科主任
韩立元　岱岳区职业教育中心副书记、副主任（副校长）
朱培绪　新泰市疾病预防控制中心党总支书记、主任
刘汉卫　新泰市城市管理服务中心青云湖公园管理所所长
刘善平　新泰市人民医院医学影像科主任
余钦国　新泰市国有太平山林场办公室主任
沈桂强　新泰市税务局党委书记、局长

马　勇　肥城市委宣传部副部长、市爱卫办主任
张　欣　肥城市龙山中学校长、党委书记
梁　栋　肥城市公安局禁毒大队指导员、四级警长
雷复华　肥城市人民医院病理科主任
王　睿（女）　宁阳县妇幼保健院门诊手术室护士长
苏　康　宁阳县人民检察院第一检察部副主任、一级检察官
杨德宝　宁阳县司法局伏山司法所所长、四级主任科员
陈慧慧（女）　宁阳县第二中学教师
王凤茂　东平县移民服务中心人秘科科长
刘富刚　东平县人民医院消化内科、呼吸内科、内镜中心主任
陈士民　东平高级中学教师
侯绪东　东平县扶贫办政策研究组组长
李　强　泰安高新区消防救援大队大队长
赵延湘　新汶矿业集团副总工程师
王军海　泰安市肿瘤防治院党委书记
王荣涛　泰安市委市直机关工委群众工作部（统战部）工勤人员
王　燕（女）　泰安市财政局党组成员、副局长
邓凡亮　泰安市委编办综合科科长
卢宏亮　泰安第一中学新校区高一年级级部主任
叶忠生　泰安市人力资源和社会保障局科长
田　华　泰安市重点建设项目办公室主任
朱培新　泰安市工业和信息化局科长
乔　强　泰安市政府办公室信息舆情室主任
刘金英（女）　泰安市卫生健康监督执法局副局长
许　峰　泰安市人防办指挥信息保障中心主任
李　芳（女）　泰山学院教师教育学院院长
李　波　泰安市林业局野生动植物保护站站长
李钦文　泰安市中心医院妇产科中心主任
杨化军　人民银行泰安市中心支行党委书记、行长
杨越超　山东农业大学资源与环境学院教授
张　莹（女）　泰山职业技术学院教育与艺术系主任
张　峰　泰安市文化馆副书记、副馆长
张基瑞　泰安市委统战部研究室主任
张绪民　泰安市教育局职成教研室副主任
陈海燕（女）　泰山中学政教处主任、团委书记
周　林　泰安市红十字会中心血站党支部书记、站长
周树国　泰安市委办公室四级调研员
郑冬梅（女）　泰安市人民检察院第八检察部主任
孟庆曜　泰安市委宣传部新闻科科长
赵文和　泰安银保监分局党委书记、局长
钱兆国　泰安市农业科学研究院小麦研究所所长
郭　刚　泰安市纪律检查委员会办公室副主任
戚　强　泰安市公安局治安警察支队副支队长
盛　强　泰安市救助管理站党支部书记、站长
阎　鹏　泰安市中级法院民一庭副庭长
解培志　泰安市税务局科长
鞠云峰　泰安市企业国有资产管理中心科长

新时代泰山“挑山工”20名标兵

贾美荣（女）　泰安市贾美荣拥军优属服务中心党支部书记
姜　英（女）　华润泰安医药有限公司党委书记、总经理
邱海静（女）　泰山区泰前街道嘉德社区党委书记、居委会主任
庞林星　岱岳区范镇党委书记
王云龙　新泰市东都镇酒台村党支部书记、村委会主任
韩　宁　肥城市仪阳街道党工委书记
于　勇　宁阳县文物保护中心主任
侯庆周　东平县老湖镇人大主席
李成涛　泰安市中级人民法院副院长、二级高级法官
时　鹰　山东绿色发展投资集团有限公司党委书记、董事长
李兆兴　泰安师范学校附属学校教务处主任
韩长庚　泰开集团有限公司副总经理，泰开隔离开关有限公司党总支书记、董事长
安红强　泰山景区南天门管理区党支部书记、区长
陈学森　山东农业大学园艺科学与工程学院教授
董童民　泰安市发展改革委科长
杨立福　泰安市财政绩效评价中心科长
苗　伟　泰安市文化旅游发展集团副总经理
毕　成　泰安市乡村振兴工作小组办公室常务副主任
李松林　泰安市住房城乡建设局二级调研员
范方彦　泰安市林业局党组成员、四级调研员

泰安市优秀共产党员

李玉美（女）　泰山区财源街道英雄山社区党委书记、居委会主任
马　刚（回族）泰山区泰前街道科大社区党员志愿者
范正山　泰山区上高街道东岳社区第二网格网格员、社区“乐帮团”党支部书记
李　丰（女）　泰山区省庄镇亓家滩村党支部书记、村委会主任
赵　剑　泰安市统计局社会经济调查队副科长，驻邱家店镇迓庄村第一书记
禹　兵　泰山区邱家店镇中心卫生院党支部书记、院长
贾美荣（女）　泰安市贾美荣拥军优属服务中心党支部书记
岳永军　泰山区城中村和老旧小区改造工程指挥部办公室副主任
张兴军　岱岳区粥店街道堰东社区党委书记、居委会主任
亓会峰　岱岳区范镇郑寨子村党支部书记、村委会主任
王淑臣　岱岳区角峪镇扶贫办主任
薛丽娜（女）　岱岳区马庄镇农经作物研究会党支部书记、会长
杨桂元　岱岳区夏张镇朱家庄村党支部书记、村委会主任
张和勇　岱岳区工业和信息化局党组书记、局长、一级主任科员
谷冬梅（女）　岱岳区金融发展服务中心党组书记、主任，区财政局党组成员
姜　英（女）　华润泰安医药有限公司党委书记、总经理
冉　蕾（女）　新泰市泉沟镇初级中学教师
靳庆芳（女）　新泰市宫里镇贺二村离任村干部
于　彬　新泰市谷里镇于枣林村党支部书记、村委会主任
王云龙　新泰市东都镇酒台村党支部书记、村委会主任
房田顺　新泰市汶南镇敬老院党支部书记、院长
王　刚　新泰市人民医院感染科主任、副主任医师
徐继昌　国网山东省电力公司小协供电所党支部书记、所长
焦圣贵　新泰市康源农业科技有限公司总经理
王玉山　山东泰山生力源玻璃有限公司党委书记、董事长
卢　伟　山东润德生物科技有限公司董事长
陈爱武　新泰市维特林果协会党支部书记、会长
孙衍群　肥城市潮泉镇上寨村党支部书记、村委会主任
王英良　肥城市桃园镇屯头村党支部书记、村委会主任
韩　宁　肥城市仪阳街道党工委书记、一级主任科员
赵同军　肥城市孙伯镇五埠村党支部书记、村委会主任
冯　华（女）　肥城市行政审批服务局党总支委员，市社会保险事业中心综合柜员科科长
王晓舟　肥城市人民医院急诊医学科主任
马学文　山东农大肥业科技有限公司党支部书记、董事长
刘建三　山东泰鹏集团有限公司党委书记、董事长
范振霞（女）　肥城海亮外国语学校党支部书记、校长
胡维庆　肥城市蓝水滴助残公益发展中心理事长
李万海　宁阳县文庙街道吴村党支部书记、村委会主任
王同启　宁阳县文庙街道文成园社区党委书记、居委会主任
陈建民　宁阳县葛石镇石集小学教师
李映智　宁阳县司法局社区矫正工作科科长
王祥峰　宁阳县农业农村局现代农业服务中心土壤肥料服务科科长
陈慧慧（女）　宁阳县第二中学教师
陈　坡　宁阳县妇幼保健院党总支副书记、副院长
张宪滨　山东华宁矿业集团有限公司鑫安煤矿采煤一区副区长
刘　俊　宝胜（山东）电缆有限公司技术副总经理
王　乾　东平县彭集街道党工委书记、滨河新区党工委书记
尹成柱　东平县大羊镇西北村党支部书记、村委会主任
孟晓农　东平县接山镇财经服务中心主任
陈立辉　东平县行政审批服务局党组成员、副局长
李厚义　东平县林业保护发展中心党组副书记、

腊山林场场长、腊山国家森林公园管理服务中心主任
周　涛　东平县高级中学教师
彭广会　东平县人民医院党委委员、重症医学科主任、副主任医师
靳　翔（女）　东平县基层法律工作者协会党支部书记
李新卫　泰安高新区良庄镇党委书记、四级调研员
陈大鹏　泰安高新区财政财务管理部副科级干部
沈先伟　泰安高新区综合管理部业务主办
薛兆民　泰安高新区第一中学党总支组织委员、副校长
高慎和　泰山创业投资有限公司董事长
徐国安　山东泰盈科技有限公司党委副书记、高级副总裁
甄利民　蒙牛乳业泰安有限责任公司党委书记、常温工厂厂长
赵平红（女）　泰山景区大津口乡艾洼村党支部书记、村委会主任
徐宗惠（女）　泰山景区下港镇下里管区党总支书记
吴克欣（女）　泰山景区政策法规部业务主办
董晓峰　泰山景区遗产保护部副部长
朱丽虹（女）　泰山景区泰山票务运营中心红门票务站党支部书记、站长
孔祥国　徂汶景区化马湾乡党委书记
徐　进　徂汶景区自然资源和规划部副部长
陈晓宇（女）　徂汶景区行政审批服务部副部长
曹　郁　泰安市天泽集团开发建设处处长
杨爱民　泰安市委机要局（市密码管理局）局长（副县级）
程　鹏　泰安市委网信办网络舆情与应急管理科科长、一级主任科员
耿　建　泰安市委编办副主任
乔　强　泰安市政府办公室信息舆情室主任
徐海鹏　泰安市科技局发展规划科科长、一级主任科员
韩　念　泰安市工业和信息化局政策研究室主任
闫　晓　泰安市人力资源社会保障局办公室主任、一级主任科员
李淋池　泰安市市直机关财务结算管理服务中心资金科科长
王　凯　泰山景区天外村消防救援站政治指导员
江　波　泰安市泰山索道运营中心中天门索道管理站机电科科长
连　红（女）　泰安银行股份有限公司团委书记，岱宗支行（管辖行）行长助理、第二党支部书记
韩　峰　泰安市国泰民安投资集团有限公司党委书记、董事长
侯峻峰　泰安市泰山国信科技发展集团有限公司党委副书记、纪委书记兼监事会主席
侯永强　山东泰山粮食储备集团有限公司党委委员、监事会主席，泰安市国友粮食储备有限公司党支部副书记、董事长、总经理
时　鹰　山东绿色发展投资集团有限公司党委书记、董事长，泰安市金土地测绘整理有限公司党支部书记、董事长
展保同　泰安华鲁锻压机床有限公司技术管理部部长
徐衍成　山东省泰安第二中学教学第二党支部书记、年级主任、教科所副所长
王近东　山东省泰山中学体卫艺信息党支部书记、信息中心主任
齐国涛　泰安长城中学第三党支部书记、政教处副主任
张茂银　泰安实验中学校长助理、年级主任
于　彬　山东省泰安市实验学校教师
李兆兴　山东省泰安师范学校附属学校第五党支部书记、教务处主任
杜国磊　泰安市特殊教育中心教师
张　磊　新矿集团新矿国际贸易有限公司党委书记、董事长、经理
赵　萍（女）　肥矿集团集控部部长
刁有祥　山东农业大学动物科技学院教授
史庆华　山东农业大学园艺科学与工程学院蔬菜学系主任
尹德峰　山东科技大学泰安校区后勤管理部饮食服务中心主任
韩银锋　泰山学院化学化工学院副院长
张　旭　山能重装集团新汶分公司工会副主席、团委书记

泰安市优秀党务工作者

彭凤君（女） 泰山区岱庙街道丽景社区党委书记、居委会主任
邱海静（女） 泰山区泰前街道嘉德社区党委书记、居委会主任
谭启利 泰山区泰前街道上峪村党支部书记、村委会主任
吴长青 泰山区上高街道北上高村党支部书记、村委会主任
张 峰 泰山区省庄镇前省庄村党支部书记、村委会主任
孙启芳（女） 泰山区邱家店镇刘家疃村党支部书记、村委会主任
冯 骞（女） 泰山区委区直机关工委副书记
张义国 泰安市第一实验学校党委书记
宋洪涛 泰安迎春学校党总支书记、校长
郑冬梅（女） 泰山区冬梅雅苑公益服务中心党支部书记
张学工 岱岳区粥店街道堰北社区党委书记、居委会主任
刘广林 岱岳区粥店街道离退休干部党支部书记
艾广磊 岱岳区大汶口镇南西遥村党支部书记、村委会主任
徐宗海 岱岳区祝阳镇徐家汶村党支部书记、村委会主任
王培勇 岱岳区道朗镇北张村党支部书记、村委会主任
高荣石 岱岳区纪委监委案件审理室主任
朱新文 岱岳区基层党建指导中心主任
王玉斌 岱岳区开元中学党支部书记、校长
罗光刚 山东泰山钢材大市场党委副书记、管委会主任
张保举 新泰市青云街道新甫社区党委书记、居委会主任
王公安 新泰市新汶街道大河村党支部书记、村委会主任
毛志成 新泰市谷里镇北谷里村党总支书记、村委会主任
杨 振 新泰市刘杜镇党委组织委员、统战委员
李仁芳 新泰市汶南镇北鳌阳管区党总支书记
梁 秀（女） 新泰市行政审批服务局机关党委副书记
王爱峰（女） 山东众客食品有限公司党支部书记，益客集团鲁中运营中心总经理
王举东 新泰市贵和职业培训学校党支部书记、校长
魏 真（女） 肥城市新城街道党工委委员
孙 栋 肥城市老城街道党工委书记、一级主任科员
邹宗国 肥城高新区南仪仙村党支部书记、村委会主任
刘宗方 肥城市王庄镇孝堂峪村党支部书记、村委会主任
贾延青（女） 肥城市边院镇党委组织委员
孙 强 肥城市人才工作服务中心主任
刘冬梅（女） 肥城市委市直机关工委二级主任科员
赵德存 山东鲁泰建材科技集团有限公司党委书记、董事长
孙晓玲（女） 山东傲饰集团党委副书记、工会主席
谢振国 山东德然律师事务所党支部书记、主任
陈 军 宁阳县文庙街道党工委书记
孔 令 宁阳县泗店镇党委组织委员
吴延春 宁阳县东疏镇胡茂村党支部书记、村委会主任
林建新 宁阳县蒋集镇小胡村党支部书记、村委会主任
贾甸方 宁阳县乡饮乡金马管区党总支书记
张 兵 宁阳县委兼职组织员，宁阳县工业和信息化局党组成员、二级主任科员
张传印 宁阳县综合行政执法局党组副书记、机关党委书记
满 毅 宁阳县爱国卫生运动指挥中心党支部书记、主任
赵建国 山东鲁珠控股有限公司党委书记、董事长
张宝清 宁阳康宁房地产开发有限公司党支部书记、总经理
高 峰 东平县东平街道佛山社区党委书记、居委会主任
薛 原 东平县沙河站镇组织干事、关工办主任
孟宪峰 东平县新湖镇唐营管区书记
郭光喜 东平县梯门镇党委书记

王兴宝　东平县梯门镇东瓦庄村党支部书记、村委会主任
张宏艳（女）　东平县工业和信息化局党组成员、机关党支部书记
王庆峰　东平县铁路建设服务中心主任，县交通运输局机关党委副书记、政工科科长
宋传奇　东平中联水泥有限公司纪委委员、职能一党支部书记、党群工作部部长
张华伟　山东润声印务有限公司装订党支部书记、车间主任
王　卫　泰安高新区北集坡街道党工委书记、四级调研员
颜丙洪　泰安高新区机关党委副书记、综合管理部副部长、宣传工作办公室主任
曹　函（女）　泰安高新区人力资源管理部副部长
高文岳　泰安高新建设集团有限公司机关党支部宣传委员、综合管理部副部长
鹿焕磊　中国重汽集团泰安五岳专用汽车有限公司机关党支部书记、党群工作部部长
韩长庚　泰开集团有限公司副总经理，山东泰开隔离开关有限公司党总支书记、董事长
徐汉绪　泰山集团股份有限公司党委委员、集团办公室主任
王灿强　泰山景区大津口乡中心卫生院党支部书记、院长
齐洪淼　泰山景区下港镇党委书记
侯欣达　泰山景区党工委组织部（人力资源部）副部长
杨秀娴（女）　泰山景区纪工委监工委业务主办
安红强　泰山景区南天门管理区党支部书记、区长
徐　升　泰山景区消防队党支部副书记、副队长
冯　明（女）　徂汶景区徂徕镇党委组织委员、宣传委员
刘海燕（女）　徂汶景区徂徕镇鲁家庄村党支部书记、村委会主任
刘庆升　徂汶景区徂徕中心卫生院党支部书记、院长
周　良　徂汶景区天宝镇组织办副主任
施广顺　徂汶景区机关党委副书记
黄　勇　泰安市纪委监委第十审查调查室副主任、一级主任科员
王　春　泰安市委组织部公务员二科科长、一级主任科员
张爱国　泰安市委市直机关工委副书记
朱君章　泰安市卫生健康委机关党委专职副书记
张　峰　泰安市退役军人事务局机关党委专职副书记、四级调研员
吴　军　泰安市行政审批服务局机关党委专职副书记、人事科一级主任科员
程凡旗　泰安市住房公积金中心机关党委专职副书记
杨华强　泰安旅游经济开发区服务保障党支部组宣委员，市文化旅游发展集团城市发展统筹部部长
陈显良　泰安日报社党委办公室副主任、督查处主任
王建信　山东泰山抽水蓄能电站有限责任公司党建部（宣传部、纪委办）副主任
于　磊　泰安银行机关第一党支部组织委员、党委组织部（人力资源部）总经理
徐　宁（女）　泰安高新区汇智民间资本管理有限公司党支部书记、副总经理
张　丽（女）　泰安泰山旅游集团有限公司党委委员、组织人事部经理
施立冰（女）　山东泰山粮食储备集团有限公司党委组织部部长、组织人事部经理
李玉芹（女）　山东服装职业学院财经系第一党支部书记、财经系学生管理科副科长
王　波　山东省泰安第一中学第一党支部组织委员、校办公室主任助理
李长合　山东省泰山中学办公室党支部书记、副主任、宣传科科长
张　蓉（女）　泰山学院附属中学办公室副主任
刘　莉（女）　新矿集团党委组织部部长
牛　超　新矿集团办公室副处级秘书
赵志刚　肥矿集团党委宣传部部长
于瑞林（女）　山东农业大学信息科学与工程学院数学与信息科学系党支部书记
侯爱萍（女）　山东农业大学马克思主义学院中国近现代史纲要教研部党支部书记
张　田（女）　山东科技大学泰安校区机关第一党支部书记、党政办公室副主任

高德成　泰山学院文学与传媒学院党总支书记、副院长
韩　捷　山能重装集团党委组织部（人力资源部）部长、人力资源服务中心主任、机关党委书记

新时代泰山“挑山工”先进个人

董童民　泰安市发展改革委发展规划科科长、一级主任科员
杨立福　泰安市财政绩效评价中心（泰安市政府投融资管理服务中心）资产科科长
苗　伟　泰安市文化旅游发展集团有限公司党委委员、副总经理
毕　成　泰安市乡村振兴工作小组办公室常务副主任，市农业农村局副县级干部
韦红岩　泰安市委组织部人才办副主任
李松林　泰安市住房城乡建设局二级调研员
范方彦　泰安市林业局党组成员、四级调研员
李成涛　泰安市中级人民法院党组成员、副院长、二级高级法官
梁立勇　泰山区岱庙街道金星社区党委书记、居委会主任
张付元　泰山区岱庙街道应急管理办公室副主任
魏健康　泰山区泰前街道宝龙国际小区党支部书记
赵玉环（女）　泰山区泰前街道岱道庵小学教师
马静华（女）　泰山区泰前街道社区卫生服务中心主任
石树翠（女）　泰山区上高街道魏家庄村党支部委员、村委会委员
单宝龙　山东宝来利来生物工程股份有限公司董事长
冯兆平　泰安鸿瑞物业管理有限公司党支部书记
于晓国　泰山区数字鹰航空科技产业园片区开发建设指挥部东西城片区项目部副主任
陈　静（女）　岱岳区粥店街道长城社区党委书记、居委会主任
张仁均　岱岳区山口镇东碾疃村党支部书记、村委会主任
庞林星　岱岳区范镇党委书记、一级主任科员
赵汉举　岱岳区司法局满庄司法所所长、四级主任科员
万　莉（女）　岱岳区网络安全和信息化服务中心（区互联网应急指挥中心）主任
王元庆　泰安大汶口工业园党工委委员、管委会副主任
徐宗官　岱岳区岳峰小学党支部委员、副校长
宋　超　山东腾达文化发展有限公司董事长、民建岱岳区支部主委
刘　海　新泰市翟镇扶贫办专职副主任
刘　霞（女）　新泰市放城镇东石井村党总支书记、村委会主任
高　伟　新泰市刘杜镇北流泉村党支部书记、村委会主任
牛兰芹　新泰市小协镇南岭村党支部书记、村委会主任
李娴娴（女）　新泰市人民检察院第二检察部二级员额检察官
王功春　新泰市体操运动学校竞训科科长、体操男队总教练
李明东　山东润通齿轮集团有限公司党支部书记、总经理
刘丙波　山东德泰机械制造有限公司党支部书记、总经理
杨泽强　肥城市新城街道向阳社区党委书记、居委会主任
刘兴泉　肥城市潮泉镇柳沟村党支部书记、村委会主任
朱承钎　肥城市湖屯镇西湖东村党支部书记、村委会主任
孔凡华　肥城市王庄镇东孔村党支部书记、村委会主任
李开磊　肥城市安驾庄镇党委书记、一级主任科员
左秀云（女）　肥城市中医医院第四党支部书记、检验科主任
滕　鲲　山东一滕集团副总经理，山东一滕新材料股份有限公司总经理
康爱国　泰安市智慧能源科技有限公司董事长
武茹茹（女）　山东麦特瑞尔新材料有限公司董事长
刘道令　宁阳县东疏镇刘茂村党支部书记、村委会主任
孙新春　宁阳县鹤山镇皋山管区党委书记
李洪涛　宁阳县磁窑镇党委副书记

刘来义　宁阳县人力资源社会保障行政执法大队副队长
于　勇　宁阳县文物保护中心主任
苏维东　宁阳县第四中学党委副书记、校长
张　磊　山东晋煤明升达化工有限公司党委书记、董事长
张　辉　山东友邦肥业科技有限公司党支部书记、董事长
强　进　东平县彭集街道柳营村党支部书记、村委会主任
郑　燕（女）　东平县州城街道党工委副书记、办事处主任
张如芬（女）　东平县银山镇银山管区党总支书记
侯庆周　东平县老湖镇人大主席
侯庆辉　东平县公安局斑鸠店派出所党支部书记、所长
李玉宁　东平县公路事业发展中心机关党委副书记、纪委书记、政工科科长
谢兴庆　东平湖文化旅游发展（山东）集团有限公司党委书记、董事长
张　越　东平县摄影家协会副会长，银山镇实验学校教师
彭　彬　泰安高新区房村镇党委副书记、镇长
王爱珍（女）　泰安高新区经济发展部党支部书记、副部长
张洪伟　泰安高新区建设管理部副部长、公用事业管理办公室主任
王奎祥　泰安泰山科技有限公司董事长
艾海笑　泰安高新发展集团有限公司产业发展三部副部长
常　欣（女）　力博重工科技股份有限公司副总经理，力博工业技术研究院（山东）有限公司常务副院长
王梓懿　山东东艺数字科技有限公司董事长
谢立中　泰山景区黄前镇卫生院党支部委员、副院长
徐汝兵　泰山景区下港镇开山村党支部书记、村委会主任
李　奎　泰山景区综合部副部长
侯付华　泰山景区桃花源管理区黄石崖工队工队长
赵　明　泰山景区天烛峰管理区直沟检查站站长
张兆霞（女）　泰安市泰山森林病虫害防治检疫站检测科科长
陈呈涛　徂汶景区大宝镇民政办主任
苏现霞（女）　徂汶景区天宝镇大西庄村党支部书记、村委会主任
于　艳（女）　徂汶景区化马湾乡化马湾管区党总支书记
苗自良　徂汶景区人力资源部工作人员
刘方庆　徂汶景区社会事务服务中心副主任
孙启勇　徂汶景区综合行政执法局局长
苏　萍（女）　泰安市委宣传部意识形态工作科（舆情信息科）科长
陈　雷　泰安市委统战部宗教科二级主任科员
梁传英（女）　泰安市人民检察院办公室主任
平　涛　泰安市农业农村局人事科科长、一级主任科员
翟　勇　泰安市能源局机关党委专职副书记
王志文（女）　泰安市总工会宣传教育部（政策研究室）副部长（副主任）
颜伟光（女）　泰安市广播电视台公共频道总监
武国富　中央储备粮泰安直属库有限公司副科长
高　敏　中国电建集团山东电力管道工程有限公司广东分公司副经理
魏振超　泰山中联水泥有限公司党委书记、总经理
刘龙虎　泰山石膏有限公司分厂厂长
孟宪磊　泰安金融控股集团有限公司财务管理中心兼融资部主任
吴士锋　山东服装职业学院党委办公室（院长办公室）副主任，办公室党支部书记
李　超（女）　泰山学院附属中学团委副书记
吴继宁　山东省泰安市实验学校教师
韩　静（女）　泰安望岳中学教师
魏洪娥（女）　泰安市市直机关幼儿园教师
沈翠翠（女）　新矿集团泰兴物业内蒙（陕西）区域公司经理
韩玉国　肥矿集团曹庄煤矿维修加工中心党支部书记
陈学森　山东农业大学园艺科学与工程学院教授，国家苹果工程技术研究中心主任，作物生物学国家重点实验室副主任
郭秀荣（女）　山东科技大学公共课教学部副主任
冯　斌　泰山学院信息科学技术学院副院长

李永刚　山东塔高矿业机械装备制造有限公司副总经理、安全总监、质量总监

泰安市脱贫攻坚工作先进个人

李永荣（女）　泰山区扶贫办主任
陈天祥　泰山区委党员教育中心副主任、组织办主任
李伟伟　泰山区纪委监委党风政风监督室科员
张永智　泰山区泰前街道党工委副书记、办事处主任
石法祯（女）　泰山区邱家店镇党委委员、宣传委员
梁国栋　泰山区扶贫办副主任
金　文（回族）　岱岳区扶贫办综合协调组组长
王　坤　岱岳区教育和体育局学生资助管理中心主任
苏　刚　岱岳区角峪镇二级主任科员
刘加亮　岱岳区马庄镇党委副书记
徐　文（女）　岱岳区大汶口镇社会事务办公室副主任
王士强　岱岳区马庄镇扶贫办主任
杨俊峰（回族）　岱岳区满庄镇扶贫办副主任
赵广太　岱岳区范镇扶贫办主任
庞继凯　岱岳区扶贫办副主任
侯诗荣（女）　新泰市委组织部副部长，市人力资源和社会保障局党组书记、局长
李作保　新泰市审计局党组书记、局长
王怀起　新泰市政府办公室副主任、市扶贫办主任
张玉婷（女）　新泰市扶贫办社会扶贫组科员
赵　灿　新泰市医疗保险事业中心科员
杨　敏　新泰市乡镇财政管理服务中心副主任
高　飞　新泰市放城镇党委书记
李希刚　新泰市羊流镇党委书记
张永珍（女）　新泰市宫里镇党委副书记、镇长
李慎道　新泰市岳家庄乡党委副书记、政法委员
李　波　新泰市民政局党组成员、副局长
安连久　新泰市刘杜镇党委委员、副镇长、武装部部长、扶贫办专职副主任
吴修波　新泰市楼德镇副镇长、扶贫办专职副主任
王庆明　肥城市扶贫办副主任
张　芹（女）　肥城市扶贫办社会扶贫组组长
贺晓华（女）　肥城市扶贫办社会扶贫组副组长
张德奇　肥城高新区党工委书记、管委会主任
肖海霞（女）　肥城市孙伯镇党委书记
姬建芳（女）　肥城市汶阳镇党委副书记、镇长
李　敏（女）　肥城市潮泉镇党委副书记、政法委员、党群工作办公室（政协委员联络室）主任
梁永东　肥城市桃园镇人大主席
贾延青（女）　肥城市边院镇党委委员、组织委员
梁慧敏（女）　肥城市新城街道办事处社会事务办公室科员
贾桂瑶（女）　肥城市湖屯镇扶贫办副主任
吴继士　宁阳县委组织部副部长，县人力资源和社会保障局党组书记、局长、四级调研员
徐瑞萍（女）　宁阳县残疾人联合会党组书记、理事长
卢慧书（女）　宁阳县卫生健康局党组副书记、局长
朱莉晶（女）　宁阳县农业农村局副科长
张学君　宁阳县扶贫办党组副书记
王　琪　宁阳县扶贫办综合协调科科长、督查考核科科长
赵　峰　宁阳县扶贫办项目管理科科长
郭怀锋　宁阳县乡饮乡党委书记
马祥波　宁阳县伏山镇党委书记
陈　勇　宁阳县堽城镇党委委员、副镇长
杜　军　东平县委组织部分管日常工作的副部长
王洪波　东平县供销社党委副书记、理事会主任
吴绪科　东平县扶贫办副主任
薛　萍（女）　东平县扶贫办副主任
李　莉（女）　东平县卫生健康局二级主任科员
刘成金　东平县税务局银山税务分局局长
王　凯　东平县水利局党组成员、副局长
张格柱　东平县大羊镇党委书记
展黎明（回族）　东平县州城街道党工委副书记
唐先辉　东平县接山镇党委副书记
李　旭　东平县戴庙镇工作人员
孟　芮（女）　东平县商老庄乡工作人员
杨　锋　泰安高新区社会事务服务中心农业农村工作办公室主任、扶贫办主任
彭　彬　泰安高新区房村镇党委副书记、镇长
高　磊　泰安高新区良庄镇副镇长、扶贫办主任

张　俊（女）　泰山景区扶贫办工作人员
李德胜　泰山景区黄前镇党委书记
边立峰　泰山景区下港镇党委副书记、镇长
王兴田　徂汶景区化马湾乡党委委员、宣传委员、武装部部长
周　良　徂汶景区天宝镇扶贫办副主任
刘庆升　徂汶景区徂徕镇卫生院院长
李宝奎　泰安市委组织部组织三科科长
鹿　露（女）　泰安市委市直机关工委群众工作部部长
宋岱东　共青团泰安市委青年发展和社会联络部部长
于春萌（女）　泰安市妇联发展部部长
杨启航　泰安市工商联党组成员、副主席
高　静（女）　泰安市残联教育就业部主任、一级主任科员
霍　路　泰安市供销社合作指导科科长、一级主任科员
张钦利　泰安市教育局学生资助管理中心主任
侯文萃（女）　泰安市科技局政策法规与创新体系建设科副科长
阴军伟　泰安市发展改革委农村经济科科长、一级主任科员
刘　明（女）　泰安市工业和信息化局工业互联网科科长
陈丽娜（女）　泰安市民政局社会救助科科长
刘振乾　泰安市财政局党组成员、机关党委书记，市财政金融运行评价中心党支部书记
崔绍文　泰安市劳动保障监察大队副大队长、二级主任科员
国殿海　泰安市自然资源和规划执法支队二级主任科员
吕　华　泰安市生态环境局东平分局环境监察大队副大队长
袁　宁　泰安市住房城乡建设局村镇建设科科长
刘秀秀（女）　泰安市农业农村局计划财务科（农业保险科）副科长
杨其伦　泰安市商务局规划统计科（电子商务科）科长
冯慧磊（女）　泰安市口腔医院医保科主任
司红新　泰安市国资委办公室副主任、一级主任科员
王国超　泰安市体育局办公室科员
王　强　泰安市医保局待遇保障和医药服务管理科科长
殷红燕（女）　泰安市林业科技推广服务站站长
梁孝东　人行泰安市中心支行货币信贷管理科科员
李　晖　泰安市扶贫办综合协调组组长
姬建军　泰安市扶贫办综合协调组原副组长
张　涛　泰安市扶贫办规划财务组副组长
徐　磊　泰安市扶贫办督查统计组副组长
康凤楠　泰安市扶贫办综合协调组副组长

泰安军分区记三等功

娄家亮　宁阳县人武部中校科长（营级正职）
汪光亚　山东省军区泰安第二离职干部休养所四级军士长

泰安军分区记嘉奖

朱统卫　泰山区人武部上校政治委员
宋　宇　岱岳区人武部上校政治委员
商　涛　新泰市人武部中校副部长
张立涛　新泰市人武部军事科中校科长（营级正职）
苏　伟　肥城市人武部中校副部长
郑　利　东平县人武部上校政治委员
郝立峰　山东省军区泰安第一离职干部休养所上校政治委员
刘德超　山东省军区泰安第一离职干部休养所中校干事
刘培培　山东省军区泰安第一离职干部休养所门诊部主管护师
崔孝国　山东省军区泰安第二离职干部休养所上校政治委员
董广明　山东省军区泰安第二离职干部休养所副所长
孙如嵩　山东省军区泰安第三离职干部休养所上校会计师
李　妍　山东省军区泰安第三离职干部休养所门诊部主治医师
陈少龙　泰安军分区战备建设处士官参谋

2021 年泰安荣立一等功荣誉现役军人

李　睿　新泰市青云街道何李社区

2021年泰安荣立二等功荣誉现役军人

贾海涛　泰山区泰前办事处王家庄社区
张　磊　泰山区紫欣园小区
陈　聪　岱岳区粥店街道大河小区
路鑫磊　岱岳区天平街道耿庄村
李红峰　新泰市青云街道甘露小区
韩清顺　新泰市新甫街道辉城村
陈珂欣　新泰市果都镇瑞谷庄村
郑胜峰　新泰市西张庄镇青城小区
刘仁昌　新泰市石莱镇东峪村
李　瑞　新泰市翟镇汶河北村
潘洪强　新泰市西张庄镇高孟村
庄英朋　新泰市宫里镇贺一村
宋洪超　肥城市仪阳街道石坞社区福山家园
赵宗伟　肥城市湖屯镇董庄铺四村
王　宁　肥城市王庄镇海子村
张富臣　宁阳县东疏镇花园村
苏　强　东平县东平街道北京湾小区
黄理鲁　东平县银山镇西腊山村
赵景科　东平县老湖镇水泊社区
戴治国　东平县大羊镇魏楼村
李桂鹏　徂汶景区天宝镇赵庄村

泰安市拥军优属先进个人

记二等功

石春雷　泰山区退役军人事务局党组书记、局长
李怀涛　岱岳区退役军人事务局党组书记、局长
王洪亮　新泰市政府副市长，市公安局党委书记、局长
杨新斌　新泰市财政局党组书记、局长
王勇强　肥城市委副书记
有保龙　肥城市退役军人事务局党组书记、局长
朱晓亮　宁阳县政府副县长，县公安局党委书记、局长
王旭鹏　东平县退役军人事务局党组书记、局长
亓顺民　泰安市委副秘书长、办公室主任
张灿勇　泰安市委宣传部宣教科科长
冯建忠　泰安市委政法委维稳科科长
张卫国　泰安市委编办副主任、二级调研员
彭恒玖　泰安市政府办公室副主任
王瑞森　泰安市教育局基教科科长
魏　勃　泰安市退役军人事务局党组书记、局长，一级调研员
安华中　泰安市文化旅游发展集团有限公司土地开发部部长

记三等功

徐　庆　泰山区财源街道党工委副书记、办事处主任
杨　勇　泰山区徐家楼街道退役军人服务站站长
赵　健（女）　泰山区退役军人事务局党组成员，双拥工作服务中心主任
张和江　岱岳区财政局党组副书记、局长
田　丽（女）　岱岳区民政局党组书记、局长、四级调研员
闫兵波　岱岳区消防救援大队政治教导员
郭俊杰　新泰市委组织部副部长、编办主任、四级调研员
高　伟（女）　新泰市退役军人事务局四级调研员
崔绪昌　肥城市新城街道党工委书记、四级调研员
高　冰　肥城市委组织部副部长、编办主任、四级调研员
杜　静（女）　宁阳县华丰镇环境保护办公室副主任
王　卫　泰安高新区北集坡街道党工委书记
柳华军　泰山景区社会事务服务中心民政和退役军人事务办公室主管
陈爱鹏　泰安市徂汶景区天宝镇党委书记
郑金涛　泰安市退役军人事务局双拥科三级主任科员
彭海霞（女）　泰安市园林绿化处办公室主任

武警泰安支队记个人三等功

陈林海　武警泰安支队执勤一大队执勤一中队班长
秦增福　武警泰安支队执勤一大队泰安中队上尉中队长
郭　浩　武警泰安支队执勤一大队肥城中队班长
彭兴波　武警泰安支队执勤一大队机动中队班长
刘　强　武警泰安支队执勤一大队机动中队战士
王福剑　武警泰安支队执勤二大队执勤二中队上尉中队长
李　轩　武警泰安支队执勤二大队执勤二中队班长
阚光春　武警泰安支队执勤二大队新泰中队司务长
刘育兵　武警泰安支队执勤二大队东平中队军械员兼文书

付　伟　武警泰安支队勤务保障大队警勤中队班长

蒿国涛　武警泰安支队勤务保障大队警勤中队战士

泰安市消防救援支队记功奖励人员

记二等功

姜从涛　泰安市消防救援支队政治委员

闫志强　泰安市消防救援支队副支队长兼灭火救援部部长

赵方强　泰安市岱岳区消防救援大队大队长

闫兵波　泰安市岱岳区消防救援大队政治教导员

吴晓春　宁阳县消防救援大队大队长

胡朝翔　泰安市消防救援支队特勤大队副大队长

孟帅帅　泰安市消防救援支队特勤大队二站副站长

记三等功

姜从涛　泰安市消防救援支队政治委员

张传永　泰安市消防救援支队副政治委员

闫志强　泰安市消防救援支队副支队长兼灭火救援部部长

任鹏飞　泰安市消防救援支队副支队长

陶　磊　泰安市消防救援支队政治部主任

王豪杰　泰安市消防救援支队办公室主任

马　文　泰安市消防救援支队办公室三级助理员

张　阳　泰安市消防救援支队指挥中心主任

封金峰　泰安市消防救援支队作战训练科副部长兼科长

田薛亮　泰安市消防救援支队作战训练科副科长

赵振国　泰安市消防救援支队作战训练科高级技术职务

孟庆昌　泰安市消防救援支队信息通信科科长

牛国梁　泰安市消防救援支队组织教育科科长

刘皓玮　泰安市消防救援支队组织教育科二级助理员

周　健　泰安市消防救援支队队务科科长

宋同超　泰安市消防救援支队纪检督察科科长

郭明辉　泰安市消防救援支队火调技术科科长

苏　钰　泰安市消防救援支队财务科科长

王　兵　泰安市消防救援支队后勤装备科科长

闫兵波　岱岳区消防救援大队政治教导员

李　强　泰安高新区消防救援大队大队长

梁　源　泰山景区消防救援大队政治教导员

刘学栋　新泰市消防救援大队大队长

韩志远　新泰市消防救援大队政治教导员

李　琳　肥城市消防救援大队政治教导员

程国栋　宁阳县消防救援大队政治教导员

宋圭鑫　泰安市消防救援支队特勤大队初级技术职务

马　力　泰山景区消防救援大队副大队长

王　凯　泰山景区天外村消防救援站政治指导员

伦　岳　新泰市新汶消防救援站政治指导员

张　龙　泰安市消防救援支队特勤大队一站站长

陈懿品　泰安市消防救援支队特勤大队二站站长

孙在昌　泰山区东关消防救援站副站长

王　鹏　泰山景区消防救援大队中级专业技术职务

张婷婷　泰安市泰山风景名胜区消防救援大队中级专业技术职务

辛东生　肥城市消防救援大队初级专业技术职务

王　康　泰安高新区大队长城路消防救援站站长助理

蒋一必　泰安市消防救援支队特勤大队二站二级消防士

郭芳博　泰安市消防救援支队特勤大队二站三级消防士

徐启帆　泰山区东关消防救援站三级消防士

由丰坤　泰安市消防救援支队特勤大队二站四级消防士

张浩鑫　宁阳县文庙消防救援站四级消防士

冯传涛　泰安高新区龙泉消防救援站五级五档政府专职消防员

苏　阳　新泰市新汶消防救援站二级三档政府专职消防员

先进单位名录（部分）

全国先进基层党组织

山东康平纳集团有限公司党委

全国巾帼文明岗

泰山区妇幼保健计划生育服务中心

国家税务总局泰安市岱岳区税务局第一税务分局
泰山 VIP 接待服务中心
泰安市行政审批服务局总咨询台
国网东平县供电公司调控运行班
新泰市贵和职业培训学校农家女创业园

全国残疾人工作先进单位

泰安市残疾人联合会

全国维护妇女儿童权益先进集体

东平县人民检察院

全国工人先锋号

新汶矿业集团翟镇煤矿“巨慧”职工创客联盟
宁阳县税务局第一税务分局（办税服务厅）

第 20 届全国青年文明号

泰山风景名胜区泰山消防救援站

全国应急管理系统先进集体

泰山风景名胜区泰山消防救援站

全国脱贫攻坚先进集体

东平县人力资源和社会保障局

全国最美志愿服务社区

泰山区岱庙街道花园社区

全国五四红旗团总支

东平县中医院团总支

2019—2020 年度全国“青少年维权岗”

宁阳县特殊教育中心

2021 年度全国“返家乡”社会实践重点县市区

共青团泰山区委
共青团肥城市委

全国妇联系统先进集体

宁阳县妇联

中国儿童中心家庭教育研究与实践基地

泰安市妇联

全国 2017—2020 年“尊法守法·携手筑梦”服务农民工公益法律服务行动成绩突出集体

泰安市总工会

公安部记集体一等功

泰安市公安局网络安全保卫支队

全国公安机关成绩突出集体

泰安市公安局禁毒支队

全国公安机关我为群众办实事成绩突出集体

肥城市公安局桃花源派出所

人民法院保密工作先进集体

泰安市中级人民法院办公室

全国法院先进集体

泰安市中级人民法院政治部教育培训处

人民法院司法警察先进集体

泰山区人民法院法警支队

退役军人服务保障先进单位

泰安市优抚医院

2021 年度《党建》杂志宣传工作先进集体

中共泰安市委宣传部

2021 年度《中国退役军人》宣传工作先进单位

泰安市退役军人事务局

第七次全国人口普查先进集体

泰安市统计局

全国“2021 数字政府管理创新奖”

泰安市行政审批服务局

2021 公共资源交易综合竞争力百强机构

泰安市公共资源交易中心

全国“2021 年政务服务十大品牌”

“泰好办”政务服务品牌

2021年全国清理整顿人力资源市场秩序专项行动取得突出成绩单位

泰安市劳动保障监察大队

山东省先进基层党组织

山东康平纳集团有限公司党委
泰安市泰山风景名胜区泰山消防救援站党支部
泰山区邱家店镇王林坡村党支部
新泰市行政审批服务局机关党委
岱岳区道朗镇泰山九女峰乡村振兴示范片区党委
国网泰安供电公司输电运检中心党支部
宁阳县堽城镇保安村党支部
泰安市国泰民安投资集团有限公司党委
东平县老湖镇党委
泰安高新区星火科技园党委
泰山博文中学党支部
肥城市公安局机关党委
岱岳区粥店街道党工委
新泰市新汶街道大洛沟社区党委
徂汶景区徂徕镇许家庄村党支部
肥城市边院镇东向西村党支部
山东塔高矿业机械装备制造有限公司党委
泰安高新技术产业开发区税务局机关党委
新汶矿业集团洗煤分公司党委
山东科技大学智能装备学院网络空间安全创新团队党支部
泰山学院历史学院党总支

山东省脱贫攻坚先进集体

泰山区扶贫开发领导小组办公室
中共泰安市岱岳区大汶口镇委员会
泰安市岱岳区民政局
新泰市民政局
中共新泰市西张庄镇委员会
肥城市扶贫开发领导小组办公室
中共肥城市边院镇委员会
宁阳县卫生健康局
中共宁阳县堽城镇委员会
东平县发展和改革局
东平县旧县乡王古店四村党支部
徂汶景区化马湾乡扶贫开发领导小组办公室
泰安市对口支援工作服务中心（市援疆工作服务中心）
泰安市人力资源和社会保障局
泰安市卫生健康委员会
泰安市水利局
泰安市残疾人联合会

抗击新冠肺炎疫情山东省三八红旗集体

新矿集团医院工会
宁阳县妇幼保健院
泰安市妇女儿童活动中心
泰安市看守所女子巡视监管大队

山东省妇女儿童工作先进集体

泰安市委办公室市委常委会办公室
岱岳区卫生健康局
肥城市妇联
宁阳县委组织部

山东省家庭工作通报表扬集体

泰安市妇联
肥城市妇联

山东省“美丽庭院”创建工作通报表扬集体

泰安市妇联
泰安市财政局
泰安市泰山区妇联
泰安市岱岳区妇联
新泰市妇联
肥城市妇联
宁阳县妇联
东平县妇联
泰安高新区妇工委
泰山景区石屋志村委会
徂汶景区化马湾乡刘家沟村委会

全省职工爱国主义教育基地

泰安市劳模精神劳动精神工匠精神教育基地（泰安市工运历史展览馆）

省级“工友创业园”

山东长兴农业发展有限公司
泰安友邦现代农业科技有限公司

泰安淘你欢购物广场有限公司
肥城市新时代汶水农机农民专业合作社联合社
泰安市五埠岭文化旅游开发有限公司

山东省优秀少先队集体
泰山区省庄镇中心小学四（3）中队
岱岳区智源小学少先队大队

全省县（市、区）团委工作评价优秀通报表扬
共青团肥城市委

全省首批青春社区
泰山区泰前街道向阳社区

全省新建铁路治安秩序集中整治工作先进集体
岱岳区委政法委

2020年度全省优秀市级公安局
泰安市公安局

全省公安机关2020年度工作成绩突出集体
记集体二等功
泰安市公安局泰山分局侦破“4·18”特大电信诈骗案专案组
肥城市公安局特警大队
东平县公安局旧县派出所
泰安市公安局国内安全保卫支队

山东省公安厅表扬奖励军转安置工作先进集体并记二等功
泰安市公安局特巡警支队

全省公安系统抗击新冠肺炎疫情工作
记集体二等功
宁阳县公安局八仙桥派出所

山东省禁毒工作先进集体
泰安市中级人民法院刑事审判第一庭

2020年度反洗钱工作联席会议成员单位先进集体
泰安市中级人民法院刑事审判第三庭
新泰市人民法院刑事审判庭

全省法院宣传工作先进集体
泰安市中级人民法院研究室

全省法院民商事审判工作先进集体
泰安市中级人民法院民事审判第二庭

全省法院知识产权审判工作先进集体
泰安市中级人民法院民事审判第三庭

全省法院涉外商事海事审判工作先进集体
泰安市中级人民法院民事审判第四庭

全省法院党建工作先进集体
新泰市人民法院执行局
肥城市人民法院刑事审判庭

全省法院人民法庭工作先进集体
宁阳县人民法院葛石法庭
东平县人民法院宿城法庭

山东省军区“战备工作先进单位”和“保障工作先进单位”
泰安军分区

山东省“十三五”时期“民兵工作先进单位”
新泰市人武部
宁阳县人武部

山东省军区“机关服务基层先进处”
泰安军分区战备建设处

山东省军区“人武部建设先进单位”
新泰市人武部

山东省军区“干休所建设先进单位”
山东省军区泰安第三离职干部休养所

山东省军区党委先进团级党委
新泰市人武部党委

山东省军区党委“先进基层党组织”
山东省军区泰安第三离职干部休养所党委
市民兵装备仓库基地党支部

武警山东省总队记单位三等功

武警泰安支队执勤二大队执勤二中队（中队长 王福剑、指导员 薛军）

2021年度全省消防救援队伍先进党委

中共泰安市消防救援支队委员会

2021年度全省消防救援队伍先进支队

泰安市消防救援支队

平安山东建设先进集体

宁阳县泗店人民法庭
泰山区法律援助中心
泰山学院附属中学
新汶矿业集团综合服务中心
东平县委政法委
岱岳区人民检察院
新泰市看守所

2021年全省防汛抗洪表现突出的集体

泰山区应急管理局
泰山区综合行政执法局
岱岳区应急管理局
岱岳区祝阳镇人民政府
新泰市水利局
新泰市应急管理局
肥城市水利局
肥城市应急管理局
宁阳县应急救援指挥中心
宁阳县河道管理保护中心
东平县公安局
东平湖管理局东平黄河河务局
东平湖管理局东平管理局
泰山景区社会事务服务中心
徂汶景区安全应急管理部
泰安高新区北集坡街道办事处
泰安市水利局
泰安市应急管理局
泰安市消防救援支队
东平湖管理局工程管理处
泰安市城市管理综合服务中心

全省饲料兽药管理工作先进单位

泰安市畜牧兽医事业发展服务中心

山东省住房城乡建设系统先进集体

泰安市房产管理服务中心
泰安市公用事业服务中心
泰安市城市管理指挥调度中心
新泰市综合行政执法局
泰安市住房公积金中心服务管理科

数字山东建设工作先进集体

泰安市宁阳县大数据中心
泰安市人力资源和社会保障局

山东省法治政府建设先进集体

泰安市司法局法治督察科
中共新泰市委全面依法治市委员会办公室

山东省“七五”普法依法治理工作先进集体

泰安市财政局
泰安市公安局法制支队
泰安市泰山区司法局
岱岳区司法局普法与依法治理科
宁阳县司法局普法与依法治理科
泰山区泰前街道办事处

2020年度“双一流”高校毕业生来鲁就业工作突出集体

泰安市人力资源和社会保障局
泰安高新区人力资源管理部
泰安市卫生健康委员会

2020—2021年度《山东人力资源和社会保障》宣传工作表现突出的单位

泰安市人力资源和社会保障局
泰山区人力资源和社会保障局
岱岳区人力资源和社会保障局
新泰市人力资源和社会保障局
肥城市人力资源和社会保障局
宁阳县人力资源和社会保障局

山东省生态环境保护先进集体

泰山区交通运输局

新泰市综合行政执法局
泰安市东平县公用事业发展中心
泰安市发展和改革委员会发展规划科
泰安市生态环境保护综合执法支队
泰山城市建设投资有限公司
泰安市民营经济发展服务中心
泰安市中心医院分院
泰安市国泰民安投资集团有限公司

2021 年山东省基层理论宣讲先进集体

中共泰安市委宣传部

山东邮政先进集体

邮政集团山东省新泰市分公司

新增省级文明单位

中共泰安市泰山区委统战部
泰安市泰山区文化和旅游局
泰山区审计局
岱岳区行政审批服务局
泰安市岱岳区融媒体中心
新泰经济开发区管理委员会
新泰市公用事业发展中心
新泰市青云街道银河社区
肥城市商务局
中共肥城市委党校
肥城市交通运输局
兴润建设集团有限公司
中共宁阳县委编办
宁阳县城市管护服务中心
东平县人大常委会办公室
东平县卫生健康局
新矿国际贸易有限公司
泰安市交通运输局重点项目建设服务中心
泰安市烟草专卖局（公司）
泰山燃气集团有限公司
泰安市地方金融监督管理局
山东第一医科大学第二附属医院
泰安革命烈士陵园管理服务中心
泰安市美术馆
泰安市归国华侨联合会
泰安市军队离退休干部服务中心
泰安市知识产权事业发展中心
泰安泰山科技有限公司
共青团泰安市委员会

新增省级文明村镇

泰山区上高街道小井村
岱岳区祝阳镇上太和村
岱岳区角峪镇岳家庄村
岱岳区夏张镇张家庄村
岱岳区道朗镇玄庄村
新泰市羊流镇
新泰市新汶街道汶河村
新泰市新甫街道安全村
新泰市翟镇兴隆屯村
新泰市泉沟镇高崖头村
新泰市汶南镇单家庄村
新泰市西张庄镇小白沙村
肥城市王庄镇
肥城市桃园镇
肥城市老城街道西关居委会
肥城市王瓜店街道新镇村
肥城市仪阳街道王晋村
肥城市桃园镇东里村三村
肥城市边院镇姜堂村
肥城市孙伯镇东程村
肥城市汶阳镇浊北村
宁阳县泗店镇
宁阳县东疏镇胡茂村
宁阳县堽城镇苏家庄村
宁阳县磁窑镇茂义村
宁阳县蒋集镇张家龙泉村
东平县新湖镇
东平县州城街道桂井子村
东平县彭集街道陈流泽村
东平县接山镇荣花树村
东平县梯门镇东瓦庄村
泰安高新区房村镇新杨庄村
泰山景区大津口乡栗杭村
徂汶景区化马湾乡土山河村（原泰安高新区化马湾乡土山河村）

新增省级文明社区

泰山区徐家楼街道徐家楼社区
岱岳区粥店街道上旺社区
新泰市青云街道新甫社区
肥城市新城街道贵和社区
东平县东平街道护驾社区
泰安高新区北集坡街道凤凰社区

新增省级文明校园

山东省泰安第二中学
泰安市泰山区上高学校
山东省泰安第十九中学
新泰市新汶中学
肥城市第六高级中学
东平县第一中学
泰安高新技术产业开发区第一中学
泰安市泰山区文化路小学
泰安市岱岳区祝阳镇中心小学
新泰市福田学校
新泰市汶城实验小学
肥城市龙山小学
肥城市河西小学
宁阳县文庙中心小学

省级学雷锋志愿服务先进典型

最佳志愿服务组织

国网新源泰山公司“烛光”青年志愿服务队
泰安市城市管理局党员志愿服务队
岱岳区新时代文明实践巾帼志愿服务队
国网宁阳县供电公司彩虹先锋志愿服务队
泰山景区客运有限公司志愿服务队

最佳志愿服务项目

泰安市住建局“拥抱星星的孩子”关爱自闭症儿童志愿服务项目
岱岳区新时代文明实践中心“红马甲、小马扎、会拉呱、传万家”志愿服务项目
肥城市新时代文明实践中心“家门口的社区图书馆”志愿服务项目
宁阳县第一人民医院健康365志愿者服务队“‘救’在身边急救宣讲”志愿服务项目
新泰市新泰好人公益志愿者协会“志智双扶”精准助学项目

最佳志愿服务社区

岱岳区粥店街道光彩社区
泰山区岱庙街道迎暄社区
新泰市翟镇金岭湖社区
泰安市泰山区财源街道西七里社区
肥城市新城街道孙庄社区
肥城市安临站镇刘家村社区

河南省防汛救灾优秀志愿服务组织

新泰市同舟公益救援服务中心

新时代泰山“挑山工”10面红旗

泰安市文明城市创建活动领导小组办公室
泰安市拥军优属拥政爱民工作领导小组办公室
下旺片区综合改造指挥部
泰山景区红门、虎山、引水工程建设指挥部
泰安市泰山区域山水林田湖草生态保护修复工程领导小组办公室
泰安二期抽水蓄能电站工程指挥部
正威泰安新材料产业园项目团队
泰安市城市基层党建示范市建设工作推进小组办公室
泰安市纪委监委第八审查调查室
金星片区城中村改造项目部

泰安市人民政府记集体二等功

泰安市消防救援支队

（因排版需要，个别获奖者的单位名称及职务适当删减）

编辑　校对　　刘小笋

附录

2021 年泰安市组织机构及负责人名录

市级领导班子

中共泰安市委员会

书　记　崔洪刚（8 月止）
　　　　杨洪涛（8 月起）
副书记　张　涛
　　　　曲　锋
常　委　郭德文（1 月止）
　　　　李灿玉
　　　　宋洪银
　　　　高尚山（1 月止）
　　　　张红旗（5 月止）
　　　　成　丽（女，5 月起）
　　　　刘洪海
　　　　于瑞波
　　　　隋　阳
　　　　常绪扩（5 月起）
　　　　刘泮英（1 月起）
秘书长　李灿玉
副秘书长　亓顺民（正县）
　　　　杨军昌
　　　　范福顺（正县）
　　　　葛宝文
　　　　董　磊
　　　　侯红岩
　　　　任　军
　　　　于海涛
　　　　刘焕民
　　　　魏剑峰
　　　　彭元刚

泰安市人民代表大会常务委员会

主　任　唐福泉
副主任　张书盈
　　　　王淑玲（女，党外）
　　　　陶长江（1 月止）
　　　　刘学保
　　　　曹步山
　　　　辛海明（1 月起）
秘书长　朱　杰
副秘书长　蒋庆蓬（正县）
　　　　崔拥军（党外，正县）

泰安市人民政府

市　长　张　涛
副市长　宋洪银
　　　　鞠向群
　　　　成　丽（女，5 月止）
　　　　赵德健（11 月止）
　　　　袁久党（党外）
　　　　常绪扩（5 月止）
　　　　唐传营（8 月起）
　　　　张　颖（5 月起）
秘书长　张　韧（1 月止）
　　　　李华民（2 月起）
副秘书长　于文龙（正县）
　　　　田书阳（正县）
　　　　侯衍奎（正县）
　　　　张　耀（正县）

董　光（正县）
李　勇
田　萌
陈丽霞（挂职，2 月起）

中国人民政治协商会议泰安市委员会

主　席　周桂萍（女，1 月止）
郭德文（1 月起）
副主席　徐恩虎（党外）
张庆明（党外）
刘　君（党外，不驻会）
王昌元（党外，不驻会）
姚　霆
马纯勇
程　明
孙岱峰（党外）
秘书长　李诚实（1 月起）
副秘书长　周长欣（正县）
王　波（正县）
孙德常（党外）
陈师超

中共泰安市纪律检查委员会、泰安市监察委员会

书记、主任　于瑞波
常务副书记、副主任
张　勇
副书记、副主任
杨永成
王华山
常委、委员　娄本亮
张同武
张　亮
朱玉山
杨成栋
曹玉楼

市委工作部门

市委办公室（市档案局、市委保密办、市国家保密局）

主　任　亓顺民
副主任　刘忠强
尚晓琳（女）
吕效刚

市委组织部（市公务员局、市委非公有制经济和社会组织工作委员会）

部　长　高尚山（1 月止）
刘泮英（1 月起）
分管日常工作的副部长
李千弘（正县）
副部长　蒋永斌（正县）
李作超（正县）
郝　燕（女，正县）
刘式堃（正县）
贾玉亮
李光玖

市委宣传部（市新闻办、市文明办）

部　长　刘洪海
分管日常工作的副部长
吕怀玉（正县）
副部长　王传宝（12 月止）
边永彬
雷建民
王艳艳（女）

市委统战部（市台办、市民宗局、市侨办）

部　长　张红旗（5 月止）
成　丽（女，5 月起）
分管日常工作的副部长
刘卫东（正县）
副部长　刘　华（正县）
高树顺（正县，10 月止）
张庆峰（正县）
柴　力（正县）
乔敬田（正县）
李培国（12 月起）
王林琳（女）

社会主义学院

常务副院长　杨　灏

市委政法委

书　记　郭德文（1 月止）
常绪扩（5 月起）
分管日常工作的副书记
张　涛（正县）
副书记　袁　超（正县）
李　彤（正县，4 月止）
魏　宏（正县）

高建明（正县）
常庆智

市委政研室（改革办）

主　任　李卫国
副主任　李洪洲（10 月止）
刘义存
曹克河

改革办

专职副主任　马德芳

市委网信办

主　任　步衍金
副主任　张　磊
孟庆军（12 月止）
杨启航（12 月起）

市委编办

主　任　李作超
副主任　张卫国
王万福（5 月止）
耿　建

市委市直机关工委

书　记　王国强
副书记　张爱国
吕　川
仇安源
纪检监察工委书记
吕　川

市委巡察办

主　任　娄本亮
副主任　刘光辉

市委老干部局

局　长　郝　燕（女）
副局长　苏宝菊（女，正县）
鞠晓帆
刘智广

市离退休干部党工委

书　记　郝　燕（女，正县）
专职副书记　刘智广

市政府工作部门

市政府办公室（市大数据局、市政府外事办公室）

主任（局长、主任）
于文龙
副主任（副局长、副主任）
李天波（5 月止）
彭恒玖
孙　健
党组书记　李华民（2 月起）
党组副书记　于文龙（正县）

发展和改革委员会（市新旧动能转换综合试验区建设办公室）

主　任　董世武
副主任　任广军（正县）
倪建军（3 月起）
梁立元（正县，10 月止）
贾明清
张金萍（女，正县）
党组书记　董世武
党组副书记　任广军（正县）

教育局

局　长　戴　冰
副局长　鞠允平（正县）
常希贞（正县）
刘兴成
张衍新
党组书记　戴　冰
党组副书记　鞠允平（正县）
纪检组组长　曹长钰

市委教育工委

书　记
常务副书记　戴　冰
副书记　刘应新
鞠允平

科学技术局（市外国专家局）

局　长　张庆云
副局长　梁晨阳
陈书林
王东之
党组书记　张庆云
党组副书记　梁晨阳

工业和信息化局（市民营经济发展服务局）

局　长　黄正玉
副局长　徐从军
马庆忠

张　彬
党组书记　黄正玉

市公安局

局　长　鞠向群
政　委　亓景会
副局长　亓子海（正县）
王泽劲
鄂宏超（满）
党委书记　鞠向群
党委副书记　亓景会

民政局

局　长　刘兆泉
副局长　董　峰
王　华
赵丽东
党组书记　刘兆泉
党组副书记　鹿　锋（正县）

司法局

局　长　张培峰（4 月止）
梁立元（10 月起）
副局长　任伟建（11 月止）
王序东
杜衍娜（女）
吕传庆
党委书记　张培峰（3 月止）
梁立元（10 月起）

财政局

局　长　刘　斌（10 月止）
孙　磊（10 月起）
副局长　王庆涛
王　燕（女）
党组书记　刘　斌（10 月止）
孙　磊（10 月起）

人力资源和社会保障局

局　长　蒋永斌
副局长　刘金安（正县）
乔　磊
于赛英（女）
杜　彤（女）
党组书记　蒋永斌
党组副书记　刘金安（正县）

自然资源和规划局

局　长　宋宪春
副局长　王　涛
韩　明（党外）
从建永（4 月止）
伊廷禄（12 月止）
党组书记　宋宪春（12 月止）
贾同国（12 月起）
党组副书记　陈京国（正县）

生态环境局

局　长　李华民（2 月止）
戴先锋（2 月起）
副局长　王炳建（9 月止）
李向农
庞英元
党组书记　李华民（1 月止）
戴先锋（1 月起）

住房和城乡建设局

局　长　张广银（1 月止）
许　伟（1 月起）
副局长　王印林
赵传星（12 月止）
党组书记　许　伟
党组副书记　王海峰（正县）
纪检组组长　续丙西

城市管理局

局　长　吕桂平
副局长　冯　利
赵维立（5 月止）
尹　红（女）
党组书记　吕桂平
党组副书记　李遵建

交通运输局

局　长　吴国庆
副局长　王诗新（2 月止）
袁立新
杨福民
徐彩虹（12 月起）
党组书记　吴国庆

水利局（市南水北调工程建设管理局）

局　长　王　骞
副局长　孙庆进（正县，7 月止）

赵文坡（12 月起）
张继德
李怀岭
党组书记　王　骞
党组副书记　赵文坡（12 月起）

农业农村局（市扶贫开发办公室、市畜牧兽医局）

局长（主任、局长）
姜士科
副局长（副主任、副局长）
马新华（10 月起）
许立波（回，10 月止）
王耀辉
王　民
刘　伟（9 月止）
党组书记　姜士科

扶贫开发领导小组办公室

主　任　臧玉海（10 月止）
副主任　马新华（10 月止）
李伟嵩（10 月止）
王　宁（10 月止）

乡村振兴局

局　长　姜士科（10 月起）
常务副局长　马新华（10 月起）
副局长　王　宁（10 月起）
孙　越（10 月起）
平　涛（10 月起）

商务局（市投资促进局）

局　长　王志翔
副局长　王成岩
张　斌
刘　媚（女）
柳桂敏（女，党外，12 月起）
党组书记　王志翔（12 月止）
桑　民（12 月起）
党组副书记　裴黎明（正县）

文化和旅游局（市新闻出版广电局、市文物局）

局　长　苏雪峰（女，党外）
副局长　宋韶峰
张安军
陈士强
党组书记　侯卫国
党组副书记　张朝晖

卫生健康委员会（市中医药管理局）

主　任（局长）
张步军
副主任（副局长）
沈桂春
徐学森
牛启富（8 月止）
张伟英（女）
党组书记　张步军
党组副书记　沈桂春
纪检组组长　李　永

退役军人事务局

局　长　魏　勃
副局长　李学军（正县）
聂圣江
陈绪峰
党组书记　魏　勃
党组副书记　李学军（正县）

应急管理局

局　长　刘　琳（4 月起）
副局长　倪建军（3 月止）
宋锡军（正县）
李　强
张古斌
乔田海
党委书记　宋洪银（副厅，兼，3 月止）
刘　琳（3 月起）
党委副书记　倪建军（3 月止）

审计局

局　长　杨承修
副局长　刘　安
程　波
吴　思（女）
张　伟（女）
党组书记　杨承修
党组副书记　张仁安（正县）

市政府国有资产监督管理委员会

主　任　蔡丽霞（女）
副主任　金　飞（回）
颜　峰（女）
张桂振
庞林星（12 月起）

党委书记　　蔡丽霞（女）

行政审批服务局（市政务服务管理办公室）

局　长（主任）

乔国荣

副局长（副主任）

马连启

刘树国（10 月止）

肖培庆

段崇民（12 月止）

党组副书记　　乔国荣

市场监督管理局（市知识产权局）

局　长　　张京洲

副局长　　王自坦

刘秀文（女）

孙洪英

杨树国（5 月止）

陈　政

韩　哲（挂职，3 月止）

刘　民

刘建广

朱晓东

党组书记　　张京洲

体育局

局　长　　许　兵

副局长　　谭晓蕾（女，党外，5 月止）

杨振德

党组书记　　许　兵（12 月止）

孔凡洪（12 月起）

统计局

局　长　　董彦和

副局长　　高　伟

沈　峰

朱元柱

党组书记　　董彦和

医疗保障局

局　长　　肖和元

副局长　　张吉峰

石文东

党组书记　　肖和元

党组副书记　　刘建国

人民防空办公室

主　任　　梁国言

副主任　　薛建旺

王化民

吴　斌（兼）

党组书记　　梁国言

党组副书记　　魏文峰

市政府研究室

主　任　　杨建全

副主任　　石　斌

于善波

党组书记　　杨建全

地方金融监督管理局（市金融工作办公室）

局　长（主任）

任树凯

副局长（副主任）

王凤坤（5 月止）

赵兴广（12 月起）

刘　彬（女）

金　辉

党组书记　　任树凯

信访局

局　长　　葛宝文

副局长　　曹永先

赵克俊（女）

郭连勇

党组书记　　葛宝文

能源局

局　长　　徐兆兵

副局长　　刘　勇（正县）

王太阳

党组书记　　徐兆兵

党组副书记　　顾　兵（5 月起）

林业局

局　长　　葛茂金（10 月止）

臧玉海（10 月起）

副局长　　张德涛

焦　明

王玉坚

党组书记　　葛茂金（10 月止）

臧玉海（10 月起）

市政府派出机构

泰安高新技术产业开发区、泰安经济开发区管理委员会

党工委书记　刘　斌
主　任　刘　斌
副主任　赵　胜
石振房
张安富
赵兴伟
王海涛
纪工委书记、监工委主任
亓习忠

泰山风景名胜区管理委员会

党工委书记　亓利群
主　任　肖玉果
党工委副书记　肖玉果
万庆海
副主任　姜　林
马生平
陈传帅
纪工委书记、监工委主任
周生华

泰安旅游经济开发区管理委员会

主　任　邱仲慧
副主任　张秀琛
李安元
吕泰柱
张　成（挂职）
党工委书记　张书祥
党工委副书记　邱仲慧（正县）
纪工委书记　谷志坚

泰安市徂徕山汶河风景名胜区管理委员会

党工委书记　田庆勇
主　任　田庆勇
党工委副书记　梁进涛
周鹏飞（12 月止）
副主任　周鹏飞（12 月止）
郑佳军
赵　新
张寒冬
李冬梅（女）
纪工委书记、监工委主任
纪复旺

市委、市政府直属事业单位

市委党校（市行政学院、市社会主义学院）

校　长　崔洪刚（8 月止）
杨洪涛（8 月起）
常务副校长　吕军德（副厅，1 月止）
韩志强（正县，2 月起）
副校长　梅长冬
夏庆涛（2 月止）
陈卫东
牛兰春
张文华

市委党史研究院（市地方史志研究院）

院　长　王敬泽（7 月止）
李洪洲（10 月起）
副院长　张　博
曹成义
李耀德

泰安日报社

社　长　张洪洲
副社长　赵利泽（满）
吕文佳（女）
总编辑　韩西德
副总编辑　曲　岩（女）
李建中
张文圣
车　军
党委书记　张洪洲
副书记　韩西德
何麦之
张宏强

广播电视台

台　长　胡开剑
副台长　吴　涛
周　健
总编辑　苌　晶（女）
副总编辑　亓修举
亓雪峰
党组（委）书记

胡开剑

党组（委）副书记

苌　晶（女，正县）

付　强

档案馆

馆　长　侯红岩

副馆长　孙　暄（女）

侯卫国

党组书记　侯红岩（5 月止）

党总支书记　侯红岩（5 月起）

机关事务服务中心

主　任　于海涛

副主任　陈兆金

明立东

尹逊桐

党组书记　于海涛

仲裁委员会办公室

主　任　于　锋

副主任　刘月永（党外）

武如军

李　鹏

党组书记　于　锋

住房公积金中心

主　任　王　峰（回）

副主任　吕长文

蒲英标

杨　皓

党组书记　王　峰（回）

供销合作社联合社

理事会主任　张　莉（女，3 月止）

安　丽（女，5 月起）

理事会副主任　王建国

苏礼平

李庆涛

刘建新（12 月起）

监事会主任　靳兆宏

监事会副主任　李昌友

党委书记　张　莉（女，3 月止）

安　丽（女，3 月起，5 月止）

党组书记　安　丽（女，5 月起）

泰山索道运营中心

主　任　葛遵瑞

副主任　陈　旭（11 月止）

王　军

吴杞强

党委书记　贾代常（5 月止）

党组书记　贾代常（5 月起）

党委副书记　葛遵瑞（5 月止）

李西军（5 月止）

党组副书记　葛遵瑞（5 月起）

李西军（5 月起）

民营经济发展服务中心

主　任　陈　强

副主任　孙清华

魏云芹（女）

程乐宁

党组（委）书记

陈　强

党组（委）副书记

孟兆慧

房产管理服务中心

主　任　王海峰

副主任　宋　岩

方恒利

党组（委）书记

王海峰

党组（委）副书记

张　群

公用事业服务中心

主　任　宫晓芳（女，党外）

副主任　李　林

张　峰

国东民

吕爱原（女，5 月起）

党组（委）书记

许　伟

党组（委）副书记

李　林

张　杰

纪委书记　吕爱原（女，5 月止）

农业科学院（山东省农业科学院泰安市分院）

院　长　高俊杰（5 月起）

副院长　毕　军（5 月起）

孔繁华（5 月起，11 月止）

郭俊胜（5 月起）
蔚承祥（5 月起）
马传华（5 月起）
党组书记　高俊杰（5 月起）

大数据中心（市智慧城市服务中心）［12 月由智慧城市服务中心（市大数据中心）更名］

主　任　李天波（5 月起）
副主任　宗德勇（5 月起）
曹　磊（5 月起）
党组书记　李华民（5 月起）
党组副书记　李天波（5 月起）

公路事业发展中心

主　任　宫庆会
副主任　王　勇
任继仓
陈大华
李　波
刘二国（5 月起）
党组（委）书记
宫庆会
党组（委）副书记
王　勇
纪委书记　刘二国（5 月止）

法院、检察院

泰安市中级人民法院

院　长　朱云三（12 月止）
副院长　孙岱峰（党外）
林建森
李成涛
党组书记　朱云三
党组副书记　林建森

泰安市人民检察院

检察长　苏金森（12 月止）
副检察长　吴新村
王敬政
黄建民
范　军（4 月起）
党组书记　苏金森
党组副书记　吴新村

人大、政协、纪委机关

人大专门委员会

法制委员会

主任委员　刘栋梁
副主任委员　刘向阳
刘凤芝（女）

监察和司法委员会

主任委员　石　岩（女）
副主任委员　杨传文

财经委员会

主任委员　赵　明
副主任委员　梁望东（党外）

农业与农村委员会

主任委员　朱叙民（5 月止）
副主任委员　侯　力
李渊祥

城乡建设与环境资源保护委员会

主任委员　乔建博
副主任委员　张建国
张兴华

教育科学文化卫生委员会

主任委员　刘　康
副主任委员　何广文
王德全

民族侨务外事旅游委员会

主任委员　孟祥彬（回）
副主任委员　周光林

社会建设委员会

主任委员　徐　鑫
副主任委员　孙卫连
孙培国

人大机关办事机构和工作机构

办公室

主　任　蒋庆蓬
副主任　陈业荣
张海军
井　泉

人事选举代表工作室

主　任　刘　锋
副主任　郭　霞（女）

宋长亨

研究室

主　任　刘文明

副主任　王衍婷（女）

辛振华

法制工作委员会

主　任　刘凤芝（女）

副主任　张文珂

孔　妍（女）

财政经济工作委员会

主　任　梁望东（党外）

副主任　谷红卫

预算工作委员会

主　任　王照星

副主任

农村经济工作委员会

主　任　李渊祥

副主任　王子强

郭建华（女）

城乡建设环境保护工作委员会

主　任　张建国

教育科学文化卫生工作委员会

主　任　王德全

副主任　彭长青

民族侨务外事旅游工作委员会

主　任　周光林

监察和司法工作委员会

主　任　李　平（1月起）

社会建设工作委员会

主　任　王文忠（1月起）

政协专门委员会

提案委员会

主　任　黄东葵

副主任　董　军

经济委员会

主　任　马玉军

副主任

人口资源环境委员会

主　任　刘焕星

副主任　郭大年

教科卫体委员会

主　任　王天宇

副主任　陈占峰

社会法制和民族宗教委员会

主　任　杨　红（女）

副主任　陈建中

韩克双

徐建英（女，党外，1月起）

文化文史和学习委员会

主　任　张亚莉（女，11月止）

副主任　戚　锋（党外，1月起）

港澳台侨和外事委员会

主　任　张　清（女，党外）

副主任　李　芳（女，党外，1月起）

委员联络工作委员会

主　任　周建国

副主任　王建雷

卢晓堂（党外，1月起）

农业和农村委员会

主　任　贾汇红（女，党外）

副主任　郑中其

刘彦涛（党外，1月起）

政协机关办事机构和工作机构

办公室

主　任　陈师超

副主任　苗庆民（1月起）

李伟忠

刘　峰

孟庆军（12月起）

研究室

主　任　毕研坤

副主任　张学亮

委员活动工作室

主　任　黄会平（女）

副主任　张庆民

提案委员会工作室

主　任

副主任　徐宗林

经济委员会工作室

主　任

副主任　郭泉浩

人口资源环境委员会工作室

主　任

副主任　张西环（女）

王　霞（女，1 月起）

教科卫体委员会工作室

主　任　陈占峰

副主任　刘雪菲（女）

邹　斌（1 月起）

社会法制和民族宗教委员会工作室

主　任　韩克双

副主任　李洪奎

文化文史和学习委员会工作室

主　任

副主任　程　鹏（女，党外）

港澳台侨和外事委员会工作室

主　任

副主任　刘　宁

朱宏伟

委员联络工作委员会工作室

主　任

副主任　单光德（副县级，1 月起）

农业和农村委员会工作室

主　任　孙文献（副县级）

市纪委监委内设机构

办公室

主　任　王昌莉（女）

组织部

部　长　季　勇

宣传部

部　长　公鲁华（12 月止）

研究室

主　任　郭启辉

党风政风监督室

主　任　杨培水

信访室（市国家公职人员违法违纪举报中心）

主　任　皇甫继伟

案件监督管理室

主　任　孙　雷

第一监督检查室

主　任　毛尚纯

第二监督检查室

主　任　石金城

第三监督检查室

主　任　徐京波（副县）

第四监督检查室

主　任　杜伯岑（副县）

第五监督检查室

主　任　侯庆鹏（副县，2 月止）

李海平（2 月起）

第六审查调查室

主　任　马金涛（副县，2 月止）

第六监督检查室

主　任　梁振宇（2 月起）

第八审查调查室

主　任　杨振国

第九审查调查室

主　任　马金涛（副县，2 月起）

第十审查调查室

主　任　侯庆鹏（副县，2 月起）

案件审理室（政策法规室）

主　任　柏宜民

纪检监察干部监督室

主　任　巩如雷

市纪委市监委派驻纪检监察组

第一纪检监察组

组　长　王新慧（正县，12 月止）

第二纪检监察组

组　长　马贵昌（正县）

第三纪检监察组

组　长

第四纪检监察组

组　长　王　蕾（女，正县）

第五纪检监察组

组　长　张丽娟（女，正县）

第六纪检监察组

组　长　于京山（副县）

第七纪检监察组

组　长　刘爱科（副县）

第八纪检监察组

组　长　张　冰（副县，12 月止）

第九纪检监察组

组　长　刘　旼（2 月止）

第十纪检监察组

组　长　李海平（副县，2 月止）

驻市法院纪检监察组

组　长　赵兴杰（女，正县）

驻市检察院纪检监察组
组　长　　　吕丰强（副县）
驻市公安局纪检监察组
组　长　　　田志云（女，正县）
驻市教育局纪检监察组
组　长　　　曹长钰（副县，2月止）
　　　　　　刘　旼（副县，2月起）
驻市卫生健康委员会纪检监察组
组　长　　　李　永（副县）
驻市住房城乡建设局纪检监察组
组　长　　　续丙西（副县）

民主党派

中国国民党革命委员会泰安市委员会

主　委　　　徐恩虎（10月止）
　　　　　　朱　丽（女，10月起）
副主委　　　林国志（10月止）
　　　　　　杨维仁
　　　　　　刘清廷
　　　　　　程　鹏（女，10月起）
　　　　　　郭秀荣（女，10月起）
秘书长　　　李　芳（女，驻会）

中国民主同盟泰安市委员会

主　委　　　孙岱峰
副主委　　　张春庆（10月止）
　　　　　　丁　爽（女）
　　　　　　张　清（女）
　　　　　　周　奎
　　　　　　朱树华（10月起）
秘书长　　　徐建英（女，驻会）

中国民主建国会泰安市委员会

主　委　　　张庆明（11月止）
　　　　　　袁久党（11月起）
副主委　　　黄屹峰
　　　　　　尹洪宗
　　　　　　魏云刚
　　　　　　陈　文（女）
秘书长　　　戚　锋（驻会）

中国民主促进会泰安市委员会

主　委　　　王昌元（11月止）
　　　　　　苏雪峰（女，11月起）
副主委　　　董　洁（女，11月止）
　　　　　　吕忠堂（11月止）
　　　　　　贾汇红（女）
　　　　　　谭晓蕾（女，11月起）
　　　　　　孙海伟（11月起）
　　　　　　王进喜（11月起）
秘书长　　　孙圆景（女，驻会）

中国农工民主党泰安市委员会

主　委　　　徐　坤
副主委　　　陈玉社（10月止）
　　　　　　赵晓民
　　　　　　吕学爱（女，10月止）
　　　　　　梁群言
　　　　　　赵　铭（10月起）
　　　　　　刘志超（女，10月起）
秘书长

致公党泰安市委员会

主　委　　　梁望东
副主委　　　张丽霞（女，10月止）
　　　　　　鞠达青（10月止）
　　　　　　李传泰（10月止）
　　　　　　张　忠（10月起）
　　　　　　王景霞（10月起）
　　　　　　刘　涛（10月起）
秘书长　　　卢晓堂（驻会）

九三学社泰安市委员会

主　委　　　刘　君（10月止）
　　　　　　王淑玲（女，10月起）
副主委　　　孙启凯
　　　　　　刘　峰
　　　　　　诸葛玉平
　　　　　　肖　玲（女）
秘书长　　　刘彦涛（驻会）

群众团体

总工会

主　席　　　张书盈
常务副主席　郭　青（正县）
副主席　　　李宝荣
　　　　　　陈长举
　　　　　　欧阳宏飞（女）

马海荣（女，12 月起）
党组书记　郭　青
党组副书记　李宝荣

共青团泰安市委员会

书　记　苏伟丽（女，12 月止）
朱延华（女，12 月起）
副书记　杨　帅
刘荣星
肖顺利

妇女联合会

主　席　陈晓娜（女）
副主席　付望舒（女）
马　俏（女）
国文丽（女）
党组书记　陈晓娜（女）
党组副书记　张伟贞（女）

科学技术协会

主　席　张秀峰（女）
副主席　闫　敏（女）
范宝品
武建堂
党组书记　张秀峰（女）

文学艺术界联合会

主　席　张德臣
副主席　孙　黎
孙启掳
秘书长　田纪宏（副县，8 月止）
党组书记　张德臣
副书记　周　鹏

社会科学联合会

主　席　贾志秋
副主席　李光冉
王元军
秘书长　梁国华（副县）
党组书记　贾志秋
副书记　米清国（回）

工商业联合会（总商会）

主　席（会长）
王淑玲（女，党外）
副主席（副会长）
高树顺（10 月止）
杨启航（12 月止）
周　晓
张建之
张新明（12 月起）
秘书长　周　晓
党组书记　高树顺（10 月止）
李培国（12 月起）
副书记　亓金海

残疾人联合会

理事长　刘学永
副理事长　尹燕青
刘海力
党组书记　刘学永

归国华侨联合会

主　席　刘　华
副主席　吴　蕾（女，党外）
党组书记　刘　华

中国贸促会泰安市委员会、中国国际商会泰安商会

会　长　陈　勇
副会长　张桂明
玄冬梅（女）
党组书记　陈　勇

各县市区领导班子

泰山区

区　委

书　记　王爱新（女，12 月止）
张培峰（12 月起）
副书记　徐立勇（3 月止）
张培峰（3 月起，12 月止）
周鹏飞（12 月起）
展延安（3 月起，12 月止）
王冠祥（12 月起）
常　委　王　强（12 月止）
赵永斌（12 月止）
王冠祥（12 月止）
刘兴钰
朱统卫
王广浩（12 月起）
姚学理（女，3 月止）
朱光胜
吴　杰（12 月起）

秦　晓（12 月起）
李　盟（12 月起）

人　大

主　任　陈庆业
副主任　刘　凤（女，党外）
史书超
李　文（4 月起）
王玉贞
王景银

政　府

区　长　张培峰（4 月起，12 月止）
副区长　赵永斌（12 月止）
苏春明
黄　涛
倪海亮（12 月止）
司家强（12 月止）

政　协

主　席　毕华年
副主席　李战德（党外，不驻会）
张　玲（女，党外）
甄永莲（女）
孙圆景（女，党外）
李　力（4 月起）

纪委、监委

书记、主任　王　强（12 月止）
王广浩（12 月起）

法　院

院　长　张　林（4 月起）

检察院

检察长　王增爱（3 月止）
赵平原（4 月起）

岱岳区

区　委

书　记　刘昌松（12 月止）
王长勇（12 月起）
副书记　王长勇（12 月止）
刘国成（5 月起）
张　青（12 月起）
孔凡洪（正县，12 月止）
赵国强（正县，11 月起）
常　委　展延安（回，3 月止）
刘　琳（3 月止）
袁义明
赵国强（11 月止）
张　青（女，12 月止）
刘灿玉（12 月止）
孙启龙
高文嵩（12 月止）
安郁杰（12 月起）
宋　宇（12 月止）
李希刚（12 月起）
黄　新（12 月起）
杨留洋（12 月起）

人　大

主　任　徐永涛
副主任　张　军
孙启印
吴秀峰
唐晓飞（女，党外，12 月止）
李振华

政　府

区　长　王长勇（12 月止）
副区长　刘　琳（3 月止）
刘国成（5 月起，12 月止）
朱延华（女，12 月止）
钱振华
张　强（12 月止）
刘爱强

政　协

主　席　李效军
副主席　游志成（党外）
法臣文（回，党外）
肖　玲（女，党外）
刘桂华（女）
徐建英（女）
王增军（1 月起）

纪委、监委

书记、主任　展延安（回，3 月止）
黄　新（12 月起）

法　院

院　长　高广权（12 月止）

检察院

检察长　郝永生（12 月止）

新泰市

市　委

书　记　刘钦海（12 月止）
宋鸿鹏（12 月起）
副书记　宋鸿鹏（2 月起，12 月止）
赵永斌（12 月起）
桑　民（12 月止）
赵相鑫（12 月起）
常　委　刘　军（12 月止）
张作程（12 月止）
赵文坡（12 月止）
李　玲（女）
惠志国（12 月止）
苏永涛
梁　欣
李　斌
公鲁华（12 月起）
高传波（12 月起）
牛纪宝（12 月起）

人　大

主　任　韩学锋（2 月起，12 月止）
副主任　亓桂峰
渠红梅（女，回，党外）
朱致义
安　原
和　辉（2 月起）

政　府

市　长　宋鸿鹏（2 月起，12 月止）
副市长　苏永涛
王洪亮
周典红（女）
李　彬
贾夫军（2 月起）
高传波（12 月起）
王元柱（12 月起）
王　翠（女，回，12 月起）

政　协

主　席　夏念新（1 月起）
副主席　张传军（党外）
殷培文（党外）
徐加柱（党外）
马丽丽（女，回，党外）
王振湖（1 月起）
王子孝（1 月起）

纪委、监委

书记、主任　刘　军（12 月止）
公鲁华（12 月起）

法　院

院　长　魏长青（2 月起）

检察院

检察长　范　军（3 月止）

肥城市

市　委

书　记　马保文（12 月止）
张　莉（女，12 月起）
副书记　殷锡瑞（1 月止）
张　莉（女，4 月起，12 月止）
展延安（12 月起）
王勇强
常　委　戴先锋（2 月止）
王勇强
王志勇
付　玲（女）
贾同国（12 月止）
赵　伟
桑逢智
尹延涛
侯妍妍（2 月起）
张　强（12 月起）
张尽峰

人　大

主　任　辛　涛（4 月起）
副主任　王同华（女，党外，不驻会）
张　伟
李向东
刘　益
李建民

政　府

市　长　殷锡瑞（1 月止）
张　莉（4 月起，12 月止）
副市长　王志勇
赵兴广（回，党外，12 月止）
田茂金
陈正一

政　协

主　席　　名树伟（4 月起）

副主席　　杨淑贞（女，党外，不驻会）

付振江（党外，不驻会）

李红伟（女，党外，不驻会）

刘　琴（女，党外）

孙衍辉（4 月起）

闫文明（4 月起）

纪委、监委

书记、主任　　戴先锋（2 月止）

侯妍妍（2 月起）

法　院

院　长　　石　军（12 月止）

检察院

检察长　　杨希沧（12 月止）

宁阳县

县　委

书　记　　毕黎明（12 月止）

王立军（12 月起）

副书记　　王立军（12 月止）

崔　媛（女，5 月止）

刘灿玉（12 月起）

苏伟丽（女，12 月起）

常　委　　沙玉华（12 月止）

董　骞

赵相鑫（12 月止）

张　鹏

王广浩（12 月止）

于师义

许　军

张继军（12 月止）

高文嵩（12 月起）

惠志国（12 月起）

倪海亮（12 月起）

周政春（12 月起）

人　大

主　任　　刘　明

副主任　　张树法

马海荣（女，12 月止）

田永友（1 月起）

徐　波（1 月起）

政　府

县　长　　王立军（12 月止）

副县长　　董　骞

柳桂敏（女，党外，12 月止）

朱晓亮（12 月止）

武启军（12 月止）

范长征

政　协

主　席　　张　涛（1 月起）

副主席　　连桂荣（党外，不驻会）

辛艳珍（女，党外，不驻会）

董先思

戴　伟（党外）

韩庆军

纪委、监委

书记、主任　　张继军（12 月止）

惠志国（12 月起）

法　院

院　长　　杨福桐（12 月止）

检察院

检察长　　毛　斌（1 月起）

东平县

县　委

书　记　　曲　锋（12 月止）

马焕军（12 月起）

副书记　　刘　玉（1 月止）

徐立勇（4 月起）

李培国（12 月止）

刘向军（12 月起）

常　委　　刘向军（12 月止）

徐彩虹（女，12 月止）

李广义

陈文远（12 月止）

安郁杰（12 月止）

李生广

郑　利

王　冰

孙　雷（12 月起）

韩　宁（12 月起）

人　大

主　任　　陈　锋（4 月起）

副主任　　李元申（党外，不驻会）

陈兰芳（女）
王成明
牛之春
宋长山（4月起）

政　府

县　长　刘　玉（1月止）
徐立勇（4月起）

副县长　李生广
许洪顺
李便宁（女）
赵　磊（12月止）
郭　东（4月起）

政　协

主　席　刘祥涛

副主席　吴绪季（党外）
王金艳（女，满，党外）
孟　光（党外）
仲光亮
蔡绪卿（4月起）

纪委、监委

书记、主任　陈文远（12月止）
孙　雷（12月起）

法　院

院　长　张海鹏（12月止）

检察院

检察长　赵平原（3月止）
周新宇（4月起）

中央、省属驻泰安单位

国家税务总局泰安市税务局

局　长　郝　玲（4月止）
孙永祥（4月起）

副局长　崔　健
郭宝德
宋来竹
曾凡秀
张延平（9月起）

党委书记　郝　玲（4月止）
孙永祥（4月起）

党委副书记　张曙光（6月起）

纪检组长　肖翕然（6月止）
张曙光（6月起）

气象局

局　长　姚广庆

副局长　张兴强
徐学义

党组书记　姚广庆

纪检组长　徐德力

泰安海关

关　长　徐五通（1月起）

副关长　肖永琪
肖本忠（12月起）

党委书记　徐五通（1月起）

纪检组长　刘贵福

中国人民银行泰安市中心支行

行　长　杨化军

副行长　庞建敏
孙世超（1月止）
郑玉坤（8月止）
张　俊

党委书记　杨化军

党委副书记　庞建敏

工会主任　高露蒙（女，3月止）

纪委书记　康　琴（女）

中国银行保险监督管理委员会泰安监管分局

局　长　赵文和（7月止）

副局长　尹　程
徐　蕊（女，7月起）
李　亚（7月起，12月止）

党委书记　赵文和（7月止）

纪委书记　李　亚（7月止）
杨　光（7月起）

中国工商银行泰安市分行

行　长　马庆东

副行长　赵书骞
杨万鲁
孙殿军

党委书记　马庆东

纪委书记　亓建忠

中国农业银行泰安分行

行　长　孟宪军（1月止）
田树江（1月起）

副行长　祁奕奕

刘学德（7 月止）
王　超
孙　辉（挂职，10 月止）
党委书记　孟宪军（1 月止）
田树江（1 月起）
党委副书记　刘学德（7 月止）
纪委书记　李　强

中国银行泰安分行

行　长　薛　涛
副行长　冯德厚
张桂浩
孙克祥
张培真（女）
党委书记　薛　涛
纪委书记　曹国民

中国建设银行股份有限公司泰安分行

行　长　宋旭东（5 月止）
李忠斌（9 月起）
副行长　刘海潇
李　军（5 月止）
孙　良
王万里
党委书记　宋旭东（5 月止）
李忠斌（6 月起）
党委副书记　刘海潇
纪检组组长　朱坤礼

交通银行泰安分行

行　长　姜鲁荣（9 月止）
刘　峰（9 月起）
副行长　孙　正（6 月止）
于军伟
刘书伟
高　蕊（1 月起）
张守红（7 月起）
党委书记　姜鲁荣（9 月止）
刘　峰（9 月起）

中国农业发展银行泰安市分行

行　长　辛俊峰（6 月止）
孟奎章（6 月起）
副行长　刘建民
张效会
董　征
工会主席　张效民（3 月起）
党委书记　辛俊峰（6 月止）
孟奎章（6 月起）
纪委书记　张效会

山东省农村信用社联合社泰安审计中心

主　任　辛士勇（10 月止）
副主任　杜晋生
党委书记　辛士勇（10 月止）
袁德亭（10 月起）
纪委书记　董海涛（10 月止）

中国人寿保险股份有限公司泰安分公司

总经理　王洪涛（4 月止）
赵　赛（5 月起）
副总经理　段崇申
赵洪臣（6 月止）
孙正坤（3 月起）
董军建
党委书记　王洪涛（4 月止）
赵　赛（5 月起）
纪委书记　赵洪臣（6 月止）
孙军涛（6 月起）

泰安供电公司

总经理　梁作宾（11 月止）
李其莹（11 月起）
副总经理　杭　民
刘国明（7 月止）
高　山（1 月止）
吴　斌
王　磊（7 月起）
党委书记　杭　民
党委副书记　梁作宾（11 月止）
李其莹（11 月起）
纪委书记　李　龙

中国电信股份有限公司泰安分公司

总经理　宋　亮
副总经理　侯启敬（7 月止）
张红杰
徐海蛟（12 月止）
吴　坚（3 月起）
朱国威（12 月起）
党委书记　宋　亮
纪委书记　徐海蛟（12 月止）

殷宪立（12月起）

中国移动通信集团山东有限公司泰安分公司

总经理　陈　勇

副总经理　朱　晖

杨传鑫

于北海（5月起）

贾景坤（7月止）

工会主席　杨传鑫（9月起）

党委书记　陈　勇

纪委书记　朱　晖

中国联合网络通信有限公司泰安市分公司

总经理　亓　健

副总经理　聂树秋（3月止）

苗　凯

张兴东（6月起）

刘文军

工会主席　苗　凯

党委书记　亓　健

党委副书记　聂树秋

纪检组长　侯　忠（4月止）

杨　鹏（9月起）

中国邮政集团公司泰安市分公司

总经理　盛尊涛

副总经理　秦　博（2月止）

尚庆涛（6月止）

赵　磊（4月止）

尹世团（10月止）

温　捷（6月起）

李炳延（6月起）

马庆然（12月起）

霍艳梅（4月起）

党委书记　盛尊涛

纪委书记　尚庆涛（6月止）

温　捷（6月起）

泰安市邮政管理局

局　长　王　军

副局长　张　锐（女）

党组书记　王　军

纪检组长　张　锐（女）

烟草专卖局（公司）

局　长　靳　新（6月起）

副局长　靳　新（6月止）

张洪强（6月止）

总经理　靳　新（6月起）

副总经理　王立忠

党委书记　靳　新（6月起）

纪委书记　李智勇（6月起）

泰安市水文局

局　长

副局长　侯　元（3月止）

段建筑（3月止）

张　哲（3月止）

党委书记

党委副书记　侯　元（3月止）

纪委书记　张春霞（女，3月止）

泰安市水文中心

主　任　李　岩（3月起）

副主任　侯　元（3月起）

段建筑（3月起）

张　哲（3月起）

党委书记　李　岩（3月起）

党委副书记　侯　元（3月起）

纪委书记　张春霞（女，3月起）

山东科技大学泰安校区

管委会主任（院长）

王少鹏

管委会副主任（副院长）

逄杰文

周　洋

方亨福

党委书记　王少鹏

党委副书记　王　民

纪委副书记　宋传文

山东农业大学

校　长　张宪省

副校长　嵇景涛

吴衍涛（1月止）

辛　杰

张　然（女）

司金贵

郝玉金（3月止）

李向东（5月起）

林　海（5月起）

党委书记　徐剑波

党委副书记　张宪省
朱　莉（女）
杨天梅（6月止）
纪委书记　张明志（11月止）

泰山学院

校　长　秦梦华
副校长　李玉洋（12月止）
王雷亭
于鸿远
殷　敏
彭淑贞
党委书记　范　真
党委副书记　秦梦华
李进京（12月止）
纪委书记　李亮科（4月起）

新汶矿业集团

董事长　葛茂新（11月止）
何希霖（11月起）
总经理　何希霖（11月止）
王乃国（11月起）
副总经理　公建祥
张殿振
王乃国（11月止）
于永春（2月起）
巩春海（2月起）
肖庆华（11月起）
党委书记　葛茂新（11月止）
何希霖（11月起）
党委副书记　何希霖（11月止）
王乃国（11月起）
于祖联
纪委书记　辛生业

肥城矿业集团

董事长　吴龙泉（1月起）
总经理　吴龙泉（1月起）
刘真伦（1月止）
副总经理　张强玉（1月止）
李　伟（9月止）
任国顺（8月止）
孙传福（11月止）
商登涛（9月起）
工会主席　张　斌（1月止）
高颖敏（1月起）
党委书记　吴龙泉（1月起）
党委副书记　刘真伦（1月止）
张　斌（1月止）
纪委书记　油石坤

高职高专院校

泰山职业技术学院

党委书记　张勇华
院　长　毕于民
党委副书记　毕于民
张清民
副院长　张小烨（女）
刘洪东
王文林
纪委书记　项　岚（女）

山东服装职业学院

党委书记　张　韧
院　长　马培安
党委副书记　马培安
副院长　王建洪
刘贞锋
殷广胜
纪委书记　刘光珍（女）

泰山护理职业学院

党委书记　孙兰俊
院　长　辛海明（1月止）
党委副书记　辛海明（1月止）
马腾文
副院长　荆丽艳（女）
张宗起
王安民
纪委书记　张广健

泰安技师学院

党委书记　袁久亮
院　长　贾　军
党委副书记　贾　军
张建国
副院长　张　凯
刘圣涛
宗希富
纪委书记　李志学

2021年中央及省主要媒体关于泰安的重要报道索引

《人民日报》

《山东泰安推进泰山区域生态保护修复》（2月6日）

《重磅！人民日报刊发乡村振兴齐鲁样板“三年答卷”》（3月9日）

《泰安市委书记崔洪刚代表等：完整准确全面贯彻新发展理念》（3月9日）

《东平治湖记》（3月24日）

《山东：铭记光辉历程 践行初心使命》（5月20日）

《扎实做好民生“里子”！》（5月28日）

《第三十届全国图书交易博览会开幕 展出优质出版物、文创产品40多万种》（7月16日）

《学校主动提供服务、社会力量参与，暑期托管——要托得住，也要管得好》（8月10日）

《京杭大运河山东段：“黄金水道”带来发展新机遇》（9月3日）

《致敬乡村教师，“点名”泰安陈建民老师！》（9月14日）

《山东泰安促进科技与经济融合》（11月4日）

《稳健前行开新局 山东推动国有企业健康发展——做强主业增实力》（12月30日）

《光明日报》

《泰山紧急辟谣》（5月2日）

《山东农业大学：把党史学习教育融入服务乡村振兴第一线》（5月5日）

《纪录片〈脉动泰山〉：对国泰民安的美好期盼》（8月4日）

《山东省旅游景区从严从紧从细落实疫情防控措施》（8月14日）

《泰安岱岳区：以乡村旅游推动乡村振兴》（9月16日）

《经济日报》

《“泰山大生态带”崛起正当时》（2月27日）

《山东泰安加强泰山石保护工作》（4月27日）

《山东泰安：社区党员为居民办实事》（5月30日）

《中国经济导报》

《山东泰安：强力推进新能源产业高质量发展》（1月13日）

《“十四五”开门红，山东光伏装机容量稳居第一》（5月17日）

《山东泰安召开会议推动新旧动能转换各项任务落实落地》（5月20日）

《山东泰安：生态立市打造绿水青山 产业兴市共享国泰民安》（9月15日）

《山东泰安“头号工程”：优化营商环境永无止境》（12月14日）

《大众日报》

《新年的第一缕阳光》（1月2日）

《“信使”老宋，泰山一爬24年》（1月15日）

《北京冬奥9条索道，6条由山东公司承建》（2月24日）

《弘扬泰山“挑山工”精神聚焦重点任务力求突破》（2月27日）

《5次改造终圆梦，泰安市岱岳区最后一个城中村将“洼地变高地”“保障好群众利益，就没有啃不下的‘硬骨头’”》（3月3日）

《奏响构筑绿色生态走廊的“黄河大合唱”》（3月14日）

《“禁砂”三年，黄河下游最大湖泊东平湖生态效应显现 舍弃八亿收入，换来鸥翔水美》（11月6日）

《泰安实施“五乡”行动广纳贤才，补齐乡村人才

短板——“家燕归巢”引领乡村振兴》（3月29日）
《泰山区红白理事会村居全覆盖，年节省过亿元 泰山脚下新风扑面》（4月5日）
《一颗公心，只为安居梦——黄河滩区脱贫迁建攻坚群体扫描》（4月5日）
《党史学习教育省委宣讲团深入省直机关、企业、高校、各地宣讲——赓续精神血脉筑牢理想信念》（4月5日）
《泰山产业大集集中签约44个项目合同额超百亿》（4月24日）
《沿“最美高速”看济泰同荣》（5月5日）
《山农大破译五节芒基因“密码”为种质利用和新品种创制提供理论支撑》（5月11日）
《山东党员干部认真学习习近平总书记在推进南水北调后续工程高质量发展座谈会上的重要讲话 坚持节水优先，精心做好“水”文章》（5月15日）
《作为黄河中下游重要的蓄滞洪区，东平湖变了模样 “随河船”转行记》（5月25日）
《泰安实名注册志愿者达111万人》（5月28日）
《泰山皮影网上点击量超千万 古建修复成大学生实践项目……“非遗”时尚风“圈粉”年轻人》（6月13日）
《党建引领带动各项事业“出彩”》（7月10日）
《主动担当实干为民勇做新时代泰山“挑山工”》（7月18日）
《今年前六月，山东与日本进出口贸易总额八百六十多亿元产业互补，携手迈向合作“深蓝”》（8月10日）
《不把历史遗留问题再留给历史……泰安为民办实事敢啃硬骨头》（8月12日）
《出省游按“暂停键”网上游迎“暖流”》（8月14日）
《“全面小康 奋进山东”主题系列新闻发布会聚焦泰安 打造“五个名地”，挺起高质量发展泰山“脊梁”》（9月16日）
《依托泰山“金字招牌”，形成全域旅游新业态，泰安市——打造彰显泰山魅力国际文旅胜地》（10月1日）
《周乃翔到东平湖调研防汛工作》（10月3日）
《双线作战，“扎”在大堤上》（10月8日）
《泰安构建起“一梁五柱”免疫力经济大健康产业链》（10月18日）
《山东各级党组织扎实开展“党旗在基层一线高高飘扬”活动建强组织筑堡垒牢记初心担使命》（10月21日）
《泰安市泰山区进行殡葬改革，推进丧事简办树新风易陋习厚养礼葬入人心》（11月10日）
《牢记“根本问题”，做到难不住、压不垮——党的十九届六中全会精神在我省广大党员干部群众中持续引起强烈反响》（11月21日）
《泰安以服务残疾人民生工程为着力点，不断织密社会救助保障网 残疾人享“全时段”社会保障》（11月23日）
《泰安政法干部“听案”成常态 》（11月26日）
《登高望远拉高标杆在“三个走在前”中展现担当》（12月2日）

中央电视台

《2020年山东农林牧渔业总产值首次突破1万亿元，成为全国首个农业总产值过万亿元的省份》（1月30日）
《央视播出：登泰山观日出 祈福迎新年》（2月13日）
《泰山消防加强巡查 引导游客安全登山》（2月16日）
《〈见证〉20210219生态泰安（一）青山可期》（2月19日）
《〈见证〉20210226生态泰安（二）绿水为鉴》（2月27日）
《泰安市：农资供应保春耕 不负农时不负春》（3月2日）
《报道：泰安120万志愿者开展学雷锋活动》（3月12日）
《泰安市岱岳区道朗镇北张村：畅游“美丽经济园 感受乡村好风景》（4月7日）
《泰安上榜中国美好生活城市十大“秀美之城”》（4月24日）
《五一假期泰山游》（5月1日）
《泰山景区发布声明 假期首日“游客大量聚集”

为不实报道》（5月2日）
《武警官兵假日巡逻保障游客安全》（5月3日）
《【中国三农报道】山东泰安：甜杏挂枝头采摘正当时》（6月8日）
《战斗在抗日烽火中的鲁西银行》（6月23日）
《泰安：推动文旅产业提档升级 助力高质量发展》（6月26日）
《泰安构建婴幼儿照护服务体系 化解“带娃”难题》（7月25日）
《应对“烟花”各地各部门严阵以待》（7月27日）
《山东泰安智慧光伏让采煤沉陷区实现绿色腾飞》（8月13日）
《第三十五届泰山国际登山比赛今天举行》（9月6日）
《山东农业大学小麦遗传育种与栽培技术创新教师团队成员孔令让教授》（9月10日）
《“开笔礼”开启求学生活》（9月15日）
《山东东平：用生态“底色”描绘发展“绿色”》（9月28日）
《国庆吃面 国泰民安》（10月1日）
《国庆假期首日 多个热门景区现大客流》（10月2日）
《山东泰安 东平湖金山坝近期出现多处险情已启动防汛Ⅲ级应急响应》（10月6日）
《自动化管理助力 泰山板栗迎来丰收》（10月6日）
《东平耿山口村告别“黄河滩” 奔向“幸福河”》（11月10日）

山东电视台

《泰安工业互联网催生产业变革》（1月11日）
《泰安整合资源优势 服务群众向实处走》（1月14日）
《泰安：破解历史遗留难题 7.5 万户居民喜领房产证》（1月22日）
《国内首个高黄酮小麦新品种在泰安诞生》（1月23日）
《泰安启动“引才留才用才”工程》（1月31日）
《泰安一中西藏生 欢天喜地庆新春》（2月13日）
《大运河东平港试通航 万吨农资运南方 》（3月5日）
《【铆足牛劲牛力 实现强省突破·书记市长访谈】泰安：打造“五个名地” 推进高质量发展》（3月12日）
《山东：构筑绿色生态走廊 加快黄河流域生态保护和高质量发展》（3月13日）
《东平：分类施策 让贫困群众长期稳定脱贫》（3月13日）
《泰山新闻出版小镇荣获 2020 年度全国版权示范园区（基地）》（3月24日）
《东平湖 4 月 1 号起封湖禁渔》（3月25日）
《泰安党支部工作指导中心启用》（3月26日）
《山东 14 个典型入选全国学雷锋志愿服务“四个 100”先进典型》（3月31日）
《精准施策 泰安市确保脱贫攻坚和乡村振兴有效衔接》（4月6日）
《党史学习教育省委宣讲团在泰安宣讲》（4月14日）
《刘家义在泰安调研时强调 不断增强信仰信念信心 更好解决群众急难愁盼问题》（4月15日）
《正威泰安金属新材料产业园开园投产》（4月18日）
《泰安市首届“泰山产业大集”开幕》（4月21日）
《【铆足牛劲牛力 实现强省突破】泰安：“产业大集”推介优势产业》（4月23日）
《五一劳动节：山东新闻联播点赞泰山岱顶公安民警》（5月1日）
《泰山景区多措并举保障旅游安全有序》（5月2日）
《【快乐过假期·文明旅游】泰安：依法保护泰山人文自然资源 守住绿水青山》（5月4日）
《【贯彻习近平法治思想 锻造新时代政法铁军】泰安：创新机制 靠前服务》（6月6日）
《【我为群众办实事】泰安：医保监管 “电子眼”看牢群众“救命钱”》（6月8日）
《【新时代文明实践在山东】泰安：集小美成大美志愿服务沁人心》（6月19日）
《“文创活力”——新兴领域青年助力新经济大展在泰安开幕》（6月23日）
《庆祝中国共产党成立 100 周年大会反响丨泰安市金星社区党支部书记梁立勇：用心、用情做好

群众的身边事，家庭事》（7 月 2 日）
《全国新华书店主题出版物造型设计大赛在泰安举办》（7 月 16 日）
《泰安夯实绿色发展根基 舞起产业振兴龙头》（8 月 3 日）
《教室每天至少两次消杀，三次通风！泰安暑期托管防疫当先》（8 月 6 日）
《【加强疫情防控】山东：党员干部冲锋在前 防控一线践行初心使命》（8 月 10 日）
《【深入学习宣传贯彻习近平总书记“七一”重要讲话精神·学史力行】泰安：专班推进化解不动产办证难题》（8 月 10 日）
《泰安市评选出 100 个基层党建示范点》（8 月 21 日）
《牢记嘱托 扎实实施乡村振兴战略 | 泰山九女峰：19 个村串起的“美丽经济链”》（8 月 24 日）
《第三十五届泰山国际登山比赛今天举行》（9 月 6 日）
《全面小康 奋进山东 | 泰安：生态立市打造绿水青山 产业兴市共享国泰民安》（9 月 15 日）
《严防死守 坚决打赢东平湖金山坝保卫战》（10 月 5 日）
《山东提闸分洪 除险加固 确保东平湖安全度汛》（10 月 7 日）
《首届文化出版领域文创产品博览会在泰安开幕》（10 月 15 日）
《泰安坚持“有解思维” 打造一流营商环境》（11 月 26 日）
《泰安生态立市 勇做新时代泰山“挑山工”》（12 月 5 日）
《泰安：为民“四问”办实事 50 万群众搬新居》（12 月 30 日）

人民网

《泰山酒店价高，游客挤厕所过夜？官方最新回应！》（4 月 5 日）
《泰安市泰山区红白理事会村居全覆盖 年节省过亿元》（4 月 5 日）
《秀美泰安入画来 2020—2021 年度中国美好生活城市揭晓，泰安市荣膺十大“秀美之城”》（4 月 26 日）
《电子 + 纸质地图学党史 泰安打造“指尖上的红色资源”》（5 月 22 日）
《泰安市人力资源和社会保障局：创新人才体制，激发人才动力》（5 月 26 日）
《泰安党支部工作指导中心：“三学一创”育“头雁”开新局》（6 月 24 日）
《山东泰安万吨级小麦糊粉层产业化示范基地一期投产》（7 月 26 日）
《小麦糊粉层推动免疫力经济发展》（7 月 31 日）
《泰山国际登山比赛将于 9 月 6 日上午鸣枪起跑》（9 月 3 日）
《中国红·齐鲁行 | 泰山未现大客流旅游秩序历年最佳》（10 月 4 日）
《山东泰安：举全市之力优化营商环境奋力开创新时代现代化强市建设新局面》（10 月 12 日）
《用生命捍卫碧水蓝天用赤诚守护一方净土——记环保一线因公殉职的环保人王宗河》（10 月 25 日）
《纵览黄河东平段！沿着总书记指引的方向奋勇前行》（10 月 27 日）
《全国党支部建设研讨会在山东宁阳举行》（10 月 29 日）
《文明之花遍地开》（10 月 31 日）
《发起营商环境自我革命 泰安学史力行回应民声》（11 月 11 日）
《泰山脚下“泰安红”》（12 月 15 日）
《泰安：弘扬求真务实之风增强学习贯彻实效》（12 月 16 日）

新华社客户端

《“泰安市民保”正式发布 最高可获 200 万元保障》（1 月 18 日）
《“房产红本本”，关乎万千家——山东泰安破解不动产权证办理难的“奥秘”何在》（1 月 23 日）
《5G 赋能 创造看泰山的“第三只眼”》（3 月 2 日）
《美丽“凤凰村”响起少数民族“致富歌”》（3 月 7 日）
《东平港试通航 通江达海赓续历史荣光》（3 月 19 日）

《山东泰安城管书写民生服务“精致答卷”》（3 月 26 日）

《山东泰安：老旧小区“改”出城市新生活》（4 月 20 日）

《“云端”上的派出所》（5 月 6 日）

《山东泰安：新时代文明实践站 服务群众“零距离”》（5 月 29 日）

《女硕士小山村的“追逐”》（6 月 2 日）

《奋斗百年路 启航新征程·党旗在基层一线高高飘扬丨山东泰安：“红色物业”撬动基层治理新格局》（6 月 14 日）

《泰安市泰山区：“我为群众办实事”助城中村群众圆安居梦》（7 月 12 日）

《第 30 届全国图书交易博览会泰安分会场开幕》（7 月 16 日）

《助力疫情防控 “泰安小美”在行动》（8 月 11 日）

《场面壮观！看 520 余名挑山工 泰山上运钢索》（9 月 10 日）

《山东泰安：开展砂石资源管理联合执法巡查活动 严厉打击矿产资源违法行为》（9 月 14 日）

《军休干部医养结合的“泰安模式”》（9 月 28 日）

《泰山黄精“工业 + 旅游”智能工厂正式投产》（10 月 18 日）

《山东品牌农产品推介会在上海举办》（11 月 9 日）

《泰安：“泰安小美”文明交通志愿服务暖路口》（12 月 3 日）

《半月谈》

《通江达海赓续历史荣光——聚焦东平港试通航》（3 月 5 日）

《泰安：发展免疫力经济 服务全民健康》（5 月 22 日）

《天下泰山：泰山文化在国内外的传播与影响》（6 月 29 日）

《新华每日电讯》

《以党史学习教育为契机，泰安民警践行“挑山工”精神》（6 月 11 日）

《90 后”小伙与“90”后老兵的光影故事》（8 月 18 日）

《中国组织人事报》

《山东泰安激励村干部“上任即冲刺”》（7 月 8 日）

《山东泰安把城市基层党建工作做到群众心坎里——温暖万家灯火 点亮“秀美之城”》（9 月 8 日）

文件选目

泰安市人民政府、市政府办公室文件

《泰安市人民政府关于推进规模以上制造业企业技改扩规全覆盖的实施意见》（泰政发〔2021〕1号）

《泰安市人民政府关于印发泰安市国民经济和社会发展第十四个五年规划和2035年远景目标纲要的通知》（泰政发〔2021〕2号）

《泰安市人民政府关于印发泰安市优化营商环境创新突破行动实施方案的通知》（泰政发〔2021〕3号）

《泰安市人民政府关于印发泰安市产业高地建设实施意见的通知》（泰政发〔2021〕4号）

《泰安市人民政府关于印发〈泰安市康养福地建设实施意见〉的通知》（泰政发〔2021〕5号）

《泰安市人民政府关于印发泰安市科创名地建设实施意见的通知》（泰政发〔2021〕6号）

《泰安市人民政府关于印发第三十五届泰山国际登山节总体方案的通知》（泰政发〔2021〕7号）

《泰安市人民政府关于印发泰安市文旅胜地建设实施意见的通知》（泰政发〔2021〕8号）

《泰安市人民政府关于印发泰安市生态绿地建设实施意见的通知》（泰政发〔2021〕9号）

《泰安市人民政府关于印发泰安市突发事件总体应急预案的通知》（泰政发〔2021〕10号）

《泰安市人民政府办公室关于印发〈加快归并优化全市政务服务便民热线工作实施方案〉的通知》（泰政办发〔2021〕1号）

《泰安市人民政府办公室关于转发市发展改革委泰安市2021年国民经济和社会发展计划的通知》（泰政办发〔2021〕2号）

《泰安市人民政府办公室关于做好2021年全市政务公开工作的通知》（泰政办发〔2021〕3号）

《泰安市人民政府办公室关于印发〈泰安市全面推行证明事项告知承诺制实施方案〉的通知》（泰政办发〔2021〕4号）

《泰安市人民政府办公室关于印发公共文化领域市与县财政事权和支出责任划分改革实施方案的通知》（泰政办发〔2021〕5号）

《泰安市人民政府办公室关于进一步加强水库除险加固和运行管护工作的实施意见》（泰政办发〔2021〕6号）

《泰安市人民政府办公室关于印发〈泰安市深化农村道路管理养护体制改革实施意见〉和〈泰安市农村道路路长制实施方案〉的通知》（泰政办发〔2021〕7号）

《泰安市人民政府办公室关于印发泰安市市属企业负责人经营业绩考核与薪酬管理办法的通知》（泰政办发〔2021〕9号）

《泰安市人民政府办公室关于印发开展“有解思维”流程再造实施方案的通知》（泰政办发〔2021〕10号）

《泰安市人民政府办公室关于印发交通运输和应急救援领域市与县财政事权和支出责任划分改革实施方案的通知》（泰政办发〔2021〕11号）

《泰安市人民政府关于印发〈政府工作报告〉任务分解责任分工方案的通知》（泰政字〔2021〕10号）

《泰安市人民政府关于公布2021年市级重点建设项目名单的通知》（泰政字〔2021〕11号）

《泰安市人民政府关于加强品牌建设共建共享“好品山东”推动高质量发展的实施意见》（泰政字〔2021〕31号）

《泰安市人民政府关于印发泰安市“三线一单”生态环境分区管控方案的通知》（泰政字〔2021〕41号）

《泰安市人民政府关于公布泰安市市本级2021年度国有建设用地供应计划的通知》（泰政字〔2021〕48号）

《泰安市人民政府关于发布2021年企业工资指导线的通知》（泰政字〔2021〕52号）

《泰安市人民政府关于印发泰安市市级证明事项告知承诺制清单（第一批）的通知》（泰政字〔2021〕53号）

《泰安市人民政府关于进一步强化就业优先政策做好稳就业保就业工作的通知》（泰政字〔2021〕63号）

《泰安市人民政府关于公布全市最低工资标准的通知》（泰政字〔2021〕66号）

《泰安市人民政府关于修改〈泰安市人民政府关于培植工业领军企业50强的实施意见〉的通知》（泰政字〔2021〕67号）

阵形”产业集群发展到6个，领军企业6家，新一代信息技术，高端装备和智能制造产业，新材料产业，新能源和节能环保产业营业收入分别比上年增长22.4%、7.5%、48.5%、14.6%，“四新”经济增加值占GDP的29.9%。

泰山区域山水林田湖草生态保护修复工程国家备案绩效目标圆满完成。截至2021年年末，累计完成投资154.4亿元，已开工项目67个、子项目326个，已完工项目63个、子项目320个。累计完成采煤塌陷地治理9295.8公顷，矿山生态修复1584.5公顷，地质公园及地质遗迹保护244.9平方千米，地质灾害防治工程6项，土地整治26968.4公顷，新增耕地4558.5公顷，新增湿地712.8公顷，城市重要集中式饮用水源地水质达标率100%，大汶河流域水生态环境有效改善，东平湖Ⅲ类水质达标稳定性显著提高。

乡村振兴扎实推进。深化三产融合，市级以上产业园发展到58家，其中国家级现代农业产业园1个、省级5个；国家级休闲农业与乡村旅游示范县2个、示范点2个，省级示范县3个、示范点12个；全国一村一品示范村镇12个。壮大产业主体，国家级规模以上龙头企业5家、省级48家；省级农业生产性服务组织12家；登记注册农民合作社11664家，其中国家级示范社28家、省级181家；家庭农场8349家，其中省级示范场60家。新建高标准农田1.53万公顷（23万亩）。完成7个历史文化名镇名村保护规划的评审、报批与备案。

三、农业

农业稳产保供有力。实现农林牧渔业增加值357.3亿元，按可比价比上年增长7.3%；农林牧渔业总产值636.1亿元，按可比价比上年增长8.4%。粮食播种面积37.19万公顷（557.8万亩），比上年增长0.03%，其中夏粮16.66万公顷（249.9万亩），增长0.6%；秋粮20.53万公顷（307.9万亩），下降0.4%。粮食总产257.2万吨，增长0.1%，其中小麦总产116.5万吨，增长1.5%；玉米总产125.3万吨，下降1.2%。

畜牧业生产相对稳定。年末生猪存栏106.7万头、家禽存栏3732.3万只、牛存栏12.5万头，生猪出栏150.2万头、家禽出栏11219.2万只、牛出栏8万头。主要产量中，猪肉产量12.1万吨，增长21.2%；禽肉产量15.9万吨，下降18.7%。

现代农业发展稳固。特色经济林发展到11.33万公顷（170万亩），苗木花卉2.94万公顷（44.1万亩），中药材5466.67公顷（8.2万亩）；果品总产量100万吨。新发展泰山鲁丽苹果示范园2处、面积53.33公顷（800亩），新发展榛子示范园1处、面积20公顷（300亩），新发展泰山黄精133.33公顷（2000亩），总面积达到1133.33公顷（1.7万亩）。新造林800公顷（1.2万亩），新建和提升绿色通道156千米，完成村庄绿化美化460个，栽植各类绿化苗木251.3万株。深入实施水产绿色健康养殖“五大行动”，重点培树2个骨干基地。年末，农机总动力达到553万千瓦，比上年增长2.2%，农作物耕种收综合机械化率达到90.3%，畜禽粪污综合利用率稳定在90%以上。

四、工业和建筑业

工业发展保持稳定。工业实现增加值784.9亿元，按可比价比上年增长7.0%，占GDP的26.2%。从规模以上工业看，规模以上工业增加值比上年增长8.3%，其中轻工业增长19.1%，重工业增长5.5%；37个在统大类行业有29个行业增加值比上年增长，增长面为78.4%；实现营业收入2717.3亿元，增长21.0%，利润总额151.4亿元，增长51.0%，利润率5.6%，比上年提高1.1个百分点；工业产品产销率98.9%。

2021年泰安市主要工业产品产量

产品名称	产　量	单　位	增　长（%）
玻璃纤维纱	82.3	万吨	11.6
改装汽车	10596	辆	13.7
原煤	917.5	万吨	-27.7
发电量	136.5	亿千瓦时	11.2
化学肥料	153.2	万吨	70.8
水泥	921.4	万吨	11.4
石膏板	9428.1	万平方米	-6.2
化学农药	21337.5	吨	8.6
电力电缆	15.0	万千米	20.2
工业锅炉	8247.3	蒸吨	-12.2
液体乳	37.7	万吨	7.0
机制纸及纸板	78.8	万吨	22.7
原盐	117.8	万吨	-1.5
塑料制品	11.1	万吨	4.8
钢材	594.2	万吨	18.2
纱	9.5	万吨	10.3

建筑业较快增长。资质以上总承包和专业承包建筑业企业453家，增长12.4%，其中一级资质47家，二级资质160家；建筑业实现总产值1169.7亿元，比上年增长10.8%。

五、服务业

服务业企业提质增效。年末，规模以上服务业企业285家，比上年增加71家；实现营业收入220.7亿元，增长12.4%；营业利润10.3亿元，增长3.0%，营业利润率为4.7%。

文旅融合成效明显。泰山秀城·老街入选第一批国家夜间文旅消费集聚区；道朗镇荣获第一批全国乡村旅游重点镇（乡）称号；梦泰山夜肆文旅街、泰山云集文化商业街被评为第一批省级夜间文旅消费集聚区等。年末共有旅行社176家、星级饭店23家、持证导游1782人、A级景区72家；泰山景区接待进山进景点游客331.7万人，比上年增长21.4%。全市接待国内外游客6410.4万人次，实现旅游总收入650.5亿元，分别增长27.2%和34.9%。

邮政电信加快发展。邮政行业业务总量20.7亿元，可比口径比上年增长22.2%，其中快递业务量1.5亿件，增长32.2%。邮政行业业务收入18.6亿元，增长18.0%，其中快递业务收入10.9亿元，增长23.2%。电信业务总量28.8亿元，增长5.9%；移动业务收入23.3亿元，增长4.3%。年末固定电话户数73.1万户，下降2.6%；移动电话595.7万户，增长1.4%；宽带网用户180.7万户，增长6.7%。

交通运输平稳有序。交通建设投资完成67.3亿元，新改建农村公路710千米，路面状况改善工程（养护工程）1086千米，改造危桥62座，完成安保工程158千米。年末，公路通车里程16700.6千米，其中，高速公路通车里程475千米；公路密度215.2千米/百平方千米，普通国省道优良路率96.2%。营业性运输车辆44208辆，货车中型以上比例67%，市直客运集约化比例81%；泰城新开通公交线路5条，调整游湖公交线路15条。运输船舶124艘，泰安港老湖作业区一期工程投产运营，当年货物吞吐量13.6万吨，京杭运河东平湖区主航道正式通航，这是1902年断航119年之后的历史性恢复。

六、固定资产投资和房地产

投资结构优化。完成固定资产投资比上年下降29.4%。投资结构有所优化，在库工业技改项目个数比上年增长25.1%，236个项目列入省技术创新项目计划；制造业投资占工业投资的比重达到76.4%；民间投资活力增强，占全部投资的66.9%，比上年提高6.7个百分点。

房地产市场健康运行。房地产开发完成投资281.2亿元，比上年增长6.5%，其中住宅类投资235.6亿元，增长8.9%。商品房施工面积2787.1万平方米，增长3.9%，其中住宅施工面积2238.8万平方米，增长2.9%。商品房销售面积450.0万平方米，下降2.4%，销售额339.8亿元，下降4.5%。商品房待售面积95.5万平方米，下降5.9%。

七、市场主体和内外贸易

各类市场主体持续增加。新登记各类市场主体8.3万户，比上年增长10.1%，其中新登记个体工商户5.1万户，增长9.4%；新登记企业3.0万户，增长9.9%。年末市场主体发展到54.7万户，比上年增长10.8%，其中个体工商户38.7万户，增长9.0%；企业14.8万户，增长15.8%。

消费潜能持续释放。实现社会消费品零售总额1161.8亿元，比上年增长13.6%。按经营单位所在地分，城镇实现零售总额966.7亿元，增长13.7%，乡村实现零售总额195.1亿元，增长13.5%。从限额以上单位看，限额以上单位实现零售额244.6亿元，增长10.6%，有零售额的22个大类行业中17类实现正增长，增长面为77.3%。

外资外贸稳步扩大。全市货物贸易进出口291.1亿元，比上年增长37.2%，其中出口总额193.2亿元，增长32.4%；进口总额97.9亿元，增长47.6%。实际到位外资40696万美元，下降40.4%；对外承包工程完成营业额19979万美元，增长24.1%。

八、财政和金融

财政收支结构趋优。实现一般公共预算收入230.5亿元，比上年增长0.6%。其中，税收收入173.1亿元，增长4.9%。各项税收中，增值税74.3亿元，下降1.7%；企业所得税21.5亿元，增长13.5%；个人所得税5.4亿元，下降6.3%。一般公共预算支出428.2亿元，同口径增长4.6%，其中，民生支出339.2亿元，占一般公共预算支出的79.2%。

国内税收收入保持稳定。国内税收收入（不含海关代征两税、非税收入）309.7亿元，比上年增长6.8%。行业税收中，工业税收完成105.2亿元，增长1.3%；建筑业税收53.1亿元，增长23.0%；房地产税收51.2亿元，增长2.9%；批发零售贸易业税收38.2亿元，增长11.8%。

金融支撑力度提升。年末，金融机构人民币存款余额4903.3亿元，比上年末增长7.5%，其中，个人存款3468.2亿元，增长13.3%。年末，金融机构人民币贷款余额3578.3亿元，增长14.1%，其中，中长期贷款2137.2亿元，增长11.2%；短期贷款1182.7亿元，增长17.2%。金融存贷比73.0%，比上年末提高4.2个百分点。累计处置不良贷款58.4亿元，逾期企业减少184家，不良贷款率比上年下降。

保险业健康发展。年末保险公司59家，实现保费收入129.4亿元，比上年下降9.4%，其中，财险保费收入31.9亿元，增长3.2%；人身险保费收入97.5亿元，下降12.9%。保险赔付43.1亿元，增长8%，其中财险赔付20.9亿元，增长13.0%；人身险赔付22.2亿元，增长4.2%。

九、科技和教育

高新技术企业持续增加。新增国家级高新技术企业154家，总数达到522家，比上年增长41.8%。“创新50强”企业实现营业收入44.5亿元，增长20.7%。843家企业加入国家科技型中小企业库，增长97.9%；47个项目入选山东省科技型中小企业创新能力提升工程。高新技术产业产值占规上工业总产值的57.5%，比上年提高6.4个百分点。

创新动力增强。累计引进科技创新创业人才184人，其中，院士3人、国家级人才7人、享受国务院特殊津贴3人、省部级人才22人。3个项目获国家科学技术奖，6项成果获省科技进步奖；2人入选国家级人才计划；首次获山东省国际合作奖1项。泰山创新谷“5+1”服务体系日益完善，新引进高水平研发团队16个、新注册公司19家、新建创新平台1家，实现产值1.5亿、利税1200万元。2020年全市研发投入强度2.4%。

教育事业发展稳步。9所普通高校当年招生4.5万人，在校生14.1万人，专任教师7042人。14所中等职业学校在校生4万人，专任教师2394人。211所普通中学在校学生30.5万人，专任教师26650人。485所小学在校学生32.1万人，专任教师21511人。学龄儿童入学率、成人识字率均达到100%，小学毕业生升学率达到100%，初中毕业生升入普通高中的升学率达到55.3%。

十、文化、卫生和体育

文化事业繁荣兴盛。拥有公共图书馆7个，文化馆7个；乡镇（街道）综合文化站、村（社区）综合性文化服务中心建设实现全覆盖。省级以上文化产业示范基地14家，其中国家级1家。国有文物收藏单位33家，可移动文物6.5万件（套），共17万件。世界文化遗产3处，重点文物保护单位国家级15处、省级105处、市级120处。博物馆46家，其中，非国有博物馆37家，藏品45万件。现有市级以上非遗项目489个，其中国家级12个、省级59个。各级开展群众性文化活动5万场次。

档案工作平稳推进。档案馆总数8个，馆藏档案资料总量158.6万卷（件），馆藏资料12.8万册，照片档案、音像档案2.9万张（盘），提供查档服务1.5万人次、提供利用档案资料4.3万件次。

卫生健康服务水平提升。各级各类医疗卫生机构总数4665家，其中医院105家、乡镇卫生院67家、社区卫生服务中心20家、村卫生室2978家、疾病预防控制中心（防疫站）8家、妇幼保健院7家。医疗卫生机构拥有床位35309张，每千人拥有卫生床位数6.45张。卫生技术人员总数42842人，其中，执业（助理）医师16636人，注册护士19208人。

体育事业健康发展。成功承办省第4届冬季全民健身运动会、省第11届全民健身运动会、第35届泰山国际登山比赛。省锦标赛金牌总数连续两年居全省第六位。泰山国际登山比赛、环泰山T60大徒步、泰山国际户外挑战赛三项赛事获评中国体育旅游精品项目。完成新体育中心“一场三馆”土建工程，建成三棵树健身公园并投入使用。开展社区家门口运动会120余场，参与群众2万余人次。人均体育场地面积2.95平方米。全年销售体育彩票7.3亿元。

十一、城乡建设

城市更新步伐加快。徂汶净水厂投入使用，泰城新增日供水能力3万立方米；西部热源项目、山口净水厂、引黄入泰工程等顺利推进，完成城燃企业储气能力3280万立方米。全市城市建成区建成海绵城市汇水面积100.5平方千米，地下综合管廊34.1千米，新建地下管网67.4千米，老旧管线非开挖清淤304千米。泮河等13条河道综合整治成效明显，城区黑臭水体基本消除。成功入选国家清洁取暖试点城市，新增城市清洁取暖面积 311.8 万平方米。新建 5G 基站 3629 个。

村镇建设提质增效。积极实施农村无害化卫生厕所规范升级，将 166 个村庄厕所粪污纳入城镇污水管网处理；累计完成质量提升改造 1825 个村，建设二次生物发酵池 152 个；累计建设农村改厕服务站 244 个。完成危房改造 636 户，农村地区 20.1 万户完成清洁取暖改造。农村生活垃圾无害化村庄覆盖率达到 100%。

十二、环境保护和安全生产

环境保护成效明显。2021 年 PM_{10}、$PM_{2.5}$、SO_2 和 NO_2 浓度分别为 76 微克 / 立方米、42 微克 / 立方米、12 微克 / 立方米和 29 微克 / 立方米，比上年分别改善 11.6%、12.5%、14.3% 和 9.4%，空气优良天数 228 天。大汶河、东平湖 COD 均值分别为 14.5 毫克 / 升、14.8 毫克 / 升，氨氮均值分别为 0.26 毫克 / 升、0.18 毫克 / 升，省控以上断面消除劣五类水体。建成空气质量微观站 229 个。259 个行政村完成生活污水治理，78 个行政村完成生活用水巩固提升，完成黑臭水体治理 13 处。全市 62 个建制镇建成污水处理设施（站、厂）70 个，日处理能力 39.8 万吨，配套管网建设 521.8 千米。

安全生产形势持续稳定。农林牧渔业、采矿业、商贸制造业、建筑业、交通运输和仓储业、其他行业等行业共发生各类生产安全事故 88 起，死亡 74 人。

减灾救灾保障良好。下拨各类自然灾害救灾资金 230 万元，救助群众 17085 人。灾害民生综合保险赔付 494 户，赔付金额 917 万元。

十三、居民生活和社会保障

居民收支平稳增长。居民人均可支配收入 33505 元，比上年增长 8.3%，其中，城镇居民人均可支配收入 41741 元，增长 7.3%；农村居民人均可支配收入 21769 元，增长 10.6%。城乡居民收入比（以农村居民为 1）由上年的 1.98 缩小至 1.92。居民人均消费支出 20277 元，增长 9.0%。其中，城镇居民人均消费支出 24696 元，增长 7.4%；农村居民人均消费支出 13979 元，增长 12.8%。恩格尔系数 25.3%，比上年下降 0.3%。

社会救助和养老服务能力提升。城乡低保保障标准提高到每人每月 791 元、593 元。城乡特困基本生活标准提高到每人每月 1108 元、836 元；完全失能、部分失能、全自理特困人员照护标准提高到每人每月 616 元、308 元、182 元。机构养育孤儿、社会散居孤儿基本生活费分别提高到每人每月 1947 元、1551 元；重点困境儿童基本生活费提高到每人每月 1089 元。新建社区老年“幸福食堂”152 处，新建城市社区养老服务中心 86 处，新增护理型养老床位 2686 张，培训养老护理员 3918 名。福利彩票销量 4.2 亿元，筹集公益金 0.5 亿元。

社会保障持续增强。年末职工养老保险、居民养老保险、失业保险、工伤保险参保人数分别为 151.6 万人、274.2 万人、69.9 万人、90.3 万人，分别收缴保险费 97.3 亿元、24.6 亿元、3.3 亿元、3.8 亿元。发放养老、失业、工伤三项保险金 158.9 亿元，增长 9.3%。基本医疗保险参保人数 527.1 万人，其中职工医疗保险 114.7 万人、居民医疗保险 412.4 万人。职工医疗保险基金收入 47.4 亿元，支出 45.6 亿元；居民医疗保险基金收入 38.3 亿元，支出 39.4 亿元。

注：

1. 本公报中数据均为初步统计数，部分数据因四舍五入影响，存在总计与分项合计不等情况。

2. 全市生产总值、各产业增加值按现价计算，增长速度按可比价格计算。

3.2021 年，邮政业务总量按 2020 年价格计算，与之前数据不可比。

编辑　校对　　刘小笋

索引

说明：

1. 本索引分为主题索引、图表索引。图表索引，以图表题名（不含时间）标目。
2. 索引款目按汉语拼音字母（同音字按声调）顺序排列。
3. 款目后的阿拉伯数字表示内容所在的页码，数字后的字母 a、b、c 分别表示版面区域。
4. 同一主题的内容在文中多处出现的，在其款目后用不同的页码标明。
5. 特载、大事记、附录不做索引。

主题索引

H

J

K

T

Y

Z

图表索引

D

J

S

T

Z